I0083919

casier

90

COLLECTION

DE

DOCUMENTS INÉDITS

SUR L'HISTOIRE DE FRANCE

PUBLIÉS PAR LES SOINS

DU MINISTRE DE L'INSTRUCTION PUBLIQUE

PREMIÈRE SÉRIE

HISTOIRE POLITIQUE

NÉGOCIATIONS

DE

LA FRANCE DANS LE LEVANT

OU

CORRESPONDANCES, MÉMOIRES ET ACTES DIPLOMATIQUES

DES AMBASSADEURS DE FRANCE À CONSTANTINOPLE
ET DES AMBASSADEURS, ENVOYÉS OU RÉSIDENTS À DIVERS TITRES À VENISE, RAGUSE
ROME, MALTE ET JÉRUSALEM
EN TURQUIE, PERSE, GÉORGIE, CRIMÉE, SYRIE, ÉGYPTE, ETC.
ET DANS LES ÉTATS DE TUNIS, D'ALGER ET DE MAROC

PUBLIÉS POUR LA PREMIÈRE FOIS

PAR E.- CHARRIÈRE

TOME I

PARIS

IMPRIMERIE NATIONALE

———

M DCCC XLVIII

INTRODUCTION.

Les relations de la France avec l'Orient comprennent deux époques distinctes, pendant lesquelles on les voit également exercer une influence étendue, mais diverse, sur les sociétés modernes. Dans la première époque, où ces relations embrassent toute la période féodale, elles associent les peuples à un grand intérêt extérieur qui maintient chez eux l'idée d'un ordre général au milieu de la décomposition de l'Europe. Dans la seconde époque, elles favorisent un mouvement contraire; c'est celui qui porte les sociétés à se constituer en nationalités indépendantes, tout en gardant de leur premier état une réciprocité d'intérêts liée à une communauté de mœurs dont l'ensemble a formé la civilisation européenne. Les documents rassemblés dans ce recueil devront éclairer l'histoire de la transformation la plus récente, puisque ces actes sont produits par les nouvelles relations qu'ils aident partout à se développer. Avec eux commencent les monuments d'une science qui a créé l'équilibre politique introduit de nos jours entre les États, et qui, appelée de plus en plus à diriger les sociétés, a pris dans les institutions des peuples de l'Europe le nom de diplomatie.

Peut-être n'est-il pas inutile de dire quelle circonstance a mis à ma portée ces précieux témoignages restés, comme les faits qu'ils racontent, à peu près inconnus jusqu'à présent.

Leur recherche m'a été commandée en quelque sorte par la pensée qui a dirigé mes divers travaux sur l'histoire, et par l'étude des questions qui m'avaient paru les plus importantes à résoudre dans le sentiment des intérêts de notre pays et de notre époque. Un travail que j'ai suivi pendant plusieurs années m'a fait opérer, dans le grand dépôt de notre bibliothèque nationale, le dépouillement des collections diplomatiques et spécialement des correspondances les plus ardues qui n'avaient pu être abordées jusqu'ici. J'avais l'avantage d'arriver à ces recherches après avoir fait l'expérience la plus étendue des nécessités sociales et de la condition relative des États de l'Europe que j'avais déjà exposées dans un livre, où les lois de cette organisation sont déduites d'un ordre fondamental et des aptitudes particulières des peuples[1]. Aussi j'ai saisi l'occasion qui s'offrait à moi de pouvoir constater à sa naissance l'esprit qui a concouru à former leurs rapports et continué de prévaloir dans la progression qu'ils ont suivie. En présence de ce vaste ensemble, que je pouvais étudier sur tous ses points les plus obscurs et les moins accessibles, parmi plusieurs sujets qui se disputaient mon choix, j'ai été amené de

---

[1] Je dois signaler au moins l'explication que j'ai donnée dans le livre de la Politique de l'Histoire de tout un ordre d'idées et de faits constitutifs, établis pour l'Orient comme pour les autres démarcations de l'Europe. Je renvoie donc à ce livre pour les notions primordiales du sujet que je ne puis aborder, quoique, dans ma pensée, elles se lient à ces déductions, et qu'elles trouveraient ici plus d'une confirmation à chaque page. La seule distinction à laquelle je m'arrête n'est contestée de personne, puisque tous les historiens font dériver les sociétés modernes de l'unité romaine, et en dernier lieu de l'unité féodale qui l'avait remplacée pour l'Occident. Mais il importe de marquer en quelque sorte au point d'intersection, le passage d'un état à un autre, si l'on tient à connaître historiquement le sens de la diplomatie dont les actes, par le fait même de son institution, appartiennent à l'esprit novateur et agressif contre l'ancien ordre de choses, mais portent aussi les traces de toutes les idées traditionnelles encore en vigueur à cette époque.

préférence vers un sujet à peu près inconnu, dont la portée
réelle apparaîtra dans la suite de cette discussion, mais ne sera
parfaitement appréciée qu'après le développement successif
des diverses parties de l'ouvrage.

J'ai fait ressortir ailleurs pour l'Orient sa participation spéciale, mais constante, au mouvement de l'Europe, dans les considérations où j'établissais comment se sont formés les rapports
que les divers peuples entretiennent les uns à l'égard des autres.
Sans revenir sur les termes de cette exposition à laquelle
on peut recourir, j'insisterai seulement sur le rôle à part que
l'Orient a pris dans l'histoire générale, et sur les causes qui
ont conduit la France à s'y associer par sa politique à toutes
les époques. Placé en face de l'Europe comme un monde
étranger et pourtant limitrophe, l'Orient agissait au milieu des
divisions anarchiques des États européens, avec toute la puissance d'une collection rivale d'intérêts assujettis à l'unité religieuse et sociale la plus forte qui ait existé. C'est ainsi qu'il a
tenu suspendue, pendant des siècles, la menace d'une invasion qui, parvenue à changer l'ordre politique de l'Europe,
aurait encore transformé sa civilisation tout entière. Cette attraction géographique s'exerce de nos jours dans un autre sens :
l'Orient appelle à lui la civilisation qu'il a menacée si longtemps, et l'empire turc semble se détacher de l'Asie pour compléter l'Europe, qui restait encore inachevée et à finir dans cette
direction. C'est en pénétrant les causes de cette influence qu'on
s'explique le sens de la diplomatie française, dont l'histoire
est prise ici au point de vue d'un intérêt particulier; mais par
où cette diplomatie conservait son action la plus vaste et la
plus générale. En effet, les relations de la France avec le Levant embrassaient pour elle toute la face méridionale de sa
politique, et se rattachaient, comme on va le voir, aux ques-

tions les plus délicates appelées à faire prédominer au dehors
la civilisation de la France en assurant sa prépondérance nationale.

I.

L'effet des grands mouvements qui passionnent l'humanité,
c'est de la détacher de toutes les influences secondaires, de
réunir les esprits sous une direction supérieure par cet assentiment général qui fait taire les contestations individuelles.
La France dut cet avantage à l'entraînement religieux qui
porta le moyen âge vers l'Orient, et rétablit moralement l'unité
des sociétés occidentales, au moment où elles tendaient vers
leur plus grande division. Pendant la durée des croisades,
l'Europe, mais surtout l'Occident, mû par une seule volonté,
ne paraît plus faire qu'un corps dont la France est la tête. C'est
de là que tous les peuples semblent recevoir l'impulsion qui
les dirige. La papauté comme l'empire germanique se subor-
donnent à cette primauté nationale de la Gaule, indépendante
de la royauté française, car celle-ci reste longtemps étrangère
ou indifférente à l'élan des masses; elle ne s'y associe que tard,
et toujours avec répugnance. La pensée générale est alors tellement séparée des institutions et des intérêts particuliers,
qu'elle les domine et les entraîne malgré eux. Livrée à l'intérieur à toutes les divisions des provinces et des classes, la
France se retrouve unie au dehors : sa politique se confond,
sur ce point, avec celle des autres nations, et son histoire ne
cesse d'être par là l'histoire de la chrétienté et de la civilisation européenne. C'est sous cette forme que la France apparaît
aux peuples de l'Orient, puisqu'on les voit toujours convain-
cus que c'est à elle qu'ils ont affaire, même quand la France
est absente de la scène. Aussi, dans leur manière de les dé-

signer, c'est sous le nom générique de Francs qu'ils embrassent tous les peuples chrétiens.

De là le magnifique et puissant intérêt de cette histoire, où chaque peuple, au lieu de se perdre, comme ailleurs, dans le dédale obscur de mille agitations hostiles et secondaires, retrouve le sentiment d'une existence commune dans l'accomplissement d'une œuvre supérieure qui rallie toutes les forces de l'Occident. Loin d'être un accident spontané ou fortuit, cette tendance avait toujours subsisté en changeant d'expression à chaque siècle. Elle s'est tour à tour associée au mouvement d'invasion des barbares, à la réaction des provinces contre la domination romaine, à la séparation des deux empires d'Orient et d'Occident, enfin à la fondation de la monarchie française et à l'érection du nouvel empire carolingien [1]. A toutes ces époques il y avait eu, soit par la conquête, soit par l'invasion des systèmes religieux du polythéisme et du christianisme, soit par l'analogie des civilisations, un échange constant de l'Europe avec l'Orient, qui avait ouvert entre eux une contestation pour leur suprématie réciproque. Le mahométisme lui-même créa pour l'Europe, dans un danger toujours menaçant, un intérêt nouveau de conservation : en faisant prendre à la querelle toute l'ardeur d'une lutte religieuse, il vint encore donner à l'Europe des motifs de se rapprocher de l'Orient, par cette loi providentielle qui fait des oppositions de situation et de caractère, un moyen plus rapide de communication entre les peuples.

Quoique le mahométisme fût une transformation fondamentale de l'Orient, qu'en faisant prévaloir l'esprit asiatique

---

[1] On peut voir toutes ces révolutions historiques décrites en détail dans le tome Ier de la Politique de l'Histoire. Voyez aussi ce que je dis du caractère et du mouvement des croisades, comme particuliers à l'Occident et comme restés complétement étrangers ou même antipathiques aux races slaves.

sur l'esprit européen, il ait, pour ainsi dire, tari le christianisme à sa source, son triomphe ne fut pas tellement complet que les deux principes n'aient cessé d'y être en présence. Tous deux s'y sont maintenus dans une lutte, où le principe vaincu devait racheter la longue inégalité sous laquelle il allait fléchir, en conservant le germe d'une régénération future. Mais si, à cette époque, la nouvelle doctrine se montrait en Orient dans tout l'élan de ses triomphes et l'ardeur de son prosélytisme, on y trouvait aussi le christianisme représenté politiquement par l'empire grec, maître d'une partie de l'Asie; par les monuments indélébiles de son culte restés à la surface du sol; par les populations chrétiennes encore nombreuses, quoique asservies, et d'autant plus attachées à leur foi qu'elles étaient opprimées pour elle. Les choses n'avaient pas été portées de part et d'autre à cet excès qui provoque la résistance et fait éclater la passion. La prise même de Jérusalem, par Omar, avait passé comme un accident ordinaire; le fanatisme religieux ne s'était pas plus armé dans la Syrie qu'il ne s'était soulevé dans l'Espagne et dans la Sicile contre la conquête des Sarrasins. La supériorité que le développement rapide de leur civilisation donnait aux Arabes, légitimait aux yeux des chrétiens une domination dont la tolérance habile se faisait accepter sans répugnance. Le coup qui arrêta brusquement l'élan de l'invasion des Arabes dans la Gaule, en les contraignant de rétrograder et de revenir sur leurs pas, fut pour ces peuples un avertissement; il leur donna l'éveil sur la force que l'Orient avait à redouter, et avec laquelle l'extension de leurs conquêtes devait un jour les appeler à combattre.

Cette première période des relations orientales montre que l'Orient ne se méprenait pas sur le point d'où pouvait lui venir la compression et la défaite. La nouvelle dynastie des Abas-

sides parut mettre un soin particulier à prévenir l'introduction
de cette force dans les intérêts qui touchaient de plus près sa
puissance. Les rapports qu'on vit s'établir entre Charlemagne
et le calife Aaroun-al-Raschid, la faveur dont les chrétiens
furent l'objet de sa part et de celle de ses successeurs, inspi-
rés sans doute par la politique, avaient pour but de séparer
la cause des Grecs, leurs voisins, de la cause des autres États
chrétiens. Un développement simultané avait fait coïncider la
grandeur de l'empire des Califes avec celle de l'empire franc;
ils furent encore rapprochés par l'analogie des événements
qui amenèrent la dissolution des deux États. La civilisation
éphémère de ces deux empires suivit les progrès de leur puissance et périt avec elle. L'Orient était entré dans le mouvement de l'Europe, quand les Arabes l'avaient couverte sur
plusieurs points de colonies florissantes, et que celles des chrétiens se multipliaient en Asie sous leur protection. Les communications journalières du commerce faisaient affluer les
Occidentaux dans les mêmes lieux où une attraction puissante
appelait incessamment la piété des peuples : c'était l'institution
populaire des pèlerinages, qui prenant sa source dans l'origine même du christianisme, avait établi comme un courant
continu des populations chrétiennes vers ces contrées. Mais
au milieu des bouleversements, qui firent passer le pouvoir
à des peuples nouveaux et moins éclairés, on vit les mœurs,
jusque-là tolérantes, revenir à la barbarie, et de part et d'autre
les esprits s'exalter par le fanatisme, dont l'ardeur, accrue de
jour en jour, allait produire une conflagration universelle.
L'Orient offrit alors dans l'image désolée et lamentable de Jérusalem, un stimulant nouveau pour les imaginations, qui
s'enflammèrent à la perspective des obstacles à vaincre, des
périls à surmonter, et souvent du martyre à conquérir. Aussi

la foule des pèlerins, loin de se ralentir par les persécutions, grossissait, au point de ressembler à une invasion, et leur nombre répandait déjà dans l'Asie la croyance qu'ils ne faisaient qu'y devancer les armées de l'Occident. Bientôt le flot, revenant vers l'Europe, allait à son tour y soulever les passions, qui devaient en effet conduire les armées chrétiennes en Orient.

Il ne fallait donc qu'un incident pour devenir l'occasion de l'ébranlement général, pour susciter un de ces hommes dont la destinée est d'attacher leur nom et leur pensée à l'une de ces révolutions qui sont mûres dans les dispositions des masses. Cette rencontre eut lieu dans les prédications enthousiastes de l'ermite Pierre. Mais tandis qu'une nouvelle race achevait de se partager l'Orient, qu'elle donnait, par sa barbarie, de nouveaux prétextes à l'Europe pour y intervenir, elle apportait aux pays qu'elle avait conquis de nouveaux moyens de résister aux attaques du dehors, par une constitution plus guerrière des États musulmans. La domination des Turcs allait commencer pour l'Orient une période, pendant laquelle ses mœurs et ses préjugés religieux devaient de plus en plus l'éloigner de l'Europe, à mesure que l'Europe elle-même venait à lui, et semblait vouloir s'établir à perpétuité sur son sol. Non pas que les nouveaux sectaires contestassent aux chrétiens le droit de revendiquer les saints lieux, ni même celui de prétendre à la possession de ces contrées, par les moyens que les Turcs employaient alors pour l'obtenir. Le monde, livré à la force, subissait, sans les discuter, tous les changements qu'elle lui imposait : la seule loi morale qui aurait pu la limiter, la loi religieuse, venait au contraire agir comme auxiliaire des passions humaines, puisqu'aux excitations naturelles de la cupidité et de l'ambition, elle ajoutait la puissance d'un devoir à remplir et l'occasion d'une gloire supérieure à mériter.

Ces mobiles, dont la réunion ne s'est rencontrée nulle part, devaient imprimer à l'élan des croisades le plus haut degré d'héroïsme et de grandeur. Ils ont fait vivre d'une pensée unique des masses souvent inconnues à elles-mêmes, composées de peuples qui ne parlaient pas la même langue, et entraînées vers un but commun plus par la force de leur impulsion intérieure que par celle du commandement. Pendant plusieurs siècles le mouvement d'agression de l'Occident fut une inspiration politique d'une portée supérieure ; il éloigna de l'Europe la guerre qu'il reportait jusque dans le cœur de l'Asie; et la querelle des deux religions pour la domination universelle, allait se vider par les armes dans les lieux mêmes où elle avait pris naissance. Ainsi, par une divination instinctive, les masses eurent le sentiment de cette tactique, dont Rome s'était inspirée, lorsque, serrée de près par Annibal, elle envoyait en Afrique une armée assiéger Carthage. L'islamisme établi sur le revers des Pyrénées y soulevait à peine une répulsion locale, tandis qu'au delà des mers, et si loin de l'Occident, la lutte s'agrandit aux proportions d'une contestation générale. L'Europe, qui se présentait en armes, fit comprendre son unité aux peuples de l'Asie; et plus d'une fois cette idée, après les défaites des chrétiens, arrêta les projets d'invasion des musulmans. Ce que les premiers essaims de la race turque apportaient à l'Orient de verdeur barbare et de passions belliqueuses s'épuisa dans les alternatives de ces longues guerres. Elles ont reculé jusqu'à l'époque moderne la prise de possession du monde musulman, qu'on vit plus tard opérée par cette race; mais le fait aurait pu s'accomplir dès lors, et avec un danger bien plus grand pour l'Europe, où la constitution des peuples, sous la forme des gouvernements, ne s'était pas encore assise et consolidée. La conservation de l'empire grec, menacé dans son existence, de-

vint un intérêt commun à tous les peuples latins, quoique cet
empire fût séparé d'eux par une antipathie de race et une pré-
vention religieuse. Cet intérêt, qui, dans des temps plus rapprochés de nous, trouva l'Europe indifférente et n'eut pas la
force de l'émouvoir, était alors compris par elle : il entrait d'autant plus dans ses préoccupations journalières, qu'à la durée de
l'empire grec paraissait attachée celle du royaume de Jérusalem et des autres colonies chrétiennes. Celles-ci allaient des
côtes de la Syrie se rejoindre par l'Euphrate aux États chrétiens de l'Arménie et de la Géorgie; elles relevaient jusqu'au
fond de la Perse le principe représenté dans l'institution de
ces États, et le christianisme leur devait, avec une base puissante, une consistance qu'il ne semblait pas avoir en Asie devant la supériorité numérique de ses ennemis. En même temps,
ces forces agglomérées soutenaient le choc des invasions asiatiques, dont le flot, toujours renaissant, se reformait, et parfois,
en tournant cet obstacle, débordait sur le continent européen
à travers la vaste étendue de la Russie. De là se répandant
jusque sur le Danube et sur le Rhin, leur apparition faisait
craindre partout le retour périodique des anciennes invasions,
quand déjà l'on ne croyait plus à l'existence d'un danger de
cette nature.

L'organisation intérieure introduite dans toutes les parties
de l'Europe était destinée à porter un coup mortel aux intérêts
créés par les croisades; car elle changeait l'esprit des peuples,
et, pour appliquer leurs efforts à des intérêts plus près d'eux
et plus personnels, elle les détachait de ces expéditions loin-
taines. Mais les croisades donnèrent le temps à cette organisation de se fortifier; elle grandit ainsi de plus en plus à l'abri
même des établissements qu'on allait délaisser, et dont les débris rejetés partout sur l'Europe, devaient encore féconder sa

civilisation. L'esprit né de la nouvelle forme sociale a fait condamner comme irréfléchie la pensée de ces grands mouvements populaires. Cependant la création des gouvernements eut d'abord pour effet de jeter tous les peuples dans les convulsions des luttes nationales : en même temps l'unité générale que cette institution anéantissait chez eux allait se reformer dans l'Orient, où cette unité cessait d'être combattue depuis que le principe chrétien s'en était retiré. Car, tant que l'Europe s'y était maintenue, sa présence avait divisé les races musulmanes : on avait vu la Perse, la Syrie et l'Égypte, dans les rapides changements de leurs dynasties, dans l'élévation et la dissolution non moins rapides de ces empires, associer plus d'une fois leur politique à celle des États chrétiens. Un échange continu d'alliances et de position avait lieu entre les deux races, et ces rapports tendaient aussi de jour en jour à établir un rapprochement progressif de leurs idées. Les grandes masses asiatiques dont les invasions confondaient musulmans et chrétiens, obéissaient au même entraînement. Ainsi les derniers venus de ces envahisseurs, les plus nombreux comme les plus terribles, qui couvraient à la fois l'Europe et l'Asie de leurs hordes, les Tartares recherchaient l'alliance de la France et l'appelaient en Orient; ils lui envoyaient des ambassadeurs et en recevaient des missionnaires, et déjà ces peuples semblaient sur le point d'entrer dans la civilisation des nations occidentales en adoptant leur foi religieuse.

L'Europe finit donc par expier l'abandon de cet intérêt, et loin de mettre un terme au débat, il se trouva transporté au milieu d'elle, lorsque la dernière race turque, héritière de toutes les autres, ne rencontrant plus d'obstacles en Asie, passa le détroit, s'établit dans la péninsule hellénique, et menaça l'Italie et l'Allemagne du sort qu'elle fit subir bientôt aux faibles restes

de l'empire byzantin. Si le péril, malgré sa proximité et son
étendue, n'alla pas jusqu'à ranimer l'esprit des croisades, il
amena sous une nouvelle forme le rapprochement de l'Europe
avec l'Orient, que cette époque remit en communication, sinon
par les idées, au moins par la politique. Le travail des nationalités modernes avait dès lors toutes les prédilections des peuples, et il les éloignait également de l'organisation fractionnée
du système féodal et de l'unité générale qui reliait ce système ;
mais leur institution avait une crise nouvelle à traverser. Le
même mouvement qui rétablissait l'unité orientale, sous la domination de Soliman II, tendait à se produire en Occident, où un
concours singulier de circonstances donnait à Charles-Quint
le moyen d'accomplir une révolution semblable sur l'Europe.

II.

La question vint donc se poser dans les mêmes termes au
début du xvie siècle entre les deux mondes chrétien et musulman, maintenus en présence et en conflit depuis qu'ils s'étaient
mutuellement constitués. Une solution définitive devint imminente au moment où les sociétés hésitaient encore entre les
deux formes qui les attiraient également. La lutte de suprématie occidentale, poursuivie au xiiie siècle entre la papauté et
l'empire, et au xive siècle entre la France et l'Angleterre, avait
contribué, en les détournant des croisades, à démêler les
peuples engagés partout les uns dans les autres. Sans limites
fixes ni sans action bien puissante, ils se trouvèrent, au sortir
de cette crise, organisés en nations. Mais le fait et l'idée étaient
encore trop combattus par les grandes divisions d'ordres et de
classes, de constitutions locales et d'intérêts séparés, pour ne
pas avoir bien des épreuves à traverser et des transformations
qui ne sont pas même partout accomplies de nos jours. Le re-

tour à l'unité traditionnelle par le droit de suzeraineté ou d'héritage chez les princes, et par l'accession ou la conquête chez
les peuples, était tellement dans la nature des choses, que
l'idée ne s'anéantissait sous une forme que pour reparaître sous
une autre. Aussi la France se voyait à peine délivrée des
étreintes de cette situation, qu'elle se retrouvait en présence
du même fait : elle éprouvait la nécessité attachée à toutes les
grandes situations, de subir la loi du dehors, ou de l'imposer
elle-même; et elle en sortait toujours en faisant un pas de plus
vers l'égalité proportionnelle des peuples, établie sur une constitution plus vigoureuse de leurs principes. Charles VII et
Louis XI avaient à peine consommé l'œuvre, l'un par l'expulsion
des Anglais, l'autre par la destruction de la maison de Bourgogne, que leurs successeurs virent grandir devant eux une rivalité politique bien plus étendue, et dont les effets devaient être
bien plus durables. La maison d'Autriche-Bourgogne ne se dé-
gageait de la France que pour accroître l'élément étranger qu'elle
combinait en elle, en le fortifiant d'un nouvel alliage germanique
et espagnol; de cette façon, l'antagonisme embrassa toute l'Europe, qui se trouva entraînée dans un débat dont l'Italie devint
le principal champ de bataille. Par ce côté le voisinage des lieux
ramenait la rivalité sur le terrain le plus rapproché de l'Orient,
et la querelle venait se compliquer de la contestation ouverte
avec lui depuis des siècles. Ainsi, malgré le changement des
mœurs et des idées, l'Europe rentrait naturellement dans la
voie des croisades. C'était pour affranchir la Grèce et pour relever l'empire et la domination française à Constantinople
que Charles VIII semblait marcher à la conquête du royaume
de Naples; ce fut pour la même cause, passée traditionnellement dans les idées, comme le but avoué de toutes les
prétentions et de tous les systèmes politiques, que Fran-

çois Ier parut dirigé dans toute la première partie de son règne.

La philosophie a été très-sévère de nos jours à l'égard de ce prince[1] : elle s'est étudiée à contredire la tradition qui, en dépit des fautes de l'homme et des malheurs de son règne, rattache à son influence l'une des périodes les plus importantes de l'humanité. En résultat, François Ier, sans avoir précisément aucune supériorité réelle, laisse cependant l'impression d'un grand roi. Il eut de toutes les facultés la plus éminente dans le chef d'un état, une vive perception dont l'instinct toujours sûr, lui tenant lieu de génie, le mettait à la hauteur de sa situation. L'éducation qu'il devait à sa mère lui avait donné peu de préjugés ; guidé plus sûrement par son sentiment personnel qu'il n'aurait pu l'être par la réflexion, tout en lui, défauts et qualités, semblait, comme son nom même, représenter la nation qu'il gouvernait. Dès son avénement au trône la victoire de Marignan le rend maître de l'Italie, et il se trouve placé au-dessus de tous les hommes de son temps, parmi lesquels on ne pouvait alors lui soupçonner un rival. Aussitôt la politique de ce prince fonde sa grandeur sur une double perspective qui en devient le mobile : c'était d'obtenir son élévation à l'empire soit dans un but de protection religieuse du côté de l'Orient, soit pour assurer sa suprématie politique sur l'Occident par l'union de la France avec l'Allemagne. On a pu con-

[1] M. de Sismondi, dans l'Histoire des Français, par suite d'un système bien connu, s'attaque à François Ier avec beaucoup de savoir et d'habileté, mais avec trop peu de mesure. Nous croyons de Thou plus près de la vérité dans l'éloquent résumé qu'il fait de ce règne au milieu de son troisième livre, lorsqu'après avoir énuméré tout ce que la France souffrit en pertes matérielles, il met en regard tout ce qu'elle acquit du côté des progrès de l'esprit humain ou de l'extension de la richesse publique. En définitive il montre François Ier obtenant ces résultats sans augmentation sensible d'impôts, en laissant même un trésor considérable à son successeur; et, malgré les critiques qu'on a faites des guerres d'Italie, il prouve ainsi tout ce que les peuples ont à gagner à être mis en contact par un grand mouvement extérieur.

clure des goûts despotiques de François 1er, qui lui firent
étendre de plus en plus l'autorité royale, qu'en ruinant l'aristo-
cratie par les guerres extérieures, il eut encore l'intention arrêtée
de la dissoudre par la corruption de la cour. Ces faits et beaucoup d'autres prouvent que, placé à la limite intermédiaire
des deux grandes époques historiques, il y avait en lui le conflit
des tendances qui se combattaient dans la société. C'est ainsi
que l'homme du présent devançait chez ce prince les conceptions réputées les plus habiles des gouvernements modernes, au point de voir et de sentir en toutes choses comme
on pourrait le faire de nos jours. Mais en même temps
l'homme du passé était naturellement appelé à reconnaître la
relation supérieure qui aurait rétabli la suzeraineté de la
France unitaire et monarchique s'exerçant sur l'Allemagne et
l'Italie, composées d'états divisés, et par elles sur tout l'Occident.

On voit, par tous les documents, que cette idée était très-bien
comprise des contemporains, puisque discutée devant l'Europe et dans la diète germanique avec les formes et la solennité d'un jugement, elle fut si près de se réaliser. Aussi cette
pensée naissait tellement de la situation en présence d'un fait
semblable déjà réalisé dans l'Orient, que François 1er ne put
l'abandonner sans qu'elle fût aussitôt relevée par un autre.
Elle revint donc de droit au rival qui allait dominer toute la
destinée de ce prince; et François 1er, réduit à se trouver désormais en opposition avec ses sentiments, eut à combattre dans un
adversaire les conceptions qu'il aurait voulu appliquer par
lui-même. De là, nous le croyons, la cause de la plupart de
ses inconséquences, des contradictions apparentes qui l'entraînent aux résolutions les plus opposées, mais qui au fond
manifestent sa constance dans les mêmes vues. S'il cède à l'é-
blouissement d'un premier succès bien fait pour l'aveugler,

l'effet aboutit à lui susciter un émule sur lequel la fortune semble amasser tous ses dons et réunir toutes ses complaisances. À
ce caprice de la fortune et du hasard mis au service d'un souverain qui se trouve encore être un homme de génie, viennent
se joindre l'inconstance des peuples, leur défiance pour l'un
égale à leur aveuglement pour l'autre, et les défaites matérielles
achevant de renverser toutes ses combinaisons. Nous savons gré
à ce prince de ne jamais désespérer de lui-même, de garder une
conviction inébranlable, qui lui tient lieu d'habileté, et lui fait
trouver les ressources les plus imprévues : c'est par là qu'il se
relève sans cesse et se maintient à la hauteur de son rival, malgré toute la supériorité que celui-ci devait à tant de circonstances exceptionnelles.

Forcé de se faire le défenseur des nationalités contre les
tendances de suprématie de Charles-Quint, François Ier allait donc directement contre ses propres idées, dont il cherchait toujours à reprendre l'application, tantôt en se rapprochant de son ennemi, tantôt par des projets de partage destinés à confondre leurs intérêts. Mais ses échecs ne tardaient
pas à le rappeler au système qui maintenait l'équilibre entre
les États; et se voyant toujours repoussé par les pays voisins
livrés à l'influence de son adversaire, François Ier fut conduit
à chercher dans la Turquie un appui extérieur plus éloigné.
Au fond cette politique n'était pas nouvelle, puisque, pratiquée par les empereurs et par les papes eux-mêmes, elle offrait
des précédents dans toute la période des croisades. Les alliances
avaient formé un lien de rapprochement et de civilisation entre
les peuples chrétiens et musulmans; c'était encore une manière
indirecte d'agir sur l'Orient; et si, par une sorte de reconnaissance du principe qui en restait définitivement le maître, ces
alliances devaient paraître favoriser son extension, elles allaient

le faire entrer dans les intérêts de l'Europe, par un moyen qui régularisait cette introduction. Toute alliance entraîne des conditions restrictives sur certains points, et des engagements de concours et de mesure à observer sur d'autres : il y avait donc avantage, même pour les pays en butte aux attaques des Turcs, à imposer ces règles et ces restrictions à la force désordonnée d'un peuple dont les succès, toujours croissants, devaient augmenter les tentations et l'audace. La protection donnée par la France à la puissance ottomane consolidait sa domination sur l'Asie-Mineure et sur l'Égypte, en la laissant libre d'agir contre l'Allemagne et l'Italie; elle devait aussi l'établir sur toutes les côtes de l'Afrique, et, avec elle, y fixer à demeure pour des siècles la piraterie et tous ses inconvénients pour le commerce de l'Europe. Mais à ces événements, qui se seraient produits par la seule force des choses, il faut opposer la situation que créait à François Ier et aux États dont l'indépendance était solidaire de la sienne, cette suprématie croissante de Charles-Quint, menaçant de rattacher ces mêmes côtes de l'Afrique à l'Espagne et à l'Italie. Qu'il réussît à s'emparer, en quelque sorte, de la Méditerranée, où un obstacle infranchissable allait s'élever entre la France et l'Orient, et les deux peuples devenaient ainsi étrangers l'un à l'autre. Leur alliance fut donc naturelle et commandée par un intérêt supérieur à toutes les affections: de plus, en paraissant contrarier les tendances chrétiennes, elle trouvait indirectement le moyen de les satisfaire, et d'arriver au même but par une voie détournée.

L'alliance de la France avec la Turquie eut donc, dès ce moment, les caractères qu'elle n'a pas cessé d'avoir depuis lors : ce fut une arme et un moyen d'agression employé à former une diversion puissante contre la maison d'Autriche sur les points où sa domination était le plus vulnérable, du côté du

i. c

Danube, et principalement en Italie. Là, cette alliance servait aussi à contenir les puissances italiennes, soit pour les empêcher de favoriser trop servilement les desseins de l'empereur, soit pour forcer leur adhésion aux intérêts de la France. D'une autre part, elle fut, à l'égard de la Turquie, un protectorat; et, quoique le mot paraisse moderne, le fait est aussi ancien que l'empire ottoman lui-même, où il ressort de la nature des choses. Ainsi l'établissement des puissances musulmanes en Égypte, en Syrie et dans l'Asie-Mineure, favorisé par l'analogie des mœurs et des habitants, avait cependant laissé subsister les populations chrétiennes, sans les absorber ni les détruire : cette réserve tenait à une nécessité qui imposait aux vainqueurs un principe de tolérance politique incompatible avec leur loi religieuse. A plus forte raison l'introduction du mahométisme et de la race turque dans l'empire grec restait un fait anormal et violent : il créait à ce nouvel État une situation particulière qui a toujours été la sienne, mais dont l'évidence n'est devenue que de nos jours sensible pour nous-mêmes.

Les Turcs formaient moins un peuple qu'une tribu, incessamment recrutée par les éléments que le fanatisme lui envoyait des institutions religieuses fondées à Brousse, à Damas et au Caire, ou que lui fournissait l'esprit remuant des populations qui erraient dans les plaines et dans les montagnes de l'Asie, et que le moindre espoir de gain attirait dans les rangs des Turcs pour prendre part à leurs éternelles expéditions. Aussi l'empire turc devait sa faiblesse à ce qui faisait sa force; il avait commencé comme une armée, et il ne cessait de subsister dans les mêmes conditions. C'était le temps où la loi féodale existait chez presque tous les peuples de l'Occident, où la France devait ses épouvantables défaites de Crécy, de Poitiers et d'Azincourt à son organisation militaire, qui tombait chez elle

devant une troupe d'archers anglais, comme elle devait tomber
plus tard, en Flandre et en Suisse, devant l'infanterie nouvellement révélée des communes. A cette même époque, la Turquie naissante, et circonscrite à une petite province asiatique,
se trouva en possession d'un instrument redoutable : ce fut l'institution des janissaires, qui, liée au principe de la perpétuité
de la maison d'Othman, et tous deux solidaires et dépendants
de l'existence l'un de l'autre, composèrent un élément de force
et de conquête irrésistible. Comme il avait suffi, dans l'antiquité, de la phalange macédonienne pour venir à bout des
masses asiatiques, de la légion romaine pour discipliner l'empire romain à son image, la milice des janissaires, animée d'un
double fanatisme, à la fois religieux et guerrier, offrait l'organisation militaire la plus parfaite. Comparée à celle qui existait partout ailleurs, elle explique la supériorité que cette force
eut toujours, aussi bien contre les États musulmans, dont elle
triompha en Asie, que contre les États chrétiens, quand elle se
trouva en contact avec leurs armées. Les batailles de Nicopolis
et de Varna, sous les premiers sultans, comme celle de Mohatz
sous Soliman II, avaient montré les causes de la supériorité
des Turcs. Mais cette armée, transportée dans la capitale, et
faisant corps avec le sultan son chef, était devenue gouvernement et nation : si elle n'avait pas eu de peine à substituer
sa domination à celle des empereurs grecs, elle avait hérité
aussi de la faiblesse radicale de leur situation. Constantinople, créée par la volonté d'un homme et non par le mouvement régulier et successif des intérêts d'un peuple, était,
en quelque sorte, sans racines, jetée à l'extrémité de l'Europe,
avec une population de hasard, également étrangère aux peuples d'origine slave qui l'entouraient au nord et aux peuples
de la Grèce qui venaient la rejoindre au midi. Elle avait bien

pu s'imposer, comme toute grande capitale, à ces peuples
séparés en petites fractions, mais sans y puiser une grande
force sociale, qui néanmoins suffit à prolonger l'existence de
l'empire grec et à maintenir son unité par l'action extérieure
qu'il exerçait sur l'Asie. Après la substitution des Turcs, leur
empire fut identiquement dans les mêmes conditions, seulement la situation était inverse. Le groupe des peuples hellé-
niques dominait par Constantinople comme par un poste
avancé sur les parties intérieures de l'Asie. Ce fut alors le
groupe des masses musulmanes, qui agissaient en sens opposé et par le même point, sur les intérêts chrétiens limitrophes. Ce qui fait la force et la durée de ces gouvernements,
c'est qu'ils gênent bien moins le développement naturel et les
dispositions des populations locales. Quelque antipathique ou
oppressif que soit leur principe, considéré par elles comme
étranger, c'est un accident ou une nécessité qu'on subit sans
l'adopter; et comme il est limité nécessairement dans son action, on s'arrange facilement avec lui. Les plus grandes exactions des Turcs ont bien pu avoir un effet ruineux, et exercer
à la longue l'influence malfaisante que tout mauvais système
entraîne par sa durée ; mais ce gouvernement n'a jamais eu la
puissance administrative qui pénètre dans la généralité des intérêts, et arrive peu à peu à les fondre complétement avec soi.
C'est ce que l'on comprend aujourd'hui, où toutes les distinc-
tions de races et de peuples, qui semblaient absorbés sous l'u-
nité du despotisme oriental, reparaissent intactes, sans avoir
rien perdu de leur personnalité ni de leur énergie native.

On conçoit que, dans cette situation, l'alliance française se
présentait comme une tutelle politique, comme une sorte de
médiation perpétuelle destinée à adoucir les ressorts violents
de l'État turc dans son action intérieure, et à le préserver des

excès de son propre système, par le soin qu'elle prenait de régler
et de modérer son action extérieure. D'après les causes que
nous venons d'indiquer, et comme on le verra dans la suite de
ce recueil, au moment des plus grands triomphes de cette puissance, quand l'Europe est dans l'épouvante de ses succès, la
Turquie ressent la crainte qu'elle inspire ; elle cache, sous la
hauteur et l'arrogance, le sentiment de sa faiblesse et l'inquiétude qu'elle en éprouve. Aussi ce fut pour elle comme une
conquête, comme une garantie de sécurité et de durée, que
cette alliance française qui, éclairant la Porte sur son ignorance des rapports établis entre les gouvernements de l'Europe,
lui traçait une marche politique à leur égard, et l'avertissait
des desseins formés contre elle-même. Elle lui devait surtout
cet exemple d'une portée incalculable, montrant la première
puissance chrétienne de l'Occident, celle qui, par la tradition
orientale, était mise à la tête de la ligue des États chrétiens,
prête à se séparer de cette ligue pour s'unir d'intérêt et souvent même d'action avec la Turquie. On saura que l'idée toujours présente aux souvenirs de l'Orient était celle des croisades, que la Turquie s'attendait à les voir renaître dans toutes
les ligues formées par les papes ou l'Espagne, et qu'elle ne se
rassurait sur ce point qu'en voyant la France s'abstenir d'y
prendre part. L'effet de cette assurance était presque toujours
de limiter la force agressive de ce peuple, et de réduire aux
proportions d'une guerre de gouvernement des conflits qui
pouvaient entraîner la lutte universelle d'une race contre une
race condamnée à combattre pour son existence.

Telle fut la double signification qu'emporta le système de
l'alliance turque adopté par François Ier ; et comme cette jal-
liance entra dès lors dans ses moyens de défense contre la
maison d'Autriche et l'Espagne, son utilité éprouvée l'intéres-

sait à la conservation d'une force qui le préservait. Il y mettait aussi pour réserve qu'en se tournant contre la Turquie ou en restant neutre à son égard, il pouvait amener sa destruction, et, par conséquent, il faisait à cet État une loi de suivre en tout l'impulsion qu'il lui donnait. On comprend quel avantage la Turquie prêtait à François Ier et à ses successeurs dans leurs luttes avec la maison d'Autriche. Malgré les forces immenses que la maison d'Autriche tirait de sa double domination en Allemagne et en Espagne, la Turquie venait toujours l'arrêter dans l'accomplissement de desseins qui n'allaient pas moins qu'à la rendre maîtresse de la France, et qu'on vit bien des fois sur le point de réussir. Cette alliance est donc un titre d'honneur singulier pour le prince qui l'a commencée et conçue, en quelque sorte, en dépit de la vive répulsion des contemporains. Quelque jugement qu'on en porte, la morale des situations ordinaires ne saurait s'appliquer à celles où le salut et l'existence même d'un peuple sont mis en question; et le chef d'un gouvernement responsable de cet intérêt ne peut, sous ce rapport, relever des considérations, soit d'un sentiment religieux peu éclairé, soit d'un rigorisme philosophique trop absolu. D'ailleurs l'alliance, dont plusieurs historiens font un reproche au lieu d'un titre de gloire à François Ier, l'exposa en effet aux récriminations des contemporains; mais elle ne fut pas moins l'objet de leur envie, et il ne dépendit pas des princes et des États qui avaient le plus à en souffrir d'obtenir pour eux cet avantage au prix des plus grands sacrifices. Loin d'être attaquable en droit et dans sa moralité, on peut dire qu'elle a été un grand moyen de civilisation. Dans un siècle où le fanatisme religieux reprenait une intensité nouvelle par la lutte du protestantisme et du catholicisme, où les terribles guerres de religion allaient éclater, ce fut une manifestation de la

pensée française qui dès lors inaugura le principe de la tolérance politique, pour s'élever plus tard à la consécration de
la liberté de conscience et de l'indépendance religieuse.

Je n'essayerai pas d'analyser ici par avance toutes les expressions que prendra successivement l'alliance ottomane. Elle
diffère en cela de toutes les autres, et ne pèse d'un si grand
poids dans les intérêts de notre pays, que parce qu'elle renferme les deux éléments qui caractérisent tout grand système
politique : c'était d'offrir un ressort et un expédient pour les
difficultés du présent avec une vue générale liée à un intérêt d'avenir. Car si la France exerçait par elle une action
détournée sur les oppositions rivales qui la touchaient immédiatement, elle lui devait aussi de pouvoir dominer une association d'États lointains, et d'avoir prise sur un monde séparé de
l'Europe, qu'elle tentait de rattacher à son système. Le grand
règne de Soliman II répond à lui seul à quatre règnes successifs de nos anciens rois : il présente, par les conquêtes et
les institutions, le plus haut développement qu'ait pu atteindre
la civilisation ottomane, arrêté presque aussitôt, sous son successeur, par la catastrophe qui commença le déclin de cette
puissance. C'est dans cette période que l'alliance de la France
avec la Turquie déploie, en se manifestant, les avantages divers
qu'elle apportait à chacune des parties contractantes. Par ce
concours on voit la France, avec des princes faibles, des divisions intérieures, des éléments de dissolution sociale qui allaient mettre en péril son existence, conserver à l'extérieur
une attitude pleine de force, et résister efficacement aux assauts de la maison d'Autriche. Loin de s'être affaiblie par sa
division en deux branches, cette puissance avait au contraire
perdu ce qui avait fini par l'affaiblir sous Charles-Quint, c'est-
à-dire la confusion de l'intérêt espagnol avec celui de l'Alle-

magne. Les peuples, rassurés sur leur indépendance par une séparation plus apparente que réelle, se refusaient moins à suivre son impulsion; et ces deux branches, toujours animées du même esprit, apportaient alors à la poursuite du même but les forces collectives et mieux disciplinées de deux empires. En effet, chacun d'eux s'était plus solidement constitué sous un gouvernement spécial, qui se trouvait appelé à mieux connaître ses ressources, en les développant de plus près dans le cercle de ses attributions naturelles. Leur conspiration permanente mit, sous Philippe II, au service du système qui tendait à s'emparer de la France, non-seulement l'Italie et les Pays-Bas, rivés plus étroitement que jamais à la domination espagnole; mais elle y rattachait aussi l'Allemagne, surveillée de plus près par un prince du même sang, devenu d'autant plus puissant qu'il paraissait moins dépendre de la maison qu'il représentait; et, ce qu'on n'avait pas vu encore, l'Angleterre fut entraînée dans ce cercle d'attraction par le mariage de sa souveraine, qui exposa un moment ce pays à perdre sa nationalité. La France, que l'incapacité de ses souverains et les troubles civils réduisaient à la défensive, ne dut le pouvoir de résister à ces attaques qu'à la permanence de sa liaison avec la Porte : car elle conservait à la France une prédominance extérieure, avec une voie toujours ouverte pour pénétrer dans les États de ses ennemis, lorsque, entamée par eux, elle était sur le point de succomber à leurs invasions.

Mais ces considérations viendront à leur tour dans la suite de ce recueil avec toute la puissance de démonstration qui ressort des faits et de leur expression contemporaine. Pour ce qui regarde la grande rivalité personnelle de François Ier et de Charles-Quint, si attachante et si originale par l'opposition de caractère et les qualités de ces deux princes, on la trouvera exposée ici avec tous les aspects si variés et les péripéties de ce

long règne. On l'y verra surtout mêlée au conflit extérieur le plus
étendu, où toutes les autres influences semblaient disparaître
devant la grandeur personnelle du souverain comme devant la
puissance et la position relative du peuple appelé à intervenir
entre les deux rivaux. Aussi la politique de ces deux princes
pouvait bien se débattre encore sur d'autres points, mais elle
n'était là que subalterne, et elle venait toujours se rattacher
par une face au débat qui était en réalité l'intérêt dominant de
l'époque. La position des partis contendants et de leur champ
de bataille faisait que toutes les forces supérieures, toutes les
questions décisives, étaient concentrées au midi; dans le nord
et ailleurs, les choses plus circonscrites par leur effet avaient
bien moins d'éclat et de retentissement. C'est dans le midi que
les grands coups se portaient, que les triomphes et les revers
s'échangeaient entre les partis; qu'un roi de France et un pape
devenaient tour à tour prisonniers de Charles-Quint; que sous
les barreaux de fer de sa prison de Madrid, François Ier, par
l'entremise de Soliman, venait frapper aux portes de Vienne,
et mettait en contact direct l'Allemagne avec la puissance ottomane. On avait vu dans les siècles antérieurs le courant des
événements politiques se porter également de ce côté, ceux du
moins qui intéressaient le plus la généralité de l'Europe : à
plus forte raison prirent-ils cette direction quand le théâtre
de la guerre, s'étendant sur une zone qui partait du Danube
et de la Hongrie, embrassa toute l'Italie, en y rattachant le
midi de la France et l'Espagne avec les côtes de l'Afrique.
C'est sur ce théâtre et sous sa double forme d'agression ter-
restre et maritime que se jouent les grandes scènes du drame
politique; que l'expédition de Tunis, l'invasion de la Provence
qui en est la suite, la guerre de Naples et de Venise, forment
cette série de diversions menaçantes qui forcent Charles-Quint

à des concessions si étendues; que la catastrophe d'Alger
l'oblige dès lors à se défier de sa fortune, au point de lui donner déjà l'idée de s'enfermer dans la retraite; et que ces attaques successives qui l'atteignent du côté du Danube, en déran-
geant continuellement toutes les combinaisons de sa politique,
assurent l'établissement de la liberté en Allemagne, et pré-
parent dans l'avenir l'affaiblissement de la maison impériale.

Le règne de François Ier marque donc cette évolution que
nous avons voulu définir : comme il porte en lui les deux
systèmes, et que ses efforts pour établir l'un n'aboutissent qu'à
fonder l'autre, on y sent, avec l'imprévu des situations, l'en-
train et la vivacité des esprits qui sont attirés vers l'inconnu.
C'est là ce qui donne à toute son époque ce mouvement et cet
air de renaissance dans les institutions, cette animation dans
les hommes, emportés par des instincts aventureux, et que le
même goût du merveilleux et de la nouveauté appelait en
Italie et du côté du Levant, comme il portait ailleurs, en Amé-
rique et dans l'Inde, les aventuriers de l'Espagne et du Portugal. Les grands événements ayant surtout pour conséquence
d'attirer les esprits éminents ou d'élever naturellement les
idées, c'est sur ce théâtre que se produisent les hommes d'action et de caractère, et que les talents se développent. Aussi, par
l'effet de cette coïncidence, il se trouve que les actes particuliers
émanés de ces témoins portent l'empreinte d'une supériorité
relative très-remarquable. Comme toutes les passions, toutes
les ambitions et toutes les espérances sont en jeu et reflétées
dans ces actes, ils deviennent l'histoire la plus expressive et
la plus originale d'une rivalité qui passait des souverains aux
peuples, et enflammait de la même émulation les chefs comme
les plus simples agents. Transformés en avocats de cette cause,
répandus dans les cours d'Italie, ou près des gouvernements

populaires qu'il fallait attirer à leur parti, en agissant sur les convictions, ils portent dans leurs écrits l'ardeur de la controverse et de la polémique, et ressentent eux-mêmes toutes les passions qu'ils veulent inspirer : ils créent enfin par le concours des circonstances, et sous l'influence du pays où elles s'accomplissent, une institution nouvelle qui devait répondre à la forme nouvelle des gouvernements et s'adapter à leur organisation.

III.

Ces tendances vers un nouvel ordre de relations donnèrent, dans ce siècle, naissance à la diplomatie ; car, quoique le fait subsistât antérieurement, il n'avait été sous les règnes précédents, ni pratiqué, ni généralisé, comme il le devint alors ; et, comme toute institution qui commence et se trouve en progrès, celle-ci ne se montre pas telle au début que dans le cours et à la fin du règne de François Ier. Pour comprendre les changements de formes qu'elle subit et les causes historiques qui ont influé sur elle et sur la production même des monuments qu'elle a laissés, il faut l'étudier et la chercher à son point de départ. De tout temps, en effet, et depuis qu'il existe des États et des peuples, il y a eu une diplomatie, si on entend par là l'échange de relations réciproques, nécessité par une circonstance ou pour un cas donné ; mais, ni dans l'antiquité, ni dans le moyen âge et la période de l'organisation féodale, on ne trouve à ces relations les caractères essentiels qui en font une institution dans les États modernes, nous voulons dire la permanence et la fixité des fonctions. Il fallait que les peuples de l'Europe, sortis d'une même civilisation, fussent constitués en États séparés et cependant unis, en intérêts rivaux et cependant forcés d'adhérer l'un à l'autre et de vivre en communauté d'idées et de liaisons, pour amener cette institution, qui transporte dans un État étranger les influences rivales du dehors, les constitue en représentations et en gouvernement, qui confère enfin à un agent le droit de surveillance sur le pays où il réside, et même celui d'agir hostilement contre lui dans l'occasion. Comme un fait n'arrive pas du premier coup à sa croissance, celui-ci a suivi le progrès de la société où il est né, et dont il forme aujourd'hui un des caractères essentiels et dominants. Car on remarquera que rien de semblable n'existe de nos jours dans d'autres civilisations; que dans les États de l'Asie, par exemple, les princes, dans l'occasion, s'adressent mutuellement des ambassadeurs, d'après l'usage immémorial suivi universellement par tous les peuples, mais aucun ne songe à entretenir à poste fixe un surveillant accrédité chez son voisin. C'était également le même degré de relation qui subsistait entre les souverains de l'Europe au xive et au xve siècle : l'on possède, il est vrai, quelques correspondances diplomatiques de la fin du xve siècle, mais cette circonstance peut servir à éclairer l'origine du fait et à déterminer la signification historique qu'il convient de lui attribuer. Ces correspondances étant la plupart italiennes, comme celles de Machiavel, par exemple, elles prouvent que la diplomatie naquit à l'occasion des guerres d'Italie, et qu'inventée et mise d'abord en pratique dans ce pays, elle a gardé tous les traits de son origine.

L'Italie, organisée dès lors en petit comme l'Europe le fut plus tard en grand, offrait dans un cadre plus resserré la même réunion de corps politiques indépendants, mais soumis par leur voisinage à des rapports communs. On y voyait de simples villes s'élever à la condition d'États puissants par la combinaison du négoce, le développement des forces navales, et l'adjonction de colonies situées sur les seules routes parcourues par le commerce depuis les croisades, dont il avait été l'un des principaux éléments. Comme les conditions du commerce exigent, sur presque tous les points, la résidence d'agents publics chargés de tenir leurs correspondants informés de tous les faits qui peuvent influer sur les transactions commerciales, de rendre compte des changements éventuels ou des révolutions accomplies, on conçoit que la pente naturelle devait conduire à transformer ces observateurs en agents politiques. Aussi l'institution des consuls dans le Levant, qui remonte si haut par sa date, a-t-elle déjà ce caractère du représentant officiel de la nation, chargé de la discussion et de la défense de ses intérêts. Les mêmes exigences commerciales qui avaient fait échelonner des stations et des colonies dans le Levant et sur les différentes routes de l'Inde, portèrent ces mêmes États italiens, qui étaient alors les facteurs de l'Europe, à fonder des comptoirs dans les différents pays de l'Occident, pour l'échange et la circulation de leurs marchandises, également sujettes aux variations et aux modifications de la politique. Tout le moyen âge est rempli de ces Lombards qu'on voit établis presque partout, et qui souvent excitaient par leurs richesses l'envie et la répulsion qu'inspiraient les Juifs, et pour la même cause. Plus tard, Paris et Lyon eurent des compagnies commerciales italiennes, sans cesse grossies par les émigrations qu'y faisaient affluer de plus en plus les perpétuelles discordes des républiques d'Italie. Leurs gérants offraient comme banquiers des moyens pour l'échange et l'envoi des capitaux, dont on verra souvent nos ambassadeurs et les gouvernements se servir dans l'occasion, autant pour cet objet que pour la transmission même de leurs dépêches. Cette correspondance suivie avec régularité devait donc facilement se compliquer au besoin de renseignements commerciaux aussi bien que politiques. D'ail-

leurs les Etats occidentaux recouraient pour des emprunts continuels à ces petites, mais opulentes républiques, plus riches à
elles seules que les grandes nations de l'Europe: ils se trouvaient
encore appelés en Italie par les prétentions qui les armaient
les uns contre les autres pour la possession de plusieurs parties de cette contrée, et par l'imprudence des Italiens, qui les
provoquaient à s'immiscer dans leurs débats. Ainsi donc tout
concourait, au dehors comme au dedans, à produire ce résultat;
et, par suite, les combinaisons perpétuelles de ligues, d'opposition d'intérêts, de divisions de parti entraînaient les villes italiennes à des alliances extérieures, soit entre elles, soit avec
les peuples étrangers. L'Italie dut avoir la première des agents
à poste fixe revêtus d'un caractère public, au moins pendant
toute la durée d'une liaison contractée, soit pour une guerre,
soit pour une confédération quelconque. C'est le caractère
qu'on voit aux diverses missions de Machiavel à la fin du
xv⁰ siècle, remplies tour à tour en France et à Venise, ou bien
dans la Romagne, dominée par César Borgia. A une époque antérieure Venise réunissant, par la forme et la nature de son gouvernement, toutes les conditions de secret et de continuité qui
font l'essence des relations diplomatiques, entretenait déjà des
liaisons suivies avec les villes industrielles de la Flandre, dont
les communes se trouvaient avoir également, dans les nécessités
de leur organisation commerciale et de leur rivalité politique,
des analogies complètes avec les républiques italiennes. Aussi
les ambassades vénitiennes étaient-elles fréquentes auprès des
ducs de Bourgogne; et Louis XI, se plaignant à un envoyé
vénitien, nouvellement venu à sa cour, de ce que Venise lui
adressait si rarement des ambassadeurs, pendant qu'elle en
avait un presque toujours présent à la cour de Bourgogne,
l'agent lui expliqua comment Venise avait été amenée, par le

soin de ses intérêts commerciaux, à juger nécessaire la résidence
continuelle d'un envoyé de la république dans ce pays[1].

Les grands mouvements que produisirent les guerres d'Italie,
furent les premières manifestations internationales des États
parvenus à se compléter à l'intérieur; car tant qu'ils sont aux
prises sur leur propre territoire avec des adversaires étrangers,
que la France et l'Espagne ont à se démêler, l'une d'avec l'Angleterre, l'autre d'avec les Maures, qui les occupent en partie,
il n'y avait pas lieu pour ces pays à exercer une action extérieure. La lutte diplomatique ne s'ouvre réellement qu'aux débats de la succession de Bourgogne et aux démêlés de la France
avec la maison d'Autriche : cette lutte à peine entamée par
Louis XI, s'engage en effet sous son successeur à l'occasion de
l'héritage de Bretagne et de Naples, et commence sous Louis XII
la guerre de négociations pour l'héritage de Milan, où ce
prince eut en tête, dans Maximilien, et surtout dans Ferdinand d'Aragon, des adversaires consommés. L'Italie, envahie
par toute l'Europe, l'envahissait à son tour par ses idées :
en même temps qu'elle imposait partout, avec l'imitation de
ses usages et de sa civilisation, sa morale équivoque et une
politique de dissimulation et de ruse, qu'elle avait réduite en
maximes, elle dut faire passer en usage dans tous les pays la
pratique de la diplomatie telle qu'on la suivait chez elle, et qui
devint alors générale. Cependant l'institution subsista longtemps encore, et jusque très-avant sous le règne de François Ier,
sans que ses formes fussent établies régulièrement; les titres et
les qualités sont mal définis, comme les fonctions paraissent in-
décises. Dans les plus anciennes pièces, c'est une commission
qu'on remplit, et non pas une mission. Les titres de commis,

[1] Ce fait a été relevé récemment sur le rapport de l'ambassadeur vénitien qui se trouve aux archives du conseil des Dix, à Venise.

de commissaire et de député prévalent, et sont inévitablement
rendus dans les pièces latines par les mots de *commissarius* et
d'orator ; le mot espagnol *d'ambassadeur* [1] n'arrive que très-
postérieurement : il est d'abord pris sans distinction par tous
les agents les plus infimes comme les plus élevés. A mesure
que l'institution se régularise, il est réservé pour les positions
supérieures, et on voit employer le mot de *résident* pour qua-
lifier les positions inférieures.

Ces notions, exprimées ici pour la première fois, doivent
servir de préliminaires à un recueil, qui, d'un point de vue relatif, fera sortir l'histoire de la diplomatie française. Quoiqu'on
l'ait essayée à diverses reprises, cette histoire ne pouvait exister
encore, puisqu'on n'en avait pas réuni tous les éléments. Si
l'on est parvenu à rassembler en collection les résultats ostensibles des diverses négociations, en recueillant les conventions
et les traités qu'elles ont produits, on n'a guère pu que faire des
conjectures au hasard sur les moyens employés pour amener
leur conclusion. Mais, de là à saisir l'ensemble et la succession
des idées qui ont dirigé la diplomatie, des systèmes qu'elle a
appliqués, de la politique qui l'a régie, il y a loin; et les publications isolées ou plus complètes sur certains points et certaines questions ont servi à montrer tout ce qui manque ailleurs pour l'intelligence de ces intérêts. La nature secrète des
pièces diplomatiques ne les a fait parvenir au public que par
des voies détournées, les unes réunies et données comme œuvre
d'un négociateur, les autres confondues dans des recueils avec
des matières étrangères : elles n'offrent sous ces deux formes
que des notions partielles et insuffisantes, destituées de la

---

[1] On lit dans le commentaire de Ru-
scelli sur l'Arioste : « Questa voce è pura ol-
tramontana e principalmente della lingua
spagnuola » Cependant le mot se trouve
aussi employé quelquefois avec ce sens
dans la latinité du moyen âge.

clarté qui donne aux choses leur valeur et leur mesure, lorsque
ces actes, replacés dans la série des faits qui les précèdent et de
ceux qui les suivent, reçoivent d'eux la signification générale
qui en fait comprendre tout le développement. Il m'a paru que
l'histoire suivie et continuée presque jour par jour, s'il était
possible, de l'un de ces postes diplomatiques où se déploie la
continuité des rapports politiques, basée sur un grand intérêt
international, présenterait cet ensemble de données et cet enchaînement de faits et de notions dont l'intelligence forme l'éclatante instruction de l'histoire. Dans cet édifice qui se reconstruit
avec les témoignages apportés par les hommes et les pouvoirs
publics, le plan d'ensemble sera longtemps à se compléter :
en attendant, rien ne saurait en approcher davantage, et y
suppléer en quelque sorte, que l'histoire au moins complète
de l'une des parties les plus importantes qui peut conduire à
la connaissance des autres, et c'est à quoi se prête surtout la
nature de la diplomatie. En effet, le mode d'existence et les
règles communes à tous ces postes, doivent se retrouver dans
l'histoire détaillée et continue de l'un d'eux; car, à part la différence du théâtre et de l'intérêt politique qui s'y développe,
quoique le lieu et les circonstances de la scène changent, le
point de départ reste le même; et dans les instructions qui se
succèdent, dans les confidences qui sont faites sur les intérêts
négociés ailleurs, dans la transmission des nouvelles et des événements, dans les résolutions qu'ils font prendre, on devine et
on conçoit par quel lien cet intérêt se rattache avec les autres,
et entre avec eux dans le système général. Sous ce rapport,
aucun poste ne devait offrir cet avantage au même degré que
celui de Constantinople; car l'éloignement de la résidence, les
interruptions que pouvaient occasionner des accidents de toutes
sortes, ont contribué à donner à ces notions une étendue et une

continuité que nous n'avons trouvées nulle part. C'est au point qu'il est possible d'y lire la pensée qui les a dictées successivement, d'y voir les causes accidentelles qui l'ont fait varier, et de juger souvent par contre-coup l'influence qui s'est produite au loin et dans un autre ordre de faits. L'état des monuments diplomatiques qui nous restent peut servir à déterminer le degré où les relations internationales étaient parvenues à chaque époque. Les plus anciens montrent quelques-unes de ces missions se réduisant à un seul rapport, rédigé le plus souvent au retour des négociateurs, sous forme de mémoire ; d'autres fois les conférences se prolongent, et occasionnent pendant leur durée une correspondance, soit pour demander de nouvelles instructions, soit pour faire part des incidents imprévus survenus dans le cours de la négociation. Quoique, à ce degré rudimentaire, l'esprit d'argumentation scolastique et de procédure produise des développements volumineux, ce n'est jamais, après tout, que sur certains points, pour un intérêt accidentel et limité, qui ne se rattache à aucun système d'ensemble.

En effet, l'ordre de choses existant ne l'aurait pas rendu possible : la plupart des puissances elles-mêmes n'ayant pas de centre fixe, se trouvaient en partie dans cet état flottant et indécis qui n'avait pas encore donné à chaque peuple son caractère propre et ses limites naturelles. L'Allemagne, ce grand corps insaisissable, malgré son étendue, semblait ne poser nulle part ; elle n'offrait d'autres moyens de communiquer avec elle, pour connaître ses dispositions et ses tendances, que dans les grandes diètes de Spire, de Worms ou de Nuremberg, qui manifestaient périodiquement sa personnalité, mais dont les convocations étaient mobiles et irrégulières. Deux postes importants semblent au premier aspect mêlés plus intimement aux intérêts immédiats de la France : c'étaient l'Angleterre et l'Espagne, que des rapports continus de guerre ou d'alliance associaient à leur mouvement réciproque; et cependant, là comme ailleurs, par l'effet de la situation et par la nature des choses, les correspondances ont le même caractère de relations accidentelles, et par leurs dates ne remontent pas plus haut. Quoique la royauté anglaise ait eu toujours un siége fixe et permanent, ses transactions avec la France n'avaient guère été que des trêves, suivies bientôt d'hostilités qui venaient interrompre les relations à peine reprises. On voit d'ailleurs que l'esprit du pays et les divisions politiques et religieuses étaient presque toujours un obstacle à un rapprochement durable avec la France, qui mettait en suspicion le gouvernement anglais, et provoquait contre lui de sanglantes révolutions. L'Espagne, longtemps composée de plusieurs États, donnait lieu moins encore à des rapports suivis, qui ne commencent guère qu'à Ferdinand d'Aragon. Sous son règne, l'extension que les intérêts de ce pays prennent à l'intérieur comme à l'extérieur, occasionne de véritables négociations que la disposition d'esprit de ce souverain, plus diplomate que guerrier, et porté à recourir à un moyen d'action dans lequel il excellait, devait lui faire rechercher de préférence. Quoique la monarchie espagnole n'eût point encore un centre fixe et bien défini, elle se trouvait alors complétée, et, de plus, ses intérêts et sa royauté à Naples la mettaient en conflit direct, et par suite en relation diplomatique avec la France. Mais cette formation complète de l'Espagne ne se manifesta qu'un moment pour aller se perdre avec ses immenses acquisitions extérieures dans l'empire que la fortune préparait à Charles-Quint. Cette accumulation d'États, prévue et en vain combattue par tous les politiques du temps, commença une guerre diplomatique qui ne fut pas moins vive que celle des armes, et décida en

effet de l'extension et de la forme que prit alors l'institution.
Cependant Charles-Quint était toujours en mouvement dans
ses vastes États, où il avait à concilier, par sa présence, tant
d'intérêts divergents et hostiles, et cette action perpétuellement
nomade jette une grande irrégularité dans sa diplomatie.
L'ambassadeur français qui fut le plus constamment attaché
à sa personne, qui le suivit partout, en Allemagne, en Espagne,
à Tunis, en Italie, Dodieu de Vely, fait regretter la perte ou
la rareté de ses rapports sur une politique qu'il fallait poursuivre de loin en loin, tantôt à Madrid, tantôt à Bruxelles, et
dans ses changeantes stations en Allemagne. De ce côté les
intelligences de la France avec le Nord étaient à peu près
nulles, et on les verra se former accidentellement sous François Ier, mais toujours sans suite. Quant à l'Autriche, elle
n'existait pas comme puissance en dehors de l'Allemagne; car
Vienne ne commence à prendre le caractère d'une capitale
politique qu'après Charles-Quint, et lorsque l'abdication de
ce prince eut fixé à la fois les deux branches séparées de sa
maison à Vienne et à Madrid, pour commencer seulement alors
une série de relations fixes et déterminées avec tous les États.

On voit donc par là que les autres points politiques ne
peuvent guère se prévaloir d'une grande priorité à l'égard
de Constantinople, soit que l'on considère la date et la rareté
des correspondances, ou bien les lacunes et les irrégularités
qu'elles présentent, quoique la proximité avec la France aurait
dû les rendre plus abondantes et d'une conservation plus
facile. Sans parler des obstacles matériels, comme la navigation
et les difficultés de communication par terre, bien des causes
devaient entraver les rapports avec la Turquie, puisque
François Ier, qui ne s'y résolut que dans la seconde partie de
son règne, fut longtemps obligé de les désavouer, et n'y revint

que de loin en loin, presque toujours avec répugnance, et comme forcé par la nécessité. Nous n'aurions donc pas eu matière à présenter, presque au complet, le mouvement diplomatique de ce règne, d'en faire saillir tous les aspects variés, et de reproduire cette grande rivalité historique, avec les passions et le langage même des personnages principaux qui la représentent à tous les degrés, si le but et la nature de cette alliance ne nous eût transportés sur le point où tous les intérêts, toute l'action diplomatique des peuples étaient alors concentrés. C'est par les affaires de l'Italie et en vue de ces intérêts, que la France est conduite à Constantinople : par ce détour elle revenait encore en Italie, armée d'une influence nouvelle, qui s'exerçait sur les deux points principaux qu'il s'agissait de rattacher à sa politique; c'était Rome et Venise. Appuyée sur sa grande puissance morale, qui combattait traditionnellement l'empire, Rome, tournée contre l'empereur, offrait une consécration suprême à la cause de la France, lorsqu'on parvenait à l'y rallier; mais cette adhésion était difficile à obtenir, jamais complète et ouverte, et surtout jamais franche et sincère. En effet, dans ses efforts pour l'affranchissement de l'Italie, la cour de Rome oscillait entre François Ier et Charles-Quint; mais comme l'Espagne se trouvait établie à ses portes, et que toute velléité d'indépendance était immédiatement suivie d'une répression violente qui ne s'arrêtait pas devant le caractère sacré des pontifes, c'était déjà beaucoup d'obtenir leur neutralité. Nulle part la situation de la cour de Rome n'apparaîtra plus vivement que dans ce recueil, sous les quatre grands pontificats qui correspondent à ce règne, avec sa subordination forcée, la défiance et la dissimulation des pontifes, et leur tendance égoïste et personnelle. L'alliance ottomane avait cet avantage de donner à la France des moyens

comminatoires aussi directs que ceux que Charles-Quint employait contre cette cour; mais elle avait l'inconvénient de
fournir au saint-siége un motif de se séparer d'avec la France,
en le mettant en contradiction avec son principe. Quant à Venise, qui, depuis l'erreur politique de Louis XII, était rentrée
dans les voies naturelles de sa politique à l'égard de la France,
comme elle était la seule grande force organisée en Italie, le
point essentiel était de l'avoir pour soi dans les questions italiennes. Alliée fidèle dans les revers que la France subissait,
elle ne l'était pas autant dans ses prospérités; et la puissance,
quelle qu'elle fût, qui dominait dans le Milanais, devenait
aussitôt son ennemie en devenant trop voisine de ses possessions. Comme le fait avait lieu ainsi plus souvent au profit de
l'empereur, qui la touchait ailleurs par l'Autriche, Venise
penchait naturellement pour la France, autant que sa circonspection lui permettait de le montrer. Il y avait donc encore de ce côté une compression morale et matérielle à exercer
pour la porter à des démonstrations plus efficaces, et c'est
principalement sous cette face que se faisait sentir l'avantage
supérieur de l'alliance ottomane. Mais là encore il y avait une
complication d'intérêts qui engendrait une autre source de
défiance pour l'ombrageuse république, en l'atteignant dans
ses plus vives et ses plus chères prétentions; car, par une fata-
lité qu'elle dut maudire plus d'une fois, Venise avait en quelque sorte conduit, malgré elle, la France à Constantinople.

    Venise avait créé et empreint du cachet de son esprit cette
science nouvelle de la diplomatie. Peu scrupuleuse dans ses
moyens, dominée par des intérêts positifs, et tenant peu de
compte des répugnances morales, elle voyait maintenant
tourner contre elle les ressorts qu'elle avait inventés. L'ad-
miration que l'on avait partout pour la haute sagesse de son

gouvernement, tendait à les propager, en faisant proposer sa
politique en imitation aux autres pays. Tels étaient les résultats
que son habileté avait su retirer des croisades, qu'ils avaient fait
passer dans ses mains une partie de l'empire grec avec les derniers États qui, comme Chypre, restassent encore aux chrétiens,
pendant que son commerce s'établissait dans le Levant sur la
ruine de celui de toutes les autres nations. Qu'on juge avec quel
dépit croissant ce peuple dut voir l'intrusion de la France dans
des relations où il n'avait pas de rival, et où il allait être primé
par un maître. Ce rôle d'instructeur, qu'il remplissait à l'égard
de la Turquie ignorante, en lui expliquant à son point de vue
les événements politiques, menaçait d'être contrôlé et éclairé
par d'autres intérêts. Pour vivre en cohabitation sur la même
terre avec cette puissance hautaine et brutale dans ses procédés, mais cependant facile à tromper et à exploiter, il
s'était réduit à une existence obséquieuse et soumise, mêlée
d'avanies et d'exactions, mais dont il exploitait les bénéfices,
en se résignant d'autant mieux aux inconvénients que ces humiliations n'avaient pas de témoins. Et il voyait, en quelque
sorte, rentrer, comme dans son domaine, cette influence de
la nation qui avait inspiré et commandé les croisades, qui
avait eu des empereurs à Constantinople, et qui, par son alliance avec les nouveaux dominateurs du pays, semblait consacrer leur domination. Venise était, auparavant, la seule puissance chrétienne qui assurât à la Turquie un allié parmi les
États chrétiens ; elle avait naturellement toutes les préve-
nances et les ménagements compatibles avec la hauteur des
Turcs ; et voilà qu'ils obtenaient le concours d'une grande
puissance militaire qui faisait descendre d'autant dans leur
estime ce peuple de marchands. De plus la Turquie, assurée
désormais de cette alliance supérieure, allait être rendue aux

tendances naturelles de sa situation, pour l'expulsion de Venise de tous les points qu'elle occupait dans l'Orient. Aussi à peine est-elle contractée que l'effet s'en fait sentir par la longue guerre qui met aux prises les deux États : cette guerre ne se termine que par la médiation à la suite de laquelle la France arrête l'un des combattants dans ses agressions, pendant qu'elle s'impose à l'autre comme protectrice. De là ce changement dans la politique de Venise, qui contrairement à tous ses précédents la jette, à l'égard de la Turquie, dans des ligues formées avec l'Espagne et Rome ; ses désespoirs et ses sourdes fureurs contre la France, qui est à la fois son recours et son oppression, qui la tient assujettie aux mouvements d'une politique qu'elle repousse par la pression exercée sur elle au moyen de la Turquie ; toutes ces variations si curieuses des hommes et des choses que l'histoire ostensible ne peut donner, et dont on trouvera dans ce recueil la peinture aussi intéressante par les faits que vive et pénétrante par l'expression.

Venise avait donc fait tout ce qui était en son pouvoir pour détourner la France d'aller en Orient, et elle avait la douleur d'être elle-même le moyen d'introduction, la grande voie de passage et de communication entre les deux nouveaux alliés. Sa navigation régulière avec le Levant servait ainsi que Raguse, république vassale de la Porte, au transport des dépêches de la France : ces dépêches que Venise soupçonnait souvent d'être rédigées contre elle, dont beaucoup disparaissaient dans ce trajet, alors rendu difficile par les pirates turcs et chrétiens de l'Adriatique et de la Méditerranée, une fois arrivées sur son territoire, elle était tenue encore de les faire escorter dans le passage sur ses possessions en terre ferme le long des frontières suspectes et toujours semées d'embûches du Milanais occupé par l'Espagne jusqu'aux avant-postes français du Piémont, pour être transmises au quartier général établi à Turin. Cette liaison nécessaire du poste de Venise avec celui de Constantinople faisait du premier une sorte d'observatoire d'où la France, transportée au point de jonction de tous ces États, surveillait à la fois les mouvements de l'Italie et de l'Espagne, rattachés dans la même péninsule à ceux de l'Allemagne, de l'Autriche et des autres pays du Nord. La priorité des relations diplomatiques de Venise, sa grande expérience de la politique des cours, le secret de son gouvernement, les moyens nombreux de renseignements qu'il possédait par des voies publiques et privées, toutes ces circonstances concouraient à rendre ce poste le plus actif et le plus important pour la France, où les matières à traiter étaient les plus délicates par le mélange de ménagement et de contrainte qu'il était nécessaire d'employer, surtout par l'habileté des hommes que l'on avait en tête, et qu'il fallait persuader. Les discordes des villes italiennes, la prépondérance acquise chez elles au parti impérial, faisaient affluer à Venise un grand nombre d'exilés du parti contraire. On distinguait entre tous l'émigration florentine, qui avait à sa tête les frères Strozzi, grands capitaines et influents par leur nom : ils formaient, avec leurs partisans dévoués à la France, comme un petit corps d'armée dans la cité même, et une occupation en rapport constant et secret avec les ambassadeurs français. Sur la côte en face de Venise, il y avait encore la petite cour de la Mirandole, seul point en arrière du Milanais resté sous la protection de la France, qui avait une garnison entretenue à ses frais dans la citadelle. Une grande partie de la correspondance de Venise est employée aux soins et aux démarches qu'entraînent les difficultés d'argent pour l'entretien de cette garnison, la surveillance politique appliquée à prévenir les tentatives de l'Espagne sur ce point, les recommandations en faveur

de ces petits princes, avides et besogneux, toujours prêts à se
faire acheter par l'Espagne, et qui recevaient en France le prix
de leur zèle en bénéfices ecclésiastiques, ou en charges à la cour.
Mais telle était la connexion des intérêts de ce poste avec ceux
que la France avait dans le Levant, qu'il reste bien peu de détails
spéciaux et propres seulement à Venise en dehors des extraits
que j'ai pu rassembler ici pour l'intelligence de mon sujet. Leur
réunion devra suppléer aux renseignements directs qui nous
manquent pour les ambassadeurs employés par François Ier en
Turquie, ou qui se réduisent à un petit nombre de pièces
clair-semées; mais cet inconvénient existe au même degré pour
toutes les ambassades sans distinction, pour celle même de Venise, tout aussi incomplète et remplie de lacunes. Cependant je
suis parvenu, à force de recherches, par la combinaison des
pièces qui se rapportent soit à l'un soit à l'autre de ces deux
postes, à donner l'ensemble à peu près entier de la politique
que la France suivait sous ce règne en Italie, et à établir ses
liaisons avec celle qu'elle suivait en Orient. Une suite d'heu-
reuses découvertes et de bonnes fortunes, dont les personnes
versées dans la connaissance des collections comprendront
seules tout le prix, m'a permis de recomposer les traits vivants
d'un tableau si instructif. Malgré l'état des manuscrits, tantôt
surabondants sur les points qui ont souvent le moins d'intérêt,
tantôt d'une stérilité désolante sur les parties les plus importantes à connaître, j'ai pu réunir une double série de témoignages
qui s'éclairent et se complètent réciproquement, et qui rendent
à l'un la parole, quand l'autre se tait ou demeure insuffisant.

L'importance des intérêts en négociation entraîne presque
toujours celle des hommes qui les traitent; et la partie
éminente de la diplomatie de François Ier se trouve ici
représentée dans ses agents, à la fois comme écrivains et

comme hommes d'État. Sous ce rapport on ne peut guère que
présumer la valeur individuelle des La Forêt, des Marillac,
des Paulin de la Garde, des Montluc et des d'Aramont :
c'est par exception qu'il arrive quelquefois de juger d'après
elle-même la pensée de Rincon, dont on peut du moins ad-
mirer partout l'activité infatigable et un dévouement aux
intérêts de sa patrie adoptive qu'il scella si noblement de son
sang. Plus heureux en ce qui regarde Rome et Venise, nous
avons pu montrer à l'œuvre les hommes les plus remarquables
du temps, comme François de Dinteville, évêque d'Auxerre,
Jean de Selve, évêque de Lavaur, Charles de Hémar, évêque
de Mâcon, Georges d'Armagnac, évêque de Rodez, l'illustre
et savant Guillaume Pélissier, évêque de Montpellier, enfin
Jean de Morvilliers, plus tard évêque d'Orléans. Cette diplomatie d'évêques, dont on verra plusieurs ne pas craindre de
venir jusque chez les Ottomans commettre leur caractère sacré,
d'ailleurs respecté parmi les Orientaux, a le regard ferme et
sûr, la connaissance profonde des hommes, et une rare indépendance à l'égard de ce même pouvoir religieux dont ils émanent; car il leur arrive souvent de se trouver en opposition
avec des intérêts qu'ils devraient être portés à servir aux dépens de ceux de leur pays. Le mérite du style, nécessairement
inégal, éclate ici plus particulièrement dans les dépêches de
Pélissier, que l'on connaissait comme l'un des promoteurs de
la renaissance des lettres et de l'érudition en France, mais que
l'on pourra désormais apprécier comme écrivain et comme
homme d'État. Sa correspondance offre une peinture saisissante
de la partie la moins connue et la plus critique de ce règne,
celle qui fut marquée par la catastrophe de Rincon et par les
suites qu'elle entraîna pour l'Europe. Il décrit aussi avec des
couleurs originales ce théâtre effrayant et sauvage de la Hon-

grie, où s'entre-choquent les plus grandes masses armées de
l'époque, et où en leur absence s'agite confusément un éternel
état de trouble dont l'obscurité n'avait pas été pénétrée jusqu'à lui; car les lettres de l'ambassadeur en font ressortir l'as-
périté primitive avec une réalité bien supérieure à tous les récits
des historiens contemporains et des chroniqueurs turcs ou hongrois. La France étant exclue, par son hostilité, de l'Allemagne
et des autres parties soumises à Charles-Quint, pendant que
Venise devait à sa neutralité d'avoir partout l'accès ouvert à
ses relations, c'est par là seulement et par les renseignements
qui venaient à la république qu'on pouvait apprendre l'état
des choses et la disposition des esprits dans ces contrées. Aussi
la correspondance de Pélissier est-elle très-étendue sur des
détails qu'il importait tant à la France de connaître, et qui,
toujours vivement empreints par l'originalité de l'écrivain, lui
arrivaient encore avec le commentaire, si curieux pour nous,
de la sagacité vénitienne, et avec les impressions comme les
conjectures de ces grands politiques de l'Italie.

V.

La supériorité que les hommes doivent à l'importance de
leurs fonctions s'était manifestée, sous ce règne, par l'emploi
de ceux qui dirigeaient le poste de Constantinople : elle s'y
montrera plus encore sous les règnes suivants, où l'influence de
la France, établie d'une manière définitive, prendra des proportions dont il est difficile de se rendre compte aujourd'hui. En
cela comme en beaucoup de choses, la France a singulièrement
déchu, moins encore par les faits, presque toujours accomplis
à son détriment, que par une sorte de retraite sur elle-même,
de rétrécissement de ses idées, d'abandon de ses traditions.

L'interruption prolongée, occasionnée par les changements de systèmes et par les fréquentes révolutions intérieures, a produit l'inintelligence de certaines forces traditionnelles dont le sens a péri pour nous. Ainsi, tandis que chez les peuples orientaux la tradition est restée intacte, qu'un passé plein de force et de grandeur vit moins encore comme un souvenir que comme une sorte de croyance héréditaire entrée dans les esprits et qui ne se discute pas, la France n'apparaît guère dans l'Orient, soit par ses nationaux, soit par ses représentants officiels, qu'avec une conscience indécise, et presque toujours fausse, de ce passé dont elle a perdu la filiation et la trace. Elle y trouve le sentiment d'une puissance presque toujours contredite par les rapports actuels, dont elle cherche l'explication là où elle n'est pas, et dans des prétentions qui l'exagèrent d'un côté pour le rapetisser de l'autre. C'est quand les faits auront été rétablis dans ce recueil qu'elle pourra comprendre ce désaccord, envisager la situation dans toute sa hauteur primitive, embrasser les causes qui l'ont fait dévier dans plusieurs circonstances, et ont amené les alternatives de grandeur et de décadence qu'entraîne toute longue existence politique; enfin, et c'est la leçon qu'en doit chercher dans tout enseignement historique, reconnaître les avantages qu'elle peut en tirer aujourd'hui dans l'ordre et la mesure de ses intérêts actuels.

A l'époque où la France revenait en Orient, moins comme un pouvoir nouveau que comme une influence un moment détournée qui rentre en possession de son action naturelle, elle ne trouvait d'établie avant elle à Constantinople que la république de Venise, qui devait aux circonstances historiques déjà indiquées une position subalterne et inférieure dont on a vu les effets. L'Autriche, par ses fréquents démêlés et ses luttes sanglantes pour la possession de la Hongrie, subit égale-

ment cette condition de la proximité de son territoire : elle dut à
ses rapports journaliers quoique hostiles avec la Turquie, d'obtenir son admission à la Porte, au prix même de toutes les humiliations que l'orgueil ottoman imposait aux vaincus. Son
influence, longtemps exercée par des voies secrètes, s'y installa
donc de bonne heure, et ne fut plus contestée, surtout après
que la séparation des deux branches de la maison impériale,
déjà préparée sous Charles-Quint lorsqu'il reconnut son frère
comme roi des Romains, fut consommée définitivement par
son abdication. La Turquie, qui semblait avoir poursuivi ce résultat et en sentir toute la portée, traita dès lors régulièrement
avec l'Autriche, comme elle traitait avec la Pologne et la Moscovie, limitrophes des possessions qu'elle avait alors au milieu
d'elles depuis le Danube jusqu'au Don et à la mer Caspienne.
Mais la position des internonces autrichiens à Constantinople,
malgré les hautes prétentions affectées par les représentants
impériaux, se ressentit toujours de l'inégalité qui avait subsisté
à l'origine dans l'établissement des relations entre les deux
États. Quant à l'Espagne, toutes les tentatives de Charles-Quint
pour se faire admettre officiellement à la Porte furent sans
succès : l'exclusion qui avait de son vivant subsisté à cet égard
fut maintenue après lui, quoique les motifs de cette méfiance,
toujours entretenue par les contestations de la France avec
l'Espagne, eussent changé d'objet. Ainsi cette puissance, sous
Philippe II, déjà voisine inquiétante de la Turquie dans la Méditerranée, l'était devenue encore sur un autre point en s'emparant du Portugal et de ses colonies dans l'Inde; et elle se
trouvait par là en double hostilité avec la Turquie dans sa
politique asiatique et européenne. L'Angleterre n'y vint que
tardivement et à la suite de la France, lorsqu'à une époque
très-postérieure elle commença, sous le règne d'Élisabeth,

cette rivalité avec l'Espagne qui devait également la conduire
dans l'Inde : il en fut de même de la Hollande, qui du reste
n'existait pas encore comme État, et ne parvint à se constituer
que vers la fin du xvie siècle. Le vaste essor commercial qu'at-
teignirent ces deux pays, et qui les éleva bientôt par la navigation au premier rang des puissances européennes, les amena
tour à tour dans le Levant, où leurs relations commerciales
prirent une rapide extension. On verra plus tard dans quelles
circonstances elles essayèrent toutes deux de se produire à la
Porte, quels obstacles elles rencontrèrent de la part de la
France, qu'elles s'efforçaient d'y supplanter, et comment elles
parvinrent à y installer leur influence, en profitant de l'affaiblissement extérieur où la France était tombée pendant les
guerres de religion.

Quelle avait été jusque-là la position tout exceptionnelle et
privilégiée de la France? Les faits nous la montreront exerçant
une sorte de suzeraineté dans l'Orient; médiatrice perpétuelle
dans les rapports particuliers de la Turquie avec ses sujets,
elle l'était également dans ses rapports généraux avec les autres
États de l'Europe, presque toujours inspirant sa politique, et la
maintenant dans les voies qu'elle avait prises dès l'origine de
l'alliance par la direction commune de leurs intérêts. Nous
avons retracé l'espèce d'envahissement successif que la diplomatie avait fait des divers États de l'Europe, où leur influence
réciproque, introduite d'après le nouveau droit public, était
représentée d'une manière officielle et permanente qui ne cessait que par la guerre. Or la France se trouvait presque toujours dans cette situation à l'égard de la maison d'Autriche :
elle n'eut longtemps que des rapports rares et indirects avec les
États du Nord et la partie orientale de l'Europe, dont les possessions de cette maison la séparaient au point de l'exclure en

quelque sorte de tout contact avec eux. Dès le premier jour, par
le poste de Constantinople, elle se vit en relation immédiate avec
des États placés jusque-là en dehors du mouvement politique de
l'Occident. La Moscovie lui fut en quelque sorte révélée: la noblesse hongroise et polonaise prenait le mot d'ordre qui lui était
transmis par la France, et par son ambassadeur qui représentait
leurs propres intérêts auprès de la Porte : la grande scission pro-
testante de l'empire subordonnait ses mouvements aux résolutions des deux puissances : la Pologne et la Hongrie entraient
même dans des plans d'érection d'une royauté française établie
chez elles avec le consentement de la Porte, pour constituer
un empire français rival et prenant à revers celui de l'Autriche.
On voit donc que nulle part ne se trouvaient débattus d'aussi
grands intérêts que ceux qui étaient traités dans ce poste; car
la diplomatie française avait là comme une vedette avancée entre
l'Orient et l'Occident, d'où elle portait sa surveillance sur les
pays les plus extrêmes et les moins connus alors à l'Europe.
En même temps reprenant l'œuvre des croisades dans les débris épars qu'elles avaient laissés sur le sol de l'Asie, la France
dirigeait et entretenait avec soin une vaste organisation du prosélytisme religieux, destinée à propager la foi et la civilisation
chrétienne sur les points les plus reculés; elle convertissait
presque toutes les îles de l'Archipel en évêchés catholiques, peu-
plés d'écoles et de monastères qui relevaient de l'ambassade de
France à Constantinople. Elle poussait un courant continuel de
missions qui s'enfonçaient courageusement dans les parties les
moins accessibles et les plus barbares, dans la Tauride, la
Tartarie, la Géorgie et la Perse, pour les relier comme autrefois au grand centre religieux de la Syrie, de la Palestine et de
l'Égypte. Cette invasion de la conquête spirituelle, opérée sous
la loi du fanatisme musulman et presque à son insu, avait si

bien un caractère et un but politique, qu'on la verra vivement
combattue par les puissances rivales à mesure qu'elles s'intro-
duisaient à la Porte, dont elles éveillèrent aussitôt la défiance.
Ainsi une rivalité de propagande qui a été tentée de nos jours
par l'Allemagne et l'Angleterre protestantes, eut une occasion
de se produire bien autrement importante dans les premiers
temps de l'admission de l'Angleterre et de la Hollande; car
profitant comme aujourd'hui des préjugés et de l'opposition de l'église grecque, elles engagèrent une lutte de prédications calvinistes dirigée contre l'influence française et catholique, et cette lutte faillit entraîner dans le schisme l'église
orientale avec son patriarche gagné à cette cause.

On sent combien la réunion de ces circonstances donnait
une position supérieure aux ambassadeurs français, et soit
qu'elle fût comprise par les gouvernements et les souverains
de la France, soit qu'elle élevât naturellement le point de
vue de leurs agents, elle explique la succession d'hommes
distingués et de talents vraiment supérieurs qui vinrent se
produire dans ce poste. Cette rencontre ne saurait être l'effet
du hasard, mais plutôt celui d'une pensée constante et d'un système suivi de gouvernement : les témoignages en sont d'ailleurs trop clairement exprimés dans leurs lettres, à travers les
réticences que leur commandaient la distance des lieux et la
nature des moyens de communication qui pouvaient les faire
tomber dans des mains hostiles et intéressées. Nulle part, sur les
points même où les intérêts sont plus immédiats pour la France,
on ne trouve une telle succession de personnages, montrant le
coup d'œil et la pensée d'hommes politiques unis, pour plusieurs,
au don de l'expression et du style, qui place leurs correspondances au nombre des meilleures productions de notre langue.
La nouveauté des impressions, le spectacle de la vie orientale,

si différente alors de celle de l'Europe; la curiosité éveillée par ces contrastes, les émotions et les périls mêmes ressentis en présence des catastrophes, que ramènent sans cesse les tragiques révolutions de la cour des sultans; tout contribue à répandre sans effort dans les narrations animées de ces témoins le dramatique et le pittoresque dont ces événements sont empreints, et qu'elles reproduisent pour nous avec une puissance de réalité qui nous fait assister en quelque sorte à ce qu'il y avait d'imprévu et de mystérieux dans ces révolutions. On s'explique aussi l'étendue de ces correspondances, infiniment plus suivies, malgré la distance du théâtre, qu'on ne les trouve ailleurs, par la nécessité d'en faire comprendre la portée pour la direction de la politique française, et par le soin de décrire en détail une société à part que les relations ni les livres sur l'Orient n'avaient pas encore rendue familière à tout le monde.

Le premier ouvrage en effet que la science ait entrepris pour nous initier à la connaissance du nouvel Orient, façonné par la domination turque, ce fut la naïve description du Manceau Pierre Bélon, qu'on verra, sous François Iᵉʳ, chargé officiellement de l'étudier sous le rapport des mœurs et des productions locales. Après ce premier essai de la science encore incomplète et crédule du xviᵉ siècle, on ne trouve plus rien jusqu'à Chardin, qui vint ramener par son livre l'attention publique sur l'Orient, et provoquer vers les études orientales un mouvement sérieux qui n'a pas cessé de s'étendre jusqu'à nos jours. L'Orient, et par lui de proche en proche l'Asie tout entière jusqu'à ses parties les plus obscures et les plus reculées, sont entrées dans nos acquisitions, avec la connaissance des mœurs, de l'histoire des peuples et des dynasties, des conquérants et des réformateurs, des systèmes religieux et des littératures. Cette série de conquêtes opérées par l'esprit humain, et mar-

chant de concert avec les conquêtes matérielles qui faisaient
passer plusieurs de ces contrées sous la domination européenne,
semblait ouvrir et ajouter un nouveau monde aux connaissances
humaines dont lui-même devait servir à éclairer l'origine. Mais
cette invasion de la pensée dans les domaines mystérieux et
jusque-là fermés de la vie orientale, n'a pu s'attaquer qu'aux
faits présentés par les conditions sociales, tels qu'ils apparais-
sent aux regards de l'observateur dans l'organisation des États,
dans les livres et les monuments des arts; mais elle a passé à côté
de ce que par la nature des choses elle devait ignorer complètement. Ainsi c'est précisément dans l'intervalle écoulé entre l'apparition du livre de Bélon et celui de Chardin, que se déroule la
période extrême de grandeur où atteignit l'action diplomatique
de la France dans le Levant. Postérieur de près de quarante ans
à la correspondance de ce recueil, la plus importante par le
talent de l'homme qui l'a écrite et par les intérêts qu'il a dirigés, Chardin[1] n'a pu voir que la décadence et un reflet déjà
bien affaibli des temps que j'ai signalés, ceux où la France,
arbitre de tout le Levant, y jouissait à l'exclusion des autres
peuples d'une suprématie incontestée; où l'on ne naviguait
dans les mers de la Turquie, où l'on n'entrait dans ses ports
que sous le pavillon de la France. Ce droit de pavillon, qui
donnait seul la reconnaissance des droits civils, avait été longtemps refusé aux autres puissances maritimes, à l'Espagne, à
l'Angleterre et à la Hollande, réduites à se faire admettre sous
la protection de la bannière française. On verra successivement ces puissances en faire l'objet de leur plus vive ambition,
employer tout leur art et toutes leurs ressources à obtenir un
droit qui, à l'exemple de la France, les constituait en corps

[1] Voyez le début du voyage de Chardin, où il décrit la décadence du commerce
et de l'influence politique de la France dans
tout le Levant, t. I, p. 12 et suivantes.

de nation dans l'empire turc, parvenir insensiblement par ce moyen à l'égalité des rapports avec elle, puis enfin, comme dernière concession, réclamer l'admission d'un ambassadeur permanent à la Porte. Dès lors la France compta en Orient des rivaux sur lesquels néanmoins elle conserva toujours l'avantage qu'elle devait à l'antiquité et à la continuité de ses rapports. La fixité des habitudes traditionnelles du pays fit garder à la France une supériorité qui lui resta, même quand elle parut s'en détourner politiquement, ou que son commerce, autrefois presque seul en possession des marchés et des échelles, fut dépassé par l'activité des nouveaux venus.

Une erreur généralement partagée, et qui tient à notre habitude de rattacher au règne du grand roi la date de toutes les grandes institutions de la France, a fait attribuer à Louis XIV l'initiative d'un rôle politique qui revient à ses prédécesseurs. La cause même de cette erreur, reproduite sur ce point comme sur plusieurs autres où ce prince a fait méconnaître les services de ses devanciers[1], explique comment, avec l'un des plus grands intérêts de la France, l'une des plus belles gloires nationales s'est trouvée ignorée et presque retranchée de notre histoire. Loin

---

[1] C'est un des résultats des publications diplomatiques de montrer à l'œuvre et de faire connaître une foule d'hommes recommandables que le secret même de leurs fonctions avait condamnés à l'obscurité. La condition du gouvernement despotique amenait naturellement cette usurpation des renommées qui s'est faite dans notre histoire au profit de quelques rois ou de quelques ministres, placés d'autant plus en évidence que leur système était plus exclusif. Ainsi, cette injustice que la postérité a en quelque sorte consacrée, a fait rapporter à Louis XIV, et avant lui à Richelieu et à Mazarin, une politique qu'on trouvera dans ce recueil pratiquée dès le premier jour par tous les rois et par tous les ministres depuis François Ier, et à la voir ici exprimée en des termes qui avaient au moins le mérite de la priorité, on jugera où l'on doit en chercher les véritables auteurs. Cette opinion se justifiera mieux encore, lorsque l'on pourra suivre la série des secrétaires d'État et des ambassadeurs, et rétablir par elle l'action complétement effacée des de Sauve, Villeroy, Loménie, Bouthillier, Chavigny, etc., jusqu'à Lionne et à ses successeurs.

d'avoir exercé sur le Levant l'action qu'on lui attribue, et qu'ont fait supposer ses expéditions de Candie, de Chio et d'Alger, ce règne fut en opposition constante avec les précédents, et se passa en froissements continus, en insultes publiques et en agressions violentes. La répétition de pareils faits constate un changement complet de système qui avait amené l'oubli et le relâchement des rapports antérieurs. Au fond cela devait être, car l'alliance avait été contractée à l'origine en vue d'obtenir l'abaissement de la maison d'Autriche, et, commencée à l'élévation de cette maison, elle avait continué en suivant toutes les phases de la rivalité où la France s'était trouvée engagée avec cette puissance. Or la pensée dominante de la politique de Louis XIV, telle que de nos jours elle est ressortie de la publication de ses actes et de l'interprétation supérieure qui l'a mise en lumière[1], tendit à recueillir la succession de la branche la plus importante de cette maison. Par la vaste étendue de ses possessions et la grandeur historique de son passé, l'Espagne semblait la clef de voûte de l'édifice que les efforts successifs de tous les rois de France s'étaient appliqués à ruiner. On conçoit alors l'impression que ressentait la Turquie en trouvant son alliée substituée à la place de cette ennemie contre laquelle on avait si longtemps armé ses colères et soulevé ses défiances : c'était quelque chose comme la déception qu'on éprouve lorsqu'on voit recueillir par un autre le prix des efforts auxquels on s'est associé sans en apercevoir le but. De plus, pour sa récompense, la Turquie était négligée désormais comme inutile : la France, dans les ménagements nouveaux qu'elle gardait à l'égard de l'Autriche, se mêlait à toutes les agressions qui étaient faites contre la Porte, et mettait une ostentation affectée à triompher de ses humiliations. Cette ingratitude, ordinaire et presque inévitable dans les revirements politiques, fit

---

[1] Les *Négociations relatives à la succession d'Espagne*, par M. Mignet.

donc aller les deux peuples en sens opposé l'un à l'autre ; et dans
la froideur qu'amène un éloignement réciproque, on perdit
jusqu'au souvenir et au sentiment de l'intimité antérieure, avec
la connaissance précise des faits qu'elle avait produits. Lorsque
la France, par sa retraite inopportune de cette ancienne voie
politique, parut avoir abandonné le Levant, on vit les influences rivales, restées maîtresses du terrain, entraîner la décadence de la Turquie, et tout le système de l'Europe s'en
trouva ébranlé. La France, qui reconnut alors sa faute, s'efforça
de ranimer à la fois l'organisation sociale du peuple, et de reprendre sur l'État sa tutelle morale. Mais ceux qui l'essayaient
en son nom n'avaient pas la conscience de l'ordre et des faits
qu'ils voulaient rétablir : ils ne possédaient pas même les éléments de la question, puisqu'il ne sera possible de la juger
qu'après que nous aurons pu nous-mêmes l'établir, en la développant dans ce recueil avec toutes ses données constitutives.

Ainsi, par un contraste bizarre, à mesure que l'Orient était
plus connu, qu'il devenait chaque jour davantage un objet d'é-
tude pour la science et les voyages, son passé si étroitement mêlé
à notre existence nationale s'enfonçait dans l'oubli, ou restait
moins compris par ceux qui devaient continuer l'ancienne politique. La Turquie elle-même, comme si la retraite de la France
lui avait retiré la vie avec le principe qui avait fait et animé sa
grandeur factice, décroissait rapidement depuis qu'elle n'était
plus soutenue par son alliée ; elle s'abaissait à proportion des
forces acquises par les États qui l'avoisinaient, et dont les conquêtes l'expulsaient pied à pied de tous les pays où elle avait débordé, pour la rejeter au delà du Danube. La Turquie ne fut plus
qu'une ruine politique ajoutée à tous les autres débris qui cou-
vrent les vastes territoires qu'elle occupe encore, et où une
sorte de tolérance prolonge son existence sociale, sans lui donner

un sentiment réel de sa durée. Les essais qu'on a entrepris à diverses époques, soit pour arrêter sa décadence, soit pour la faire entrer dans les conditions des autres États européens, ont prouvé l'impuissance des spécifiques employés à cet effet; car leur succès, pour être complet, devrait commencer par déplacer le principe même qui domine cette société. Mais il est résulté de ces tentatives, que la diplomatie, dont l'action sur cet empire avait paru si grande quand il était séparé de l'Europe par ses mœurs et par l'énergie de sa domination intérieure, a été appelée plus que jamais à disposer de sa destinée, depuis que l'Europe a fait en quelque sorte invasion dans la Turquie, et qu'elle est entrée par toutes les brèches de son édifice politique.

En effet, ce protectorat que la France avait seule exercé dans les premiers temps, qui était accepté par les idées du pays et justifié par sa composition, est aujourd'hui divisé entre plusieurs influences rivales : celles-ci se combattent ou se neutralisent, et font vivre la Turquie à l'abri et au moyen de leur discorde. La France n'a plus dans ce concert que son droit de primauté historique, et l'impulsion civilisatrice de ses idées, qu'elle exerce là comme ailleurs. Ce gouvernement d'ambassadeurs, dont les représentants siègent dans les faubourgs de Constantinople, partage avec les influences du sérail la direction de l'État, et travaille à la régénération du pays par des moyens qui en changent le caractère. Chacun d'eux agissant dans l'ordre des faits et des idées qu'il représente, tous tendent nécessairement à substituer l'action exclusive de l'une de ces puissances à l'autorité actuelle. L'une, la plus active comme la plus voisine et la plus directe, la Russie, a pour elle la loi du sol et l'analogie des races et de la religion; quoique introduite la dernière, elle a pris naturellement la première place, et la doit au-

tant à sa fortune qui a grandi aux dépens de la Turquie, qu'à l'espèce de consécration acquise à la force sur la faiblesse. L'Autriche, d'État protégé, est passée au rang d'État protecteur après
les longues luttes qu'elle a eues avec la Turquie; quoique cons-
tituée aussi comme son héritière éventuelle, elle s'attache sys-
tématiquement à son maintien. A l'influence qu'elle exerçait de
longue date par ses rapports internationaux, et à titre de puissance impériale, elle joint l'ancienne influence de Venise, à laquelle elle s'est substituée là comme ailleurs. Un instinct secret de l'analogie de leur situation l'avertit que l'existence de
l'empire turc est solidaire du sien, et en effet tous deux se
montrent frappés des mêmes causes de décadence. Comme il y
a chez tous deux une dissidence pareille entre la nation qui
gouverne et les populations qu'elle domine et qui la repous-
sent, ils sont atteints au cœur également par le réveil de l'é-
nergie des races comprimées à l'intérieur, et par l'action dis-
solvante d'une puissance étrangère plus en rapport d'origine
avec ces races. L'Autriche a pour auxiliaire dans cette résistance désespérée, l'Angleterre, qui à elle seule a remplacé tous
les autres peuples dans le commerce du Levant, Venise, aussi
bien que la Hollande et que la France elle-même. De plus, elle
doit à sa domination sur l'Inde, la position politique qu'occupaient dans cette direction le Portugal et l'Espagne; et l'on verra
cette position mettre souvent, du côté de la Perse, la Turquie
aux prises avec les deux États européens qui par l'effet de ce
voisinage se trouvaient avoir contre elle, en Asie, l'action d'une
puissance limitrophe. Cette pression que l'Angleterre exerce au
moyen de sa domination asiatique d'une part, et de ses stations
de la Méditerranée de l'autre, lui donne une suprématie factice,
analogue avec la nature de ses intérêts. Ceux-ci se concilient avec
le maintien de la Turquie comme État, mais c'est à la condition

de perpétuer sa faiblesse: en recherchant l'exploitation de ces contrées comme voies commerciales vers l'Inde, elle tend à les faire
rentrer dans la sujétion dont elle frappe de proche en proche les
États voisins de ses possessions asiatiques. L'Angleterre est donc
complétement d'accord avec l'Autriche dans le maintien d'un
système essentiel à leur politique, et qui aboutit dans deux sens
opposés à l'exclusion de la France et de la Russie. Mais comme
cette dernière puissance a pour elle l'avenir et un concours de
sympathies et de forces que la résistance ne fait qu'accroître,
elle a encore pour auxiliaire, outre le temps et le progrès naturel
des choses, les mille hasards qui peuvent naître de l'imprévu.

Sous tous les rapports, la France se trouve de fait la plus
mal partagée, car elle se voit en Orient en présence des deux
systèmes, avec l'inconvénient de ne pouvoir se décider franchement pour aucun. Puissance d'idées et d'association, elle a
devant elle la tradition politique et la tradition historique :
par la première, il faut qu'elle s'associe à ce qui tombe, et main-
tienne un état de choses qui ne profite qu'aux autres puissances, et qu'elle s'oppose à l'émancipation des peuples, pour faire
durer un État factice qui leur est antipathique. Mais attachée
au système stationnaire dans la mesure de sa politique momen-
tanée, ce qu'elle a perdu du côté d'une alliance qui faisait autrefois une de ses plus grandes forces, et qui évidemment ne
peut plus renaître avec ses conditions d'autrefois et les conjonctures qui lui donnaient tant d'importance, elle le regagne aussitôt à chaque pas qu'elle fait vers la tradition historique. Celle-
ci lui rend en quelque sorte l'Orient par son côté le plus vaste,
et qui touche le plus immédiatement à nos intérêts d'avenir.
On a vu, dans l'ancienne alliance, qu'en acceptant la protection
de la Turquie contre le principe chrétien, la France n'avait
pas abdiqué la grande tradition des croisades, dont elle repre-

naît l'œuvre au milieu du monde oriental : il en est de même aujourd'hui, où elle peut appliquer avec une égale autorité le système de protection étendu aux peuples musulmans et chrétiens dans la mesure de leur force numérique et proportionnelle, tel que le lui conférait son ancien droit d'arbitrage. Mais un autre avantage dont elle peut aussi se prévaloir, c'est celui qu'elle tient de la disposition générale des peuples à faire revivre partout les rapports historiques qui tendent à les associer l'un à l'autre.

Quand une tâche est commandée à un État par sa position naturelle, tous les efforts qu'il fait pour y échapper l'y ramènent à son insu, et souvent le hasard se charge d'accomplir ce que la sagesse ou la prudence commune semblait lui avoir interdit. Depuis son abandon de l'Orient sous Louis XIV, et ses faibles tentatives de retour sous ses successeurs, la France n'a fait presque de nos jours que deux pas dans cette direction, où l'appellent les précédents de son passé et les intérêts de son avenir; mais ils ont été décisifs, et ont relié la chaîne des temps de manière à ne plus pouvoir être interrompue. Conduite en Égypte, on a vu la France sur le point de régénérer l'Orient par la force, cette puissance qui s'impose si facilement à lui comme un dogme, et elle ne s'est retirée de cette conquête qu'en y laissant son esprit : depuis ce temps il féconde la terre qu'elle a occupée, et y fait naître dans le sentiment des peuples l'idée et l'espoir de son retour. Par la conquête d'Alger, elle est devenue immédiatement puissance orientale; et cette tentative, qu'on a pu croire conçue au hasard à propos d'une occasion futile, résulte d'une pensée politique qui a toujours été présente à sa diplomatie, et dont on pourra suivre la trace dans ce recueil : elle ouvre devant elle une de ces carrières dans lesquelles les peuples s'engagent sans savoir où ils marchent, et par une impulsion instinctive plus forte que leur volonté. Après avoir posé le pied à l'autre bord de la Méditerranée, et donné cette forte base à son action dans les intérêts orientaux, cette situation lui commande l'étude de son passé et des monuments de l'ancienne suprématie qu'elle a exercée parmi ces peuples ; car elle devra y puiser les exemples qui ressortent de tout enseignement historique venant d'une position analogue, soit qu'il lui offre des précédents pour régler ses rapports avec les populations indigènes, soit qu'il serve à la guider dans l'expérience pratique qu'elle tente aujourd'hui sur ce point pour initier l'Orient aux mœurs et à la civilisation de l'Europe.

Les monuments de notre ancienne diplomatie nous montrent combien ils étaient plus en rapport de sentiment historique et politique avec l'organisation naturelle des sociétés que beaucoup d'idées qui souvent prévalent de nos jours, et ils donnent en même temps les moyens de les rectifier. En appliquant cette étude sur les autres postes diplomatiques, nulle part je n'ai trouvé une continuité mieux établie, une intensité d'intérêts jointe à une expression aussi élevée et aussi forte de la science dont ils forment sans comparaison les plus beaux monuments historiques. On rapporte de ces explorations et des rapprochements qu'elles fournissent, la connaissance précise des points où ces parties diverses se trouvent en contact, et montrent par leur connexion la pensée commune qui les dirige. C'est ainsi que j'ai pu marcher avec sûreté sur un terrain qui n'a été abordé par personne, et où, par la nature des choses, tout était mystère et obscurité : car il n'en est pas ici comme dans les autres histoires, où les erreurs de ceux qui précèdent éclairent ceux qui les suivent. Les lacunes que présentent les manuscrits, et la dispersion d'un grand nombre de pièces, rendue sensible dans ce volume par la seule indication des sources, donneront une idée des difficultés qu'on rencontre pour parvenir à une restitution complète de ce premier règne. La diplomatie est encore là dans l'enfance, et n'a point de principes fixes ni d'établissement régulier : aussi ses documents, comme les plus anciens, doivent-ils être les plus mutilés et les plus incomplets. Ce règne, que le changement continuel de scène et la succession rapide des événements rendent si accidenté dans notre histoire, a de plus par sa priorité une importance capitale comme origine et point de départ des causes et des motifs de l'alliance de la France avec la Turquie, dont tous les autres règnes ne forment plus que le développement. Cependant ses aspects si variés vont se trouver ici reproduits de manière à pouvoir suppléer les rares et inévitables interruptions que tous les sujets de ce genre présentent aux époques mêmes les plus voisines de la nôtre ; et on pourra l'embrasser avec une plénitude qui, pour un grand nombre d'années, atteint jusqu'à une succession de faits exposés de mois en mois et souvent de semaine en semaine. L'époque de François Ier se trouve par là élevée au niveau des époques suivantes, qui, à partir de Henri II, offrent, au point de vue de ces relations, un ensemble parfait de tous les mouvements de la diplomatie française.

Malgré sa complète nouveauté, on pense bien qu'un sujet qui par sa nature touche sous une face aux plus grandes passions qui aient animé et agité les masses chez les peuples de l'Europe, et sous un autre aspect aux plus grands intérêts politiques de notre pays, a dû nécessairement provoquer quelques essais. Aussi, comme tous les autres sujets de notre histoire, celui-ci a été abordé sur plusieurs points et effleuré dans quelques parties[1]. D'après la direction suivie par la science qui s'est

[1] Il m'est à peu près démentré que ce recueil contiendra tout ce qui existe sur le sujet, sans qu'il soit possible de rien attendre d'important de quelque nouvelle

livrée à la recherche des monuments du passé, on a dû d'abord s'attacher de préférence aux temps les plus reculés. Aussi l'époque pour ainsi dire primitive des rapports de la France avec l'Orient est-elle à peu près complète. Les documents relatifs à cette période se trouvent rassemblés dans ces grandes collections qui sont comme les colonnes sur lesquelles repose l'édifice de notre histoire, et dont les recueils restent l'éternel honneur de l'érudition française. Tout ce que le développement ultérieur des études historiques et l'activité des recherches dé-

découverte. Les archives de l'ambassade de France à Constantinople, qui n'ont jamais possédé que des copies des anciennes pièces, atteintes déjà par plusieurs incendies, ont péri totalement dans celui qui eut lieu en 1709. Le même accident a fait disparaître la plus grande partie des anciennes archives de Venise; et d'après les recherches qui ont été exécutées sur les lieux à l'occasion de cette publication, ces archives ne renferment rien de particulier sur nos rapports avec la Turquie. Quant aux ouvrages imprimés, un recueil d'une haute importance pour notre histoire est celui de Ribier, qui a donné sur les règnes de François Ier et d'Henri II une série de documents d'autant plus précieux que les pièces que l'éditeur a eues en sa possession ne font plus partie des collections existantes. L'un de nos premiers historiens, le P. Daniel, à qui l'on ne peut contester la connaissance approfondie des anciens usages, comme le prouvent les ouvrages spéciaux qu'il a composés sur l'organisation militaire du moyen âge, joignait à l'esprit de recherche, l'habitude d'explorer les sources. Or dans l'histoire qu'il fait de ces deux règnes, il cite une série de documents d'après une collection

de manuscrits appartenants au président de Lamoignon, qui ne sont passés dans aucune des collections actuelles de la Bibliothèque nationale. En rapprochant ses indications des pièces données par Ribier, dont le livre n'avait pas encore paru du temps du P. Daniel, on voit que ce sont exactement les mêmes documents, et qu'ils ont été empruntés à la même source. Cette circonstance, que j'ai vérifiée, rendra moins regrettable la perte de ces manuscrits, puisqu'il est certain d'après cela que les originaux qu'ils contenaient se trouvent au moins reproduits dans l'édition de Ribier, à laquelle j'ai dû recourir quelquefois comme aux seuls témoignages existants sur quelques parties du sujet. C'est d'après le petit nombre de ces pièces relatives aux premières ambassades de la France en Turquie, mêlées aux autres documents concernant les deux règnes de François Ier et Henri II, que la tradition de ces rapports s'est conservée chez nos historiens. Car, à partir des règnes suivants, les historiens ne paraissent plus se douter que ces relations subsistent encore, quoiqu'elles soient allées toujours en grandissant. Quant à toute la suite de ces négociations, parfaitement ignorées de nos jours, on n'a plus à citer

ployées de nos jours ont essayé sur cette partie, ne pouvait rien
y ajouter de bien considérable. Les monuments qui proviennent d'un temps où la diplomatie n'existait pas encore avec ses
formes réservées et secrètes, consistent la plupart en actes publics ou en pièces rapportées par les chroniqueurs; et quoique,
dans ma pensée, cette première époque se liât essentiellement
à la seconde, qu'il fût important de saisir la transition et le
changement opéré dans ces rapports, je n'avais pas à les reproduire. Cette masse de documents qui se trouvent épars
auraient, il est vrai, réunis et classés dans leur ordre, présenté
ici une démonstration historique d'une haute signification et
féconde en enseignements; mais leur reproduction eût de-

qu'une liste nominale des ambassadeurs
composée par l'un d'eux, M. de Saint-Priest,
pendant sa résidence à Constantinople, et
d'après les actes qu'on y possédait alors.
Cette liste, qui a été donnée par le général
Andréossy, dans son livre intitulé *Constantinople et le Bosphore,* n'a pas même le
caractère d'un document officiel. Parmi les
autres publications auxquelles j'ai emprunté quelques fragments, je mention-
nerai les *Mélanges historiques* de Camusat
et les *Lettres turques,* compilation de Reusner; mais surtout les *Papiers d'état de Granvelle,* qui appartiennent à la *Collection des
documents relatifs à l'histoire de France,* et
la *Correspondance de Charles-Quint,* publiée par M. Lanz, en Allemagne. d'après
les Archives de Bourgogne, conservées à
Bruxelles. Ces deux derniers recueils m'offraient toute la partie espagnole du sujet qui
vient heureusement éclairer et compléter
la partie française dans mon livre, où ces
deux précieuses collections reçoivent à
leur tour une signification qu'elles n'a-
vaient pas et y trouvent leur lien naturel.

Cette assistance bibliographique me manquera bientôt; car les matériaux historiques, publiés jusqu'ici, s'arrêtent presque
tous à cette limite, et laissent précisément dans l'ombre toute la série des
règnes suivants, que l'on n'a plus à juger
que d'après quelques actes ostensibles,
tels que les traités ou les transactions rendus publics. Enfin, l'*Histoire de l'empire
Ottoman,* par M. de Hammer, devra m'accompagner dans la longue exploration où
je suis engagé. Ce livre si important, qui
résume tous les travaux antérieurs faits
sur la matière, me servira de guide dans
toute la partie orientale du sujet, et il présente également un certain nombre de notions particulières, prises dans les archives
de Vienne et de Venise, sur l'histoire de
la diplomatie de l'Autriche et de plusieurs
autres gouvernements étrangers. Je cite
constamment, dans les emprunts fréquents
que je fais à son livre, l'excellente traduction de M. Hellert, publiée à Paris en
1835, qui a naturalisé dans notre langue
l'ouvrage du savant orientaliste allemand.

mandé une étendue et un développement tels, qu'elle aurait fait disparaître le sujet sous l'abondance même des matières. Un autre défaut inhérent à l'esprit de ces documents, c'est leur uniformité à la fois de rédaction et de pensée. Nés du mouvement religieux qui inspirait les croisades, leur caractère public et leur forme latine leur ôtent toute originalité. En effet, qu'il s'agisse des bulles des papes ou des lettres des rois et des autres chefs croisés, c'est toujours une sorte de prédication religieuse, un appel aux sentiments des différentes classes, et chez les laïcs l'expression des mêmes pensées, qui voient dans les événements, moins les intérêts et les passions du temps que l'accomplissement d'un vœu et d'un engagement religieux. De là le retour invariable des mêmes formes et des mêmes idées, et une monotonie qui rend ces pièces moins instructives qu'on ne serait tenté de le supposer d'après les circonstances qui les produisent et le nom des personnages dont elles émanent.

Mais pour concilier ce que le sujet, dans son expression plus moderne, doit recevoir de lumière à la comparaison avec les faits et les actes de cette première époque, j'ai réuni leurs traits principaux, réduits à leurs faces saillantes et originales, dans un précis qui expose à la fois les faits avec les documents qui s'y rapportent. J'y ajoute de plus l'indication de toutes les pièces découvertes postérieurement, et qui ne font point partie des grands recueils à la suite desquels celui-ci vient se placer comme complément et continuation du sujet, dans la série des temps plus modernes. De cette manière le fil se trouve renoué et l'intérêt conservé avec la continuité historique, moins les développements démesurés. On en pourra juger ici même dans toute la première partie du règne de François Ier, où l'esprit antérieur, qui avait dominé dans ces relations, est reproduit avec le langage et les formes de style employés dans les époques précédentes. Il devient alors d'autant plus curieux à observer, que ces relations s'approchent davantage du moment où elles vont se transformer et prendre avec la nouvelle direction des idées une allure plus moderne. Mais par un échange aussi instructif, en même temps qu'on verra se prolonger bien avant sous François Ier l'esprit ancien avec sa forme cléricale, revêtue ici de la belle latinité du xvie siècle, et empreinte de l'élégante diction des Bembo et des Sadolet, on pourra observer l'esprit nouveau d'affaires et de gouvernemèn déjà en germe dans les premiers temps, et se révélant dans les extraits des pièces que je cite de préférence parmi celles qui se rapprochent le plus de ce caractère politique.

En résumé, ce recueil doit éclairer le terrain où l'activité de tous les peuples est convoquée de nos jours, où la France surtout est appelée à prendre la position qu'elle tenait autrefois, et que tant d'événements et de vicissitudes lui ont fait perdre. Il comportera les applications les plus importantes au service de l'État dans les intérêts les plus étendus de notre influence extérieure, et c'est là qu'on devra chercher les précédents que lui seul renferme, sur les questions générales ou particulières relatives à l'Orient. Ses pages révéleront à notre pays, qui en a perdu la notion et le souvenir, les traditions d'une suprématie politique sans rivale dans aucune histoire. Au moment où, par la possession de l'Algérie, la France est devenue en quelque sorte une puissance orientale, quelle leçon plus utile et plus féconde peut lui venir que celle d'un livre qui va tirer du passé un *Orient français*, si complétement oublié de nos jours? En offrant à l'étude une comparaison instructive avec l'état présent de ces peuples, ce livre aura préparé dans un avenir prochain leur conversion définitive à nos mœurs et à nos idées.

PRÉCIS

DES RELATIONS DE LA FRANCE DANS LE LEVANT

ANTÉRIEURES AU RÈGNE DE FRANÇOIS Iᵉʳ [1].

1. — ÉPOQUE PRIMITIVE.

L'esprit de conquête et de prosélytisme religieux avait étendu de proche en proche la domination du mahométisme dans une ligne d'états qui, de l'extrémité de la Perse et en reliant à elle toute la côte d'Afrique, se développait jusqu'en Espagne et à la limite pyrénéenne de la Gaule. Ce mouvement d'extension fut arrêté court par la victoire que remporta sous les derniers rois mérovingiens le chef de la maison qui allait remplacer cette dynastie [2]. La domination des empereurs grecs, refoulée devant les progrès croissants des Arabes et des Perses dans

[1] Les grands travaux que M. Michaud a exécutés sur l'histoire et la bibliographie des croisades se trouvent encore complétés heureusement, pour la partie la moins accessible du sujet, par les savantes recherches de M. Reinaud sur les historiens arabes. Ils me faciliteront beaucoup la composition de ce précis, pour lequel je recours fréquemment à la Bibliothèque des croisades, en faisant aussi plusieurs emprunts à d'autres recueils, aux mémoires de MM. Silvestre de Sacy, Abel de Rémusat, etc., et en y joignant les résultats de mes propres recherches.

[2] On peut voir citées au début du livre Iᵉʳ du recueil de Reusner, quelques lettres des premiers papes aux empereurs grecs, telles que celles de Grégoire II à l'empereur grec Léon III, en 713, et de Gré-goire III à Charles Martel et à Pepin le Bref, une lettre de chacun de ces deux princes à Eudes, duc d'Aquitaine, où le premier lui annonce la victoire qu'il a remportée à Tours sur les Sarrasins, en lui reprochant de les avoir appelés dans la Gaule; et une lettre du même au pape Grégoire III pour lui offrir un asile contre leurs attaques. Quoique le recueil de Reusner intitulé: *Epistolarum Turcicarum variorum authorum libri XIV*, ne soit guère qu'une compilation défectueuse et très-incomplète, j'y renvoie souvent le lecteur, parce que ce recueil supplée en quelque sorte au développement d'une partie que je suis forcé de restreindre, et qu'on peut juger d'après lui l'effet qu'aurait produit la réunion de ces pièces données autrement qu'en extraits.

l'Asie Mineure, laissa perdre Jérusalem, qui tomba au pouvoir de ces peuples[1]. La ville sainte, centre d'attraction pour les deux races et les deux religions, appelait

[1] Peu de temps après la mort de Mahomet, les Arabes, sous le calife Omar, s'emparèrent de la Palestine et de Jérusalem; on fait remonter jusqu'à ce calife les capitulations qui reconnurent les priviléges des chrétiens dans la Terre Sainte, par une convention passée entre lui et le patriarche Sophronius. Une pièce qui n'est donnée que par nos manuscrits, mais dont l'authenticité ne saurait être prouvée, car il n'en est pas fait mention dans les historiens arabes, attribue ces capitulations à Mahomet lui-même. Quoique cette pièce ait été probablement fabriquée après coup, elle a une valeur historique en ce sens qu'elle a dû souvent être alléguée dans les contestations des établissements religieux des chrétiens avec les Turcs, et de plus elle contient déjà la plupart des dispositions qui ont été consacrées plus tard par les traités. A ce titre, et comme elle n'est citée nulle part, nous devons la reproduire ici malgré son étendue.

Priviléges accordés par Mahomet aux chrétiens de Syrie.

Mahomedes a Deo missus ad omnes homines erudiendos eisque depositum divinum annuntiandum in veritate, scripsit hæc. Ut causa religionis Christianæ ab ipso Deo decisa maneret in omnibus terrarum partibus orientalibus et occidentalibus, tam apud indigenas quam extraneos, propinquos et remotos, notos atque ignotos, cunctis hisce populis præsentem relinquo scripturam in fœdus inviolabile, litem definitam, et legem qua et justitia declaratur, et arctissima horum edicitur observantia. Igitur quicumque fidei molesmaniæ cultor ista peragere neglexerit et fœdus istic contentum violaverit, illudque more infidelium perfregerit, et quæ in ipso præcipio transgressus fuerit; is Dei fœdus violat, pactum repellit, testamentum contemnit, sive rex fuerit sive alius quilibet fidelium et molesmanorum. Per hæc autem fœdera quibus me astrinxi, quæque a me Christiani, tam meo quam omnium sectatorum meorum molesmanorum nomine postulaverunt, ut scilicet inirem cum eis pactum Dei et fœdus et testamentum prophetarum, apostolorum, electorum et sanctorum ejus, fidelium et beatorum antecessorum et posterorum. Per hoc, inquam, fœdus et testamentum meum (quod tanta religione custodiri volo, quanta tenetur propheta missus aut angelus majestati proximus in Deum obedientia, legem et fœdus ejus observantia), profiteor me defensurum judicem eorum in provinciis meis, cum equitibus, peditibus, adjutoribus et sequacibus meis fidelibus, et eos undique ab inimicis servaturum, sive remoti fuerint sive propinqui, tam in pace quam bello et securos redditurum. Ecclesias eorum, templa, oratoria, monasteria et loca peregrinationis protecturum, ubicumque sita fuerint, in monte aut in valle, caverna aut domicilio, planitie vel arena vel ædificio. Religionem quoque et bona eorum deffensurum ubicumque fuerint, et quacumque in parte jacuerint, in terra aut mari, oriente seu occidente, quemadmodum custodio meipsum, sceptrum meum et gentis meæ populos fideles atque moslemanos. Item suscepturum eos sub protectione mea ab omni læsione et vexatione, offensa et no-

en Asie une affluence continue de pèlerinages établis dès les premiers temps du christianisme. Cet usage avait persisté à travers tous les bouleversements et

cumento, necnon hostes omnes mihi et ipsis infensos acerrime oppugnaturum per me ipsum et asseclas atque fautores meos et gentem meam, quum enim illis præsim oportet ut servem eos et tuear ab omni adversitate, ut nulla eos contingat noxa quin prius tetigerit meos qui pro isto negotio confirmando laborabunt. Me etiam remoturum polliceor ab eis detrimenta quæ patiuntur confœderati ex mutuationibus et vectigalibus, ita ut nihil solvant nisi quod eis libuerit : neque ulla quod ad hoc inferatur eis molestia aut incommodum. Episcopus de episcopatu suo non deturbabitur, neque Christianus de fide Christiana : neque monachus de professione sua : neque peregrinus de peregrinatione sua, neque religiosus de cœnobio suo. Neve destruatur domus e domibus ecclesiarum eorum, nec ullo modo cedant in ædificium templorum aut ædium moslemanorum. Nam si quis hoc fecerit, pactum Dei violat, nuntio Dei refragatur, et testamentum divinum fraudat. Ne imponatur quidquam monachis neque episcopis neque ulli ex eis qui non tenentur pretium solvere nisi consenserint. Et census qui exigetur a mercatoribus locupletibus, unionum et margaritarum piscatoribus, gemmarum, auri, et argenti fossoribus, et Christicolis divitibus et opulentis, non excedet duodecim denarios annuos, si modo fuerint ejus loci incolæ et habitatores perpetui : nam viatores et accolæ et quorum incerta est patria, non tenentur ad vectigalia et censum nisi hereditatem terræ possideant. Qui vero legitime tenentur ad pecuniam imperatori solvendam, tribuent quantum cæteri non amplius, nec quid-

quam exigetur ab eo ultra facultatem et vires ipsius. Pari modo qui debet pro terra, ædificiis ejus et proventibus ipsius, ne oneretur supra modum, neque majoribus gravetur tributis quam alii ejusdem generis tributarii. Non cogentur confœderati ad exeundum in prælium cum moslemanis, ad certandum, aut explorandas copias hostiles : non enim pertinet ad fœderatos belli negocia tractare : immo eo consilio fœdus initum est cum ipsis ut minime vexentur : sed moslemani vigilabunt, eisque cavebunt. Ne ergo compellantur ad egrediendum cum moslemanis ad pugnam et occursum inimicorum neque ad suppeditandos equos aut arma, nisi si id ultro præstare voluerint. Ei autem qui sponte hoc egerit beneficio tribuatur, et compensetur. Nemo moslemanorum Christianos infestet nec nisi beneficiis cum eis certet : sed omni eos humanitate excipiat, et ab iis affligendis et molestandis abstineat, ubicumque locorum eos offenderit. Si quis Christianorum culpam aut aliquod crimen patraverit, moslemanorum officium erit opem ei ferre, illum coercere, negociari pro eo, spondere pro ipsius culpa, et infortunii causas componere. Dabitur ei facultas vitam suam redimendi, et non deseretur neve auxilio destituetur, quoniam pacto divino ita conveni cum eis, ut fruerentur quibus moslemani fruuntur, paterentur quæ illi patiuntur ; juxta fœdus quod debetur justæ petitioni, et studium in ejus autoritate confirmanda, tenemini arcere ab eis omnem calamitatem et omnia benevolentiæ officia in eos exercere : ita ut moslemani participent cum eis in prosperis et adversis. Caveant præterea ne ulla utantur

la dissolution de l'empire romain; et loin de s'arrêter devant les conquêtes des musulmans et le passage de ces lieux sous leur domination , il fut généralisé dans

violentia in rebus ad matrimonium pertinentibus; videlicet ne eos molestent neque
per vim inducant puellæ parentes ad eam
matrimonio jungendam cum moslemanis :
nulla inquam afficiantur molestia si spon-
sum aut sponsam recusent, nam hoc omnino spontaneum esse debet et a libera ipsorum voluntate et beneplacito pendere.
Quod si contingat ut mulier Christiana
domum moslemani ingrediatur, tenetur ei
libertatem in sua religione concedere, ut
scilicet præsulibus suis obedire valeat, et
fidei suæ documenta percipere sine ullo
impedimento. Quapropter non excruciabit
eam repudium minitando, neque ad fidem
deserendam sollicitando : sique id patraverit eamque in his molestaverit, pactum
Dei posthabuit, a fœdere nuntii Dei rebel-
lavit, et factus est de numero mendacium.
Item, quandocumque Christiani ecclesiam
aut cœnobium aut aliud quidvis ad cultum
suum pertinens restauraturi, opus habent
moslemanorum munificentia aut adjumento ad ejusmodi reparationem , debent
eis largiri et subvenire pro viribus suis;
non animo repetendi ut debitum, sed gratis
in beneficium fidei illorum et ad implen-
dum fœdus nuntii Dei dono gratuito con-
cedant, considerantes obligationem qua
tenentur erga pactum Dei et pactum nuntii Dei. Ne vexent quemquam illorum cum
fuerit inter moslemanos, neque odio pro-
sequantur illum, cogantque ad litteras fe-
rendas aut iter indicandum, aut alio quovis
modo angarient. Qui enim hujusmodi ty-
rannidem in quempiam exercuerit, op-
pressor est et nuntio Dei adversarius atque
ejus præcepto refractarius.
Hæc sunt pacta conventa inter Maho-

medem nuntium Dei et Christianos. Conditiones autem quarum observantia fidem et
conscientiam illorum abstringo, sunt : ne
ullum uspiam militem moslemanis adversum clam palamve foveant, aut suis domibus contuteantur. Moslemanorum hostes
hospitio ne recipiant, et suis regionibus
aut sacris ædibus morari ne patiantur;
ne contra moslemanos castris inimicis vivos subministrent; arma, equos, viros sup-
peditent, pignora accipiant, contractibus
scriptisve obligentur : sed in locum aliquem sese recipientes se ipsos tuebuntur;
et pro vita atque religionis suæ defensione
pugnabunt. Moslemano cuilibet ejusque
jumentis tridui alimentum nullibi nega-
bunt : imo variabunt ei cibos quibus ves-
catur : at ne his contenti omnem ab eis
angorem et molestiam arcere conabuntur.
Ita ut si quis moslemanus in domibus vel
habitaculis eorum latitare fuerit com-
pulsus, amanter eum tueantur; et calamitate in qua afflictus jacet, eripiant : ce-
lantes eum , et inimico minime revelantes,
ac sic officii debitum persolvantes. Qui
aliquam ex his conditionibus violaverit,
et secus faxit, privabitur immunitatibus
hoc Dei et nuntii ejus testamento contentis,
neque frui merebitur privilegiis in favorem
præsulum et monachorum Christianorum
indultis, et Alcorani cultoribus edictis.
Quare gentem meam contestor per Deum
et prophetam ejus ut hæc fideliter custo-
diant et opere compleant ubicumque terrarum fuerint : et Dei nuntius rependet
eis præmium pro istis quorum observan-
tiam perpetuam usque ad extremum ju-
dicii diem et mundi solutionem serio
commendat. Harum conditionum quas Ma-

tout l'Occident par la dévotion ardente et l'esprit d'entreprise de ces époques. Les priviléges qu'il conférait aux pèlerins sont l'objet de plusieurs dispositions dans les capitulaires des rois mérovingiens et carlovingiens [1]. La fondation de l'empire de Charlemagne, qui coïncide avec un développement semblable chez les Arabes, met dans un rapport direct les deux empires par un échange d'ambassades, et les chroniques ont conservé le nom des deux premiers négociateurs envoyés par la France dans le Levant, avec la description de l'ambassade solennelle adressée à Charlemagne par le calife Haroun-al-Raschid [2]. Des fondations pieuses, une

homedes nuntius Dei cum Christianis pepigit, quasque ipsis injunxit, testes adfuerunt :

Abu bacri assadicq, Abi ben Abi-Talib, Abdalla ben Masud, Jodail, Zaïdo ben Thabet, Alzobaïr ben Alavam, Asamet ben Zaïd, Aben Rabiaa, Talha ben Abdalla, Sahad ben Baïda, Caab ben Caab, Omar ben Alchatab, Othman ben Afan, Abu Addarda, Abu Adrin, Abu Horain, Abdalla ben Allabbas, Hamza ben Abdi Amotaleb, Abdalla ben Zaïd, Hafus ben Zaïd, Saad ben Moad, Thabet ben Caïs, Othmen ben Matua, Abdalla ben Omar-Alaas, Hasan ben Thabet, Giafar ben Abi-Taleb, Aben Atabas, Saad ben Abadi, Zaïdo ben Arcam, David ben Giobaïr, Abu Abaalia, Abu abrifa ben Osaïr, Haschem ben Assia, Omar ben Jamin, Caab ben Malec.

Qui omnes sunt gratiosi apud Deum.

Secretarius autem fuit Moavia ben Abi-Sofian, miles nuntii Dei; die lunæ ultima, mensis quarti, anni quarti Hegiræ in Medina. Remuneretur autem Deus omnesqui huic scripturæ sunt attestati. Laus Deo Domino creaturarum. (*Ms. Harlay Saint-Germain*, 248.)

[1] Voyez au tome V des Historiens des Gaules les capitulaires de Pepin et de Charlemagne, contenant les dispositions relatives aux pèlerins : *Peregrini a telonco sint immunes*, p. 641 ; *Peregrinis fraus vel rapina non fiat*, ibid. 659 ; *Iis hospitia nemo*

deneget, 660 ; et celui de Charlemagne, de l'an 810 : *De elemosyna mittenda ad Hyerusalem propter ecclesias Dei restaurandas*. (Baluze, t. 1, p. 474.)

[2] Plusieurs chroniques, et entre autres celles d'Éginard et de Saint-Denis, fournissent des détails sur ces premières relations. « Cum Aaron rege Persarum qui, excepta India, totum pene tenebat Orientem, talem habuit in amicitia concordiam, ut is gratiam ejus omnium qui in toto orbe terrarum erant regum ac principum amicitiæ præponeret, solumque illum honore ac munificentia sibi colendum judicaret. Ac proinde cum legati ejus, quos cum donariis ad sacratissimum Domini ac Salvatoris mundi sepulchrum locumque resurrectionis miserat, ad eum venissent et ei domini sui voluntatem indicassent, non solum quæ petebantur fieri permisit, sed etiam sacrum illum et salutarem locum, ut illius potestati adscriberetur, concessit. Et revertentibus legatis suos adjungens, inter vestes et aromata et cæteras orientalium terrarum opes, ingentia illi dona direxit ; cum ei, ante paucos annos, cum quem tunc solum habebat roganti mitteret elephantem. Imperatores etiam Constantinopolitani, Nicephorus, Michael et Leo ultro amicitiam et societatem ejus expetentes, complures ad eum misere legatos : cum quibus tamen propter susceptum a se imperatoris nomen,

tolérance et une protection spéciale des chrétiens et de leur culte, une sorte de
partage de l'autorité dans la ville sainte, sont les résultats de ces premiers rapports. Maintenus presque sans interruption sous les princes arabes tant que leur
autorité subsista, ils furent détruits avec elle quand cette autorité disparut devant
les invasions des premiers Turcs et leur établissement dans l'Asie-Mineure, qui
provoqua une recrudescence du fanatisme musulman. C'est alors que commencent
contre les pèlerins ces persécutions destinées à faire de leur cause celle de l'É-
glise universelle, qui déjà, dans une lettre de Gerbert, pèlerin lui-même, et devenu
le pape Sylvestre II, était, en 995, personnifiée pour appeler les fidèles au secours
de la ville sainte, et soulevait une première tentative de croisade de la part des
Pisans contre l'Afrique [1]. Parmi les successeurs de Gerbert, Grégoire VII, quoique
tout occupé d'établir la suprématie temporelle de la papauté et du Saint-Siége,
exprima la même idée dans cinq lettres adressées à Guillaume, comte de Bourgogne, à tous les fidèles, à Henri, empereur d'Allemagne, au comte de Poitiers
et à Michel Ducas, empereur de Constantinople. Mais le projet d'expédition qu'il
avait en vue se proposait moins de délivrer la Terre Sainte que de protéger l'empire d'Orient, qui, par une lettre de l'empereur Ducas, avait réclamé le secours
du pontife [2]. Les persécutions croissantes que les Sarrasins exerçaient contre les

---

et ob hoc quasi qui imperium eis præripere
vellet, valde suspectum, fœdus firmissi-
mum statuit, ut nulla inter partes cujuslibet
scandali remaneret occasio. Erat enim
semper Romanis et Græcis Francorum
suspecta potentia : unde et illud Græcum
extat proverbium τὸν Φράγκον φίλον ἔχῃς,
γείτονα οὐκ ἔχῃς, « Francum amicum, non
vicinum habeas. » (Vita Karoli Magni per
Eginardum scripta, p. 95.)

« Des vaux de Spolite se parti li empereres et s'en alla à Ravenne. Là li dit-on
que li message le roi Aaron de Perse
estoient arrivé au port de Pise : encon-
tr'eulx envoia jusquez entre Versiaux et
Ivoire. Dui estoient cil message, et à deulz
seignours ; cilz qui estoient venuz de par
Aaron le roy de Perse estoit droiz Persiens ;
li autres estoit Sarrasins nez d'Aufrique,
si estoit envoiez de par l'amirault Abraham.
Quant il furent amené devant l'empereur,

li messages Aaron le roy de Perse li dist
que Isaac li juis que il avoit envoié à
Aaron le roy de Perse, iiii ans avoit jà
passez, avec dui autres messages, Lanfrois et
Sigimont, estoit retournez et aportoit grans
dons et grans presens. Mais Lanfrois et
Sigimons estoient mort en la voie. Lors
envoia li empereres Herchambaut, son
notaire, en Ligurie por apareiller la navie,
en quoy li elefanz et li autre present fussent amené, etc. » (Chroniques de Saint-Denis, l. II, p. 250.)

[1] Cette lettre de Gerbert se trouve au
t. X des Historiens des Gaules, et commence ainsi : « Celle qui est à Jérusalem, à l'Église universelle, commandant aux sceptres des rois. Épouse imma-
culée du Seigneur, puisque vous êtes en
pleine vigueur, j'ai espoir de relever mon
front humilié, etc. »

[2] Les cinq lettres de Grégoire VII se

chrétiens sont exposées dans une lettre du patriarche Hélie, près de cent ans avant la première croisade[1]. Déjà six ans avant la tenue du concile de Clermont, l'empereur grec Alexis avait appelé l'Occident contre les barbares de l'Asie par une lettre pathétique adressée au comte de Flandre, et qui faisait une peinture effrayante de la violence des infidèles[2]. La grande explosion populaire d'où allait

[1] trouvent au Recueil des conciles publié par le P. Labbe. Grégoire VII dit dans sa lettre à tous les fidèles : « Ad vos jam per venisse credimus quae sit nostra voluntas de adjutorio faciendo fratribus nostris, qui ultra mare in Constantinopolitano imperio habitant, etc. » (*Sacrosancta Concilia*, t. X. p. 92 et 96.)

[1] En 881, Hélie, patriarche de Jérusalem, adresse à l'empereur Charles le Jeune et à tous les évêques, princes et nobles du royaume de France, une lettre sur l'état des églises de la Palestine : « Depuis longtemps toutes nos églises sont en partie détruites ou tombent de vétusté; la Providence a permis que le prince de ce pays, devenu chrétien, nous a permis de les réédifier; mais n'y pouvant suffire, nous avons donné en gage nos oliviers ou nos vignes..... l'huile nous manque pour éclairer les lampes de nos églises, nos pauvres et nos moines meurent de faim, nos captifs ne peuvent être rachetés : dans cet état de dénûment, nous nous adressons à votre charité, etc..... (*Spicilège* de d'Achery et *Historiens de France*, t. IX.)

[2] La lettre à Robert, comte de Flandre, est à la page 572 du t. I de la collection de Martène : « L'empereur de Constantinople, au glorieux comte de Flandre, à tous les princes chrétiens, tant laïques qu'ecclésiastiques, salut et paix en notre Seigneur Jésus-Christ. Glorieux comte, défenseur de la foi chrétienne, je veux faire connaître à votre prudence la position désespérée de l'empire chrétien de

Constantinople. Les choses saintes et les fidèles de Jésus-Christ sont chaque jour l'objet de nouveaux outrages; les Turcs et les Pincenates envahissent notre empire. Sur les fonts baptismaux, les barbares, par mépris pour le Sauveur, font couler le sang de nos enfants et de nos jeunes gens sous le fer de la circoncision; ils les forcent à répandre leur urine sur la croix sainte, et à blasphémer contre le mystère de la Trinité. Ceux qui refusent d'obéir aux tyrans périssent dans les tourments les plus horribles; les infidèles déshonorent les vierges sous les yeux de leurs mères, contraintes d'applaudir à la brutalité de ces barbares par des chansons impies et licencieuses. Mais nous avons encore de plus grands maux à vous peindre : les Turcs, puisqu'il faut le dire, se souillent du péché contre nature, avec les hommes de tout âge, et ce qui est le plus infâme encore, avec les évêques et les prêtres. A ce récit, qui peut retenir ses larmes? L'empire de Constantin est inondé de toutes parts; il ne nous reste plus que Constantinople, qui tombera bientôt entre les mains des infidèles, si Dieu et les Latins ne viennent à notre secours. Illustre comte, enflammez l'ardeur des grands et des petits, et venez avec eux délivrer la Grèce : j'aime mieux être soumis aux Latins que de devenir le triste jouet des caprices de ces barbares..... L'empereur termine sa lettre en lui montrant les trésors de son empire, où il leur serait permis de puiser librement, et les femmes

sortir le mouvement des croisades eut lieu à la voix de l'ermite Pierre et par les actes d'Urbain II et du concile de Clermont[1]. L'ébranlement des esprits, préparé par tous les faits précédents, entraîne une première masse confuse qui va se ruer et se perdre dans les parties désertes de l'Asie, sans laisser de monuments à l'histoire, tandis qu'une grande armée plus régulière s'organisait avec le même élan d'enthousiasme, mais sous la direction de princes habiles et guerriers dont les exploits devaient, en conquérant la Terre Sainte, fonder une domination chrétienne et française dans l'Orient. Cet événement va commencer une série presque ininterrompue de rapports, manifestés par des monuments historiques, et qui devront, pendant plus de trois siècles, rattacher le mouvement des peuples de l'Occident à celui des contrées orientales.

II. — PREMIÈRE CROISADE.

L'armée des croisés, en marche pour la Palestine, traversa l'Allemagne et la Hongrie; les désordres causés par les premiers corps des croisés avaient poussé les Hongrois à les massacrer en grande partie. Une lettre, écrite au nom de Godefroy et des autres chefs, fut adressée avec une ambassade de douze seigneurs à Coloman, roi de Hongrie, pour obtenir le libre passage à travers ce pays, et le roi Coloman y répond par une lettre qui invite Godefroy à une entrevue; une lettre semblable, provoquée par les mêmes causes, fut adressée de la part de l'empereur grec Alexis à Godefroy et à ses compagnons, qui la reçurent dans la Bulgarie[2].

---

grecques, les plus belles de tout l'univers, pourraient devenir encore un digne prix de leurs exploits. (*Bibl. des Croisades*, t. I.)

[1] Dans la collection des Conciles du P. Labbe, on lit une lettre du pape Urbain II à Alexis, empereur de Constantinople, après la tenue du concile de Clermont, en 1095. La lettre du pape est datée de Rome : « Cum statutum fuisset ad Clarum Montem Arverniæ, ut communibus auspiciis bellum adversus Saracenos gereretur, tanta hominum multitudo cruce signata est, ut ad trecenta hominum millia censita fuerint... Primus omnium Petrus Eremita innumerabilibus se ducem præbuit : cui Gottdfredus, Eustachius et Balduinus se addiderunt..... Abs te peto ut

justissimo bello gloriosoque faveas, etc. » Cette lettre est également rapportée dans le recueil de Reusner, liv. I, p. 9, avec une autre du même pape à Roger, comte de Calabre et de Sicile.

[2] Cette lettre et les deux suivantes se trouvent dans la chronique d'Albert d'Aix recueillie par Bongars : « Godefroi, duc de Lorraine, et autres seigneurs de France, au roi de Hongrie Coloman, salut et toute sorte de biens en Jésus-Christ. Nos princes et seigneurs sont étonnés que, faisant profession du christianisme, vous ayez exterminé par un si cruel martyre l'armée du Dieu vivant..... Ils ont décidé d'attendre à Tollenbourg que le roi leur explique lui-même pourquoi un si grand

La réception qu'Alexis faisait aux chefs croisés, les moyens qu'il employait pour les gagner et l'espèce de fascination qu'il exerçait sur la plupart d'entre eux, sont décrits avec un enthousiasme naïf dans les lettres privées du comte Étienne de Blois à sa femme [1].

La campagne ouverte quand l'armée eut quitté Constantinople fournit à l'année 1097 une lettre de Bohémond et des autres chefs relative à la paix conclue avec l'empereur et à la victoire remportée sur les infidèles [2]. Après le siège d'Antioche et la grande bataille qui le suivit, une lettre du nouveau patriarche d'Antioche et

crime a été commis sur des chrétiens par d'autres chrétiens. » Vient ensuite la réponse : « Le roi Coloman au duc Godefroi et à tous les chrétiens, salut et affection, sans feinte. Nous avons appris que vous êtes un homme puissant et un prince dans votre pays, et que tous ceux qui vous connaissent vous ont trouvé fidèle ; c'est pour cela que nous désirons vous voir et vous connaître : nous avons donc formé le dessein de vous engager à vous rendre sans défiance près de nous au château de Cyperon ; nous resterons sur l'un et l'autre bord du fossé, et nous nous entretiendrons de tout ce dont vous vous plaignez et dont vous nous croyez coupable. » La lettre d'Alexis se borne à ces mots : « Alexis, empereur de Constantinople et de la Grèce, à Godefroi et à ses compagnons. Je vous prie, prince très-chrétien, de ne pas souffrir que votre armée pille et dévaste le territoire soumis à ma domination, et qu'elle va traverser ; partout elle pourra acheter ce dont elle aura besoin. » (Bongars, *Gesta Dei per Francos.* Rapportées également par Reusner, liv. Ier, p. 12.)

[1] La première lettre, écrite du camp devant Nicée, raconte avec enthousiasme la réception du comte par Alexis, et indique l'envoi d'une lettre antérieure qu'on n'a plus : « Le comte Étienne à Adèle, la comtesse, sa très douce amie... Je suis arrivé à Constantinople le cœur rempli de joie ; l'em-

pereur n'a reçu comme son fils dans toute l'armée, il n'y a ni duc ni comte à qui il accorde plus de confiance qu'à moi ; il n'y a pas aujourd'hui un pareil homme sous le ciel (*Hodiè talis vivens homo non est sub cœlo*), etc. » La suite de la lettre décrit la prise de Nicée, avec des détails personnels à Alexis. (Mabillon, *Musée italique*, p. 237.) L'autre lettre, donnée par d'Achery, décrit la prise d'Antioche et les combats qui la suivirent. (*Spicilège*, t. III, p. 435.)

[2] Cette lettre porte pour titre : « Lettre de Bohémond, fils de Guiscard, de Raymond, comte de Saint-Gilles, du duc Godefroi et de Hugues le Grand, à tous leurs frères en Jésus Christ..... Au milieu du mois de mai, l'empereur nous a promis que désormais les pèlerins venus pour visiter le Saint-Sépulcre seraient à l'abri de toute insulte sur les terres de son obéissance, prononçant peine de mort contre quiconque enfreindrait ses ordres, et nous donnant même en otage son gendre et son neveu pour garants de sa parole. A la fin du même mois, nous avons livré bataille aux Turcs, trente mille sont restés sur le champ de bataille. Nicée, ville importante, s'est rendue ; nous avons aussi livré un combat sanglant dans Antioche : soixante neuf mille infidèles sont demeurés sur la place ; jamais on ne vit une joie pareille à la nôtre, car, soit que nous vivions, soit que nous mourions, nous ap-

des autres évêques en instruisit la chrétienté en demandant de nouveaux renforts[1]. Pendant l'année 1098, une autre lettre, adressée par les principaux croisés au pape Urbain II, qui avait fait décider la croisade au concile de Clermont, lui rendit compte des faits mémorables survenus pendant le siége d'Antioche, du miracle qui l'avait signalé, et elle se terminait en invitant le pape à venir en personne prendre la direction de la croisade[2]. Dans l'année 1100, une lettre de l'archevêque Daimbert, de Godefroy et des autres chefs, annonça officiellement les victoires qui avaient amené le triomphe définitif de la première croisade et l'établissement du nouveau royaume de Jérusalem ; elle retraçait les événements accomplis après le siége d'Antioche jusqu'à la prise de Jérusalem et à la bataille d'Ascalon, gagnée sur les Égyptiens, qui avait consolidé la conquête de la Palestine[3].

partenons au Seigneur. Le roi de Perse nous a prévenus qu'il nous livrera bataille vers la fête de la Toussaint, nous vous prions donc de redoubler vos jeûnes, vos aumônes, surtout le troisième jour avant la fête, etc. » (*Novus Thesaurus anecd.* de dom Martène.) Cette lettre est aussi reproduite dans le recueil de Reusner, liv. 1, p. 19

[1] « Le patriarche d'Antioche, les évêques, tant grecs que latins, et toute la milice du Seigneur, à leurs frères d'Occident,.... Dieu a fait triompher son Église de quarante grandes villes et de deux cents armées, tant en Romanie qu'en Syrie ; nous avons encore plus de cent mille hommes sous les armes, quoique nous ayons beaucoup perdu de monde dans les premiers combats. Mais la perte de l'ennemi a été mille fois plus considérable. Là où nous avons perdu un comte, il a perdu quarante rois ; où nous avons perdu une poignée d'hommes, il a perdu une légion entière ; où nous avons laissé un soldat, il a laissé un chef ; où nous avons laissé un fantassin, il a laissé un comte ; enfin, où nous avons perdu un camp, il a perdu un royaume.... Venez donc combattre dans la milice du Seigneur ; dans la maison où il y a deux hommes,

que le plus propre à la guerre prenne les armes, etc. » (*Trésor des anecdotes* de Martène.) Les mêmes faits sont rapportés dans une lettre privée d'Anselme de Ribemont à Manassé, archevêque de Reims. (*Spicilége*, t. III.) Et Baronius rapporte une lettre de Bohémond à son frère, sur les mêmes événements (*Annales ecclésiastiques*, t. XIX.)

[2] Lettre des principaux croisés au pape Urbain II...... « L'ennemi ayant entouré Antioche de telle manière, que toute communication était interrompue, nous étions pressés par la faim et par toutes sortes de misères ; mais l'apôtre André révéla à un serviteur de Dieu le lieu où était la lance avec laquelle Longin perça le flanc du Sauveur ; nous trouvâmes cette sainte lance dans l'église de l'apôtre Pierre ; cette découverte nous rendit la force et le courage ; aidés de la lance divine, nous mîmes les ennemis en fuite..... Nous vous prions, vous qui avez ouvert la voie que nous suivons, vous qui, par vos discours, nous avez fait quitter nos foyers et ce que nous avions de plus cher, d'achever votre ouvrage en venant au milieu de nous, etc. » (*Trésor des anecdotes* de Martène.)

[3] Lettre de Daimbert, archevêque de

La fondation du comté d'Édesse et de la principauté d'Antioche, celle du royaume de Jérusalem, et par suite des états de Tyr et de Tripoli, furent les résultats merveilleux de cette première croisade. Se reliant à l'empire grec, et allant par Édesse et l'Euphrate se rejoindre à l'Arménie et aux provinces chrétiennes de la Perse, de la Géorgie et des bords de la mer Noire, les colonies chrétiennes présentaient un front formidable en mesure de résister à toutes les attaques des puissances musulmanes, surtout dans l'état de division où elles étaient tombées. Mais ces colonies devaient elles-mêmes à l'antipathie nationale et religieuse des Grecs, à la diversité des éléments qu'y déposait le flot toujours renouvelé des pèlerinages et des expéditions des croisés, à la mobilité même de ce courant qui tantôt apportait et remportait les populations sur les différents points, sans les y fixer d'une manière durable, enfin à la division naturelle qu'introduisait avec lui le système féodal, des causes de dissolution plus puissantes encore, appelées à mettre en péril et à rendre précaire l'existence de ces états. Les règnes de Godefroy et des trois Baudouins, ceux de Foulques et d'Amaury, mêlés de triomphes et de défaites, se soutinrent avec gloire au milieu de tant de chocs qui ébranlaient le royaume au dedans et au dehors. Les actes principaux laissés dans le cours de son existence indépendante sont la charte qui forme le monument de l'institution du royaume connu sous le nom des *Assises de Jérusalem*[1];

Pise, de Godefroy de Bouillon et de Raymond, comte de Saint-Gilles. «..... Dieu nous a manifesté sa miséricorde en accomplissant à notre égard ce qu'il avait promis dans les temps anciens..... Au siége de Jérusalem, nous eûmes beaucoup à souffrir par la disette d'eau; les chefs ordonnèrent que l'armée ferait, pieds nus, une procession autour de la ville. Dieu nous livra Jérusalem huit jours après. Si vous désirez connaître ce que nous fîmes des ennemis que nous trouvâmes dans la ville, vous saurez que, dans le portique de Salomon et dans le temple, nos chevaux marchaient jusqu'aux genoux dans le sang impur des Sarrasins..... On vint nous apprendre que le roi de Babylone était à Ascalon avec une armée innombrable; notre seul choc mit en fuite, même avant d'avoir combattu, cette immense multitude : plus de cent mille Sarrasins tombèrent sous nos coups, un grand nombre se noya dans la mer; la veille du combat, plusieurs milliers de chameaux, de bœufs et de brebis furent abandonnés par nous pour aller à l'ennemi. Chose admirable! ces animaux nous accompagnèrent constamment, s'arrêtant avec nous, s'avançant avec nous, courant avec nous; les nuées même nous garantissaient des ardeurs du soleil, et les zéphyrs soufflaient pour nous rafraîchir, etc. » (Martène, t. I, p. 568, et Michaud, *Hist. des Crois.* t. I.)

[1] Cette constitution féodale fut réglée dans une assemblée solennelle tenue sous Godefroy, et prit le nom d'*Assises de Jérusalem* ou de *Lettres du Saint-Sépulcre*. Ce code, transporté dans le royaume de Chypre, fut recueilli dans le XIIIᵉ siècle par Jean d'Ibelin, comte de Jaffa et d'As-

l'acte rapporté par Guillaume de Tyr qui stipule les conditions mises par les Vénitiens à leur concours pour la conquête de Tyr[1]; enfin l'acte du concile de
Naplouse pour la réforme des mœurs sous Baudouin III[2]. Si la force du principe
religieux avait eu la puissance de fonder ces états, de les élever même à un haut
degré de prospérité, elle ne put avoir une action assez étendue pour tenir la
confédération des états chrétiens d'Asie dans une union rendue nécessaire par la
supériorité numérique des races musulmanes. C'est ce que vint leur apprendre
la chute du premier de leurs boulevarts, tombé devant les armes de Zengui, dont
le nom ouvre la série de ces grands conquérants produits par l'islamisme, et
qui devaient finir par renverser la domination chrétienne en Orient. La prise de
la ville d'Édesse, qu'une catastrophe sanglante enlevait aux chrétiens, semblait,
en les refoulant de l'Euphrate, les circonscrire à la zone étroite formée par le
littoral de la Syrie, et les rejeter pour jamais de l'intérieur de l'Asie. Aussi cet
événement vint-il exciter toutes leurs alarmes sur la situation de Jérusalem, et
appeler de nouveau au secours de la ville sainte les forces de l'Occident soulevées
par la seconde croisade.

III. — SECONDE CROISADE.

La seconde croisade, provoquée par le pape Eugène III et prêchée par saint
Bernard, entraîna en Asie, avec de nouvelles armées de fidèles, le roi de France

calon. Il a été imprimé par Beaumanoir,
et commenté par la Thaumassière, et
M. A. Beugnot en a donné une nouvelle
édition.

[1] Le traité conclu entre les Vénitiens et
les princes du royaume de Jérusalem pour
le siége de Tyr, est rapporté par Guillaume de Tyr, comme fait à Acre en 1123,
et stipule leur concours à condition que :
« En toutes les citez qui sont souz la domination du roy, iceux Vénitiens ayent leur
église, leur place entière, estuve et four
à ban, pour les posséder de droict héréditaire à perpétuité, exempts et affranchis
de toute exaction, ainsy qu'est le propre
du roy. Et mesme qu'ils ayent autant de
droict et propriété en la place de Jérusalem que le roy a coutume avoir. Que si

iceux Vénitiens, dans la ville d'Acre, veulent faire en leur rue four, moulin, es-
tuves, et avoir mesurage, aulnage, jau-
jage et flatrie, pour mesurer vin, huille,
miel, il sera libre à tous habitants de ce
lieu d'y cuyre, mouldre et estuver ce qu'il
leur plaira, sans aucune répugnance ny
contradiction, comme aux propres appar-
tenances du roy, etc. »

[2] On peut lire avec le traité précédent,
au tome II de l'Histoire des Croisades, par
Michaud, l'extrait de Guillaume de Tyr,
livre XII, chapitre XIII de la Guerre sainte,
sur l'acte du concile de Naplouse, « tenu de
l'autorité de Garamond, patriarche de Jérusalem, pour réformer les mœurs des
chrétiens de la Palestine, en présence de
Baudouin roi de Jérusalem, l'an du Sei-

Louis VII et l'empereur d'Allemagne Conrad III. Une bulle du pape Eugène III, adressée à Louis VII dans l'année 1145[1], commence le nouveau mouvement, et, en exposant l'état de la Terre Sainte, réclame les secours et l'exemple du roi de France pour la nouvelle entreprise; les lettres de saint Bernard, abbé de Clairvaux, et de Pierre le Vénérable, abbé de Cluny, secondent et étendent l'impulsion religieuse donnée par le pape. Parmi un grand nombre d'épîtres du premier, la principale est la lettre encyclique qu'il adressa, en 1146, au clergé et au peuple de la France orientale pour les engager à la seconde croisade[2]. L'enthousiasme religieux allumé par l'éloquence de saint Bernard dans l'assemblée de Vézelay, où fut décidée la croisade pour la France, et dans la diète de Spire, où elle le fut pour l'Allemagne, porta les peuples à lui déférer le commandement de la sainte expédition; les raisons qui portèrent saint Bernard à le refuser font le sujet d'une lettre qu'il adresse, en 1146, au pape Eugène III[3].

gneur 1120, sous le pontificat de Calixte II. »Voyez aussi, dans Reusner, la lettre de Baudouin à ce pontife sur le secours que lui ont prêté les Vénitiens, citée avec plusieurs autres lettres de Tancrède et de Bohémond pour leurs intérêts privés à Antioche et ailleurs. (*Epist. Turc.* lib. I, p. 15.)

[1] La bulle d'Eugène III, rapportée également par Othon de Frisingen, se trouve dans le premier volume du *Bullarium Romanum novissimum*: « Le serviteur des serviteurs de Dieu à son cher fils Louis, illustre et glorieux roi des Français, à ses chers fils les princes, et à tous les fidèles du royaume de France.... Notre prédécesseur Urbain a embouché la trompette évangélique pour appeler les peuples chrétiens à la défense de la Terre Sainte. A sa voix, les guerriers du royaume des Francs, les Italiens, enflammés d'une sainte ardeur, ont pris les armes et délivré cette ville où notre Sauveur a daigné souffrir pour nous. Maintenant, par nos péchés, la ville d'Édesse est tombée au pouvoir des ennemis de la foi, et plusieurs autres villes ont eu le même sort; le plus grand danger menace la chrétienté; j'espère que

vous ne laisserez pas croire que l'héroïsme des Francs a dégénéré. Nous vous ordonnons de prendre la croix et les armes, et à ceux qui le feront nous accordons les privilèges accordés par notre prédécesseur aux soldats de la croix..... Qu'ils soient exempts de toute espèce de poursuite pour leurs biens jusqu'à leur retour; qu'ils s'abstiennent de porter des habits précieux, d'emmener avec eux des chiens de chasse, des faucons; ils ne doivent s'occuper que de leurs chevaux de bataille, de leurs armes, etc..... — Donné à Viterbe, le mois de décembre 1145. » Voyez cette bulle traduite en entier à la fin du tome II de l'Histoire des Croisades, par Michaud.

[2] Le tome XV des Historiens des Gaules consacré tout entier aux lettres historiques, donne les lettres de Pierre le Vénérable et de saint Bernard. La lettre encyclique de ce dernier se trouve dans la chronique d'Othon de Frisingen. Ces lettres font connaître l'éloquence de saint Bernard et surtout la manière dont on prêchait alors la croisade. (*Lettres de saint Bernard*, Historiens de France, t. XV, p. 605.)

[3] *Recueil des Lettres de saint Bernard*,

Dans cette même année, deux lettres de l'empereur grec Manuel vinrent témoigner de la part qu'il prenait par ses vœux et ses espérances au mouvement qui se préparait : la première exprime à Louis VII le désir qu'il a de connaître ce prince, et l'assure des soins qu'il prendra pour le passage des croisés[1]; la seconde, adressée au pape Eugène III, répète les mêmes assurances, et il s'étonne de ne pas avoir reçu à cette occasion d'envoyés de la part du pontife[2]. Une lettre de saint

[1] tome XV des Historiens des Gaules, p. 605 et suivantes.

Cette lettre fut rapportée par Milon de Chevreuse, qui avait été envoyé en mission à Constantinople : « Manuel, fidèle roi en Jésus-Christ, porphyrogénète, grand, sublime et courageux empereur des Romains, toujours auguste, au très-noble roi des Français. Très-noble roi, notre empire a reçu et lu la lettre envoyée par votre noblesse, dans laquelle vous avez écrit à notre empire que vous vous disposiez à prendre le chemin de Dieu, et demandé à notre empire la liberté du passage et l'achat des provisions. Notre empire ayant connu votre intention, l'a eue pour agréable et s'en est réjoui; car, croyez-le, il désirait depuis longtemps voir un homme tel qu'est votre noblesse, et s'entretenir avec lui. Si telle est la volonté de Dieu que votre noblesse vienne, elle sera très-bien reçue par notre empire. Que votre noblesse ne craigne donc pas de rencontrer d'obstacle de la part de notre empire; car il recevra avec une grande joie votre noblesse; il lui préparera la voie, lui facilitera le passage, et lui fournira toutes les provisions nécessaires. Adieu. De la ville sauvée par Dieu, au mois d'août, indiction IX°. » (Images d'Histoire, par Raoul de Dicet, t. XVI des Historiens des Gaules.)

[2] Cette lettre, adressée au pape Eugène, a été trouvée par M. de la Porte du Theil aux archives du château Saint-

Ange, écrite en couleur, et en grec et en latin : « Manuel, fidèle au Dieu Christ, roi porphyrogénète, haut, sublime, fort, auguste et empereur des Romains, Comnène, au très-saint pape. Très-saint Pape, la lettre de votre Sainteté qui annonçait que le très-noble roi de France se prépare à aller venger les saintes églises et la ville d'Édesse, occupée par les ennemis de Dieu, a été envoyée et lue à mon empire. A la nouvelle du grand mouvement qui se fait en France, mon empire s'est réjoui, parce qu'il l'a regardé comme une vengeance qui se préparait pour les chrétiens, et comme la ruine et la dispersion future des ennemis de Dieu. Mon empire est prêt à bien recevoir vos guerriers et à leur donner le passage, et au plus bas prix toutes les choses nécessaires; mais mon empire veut que les Francs fassent pour son honneur ce qu'ils firent autrefois du temps de mon aïeul. Mon empire s'étonne que votre Sainteté ne lui ait pas encore envoyé d'apocrisiaires, et qu'elle ne lui ait pas encore écrit sur les grâces que Dieu lui a accordées; car mon empire a en elle une grande confiance et une affection sincère, à cause des vertus dont elle est ornée. Que votre Sainteté accorde donc une sainte réponse à mon empire. Adieu, très-saint Pape. Envoyé de la ville gardée par Dieu, au mois d'août, indiction IX°. » (Tome XV des Historiens des Gaules, p. 440, et Bibl. des Croisades, t. II, p. 474.)

Bernard à l'empereur Manuel, écrite en 1146, lui annonce le prochain départ du roi de France. Dans l'année 1147, l'empereur Conrad, qui se disposait à partir pour l'Orient, instruit de la présence d'Eugène III en France, lui demande une entrevue à Strasbourg[1]. Par une lettre adressée à l'abbé Suger, le pape Eugène III hâtait les préparatifs de Louis VII, que l'état des saints lieux rendait plus urgents; et comme le pape avait reproché à l'empereur Conrad d'avoir résolu son voyage sans le consulter, celui-ci, par une lettre de l'année 1147, répondait à ces reproches, et lui annonçait qu'il avait fait reconnaître Henri son fils pour gouverner l'empire en son absence[2]. Dans cette même année 1147, une lettre du prédicateur flamand Arnould annonce la prise de Lisbonne par le corps des croisés qui, en se dirigeant par mer en Palestine, s'arrêta en Portugal pour y combattre les Sarrasins, et y fonda un nouveau royaume chrétien[3].

Le pèlerinage des deux souverains croisés, les incidents de leur voyage, leurs exploits, leurs malheurs et leurs aventures donnent lieu à un grand nombre de documents. Des onze lettres que Louis le Jeune adresse à l'abbé Suger, la première, datée des frontières de la Hongrie, parle du bon accueil que le roi a reçu des princes dont il a traversé les états; la seconde annonce son heureuse arrivée à Constantinople après des périls et des maux infinis; la troisième, écrite d'Antioche, revient sur l'accueil qu'il a reçu de l'empereur Manuel, et rapporte les accidents que son armée a éprouvés jusqu'à son embarquement à Satalie[4]. Conrad III de son côté, parti le premier, écrit à l'abbé Wibald, laissé au gouvernement des états de l'empereur comme Suger l'était à ceux de Louis VII, et une première lettre de Conrad, écrite en 1148, décrit les désastres de son armée tout en les atténuant pour ne pas effrayer l'Allemagne; dans une seconde lettre, de l'année 1149, il parle déjà de son retour[5], et Louis VII, qui, d'après plusieurs lettres à son ministre, prenait un soin particulier des ordres religieux du Temple et des Hospitaliers, décrit, dans la septième de son recueil, les maux de la Syrie et de la Palestine, pendant que Suger, dans une lettre à Louis VII, provoque son retour exigé par l'état du royaume. Louis VII, dans sa neuvième lettre, où il remercie le ministre de son zèle, rapporte les causes qui l'obligent à retarder momentanément

---

[1] *Recueil des lettres de saint Bernard*, Historiens des Gaules, t. XV, p. 442.

[2] Duchêne, t. IV, p. 538.

[3] Martène, t. II, p. 204.

[4] Ces trois premières lettres de Louis VII sont dans Duchêne, t. IV, p.494 et suiv.

[5] *Lettres de l'abbé Wibald*, au t. II, p. 352 de la Collection *amplissime* de

Duchesne

* Historiae francorum scriptores

Martène. Dans la première, Conrad raconte ce qui lui arriva sur la route d'Icone, la seconde rapporte le siège de Damas: « Si Dieu le permet, nous serons bientôt dans notre empire: nous vous y témoignerons la reconnaissance qui vous est due pour avoir guidé notre fils et montré pour nous une si grande fidélité. »

son retour; par la dixième, datée du 29 juillet, de la Calabre, il mande à Suger son arrivée en Italie, l'accueil qu'il y a reçu du roi de Sicile, et le séjour qu'il y fait pour attendre la reine et les autres croisés; enfin, dans la onzième, datée de Rome, il engage Suger à venir en secret au-devant de lui pour avoir un entretien sur ses affaires [1]. De son côté, Conrad III avait écrit à Wibald, en 1149, pour lui annoncer sa prochaine arrivée à Ratisbonne; Wibald, en y répondant, rapporte l'impression causée par cette nouvelle en Allemagne[2]; le pape Eugène III écrivit dans cette même année à l'empereur pour le consoler de la malheureuse issue de son expédition[3]. Conrad, de retour dans ses états, écrivit encore à l'empereur Manuel et au pape Eugène III relativement à plusieurs faits qui s'étaient passés dans le cours de la croisade [4].

À la suite de la seconde croisade, les princes, partis avec des idées de retour dans la Terre Sainte, ou sollicités de nouveau d'y revenir pour remédier aux malheurs croissants des états chrétiens de l'Asie, reçoivent plusieurs appels comme celui qu'adressent à Louis VII Aimery, patriarche d'Antioche, et Amaury, roi de Jérusalem, en 1169 [5]. Dans les alternatives d'espérance que faisaient naître les promesses de ces princes, une lettre du cardinal de Saint-Pierre aux Liens invite l'empereur Manuel à s'unir de cœur au roi Louis VII et au pape Alexandre III,

[1] Ces cinq lettres de Louis VII sont à la suite de celles du même prince déjà citées au tome IV de Duchêne, p. 510 et suiv. Dans la lettre que Suger adresse à Louis VII, il lui dit : « Tous vos sujets vous disent par ma bouche : O roi, pourquoi nous fuyez-vous ? tous vos barons sont de retour, et vous seul vous persistez à demeurer en Orient. » Il lui dit encore que les principaux seigneurs, de retour de leur pèlerinage, s'agitent déjà, et menacent le royaume de nouveaux troubles.

[2] Lettre de Wibald, au tome II de Martène : « La joie règne dans la Germanie à l'occasion de votre prochain retour; j'aurais déjà volé au-devant de vous, si je n'étais arrêté par les incendies et les rapines qui dévorent la Lorraine, et surtout la malheureuse province des Ardennes. »

[3] Ibid. p. 357. Le pape exhorte le prince à recevoir avec résignation les coups frappés par la main céleste, et à traverser le désert de la vie dans la patience et dans la charité.

[4] Ibid. p. 375. Conrad s'excuse auprès de Manuel de n'avoir pas rempli les conditions du traité tel qu'il l'a fait en passant à la cour de Byzance; et dans la lettre qu'il adresse au pape, il justifie l'évêque de Ratisbonne de l'imputation d'avoir causé la défaite de l'armée de Conrad. Plusieurs de ces lettres sont reproduites aussi par Reusner, liv. I, p. 29 et suivantes.

[5] Tome I de Martène, p. 870. Dans sa lettre au roi Louis VII, datée de 1164, Aimery, patriarche d'Antioche, l'instruit des malheurs des chrétiens, et décrit en détail la victoire remportée sur eux par les infidèles, près d'Antioche; il supplie le roi (Regia majestas) d'envoyer en Syrie de prompts secours. Celle d'Amaury, roi de Jérusalem, exprimant les mêmes idées, est aussi à la page 803 de la Collect. ampliss. de Martène, et dans Baronius, Annales ecclésiastiques, t. IX.

et témoigne qu'une nouvelle entreprise paraissait sur le point de se réaliser sous leurs auspices [1]. Pendant cette période, Renaud de Châtillon, prince d'Antioche, écrivant à Louis VII, lui fait une triste peinture de l'état de la Terre Sainte [2]; une lettre de Gerbert, grand maître des Templiers, et une d'Amaury, roi de Jérusalem, annoncent plus tard la captivité du prince d'Antioche, et deux autres sont relatives à des négociations avec l'empereur de Constantinople [3]. Dans une lettre à Louis VII, Amaury lui fait part de son avénement au trône après la mort de Baudouin III, et lui décrit dans une autre la situation de son royaume, menacé à la fois par les Grecs et par les Turcs [3]. Plusieurs lettres de Geoffroy Foulques tracent les progrès des conquêtes de Noureddin, ce précurseur du grand Saladin, qui allait bientôt paraître pour la ruine de la domination chrétienne en Asie; enfin, Louis VII étant sur le point de faire une expédition avec le roi d'Angleterre contre les Maures d'Espagne, reçut une lettre du pape Adrien IV, où ce pontife cherchait à le détourner d'une entreprise qui, selon lui, ne devait pas être utile à la chrétienté [4].

Au retour de la deuxième croisade, une assemblée du clergé fut provoquée par

---

[1] Duchêne, t. IV, p. 490.

[2] Renaud de Châtillon, prince d'Antioche, décrit ainsi à Louis VII l'état de la Terre Sainte : « La main se refuse à écrire, et la bouche à raconter les misères qui nous accablent. Tous les chrétiens n'espèrent qu'en vous, et sont impatients de vous voir marcher à leur délivrance ; chaque jour ils nous interrogent sur vos desseins..... » Le prince d'Antioche termine sa lettre en priant le roi de chercher en Europe un prince qu'on puisse unir à la fille de Raymond ; car il serait, dit-il, presque impossible de la marier en Palestine. (Collection de Bongars, Regum epistolæ.)

[3] Ces lettres font connaître la politique agressive des empereurs grecs contre les établissements des croisés ; c'est ce qu'on voit par la lettre d'Amaury, roi de Jérusalem, à Louis VII. « Accomplissez le dessein que vous avez formé ; chaque jour on nous annonce l'arrivée de l'empereur de Constantinople ; il est à craindre

que, s'il met le pied sur cette terre, nous et tous les chrétiens d'Orient soyons forcés de nous soumettre au prince grec. Notre situation est si misérable, que, pour nous sauver de la fureur des Turcs, il faudra que nous nous jetions dans les bras des Grecs. » On trouve également dans ce recueil les lettres de Geoffroy Foulques, procurateur du Temple. (Coll. Bongars.)

[4] Louis VII, sur le point de marcher avec le roi d'Angleterre contre les Maures d'Espagne, reçut une lettre à la fois d'éloges et de reproches du pape Adrien IV : « Vous ne devriez partir qu'après vous être assuré que votre présence est absolument nécessaire dans ce pays, et que l'Espagne elle-même vous appelle. Vous n'avez pas dû oublier le pèlerinage que vous fites avec le roi des Romains ; vous prîtes le chemin de la cité sainte, sans consulter les chrétiens que vous espériez délivrer ; aussi votre entreprise, loin de servir la chrétienté, ne fut qu'une calamité pour elle, et des cris d'indignation s'élevèrent

l'abbé Suger pendant l'année 1150, comme ce fait résulte d'une lettre que lui adresse le pape Eugène III [1]. L'assemblée qui se tint en effet à Chartres, devait délibérer sur le malheureux état de l'église d'Orient, et une lettre de saint Bernard à Suger lui annonce qu'il s'y trouvera avec l'évêque de Langres [2]. Plusieurs lettres du pape Alexandre III, adressées à Louis VII, à Henri, archevêque de Sens, aux grands et à tous les fidèles, à son légat en France, pendant les années 1165, 1169 et 1176, tantôt réclament des secours pécuniaires, tantôt ordonnent de faire des levées pour la Terre Sainte; et dans la dernière le pape fait exhorter le roi de France à porter des secours à l'empereur Manuel, après sa défaite auprès d'Iconium. Une lettre du mois de mars 1180 [3], que Manuel écrit au pape Alexandre III, constate la pensée d'une nouvelle croisade par la promesse qu'il y fait de donner un libre passage à l'armée du roi de France [4]. Une lettre d'Amaury, en 1169, parle des entreprises de ce prince sur l'Égypte, et on le voit, en 1174, essayer de réconcilier le roi d'Angleterre et ses fils pour qu'ils viennent à la croisade [5]. Un décret de Henri II, rendu au Mans en 1177, par suite du traité d'Ivry passé entre ce prince et Louis VII, ordonne une levée de deniers pour la défense de la Terre Sainte. Enfin, dans l'année 1177, Manuel écrivit aussi une lettre à Henri II pour lui annoncer ses succès contre les Perses et les Turcs, et les raisons qui l'avaient engagé à faire la paix avec le soudan d'Iconium [6]. Ce même soudan d'Icone avait reçu en 1169 une lettre du pape Alexandre III qui l'invitait à embrasser le christianisme [7].

contre l'Église romaine, qui passait pour le premier auteur de ces maux. » (Coll. Bougars, *Regum epistolæ*.)

[1] Suger, qui avait désapprouvé la croisade conduite par Louis VII, en méditait une nouvelle, dont il devait être le chef, quoiqu'il fût près de mourir. Les lettres d'Eugène III qui se rapportent à ce fait se trouvent au tome XV, page 483 et suivantes des Historiens des Gaules.

[2] La lettre de saint Bernard se lit plus bas dans le recueil de ses lettres, p. 605.

[3] Ces diverses lettres, rapportées dans la chronique de Roger de Hoveden, se trouvent au tome XV, p. 789 des Historiens des Gaules, et sont aussi reproduites dans la collection de Martène.

[4] L'empereur met pour condition qu'on lui garantisse la sûreté de ses États, et que le pape envoie un cardinal dont la présence contiendra l'armée. (*Historiens des Gaules*, tome XVI.) D'après la collection des anciens diplômes du pape Benoît.

[5] Ces lettres sont au tome XVI des Historiens des Gaules.

[6] *Ibid.* Au recueil des lettres de Henri II et page 652. Le traité d'Ivry se trouve copié en entier dans les Annales de Roger de Hoveden.

[7] Cette lettre est dans la première partie de l'Histoire de Mathieu Pâris, qui rapporte à ce sujet les propos tenus par les grands de la cour du soudan : « Comment, disaient-ils, pourra-t-il sortir de la même source de l'eau douce et de l'eau amère? Les chrétiens qui sont obligés de puiser à

Dans l'année 1184, une ambassade, composée du patriarche Héraclius et du grand-maître de l'Hôpital, venant réclamer les secours de la chrétienté, reçut les lettres que Baudouin, roi de Jérusalem, leur écrivait pour les féliciter d'être arrivés à Brindes et leur annoncer les ravages de Saladin dans la Terre Sainte, pendant que Saladin lui-même et son frère écrivaient au pape Lucius III pour traiter du rachat des prisonniers. Ces ambassadeurs, arrivés à Rome en 1185, reçurent des lettres[1] du pape Lucius pour seconder la mission qu'ils allaient remplir auprès du roi de France et du roi d'Angleterre. Mais cette mission n'eut pas plus de résultat que les engagements qui avaient été pris trois ans auparavant par ces deux rois, à la suite de l'entrevue que Philippe-Auguste avait eue avec Henri II au château de Nonancourt, et sur les lettres pressantes du pape Alexandre III[2].

(V. — TROISIÈME CROISADE.

La catastrophe de la bataille de Tibériade, qui anéantit d'un seul coup l'armée des croisés et amena la prise de Jérusalem par Saladin, retentit dans tout l'Occident. Les Génois établis dans la Terre Sainte écrivirent au pape Grégoire VIII une lettre sur les suites de cette bataille que décrit également une autre lettre du grand-maître du Temple, nommé Thierry, échappé au désastre. Le célèbre Pierre de Blois, qui se trouvait alors en Sicile, écrivit au roi d'Angleterre Henri II, et sa lettre est un témoignage de l'impression causée par cet événement[3]. La perte de Jérusalem après une possession de près d'un siècle par les chrétiens, vint donner un nouvel élan aux passions religieuses[4]. Quoique Grégoire VIII

---

la fontaine de Justice n'y trouvent qu'une liqueur empoisonnée. »

[1] Ces diverses lettres se trouvent avec plusieurs autres sur les mêmes événements dans les Images d'histoire de Raoul de Diceto, qui nomme Sisidin le frère de Saladin.

[·] Cette ambassade et les actes qui s'y rapportent sont donnés par Benoît de Peterborough. Le pape Lucius dit dans sa lettre au roi d'Angleterre : « Vous devez marcher sur les traces de vos prédécesseurs, qui n'ont pas craint d'arracher des gueules du prince des ténèbres la patrie de Notre-Seigneur Jésus-Christ, etc. » (Historiens des Gaules, t. XVII.)

[1] La lettre des Génois habitant la Terre Sainte, et celle de Thierry, grand-maître du Temple, se trouvent dans Benoît de Peterborough. (Vie et gestes de Henri II.) Le même historien donne la lettre de Pierre de Blois : « Le roi de Sicile, en apprenant ces tristes nouvelles, s'est couvert d'un cilice, et, pendant trois jours, rempli de deuil, se dérobant aux regards des hommes, a juré avec une dévotion pleine de sollicitude, d'aller au secours de la Terre Sainte, etc. » (Historiens de France, t. XVII.)

[·] Voyez au tome II de l'Histoire des Croisades, par Michaud, traduite de l'arabe, la lettre de Saladin rédigée par le

n'ait occupé que deux mois le siége pontifical, c'est à lui et aux lettres nombreuses qu'il écrivit dans ce court espace de temps qu'on doit attribuer le mouvement de la troisième croisade. Une bulle éloquente, donnée au mois de novembre à Ferrare, fut adressée par lui à tous les fidèles pour les appeler à la guerre sainte[1]. La mort subite de Grégoire VIII laissa à son successeur Clément III le soin de continuer son ouvrage; et ce pontife, non moins zélé, chargea Guillaume de Tyr de prêcher la croisade. Les exhortations du pape et l'éloquence de l'archevêque de Tyr firent prendre la croix aux rois de France et d'Angleterre réunis à Gisors : c'est alors que fut décrété le règlement pour la levée de la dîme appelée *Saladine*[2]; mais les dissensions qui éclatèrent entre Henri II et ses fils arrêtèrent encore l'exécution de la croisade. Dans cet intervalle, le patriarche d'Antioche écrivit au roi d'Angleterre, dont il reçut une réponse, et le grand précepteur du Temple Thierry s'adressa de nouveau à Henri II pour l'informer des faits qui se succédaient dans les colonies chrétiennes[3]. À la même époque, Philippe-Auguste reçut une lettre des ambassadeurs qu'il avait envoyés à l'empereur grec Isaac : leur rapport montre l'opposition que la croisade rencontrait à Constantinople et le crédit dont Saladin jouissait alors à la cour des empereurs grecs[4].

cadi Alfadhel à l'iman Nassir Deldin Illah-Aboul-Abbas-Ahmed, contenant le récit de la conquête de Jérusalem et de la bataille de Tibériade.

[1] Le troisième volume de Muratori donne les lettres de Grégoire VIII à cette occasion : la bulle de Grégoire VIII est traduite en entier par Michaud au tome II de l'Histoire des Croisades, p. 492, et datée de Ferrare, le 4 des kalendes de novembre; elle est suivie de l'ordonnance d'un jeûne général pour apaiser la colère de Dieu, afin qu'il fasse recouvrer Jérusalem.

[2] Voyez, *ibid.* p. 499, l'acte du concile de Paris, tenu, en 1188, sous le pontificat du pape Clément III. Les dîmes nommées *Saladines* y sont décrétées pour subvenir aux frais de la guerre contre Saladin, roi des Turcs, au nom de Philippe-Auguste. Le règlement que fit Henri II, par suite de la conférence de Gisors, est donné dans Benoît et dans la chronique

de Gervais de Cantorbéry. Rigord, dans sa chronique des gestes de Philippe-Auguste, tome V de la collection Duchêne, a donné les deux pièces importantes de ce prince, relatives aux dettes des croisés et à l'institution de la dîme Saladine.

[3] Ces nouveaux actes étaient occasionnés par suite des retards que les démêlés des rois de France et d'Angleterre apportaient à la croisade; le grand-précepteur du Temple, au sujet de quelques avantages des chrétiens, dit, dans sa lettre : « Saladin, affligé d'un échec éprouvé par les siens, avait fait brûler sa flotte, et, pour montrer sa douleur, après avoir fait couper les oreilles et la queue de son cheval, il s'était promené sur ce cheval au milieu de toute son armée. » (*Chronique de Benoît de Peterborough.*)

[4] Le même historien rapporte la lettre du roi de France au sujet de cette ambassade, envoyée à l'empereur Isaac ;

La mort de Henri II et l'avénement de Richard firent reprendre immédiatement le projet de croisade; et la convention conclue à Vézelay entre Richard et Philippe-Auguste fut un commencement d'exécution, suivi bientôt après d'un réglement fait par Richard en partant de Chinon pour se rendre à Jérusalem [1]. Le départ des deux rois de France et d'Angleterre avait été précédé de celui de l'empereur Frédéric Barberousse, qui avait accompagné son oncle Conrad à la seconde croisade, et qui prit la croix des mains de l'archevêque de Tyr, à la diète générale assemblée à Mayence pour entendre le prélat. Ce grand prince, destiné à périr si malheureusement dans cette expédition, avait envoyé, avant son départ, des ambassadeurs à l'empereur grec, au sultan d'Icone et à Saladin lui-même; la lettre qu'il écrivit à ce dernier respire une générosité chevaleresque et une fierté héroïque qu'on retrouve également dans la réponse de Saladin [2]:

d'après la lettre des ambassadeurs français, l'empereur avait promis cent vaisseaux à Saladin, et celui-ci avait annoncé à Isaac qu'il lui donnerait toute la Terre Sainte, s'il empêchait les Francs d'arriver en Asie : la croisade était si mal vue à Constantinople, que, si quelqu'un y prenait la croix, on le mettait sur-le-champ en prison. Reusner, liv. I, p. 16, cite une lettre de Saladin à l'empereur Isaac, pour l'informer de ses victoires, et à la suite une lettre du pape Clément III à cet empereur, pour lui annoncer la nouvelle croisade : «Jam omnia Saladini virtuti cesserant; cum edicto nostro ad instaurandam gloriam Christiani nominis, principes nostri excitati sunt : Præcipui fuere, Fridericus alter imperator, Philippus Francorum Rex, Richardus Angliæ, et Otho Burgundiæ, etc.....»

[1] Roger de Hoveden et Brompton donnent la convention de Vézelay, et Benoît de Peterborough le règlement fait par Richard à Chinon.

[2] Ces deux pièces sont données dans l'*Itinéraire du roi Richard*, de Gautier Vinisauf, et dans Mathieu Pâris : « Frédéric, par la grâce de Dieu, empereur des Romains, toujours auguste, triomphateur magnifique des ennemis de l'empire, heureux médiateur de la chrétienté, à Saladin, chef (*prasidi*) des Sarrasins, homme illustre, et qui bientôt, à l'exemple de Pharaon, sera contraint d'abandonner la poursuite des enfants de Dieu. Nous avons reçu avec une vive affection la lettre que vous nous avez écrite, et notre majesté l'a trouvée digne d'une réponse. Maintenant, parce que vous avez souillé la Terre Sainte, que notre devoir, comme chef de l'empire, est de défendre la ville de Jésus-Christ; si vous n'abandonnez pas sur-le-champ cette terre, et ne nous faites une due satisfaction, soutenus par la vertu du Christ, nous tenterons la guerre et ses hasards, à compter des calendes de novembre. Nous avons quelque peine à croire que les événements de l'histoire ancienne vous soient inconnus; et si vous les connaissez, pourquoi faites-vous comme si vous les ignoriez? Savez-vous que les deux Éthiopies, la Mauritanie, la Scythie, les terres habitées et scellées du sang de notre Crassus; que l'Arabie, la Chaldée, l'Égypte surtout, où le grand Antoine (proh dolor!) se laissa asservir par les amours licen-

ces deux pièces sont mises au nombre des documents les plus intéressants qui restent sur les croisades. Le siége de Ptolémaïs, commencé depuis plusieurs

cieuses de Cléopâtre; que toutes ces terres, en un mot, dépendaient de notre empire? Pouvez-vous ignorer que l'Arménie et d'autres terres innombrables sont soumises à notre domination? Ils ne l'ignoraient pas, ces rois dont le sang rougit tant de fois les glaives romains; et vous aussi, Dieu aidant, vous apprendrez ce que peuvent nos aigles victorieuses, ce que peuvent les cohortes de plusieurs nations; vous éprouverez la fureur de ces Teutons, qui prennent les armes, même pendant la paix; vous connaîtrez les habitants du Rhin, la jeunesse d'Istrie, qui ne sut jamais fuir; le Bavarois, grand de taille; les habitants de la Souabe, fiers et rusés; ceux de la Franconie, toujours circonspects; le Saxon qui joue avec le glaive; les peuples de la Thuringe et de Westphalie; l'agile Brabançon; le Lorrain qui ne connaît point de paix; l'inquiet Bourguignon, les habitants des Alpes (*Alpini lubrici*); le Frison, habile à lancer le javelot; le Bohémien, qui sait mourir avec joie; le Polonais, plus féroce que les bêtes de ses forêts; l'Autriche, l'Istrie, l'Illyrie, la Lombardie, la Toscane, Venise, Pise; enfin, le jour marqué pour le triomphe du Christ vous apprendra que nous pouvons encore manier l'épée, quoique, selon vous, la vieillesse nous ait déjà abattu. »

La réponse de Saladin porte tous les caractères d'authenticité : « Au roi, ami sincère, grand, élevé, Frédéric, roi d'Allemagne. Au nom du Dieu miséricordieux, par la grâce du Dieu unique, tout-puissant, suprême, vainqueur, éternel, dont le règne n'aura pas de fin, à qui nous

rendons des actions de grâces continuelles, et que nous supplions de verser ses faveurs sur ses prophètes, particulièrement sur notre maître et notre apôtre le prophète Mahomet, qu'il a envoyé pour le rétablissement de la loi véritable, et pour la faire triompher de toutes les religions, nous notifions par la présente au roi, sincère, puissant, grand, ami, qui mérite d'être aimé, roi d'Allemagne, qu'un homme, du nom de Henri, s'est présenté à nous, en se disant votre envoyé; il nous a remis une lettre qu'il a dit venir de votre part. Nous nous sommes fait lire cette lettre. Ensuite nous lui avons fait demander de bouche ce qu'il voulait, et nous lui avons aussi répondu de bouche. Maintenant voici notre réponse par écrit: vous nous faites le dénombrement de ceux qui se sont joints à vous pour venir nous attaquer; vous les nommez même par leur nom, et vous dites qu'il y a, entre autres, le prince de tel royaume, le prince de tel autre, tel comte, tel archevêque, tel marquis, tels guerriers; mais, si nous aussi nous voulions faire le compte de ceux qui sont à notre service, qui se soumettent à nos ordres, qui obéissent à nos paroles, qui sont prêts à combattre sous nos yeux, il nous serait impossible de le mettre par écrit. Vous citez les noms des peuples chrétiens; mais les peuples musulmans sont bien plus nombreux, bien plus grands que les chrétiens; et tandis qu'entre nous et les peuples chrétiens dont vous parlez, il y a une mer qui nous sépare, il n'y en a aucune, il n'y a aucune barrière entre nous et les nations innombrables de l'islamisme, qui sont prêtes à

mois, devait bientôt réunir toutes les forces de l'Orient et de l'Occident sous les murs et aux environs de cette ville, où l'on ne vit arriver que les débris de

s'unir à nous. Nous avons à notre disposition les Arabes Bedouins, qui à eux seuls suffiraient pour tenir tête à nos ennemis; nous avons les Turcomans, qui, s'ils étaient envoyés contre nos ennemis, les mettraient en pièces; nous avons les habitants des campagnes, lesquels, s'ils en recevaient l'ordre, se battraient courageusement contre des gens qui viennent pour envahir nos terres, pour les piller, et s'en emparer à leur préjudice. Mais quoi! n'avons-nous pas aussi ces braves soldats par qui nous avons forcé l'entrée de ce pays, par qui nous l'avons conquis, par qui nous avons triomphé de nos ennemis? Or ces braves, aussi bien que tous les princes mahométans, n'hésiteront pas, quand nous les appellerons; ils ne balanceront pas, quand nous leur aurons marqué nos volontés. Et si, comme le porte votre lettre, vous vous assemblez, si vous venez contre nous, ainsi que le dit votre envoyé, nous irons à votre rencontre par la vertu du Tout-Puissant. Ce n'est pas assez pour nous d'avoir conquis cette terre maritime; nous passerons les mers, s'il plaît à Dieu, et nous subjuguerons toutes vos provinces par la puissance divine: car, si vous venez jusqu'ici, vous serez obligé d'amener avec vous toutes vos forces, vous vous ferez accompagner de tout votre peuple, et il ne restera plus personne dans vos États pour les défendre. Or, quand le Seigneur nous aura donné par sa toute-puissance la victoire sur vous, il ne nous restera plus qu'à aller vous enlever vos provinces, par un effet de sa force et de sa volonté. Déjà deux fois toute la puissance chrétienne s'est coalisée contre nous:

et venant nous attaquer dans l'Égypte, la première fois elle a menacé Damiette, et la seconde, Alexandrie; et cependant à cette époque, les chrétiens étaient encore maîtres de la Palestine et de la Phénicie. Or vous savez dans quel état, dans quelle misère les chrétiens sont revenus de l'une et de l'autre expédition. Maintenant, au contraire, ce pays est en notre pouvoir: le Seigneur nous a prodigué les provinces; il a reculé nos frontières en long et en large; il nous a donné l'Égypte et ses dépendances, la province de Damas, la Palestine, avec la Phénicie, le Gézireh ou la Mésopotamie, le territoire d'Édesse, la province de l'Inde avec ses dépendances, etc. Grâce à Dieu, tout ce pays est à nous, et ce qui reste de princes musulmans nous est dévoué. En effet, quand nous donnons un ordre à leurs excellences les princes musulmans, ils ne refusent pas d'y obéir; et si nous demandions au calife de Bagdad de venir nous trouver, il se lèverait du siége de son empire, et viendrait au secours de notre excellence. Enfin nous avons conquis par la vertu divine Jérusalem et ses dépendances; il ne reste plus entre les mains des chrétiens que trois villes, Tyr, Tripoli et Antioche, qui ne peuvent manquer de tomber entre nos mains. Si vous voulez absolument la guerre, et si Dieu le permet, s'il est dans ses volontés que nous subjuguions toutes les villes chrétiennes, nous marcherons par la vertu divine à votre rencontre, comme il est dit dans cette lettre. Si, au contraire, vous êtes bien aise d'avoir la paix, vous n'avez qu'à envoyer aux commandants de ces trois places l'ordre de

l'armée de cent mille hommes partis de Ratisbonne avec l'empereur[1]. Mais déjà plusieurs corps arrivaient au camp des chrétiens; ils devançaient les deux rois attendus avec impatience, et dont la rivalité avait éclaté en route à la suite des conquêtes faites par Richard en Sicile et en Chypre pour des intérêts étrangers à la croisade. Le traité conclu entre Richard et Tancrède, roi de Sicile, et la lettre écrite à ce sujet au pape, sont les actes du séjour de ce prince à Messine[2].

La conquête de Chypre, enlevée à un prince grec, et qui depuis passa dans la maison de Lusignan, les disputes pour le royaume de Jérusalem élevées entre Gui de Lusignan et Conrad, marquis de Montferrat, commencèrent la division entre Richard et Philippe-Auguste, qui s'accrut par la hauteur et les prétentions de Richard après la prise de Ptolémaïs. Philippe-Auguste, parti pour retourner en France après cette conquête, ne laissant qu'un corps auxiliaire à la croisade, reçut à Tyr une ambassade solennelle avec des présents magnifiques de Saladin. Richard, resté seul maître du terrain, racheta ses violences par la prise d'Acre et surtout par la brillante victoire d'Assur, dont il rend compte lui même dans les deux lettres qu'il écrivit à ce sujet et dans celle qu'il adresse à l'archevêque de Rouen[3]. Les troubles qui se manifestaient en Angleterre par les intrigues du prince Jean, engagèrent le pape Célestin III à écrire au clergé anglais, en 1192, afin de condamner des actes contraires aux intérêts d'un prince occupé à combattre pour ceux

nous les livrer sans plus de résistance, et nous vous rendrons la sainte croix; nous remettrons en liberté tous les prisonniers chrétiens qui sont dans nos états; nous tolérerons un prêtre de votre rit à l'église du Saint-Sépulcre; nous vous rendrons les abbayes qui subsistaient avant la première croisade, et nous les protégerons, nous accorderons l'entrée aux pèlerins, notre vie durant, et nous demeurerons en paix avec vous. Ainsi, en cas que la lettre qui nous est parvenue par l'entremise de Henri soit vraiment la lettre du roi, nous lui envoyons celle-ci en réponse. La présente a été écrite l'an 584 de l'hégire, par la grâce du Dieu unique. Que Dieu soit propice à notre prophète Mahomet et à sa race, et qu'il lui accorde son salut! De la part de Malek-Nasser, lève-étendard de la justice, bonheur du monde et de la religion, etc. » (Biblioth. des Croisades, t. II.)

[1] On trouve dans Martène, tome I, page 910, une lettre de l'empereur Frédéric Ier à Henri son fils, roi des Romains, datée de 1188. Frédéric fait le récit de tout ce qu'il a eu à souffrir de l'empereur de Constantinople. Il engage son fils à en donner avis au pape Alexandre, afin qu'il envoie dans les provinces des religieux exhorter les peuples contre les ennemis de la croix, et surtout contre les Grecs. Baronius cite avec toutes les lettres précédentes, celle d'un anonyme qui faisait partie de l'expédition de l'empereur. (Annales ecclésiastiques, tom. XIX.)

[2] Ces pièces sont données par Benoît de Peterborough, et Baronius rapporte la lettre de Richard au pape. (Ann. ecc. ibid.)

[3] Les deux premières lettres se trouvent dans Roger de Hoveden et Benoît de Peterborough, et la lettre à l'archevêque de Rouen est rapportée ainsi dans la pre-

de la chrétienté[1]. Les dissensions des chrétiens, qui rendaient inutiles les victoires de Richard, et la nouvelle des troubles de l'Angleterre vinrent donner à ce prince des motifs de retourner dans son royaume. Le monarque anglais, pour affermir en partant l'état des affaires, avait consenti à reconnaître pour roi de Jérusalem Conrad, marquis de Montferrat, qui négociait en même temps avec Saladin. L'assassinat de Conrad, commis par des émissaires du Vieux de la Montagne, les imputations qui en résultèrent contre Richard, et l'insulte qu'il avait faite précédemment à Léopold, duc d'Autriche, après la prise de Ptolémaïs, devinrent à son retour en Europe l'occasion de plusieurs actes. Après une trêve conclue avec Saladin, Richard, passant déguisé par les états du duc d'Autriche, est retenu prisonnier par ce prince; une lettre de Henri VI, empereur d'Allemagne, informe, en 1192, le roi de France de la captivité de Richard[2]. Dans les deux années suivantes, le Vieux de la Montagne écrivit soi-disant deux lettres au duc d'Autriche et à tous les princes chrétiens pour justifier Richard de toute participation au meurtre de Conrad[3]. La captivité prolongée de Richard donna

mière partie de l'Histoire de Mathieu Pâris : «Richard, par la grâce de Dieu, roi d'Angleterre. Vous saurez que le roi de France est retourné dans son royaume. Après que j'eus réparé les ruines d'Acre, je me mis en marche vers Joppé, afin d'accomplir mon pèlerinage : le duc de Bourgogne et les Français, le comte Henri avec ses guerriers, plusieurs comtes et barons me suivaient. La distance est grande d'Acre à Joppé. Nous arrivâmes avec beaucoup de peine à Césarée. Saladin perdit plus d'un guerrier dans cette marche. C'est dans Joppé que le peuple de Dieu devait trouver quelque repos; nous en suivîmes le chemin. Notre avant-garde posa son camp à Assur. Saladin se précipita sur notre arrière-garde; mais il fut repoussé seulement par les quatre petits corps que nous lui avions opposés, et qui le poursuivirent jusque dans une forêt. Saladin éprouva dans ce jour plus de pertes qu'il n'en avait supporté pendant les quarante ans qui venaient de s'écouler. Enfin nous arrivâmes à Joppé; nous en

fortifiâmes les murs et les fossés; nous fîmes, en un mot, tout ce que nous crûmes nécessaire au service de la Terre Sainte. Le lendemain Saladin n'osa point combattre les chrétiens, mais il s'attacha à les faire succomber sous les embûches, semblable au lion retiré dans son antre. Comme il apprit que nous devions bientôt nous rendre à Ascalon, il fit raser la ville, et abandonna la Syrie. Nous espérons vous donner bientôt des nouvelles plus rassurantes.» (Bibl. des Croisades, t. II.)

[1] La lettre du pape Célestin au clergé d'Angleterre est dans Benoît de Peterborough. Reusner, livre I, page 17, cite une lettre de Richard au pape, écrite de Ptolémaïs, où il lui fait le récit de ses exploits.

[2] La lettre où l'empereur annonce au roi l'heureuse nouvelle est donnée dans les actes de Rymer. (Rymer, tome I, p. 23.)

[3] Quoique ces deux pièces soient regardées comme apocryphes, elles ont une valeur historique, et représentent le rôle mystérieux que l'imagination des croisés

lieu également à une série d'actes pour obtenir sa délivrance ; trois lettres adressées au pape Célestin III par la reine Éléonore implorent, en faveur de son fils prisonnier, l'intervention du pontife; et Pierre de Blois, dans une lettre à l'arche-

faisait jouer à ce personnage. Elles sont données par Brompton, et se trouvent aussi répétées au tome I de Rymer.

« Le Vieux de la Montagne à Léopold, duc d'Autriche, salut. Plusieurs rois et princes d'au delà de la mer accusent Richard, roi et maître de l'Angleterre, de la mort du marquis. Je jure, par le Dieu qui règne éternellement et par la loi que nous observons, qu'il n'est point coupable de cette mort. La cause de cet événement est celle-ci : un de nos frères revenait de Salteleya sur un vaisseau. La tempête le jeta par hasard dans le port de Tyr. Le marquis le fit prendre et tuer, et lui enleva une grande somme d'argent. Nous envoyâmes des députés au marquis pour lui demander qu'il nous rendît l'argent de notre frère, et nous donnât satisfaction de sa mort. Le marquis rejeta cette mort sur Renaud, seigneur de Sidon. Nous fîmes tant par nos amis, que nous sûmes la vérité, c'est-à-dire qu'il avait fait tuer lui-même notre frère, et avait enlevé son argent. Nous lui envoyâmes un second député, nommé Ewris, qu'il voulut faire jeter dans la mer; mais nos amis parvinrent à le faire sortir de la ville, et il revint aussitôt nous annoncer ces choses. Dès ce moment, nous résolûmes de tuer le marquis. Nous envoyâmes à Tyr deux de nos frères, qui le tuèrent ouvertement et presque en présence de tout le peuple. Telle a été la cause de la mort du marquis. Nous vous déclarons, en vérité, que le seigneur Richard, roi d'Angleterre, n'est pour rien dans cette mort. Ceux qui, à cause de cela, ont fait du mal au roi

d'Angleterre, l'ont fait injustement et sans cause. Tenez donc pour certain que nous ne tuons personne pour argent ou pour quelque autre récompense, si auparavant il ne nous a fait du mal; et sachez que nous avons fait cette lettre dans notre demeure, au château Messiat, à la moitié de septembre, la cinquième année depuis Alexandro papa. »

« Le Vieux de la Montagne aux princes et à tout le peuple de la religion chrétienne, salut. Comme nous ne souhaitons aucun mal à celui qui est innocent et ne le mérite pas, nous ne voulons pas qu'à l'occasion de ce que nous avons fait l'innocence de personne soit compromise. Nous ne souffrons pas, avec la permission de Dieu, que ceux qui nous ont offensé se réjouissent longtemps des injures faites à notre simplicité. Nous signifions donc à vous tous, et nous prenons à témoin celui par qui nous espérons être sauvé, que ce n'est par aucune machination du roi d'Angleterre que le marquis a été tué. Il l'a été justement, de notre volonté et de notre ordre, par nos satellites, parce qu'il nous avait offensé, et qu'il avait négligé, malgré nos avis, de nous faire réparation : car c'est notre coutume d'avertir d'abord ceux qui nous ont offensé en quelque chose, nous ou nos amis, de nous faire satisfaction; et c'est notre coutume, s'ils méprisent notre avertissement, de nous venger par nos ministres, qui nous obéissent avec un si grand dévouement, qu'ils ne doutent point d'être glorieusement récompensés par Dieu, s'ils succombent en exécutant nos ordres. Nous avons appris

vêque de Mayence, dénonce l'acte du duc d'Autriche à l'indignation des chrétiens. Richard, devenu libre à la suite de son traité avec l'empereur, écrit d'Haguenau à sa mère et aux grands officiers d'Angleterre, et de Spire à l'archevêque de Cantorbéry, au sujet de la rançon à laquelle il s'était engagé avec l'empereur : celui-ci, de son côté, écrit aux grands d'Angleterre, et joint à sa lettre la forme de la composition passée entre lui et Richard [1].

V. — QUATRIÈME ET CINQUIÈME CROISADE.

Si l'impuissance des grandes forces qui avaient agi dans la troisième croisade, le retour des rois de France et d'Angleterre, les dissensions entre les ordres religieux et les prétendants à la couronne de Jérusalem, avaient aggravé la situation des colonies chrétiennes d'Asie, la mort de Saladin, suivie presque aussitôt de la destruction de son empire par les divisions de sa famille, sembla rendre possible un succès qu'on ne devait plus espérer. Deux lettres du pape Célestin III à l'archevêque de Cantorbéry et au clergé d'Angleterre [2], en excitant de nouveau la ferveur des fidèles, avaient pour but de ramener Richard sur le théâtre de sa gloire, mais ni ce prince ni Philippe-Auguste, occupés de leurs débats, ne répondirent à cet appel; l'Allemagne seule s'en émut, et son empereur Henri VI, dans des vues, il est vrai, toutes personnelles, et plus pour assurer ses projets sur la Sicile que pour délivrer la Terre Sainte, prêcha lui-même la croisade et marcha en personne vers l'Italie, pendant qu'il faisait prendre à deux corps de croisés allemands la route de l'empire grec et de l'Asie. Ces deux armées, conduites par le duc de Saxe, remportent une victoire éclatante sur Malek-Adhel, frère de Saladin, qu'une lettre du duc de Saxe à l'archevêque de Cologne retrace dans ses détails [3].

aussi qu'on a dit du roi Richard qu'il nous avait engagé, comme moins intègre que d'autres, à envoyer quelqu'un des nôtres pour dresser des embûches au roi de France. Cela est faux, et l'effet d'un vain soupçon. Dieu nous est témoin que Richard n'a rien tenté de pareil auprès de nous, et que notre honnêteté ne nous permettrait pas de laisser tenter à quelqu'un aucun mal contre qui ne l'aurait pas mérité. Portez-vous bien. » (*Bibliothèque des Croisades*, tome II.)

[1] Tous ces actes sont rapportés successivement au t. I, p. 25 du recueil de Rymer.

[2] Voyez, tome III de l'Histoire des Croisades, p. 575, traduites par Michaud, les deux lettres du pape Célestin III à Hubert, archevêque de Cantorbéry, exhortant les fidèles à marcher à la défense de la province d'Orient. Baronius rapporte encore d'autres lettres que ce pape envoya par des légats non-seulement en Angleterre, mais aussi en Allemagne, pour le même objet. (*Ann. ecclésiast.* tome XIX.)

[3] On lit, d'après la chronique d'Othon de Saint-Blaize, la lettre du duc de Saxe à l'archevêque de Cologne, racontant la victoire qu'il a remportée sur Malek-Adhel :

Henri VI, que ses conquêtes en Sicile tenaient à proximité des côtes de l'Asie Mineure, continuant son rôle de chef de cette croisade, détacha un nouveau corps d'armée sous la conduite de son chancelier Conrad, et adressa une lettre aux prélats et au clergé de l'empire[1]. Les revers, qui, pour les chrétiens, suivaient de près les succès, et la mort de Henri VI firent encore avorter cette quatrième croisade malgré l'arrivée d'un nouveau corps de croisés français conduits par le comte de Montfort. La désertion des Allemands, partis pour aller élire un nouvel empereur, laissa le royaume de Jérusalem à toute la faiblesse de ses ressources et au péril de sa situation, décrite dans la lettre du grand-maître des Hospitaliers adressée à ses frères d'Angleterre[2].

L'avénement d'Innocent III, parvenu jeune à la papauté, faisait attendre un ardent promoteur de la guerre sainte; et ses nombreuses lettres, adressées à tous les princes chrétiens, vinrent gourmander leur négligence et réveiller leur zèle. Pendant que ses légats étaient envoyés dans les diverses contrées de l'Occident, il écrivait au patriarche et au roi de Jérusalem et à l'empereur grec Alexis, avec lequel il entretenait une correspondance[3]. Le légat Pierre de Capoue, aidé de Foulques, curé de Neuilly, devait provoquer un mouvement d'enthousiasme reli

« Ayant été élu chef de toute l'armée par les princes de l'empire romain, par les barons du territoire de Jérusalem et par la voix de tout le peuple, nous avons, d'accord avec les princes et tous les officiers de l'armée, dirigé notre marche vers Bérite, et lorsque, dans la nuit de Saint-Séverin, nous nous avancions en ordre et avec beaucoup de précaution entre Tyr et Sidon, Saphadin et tous les amiraux de Babylone et de Damas, à la tête d'une grande multitude de Sarrasins, se sont présentés à nous du flanc de la montagne, etc. »(Traduite dans Michaud, *Histoire des Croisades*, tome III, p. 578.)

[1] Voyez *ibid.* p. 580, d'après les annales de Godefroy le Moine, imprimées au t. I de la collection de Freher, la lettre de l'empereur Henri VI, adressée à ses prélats d'Allemagne, leur annonçant qu'ayant soumis le royaume de Sicile, il avait résolu, dans une assemblée tenue à Bari, d'envoyer un corps de troupes pour la délivrance de la Terre Sainte, etc.

[2] Voyez *ibid.* p. 585, d'après les Annales de Roger de Hoveden, la lettre du grand-maître des Hospitaliers sur l'état de la Terre Sainte pour décider le roi d'Angleterre à venir à leur secours : « Puisque le peuple entier de la terre de promission avait tant de peine à se défendre contre le seul royaume de Damas et de Babylone, quelle crainte ne doit pas inspirer à nous, restes si faibles, la réunion de ces deux états sous un même sceptre. . . . La Sicile est ravagée par les Teutons et les Lombards; notre maison de Barole est abandonnée; les frères se sont réfugiés dans l'intérieur de la ville; les maisons du dehors, dont nous tirions des secours, sont réduites à rien : personne ne se maintient même dans la ville. ».

[3] Le 3ᵉ volume de Muratori donne, d'après Baluze, les lettres d'Innocent III,

gieux en France, malgré les querelles particulières d'Innocent III avec Philippe-Auguste. Une association de plusieurs seigneurs, grands vassaux de la couronne procura une nouvelle et puissante armée à la cause des chrétiens d'Orient; et comme on résolut que l'armée se rendrait par mer en Asie, une négociation fut ouverte avec Venise pour obtenir les moyens de transport nécessaires à son passage. Le traité d'alliance conclu à ce sujet entre les chefs français et le doge Henri Dandolo est resté l'acte et le produit de cette négociation, qu'accompagne le serment réciproque des diverses parties contractantes [1]. Cependant de nouvelles lettres plus pressantes arrivaient des états d'Orient; et Innocent III répondait à leurs plaintes, en écrivant de nouveau aux fidèles pour hâter le départ des croisés. La nouvelle armée, partie au printemps de l'année 1202 et rendue à Venise pour s'y embarquer, ne put satisfaire aux engagements qu'elle avait pris : au défaut de l'argent qu'elle ne pouvait donner, elle se vit obligée, comme pour dédommager Venise, de l'aider à conquérir Zara sur le roi de Hongrie, à la grande douleur d'Innocent III, qui écrivit une lettre pleine d'indignation aux chefs croisés. À la suite des démarches que ces chefs firent pour se remettre en grâce avec le pape, Innocent leur adressa une nouvelle lettre exigeant la restitution de tout ce qui avait été pris aux habitants de Zara, et le serment d'obéissance au saint-siége. Une autre lettre du pape réglait la conduite qu'ils avaient à suivre tant à l'égard des ennemis qu'ils allaient combattre que des Vénitiens leurs alliés [2].

qui, augmentées depuis, ont formé le recueil publié par Bréquigny et du Theil. Rainaldi, continuant à partir du tome XX les Annales ecclésiastiques de Baronius, a rassemblé toutes les lettres d'Innocent III concernant les affaires d'Orient, et que ce pape adresse au comte de Tripoli, au prince d'Antioche, aux Templiers, pour les exhorter à venir au secours du roi de Chypre; et après la prise de Bérite et de Joppé, aux prélats et princes de la chrétienté, pour leur annoncer ces nouveaux malheurs. Ses démarches à Constantinople occasionnent sa correspondance avec le patriarche et l'empereur grec, et Roger de Hoveden donne la lettre que le pontife adressa au clergé d'Angleterre au sujet des préparatifs de la croisade. La bulle de ce pape relative à la croisade de 1197 se lit dans le tome IV de

la collection Duchêne, ainsi que la lettre adressée au clergé de France, qu'il accuse d'indifférence pour la croisade.

[1] Voyez au tome III de l'Histoire des Croisades, p. 587, traduit par Michaud, d'après la chronique d'André Dandolo insérée au tome XII de Muratori, le traité d'alliance entre Baudoin, comte de Flandre, Thibaut, comte de Troyes, et Louis, comte de Blois, frères, et le seigneur Henri Dandolo, doge de Venise, pour le passage de la Terre Sainte, suivi, p. 593, du serment des députés de Baudoin, comte de Flandre, fait à l'illustre seigneur doge Henri Dandolo, pour le passage de la Terre Sainte.

[2] Les lettres d'Innocent III au sujet de la prise de Zara et de ses suites sont rapportées dans la collection de Duchêne, tome V, pages 707 et suivantes.

PRÉCIS.

Ceux-ci, dans le concours intéressé qu'ils prétaient à la croisade, la détournèrent encore de son but en faisant adopter aux croisés l'expédition dirigée sur Constantinople. Innocent leur écrivit aussitôt pour les dissuader de cette entreprise. Cette lettre d'Innocent, arrivée trop tard et qui ne put empêcher l'événement, provoqua de la part des croisés une lettre pour la justification de leur conduite; malgré cet acte de soumission, Innocent persista dans sa désapprobation [1]. Le séjour des croisés dans l'empire grec comme protecteurs du prince qu'ils avaient rétabli sur son trône, entraîna une nouvelle révolution; et le soulèvement des Grecs contre le prince protégé et contre ses protecteurs amena la prise de Constantinople, dont les conséquences avaient été réglées d'avance par un traité [2]. Le partage de l'empire grec et la création d'un empereur latin dans la personne de Baudoin, comte de Flandre, déterminèrent ce prince à écrire deux lettres au pape Innocent III pour justifier cette série d'actes inattendus. Le marquis de Montferrat en fit autant, et le doge de Venise essaya aussi de désarmer la colère du pontife. La réponse d'Innocent III accumule contre eux les reproches, et finit cependant par accepter les événements accomplis comme favorables à l'extension de son pouvoir religieux, et même à la cause des états chrétiens d'Orient que le nouvel empire de Byzance devait soutenir et défendre [3]. Les lettres d'Innocent III

[1] Duchêne donne la lettre où les chefs croisés annoncent au pape « les grandes choses que le Seigneur avait faites par leurs mains, » suivie de la lettre que Baudoin, comte de Flandre, élevé sur le trône de Constantinople, adresse au pape Innocent III, pour justifier tous ces événements. Rainaldi ajoute sur ces faits plusieurs autres lettres de ce pape, et entre autres sa réponse à l'empereur Isaac, que les croisés allaient renverser. (*Ann. eccl.* t. XX.)

[2] On lit également, p. 595 de l'Histoire des Croisades, la traduction, d'après la chronique de Dandolo, du traité fait sous les murs de Constantinople par les Vénitiens et les princes croisés : « Afin de maintenir parmi nous l'union et la concorde, et pour éviter toute matière de scandale, nous devons tous faire l'attaque de la ville; si nous parvenons à y entrer, chacun devra déposer en commun l'avoir qu'on y aura

trouvé, dont nous nous réservons trois parts comme indemnité de ce que l'empereur Alexis était tenu de nous payer, etc. . . . Seront aussi choisis six membres de notre part et six de la vôtre, qui, après avoir prêté serment, devront choisir dans l'armée et l'élever à l'empire, celui qu'ils croiront le plus propre à l'exercer et à commander en cette terre pour l'avantage et la gloire de Dieu, de la sainte Église romaine et de l'empire. . . . et nous devrons rester pendant l'espace d'une année entière au service de l'empereur pour contribuer à affermir sa puissance, etc.... Donné l'an de grâce 1204, le 7e jour de mars. » Suivent les ratifications du traité par le marquis de Montferrat, les comtes de Blois et de Saint-Paul, etc.

[3] Toutes ces lettres d'Innocent III et celles des chefs croisés sont rapportées par Rainaldi. L'empereur Baudoin, dans sa lettre,

commentent presque tous les faits produits successivement par la prise de possession des provinces de l'empire grec, et la création des états latins et français qui
en était la conséquence : le pape intervint également par ses lettres auprès du
roi des Bulgares Joanice, dont les victoires menaçaient déjà d'anéantir à son ber-
ceau le nouvel empire latin [1].

VI. — SIXIÈME CROISADE.

Le XIIIe siècle s'ouvrit par l'ambassade envoyée à Philippe-Auguste pour donner
à un prince de son choix le royaume de Jérusalem avec la main de la fille d'Isabelle
et de Conrad, et ce prince fut Jean de Brienne ; mais les courants qui portaient
tant d'hommes vers l'Orient, déjà plus d'une fois détournés dans leur course, le
furent plus encore dans les premières années de ce siècle, où Innocent III, malgré
son zèle pour les intérêts chrétiens d'Orient, fut obligé d'appeler par ses lettres
l'ardeur et les armes des fidèles dans deux directions différentes. Ce fut d'une
part la croisade des Albigeois, et de l'autre l'expédition contre les Maures d'Espagne, couronnée par la victoire de Tolosa. A l'issue de cette dernière guerre,
Innocent III voulut diriger de nouveau toute l'action de la chrétienté vers la Syrie ;
et les lettres qu'il écrivit pour la convocation d'un concile général, la circulaire
qu'il adressa à tous les fidèles pour les rappeler à ces intérêts; enfin, la lettre qu'il
envoya au sultan de Damas et du Caire, comme celle qu'il avait écrite deux ans
auparavant aux mêmes princes, témoignent de toute son activité, qu'il déployait

reprochait aux Grecs d'avoir souvent fait
avec les Sarrasins des traités d'amitié qu'ils
sanctionnaient à la manière des Scythes,
en se perçant mutuellement la veine de
l'estomac, et en buvant le sang qu'ils en
tiraient; d'avoir une telle haine pour l'a-
pôtre saint Pierre, qu'il n'y avait pas dans
la ville de Constantinople une seule église
qui lui fût dédiée, etc. Le pape félicite le
nouvel empereur par une lettre datée de
Rome le 7 des ides de novembre, et, d'a-
près les Gestes d'Innocent III, une lettre
violente au marquis de Montferrat annula
le partage des possessions ecclésiastiques
fait entre les croisés : deux lettres du pape à
l'archevêque de Reims et une autre au clergé
de France, enfin une autre du même aux
magistrats de Paris et aux chefs des écoles

publiques, les engagent à envoyer à Constantinople des hommes chargés d'y faire revivre l'étude des lettres. (*Ann. ecclés.* t. XX.)

[1] Les Gestes d'Innocent III fournissent
pour l'année 1205 une lettre de Henri, frère
de l'empereur Baudoin, adressée au pape
pour lui apprendre la déroute des Latins devant Andrinople, la captivité de Baudoin,
et le traité d'alliance fait entre les Bulgares,
les Turcs et les Grecs. Le pape écrit à
Joanice, roi des Bulgares, et l'engage à
délivrer Baudoin ; et Joanice répond au
pape, qui écrit aussi à Henri frère de
Baudoin. Voyez aussi dans Martène,
t. I, p. 1073, la lettre de Henri, empereur
de Constantinople, à Godefroy de Saint-
Amat, de Douai. Henri lui fait part des
victoires que les infidèles ont remportées

en même temps par une correspondance suivie avec tous les princes chrétiens de l'Arménie et de la Syrie[1].

La croisade prêchée en France produisit un acte de Philippe-Auguste, pour la levée du quarantième[2]. En Angleterre, où le roi Jean avait fait serment de prendre la croix, les intérêts de l'Orient se trouvaient neutralisés par d'autres plus directs et plus pressants, comme ils l'étaient en France et en Allemagne par la ligue politique que vint dissoudre la victoire de Bouvines[3].

Le concile de Latran, réuni enfin, retentit des plaintes d'Innocent III, et les décrets du concile eurent pour objet l'exécution de la sainte entreprise négociée par les envoyés des divers états chrétiens de l'Orient qui assistaient au concile[4] : mais la mort d'Innocent III vint lui imprimer un temps d'arrêt. Quoique les lettres de son successeur Honoré III le montrent occupé des mêmes soins[5], ses exhorta-

sur les chrétiens, de la mort de son frère Baudoin et de sa propre élévation à l'empire. Cette lettre est datée de 1206.

[1] Le tome XX de Rainaldi fournit les lettres d'Innocent III pour les années 1210 et 1212, écrites en Orient, avec d'autres adressées en France et en Allemagne ; au roi André de Hongrie ; et, à l'occasion de la mort de la reine de Jérusalem, au roi et au patriarche de Jérusalem. Il donne, d'après Richard de Saint-Germain, les lettres de ce pape adressées aux églises d'Orient et d'Occident. Voyez, au tome III de l'Histoire des Croisades, la longue lettre circulaire du pape Innocent III, traduite par Michaud, et qui peut faire juger des autres pièces semblables, et les fragments cités dans son histoire de la bulle qui convoque à Rome un concile général. On lit aussi aux pièces justificatives les deux lettres de ce pape en latin, la première adressée à Saphadin, sultan du Caire et de Damas. « Cum Deus Hyerusalem in manus fratris tui Saladani tradi permisit, non tam propter ejus virtutem quam propter offensam populi christiani..... Magnitudinem tuam humiliter obsecramus quatenus restituas eam nobis. » La seconde est adressée au sultan d'Alep :

« Sicut veridica multorum relatione didicimus, etsi nondum christianæ religionis susceperis sacramenta, fidem catholicam tamen veneraris, in multis Christi fidelibus deferendo, unde confidimus ut gratia divinæ cognitionis accepta ad cultum veri Dei aspires. » (Epist. Innocent.)

[2] Cet acte est au recueil des Ordonnances des rois de France, tome I, p. 31.

[3] Jean s'était engagé par une charte envers l'archevêque de Cantorbery à se rendre à la croisade ; et dans une lettre curieuse, rapportée par Rymer, il explique au pape Innocent l'impossibilité où il est d'exécuter sa promesse, à cause de la résistance des barons du royaume. (Rymer, t. I, p. 66.)

[4] Les actes du concile de Latran sont dans le recueil des Conciles du P. Labbe. (Sacrosancta concilia, tome XII.)

[5] Le lendemain de son couronnement, le nouveau pape écrivit au roi de Jérusalem pour lui annoncer son élévation et ranimer l'espérance des chrétiens de Syrie. « Que la mort d'Innocent, disait-il, ne vous abatte point le courage ; quoique je sois loin d'égaler son mérite, je montrerai le même zèle pour délivrer la Terre Sainte, et je ferai tous mes efforts pour vous se-

tions n'obtinrent que de vagues promesses de la part des nouveaux rois de France
et d'Angleterre, Louis VIII et Henri III, occupés de leurs débats ; mais elles eurent
plus d'effet en Allemagne, où l'empereur Frédéric II voulut en prenant la croix
montrer sa reconnaissance au saint-siége, qui l'avait soutenu contre Othon. Un
mouvement général se manifesta en Allemagne et même chez les peuples de la
Baltique et de la Hongrie, où il ne s'était pas fait sentir encore, sous l'impulsion
des lettres d'Honoré III. Une première armée de croisés fut conduite en Orient par
le roi André II de Hongrie. La situation de la Terre Sainte est retracée à cette
époque dans une lettre du maître de la milice du Temple[1]. Le retour du roi de
Hongrie après des succès suivis de revers, fut balancé par l'arrivée de nouveaux
croisés qui venaient encore de triompher en Espagne et en Portugal, dans une
expédition que les lettres d'Honoré III avaient provoquée[2]. Une campagne contre
l'Égypte, que signalèrent le siége de Damiette et la mort de Malek-Adhel, n'amena
pas cependant les conséquences qu'elle semblait annoncer, à cause de la retraite d'un
grand nombre de croisés que d'autres venaient remplacer, sollicités par les lettres
incessantes d'Honoré III. Le pape était représenté à cette expédition par son légat le
cardinal Pélage ; et les deux lettres qu'il lui écrivit après la prise de Damiette[3],
le montrent faisant tous ses efforts pour le succès d'une entreprise qui déjà avait
été sur le point d'amener la restitution de Jérusalem à la suite d'un traité conclu
avec les Sarrasins. Cette guerre semblait même destinée à détruire leur puissance
sur le Nil et dans la Palestine ; car, affaiblie déjà par les divisions de la famille de

courir quand le temps sera venu. » Une
lettre du pontife, adressée à André, roi de
Hongrie, et une autre à tous les évêques,
les exhortent à poursuivre la prédication de
la croisade. (*Annales ecclésiastiques*, t. XX,
p. 401 et suiv. au recueil des lettres d'Honoré III, liv. I.)

[1] La lettre du maître de la milice du
Temple, rapportée dans Rainaldi, parle de
la disette qui se faisait sentir dans la Syrie,
où l'on ne pouvait plus trouver de chevaux.

[2] On peut voir, sur cette campagne
contre les Maures, le registre d'Honorius
dans Rainaldi, et surtout la lettre écrite
au pape par Guillaume de Hollande. (*Annales ecclésiastiques*, t. XX.)

[3] D'après le recueil des lettres d'Honoré III, on voit, en 1218, le pontife pres-

ser les croisés qui se trouvaient à Gênes et
à Venise de se diriger vers Damiette. Dans
la lettre où il annonçait aux chefs de l'armée chrétienne les pouvoirs qu'il avait donnés au cardinal Pélage, le pape disait : « Ut
exercitum Domini cum humilitate praece-
dens, concordes in concorda foveat, et ad
pacem revocet impacatos. » Mais ce fut le
contraire qui arriva ; le caractère impérieux
de ce prélat fut cause de la rupture du traité
et des désastres qui s'ensuivirent. L'intérêt
que le pape prit à cette expédition est manifesté encore par les deux lettres dont on
peut lire l'extrait au tome III de l'Histoire
des Croisades, p. 643, tiré du livre V des
registres d'Honoré III, concernant les sommes données par ce pape pour la croisade,
avec le détail de leur emploi.

Malek-Adhel, cette dernière contrée était encore envahie par les Tartares, qui faisaient ainsi diversion à la résistance de l'Égypte[1].

La catastrophe qui força l'armée chrétienne à capituler devant le débordement du Nil fit avorter toutes ces espérances; et le pape Honoré III s'en prit à l'empereur Frédéric II, pour n'avoir point agi en personne dans la croisade. Les lettres du pape et celles de l'empereur firent retentir l'Europe de leurs débats[2]. Bientôt Frédéric, redevenu plein de zèle pour la croisade, par sa réconciliation avec le pontife, ranima dans l'Orient toutes les espérances qu'exprimait alors une lettre du patriarche d'Alexandrie, adressée au pape[3]. Il reçut également une ambassade et une lettre de la reine de Géorgie, où, l'informant de l'invasion des Tartares dans son

---

[1] Mathieu Paris rapporte, sur la reddition de Damiette en 1221, deux lettres; l'une est adressée au comte de Chester et de Lincoln, l'autre est du grand-maître du Temple, Pierre de Montaigu, à Marcel, lieutenant du précepteur de cet ordre en Angleterre. Une lettre d'Honoré III adresse aux pèlerins ses félicitations sur cet événement. (*Annales ecclésiastiques*, t. XX.)

[2] La lettre écrite par Honoré III à tous les fidèles, à la nouvelle de la reddition de Damiette, déplore cet événement, et il menace l'indifférence des chrétiens dans sa lettre aux archevêques et évêques d'Allemagne. (Muratori, tome III.) Rainaldi rapporte aussi des lettres d'Honorius à Jean roi de Jérusalem, à l'empereur Frédéric II et au clergé des divers pays de l'Europe. Voyez aussi, dans le Trésor des anecdotes de Martène, les quatre lettres de Jacques de Vitry adressées au pape Honoré III, sur la prise de Damiette et sur les autres événements de la campagne d'Égypte.

[3] On peut lire au tome III de l'Histoire des Croisades, p. 647, traduite par Michaud, la lettre du patriarche d'Alexandrie, Nicolas, au pape Honoré III, donnant des détails curieux sur la position des chrétiens en Égypte. « Nous n'osons point avoir de chevaux dans nos maisons, ni porter nos morts par la ville avec la croix; si une église chrétienne vient à tomber par quelque accident, nous n'osons point la rééditier d'aucune manière. Depuis quatorze ans, chaque chrétien d'Égypte paye le djezieh, que les Latins appellent tribut, et qui est d'un byzantin d'or et de quatorze karoubas; s'il est pauvre, on le jette en prison, et il ne peut en sortir qu'en acquittant tout le tribut.... Les chrétiens sont employés aux ouvrages les plus avilissants et les plus bas, même à nettoyer les places de la ville, ce qui fait la honte de toute la chrétienté.... Nous soupirons après l'arrivée de votre fils l'empereur, et non-seulement nous, mais encore des renégats au nombre de plus de dix mille, dispersés au milieu des Sarrasins. Lorsque l'empereur viendra, que les galères entrent par la branche du Nil qui débouche à Rosette, où le bras du fleuve est profond et large : en agissant ainsi on obtiendra toute la terre d'Égypte sans éprouver de désastres.... Par le fait de Damiette, cent cinquante églises ont été détruites.... Les Sarrasins, qu'on appelle molana, c'est-à-dire seigneurs, qui occupaient l'Égypte avant Saladin, supplient et conjurent Votre Sainteté, par le nom de Dieu, de vous hâter d'envoyer celui que vous nous destinez, parce que la terre d'É-

royaume, et de leur défaite, elle offrait de joindre ses troupes à celles de l'empereur. Frédéric, devenu l'époux de l'héritière du royaume de Jérusalem, se vit retardé longtemps par ses luttes avec les états d'Italie, pendant que Louis VIII s'excusait de ne pas marcher à la croisade en poursuivant celle des Albigeois[1]. Dans cet intervalle Honoré III mourut, et le premier acte de son successeur Grégoire IX fut d'encourager par une lettre Frédéric sur le point de s'embarquer à Brindes avec son armée[2]. On sait comment l'empereur, quelques jours après son départ, revint à Otrante, et comment ce retour fit éclater la terrible querelle qui s'éleva entre le pape et l'empereur. Ils employèrent toute leur puissance à une guerre civile dont leurs lettres portent les témoignages, pendant que celles des patriarches et des grands-maîtres des ordres militaires exprimaient inutilement le désespoir des chrétiens d'Orient. Frédéric, qui n'avait pas craint d'armer les Sarrasins de Sicile contre le pape, reçut alors les ouvertures du sultan d'Égypte : celui-ci dans le conflit d'intérêts créé par la division des princes Ayoubites, appelait l'empereur en Orient, et offrait de concourir à son entreprise[3]. Revenu à ses projets sur l'Asie par son intel-

gypte est à vous. » Rainaldi rapporte diverses lettres d'Honoré III relatives à l'expédition projetée par Frédéric II, et une datée de Latran au roi de France Philippe, sur le colloque militaire qui s'était tenu à ce sujet en Campanie.

[1] La lettre de la reine de Géorgie et une autre du maître de la cavalerie du royaume d'Arménie se lisent dans Rainaldi avec les réponses d'Honorius III, et la lettre que ce pape écrivit au nouveau roi de France, Louis VIII, pour l'exhorter à venir promptement au secours de son cousin l'empereur Robert. Il s'adressa pour cela à la reine Blanche, femme du roi Louis, afin qu'elle pressât son mari de se rendre aux désirs du pape.

[2] Rainaldi fournit, pour les trois années suivantes de 1225 à 1228, diverses lettres d'Honorius et de Frédéric, tirées des manuscrits du Vatican, relatives à l'engagement que le pape avait fait souscrire à ce prince, et des lettres au roi Jean de Jérusalem, qui venait d'être dépouillé de son titre par son gendre l'empereur Frédéric. Mathieu Pâris donne dans son histoire la

lettre que Grégoire IX, à son avénement, adresse à tous les fidèles pour les exhorter à aller au secours de la Terre Sainte. La lettre du pape à l'empereur Frédéric II se lit au tome III de Muratori.

[3] Les réponses de Frédéric à Grégoire se trouvent dans la correspondance de son secrétaire Pierre des Vignes, et sont reproduites avec les lettres du pape dans Rainaldi. Mathieu Pâris donne la bulle d'excommunication que le pape lança contre Frédéric : « Nous ne devons point taire les injures atroces, les pertes énormes dont ce Frédéric, qui se dit empereur, a affligé l'Église et les ecclésiastiques : il a combattu le saint-siége par lui même et par les Sarrasins, et, ce qui est plus détestable encore, il n'a pas hésité à s'unir par un traité de paix avec le soudan ; il veut exterminer les Templiers qui défendent presque seuls la Terre Sainte, etc. » Mathieu Pâris donne à la suite un extrait de la lettre que Frédéric adressa à tous les princes de la chrétienté pour se justifier. On peut la lire en entier dans Rainaldi et dans le tome III de Muratori.

ligence avec les princes musulmans, Frédéric partit pour la Terre Sainte malgré les lettres de Grégoire IX, qui voulait alors arrêter la croisade faite par un prince qu'il avait excommunié. Cette situation transporta en Orient les difficultés et les défiances qui s'attachaient à la personne de Frédéric : le peu de scrupules qu'il montrait dans ses relations avec les musulmans prêtait à des accusations que le traité qu'il fit avec eux acheva de fortifier. Quoique ce traité rendît aux chrétiens Jérusalem, où Frédéric se fit couronner roi, il suscita contre lui toutes les préventions religieuses des deux races qui se combattaient [1]. Le soulèvement général des esprits l'obligea de quitter la Palestine pour venir défendre ses propres états envahis ; et Jérusalem recouvrée mais ouverte depuis la destruction de ses remparts, et de nouveau menacée, réclama les secours de Grégoire IX. Le pape, réconcilié par un traité avec l'empereur, écrivit au calife de Bagdad et aux autres princes musulmans [2], pendant qu'il s'efforçait d'apaiser les discordes religieuses qui avaient fait si malheureusement diversion à la croisade. Ses lettres au clergé de France et aux fidèles tentèrent d'exciter un nouvel élan qui arma pour cette cause la plupart des princes français. Mais réunis à Lyon, ils se virent, au moment de leur départ, arrêtés par un nouvel éclat des fureurs de Frédéric et de Grégoire IX, qui vinrent les appeler à servir leurs desseins l'un contre l'autre. Au milieu de ces débats l'empire latin était ébranlé à Constantinople par l'union des Grecs et des Bulgares, et Jérusalem retombait au pouvoir des Musulmans de Damas. Les princes français arrivés isolément en Asie, et les Anglais qui s'y rendirent après sous la conduite de Richard de Cornouailles, ne firent que donner le spectacle de leur discorde et de leur impuissance. Les états chrétiens, réduits à quelques points de la côte de Syrie, continuèrent de subsister d'une vie obscure et précaire, grâce aux divisions des princes orientaux, pendant que l'Occident cessa de s'occuper d'eux au milieu des bouleversements et des fureurs qu'excitait la querelle de la papauté et de l'empire, continuée après Grégoire IX par ses successeurs jusque sous le pontificat d'Innocent IV [3].

[1] Voyez, dans le continuateur de Baronius, les lettres du patriarche de Jérusalem, celles du pape, et les détails sur le traité du sultan de Damas avec l'empereur d'Allemagne, pour la restitution de Jérusalem. Mathieu Pâris donne une lettre de Frédéric II au roi d'Angleterre, où il fait le récit de son expédition dans la Terre Sainte et des circonstances qui ont amené le traité ; il donne ensuite une longue et violente lettre adressée à tous les fidèles par

Gérold, patriarche de Jérusalem, au sujet de ce traité et de la réprobation qu'il rencontrait dans une partie des chrétiens d'Asie.

[2] Les lettres adressées par le pape aux princes musulmans se trouvent dans Rainaldi, qui rapporte également les lettres de Grégoire IX au clergé et aux princes d'Orient et celles qu'il écrivit sur la croisade de Thibaud, roi de Navarre. (*Ann. eccl.* t. XXI.)

[3] Toute cette partie est reproduite dans

VII. — SEPTIÈME ET HUITIÈME CROISADE.

L'apparition des Turcs en Asie avait autrefois déterminé la première croisade, et rapproché les peuples musulmans et chrétiens que leurs invasions frappaient également : l'apparition des Karismiens, espèce d'avant-garde des Tartares qui les refoulaient devant eux, et l'arrivée même des Tartares, qui ne tardèrent pas à les suivre, eurent un effet semblable au xiiie siècle : ce fut de réunir pour quelque temps dans une alliance commune les princes des états musulmans et ceux des états chrétiens pour repousser des envahisseurs qui ne faisaient aucune distinction dans leurs ravages. Les nouveaux alliés perdirent contre eux la sanglante bataille de Gaza, retracée par deux lettres, l'une du patriarche de Jérusalem, l'autre du grand-maître des Hospitaliers[1]. Jérusalem fut perdue de nouveau par les chrétiens au milieu de ces agressions; et la détresse que causaient ces desastres aux colonies chrétiennes, fit solliciter l'attention de l'Occident. Mais plongé dans les débats de l'église et de l'empire, il était lui-même menacé par l'invasion des Tartares répandus dans la Russie et dans la Hongrie, et dont les courses s'étaient déjà avancées depuis le Danube jusqu'au Rhin, et avaient pénétré dans le nord de l'Italie. Le concile de Lyon, convoqué par les lettres d'Innocent IV, s'occupa plutôt de combattre Frédéric II que de remédier aux maux des chrétiens d'Orient[2]; et le cri de la croisade qu'on y proclama se

---

[1] Rainaldi, d'après Mathieu Pâris, qui rapporte les lettres de Frédéric sous la date de 1239, et sous celle de 1240, deux lettres, l'une d'un anonyme, et l'autre du comte de Montfort à sa femme, sur l'expédition de Damas et la défaite des chrétiens à Gaza. Rainaldi donne deux lettres de Grégoire IX à l'archevêque de Sens, et une adressée au roi de France, pour l'inviter au concile où l'on devait s'occuper de l'état de l'Orient.

[2] Mathieu Pâris rapporte ces deux lettres qui donnent le récit de cette bataille, et il fournit également une longue lettre du comte Richard à ses amis, sur les suites qu'elle eut pour les affaires d'Orient. Le même historien rapporte des lettres de l'empereur Frédéric sur l'invasion des Tartares en Allemagne et sur celle des Karismiens en Palestine; les effets de cette dernière invasion sont particulièrement décrits dans une lettre des prélats et barons de la Terre Sainte aux prélats de France et d'Angleterre. La défaite de Gaza et la reprise de Jérusalem sont aussi rapportées dans une lettre du clergé de la Palestine écrite d'Acre, le 25 novembre 1244. Rainaldi rapporte encore plusieurs lettres de Grégoire IX aux rois de Hongrie, Bela et Coloman, pour les encourager à résister aux Tartares. Le Trésor des anecdotes de Martène donne une lettre du pape à Thibaud, roi de Navarre, pour l'engager à secourir l'empereur Baudouin.

[2] Rainaldi rapporte plusieurs lettres d'Innocent IV écrites à son avénement. Ces lettres et les actes du concile de Lyon

serait perdu au milieu des éclats et des fureurs des deux partis, si le jeune roi de France, Louis IX, ne se fût offert de la diriger en personne, et n'eût entraîné par son exemple la plupart des grands du royaume, malgré l'opposition de la reine-mère.

Pendant que l'aveugle fureur d'Innocent IV s'acharnait sur Frédéric II, résistant à la médiation de Louis IX, sollicitée par l'empereur lui-même, et aux lettres suppliantes des chrétiens d'Asie; que l'animosité de l'un et de l'autre allait jusqu'à dénoncer les projets de saint Louis aux puissances musulmanes, le roi effectua son dessein après trois ans de délai. Une lettre du pape vint bénir son entreprise, à laquelle les barons anglais, ceux de la Frise et de la Hollande, résolurent de participer [1]. Elle donna lieu à des relations entre Louis IX et Accon, roi de Norwège, qui voulait se rendre à la croisade en passant par la France [2]. Le séjour

se trouvent dans le recueil des conciles de Labbe, et au tome III de Muratori. Le pape ayant envoyé dans ce temps demander au soudan du Caire la paix ou une trève entre les Sarrasins et les chrétiens, le soudan lui répondit par une lettre que rapporte Mathieu Pâris, et qu'on trouve aussi dans Zantfliet : « Le sultan, etc., au pape, très-grand, très-vénérable, le treizième des apôtres, la bouche et le guide des adorateurs du Christ. Dieu aime ceux qui désirent et cherchent la paix. Nous respectons les saintes Écritures, et nous les aimons. Nous avons entendu votre messager qui nous a parlé du Christ, que nous louons, sur lequel nous en savons plus que vous, et que nous honorons davantage. Vous dites que vous désirez la tranquillité et le repos, et que vous avez des motifs pour appeler les peuples à la paix. Nous la désirons comme vous; nous l'avons toujours voulue et désirée : mais vous savez qu'il existe un traité d'amitié et de paix entre nous et l'empereur, depuis le soudan notre père, que Dieu illumine! Par ce traité, il ne nous est pas permis de traiter avec les chrétiens, sans avoir auparavant le con-

seil et l'assentiment de Frédéric. Nous avons donc écrit à notre envoyé qui est à la cour de l'empereur, pour lui faire part des propositions de votre député. Il ira vous trouver; il s'entretiendra avec vous; et lorsqu'il nous aura fait son rapport, nous agirons d'après sa réponse. Nous ne ferons rien qui ne nous paraisse utile à tous, et qui ne soit agréable à Dieu. » Le patriarche d'Arménie avait écrit aussi à la cour de Rome pour intercéder au nom des colonies chrétiennes menacées en faveur de Frédéric. Rainaldi a donné les lettres du soudan du Caire et d'autres soudans au pape, en réponse à celles qu'il leur avait adressées. (*Ann. eccl.* t. XXI.)

[1] La lettre d'Innocent IV à la noblesse et au peuple de France faisait un appel à la bravoure de la nation française, et l'assurait des succès d'une expédition entreprise « sous un prince à qui le ciel semblait avoir inspiré sa propre sagesse, sous un prince qui, par sa fermeté, venait d'étouffer toute espèce de division dans son royaume, et devait bientôt montrer à l'Orient l'exemple de toutes les vertus. »

[2] Mathieu Pâris, qui fut chargé de porter le message de Louis IX au roi de Norwège,

de l'armée croisée en Chypre, où Louis IX apparut comme l'arbitre de l'Orient,
fut marqué par la tentative de négociation de la part des Tartares et l'envoi ordonné par saint Louis des missionnaires qui devaient faire connaître la Tartarie à
l'Europe [1]. Pendant que les grands-maîtres de Saint-Jean et du Temple, en écri-

rapporte les lettres écrites à cette occasion
et celles que le roi de France adresse à
ses officiers en Normandie, pour recevoir
la flotte norwégienne. Rainaldi ajoute
plusieurs lettres d'Innocent IV, enjoi-
gnant aux évêques de la Frise et de la
Hollande d'ordonner aux croisés de leur
province de se joindre au roi de France.
Il donne aussi les lettres de ce pape adressées en 1245 aux rois et aux peuples des
Tartares, avec lesquels il se fit, à cette occasion, une première tentative de rapports
par l'envoi d'une mission qui a produit le
voyage d'Ascelin, inséré dans le *Speculum
Historiale* de Vincent de Beauvais. On y lit
la réponse du khan Batchou-Nouyan au
pape : « Dispositione divina, ipsius chaan
transmissum Baiothnoy verbum, etc. »
A la suite de cette lettre se trouve l'ordre
du Khakan, transmis au pape par Batchou-
Nouyan : « Per præceptum Dei vivi, Chin-
giscam filius Dei, etc. » Les lettres contenues au voyage d'Ascelin, et toutes celles
auxquelles donnèrent lieu par la suite les
rapports entre les chrétiens et les Tartares,
se trouvent rassemblées au nombre de
cent pièces, plus ou moins authentiques,
à la suite du livre de Moshemius *Historia
Tartarorum ecclesiastica*.

[1] L'ambassade venait au nom d'un
prince tartare appelé Écalthay ou Ilchi-Khataï. Les rapports amenés par ces ouvertures
ont produit une série d'actes sur plusieurs
desquels on a élevé des doutes. Mais l'intérêt qu'avaient alors les Mongols à se rapprocher des chrétiens, et les dispositions
que toute la suite de leurs actes sembla ma-

nifester, leur donnent une probabilité qu'on
peut voir discutée du reste dans le mémoire fait sur ce sujet par M. Abel de Rémusat, et inséré au tome V des Mémoires
de l'Institut. Le Spicilége de d'Achery, t. III,
p. 624, rapporte la lettre de l'évêque de
Tusculum, attaché comme légat à l'expédition française. Cette lettre, où il rend compte
au pape de la réception de l'ambassade à
laquelle le légat avait assisté à Chypre,
contient les deux missives apportées par
David, qui servait d'intermédiaire aux envoyés tartares. La première, adressée à
saint Louis de la part d'Ilchi-Khataï, se lit
également dans les chroniques de Saint-
Denis, où elle est traduite ainsi :

« Par la puissance du très-hault roy de
Tharse et prince de plusieurs provinces, le
plus noble combateur du monde, glayve
de la crestienté, et deffendeur de la religion des appostres, au noble roy de France,
seigneur et maistre des chrestiens, salut.
Nostre Seigneur croisse ta seigneurie et
ton royaulme, ta voulenté accomplisse en
sa loy, et te doint par la vertu divine ton
peuple garder par les prières des prophètes
et des apostres, et moy cent mil benedic-
tions et cent mil salus te mande par ses
lettres, et te prie que tu recepves en grè-
ses salus; car c'est moult grant chose
que tel seigneur te mande salut. Nostre intention est de faire le proffit de la crestienté. Je prie et requiers à Dieu qu'il doinst
victoire à l'ost des crestiens, et surmonte et
abesse tous ceulx qui desprisent la vraye
croix. Dieu exauce le roy de France et ac-
croisse sa hautesse, si que chascun le voye.

vant à Louis IX , essayaient, dans leur propre intérêt, de le détourner de l'Égypte,
la lettre du roi au sultan du Caire Negh-Meddin et la réponse de celui-ci furent
la première déclaration des hostilités [1]. La correspondance de Gui de Melun,
celle du comte d'Artois à l'occasion de la prise de Damiette et des combats qui
la précédèrent, sont les premiers actes de cette expédition [2]. Le comte de Poitiers,
frère de saint Louis, préparait en France une expédition nouvelle avec laquelle

Nous voulons que par toutes nos seigneuries et nos places, que tous chrestiens
soient francs et dehors de servage, et voulons qu'ilz soyent tous quittes, et voulons
que les églises destruictes soient refaittes,
et que l'on sonne les cloches, et que tous
crestiens puissent aller et venir parmy
nostre royaulme. Et pour ce, Dieu nous a
donné grant grace de garder la crestienté.
Nous avons envoyé ces lettres par nos
loyaulx messagers, lesquels et auxquels
nous adjoustons foy, Marc et Alphue, pour
ce que ilz nous apportent de bouche comment les choses se portent envers vous.
Recepvez nos lettres et nos paroles, car
elles sont vrayes. Celuy qui est roy du ciel
veuille que bonne paix et bonne concorde
soit entre les Latins et les Grecs, et entre
les communs victorieux jacobins, et entre
trestous ceulx qui aourent la croix! Ce
averons à Dieu qu'il ne face division entre
nous et les crestiens. » (*Chron. de Saint-
Denis, règne de saint Louis*, chap. XLIII.)

L'autre lettre rapportée par l'évêque
de Tusculum était adressée au roi de
Chypre par le connétable d'Arménie, et
donnait des détails sur les invasions des
Tartares. Mathieu Pâris, dans les additions
à son histoire, a inséré la lettre des ambassadeurs tartares écrite en langue romane. On trouve aussi dans Martène,
tome I, p. 1299, une lettre de saint Louis
à l'empereur Frédéric II, de l'année 1248.
Le roi de France y remercie Frédéric de

ce qu'il a permis qu'on achetât, dans ses
états, des provisions pour l'armée qui devait passer dans la Terre Sainte.

[1] Les lettres des deux grands-maîtres
sont seulement indiquées par les historiens : celle de saint Louis au sultan du
Caire est citée dans l'historien arabe Makrisi avec la réponse du sultan. Mais
M. Reinaud ne la regarde pas comme authentique, et croit que l'auteur l'a confondue avec une lettre d'Alphonse VI, roi
de Castille, au sultan de Maroc.

[2] Lettre du comte d'Artois sur la prise
de Damiette : «A sa très-excellente et
chère mère Blanche, Robert, comte d'Artois, son fils dévoué..... » Le prince y raconte le départ de la flotte et de l'armée
française du port de Limisso en Chypre,
le combat qu'elle soutint à son arrivée en
Égypte, et la prise de Damiette. Après
quelques détails sur le roi, sur son frère
le comte d'Anjou, elle se termine ainsi :
«Donné au camp de Jamas, l'an du Seigneur 1249, au mois de juin, la veille de
la Saint-Jean-Baptiste. » Des détails plus
étendus sur les mêmes faits sont donnés
dans la lettre de Gui, vicomte de Melun,
à son cher frère utérin, étudiant à Paris.
(Traduite par Michaud, *Histoire des Croisades*, tome IV, page 609.) Ces lettres se
trouvent aux additions de Mathieu Pâris,
ainsi qu'une lettre à ce sujet du maitre de
la milice du Temple, et sont reproduites
par Rainaldi (*Ann. eccl.* t. XXI.)

il devait aller renforcer l'armée de son frère ; et comme Henri III faisait tous ses efforts pour retenir les barons anglais qui voulaient s'y adjoindre, le pape fut obligé d'intervenir par ses lettres [1]. La marche de l'armée française sur le Caire, les fautes commises par les chefs, la funeste bataille de Mansoura, celle qui la suivit, la position périlleuse où l'armée se trouva engagée, les désastres d'une retraite où le roi tomba captif au pouvoir des infidèles, enfin les négociations qui amenèrent sa délivrance et son passage en Palestine, sont exposés en détail dans la lettre que saint Louis adressa à ses sujets, datée de la ville d'Acre, comme pour se justifier des malheurs de son entreprise [2]. Les lettres d'Innocent IV à la reine Blanche et à Louis IX prisonnier, celle de Frédéric II, qui envoya une ambassade à son allié le sultan d'Égypte pour obtenir la délivrance de Louis IX et de son armée, sont les témoignages de l'impression causée par ces catastrophes [3].

Louis IX, resté en Palestine après le départ de son frère et d'une partie de ses compagnons, vit son alliance recherchée par le sultan de Damas contre celui du Caire; il sacrifia cet avantage au désir d'affranchir les chrétiens captifs en déployant un ascendant favorable aux colonies chrétiennes de l'Asie, et qui aurait pu l'être plus encore s'il avait été soutenu par les secours de l'Occident; mais la mort de Frédéric II et les troubles de sa succession, le désir que la France éprouvait de forcer le roi à revenir, tout contribua à le laisser sans secours suffisants pour rendre sa présence efficace. Le retour des missionnaires envoyés en Tartarie [4] et l'ambassade du

---

[1] Ces lettres sont seulement mentionnées dans Mathieu Pâris, ainsi que ce qui est relatif au traité pour la reddition de Damiette.

[2] La longue lettre de saint Louis sur sa captivité et sa délivrance, rapporte jour par jour tous les événements qui précédèrent et suivirent la bataille de la Massour, les négociations pour la délivrance du roi, l'arrivée de saint Louis en Palestine, les motifs qui le déterminent à y rester et à renvoyer en France les comtes de Poitiers et d'Anjou ses frères. Elle se termine ainsi : « Fait à Acre, l'an du Seigneur 1250, au mois d'août. » (Collection Bongars, *Regum epistolæ*; et Duchêne, tome V, page 428.) Elle est traduite au tome IV de l'Histoire des Croisades de Michaud.

[3] Voyez au tome V, page 412 de la collection Duchêne, avec la lettre qu'Innocent IV adresse à la reine Blanche, pour la consoler du départ de ses enfants à la Terre Sainte, celle qu'il écrit au roi prisonnier, et la lettre à l'archevêque de Rouen ordonnant des prières pour le prince et les croisés retenus captifs. L'ambassade de Frédéric au soudan d'Égypte n'est qu'une opinion rapportée par Joinville.

[4] André de Lonjumeau et Plan-Carpin rapportaient de leur voyage une lettre pour saint Louis, remise sous la régence d'Ogoul-Gaïmisch, et que Joinville donne en ces termes : « Bonne chose est de pez: quar en terre de pez manguent cil qui vont à quatre piez l'erbe pesiblement, cil qui vont à deus, labourent la terre dont les biens viennent passiblement. Et ceste chose te mandons-nous pour toy aviser. Car tu ne

Vieux de la Montagne furent les épisodes de son séjour, marqué encore par de nouvelles négociations des sultans du Caire et de Damas qui avaient pour objet la restitution de Jérusalem; mais ces ouvertures, faites par la crainte des secours
attendus de l'Occident et restées toujours sans résultats, aboutirent à de nouvelles
hostilités, lorsque la mort de la reine Blanche et l'espoir même d'être plus utile
aux chrétiens d'Asie en retournant dans son royaume décidèrent enfin saint
Louis à revenir en France, où il arriva au mois de septembre de l'année 1254[1].

peus avoir pez se tu ne l'as à nous. Et tel
roy et tel (*et moult en nommoient*) et touz
les avons mis à l'espée. Si te mandons que
tu nous envoies tant de ton or et de ton
argent chascun an que tu nous reteignes
à amis. Et se tu ne le fais, nous destrui-
rons toy et ta gent, comme nous avons
fait ceulz que nous avons devant nommez. »
(Joinville, édit. du Louvre, p. 102.) Ce
ne fut qu'après son retour en France que
saint Louis essaya de continuer ces relations en envoyant le célèbre Rubruiquis en
Tartarie, d'où ce dernier rapporta plus tard
la lettre qu'on lit dans son voyage, adressée
au roi de France par Mangou-Khan :

« Les commandements du ciel éternel
sont tels : Il n'y a qu'un Dieu au ciel, et
en la terre qu'un souverain seigneur, Cin-
gis-Khan, fils du ciel : partout où oreilles
peuvent entendre et chevaux peuvent aller, faites savoir, etc.

« Commandement de Mangou-Khan à
Louis, roi de France, et à tous les autres
seigneurs et prêtres, et à tout le grand
peuple du royaume de France, afin qu'ils
peussent entendre mes paroles. Un certain David a été vous trouver, comme ambassadeur des Mongols; mais c'était un
menteur et un imposteur. Vous avez envoyé avec lui vos ambassadeurs à Gayouk-
Khan, après la mort duquel ils sont arrivés à la cour. Et sa veuve, Gaïmisch, vous
envoya par eux une pièce de drap de soie
de Nasik, avec des lettres. Mais pour ce

qui est des affaires de la paix et de la
guerre, et du bien de cet état, comment
cette méchante femme, plus vile et plus
abjecte qu'une chienne, eût-elle pu en savoir quelque chose? Deux moines sont venus de votre part vers Sartak, qui les a
envoyés à Batou, et Batou ici, parce que
Mangou-Khan est le plus grand roi et empereur des Mongols. Mais maintenant,
afin que tout le monde, tant prêtres que
moines, et tous autres, puissent vivre en
paix et se réjouir d'entendre les célestes
commandements, nous eussions bien voulu
envoyer nos ambassadeurs vers vous avec
vos prêtres : mais ils nous ont fait entendre
qu'entre ci et là il y a plusieurs nations
fort belliqueuses, et des chemins difficiles
et dangereux : si bien qu'ils craignoient
que nosdits ambassadeurs ne pussent aller
sûrement jusque-là; mais qu'ils s'offroient
de porter nos lettres, contenant nos commandements au roi Louis. Ainsi donc nous
vous avons envoyé les célestes commandements par vos prêtres ; et quand vous
les aurez entendus, vous les croirez. Si
vous vous disposez à nous obéir, vous
nous enverrez vos ambassadeurs pour nous
assurer si vous voulez avoir paix ou guerre
avec nous, etc. » (Recueil de Bergeron, t. I.)

[1] Rainaldi donne, au sujet de ces événements, une lettre d'Innocent IV au comte
de Poitiers, pour faire prêcher une nouvelle
croisade en France, et des lettres adressées en 1254 au sultan de Turquie (*nobili*

Après le départ de saint Louis, le désordre alla croissant dans les états chrétiens d'Orient, par les rivalités des Génois et des Vénitiens et par celles des ordres de Saint-Jean et du Temple. Les terribles expéditions des Tartares forçaient alors en Europe le roi de Hongrie d'écrire au pape Alexandre IV, et celui-ci aux fidèles, pour réclamer les secours de la chrétienté dans cette direction ; elles firent aussi quelque temps diversion aux forces qui menaçaient les chrétiens du côté de l'Asie[1], mais elles leur suscitèrent l'un de leurs plus dangereux ennemis dans le sultan Bibars, qui les réduisit bientôt à recourir à Urbain IV. Bibars, chef des mamelucks de l'Égypte, devenu, par ses victoires sur les Tartares, le chef des puissances musulmanes, vengeait sur les chrétiens l'appui qu'ils avaient cherché en appelant les Tartares. Dans le même temps une révolution rétablissait à Constantinople l'empire grec, et Michel Paléologue forçait Baudouin II à vivre errant et fugitif en Europe, pendant que le pape Urbain IV écrivait à Louis IX une lettre qui essayait en vain d'exciter une croisade pour remettre Constantinople sous la domination de l'église latine[2]. Bibars cependant reprenait une à une les villes chrétiennes en les partageant à ses émirs par un décret, et rejetait les négociations que tentaient en vain auprès de lui plusieurs rois et princes chrétiens. Une lettre de Bibars au comte de Tripoli fut écrite après la prise et la destruction d'Antioche[3]. Le contre-coup de ces défaites venait en vain se faire sentir à l'Occi-

viro soldano Turchie), pour l'engager à embrasser la religion chrétienne. C'est la première fois que la Turquie est citée comme pays, dans une pièce des croisades.

[1] Sur les rapports adressés par les chefs chrétiens d'Asie au pape Alexandre IV, ce pape écrit au roi d'Espagne, et répond au roi de Hongrie pour le détourner d'accepter les propositions des Tartares. Voir ces lettres rapportées dans le tome III de Muratori, et dans les Annales ecclésiastiques de Rainaldi, tome XXII.

[2] Une première lettre d'Urbain IV pressait le roi de France de sauver les derniers débris du royaume qui avait été fondé par les armes françaises. « Nous avons entendu les accents de la terreur : ce n'est plus la paix, mais l'épouvante qui règne sur la terre. Cette voix funèbre, partie d'Orient, a ajouté à nos blessures

d'affreuses douleurs. » La lettre qu'il écrivit au même prince en faveur de Baudouin II déchu se trouve, comme la précédente, au tome III de Muratori, et plusieurs autres lettres de ce pontife sont rapportées dans Rainaldi et dans le Trésor des anecdotes de Martène. On lit aussi dans ces recueils les lettres de son successeur Clément IV, provoquées par celles des chefs chrétiens d'Asie, et adressées au roi de France, à celui de Hongrie et aux autres princes de l'Europe.

[3] Cette lettre, pleine de railleries contre Bohémond, prince d'Antioche, se trouve dans la vie de Bibars, écrite par son secrétaire, qui paraît avoir été lui-même l'auteur de la lettre, et on peut la lire traduite dans les extraits d'Ibn-Ferat : « Le comte glorieux, magnifique, Bohémond, le lion courageux, etc. connaît les résul-

dent, et une ambassade de Charles d'Anjou, élevé récemment au trône de Sicile, essayait d'intervenir auprès de Bibars en faveur des chrétiens de la Syrie; mais leur cause ne devait recevoir un secours efficace que de Louis IX.

Ce prince préparait en secret une nouvelle croisade dont le projet, combattu d'abord par une lettre de Clément IV, fut ensuite approuvé par lui, et une bulle du pontife vint appuyer cette résolution que repoussait l'opinion générale du royaume. Dans le même temps, Clément IV écrivait au roi d'Arménie et recevait des envoyés du khan des Tartares, toujours portés à s'allier avec les chrétiens contre les Turcs de l'Asie Mineure [1]. Trois ans se passèrent avant que saint Louis pût exécuter ses engagements religieux, arrêtés par le soulèvement même du clergé contre les décimes qui lui étaient imposées. Le mouvement de la croisade se propageait en Angleterre et en Écosse, et surtout en Espagne, où le roi d'Aragon avait aussi à sa cour des envoyés du khan des Tartares. Saint Louis fit alors une convention avec les Vénitiens pour le transport de son armée dans la Terre Sainte. Cette convention restée sans exécution, parce qu'on traita ensuite avec les Génois; un traité fait entre Louis IX et le prince Édouard, fils aîné de Henri III, qui voulait accompagner Louis IX à la croisade; enfin une charte réglant les dépenses du voyage de plusieurs seigneurs que le roi s'obligeait de payer, sont les monuments préliminaires de l'expédition [2]. Plusieurs ambassades du roi de Tunis avaient ouvert des rapports entre lui et la France, qui aboutirent à faire com-

tats de notre expédition contre Tripoli, comment les églises ont été balayées de la surface de la terre, comment les roues ont tourné sur l'emplacement des maisons... Tu aurais vu tes chevaliers foulés sous les pieds des chevaux, tes richesses partagées par canthar (quintal), tes femmes dont quatre se vendaient pour un écu d'or, etc. Comme personne ne s'est sauvé qui puisse t'apprendre ce qui s'est passé, nous te l'apprenons, etc. » (Bibl. des Crois. t. IV)

[1] Voir, dans la collection Duchêne, les lettres de Clément IV, Epist. 269; et les différentes autres lettres écrites à cette occasion à divers princes de l'Europe et de l'Asie sont rapportées par Rainaldi, au tome XXII des Annales ecclésiastiques.

[2] Rymer donne le texte du traité entre Louis IX et le prince Édouard; et la charte du roi, imprimée d'après un ancien manuscrit dans l'édition du Louvre de Joinville, est citée dans les pièces du tome IV de l'Histoire des croisades. La convention de saint Louis avec les Vénitiens se trouve rapportée au tome V de Duchêne. Les ambassadeurs de la république promettent au roi quinze vaisseaux d'une grandeur suffisante pour contenir quatre mille chevaux et dix mille guerriers, et la faculté d'acheter dans tout le territoire de la république les choses nécessaires à l'armée des pèlerins; ils promettent aussi d'armer, au nom de la république et à ses frais, quinze galères, afin de protéger les colonies chrétiennes d'Orient, sous la condition que les privilèges des Vénitiens seront respectés dans tous les lieux où se trouveront des individus de cette nation : « Vobis do-

mencer la croisade par une descente à la côte d'Afrique ; elle devait aider aux intentions qu'on supposait à ce prince d'embrasser le christianisme, et ce projet était soutenu par Charles d'Anjou, qui devait y trouver son intérêt d'après la proximité de cette contrée avec la Sicile. La descente effectuée auprès de Tunis, l'hésitation des mouvements de l'armée chrétienne, la résolution fatale d'attendre la jonction des forces du roi de Sicile, laissèrent le temps à une maladie contagieuse d'arrêter dès le début l'entreprise, en faisant périr le roi et une partie de son armée. Les instructions de saint Louis données sur son lit de mort à son fils, Philippe le Hardi, le récit de sa mort par Pierre de Condet [1], et la lettre adressée par le nouveau roi Philippe III à ses sujets, sont les monuments de ces tristes circonstances [2]. Le traité de paix qu'après une série de combats malheureux pour les Maures, le roi de Tunis conclut avec Philippe III [3], suivit les négociations ouvertes à cette occasion, et appuyées secrètement par les vues intéressées de Charles d'Anjou. Bibars, qui s'apprêtait à marcher au secours de Tunis, en ressentit une grande colère ; mais cet acte termina la croisade, dont la reprise fut ajournée à quatre ans. Elle fut poursuivie cependant par le prince Édouard et par plusieurs seigneurs, qui conduisirent de faibles renforts en Palestine, où ils signalèrent leur séjour par quelques exploits sans importance.

mino regi ego Marchus Guirinus, nuntius domini ducis Venetorum, dico quod si transieritis per partes ejus ad acquisitionem Terræ Sanctæ, passagium fuerit, etc. » (*Contractus navigii cum Venetis.*)

[1] Voir au tome IV de l'Histoire des Croisades, page 636, les instructions de saint Louis au lit de mort, adressées à son fils Philippe le Hardi, d'après un registre de la chambre des comptes. Les trois lettres de Pierre de Condet, chapelain de saint Louis, rapportées par d'Achery, *Spicilége*, tome III, page 664 et suivantes, racontent avec de grands détails le séjour des Français à Carthage, la mort de saint Louis, le traité de paix conclu avec le roi de Tunis, le retour des croisés en Sicile. Elles sont traduites par Michaud, à la suite du cinquième volume de l'Histoire des Croisades. Voyez aussi au tome VI, page 1218 de la Collection amplissime de

Martène, la lettre de l'évêque de Tunis à Thibaud, roi de Navarre, qu'on croit avoir été écrite par ce prince, commençant par cette indication : « C'est la fin que le bon roy saint Loys ot à sa mort, que l'evesque de Thunes envoie à Thibaut, roi de Navarre. »

[2] On trouve dans Duchêne, tome V, page 440, avec le testament de saint Louis, la lettre de Philippe le Hardi, écrite à l'occasion de la mort de son père, et adressée à tous les évêques et à tous les ordres religieux, pour être lue dans les églises : elle est traduite tout au long dans la Bibliothèque des Croisades, avec cette date : « Donné auprès de Carthage, le vendredi après la nativité de la Vierge, l'an 1270. »

[3] Ce traité, pris sur l'original, a été publié dans un savant mémoire de M. de Sacy, qui en discute le texte, et qui se trouve au

VIII. — RELATIONS AVEC LE LEVANT JUSQU'À LA PRISE DE CONSTANTINOPLE PAR LES TURCS
ET JUSQU'À L'AVÉNEMENT DE FRANÇOIS I".

L'élévation d'un pape qui se trouvait alors comme légat parmi les croisés, et les premiers actes de Grégoire X, qui s'empressa de réunir un concile à Lyon, où, parmi les envoyés des états chrétiens d'Orient, figurèrent les ambassadeurs des princes tartares, semblaient annoncer un nouveau mouvement de la chrétienté : il se borna cependant à proclamer une nouvelle croisade, à laquelle il ne fut pas donné suite[1]. Après les désastres qui avaient rendu inutiles les deux dernières croisades entreprises par saint Louis, un seul obstacle, venant plutôt de l'Asie que de l'Europe, arrêta encore le rapide déclin des colonies chrétiennes de la Syrie devant l'ascendant décidé des Turcs et des autres peuples musulmans. Les

tome IX des Mémoires de l'Institut. Le carton J. 937 des Archives du royaume renferme les monuments les plus anciens et les plus précieux, comme raretés, qui nous soient restés sur les relations de la France avec l'Orient. Ces documents étaient trop curieux pour n'avoir pas attiré l'attention de nos plus célèbres orientalistes ; et MM. de Sacy et Abel de Rémusat les ont pris à cette source que nous avons achevé d'épuiser, en retirant après eux les pièces qu'ils avaient négligées. Ce sont celles qui forment, dans ce volume, toute la série des actes relatifs aux premières années du règne de François I". Mentionnons ici le traité dont l'original, formant un rouleau de parchemin, ouvre par sa date cette suite de documents inestimables, et commence ainsi dans la traduction : « C'est ici ce qui a été convenu et arrêté par le ministère du scheïkh illustre et vénérable Abou-Zeyyan Mohammed, fils d'Abdalhaoui, entre le roi illustre, grand et choisi, Philippe, par la grâce du Dieu très-haut, roi de France, fils du roi illustre et saint ; le roi illustre et grand, Charles (Harl), par la grâce de Dieu, roi de Sicile, le roi illustre et grand, Thi-

baud, roi de Navarre (que Dieu leur accorde l'assistance de sa grâce!) ; et le khalife, l'iman assisté et secouru (de Dieu), l'émir des croyans, Abou-Abd-Allah Mohammed, fils des émirs bien dirigés, etc. »

[1] Le tome XXII de Rainaldi donne, d'après les Archives du Vatican, les différentes lettres de Grégoire X au sujet de l'ambassade du roi des Tartares Abaga, et celle qu'il adressa à Philippe III pour l'engager à exécuter son projet de croisade. Innocent V et Adrien V ne firent que passer sur le trône ; et Jean XXI, qui leur succéda, pour donner suite aux rapports ouverts avec Abaga, décida l'envoi de cinq Frères Mineurs en Tartarie. Afin d'écarter une autre cause d'empêchement qui avait lieu alors du côté de l'Espagne, il écrivit à Philippe III pour le réconcilier avec le roi de Castille. Une guerre avait éclaté entre eux, et occasionné une lettre du roi de Maroc à Philippe III, auquel le premier offrait de faire une diversion contre le roi d'Aragon. Cette lettre, dont l'original en arabe se trouve aussi aux Archives du royaume, a été également publiée avec une savante dissertation de M. de Sacy, insérée au tome VII des Mémoires de l'Institut.

Tartares, que les conquêtes d'Houlagou avaient rendus maîtres de la Perse, en faisant disparaître devant eux le fantôme du kalifat, se montrèrent pendant toute cette époque, et sous la succession des quatre princes de la même famille, Abaga. Argoun, Gazan et Khodabendeh, disposés à resserrer plus étroitement une alliance à la fois politique et religieuse contre les Sarrasins. Cette alliance, poursuivie avec zèle par les papes, occasionna plusieurs ambassades des Tartares à la cour de Philippe III, et à celle de Philippe le Bel, son successeur, pour obtenir le concours du roi de France et du roi d'Angleterre. Les relations suivies avec Abaga sont attestées par les lettres de Grégoire X et de Jean XXI, et par l'envoi d'une mission de cinq Frères Mineurs chargés de décider l'accession au christianisme des chefs et des peuples tartares [1]. A ces démarches succédèrent celles d'Argoun, fils d'Abaga, constatées par une lettre collective au pape Honorius IV et au roi de France Philippe III, en 1285, qui détermina plus tard une réponse du pape Nicolas IV et l'envoi du Génois Buscarelli pour suivre cette négociation. Cet envoyé revint en 1289 avec une lettre d'Argoun, en mongol, adressée à Philippe IV, et la mission de provoquer, de la part de la France, une tentative sur la Syrie pour sauver les villes chrétiennes réduites alors à l'extrémité [2]; car peu-

[1] La lettre d'Argoun au pape Honoré IV est dans Rainaldi, et on voit par son contenu qu'elle devait servir à accréditer l'envoyé du roi de Perse auprès du roi de France Philippe III et de Charles d'Anjou : « In Christi nomine, amen. Gratia magni Can et verbum de Argonum, domino sancto papa patri. Gingiscan primo patri omnium Tartarorum, et serenissimo domino rege Francorum et serenissimo domino rege Carolo, præceptum sum omnium christianorum : non dentur aliquid de tributum et fiant franchi in sua terra, etc. » Le pape Nicolas IV, qui la reçut, adressa à cette occasion une bulle à Edouard Ier, qu'on lit dans Rymer, et où le pape l'informe de la mission qu'il donne à Buscarelli. (Ann. eccl. t. XXII et XXIII.)

[2] La lettre originale d'Argoun à Philippe le Bel, écrite en caractères mongols et formant un rouleau, est décrite et analysée dans le mémoire de M. Abel Rémusat, au tome VII des Mémoires de l'Institut.

A cette pièce est annexée une note diplomatique remise, avec la pièce précédente, par l'ambassadeur Buscarelli : « Ceci est la messagerie de Busquarel, message d'Argon, faite en l'an du buef du Condelan. Premièrement, Argon fait assavoir au roy de France, comme à son frère, que en toutes les provinces d'Orient, entre Tartars, Sarrasins et toute autre langue, est certaine renommée de la grandesse, puissance et loyauté du royaume de France, et que les roys de France qui ont esté à leurs barons, à leurs chevaliers et à leur puissance, sont venu plusieurs fois en l'aide et conqueste de la Terre Sainte, à l'onneur du fils de la vierge Marie et de tout le peuple crestien. Et fait assavoir ledit Argon audit roy de France comme son frère, que son corps et son host est prest à amitié d'aler au conqueste de ladite sainte terre, et de estre ensemble avec le roy de France en cest benoist service.

« Et je Busquarel, devant dit message

dant ces négociations, que l'éloignement des lieux et des parties empêchait toujours d'arriver à propos, les faits avaient marché en Syrie vers leur dénoû-
ment. Les états chrétiens d'Asie allaient chaque jour se dissolvant par la division des intérêts et des princes, qui prenaient le parti de s'arranger avec les Sarrasins en négociant des traités particuliers. La mort de Bibars leur rendit un moment de sécurité; et les diverses trèves que son successeur Khelaoun fit avec les
Francs de Ptolémaïs, un autre traité conclu entre le sultan d'Égypte et les rois de
Sicile et d'Aragon [1], marquent la séparation qui avait lieu chaque jour davantage
entre les intérêts de l'Orient et ceux de l'Occident. Ces traités, qui étaient plutôt
des armistices, n'empêchèrent pas des violations dont les suites amenèrent la prise
avec la destruction de Tripoli et de Ptolémaïs. La même année vit s'accomplir, après
la chute éclatante de Ptolémaïs, l'expulsion des chrétiens de la Syrie, qui fut
complétée encore par la perte de Tyr et de Beyrouth [2].

Une bulle du pape Nicolas IV, adressée aux fidèles, tenta de provoquer une
nouvelle croisade que le pape fit réclamer en vain auprès de l'empereur Rodolphe
de Hapsbourg, du roi d'Angleterre Édouard Ier et du roi de France Philippe IV.
L'Orient resta abandonné à lui-même, lorsqu'une croisade exécutée par les Tartares de la Perse, sous la conduite de Gazan, frère et successeur d'Argoun,
enleva pour un moment Jérusalem aux musulmans vaincus, et les lettres de
Boniface VIII essayèrent en vain de proposer cet exemple à l'indifférence de

d'Argon, dy que se vous, roy de France,
venez en personne en cest benoist service, que Argon y amenera deux roys
crestiens Gorgiens qui sont sous sa sei-
gnourie, et qui de nuit et de jour prient
Dieu d'estre en cest bien heureus service,
et ont bien pooir d'amener avec eux xx[m]
hommes de cheval et plus, etc. » Rainaldi,
au tome XXIII des Annales ecclésiastiques,
donne la réponse faite à cette occasion par
le pape Nicolas IV.

[1] Voyez le traité conclu entre le sultan
d'Égypte et les rois de Sicile et d'Aragon,
et traduit par M. de Sacy. Ce traité prévoit tous les cas où le pape, les rois des
Francs, des Grecs, des Tartares ou autres
demanderaient contre lui secours au roi
d'Aragon. (*Chrestom. arabe*, t. II, p. 538.)
Voyez aussi dans les extraits de la vie de

Khelaoun toutes les conventions particulières conclues avec les petits princes des
états chrétiens d'Orient. (*Bibl. des Croisades*, t. IV.)

[2] Les pontificats successifs de Nicolas III,
de Martin IV et d'Honorius IV offrent dans
Rainaldi un petit nombre d'actes tendants
à entraîner l'empereur Rodolphe dans une
croisade; et Nicolas IV, à son avènement,
s'adressa par une lettre au roi Édouard
d'Angleterre, pour l'engager à secourir
Ptolémaïs. De nouvelles lettres de ce pape
à ces deux princes, et une datée de Viterbe à Philippe le Bel, roi de France,
vinrent accuser leur indifférence et annoncer la prise de Ptolémaïs. Les Annales de
Bérard, le *Bullarium* et le registre pontifical fournissent ces actes au continuateur
de Baronius. (*Annales ecclés.* t. XXIII.)

l'Occident[1]. De nouvelles ambassades des Tartares vinrent, au nom de Gazan, solliciter en 1302 les rois de France et d'Angleterre; et une démarche semblable faite en 1307 auprès des mêmes princes par Khodabendeh, son successeur, ressort de la lettre originale qu'il écrivit à Philippe le Bel: soutenues par les instances du pape Clément V, elles restèrent également sans résultats[2]. La retraite des Tartares avait fait perdre de nouveau Jérusalem: cette perte fut balancée en quelque sorte par l'expédition qui, vers le même temps, mit au pouvoir des Hospitaliers l'île de Rhodes, pendant que leurs rivaux, les Templiers, disparaissaient devant la politique de Philippe le Bel. Ni la promesse de ce prince d'aller à la Terre Sainte, ni celle de son successeur, Philippe le Long, qui parut un moment plus sérieuse, ne furent suivies d'exécution. Une lettre du pape Jean XXII porta Charles le Bel à s'occuper d'une croisade que le roi d'Arménie sollicitait de lui, et qui n'a laissé de trace que dans son testament[3]. Les états chrétiens d'Orient, réduits au royaume de Chypre et à l'île de Rhodes, furent sur le point de voir renaître une véritable croisade sous Philippe de Valois, qui avait à sa cour le roi de Chypre Hugues de Lusignan; déjà une flotte se préparait dans le port de Marseille, et Édouard III devait accompagner Philippe en Orient; mais ce projet se convertit bientôt en une guerre entre ces deux princes, qui allait mettre aux prises les deux nations pendant plus d'un siècle: ce fut alors que le dauphin du Viennois, Humbert II[a],

[1] La lettre de Boniface VIII au roi de France, l'engageant à envoyer des secours au roi d'Arménie, est datée de Reate, le 3 des nones d'octobre; voyez aussi plusieurs actes de son successeur Clément V ayant pour objet les affaires de la Terre Sainte et la reprise de Constantinople par les Latins sur les empereurs grecs. Rymer donne, tome II, des lettres d'Édouard à Gazan et au patriarche d'Orient sur la mission des envoyés tartares, adressée à Paris et à Londres en 1302.

[2] La lettre de Khodabendeh, écrite en caractères mongols, est, comme celle d'Argoun, reproduite en *fac-simile* à la fin du tome VII des Mémoires de l'Institut. L'original est accompagné d'une traduction italienne écrite au dos de la pièce, et qui commence ainsi : « La paraula d'Olgaitu soldano al re di Francia. A li tempi pasati,

voi signiori franchi, al tempo di nostri avioli, e del mio buono padre, del mio buono frate, aviano amistansa e benvogliensa ensieme, etc. » La même communication fut faite de la part de ce prince à Édouard II et au pape Clément V, qu'on voit y répondre, le premier, en 1307, par sa lettre citée dans Rymer, et l'autre, par celle qui se trouve dans Rainaldi, t. XXIV.

[3] La lettre de Jean XXII à Charles le Bel, dans Rainaldi, est datée d'Avignon, le 10 des calendes de juillet, et l'article du testament de Charles le Bel est rapporté par du Cange; plusieurs autres lettres sont adressées par ce pape aux fidèles d'Occident et aux chefs des Tartares. En 1328, ce pape fit avec le roi de France et l'empereur de Constantinople une alliance contre les Turcs. (*Ann. eccles.* t. XXIV.)

[a] Les lettres patentes que Philippe de

I. o

chercha à l'exécuter pour son compte. Le nouveau roi de Chypre, Pierre de Lusignan, occupa les cours de l'Europe d'un projet de croisade adopté en France par le roi Jean, et qui, sous Charles V, fut sur le point d'emmener du Guesclin en Orient à la tête des compagnies blanches[1]; ces excitations répétées finissaient en petites expéditions privées. De ce nombre, il faut compter l'entreprise exécutée par les principaux seigneurs de France sous la conduite du duc de Bourbon, à l'instigation des Génois; ces derniers, pour délivrer la Méditerranée des pirates qui l'infestaient, provoquèrent le siège d'Africa, dont la tentative n'eut pas de succès. Une autre expédition en eut davantage, ce fut celle qui vint, de diverses parties de l'Europe, soutenir la lutte engagée alors par les états de Chypre et de Rhodes avec le sultan d'Égypte, à l'issue de laquelle un traité fut conclu entre eux[1], et amené par la prise même d'Alexandrie[2].

Valois publia pour l'exécution de cette croisade sont datées d'Orléans, le 30 mars 1332, et données au t. XXIV des Annales ecclésiastiques. Au t. XXV, plusieurs dispositions de Jean XXII et de son successeur Benoît XII répondent aux sollicitations sans cesse renouvelées des rois de Chypre et d'Arménie, ainsi que des empereurs grecs, et s'adressent tour à tour aux rois de France et d'Angleterre, aux rois de Castille et d'Aragon. Les premiers actes de Clément VI s'adressent également aux mêmes princes pour opérer la réconciliation des rois de France et d'Angleterre dans l'intérêt des affaires d'Orient, et pour réunir contre les Turcs le roi de Chypre, les chevaliers de Rhodes, les Vénitiens et les Génois. Tous ces actes sont fournis presque uniquement par les Annales ecclésiastiques. Ceux qui regardent Humbert, dauphin de Vienne, et sa nomination comme chef de la croisade sont également reproduits au tome II de l'Histoire de Malte, par Vertot.

[1] Urbain V écrivit à ce sujet au roi Jean une lettre datée d'Avignon, le 2 des calendes d'avril, et plusieurs actes de ce pape répètent les mêmes sollicitations sur tous les points de l'Occident (*Ann. eccl.* t. XXVI).

plusieurs s'adressent au clergé d'Arménie, à l'empereur grec Paléologue, au roi Louis de Hongrie. On peut lire au tome Ier, p. 270 de mon édition de la Chronique de du Guesclin, dans la Collection des Documents inédits relatifs à l'histoire de France, l'opinion des contemporains exprimée par le chroniqueur sur le projet qu'avait du Guesclin de combiner son expédition en Espagne avec une croisade en Orient :

« ..... Car Bertram au corps gent
Avoit en son pourpoz et en son essiant
Que d'aler en Grenade et encor plus avant :
Car à Chypre cuydoit aller en confortant
Le noble roy de Chipre, le hardi conquérant
Qui sur les Sarrasins aloit fort guerroiant.

[2] Une suite d'actes du pape Grégoire XI, ayant toujours pour but la réconciliation des rois de France et d'Angleterre, vinrent aussi solliciter vainement toutes les puissances contre les progrès toujours croissants des Turcs. Voyez tous ces actes développés successivement dans le recueil de Rainaldi. Voyez aussi, à la date de 1365, la lettre écrite au pape et à l'empereur par le légat qui avait assisté à l'expédition du roi de Chypre en Égypte et à la prise d'Alexandrie. (*Ann. eccl.* t. XXVI.)

Mais à cette époque l'empire turc des Ottomans, qui devait produire la dernière transformation du mahométisme et du monde oriental, avait pris naissance presque à l'insu de l'Europe et grandi sur les débris de l'empire grec, dans la direction duquel il s'était étendu. En vain les faibles souverains de l'empire grec étaient venus révéler ce nouveau péril à l'Europe, et l'existence de ce peuple que ses conquêtes rapprochaient chaque jour de Constantinople; car les Turcs, ayant franchi le détroit, s'étaient audacieusement établis en Europe, où ils avaient une capitale; et de là ils menaçaient déjà d'une destruction prochaine les états chrétiens du Danube, la Bulgarie, la Servie et même la Hongrie. Par leur position à Andrinople, l'Allemagne était tenue en échec; plus près d'eux l'empire grec, réduit à l'enceinte des murailles de Constantinople, vivait dans la crainte d'une subversion prochaine; et au midi Bajazet Ier, franchissant les Thermopyles, allait détruire les petites souverainetés du Péloponèse. Le règne désastreux de Charles VI, malgré les calamités qui l'affligèrent doublement dans le peuple victime des invasions de l'Angleterre et dans la personne du prince frappé de démence, se colore cependant d'un reflet d'héroïsme et d'une manifestation de la grandeur nationale dans deux circonstances où la France se trouva mêlée aux affaires d'Orient. L'ambassade de Sigismond, roi de Hongrie, fut accueillie en France par le mouvement qui fit prendre les armes à la noblesse française commandée par le fils du duc de Bourgogne[1]. La France se trouva remise en contact direct avec les nouveaux dominateurs de l'Orient, quoique cette première rencontre fût marquée par l'étourderie héroïque qui amena le désastre de Nicopolis[2]. Mais la défaite même en mettant les Français au pouvoir du vainqueur dans une longue captivité; les relations presque diplomatiques qui s'ensuivirent pour traiter de la rançon des captifs; enfin l'échange des présents et des procédés qu'elles occasionnèrent, furent comme une révélation pour les deux peuples. Aussi l'estime de Bajazet ne put que s'accroître lorsque l'un des chefs croisés, qui avait été son prisonnier, revint avec une nouvelle expédition française, et délivra

[1] Urbain VI et Boniface IX avaient, comme leurs prédécesseurs, excité de nouveau par leurs lettres le zèle des chrétiens contre les Turcs qui s'avançaient de plus en plus vers l'Italie. (*Annales ecclésiastiques*, t. XXVII.) C'est dans Froissart et dans la Chronique du religieux de Saint-Denis qu'on doit lire les détails sur l'ambassade de Sigismond en France, sur l'expédition du duc de Nevers, le désastre de Nicopolis,

et les relations de la cour de France avec Bajazet, qui en furent la suite.

[2] On peut voir, pour cet événement, les actes de Bajazet Ier, extraits des pièces d'état de Féridoun, dans les Notices des manuscrits de la Bibliothèque nationale, t. IV, p. 673, et de ce nombre la lettre de victoire que le sultan adresse au juge de Broussa, ordonnant des fêtes publiques à l'occasion de la bataille de Nicopolis.

Constantinople assiégée par le sultan. La France parut de nouveau l'espoir et le refuge de l'Orient chrétien : elle accueillit avec éclat l'empereur Manuel venu pour solliciter ses secours, que ce prince attendit en vain pendant deux ans dans l'état de trouble où était tombé l'Occident [1].

Mais les états chrétiens d'Orient durent un salut momentané à la nouvelle apparition des Tartares qui, conduits par Tamerlan, vinrent se ruer sur l'Asie Mineure, et menacèrent d'effacer l'empire naissant des Turcs, vaincus à la bataille d'Ancyre. Toujours favorables aux chrétiens, les Tartares étaient prêts à s'allier avec eux contre les musulmans, et ce fut à la France que Tamerlan s'adressa pour l'associer à ses conquêtes [2]. Après une vaine réunion des églises grecque et

---

[1] On trouve dans la Chronique du religieux de Saint-Denis une lettre adressée antérieurement par l'empereur Manuel au roi de France Charles VI, pour l'engager à venir au secours de son empire.

« Au sérénissime et très-excellent prince monseigneur Charles, roi de France, notre frère bien aimé, Manuel Paléologue, fidèle en Jésus-Christ, empereur et modérateur de Romanie, salut et accomplissement de tous ses désirs. Frère, considérant d'une part la puissance de plus en plus menaçante du turc Bajazet, ce tyran perfide, seigneur des Turcs, ennemi de Jésus-Christ et de tous les catholiques, d'autre part, notre misère et celle de nos sujets, sachant aussi quel malheur ce serait pour toute la chrétienté, si ledit turc Bajazet réalisait ses projets contre notre ville; voyant, en outre, que cette ville ne pourra résister jusqu'à l'été prochain, époque à laquelle nous espérons le secours des chrétiens : nous avons député vers vous en qualité d'ambassadeur monseigneur Théodore Paléologue Cantacuzène, notre oncle bien aimé, l'un des principaux personnages de notre empire. Nous avons vu que l'année dernière vous avez de votre propre mouvement, et sans en être requis, envoyé, dans l'intérêt de la religion, une puissante armée pour notre délivrance et pour celle des chrétiens de ces contrées; entreprise qui aurait eu un plein succès, si nos péchés n'avaient attiré sur nous la colère du ciel. Votre secours nous est aujourd'hui plus nécessaire encore que jamais, vu l'état de faiblesse auquel nous a réduits ladite guerre, ainsi que votre royale majesté pourra l'apprendre des barons et des nobles de son royaume, qui ont tous vu et qui connaissent parfaitement notre position et ce qui se passe dans ces pays. Donné en la ville de Constantinople, le premier jour de juillet, l'an du Seigneur mil trois cent quatre-vingt dix-sept. » (Cette lettre était écrite sur une feuille de parchemin et sur deux colonnes, dont l'une était en grec, l'autre en latin. Elle ne portait point de sceau, mais était signée de rouge.) (Chronique du religieux de Saint-Denis, t. II, traduite par M. L. Bellaguet.) Ce même empereur, dans Rainaldi, reçoit une réponse de Boniface IX, qu'il avait également imploré contre Bajazet. (Ann. eccles. t. XXVII.)

[2] Plusieurs actes originaux existent aux Archives du royaume sur ces rapports si curieux entre Charles VI et Tamerlan, et M. de Sacy a composé sur ces documents un mémoire inséré au tome VI des Mé-

latine et une lettre du pape Eugène IV pour réveiller l'ardeur des fidèles, ce pontife prépara une nouvelle croisade. Une expédition par mer, qui unit dans cet intérêt les villes maritimes de la Flandre et celles de l'Italie, devait soutenir l'expédition qu'allait conduire par terre le héros des Hongrois Huniade avec leur

moires de l'Institut. Comme le texte de la lettre de Tamerlan est accompagné d'une traduction également originale, mais qui en forme une paraphrase assez infidèle, M. de Sacy, en donnant la pièce, expose les motifs de ces altérations intéressées, qu'il fait ressortir par une traduction littérale. C'est cette traduction que nous reproduisons avec le texte, de préférence à l'autre version, en la faisant suivre de la réponse de Charles VI, ne voulant que constater ici l'existence de monuments historiques aussi singuliers.

Lettre de Tamerlan à Charles VI traduite par M. de Sacy : « Emirus magnus Temir Couran, augeatur vita ejus! Centies mille salutationum et votorum ab hoc suo amico accipere velit rex REDERANSA, cum multis hujus mundi desideriis (i. e. votis ad hujusce mundi felicitatem pertinentibus). Votis oblatis, notum fiat menti excelsae hujus magni emiri, quod quo tempore frater Franciscus praedicator (i. e. e fratrum praedicatorum familia), ad has partes venit litterasque regias attulit, et exposuit bonam famam, magnitudinem et potentiam hujus magni emiri vehementer gavisi sumus. Nobis quoque narravit quod (hic emirus) cum magno exercitu profectus fuerit, adjuvante Creatore excelso, et hostes nostros vestrosque vicerit et profligaverit. Postea frater Joannes, Mar Hasia (i. e. episcopus) Sultaniensis, ad vos missus fuit : ipse vobis exponet quaecumque evenerunt. Nunc autem ab illo magno emiro speramus, ipsum nobis indesinenter litteras augustas missurum,

et de sua salute nos certiores facturum, ut inde solatium nostrae menti obveniat. Oportet praeterea mercatores vestros ad has partes mitti, ut quemadmodum illis honorem haberi et reverentiam curabimus, ita quoque mercatores nostri ad illas partes eoncant, et illis honor ac reverentia habeatur, nec quisquam vim aut augmentum (i. e. gravamen ultra id quod solvere teneantur) eis faciat, quia mundus per mercatores prosperatur. At quid juvat litteris me longioribus uti! Celsitudo (vestra) per multos annos felicitate utatur! Vale. Scripta est (haec epistola) initio mensis moharram venerandi, anno octogesimo quinto hegirae. »

امير كبير "امر كوران زيد عمره
سد هزار سلام وآرزومندی ازین محب خود
سلطان ری دفرنسا
قبول فرمايد با جهان ارزمندی بسيار بعد
از تبليغ ادعيه برای عالی ان امير كبيرا
فرموده بی فرد كه فری درسكس تعاليبرده
بدين طرف رسيد ومكاتب ملكان را اورد
ونباء نامی وعظمت دبزكوری ان امير كبيرا
عرضه كرد عظم شادمان شديم ونبز تقرير
كرد كه با لشكر انبوه روان شد بياری
باری تعالی ودشمان مارا وشمارا هور رزبون
كرد من بعد در جوان مارحسيا سلطانيه
بخدمت درستاده شد ری بخدمت تقرير
كند هرجه واقع شد اكنون توقع ازان
امر كبير داریم كه دائما مكاتيب هابون

jeune roi Ladislas. Les premiers succès de cette ligue, soutenus par la défection du héros de l'Albanie Scanderberg, l'ardeur et le concours des populations, tout

ورسیاده شود وسلامتی ان امیر کبیر باز
نماید تا سلی خاطر حاصل ابد دیکر می
باید که بازرکانان نهارا بدین طرف
فرستاده شود که ایشانکه ایشانرا معزز
ومکرم سازیم رنیز بازرکانان ما بدان طرف
رجوع سازند ایشانرا نیز معزز رمکرم
سازند ربرایشان کسی زرور وزیادتی نکند
زیرا دنیا بیازرکان ابادانست رسالت چه
ابرامنمام دولت باد درکامرانی بسیار سال
والسلام تحریرا فی عزه محرم المکرم سنه
خمس وثمانمایه الهجریه

(Le petit nombre de textes orientaux qu'on trouvera dans ce volume, reproduits ou publiés pour la première fois, ont été transcrits sur les originaux par M. Annibal Dantan, professeur de turc à l'École des langues orientales.) Voici la réponse de Charles VI à Tamerlan :

« Carolus, Dei gratia Francorum rex, serᵐᵒ ac victᵐᵒ principi Themyrbeo, salutem et pacem. Serenissᵐᵉ ac victᵐᵉ princeps, nec legi nec fidei repugnat, aut est dissonum rationi, quin potius utile censendum est, reges ac dominos temporales, etsi credulitate sermoneque discrepent, civilitatis benevolentia et amicitiæ nexu invicem fœderari, ubi per id maxime pax atque tranquillitas redundet ad subditos. Et hinc est, serᵐᵉ ac victᵐᵉ princeps, quod, cum litteras vestræ celsitudinis per fratrem Johannem, archiepiscopum totius Orientis, recepimus, quibus nobis salutis eulogium impertiri voluistis, ac de nostri status continentia et regni commoditatibus pariter informari, nichilominus intimare victoriam, quam, Altissimo concedente, obtinuistis de Baazito, nobis ad complacentiam hoc cessisse noveritis non modicam, præcipue coadjuncto quod magnificentia vestræ gratum erat mercatores nostros et ceteros Christianos cum subditis vestris posse commercia de cetero simul contrahere et mercantias suas sine impedimento mutuo exercere et agere, necnon ad terras et ditiones vestras accessum annodo habere plenarium, veluti tempore bonorum prædecessorum nostrorum, et verbis vestris utamur, fuit factum; de quo magnas vobis gratias rependimus atque grates, animo libenti consimiliter ammentes, ac vice volentes reciproca, ut vestri ad terras et dominia nostra secure venire ac mercari, sicuti nostri in partibus vestris, possint, quemadmodum hæc et alia quam multa quæ præfatus archiepiscopus audivit cernereque potuit in hoc regno, si libeat, referet viva voce; cui in præmissis credere ac recommissum habere, ob merita suæ fidelitatis precumque nostrarum interventu, magnificentia vestra velit: quæ nobis de suis successibus ad nostram consolationem rescribat, per quotquot de vestris ad istas regiones continget declinare. Denum vestræ magnificentiæ regraciantes de civilitatibus et amicitiis multis, plurimis christianis per majestatem vestram factis et impensis, nos offerentes vestrorum oportunitatibus, ubi casus posceret, ad æqualia vel majora. Datum Parisiis, die junii quindecimo, anno Domini nostri Jhesu Christi millesimo quadringentesimo tertio. »

Les mouvements de Tamerlan contre la

semblait annoncer une sorte de renaissance de l'Orient chrétien, favorisée
encore par l'état de dissolution où se trouvait la puissance ottomane [1]. Mais ces
apparences se dissipèrent devant l'ascendant de sa fortune ; et la sanglante bataille
de Varna, gagnée par Amurat Ier, et où périt Ladislas, consolida définitivement
l'établissement des Turcs en Europe, que le successeur d'Amurat, Mahomet II,
devait bientôt compléter par la prise de Constantinople. Vainement, dans la prévision de ce fait devenu inévitable, le pape fit-il un appel tardif à l'intérêt des états
de l'Occident. Quelques secours intéressés venus de Gênes et de Venise pour la
défense des comptoirs que ces républiques marchandes avaient dans Byzance,
et l'expédition des Catalans, qui occupaient militairement plusieurs points de la
Grèce, fournirent les seuls représentants qui assistèrent à la chute de l'empire
grec et prolongèrent la défense héroïque de son dernier empereur, attaqué par
toutes les forces de l'Asie [2].

. Ce ne fut qu'après l'événement qu'on sembla en comprendre la portée, et qu'un
cri de reproche s'éleva contre le pape Nicolas V, qui l'avait laissé s'accomplir sans
faire un effort pour prévenir ce malheur. En vain Philippe le Bon, duc de Bour-

Hongrie, la Pologne et l'empire grec, pro-
voquent aussi quelques actes de Boniface IX
et d'Innocent VII. (*Ann. eccles.* t. XXVII.)

[1] Martin V et Eugène IV avaient également, par des lettres encycliques, excité les
chrétiens contre Mahomet Ier et Amurat Ier.
La bulle d'Eugène IV, relative à la ligue
qu'il avait formée avec la Hongrie, est datée de Florence, du jour de Noël 1443 ; et
plusieurs autres lettres du même pape à
Scanderberg, à l'empereur Jean Paléologue, aux chevaliers de Rhodes, suivent les
événements, la défaite de Varna, les exploits de Scanderberg et les préparatifs du
duc de Bourgogne. Une lettre du pape
Nicolas V vient aussi, d'après Rainaldi,
soutenir en 1448 l'expédition projetée par
Jean Huniade. (*Ann. eccles.* t. XXVIII.)

[2] La prise de Constantinople eut pour
suite un traité particulier entre Mahomet II et les chrétiens établis à Péra. M. de
Hammer a donné, dans les notes du t. II,
p. 523 de l'Histoire de l'empire ottoman,
un document grec qui se trouve avec une

traduction italienne dans les archives de
Vienne : cette pièce forme le barat ou acte
de la capitulation passée entre les habitants
de Galata et le pacha Saganos, traitant au
nom de Mahomet II. Il donne aussi, d'a-
près la même source, dans les notes du
tome III, p. 378, un acte en grec de Mahomet II, rappelant à Constantinople les
Grecs fugitifs, afin de repeupler la ville.
Dans la première convention, le sultan
s'engage ainsi : « Moi, le grand seigneur,
le grand émir Mohammed-Beg, etc., je jure
par le Dieu créateur du ciel..... par les
sept variantes du Koran, que nous confessons, etc., que je laisse aux habitants de
Galata leurs lois et leurs franchises... Les
murs de Galata seront rasés ; mais les habitants conserveront tous leurs biens, leurs
maisons, leurs magasins, leurs vignes,
leurs moulins, leurs navires, leurs barques,
leurs femmes et leurs enfants..... Ils
conserveront leurs églises et leurs chants,
mais il leur est défendu de sonner les cloches et de se servir de crécelles, etc. »

gogne, et Frédéric III, empereur d'Allemagne, firent décider dans une diète une nouvelle croisade; en vain le nouveau pape Calixte III, plus zélé que son prédécesseur, commença son règne par un appel aux princes d'Europe, en même temps qu'il s'adressait aux princes d'Asie ennemis des Turcs[1]. Les Hongrois seuls, sous la conduite d'Huniade, vengèrent leur défaite de Varna par une victoire devant Belgrade, qui força Mahomet II à se détourner du nord de ses états pour s'occuper au midi de la conquête des petits états grecs dans le Péloponèse et l'Archipel[2]. L'élan imprimé aux Turcs par Mahomet II, et la position menaçante pour l'Italie qu'il prenait par ses succès dans la Grèce, devaient seconder les efforts du nouveau pape Pie II, qui, durant les pontificats précédents, d'abord sous le nom d'Éneas Sylvius, puis comme cardinal de Sienne, avait rempli l'Europe de ses exhortations éloquentes et soutenu le rôle de héraut de la croisade. Une bulle adressée aux fidèles à son avénement convoqua une assemblée générale à Mantoue, où des résolutions furent prises solennellement[3]. Mais elles étaient toujours traversées dans l'exécution par les intérêts qui détournaient les autres princes: elles l'étaient surtout par les débats des familles d'Anjou et d'Aragon pour la possession de Naples, où le saint-siége se trouvait engagé, et dont le conflit allait, en se prolongeant, amener bientôt les Turcs eux-mêmes en Italie.

La France, sortie des convulsions intérieures de ses guerres avec l'Angleterre, était restée étrangère à tous les projets formés contre l'Orient, et Charles VII fut

[1] L'empereur Frédéric III, qui, avant la chute de Constantinople, avait formé le projet d'une nouvelle croisade, écrivit au pape une lettre qu'on peut lire dans Reusner; elle avait pour objet la reprise de Constantinople, question traitée successivement, mais sans résultat, aux diètes de Ratisbonne et de Francfort. (*Ann. eccles.* t. XXIX.)

[2] On lit dans Rainaldi, avec les lettres de Ladislas datées de Bude, celles du pape Calixte III au roi de Bosnie, et d'autres actes de ce pape relatifs aux armements d'Alphonse roi d'Aragon, du duc de Bourgogne et des Génois, à qui les Turcs menaçaient d'enlever leur colonie de Caffa; d'autres, dans le même recueil, concernent la France et les difficultés que rencontrait tout projet de croisade dans l'opposition du roi Charles VII. Voyez aussi les longues

lettres qu'il écrivit à l'empereur Frédéric, au roi Charles VII, et à Alphonse d'Aragon avant la bataille de Belgrade, et celles qu'il leur écrivit pour les engager à profiter des suites de cette victoire pour détruire la puissance des Turcs.

[3] Les derniers actes de Calixte III avaient eu pour objet de soutenir la lutte de Scanderberg; et ses lettres, adressées à tous les états de l'Europe, allaient également échauffer le zèle des rois d'Éthiopie et de Géorgie. Ces lettres et celles d'Éneas Sylvius, qui l'assistait dans cette lutte, sont reproduites dans Rainaldi avec les premiers actes de ce dernier, devenu pape sous le nom de Pie II, pour convoquer les princes chrétiens au concile de Mantoue, où devait se traiter une nouvelle croisade générale. (*Ann. eccles.* t. XXIX.)

sourd à l'appel de Calixte III, quoique le dauphin, depuis Louis XI, eût embrassé avec chaleur l'idée d'une croisade que seul des princes français le duc de Bourgogne paraissait prêt à soutenir. Pie II, dans l'excès de son zèle, était allé jusqu'à ouvrir une négociation avec Mahomet II, pour l'engager à se convertir et à faire tourner au profit du christianisme les succès qu'il remportait contre lui. Devant les nouveaux exploits du sultan qui le rapprochaient de plus en plus de l'Italie, le pape fit un nouvel appel pour une croisade qu'il annonça vouloir conduire en personne [1]. Pendant que Mathias Corvin marcherait contre les Turcs par le Danube, la ligue que Pie II avait formée avec Venise devait agir par la Grèce, avec Scanderberg, le champion indomptable de la croix dans cette contrée. Mais Louis XI, aussi peu porté à combattre les Turcs comme roi qu'il avait paru disposé à le faire comme dauphin, inspirait trop d'inquiétude au duc de Bourgogne pour qu'il pût quitter ses états [2]; et Pie II, qui s'était mis en

[1] Les actes nombreux de Pie II au concile de Mantoue et à la suite, sont rapportés par Rainaldi, avec la longue lettre écrite par le pontife à Mahomet II, pour obtenir sa conversion. Elle se trouve aussi, avec la plupart de ces pièces et les discours de ce pape, dans ses œuvres publiées à Bâle, et sont reproduites en partie dans Reusner. La lettre que Pie II adresse, à son avénement, à Louis XI, est suivie, dans Rainaldi, de l'ambassade qui devait régler l'expédition de la France contre les Turcs à condition que le royaume de Naples serait assuré à la maison d'Anjou. Enfin d'autres lettres du même pape sont relatives à la situation du despote Thomas, prince du Péloponèse, à l'état de la Bosnie, au décret rendu pour exécuter les résolutions du concile de Mantoue, etc. (*Ann. eccl.* t. XXIX.)

[2] Quoique plusieurs chroniques françaises fassent honneur à Louis XI de sa haine contre les infidèles, au point de n'a voir voulu entretenir avec eux aucune relation, nous trouvons dans les papiers de Godefroy, à la bibliothèque de l'Institut, une lettre qui les contredit, et que Louis XI

écrit au roi de Tunis comme héritier de la maison d'Anjou en Provence et en Sicile. La copie de la lettre est accompagnée de cette note : « Le roy Louis XI escrit au roy de Tunis en Afrique ; mande qu'il souhaitte la liberté du commerce sur mer entre les Provençaux et ses subjets, demande que le traicté faict avec le roy de Sicile, son oncle et luy soit maintenu : que de Vaux, son trésorier, luy a faict des plaintes de ce qu'on n'observe pas l'ancien traitté faict entre les rois de Sicile et de Tunis. »

« Ludovicus, Dei gratia Francorum rex, comes Provinciæ atque dominus Massiliæ, illus[mo] regi Thunis, amico nostro clar[mo], salutem et augmentationem fidei nostræ catholicæ. Cum noviter præfatus Provinciæ comitatus, dominiumque Massiliæ ad nos subjectionemque nostram, Deo volente, pervenerit, ob eam rem deliberamus, ut usus atque navigationis exercitium per mare, crebrius solito, inter nostros vestrosque vigeat et frequentetur, quo commoditas utrorumque procuretur, et inde perveniat; benevolentiaque consueta inter majestatem vestram, recolendæque memoriæ regis ejusdem Siciliæ avunculi nostri, non so-

marche pour s'embarquer à Ancône avec l'armée des croisés, mourut avec la douleur de voir encore se dissiper cette entreprise. Les exhortations de Paul II son
successeur, ses lettres au puissant duc de Bourgogne, resté toujours l'espoir de
cette cause, ne purent empêcher l'Albanie de succomber [1]. Après la mort de Scanderberg, une diversion heureuse du côté de la Perse obligea Mahomet II à porter
ses forces contre la Perse, au moment où le sultan venait, dans un acte public,
d'offrir à ses peuples, comme un appât, la conquête de toute l'Europe [2]. La Perse,

lium conservetur et duret, verum magis atque magis augmentetur et crescat, rem
istam vobis libenter significamus, ut eadem
regia majestas vestra subditos nostros quos
ad ditiones vestras per mare, terramve,
emendi, vendendi aut quovis modo mer-
ces tractandi causa pervenire contigerit,
illos favorabiliter tractet, atque per vestros
tractari jubeat, prout tempore praefati regis avunculi nostri faciebat. Nos equidem
vestros vice mutua favorabili more pensa-
bimus agemusque, ut per dominia nostra
transeuntes laeti atque favoribus acti mer-
centur.

« Caeterum dilectus noster atque fidelis
consiliarius Joannes de Vaulx, thesaurarius
patriae nostrae Delphinatus, quem servitio
nostro, virtutibus suis agentibus, mancipa-
vimus; cum sit maris et transfretationis
ejus sagax et expertissimus, erat ejus generalis in Provencia pro prelibato rege Sici-
liae avunculo nostro, nobis dolenter exposuit quod navis sua quaedam, cujus patronus
erat Claudius Martinet, cum ipso Claudio,
maris fluctibus atque fortuna subacta, nau-
fragavit Trepolitum. Id quod recuperare potuit in manibus repositum fuit Petri Blondet, institoris seu rectoris dicti Claudii
Martinet; sed demum ordinatione ill[mi] regis
de Bonne, filii vestri, seu officiariorum suorum, eadem navis ad manus suas posita
est, ea tamen intentione, sicut accepimus,
ut habenti jus fieret restitutio; rogamus vos

igitur, quantum valemus ipsius exhor-
tando, scribere dignemini eidem ill[mo] regi
filio vestro, ut res ipsas in manibus ipsius
Blondet dimissas sistet, aut illarum ex-
tractionem saltem, et si rem justam petimus, contemplatione Domini nostri, atque
ut veri justique principis officio fungamini,
eidem consiliario nostro Joanni de Vaulx,
seu portitori litterarum ab eodem consiliario potestatem habenti, restituat seu res-
titui faciat. Bene enim nobis gratissimum
ambo facietis, et ad similia seu majora nos
obligabitis; atque ubi apud nos vobis
grande aliquid exstiterit quod in offensam
fidei nostrae non cadat, libenter compla-
cibimus. Scriptum Turonis, etc. »

[1] Raimaldi, au tome XXIX des Annales
ecclésiastiques, donne, pour premier acte
de ce pontificat, une lettre de Paul II au
duc de Bourgogne, motivée par les secours
que venait lui demander Scanderberg,
forcé, en 1466, de se retirer en Italie, devant une nouvelle invasion des Turcs en
Macédoine. Les lettres de ce pape et de son
prédécesseur montrent l'attente que l'on
fondait alors, mais vainement, sur l'intervention du duc de Bourgogne, et au
sujet de laquelle on lit, dans le ms. 10025
de la Bibliothèque nationale, un mémoire
avec ce titre : « Avis de Jean Torzaelo sur
les moyens de détruire les Turcs, envoyé à
Philippe, duc de Bourgogne. »

[2] Plusieurs autres actes de Paul II, et des

que les excitations des peuples et des princes chrétiens d'Asie armaient souvent contre les Turcs, occasionna ainsi, par cette diversion, l'expédition maritime qui fut provoquée par Sixte IV[1]; et une flotte vint, sous la conduite du cardinal Carafa, surprendre et détruire successivement Satalie et Smyrne.

Pendant que Mahomet II, vainqueur de la Perse, préparait une vengeance qui devait s'en prendre à la chrétienté tout entière, par son ordre une invasion turque se répandait déjà dans le Frioul et jusqu'aux portes de Venise, et une armée nombreuse marchait sur le Danube. En même temps deux flottes se dirigeaient, l'une pour réduire l'île de Rhodes et les chevaliers de Saint-Jean, l'autre pour agir contre Naples et l'Italie. La victoire remportée par le fils d'Huniade Mathias Corvin en Transylvanie, la résistance opposée par le grand-maître d'Aubusson et son ordre, dans le premier siége de Rhodes, arrêtèrent l'agression des Turcs. Leur invasion en Italie fut plus heureuse, et se signala par la prise d'Otrante. L'occupation prolongée de cette ville épouvanta d'abord l'Italie, mais la rallia bientôt à une résistance désespérée, que ni Louis XI, ni l'empereur Maximilien, occupés de leurs divisions, ne parurent disposés à seconder, quoique les nouveaux armements de Mahomet II semblassent rendre le péril universel[2].

lettres du cardinal Bessarion, suivent les progrès croissants de Mahomet II dans le Péloponèse. Il a été publié par un chevalier de Rhodes, Laudinus, une série de prétendues lettres de ce sultan, qui ont été reproduites par Reusner, et forment le livre II de son recueil. Un manuscrit de la Bibliothèque nationale donne une version française de la version latine de Laudinus. Ces lettres, adressées aux différents princes d'Asie, aux rois de Perse et d'Égypte, aux villes grecques de l'Archipel, au pape et aux autres états chrétiens ses voisins, sont des espèces de défis portés aux princes, ou des sommations faites aux villes d'avoir à se soumettre; elles paraissent dépourvues de tout caractère d'authenticité.

[1] Plusieurs lettres de Sixte IV, dans Rainaldi, concernent les dispositions à prendre contre les attaques de Mahomet II vers la Hongrie, la Dalmatie et l'Italie; on y lit aussi une lettre du grand-maître Pierre d'Aubusson à l'empereur Frédéric III, l'in-

formant de l'attaque des Turcs contre Rhodes, et de leur retraite, décrites toutes deux dans une chronique française qui forme le ms. 10268 de la Bibliothèque nationale. Une lettre de Sixte IV à tous les princes d'Italie est relative à la prise d'Otrante par les Turcs. (*Ann. eccl.* t. XXIX.)

[2] Voyez sur ce point, aux preuves de l'édition de Comines par Godefroy, les instructions de Louis XI en 1476, à ses ambassadeurs envoyés au pape, où il leur donne charge de presser l'union des princes chrétiens pour s'opposer au Turc, etc. On y lit, à la suite, le compte rendu très-développé, comprenant les discours des ambassadeurs et les actes qui se rapportent à ces négociations, fait à leur retour en 1479. De nouvelles démarches, tentées dans le même but, produisent en 1481 un acte souscrit à Rome en assemblée solennelle, sous ce titre : « Contractus obligationis, contributionis et taxationis triennalis potentatuum contra Turcum. » Cet

Mais les Turcs s'étant retirés d'Otrante après la mort du conquérant, la guerre civile qui éclata entre ses deux fils Bajazet et Gem ou Zizime, à l'avénement du premier, vint donner lieu à une réaction contre l'Orient, dans laquelle la France, sortie des préoccupations étroites de Louis XI, parut sous Charles VIII appelée à prendre le premier rôle. La politique qui faisait oublier aux chrétiens la différence religieuse pour chercher des alliés parmi les princes musulmans, portait également ceux-ci à se rapprocher de leurs ennemis pour trouver chez eux des appuis dans leurs divisions, et le fils de Mahomet II vaincu vint se réfu-gier à Rhodes. Transporté plus tard en France par la politique de l'ordre, il y résida longtemps dans l'attente du secours qui devait le rétablir, et devint l'objet de négociations contradictoires ouvertes auprès du pape et du roi de France. Bajazet II proposait à Charles VIII l'échange du royaume de Jérusalem contre la remise de Zizime en son pouvoir, pendant que le soudan d'Égypte of-frait au pape de rendre Jérusalem et même Constantinople, si on lui laissait mettre Zizime à la tête du parti que le soudan voulait armer contre les Turcs[1].

acte engageait les princes chrétiens dans une ligue souscrite par leurs ambassa-deurs, et le premier de tous, Louis XI, que le pape s'efforçait de réconcilier avec Maximilien. Mais cette démonstration n'eut pas de résultat, et le changement survenu dans les dispositions de Louis XI à l'é-gard de la croisade fit mourir de chagrin le cardinal Bessarion. Un décret du pape pour l'exécution de ce traité est suivi d'une lettre au roi de Hongrie, où il l'informe de la reprise d'Otrante sur les Turcs et de la victoire remportée en Transylvanie par Étienne Bathory sur Bajazet II. (*Ann. eccl.* t. XXIX.)

[1] Une lettre du 18 septembre 1483, du pape Innocent VIII, aux princes chrétiens, au tome XXX de Rainaldi, les appelle à s'armer contre Bajazet II. L'ambassade de Bajazet au pape et au roi de France est mentionnée par la chronique de Jaligny. Les preuves de l'histoire de Charles VIII par Godefroy fournissent, page 586, une lettre du grand-maître d'Aubusson, du 20 novembre 1488, qui se rapporte sans doute au résultat de cette mission : le grand-maître y fait part au seigneur de Blanche-fort et à Anthoine Gimel des instructions du roi « pour la conduite du sultan Zizim ès terres de l'Église, et en faire quelque bon et grand service à la chrestienté. » La pièce suivante, qu'on lit aussi dans un manuscrit de la Bibliothèque nationale sur les passages d'outre-mer, est proba-blement relative à cette dernière ambas-sade, puisqu'elle porte la date de 1488 :

« Serenissimo et excellentissimo domino Carulo, Francie regi et fratri nostro caris-simo. (*Ici le chiffre du sultan.*)

« Sultan Baiasit, Dei gratia maximo im-peratore Asie, Grecie, etc., ser^mo et ex^mo domino Carulo regi Francie, etc. fratello nostro carissimo, salutem et fraternam amicitiam. Seren^mo rex, mandamo al sere-nità vostra el nostro homo Anthonio Reri-cho, el qualle referirà alcune chose che li avemo commesso. Date ly fede come a per-sona fedata mandate de noi, et tutto quello ch'el ly dirà, sono parolle nostre. Ex Constantinopoli, die quarta mensis jullii

La ligue qu'Innocent VIII avait faite à ce sujet fut arrêtée par sa mort, mais parut bientôt réalisée, lorsque le jeune Charles VIII, se portant héritier des droits de la maison d'Anjou sur Naples, partit pour cette conquête, qui, dans l'imagination des peuples, s'était déjà confondue plus d'une fois avec celle de la Terre Sainte. Cette route semblait ouvrir l'accès aux armées chrétiennes, soit qu'elles se proposassent la prise de possession de l'empire d'Orient ou une expédition sur la Syrie ou l'Égypte; et les actes de Charles VIII, à son départ, étaient d'accord avec l'attente publique générale qui assignait un but semblable à son entreprise. Mais le projet annoncé par Charles VIII contre la Grèce entraînant le souverain de Naples de la maison d'Aragon et le pape Alexandre VI, qui avait en son pouvoir le prince Gem, à confondre leur cause avec celle de Bajazet II, les Turcs étaient appelés en Italie pour résister au roi de France. Charles VIII, entré en triomphe à Rome, oblige le pape à lui livrer le prince Gem, et par un acte public il se fait céder les droits d'André Paléologue à l'empire grec[1]. Reçu bientôt dans la capitale du royaume qu'il venait conquérir, la rapidité de sa marche porta l'épouvante à la cour du sultan, qui dut à la perfidie d'Alexandre VI et aux intelligences qu'il avait avec lui, d'être délivré, par l'empoisonnement de son frère, des craintes que lui donnait sa présence en Europe[2]. Cependant une ligue se formait alors entre le pape, l'empereur Maximilien, le roi d'Espagne et les états d'Italie; elle annonçait tout haut une guerre contre les Turcs, pendant qu'elle recourait en secret aux secours et à l'alliance de Ba-

anno domini nostri prophete 893 et anno Domini Christi 1488. » En tête du traité des passages d'outre-mer de Sebast. Mamerot, de Soissons, 1474.

[1] L'acte de cession d'André Paléologue à Charles VIII, trouvé aux Archives du Vatican par M. de Saint-Aignan, ambassadeur de France à Rome, est donné au tome XVII des Mémoires de l'Académie des Inscriptions, où il fait l'objet d'une dissertation de Foncemagne. Cet acte, fait par devant notaire et en l'absence du roi de France, stipule cette transmission dont il énonce longuement les motifs : « Personaliter constitutus illustris dominus Andreas Paleologus, dispositus Romeorum, asserens et affirmans se immediatum successorem imperii Constantinopolitani .... de

crevit jus omne quod habet ad dictum imperium, in ipsum serenissimum, ac christianissimum regem, liberaliter transferre, et cedere... Irrevocanda donatione, que dicitur inter vivos, largiendo donavit, et titulo donationis transtulit, cessit, concessit, ac mandavit, etc..... »

[2] La mission du secrétaire apostolique, Georges Bazart, envoyé par le pape Alexandre VI, en 1494, a donné lieu à une série d'actes publiés en latin à la suite des mémoires de Comines par Godefroy, et reproduits par Vertot au tome II de l'Histoire de Malte. Un manuscrit de Béthune fournit une version française contemporaine de ces actes et du traité passé entre Charles VIII et Alexandre VI pour la remise de Gem au roi de France, dont

jazet II. La conclusion de cette ligue força Charles VIII, le lendemain même du jour où il s'était fait couronner empereur d'Orient et roi de Sicile, à revenir en France à travers l'Italie soulevée sur son passage. Mais tandis qu'il se frayait un chemin par la victoire, il laissait derrière lui les Grecs, qui avaient pris les armes pour sa cause, livrés par la trahison de Venise à la vengeance des Turcs.

Godefroy reproduit les principales pièces. Voici, d'après cette version, la lettre qui autorise l'empoisonnement du jeune prince :

« Sultan Baiazet Cham, fils de soldan Mahomet, par la grâce de Dieu, empereur de l'Asie, de l'Europe et de toutes les mers, au père et seigneur de tous les chrestiens, Alexandre sixiesme, par la providence de Dieu, digne pontife de l'Église romaine. Après vous avoir rendu le salut que nous devons, nostre pure et sincère amitié nous oblige de vous dire que nous avons apris de Georges Bazard, serviteur et nonce de vostre puissance, l'heureux estat de vostre santé, et qu'il nous a instruict de toutes choses suivant l'ordre qu'il avoit receu de vostre grandeur, ce qui nous a donné beaucoup de joye et beaucoup de consolation, entre autres choses, il nous a rapporté comme le roy de France s'obstine à vouloir prendre Gem, nostre frère, qui est ès mains de vostre puissance; ce qui ne nous causeroit pas moins de deplaisir que de dommage et d'intérest à vostre grandeur et à tous les chrestiens, qui sans doute en pâtiroient beaucoup; c'est pourquoy, après avoir longtemps conféré et concerté avec le susdit Georges des moyens de procurer et avancer à mesme temps et vostre repos, utilité et honneur, et nostre propre satisfaction, nous avons jugé que le meilleur expédient seroit que vous fissiés mourir Gem, nostre frère, que vous tenés entre vos mains, aussi bien est-il criminel et digne de cette mort, qui à le bien prendre luy feroit une véritable vie, et au reste très utile à vostre puissance, très commode pour le repos public, et très agreable à nostre hautesse. Si vostre grandeur est disposée à nous complaire en cecy, comme nous le présumons de vostre prudence et de vostre bienveillance envers nous, elle doit, pour l'intérest de ses affaires et pour nostre plus grande satisfaction, se résoudre de tirer au plus tost et en la façon qu'elle jugera la plus commode le susdit Gem des misères de ce monde, et d'envoyer son âme en un autre siècle, où elle pourra trouver un meilleur repos. Si vostre puissance veut se disposer à l'exécution de ce dessein, et nous envoyer son corps au deçà des mers, nous sultan Baiazet suscrit promettons à vostre grandeur, en quelque lieu qu'il luy plaira, trois cens miles ducats pour achepter quelques terres et seigneuries à ses enfants; lesquels trois cens miles ducatz nous ferons consigner et délivrer à celuy que vostre grandeur aura député à cet effet, auparavant mesme qu'il ayt livré et mis entre les mains de nos commissaires le susdit corps de nostre frère. Nous promettons encore à vostre puissance que durant tout nostre règne et pendant que nous aurons un moment de vie, nous entretiendrons toujours une bonne et parfaite amitié avec vostre grandeur, etc.

« Escrit à Constantinople, en nostre pa-

Un juste châtiment en fit retomber le contre-coup sur la république; car elle eut à soutenir la guerre contre Bajazet II, qui vint, du côté de l'Istrie, lui demander compte des liaisons qu'elle entretenait avec le sultan d'Égypte. Venise, en effet, avait essayé de combattre par là les entreprises des Portugais dans l'Inde, et elle cherchait à prévenir sa propre décadence en les empêchant de faire prendre au commerce une autre route que celle de la Méditerranée. Poursuivie par l'inimitié du nouveau roi de France, Louis XII, qui voulait armer toute l'Europe contre elle, Venise se vit dénoncée comme la puissance qui avait fait échouer toutes les entreprises des chrétiens contre les Turcs, et qu'il fallait d'abord abattre pour arriver jusqu'à l'Orient. Mais cet intérêt, que les divisions des princes tendaient toujours à traverser, fut en vain repris par Jules II à l'ouverture du concile de Latran avec l'ardeur que ce pontife portait dans tous ses desseins. Le soin de ses propres querelles ne tarda pas à l'entraîner, et il leur sacrifia le grand intérêt de la chrétienté, qui paraissait moins menacée par les Turcs depuis que le règne pacifique et indolent de Bajazet II semblait avoir amorti leur ardeur guerrière[1]. Quoique le successeur de Jules II, Léon X, eût à son avènement manifesté une disposition contraire, et qu'il parût vouloir consacrer uniquement son pontificat à détruire la puissance ottomane, il se laissa

lais, le 15° septembre, l'an 1494 de la venue du Christ. » Tous les incidents et les malheurs qui ont marqué la vie du prince Gem sont décrits dans plusieurs chroniques latines, citées aux preuves de l'Histoire de Malte de Vertot. Une chronique française inédite, qui les reproduit avec naïveté et intérêt, se trouve dans le manuscrit 248 de Harlay Saint-Germain.

[1] Le tome XXXI des Annales ecclésiastiques de Rainaldi mentionne les démarches d'Alexandre VI de 1499 à 1503, en ne citant qu'un très-petit nombre d'actes de ce pontife, quoique ses lettres paraissent avoir déterminé Maximilien à entreprendre une croisade contre les Turcs et à secourir Venise contre Bajazet II. Le pape Pie III eut Jules II pour successeur, et ce dernier, dans Rainaldi, par un acte de l'année 1505, charge son légat d'engager Louis XII à une expédition contre les Turcs. D'autres

lettres au grand-maître de Rhodes et au roi de Portugal en 1506 et 1507 et d'autres de l'année suivante, montrent les dispositions de Jules II, et la part qu'il prit à diverses attaques contre les Turcs. Parmi les actes rapportés dans la collection de Struve, on lit au tome II, p. 522, un discours latin de Louis Hélian, ambassadeur de Louis XII à la diète d'Augsbourg, tenu en 1510 : ce discours, plein d'éloquence, prononcé pour engager l'Allemagne dans une guerre contre les Turcs, est en même temps un acte d'accusation très-violent contre les Vénitiens. Hammer cite, d'après la chronique de Marini Sanuto, deux lettres de Bajazet II à Louis XII, écrites pendant la guerre des Turcs avec Venise, et où le sultan rejette sur elle la violation de la paix. La première est datée de Constantinople, du mois de février, la seconde de Papali, du 14 avril de l'année 1500.

bientôt détourner de ce soin en s'engageant dans une ligue contre Louis XII [1]. Mais après qu'une révolution eut renversé du trône Bajazet II pour y placer l'ambitieux Sélim Ier, par l'effet d'une réaction de cette humeur belliqueuse des Turcs, trop longtemps comprimée, le nouveau sultan apparut comme un autre Mahomet II. Déjà vainqueur de la Perse, et près d'ajouter la Syrie et l'Égypte à son empire, il allait revenir combattre la chrétienté avec toutes les forces de l'islamisme concentrées dans sa main. Léon X reprit alors plus vigoureusement le projet d'une nouvelle croisade : le pape y fut d'autant plus porté que l'avénement du jeune roi François Ier, inauguré avec éclat par le premier exploit de ce prince en Italie, promettait à la cause chrétienne un champion capable de la soutenir, et d'entrer en lutte avec la puissance qui menaçait de nouveau toute l'Europe [2].

[1] Léon X, proclamé pontife dans la 6e session du concile de Latran, en 1513, donne, dans Rainaldi, plusieurs actes adressés au roi de Pologne, au roi d'Angleterre et à Maximilien, pour appeler leurs efforts contre les Turcs, et renouvelle ses sollicitations en 1514, dans la 9e session du concile de Latran, pour faire face aux apprêts de Sélim contre l'Italie, détournés par la guerre que le sultan fut obligé de porter contre le roi de Perse. Martène, au tome III, p. 1297, donne une lettre de Henri VIII à Léon X, écrite en 1510, et deux autres de Wolsey, relatives au projet de croisade que le pape forma plus tard, en 1517.

[2] Le tome XXXI de Rainaldi continue les actes de Léon X, qui coïncident avec ceux du règne de François Ier; il les emprunte presque exclusivement au recueil connu sous le titre de *Lettres de Bembo, écrites au nom de Léon X*, que nous aurons occasion de citer fréquemment. Il est remarquable qu'aucune des pièces que nous publions au commencement de ce règne, d'après les originaux qui sont aux Archives du royaume, ne se trouve dans l'ancien ni dans le nouveau *Bullarium romanum*, ni dans les Annales ecclésiastiques de Rai-

naldi; quoique les archives du Vatican aient fourni à l'auteur de ce dernier recueil plusieurs actes, tels que le mémoire de Léon X, quelques fragments de celui de Maximilien, que nous avons donnés d'après le manuscrit du secrétaire du chancelier Duprat. Aucune des pièces si importantes d'Adrien VI n'y figure non plus : les pontificats de Clément VII et de Paul III offrent seuls une succession de documents manifestant l'activité de la cour de Rome, à une époque où les renseignements français abondent pour nous. Les questions relatives à la Turquie sont toujours mêlées à d'autres questions dans ces pièces, qui s'adressent à Charles-Quint, à Ferdinand d'Autriche, à Jean de Hongrie, à Sigismond de Pologne, etc.; mais très-rarement et pour des cas insignifiants à François Ier. Ce grand recueil, si abondant et si complet pour la période primitive des rapports de l'Europe chrétienne avec l'Orient, s'arrête, comme tous les autres recueils, aux premiers temps de la période historique qui va se développer dans le nôtre, et ne pourra plus dès lors nou soffrir de renseignements sur le rôle des pontifes romains, qu'on a vu si actif et si constant dans la période précédente.

ADDITIONS

AU RÈGNE DE FRANÇOIS IER.

—◦◦◦◦—

1515 [1].

LETTRE DE FRANÇOIS Ier AU ROI DE NAVARRE SUR L'ENTREVUE DE BOLOGNE.

Bologne, 14 décembre 1515.

Mon cousin, après ce que, aydans Dieu, j'ay recouvert et réduit
ma duché de Millan en mon obéissance, j'ay fait savoir à nostre Sainct-
Père le pape que mon désir estoit, comme très chrestien, premier et
très obéissant filz de l'Eglize, veoir et visiter sa saincteté et luy faire en
personne l'obéissance filialle, ce que de sa bonté et grâce m'a accordé,
et à ces fins est venu à Boulongne; ouquel lieu arrivay le xie de ce
moys, et après que, en plain consistoire, en la forme et manière
acoustumée, luy ay fait obéissance filialle, avons eu plusieurs propoz et communications ensemble, par lesquelles j'ay congneu le fer-
vent désir et zèle qu'il a, comme bon pasteur de l'universelle Eglise,
de obvier aux entreprises que les Turqs font contre les chrestiens,
et de remectre la Terre Sainte, autres pays que les infidelles tiennent, soubz l'obéissance des chrestiens, pour l'onneur de Jésus-

---

[1] Cette lettre, dont j'ai reçu trop tard
la communication, devrait ouvrir ce recueil; sa place est à la page 6, avant la
première lettre de Léon X. Elle a été retrouvée dans les archives du département
des Basses-Pyrénées, et elle sera aussi reproduite dans le IIIe volume des Mélanges
ou Extraits des bibliothèques qui font partie de la Collection des documents inédits
relatifs à l'histoire de France.

Crist nostre saulveur, augmentacion et exaltacion de sa foy, et pour
mectre à exécucion sondit voulloir, désire qu'il y ait paix universelle
entre les princes chrestiens, et que les armes, fraiz et mises que journellement font pour faire la guerre entre eulx, soient emploiez et
convertiz à icelle très-saincte et recommendable expédition.

Mon cousin, je loue Dieu nostre créateur de ce que j'ay trouvé
nostre dit Sainct-Père en ce bon propoz et intencion, qui est la chose
en ce monde que plus je désire; car dès l'eure que, moyennant la
grâce de Dieu, fuce parvenu à la couronne de France et auparavant, ma
vraye et naturelle inclinacion estoit, comme encores est, sans fiction
ne dissimulacion, d'employer ma force et jeunesse à faire la guerre
pour l'onneur et révérence de Dieu nostre saulveur contre les ennemys de sa foy. Et pource que ne povoye acomplir mon désir sans
qu'il y eust paix universelle entre les princes chrestiens, escripviz à
sa saincteté, à vous et aux autres princes de la chrestienté, mondit
voulloir et intencion, et le devoir en quoy je me voulloye mectre
pour y parvenyr; maiz pour lors ne fut possible obtenyr ce que de-
mandoye : dont m'a despleu, pour le sang chrestien que à cause
de ce a esté depuis respandu. Touteffoys, j'espère à présent, avecques
l'ayde de Nostre Seigneur, de Sa Saincteté, parvenir à madite intention. Et sur ce Sadite Saincteté et moy avons résolu que, pour parvenir à nostre saincte et très dévote délibéracion, vous escriproye et
aux autres princes chrestiens que voulsissiez entendre à une bonne
paix universelle, affin que, icelle faicte, chacun selon son pouvoir,
d'ung commun accord et en la forme qui seroit advisée, se meist en
devoir de faire la guerre en l'onneur et louenge de Dieu et accroissement de nostre foy, contre iceulx infidelles. Parquoy je vous prie
que de vostre part vueillez condescendre à une si bonne et salutaire
euvre. De quoy je vous ay bien voulu advertyr, espérant que comme
zélateur de l'augmentacion de la foy chrestienne en serez très joyeulx,
et de vostre part vous y employerez; car quant à moy, soit par paix
ou trèves, noz droiz touteffoys et honneurs saulves, seray prest à me
mectre en tel devoir, que congnoistrez par effect que ne souhaicte ne

désire l'effusion de sang chrestien, ne d'avoir autre chose que le mien, sans appéter l'autruy, duquel fauldroit rendre compte à la fin, et que tout mon cuœur, affection et vray désir gist à faire la guerre contre iceulx infidelles en l'onneur et louenge de nostre rédemption, et augmentacion et exaltacion de la foy chrestienne. Priant Dieu à tant, mon cousin, qui vous ait en sa garde. — Escript à Boulongne, le xIII° jour de descembre. Signé FRANÇOYS. — ROBERTET.

1522.

LETTRE DE VILLERS L'ISLE-ADAM À SON NEVEU, LA ROCHEPOT-MONTMORENCY, ÉCRITE PENDANT LE SIÉGE DE RHODES [1].

Rhodes, 13 novembre 1522.

Mon nepveu, par deux brigantins nostres et gens exprez ay donné notice au roy de l'armée du Turq, qui dès le xxvI° de juing dernier passé nous tient assiégez, ensemble de la manière qu'il nous a tractez et de la disposicion en quoy nous trouvions fins alors; et à vous particullièrement, vous priant eussiez ceste religion pour recommandée envers ledit seigneur, son plaisir fust nous aider et secourir. Despuys, fins à présent, avons soubstenu neuf assaultz et tousjours avec l'ayde N. S. repoulsé noz ennemiz avec grosse perte de leurs gens. Les plus gros effors qu'ilz aient faict contre nous, oultre les grosses batteries d'artilherie et mortiers, ont esté mynes; en façon que fins à

---

[1] Une fausse indication dans les catalogues m'a empêché de mettre cette lettre à son rang de date et à sa place, qui est à la page 92, entre la sommation de Soliman II et la capitulation de Rhodes. Par la circonstance capitale où elle fut écrite, elle devient la pièce la plus importante de l'admirable correspondance du grand-maître, dont les fragments respirent une simplicité héroïque et une éloquence toute militaire jointes à une résignation religieuse si touchante. Ces monuments ne sont pas moins curieux par la vétusté originale d'un style plein d'ellipses, à moitié français et italien; ils donnent l'idée du langage qui, d'a près la composition de l'ordre, devait se parler dans une colonie mélangée de tant de peuples, et située à la frontière de l'Asie.

9.

présent en ont faict jusques au pied de noz murailhes plus de cinquante, desquelles en y a eu dix à qui ilz ont donné feu, nont obstant noz contremynes, qui, grâces à Dieu, n'ont pas faict grand ruyne
de noz murailhes. Les autres ont esté descouvertes, rompues et bruslées avec beaucoup de leurs gens, desquelz la fleur est icy demeurée,
tant aux assaultz que tuez de nostre artilherie, et mortz de malladies
qui ont fort régné en leur camp, et sommes advertiz par gens fouiz
de l'armée qu'ilz ont perdu icy plus de cinquante mille hommes des
meilheurs qu'ilz eussent. A présent n'y voyons pas grans gens de sorte,
et, peu de secours qui vint donner sur eulx, seroient tantost tous
desconfiz; car leur camp et armée de mer sont desbaratez et mal con-
ditionnez. Ilz continuent tousjours leur entreprinse, et, comme ilz
monstrent, ont délibéré demeurer icy cest yver. Et à ceste cause,
nous trouvant à présent en grosse destresse, privez d'une partie de noz
deffences, ne voyant aucune apparance de nostre secours, sommes
contrainctz envoyer derechef devers le roy, principal protecteur de la
foy, et nostre fundateur et bienfacteur, luy suppliant très humblement, si jusques icy ne nous a mandé secourir, son plaisir soit le
vouloir; car s'il n'y meet la main, je ne voy moyen pouvoir résister à
si grosse puyssance. Toute nostre espérance est audit seigneur, et
sans son ayde sommes en évident péril.

Mon nepveu, ces jours passez, par vie de Candie, ay receu une
vostre lettre escripte à Venise le xxvi° de juing dernier passé, et par
icelle veu le bon vouloir pourtez à ceste nostre religion et le désir
avez nous secourir. Je vous prie, mon nepveu, veuilhez persévérer et
avoir tousjours ceste religion pour recommandée envers le roy spé-
ciallement en cest affaire tant important, ainsi qu'en vous ay ferme
fiance. Au demourant, mon nepveu, je vous advise que je n'ay pas
eu la guerre seullement avec les Turqs, mais avec l'ung des plus
grans de nostre conseil, lequel, par envie et ambicion de dominer,
dès longtemps avoit conspiré faire venir le Turq, et promiz luy rendre
ceste cité. Le cas a esté divinement manifesté et avéré, et il a esté
exéquté, comme plus à plain serez informé par nostre chevalier frère

Méry des Ruyaulx, pourteur de la présente, à qui vous plaira donner créance, qui sera fin de lettre, après m'estre recommandé à vostre bonne grace. Priant le créateur vous donner entièrement ce que désirez. — De Rhodes, le XIII de novembre 1522. Vostre bon oncle et amy, le maistre de Rhodes, P. DE VILLERS L'YLE-ADAM.

Au dos : A monsieur de la Rochepot-Montmorency, mon bon nepveu. (Original. — Béthune, ms. 8546.)

1530 [1].

ORDONNANCE DE FRANÇOIS Ier CONTRE LES CORSAIRES BARBARESQUES.

Angoulême, juillet 1530.

Monsieur Dupuy Sainct-Martin, j'ay par ci-devant receu plusieurs lectres de vous par lesquelles m'avez faict entendre tout ce que avez eu de nouveau, faisant mencion de Barberousse, du Judyo et de André Dorye et des choses qui sont intervenues entre eulx, et semblablement l'ordre qu'avez donné pour la deffence de la marine, et aussy pour la conservacion de ma ville de Marceille, affin qu'il ne se y peust faire aucune surprinse, dont je vous sçay très-bon gré, et vous prie, sur tous les services que vous me désirez faire, que vous aiez continuellement l'œil, et pourvoir et donner ordre à tout ce que verrez qu'il sera requis et nécessaire pour la conservacion de mon païs de Provence; en sorte que, durant ces allées et venues desdits Barberousse et autres, il n'y puisse survenir aucune surprinse. Et pour cest effect je veulx et entendz que, autant de fois qu'il sera besoing, vous faciez assembler les nobles, gentilzhommes et autres, mes subgectz dudit païs, en telz lieux et nombre que verrez et congnoistrez que

---

[1] L'année 1530 ne m'ayant fourni que très-peu de documents, parmi un nombre fort restreint de pièces que je néglige comme dépourvues d'intérêt, je citerai celle-ci, qui se rapporte à ce que j'ai dit page 248 sur les attaques des corsaires turcs contre la France avant ses rapports avec le second Barberousse.

faire ce devra, pour leur ordonner ce qui sera nécessaire pour mon
service et bien dudit païs, vous advisant que j'entends que les dessusdits vous obéyssent en cella, en l'absence de mon cousin le conte
de Tende, gouverneur et mon lieutenant général en icelluy, tout
ainsi qu'ilz vouldroient faire à moy-mesme. A quoy je suis seur qu'ilz
ne feront aucune difficulté, d'aultant que je les ay continuellement
trouvez mes bons, loyaulx et très-affectionnez subgectz; et affin que
nulz d'eulx ne puisse prétendre cause d'ignorance de mon voulloir et
intencion, vous leur pourrez montrer la présente, ad ce qu'ilz facent
ce que leur ordonnerez pour les causes dessusdites, qui est leur faict
propre et seureté de leurs personnes et biens, vous advisant que j'advertiz présentement les gens de ma court de parlement de Provence,
aussi l'arcevesque d'Aix, de ce que je vous escrips ci-dessus, à ce que
nul n'entrepreigne plus aucune chose sur l'autorité de mondit cousin ne
de son gouvernement, et priant Dieu, monsieur Dupuy Saint-Martin,
qui vous aict en sa saincte et digne garde. — Escript à Angolesme,
le   jour de juillet MDXXX. (Copie. — Béthune, ms. 8570.)

1535.

LETTRE DE FRANÇOIS Ier À L'ÉVÊQUE DE MÂCON SUR LES PRÉPARATIFS DE GUERRE
DE L'EMPEREUR[1].

Saint-Germain en Laye, 22 février 1535.

Monsieur de Mascon, je vous advise que je suis merveilleusement
ayse de ce que m'escripvez, que Sa Saincteté, quelzques persuasions,
remonstrances, promesses et autres choses qu'ilz luy aient peu estre
faictes par le s^r de Vaunoy et par autres mynistres de l'empereur
pour le faire entrer en la ligue, que néantmoings Sadite Saincteté a

---

[1] Cette lettre, très-essentielle, doit se placer à la page 263 : elle remplit un intervalle qui forme lacune dans la correspondance de l'évêque de Mâcon, et fait pressentir l'expédition de Tunis qui se préparait en secret.

déclairé vouloir demeurer neutral, qui est la meilleure, plus saincte et plus seure voye que icelle S. S. sçauroit tenir.... Au surplus, quant à ce qui touche le faict des décymes dont m'avez escript, entendez que je ne vouldroye aucunement engarier ne charger les églises de mon royaulme, si ce n'estoit pour grandes et extresmes causes. Or du temps que je vous escripviz que j'estoye contant de bailler à N. S. P. xxxvi^m ducatz, et qu'il luy pleust m'octroyer que je peusse lever des décymes sur le clergié de mon royaume, le péril éminent, notoire et évident où mondit royaume peut de présent tumber, n'y estoit lors, ains sculement quelzques petites présumptions que je povois avoir, ouquel temps je n'eusse voulu lever aucune chose sur ledit clergié sans le consentement de notredit Saint-Père. Mais depuis, considérant l'estat des affaires estre en la sorte qu'il est, c'est assavoir que l'Espaigne s'arme, les Allemaignes et l'Italye, tant par mer que par terre, et que la cause qui les meult de ce faire m'est incongneue, d'autant qu'elle est tenue secrette, je ne veulx demourer à la discrétion de cela et mondit royaume, ains veulx pourveoir en mon affaire en sorte que je ne soye surprins, ne mondit royaume pillé et les églises d'iceluy ruynées; au moyen de quoy il m'est loysible et permis, selon tous droictz et sans le congié du saint siége apostolicque, mectre tribut sur le temporel desdictes églises procédé de mes prédécesseurs, de moy et de mes vassaulx, d'autant que si iceluy temporel estoit encores entre mes mains, il ne me fauldroit soulcyer de deniers pour subvenir à mes affaires, car il y en auroit assez. A ceste cause j'ay assemblé une grosse partie des prélatz de mondit royaume, ausquelz, après leur avoir communicqué l'affaire que dessus, ilz ont trouvé très-bon et raisonable que je faisse ce que dit est, et desjà les commissions en ont esté expédiées et les choses commencées à mectre à exécution, etc. (Copie. — Dupuy, ms. 265.)

EXPLICATION

DE QUELQUES TERMES ORIENTAUX,

AVEC LEURS ALTÉRATIONS FRANÇAISES

AGA, noble, seigneur, commandant.

AWARIZ, presse, corvée, d'où engarie et avanie.

AZAB, azap, azappe, fantassins, matelots.

AZEM, vizir-azem, premier ministre.

BAÏRAM, beïram, bayeram, Pâques des Turcs.

Battelmagi (¹), officier de la douane.

BEG, bey, begii, behi, gouverneur de deuxième ordre.

BEGLIERBEY, belerbey, balierbei, gouverneur de premier ordre.

BERAT, barat, diplôme.

Chaoux, chiaoux, TSCHAOUSCH, messager d'état.

Cisnegir, TSCHASNEGHIR, écuyer tranchant.

DEPTERDAR, defterdaro, trésorier.

DELI, fou.

EMIN, intendant de la douane.

FERMAN, firman, ordonnance.

FONDIK, fondique, fontique, le quartier des marchands.

Icoglans, imoglans, ITSHOGHLANS, pages.

IMAM, iman, prêtre.

IMBAKHOR, embraissor, grand écuyer.

Jenizari, YENI-TSCHERI, génisaires, janissaires.

KAIMAKHAM, caïmakan, ministre de la Porte.

KAPIDJI, capigi, caripis, portiers.

KAPIDJILER-KIAYASI, grand chambellan.

KAPOU-AGA, grand-maître de la cour.

KHADI, cadi, caddi, juge.

KHADILESKER caddix de lesquier, grand juge.

KHARADJ, carach, capitation, d'où carrachiers et carachas, tributaires.

KHASSEKHI, la favorite.

KHODJA, hodja, précepteur du sultan.

KIAYA, majordome. — KIAYABEY, ministre de l'intérieur.

LEWEND, levant, irrégulier, corsaire.

MASSAPH, mussaphi, les saintes écritures.

MOLLA, légiste.

MOUFTI, mouphti, mofti, chef de la religion.

MOUTEFERRIKA, mutaferaga, fourrier de la cour.

OULAK, olla, houlais, ola, courrier.

OULEMA, ulema, le corps des prêtres.

OULOUFEDJI, ulufagi, ulufages, cavaliers soldés.

OUSKOK, uscoques, fugitifs.

PASCHA, bassa, baschia, bacha, gouverneur général.

RAÏS, officier de marine.

REIS, chancelier. — REIS-EFFENDI, ministre des affaires étrangères.

REISOUL-KOUTAB, reishetap, secrétaire d'état.

SANDJAK, sangiac, sancjacques, gouverneur inférieur.

SCHAH, schah, hyaha, shyah, titre impérial.

SCHEIKH, chef, prédicateur, vieillard.

SELIKTAR, selictar, silicdar, porte-glaive.

SERAÏ, sarrail, sérail.

SERASKER, cherlesquier, général en chef.

SIPAHI, spahi, spachis, espachis, cavaliers feudataires.

SOLAK, salastre, arquebusiers.

TIMAR, fief de cavalerie, d'où timariots.

WOÏEVODE, voëvode, vaïvoda, gouverneur.

NÉGOCIATIONS

DE LA FRANCE DANS LE LEVANT

SOUS FRANÇOIS IER.

SOUVERAINS, MINISTRES ET AMBASSADEURS A LA PORTE.

SULTANS.	GRANDS-VIZIRS.
Sélim 1er.	Ibrahim-Pacha.
Soliman II, ou, selon les Orientaux, Suléï-man 1er.	Ayaz-Pacha.
	Loutfi-Pacha.
	Roustem-Pacha.

AMBASSADEURS ET CHARGÉS D'AFFAIRES DE FRANCE À CONSTANTINOPLE.

Mission anonyme.

———— de Frangipani.

———— d'Antoine de Rincon (1re).*

1re Ambassade de Jean de Laforest.

Mission de Marillac.

———— de Monluc (1er).

———— d'Antoine de Rincon (2e).

———— de César Cantelmo.

Mission de Polin de la Garde (1re).

———— de Léon Strozzi.

———— de Richer.

———— de De La Vigne (1re).

2e Ambassade de Jean de Monluc (2e).

Mission de Gabriel d'Aramon (1re).

———— de Jacques de Cambray (1re).

3e Ambassade de Gabriel d'Aramon (2e).

* Le chiffre de gauche désigne le nombre et la succession des ambassades, celui de droite le nombre des missions remplies par chaque personne.

NÉGOCIATIONS

DE LA FRANCE DANS LE LEVANT

SOUS FRANÇOIS Iᴱᴿ.

I.

1515 — 1525.

Le premier soin de François Iᵉʳ après son avénement, en 1515, avait été de proclamer la reprise des prétentions de la France sur le Milanais, et d'opérer une nouvelle invasion de l'Italie. Le succès de la bataille de Marignan y rétablit immédiatement l'ascendant de la France, et fit rentrer sous sa domination les états de Gènes et de Milan. Mais le résultat le plus considérable de cette campagne avait été de dissoudre la ligue dont le pape Léon X était devenu l'âme, et de changer ce pontife d'ennemi actif en allié du nouveau roi. Les deux souverains eurent une entrevue à Bologne et y réglèrent de concert les affaires de l'Italie.

Ce qui put contribuer à ce changement des dispositions de Léon X, ce fut la perspective des événements qui se préparaient dans le Levant, et qui allaient rendre ces contrées le théâtre des plus grandes révolutions. Jusqu'alors la Turquie, quelque menaçante qu'elle parût pour la chrétienté, avait à se défendre, du côté de l'Asie, contre la Perse et les sultans d'Égypte, maîtres de la Syrie, dont les agressions venaient toujours sauver à propos l'Europe des invasions des Turcs. Les succès récents de Sélim Ier contre la Perse, pendant les années 1514 et 1515 [1], avaient pour longtemps réduit cet état à l'impuissance, et ils laissaient désormais au vainqueur la liberté de poursuivre ses conquêtes contre l'Égypte. Léon X, dès les premières années de son pontificat, se montra, par tous les actes qui suivirent son exaltation, vivement préoccupé des progrès de la puissance ottomane. La ligue où il s'engagea contre la France fut une diversion à ses projets, mais il ne les perdait pas de vue néanmoins, rappelé surtout à cet intérêt par les événements qui se passaient à la proximité de ses états.

I. — AFFAIRES DE HONGRIE.

1515–1516.

La Hongrie, exposée directement aux continuelles agressions des Turcs, devait attirer plus particulièrement l'attention du pontife; aussi le recueil des Lettres de Bembo, écrites au nom de Léon X, donne-t-il, dès le commencement de l'année 1515, quatre lettres à la date du 3 des calendes d'avril, qui témoignent de sa participation active à la défense de ce pays. Par la première, adressée à Wladislas, roi de Hongrie, il l'instruit des moyens qu'il a mis à la disposition de l'évêque de Wesprim, gouverneur de la Croatie, afin que les forteresses de cette province fussent en état de résister aux attaques des Turcs [2]; les deux lettres qui suivent,

---

[1] La victoire de Tschaldiran, remportée par Sélim Ier sur Schah Ismaïl, est du 23 août 1514 : elle fut suivie de la prise de Tebriz, l'ancienne capitale de la Perse. Quoiqu'elle n'ait amené aucun traité immédiat entre ces deux états pendant la vie de Sélim Ier, elle eut pour résultat indirect la conquête définitive, par la Turquie, des districts de Diarbekr, d'Orfa et de Mossoul sur la ligne du Tigre et de l'Euphrate, et assura par là la suprématie ottomane.

(Hammer, *Histoire de l'Empire ottoman*, t. IV, l. XXII et XXIII.)

[2] « Uladislao, regi Pannoniæ..... Procuratoribus meis magnum tritici numerum, magnum ordei illo comportandum, jussi dari, pulverisque ad tormenta inpellenda libras mille, sulphuris præterea libras decies mille..... pecuniæ adjeci nummos aureos vicies centum : qua pecunia ex episcopi Vesprimiensium, Croatiæ præfecti, consilio uterentur..... — Datis tertio ca-

écrites, l'une à l'évêque de Wesprim[1], l'autre au doge de Venise, Léonard Lorédan[2], les invitent à prêter à deux de ses agents le concours de leurs efforts et de leur autorité pour la mission qu'il leur confie à ce sujet; enfin la quatrième engage Émeric, prince palatin de Hongrie, à user de son crédit auprès de Wladislas pour la réussite de ces mesures[3].

Mais ce ne fut qu'après l'entrevue de Bologne et son rapprochement avec François Iᵉʳ que la pensée de Léon X s'éleva à l'idée d'une réunion de toutes les forces de la chrétienté dans une ligue générale contre la Turquie. Cette pensée dut souvent se retrouver dans les fréquents entretiens amenés par cette conférence, et le chancelier Duprat semble y faire allusion, quoique en termes très-vagues et très-généraux, dans le discours qu'il prononça publiquement devant les deux souverains et leur cour[4]. Mais elle est exprimée de la manière la plus explicite, avec tous les caractères d'un engagement formel de la part de François Iᵉʳ, dans la lettre que Léon X écrivit au roi de Portugal quelques jours après la fin de l'assemblée, et avant que le pape eût quitté Bologne pour se rendre à Florence. Il y donne pour principal motif de son entrevue et de son alliance avec le roi de France le projet d'expédition qu'il méditait déjà contre la Turquie, et il indique que c'est en voyant surtout la facilité de François Iᵉʳ, dont il a tenu, dit-il, le cœur dans ses mains, qu'il a conçu l'idée de sa possibilité et de sa réalisation; enfin, et par ces motifs, il convie le roi de Portugal à entrer dans leur ligue pour participer à cette sainte entreprise[5].

lend. april. MDXV, anno tertio, Roma. (*Epist. Petri Bembi...... nomine Leonis X script. lib.* X, p. 218-220.)

[1] « Episcopo Vesprimiensium, præfecto Croatiæ. Te hortor..... quibuscumque in rebus esse illis usui poterit virtus autoritasque tua, eos juves..... » (*Ibid.*)

[2] « Leonardo Lauredano, Venetiarum principi... Te hortor mandes quamprimum tuis magistratibus, quos in Illyrico habes, ut quibuscumque in rebus ferre opem meis procuratoribus potuerunt ut mandata nostra facilius atque celerius conficiant, illis præsto sint. » (*Ibid.*)

[3] « Emerico, Pannoniæ Palatino principi... Jussi, ut te hortarer, ut communem causam apud regem ipsum juvares autoritate tua et gratia. » (*Ibid.*)

[4] « Tibi devovet ac dedicat quidquid opibus facultatibusque potest, fortunas omnes, copias, classes, exercitus, universum regnum... his ergo utere, pro tuo arbitrio dispone. Utere, inquam, B. P. in quacumque catholicam expeditionem furnissimo christianissimi regis exercitu, etc. » Voyez cette pièce tirée de la bibliothèque du Vatican, et insérée à la page 17 de l'appendice du tome III de la Vie de Léon X par Roscoë.

[5] « Regi Lusitaniæ... Franciscus, Gallorum rex, ad tertium id. decemb. Bononiam cum venisset..... cogitationes ejus omnes ad rem christianam tuendam mirifice conversas, cognovi... Quæ cum vidissem reginamque animum, quasi quod manu tangitur, tenuissem..... egi ut tantum re-

Le premier effet que Léon X s'était promis de cette alliance fut invoqué par lui en faveur de la Hongrie, et, à peine rentré dans son royaume, François Ier reçut une lettre pressante qui réclamait pour elle son assistance, motivée par l'état critique où elle était tombée à la suite des dévastations et de la guerre causées par la terrible révolte des paysans hongrois contre leurs seigneurs. Cette sédition, qui avait éclaté dans les deux années précédentes, en nécessitant pour la répression l'emploi de toutes les forces du royaume, avait amené l'épuisement de ses ressources. L'état de la Hongrie exigeait donc le prolongement de la trêve conclue pour sept ans par Wladislas à la suite de la guerre qu'il avait soutenue avec assez d'avantage contre Bajazet II. Mais Léon X, alarmé des préparatifs de Sélim Ier, qui, depuis son retour de la guerre de Perse, avait porté son activité vers la création d'une flotte puissante, dont l'armement inquiétait surtout l'Italie, voulut y faire diversion en provoquant une rupture du côté de la Hongrie, et il écrivit à François Ier pour obtenir de lui, sinon une coopération active, au moins une concession de subsides qui ôtât à Wladislas l'excuse de la nécessité et de la pénurie où il se trouvait.

LETTRE DE LÉON X A FRANÇOIS Ier.

(Original. — Archives du royaume. J. 937.)

LEO P. P. X[s].

Car[me] in Christo fili noster, salutem et apostolicam benedictionem. Ab exemplo litterarum ch[mi] in Christo filii nostri Wladislai, Ungariæ et

gem nobiscum consociatum, quasi de cœlo missum aspicerem..... Has ad te litteras dare volui, ut te hortarer te ut nobiscum hoc ad bellum pares, quando imminere nostris cervicibus Turcarum regem acerrimum vides. — Dat. xix calend. jan. MDXV, anno tertio, Bononia. » (Epist. Petri Bembi, lib. XI, p. 248.)

¹ Tous les originaux que nous avons extraits pour ce chapitre du dépôt des Archives du royaume sont tirés du carton J. 937; ils sont en parchemin, et plusieurs ont encore leurs bulles ou cachets de plomb,

avec le nom et les armes du pape, suspendues à des lacs ou cordons tressés en fils de soie. Les autres pièces que nous citons sont en copie dans les manuscrits 600 et 745 de la collection Dupuy, à la Bibliothèque royale, et sont extraites d'une chronique inédite dont nous parlerons plus loin, laquelle a pour titre : Registre en forme de journal faict par un domestique de Monsr le chancelier Du Prat, contenant ce qui s'est passé depuis l'advenement du roy François I à la couronne, qui fut le 1er janvier 1514, jusques en l'année 1521 includ.

Boemiæ regis Illᵐⁱ, ad dilectum filium nostrum Thomam, tituli Sⁱ Martini in Montibus presbyterum, cardinalem Strigoniensem, nostrum et hujus sanctæ apostolicæ sedis in regno Ungariæ legatum de latere, scriptarum, tum ipsius legati ad nos, demum et Turcarum tiranni ad præfatum regem, majᵃˢ tua perspiciat sollicitari majᵉᵐ illam ab eodem tiranno ut pacem vel omnino indutias cum ipso conficiat : requiri aut ab ipso rege atque legato nos ut vel eam pacem aut indutias iniri ab ipsis permittamus, vel opem auxiliumque subministremus, quo regnum illud aliis jam externis internisque perturbationibus debilitatum defendere tuerique se a tam potente hoste tamque audaci possit. Qua in re nos cum venerabilibus fratribus nostris S. R. E. cardinalibus consilio mature habito, cum videamus nihil pernitiosius universæ christianæ reipublicæ posse accidere quam si aliqua ejus pars præsertimque illa quæ tanquam vallum et murus inter nos infideliumque populos ac nationem illam immanissimam semper est habita, fœdus cum Turcis feriat consocietque sese cum perpetuis hostibus nostris, vocatis etiam auditisque super ea re oratoribus christianorum regum et principum omnium qui apud nos sunt, scribere ad regem Ungariæ statuimus ut nulla de causa pacem vel indutias ullius generis cum Turcarum tiranno conficiat : deinde quoniam compertum habemus non posse regnum illud sine nostro aliorumque christianorum principum auxilio Turcarum vim, si ingruat, sustinere, ut sit bono animo, polliceri N. nos fidemque ei nostram dare, nos omnes illi quamprimum tantum pecuniæ communiter subministraturos, ut nihil verendum ei sit quin repellere hostem possit, suosque fines et populos facile tueri. Quæ cum ita se habeant resque eo deducta sit, ut nisi quam celerrime ei regi succurramus, res nostra atque Christi publica maximum detrimentum atque pernitiem sit acceptura, requirimus abs te studiosissime, teque et rogamus et per filii Dei nostri misericordiæ viscera pietatemque precibus omnibus obtestamur ut statim ac sine ulla mora opum divitiarumque tuarum eam partem huc mittas regi ipsi Ungariæ statim per nos cum nostra etiam pecuniarum portione quam illi mittere decrevimus transmittendam, quam pro tua religione et dignitate satis dignam duxeris quæ in tanta christianæ rei necessitate a te tanto rege, tamque pollente et opulento, regi quidem christiano deque christianis omnibus optime merito, indigenti presertim ac plane periclitanti mittatur: idque tam tua causa qui cum rex christianissimus habearis, debes etiam unus omnium ad rem christianam defendendam esse propensissimus, tum plane etiam ejus quæ inter maj^em tuam atque nos est amicitiæ, fœderis, unanimisque voluntatis nostræ respectu, est certe a te libentius, promptius, celerius faciendum. Nos quidem regnis illis pro hujus sanctæ apostolicæ sedis opibus neque defuimus soli antea, quod tuam maj^em latere non arbitramur, neque nunc deerimus; non si sanguine ipso nostro ac vita sint regna illa tuenda ac defendenda. Verum si maj^m tuam cæterosque christianos reges alacres ad tam pulchrum, tam sane honorificum, tamque utile, tam denique Deo gratum facinus communiter adeundum conspiciemus, et res ipsa publica christiana ejusque dignitas et majestas fidesque nostra facilius defendetur, stabitque suo loco, vel et augebitur et nos erimus tum ad hæc ipsa tum ad reliqua etiam pro communi omnium Christi fidelium salute gloriaque adeunda promptiores. Verum his de rebus omnibus cum oratore maj^is tuæ abunde sumus loquuti cujus litteris nos remittimus. Is N. mentem omnem nostram reliquaque quæ te scire oportet majestati tuæ latius perscribet. — Datæ Florentiæ, sub annulo piscatoris, die XVII januarii MDXVI, pontificatus nostri anno tertio. — P. BEMBUS.

Léon X se servit ensuite auprès de Wladislas de l'envoi de cette lettre, et de la demande qu'il y faisait en sa faveur, comme d'un motif qui devait engager ce prince à persévérer, et à se refuser à tout renouvellement de la trêve avec la Turquie [1]. Dans une lettre qu'il écrivit plus tard à l'évêque de Wesprim, il mentionne expressément la réponse de François Ier, qui avait été aussi favorable en

---

[1] « Uladislao, Pannoniæ Bohemiæque regi. Quoniam exploratum nobis est sine nostro cæterorumque christianorum regum auxilio, non posse te a Turcarum impetu regna tua defendere, dedi singulis litteras quibus petii ab iis te ut pecunia, una nobiscum, juvarent... Te hortor ne te ullo pacis aut induciarum genere cum Turcis conjungas. — Datis sexto cal. febr. MDXVI, anno tertio, Florentia. » (Lettres de Pierre Bembo, écrites au nom de Léon X, liv. XI, p. 253.)

paroles que stérile en résultats [1]; car, d'une part, la trêve fut renouvelée avec la Turquie par la facilité même que Sélim Ier, tout occupé de ses projets sur l'Égypte, mit à conclure cet accord, et, de l'autre, les causes de faiblesse et d'embarras intérieurs qui l'avaient impérieusement exigé s'aggravèrent par la mort de Wladislas et l'avénement de son fils encore enfant : c'était le jeune Louis II, dont la destinée devait être si malheureuse, et qui allait bientôt emporter avec lui l'existence nationale de la Hongrie. Le pape, inquiet, et prévoyant tous les dangers d'une minorité, écrivit au nouveau roi, qui avait été spécialement recommandé à ses soins par Wladislas [2], et il enjoignit au cardinal de Strigonie, devenu régent du royaume, de faire savoir ses intentions au roi et aux principaux de l'État [3]. Il envoya en même temps Robert, archevêque de Reggio, à Sigismond, roi de Pologne, pour l'intéresser en faveur de son neveu [4]; mais il s'adressa particulièrement à François Ier pour appeler son attention sur la situation critique de la Hongrie et des provinces de la Dalmatie et de la Croatie, déjà presque réduites par les Turcs, qui se trouvaient ainsi amenés dans le voisinage de l'Italie; et il profita de cette circonstance pour lui demander un secours en argent qui le mit lui même en position de défendre ses états [5].

---

[1] « Episcopo Vesprimiensi..... Scripsi ad singulos reges, quorum qui vicinus nobis erat Franciscus, Gallorum rex, mihi amantissime rescripsit, omnia quæ vellem libentissime se facturum; atque confidimus reliquos idem responsuros.—Datis XVII cal. martias, anno tertio, Florentia. » (*Lettres de Bembo, écrites au nom de Léon X*, p. 256.)

[2] « Ludovico, Pannoniæ Bohemiæque regi puero... Magnum, ut debui, cepi dolorem ex amantissimi mei regis morte... Quoniam legatus scripsit ad nos patrem tuum, extremo vitæ suæ tempore, mihi te commendavisse, omnes meas opes ad te favendum polliceor. — Datis prid. non. april. MDXVI, anno quarto, Roma. » (*Ibid.* liv. II, p. 258.)

[3] « Thomæ, cardinali Strigoniensi...Tibi quidem negotium damus ut regem puerum salvere jubeas nostris verbis, affirmesque illi salutem ejus magnæ curæ nobis fore; et reliquos regni principes in eam cogitationem incumbere.—Dat. octavo id. april. anno quarto, Roma. » (*Lettres de Bembo, écrites au nom de Léon X*, p. 270.)

[4] « Sigismondo, Poloniæ regi. Cum Vladislai mors, ejusque filii Ludovici nimis tenera ad perferenda onera duorum regnorum ætas, nos suspensos habuisset, Robertum, archiepiscopum Reginum, legavi... Ego si commendare tibi fratris tui filium velim, diffidere videar probitati tuæ.—Datis tertio idus april. anno quarto, Roma. » (*Ibid.* p. 273.)

[5] « Francisco, Gallorum regi. Binas jam ad te literas dedi, quibus te literis sum cohortatus ut fessis atque labantibus Pannoniæ rebus, propter assiduam in Dalmatas Turcarum impressionem diuturnaque nimis bella, pecunia auxilio mecum et cum cæteris nostris regibus pro tua liberalitate succurreres..... Episcopi Vesprimiensis vicarius genibus advolutus, flens, obtestansque Deos et homines, regnum illud iri per-

II. — PROJET DE CROISADE DE LÉON X.

1516-1517.

Quelques jours après avoir fait cet appel direct à François Ier, et sous le poids des mêmes inquiétudes, Léon X promulgua une bulle en date du 16 des calendes de juin, acte plus religieux que politique, et qui, adressé aux Français pour être répandu dans le royaume et lu dans toutes les églises, était une de ces prédications générales de la croisade renouvelées successivement par chaque pontife [1].

ditum nostra ignavia, oppida a Turcis obsiderentur, Jaizæ, Tininii, Clisii, Scardonæ... Ita ut uno eorum in Turcarum potestatem redacto, Italiæ ora, quæ ad mare Adriaticum est, noctis unius navigatione eorum classibus pateat, quibus diripi atque incendi possit. Itaque statui ad te scribere ut saltem quindecies mille nummûm aureorum ad nos mitteres. — Dat. idib. maiis, MDXVI, anno quarto, Roma. » (*Lettres de Bembo, écrites au nom de Léon X*, liv. XII, p. 283.)

[1] Cette pièce, fort étendue, n'ayant point un caractère diplomatique, nous nous abstenons de la reproduire. Après une longue exposition des devoirs du pontife et des périls que court la chrétienté, Léon X appelle les peuples à la croisade, et énumère les moyens d'entreprendre cette expédition, en rappelant l'engagement que François Ier avait pris avec lui à ce sujet.

« Salvator noster J. C. in excelsis tenens imperium, gregem suum non deserens, Romam pontificem in terris vicarium suum constituit, ut militanti Ecclesiæ præesset, etc... Unde nos qui pontificatus officio fungimur, sperantes indubie quod Franciscus, rex christianissimus, qui predecessorum suorum qui ecclesiam romanam de manibus infidelium illam dudum occupantium liberarunt, vestigia volens imitari, ne minus christianæ religionis studiosus defensor et zelator quam ipsi predecessores fuerunt... ad Constantinopolim ac alias provincias ultramarinas ab infidelibus occupatas se personaliter transferre omnino decrevit... »

Après être entré dans les détails les plus minutieux sur les ressources à réunir pour la levée d'une armée, le pape s'adresse nominativement à toutes les classes de la société, en accordant des indulgences à ceux qui feront partie de cette expédition ; il ordonne à tous les religieux de prêcher la croisade dans les églises, en leur prescrivant de contribuer aux frais de cette guerre par l'imposition d'une décime sur les biens ecclésiastiques ; enfin il charge spécialement Louis, évêque de Tricarie et son légat en France, de la publication de cette bulle, pour l'exécution de laquelle il doit s'entendre avec un délégué du roi de France. « Ad bellum contra Saracenos quod venerabilis frater Ludovicus, episcopus Tricaricensis, apud Franciscum regem nuntius noster et alius per ipsum regem deputandus ordinaverunt.....» La bulle est datée ainsi : « Datæ Rome, apud sanctum Petrum, anno Incarnacionis Domini MDXVI, sexto decimo kal. junii, pontificatus nostri anno quarto. » (Archives du royaume. J. 937.)

Aussi, quoiqu'elle arguë des dispositions et des promesses du roi, ce n'était qu'un moyen de consulter ou de préparer l'opinion publique sur un sujet dont les événements n'avaient pas encore démontré l'opportunité, et qui, pour le moment, devaient la laisser sans résultats. En effet, quelles que fussent les opinions répandues en Italie par les rapports de Venise et de Raguse sur les projets du sultan, son départ de Constantinople pour la campagne dirigée contre l'Égypte n'eut lieu qu'au mois suivant, et une lettre de Sélim au doge de Venise, en date du 10 juillet 1516, lui annonce la soumission complète des provinces persanes récemment conquises, sans faire mention de l'Égypte [1]. Léon X lui-même était encore, vers la fin du mois d'août, dans l'incertitude sur les véritables intentions de Sélim Ier, puisque, d'après la lettre qu'il écrivait alors au grand maître de Rhodes, Fabrice Carette, qui le tenait au courant des mouvements de la Turquie, on voit que, rassuré pour le moment sur une attaque directe contre l'Italie, il conjecturait que les apprêts du sultan étaient faits contre l'Asie et devaient regarder l'Égypte et le sophi, car, tant qu'il ne les aurait pas écrasés, il ne pourrait attaquer sûrement la chrétienté, et il lui recommande, à tout événement, de tenir bien approvisionnée son île, qui était, dit-il, comme dans la gorge de l'ennemi [2].

Voyez, au tome V de l'Histoire des Croisades, de Michaud, p. 335 et suivantes, les pièces extraites du ms. 9879 de la Bibliothèque royale, et relatives aux mesures d'exécution de cette bulle dans le diocèse de Toulouse. Ces documents se rattachent moins aux affaires extérieures de la France qu'à son histoire intérieure, et particulièrement à celle du Languedoc; mais, comme on le verra confirmé ci-après par une pièce inédite que nous donnons en note sur la Bretagne, il est à croire que des lettres patentes du même genre furent envoyées aussi dans les autres provinces pour y prescrire des mesures semblables. Les actes sont au nombre de neuf, et comprennent des instructions du roi à un commissaire délégué à cet effet par lui et par l'évêque de Tricarie; des lettres de ce dernier prescrivant l'ouverture de troncs dans chaque paroisse pour recueillir les deniers de la croisade, et surtout le compte des recettes joint à celui des dépenses, donnés par les collecteurs, qui feront apprécier la portée des résultats, et renferment des détails curieux sur les formalités suivies dans cette circonstance.

[1] Ce fait, cité par Hammer (*Histoire de l'Emp. ottom.* t. IV, p. 263), est emprunté à la chronique de Marini Sanuto, qui donne la lettre du sultan au doge de Venise.

[2] « De Turcharum regis apparatu, quod assequi conjectura possum, sic existimo in Asiam illud potius quam nostras in oras cogitare : itaque aut contra sultanum, Ægypti regem, aut contra sophim, regem Armeniæ, puto illum suos exercitus moturum, nam nisi illos quibuscum bello fere semper est implicitus devicerit, in nos furorem exercere non poterit. Tibi tamen sum autor, insulam ut istam atque oppidum quod tanquam in ore atque in faucibus est hostium, fulcias..... etc. — Dat. xi cal. sept. MDVI, anno quarto, Roma. »

2.

La défaite et la mort du sultan Khansou Gawry à la bataille d'Alep, le 24 août 1516, livrèrent toute la Syrie aux Ottomans, et cette première conquête, achevée par la prise de Damas, dut retentir en Europe et y répandre l'inquiétude. Mais ce ne fut qu'après que le nouvel événement eut été annoncé officiellement au sénat de Raguse par le fils de Sélim Ier, depuis le fameux Soliman II, qu'il donna lieu, entre Léon X et François Ier, à une correspondance particulière qui prit de plus en plus, en présence des faits accomplis, le caractère d'une négociation diplomatique en rapport avec l'importance des intérêts mis en jeu. La lettre de Soliman, déjà envoyée à François Ier par la voie de Venise, lui fut aussi adressée par Léon X, qui accompagna cet envoi d'une lettre destinée à commenter le fait et à en faire ressortir toutes les conséquences. François Ier répondit à ces communications avec de grandes démonstrations d'un zèle empressé, mais, au fond, d'une manière à peu près évasive : aussi, de nouveaux rapports étant venus confirmer les précédents, Léon X répliqua au roi en lui exposant, avec une vivacité qui n'était pas exempte de reproches, la perspective menaçante des calamités vainement prévues et annoncées par lui, et les périls que courait directement l'Italie par l'accroissement des forces navales de la Turquie.

LETTRE DU PRINCE SOLIMAN AU SÉNAT DE RAGUSE[1]

(Copie. — Fonds Dupuy, mss. 600 et 745.)

Exemplum litterarum Sulemanis, filii imperatoris Turcharum, et illius locum tenentis, ex Andrinopoli missarum ad rectorem et consi-

(*Lettres de Bembo, écrites au nom de Léon X*, liv. XIII, p. 298.)

[1] Cette première lettre de Soliman, qui n'était encore que l'héritier présomptif de l'empire, nous est fournie par le journal déjà cité d'un secrétaire du chancelier Duprat. Le chancelier, chargé de diriger les relations extérieures de la France, prit part, en cette qualité, aux nombreuses négociations des premières années du règne de François Ier; et ce secrétaire, qu'on suppose être Barillon, ou Jean Bourdel, ou même Rabelais, a recueilli un certain nombre de pièces diplomatiques qu'il entremêle dans son journal au récit de ces négociations. Il

fait précéder cette lettre, très-incorrectement rapportée dans les copies manuscrites qui nous en restent, de quelques lignes de récit sur les faits qui en avaient déterminé l'envoi.

« Le roy eut nouvelles de son ambassadeur estant à Venise, que le Turcq avoit deffaict le soldan près la ville de Damas, et qu'il y avoit eu grosse desconfiture de Mameluts et autres gens dudit soldan, qui mourut en ladite desconfiture; et après le Turc prinst les terres et seigneuries que possedoit ledit soldan. On envoya au roy la translation des lettres que le filz du Turc escrivoit à ceux de Raguse, de laquelle la teneur ensuit. »

lium Rhagusine civitatis, ex idiomate illirico in latinum translatarum,
tenoris sequentis fideliter:

Magnus et gloriosus ac omni laude et imperio dignissimus dominus Sulemanus Hyaka[1], filius altissimi imperatoris Selimi Hana, omnium orientalium et occidentalium partium Europe et Asie, mariti-
marunque terrarum et Cheremanie, dominis excellentibus rectori et
nobilibus Rhagusinis salutem mittit. Notum vobis sit quod magnus
imperator Selinus Hana debellavit sultanum Egipti dominum, eoque
capto caput abscidit, divitias ejus et omnia arma, provinciasque et
civitates subjugavit. Hoc idem certum advenientes inde nuncii attule-
runt michi. Quapropter nunciari vobis rem hanc per istum meum
servum Sulimanaga misi, ut et vos, qui fideles estis imperatorie sue
majestatis, in partibus et finibus illis, pro sue altitudinis salute et
victoriæ successu gaudium et exaltationem faciatis et ostendatis. Quia
ita vos facere oportet. Bene vale. — Datum die xviiiⁿ septembris millesimo quingentesimo decimo sexto.

LETTRE DE LÉON X A FRANÇOIS Ier.

(Original. — Archives du royaume. J. 937.)

LEO P. P. X.

Car^{me} in Christo fili noster, salutem et apostolicam benedictionem.
Ex earum litterarum exemplo quas Turcarum tiranni filius ad Ragu-
sinos misit de ejusdem tiranni contra soltanum Ægypti dominum
victoria, maj^{as} tua quæ ab ipso prædicantur intelliget. Nos quidem,
etsi existimamus, si ea vera essent, certioribus nuntiis et ipsius
imperatoris ad filium litteris afferri Constantinopolim oportuisse, ti-
rannumque ipsum paulo antea cum res suæ sossiano bello male se
haberent, eadem arte usum fuisse intelligamus eo concilio, ne christiani principes contra ipsum alienissimo suo tempore arma caperent:

---

[1] On reconnaitra dans ces termes d'Hyaka et de Hana l'altération des titres ordinaires qui accompagnent les noms turcs,
de Schah et de Han ou Khan.

et nunc etiam ad nos eadem de re contra ac ille scribit non unis rumo-
ribus afferatur, tamen quoniam Ragusini nobis significant existimare
se Turcarum tirannum, quæ ipsis a filio perscribuntur, aliqua ex
parte confecisse victoriamque apud ipsum stetisse, ad maj^{em} tuam scri-
bendum duximus, velles pro animi tui magnitudine et religione exci-
tare mentem et cogitationes tuas ad illam, de qua totiens jam ad te
cæterosque christianos reges scripsimus, tam piam, tam sanctam tamque nunc demum necessariam contra Turcas expeditionem suscipiendam; neque verbo solum et voluntate, sed re ipsa parandisque quorum opus est pro virili tua occurrere, ne ille imparatos nos aliaque
omnia cogitantes opprimere, christianæ reipublicæ et nomini insignem
aliquam inurere notam possit : præsertim cum eadem Ragusinorum
civitas certiores nos faciat, ipsum tirannum ducentas jam triremes
non solum confecisse, sed eas et armamentis rebusque omnibus bel-
licis instruxisse, habereque paratissimas ut eas conscendere atque
educere si adsint milites, omnibus horis possit, existimare plane ac
credere debemus tantam classem non nisi in nos exitiumque nostrum
parari. Ad quos invadendos classe presertim opus est bene magna si
Græciæ insulas quæ reliquæ sub ipso non sunt, si Illyrii oram, si Italiam cui maxime inhiat vastare aut capere cogitat? Nam ad Syriæ aut
Ægypti (si modo jam eam non cepit), aut Assyriæ aut Persiæ reli-
quosque Orientis populos conficiendos terrestres copiæ satis sunt : navibus vinci et debellari nationes illæ nequaquam possunt. Itaque, si ea
quæ tiranni filius scribit vera sunt, atque ille perpetuos hostes suos
Ægyptios devicit, tempus profecto est jam nos de somno surgere, ne
dormientes ac plane oscitantes opprimamur; si non sunt, atque a filio
ne patri pessime fiat, confinguntur, quid est cur hanc tam pulchram
atque nobis oblatam a Domino rei suæ bene gerendæ occasionem ar-
ripere et in Turcas vel male nunc affectos vel certe Ægyptiis et Per-
sicis bellis implicitos communi consensu atque impetu aggredi et
sanctæ crucis vexilla in illos explicare non debeamus, ut Christi populos qui vel a Turcis in servitutem reducti jam sunt, vel certe timent
ne redigantur, tantis aut mœroribus aut periculis eximamus. Quan-

obrem, fili noster car[me], cum videas velut Opt. Max. tam in te liberalem tamque beneficum extitisse, ut omnia prope animi, corporis et fortunæ bona in te unum quasi congesserit, suscipe hanc provintiam, ut tantorum ipsius in te beneficiorum gratus erga illum ac bene memor videare, ac si pulcherrimo cognomini tuo, quo christianissimus diceris respondere recte cupis, primus etiam ad Christi populos vel tuendos vel redimendos exurge. Nos quidem in hunc sensum atque sententiam ad reliquos etiam christianos reges scribimus; eosque impensissime et hortamur et rogamus ut idem pro se quilibet proque suis viribus faciat. Scire autem maj[em] tuam volumus cum ipsi hac in re omnes nostras et hujus sanctæ sedis opes, nostrumque etiam si oportuerit sanguinem et vitam libentissime simus pro Christi fidelium salute depromturi et exposituri, te tamen unum illum esse in quo et nos hujusce expeditionis suscipiendæ spem prope omnem posuimus et a quo cæteri christiani homines primum omnium id expectent. — Datæ Corneti, sub annulo piscatoris, die XVII octobris MDXVI, pontificatus nostri anno quarto. — BEMBUS [1].

---

[1] Léon X déploya une nouvelle activité pour presser l'exécution des mesures qu'il avait prescrites par sa bulle générale, et comme elle était arrêtée souvent par des réclamations sur le détournement des sommes levées sous le règne précédent dans un but semblable, et employées à un autre usage, le pape répondit aux observations de François Ier à ce sujet par une bulle d'absolution pour ceux qui avaient, par cet acte, encouru les sentences de l'Église.

« Expositionem nobis nuper fecisti quod alias postquam felicis recordationis Alexander P. P. VI, predecessor noster unam decimam fructuum, reddituum et proventuum mensarum archiepiscopalium, episcopalium, abbatialium et aliorum ecclesiasticorum beneficiorum in regno Franciæ et nonnullis aliis dominiis clare memorie Ludovico, Francorum regi, tunc in humanis agenti subjectis, in subventionem expeditionis contra perfidissimos christiane religionis inimicos per eundem Ludovicum regem convertendorum imposuerat, nec non certas indulgentias Christi fidelibus qui de bonis porrigerent concesserat. Cum autem, sicut eadem subjungebat expositio, licet quamplures ex pecuniis predictis in prefatam expeditionem et expugnationem Methelini ac nonnullarum aliarum terrarum ab infidelibus occupatarum exposite fuerint; tamen, quia forsan nonnulle ex eisdem pecuniis in alios quam ejusdem expeditionis usus converse fuerunt, nonnulli propterea, ad quos pecunie hujusmodi pervenerunt, dubitant aliquam excommunicationis sententiam incurrisse

LETTRE DE FRANÇOIS Ier A LÉON X.

(Copie. — Fonds Dupuy, mss. 600 et 745.)

Etsi multis de causis nos herere dubiosque esse licet, beatissime pater, vera ne sint, an dolo conficta, quæ de victoria contra soltanum habita patri tyranno tyranni filius, idemque tyrannus, amplissimis verbis jactanterque perscripsit, vel quod mendaciorum pater est nugis ac technis a puero pessime imbutus, vel quod hostis et christiani nominis perpetuus osor, militarem hanc vafriciam et bellicum stratagema interim excogitavit, dum Egyptiaco bello implicitus, Christianorum contra se motus bellaque cupit avertere, tamen, cum et earum literarum exemplis quæ et a vobis et a Venetis ad nos delata sunt, a Turcha victoriam stetisse intelligamus, non possumus non moveri animo, eamque rem tanto propius inspiciendam duximus quanto nobis pro-

ac ad illarum restitutionem teneri ; nos igitur tuis in hac parte supplicationibus inclinati, pecunias ipsas prefatis ad quos pervenerunt tenore presentium remittimus et donamus, et sententias, si quas propterea incurrerunt, absolvemus et absolutos fore nuntiamus. — Dat. Romæ, apud S. P. ann. Inc. Dom. MDXVI, sexto decimo kal. octobris, pontificatus nostri anno quarto. » (Archives du royaume. J. 937.)

La sollicitude de Léon X ne s'arrêta pas là : informé par le Roi des démarches qu'on faisait auprès des Suisses pour les engager à recommencer la guerre, et surtout des manœuvres que le fougueux cardinal de Sion, ennemi acharné de la France, employait pour les soulever contre elle, il leur adressa un bref afin de leur signifier sa désapprobation pour des desseins qui contrariaient si ouvertement les siens.

« Dilecti filii, accepimus conquerentibus nobiscum ea de re aliquibus principibus, esse nonnullos qui devotionem vestram ad

res novas commovendas, non solum hortentur sed etiam ad eam rem auctoritate nostra utantur, et quod de dilecto filio nostro Matheo, cardinali Sedunensi, ad nos delatum est, quanquam credibile non est hominem tanto honore sacerdotii decoratum, in has Deo et Dei fidelibus maxime infestas actiones se immiscere. Sed hac re profecto nec nostris consiliis magis adversum quicquid nec alienius esse potest, sicut vobis arbitramur notum esse. Actio omnis et cogitatio pacem inter christianos complexa est, bellumque contra infideles appetivit, quo omnes curæ nostræ, omnes nostri labores contenderunt. Si tempus ullum judicamus alienum fuisse, hoc certe est cum æterno hoste fidei Thurca novis successibus elato dimicandum est, cui nullum aliud quod opponamus vallum habemus quam pacem et conspirationem inter nos, etc. .... — Dat. Romæ, die XIX^a novembris, MDXVI, pont. nostri anno quarto. » (Dupuy, ms. 600.)

pior est hostis qui sanguinem nostrum sitit, qui communi nostrum
saluti omnino insidiatur, quique non modo corpora nostra, sed etiam
animas exitialiter odit, ut quas ab unione fidei abstractas et a veritate
claraque luce procul abhorrentes, in gehennam tenebrasque trudere
conetur. Ferox est hostis, scimus, potens et multarum magnarumque
victoriarum gloria superbus, qui, si semel Egyptiacum bellum confecerit, et soltani regnum totamque Asiam aut subegerit aut in suas le-
ges, imposito vectigali, jurare compulerit, tum gloriæ ambitionisque
flatu incitatum juvenem tyrannumque in reliquam Europam tela, gladios, arma, totamque belli molem conversurum, tristes mœstique timea-
mus oportet. Non equidem frustra quod tu nosti, beatissime pater,
cum tantam classem, tamque omnibus armamentis et necessariis rebus
instructam, eum habere suspicemur, non temere tam magnos alit
exercitus, tam ingentes facit belli apparatus, tantum virium terra
marique contrahit, molitur multa magnaque, atque jam in Italiam, ut
de Sicilia, Corcira, Cycladibusque insulis, interim Solmanus animo
multorum regnorum capaci complectitur, nichilque tot victoriis adhuc
satis actum putat nisi cruentatos Christianorum sanguine gladios in
Italia distringat, et maculosa vexilla signaque in Urbe explicet. Cum
igitur, beatissime pater, singulari illa ingenii dexteritate et solertia
longe lateque prospicias quorsum omnes immanissimi Turce cogitatus, consilia conatusque tendant, quamque pertinaciter mortem exitiumque miseris Christianis machinetur, quorum te patronum, patrem
parentemque jure nuncupant, quod in eorum periculo atque discrimine perinde angeris ac in filiorum periculo patrem angi oportet,
hortaris quidem nos, mones, incitas et enixe rogas quibus jure patris
imperare licuit, ut hanc provinciam suscipiamus et ad Christi populos
vel tuendos vel redimendos exurgamus. Nosti, beatissime pater, quan-
topere ea cura a puero impulerit animum nostrum, quamque preci-
puis semper votis postulatum a nobis desideratumque sit ut, compo-
sitis inter christianos principes contentionibus, factaque inter omnes
communiter pace, pulcherrimum honestissimumque contra Turchas
et reliquos catholicæ fidei hostes bellum communi omnium principum

populorumque consensu decerneretur, ejusque rei causa, ubi primum
ad regni moderamina assumpti sumus, litteras, nuncios, ad singulos
quosque principes misimus. Ceterum legationes illæ malo fato temporum frustra cessere, neque tum propterea consilii propositique vela
vertimus, quin eo cupidius et majore studio ad pacem christianæ reipublicæ apprime necessariam animum advertimus, quo obstinatiores
et a pacis studiis magis alienos plerosque videbamus, et demum, faven-
tibus diis, pertinaci constantia nostra tantum profecimus ut pacem
jam cum multa christianorum principum parte initam, firmatamque habeamus, speramusque propediem tua potissimum auctoritate totam
rempublicam christianam, junctis viribus, in exitium Turcarum pulchre
et in unum corpus coituram. Quod ubi factum fuerit, fiet autem statim
facileque, si in id operam studiumque tuum impenderis, neque amplius de regnis terrisque nostris nullo domi aut foris hoste relicto male
suspicari licebit, tum alacriter et prompte communem omnium christianorum causam, immo Domini nostri Jhesu Christi, suscipiemus, neque verbo tantum aut affectu, immo etiam opere comprobabimus non
temere Christianissimi appellationem primum majoribus nostris, deinde
ac nobis, hereditario jure delatam. Arma, viros, equos, naves, machinas, tormenta bellica, pecuniam ad tam sanctam tamque vere necessariam expeditionem dabimus, facultatibusque et regni nostri opibus
viribusque tam sacrum tamque pium bellum adjuvabimus, in ea militia
tam salutari tamque honesta nomen dabimus, parati adversum christiane relligionis hostes et mahumetica pravitate pollutos, pro Christo
et Christi dogmate fideque, dimicare, et pro asserenda relligione nostra sanguinem et vitam, si opus sit, prompte hilariterque profundere.
Fac tantum, beatissime pater, Christi classicum audiamus, vexilla
Christi signaque explicata videamus, ducem et tam sancte expeditionis imperatorem factum intelligamus, protinus omnes comites seque-
mur et numerosis exercitibus tuaque ipsius fratrumque cardinalium
latera custodiemus. — Datum Ambasie, die decima quinta mensis
novembris anno MDXVI.

LETTRE DE LÉON X A FRANÇOIS Ier.

(Original. — Archives du royaume. J. 937.)

Charissime in Christo fili noster, salutem et apostolicam benedictionem. Quod scripsimus superioribus diebus majestati tuæ, de ru-
moribus victoriæ Turcarum tyranni contra sultanum Ægypti dominum,
rem ipsam propter vafrum ingenium hominis tunc in dubio ponentes, id nunc crebris et certioribus nunciis accepimus, non modo ita
sese habere, ut scripsimus, verum et sultanum, rebus omnino perditis suoque omni devicto exercitu, tum ipsum in prelio interfectum
fuisse, tum regna omnia atque provincias, quas is tenuisset, sub Turcarum potestatem fuisse redactas....... Hoc nos proximis annis de
Illirio et Panonia metuentes, prædicamus fore, nisi in tempore pro-
videretur, ut serum postea auxilium quereretur, rebus perditis : atqui
suprema clades illarum nationum non nostrorum diligentia depulsa,
sed hostis ipsius in diversam partem expeditionibus intermissa, neque
illa omissa, sed ad exiguum tempus dilata est; eo enim mox redibit
viribus animisque longe auctior. Ac nisi maj^{tas} tua pro sua regali parte
tantis periculis occurrerit, denunciamus tibi, quod Deum quesumus
ut prohibeat, hac æstate futura non solum Illirium, sed oras Italiæ et
christianorum omnium maritimas sevissimis hostibus predæ et popu-
lationi futuras. Habet enim tyrannus ille, ut ante scripsimus, classem
ducentarum triremium, ornatam atque instructam eis rebus omnibus,
quæ ad usum belli et navigandi sunt oportunæ; quæ profecto in nostram omnis perniciem fabricata est. Quo et decet te, habita horum
omnium ratione, preter eam classem, quam arcendarum populatio-
num gratia habere instituisti, alias mandare quamplures triremes ædi-
ficandas, quæ nunc ordinandæ et conficiendæ sunt, ut paratæ ad omnes
casus esse possint; ne, cum factis res eguerit, tunc in consultando et
apparando tempora conterantur. De universo autem rerum statu, ut
communis salus tanto exposita periculo communibus consiliis expe-
diatur, majes^{tem} tuam hortamur in Domino, eam summis precibus

3.

obsecrantes, ut celeriter necessitate animadversa, tuarum explicata consilia rationum mandatumque cum plena potestate tractandi, consentiendi, tuoque nomine promittendi quod in rem communem conferre videbitur, ad tuos apud nos oratores, homines sane prudentes et idoneos mittere, aut alium ad nos continuo destinare velit; ut, quod cæteros quoque reges et principes ut faciant adhortamur, re communiter agitata, ratio aliqua defendendæ christianæ fidei, quæ in ultimum pene discrimen adducta est, ineatur. Quod ad nos pertinet, nos non solum nostras et universæ ecclesiæ opes, sed laborem, auctoritatem omnem, vitam denique nostram, si opus sit, in subsidium communis salutis, sumus promptissime collaturi. Scimus enim boni pastoris officium esse, animam ponere pro ovibus suis, cui officio defuturi non sumus; omnique conatu, quantum in nobis fuerit, obviam ibimus, ne tanta clades quantam impendere cernimus, nostra ætate christianæ reipublicæ inferatur. Maj^{tas} vero tua, pro ea virtutis gloria, quam obtinet, et pro singulari prudentia, qua predita est, facile potest animadvertere, quid a se Deo omnipotenti debeatur, et quid ab ipsa omnes homines expectent; tam larga sunt in te divina beneficia, ut tu imprimis causam Dei, quæ nunc agitur, suscipere tenearis; tanta opinio virtutis et magnitudinis tuæ, ut nihil sit tam arduum, quod potentiæ et magnanimitati tuæ, non planum et facile futurum videatur : habes porro domesticam copiam pulcherrimorum exemplorum, quæ te dies noctesque eccitare debent ad exequandos, vel et gloria superandos progenitores tuos. Quorum omnium ratione habita rebus tuam vehementer opem et auxilium implorantibus, dare operam debes, ut tua eccelsa virtus hoc maxime necessario tempore christianæ periclitanti reipublicæ subveniat. Quemadmodum aget quoque cum majestate tua nostro nomine venerabilis frater Ludovicus episcopus Baiocensis[1] nuncius istic noster, cui plenam fidem adhibebis. — Datum Romæ, apud

[1] Louis de Canosa, évêque de Tricarie, au royaume de Naples, dont il a été question plus haut à l'occasion de la bulle de la croisade, fut nommé en 1517 évêque de Bayeux; devenu ainsi prélat français, il fut employé plus tard par François I⁰ comme ambassadeur à Venise. Ses lettres en italien font partie du recueil imprimé à Venise, qui a pour titre : *Lettere de' principi, ec.* 3 volumes.

Sanctum Petrum, sub annulo piscatoris, die quarta januarii MDXVII, pontificatus nostri anno quarto. — JA. SADOLETUS [1].

Cependant les événements marchaient en Orient, et, après avoir traversé le désert, l'armée ottomane livra bataille, le 2 janvier 1517, non loin du Caire, à Toman-Bey, élu régent pendant la minorité du fils du dernier sultan; il suffit de quelques jours de combats, aidés par la division des Mameluks et la trahison de plusieurs de leurs chefs, pour faire passer l'Égypte tout entière sous la domination de Sélim Ier. La rapidité de cette conquête dut porter au plus haut point les alarmes de la cour de Rome, et, quoique la circonstance ne fût pas favorable, il est à présumer que Léon X, loin de rester inactif, renouvela ses sollicitations et profita pour cela de la diète réunie alors à Cambrai dans le but de concilier le roi de France, l'empereur et le roi de Castille [2]. En effet, pendant que les ins-

---

[1] Les mêmes instances étaient faites au nom de Léon X à tous les princes chrétiens par ses légats auprès des différentes cours, comme on le voit par le pouvoir qu'il donna dans le même mois à Nicolas de Schonberg, chargé d'une mission extraordinaire auprès de Henri VIII. Sans avoir le titre de légat, il devait se joindre à ceux qui avaient cette qualité pour faire décider l'expédition contre les Turcs, dans l'assemblée où plusieurs de ces souverains avaient promis de se réunir pour s'occuper de la situation générale de la chrétienté, et dont la conférence de Cambrai, qui eut lieu au commencement de cette année, ne tarda pas à présenter une réalisation imparfaite.

« Leo, etc.... Nicolao de Schonberg de Alemania, ordinis prædicatorum, professori familiari nostro, etc... Ad aures nostras pervenit nonnullos reges et principes christianos de proximo convenire debere pro tractandis utilibus rebus christianam religionem concernentibus... Intelleximus Turcarum tyranni res prospere successisse... Nos tibi una cum nuncio vel nunciis duntaxat, in aliis vero locis ubi nuncius seu nuncii hujusmodi non fuerint...

pacem, concordiam ac ligas unionis..... ineundi concedimus facultatem. — Datum Romæ, MDXVII non. januar. etc. (Rymer, t. XIII, p. 578.)

[2] Comme les princes ne suspendaient les hostilités qu'après avoir épuisé leurs ressources, il y avait peu de chance de les engager de nouveau à des dépenses onéreuses dans la perspective d'une expédition lointaine, et pour un but ou un intérêt indéterminé. D'ailleurs l'opinion publique demandait la continuation de la paix, et le journal du secrétaire du chancelier Duprat, qui rend compte de la disposition où se trouvaient les esprits, donne en même temps la mesure du peu d'effet produit alors par les mutations survenues en Orient.

« Après que le roy eut faict traicté de paix, alliance et confédération avec le pape Léon Xme, Maximilian empereur, et Charles roy catholique, et que en ensuivant le traicté faict à Bruxelles, la ville de Vérone avoit esté rendue aux Vénitiens, et l'armée qui estoit devant départie et tous gens d'armes retournez en leurs maisons, ce royaume de France estoit en grand paix et

tructions secrètes données aux négociateurs accusent chez ces princes des vues politiques tout à fait étrangères au projet de Léon X, l'objet avoué de la conférence semblait être une satisfaction accordée aux instances du pontife et une première démarche pour son exécution [1].

tranquillité, et n'y avoit pour lors aucun bruict ou rumeur de guerre, division ou partialité. Les marchands faisoient leur train de marchandise en grande seureté tant par mer que par terre, et conversoient pacifiquement ensemble François, Anglois, Espagnols, Allemands, et toutes autres nations de la chrestienté, qui estoient grand grace que Dieu faisoit au peuple chrestien. Et audit temps s'il y avoit aucune esmotion de guerre, elle estoit entre les Infidelles, car aucuns Mamelutz qui estoient échappez de la bataille en laquelle le souldan avoit esté tué, s'estoient rassemblez, avoient faict un nouveau souldan, et faisoient guerre aux terres d'Égypte et de Syrie nouvellement conquestées par le Turc. Toutesfois ledict Turc avoit assemblé une grosse armée et estoit allé contre lesditz Mamelutz et nouveau souldan, lesquelz pour la seconde fois il avoit deffaictz et ledit souldan occis. » — Extrait du journal du secrétaire du chancelier Duprat. (Dupuy, ms. 600.)

[1] Les instructions secrètes données par François Ier au sire de Boisy, grand maître de France, son négociateur à Cambrai, sont rapportées dans le journal du secrétaire du chancelier Duprat. Après avoir énuméré les pertes éprouvées par chacune des parties qui étaient entrées dans la ligue précédente contre la France, l'instruction signale les motifs qui pourraient porter soit l'Angleterre, soit le pape, à proposer de la renouer dans la nouvelle réunion à Cambrai. Elle indique les termes d'une contre-proposition à faire pour gagner l'empereur et le rallier à une ligue commune avec la France, dont les états, restés en dehors du traité, auraient supporté toutes les clauses léonines, car les conditions à offrir aboutissent toutes à un partage, tant en Italie que dans les Pays-Bas, au détriment et au mépris des droits des faibles. Mais ce véritable but de la négociation est dissimulé par les ouvertures ostensibles qui devaient servir de prétexte, et dont la première a pour objet la conquête de la Grèce et son affranchissement de la domination des Turcs :

« La première ouverture sera sur le faict de Grèce, de la conquester à communs despens et partir par esgalles portions ; et sur ce sera remonstré que c'est la plus honorable, utille et proffitable conclusion que se pourroit faire et prendre entre tels princes. Car le vray office de l'empereur est de deffendre et augmenter la foy par la force, et aussi est d'un roy chrestien qui à celle cause en porte le nom, et d'un roy catholique ; et en ce faisant jetteront hors captivité les pauvres chrestiens qui sont soubs l'empire et subjection du Turc, mettront en seureté la chrestienté, laquelle, ainsy qu'est vraysemblable, icelluy Turc veut invader, mettront la guerre et effusion de sang humain qu'est entre les chrestiens hors la chrestienté, se acquitteront de leurs charges, feront chose agréable à Dieu, honorable et salutaire à eux, et de là pourront aller plus advant, selon que la fortune leur dira, et conquester la Terre-Saincte. Et s'ils trouvent cette ouverture bonne, et veulent que dès à présent on face les partages, et sçavoir quelle armée chascun con-

Quoique les résultats de la réunion de Cambrai n'eussent pas répondu à l'attente de Léon X, il n'en continua pas moins d'agir dans le même but, et après avoir fait décréter l'expédition contre les Turcs par le concile de Latran, il prononça la clôture de cette assemblée, dont ce fut ainsi le dernier acte[1]. Informé

duira et par quel lieu entreront en la Grèce, et en quel temps se pourra commencer la guerre, pourront lesdicts députez y adviser et conclure ainsi qu'ilz sçauront bien faire. » — Extrait de la copie de l'instruction de François Ier au sire de Boisy. (Dupuy, ms. 600.)

Le contraste de ces dispositions si peu chrétiennes avec l'intérêt tout chrétien qui était allégué en apparence ressort surtout des termes de l'instruction et des moyens qu'elle expose pour l'exécution des clauses : « Et pour ce que, dit-elle, toute la chrestienté est en suspicion à cause de cette assemblée, seroit bon, si aucune conclusion se prend entre lesdicts princes, faire un traicté à part parlant seulement de la Grèce, par lequel on pourra prier le pape et autres princes de y entrer, et l'envoiera-on partout pour le endormir et oster l'occasion de ne penser plus avant. » Ajoutons, pour dernier trait de mœurs, que le mystère de ces communications fut trahi par ceux mêmes qui les reçurent. « Car, dit le journal, l'empereur usoit de dissimulation, et révéla le secret des ouvertures qui furent faictes à ladicte diette de Cambray, au pape Léon X" et au roy d'Angleterre. » Tout se borna à un *petit traicté*, comme dit encore le journal, dans lequel les parties se garantirent mutuellement la conservation de leurs états, et où le grand intérêt chrétien qui devait être l'objet principal de la négociation est à peine énoncé et ne reçoit d'autre satisfaction que cette clause vaguement exprimée : « Que, pour résister aux Turcs et autres ennemis de la saincte foy catholique, retirer et réduire à la chrestienté plusieurs

royaumes, provinces, païs et seigneuries qu'ilz en ont otez et distraits, lesdits trois princes dresseront, pour l'expédition contre lesdits Turcs, chacun une bonne, grosse et puissante armée, équippée d'artillerie, navires de guerre, et autres munitions nécessaires, tant par mer que par terre, et pour exécuter icelle expédition au temps et ainsi qu'ils adviseront et concluront à leurdite veue. » Voir le traité imprimé dans Frédéric Léonard, au tome II, p. 67, et au tome II, p. 87, du Recueil des traités de paix, Amsterdam, 1700.

[1] Le concile de Latran avait été convoqué précédemment par Jules II, et continué par Léon X sous le prétexte, toujours illusoire, des réformes à introduire dans l'Église, mais en réalité pour annuler les actes du concile de Pise, faits sans la participation du saint-siége. La lettre par laquelle Léon X en informa François Ier témoigne de la préoccupation continuelle du pontife au sujet des affaires du Levant, puisqu'il donne pour motif de cette clôture le besoin de se livrer sans distraction aux soins que réclamaient la défense de la chrétienté et les préparatifs de l'expédition qu'il avait fait décréter dans cette douzième et dernière session du concile.

« Heri, qui dies hujus mensis sextus decimus fuit, clausimus, Deo concedente, atque eodem inspirante, sacrosanctam Lateranensem synodum, commeatumque omnibus qui interfuerunt, et diuturno tempore in hoc sancto opere detenti suas jam ad ecclesias, sua ad negocia revocabantur, abeundi quo vellent, cum pace et bene-

par le grand maître de Rhodes des suites de la conquête de l'Égypte, qui, en donnant aux Turcs la possession du port d'Alexandrie, mettait l'Italie sous la menace d'une invasion par mer, ses réclamations devinrent si vives, et les diverses mesures qu'il prit alors pour la réalisation du projet de la croisade furent si multipliées et si pressantes, que François Ier envoya un nouvel ambassadeur pour s'associer à leur exécution.

Léon X avait formé une commission d'hommes expérimentés dans la guerre, connaissant la Turquie, l'état des provinces, les forces et les ressources de l'empire. C'est d'après leur avis qu'il fit composer un mémoire sur les moyens de diriger contre elle une expédition. Destiné à être communiqué aux cours et aux souverains qui devaient y prendre part, à ce titre il fut envoyé à François Ier, accompagné d'une lettre où Léon X retraçait les continuels armements de la Turquie, et représentait Soliman II, consultant chaque jour une carte de l'Italie, pour l'exécution de ses projets ambitieux. Mais ce qui relevait l'importance de sa démarche, c'était l'adjonction du mémoire, qui était l'œuvre du pontife et de son conseil, et qui devait amener une résolution décisive de tous les princes engagés à participer à l'expédition. Aussi François Ier y fit-il une réponse officielle très-développée, qui parut un pas décisif vers le succès de cette négociation.

LETTRE DE LÉON X A FRANÇOIS Ier [1].

(Original. — Archives du royaume. J. 937.)

Chme in Christo fili, etc. Ex exemplo litterarum dilecti filii Fabritii

dictione Domini atque nostra concessimus, quin eos indulgentiis et donis spiritualibus sumus prosecuti, et qui Deo et christianæ religioni optimam operam dederant vicissim ipsi quoque divinis muneribus aucti reverterentur....... Nos perpetuo incensi desiderio et antea semper obtestati fuimus majestatem tuam, ceterosque reges et principes christianos, ut si fidei atque Dei, si honoris et glorie ratio non habebatur, saltem periculi haberetur, cum, hoste Turca tantis prosperitatibus aucto, si ejus improbis conatibus armis obviam non iretur, extremum esset exitium universæ christianitati pertimescendum. Et nunc in hac

duodecima atque ultima ejusdem sacri Lateranensis concilii sessione, ipsam expeditionem, sacro eodem approbante concilio, contra Infideles suscipiendam decrevimus, sumpto spatio ad eos apparatus faciendos, qui tanto bello opportuni ac necessarii sint: ut clausa synodo, id quod factum est, in hanc unam curam intenti, atque assidui esse valeamus... — Datum Romæ, apud Sanctum Petrum, sub annulo piscatoris, die xvije martii MDXVII, pontificatus nostri anno quarto.—JA. SADOLETUS. »— Extrait d'une lettre originale de Léon X à François Ier. (Archives du royaume. J. 937.)

[1] L'apparition d'un grand nombre de

de Carreto, magni Rhodi magistri [1], ad nos, et quorumdam a Syria mercatorum ad ipsum, itemque ex litteris quas prefectus classis Turcarum, conditione servus, specie eunuchus, ad eumdem magnum Rhodi magistrum dirigit [2], intelliget majestas tua quo in statu res Turcarum sint. Magnis illæ adhuc prosperitatibus auctæ, sed quæ ante-

corsaires turcs dans les environs de la Sardaigne et de la Corse engagea Léon X à réclamer de François Ier des secours pour la protection des côtes de l'Italie, ce qu'il fit par une lettre des calendes de mars et par une autre du 7 des ides de mai 1517, dans lesquelles il revient sur les effets de la campagne d'Égypte et la résolution récente du concile de Latran, et il conclut par demander la jonction de ses forces navales avec celles du roi d'Espagne.

« Bis jam ad te literas dedimus de ea victoria contra sultanum Ægypti regem, et hortati sumus in suscipiendo bello quod in postrema Lateranensis concilii rogatione senatus decrevit..... Allatum ad nos est quadraginta hostium biremes inter Corsicæ atque Sardiniæ littora nuper visas; peto abs te ut quicquid habes Genuæ atque Massiliæ navium, eas imperes mihi præsto esse ut cum mea cumque Caroli regis classe ad nostras communiter oras tuendas conjungi possint. — Datis VII id. maias, anno quinto, Roma. » (*Lettres de Bembo, écrites au nom de Léon X*, liv. XV, p. 339.)

Il écrivit aussi vers le même temps au grand maître de Rhodes pour le tenir en garde contre les conséquences que pouvaient avoir pour son ordre les changements survenus en Égypte. « ... Etsi existimem Turcarum regem alio vires suas conversurum, est tamen tuæ prudentiæ ita te instruere quasi ille ad te opprimendum nervos omnes intendat suos... — Datis pri-

die cal. febr. MDXVII, anno quarto, Roma. » (*Lettres de Bembo, écrites au nom de Léon X*, liv. XV, p. 339.)

[1] L'institution qui paraissait la plus menacée par le changement opéré en Égypte était surtout l'ordre des chevaliers de Saint-Jean-de-Jérusalem. Quoiqu'ils eussent observé, du moins en apparence, la plus stricte neutralité dans ce conflit, qui avait eu lieu à leurs portes, il est à croire que l'ordre ne resta pas complétement inactif, et son historien parle de la mission d'un envoyé secret du roi de Perse, qui, sous un déguisement, *perça à travers les états de Sélim* jusqu'au grand maître, pour l'engager contre la Porte à une ligue commune avec lui et le sultan d'Égypte. (Vertot, *Histoire de l'ordre de Malte*, tome II, page 414.)

[2] Déjà, lors de la marche de Sélim contre l'Égypte, l'apparition de la flotte turque dans ces parages avait inquiété Rhodes, quoique la démonstration de l'amiral ottoman se fût bornée à l'envoi d'une lettre injurieuse adressée au grand maître. C'est probablement cette lettre qui est mentionnée ici dans celle de Léon X, et dont le commencement, extrait de Marini Sanuto, est cité par M. de Hammer (*Histoire de l'empire ottoman*, tome IV, p. 355) : « Lettera del capo dell' armata turcha al gran mastro : Tu che sei un can rognoso, di una madre cane, filio di cane, cane del inferno, e tu te chiami cane, ec. »

quam constituantur, firmatisque viribus et instaurato exercitu tuta ac
tranquilla habeant nova Orientis regna, tanquam respiciente atque ex-
pectante curam ac animadversionem nostram clementia et misericordia
Dei, spacium nobis prebeant ad ea comparanda quibus salutem nostram contra impetum sevissimi atque ejusdem potentissimi hostis defendere postea valeamus; quique nihil aliud cogitet, qui cætera omnia
et bella et pericula ob hanc rem unam potissimum suscipiat, ut nos
deinde fortior invadat et robustior, qui denique avide sitiat sanguinem
nostrum nomenque odio habeat, et rem christianam universam cupiat
extinctam, eædem te docebunt prefecti litteræ scriptæ ita arroganter
ut stomachum movere debeant, non modo tibi clarissimo potentissi-
moque regi, sed mediocri etiam viro qui virtutis aliquam ducat rationem, tanta linguæ et minarum intemperantia barbarus ille semihomo
utitur, qui tamen de sui regis virtute et prudentia testimonium facit,
cum talis tantis rebus prepositus sit. Sed nos qui alias sæpe majestatem tuam hortati fuimus, ut cum ceteris principibus, una vel potius
ante ceteros, suscipere hanc curam dignam sua et majorum suorum
religione ac gloria, patrociniumque universæ christianitatis recipere
vellet, atque ea remedia et subsidia comparare quæ ab imminenti
exitio quod ferocissimus crudelissimusque hostis jampridem nobis
omnibus et Dei nostri fidei meditatur, salvam prestare possent christianam rempublicam; quique petivimus omni studio, quo res maturius
ad certam conclusionem deveniret, ut legatos vel mandata cum plena
potestate huc ad almam urbem nostram mittere non differres: iidem
nunc etiam atque etiam obsecramus atque obtestamur majestatem
tuam ut insistere in hanc sanctam et salutarem et tibi et omnibus
cogitationem opere et factis velit, neque expectare illud extremum
tempus quod cum advenerit, nisi prohibeat Deus, prius clades erit
accepta quam defensio cogitata. Quod si ab initio nostrarum admoni-
tionum vere in hanc curam itum fuisset parandarum copiarum quibus
tueri ab hoste aut ledere hostem potuissemus, esset nunc nobis divi-
nitus data occasio maximam partem amissi imperii recuperandi, cum
ita nudata presidiis tam maritimis quam terrestribus, propter hostium

occupationem tam Sophiani quam Ægyptiaci belli, omnis sit Greciæ et
Macedoniæ ora, ut vel mediocri exercitu trajecto redigi posse in potestatem videatur, animis presertim illarum nationum nos votis omnibus exoptantibus. Sed posteaquam vel casu infesto, vel nostra illa ipsa,
quæ christianas res sæpe perdidit, negligentia sit ut huic occasioni
occurere non ita commode possimus, illud saltem agnoscamus Deum
nostrum Dominum misericordiæ, Dominum pietatis, cunctari atque
expectare, differreque imminentem calamitatem dum pœnitentiæ præ-
teritorum et providentiæ futurorum, curæ et diligentiæ nostræ partem aliquam impartiamur. Ille profecto, dum salvos nos cupit, varie
excitat corda nostra, nunc terrores magnos admovendo, nunc lætas
occasiones ostentando, ut animos nostros inflectat ad veri honoris et
veræ salutis rationem. Adhibet ergo ille mira charitate erga nos nunc
severitatem, nunc misericordiam, nunc spem, quandoque timorem.
Sed quo major illius est indulgentia, hoc gravius pertimescendum est
ut pertinaciæ ad extremum nostræ atrociorem constituat pœnam. Quapropter, charissime fili, audi nunc, quæsumus, et vocem Dei te appel-
lantis, et paternas monitiones nostras adhibe in concilium cogitatio-
num tuarum..... Sed de his latius ut majestatem tuam alloqueretur,
venerabili fratri Ludovico, episcopo Baiocensi, nostro apud majestatem tuam nuncio, commisimus, cui fidem illa adhibebit. — Datum Romæ, apud Sanctum Petrum, sub annulo piscatoris, die II julii
MDXVII, pontificatus nostri anno quinto. — JA. SADOLETUS[1].

---

[1] Le sultan Sélim Ier, après avoir achevé
la soumission de l'Égypte en étouffant la
révolte de plusieurs partisans des anciens
dominateurs du pays, avait employé une
partie de l'année 1517 à organiser sa conquête, et, dans les différents voyages qu'il
entreprit pour cet effet, il vint à Alexandrie
recevoir en personne sa flotte, qu'il avait
fait venir de Constantinople. Ces mouvements maritimes étaient surtout l'objet des
appréhensions de la cour de Rome, aussi,
en redoublant l'anxiété du pontife, ils
redoublèrent son activité. Ainsi on le voit,
par les actes de la fin de cette année, toujours confiant en apparence dans les promesses et le concours de François Ier, rendre
un bref spécial applicable à l'exécution
des mesures relatives à la croisade dans le
duché de Bretagne, et auxquelles il donne
précisément pour motifs le bruit anticipé
de la rentrée du sultan dans sa capitale, et
celui d'une augmentation de sa flotte,
prête à servir de nouveaux projets d'envahissement. Dans cet appel aux Bretons

pour les entraîner dans le mouvement général, il est curieux de le voir ici profiter
en quelque sorte de la situation particulière
de cette province, qui avait fait retour à
la couronne sans avoir abdiqué sa qualité d'état, et qui, destinée plus tard à être
annexée officiellement à la France dans le
cours de ce même règne, conservait encore à cette époque une organisation indépendante.

« Cum autem nuper ad aures nostras
fide dignorum relatione pervenerit Turcarum tyrannum, victoria contra Egypti
soldanum obtenta, elatum ac magis po-
tentem effectum, ad civitatem Constantinopolim redire, triremesque et classem
numero majores quam antea fecerit, parare, tanquam civitates, terras et loca christianorum invadere mente et animo conce-
perit: necessesque existere eundem Franciscum regem sanctam expeditionem quam
prius voluntate et ad laudem et gloriam
Dei ac fidei exaltationem capescere intendebat, nunc pro necessaria Christi fidelium defensione et fidei christiane tuitione
et conservatione suscipere; nos propterea
volentes quoad possumus eundem Franciscum regem in suo bono proposito manute-
nere et conservare, ac ut premissa facilius
exequi possit, omnibus viis et remediis
oportunis juvare...... Universos Christi
fideles in regnis, dominiis, terris et locis
ultra montes consistentibus, etiam ducatu
Britanie, eidem Francisco regi subjectis,
habitantes ac inde originem ducentes...
hortamur, requirimus et monemus necnon
eisdem fidelibus qui in regnis, terris et
locis ultra montes, et dicto ducatu Britanie duntaxat inhabitant et interim inhabi-
tabunt, et inde originem ducunt, infra
aliud biennium, a fine dicti biennii com-
putandum, similem plenariam indulgen-

tiam et omnium peccatorum remissionem,
aliaque privilegia et indulta, donamus et
elargimur. Dilectum filium Gabrielem Ma-
riam, ministrum provincialem provincie
Francie, ordinis fratrum minorum de Observantia, seu commissarium presentium;
commissarium cum potestate alios dicti ordinis quot sibi videbitur oportunum de-
putandi facimus, constituimus et deputamus, mandantes eis quod pecunie ex
Cruciata et facultatibus hujusmodi pro
tempore provenientes in sacristiis domo-
rum dicti ordinis, seu penes mercatores
fide et facultatibus fide dignos, prout eidem commissario securius videbitur, per
eos conservande ad effectum ut ille in
dictam sanctam expeditionem duntaxat, et
non in alios usus convertantur, fideliter
deponantur. Statuentes insuper quod pecunias ex Cruciata et facultatibus hujusmodi provenientes in alium quam predictum usum convertentes, aut illis abutentes,
cujuscunque dignitatis et preeminentie
fuerint, excommunicationis late sententie
penam eo ipso incurrant, a qua, nisi per
romanum pontificem preterquam in mortis
articulo constituti, et previa satisfactione
absolvi nequeant... — Datum Rome, apud
Sanctum Petrum, anno Incarnationis dominice millesimo quingentesimo decimo
septimo, tertio idus novembris, pontificatus
nostri anno quinto. — THO. DE BINIS. »
(Archives du royaume. J. 937.)

Vers le même temps, par une bulle datée du 18 des calendes de décembre 1517,
autorisant une mesure générale pour la
France, dont le bref précédent n'était
qu'une application particulière, il prescrit
dans des termes absolument identiques, et
par l'intermédiaire des mêmes personnes,
la levée d'une nouvelle décime sur les biens
du clergé, la seconde qu'il eût imposée

LETTRE DE LÉON X A FRANÇOIS Ier.

(Original. — Archives du royaume. J. 937.)

LEO PAPA X[mus].

Charissime in Christo fili noster, salutem et apostolicam benedictionem. Sepe significavimus majestati tuæ quid ab immanissimo Turcarum tyranno universæ fidei nostræ calamitatis et periculi nobis videretur impendere, summo pro omnibus metu et dolore sollicitati, in quo certe cognovimus semper maj[em] tuam pro ejus summa virtute ac pietate promptam ad hoc sanctissimum opus et bene animatam fuisse. Id quod nunc maxime per dilectum filium nobilem virum Thomam de Foxo[2],

pour les frais de la croisade depuis la bulle du 17 mai 1516, promulguée, comme on l'a vu, dans le cours de l'année précédente.

« Leo episcopus, servus servorum Dei, ad futuram rei memoriam. Dudum universos Christi fideles in regnis, dominiis, terris atque locis carissimo in Christo filio nostro Francisco, Francorum regi christianissimo, subjectis habitantes ac etiam ex eis originem ducentes, ut eidem Francisco regi ad expeditionem adversus perfidos Saracenos ac mari classis et terre exercitus manutentionem, et, si necesse foret, augmentum cum bonis et personis suis pro viribus constanter assisterent, requisivimus, etc. — Datum Romæ, apud Sanctum Petrum, anno Incarnationis dominice millesimo quingentesimo decimo septimo, decimo octavo kal. decembris, pontificatus nostri anno quinto. » (Archives du royaume. J. 937.)

Cet acte était le résultat de l'ambassade récente à la cour de Rome du maréchal de Lescun, chargé par François Ier de l'entretenir dans ses illusions sur l'exécution prochaine d'une entreprise à laquelle lui-

même semblait offrir une nouvelle garantie de son concours par la présence de son ambassadeur.

Le journal du secrétaire du chancelier Duprat, qui donne aussi cette pièce en copie, la fait précéder de cette ligne :

« En ce temps le pape envoya un bref au roy duquel la teneur ensuit. »

« Thomas de Foix, s[r] de Lescun, frère du célèbre Lautrec, comme lui maréchal et à plusieurs reprises commandant de l'armée française dans le duché de Milan, avait été envoyé comme ambassadeur à Léon X pour plusieurs affaires que le secrétaire du chancelier Duprat indique ainsi dans un passage de son journal : « Et furent despeschées instructions à messire Thomas de Foix, s[r] de Lescun, pour aller devers le pape, pour aucunes affaires, et entre autres pour le supplier d'octroyer une seconde décime au roy, ce que fust depuis accordé. » Mais les indications données par le journal du secrétaire du chancelier Duprat n'étaient pas les seuls objets de la mission de Lescun auprès de Léon X, qui, au milieu

dominum de Lescun, oratorem tuum planissime declarasti. Nunc vero quo in statu simus perscriberemus ad te latius, nisi te eisdem propinqui periculi nuntiis fuisse admonitum confideremus. Illud non pretermittemus Turcam, preter trecentarum triremium classem quam habet jam nunc Constantinopoli in portu paratam, et fabrorum ingentem numerum quos undique ex suo imperio maximarum penarum denuntiatione accersivit, habere quotidie in manibus descriptionem et picturam littorum Italiæ, adhibitisque locorum peritis, singula diligentius perpendere, ut non cogitare tantum finem quo aspiret, sed ejus vastos animos mentemque totam manibus tenere videamur. Hæc ergo nec procrastinationem ullam nec consultationem videntur postulare quin ad opus omnes accingamur, qui nostrum sanguinem nostrasque fortunas nolumus donare hosti gratuito, et pia arma sumamus antea gloriosa nunc vero necessaria. Super qua tota re quid in consultationibus factis per aliquos propositum fuerit de totius expeditionis sumendo ordine habebit maj^{ns} tua capitula in manibus, suoque prudentissimo examinabit judicio, et quæ visa fuerint addendo aut immutando corriget, et celeriter nos ipsos suumque apud nos oratorem faciet de sua voluntate suisque consiliis certiores. Non eget res hortatione nostra sed ipsa per se non hortatur tantum, verum etiam cogit ut te in hanc curam, voluntatem, apparationemque continuo conferas dum temporis aliquid habemus, dum provideri adhuc potest, ne si tardiores fuerimus salus nostra sine recuperationis spe in extremum trahatur exitium. Nos, quod alias polliciti sumus, omnibus hujus sanctæ sedis copiis tam spiritualibus quam temporalibus omni vigilantia sollicitudineque nostra nec deerimus huic sanctissimo labori atque operi et corpus, personam vitamque nostram prout maj^{ti} tuæ et ceteris christianis principibus videbitur expedire, communi fidelium populorum saluti libenter offe-

de ses préoccupations générales, ne perdait pas de vue son intérêt particulier et celui de l'agrandissement de sa famille, comme le retrace cet autre passage du journal : « En ce temps le pape commença la guerre d'Urbin pour chasser Philippe Marie, nepveu du feu pape Julle, qui possédoit ladite duché, et le roy lui envoya pour secours messire Thomas de Foix, s^{r} de Lescun, avec quelque nombre de gens d'armes à cheval et trois mille hommes de pied, soubz la charge du s^{r} de Chissey. »

remus, sicut latius, per venerabilem fratrem Johannem episcopum Sibinicensem[1], nostrum apud te oratorem, maj^{as} tua intelliget, cui fidem adhibebis.— Datum Romæ, apud Sanctum Petrum, sub annulo piscatoris, die XIII^a novembris mille^{mo} quingen^{mo} XVII^{mo}, pontificatus nostri anno quinto. — JA. SADOLETUS.

MÉMOIRE DE LÉON X A FRANÇOIS Ier [2].

(Copie. — Dupuy, ms. 600.)

In Dei nomine, amen. Quia magnis rebus administrandis recta consilia antecedere oportet, et prius consulto opus est, mox, ubi consulueris, mature facto; iccirco consultationes habitas de maxima et maxime necessaria expeditione contra Turchas quibusdam capitulis ordine subjectis explicavimus.

PRIMUM, an hoc bellum sit suscipiendum?

Hoc non videtur cadere in consultationem, non enim jam est in potestate nostra cum noster æternus et idem potentissimus hostis maximos apparatus fecerit, faciatque ad nos et statu et fortunis et vita ipsa exturbandos ac spoliandos, palamque jactet valde ferociter se orientem modo subegisse, nunc statim ad occidentem arma convertere. Nec sit nisi tota christianitate capta ullo modo quieturus, ut nos aut illi dare gratis nostrum sanguinem aut ferro cum eo decernere oporteat. Nullum igitur habet locum consultatio ubi intervenit necessitas.

[1] La mission de l'évêque de Bayeux, chargé principalement de faire admettre le concordat en France, venait de finir, et le journal mentionne également ainsi l'arrivée de son successeur : « A Évreux veint devers ledict S^r roy Mre Jehan Staphillée, évêque de Sibinicense (Sebenico) en Esclavonnie, que le pape envoyoit pour demeurer son ambassadeur devers icelui S^r. L'évesque de Bayeux fut révoqué. »

[2] Voyez dans Guicciardini (livre XIII, chapitre IV, *Storia d'Italia*, t. IV, édition de Carlo Botta) les circonstances qui ont présidé à la composition de ce mémoire. Guichardin est le mieux informé des historiens contemporains sur ces particularités, qu'on ne connait guère que par lui, et, d'après l'analyse exacte qu'il en donne dans ce passage de son histoire, il est évident qu'il a eu connaissance du texte de ce mémoire.

Secundum, suscipiendumne bellum offensivum an defensivum?

Ne hoc quidem valde dubitandum est quin longe melior sit conditio inferentis bellum quam propulsantis; primum quia aggredi ultro hostem majoris est animi et auctoritatis quam illius impetum expectare, cum etiam adversarii animus eo magis minuatur quo magis eum audere viderit contra quem decertaturus est. Deinde si quid debile aut infidum est in statu inimici, id data occasione detegitur, qualia multa profecto in statu Turcharum, si eo nostri exercitus pervenerint, deprehendentur quæ et pro nobis valde et contra illos facient : postremo civitates et populi externo bello perturbati de salute sua cogitant nec habent spacium ad ea comparanda quibus hostis in suis regionibus vexetur; atque hæc incommoda cum hostibus importantur inferendo ultro bello tum a nostris removentur. Possunt et aliæ multæ rationes adduci quare inferre bellum utilius sit, sed faciles cogitatu sunt : duo tamen in bello offensivo diligenter animadvertenda sunt : primum ut eis viribus contra hostem eatur, quibus ille opprimi debeat, deinde ut periti locorum atque hostium ad omnia belli consilia adhibeantur; sed hec et alia multa prudentiam ducum et vigilantiam non fallent.

Tertium, quæ impedire hoc bellum possent, et quo modo ea dimovenda?

Essent enim impedimento maxime discordiæ et dissentiones christianorum principum inter se, si quæ nunc sunt aut si quæ postea exorientur, ad quod malum exitiale tanquam semen Sathane penitus ejiciendum; pax quidem optanda, sed generales omnino inducie saltem ad annum, ac deinde donec hoc sanctissimum bellum manserit ac eo finito ad sex menses faciendæ sunt, quæ omnium principum religiosissimo jurejurando sanciantur ac omnium ecclesiasticarum censurarum penis muniantur, ut qui eos læserit, hostis publicus Dei sit appelleturque, dictasque penas ceteri ab eo principes repetere debeant. Si que vero oriantur controversiæ, aut per romanum pontificem et sacrum cardinalium collegium decidantur, aut post finem belli differantur. Esset etiam fortasse sanctius et utilius ut fieret una sancta fraternitas principum cum romano pontifice, juramento votoque vallata sub eisdem censuris ac penis contra eam violantem, jurarentque omnes et obligarent se ruptorem hujus fraternitatis se communiter armis persecuturos, appellareturque ista fraternitas Sanctæ-Cruciatæ.

QUARTUM, an bellum gerendum per omnes principes sit, an per aliquos tantum, et quos?

Scribitur in actibus apostolorum quod, post adventum Spiritus-Sancti in discipulos Christi, erat credentium cor unum et mens una. Hoc si in christianis principibus maximo Dei munere inesset, jam pateret Dei voluntas non solum de hac victoria, sed de universo orbe terrarum ad suam sanctam fidem convertendo; quod tamen per ejusdem gratiam Dei futurum confidimus. Nunc vero non videtur numerus ducum pari potestate in uno exercitu necessarius, et tamen, propter casus humanos, duos preesse convenit qui sint potencia et auctoritate magna et mutua caritate Deo auspice conjuncti, nec vero dubium est quin maxime apti propter plurimas causas sint, sacra cesarea majestas et christianissimus Francorum rex, quas causas, eo quod pateant, non commemorabimus. Sed his duobus tantum terrestrem exercitum ducentibus, etsi ceteros reges ac principes ad hunc laborem propter longinquitatem non vocamus, auxilia tamen eorum ut quisque commodius possit, vel pecuniarum vel militum necessaria ducimus, ad quæ conferenda omnes prompti esse debebunt, cum unusquisque eorum nobilis pars sit christianæ reipublicæ. Omnium igitur auxiliis sub horum duorum concordi imperio bellum hoc recte administratum iri confidimus, qui duo jam se obtulerunt, simulque alii multi reges et nobiles, suas facultates huic sanctissimæ expeditioni polliciti sunt, quorum virtutis et pietatis exemplum, Deo corda disponente, reliqui, ut speramus, sequentur.

QUINTUM, de apparatu belli et rebus ad apparatum necessariis ac de Dei auxilio primo.

Apparatus vero hujus belli, cum multa et magna postulet, imprimis Dei auxilium pro nobis comparandum, sine quo nichil validum est, nichil forte. Is ergo cum propter principum olim populorumque peccata, Asiam, Greciam, Traciam, Africam, aliasque provincias in prædam hosti eidem concesserit, tota mente ab omnibus nobis deprecandus, obsecrandus est ne nos in similem det calamitatem; modi autem quibus reconcilietur Deus, sunt preces diurnæ nocturnæque, jejunia, eleemosine, sacrificia... Igitur predicatores passim in omnes populos qui eos ad penitenciam hortentur sunt mittendi, prelatique ecclesiastici : sic enim placatus Deus cum fuerit nobis propitius, de hoste suo ac nostro nobis concedet victoriam.

De pecuniis secundo. Quod ad pecunias vero quæ nervi sunt belli, quo modo cogendas et per quos custodiendas ac dispensandas attinet, pensitanda in primis hujus belli magnitudo, et vires hostis estimando quæ sunt profecto maximæ, et propter latitudinem imperii accessione quoque Egypti ac Siriæ nuper aucti, et propter multitudinem militum et propter copiam, ut fertur, innumerabilium pecuniarum. Ut ergo par contra illum vel etiam superior instituatur exercitus, ingenti opus est pecunia, quam nos ad summam hanc existimavimus prope modum sat fore si octuagies centena millia aureum inveniantur. Hæc autem pecunia non difficulter redigi poterit, primum ut reges ipsi ex suis vectigalibus bonam partem conferant, cum ipsorum inprimis res agatur, cum hostis ea fertur esse natura ut plebem quidem negligat, nobilibus vero et principibus odio adversetur exitiali eorumque capita imprimis poscat; itaque quocumque victor se contulit, principum stirpes penitus excidit, nobiles ad nichilum redigit, inaudita crudelitate horum sanguinem sitiens : quo magis christiani principes de suis vectigalibus bona parte oblata, vitæ et honori et statibus suis consulere debent. Quam partem nos non ducimus esse taxandum, sed eorum prudentiæ ac liberalitati hoc remittendum.

Reliqua sunt duo genera ecclesiasticorum et laicorum : ecclesiastici omnes decimas solvent in singulos annos, ut etiam xx^{ma} aut xxx^{ma} parte bonorum stabilium quibus majores redditus fuerint, rendita representabunt semel pecuniam plurimarum decimarum aut, si aptius visum fuerit, quodque forsitan est deliberatione dignum, si prepen-

sis et estimatis ecclesiasticorum beneficiorum presertimque monaste-
riorum et cathedralium ac metropolitanarum ecclesiarum redditibus,
tantum his relinquetur ex fructu annuo qui eorum beneficiorum sint
possessores, quod ad supplendas necessitates, mediocres etiam commoditates habita ratione personarum dignitatumque sat fuerit, reliquum vero omne in hunc sanctissimum usum convertetur, in quo,
quasi gradibus quibusdam, judicio prudentum est facienda æstimacio,
ut qui minus habent in annuis redditibus decimam solvant partem,
qui plus quartam tertiam decimam, qui plurimum duas tertias vel tres
quartas partes; denique ut, reservata unicuique ecclesiastico portione
ad commoditatem victus frugalis necessaria, quod superest huc conferant; quod tanto magis fieri ab illis debet, quod patrimonii Christi
possessores debent omnia Deo et certum exemplum ceteri imitaturi
sint, libentiusque sua Deo oblaturi.

Laici vero, si nobiles fuerint aut dominia et feuda habuerint, decimam, si privati vigesimam, si vero artifices, manibus victum que-
rentes, eam partem suorum reddituum solvant quæ videbitur convenire. Publicandæ etiam indulgentiæ sanct^{me} cruciatæ ferentibus opem
defensioni sanctæ fidei, ex quibus si bellum fide bona geretur, magnæ
profecto pecuniæ comparabuntur, non enim est mortua fides in cordibus fidelium nec celestis patria usquequaque contemnitur : sed
multi sunt et erunt qui parvo precio vitam æternam libenter ement,
si viderint serio ac non simulanter pro Deo pugnari.

Has vero pecunias nos judicamus ita esse exigendas et custodiendas
et dispensandas, primum ut uniuscujusque civitatis cum sua diocesi
ordinarius sacerdotem unum et capitulum cathedralis ecclesiæ alterum
deputent qui sint timentes Deum et moribus probati, deinde univer-
sitas civium unum seu duos ex numero civium aut clericis secularibus
sive regularibus, ut melius judicarit, constituat qui simul omnes et
exigant pecunias ad supradictam rationem, et eas in capsa aut in loco
apto cujus seorsum singuli habeant claves diversas ut nullus eorum
sine cæteris omnibus attingere quicquid possit, congregatas et sepo-
sitas habeant, rationemque totius hujus pecuniæ in scriptis diligenter

redigant, quas pecunias nemo quavis dignitate præditus, sub excommunicationis latæ sententiæ statim incurrendæ penis constituendis, a quibus nisi per Romanum pontificem, vel in mortis articulo et debita tunc satisfactione prævia non possit absolvi, nephario sacrilegio audeat attingere aut aliam ullam in rem quam ad hujus belli usum convertere, ut, si quo casu bellum omissum fuerit, iis unde exactæ fuerint optima fide restituantur.

Quoniam autem neque simul omnem summam exigi et continue in exercitu militibus stipendia solvi opus est, necesse est in omni provincia conquiri mercatores et nummularios boni nominis qui hanc assument curam pecunias transmittendi, ac ubi necessarium fuerit permutandi cum honesto lucro laboris sui. Quo quidem labore etiam celum lucrabuntur; ac singulis mercatoribus suæ regiones dividendæ ex quibus redactæ pecuniæ ad eos referantur. Hæc enim videtur esse optima et custodiendi et dispensandi ratio; sed necessarium videtur ad cogendum exercitum habere saltem tertiam partem totius summæ quam duximus in pecunia numerata statim a principio, postea reliquum cum commoditate temporis exigeretur ac supra dicto modo ad exercitum mitteretur.

De copiis militantibus tertio. Robur omne exercituum positum est in peditatu et equitibus cathaphractis, quo genere utroque christiani excellunt. Pedites autem sumendi sunt ex his nationibus quæ maxime huic militiæ pedestri et ordinibus servandis student, ut Helvetiis, Germanisque quos Lanschenetos vocant, Hispanis, Boemis, ac ex toto hoc numero Scloparii multi sunt necessarii, propterea quod ea quoque parte militum qui sclopis utantur adversarius habundat. Videntur ergo peditum fortium virorum in exercitu necessaria ad minus sexaginta millia; cathaphracti vero equites gallici optimi et italici qui videntur ad numerum quattuor millium accedere debere : duodecim autem millia levis armaturæ equitum quo uno fere militiæ genere prævalet hostis, nobis duntaxat qui alia potiora ducimus, necessaria sunt ex nationibus hujus studii gnaris Hispanis, Italis, Dalmatis ac Grecis. Hic terrestris exercitus, bonis gubernatus consiliis, commeatuum non

egens, suorum tormentorum opportunis presidiis instructus, futurus
est invictus. In maritimo autem classis apparatu Veneti ac Genuenses
ex Italia, Galli ex Provincia, Britannia et aliis locis, Hispani a seipsis et
ex utraque Sicilia, Angliæ quoque et Portugalliæ reges optimam et hominum et navium militiam ac copiam subpeditabunt, ut mox dicemus.

Sextum, quomodo consultandum et administrandum bellum.

Ad consultationem vero et administrationem belli gerendi, quod
sexto loco composueramus, prior an sit hostis terra et mari aggrediendus deliberandum est. Et videtur omnino maritima quoque classis
et ea potens cum ducibus suis ad bellum necessaria cum hostis tre-
centas jam triremes paratas habeat aliaque quotidie navigia paret ad
trajiciendos, ut nos arbitramur, equos : ergo e contrario nobis classis
instituenda, primum, cum dimidium belli mari geratur, dura in con-
dicione essemus sine classe. Jam enim dimidio belli inferiores essemus, foret etiam hostis dominus maris; deinde sine classe nec commeatus vehi ad exercitum nec littora et urbes nostræ deffendi ab hoste
possent. Tertio magnam auctoritatis partem amitteremus, si sine classe
bellum geremus magisque animum hostis et spem ejus accenderemus.
Postremo nec toto bello pares essemus, et frustra apparatus terrestres faceremus, si maritimos dimitteremus. Quare et omnino classis
necessaria et ea ita potens est comparanda ut hostilem classem non
pertimescat. Ac triremium quidem numero pares esse non possumus,
sed facilis est aut certe non difficillima potentioris classis comparatio,
hoc modo triremes videntur habituri centum hac computacione. Rex
christianissimus in portu Massiliæ complures habet, has ut viginti
sint poterit efficere; totidem rex catholicus si ad eas duodecim quæ
continuo in Sicilia sunt alias octo addiderit, quod non erit magni
operis; ad quadraginta Veneti; Romanus pontifex cum sacro collegio
ut decem conferent conabuntur; a Genuensibus vero tunc triremes
viginti; tum naves magnas quas carracas seu galleones vocamus exqui-
remus, sed et magnarum hujusmodi navium copiam reges Franciæ et
Angliæ poterunt suppeditare; habent enim non mediocrem earum
numerum paulo ante edificatarum; reges quoque Hispanie et Portu-

galie grandem earum copiam afferent. Hanc autem classem præbebunt quoque nationes, partim sumptu suo, partim communi; omnium collatione et proventibus sanctæ expeditionis adjutæ hæ naves cum illis triremibus, instructæ militibus Hispanis et precipue Biscaynis, Portugallensibus, Gallicanis, ex Provincia, Britannia et Normania, aliundeque; et item Anglicanis ac Italis; tormentisque idoneis armatæ, stabilitate sua pro muro erunt triremibus, classemque hostium absque controversia aut repellent aut obruent.

Duces autem maritimi belli ab unaquaque natione suis quidem classibus perficiendi sunt. Sed ad quos totius belli referretur, qui amplissimam potestatem haberent, optandi essent Angliæ et Portugaliæ reges, qui ambo summa pietate sese obtulerunt : verum si rex Angliæ ob longinquitatem commode ire non posset, duce et imperatore Portugalliæ rege contenta esset maritima expeditio. Secundo an divisis an conjunctis viribus et exercitu aggrediendus hostis sit, non est dubium quin nostris unitas et conjunctio virium, presertim terrestri bello sit aptior. Nam et in minore numero divisio minuit vires animosque, quod hosti qui copiis innumerabilibus habundat, nequaquam contingeret, et in unum locum coactis copiis hostium, erit inutilis nimia multitudo, noster exercitus, nec præ turba confusus et viribus valens, nullum pugnandi discrimen pertimescet. Deinde non carpere diversa loca, sed ad hostem protinus vel ad regiam hostilem accedere erit et virtutis et dignitatis et maxime in universo bello utilitatis.

Tertio, quo ad iter exercituum et qua regione commode possint incedere? Triplex via proponitur, aut per Germaniam et Hungariam, commoda hec quidem ubi ad Hungariam perventum sit, nam per Danubium flumen vehi exercitus et paucorum dierum itinere ab Constantinopoli exponi posset, sed hec longior et quibusdam principum forsan parum grata. Altera per Dalmatiam et Illiricum non longe fere a mari, sed hec difficillimis locis sepe impedita est, et equitatui maxime incommoda : tertia que has difficultates evitat omnes ut per Italiam ad urbem Anconam et Brundusium cesarea majestas et christianis-

simus rex perveniant cum suis copiis. Hinc enim satis est commodus
transitus in Ægyptum et Greciam, et per amicas ambo regiones sunt
profecturi : ab Ancona vero trajectus classe faciendus est, premissaque
parte copiarum, imperatores postea subsequi poterunt.

Quarto, ubi convenire exercitus in unum, et que primum loca hostium debeat invadere ? Terrestres quidem copie Ancone et Brundusii[1],
ut diximus, navales vero in Sicilia convenire debebunt, atque inde
majore agmine ad predictos portus contendere, ut inde quoque nostras copias traducere ad hostium littus possint : in terra autem hostili
videtur portus Derrachii oportunissimus, quamvis sit hostium, sed
non erit captu difficilis classe et exercitu nostris eo convenientibus,
quanquam totum illud littus hospitale et portuosum est, ut futura
sit facilis, adhibitis locorum peritis, in terram, et, si opus fuerit, in
portum Venetorum Cathari descensio.

Primus autem conatus nostri exercitus vel ad ipsum ducem hostium
vel ad Constantinopolim aggrediendam faciendus : caput enim peten-
dum, quo oppresso facilis est omnium reliquorum acquisitio, sed hoc
ita si nostrarum et hostis virium periti nos prevalere senserimus : nam
aliter non esset transmissio facienda, sed nostra potius presidiis tuenda.
Sed hec prudentia et consilio imperatorum diligentissime perpen-
denda sunt.

Quinto, de commeatibus non erit difficile providere, classe nostra
mari dominante, ut jam dictum; nam et mercatores tuto commea-
bunt et marcha Apulia, Neapolis, Sicilia, magnos commeatus poterunt
suppeditare. Venient etiam ex Lombardia et tota fere Italia ac etiam
Gallia copie ingentes per commoditates fluminum, maximeque Padi ad
mare devectæ, atque deinde facile ad exercitum comportare quod
usque ad littus parvi negotii erit. A littore vero ad exercitum quomodo
tuto fieri posset, erit eorum qui in re presenti fuerint, deliberatio. Sed
illud erit curandum ut mercatores idonei conducantur qui hanc provinciam deferendorum commeatuum pro honesto lucro capiant, atque

---

[1] Ancône et Brindes (*Brundusium*),
ports de la côte d'Italie, sur l'Adriatique,
en face de Durazzo (*Derrachium*) et de
Cattaro (*Catharus*), sur la côte de Dalmatie.

eis potestas et nomen commissariorum a locorum dominis detur, quo majores auctoritate negotiari et ibidem curare necessaria possint.

De duobus vero que extrinsecus consideranda, duximus tentare aliquem infidelem principem utpote Zophim ad bellum hoc contra Turcas quibus inimicissimus esse debet, communicandum forte non esset inutile. Sed non in hoc magna spes a nobis, verum in Deo et viribus consiliisque nostris est collocanda.

De divisione vero eorum que bello acquirerentur, sic juste facienda ut nemo conqueri nec deffensionem querere juste possit. Videtur esse commodissimum jam nunc judices et arbitros hujus divisionis eligere, puta romanum pontificem et sacrum collegium aut alios communiter a principibus constituendos, qui confecto bello judicare haberent secundum rationem proportionis sumptus et laboris in hoc bellum impensi; vel alia præscripta et ab omnibus accepta ratione quorum judicio omnes stare deberent sub penis supra in induciis appositis. Vel si illa sancta confraternitas fieret, que recuperarentur communiter ab ea tenerentur pro indiviso, quousque per eandem deputati judices determinarent. Dividere autem res antequam partæ sint, incongruum et postea ad discensiones venire periculosum. Hoc autem modo unusquisque jam sciret fere quid ad se venturum esset, et nunc operam tempusque in hac divisione alienarum adhuc rerum non conteret.

Hactenus nostræ sunt in singulis capitibus suprapositis datæ sentenciæ. Nunc quædam præterea addemus. Si enim fieri posset ut Hungariæ et Poloniæ reges, paratis exercitibus, Turcam ex ea parte invaderent, non est dubium quin multum proficeretur ad bellum conficiendum. Magnus enim inde terror injiceretur hosti ejusque vires distraherentur. Itaque sunt illi quidem cohortandi et incitandi, auxiliaque illis danda; sed ita ut de eo exercitu et de ea apparatione quam diximus, nihil omnino imminuatur. In hac enim nervus et vis et spes belli et victoria sita est; verum si sine hujus apparatus detrimento, pecuniæ ex cruciatis et decimis ab illis extremis nationibus Norvegiæ, Daciæ, Saxoniæ, illis attribui possent, quibus exercitum alerent, esset id rebus nostris magno adjumento.

Item si præter eum exercitum quem unitate conjunctum voluimus, tanta præterea militum copia esset ut plurimis locis impetus in hostium fines fieri, presidia crebris in locis disponi possent, quis non videat hoc utilissimum nostris rebus futurum? Sed ea tantum que necessaria ad bellum et ad victoriam essent fieri oportere diximus. Hæc reliqua adjumenta sunt optanda, que tamen in Domino confidimus abundantius etiam affutura. Quis enim erit nobili animo aut ingenio vir qui non accensus cupiditate veræ gloriæ ad hoc bellum studeat properare? Quis cupidus rerum visendarum qui hac occasione oblata suis armis arreptis, non iter aggrediatur? Quis studio acquirendi præditus qui non ad tantam prædam convolet? Quis virtuti denique et fortitudini suæ fidens qui non eam in hoc pulcherrimo et sanctissimo opere et Deo et hominibus velit comprobare? Nam illa que sunt maxima, honor et amor Dei, salus vere fidei, celestis patriæ potiundæ cupiditas omnes pariter commovere debebunt; principes, ut suas opes et auctoritatem, fortes viros, ut suam virtutem, reliquos ut partem suarum facultatum in præclaram hanc societatem Dei et hominum conferant. Non, quanquam hostis et potens vehementer et ferox sit, tamen hominum virtute et militum robore et disciplina longe nobis inferior est, que in bellis valent maxime; ut, Deus modo preces nostras benignis auribus admittat, sit nobis victoria pro certo expectanda. Non ergo deerunt magna subsidia charissimorum regum et principum, cum tam grati Deo sint futuri, qui hoc opere consequentur ut, preter amplificationem opum suarum, simpiternam laudem suæ virtutis inter homines ferant, eorum autem nomina in celis scribantur.

LETTRE DE FRANÇOIS I" A LÉON X [1].

(Copie. — Dupuy, ms. 600.)

Très-sainct père, vostre ambassadeur, ensuivant ce que luy avez mandé, m'a baillé l'abrégé de ce que sagement, prudemment, a esté

---

[1] Le journal du secrétaire du chancelier Duprat contient seul le mémoire de Léon X

advisé par vos commis et députez pour l'expédition de la guerre que les chrestiens, pour obvier à la damnée entreprinse du Turc, ennemy de nostre foy, doivent faire, qui redondera non seulement à leur salut, tuition et garde de leurs estats, pays et subjectz, mais aussi à la conservation et augmentation de nostre foy.

Et d'autant que le plaisir de vostre saincteté est me faire cet honneur de vouloir sçavoir mon advis sur ladite délibération, en y augmentant et corrigeant ce que verrois à faire, me semble que avant tout œuvre devez exécuter le fondement de cette saincte et salutaire entreprinse qu'est la paix, tresve ou fraternité universelle entre les princes chrestiens et communautez pour le temps que vostre saincteté advisera, avec corroboration par censures, peines et autres moiens que se pourront trouver pour la fermeté et seureté d'icelle. Car, par ce moien, toutes suspencions et dissimulations cesseront, et chacun dès lors libéralement déclairera l'affection que a en cette fructueuse et méritoire œuvre; et quant à ce, dès à present, me offre entrer et condescendre sincèrement, sans fraude, dol ne machination en icelle paix, tresve ou fraternité, d'autant que sur toutes choses ay toujours désiré (comme si fais encores), ainsi que on a peu voir, paix, amour et union universelle en la chrestienté, afin que l'effusion du sang que longuement y a eu cours au grand détriment et affoiblissement d'icelle, cesse et soit rétorqué et converty contre les ennemis de nostre foy, et pour ce faire ay déliberé n'espargner ma personne ne mes biens, ainsi que par l'effect se pourra cognoistre.

T. S. P. l'autre fondement et nerf de ceste entreprise gist et consiste en l'argent requis et nécessaire pour la soulde des gens de guerre et conduite de l'artillerie; et à ceste cause est besoing exécuter le plus promptement que faire se pourra ce que a esté advisé par vosdits commis et députez afin que à faute de deniers on ne fust contrainct à délaisser une si utile et nécessaire entreprise, qui redonderoit au grand

et la réponse de François Ier, qu'il fait précéder de cette indication :

« Ensuit la teneur desdits chapitres, les-

quels après avoir veu, le Roy escrivit au Pape en la forme qui s'ensuit. »

déshonneur, confusion et dommage de la chrestienté. Et sur ce, en tant
que me touche et mes subjectz, pouvez estre seur que me mettray en
tel debvoir d'y fournir, que si chacun de sa part veut faire le semblable, espère que les choses reviendront ainsy que le désirez, et pour
ce que par vosdits déléguez ont esté trouvez quelques expédiens pour
recouvrer argent tant sur les laïcs que gens d'église, ensuivant leur
advis, moyenneray quant aux laïcs qui me sont subjectz, qui fourniront si avant que pour eux l'affaire ne demeurera; et quant aux gens
d'église de mes pays, terres et seigneuries, vostre saincteté advisera
lequel des expédiens comprins audit advis sera le meilleur et me le
mandera avec les provisions requises et nécessaires que feray exécuter.
Bien veux advertir V. S. que la décime d'une année n'est pour soustenir un tel fais comme si est la croisade ; car la dévotion du peuple
est si petite, qu'il ne revient quasy rien d'icelle. Par ce ont esté
autrefois bastus par tels moiens dont n'ont veu sortir aucun effect et
cuident que ce soient choses sainctes et voyes exquises pour tirer leurs
deniers. Et touchant l'advis par vosdits députez sur la garde de l'argent
que proviendra des gens d'église et croisade, me semble n'estre bon
que demeure en tant de mains, car seroit chose longue et de grosse
despense pour le recouvrer; et si se pourroit esgarer et perdre, car y
a beaucoup de mauvais mesnagers et mal rescéans. Mais si le plaisir de
V. S. est que tout ledit argent qui proviendra de mes pays soit mis
entre les mains d'un homme solvable, tel que vous nommerez, me
obligeray qu'il en rendra bon compte et reliqua, et que sera employé
et converty au faict de ladite guerre et non ailleurs.

T. S. P. par l'advis desditz déléguez par vostre saincteté, est dict
que les Escossois, Suisses, Lorrains, Savoysiens, Vénitiens, Florentins,
Siennois et Lucqoys seront joincts avec moy à l'exercite d'icelle guerre,
et que par la voye de For-Julle et de Brandins[1] avec quatre mille hommes
d'armes, huict mille chevaux légers et cinquante mille piétons, avec bon
nombre d'artillerie, assailleront le Turc du costé de la Grèce. Si V. S.

---

[1] For-Julle, du latin *Forum Julii*, désigne ici *Città di Friali*, capitale du Frioul ;

Brandins, de *Brandusium* ou *Brundusium*.
Voy. la note de la page 39.

entend que ainsy se face et iceux adjoincts y veullent consentir et frayer
de leur costé le nécessaire, chacun selon sa qualité, seray prest de ma
part accomplir vostre vouloir, et pour le mettre à exécution fourniray tant de mon royaume que de l'Italie iceux quatre mille hommes
d'armes et huict mille chevaux légers, et prendray les piedtons suisses
et allemandz et quelque partie de ceux de mon royaume qui ont suivi
et sont adextrez aux guerres. Et quant à l'artillerie, j'en fourniray une
partie, et conviendra que les communautez et seigneurs d'Italie fournissent l'autre; et, car la solde de la gendarmerie tant de pied, cheval,
que conduicte de l'artillerie, se montera grands deniers chacun mois,
faudra sçavoir combien fourniront tant les laïez que ecclésiastiques desdits pays qui doivent estre joincts avec moy, le mois et pour combien
de temps, et si chacun de sa part veult faire respectivement, le fort
portant le foible, ce que je feray. L'argent aydant, Dieu ne nous fauldra, et, car faudra passer la mer à une si grosse compaignie, faut
adviser le nombre que vostre saincteté, le roy catholique pour le
royaume de Naples, les Genevois et Vénitiens fourniront de gallées,
carraques et autres vaisseaux nécessaires pour le passage et fournitures de vivres. Car, quant est de moy, bailleray tout ce que ay sur la
mer Méditerranée, et touchant les navires que ay en la mer Océane,
avant que eussent faict le tour que convient faire pour les conduire en
la mer Méditerranée, seroit bien tard et conviendroit faire une grosse
despence frustratoire et perdue, que vaudra mieux emploier à la solde
des gens de guerre. Et pour ce que le plaisir de V. S. a esté me mander et fère dire par plusieurs fois par ses messagers que ne vouloit
espargner sa personne à une si digne et louable œuvre, et que désiroit
que fusse avec elle, je la prie tant et si dévotement que m'est possible
qu'elle demeure en ce bon propos et volonté. Car de ma part promects
loyaument l'accompagner et ne l'abandonner tant que auray vie, et espère avec l'aide de Dieu que aurons telle et semblable fortune que pape
Léon, vostre prédécesseur, et Charles le Chauve, mon ancestre, eurent
ensemble contre les infidelles.

T. S. P. pource que souventesfois a esté cognu et approuvé par

expérience que grande multitude de gens assemblez pour faire la guerre
et mesmement quant sont de plusieurs nations et soubs diverses obéissances, engendre désordre, confusion et ruine, ainsi que se lit de
Daire, Perse, et autres, lesquelz par petit nombre furent vaincus pour
le désordre, désobéissance et confusion que provenoit de la multitude
des gens que conduisoient, me semble que n'est utile ne proffitable
que les princes chrestiens se rencontrent en un mesme lieu pour assaillir le Turc. Il y pourroit avoir un désordre et du discord; les vivres
pourroient fallir, et au lieu de faire la guerre au Turc, la pourroient
faire entre eux mesmes. A ceste cause, me semble que, d'autant que par
l'advis de vos députez dois prendre la voye de Brandin ou de For-Julle,
seroit bon que les autres princes preinssent quelque autre contrée. C'est
assavoir que l'Empereur, roys de Hongrie, de Poulongne et autres
princes de la Germanie assaillissent ledit Turc au costé de Hongrie,
et les roys catholiques, d'Angleterre et Portugal eussent leur force sur
la mer, tant pour garder le passage que pour la fourniture des vivres
qui nous seront nécessaires pour assaillir, si besoing est, l'armée que
le Turc pourroit avoir sur la mer; et par ainsi, quant chacun, en droict
soy, en mesme temps se voudra mettre en debvoir contre le Turc à
telle puissance que le plaisir de V. S. est que le face de ma part, est
à croire, avec l'ayde de Dieu, que aurons victoire et remettrons les
terres qu'il tient soubz son obéissance à la foy de Jésus-Christ.

T. S. P. par vosdicts députez a esté aussi advisé un expédient sur
la distribution des terres que pourrons, avec l'ayde de Dieu, gaigner
sur le Turc, et quant à ce, me semble que ceux qui principallement
auront aydé à faire la conqueste et voudront demourer au pays pour le
deffendre et auront de quoy porter la charge devront estre préférez
aux autres. Toutesfois, de cela vous serez juge pour y ordonner ainsy
que verrez estre pour le mieux au bien et profit de la chrestienté.

T. S. P. vosdits déléguez ont aussi advisé que seroit utile et proffitable d'avoir intelligence au sophy ou autre prince infidelle pour
mieux parvenir à confondre le Turc. Sy me semble leur advis estre bon,
et mesmement car par ce moien leur sera osté le chemin d'eux joindre.

et avec ce, par la communication et intelligence que pourrons avoir ensemble, se pourra faire, avec l'ayde de Dieu, qu'ils se pourront réduire à la foy chrestienne; et, d'autre part, la fin et intention pourquoy on le faict est bonne, car ne consiste à les favoriser et augmenter, ains pour les réduire à la foy chrestienne et pour la conserver et augmenter et affoiblir noz ennemis par leurs mains. Et si V. S. advise que elle, l'empereur, moy et le roy catholique y envoyons ensemble quelques messagers avec bonnes instructions et mémoires, je seray prest de ma part pour ce faire.

T. S. P. je loue Dieu de tout mon cœur de ce que voy le chemin préparé sur ce que ay tousjours tant souhaitté et désiré, qu'est de voir en la chrestienté paix universelle et faire la guerre et invader d'un bon et commun accord les ennemys de la foy chrestienne. Sy prie tant dévotement que m'est possible V. S. de persévérer et parachever ceste excellente et fructueuse délibération que avez si bien et vertueusement commencée, qui vous viendra à perpétuelle et éternelle renommée. Et plus grand ne proffitable trésor ne sçauriez acquérir ne amasser en ce monde, moiennant lequel à la fin aurez la gloire éternelle, à laquelle prie nostre Sauveur et Rédempteur, après très-longue vie et santé, vous conduire. — Escript à Amboise, le seiziesme jour de décembre. *Signé*, vostre très-obéissant filz, FRANÇOIS. — ROBERTET.

III. — TRÉVE DE CINQ ANS.

TRAITÉ DE LIGUE ENTRE LES PRINCES CHRÉTIENS.

1518-1520.

Léon X avait adressé son mémoire aux souverains dont il attendait le concours, et au moment où l'évêque de Saint-Malo, alors ambassadeur de François Ier, remit au pape la lettre du roi, celui-ci s'empressa d'y répondre, en lui envoyant, par la même occasion, un avis consultatif de l'empereur Maximilien Ier sur le mémoire qui lui avait été également communiqué. Cette pièce, émanée du conseil impérial, reprend, pour le fond et les détails, toute la discussion du mémoire de Léon X, donnant son approbation à la plupart des mesures proposées, et y ajoutant ses propres vues. La première partie porte sur les ressources financières demandées pour l'expédition, et la seconde développe un plan de campagne dirigé contre l'Afrique, qui tend évidemment à laisser dans l'ombre le concours de la France et des autres puissances coalisées, pour donner la direction de l'entreprise à l'empereur et à son petit-fils le roi d'Espagne.

Léon X annonçait en même temps à François Ier qu'il se disposait à proclamer publiquement la trêve ou suspension d'armes de cinq ans au milieu des solennités religieuses qui devaient lui donner leur consécration, et à envoyer en mission extraordinaire des légats pris dans les rangs des cardinaux, afin d'arrêter les mesures définitives pour l'exécution de l'entreprise. La proclamation de la trêve fut faite par une bulle répandue aussitôt dans toute la chrétienté, et qui était comme le manifeste de la guerre qui allait s'ouvrir. Le pape, en fixant la durée de la trêve à cinq ans, accompagna cette déclaration de formules d'anathème contre les infracteurs, qu'il frappe d'avance de toutes les censures et de toutes les peines canoniques. Des processions et des cérémonies religieuses se succédèrent et vinrent donner un grand éclat à cette proclamation, et le choix du cardinal Bibiena, chargé de suivre la négociation auprès de la cour de France, fut annoncé directement par Léon X au chancelier Duprat.

LETTRE DE LÉON X A FRANÇOIS Ier [1].

(Original. — Archives du royaume. J. 937.)

LEO P. P. X.

Ch^{me} in Christo fili, etc. Ex litteris maj^{is} tuæ et ejus sermonibus instructionibusque quas venerabilis frater Dionisius, episcopus Maclovien-

---

[1] Antérieurement à cette pièce, et avant que la réponse de François Ier à la communication de Léon X ne fût parvenue à la cour de Rome, le collége des cardinaux adressa simultanément à François Ier et à Henri VIII une lettre collective que nous nous abstenons de reproduire, parce que l'original envoyé à François Ier est, pour les termes, identiquement le même, sauf les titres et les noms des personnes, que celui dont Rymer a donné le texte pour Henri VIII. Cette lettre est une circulaire qui fut peut-être également envoyée à d'autres souverains : conçue en termes généraux, elle n'ajoute aucun fait particulier à ceux que nous avons énoncés, et son objet paraît être seulement, en venant à l'appui des affirmations du pontife sur les événements qui se passaient dans le Levant, de donner à l'entreprise proposée par lui l'autorité d'une manifestation approbative du sacré collége, et l'annonce de son concours pour l'exécution des mesures consignées dans le mémoire précédent. « Quod au-

sis, tuus orator, nobis nomine tuo obtulit, plane cognovimus tuam
eximiam ac præstantem in Deum et dominum nostrum ejusque sanctam
fidem curam ac pietatem conjunctam non mediocri erga nos benevolentia, cujus tui animi, etsi multa ac magna sæpe indicia accepimus,
tamen hoc ipso pene supremo, nisi obviam eatur, christianæ reipublicæ
tempore tantam tuam esse et tam paratam voluntatem subveniendi communi saluti non humanum quoddam beneficium, sed celeste munus a
Deo summo oblatum suæ sanctæ fidei, nobis visum est. Facile, autem de-
clararunt habita per te super tanta re concilia deliberationesque tum
magnitudinem animi tui res maximas et hæc præclarissima bella ita
optantis ut in facto ipso jamjam versari atque interesse videatur; tum
vero rerum quæ ad hujusmodi bellum spectent egregie composita con-
siliorum summa testis tum singularis prudentiæ tum eximiæ tuæ pietatis et fortitudinis..... Sic enim nobis persuasimus, tua virtute autho-
ritateque interveniente, cæteris principibus christianis, et sponte sua
et tuo exemplo subsequentibus, propediem fore ut teterrimi hostes,
qui nos, nostris sedibus exturbare cogitant, in suis ipsi sedibus nostra
arma vexillaque et crucis sanctissimæ signa capti oppressique in-
tueantur. Quod vero ad rem ipsam pertinet et ad pecuniarum cogen-
darum rationem, quæ post Dei opem et principum concordiam maxime
sunt utiles et necessariæ, ex cunctorum consiliis collectam ac præcipue
ex charissimi in Christo filii nostri Maximiliani imperatoris electi
semper augusti diligenti et enucleata cogitatione confectam summam,
paucis mutatis, ad tuam maj^em, in scedula seorsum his adjuncta, tuo
quoque judicio mittimus pensitandam, ut, quod communiter fuerit ap-
probatum, id quam celerrime ad nos referatur executioni mandan-
dum. In quo aut maj^as tua nos pie prudenterque admonet, ut pacem

tem ad hunc sacrum senatum spectat, quidquid in nobis est studii, diligentiæ et opere,
quidquid auctoritate, dignitate, opibus
ecclesiasticis aut temporalibus valemus,
id omne ad personas etiam nostras per
necessariam expeditionem promptissime

sumus collaturi...... » (Dupuy, ms. 600.)
Voyez aussi, dans Rymer, t. XIII, p. 603,
la lettre adressée par les cardinaux à
Henri VIII, roi d'Angleterre, à la date
du 8 janvier 1518.

induciasve inter omnes christianos principes constituamus, eas nos, tua
cæterorumque principum omnium simili, ut ex eorum litteris instructionibusque perspeximus, in eam rem voluntate adducti, quinquennales
inducias indiximus, easque sumus ad paucos dies, supplicationibus
publice habitis, tanquam Deo ipso teste inter missarum solemnia in
publicum edituri, prorsus agnoscentes hanc dissensionum qualen-
cunque intermissionem primum ac præcipuum esse illius sanctissimi
belli fundamentum. Quo vero hæ res expeditiorem deliberationem habeant et majori authoritate diligentiaque tractentur, legatos de latere
ex venerabilium fratrum nostrorum numero ad tuam maj{em} tum et
reges alios mittere decrevimus, non ulla alia præditos facultate nisi
hac una cura meditationeque ut ad effectionem hujus maxime præ-
clari gloriosique operis noctes et dies studio, assiduitate vigiliisque
intendant. Ieque cohortando adjuvandoque, quanquam hortatione
quidem non eget maj{as} tua, tamen quæ consuli gerique opportebit
tecum et cum aliis una tractando et agendo omni opera incumbant,
ut quod Deo inspirante bene cœptum est, id nostra, quoad licitum erit,
diligentia, tuæ maj{is} virtute magnitudineque animi, cæterorum etiam
regum ac principum piis promptisque studiis, ad optatissimum finem
deducatur. In quo quantum inter homines celebritatis et gloriæ sempi-
ternæ acquiretur, tantum in cœlo meriti ad fruendam immortalitatem
comparabitur. — Datum Romæ, apud Sanctum Petrum, sub annulo
piscatoris, die III martii MDXVIII, pontific. nostri anno quinto. — JA.
SADOLETUS.

CONSULTATION DE L'EMPEREUR MAXIMILIEN Ier.

(Copie. — Fonds Dupuy, ms. 600.)

CONSULTATIO CESAREÆ MAJESTATIS CONSILIARIORUM SUPER EXPEDITIONE CONTRA TURCAS.

Auspicio sancti Paracliti Spiritus, in Dei nomine, amen. Cum se-
renissimus dominus noster Leo decimus, romanus pontifex, una cum

sacro reverendissimorum cardinalium collegio, ac christianorum principum et regum oratoribus, qui pro consultandis universe christiane reipublice urgentibus negociis ac incumbenti hujus temporis necessitate, in romanam urbem convenerunt, non absque immenso cordis sui dolore pro pastoralis sui officii in dominicum gregem sibi credita cura, animo revolverit, exacteque ac diligenter perpenderit quanto jam tempore, sacrosancte fidei nostre perpetui hostes, immanissima ac spurcissima Turcarum gens impune in christianos debacchata, non modo finitimas regiones, Ætoliam, Peloponensum, Achayam, Archadiam, universam Greciam, Thessaliam, Macedoniam, Epyrum, Traciam, ipsamque Orientalis quondam imperii sedem Constantinopolim, multis prius excursionibus, stragibus, cædibusque vastatas, et ditioni tandem suo subjecerit; sed in ipsius Italiæ viscera, et aliquando non procul a romane urbis membris, ubi christiani nominis caput, et apostolorum sedem locata scimus, furoris sui rabie penetraverit..... propriis tantum commodis inhiantes communisque salutis immemores, lamentantium gemitus et oppressorum lachrymas surdis auribus et commuentibus oculis prætereuntes, nulla hactenus vulneribus christiane reipublice illatis remedia adhibuisse; quodque si fortasse ea tolerari potuerunt, dum hostis publicus nondum in eos accessus creverat, in quibus palam nunc omnibus inspicitur; quodque si ceteri Turcharum tyranni eo facilius verebantur qui, dum quedam etiam non modica regna et imperia sua subedissent ditioni, nondum tamen cogitatus suos eo direxerant, ut sibi universum orbem subderent; at profecto cum sibi proponendum arbitratus sit qualis quantusque sit presens hic hostis, qui non innumeris suis ditionibus, que antehac progenitores sui a christianis principibus rapuerunt, non tota fere Asia et magna parte Europe contentus, fuso prius Persarum rege, duobusque Egyptiorum sultanis crudeliter trucidatis, ac Syrie, Arabie, Egypti et multis Aphrice regionibus, præsertim refertur, Bugie, Thunezi, Tremezenique regnis potitus, in Occidentem, hoc est in christianorum viscera, arma convertit; ... Sanctitasque omnia que ad tante rei molem pertinent, prehabita, tam de modo belli sumendi, quam de copiis, de comeatibus, de pecuniis articulatim abunde complexa fuerit; eamque consultationem ad invictissimum Cesarem Maximilianum, tanquam ad caput secularium principum, et advocatum sancte apostolice sedis, christianeque fidei protectorem, et uni rei militaris inter omnes principes expertissimum, examinandam perpendendamque miserit, ut si quid pro bellicarum rerum experientia minuendum addendumque existimaverit, judicio atque consilio ostendat; licet Serᵐᵘˢ Cesar, jam plurimis documentis satis superque noverit..... sepiusque cum natione germanica et consiliariis suis super iisdem rebus consultaverit, nihilominus gratissimus Cesari nuncius fuit, qui hujusmodi ad se consultationem et tantorum virorum sententiam attulit; quam quidem, etsi in omnibus articulis prudentissime summo ingenio, summa solertia enucleatam recognoverit, voluit tamen singula a consiliariis suis qui pro tempore apud se presentes erant, perlegi, considerari, ponderarique, et si quid ad ea addendum arbitrarentur, in scriptis etiam committerent.

Cum autem ipsi consiliarii, singulis diligenter inspectis consideratisque, nihil addendum minuendumque arbitrati sint quod ad hujusmodi expeditionem sumendam prosequendamque attineat, si presertim christianorum res ita disposite essent, ut quamprimum id bellum sumi, et generalis illa expeditio executioni demandari posset; sed cum negocium id maximi ponderis et diuturnioris laboris sit, quam ad futuram estatem parari et expediri possit, presertimque cum Germanica natio, que multis ac magnis regionibus late patet, que plurimorum principum ac communitatum ductu variis moribus et legibus gubernatur, non tam repente induci et in tanti momenti expeditionem armari facile possit; Turcus autem qui maximam classem et immensos jam apparatus belli coegit, procul dubio non sit quieturus quin aliquam christiani orbis regionem invadat; ne omnino proximus hic annus immunis transeat quin saltem ad divertendas vires tanti hostis prodesse quidpiam possit; et ne is sibi nuper acquisita regna firmo ac stabili ductu regere et in fidem ac benevolentiam suam confirmare ac reliquos Africe reges et potentatus, quos nondum subegit, bello interea aggredi possit, ex quibus omnibus magna sibi et opum et pecuniarum et gentium

7.

incrementa contra christianos accedere posse non dubium est ; Cesarei
consiliarii quid ad futurum annum contra hostes tentari posse existi-
ment, quibusque modis, duobus proximis deinde annis, cetera generalis expeditio subsequi valeat, et quibus ducibus, qua pecunia, quibus
copiis, res agenda videatur, reverenter in his scriptis proposuerunt,
volentes tum ea singula et sancti Domini nostri aliorumque in urbe con-
gregatorum oratorum, et christianorum regum, principumque judicio
subjici, neque propterea a jam dicta consultatione que ad Cæsaream
majestatem missa est, in ceteris discrepare, sed his omnibus tanquam
prudenter perpensis et consideratis acquiescere : arbitranturque nisi
quidpiam in futuram estatem christianorum virium in hostem paretur,
eum et omnem occasionem in sequentes annos christianis arrepturum,
et auxilia omnia que ab exteris nationibus sperari possent, nisi nos
idipsum agamus, omnino prerepturum ; nequaque igitur in futurum
proxime annum cessandum, sed reges confirmandi, animandique et
juvandi, Scytharum et Tartarorum aliquot premiis et stipendiis alli-
ciendi et in expeditionem nostram invitandi, antequam a Turcis pre-
veniantur, qui cum in proximis bellis cum sultano et sophy florem
militum suorum perdiderint, procul dubio a finitimis gentibus auxilia,
quesituri sunt. Si vero a nobis Afri et Scythe seu Tartari in proximum annum conduci et attrahi poterunt, eo minore auxilio hostibus
relique erunt.

Quibus vero modis pecunie cogende sint, presertim quod Germanie populis tolerandum existimarunt, ipsi consiliarii Cesarei in sequentibus adnotarunt, non intendentes tamen, si qui principes in regnis ac
ditionibus suis meliorem viam invenerint pecunie acquirende, his
legem fixam apposuisse, sed semper melioribus inventis eorum acquiescere velle.

Et primo quod ad copias et ad tante expeditionis molem alendam
congruisque stipendiis sustinendam toto hujusmodi triennio attinet,
arbitrantur Cesarii consiliarii commodum et necessarium fore si ex
universo christiano orbe, recensitis ubique regionum populis, quin-
quagesimus quisque, tam spiritualis quam secularis, per focos sive

familias miles unus in hanc militiam eligatur, cui quidem reliqui quadraginta novem stipendium annuum subministrent.

Quod tamen stipendium unius peditis intelligetur, semperque duo
pedites loco unius equitis computari debeant; stipendium autem ipsum,
a predicto summo pontifice et ceteris, ut supra, congregatis adscribi
atque nominari debeat in hunc modum, videlicet ut equitibus bene ins-
tructis et armis sufficientibus armatis, sex ducati auri; levioris autem
armature, pro eorum estimatione et arbitrio, quinque aut quatuor; peditibus vero tres in singulos menses persolvantur. Cujus quidem oneris,
seu imparate pecunie ratio ad id se ostendit, ut per focos singulos, sive
familias, florennus unus rhenensis, vel circa, impendi debeat; item quod
preter ordinariam hanc pecuniam que per focos exigenda fuerit, universus spiritualis status totius christiane reipublice, exceptis mendican-
tium ordinibus, qui nullos habent reditus aut proventus, supradicto
triennio ex omnibus suis proventibus rectam decimam in hanc expeditionem persolvat. Item omnis et universus status secularis et presertim
qui regant domos sive familie presunt, vigesimam suorum reddituum
partem exhibeant. Item quod omnes spirituales ac seculares, ac vidue
mulieres, qui neque redditus habent, neque proventus, sed quacumque numerate pecunie sue, mobilium bonorum conditione censen-
tur, idem, medio juramento secreto, tamen facultates suas gaudent,
quibus ad existimationem annuorum reddituum computatis, etiam vice-
simam eque vel priores erogare compelluntur. Item omnes mercenarii, et quo qualitercumque et quacumque mercede et sallario dominis famulantur, viritim singulo hujusmodi expeditionis anno, medium
florenum rhenensem, adeo tamen, ut qui plus lueri, eos qui minus
habent, eque compensatis stipendiis sustineant, exhibere teneantur.
Si qui vero inter ejusmodi famulitio dominorum addictos inveniantur
qui vel redditus habeant, vel pecuniam et mobilia bona, iis, sicut et
ceteris in proximo articulo est, eadem conditione censeantur.

Item quod preter hec omnia sanctus Dominus noster, sanctam cruciatam in totum christianum orbem enuntiat, ex cujus cruciate devotione inductus, si quis rex, principes, seu privatus quicunque, suis

impensis absque aliquo stipendio in hanc sanctam expeditionem proficisci voluerit, is ab omnibus supradictis oneribus liber et immunis
intelligatur; qui vero aliis causis prepediti, expeditionem ipsam personaliter ingredi nequiverint, solutis primum his taxis et oneribus,
ut supra generaliter impositis, poterunt etiam cruciate thesauros non
minus adipisci, si pro conditione facultatum suarum, zelo sue devo-
tionis in subsidium ipsius sancte expeditionis quidpiam erogaverint. Numerus per totam christianam rempublicam facile haberi poterit, si a
spiritualibus ac secularibus principibus, ac prefectis et magistratibus
sive per prefecturas, archipresbyterasque et parrochias diligenter viritim omnes per capita recenseri curabunt. In ipsis vero ordinariis
exactionibus, ex quinquagesimo quocumque per focos sive familias, ut
predictum est, item ex vigesimis, decimis seu alio quocumque censu
et ordine accipiendis, necnon et super pecuniis que ex indultis et gra-
tiis sancte cruciate congregabuntur, debebunt a summo pontifice, sa-
cratissimo imperatore, regibus, principibus et communitatibus, so-
lertes integri ac prudentes commissarii constitui, et spirituales et
seculares, qui susceptam et exactam pecuniam fideliter administrent,
et de susceptis et administratis integram rationem reddant.

Machine et tormenta bellica, que tante expeditioni necessaria erunt,
regibus, principibus et communitatibus pro cujusque conditione et
qualitate mutuanda et commodanda imponentur, que vero pro exer-
cendis ac vehendis iis que ad ea pertinent, ut sunt pulveres, ballotte,
et similia, vectivarumque impense communi totius christiane expeditionis onere persolvantur. Et fortasse commodius atque utilius huic
expeditioni devenire posset, si in ea militaturi partim integro stipendio, partim sibi necessariis alimoniis conducerentur, ea presertim
ratione, quod haberi non poterunt tot mercatores qui tantis commeatibus subministrandis sufficiant. Sed qui annone et commeatibus exercituum prefecti fuerint, debebunt per totum christianum orbem et ex
longinquis regionibus etiam ultramarinis necessarias alimonias passim
incessanterque emere, persolvere ac subordinare. Itaque conveniens
et necessarium summopere videtur, ut ejusmodi annone et commea-

tuum prefecti in hanc profectionem, tam citra mare quam ultra constituantur, qui annonam et necessaria alimenta comparent, et exercitibus pro eorum necessitate, vendant et distribuent, invicemque sibi pro qualitate locorum correspondeant, ac de omnibus administratis, electi ad hoc a christiana universitate, integram et fidelem rationem reddant.

Et quoniam, ut omnibus notum est, plereque inter christianos discordie sunt et dissensiones, presertimque inter multos magnos principes et potentatus, qui ad hunc diem inter se dissident, multisque emergentibus causis, etiam paulo post dissidere possent; ne privatorum controversie et hostilitates huic communi christiani nominis bono et tam sancte ac necessarie expeditioni obesse usquequaque possint, ut omnibus libere ac sese huic proposito accingere tuto liceat, neque hujusmodi bellorum aut discordiarum perturbationibus impediri, retardari aut prorsus averti valeant; necessarium magnopere ducendum est ut omnibus hujusmodi bella, discordie et dissensiones absque alicujus contradictione inter quoscunque, aut nunc vigeant, aut paulo post exoriri possent, suspendantur, prorogentur ac differantur : et quoniam longi muneris et laboriosi operis esset, pacem inter omnes et amicitias querere, fiant saltem sincere ac inviolabiles inducie seu treuge sex annorum inter dissidentes partes omnium discordiarum et bellorum, qualicumque etiam gravissima causa exorta fuerunt, adeo ut omnes christiani principes et potentatus vera quiete, serenitate et tranquillitate gaudere possint, et ultra id suscipiendæ expeditionis decretum tempus, altero optate pacis termino christianus populus merito frui valeat, ne cum, post longos et tam difficiles pugne labores ad patrias lares redierit, iterum ad belli molestias, damna et animi perturbationes revocetur.

Que vero singulo hujus propositi termini anno suscipi atque expediri debeant, diligenter consideranda sunt, presertim quod apud plerosque christianorum populos ea sit rerum inscitia et ignorantia, ea indomitorum animorum pertinax obstinatio, et morum quedam incomitas, ut que communis salutis sint aut parum advertant, aut prorsus ignorant : evenire haud difficulter posset in proposita generali ista exactione,

que sive per familias et focos, sive decimarum vigesimarumque, ut
predictum est, aliove quocunque modo expetenda fuerit, non desint
qui se totis viribus opponant et impositi oneris conditionem prorsus
detractent, seseque inobedientes ac rebelles demonstrent. Quapropter
proximo abhinc anno qui erit quingentesimus octavus decimus post
millesimum, curari imprimis debet, ut proposita hujusmodi actio,
ubique terrarum christiani orbis et nominis diligenter constituatur, et
quicquid in ea resistentie aut obstaculi fuerit, salubriter amoveatur;
bella deinde ac dissentiones principum, sub predictis sex annorum induciis sedantur, ac rejicientur, adjectis in eos qui reluctentur sancte
sedis apostolice censuris et anathemate ac Cesaree et imperialis indignationis et banni arctissimis edictis et penis quibus, si qui se temerarie
opponentes in rebellione sua perseverare voluerint, his communibus
armis et exercitibus christianorum absque aliqua mora, oppugnentur,
et penis debitis plectantur : hujus autem executionis et propositi ad
rebelles cogendos caput sit et ductor ser^{mus} Francorum rex, qui eos
presertim et potentatus et populos qui ad solis ortum et septentrionem
vergunt, regnis suis finitimos invitos etiam proposite exactioni parere
compellat; qui vero ad occidentalem plagam a septentrionis finibus
spectat, a seren^{mo} Anglorum rege, qui etiam hujus negotii principalis
executor in eisdem regionibus constituatur, si violatores optate hujus
quietis et propositi fuerint, severe punientur. Qui vero ab Occidentis
plaga usque ad meridiem incolunt, si ruptores tanti federis se obji-
cient, a serenissimo domino romano pontifice, seu sancte sedis apostolice vexillifero, pro demeritorum suorum qualitate corrigantur. Quam-
obbrem, non inconsultum ut ad sedandos hos tumultus, qui ita exoriri
facile possent, primo hoc expeditionis anno ipsi ser^{mi} Francorum et
Anglie reges domi se contineant, et ejusmodi sibi commendatis nego-
tiis incumbant. In his autem expeditionibus pro rebellibus coercendis,
si necessarium fuerit, media exactionis portione utentur, que in capita
familiarum sive in focos inscribetur. Quod vero ex decimis et vigesimis
cumulari poterit, id in Africanam expeditionem impendetur, ut paulo
post hic infra narrabitur. Hujus autem negotii quod contra rebelles et

inobedientes suscipiendum fuerit, per pontificem maximum et reges jam dictos, in singulas regiones militie et armorum periti proficiantur, qui ubi opus fuerit presto sint, et emergentibus incommodis opportune consulant.

Quid autem in proximum futurum annum, antequam generalis illa expeditio suscipiatur, agendum videatur, occurrit hec oblata occasio bene agende rei ne ab impugnatione tyranni hostis, annus hic, dum cetera, que ad expeditionem pertinent, procurantur, prorsus immunis pertranseat. Cum christianis principibus videatur relicta spes sophy Persarum regis excitandi ut arma in Turchas capiat, quandoquidem tot pugnis jam defessus ac ultima ista expeditione ab Ægyptiorum sultano derelictus et pene cum toto exercitu fusus adtritusque fuerit, potiusque hoc tempore quietem et ocium optet quam bellum, cogitandum est ut in Africa quam etiam nuper magna ex parte tyrannus ille sibi subjecit, quicpiam christiani intentent; et si qui forte Turcharum exercitibus sese opponant, oblata occasione et spe victorie incerta, cum eis decertare, et prius felicis expeditionis initium Deo duce auspicaturi, ac si christianorum pia vota apud Deum latius juvarent, Alcanerum [1] usque, hoc est expulsi regiam sultani, victores subsequi, eamque urbem ditioni nostre, quod fortasse, cum nullo muro aut aggeribus munita sit, facile fieri possit, subjicere; cumque Nylus et universa Africa christiano numini cedere, Turcharumque tyrannus tanta rerum occasione spoliari posset, indeque in posterum facilis ad Persarum regis animum sollicitandum in communem hostem aditus pateret. Videtur itaque non inconveniens, si ad proximam estatem prima quedam expeditio in Africa suscipiatur, presertim ad confirmandos animos illorum regum qui non-

---

[1] *Alcanerus, Alcagerus*, désignent ici la ville d'Alger, contre laquelle l'Espagne avait dirigé plusieurs expéditions dans le but d'établir des colonies sur la côte d'Afrique. Léon X avait écrit, vers la fin de l'année précédente, au cardinal Ximénès, ardent promoteur de ces entreprises, au sujet de la défaite que venait d'essuyer l'armée espagnole : « Scripsisti enm quem in Africam transmiseras exercitum, a Turcis rejectum, magnam plagam apud Alzarem accepisse, te tamen animo fractum non esse... — Datis quarto non. novemb. anno quarto, Roma. » (*Lettres de Bembo, etc.* liv. XIII, p. 306.)

dum in Turcharum tyranni deditione venerunt, ut sunt rex de Tremez et de Fex, et Marrochi, Arabesque qui Libie montana incolunt, eosque et armis juvare, et una cum christianis copiis in eam expeditionem proficisci, omnibus modis adhortari, premiisque ac stipendiis allicere.

Hujus expeditionis duces esse debent sacratiss᷿ᵐᵘˢ imperator et Portugalie rex cum potentia catholici regis, qui modo etiam circa eam expeditionem laborat et aliorum principum, exceptis his qui ad Polonicam profectionem deputati sunt auxiliis; ipsique etiam in aliis futuris expeditionibus sequentium duorum annorum, una cum aliis perseverabunt, et usque ad finem in bello persistent, et ad hujusmodi negocium peragendum pro alendis ac sustentandis exercitibus reliqua stipendia, portionem imperate exactionis quinquagesime predicte, item et integram decimam et vigesimam ac singulas reliquas taxationes, que supra exposite sunt, in usum hujus expeditionis convertent, presertimque ex universa Germania, unde imprimis facilius imperata ejusmodi pecunia, et si poterit, cujus nervis et emolumento et annona, necessarie queque exercitibus alimonie comparari, et milites ex christianis aut gentilibus, ubi commodiores suscepte provincie videbuntur, conduci ad eam expeditionem poterunt. Ad quam peragendam seren᷿ᵐᵘˢ Francorum rex cum aliis quibusdam classem suam administrabit, et cum ejusmodi exercitibus et Cæsar et Portugallie rex, mari terraque, una permanere neque invicem separari debebunt: necessarium autem imprimis ducitur, ut ser᷿ᵐᵘˢ dominus noster, cum ceteris qui Rome congregati sunt, ad predictos reges Africe, et si fortasse plures sint qui nondum sedibus suis cesserunt, oratores mittant propositumque hoc negocium eis significent, eosque adhortentur ut una cum Afris sibi subditis et montanis, et Arabibus qui partem Africe tenent, et si quos etiam ex jam subjectis allicere poterunt, qui cum nuper a Turcharum tyranno maximas strages et incommoda sint perpessi aut difficulter inducti in aliorum sententiam, deflectentur.

Altera autem expeditio et exercitus fieri posse videtur eodem hoc proximo anno a seren᷿ᵐᵒ Polonie rege, suo nomine et uti tutore ser᷿ᵐⁱ Ludovici regis Ungariæ, cum copiis Polonie, Hungarie, Bohemie, Moravie, Silesie, et aliarum nationum regnis hujusmodi subjectarum.` Item cum Austrie inferioris subsidiis et convenienti machinarum et artellarie portione quam eis sacratus Caesar in eam expeditionem impartietur; ac etiam Bavarie principum qui juxta sibi imposite exactionis onus, etiam exercitus ipsos augere oportune poterunt. Qui vero personaliter in eam expeditionem proficisci aut nollent aut requirent, debebunt ea pecunia quae eis continget, alii milites, ut sunt Bohemi, conduci. Lanntzenechi enim in presens hoc negocium minime conducentur, sed in alteram Africanam expeditionem comparabuntur.

Non minus etiam expediens ducendum est si summus pontifex, cum ceteris congregatis operam dabit ut nonnulli Scytharum et Tartarorum qui Polonie, Ruthenis et Moldavis finitimi sunt, convenienti stipendio alliciantur; qui una cum Moldavis et Valachis qui majores vulgo nominantur, et facile ab ea tributaria conditione quam cum Turcis habent separari poterunt, primam hanc proximi anni expeditionem cum Polonie rege suscipiant et minorem etiam Valachiam secum trahant; qui quidem Tartari etiam pecunie premiis, ut necessarium videbitur, ultra debita stipendio poterunt a sancta sede et aliis congregatis opportune invitari. Et, his tribus nationibus Scytharum, Moldavie ac Valachie copiis exercitibus suis adjectis, poterit Polonie rex predictam suam expeditionem Modram versus et Chiliam[1] oppidum dirigere; his locis felici ductu expugnatis presidiisque in eis pro necessitate locatis, ad hiberna cum copiis omnibus reverti; quod quidem ea ratione facilius eidem Polonie regi futurum est quam Turcharum tyrannus non ad eas regiones sed potius ad conservandam Syriam, Arabiam et Africam, quas nuper sue ditioni subjecit, aut versus alias partes Asie animum intendet.

Secundo autem expeditionis suscipiende anno, qui erit decimus no-

[1] Les guerres de la Pologne contre la Turquie avaient lieu par la Moldavie, avec laquelle elle confine, et les deux points fortifiés de quelque importance qu'elle rencontrait sur cette route étaient Akkerman, sur le Dniester, et Kilia, sur le Danube. On retrouve dans ce dernier nom celui de Chilia; quant à Modra, la colonie tartare établie à Akkerman a dû effacer le nom primitif, qu'on peut reconnaître dans celui de Moncastron, que les historiens hongrois contemporains donnent à ce lieu.

nus post millesimum et quingentesimum, Maximilianus Cesar et Lusitanie seu Portugallie rex susceptam in Africam expeditionem prosequi latius poterunt et ultra Alcagerum et Alexandriam proficisci viresque suas Afris, Mauritanis et Arabibus stipendio conductis augere, presertim cum ex Marochiorum montanisque Arabice regnis usque ad centena milia militum facile comparari possint. Hoc tum secundo expeditionis anno, poterit ser.ᵐᵘˢ Anglorum rex cum classe et copiis suis ad eam ulteriorem expeditionem Cesari et Lusitano adjungi; quem sanc.ᵐᵘˢ dominus noster cum ceteris congregatis movere obiter debebit ut eam fidem quam Cesaree majestati in id sanctissimum negocium astringit, in hac oblata occasione servari non abnuat. Et cum ipso Anglorum rege poterunt etiam Dacie rex et cum eo magnus magister Prussie cum copiis regnorum ac ditionum suarum ac cum Ruthenorum sagittariis, quorum magnam copiam habent, et maritimis classibus admodum utiles sunt, terrestrique itineri et minimum longe profectioni alioquin sese conjungere. Qui quidem una omnes cum Cesare et Lusitanis congregatis africane expeditioni et ad Alcagerum Alexandriamque subjiciendam ac Nillum trajiciendum, Persarum regem sophy contra Turchos animandum et ad christianorum partes alliciendum sufficient. Quod ea occasione lenius existimandum est christianis futurum, quandoquidem Turcharum tyrannus contra eundem Persarum regem, Scytharum et Tartarorum auxiliis qui minus ab eisdem regionibus distant, nequaquam uti poterit; quos etiam christiani potentatus pecunia et muneribus allectos stipendiis attrahere ad se, ut predictum est, omni studio et astu procurabunt.

In eodem autem nono decimo anno ser.ᵐᵘˢ Francorum rex, cum exercitibus suis et copiis quascumque poterit, citra classem jam, ut dictum est, in africanam expeditionem decimo octavo anno mittendam, cum ceteris christianorum auxiliis que ex altera medietate imposite exactionis et ex residuis africani negocii decimisque et vigesimis denariis, ut prefertur, adjunctis, comparari poterunt, ad sanctam hanc expeditionem accinget iter suum per Italiam et For-Jullium, perque Illiricum, Croatiam et Dalmacie regiones, dirigens ad Turcharum emporium quod

Obea-Rosma appellatur, contendere poterit. Qua autem ratione conduci magis reipublice christiane et ipsi Francorum regi utilior ac tutior
hujusmodi itineris expeditio videatur, quod autem africana aut septen-
trionalis eo facile perpendi potest, quodque proximis annis nonnulli
occidentales christianorum populi principes suos secuti, dissentiones
et bella cum ipso rege habuerunt, quorum recenti memoria facile inter
exercitus suscitari incommoda possunt : orientales, nulla unquam habita cum eo discordia, ejusmodi inimicitias nequaquam excitabunt.
Eodemque nono decimo anno idem Polonie rex cum exercitibus et
copiis suis, cum auxiliaribus Valachis, Moldavis et Scythis ad incep-
tum negocium prioris anni octavi decimi prosequendum revertetur,
et se in emporio Obea-Rosmo[1] predicto cum Francorum rege con-
junget; qui una omnes latius profecti Villipolim et Andrinopolim
Thracie urbes oppugnabunt, et, si fieri poterit, expugnatas nuncient et
apud eas, tanquam in antro murali quodam continentes, ceteras finitimas Turchorum regiones, presertim cum Tartaris, Scythis et Valachis
quibus in his urbibus domicilium constituent, discurrent, depreda-
buntur, sive pro exercitu sustinendo pecuniam impetrabunt, adinten-
turque omnes, si fortasse Calcidensem in Nigroponti aut in ea proxima
maritima ora portum quempiam acquirere possint, in quem africana
classis que tertio expeditionis anno, perfectis Africe rebus, ad eos con-
tendet, delata, exercitum facile in ea loca exponere et se terrestribus
christianorum copiis adjungere possit.

Tertio autem anno, qui erit vigesimus post quingentesimum et mil-

[1] On ne peut que former des conjectures
sur des noms aussi altérés, qui ne répondent à aucune des désignations des cartes
actuelles. La route de terre, telle qu'on
la verra marquée par tous les ambassadeurs qui l'ont suivie, offrait, à partir de
la Dalmatie jusqu'à Constantinople, trois
stations qui paraissent désignées ici : Novi-
Bazar, que le titre d'*Emporium* donné à
Obea-Rosma[*] rapproche de la signification
du mot ture; Philippopolis, appelée ici
Villipolis, et qui, par sa position, devait
en effet servir de point de jonction aux différentes armées; et enfin Andrinople, première capitale des empereurs turcs en Europe.

[*] Le mot ture *resm* signifiant aussi *taxe des marchandises*, le même lieu a pu être appelé de ce nom, qui devrait peut-être
se lire ainsi : (N')ovea-Rosma.

lesimum, imperator et Portugalliæ rex, liberata jam, ut sperandum
est, Africa, expugnatisque urbibus Alchayero et Alexandria, fusaque et
dissipata, ut in animo est, Turcharum classe, exercitus suos, cum
presertim maritimam ad eam rem perficiendam naves classemque suf-
ficientem habebunt, in Græciam trajicient, Francorumque ac Polonie
regibus adjunctis, demum Turcharum tyranni regiam urbem Constantinopolim obsidebunt, eaque capta in Minorem Asiam sive Natoliam
ceterasque remotiores Turcharum regiones, adjuvante tunc absque
dubio sophy, aggredientur et ditioni sue adjicient, sanctissime hinc
expeditioni, devictis dissipatisque christiani nominis hostibus, finem
imponent. Poterunt autem his premiis christiane expeditionis duces
Persarum regem sophy facile allicere, si cum eo convenerint ut, captis
et in deditionem illis provinciis redactis, illi Natolie medietas univer-
saque Caramania et Armenia cedat, cetera vero que in Asia et Africa
sunt et presertim Egyptum et Jherusalem, ubi sepulchrum Christi est,
christianis dimittat. His autem successibus christiana respublica in tri-
plum fere adaucta, successu temporis etiam africos reges ad Christi
fidem sanctis persuasionibus convertere poterit. Que vero regna et provinciæ ex hiis sancte hujus expeditionis victoriis parte fuerint, omni
semota fraude inter christianos reges, principes et potentatus, arbitrio
judicum qui undequaque ex omnibus christianis potentatibus depu-
tabuntur, super arbitris sancto Domino nostro et sacro cardinalium
consistorio equa portione dividentur.

Postremo autem ut omnia citius concludi ac mature executioni mandari possint, necessarium videtur ut quamprimum christiani reges,
principes et potentatus, qui ut supra dictum est, in africana expeditione eam comitabuntur, oratores suos ad sacram cesaream majestatem mittant, singulaque ut supra posita cum ea disserant, exami-
nent et consultent, et ad executionem dirigant, et pro conditione et
necessitate rerum concludant, et apud eam toto eo triennio durante
expeditione persistant; et ea que Rome per summum pontificem et
omnium regum, principum et potentatuum oratores concludentur, executioni mandari juvent ac presertim que ad africanam profectionem

spectare videbuntur. Idem facient reges, principes ac potentatus qui
Francorum regem secuturi sunt, et suos oratores ad negotia illa per-
ficienda ad illum mittent, ut, etiam apud eum existentes, ea ratione
singula curare habeant et expedire. Tertio etiam, quicumque cum Polonie rege hoc proximo anno profecturi sunt, oratores suos similiter
ad eum pro tractandis rebus omnibus mittent, prout et res ipsa et hostium ad futuram estatem apparatus requirere videbuntur. Non minus
etiam negocium tantum expostulare creditur, ut omnes reges et principes christiani alios oratores in Urbem ad sanctum Dominum nostrum mittant, aut eos qui nunc sunt confirment, qui his tribus annis
suscipiende expeditionis cum sua sanctitate negocia singula tractent
et eam inducant, adhortentur et juvent omni conatu, ut que conclusa
fuerunt totis viribus exequi et conservare curent[1].

BULLE DE LÉON X ORDONNANT LA TRÈVE DE CINQ ANS.

(Original. — Archives du royaume. J. 937.)

Leo episcopus, servus servorum Dei, ad futuram rei memoriam :
Considerantes ac animo revolventes generale concilium, permissione
divina, a felicis recordationis Julio papa II, predecessore nostro, in-

[1] Après avoir rapporté cette consultation dans son journal, le secrétaire du
chancelier Duprat fait cette réflexion critique sur l'issue qu'une telle divergence
d'opinion et d'intérêt devait naturellement
faire présager à cette entreprise : « De
toutes les consultations, dit-il, de faire la
guerre au Turc, n'est sorti aucun effect.
Par qui il a tenu ? Nescio : Deus scit. Miser
est papa, imperator, rex, vel princeps
apud quem... Verba reticentur. »

On trouve encore en copie, dans le manuscrit 8489 de Béthune, la pièce suivante, qui complète l'ensemble des opinions
émises par les principales puissances intéressées dans la ligue proposée par Léon X :
« C'est l'advis que le roy catholique a faict
en l'entreprinse du Turc.

« Il semble que pour ceste année l'on
ne pourra envahir ne assalir le Turcq ne
la Turquie, à cause que la saison est trop
avancée et les princes mal prestz, et se pourroit l'on préparer pour l'année à venir
fère l'invasion.

« Il souffira ceste année de pourveoir,
garder et deffendre la chrestienté et mectre
bonne provision és lieulx plus nécessaires,
si comme à Naples, Sicille, la marque
d'Anconne et aultres lieulx.

« Et pour ce faire fauldra mectre sus

dictum fuisse ea potissimum causa ut depravati Christi fidelium mores
in melius reformarentur, ac pax universalis ecclesiæ daretur, necnon
unio et concordia inter reges et principes christianos iniretur, ut tandem sancta ac pernecessaria contra catholice fidei hostes expeditio
suscipi posset, ac tam ecclesiasticarum quam secularium personarum
moribus, quantum expedire visum fuit per nos, qui eidem Julio prede-
cessori divina favente clementia successimus, reformatis, sublatoque
scismate, qualis circa regum et principum eorumdem pacem et concordiam incundam mens nostra fuerit, quantumve circa illam componen-
dam laboraverimus, eosque studiose hortati fuerimus, cunctis aper-
tissime constare non dubitamus; cumque nunciorum nostrorum apud
reges et principes ipsos, ipsorumque regum et principum litteris per-
cepissemus exhortationes nostras tantum apud eos auctoritatis et effi-
catiæ fuisse, illorumque corda et animos adeo flexisse et commovisse,
ut inter omnes fere pax, tandem a nobis pro reipublice christiane uni-
versali bono desiderata, conclusa foret, et, si quid superesset, propediem componendum, ipso Deo favente, speraretur; unde, fidei urgente
nos zelo, dictam contra infideles expeditionem, per nos et dictum Ju-
lium predecessorem totiens in concilii hujusmodi sessionibus propo-

xxv^m hommes, assavoir xx^m à pied et v^m à
cheval, et iceulx départir et mectre es
places et lieulx plus nécessaires.

« Ceste despense se furnira par nostre
saint-père le pape et par les rois de France et
d'Espaigne, et aussi par les Vénitiens, Florentins et autres potentatz d'Ytalye.

« Et si le Turcq faisoit sa descente en
quelque lieu de chrestienté, si puissante
que la provision dessusdite ne feust souffisante, seroit besoing que les princes dessus
nommez et autres roys et princes chrestiens y menissent toute leur puissance.

« Et quant à Hongrie, la majesté de l'empereur avec les roys de Hongrie, Bohème
et Polonie, et toutes les Allemaignes, feront la résistance nécessaire de leur costé.

« Le roy catholicque a desjà prestz en
outre vIII^m piétons et vI^c hommes d'armes,
lesquels il mandera venir à Secille, Naples, ou d'Ytalye là où besoing sera, avec
XIII^c hommes d'armes qui sont audict
Naples.

« Ledict seigneur roy furnira II^m hommes d'armes et XII^m piétons pour mectre
en Naples et Secille, moyennant qu'il soit
assisté quant au payement et entretenement d'iceulx.

« Le roy de France aura II^m combatans
à cheval et vIII^m piétons.

« Le pape aura mil combatans à cheval pour les mectre avec ceulx de France
en la marque d'Ancoune. » (Béthune, ms.
8489.)

sitam et promissam ad triennium tunc proxime futurum, dicto sacro
approbante concilio, sumendam, faciendam et prosequendam per alias
nostras litteras decrevimus, et ut felicem sortiretur effectum pias, hu-
miles et devotas ad omnipotentem Deum preces jugiter effundere
proposuimus, idemque omnibus utriusque sexus Christi fidelibus faciendum mandavimus, ac carissimos in Christo filios nostros Maximilianum in imperatorem electum ac alios reges et principes, necnon
potentatus christianos hortati fuimus, ut, omnibus invicem posthabitis,
odiisque, injuriisque, dissensionibus ac simultatibus oblivioni perpe-
tue demandatis, ad defensionem christiane fidei, sicut proprio et necessario eorum etiam tunc incumbebat officio, fortiter et potenter exur-
gerent, et in tanto necessitatis articulo, prout eorum forent facultates,
prompta auxilia exhibere studerent; eosdem nichilominus paterno
affectu monentes et requirentes ut, pro summi Dei et apostolice sedis
reverentia, pacem inter eos initam aut treugas, saltem dicta expeditione durante, inviolabiliter observare curarent, ne tantum bonum,
quod dextera Domini assistente propitia secuturum sperabamus et
optabamus, aliqua interveniente discordia seu dissensione valeret impediri, prout in illis plenius continetur. Cum autem post expeditionis
hujusmodi indictionem, quantum creverint Turcarum tiranni vires
difficile dictu est, auditu miserum : novissime enim, post magnum Ba-
bilonie Egiptiace sultanum cum toto Mameluchorum adversus eum
comparato exercitu interfectum, tota Syria et Egipto ac aliis omnibus
provinciis dicto sultano quondam subjectis, potitus fuit; et nunc omni
alia cura prope solutus et liber, nil aliud moliri quam christianorum ce-
dibus et sanguini inhiare videtur. Et cum tot antea regna ab Evangelio
esse aliena, eaque a Turcis et Sarracenis et aliis fedissimis gentibus
conquinata cogitaremus, idque, culpa christianorum qui inter se mi-
serabiliter potius pugnare quam Turcharum feritati obsistere, eosque
adoriri retroactis temporibus voluerunt, accidisse, animo non potera-
mus esse quieto cum intelligeremus pastoralis nostri esse officii Do-
minici gregis curam gerere, qui ejus loco successimus, cui dictum est
a Domino : Pasce oves meas. Oves enim, Christi fideles, sunt populi :

hiis consulere, hos protegere, et totis conatibus conservare deberemus
ne perirent, donec eidem imperatori ac regibus et principibus christianis, tanquam christiane plebis custodibus, nixi fuerimus persuadere,
ut contra Turchas pugnare ac susceptas injurias ulcisci vellent, pre oculis ponentes bellum hujusmodi peroportune geri certamque victoriam
sperari posse, assistente Deo, sine quo nichil valet humana fragilitas,
et, presidium afferente, cum nichil sit quod sue possit resistere vo-
luntati. Si enim soli, licet, quantum nobis ecclesiam romanam et pa-
trimonium beati Petri ministrare poterit, tantum pro fide catholica
protegenda et dilatanda exponere et profundere ac etiam proprium
sanguinem in hac expeditione effundere parati simus, immanissimos
lupos, hoc est Turchas aggredi, et a dominico grege arcere possemus,
id prompto ac liberali animo faceremus. Sed cum tales non sint vires
nostre, que tantam vim ferre possent, aucta presertim Turcharum potentia, nec possit eorum imperium deleri aut comminui nisi magno
christianorum conatu, magnisque classibus et exercitibus comparatis,
sedes vero apostolica non habet unde ista conquirere et parare valeat,
nisi reges populique christiani opem et auxilium ferant, et ob id ipsorum principum auxilium implorare necesse fuit. Et aspirante Deo,
eorumdem principum animos ad hujusmodi sanctam expeditionem
sumendam ita promptos, ut par est, invenimus quales optabamus et
sperabamus, ut inter ipsos lites cessent, jurgia eliminentur, imitis
animis et viribus, gladium quem eis divina majestas ad vindictam ma-
lorum tribuit, in Turchas, qui Salvatorem Christum verum Deum
esse abnegantes, legem evangelicam conantur evertere, exercere velint
prout ex ipsorum litteris et nunciis intelleximus; eorumque concordiam et unionem, pro qua universalis ecclesia per dictum concilium
representata, Deum pie rogavit, firmam futuram procul dubio credimus; et felicem hujus sancte expeditionis successum speramus, ac
cogitamus eosdem reges et principes Turcharum forte numerum de-
terrere non debere, cum militum et quidem electissimorum nostrorum multitudine illis valde prestemus, virtute vero, animo, viribus,
prudentia longe simus superiores, certamque preterea nobis de hos-

tibus fidei victoriam, cum causa nostra justa, honesta ac necessaria
sit, cum pro fide Christi proque salute omnium christianorum expeditio ipsa suscipiatur, repromittere valeamus. Habita igitur super his,
cum venerabilibus fratribus nostris sancte romane ecclesie cardinalibus, matura deliberatione, et examinatis et perlectis in consistorio
nostro secreto, Maximiliani et aliorum regum et principum predic-
torum litteris, auditisque eorum oratoribus, ne negocium treugarum
et induciarum hujusmodi faciendarum diuturniorem moram patiatur,
et ut ipsi reges et principes in conspectu Altissimi, qui eos ex nichilo
creavit, et cujus causa et de cujus honore agitur, quique genus humanum a diabolica servitute preciosissimo sanguine suo redimere digna-
tus est, grati et fideles inveniantur in hiis etiam aliorum predecessorum nostrorum, presertim pie memorie Innocentii papæ III, vestigiis
inherentes, eosdem Maximilianum ac alios reges, principes et potentatus christianos, necnon respublicas, communitates ceterosque Christi
fideles, quinquennales treugas et inducias, quas, ne tam necessarium
ac salutiferum opus aliquo impedimento diferatur, sed potius debitum et optatum exitum consequatur, de eorumdem fratrum consilio
indicimus, et sub excommunicationis late sentencie ac anathematis et
interdicti in terris, dominiis eorum penis, dicto durante quinquennio,
inviolabiliter servare debere decernimus; eos nichilominus in virtute sancte obedientie monentes ac in Domino hortantes, et per viscera misericordie Domini nostri Jesu Christi, per passionem ejus,
qua nos redemit, per judicium extremum quod unusquisque secundum opera sua est accepturus, per spem vite eterne quam repromisit
Deus diligentibus, se paterno affectu rogantes ut hujusmodi treugis
et induciis ad Dei honorem et catholici fidei defensionem et exaltationem, necnon communem et necessariam omnium Christi fidelium
salutem, per nos, ut prefertur, indictis durantibus, in caritate mutua
et amoris ac benivolentie unione persistentes, ab omni prorsus absti-
neant offensione, ut, cum eorum salute et gloria, tam sancte contra
nephandissimos Turchas expeditioni, cum benedictione nostra, omni
prorsus metu et suspitione cessantibus, intendere; ac demum lau-

dantes et benedicentes Dominum, cum victoria et triumpho, leti et jocundi, ad propria redire possint; reservantes nichilominus nobis cognitionem et compositionem eorum que ad conservationem treugarum et induciarum tempore hujusmodi durante, quomodolibet pertinere videbuntur, illisque conditiones adjiciendi, declarandi et ampliandi, ac super eisdem treugis et induciis providendi, mandandi et ordinandi, et omnia circa ea quomodolibet necessaria et oportuna faciendi et exequendi, prout nobis et eisdem fratribus nostris sancte romane ecclesie cardinalibus visum fuerit expedire, facultatem pariter et potestatem. Per hoc autem non intendimus treugis et induciis predictis quominus, illo dicto tempore durante, sub dictis penis inviolabiliter observentur, in aliquo prejudicare. Volumus autem quod transumptis presentium manu alicujus notarii publici subscriptis, et sigilli alicujus prelati ecclesiastici appensionis munitis, fides adhibeatur ubique indubia et eisdem stetur firmiter, prout presentibus staretur, si forent exhibite vel ostense. Nulli ergo omnino hominum liceat hanc paginam nostre indictionis, decreti, monitionis, hortationis, reservationis, intentionis et voluntatis infringere, vel ei ausu temerario contraire. Si quis autem hoc attemptare presumat, indignationem omnipotentis Dei ac beatorum Petri et Pauli apostolorum ejus se noverit incursurum. — Datum Rome, apud Sanctum Petrum, anno incarnationis dominice millesimo quingentesimo decimo septimo, sexto die martii, pontificatus nostri anno quinto.

LETTRE DE LÉON X A FRANÇOIS Iᵉʳ.

(Archives du royaume. J. 937.)

LEO P. P. X.

Charissime in Christo fili noster, salutem et apostolicam benedictionem. Cum majestas tua suis litteris non solum expeditionem contra fidei nostræ hostem, Turcarum tirannum, per nos indictam, ac instructionem super tota gerendi belli ratione, ac pace catholicorum regum

et principum firmanda, per nos ad eosdem reges et principes missam
laudaret; seque eidem tiranno bellum inferre, et cum aliis principibus
in hoc concordare paratam ostenderet, idemque cæteri reges et principes eorum litteris nobis significarent; atque omnis dilatio perniciosa
esse soleat : consilium non solum expeditissimum, sed et necessarium
cum venerabilibus fratribus nostris sanctæ romanæ ecclesiæ cardinalibus cepimus, constituendas scilicet esse pro hac sancta expeditione
ad aliquot annos inter charissimum in Christo filium nostrum Maximilianum, imperatorem electum, et alios reges et principes ac potentatus christianos, saltem treugas et inducias. Itaque illas, de eorumdem fratrum consilio, ad quinquennium indiximus, easque dicto
quinquennio per eos sub certis pœnis servari debere decrevimus, et
eas, in ecclesia beatæ Mariæ de Minerva de urbe, celebrata per unum
ex dictis cardinalibus missa Spiritus Sancti, habitaque oratione per
dilectum filium Jacobum Sadoletum [1], electum Carpentoratensem, secretarium nostrum, in qua nos et præfati cardinales, facta prius solemni

---

[1] Le discours du cardinal Sadolet se
trouve au tome II, p. 257, *Sadol. op.* avec
ce titre : *Jacobi Sadoleti episcopi Carpentor.
Leonis X pontificis maximi a secretis, in pro-
mulgationem generalium induciarum oratio
beatæ semper virginis ad Minervam habita,
xix kalend. aprilis* MDXVIII, et il est reproduit dans la Vie de Léon X, par Roscoë,
t. III, p. 109 de l'appendice.

L'orateur choisi pour cette circonstance
solennelle trace le tableau si souvent reproduit des progrès de la Turquie contre
la chrétienté, depuis ses premiers envahissements en Asie, en Grèce et en Illyrie,
jusqu'à ses dernières conquêtes contre la
Syrie et l'Égypte; il rappelle les démarches
et les efforts de Léon X pour établir la paix
entre les princes et les réunir contre l'ennemi commun ; l'adhésion de chacun d'eux,
qu'il mentionne successivement, en commençant par Maximilien, avec une com-

plaisance particulière qui montre l'effet de
l'envoi tout récent de la consultation de
l'empereur, indiquée par lui expressément
et dont il cite même un passage.

« Principes obtemperarunt, quorum primus dignitate imperator Cæsar Maximilianus Augustus non modo in optimam sententiam discessit ipse, sed ultro etiam rationes totius belli gerendi et sibi et omnibus
conscribendas curavit... Pacem ait se velle :
sin id sit spissius, inducias sex annorum
omnino constitui oportere. Quid ita tam
multi temporis? Quia, inquit, triennium
bello dandum est. Reliqui tres anni ad
quietem domi necessariam victori exercitui
sunt tribuendi, ne externos labores statim
domestica mala excipiant. » (Roscoë, t. III,
p. 111 de l'appendice.)

Il mentionne à la suite les engagements
donnés par François Iᵉʳ, Charles d'Espagne,
Henri VIII, roi d'Angleterre, Emmanuel

processione[1], interfuimus magna prelatorum et populi frequentia, per
dilectum filium nostrum Alexandrum sancti Eustachii diaconum cardinalem publicari fecimus. Licet autem eas per omnes reges et principes ac potentatus ratificari speremus, propter litteras quas ad nos
scribunt, quibus in hanc expeditionem multa liberaliter ac amplo
animo pollicentur, tamen per presentes majestatem tuam quanto possumus studio hortamur in Domino et requirimus, et per viscera Salvatoris nostri rogamus, ut inducias et treugas per nos indictas, ac
litteras nostras prædictas prompto animo ratificare velit; ut exemplo
suo reliqui reges et principes ad hoc ipsum excitentur et inducantur;
ut illis ratificatis, sine ulla mora et dilatione, quæ ad bellum ipsum
necessaria sunt, provideri, et executioni demandari possint. Erit hoc
nobis, qui non solum facultates omnes nostras, sed personam nostram
et vitam denique ipsam si opus sit, pro communi Christi fidelium
salute parati sumus exponere, jucundissimum, tuæ vero majestati gloriosum et christianæ reipublicæ salutare; tum illud effici adimplerique
abs te omnes videant, ut quemadmodum nomine, ita et te sis habea-
risque christianissimus. — Datum Romæ, apud Sanctum Petrum, sub
annulo piscatoris, die xxj martii MDXVIII, pontificatus nostri anno sexto.
— BEMBUS.

LETTRE DE LÉON X AU CHANCELIER DUPRAT[1].

(Original. — Archives du royaume. J. 937.)

LEO P. P. X.

Dilecte fili, salutem et apostolicam benedictionem. Non dubitamus
devotioni tuæ esse notum quo in periculo christiana respublica propter

de Portugal, Louis de Hongrie, Sigismond
de Pologne, Christiern de Danemark et
Jacques d'Écosse.

[1] Guichardin dit que Léon X assistait
nu-pieds à ces processions, pour montrer
qu'il voulait d'abord avoir recours à Dieu
contre le péril avant de recourir aux
négociations avec les princes. Mais le récit de l'historien ne suit pas l'ordre des
faits, puisque, comme on le voit ici, les
négociations avaient précédé ces actes publics, qui en étaient plutôt la conséquence.
(Guicciardini, lib. XIII, cap. IV.)

[2] Le cardinal de Sainte-Marie, accrédité
par cette lettre à la cour de France, était
le célèbre Bernard Dovizzio, cardinal de

impiorum hostium Christi Turcarum maximos apparatus, quos contra
nos faciunt, sit posita; et item quam ejusdem christianæ reipublicæ
salus ab istius christianissimi regis virtute dependeat. Qui cum superioribus proximis diebus per litteras suas, et per legatum certiores
nos fecisset, se non solum animo esse paratum, sed etiam cupiditate
accensum hujus sanctissimi belli pro Dei summi honore, et sanctæ
fidei sublimatione suscipiendi, erecti sunt omnes in eam spem, ut
tanto rege duce non modo nihil timeant hostium rabiem, sed sibi pros-
pera et secunda omnia polliceantur : tanta est opinio de illius singulari
virtute eximiaque animi magnitudine. Cum autem ad eos apparatus e
contrario faciendos, quibus hostibus obviam iri possit, placuisset nobis
et venerabilibus fratribus nostris, legatos de latere nostros et hujus
sanctæ sedis, et eorumdem venerabilium fratrum sanctæ romanæ ecclesiæ cardinalium numero ad christianissimos reges mittere, assi-
duos hortatores hujus preclari et gloriosi operis, adjutoresque futuros,
elegimus nostro proprio judicio. Quem ad istum præstantissimum,
nobisque et huic sedi sanctæ conjunctissimum regem mitteremus, dilectum filium nostrum beatæ Sanctæ Mariæ in Porticu sanctæ romanæ
ecclesiæ diaconum cardinalem, quem nobiscum a teneris ferme edu-
catum et summo amore prosequimur, et fide, ac prudentia singulari
preditum judicavimus aptissimum, qui ad illius majestatem nostra
consilia, nostras omnes cogitationes deferret. Is igitur, e sinu quodam-
modo et amplexu nostro istuc proficiscens, a nobis habuit in mandatis,
ut cum devotione tua nostro nomine nonnulla communicaret, non

Bibiena, qui fut l'un des promoteurs de la
renaissance des lettres au xvi° siècle, et
contribua par ses œuvres à la restauration
de l'art de la comédie en Italie. Ses lettres,
très-importantes pour l'histoire de cette
époque, font partie du recueil qui a pour
titre : *Lettere dei Principi*, cc.

Les cardinaux réservés pour les autres
destinations furent Alexandre Farnèse, envoyé auprès de l'empereur, Lorenzo Cam-

peggio en Angleterre, Egidio de Viterbe
en Espagne : « Tous, dit Guichardin, personnages d'autorité par leur caractère ou
leurs talents, ou pour être dans la confidence intime du pontife. » « Cardinali tutti
d'autorità o per esperienza di faccende, o
per opinione di dottrina, o per essere in-
trinsechi al pontefice. » (Guicciardini,
Storia d'Italia, édition de Carlo Botta,
tom. IV.)

mediocreque fundamentum statueret in opera autoritate tua suæ
legationis recte et feliciter obeunda. Quam nos devotionem tuam
cognovimus tum divinæ fidei, ex qua salus æterna omnium dependet,
studiosissimam, tum sui regis honoris et amplitudinis amantissimam
existimavimus, te in hujusmodi sanctissimis tractatibus et animo, et
diligentia, talem futurum qualem et virtus tua, et erga Deum pietas,
in regem tuum observantia postulant. Hortamur igitur devotionem tuam
in Domino, et omni studio requirimus, ut ipsi cardinali legato te allo-
qui, et de hac re et de omnibus, summam fidem habere, eique
adesse studio et auctoritate tua, ubi opus fuerit, non graveris: quod erit
nobis a te acceptissimum. — Datum Romæ, apud Sanctum Petrum,
sub annulo piscatoris, die vii aprilis MDX viij, pontificatus nostri anno
sexto. — JA. SADOLETUS.

Ici s'arrêtent les documents relatifs aux préliminaires d'une négociation qui
avait ému toute l'Europe, et qui la tenait dans l'attente du résultat. Pour la retrouver dans ses autres phases, il faut se transporter en Angleterre, où elle se
dénoua et arriva à la conclusion d'un traité, ce qui a donné lieu à la publication
de cette partie des actes qui la concernent dans le recueil de Rymer. François Ier mettait alors le soin le plus obséquieux à désarmer la susceptibilité de
Henri VIII, en gagnant surtout son ministre, l'altier Wolsey, à force de préve-
nances, et il y réussit par l'habile entremise de l'amiral Bonnivet, son ambassadeur.
La même déférence le porta à faire négocier, avec la trêve de cinq ans, la ligue dont
la pensée agitait toute la chrétienté et faisait le soin exclusif de Léon X, comme
un moyen de flatter les prétentions de Henri VIII et son goût pour les démonstrations religieuses. Ces deux négociations, qui intéressaient la France à divers
degrés, se suivaient donc simultanément à Londres [1]. Par une bulle spéciale,
Léon X avait joint Wolsey avec son légat Laurent Campeggio dans les pouvoirs
dont il l'avait investi pour cette mission [2]. Une autre lettre du mois de sep-

[1] Les négociateurs pour le traité de ligue contre les Turcs furent les mêmes que pour le traité particulier avec l'Angleterre, comme on le voit par leurs pouvoirs insérés dans le texte du traité. C'étaient pour la France : l'amiral Bonnivet, Étienne Poncher, évêque de Paris, François de Rochechouart et Nicolas de Neufville,

sr de Villeroy, audiencier de France et secrétaire des finances.

[2] « Leo, etc... dilecto filio Thomæ... cardinali Eboracensi, nostro et apostolicæ sedis legato... Inter reliquas et graves quidem curas, quas nos in dies et noctes subire decet et oportet, duæ nos vehementius angunt, ab altera enim christianorum quies,

tembre témoigne de l'impatience et de l'inquiétude du pape sur les lenteurs
d'une négociation qui laissait s'aggraver le péril auquel elle devait remédier[1]. La
négociation particulière suivie par Bonnivet, et qui devait amener la restitution

ab altera pässimum exoritur bellum quod,
nisi prima, juxta sanctissimas a nobis indictas quinquennales inducias inter omnes
reges, principes et potentatus christianorum, stabiliatur, alterum certe subsequi
recte non potest. Ad primiores christianorum..... legatos a latere nostro, et ad Henricum, Angliæ regem, Laurentium cardinalem misimus..... Circumspectionem tuam
una cum eodem Laurentio, nostrum legatum de latere tanquam pacis angelum
creamus... ambos pari auctoritate, facultate
et potestate, etc. — Datum Romæ, MDXVIII,
kal. junii. » (Rymer, t. XIII, p. 606.)

Outre la bulle qui associe Wolsey au
cardinal Campeggio, Roscoë cite deux
actes, dont l'un, conservé dans le *British
Museum*, est une lettre de l'évêque de Wor-
cester, ambassadeur de Henri VIII à Rome,
du 13 juin 1518, qui témoigne du violent
désir du pape..... « Verbis ullis explicare
nunquam ardentissimum suæ sanctitatis
desiderium posse donec rescripserit ipsa
R. V. » (*Vie de Léon X*, t. III, p. 108 de
l'appendice.) L'autre, conservé au même
endroit, parmi les manuscrits de la bibliothèque cottonienne, est la déclaration de
Henri VIII sur le traité de ligue contre les
Turcs conclu à Londres, pièce interrompue
vers la fin et sans date ... « Ad inducias sive
treugas acceptandas et ratificandas sancti-
simus dominus noster nos requisivit.....
Nos igitur tanquam sanctæ Romanæ ecclesiæ filius obsequentissimus... dictas quinquennales treugas seu inducias quantum
ad nos attinet approbandas duximus, etc. »
(*Ibid.* p. 115.)

[1] La soumission complète de l'Égypte,

après une si rapide invasion, présentait
un tel spectacle de force et de grandeur,
qu'il avait attiré près de Sélim Ier les hommages et les félicitations des peuples étrangers, parmi lesquels Venise ne fut pas la
moins empressée à flatter le conquérant
et à sanctionner sa conquête par la présence des ambassadeurs vénitiens au Caire
et à la suite du sultan dans son voyage de
retour vers sa capitale. Sélim Ier, qui était
parti de l'Égypte vers la fin de 1517, et
avait séjourné pendant plus de six mois en
Syrie, venait de rentrer à Constantinople,
où il arriva vers la fin de juillet. (Hammer,
Histoire de l'empire ottoman, t. IV, p. 345.)

La position de l'empire ottoman à l'é-
gard de l'Europe, qui se trouvait si profondément modifiée à son avantage, n'est
peut-être appréciée nulle part avec plus de
précision et de force que dans cette lettre.
« Leo, etc..... Dilectis filiis Thomæ, archi-
episcopo Eboracensi, et Laurentio, etc...
cardinalibus ad..... Henricum, Angliæ regem... de latere nostro legatis... cum im-
manissimus Turcharum tyrannus jampridem bellum ingens in soltanum intulerit...
Egypti, Syriæ et Africæ totius imperium
suæ ditioni subjecerit, atque ita, extincto
soltani imperio ac sibi addito, de duobus
jampridem amplissimis imperiis unum
tantummodo fecerit, quo Asyam, Egyptum
et Africam, nécnon florentissimam Europæ
partem, Greciam videlicet, complexus est;
atque ea victoria inflatus, nunc, sicut accepimus, magnam in Oriente classem iterum parat, irrupturus, ut plerique suspi-
cantur, in christianorum fines; cum alios
hostes relictos non habeat quos per mare

10

de Tournay à la France et des mariages éventuels entre les deux maisons royales, fut terminée le mois suivant, et le traité signé à Londres le 18 octobre. Quant à la négociation pour la ligue, dont l'intérêt plus vaste et moins positif rendait l'issue plus douteuse, elle fut néanmoins conduite à un résultat qui approchait de sa réalisation vers la fin de cette année. C'est ce que constatent les communications faites par François 1er au cardinal Bibiena, et les ouvertures qu'il faisait faire aux différentes cours sur son adhésion à ce projet, d'après la correspondance du légat avec le cardinal de Médicis [1].

Ces rapports à la cour de Rome furent suivis de près de la conclusion du traité auquel Léon X donna son adhésion par une bulle insérée dans Rymer, qui renferme le texte du traité fait entre les puissances [2]; cette ratification porte la date

---

invadere possit... Nos conatibus Turcharum tyranni occurrere cupientes,..... circumspectioni vestræ per præsentes deputamus, dantes vobis mandatum speciale et generale cum charr^{mis} filiis nostris... Maximiliano Romanorum imperatore... Henrico Angliæ rege, necnon... Francisco Francorum rege christ^{mo}, et cum Carolo Hispaniarum rege catholico, de quacumque confederatione... ad quinquennium duratura... tractandi, etc. — Datum Romæ, MDXVII, xiij kal. sept. » (Rymer, t. XIII, p. 621.)

[1] Le cardinal Bibiena rapporte en détail, dans sa lettre du 6 décembre 1518, la conférence qu'il eut avec le roi en présence des grands officiers de la couronne et de son conseil, et la déclaration solennelle qu'il fit publiquement de marcher à la croisade, en stipulant le nombre de troupes qu'il emploierait à cette entreprise, et les ressources financières qu'il comptait y appliquer..... « Il tesoriere Robertetto dice .... che io parlassi in publico et che anche in publico il re mi risponderia, che per questo faria trovarsi là tutti quei del sangue reale, i marescalchi, i capitani, il consiglio suo et i presidenti del parlamento di Parigi; et che a sua maestà pareva di far la cosa in questo modo acciochè al mondo

fusse palese la resolutione buona che faria meco..... Offeriva et promettova contra il Turco quaranta mila fanti de' quali ventimila sariano tra Suizzeri et Lanzichinecchi e gli altri ventimila tra Inglesi, Guasconi et Francesi, tre mila huomini d'arme, duo mila Francesi et mille Italiani, etc..... La sua maestà vuole che di questa sua deliberatione si facciano processioni et messe solenni per la vittoria contra gl'infideli. ...... Circa l'imposition de' danari per la impresa, mi ha concluso che il taglie ordinarie con qualche poco più di crescimento, insieme con le duo decime l'anno et con la cruciata, basteriano a mantener per tre anni le genti che menasse, perciocchè leveria (salvo che aquelli che menasse seco) tutte le pensioni ad ogni altro : di che intendo che si trarria una somma di danari grandissima. » (Lettere de' Principi, etc. t. 1, p. 38.)

[2] La bulle commence par des actions de grâces : « Leo, etc. Henrico, regi Angliæ... Gaude et lætare, Jerusalem, cum jam liberatio tua sequi posse speretur..... Conveniunt reges, quorum corda in manu Dei sunt, in unum ut servient Domino adversus Turcicam rabiem et mahumeticam spurcitiem... Sane iis diebus vidimus, et

de la veille des calendes de janvier 1519. Celle de Charles, qui n'avait point participé à cette négociation par ses ambassadeurs, ne se fit pas attendre, et elle fut donnée à Saragosse au nom de ce prince, le 14 du même mois[1]. Malgré l'apparente unanimité des souverains, d'accord avec l'opinion publique, le traité rencontra dès

præ nimia lætitia abortis lacrimis vix legere potuimus, pacem et capitula inter Majᵗⁱˢ tuæ et Francisci, Francorum regis... oratores, tanquam catholicæ fidei ut feroces et primarios leones pugiles se esse intendunt, inita.....»

Le traité débute par rappeler les dernières conquêtes du Turc, qui font un devoir aux princes chrétiens de se liguer et de se réunir contre les conséquences dont elles les menacent. Cette ligue, traitée sous les auspices du pape, entre les envoyés de la France et de l'Angleterre, doit comprendre l'empereur et le roi d'Espagne, etc. L'acte établit entre les coalisés une ligue défensive de tous contre celui qui attaquerait les états de l'un d'eux, et il entre dans les détails sur les moyens de répression à employer contre l'infracteur. Il énumère ensuite toutes les parties qui devront participer aux effets de la convention en les rangeant dans l'ordre suivant :

« A parte regis Angliæ, rex Daciæ; reges et reginæ Portugaliæ, Ungariæ; Illᵐᵃ domina Margarita, imperatoris filia, archiducissa Austriæ; dux et dominium Venetorum; dux Urbini; Clevensis et Juliacensis duces; Magnifica domus de Medicis et dominium Florentinorum; dux Ferrariæ; communitas et societas hansæ Teutonicæ; domini Helvetii.

« Et pro parte regis Francorum : rex Scotiæ; reges Portugaliæ et Ungariæ; rex Navarræ; dux et dominium Venetorum; dominium Florentinorum et magnifica domus de Medicis; dux Sabaudiæ; duces Lotharingiæ, Gheldriæ, Ferrariæ, Urbini; marchiones Mantuæ, Montisferrati, Salutiarum, et domini Helvetii sive Suetenses. »

Le traité donne quatre mois de délai pour la ratification de chacune des parties qui devront y adhérer et s'obliger à en remplir les clauses. Il contient ensuite les pouvoirs donnés par Henri VIII et François Iᵉʳ à leurs ambassadeurs, et la bulle se termine par la ratification du pape.

Cet acte s'étend uniquement sur les moyens préventifs et répressifs à employer contre les infractions ou les hostilités des parties les unes à l'égard des autres; mais il n'aborde que très-superficiellement les moyens de faire la guerre contre la Turquie, et il ne contient qu'un engagement général, sans entrer dans aucun des détails d'exécution qui ont été développés dans les mémoires précédents. (Rymer, t. XIII, p. 681.)

[1] La ratification de Charles Quint est imprimée au tome II de Léonard, p. 169, et à la page 87 du tome II du Recueil des traités de paix, Amsterdam, 1700. Elle commence ainsi : « Decet reges quorum cor in manu Dei consistit... ne lupus ille rapax Turcus continue quærens quem devoret, posset christianum gregem impetere, etc. » La ratification, selon l'usage, contient tout au long le traité reproduit dans la bulle insérée dans Rymer. Après la ratification : « Datum in civitate nostra Cæsar Augusta, xiv jan. mcccccix. Per regem, Hauvard. » Il est assez singulier que l'original de cette ratification se trouve également aux Archives du royaume. C. J. 937.

le début une vive opposition aux mesures d'exécution qu'il entraînait, et la levée des décimes éprouva une résistance égale de la part de l'opinion religieuse catholique en Espagne, aussi bien que de la part de l'opinion religieuse réformée en Allemagne[1]. Mais la mort inopinée de Maximilien Ier, arrivée le 11 janvier 1519, vint faire une bien autre diversion à la ligue et soulever la question de l'élection à l'empire qui tint pendant plusieurs mois toute l'Europe suspendue et partagée. Tant que François Ier put croire au succès de ses démarches et à la coopération de

[1] Le pape avait accordé au roi le dixième du revenu de tous les bénéfices ecclésiastiques de la Castille, afin de le mettre en état de soutenir avec plus de vigueur la guerre contre les Turcs. Le clergé, s'étant assemblé, refusa unanimement de lever cette somme, et prétendit qu'elle ne pouvait être exigée que dans les temps où la chrétienté serait réellement attaquée par les infidèles. Léon X mit le royaume en interdit; mais on eut si peu d'égards à cette censure que Charles lui-même en sollicita la révocation. (Robertson, livre Ier, p. 162, et Ferreras, vol. XIII, p. 473.)

En Allemagne, la dîme excita les mêmes mécontentements et fut combattue par les partisans de la réforme, qui firent imprimer le discours prononcé sur ce sujet devant la diète impériale par le légat apostolique, en l'accompagnant d'une réfutation remplie de sarcasmes contre Léon X et la famille de Médicis, et qui fut attribuée à la plume d'Ulric Hutten. Cette pièce est reproduite dans la Vie de Léon X, par Roscoë, t. III, p. 116 de l'appendice, d'après l'édition originale imprimée dans l'année 1519. On jugera de son esprit par les passages suivants:

Oratio viri cujusdam doctissimi ad principes ne in decimæ præstationem consentiant.

« De pace agitur inter reges, qua firmata, visum omnium suffragiis Asiatico hosti conjunctis viribus bellum inferre. Evomuntur quatuor legati ad nationes christianas ut reges et principes ad expeditionem instigent, ipsi vero pecuniam mulgeant..... Si Germania in unum contulisset quantum effudit, haberemus jam nervos reipublicæ abunde sufficientes bello Asiatico; nec opus foret orbem jam fatigare christianum et novis onerare tributis et excoriare pauperes. Provenit pontifici ex sua terra vectigal quantum nulli regum christianorum, et tamen asinos auro onustos Romam mittimus, patibula Christi erigimus, aurum pro plumbo mutamus..... O avaritiam immensam!.... Turcam profligare vultis; laudo propositum, sed vereor ne erretis in nomine: in Italia quærite, non in Asia. Contra Asiaticum quisque nostrorum regum pro finibus suis defendendis satis est: ad alterum vero domandum totus orbis christianus non sufficit. Ille cum finitimis quoque tumultuans, nobis nondum nocuit: hic ubique grassatur, et sanguinem miserorum sitit; hunc Cerberum nullo modo sedare potestis, nisi aureo fluvio. Nihil exercitu opus est; plus valebunt decimæ quam militum copiæ..... In comitiis imperii Ratisbonen. decima petita fuit contra Turcas: tum quidam princeps elector ait se sola vicesima et Turcas et eos qui decimam exigerent ultra Herculeum fretum facile profligaturum: horum tu, Carole, memento. — Emprimé en che paiis neuu trouvé, nommé Utopya, l'an mille et cccccc et IX le quinzome jour mars. »

Léon X, il fit de la nécessité de défendre la chrétienté contre les Turcs le principal argument de sa candidature[1], et il agit en conséquence, soit en secourant de

[1] Parmi les convenances alléguées auprès des électeurs, celle qui fut mise en première ligne, et dont l'idée domina les résolutions de la diète, ce fut l'accession à l'empire d'un prince qui apportât par lui-même une puissance capable de tenir tête à la Turquie, et de préserver l'Allemagne de ses agressions, devenues plus imminentes par les conquêtes et les agrandissements de Sélim Ier. Cette considération l'emporta sur le parti national, qui tendait à choisir un prince allemand, à l'exclusion des deux compétiteurs étrangers, dont l'un associait la France avec ses ressources immédiates, l'autre l'Espagne, avec sa domination déjà si étendue, à la défense et à la protection de l'Allemagne. Aussi cette raison fournit-elle un texte à tous les discours faits pour ou contre, qui servaient de plaidoyers à cette cause, et François Ier fit répandre en Allemagne, par ses ambassadeurs, un écrit composé par le chancelier Duprat, que son secrétaire nous a conservé dans son journal. Cette pièce est adressée à l'électeur de Brandebourg, et raconte ainsi dès le début ce qui a donné lieu à sa composition.

« A. de Prato B. episcopo Brandiburgensi salutem. Cum superioribus diebus, frater amantissime, familiariter nobiscum laxandi animi gratia, ageres, memini casu incidisse sermonem inter nos de Turcarum tyranno, qui sultani opibus ditatus, regnoque Sirie et Egipti auctus, necdum in finibus suis contentus gravissimum reipublice christiane bellum excidiumque minatur; cumque ea de re sermo noster longius processisset atque in aliam et aliam, ut solet, confabulationem nos traxisset, de Grecia quoque, nobilissima parte Europe, invicem conferre cepimus, que non pridem, ignavia atque vecordia imperatorum, in ditionem Turcharum redacta, Christum et veram pietatem abjurare coacta est. Interim de imperio nunc vacante multa diversaque protulimus in medium, disseruimusque (quod nimirum cuperem!) preceteris principibus christianis christianissimo regi delatum iri; nam cum omnibus animi, corporis fortunæque bonis abunde sit cumulatus, florida etate, robore membrorum opibusque pollens, liberalis et proinde militibus charus, vigiliarumque, algoris ac inedie justa patiens: denique cujus solum nomen Turchis metum incutere possit, si præter hæc omnia insigni illa Cesaris appellatione nuncuparetur. Consideremus, ad salutem omnium Christi fidelium, Greciam et quidquid terre sancte pridem amisimus, ad veram religionem fidemque reverti posse. Tum quoque sermo factus est a nobis de rege Hispaniarum, quem totis viribus eumdem honorem ambire ferunt : cujus rei occasione, quando difficultatem super futuri imperatoris electione elucidandam a me requisivisti, nos vero tibi morem gerere magnopere cupientes, etsi expediendis iis negociis quæ in dies magno agmine nobis ingruunt, tantum temporis cogamur absumere ut vix curando corpori necessariisque rebus vacare liceat, tamen cum multis nominibus tibi astringamur, dictam questiunculam, summatim et sub brevi epitomate examinare et extricare curavimus, quam exiguo hoc libello descriptam tibi transmittimus. Vale et me, ut soles, ama. »

Après cette dédicace familière, le chan-

ses flottes les états du pape, soit en prenant envers lui un nouvel engagement pour l'exécution du traité de ligue par cette lettre qui précéda l'élection.

LETTRE DE FRANÇOIS Ier A LÉON X.

(Archives du royaume. J. 937.)

Franciscus, Dei gratia Francorum rex, Mediolani dux, et Genue dominus, cum sanc^{mus} dominus noster Papa Leo X^{mus}, per reverendissimum in Christo patrem Bernardum, sacrosancte romane ecclesie cardinalem, diaconum Sancte-Marie in Porticu, charissimum ac dilectissimum amicum nostrum et legatum de latere, gravia nobis discrimina significanda duxerit, que crudelissimus Turcharum tyrannus, orthodoxe fidei et christiani nominis infestissimus hostis, victoria nuper adversus sultanum habita inflatus, Egipti et Syrie opibus spoliisque

celier aborde l'une de ces compendieuses dissertations si fréquentes au XVIe siècle, hérissée de citations, et appelant les autorités historiques les plus contradictoires à prouver successivement que le roi de France peut être élu empereur, quoiqu'il ne soit pas Allemand; que le siége de l'empire peut changer de place sans perdre son caractère germanique; que François Ier l'emporte sur tous les princes contemporains par ses qualités physiques et morales, etc. Et cela sur les témoignages accumulés de Justin, Orose, Tite-Live, Quinte-Curce, Grégoire de Tours, etc. et d'après les exemples des Mèdes, des Perses, des Assyriens et des Romains, mêlés avec les décisions des papes et les coutumes des Francs et des Germains. Plusieurs des développements où il entre sur les avantages personnels du roi, sur les ressources dont il dispose et ses moyens pour assurer la chrétienté contre les entreprises des infidèles, sur le péril qui menace la Grèce et l'Italie par la conquête de l'Égypte, etc. reproduits textuellement dans les pièces que nous avons données, peuvent faire présumer qu'elles proviennent de la même rédaction, car l'écrivain n'a pas même pris la peine d'en varier l'expression. Nous donnerons seulement la conclusion de ce morceau, qui revient en terminant à l'idée première, et montre ainsi qu'elle était à la fois l'argument essentiel de la thèse et l'objet principal de la démarche.

« Illustrissimi principes sacri imperii electores, videlicet marchio Brandeburgi, archicamerarius; dux Saxonie, archimarescallus; comes palatinus Rheni, archidapifer; Bohemie rex, archipincerna: necnon archiepiscopus Treverensis, archicancellarius Gallie; archiepiscopus Coloniensis, archicancellarius Italie; archiepiscopus Maguntinus, archicancellarius Germanie, per viscera beate et gloriose Virginis Marie et passionis Domini nostri Jhesu Christi, ad defensionem, protectionem et augmenta-

ditatus et multis preterea regnis auctus, in perniciem et jacturam christiane reipublice assidue molitur; qui classem, milites, machinas et quecumque ad bellum necessaria, indefesso studio preparat, ut primo quoque tempore fines nostros potenter invadere, sanguinem nostrum quem tantopere sitit crudeliter hauriat, omniaque sevicie et impotentis ire exempla in nos exerceat : quare cum sua sanctitas non tantum de aris et focis, de facultatibus et prediis aut sedibus preliandum nobis, bellandumque esse videret ; sed etiam de periculo et ruina animarum nostrarum agendum, pro quarum redemptione Dominus noster Jesus Christus preciosissimum sanguinem in ligno crucis effudit, enixe totisque viribus nepharii ipsius tyranni conciliis et fedis-

tionem christiani nominis, admonendi essent et a principibus et comitatibus christianis exorandi, ut insequendo juramentum per eos in electione regis Romanorum prestandum, omnibus in contrarium postpositis, attento presentium rerum statu, et ut obviam eatur conatibus facinorosis Turcarum tyranni, vota et desideria sua in jam dictum regem christianissimum adjungant. Nil enim commodius optabiliusque pro republica christiana efficere possent, unde tota christianitas eis quam plurimum debebit, cum eorum votis salvos se posse fieri sperandum sit. Et ne dictorum illustrissimorum principum animus in alias partes convertatur, considerent si sunt alii principes in christianitate talibus fortunis ditati, ut tale onus belli adversus Turcharum tyrannum longo tempore sustinere valeant ad reprimendos suos nepharios conatus. Et si aliquis comperietur bonis fortune ditatus, consideretur ejus etas; nam tantarum rerum molem alieni committere qui se ipsum regere non potest, periculosissimum esset..... Considerent deinde quod universalis pax quæ nunc in universo orbe viget, medio electionis illius

infringeretur. Nam summus pontifex nunquam pateretur quod imperium et regnum Siciliæ in manibus unius essent, prohibente constitutione Clementis quarti, ex quo tota christianitas commoveri posset, alii Ecclesiam sustinendo, alii dictum electum : unde Turcharum tyrannus, christianitate sic divisa, ad optatum de facili adventu pervenire posset. » (Dupuy, ms. 600.)

Belcarius ou Beaucaire de Puiguillon, évêque de Metz, est le seul historien qui mentionne l'envoi de Pierre de Navarre avec une flotte pour complaire à la fois à Léon X et aux électeurs. « Ut antem majorem et apud Leonem et apud septemviros Germanos gratiam iniret, magnamque de Turcico bello suscipiendo spem daret, Petrum Navarrum Franciscus cum viginti triremibus, aliquotque aliis navibus in quas quatuor peditum millia imposita erant, adversus Mauros, Italicam maris Tyrrheni oram suis latrociniis infestantes mareque adeo ipsum mercatoribus invium reddentes, ire et si ita ferret occasio in Africam transire jussit. » (Belcarius, *Rerum Gallicarum Commentaria*, lib. xvi, p. 474.)

simis conatibus fortiter occurrendum esse censuit; et primum ut ora-
tionibus lacrimisque numen ipsum christianorum sceleribus et culpis
offensum nobis placaremus, deinde etiam armis et validis exercitibus
in Deo fiduciam nostram ponentes, resisteremus, hortata est; quam
rem ut facilius consequeremur, quinquennales inducias aut pacem, de-
positis odiis et simultatibus, inter principes christianos confici curavit:
cui rei et nos pro virili manum operamque nostram adjecimus, et preterea eorumdem principum voluntates animosque quantum proclives
essent ad tam salutarem expeditionem communibus armis obeundam
per legatos, nuncios et litteras exploravit: porro cum eadem sanctitas
progenitores nostros pro tutanda et propaganda christiana religione, ex
veterum annalium monimentis adeo fortiter et strenue depugnasse in-
telligat, ut christianissimi nomen posteris suis et nobis merito relique-
rint: his de causis mota et inducta, hujus sanctissime expeditionis
partem, supreme cure administrationisque in nos precipue conjecit,
existimans nos a moribus egregiisque facinoribus majorum nostrorum
nusque deflexuros; tum maxime quod a florentissima adhuc etate
bello exercitatos nos esse sibi persuasit, et simul opibus, copiis,
classe, machinis, armis, equis et aliis quibuscumque rebus ad gerendum bellum necessariis valere et potentes esse contendit, qui nullis
civilibus intestinis aut finitimorum bellis detinemur; preterea nostri
promissi memoriam retinet, quod illi coram cum Bononie essemus, et
mox per litteras et nuncios emisimus, cum tam salutari, tam pio et
necessario bello cum omnibus nostris viribus personaliter nos affu-
turos spopondimus. Nos itaque ne tam pio ac religioso proposito de-
fuisse videremur, vigilantissimi pontificis, sanguinis nostri et regni
nostri proceribus consiliariisque communicavimus, atque habita diligenti et matura deliberatione, censuimus eam rem nobis penitus am-
plectendam esse, arbitrantes nichil nobis antiquius esse debere quam
majorum et progenitorum nostrorum vestigia plenis passibus imitari,
qui tanquam primogeniti et obedientes filii ecclesie totis viribus apostolicam sedem defendere conati sunt, et sepissime exturbatos sua sede
pontifices summos restituerunt; et preterea in laudem, gloriam exal-

iationemque catholice fidei rempublicam christianam ampliter auxe-
runt, et pro ea fortiter egregieque depugnarunt; ut igitur ipsorum
majorum vestigia sequamur, et ne christianissimi appellatio frustra
nobis relicta esse videatur; cogitantes insuper quod, cum tam multis
dotibus a Deo optimo maximo affecti fuerimus, ut nisi fidem catholicam adversus immanissimum ejus hostem fortiter tueamur, nisi pro
christiano nomine arma sumamus, nisi pro religione immo pro Deo
ipso preliemur, merito ingrati et tantis beneficiis indignissimi habe-
remur; deinque cum pacem et quietem in regno et dominiis nostris
habeamus, omnibusque rebus ad bellum necessariis plene instructi
simus, ut ipsum florem etatis et vires nostras in hostes fidei exer-
ceamus, tam salutarem et necessariam expeditionem ad quam ab
ineunte etate proni et inclinati fuimus, cum omnibus viribus nostris
personaliter obire decrevimus, in hunc modum qui sequitur : scilicet
quod si summus pontifex sedesque apostolica ab orthodoxe fidei hostibus invadatur, pro illa defendenda nos personaliter ituros polliceamur
cum tribus milibus equitum cathaphractorum gallico more instructorum et cum quadraginta milibus peditum, quorum partem unam ex
Germania et Suetensibus, alteram ex regno nostro deligemus, et cum
eo numero machinarum et munitionum que tantis copiis sufficere videbuntur : si vero judicio summi pontificis, apostolice sedis et christianorum principum bellum anticipare, periculumque a nobis procul
amoliri et immanissimum Turcharum tirannum intra suos fines invadere magis expediat quam domi ipsum bellum alere, nostrisque
damnis et malis fortunam hostis adjuvare; et ee nationes quas ex articulis ad nos missis summus pontifex ad dictam expeditionem obeundam nobis conjunxit, istud belli inferendi munus nobiscum amplecti
velint et simul pecunias ad id necessarias pro sua qualibet rata portione ad stipendia militum persolvenda in annum contribuant et ero-
gent; pollicemur aut terra aut mari, ut commodius et utilius visum
fuerit, predictum salutare et pium munus obire cum quatuor milibus
equitum cathaphractorum gallico more instructorum, et quinquaginta
milibus peditum, et cum aliqua parte machinarum que tante expe-

ditioni sufficere possint, dummodo summus pontifex et reliqui principes
christiani, si mari bellum gerendum sit, et ex aliis portubus quam qui
ad nos spectant, solvendum sit, sive navibus commeatu necessario et
aliqua parte machinarum nos adjuvent : quod si a portubus nostris
solvendum esset, neque satis amplam classem pro tantis copiis paratam haberemus, idem summus pontifex et reliqui christiani principes
necessarium navium supplementum nobis suppeditarent, prout supe-
riore anno dicto summo pontifici plenissime scripsimus; in quorum
testimonium has presentes manu nostra signatas, sigillo nostro mu-
niri jussimus. —Datum Parisius, die XIª mensis februarii, anno Domini millesimo quingentesimo decimo octavo et regni nostri quinto.
FRANÇOYS. — Per regem : ROBERTET [1]. »

Au milieu du conflit de ces intérêts, la nomination définitive de Charles-Quint
à l'empire changea les dispositions de toutes les parties : celui-ci, qui avait paru se
rapprocher de la Turquie [2] pour le cas où son rival aurait été nommé, fut rappelé
par son nouveau titre à d'autres devoirs; François Iᵉʳ, dont la condescendance
envers Léon X avait été inspirée dès l'origine par l'espérance que le pontife appuie-
rait ses prétentions à l'empire [3], se refroidit à la fois pour l'homme et pour l'idée à

[1] Le journal du secrétaire du chancelier Duprat donne aussi cette lettre en copie, mais avec des variantes nombreuses
dans la rédaction.

[2] Sélim, de retour dans sa capitale, ne
parut occupé que du soin de maintenir des
rapports pacifiques avec les puissances chrétiennes, ses voisines, en relation ordinaire
avec lui. Venise et Raguse, après quelques
exactions fiscales, reçurent l'assurance de
la stricte observation des traités à leur
égard, et la Hongrie obtint encore le prolongement d'une année pour sa trève avec
la Porte. Une démarche plus significative
est l'accueil empressé que le sultan fit à un
envoyé espagnol venu sous le prétexte de
négocier la confirmation des franchises du
Saint-Sépulcre et des pèlerins chrétiens,

dans le passage de ces lieux de la domination
des Mameluks à celle des Ottomans. Sélim
le chargea d'exprimer à son maître le désir
qu'il avait que le roi d'Espagne lui envoyât
un ambassadeur autorisé à conclure un
traité spécial avec lui. (Hammer, Histoire
de l'empire ottoman, t. IV, p. 350.)

[3] Voyez, pour la part que prit Léon X,
contrairement à ses engagements avec François Iᵉʳ, dans les tentatives faites pour exclure
les deux candidats principaux au profit
d'un prince allemand, les lettres du cardinal Caïetan, son légat auprès de la
diète, Lettere de'Principi, fol. 61 et suiv.
Le journal du secrétaire du chancelier Duprat, qui finit à l'année 1521, à la mort
de Léon X, ne mentionne plus rien de
spécial à la Turquie, mais il contient les

laquelle il s'était associé jusque-là. L'opinion publique, lassée par l'attente, se détacha peu à peu d'un projet qui l'avait d'abord passionnée, et Léon X lui-même, détourné par des intérêts plus personnels au milieu de la crise qu'il voyait se préparer, parut tout occupé, d'une part, à maintenir sa position dans la lutte qui allait éclater, et de l'autre, à combattre les progrès de la réforme qui levait décidément l'étendard contre Rome en Allemagne.

IV. ÉVÉNEMENTS DU SIÉGE DE RHODES.

1521—1524.

La mort de Sélim Iᵉʳ[1], arrivée le 22 septembre 1520, au moment où il se disposait à une attaque contre l'île de Rhodes et l'ordre des chevaliers de Saint-Jean-de-Jérusalem, avait contribué beaucoup à l'abandon du projet de ligue, en rassurant les esprits tout occupés de la fermentation religieuse qui agitait l'Alle-

détails de plusieurs négociations dont l'une avait pour but d'empêcher que l'élection de Charles-Quint ne fût confirmée par le pape; une autre, plus étendue, est la négociation d'une trêve sous la médiation de Henri VIII. Les pièces nombreuses qu'il rapporte discutent fréquemment la violation du traité de Londres, mais seulement sous le rapport de l'infraction des garanties stipulées pour les possessions de chaque contractant, sans parler de l'objet principal du traité, la guerre contre la Turquie. Dans les longues invectives que ces souverains s'adressent par leurs ambassadeurs, Charles-Quint seul rappelle ce qu'il a fait pour s'opposer aux entreprises du premier des frères Barberousse pour s'établir en Afrique : « ...OEnobarbum Turchum qui trium in Africa regum tributariorum nostrorum dominio incubabat, non solum possessione repulimus, eos reges restituimus, sed perfidum hostem ad internecionem delevimus... Menicem insulam quam vulgo Gerbas vocitant, rece-

pimus, non Franciscum regem imitati qui, dum a pontifice rogaretur ut suis etiam opibus adversus impios hostes assisteret, veluti in re in qua totius christianæ reipublicæ (cujus ipse Gallus est pars non vilis) salus agebatur, non veritus est dicere, ut ii sua defensarent qui proximiores periculo essent, id etiam se acturum quum sua urgerentur; tanquam non satis notum sit quod Gallus semper ab hujusmodi periculo longe absit, in umbilico quodam modo christianitatis constitutus, etc. » (Dupuy, ms. 600.)

[1] Le journal du secrétaire du chancelier Duprat mentionne ainsi le fait au mois d'octobre 1520 : « Le roy partit de Paris et vint à Amboise, où il séjourna quelque temps, et lui vinrent nouvelles que le Grand-Turc appelé Sélim estoit mort à Constantinople. Son fils, appelé Solimanus, lui succéda. »

Soliman II était alors âgé de vingt-six ans; les Turcs ne reconnaissent pas la légitimité du premier Soliman, fils aîné de

11.

magne, et du conflit dont l'Europe était menacée par la rivalité ouverte de François Ier et de Charles-Quint. Pendant que Luther comparaissait à la diète de
Worms, que François Ier, pour arrêter la grandeur croissante de son rival, lui
suscitait des agressions déguisées en Navarre et dans les Pays-Bas, que Léon X,
par des négociations contradictoires, flottait entre les deux rivaux, et appelait
ainsi en Italie la guerre qu'il voulait en éloigner, Soliman II, trompant l'opinion
qu'on avait eue de lui[1], s'emparait de Belgrade le 29 août 1521, sans que la prise
d'une ville qui était le boulevard de la chrétienté du côté de la Hongrie pût faire
diversion aux préoccupations générales. La guerre éclata enfin, en unissant les
forces de presque toute l'Europe contre la France, et la mort de Léon X suivit
de près sa déclaration définitive contre son ancien allié, qui fut expulsé deux
fois de l'Italie : la première, après l'insurrection du Milanais, à la fin de 1521, et
la seconde après la bataille de la Bicoque, au commencement de 1522. Adrien VI,
élu pape le 9 janvier de la même année, ne quitta l'Espagne, qu'il gouvernait pour
Charles-Quint, qu'après avoir tenté un rapprochement entre les deux rivaux, et
arriva à Rome le 29 août, pour prendre possession du siége pontifical. Déjà,
dès le 26 juin, Soliman II avait investi Rhodes, profitant des divisions de la
chrétienté pour tenter une expédition où avait échoué l'un de ses ancêtres, mais
que la possession de la Syrie et de l'Égypte avait rendue plus indispensable en
même temps que le succès de l'entreprise était devenu plus facile.

Philippe de Villers l'Ile-Adam avait été appelé au magistère de l'ordre dans
la prévision d'un siége que tout rendait imminent. Absent de Rhodes au moment
de sa nomination, qui eut lieu le 12 janvier 1521, il réunit toutes les ressources
de l'ordre et, après avoir conféré avec François Ier en Bourgogne, il quitta la
France, non sans avoir éprouvé quelques tracasseries au moment de son départ.
Échappé aux périls de la traversée, il employa les premiers temps de son règne
à fortifier la position de l'ordre, travaillé par de sourdes dissensions, et à répondre

---

Bajazet Ier, qui se maintint quelque temps
sur le trône contre son frère, Mahomet Ier :
mais comme il résidait en Europe, il a été
compté par les historiens byzantins dans
la série des sultans. Soliman II porte chez
les Turcs le nom et le titre de Suleïman Ier.

[1] Guichardin explique en détail les
causes du refroidissement général qui succéda à l'enthousiasme pour le projet de
croisade, et il indique dans ce nombre la
mort de Sélim Ier et l'opinion répandue

sur son successeur : « La quale negligenza
confermò più la morte di Selim, lasciato
tanto impero a Solimano riputato d'ingegno più mansueto e di animo non acceso
a la guerra. » (Storia d'Italia, lib. XIII,
cap. IV.) Paul Jove, dans son rapport à
Charles-Quint sur les princes ottomans,
dit aussi de Soliman qu'il passait pour inhabile et d'un esprit pacifique, opinion
dont beaucoup de personnes eurent plus
tard à revenir.

à quelques ouvertures diplomatiques qui eurent lieu entre lui et Soliman II, alors engagé dans sa première guerre avec la Hongrie.

Le siége de Rhodes, commencé le 22 juillet, dura jusqu'à la fin de décembre 1522. Quoique, par sa composition, l'institution appartînt à la chrétienté tout entière, les circonstances qui avaient appelé à la tête de l'ordre le grand maître Villers de l'Ile-Adam parurent faire du siége de Rhodes une cause toute nationale pour la France, et elle sembla plus particulièrement intéressée à l'issue d'un siége qui tint dans l'anxiété tous les esprits sur le sort d'une ville attaquée par une armée de deux cent mille hommes, et défendue pendant six mois par une poignée de chevaliers avec un héroïsme sans exemple. L'éclat même de cette défense rejaillit sur elle, malgré l'abandon où François Ier avait laissé l'ordre des Hospitaliers, ainsi que tous les autres princes chrétiens, occupés alors de leurs débats. Les lettres écrites de la main du grand maître retracent le dernier moment de Rhodes, et nous montrent les débris de son ordre émigrant sous sa conduite, et portés successivement à Candie et en Italie, où sa présence inspire au pape Adrien VI la résolution tardive et impuissante d'une nouvelle croisade contre les Turcs, pour laquelle il s'adressa à François Ier et à Henri VIII. Une mort soudaine l'empêcha de connaître l'issue de la démarche politique qu'il venait de tenter, et de réaliser ses intentions à l'égard de l'ordre des Hospitaliers, qui, pour se relever de son désastre, après avoir été expulsé des côtes de l'Asie, dut recourir à la protection de Charles-Quint, afin de remplacer par une autre la souveraineté qu'il avait perdue.

LETTRE DE VILLERS L'ILE-ADAM AU TRÉSORIER ROBERTET.

(Original. — Béthune, ms. 8467.)

Monseigneur, il pleut au roy m'octroyer ce que luy demandis m'estoit nécessaire pour mon voyage, comme bien savés, et que je le baillasse par mémoire. Je ne demande pas grant chose, comme verrez. Le principal et de quoy j'ay plus à besoigner, c'est pour le salpêtre, que ne m'en peus passer. S'il vous plaisoit et fust licite de obtenir le congé pour trois cens quintaulx, me seroit gros repoz, car en gastons tant qu'est une chose incréable, remettant le tout à vous, monseigneur, comme à celuy en qui j'ay ma vraye confiance. Qui sera fin de ma lectre après m'estre recommandé à vostre bonne grace et souvenance, priant Nostre Seigneur qui vous doint, monseigneur, très bonne et longue vie. De Beaune, ce vj⁰ de juillet. Vostre bon amy à jamès, le grant maistre de Rhodes. — P. DE VILLERS L'YLE-ADAM.

Au dos : A monseigneur le trésorier Robertet, mon bon seigneur et amy.

LETTRE DE VILLERS L'ILE-ADAM AU TRÉSORIER ROBERTET.

(Original. — Béthune, ms. 8485.)

Monseigneur, de tant plus m'a esté agréable l'expédicion votive vous a pleu me faire, et m'en sens plus obligé à vous quant voy et sçay qu'entre tant d'autres affairez où estes occupé, les m'avez expédiez. Monseigneur, ce sont services et graces de telle importance et de telle sorte que obligent moy et la religion à vous à tout jamez. Et jà çoit que ne soyons pour rendre les mercy condignez, ne reste que ne cognoissons bien le debvoir et combien vous suis moi et la religion à tenuz, qui sera fin, après de me estre recommandé à vostre bonne grâce du meilleur endroit de mon cueur, priant Nostre Seigneur par sa saincte grace vous doint, monseigneur, très-bonne et longue vie. De Châlons, le x⁰ de julhet, celui qui demeure vostre bon amy à jamez, le grant maistre de Rhodes, P. DE VILLERS L'YLE-ADAM.

LETTRE DE VILLERS L'ILE-ADAM A L'AMIRAL BONNIVET.

(Original. — Béthune, ms. 8485.)

Monseigneur, le porteur des présentes m'a baillé voz lectres et ung jeune gentilhome pour estre chevalier de nostre ordre. Monseigneur, pour l'amour de vous je l'ai veu et receu de très-bon cueur et le nouriray, et feray en sorte que quant il y aura l'eage capable, j'en feray comme d'ung mien nepveu.

Monseigneur, j'euz hier nouvelles que des gabeliers d'Aigues-mortez contraindrent les commandeurs et frères de nostre ordre qui sont mandez pour venir avec moy en Rhodes, à payer les droitz et gabelles des choses ont achetéez, et converti les deniers de leurs com-

manderies en choses qui leur sont nécessaires pour Rhodes, affin
que les deniers demeurent en France. Ne jamez ne fust veu que nous
ne nos frères payssions, et qui les vouldroit faire payer non-seulement nous aviliroit noz privilégez en France, mais encore les nations
estrangierez vouldroient faire le semblable, qui nous seroit une playe
irrémédiable et destruction de la religion nostre. Je vous supplie,
monseigneur, donner foy et créance à ce que vous en dira le commandeur d'Arney, auquel en ay escrit plus amplement, et avoir les affairez de nostre religion pour recommandés autant en mon absence
comme en présence, affin que je vous en reste obligé à jamez; qui
sera fin de lectre, après m'estre recommandé à vostre bonne grace,
priant le benoit Créateur vous donner très-bonne et longue vie. De
Villefranche, ce xiii julhet. Vostre bon alié et serviteur le grant maistre
de Rhodes. — P. DE VILLERS L'YLE-ADAM.

LETTRE DE VILLERS L'ILE-ADAM A FRANÇOIS I⁰ʳ.

(Original. — Béthune, ms. 8505.)

Sire, j'arrivay hier en ceste ville en délibéracion de me partir pour
Rhodes le premier jour d'aost avec mes navillez et ceulx de frère Bernardin. Sur ce propoz est venu Bernardin et m'a monstré les lectres
vous a pleu luy escrire qu'il ne aille point avec moy et que le voulés
pour voz affairez, qui m'a retardé mon voiage. Sire, il vous pleut
gracieusement le moy octroyer avec ses navilles, et je luy ay baillé
iiiᵐ francs pour s'acoultrer et m'acompaigner, et que l'on me l'ostât
me viendroit fort mal à propoz, et en tant que le temps me contraint
à partir pour mon naviguez en yver, si m'en failloit aller sans luy et
me survenoit quelque inconvénient, que Dieu ne vuelhe, chascun diroit que c'est pour estre party mal accompaigné de France. Ce sont
choses, sire, de quoy vous ay bien voulu advertir, pour ce que concernent l'honneur et réputacion de la chrestienté, en quoy vous supplie
très-humblement vuelhez avoir regard, Sire, et disposer dudit frère
Bernardin et de moy comme il vous plaira, affin que, comme très-

humble subject et serviteur, m'efforce vous obéyr et complaire; priant
le benoit Saint-Esprit par sa saincte grâce vous doint, Sire, très-bonne
et longue vie. De Marselhe, le xxx julhet. Vostre très-humble subject
et serviteur, le grant maistre de Rhodes. — P. DE VILLERS L'YLE-ADAM.
Au dos : Au roi, mon souverain seigneur.

LETTRE DE VILLERS L'ILE-ADAM AU TRÉSORIER ROBERTET.

(Original. — Béthune, ms. 8612.)

Monseigneur, j'estois arrivé en ceste ville, prest à me partir le premier d'aost, ne fût que le capitaine frère Bernardin, qui est acordé
avec le bon plaisir du roy pour venir avec moy, m'a monstré unes
lectres du xxiiie présent, que le roy lui escrit qu'il ne parte point et
qu'il a besoing de luy pour ses affairez, qui m'a semblé bien estrange,
veu le bon plaisir du roy, et que je luy ay baillé iiiim francs contens
pour armer ces deux navilles, que mon voiage soit retardé pour si peu
de chose. J'en escris au roy et dames, à monsieur l'admiralh et autres,
comme pourrez veoir par le double des lectres que ce commandeur
vous monstrera. Je vous supply, monseigneur, comme celuy qui m'a-
vez tousjours secouru et aidé en tous mes affairez, qu'il vous plaise
en cestuy-ci m'aider et secourir à faire que cesdicts navilles me soient
relaschez et délivrez. Autrement l'honneur mien et réputacion de ma
religion est en grosse dispute et de tous mes amys; car fauldra me
parte deffavory et mal accompaigné de France et me mette en gros
dangier, tel que Dieu ne vuelhe; l'honneur et réputacion des princes
chrestiens et pour lesquelz j'ay la charge que j'ay, en seroit dymynuée.
Vous l'entendés mieulx que nul autre, et, s'il vous plaît, m'ayderez
comme avés de bonne costume, affin que je m'en ailhe honestement,
puisque suis contraint m'en aler. Qui sera fin de ma complainte après
de me estre recommandé à vostre bonne grâce et souvenance, vous
mercyant tous voz bienfaitz jusqu'au rendre; priant Nostre Seigneur
vous doint très-bonne vie et longue. De Marselhe, ce dernier de julhet.

Vostre bon amy à jamès, le grant maistre de Rhodes. — P. DE VILLERS L'YLE-ADAM.

LETTRE DE VILLERS L'ILE-ADAM A FRANÇOIS Ier.

(Original. — Béthune, ms. 8505.)

Sire, despuys la partence du navire qu'a pourté voz saires, le Turq a mandé ici ung sien poste avec ses tectres escriptes à Belgrade le xe du passé, par lesquelles, soubz coulleur d'amytié, nous advise qu'il a prins par force ledit Belgrade, Sambas et Xemini[1], et tous ceulx qui se sont trouvez dedans faict passer par l'espée. Dit aussi qu'autres cinq places se sont rendues à luy, le peuple desquelles a envoyé esclave à Constantinoble, et icelles places bruslées et ruynées. Encores dit qu'il a esté troys moys en Ongrie, en une province nommée Servein, en laquelle n'a trouvé aucune résistance, pour combattre contre le roy d'Ongrie, comme estoit son désir, et pour ce que l'yver s'aprouchoit, dit retournoit à son siége.

Sire, despuys qu'il est Grand Turq, ceste-cy est la première tectre qu'il a envoyé en Rhodes, laquelle n'aceptons pour signiffiance d'amytié, mais plustost pour une menasse couverte; et nous donne pensement qu'ayons à demeurer tousjours mieulx porveuz, ce que ferons tant qu'il nous sera possible, affin que s'il a malvaise volunté contre nous, nous treuve en ordre pour nous bien deffendre, moyennent, Sire, vostre bonne aide. De ce que surviendra tousjours vous en advertiray comme celluy en qui est toute nostre espérance.

Sire, je prie le Créateur vous donner très bonne vie longue, et le comble de voz aulz et excellens désirs. De vostre ville de Rhodes, le xxviiie jour d'octobre. Vostre très-humble et obéissant subject et serviteur, le maistre de Rhodes. — P. DE VILLERS L'YLE-ADAM.

Au dos : Au roy, mon souverain seigneur[2].

[1] Les deux villes les plus importantes conquises en même temps que Belgrade furent Sabacz et Semlin, dans la Syrmie,

qu'il faut chercher sous le nom de *Servein*, au lieu de la Servie.

[2] Le recueil de Reusner, qui a pour

titre *Epistolarum Turcicarum variorum auctorum, etc.* contient onze lettres en latin extraites des diverses relations des historiens de l'ordre. L'absence de dates précises et l'inobservation des formes consacrées de la diplomatie ottomane ne permettent guère de considérer ces pièces que comme citées de mémoire par les auteurs, et résumant plus ou moins la substance des pièces qu'elles rappellent, si toutefois elles ont existé. Vertot, dans le tome II de l'Histoire de Malte, traduit ainsi, d'après la version italienne de Bosio (t. II, liv. XVIII, p. 627), celles qui concernent ces premières relations, confirmées du reste, comme on le voit, par la lettre authentique du grand maître :

« Soliman, sultan par la grâce de Dieu, roi des rois, souverain des souverains, très-grand empereur de Byzance et de Trébizonde, très-puissant roi de Perse, de l'Arabie, de la Syrie et de l'Égypte, seigneur suprême de l'Europe et de l'Asie, prince de la Mecque et d'Alep, possesseur de Jérusalem et dominateur de la mer universelle, à Philippe Villiers de l'Isle-Adam, grand maître de l'île de Rhodes, salut. Je te félicite de ta nouvelle dignité et de ton arrivée dans tes états : je souhaite que tu y règnes heureusement et avec encore plus de gloire que tes prédécesseurs. Il ne tiendra qu'à toi d'avoir part dans notre bienveillance. Jouis donc de notre amitié, et, comme notre ami, ne sois pas un des derniers à nous féliciter des conquêtes que nous venons de faire en Hongrie, où nous nous sommes rendu maître de l'importante place de Belgrade, après avoir fait passer par le tranchant de notre redoutable épée tous ceux qui ont osé nous résister. Adieu. — De notre camp, ce..... et de l'hégire, ce... » (*Histoire de Malte*, t. II.)

« Frère Philippe Villiers de l'Isle-Adam, grand maître de Rhodes, à Soliman, sultan des Turcs. — J'ai fort bien compris le sens de ta lettre, que ton ambassadeur m'a apportée. Tes propositions d'une paix entre nous me sont aussi agréables qu'elles feront peu de plaisir à Curtogli. Ce corsaire, à mon passage de France, n'a rien oublié pour me surprendre; mais n'ayant pu réussir dans son projet, et ne pouvant se résoudre à sortir de ces mers sans nous avoir causé quelque dommage, il est entré dans la rivière de Lycie et a tâché d'enlever deux vaisseaux marchands qui partaient de nos ports. Il avait même investi une barque appartenant à des Candiotes, mais des galères de l'ordre, que j'ai fait sortir du port de Rhodes, l'ont contraint de lâcher prise; et, de peur de tomber lui-même en notre puissance, il a cherché son salut dans une prompte fuite. Adieu. — De Rhodes, ce..... » (*Histoire de Malte*, t. II.)

« On nous a assuré que la lettre que notre grandeur t'avait écrite t'a été rendue, et qu'elle t'a causé plus d'étonnement que de plaisir. Assure-toi que je ne me contente pas de la prise de Belgrade, mais que je me propose d'en faire dans peu une autre aussi importante, de laquelle tu seras bientôt averti, toi et les chevaliers de ton ordre ne sortant guère de ma mémoire. » (*Ibid.*)

« Je ne suis point fâché que tu te souviennes de moi et des chevaliers de mon ordre. Tu me parles de la conquête que tu as faite en Hongrie, et du dessein où tu es, à ce que tu me mandes, de faire une autre entreprise dont tu espères le même succès : mais fais réflexion que de tous les projets que forment les hommes il n'y en a point de plus incertains que ceux qui dépendent du sort des armes. Adieu. » (*Ibid.*)

SOMMATION DE SOLIMAN II AU GRAND MAITRE DE RHODES [1].

(Chronique du bâtard de Bourbon, B. R. Ms. 10269.)

Sultan Solyman, par la grace de Dieu très-grant empereur de
Constantinoble, de l'une et l'autre Perse, Arabye, Syrie, la Mecque,
Jhérusalem ; d'Asie, Europe et de toute l'Egypte et de la mer seigneur
et possesseur, à très-révérent père et seigneur frère Philippes, grant-
maistre de Rhodes; ses conseillers et cytoiens grans et petits, condigne
salutation. Vous avés mandé devers nostre impériale majesté, George
Servant, vostre messagier, avec vos lettres, desquelles avons bien entendu la teneur; et pour ce mandons le présent commandement
nostre, vous signifiant que par nostre sentence voulons avoir ceste
isle, pour les grans dommaiges et œuvres mauvaises qu'en avons tous
les jours; laquelle rendue de bon gré, ensemble le chasteau d'icelle
à nostre impérialle majesté, jurons le Dieu qui a fait le ciel et la terre,
les vingt-six mille prophètes nostres, et les quatre Musaphys [2], qui
sont tombez du ciel, et par nostre premier prophète Mahommet, que
tous ceulx trouvez en ladicte isle, grans et petits, n'aurez paour, péril
ne dommage de nostre impérialle majesté, et qui s'en vouldra aller

---

Le recueil de Reusner cite encore à la
suite des mêmes pièces une lettre de Piri-
Pacha (qu'il nomme Pyrrhus), et la réponse de l'Ile-Adam. (*Epist. Turcic. etc.*
lib. VIII, p. 117.)

[1] L'expédition contre Rhodes venait
d'être décidée, sur les instances du grand
amiral Kourdoghli et pour les causes indiquées dans cette pièce et les suivantes.
Fontanus, Knolles, Mézeray et les autres
historiens les développent dans de longs
discours qu'ils mettent dans la bouche des
vizirs, et leur prêtent des lettres qui sont
évidemment apocryphes. Les termes de
cette sommation, qui était l'accomplissement d'une formalité prescrite par le Koran,

donnent à cette pièce seule un caractère
d'authenticité que lui reconnaît M. de
Hammer (*Histoire de l'empire ottoman*, t. V.
p. 415). Elle est extraite de l'intéressante
chronique du bâtard de Bourbon, historien et témoin oculaire du siège de Rhodes,
qu'on trouve imprimée aux Preuves de
l'Histoire de Malte, de Vertot, t. II, p. 622.

[2] Au lieu de vingt-six mille, le nombre
canonique chez les Turcs est cent vingt-
quatre mille prophètes. Les *quatre Musa-
phy* ne sont autre chose que les quatre
masshafs ou livres saints, savoir : le *Pen-
tateuque*, les *Psaumes*, l'*Évangile* et le *Koran*. (V Mouradjea d'Ohsson, *Tableau de
l'empire ottoman*, et Hammer, t. V, p. 414.)

12.

en aultre lieu le pourra faire avec son avoir et famille. Et si quel-
c'un y aura des principaulx qui vouldra prendre solde, la luy donnerons, et ferons meilleur party qu'ils n'avoient. Et qui vouldra en icelle
isle demourer, le pourra faire selon l'ancienne coustume qu'avez eu,
et beaucoup meilleure. Et pour tant si vouldrez accepter nos pacts et
juremens, mandez vostre homme avec vos lettres devers nostre impérialle majesté tout incontinent, autrement soyez asseurez qu'elle
est jà venue sus vous avec toutes provisions, et en sortira ce que
playra à Dieu, de quoy vous avons bien voulu advertir, affin que ne
puissiez dire que ne vous ayons sommez; et si ne vous voulez rendre,
comme dit est, ferons renverser les fondemens de vostre chasteau
sens dessus dessoubs, et vous ferons esclaux et mourir de male mort,
moyennant la voulenté divine, comme avons fait à beaucoup d'autres,
et de cela vous tenez tout asseurez. — Donné en la court de nostre
impérialle puissance, à Constantinoble, de juing le premier jour.

CAPITULATION DE RHODES.

P.
P. POUR LA FOI. V.
V.[1]

Postquam anno in partu Virginis MDXXII, Adrian. VI, pont. max.
Solimanus Turc. tyrannus cum classe trecentarum navium et ducen-
tis armator. millibus, pro festo D. J. Bap. Rhodum appulisset, et ad Na-
talem usque christianum urbem obsidisset terra et mari, atque ad eam
cuniculos LII duxisset injecissetque perdius et pernox pylarum ænea-
rum saxcarumque stupende magnitudinis amplius LXXXV millia, oppu-
gnassetque autem vicies; P. vero Villerius Liladamus nullo comeatu
auxiliove externo adjutus, eam contra eum paucis equitibus constantis-
sime fortissimeque defendisset; tandem tempore et necessitate supe-

---

[1] Cette copie de la capitulation de
Rhodes, d'après des extraits des archives
de l'ordre, à Malte, provient d'une communication du bailly de Froulay, ambassadeur de l'ordre en France. (Tercier, Mémoires de l'Acad. des Inscript. tom. XXVI,
p. 769.) Plusieurs des conditions mentionnées dans cette pièce diffèrent de celles qui
sont rapportées par les historiens turcs et
ceux de l'ordre.

ratus, cæsis hostibus centies vicies mille, cum Solimano mœnium ever-
sore urbisque solum centum et quinquaginta passibus longe lateque per
dies XL occupanti, victoriæ pertinaciter cupido et pacem ultro offe-
renti, summa prudentia et magnanimitate usus, in hunc modum de
deditione convenit :

    Solimanus,

Latinus militarisque ordo urbe et insula Rhodo ante diem decimum
decedito; præsidia ubique deducito; decessus liber et securus esto.

    P. Villerius Liladamus,

De communi consilii equitum latinorum militumque et civium Rho-
diorum sententia, prorogatio decessus arbitrii latini militarisque ordinis esto. Decessus latino militarique ordini, arma, tela, tormenta,
omnemque apparatum bellicum ex arcibus secum asportandi potestas
esto. Mansuri in Rhodo quinquennium ab omni tributi solutione immunes sunto.

Christo perpetuo sacrificanto : templa si lubet nova extruunto, ve-
tera reficiunto, liberos semper in potestate habento.

Nemo invitus e Rhodo decedito : infra triennium autem cuique Latino et Græco nunc latinum militaremque ordinem non sequenti potestas abeundi cum omni re et familia libera securaque esto.

Latino militarique ordini illumque sequentibus naves et commea-
tum in Cretam dato.

Solimanus pactis fraudem et dolum malum perpetuo abfuturum
more majorum et legibus patriis solenniter jurato. Obsides dato [1].

---

[1] Le recueil de Reusner (*Epist. Tur-*
cicar. etc. lib. VIII, p. 119) donne encore deux lettres de Soliman II au grand
maître de Rhodes, écrites soi-disant pendant le siége, et qui le somment, avec
menaces, de se rendre ; plus deux réponses
de Villers de l'Ile-Adam, qui s'excuse dans
l'une sur son devoir, et invoque dans
l'autre la clémence du sultan ; enfin, une
troisième lettre de Soliman II, qui le félicite de ce qu'il revient à la raison et se
soumet aux conditions qu'il lui impose.
Toutes ces pièces, écrites en phrases sen-
tencieuses et philosophiques, sont purement d'invention et n'ont aucune valeur
historique.

LETTRE DE VILLERS L'ILE-ADAM AU SIRE DE LA ROCHEPOT[1].

(Original. — Béthune, ms. 8530.)

Mon nepveu, plusieurs foys vous ay escript du grand Turq qui nous
tenoit assiégez en personne dès le xxvie de juing dernier passé. Lequel voyant ne nous pouvoit prendre par bateries d'artilherie, mynes
ne assaulx, à la parfin, levé qu'il nous a eu les deffences d'ung grand
cartier de la ville, est venu picquer et abbatre la murailhe en laquelle a faict une grand bresche par laquelle trente ou quarante
hommes à cheval pouvoient entrer de front, et par icelle avec tren-
chées couvertes est entré plus de cent cinquante pas dedans la ville,
non obstant deux contremurailhes et repaires avons faict à l'encontre,
où a demeuré main à main avecques nous l'espace de trente-six jours
ou environ. Et voyant consommer ses gens, desquelz desjà avoit perdu
plus de quatre-vingtz mille, que tuez que mortz de malladie, craignant
venir aux mains avecques nous, qui moyennent l'aide de Dieu en tous
ses assaulx l'avons repoulsé, considérant les victoires consister en
la volunté divine et non en la puyssance et multitude des hommes,
nous a faict dire si luy voulions rendre la ville, nous lairoit aller
bagues sauves et à ceux qui vouldroient demeurer, feroit bonne com-
panie, francz de tous tributz l'espace de cinq ans, sans jamais prendre
de leurs enfans pour faire genissaires, comme faict ès autres parties
de la Grèce à lui subjectes. Ce que plusieurs jours avons différé; à la
parfin, voyans qu'il nous estoit impossible pouvoir plus résister, veu
que n'avions plus pouldres, munitions, ne gens de faict, desmiz d'espérance de secours, lequel tant de foys avons demandé, ayans com-
passion de tant de menu peuple estant en nostre jurisdicion que avoit

---

[1] François de Montmorency, seigneur
de la Rochepot, troisième fils de Guillaume,
baron de Montmorency, et frère puîné du
fameux Anne de Montmorency, alors maréchal. Ce dernier, nommé en 1526 grand
maître de France, devint sous ce titre,
et sous celui de connétable, qu'il reçut
en 1538, chef de tous les conseils, chargé
spécialement de diriger la politique extérieure de la France. Son influence s'éten-
dit à près de quatre règnes, comme le fera
voir la suite de ces négociations.

de passer par l'espée ou regnier la foy par contraincte, avons accepté
ledit party, lequel est procédé de grâce divine, veu l'avantage que
nostre ennemy avoit sur nous et les dommages et despences avoit
souffert au siége, durant lequel n'avons eu ayde ne secours d'autre
que de Dieu seulement.

Mon nepveu, ce jour de Nohel ledit grand Turq entra dedans la
ville, et le premier jour de l'an avons faict voyle noz navires désar-
mez, et aprez avoir passé en mer plusieurs fortunes, sommes arrivez
tous espars en ceste isle de Candie. Miz qu'ayons en ordre noz navires,
irons devers nostre sainct père et le roy pour acomplir ce qu'il leur
plaira disposer de nostre religion pour service de la foy chrestienne.
J'en escripz au roy; je vous prie, mon nepveu, avoir tousjours nostre
religion pour recommandée envers ledict seigneur, qui sera fin de
la présente, aprez m'estre recommandé à vostre bonne grâce, priant le
Créateur vous donner le comble de voz bons désirs. Escript à Castel
en Candie, le vii de février. Vostre bon oncle et amy, le maistre de
l'Ospital Sainct-Jehan de Hiérusalem. — P. DE VILLERS L'YLE-ADAM.

Au dos : à Monsieur de la Rochepot-Montmorency, mon nepveu[1].

---

[1] Le même événement fut annoncé à la
république de Venise par Soliman II, qui
lui dépêcha, presque immédiatement après
la prise de Rhodes, Chassim-Bey, porteur
de cette lettre, qui donne des détails semblables, et assigne à l'expédition les mêmes
causes que celles qui sont indiquées dans
la sommation précédente.

« Al serenissimo doge di Venitia. —
Sultan Suliman Sach per la Iddio gratia imperatore grandissimo di Constantinopoli et
imperator delle due Asia et Europa, et
di Persia et d'Arabia, et di Soria; et della
Mecha et di Gierusalem et di tutta la terra,
di Egitto, et di tutta la terra maritima signore et imperatore, etc. Allo illust^{mo} et
honor^{me} doge della ill^{ma} signoria di Venetia,
a M. Antonio Grimani, con la degna et
conveniente salutatione et col conveniente
amore, mandiamo alla V. illustrità. Sap-
piate come alli giorni passati è mosso il
mio imperio in viaggio, cioè contra Rodi,
per dominarla, e la causa è per li mal-
fattori et corsari et tristi huomini che haveva et salvava et habitava proprio là;
et ogni giorno operavano molti latrocinii
et tristitie alli navilii et Musulmani. Et
per questo il nostro imperio andò et asse-
diò quellai et le havemo date battaglie ter-
ribilissime; et voltassimo li suoi fonda-
menti sotto sopra; et havemo ruinati et
amazzati molti di essi; et vedendo che gli
tollevano per forza di spada, ne hanno fato
deditione essi, et ne hanno consegnata la
terra con tutta la isola et similmente tutte
le isole che havevano, con conditione ch'el

BULLE D'ADRIEN VI,

ORDONNANT UNE TRÊVE DE TROIS ANS POUR PRÉPARER UNE EXPÉDITION CONTRE LES TURCS [1].

(Original. — Archives du royaume. J. 937.)

ADRIANUS PAPA VI[us].

Charissime in Christo fili noster, salutem et apostolicam benedictionem. Postquam ad summi apostolatus apicem, non nostris meritis, sed divina Providentia sic volente, assumpti fuimus, ut officio nostro pastorali satisfaceremus, et maximis periculis atque calamitatibus, quas universe reipublicæ christianæ multis modis imminere conspiciebamus, remedia procuraremus, mox majestatem tuam, et alios christianos principes, ut mutuis discordiis, atque bellis sepositis, pacem inter vos inire, et arma vestra in potentissimum religionis nostræ totiusque christiani nominis hostem, Turcarum tyrannum convertere velletis, per literas atque nuncios nostros, ea de re, ad majestatem tuam et alios principes missos, summa cum instantia hortati fuimus, imminentem religionis christianæ ruinam non tacendo, eique instituto usque in presentem diem inhesimus, sperantes jure, ut filii salutaria monita patris totiens audita, tandem exaudire dignum duceretis. Et ne causam Dei verbis tantum agere videremus, interea dum optatos solicitudinis nostræ fructus expectaremus, de summa hujus sancte sedis inopia, ad quam omnium rerum egenam ipsi similiter

gran maestro et tutti li suoi frieri possino andar dove lor piace con la lor familia et facultà.

Per tanto per haver buona amicitia con la V. illustrità, mandiamo il presente nostro schiavo Chassimbei credenzier, per notificarvi della salute mia et del nostro valore.

Scritta in corte della nostra imperiale autorità, nella terra di Rodi, alli 29 di de-cembre 1522. — SULTAN SULIMAN SACH. (Lettere de' Principi, tom. II, fol. 35.)

[1] Une bulle semblable fut adressée à Henri VIII, roi d'Angleterre, par Adrien VI : elle porte la date de la veille des calendes de mai, et elle est donnée dans Rymer sous ce titre : Pro triennalibus treugis inter principes christianos et pro expeditione ad defendendum contra Turchas. (Rymer, t. XIII, p. 790.)

egeni venimus, quæ potuimus, commeatuum, tormentorum, munitionum, pecuniarum subsidia in diversa loca, vel jam a Turcis ob-
sessa, vel obsidionis periculum expectantia misimus, ut quod verbis
suasimus, exemplo efficatius persuaderemus. Sed heu! in vanum huc
usque verba effudimus, nec quicquam aliud quam operam et im-
pensam perdidisse videmur; siquidem, ut experimento apparet, plus
apud filios conceptum inter ipsos odium et privatarum passionum impetus, necnon suorum cujusque affectuum respectus, quam paternæ
eæque totiens replicatæ preces, et publicæ utilitatis, Deique ac religionis præfatæ ratio valuerunt; unde factum est, ut dum vos penes
quos Deus precipuam inter christianos principes proprietatem esse
voluit, de exiguis quibusdam terræ portionibus inter vos contenditis,
et cujusnam esse debeant ferro decernere vultis, subditorum vestrorum sanguinem sicut aquam effundentes, ac divina et humana omnia commiscentes, universam rempublicam christianam Christi Domini vestri precioso sanguine constitutam, et vos, regnaque ac dominia
vestra in extremum discrimen conjeceritis. Errant enim, fili charissime, ut libere veritatem loquamur, qui dictum Turcarum tyrannum,
etiamsi omnium consensu potentissimum, plus christianæ reipublicæ
illam offendendo, quam vos, quibus illius protectio imprimis incumbebat, illam non defendendo, nocuisse putant. Nunquid enim credimus, quod idem tyrannus, vel pridem Belgradum ex parte Hungariæ,
vel novissime (quod ob constantem et prope ab omnibus confirmatam
famam vanum credere, et ob rei atrocitatem sine uberrimis lachry-
mis commemorare non possumus) Rhodum in Oriente, fortissima religionis ejusdem propugnacula, unde majores sui, totiens tanta cum
ignominia rejecti fuere, non modo capere potuisset, sed vel invadere
unquam præsumpsisset, nisi ex mutuis illorum dissidiis a quibus con-
cordibus non ignorabat sibi facile resisti posse, illa et longe majora
sibi merito pollicitus foret? Quare illum non tam sua potentia suo-
rumve virtute quam nostra ignavia insignes, nobisque exitiales, has
victorias assequutum esse constat, longe majores et insigniores asse-
cuturum, imo (quod Deus avertat!) de universa Europa triumpha-

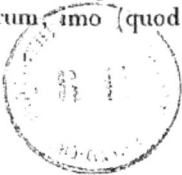

13

turum, nisi vel nunc presentium periculorum consideratione, a gravissimo isto et quasi lethargico somno expergefacti, privatis omnibus
posthabitis, vires nostras conjunctas, sine cunctatione, in illum convertere sategerimus. Nec enim putare debemus dominandi cupidissimum, Rhodo capta, quieturum, qui non ob aliud post Belgradum
ei civitati animum adjecit, quare ut duabus his obicibus et antemuralibus perruptis, inde ad regnum Hungariæ et finitimas provincias,
hinc ad Siciliam et Italiam, liberrimos aditus sibi pararet. Qua in re
voti compos jam effectus, accedente insuper commoditate quam ei
portus atque urbes in Illyrico atque Dalmatia ab eo devicti præbent,
nihil dubitandum est, cum primo quoque tempore partem exercitus
sui quantam volet in Hungariam, partem cum classe, quæ ei maxima
est, in Siciliam, Appuliam vel Picenum transmissurum; id quod si
eum facere sinemus, nec funesta ejus consilia celerrimis remediis
preoccupare studebimus, nemo prudens dubitat, cum antequam multi,
non dicimus anni, sed menses abeant parvo negocio, et universum
Hungariæ regnum et Siciliam, totamque Italiam in proprietatem suam
redacturum. Quibus subactis (quod Deus per misericordiam suam prohibeat!), facile fuerit videre, quid reliquis principibus atque populis
christianis sperandum sit, et utrum quisquam eorum sibi hoc casu,
securitatem polliceri, aut locorum Alpium ac marium intervalla defensioni suæ proponere merito possit. Certe omnes scimus quondam
plurimos reges ac populos Asiæ, Greciæ, Thraciæ, Macedoniæ, Illirici, hæc ipsa cogitantes, comprehensos in consiliis quibus hujusmodi
cogitabant, cumque dicerent : Pax! pax! tunc eis repentinum supervenisse interitum. Et ut, omissis iis quæ a memoria presenti remotiora sunt, ad recentiora veniamus, cuinam unquam priusquam videret, persuaderi potuisset Belgradum et Rhodum, vel longissima
obsidione ab infidelibus aliquando capiendas? et tum factum jam videmus quod nemini nostrum libuit futurum credere. An non multo
credibilius est hiis qui rerum experti sunt, capta Belgrado, universam
Hungariam, maxime tam graviter inter se dissidentem, et Rhodo devicta, Italiam, Siciliam, Dalmatiam aliasque vicinas provincias, omni

presidio carentes, et mutuis et inter se discordiis agitatas, quam duas
illas urbes quæ prope mox pugnabiles habebantur, priusquam captæ
essent, superari posse? Omnes nobis dudum blandiebantur, primum
quidem Deum pro sua immensa clementia, deinde vos, principes
christianos pro vestra religione, non permissuros ut reipublicæ christianæ duo illa propugnacula, et quasi duo pedes, sine quibus illam
in preceps ruituram sciebamus, per gentem perfidissimam adime-
rentur. At videmus et Deum et vos hæc permisisse; illum, ut peccata
populi sui se creatorem non agnoscentis, non minus misericorditer
quam juste puniret; vos autem, ut privatis vestris passionibus, et inor-
dinatis habendi atque dominandi desideriis satisfaceretis. Fatemur quidem immensam esse Dei bonitatem atque clementiam, et quod misericordia ejus sit super omnia opera ejus; sed et illud scimus peccata
hominum solere dividere inter ipsos et Deum, et frustra sperari misericordiam ejus ab hiis qui animas suas illi humiliare, et donis ab eo
acceptis in ejus a quo acceperunt, honorem uti nolint. Equidem, quantum in nobis est, mallemus bona ac læta quam contraria vaticinari;
sed coram eodem Deo et teste conscientia tibi, charissime fili, dicimus quod, nisi tu et charissimi similiter in Christo filii nostri, Carolus, Romanorum et Hispaniarum rex catholicus, in imperatorem
electus, et Henricus Angliæ rex VIII, illico pacem vel saltem trium
quatuorve annorum inducias inter vos inieritis, et privatarum inimi-
ciciarum, propter Christum Deum et redemptorem vestrum cujus sanc-
tissima religio nisi e vestigio succurritur ruinam minatur, obliti, dicto
tyranno ex parte Hungariæ, et ex parte Italiæ, priusquam illius furor
ulterius progrediatur, una nobiscum sine mora obviam ire curaveritis,
pro indubitato tenemus, illum, permittente hoc justissimo judice Deo,
regnis ac dominiis vestris, vobis expulsis, cito potiturum, veluti com-
plurium aliorum, qui dum florerent, prepotentes habebantur, ipsum
et progenitores suos potitos novimus; ut vel hoc pacto doceamini vos
ipsa regna, et maximam istam potentiam non a vobis ipsis, sed a Deo
accepisse, in illiusque manu esse jus et arbitrium regnorum omnium,
et ea quibus voluerit dare, et quibus voluerit auferre possit. Et ut,

omissis aliis quæ nos ad ita sentiendum inducunt, futurorum videlicet de preteritis et presentibus conjectura, calidi hostis solertia, ingenio quiescere nescio, opibus immensis, et unico quod a parentibus
ac progenitoribus suis hæreditavit christianum nomen delendi desiderio, jam quod nobis timorem hunc precipue ingerit exprimamus,
maxime nos terret quod, cum multi christiani propter durissimum ju-
gum quod eis a principibus suis imponitur, ab ipsorum principum
amore maxime aversi sint, et versutissimus Turcarum tyrannus, eos
qui se illi voluntarie subjiciunt, ut aiunt, in lege sua vivere permittat,
obedientiam duntaxat et certum tributum annuum, idque forte etiam
minus quam principibus suis pendere coguntur, ab eis exigendo, quo
soluto, eos ultra gravare negatur, vehementissime timemus futurum
ut civitates christianorum magna ex parte illi ad se venienti, salvis vita,
religione ac bonis, se cum hac servitute tradere malint quam hec omnia certo discrimini exponere, ut æqualem, vel forte majorem sub
principibus suis servitutem sustineant. Nec majestas tua hoc sine causa
a nobis presumptum putet : scimus quid loquamur, et quibus argu-
mentis in hunc metum inducti simus. Quamobrem te, fili charissime, in Domino hortamur, et per viscera misericordiæ Domini nostri
Jhesu Christi, perque pretiosum ejus sanguinem rogamus et obtestamur; et nihilhominus tanquam vicarius ejusdem Jhesu Christi, qui
ad rigore hoc utendum nos impellit, in virtute sanctæ obedientiæ
eidem Christo et vicariis suis debitæ, quam tu semper coluisti, et
sub comminatione indignationis omnipotentis Dei, ante cujus tribunal
in districto illo examine judicandus constabis, tibi præcipimus, ut in
his maximis et presentissimis totius christianæ reipublicæ, ac fidei catholicæ periculis animum principe maximo, et nec minus re quam nomine christianissimo, maximisque et christianissimis antecessoribus
tuis dignum induens, omnibus privatis inimiciciis et actionibus, quas
cum dictis Carolo atque Henrico regibus, et quibuscumque aliis habes,
propter Christum et communem utilitatem, oblivioni traditis, vel in
aliud tempus sepositis, illico, acceptis presentibus, in trium saltem vel
quattuor annorum inducias consentias, et mandatum ad eas tua ex

parte cum dictorum Caroli et Henrici regum oratoribus quibus etiam
in eandem sententiam scribimus, ineundum, atque concludendum,
omni mora et excusatione cessanti, ad aliquem tuum hic residentem
destines. Quandoquidem nulla tibi bellandi causa adversus eosdem
Carolum et Henricum reges, vel quencumque alium christianum principem, tam justa esse potest, quin huic de qua loquimur, que Dei et
omnium est, cedere et postponi debeat. Et quum parum induciæ pro-
fuerint, nisi et suppetiæ necessariæ subministrentur, te similiter ex
parte summi Dei et nostra instantissime requirimus, ut quam tam
commode potueris classem instruas, exercitumque et pecunias ad hec
sustentanda necessarias, non per nos vel nostros, sed tuos officiales
administrandas quamprimum mittas, quo, tuis et dictorum aliorumque
principum ac populorum viribus una cum nostris (quas propter summam nostram et hujus sedis inopiam minores quidem quam cuperc-
mus, sed majores quam facultates nostræ ferent adhibebimus) adu-
natis, non tam fines nostros defendere, quod propter plebium quam
diximus inconstantiam, nimis periculosum foret, quam hostes invadere, et preoccupare possimus. Quibus in rebus siquidem tu, uti op-
timum ecclesiæ filium et christianissimum principem, eorumque qui
fidem catholicam non solum fortiter defendere, sed et longe lateque
extendere, successorem decet, et nos de tua magnimitate et fidei zelo
omnino confidimus, monitis nostris justissimis acquieveris, et Deo
gratissimum obsequium prestabis, et preterquam quod omnem prio-
rem negligentiam pulchre redimes, immortalem tibi apud posteros
laudem comparabis. Sin vero (quod absit!) paternos clamores, immo
Dei omnipotentis præceptum, et voces christianæ religionis tuum auxilium manibus in celum tensis implorantis, obaudieris, tibi coram
Deo dicimus, celumque et terram testes hodie invocamus quecumque
mala religionem christianam a dictis Turcis pati contigent, non nobis, qui præstamus quod possumus, sed tibi et aliis Dei et publicam
causam deserentibus imputari debere, tibique et illis vehementer for-
midandum esse, ne et in presenti vos maxima calamitas atque ignominia, et in futuro supplicium involvat sempiternum, prout de his et

aliis venerabilis frater Stephanus Gabriel, archiepiscopus Barensis, noster et hujus sancte sedis istic nuncius majestati tuæ, nostro nomine latius exponet. Cui illa eandem quam nobis habitura esset fidem adhibere dignabitur. — Datum Romæ, apud sanctum Petrum, sub annulo piscatoris, die iij martii MDXXIII, pontificatus nostri anno primo. — T. Hezius.

' Un événement comme la prise de Rhodes, qui effaçait en Orient le dernier vestige de ces états chrétiens fondés autrefois par les croisades, devait ranimer dans les imaginations tous ces projets de ligue qui les avaient occupées pendant les années précédentes. La crise où se trouvaient alors les grandes puissances laissait sans écho l'appel désespéré du pape Adrien VI, et on ne voit pas qu'aucune d'elles y ait répondu sérieusement. Les ordres religieux, frappés plus particulièrement dans celui qui jouissait d'une existence souveraine et d'une indépendance active, s'émurent davantage, à en juger par ce projet de l'un d'eux, le plus populaire et le plus répandu en Orient. Nous ne donnerons qu'un extrait de cette pièce, qui, en s'associant à la pensée d'Adrien VI, devait lui faire trouver dans les seules ressources de l'Église ou des corps religieux, plus sûrement que dans l'union toujours chimérique des souverains, les moyens de combattre les envahissements des Turcs.

« Avis pour mettre sus une grande et puissante armée, à la confusion et destruction du Turc et autres ennemys de la saincte foy et religion chrestienne, lequel avis procède des vénérables et dévots religieux de l'ordre des frères mineurs de l'observance, comme s'ensuit : Icy présenté au consistoire de nostre saint père, le 12e jour de juin 1523 :

« 1° Lesdicts vénérables ont exposé et remonstré à nostre S. P. le pape qu'ilz ont quarante mille couvens de leur ordre, desquels plaise à nostre S. Père en supporter quatre mille couvens, resteront encore trente-six mille couvens, et pour ce ils sont contens à bailler de chacun couvent un religieux, lequel sera tenu de non retourner de ladite armée, mais y procéder et continuer autrement moyennant la grâce de Dieu et l'augmentation et deffense de la religion chrestienne, qui monte à XXXVIm hommes.

« Item. Faut estimer que les autres trois couvens mendians, comme Prescheurs, Augustins, Carmes, peuvent bien avoir trente mille couvens, et à prendre de chacun couvent un homme, monte à XXXVIm hommes.

« Item. Que toutes autres religions, dont il y a beaucoup, comme les chevaliers de Prusse, Rhodes et les Bernardins, S. Benoist, Chartreux, Cœlestins, Paulins et plusieurs autres, fournissent XXXVIm hommes.

« Item. Que toutes les religions des dames, l'une supportant l'autre, fournissant pareillement de chacun couvent, montent à XXXVIm hommes.

« Nota. Que lesdits couvens dessus dits, tant religieux que religieuses, y compris les chevalliers dessus dits, à prendre de chacun couvent un homme, monte à CXLIIIIm hommes.

LETTRE DU SACRÉ COLLÉGE A FRANÇOIS Ier [1].

(Original. — Archives du royaume. J. 937.)

Miseratione divina, episcopi, presbyteri et diaconi sanctæ romanæ
Ecclesiæ cardinales, serenissimo principi domino Francisco regi Francorum christianissimo majori nostro honorando, salutem et sinceram
in Domino charitatem. Cum amplissimorum principum bonorumque
hominum fuerit semper proprium, christianissime rex, id in primis
sibi in vita semper proposuisse, quod et suorum majorum stemmati,
et opinioni de se conceptæ, facile responderent, opere pretium esse
arbitramur te virum genere, virtute, armis, ingenio, divitiis, ceterisque rebus omnibus dignissimis affluentem ab aliorum bonorum principum semita nullo unquam tempore declinaturum, ne quod majores
tui omnes in aliis sepissime non sine animi mœrore puniendum judi-

« Item. Et est à présumer que là où il y
a un couvent de religion, il y a pour chacune ou couvent dix paroisses qui seroient
en somme trois cent soixante mille paroisses, et en prenant de chacune paroisse
un homme, monteroit à iii^c lx^m hommes.

« Toutes lesquelles parties devant dites
monteroient en somme à cinq cens quarante mille hommes, que l'on peut facilement tenir et assembler contre le Turc et autres ennemys de la saincte foy chrestienne.

« Maintenant il fault adviser comment
et par quelle manière l'on employera ce
grand nombre de gens à ce que le pauvre
et le riche, chascun suivant son estat, soit
estimé et taxé sans fouler l'un plus que
l'autre, etc. »

Suivent les divers modes d'impositions
mises sur chaque couvent, sur chaque paroisse, sans en excepter les Juifs : « car,
dit le mémoire, ils peuvent bien faire une
grosse et grande ayde en cette matière. »

Il traite ensuite de la levée et de l'entretien
des troupes, des exemptions à admettre,
du change des monnaies, des approvision-
nements, etc. Tous ces détails rentrent,
comme on le voit, dans les plans qui ont
été précédemment exposés, sans avoir ici
le caractère d'une manifestation officielle
émanant d'un pouvoir public. (Béthune,
ms. 8486.)

[1] Le portefeuille 195 de la collection
Fontanieu contient la copie d'une version
française de cette pièce, d'après un exem-
plaire du temps imprimé en lettres gothi-
ques. Cette traduction, très-libre, qui porte
la date fautive du 8 mars 1523, est plutôt
une paraphrase accompagnée d'injures peu
diplomatiques qui reviennent fréquemment, comme *cestuy chien, tyran invincible,*
appliquées à Soliman II, et elle paraît être
devenue, sous cette forme, une espèce de
pamphlet répandu pour exciter l'animosité populaire contre les Turcs.

caverunt, in te unum his temporibus reprehendamus tuorumque instituta relinquentem conqueramur. Quo fit ut majestatem tuam unanimes rogemus, eum te nostris precibus prestes, quem futurum nobis persuademus, nec opinionem de te conceptam frustratam esse patiaris; sed universo terrarum orbi tuas vires patefacias : arma et ea quidem potentissima in nostræ fidei hostes convertas : ut qui te ob copias, divitias, totiusque Galliæ hubertatem opulentum, iidem ob christianissimi cognominis magnitudinem, te vere christianissimum, tantoque nomine dignum censeant. Cogita itaque majores tuos, non ob paratas in serenissimos imperatores armatorum militum copias; non ob instructas adversus reges Anglicos bellatorum catervas; non ob impulsas Hispaniarum principibus pugnantium cohortes : sed ob infidelium Barbarorum Turcarumque sevitiam depressam, cohercitamque petulantiam, tanto cognomine condonatos. Cura ergo, quæ Christi sunt, christianissime princeps; nec patiare tantum nomen te incolumi aboleri. Novisti ex sanctissimi pontificis humanissimis literis et nunciis, quanta christianorum capiti immineat ruina, quanta calamitas preparetur. Timebamus hactenus Pollonia, Ungaria ceterisque septentrionis partibus Turcarum impetu fatigatis, amisso Belgrado, nullis christianorum principum subsidiis ad eos missis, in Germaniam ac paulo post in Italiam, demumque in hanc sanctam Christi sedem immanissimos Turcas, tyrannumque ferocissimum irruiturum. At nunc, proh! dolor, dolor, amissa Rhodo, totius Italiæ maritimorum itinerum, quasi hostio christianorum fere omnium antemurali, quid non timebimus? quæ gens, quæ regio, qui portus, quæ ora hujus belluæ ferociam, hujus immanissimi tyranni turmas, equitatus triremes, potentiamque non experietur? Sicilia enim, maris Tyrrheni insula, nobilissima perpetuo Æolidarum, incendio ne quidem in minimo diminuta, Turcarum igne occupabitur, ac funditus fortasse destruetur. Qua potita, quis est qui Sardiniæ, Corsicæ, Marsiliæ, Provinciæ, Apuliæ, Campaniæ, Latio, Piceno, cæterisque christianorum partibus, sit auxilium prestaturus? Age igitur, humanissime rex, tantarum provinciarum calamitatis misererais, quarum indemnitati majores tui in peri-

culo satis minori sepissime consuluerunt, moveat te hujus tyranni
sævitia, hujus depopulatoris, christianique sanguinis hauritoris insa-
tiabilis pertinacia; quæ nisi te fortasse commovebunt, moveat te salus
tua. Putas ne tu, his omnibus debellatis, magno supplicio fore immu-
nem? Dabis cum tuis populis etiam penas, et illas quidem gravissi-
mas; servies tyranno, qui tyrannorum nomina nedum imperium ferre
unquam potuisti. Atque id nisi tua potentia conteratur, facile eventu-
rum time. Turcarum enim imperatorem, his duobus propugnaculis,
Belgrado et Rhodo, in suam ditionem redactis, cum se ab omnibus
amari potiusque timeri multo decentius fore arbitretur, jam passim
populis suam ferociam reluctantibus, nunciasse ferunt, se in sua fide
esse quencumque permissurum, pro bello pacem, pro pace securitatem, pro securitate immunitatem, pro immunitate premia, opes,
divitiasque amplissimas impartiturum. Hæc itaque, cum nobiscum non
sine dolore cogitamus, non minus quemvis populum muneribus quam
armis ab illo expugnari formidamus : quibus artibus cum versutus tyrannus christianorum gratiam aucupetur, ac regum principumque
omnium superbia, et vectigalium onere miseri fere omnes christiani
supprimantur; nisi hujus vulpeculæ fraudibus tuis copiis obvietur,
ultro illum in oppida intromitti, ultroque accersiri quis est qui du-
bitet? Age itaque avos proavosque tuos imitaturus, in summi pontificis nostrumque omnium gratia, privatas simultates, odiaque quibus
in serenissimum Carolum ac Angliæ regem invictissimum invectus
es, depone : aut nisi id te non sine injuria facturum arbitraris, trium
quatuorve annorum inducias libenti animo sumas, ut una cum cæteris,
Christo auspice, Petro ac Paulo, tanti exercitus ductoribus, non modo
pestem hanc a nostris finibus arceamus, verum amissa oppida, avi-
tosque lares suos, in vestram ac christiani nominis ditionem subjicia-
mus; non enim opera, non industria, non quibuscumque auxiliis etiam
difficillimis pro nostrarum virium captu, nos vobis omnibus defuturos
timeatis. Scripsimus ad amicissimos nostros charissimosque et huic
sanctæ sedi apostolicæ addictissimos reges, quos a nostris petitionibus
nullo pacto deflexuros quin magna omnium diligentia ultro conces-

suros arbitramur. Majoribus hortationibus tecum ageremus nisi sanctissimi domini nostri litteris longiusculis monereris, et nos tuæ prudentiæ ac fidei confisi, multo te citius nostris optatis obsecuturum putemus, quam in petendo fuerimus diligentes. Vale, ac una expectatum responsum statim remittas, et in hostem licet superbum atque insolentem, imbellem tamen tuisque viribus inequalem te dignum exercitum para. — Datum Romæ, die vª martii MDXXIII, majestatis vestræ Episcopi, Presbyteri et Diaconi sanctæ romanæ Ecclesiæ.

LETTRE D'ADRIEN VI A FRANÇOIS Ier.

(Original. — Archives du royaume. J. 937.)

ADRIANUS PAPA VI^{us}.

Charissime in Christo fili noster, salutem et apostolicam benedictionem. Etsi ab eo tempore quo ad summi apostolatus apicem, divina operante prudentia atque clementia, non nostris meritis, in ultimis Hispaniarum partibus tunc agentes, evectos nos cognovimus, usque modo majestatem tuam et alios christianos principes ac potentatus, maxime Carolum Romanorum et Hispaniarum in imperatorem, electum, et Henricum Angliæ VIII reges, charissimos similiter in Christo filios nostros, adversarios tuos, sedulis hortationibus, rogatibus, ac efflagitationibus, atque indefesso studio, ad firmam aliquam pacem, seu saltem annorum aliquot inducias inter vos invicem componendas incitantes, nihil adhuc quod votis nostris respondeat, effecisse videmur, paternæque voces a filiis obauditæ sunt; statuimus tamen ab incepto nunquam desistere, donec aliqua conficiendæ rei sanctissimæ, summeque necessarie, pacis videlicet vel induciarum, spes nobis reliqua erit, si forte tandem Deus gemitus nostros et preces quas ad eum super hac re fundere non cessamus, ex alto respiciens ac miseratus exaudiat, tuæque majestatis et aliorum principum prædictorum corda non solum ad videndum pericula maxima universæ Christianitati, et

etiam cuilibet vestrum imminentia, illuminet; verum etiam affectus
ad vindicandum injuriam et ignominiam que Creatori vestro, vestro-
rumque et omnium regnorum conditori ac datori per spurcissimos et
immanissimos Turcas, sancti nominis ejus perpetuos blasphematores,
partim nuper illata est, partim multo atrocius inferri paratur, inflam-
met, vobisque inspiret, ut, cum in foribus sit qui vestrum omnium
fidem ac religionem, sine quibus nemo salvus esse potest, pariter cum
regnis vestris perdere ac delere noctes ac dies machinetur, vos privatarum injuriarum ac dissidiorum vel omnino obliti, vel earum prose-
cutionem in aliud tempus differentes, necnon omni respectu proprii
commodi, vel mundani honoris, quatenus sanctissimæ et gloriosis-
simæ expeditioni impedimento esse valeat, posthabito, tanquam filii
unius patris, et ejusdem fidei professores, et eandem beatitudinem
expectantes, unanimiter communi hosti vestro obviam ire, et funesta
ejus consilia antevertere ac preoccupare non dubitetis. Et quia his
diebus cogitantibus nobis de remediis quibus dicta pax seu induciæ
vobis faciliores apparere, et cum minori uniuscujusque vestrum
dignitatis ac rerum detrimento acceptabiles videri possint, nonnulla
occurrere, per quæ hæc fieri posse arbitrati sumus, quæ majestati tuæ
viva voce quam scriptis explicari maluimus, venerabili fratri archie-
piscopo Barensi, nostro et hujus sanctæ sedis apud eandem nuncio,
de iis quæ se nobis circa præmissa obtulere, impresentiarum late scribimus : mandamusque ut ea omnia eidem majestati tuæ coram ad
longum exponere curet. Eam igitur in Domino hortamur, ut ipsi ar-
chiepiscopo nuncio super præmissis plenam fidem habere velit, et
omnibus maturo suo ac prudenti judicio examinatis, animum suum ad
ea sequenda, amplectendaque inducat, quæ seipsa et christianissimis
progenitoribus suis, a quibus preclarum et gloriosum istud cognomen hereditavit, digna sint, et quibus præfatæ christianitati operam
suam imploranti, efficaciter opem ferat, ut Deus eam et regnum,
dominiaque sua vicissim conservare ac prosperare dignetur. — Datum
Romæ, apud sanctum Petrum, sub annulo piscatoris, die xv^a junii
MDXXIII, pontificatus nostri anno primo. — T. HEZIUS.

LETTRE DE VILLERS L'ILE-ADAM AU MARÉCHAL DE MONTMORENCY.

(Original. — Béthune, ms. 8499.)

Monsieur le Mareschal mon bon nepveu, après que Dieu m'a levé de la main des Turcqs, suis arrivé en Candie assez mal en ordre, puis suis venu en Cecille, où tous mes chevaliers et gens de marine sont tombez malades, et ay perdu beaucoup de gens de bien. Après me suis party pour venir baiser les piedz de nostre sainct père, et en venant c'est mis la peste en mes navires, dont ay esté contrainct me retirer icy au port de Baye, prez de Napples, où j'ay faict tout descendre et essorer mes gens et navires en manière que jusques à présent n'a procédé ladicte maladie. J'ay espérance que d'icy à cinq ou six jours que la lune scera forte, verrons que fera dicte maladie, puis me retireray, le plus tost que pourray, la vie de Rhomme (sic), pour veoir qu'il plaira à notre sainct père ordonner de sa religion, et de là vous informeray continuellement de mes affaires et nouvelles. J'ay entendu que aucunes gens qui n'ont pas grandement affaire, poursuyvent envers le roy avoir noz commanderies et prétendent de deffaire la religion. Je croy que le bon seigneur, qui est protecteur nostre et roy christianissime, ne permettra que sa religion soit anichillée, mais croys qu'il aura tousjours en sa protection, comme luy et les siens l'ont eue par le passé, vous priant, mon nepveu, l'avoir tousjours pour recommandée envers ledict seigneur, et ne permettre que telz personnaiges aient audience envers ledict seigneur, me recommandant à vostre bonne grâce et souvenance, et prie le Créateur, monsieur le mareschal, mon bon nepveu, vous donne longue vie. — De Baye prez Napples, ce viii⁰ de juillet 1523. Le tout vostre bon oncle, le maistre de Rhoddes. P. DE VILLERS L'YLE-ADAM.

Au dos : A monsieur le mareschal de Montmorency, mon bon nepveu.

LETTRE DE VILLERS L'ILE-ADAM AU MARÉCHAL DE MONTMORENCY.

(Original. — Béthune, ms. 8537.)

MONSIEUR LE MARÉCHAL DE MONTMORENCY, MON NEPVEU.

Mon nepveu, dernièrement vous ay escript du port de Baya par Guyz, huissier de monseigneur le daulphin, et despuis sommes arrivez en ce lieu de Civette-Vielhe qu'il a pleu à nostre sainct-père nous donner, jusques à ce sa saincteté et les princes ayent restably nostre religion en lieu oùt puyssions faire service à la chrestienté. Incontinent que fusmes icy arrivez, sadicte saincteté nous manda visiter par l'évesque de Couca[1] et nous escrivit fort humainement, suspendant nostre allée à Rome pour aucune malladie à elle survenue. Ains à présent qu'elle est reconvalue et nous a mandé venir, nous sommes de partence. Baisé que ayons les pieds d'ycelle et sceu sa volunté et délibération touchant nostre affaire, laquelle jusques icy a monstré avoir très-bonne, vous en donneray notice. Sadicte saincteté nous a faict aprester nostre logis en son palays et veult nous soit faict gros honneur à nostre entrée.

Mon nepveu, j'envoye le prieur de Sainct-Gilles, pourteur des présentes, devers le roy pour aucuns affaires d'importance; il les vous communiquera. Je vous prie, mon nepveu, lui donner créance, aide et faveur en ce qu'il vous dira de part mienne. J'escripz au roy comme verrez. Il vous plaira avoir toujours nostre religion pour recommandée envers ledit seigneur, que de son temps elle ne soit anichillée ne intéressée. Faictes-moy souvant sçavoir de voz nouvelles et je vous feray le semblable, qui sera fin de la présente, après m'estre recommandé à vostre bonne grace, priant le Créateur vous donner très-bonne vie longue. — De Civette-Vielhe, xi d'aoust 1523.

Vostre bon oncle et amy, le maistre de Rhodes. — P. DE VILLERS L'YLE ADAM.

[1] Il s'agit ici de l'évêque de Cuença, prélat espagnol de la famille du pape Adrien VI.

LETTRE DE VILLERS L'ILE-ADAM AU MARÉCHAL DE MONTMORENCY[1].

(Original. — Béthune, ms. 8538.)

Mon nepveu, aprez que nostre sainct-père m'a eu faict faire beaucoup d'honneur à nostre arrivée en ceste cité, logé en son palais et
donné audience secrette, non obstant sa malladie, avec plusieurs
bonnes paroles et offertes, il a pleu à Nostre Seigneur l'appeller le
xiiie du présent : Dieu luy face mercy! Messrs les cardinaulx s'assemblent; Nostre Seigneur leur donne grace en eslire ung qui soit pour
la union et augmentation de la chrestienté et extermination des ennemiz d'icelle. Aujourd'uy ilz ont eslargy le cardinal Volterre. Je vous
feray tousjours sçavoir de mes nouvelles et occurences. Je vous prie,
mon nepveu, me faire le semblable et avoir tousjours ma religion pour
recommandée envers le roy, qui sera fin de la présente aprez m'estre
recommandé à vostre bonne grace et souvenance, priant le Créateur
vous donner le comble de vos bons désirs. — De Rome, le xix septembre 1523.

Vostre bon oncle et amy à jamais, le maistre de Rhoddes. — P. DE
VILLERS L'YLE-ADAM.

[1] L'émigration de la colonie chrétienne de Rhodes et la translation de l'ordre des hospitaliers en Italie n'occupent pas moins que toute l'année 1523. Partis dès les premiers jours de janvier, après la capitulation de Rhodes, ils s'arrêtèrent à Candie jusqu'au mois de mars, et, après avoir touché à Fraskia, dans la même île, et à Cérigo, le grand maître débarqua, en avril, à Gallipoli, près d'Otrante. De ce point il passa à Messine au mois de mai, avec l'intention d'y résider; mais la peste, qui éclata dans son camp, le força, pour changer d'air, de chercher un refuge à Baye. De là, sur l'invitation d'Adrien VI, il se transporta avec son couvent à Civita-Vecchia, au mois d'août; mais ce ne fut qu'au mois de septembre que Villers l'Ile-Adam fit son entrée solennelle à Rome, où il arriva pour assister à la mort du pape et à la tenue du conclave, dont la garde fut confiée au grand maître et à ses chevaliers. Le premier acte de Clément VII, après son élection, fut de leur assigner pour résidence Viterbe, où l'ordre enfin vint s'établir en décembre 1523.

II.

1525 — 1533.

La rivalité désormais déclarée entre François Ier et Charles-Quint suivait son cours avec des alternatives de succès et de revers. Deux fois expulsée de l'Italie, l'armée française y rentra à la fin de 1523 pour en sortir au commencement de l'année suivante, après une expédition aussi malheureuse que les autres, sous la conduite de l'amiral Bonnivet. La défection du connétable de Bourbon et l'invasion opérée par lui en Provence avaient reporté jusque dans la France l'offensive qu'elle avait exercée jusque-là au dehors; mais elle sortait heureusement de ses défaites par les embarras que la victoire donnait à son rival, et pendant que les débris de l'invasion impériale se traînaient péniblement hors de la Provence, une armée française entrait par le nord de l'Italie et venait, sous la conduite même de François Ier, transporter de nouveau la lutte dans le Milanais. Déjà la France semblait à la veille de reprendre une supériorité décisive; déjà le nouveau pontife, Clément VII, employant tous ses efforts à négocier une trêve entre les deux parties, la défection et le relâchement tendaient à dissoudre les intérêts ligués contre elle, quand le désastre de Pavie vint la replonger plus profondément dans une nouvelle série de calamités.

Cette catastrophe, qui entraînait la captivité du roi et mettait la France à la merci de ses ennemis, libres de lui dicter des conditions, est précisément ce qui détermine l'intervention directe de la Turquie dans les événements de cette époque, et prépare son alliance active avec la France. Soliman II, dans la force de l'âge et l'ascendant nouveau de sa renommée, avait depuis son avénement dépassé du premier coup les actions des plus illustres de ses devanciers, en faisant tomber, au nord et au midi de ses états, Belgrade et Rhodes, regardées comme les barrières de la chrétienté contre les Ottomans. Mais, au lieu des agressions que semblait annoncer à l'Europe la chute de cette dernière ville, avait succédé de leur part une sorte d'inaction et de trève, par l'effet d'une situation qui devra se représenter fréquemment dans cette histoire. A chaque démonstration extérieure de l'empire ottoman répondaient presque toujours des complications intérieures produites par les révoltes des populations turbulentes de l'Asie Mineure ou des parties nouvellement soumises à l'empire, et qui étaient toujours prêtes à profiter de l'éloignement du sultan et de son armée. Ainsi, pendant que ces faits s'accomplissaient dans la chrétienté, Soliman II, à l'issue du siége de Rhodes, dut s'occuper de faire rentrer sous sa domination l'Égypte, qui s'était insurgée contre lui, et il arrivait à peine dans sa capitale pour porter son attention sur l'état de l'Europe, quand elle fut provoquée directement par le premier appel de la France.

I. — PREMIÈRES RELATIONS DE LA FRANCE AVEC LA PORTE.

1525 — 1528.

François Ier, dans toutes les manifestations publiques qui ont précédé, obéissait à la fois à l'esprit de son temps et aux préjugés de son caractère et de son éducation, avec lesquels la fortune semble avoir pris à tâche de le mettre en contradiction dans les circonstances les plus importantes de son règne. Mais quelles que fussent ses hésitations et ses répugnances, c'est au lendemain de la bataille de Pavie, que, sous l'impression de la nécessité, il se décida à solliciter le secours de Soliman II. Si le fait est mis hors de doute par les documents qui le constatent, trop incomplets cependant et en trop petit nombre, malgré les indications qui viennent les confirmer, ils laissent encore de l'incertitude sur la question de savoir si cette résolution vint du roi, ou plus probablement de sa mère, Louise d'Angoulême, régente pendant sa captivité, ou enfin de tous les deux à la fois. Une première ambassade, qui n'arriva pas à sa destination et fut arrêtée en route par une catastrophe, fut suivie bientôt par l'envoi secret de Jean Frangipani, qui atteignit heureusement le but de sa mission [1].

[1] Les historiens contemporains assignent en général le commencement des rapports de la France avec la Turquie à la première ambassade avouée officiellement, celle de Jean de La Forêt, qui eut lieu dix ans plus tard. Toutes les fois qu'on a voulu les faire remonter avant cette époque on n'a pu alléguer que de vagues conjectures, et, en l'absence des documents directs, le fait ne pouvait être établi complètement qu'en recourant à deux sources spéciales et étrangères : c'était, d'une part, les archives vénitiennes, et en particulier le recueil de Marino Sanuto, actuellement à Vienne, qui contient les rapports des ambassadeurs de Venise à Constantinople; de l'autre, les historiens ottomans, aussi explicites dans leurs renseignements sur ces premières relations que nos propres historiens le sont peu. Heureusement ce travail a été fait par l'auteur de la grande histoire de l'empire ottoman, M. de Hammer, qui a composé sur ces deux sources un savant mémoire inséré en 1827 dans la Revue asiatique, et dont les indications viennent remplir à propos de la lacune que ces négociations auraient présentée sans elles.

Ce n'est pas que ces détails n'offrent quelques circonstances romanesques, qui ne suffisent pas sans doute pour en infirmer la vérité, car le romanesque se rencontre souvent dans l'histoire; mais ils jettent de l'incertitude et de la contradiction sur le sens que l'on doit donner au fait principal. Cette première mission partit-elle secrètement d'Italie pendant le séjour qu'y prolongea François Ier, dans le premier temps de sa captivité ? La situation du roi rend la supposition peu probable; cependant elle ne saurait être rejetée sans réserve, puisque une lettre que Ferdinand d'Autriche écrivait d'Inspruck à Charles-Quint, le 14 mars 1525, dix-huit jours après la bataille de Pavie, prouve qu'en effet François Ier était dès lors tout occupé de l'idée de recourir à la Turquie, et qu'il s'était mis, dans l'intervalle, en rapport secret avec ce même pacha de Bosnie qui devait jouer un rôle si perfide dans cette circonstance : « Semblablement avoit iceluy roy de France pratiecqué avec le conte Christofle de Frangebambz (Frangipani) que tant avec quelque nombre de ses gens, comme à l'aide des Turcz de Bosna qu'est prez de Croacie, il deust entrer en mes pays de Carniole et Styria, et me faire la guerre, dont est suivy que lesdictz Turcz ont entrez en mondit pays et faiz quelque petit dommaige, et eussent bien fait plus grand, n'eust esté la provision que auparavant j'avoie faicte, laquelle chose vint à ma congnoissance par ung gentilhomme ytalien qui menoit la pratiecque avec ledit conte Christofle, lequel, par le capitaine de ma ville de Marran en Friole, fut prins prisonnier et envoié vers moy en ceste ville d'Ysproug, où encoires le tiens en prison. » (Correspondenz des Kaisers Karl V, par Lanz, t. I, p. 155.)

Cet incident a pu faire supposer l'envoi d'une première mission partant d'Italie, tel que l'admet d'abord l'auteur du mémoire, d'après le récit de l'ambassadeur vénitien, mais il fournit bientôt le moyen de remplacer cette version par une autre plus vraisemblable qui résulte d'un rapport de deux ambassadeurs du roi Ferdinand Ier, fait à une époque postérieure.

Le résultat de cette première démarche, borné en apparence à une simple promesse de Soliman II et à une réponse de remercîment de François Ier au sortir de sa prison, se traduit en fait dans l'histoire par la seconde campagne de Soliman II sur le Danube, attribuée par les historiens ottomans à cette négociation, et marquée par la funeste bataille de Mohacz, où périt le jeune roi Louis II de Hongrie, avec presque toute son armée. Ce désastre, en amenant la soumission de la Hongrie et l'installation de la puissance ottomane à quelque distance

« La première mission envoyée par François Ier à Soliman Ier eut lieu en 1525, immédiatement après la bataille de Pavie. En passant par la Bosnie, l'envoyé fut assassiné avec douze hommes qui l'accompagnaient, comme cela résulte des plaintes que le second envoyé (Frangipani) adressa à la Porte contre le gouverneur de Bosnie quand il fut arrivé à Constantinople, vers la fin de la même année. Voici les propres termes qui résument le rapport officiel fait par Piero Bragadino, ambassadeur vénitien à Constantinople, le 6 décembre 1525, et qu'on lit dans le onzième volume du recueil de Marino Sanuto :

« Zonse di là uno ambasador del ré di
« Franza, venuto senza presenti, qual avuto
« audienza dal signor; intende ha ditto che
« veniva uno altro ambasador del detto ré,
« il qual dal sangiac di Bossina erra sta
« morto, e toltoli il presente che portava,
« e amazzato con 12 uomini di cui erra il
« bastardo di Cypro. Avea à donar al si-
« gnore uno carbon (*escarboucle* ou *rubis*)
« di gran valuta, una cintura zoilada e
« due candelluri d'oro, che portava ducati
« 2 mile, un paio di cavalli di 2000 duc. »

Comme confirmation du fait et de ses détails, l'auteur du mémoire cite à la suite deux passages très-remarquables, extraits du rapport officiel des deux ambassadeurs du roi des Romains, Ferdinand Ier, à la Porte, en 1533 : « Dans la relation générale des deux ambassadeurs, qui étaient

Jérôme de Zara et Cornelius Scepper, il y a une très longue et très-intéressante conversation avec le grand vizir Ibrahim, le même qui a porté les armes de Soliman jusque devant les murs de Vienne. En faisant le récit des causes qui avaient amené la campagne de Mohacz, Ibrahim dit :

« Post hæc tempora accidit quod rex
« Franciæ captus fuit. Tunc mater regis
« ad ipsius Cæsaris Turcarum majestatem
« scripsit hoc modo : Filius meus rex Fran-
« ciæ captus est a Carolo rege Hispaniæ,
« speravique ipse liberaliter ipsum dimitte-
« ret, quod non fecit, sed injuste cum eo
« egit. Confugimus ad te, magnum Cæsa-
« rem, ut tu liberalitatem tuam ostendas, et
« filium meum redimas. Tunc magnus Cæ-
« sar commotus et iratus, Carolo Cæsari co-
« gitavit omni modo ipsi inferre bellum. »

Ces paroles du grand vizir donnent, sinon l'instruction de l'ambassadeur, au moins la substance de la lettre dont il était porteur, prouvent un fait très-intéressant à établir, c'est que la première ambassade avait été envoyée par la reine mère, Louise d'Angoulême, pendant la captivité de son fils à Madrid, puisqu'elle fait même allusion au mauvais traitement qu'il y reçut, et non par François Ier à l'issue de la bataille de Pavie, lequel aurait pu difficilement, en effet, envoyer à l'insu de Charles-Quint une ambassade en Turquie avec d'aussi riches présents.

« Un autre passage du rapport contient

de Vienne, crée une situation politique qui deviendra dès lors la base de toutes les relations de la France avec la Porte, et le mobile de son action extérieure dans toute la suite de l'histoire des deux pays.

Les deux années suivantes forment une interruption diplomatique assez longue, qui s'explique d'un côté par les préoccupations particulières que la France éprouvait dans ses rapports plus directs avec les états voisins, de l'autre par les diversions intérieures dont la Turquie était alors le théâtre : elles fournissent néanmoins quelques actes importants relatifs à la constitution et à l'accroissement des intérêts commerciaux et religieux de la France dans le Levant.

une allégation proférée également dans la suite de la conversation par Ibrahim-Pacha, et concerne le rubis mentionné dans le rapport du baile Piero Bragadino ; il nous apprend ce qu'était devenu ce précieux rubis, pris avec les autres présents dont était chargé le premier ambassadeur français : « Etiam, inquit, iste rubinus (et « ostendit quemdam rubinum magnum) « fuit in dextra regis Francorum quando « fuit captus, et ego illum emi. » Malgré l'affirmation du vizir, on peut supposer que ce rubis est le même dont l'ambassadeur avait été dépouillé, et, à en juger par l'impunité du bey de Bosnie, qui fut cité à Constantinople sur les plaintes du second ambassadeur, il n'est point invraisemblable que le grand vizir ait partagé avec le gouverneur le butin de l'assassinat, ou que le gouverneur ait acheté avec ce rubis son impunité.

Les historiens ottomans gardent un profond silence sur cet assassinat du premier envoyé de François Ier, quoique la lettre dont il était porteur, et saisie sans doute avec les autres objets, ait excité le courroux du sultan et l'ait disposé à la guerre contre Charles-Quint, d'après les propres paroles du grand vizir Ibrahim, que viennent confirmer celles de l'historien ottoman Solak-zadé. Après avoir parlé, au commencement

du chapitre qui traite de la bataille de Mohacz, des guerres de Ferdinand Ier, de Charles-Quint et de François Ier, il continue en ces termes : « Enfin, le roy de France « ayant été battu (par Ferdinand) avec l'aide « du roy d'Espagne, et ayant perdu quel- « ques châteaux, il se mit à fuir, et fut en- « fermé (par Charles) dans un de ses châ- « teaux forts. Pour se venger de son ennemi, « il (François) ne trouva point d'autre re- « mède que d'avoir recours au padichah de « l'islamisme. Il envoya à la Porte fortunée « un ambassadeur, et le contenu de sa très- « humble lettre portait : *Si le roi d'Hongrie* « *essuyait quelque échec de la part du grand* « *empereur, nous nous opposerions au roi d'Es-* « *pagne, et nous prendrions notre revanche ;* « *nous prions et souhaitons que le grand em-* « *pereur du monde nous fasse la grâce de re-* « *pousser cet orgueilleux, et nous serons* « *dorénavant le serviteur obligé du grand em-* « *pereur, maître du siècle.* Le grand padi- « chah, ému de miséricorde, résolut de « faire la guerre à ce roi rempli de mau- « vaises dispositions, comme on va voir. » (*Mémoire sur les premières relations diplomatiques entre la France et la Porte*, par M. de Hammer. *Journal asiatique*, tome X, page 19.)

Concluons plus nettement que ne le fait M. de Hammer dans son mémoire, et en

LETTRE DE SOLIMAN II A FRANÇOIS Iᵉʳ. [1]

TRADUCTION.

Lui (Dieu) est l'élevé, le riche, le généreux, le secourable.

Moi qui suis, par la grâce de celui dont la puissance est glorifiée et dont la parole est exaltée, par les miracles sacrés de Mohammed (que sur lui soient la bénédiction de Dieu et le salut), soleil du ciel de la prophétie, étoile de la constellation de l'apostolat, chef de la troupe des prophètes, guide de la cohorte des élus, par la coopération des âmes saintes de ses quatre amis Aboubekr, Omar, Osman et Ali (que la satisfaction de Dieu très-haut soit sur eux tous), ainsi que de tous les favoris de Dieu; moi, dis-je, qui suis le sultan des sultans, le souverain des souverains, le distributeur de couronnes aux monarques de la surface du globe, l'ombre de Dieu sur la terre, le sultan et le padichah de la mer Blanche, de la mer Noire, de la Roumélie, de l'Anatolie, de la Caramanie, du pays de Roum, de Zuleadriè, du Diarbekr, du Curdistan, de l'Aderbaïdjan, de la Perse, de

rattachant ces passages aux pièces qui vont suivre, que d'après les expressions du vizir la lettre du premier envoyé était écrite au nom de la régente, et, d'après les termes cités par l'historien turc, celle du second envoyé Frangipani l'était au nom du roi, ce qui s'accorde ici avec la lettre de Soliman II et la réponse de François Iᵉʳ. Le roi n'était pas encore sorti de sa captivité, puisque son envoyé arriva à Constantinople à la fin de 1525; mais on sait que François Iᵉʳ trouva moyen en Espagne d'exécuter ou d'ordonner plusieurs actes politiques importants, et ce second envoi, fait en son nom, prouve qu'en donnant son assentiment à la démarche de sa mère il voulut encore s'y associer directement.

[1] On trouve dans Fontanieu (pᵗʰ 200) une traduction de cette pièce par Cardonne, interprète du roi; elle a été également traduite, ainsi que la suivante, par feu M. Jouanin, qui a donné le texte turc de la première lettre dans l'ouvrage de M. Artaud sur Machiavel, t. II, et qui se proposait de publier aussi le texte de la seconde. Malgré l'aptitude apportée à ce travail par M. Jouanin, il offre deux fautes graves dans le texte turc, et plusieurs inexactitudes dans la traduction. Nous sommes heureux de pouvoir donner ici ces deux pièces si importantes, transcrites et rectifiées avec soin par M. Annibal Dantan, qui en a conservé l'ancienne orthographe, et à qui nous renvoyons le mérite d'avoir publié pour la première fois le texte de la seconde lettre de Soliman II à François Iᵉʳ. L'original de cette première lettre se trouve dans le ms. 8507 de Béthune.

Damas, d'Alep, du Caire, de la Mecque, de Médine, de Jérusalem, de toute l'Arabie, de l'Yémen et de plusieurs autres contrées que mes nobles aïeux et mes illustres ancêtre (que Dieu illumine leurs tombeaux) conquirent par la force de leurs armes, et que mon auguste majesté a également conquises avec mon glaive flamboyant et mon sabre victorieux, sultan Suleiman-Khan, fils de sultan Sélim-Khan, fils de sultan Bayezid-Khan.

Toi qui es François, roy du pays de France, vous avez envoyé une lettre à ma Porte, asile des souverains, par votre fidèle agent Frankipan[1], vous lui avez aussi recommandé quelques communications verbales; vous avez fait savoir que l'ennemi s'est emparé de votre pays, et que vous êtes actuellement en prison, et vous avez demandé ici aide et secours pour votre délivrance. Tout ce que vous avez dit ayant été exposé au pied de mon trône, refuge du monde, ma science impériale l'a embrassé en détail, et j'en ai pris une connaissance complète.

Il n'est pas étonnant que des empereurs soient défaits et deviennent prisonniers. Prenez donc courage, et ne vous laissez pas abattre. Nos glorieux ancêtres et nos illustres aïeux (que Dieu illumine leur tom-

---

[1] Quel était ce Frangipani, dont le nom nous est parvenu par la lettre de Soliman? C'est ce que les histoires du temps n'indiquent pas et ne peuvent pas même savoir, dans le mystère qui environne ces premières démarches diplomatiques. On remarquera que les agents dont la France se servit dans ses premiers rapports avec la Porte étaient des étrangers, souvent des aventuriers subalternes qu'on pouvait désavouer au besoin, et que leur obscurité même rendait propres à cette mission. Il fallait la connaissance des mœurs orientales, l'habitude du langage, ou, à leur défaut, cette fréquentation du pays et des hommes qui apprend le moyen de traiter avec eux. Ce nom de Frangipani, illustre dans les an-

nales de la Hongrie, était porté à cette époque par un de ses défenseurs les plus héroïques, Christophe Frangipani, qui reçut du roi Louis II, pour ses exploits contre les Turcs, le titre de protecteur de la Dalmatie et de la Croatie. On a vu plus haut les rapports secrets qu'il eut avec François Ier captif en Italie, et ils expliquent comment un membre de cette famille, qui fit toujours partie de l'opposition hongroise contre l'Autriche, passé au service de la France après avoir été sans doute mêlé aux guerres des frontières entre la Hongrie et les Turcs, a pu être choisi pour une mission qui devait devenir si désastreuse pour son pays, mais dont personne ne pouvait alors prévoir les conséquences.

beau) n'ont jamais cessé de faire la guerre pour repousser l'ennemi et conquérir des pays. Nous aussi nous avons marché sur leurs traces. Nous avons conquis en tout temps des provinces et des citadelles fortes et d'un difficile accès. Nuit et jour notre cheval est sellé et notre sabre est ceint.

Que Dieu très-haut facilite le bien! A quelque objet que s'attache sa volonté, qu'elle soit exécutée! Du reste, en interrogeant votre susdit agent sur les affaires et les nouvelles, vous en serez informé. Sachez-le ainsi. — Écrit au commencement de la lune de rebiul-akhir 932 (1526), à la résidence de la capitale de l'empire, Constantinople le bien gardé.

TEXTE.

هو العلى الغنى المعطى المعين

حضرت عزّت جلّت قدرته وعلب كلمتهنك عنايتى ومهر سپهر نبوّت احمر برج
نبوت پيشواى زمرهٔ انبيا مقتداى فرقهٔ اصعبا محمد مصطفىنك صلى الله عليه وسلّم
معجزات كثيرة البركاتى ودرت يارينك كه ابوبكر وعمر وعثمان وعلى در رضوان الله
تعالى عليهمر اجمعين انلروك وجميع اولياء اللهك ارواح مقدّسهلرى مرافقتى ايله

(Ici est la place du toughra ou cachet du sultan.)

بن كه سلطان سلاطينى وبرهان للخواقين تاج بخش حسروان روى زمين ظلّ الله
فى الارضين اق دكزك وقره دكزك وروم ايلنك واناطولىنك وقرمانك وروم ـك
وولايت ذو القدريهنك وديار بكرك وكوردستانك واذربايجانك وعجمك وشامـك
وحلبك ومصرك ومكهنك ومدينهنك وقدسك وكلـيّا ديار عربك ويمنك ودى نيجه
ممالكلرك كى ابای كرامر واجداد عظامى انار الله براهينهمر قوت قاهرلريله فتح
ايلدكلرى وجناب جلالت مآبم دى تيغ اتشبار وشمشير ظفر نكارم ايله فتح ايلدوكم
نيجه ديارك سلطان ويادشاه سلطان بايزيد خان اوغلى سلطان سلم خان اوغلى
سلطان سليمان خانم   سكه فراتيه ولايبنك قرالى فرانچسعوس دركاه سلاطين بناهمه

يرار آدمك فرنكيپان ايله مكتوب كوندروب و بعضى اغزخبرى داچ اصمرليوب ممكلنكره
دشمن مستولى اولوب الآن حمسده ايدوكوكز اعلام ايدوب خلاصكز خصوصنده
بو جانبدن عنايت ومدد استدعى ايلمش سز هر نكه دمش ايسكوز بنوم پايهٔ سرير
عالم مصيرمه عرض اولنوب على سبيل التفصل علم شريعم محيط اولوب تمام معلوم
اولدى امدى پادشاهلر صناق وحبس اولماق محيب دكلدر كوكلوكرى خوش
طلوتوب آزرده خاطر اولمهسز ايله اولسه بزوم آباى كرام واجداد عظامز نور
الله مرقدهم دايا دفع دشمن وفتح ممالك ايچون سغردن خالى اولميوب بز داچ
انلروك طريغنه سالك اولوب هر زمانده ممكلنلر وصعب وحصين قلعهلر فتح ايليوب
كجيه وكندز اتومز ايرلمش وقلجمز قوشانلمش درحق سبحانه وتعالى خبرلر
ميشر ايليوب مشمب واراداق نيه منعلق اولمش ايسه وجوده كله باق احوال
واخبار نه ايسه مذكور آدمكزدن استنطاق اولنوب معلومكز اولا شوبله بلاسز
محرير فى اوايل شهر اخر الربيعين لسنه اثنتى وثلثين وتسعمايه

بمقام
دار السلطنة العلمه
قسطنطنية المحبه
المحروسه

LETTRE DE FRANÇOIS Iᵉʳ A SOLIMAN II.[1]

(Original. — Fontanieu, pᵗⁱᵉ nᵒ 201.)

Franciscus, Dei gratia Francorum christianissimus, dilectissimo ac charissimo, si eadem fide uteremur, fratri nostro, sultano Sulimano magno Domino, etc. Reddite sunt nobis littere quas Joanni Frangia-

[1] Frangipani eut une audience de congé du sultan, dont Marino Sanuto rend compte d'après le rapport du baile de Venise, et qui est citée par M. de Hammer dans son mémoire :

« L'ambasador di Franza è sta expedito ; « li hanno donato aspri xᵐ, e una veste « d'oro, e fatto li il scritto con bolla d'oro, « inconsueto, in uno sacho di carmesin, « coza inaudita à farsi. El sangiaco di Bos-

pano ad nos deferendas dedisti. Ex his plane cognovimus quam moleste tuleris adversum fortune casum in quem, apud Ticinensem urbem, incidimus. Qua in re illud maxime nos consolatur quod neque
ignavi aut desides succubuimus, verum in ipsa acie inter confertissi-
mos hostes, confosso vulneribus equo, in eorum manus pervenimus.
Quod quidem, ut et tu prudenter tuis litteris commemoras, summis
ac fortissimis aliis principibus, dum sua bello repetunt, contigisse
memorie proditum est; eaque ut plurimum est fortune conditio, ut
timidos atque ignavos contemnat, prestantissimos quoscumque prose-
quatur. Quod vero ingentes thesauros, maximasque vires tuas nobis
offers, equidem hec insignis animi tui liberalitas, qua afflictis tunc
rebus nostris opem pollicebaris, non ingrata aut injucunda nobis fuit :
eamque ob rem gratias tibi immortales habemus, optamusque ut eam
tibi Deus optimus mentem tribuat, eaque tunc demum se nobis offerat
occasio, qua non tam eas agere, quam pro dignitate nostra, quantumque christianum principem decet, cumulate referre possimus.
Quod si dabitur, facile intelliges christianissimum Gallorum regem
non tam cum cæteris principibus mutuis beneficiis certare quam etiam,
si ita concedatur, superare velle, planeque cognosces quam late vires
opesque nostre in Europa pateant, quantumque Galli virtute ac rei
bellice scientia prestent. Verum quoniam Dei maximi ejusque qui

« sina che doveva venir di qui, per caussa
« dispendente del ditto ambasador, è zonto,
« e ha fatto bona scusa. »

« Voici donc le premier ambassadeur de
François Ier qui soit venu jusqu'à Constantinople, distingué d'une manière si
éclatante dans la forme de ses expéditions,
que l'ambassadeur de Venise en réfère à
son gouvernement comme d'une chose inu-
sitée et inouïe; le don de dix mille aspres,
c'est-à-dire de deux cents ducats, d'après le
cours d'alors, devait peut-être servir aussi
à faire agréer les excuses du sangiac de
Bosnie. » (*Journal asiatique*, t. X, p. 26.)

Frangipani put rencontrer François Ier
à son retour d'Espagne, et cette lettre fut
peut-être écrite de Bayonne comme celles
que François Ier adressa du même lieu à
plusieurs souverains pour leur faire part
de sa délivrance. Il est douteux pourtant
que celle-ci ait été envoyée, car, quoique
en original, l'absence de date et de contre-
seing, le nom du porteur laissé en blanc,
enfin la présence même de la pièce semblent indiquer que ce n'était qu'un mo-
dèle pour un projet qui n'était pas encore
arrêté, ou bien auquel il ne fut pas donné
suite.

nos preciosissimo sanguine suo redemit benignitate, incolumes in
regnum nostrum pervenimus, ibique tranquilla ac pacata omnia com-
perimus, nihil est quod a quoquam pro ejus tuitione ac conservatione desiderari possit. Quæ omnia planius is   (*sic*) quem
ad te cum his destinavimus significabit : cui gratum nobis feceris si
fidem indubiam præstiteris : idque ut facias vehementer rogamus. —
FRANÇOYS.

CONFIRMATION PAR SOLIMAN II

DU TRAITÉ FAIT ANTÉRIEUREMENT SOUS LA DOMINATION DES SULTANS MAMELUCKS
D'ÉGYPTE AVEC LES CONSULS DE FRANCE A ALEXANDRIE [1].

Longtemps avant le roy François premier, et mesme du règne des
Mameluczs soldans d'Égypte, les marchans françois navigoient et
trafficquoient seurement en Alexandrye, au Cayre et par tout ledit

[1] Soliman II avait été encore distrait des événements de l'Europe par de nouvelles insurrections dans l'Asie Mineure, pendant une partie des années 1527 et 1528, et le soin qu'il prit pour les étouffer et les prévenir le conduisit à s'occuper de réformes dans l'administration intérieure de son empire. C'est vers cette époque, sans aucun doute, qu'eût lieu cette confirmation donnée par lui aux capitulations accordées antérieurement au commerce français en Égypte sous la domination des Mamelucks, et qui, depuis la conquête du pays par Sélim Ier, avaient dû recevoir successivement son approbation et celle de son successeur pour être maintenues en vigueur. Le commerce avait précédé la politique dans le Levant ou plutôt ne l'avait pas complétement déserté comme elle après les croisades. Marseille, que sa constitution municipale érigeait presque en république indépendante, libre d'instituer des consuls qu'elle entretenait à ses frais, sans en ré-

férer au pouvoir public, maintenait ses relations avec l'Orient, recevait même des ambassades des petits princes d'Afrique, et traitait avec eux sans consulter d'autres intérêts que ceux de son trafic. Une tradition qu'on trouvera exprimée ci-après dans plusieurs lettres et mémoires de nos ambassadeurs à Venise et à Constantinople, faisait remonter cette institution du consulat d'Alexandrie à saint Louis, à qui elle aurait été accordée par les sultans régnants à l'époque de sa captivité. La grande renommée religieuse et guerrière de ce roi, qui avait été le dernier des princes francs avec qui les Orientaux s'étaient trouvés en rapport, était dans tous les cas une sauvegarde qui avait protégé efficacement cette institution, car elle se maintenait par elle-même, et sans autre appui du pays qu'elle représentait, à côté des mêmes institutions commerciales des Vénitiens, assurées, par leurs possessions dans le Levant, d'une protection bien plus directe. Du reste, on

Égypte, et y avoient ung consul pour eulx et les Cathelans. Despuys Sultan Sélim, père dudit sultan Soliman, après avoir subjugué à soy toute l'Égypte, leur confirma ce privilége et seurté de trafficq audit pays, tout ainsin qu'ilz avoient et usoient du temps des soldans, avec ampliation d'articles concédés audit consul ainsin qu'il s'ensuit [1] :

II. REGALE ET ECCELSO COMMANDAMENTO DEL ORDINE LIBERALE,

Il grand' Iddio l'inalzi e li dia ogni gratia e lo passi a tutti quelli a chi se li

LE ROYAL ET TRÈS-HAULT COMMANDEMENT DE L'ORDRE LIBÉRAL,

Le grand Dieu l'exalte et luy doint toute grâce et le passe à tous ceulx qui

peut juger, par les termes de cette pièce, de la condition subalterne où l'institution était tombée, puisque celui qui stipule au nom de ses nationaux s'intitule à la fois consul des *Catalans et François,* faisant passer ces derniers en seconde ligne, quoique, par son nom, il semble apparte- nir à la nation la moins favorisée. Dans l'organisation fractionnée du moyen âge, certaines parties du territoire, dans chaque pays, développées selon la relation natu- relle et les nécessités locales, avaient sou- vent représenté au dehors, pour les étran- gers, l'unité de la nation qui n'existait pas encore. Ainsi la Catalogne pour l'Espagne, la Provence pour la France, petites natio- nalités industrielles et commerçantes, con- tinuaient de représenter dans le Levant et de faire admettre des peuples qui en au- raient été, comme l'Espagne, exclus sous leur nouveau nom, et les habitudes tradi- tionnelles, toutes-puissantes chez les Orien- taux, conservant la priorité commerciale des Aragonais et des Catalans dans les actes publics, quoiqu'elle ne fût plus que no- minale, servaient ainsi de protection à des intérêts plus récents. (Voyez pour l'état du commerce et les relations du royaume d'Aragon avec le Levant, Capmany, *Me-*

morias historicas, tom. I, p. 203, et sur- tout l'Introduction au Livre du consulat de la mer, au tome II du savant travail de M. Pardessus sur les lois commerciales. Paris, Imprimerie royale, 1828.)

[1] L'instrument original de ce traité, ainsi que de tous ceux qui suivront, n'existe plus ; en revanche les copies en sont innom- brables, surtout pour le texte français, qu'on trouve transcrit dans tous les fonds de la bibliothèque royale, de même qu'aux archives du royaume et au dépôt des af- faires étrangères. Parmi toutes ces versions nous avons préféré celle que présente le recueil de Sébastien de Juyé (ms. du sup- plém. français, 503) qu'on verra plus tard figurer dans ces négociations comme mi- nistre de Henri III auprès de la Porte. A la suite de ses dépêches, il donne, écrits de sa main, ces actes dans les deux lan- gues diplomatiques du Levant, d'après des copies plus anciennes, et par consé- quent plus authentiques, et chacun d'eux est précédé, dans le manuscrit, d'un aver- tissement sur les circonstances qui en ont amené la conclusion. La partie française de ces traités est imprimée dans le recueil des traités de MM. de Cussy et d'Haute- rive.

fara inanzi di cadi, emini, scrivani et parlatori et ministri et presidenti dell'ordine in Alessandria, li faciamo sapere che lo console honorato et di buona creanza Gio. Benetto di Pierro Benetto, console di Catelani e Francesi, è comparso alla presentia nostra et n'ha presentato un commandamento per i Francesi et Catelani con alcuna conditione e patti che osservano, et n'ha dimandato un commandamento in confirmation di esso con i cappitoli et conditioni che in quello si contengono, cioè :

Che i Cathelani et Francesi et altre nationi che son sotto lor consolato in Allessandria et che capiteranno ne porti et spiagge o in Allessandria, o altrove, che sianno sicuri in tutte le parti nostre in terra et in mare da tutti li nostri ministri, come ben si conviene in tempo di pace con simil sorte di gente et altre nationi nelle terre nostre, et vogliamo che vadino et venghino et stianno sicuramente di buon volere fin che alloro piacera senza che alcuno li dia impacio o impedimento.

S'alcuno di essi volesse comprar mercantie che non fossero prohibite, le possano comprare ne alcuno ardisca impedirglielo.

Che possino scaricare le loro nave con il solito senza alcuna difficultà. S'ad alcun di loro fusse fatto torto e i loro consoli volessero che mostrassero col fatto seguito con suoi huomini o let-

luy viendront au devant des cadis, émins, escrivains et parleurs et ministres et présidentz de l'ordre en Alexandrie, leur faisons sçavoir que l'honoré consul et de bonne créance, Jehan Benoist de Pierre Benoist, consul des Cathelans et Françoys est comparu en nostre présence et nous a présenté ung commandement pour lesdits Françoys et Cathelans avec aucune condition et pactes qui s'observent, et nous a demandé ung commandement en confirmation d'icelles avec les articles et conditions qui sont contenues en icelluy, assavoir :

Que les Cathelans et Françoys et autres nations qui sont soubz leur consulat en Alexandrie, et qui arriveront aux ports et plages, ou en Alexandrie ou ailleurs, qu'ils soient seurs en toutes noz contrées, en terre et en mer, de tous noz ministres, comme il est bien convenable en temps de paix avec semblable sorte de gens et autres nations en noz terres, et voulons qu'ilz aillent et viennent et demeurent seurement de bon gré, tant qu'il leur plaira, sans qu'aucun leur donne ennuy ou empechement.

Si aulcun d'eulx vouloit achepter marchandises qui ne soient prohibées, qu'ilz les puyssent achetter et qu'aulcun soit si hardy de les en empecher.

Qu'ilz puyssent descharger leurs navires à la coustume, sans aulcune difficulté ; si à aulcun d'eulx avoit esté faict tort et leurs consuls voulussent qu'ilz montrassent comme l'affaire avoit passé

16.

124 NÉGOCIATIONS DU LEVANT

tere, li sia dato compagnia d'alli ministri che la conduchi alla eccelsa Porta e ritorni al suo console.

Che a tutte le robbe che saranno chariche nelle barche sia fatto la guardia da uno della parte di Cathelani et uno della doana, et li sara aparechiato i bastasi et le barche quando se cominciara scaricare qualche lor nave.

Che se si rompesse alcun vassello di Catellani o Francesi apprezzo Allessandria o altrove, i presidenti nostri faciano congregare delli huomini per far la gardia alle marcantie che erano chariche in detti vasselli, et quelle tener debbano custodite in Allessandria o altrove.

Ogni nave che sara gettata da i venti al lito delle terre di Mori sia salva et niun li dia alcun travaglio, et se si anegasse la nave et tutta la gente, et fuora delle robbe gia chariche in essa nelle spiaggie e liti del mare, che si debba tor la marcantia e se dia al console de Catelani e Francesi, et si non se trovasse il console dove si ruppe la nave, che si debba portar le robbe ricuperate all' eccelsa Porta et stia conservato il tutto fin che compare il comesso del console de Catellani per riceverle.

Se alcuno de Catellani comprasse o vendesse alcuna sorte di mercantie, debba passar il contratto secondo sara testimoniato tal testimonio, et non dia

avec quelqu'un des siens et ses lettres, luy soit baillé compaignie d'officiers qui l'accompaigne à l'excelse Porte et le rameyne à son consul.

Que à toutes les robes qui seront chargées dans la barque soit faicte la garde d'un de la part de Cathelans et un de la douane, et luy seront aprestés les sommiers et les barques quand se commancera à descharger quelque leur navire.

S'il se rompoit aucun vaysseau de Cathelans ou Françoys auprès Alexandrie ou ailleurs, noz présidens fassent assembler des hommes pour faire la garde aulx marchandises qui estoient chargées audit vaysseau, et icelles ayent à tenir bien gardées en Alexandrie ou ailleurs.

Toutte navire qui sera gettée des vents au bort ou rive de la terre des Mores, soit saulve, et nul luy donne aucun travail. Et si la navire s'enfonsoit et toute la gent se noyàt, hormis les robes desjà chargées en icelle aux plages et rives de la mer, que la marchandise se doyve prendre et soit donnée au consul des Cathelans et Françoys, et si le consul ne se trouve là où se rompit la navire, que les robes retrouvées soyent portées à l'eccelse Porte, et soit le tout conservé jusque à tant que comparoisse le commis du consul des Cathelans pour les recevoir.

Si aulcun des Cathelans acheptoit ou vendoit aucune sorte de marchandise, que le contract soit passé sellon que sera tesmoigné semblable tesmoi-

o tolgha il Cathelano o Francese salvo quanto li tornara conmodo et possano comprare da qual si voglia loco che a loro parera.

Si accadesse qualche differentia tra li Cathelani o Francesi, il console la debba giudicare eccettuando pero se vi intervenisse sangue, che in questo caso i nostri presidenti l'haveranno da giudicare. Et si alcuno di essi fosse debbitore alla doana, et se partisse senza haverla satisfatta, la doana non debba dimandar ad alcun altro per esso.

Delle mercantie che si contrattano e poi si rompe il contratto, pero s'alcun comprara marcantie, le debba veder et riveder et scoprir ben il tutto a sufficienza, accioche da poi non vi sia differenza o altre contentiose parole.

Ch' alcuno de Catelani o Francesi o che si chiamara Catelano o Francese, non sia impedito con dimande appartenenti ad altri, e non sia molestato ni tocco in terra o in mare si pero non fosse pieggio, altramente non sia molestato salvo per conto della sua persona propria.

S'alcuno di Francesi o Catelani passasse di questa vita et facesse testamento, sia fatto delli suoi beni quanto per detto testamento sara ordinato, et se morisse ab intestato, che il console ordini delle sue robbe, et se il console non fusse presente o altri di suoi Franchi, li nostri presidenti mandino le robbe sino al loco dove sara il console.

gnage, et que le Cathelan ou Françoys ne donne ou preigne sinon tant qu'il luy sera comode, et puyssent achepter de quel lieu que ce soit que bon leur semblera.

S'il survenoit quelque différant entre les Cathelans ou Françoys, le consul aye à le juger, exceptant toutesfoys s'il y intervenoit sang; que en ce cas noz présidens l'auront à juger : et si aulcun d'eulx estoit débiteur à la douane et partit sans avoir satisfaict, la douane ne doyve demander à aucun autre pour celluy-là.

Des marchandises qui se contractent et après se rompt le contrat, pour ce si aulcun acheptera marchandises qu'il aye à les voir et revoir et descouvrir bien le tout suffizemment, affin qu'après n'y aye débat ny autres paroles contantieuses.

Que aulcun des Cathelans ou Françoys, ou qui s'appellera Cathelan ou Françoys, ne soit empeché avec demandes appartenans à aultres, et ne soit molesté ny touché, en terre ou en mer, si toutesfoys il n'estoit plaige, autrement ne soit molesté seulement pour conte de soy-mesme et propre personne.

Si aulcun des Cathelans ou Françoys passoit de ceste vie et fist testament, soit faict de son bien sellon qu'il sera ordoné par ledit testament, et s'il mouroit ab intestat, que le consul ordonne de ses robes, et si le consul n'estoit présent ou aultre de ses Francs, que noz présidens envoyent les robes jusques au lieu où sera le consul.

Se corsari facessero danni à Mori o christiani o altre diverse nationi di terra o di mare, che non sia dato fastidio ad alcuno de Francesi o Catelani o nella persona o ne suoi beni, si pero non fusse pieggio o fidejussore. Chi sara Catelano o Francese o dira esser tra grandi di Catalani o Francesi, niun li dia impedimento con dimande apartenenti ad altri salvo a se stesso, si pero non fosse piezo : et non sia tenuto o condennato alcun de Francesi o Catelani o li loro consoli per comandamento di Magarbini et sue nationi se non fusse piezo, e alcun non debba render conto salvo di se stesso et non di altre triste persone di sua natione.

Che possano aconciar le loro chiese conosciute in Alessandria per quanto sara chiarito dalla giustitia, et che di essa sia confessato quanto è noto apresso di essa giustitia, et cossi delli bagni per entrar le lor persone.

Che debbano comprar et vender le loro mercantie, che si cavano della doana et con saputa del console nel fondigo di Francesi; et li faranno gardare le loro marcantie quando s'escharicaranno delle navi, et gabellar possano quello li bisogna delle marcantie che compranno alla presentia del mezzano secondo l'uzanza.

Se venessero ne porti et spiaggie di Mori, che li accetino et li sianno racomandati et li agiutino e non li diano

Si les corsaires faisoient domaige aux Mores ou chrestiens, ou aultres diverses nations de terre ou de mer, qu'il ne soit donné fascherie à aulcun des Françoys ou Cathelans, ou en la personne ou en ses biens, si toutesfois il n'estoit pleige ou respondent. Qui sera Cathelan ou Françoys ou dira estre des grandz d'entre les Cathelans ou Françoys, personne lui donne empechement avec demandes appartenantes à autres qu'à luy-mesmes, pourveu qu'il ne soit pleige et ne soit tenu ou condemné aucun desdits Françoys ou Cathelans ou leur consul par commandement de Magarbigny et ses nations, s'il n'estoit pleige, et aulcun ne doyve rendre compte seullement de soy mesme et non d'autres meschantes personnes de sa nation.

Qu'ils puyssent racoustrer leurs eglises congnues en Alexandrie sellon qu'il sera esclaircy en la justice, et que d'icelles soit confessé aultant qu'il est notoire à ladite justice, et ainsin des bains, pour entrer leurs personnes.

Qu'ils ayent à achepter et vendre leurs marchandises qui se tirent de la douane avec le sceu du consul dans le fondigo des Françoys, et y feront garder leurs marchandises quant elles se deschargeront des navires, et qu'ilz puyssent gabeller ce qui leur appartient des marchandises qu'ilz acheptent en la présence du sansal ou corretier, sellon la coustume.

S'ilz venoient aux portz ou plages des Mores, qu'ilz les acceptent et leur soient recommandés et leur aydent, et ne leur

travaglio ne in mar ne in terra, e li nostri ministri li habbino li ochi sopra; et si volessero venir al Cayro, li sia concesso senza esserli dato impedimento alcuno.

Quelli che faranno la cerca non li tolgano cosa alcuna, et non caricharanno, o scaricharanno delle loro marcantie salvo con loro volontà, et quello li gastaranno li bastasi siano tenuti à pagharlilo.

Se si concludera marcato alla presentia di testimonii, il Franco con il Franco, come se scrive, il Moro col Moro e col Franco; et si vorranno che li testimoni se sottoscrivano, non lo possano negare et non li sia impedito, come anco della pollizza di ricevere.

Se alcuno de Catalani o Francesi comprasse spetre o altro simile et che il vinditor se pentisse, non si lassi in modo alcuno annullar o guastar la vendita.

Se venisse al console cose da mangiare o da bevere o altre cose simile, non li sia tocco cosa alcuna ne li sia tolto fuora del uzanza, et cossi se li venisse cosa per vestirse di panno o seta o altra cosa per suo uso.

Se il console havesse bisogno de danari per le spese della sua casa e della gente sua et volesse vender marcantia à contadi per tal effetto, ninno li dia inpedimento.

Che non sia dato travaglio al console

---

donnent travail en mer ny en terre, et que noz ministres y pregnent garde, et s'ilz vouloient venir au Cayre, leur soit permis sans leur estre donné empechement aucun.

Ceulx que fairont la cherche ne leur preignent aucune chose, et ne chargeront ni deschargeront de leurs marchandises sinon à leur volonté, et ce que les bastasis leur gasteront seront tenuz le leur payer.

S'il se conclurra marché en la présence de tesmoins, que les tesmoins soyent escritz le Franc avec le Franc, comme il s'escrit, et le More avec le More et avec le Franc, et s'ilz voudront que les tesmoins se soubzcrivent, qu'ilz ne le puyssent refuser et ne leur soit empeché comme aussi de la police de recevoir.

Si aulcuns des Cathelans ou Françoys acheptoit espices ou aultre chose semblable, et que le vendeur se repentit, qu'on ne laisse en aucune sorte anuller ou rompre la vente.

S'il venoit aux consuls choses à manger ou à boyre, qu'il ne luy soit rien touché, ne luy soit ousté hors de la coustume, et de mesme s'il luy venoit choses pour soy vestir de drap ou de soye, ou aultre chose pour son usaige.

Si le consul avoit besoin de deniers pour la despence de sa mayson et de ses gens, et voulût vendre de la marchandise au contant pour tel effect, qu'aucun ne luy donne empechement.

Qu'il ne soit donné travail au consul et ses marchans sans voye de justice.

o suoi marcanti senza via di giustitia, et non sia dimandato al padre per il figliolo, ne al figliolo per il padre, ne al fratello per il fratello, si pero non fusse suo piezo o fidejussore, et non sia dimandato ad alcuno se non per se stesso: et se alcuno di essi volesse partirse per il suo paese, possa farlo non essendo pero debitore d'alcuno per via di giustitia, et si volessero vender qualche lor marcantia a contadi per pagar spese, non sia impedito et non li sia tolta per questo dachiera, et cio s'intende fin alla somma 100 ducati d'oro per ogni marcante, com è l'uzanza, per vista da commandamenti Gaurei Sirisi à loro concessi.

Che non sia tolta la lor marcantia senza lor volontà, et non siano tenuti ad imprestar alli doganieri contra lor volontà, et il salario del console li sia sborsato ordinariamente dalla dogana mese per mese, et non sia agravato in cosa alcuna, et le nave che sono sotto il suo consolato non siano tolte per forza come vuole el comandamento serifo Gaureo che hanno in mano.

Se il mercante franco havesse per suspetto il pesatore che pesa la sua marcantia et volesse farla ripesar un altra volta, possa pigliar quel pesatore che li piascera.

S'alcuno avesse qualche dimanda o pretentione contro il console di Catalani et Francesi, non li possa esser dimandato salvo all'eccelsa Porta, ne possa esser astretto, ne li sia posta guardia mentre sara console.

et ne soit demandé au père pour le filz ne au filz pour le père, ne au frère pour le frère, pourveu qu'il ne soit son pleige ou respondent, et ne soit demandé à aulcun, sinon pour soy mesme, et si aulcun d'eulx vouloit partir pour son pays, qu'il le puysse faire, n'estant toutesfois débiteur d'aulcuns par voye de justice; et s'ilz vouloient vendre aucune de leurs marchandises en contant pour payer fraiz, qu'ilz ne soient empechés et ne leur soit prins pour cella dace, et cella s'entende jusques à la somme de cent ducatz d'or pour chasque marchand, comme est la coustume, sellon qu'a esté veu par ung commandement de Gauré Sirizi à eulx concédé.

Que leur marchandise ne soit point prinse sans leur volonté, et ne soient tenuz de prester aux daciers contre leur gré, et que le salaire du consul luy soit payé ordinairement de la doane, moys par moys, et ne soit chargé en aucune chose, et les naves que sont soubz son consulat ne soient prinses par force comme veult le comandement serif Gaurie qu'ilz ont en main.

Si le marchand franc avoit pour suspect le poyseur qui poyse sa marchandise, et la voulût faire repoyser une aultre fois, qu'il puysse prendre tel poyseur que luy plaira.

Si aulcun avoit quelque demande ou prétention contre le consul des Cathelans et Françoys, qu'il ne luy puisse estre rien demandé si n'est à l'eccelse Porte, et qu'il ne puisse estre restreint ne luy soit baillé garde pendent qu'il sera consul.

Che non li siano vendute spetre senza la volontà loro com' è l'usanza vecchia et non sia fatto agravia alli marcanti senza via di giustitia.

Et in conclusione in tutte le loro attioni et negotii debbano proceder per la via vecchia senza rinovamento di cosa alcuna justa l'antiscritto commandamento serifo che hanno in mano sotto li *xiiii rabich lacher* (le turc dit : *Rebiul achir*) l'anno 913. Ondè in conformità del quale noi comandiamo che sia concesso quanto è sopra scritto alle nationi di Francesi et Catelani et altre nationi sotto il consolato di lor console. Et sia fatta la grida di ogni sicurtà et fede, et che possano vender et comprare, tor et pigliare senza gravezza o travaglio alcuno, et che vadino et venghino con sicurtà delle lor persone et beni, et che non li sia fatto dispiacere. Et tal nostro comandamento sia obedito in tutto et per tutto et posto in essecutione de tutti coloro à chi li capitara avanti. (Basilica, scritto li vi machrano del anno 935.)

Qu'il ne leur soit vendu espiceries sans leur volonté, comme est l'antienne coustume, et ne soit faicte foule ne oppression aux marchans sans voye de justice.

Et en conclusion, en toutes leurs actions et négoces, qu'ilz ayent à procéder par la voye antienne sans innovation d'aucune chose sellon le susdit commandement sérif qu'ils ont en main du xiiii rabich lascher, l'an 913. En conformité duquel nous commandons qu'il soit concédé tout ce qui est cy dessus escrit, aux nations des Françoys et des Cathelans, et autres nations soubz le consulat de leur consul, et soit faicte la crie et proclamation de toute seurté et foy; et qu'ilz puyssent vendre et achepter, prendre et recevoir sans opression et travail aucun, et qu'ilz aillent et vienent avec seureté de leurs personnes et biens, et qu'il ne leur soit faict desplaisir. Et tel nostre commandement soit obéy en tout et partout, et mis à exécution de tous ceulx avant lesquelz il viendra.

De la résidence impériale, écrit le vi moharrem de l'an 935 (1528).

LETTRE DE SOLIMAN II A FRANÇOIS Ier[1].

TRADUCTION.

(Après le préambule contenant les titres du sultan. . . . .)
Toi qui es François, bey du pays de France, vous avez envoyé au

---

[1] On a pu juger, par le traité précédent, que rien n'avait été changé par les nouvelles relations politiques de la France avec la Porte, dans la situation antérieure où les Français se trouvaient à l'égard de l'autorité civile. Ces relations restant toujours

palais des sultans et à ma porte de félicité, qui est l'orient de l'aurore de la prospérité et le lieu que viennent baiser les lèvres des rois et des princes, une lettre dans laquelle vous avez parlé d'une église appartenant jadis aux chrétiens à Jérusalem, qui fait partie de notre empire bien gardé, et devenue ensuite une mosquée. J'ai pris une connaissance détaillée de tout ce que vous avez dit à ce sujet. L'amitié et l'affection qui existent entre ma glorieuse majesté et vous rendent vos désirs admissibles auprès de ma personne, source de bonheur; mais cette affaire ne ressemble pas à toute autre affaire de domaine et de propriété, elle concerne notre religion. D'après l'ordre sacré de Dieu très-haut, créateur du monde et bienfaiteur d'Adam, d'après la loi de notre prophète, soleil des deux mondes (que sur lui soient la bénédiction divine et le salut), cette église est depuis longtemps une mosquée et les musulmans y ont fait la prière. Il est contraire à notre religion qu'un lieu qui porte le nom de mosquée et dans lequel se fait la prière soit maintenant altéré par un changement de destination. Quand même notre loi autoriserait en général

un mystère, et n'étant pas avouées publiquement, on conçoit qu'ils n'y eussent introduit aucune modification. Cependant c'est à la même époque que se rapporte la lettre suivante, qui représente Soliman II sous l'un de ses caractères historiques les plus éminents, celui de la justice et de la tolérance. Elle fut sans doute provoquée par une lettre de François Ier à ce sujet, dont l'envoi donna lieu à une seconde mission qui n'a pas laissé de trace comme la première. Les événements qui se passaient alors en Italie, et qui appelaient François Ier à une sorte de croisade contre Charles-Quint pour délivrer le chef de l'Église, obligeaient ce prince à redoubler de circonspection dans ses rapports avec les infidèles, quoique les intérêts religieux des chrétiens établis depuis longtemps en Orient pussent admettre une intervention publique de sa part sans compromettre son caractère. Cependant ni la lettre ni le nom de celui qui la porta ne sont restés, en sorte que, dans le silence des historiens ottomans, soigneux de mentionner chaque mission, on ne peut en conjecturer l'envoi public d'un agent. Néanmoins, par la date de cette lettre, qui se reporte vers la fin de 1528, cette mission pour des intérêts purement religieux et spéciaux put servir à déguiser un but politique et une intelligence qui se manifesta bientôt dans les événements accomplis pendant l'année suivante, et qui amenèrent, pour la première fois les Turcs aux portes de Vienne. L'original de cette lettre est conservé dans l'armoire de fer des archives du royaume.

ce changement, votre demande ne pourrait être accueillie auprès de ma personne, source de bonheur. Les lieux autres que la mosquée continueront de rester entre les mains des chrétiens; personne ne molestera sous notre équitable règne ceux qui y demeurent. Ils vivront tranquillement sous l'aile de notre protection, il leur sera permis de réparer leurs portes et leurs fenêtres, ils conserveront en toute sûreté les oratoires et les établissements qu'ils occupent actuellement, sans que personne puisse les opprimer et les tourmenter d'aucune manière. Qu'on le sache ainsi.

Écrit au commencement de moharrem 935 (1528): A la résidence de Constantinople le bien gardé, capitale de l'empire [1].

TEXTE.

سكه فرانجسه ممكلتنك ينكى فرنجستوسن دركاه سلاطين وباركاه سعادت دستكاهه
كه مشرق نيران اقبال ومغيل شعاه اكاسره واقبال در مكموبكر كوندروب
ممالك عروسه مدن نجمة قدس شريفده مقدّما ملّت حضرت عيسى النده
اولوب صكردهدن مسجد اولان لكبا خصوصى اعلام ابلش سزبو بابده هرنه
كه ديش ايسه كوز تغصل ايله معلوم اولدى ايله اولسه جناب عزت
مآبمر ايله سزوك مابينكرده عبت ومودت اولوب مراداتكر عز حصور
سعادت بخشده مغبولدر نامّا بو خصوص ساير ملك وماله بكزر اولميوب
دينمزه متعلق قصنه اولوب خالق عالم ورازق آدم حق سجانه وتعالينك امر
شريفلرى ويبغمبرمز ابك جهان كنشى عليه الصلوة والسلام حضرتلريمنك
شريعتلرى مغتصاسنجه اول لكبا خيلى مدتدن برو محمد اولوب مسلمانلر
اجنده نماز نطشلر در بربر كه مسجد ادنده اولوب نماز قلنه شمدى
بدبل اولنوب بوزلماق دينمزه مخالفدر اكر شريعتمزده ئ لجمله جواز اولسه

---

[1] Il est remarquable que Soliman II reconnaisse aux chrétiens, dans cette lettre, le droit de réparer les édifices religieux, droit si sujet à contestation chez les musulmans, et qui donnera lieu par la suite à plus d'une difficulté diplomatique.

التماسكوز عز حضور سعادت بخشده بر درلو داي اولمر ايدى مسجد اولان يرنــدن
ماعداسى كرو عبسويلر النده اولوب انده ساكن اولانلره ايام عدالتمزده كسنه
دخل وتعرّض ايهيوب كتف حمايتمزده اسوده حال اولوب قاپولرى ومنـظـره‌لرى
بايهاق امر ايدوب الان ساكن اولدقلرى معبدلرنده ويرلـرنـده رفاهيت ايـله
اوتوروب كسنه انلره بوجه من الوجوه ظلم وتعدّى ايهلك احتمالى يوقدر شوبـه
بلنه تحريرًا فى اوايل شهر محرم الحرام سنه خمس وثلثين وتسعمائــه

يمقامر

دار السلطنة العلمه

مسطنطنيه

المحمية المحروسه

II. — ÉTABLISSEMENT DE L'ORDRE DE SAINT-JEAN-DE-JÉRUSALEM A MALTE.

1528–1530.

L'ordre des Hospitaliers, établi provisoirement à Viterbe depuis l'élection de Clément VII, s'occupait de trouver un lieu où il pût se fixer pour reprendre ses fonctions militaires. On avait successivement débattu dans le conseil de l'ordre la convenance d'un établissement, soit à Suda, dans l'île de Candie, ou à Cérigo, toutes deux sous la domination de Venise, soit à l'île d'Elbe, sous la dépendance de l'Espagne et de la souveraineté de Piombino. La possession de Malte et de son annexe, l'île de Gozze, avec l'adjonction de Tripoli, sur la côte d'Afrique, qui faisaient également partie des domaines de l'Espagne, donna lieu à l'ouverture d'une négociation plus sérieuse, mais qui se prolongea pendant près de six ans. Cette lenteur avait pour cause, d'une part, la difficulté d'obtenir cette concession de l'Espagne sans engager l'indépendance de l'ordre, de l'autre, les intelligences qu'il avait lui-même conservées dans son ancien domaine de Rhodes, et qui lui faisaient espérer d'y rentrer par le succès d'un complot lié au mouvement d'insurrection de l'Égypte contre Soliman II, et qui échoua bientôt avec elle. Cependant le relâchement de la discipline, que produisait l'instabilité de son avenir, faisant craindre la dissolution de l'ordre, le grand maître se résolut d'accompagner la duchesse d'Alençon en Espagne pour y négocier en personne avec Charles-Quint et François Iᵉʳ, alors prisonnier à Madrid. Il s'efforça d'obtenir l'affranchissement des conditions onéreuses mises à l'établissement de son ordre à Malte, et qui étaient dues à la rivalité d'intérêts de ces deux princes [1]; mais il partit de Madrid sans emporter une conclusion définitive, et son retour en Italie fut suivi d'un nouveau voyage à Paris et en Angleterre, où il dut se rendre également pour satisfaire la vanité de Henri VIII, qui exigeait, en échange de sa protection, les mêmes déférences que les autres souverains. L'ordre, chassé de Viterbe par la peste, séjourna quelque temps à Nice et à Villefranche, sous la protection du duc de Savoie, pendant la durée des nouveaux conflits que la ligue formée par Clément VII fit éclater en Italie, et qui amenèrent la prise et le sac de Rome, avec la captivité du pontife. Enfin, après avoir eu un moment la velléité de s'établir à Modon, le grand maître fit comprendre son ordre dans l'arrangement général conclu pour les états de l'Italie, en 1530, et il obtint de l'empereur, sous la réserve d'une neutralité absolue, la concession à perpétuité de l'île de Malte et de ses dépendances, dont la souveraineté lui fut cédée définitivement par le traité signé d'abord à Castel-Franco, dans le Bolonais, le 24 mars 1530, et ratifié plus tard à Syracuse, par le grand maître, le 23 mai de la même année [2].

[1] La prépondérance que donnait à la France la composition de l'ordre, la prédilection marquée qu'il portait à ses intérêts, et surtout la nationalité présente et l'illustration personnelle du grand maître, faisaient ombrage à l'Espagne. En détachant de son domaine les parties qui devaient constituer la nouvelle souveraineté, l'empereur voulait que l'ordre lui prêtât serment de fidélité, et, parmi plusieurs autres conditions, qu'il employât sa marine à défendre le commerce espagnol contre les pirates de la Méditerranée. Entre les dispositions que l'ordre voulait écarter, il faisait surtout difficulté d'accepter Tripoli, qui avait été conquise récemment en Afrique, et il considérait comme une charge trop onéreuse l'occupation et la défense de cette place, ajoutée à la concession des deux îles. Voyez à ce sujet une dépêche de Gérard de Plème à l'empereur sur sa mission en Italie et sa visite à Viterbe, dans le recueil du docteur Lanz, *Correspondenz des Kaisers Karl V*, t. I, p. 142. Voyez aussi, à la page 66 du même volume, une lettre de Charles-Quint que nous avons omis de citer en son lieu, écrite à Poupet de la Chaux le 25 août 1522, pendant la durée du siége de Rhodes, à l'occasion d'une lettre que l'empereur avait reçue du grand maître : elle prouve qu'il sentait l'importance de la position de Rhodes pour la sûreté de Naples et de la Sicile, et qu'il fut sur le point de prendre des mesures efficaces pour sa conservation, en armant une flotte à Gênes et en provoquant le concours de la France, de la Savoie et des autres états de l'Italie.

[2] Nous avons tenu à réunir ici tout ce qui reste de la correspondance de Villers

LETTRE DE VILLERS L'ILE-ADAM AU MARÉCHAL DE MONTMORENCY.

(Original. — Béthune, ms. 8511.)

Monsieur, le xxvie du passé par ce corrier que m'a envoyé monsieur le mareschal de Chabannes, ay reçeu une qu'il vous a pleu m'escrire du xxixe de may en faveur du commandeur de Lyon, pour le bailiage de Levreul, et n'estoit jà besoing que ledit commandeur en feist fascher derechief le roy, vous ne autres, veu l'apointement prins avecques luy par le prieur de Sainct-Gilles de part nostre, qui est tel que le baily moderne jouyra dudit bailiage sans pouvoir estre porveu de la mareschaucée ne du prieuré d'Auvergne devant ledit commandeur, auquel en mesme substance piéçà l'ay escript et asseuré. Mais puysqu'il ne s'en contente, et affin que le roy cognoisse qu'avons obtempéré à ses lectres, envoye présentement l'acte autentique dudict appointement confermé par nostre conseil, du consentement dudit baily, duquel vous plaira advertir ledit seigneur auquel semblablement j'en escripz. Et quant ledit commandeur heust opposé audit baily avant sa promotion au bailiage le deffect de naturalité qu'il a despuys doné entendre au roy (combien que, comme j'ay par cy-devant escript audit seigneur, ledit baily soit extraict de ses subjectz), la chose ne fut allée si avant. Mais puysqu'il a esté constitué en celle dignité, ne puys croire ledit seigneur veulhe comporter qu'il soit desgradé, qui seroit non-seulement audit baily, mais à moy et tous ceulx de mon conseil, qui l'avons comme antien dudit commandeur, exigens ses mérites, canoniquement eslcu en icelle, déshonneur irréparable, ce que je vous prie vouloir obvier et avoir toujours nostre religion pour recommandée envers le roy. Il vous plaira au surplus adviser, monsieur, si de par deçà vouldrez aucune chose que je puysse, et m'en advertissant vous en finerez à l'aide du Créateur, auquel je prie vous

l'Ile-Adam, dont les fragments se rapportent à la plupart de ces incidents, et constatent tour à tour les déplacements de l'ordre, ses dissensions intérieures, les divers voyages du grand maitre, les négo-ciations qui s'y rattachent, etc. etc. Mais, comme les années n'y sont indiquées nulle part, nous n'avons pu que présumer, d'après leur contenu, la succession de ces pièces.

donner très-bonne et longue vie, en me recommandant à vostre bone
grâce. — De Viterbe, le IIIIᵉ d'octobre. Le tout vostre bon uncle et vray
amy à jamès, le maistre de Rhoddes. — P. DE VILLERS L'YLE-ADAM.

LETTRE DE VILLERS L'ILE-ADAM AU MARÉCHAL DE MONTMORENCY.

(Original. — Béthune, ms. 8536.)

Monsieur, j'escripz au roy, comme verrez, du chevalier de Bonneval,
qui s'est miz dedans et tient par force la commanderie de Paulhac,
et du commandeur de Lyon, qui a fait sequestrer le bailiage de Levreul sans aucun droit ne tiltre, soubz coulleur que le baily moderne
qui est né en Rhoddes et extraict des subjectz du roy, n'a obtenu
lectres de naturalité, et l'a faict adjorner au grand conseil, nonobstant que le prieur de Sainct-Gilles, nostre lieutenant général, heust
piéçà apointé avec ledit commandeur qu'il laisseroit jouyr ledit baily
parmiz ce que ledit baily ne passeroit devant ledit commandeur à la
mareschaussée de nostre religion ne au prieuré d'Auvergne, lequel
appointement a esté ratiffié et confermé par nostre conseil du consentement dudit baily, que j'envoye par le chevalier de Pont-de-Ver,
pourteur de la présente. Je vous prie très-affectueusement le remonstrer audit seigneur à ce que son plaisir soit ne donner audience à noz
religieux qui le viendront importuner de semblables requestes contre
noz statutz et coustumes; autrement nostre religion, laquelle ledit
seigneur et ses prédécesseurs roys très-chrestiens ont tousjours maintenue et augmentée, seroit tantost deffaicte et anichilée : ains nous
donner main forte à expulser ledit Bonneval de ladite commanderie
de Paulhac, et faire observer audit commandeur de Lyon ledit appointement, ne permectant que ledict baily soit privé et desgradé,
ce que je vous prie de rechief, monsieur, vouloir obvier à vostre
puyssance, et au surplus qu'il plaise audit seigneur commander que
noz receveurs viennent rendre leurs contes, et noz prieurs, bailiz
et autres nommez en noz lectres de mandement assister à nostre chapitre général, pour mieulx ensemble délibérer de la restauration et

assiète de ceste nostre religion, comme leur avons mandé, tousjours
avecques le bon vouloir, consentement, aide et adresse dudit seigneur
et non aultrement, comme plus largement j'ay donné charge vous
dire audit Pont-de-Ver, auquel vous prie donner créance, aide et faveur envers ledit seigneur à obtenir les choses susdites et avoir tousjours ma religion pour recommandée comme avez heu pour le passé,
et j'ay en vous parfaicte fiance, qui sera fin de lectre aprez m'estre
recommandé à vostre bonne grâce, etc. — De Viterbe, le xviiie d'octobre. Le tout vostre bon uncle et vostre amy à jamais, le maistre de
Rhoddes. — P. DE VILLERS L'YLE-ADAM [1].

LETTRE DE L'ILE-ADAM A FRANÇOIS Ier [2].

(Original. — Béthune, ms. 8455.)

Sire, j'ay faict mectre en ordre les deux nefz de ceste religion vostre,
soubz vostre parole et sauf-conduict et des autres princes, à la plus
grand diligence que m'a esté possible, spérant les employer en l'affaire
de quoy je vous parlay dernierement à Bordeaulx, duquel j'ay heu à
présent très-bonne responce. Je suys embarqué despuys le dernier du
passé, et n'attendz que le vent prospère pour aller baiser les piedz de
nostre sainct père, et entendre audict affaire auquel Sa Saincteté a
bonne volunté, comme vous plaira sçavoir plus largement par ce pourteur, le chevalier de Chevrières, que j'envoie expressément devers
vous audict effet. Je vous supplie très-humblement, sire, vostre plaisir
soit luy donner créance comme à moy mesme en ce qu'il vous dira et
suppliera de ma part, et avoir toujours ceste dite religion vostre en
spéciale protection et singulière recommandation, comme principal
protecteur et bienfaicteur d'icelle. Sire, je prie le Créateur vous donner

---

[1] Les deux lettres qui précèdent doivent
être de l'année 1524, pendant le séjour
de l'ordre à Viterbe, et les divisions auxquelles son inaction donnait lieu. (Voyez
Bosio, *Histoire de l'ordre de Saint-Jean-de-
Jérusalem*, t. III.)

[2] Les deux lettres suivantes, de la fin
de 1526, sont relatives au passage du
grand maître en Italie à son retour d'Espagne. Voyez, au tome III de Bosio, p. 47,
les craintes de l'ordre et les précautions
qu'il dut prendre pour empêcher la saisie
de ses galères au milieu du conflit suscité
par la ligue d'Italie.

très-bonne et longue vie, et le comble de vos aultz et excellens désirs. —Au port de Villefranche, le xiiie de novembre. Vostre très-humble et très-obéissant subject et serviteur, le maistre de Rhodes. — P. DE VILLERS L'YLE-ADAM.

LETTRE DE VILLERS L'ILE-ADAM AU MARÉCHAL DE MONTMORENCY.

(Original.—Béthune, ms. 8530.)

Monsieur, j'ai escript dernièrement au roy par le chevalier de Chevrières et à vous particulièrement de mon embarquement sur noz nefz pour repasser en Italie. Despuis, ayant esté embarqué xviii jours attendent le temps, ainsi que j'ay volu faire voile, ay heu nouvelles certaines que l'armée de la ligue alloit trouver celle de l'empereur qu'estoit en Corseque, et ne povant faillir trouver l'une ou l'autre en mon chemin ou desembarquement, craignant voulsissent prendre nosdites nefz et s'en servir l'une contre l'autre, qui seroit la ruyne de nostre religion, ay advisé, pour indempnité d'icelle, les envoyer en Levant cercher leur adventure et continuer nostre vacation contre les infidelles, où ne feront ennuy ne desplaisir à aucun prince chrestien attendent que Dieu nous mande quelque bonne paix. Je suys après à trouver autre expédient à m'en aller à Viterbe le plustot que me sera possible, comme vous dira l'huyssier Pascalin pourteur de ceste. Arrivé que je seray par dellà, vous escriray plus au long de mes nouvelles. Ce pendant je vous prie, monsieur, avoir toujours nostre dite religion pour recommandée ainsy que j'ay en vous mon spérance; qui sera pour la fin, aprez m'estre recommandé à vostre bonne grace, etc. — De Villefranche, le xxix de novembre. Le tout vostre bon oncle, le maistre de Rhoddes. — P. DE VILLERS L'YLE-ADAM.

LETTRE DE VILLERS L'ILE-ADAM AU MARÉCHAL DE MONTMORENCY,

(Original. — Béthune, ms. 8544.)

Monsieur le mareschal, j'ay receu une vostre escripte à Biayras le xixe du présent, et vous mercye des nouvelles que me faictes sçavoir. J'ay esté bien aise d'entendre l'arrivée de monsieur de Clermont par lequel avez sceu des miennes. Nostre sainct-père m'a fort bien trecté. Je m'en pars pour m'aller tenir à Viterbe jusqu'à ce le roy et les princes soyent résoluz nous donner quelque lieu pour restablir nostre religion et faire service à la chrestienté. Ce pendent je vous feray tousjours sçavoir de mes nouvelles. Je vous prie me faire le semblable, qui sera fin de la présente aprez m'estre recommandé à vostre bonne grâce, etc. — De Romme, le xxve de janvier. Le tout vostre bon oncle. — P. DE VILLERS L'YLE-ADAM.

LETTRE DE VILLERS L'ILE-ADAM AU MARÉCHAL DE MONTMORENCY [1].

(Original. — Béthune, ms. 8511.)

Monsieur, j'ay receu une vostre par le chevalier de Ruyaulx, pourteur de la présente, et sceu de voz bonnes nouvelles, desquelles entendre ay heu plaisir et vous en remercie. J'escripz au roy de la célébration de nostre chapitre général auquel, pour éviter de diviser nostre religion, avons esté contrainctz d'accepter l'isle de Malte qu'il a pleu à l'Empereur nous offrir, parmiz ce qu'il luy plaise la nous donner libère sans aucune subjection et que le roy en soit content. Nous envoyons aucunz personnaiges de nostre ordre devers ledit seigneur audict effect, et actendent leur bonne volunté, ce pendent nous mectrons sur noz navires pour nous lever des tumultes et dangiers ausquelz nous trovons de par deçà tous les jours, comme plus largement vous dira de ma part ledict de Ruyaulx et aucunes autres choses que je luy ay commiz auquel vous plaira lui donner créance comme à moy mesme, et avoir tousjours nostre religion pour recommandée, ainsi que j'ay en vous mon spérance, qui sera pour en fin aprez m'estre

[1] Le grand maître ayant rejoint son ordre décimé par la peste à Viterbe, y séjourna encore pendant l'année 1527, et en partit au mois de juin pour se rendre à Corneto, et de là à Villefranche et à Nice, à l'approche de l'armée du connétable de Bourbon, qui marchait sur Rome.

recomandé à vostre bonne grâce, etc. — De Corneto, le dernier de juing. Le tout vostre bon oncle, le maistre de Rhoddes. — P. DE VILLERS L'YLE-ADAM.

LETTRE DE VILLERS L'ILE-ADAM AU MARÉCHAL DE MONTMORENCY.

(Original. — Béthune, ms. 8455.)

Monsieur, je vous ay escript dernierement avec le paquet du conte Pedro Navarra, en estant icy. Despuys ay receu une vostre du vᵉ du passé par laquelle me donnez adviz que le roy et madame ont volunté que le commandeur de Sainct-Jehan-de-Latran demeure à la court, et que pour son absence de nostre couvant les affaires dudict commandeur n'en soyent retardez, mais tenuz en plus grand faveur que s'il y estoit présent. Monsieur, je suys très-content que ledict commandeur demeure à ladicte court tant qu'il plaisra audict seigneur et dame pour leur faire service de tout ce qui luy sera possible. Et puysqu'il ne se pourra trouver personnellement en nostredict chapitre, j'espère qu'il commectra aucung qui sçaura bien débatre et anparer son affaire comme il est requiz. Ne par faveur ne autrement luy sera faict aucung tort. Il sait bien que sa partie avait plus juste cause de se lamenter que ledict commandeur n'a heu jusques icy; et me sembleroit, puysque à contemplation desdicts seigneur et dame ledict commandeur a esté porveu de ladicte commanderie, qu'ilz debvroient maintenir et favorir ses provisions desquelles est procez pendent au grand conseil et imposer silence à sa dicte partie. Je suys icy attendent le retour du chevalier de Ruyaulx, que j'ay envoyé devers notre sainct-père. Arrivé qu'il sera, prendray quelque bonne résolution de mon passaige de par dellà, de quoy vous donneray adviz. Ce pendent je vous prie avoir tousjours les affaires de nostre religion envers lesdicts seigneur et dame, ainsi que j'ay en vous parfaicte fiance, et pour non y avoir autre, me recommandant à vostre bonne grace, etc. je feray fin. — De Nice, du xxiiiᵉ d'aost. De cely quy est au cœur vostre bon oncle, le maistre de Rhoddes. — P. DE VILLERS L'YLE-ADAM.

18.

LETTRE DE VILLERS L'ILE-ADAM AU MARÉCHAL DE MONTMORENCY[1].

(Original. — Béthune, ms. 8544.)

Monseigneur, par autres vous ay escript mon aller devers le roy.
Depuis suis venu aux plus grans journées qui m'a esté possible, et
ne fust le mauvais temps, pires chemins et vieillesse qui ne me per-
mectent pas faire plus grand dilligence, je serois desja avecques vous,
car la cause de mon voiage ne veul sesjour et requiert que moy
mesmes en soye l'ambassadeur. A ceste cause, veu que je approuche
fort et espoire estre à Paris dens dix jours, j'envoye le présent porteur qui vous dira de mes nouvelles, et vous priera d'aucunes choses
de part mienne. Je vous supplie, monseigneur, luy donner créance et
m'aider à celle fin que j'aye la commodité et opportunité de m'expédier bien tost du roy, car il m'emporte grandement, vous disant à
Dieu, lequel prie vous donner très-bonne vie et longue. — De Nevers, ce iiij⁰ jour de febvrier. Le tout vostre bon oncle, le maistre
de Rhoddes. — P. DE VILLERS L'YLE-ADAM.

LETTRE DE VILLERS L'ILE-ADAM AU MARÉCHAL DE MONTMORENCY.

(Original. — Béthune, ms. 8579.)

Monseigneur, j'envoye par devers le roy le prieur de Courbueil et
le commandeur de Sainct-Moulins, présens porteurs, pour luy dire et
supplier aucunes choses de part mienne, et des prieurz et commandeurs de ma religion en ce royaume, comme largement entendrez
d'eulx. Je vous prie, monseigneur, leur donner créance comme à moy
mesme, et les aider et adresser à celle fin qu'ilz aient bonne et briefve
expedicion, ayant regard que madicte religion se puisse entretenir, car
plus grand plaisir ne me sçauriez faire, mesmement que je n'attendz

_____

[1] Cette lettre et les quatre suivantes
sont relatives au voyage que le grand
maitre fit en 1528, en Angleterre, pour
se rendre auprès de Henri VIII, en
passant par la cour de France.

autre chose pour me partir d'icy et ensuivre mon voiage d'Angleterre.
—De Paris, ce IIe jour de mars. (*De sa main.*) Monsieur, je vous prie
vous playse les faires expédier le plus tost que ce poura et avoir tousjours la religion pour recommandée. Cely qui est au commandement,
vostre bon oncle, le maistre de Rhoddes.—P. DE VILLERS L'YLE-ADAM.

LETTRE DE VILLERS L'ILE-ADAM AU MARÉCHAL DE MONTMORENCY.

(Original. — Béthune, ms. 8544.)

Monseigneur, j'ay receu les lettres qu'il vous a pleu m'escripre,
desquelles et des bonnes nouvelles que vous me faictes sçavoir je vous
mercy tant comme je puis, et vous advise que j'ay esté très aise d'entendre la bonne santé et disposition du roy, de madame et de vous.
Quant est de moi, graces à Notre-Seigneur, je me porte très-bien, et
espère avoir bien tost une bonne expédition et partir d'icy dedens
huict jours pour m'en retourner par delà; et si je ne pars en ce temps
je serai contrainct de faire icy les festes. Ce pendent vous prie, monsieur, si vous escripvez en ce pays à monsieur le cardinal [1], me faire
ce plaisir de le remercyer du bon recueil, traictement et honneur
qu'il m'a faict, et que vous le tenez comme faict a vous mesmes, le
priant prendre la protection des affaires de ma religion et les avoir
tousjours pour bien et singulièrement recommandez.

Au surplus, monsieur, pour ce que j'ay esté adverty que les gallères du roy m'ont osté une grant partie du blé que vous m'aviez permis enlever du prieuré de Sainct-Gilles, je vous prie me faire donner
une lettre du roy au baron de Sainct-Blancard et autres ayans la charge
desdictes gallères, qu'ilz ne facent plus telles choses, et qu'ils me
traictent myeulx et plus gracieusement qu'ilz n'ont faict par cy devant.
Il vous plaira aussi escripre à monsieur de Clermont, vostre lieutenant, qu'il ne faisse enmener mes vins que j'ay achaptez en Languedoc, car autrement ce me seroit une grosse perte, dommage et
déshonneur; me recommandant à vostre bonne grâce, etc. — De

---

[1] Le cardinal Wolsey, premier ministre de Henri VIII.

Londres, ce xviij^e de may. De celuy qui est au commandement, vostre bon oncle, le maistre de Rhoddes. — P. DE VILLERS L'YLE-ADAM.

LETTRE DE VILLERS L'ILE-ADAM AU MARÉCHAL DE MONTMORENCY.

(Original. — Béthune, ms. 8607.)

Monseigneur, je vous envoye unes lectres que le prieur de Sainct-Gille m'a escriptes; vous verrez le contenu d'icelles, parquoy ne vous diray autre fors que je vous prie avoir regard en l'affaire dont il est question et l'avoir pour recommandé, car il me semble raisonnable. Je m'en iray demain à Sainct-Germain prendre congé de Madame, et espère partir pour toute la sepmaine prochaine. Si j'ay quelque affaire à la court, il vous plaira me faire expédier affin que je ne puisse estre retardé, et adviser s'il est chose que je puisse faire pour vous, et je m'y emploieray de très-bon cueur, priant Dieu, etc. — De Paris, ce v^e de juing.

LETTRE DE VILLERS L'ILE-ADAM AU MARÉCHAL DE MONTMORENCY.

(Original. — Béthune, ms. 8544.)

Monseigneur, le roy m'a escript que je ne laisse sortir mes gallères du port de Marseille, ou bien que plus tost les face désarmer que les mectre en lieu où ses ennemys s'en puissent saisir. Et pour ce que nostre sainct-père les a retenues encores en son service et a mandé ung commissaire dessus pour les faire retourner, j'escripz audit seigneur, le suppliant très humblement que son plaisir soit permectre et consentir que lesdites gallères s'en retournent au service de sa saincteté, car je désire fort et suis tenu luy obéyr. A ceste cause j'escripz au prieur de Corbeil se retirer par devers vous et vous informer de tout l'affaire, vous priant et requérant qu'il vous plaise luy donner foy et intercéder devers ledit seigneur qu'il vueille estre content que lesdites gallères s'en retournent, car sa saincteté m'escript par ung brief

qu'elle les gardera d'inconvénient et les prent icy sur soi. Attendant
le rev^{me} cardinal Campegio, je me suis ung peu trouvé [mal], qui a
esté cause de me faire séjourner en ceste ville plus longuement que
je ne pensoys. — De Lyon, ce xxve d'aoust. Le tout vostre bon oncle,
le maistre de Rhoddes. — P. DE VILLERS L'YLE-ADAM.

LETTRE DE VILLERS L'ILE-ADAM AU MARÉCHAL DE MONTMORENCY [1].

(Original. — Béthune, ms. 8544.)

Monsieur, en ensuyvant ce qu'il a pleu au roy et à madame de
m'escripre et commander par le sieur d'Allas en faveur du commandeur de Sainct Mauniz, par le commun voulloir et consentement de
tous ces seigneurs, je lui ay donné le bailliage du Lango, tant pour
obtempérer et satisfaire au bon plaisir dudit seigneur et de madame
que pour estre ledit commandeur personnage qui le vault et mérite,
et peult icelluy seigneur tenir pour certain que non seullement en cela,
maiz en toutes autres choses où il luy plaira nous commander, il nous
trouvera toujours pretz de luy obéyr.

Au surplus, monsieur, je suis résolu et totallement délibéré avecques le bon plaisir, ayde et voulloir du roy, d'armer à ce printemps
mes gallères et naufz, et monter dessus avec tous mes chevaliers pour
aller chercher notre bonne aventure, ainsi que vous serez plus amplement adverty par ung homme que j'envoieray dedens peu de jours
en Angleterre, lequel vous fera entendre en particulier les affaires de
ceste religion. Il vous plaira les avoir pour recommandez, ainsi que ladite religion et moi avons en vous fiance, etc. — De Nice, le xxviij^e
de décembre. Le tout vostre bon oncle, le maistre de Rhoddes. —
P. DE VILLERS L'YLE-ADAM.

[1] Le grand maître, après avoir été arrêté
à Lyon par une maladie assez grave, avait
rejoint son ordre à Villefranche, où il passa
le reste de 1528 et la première moitié de
1529, au milieu des alternatives de la négociation suivie pour la cession de Malte,
qui se trouve mise en balance ici avec le
projet d'un établissement à Modon.

LETTRE DE VILLERS L'ILE-ADAM AU MARÉCHAL DE MONTMORENCY.

(Original. — Béthune, ms. 8499.)

Monsieur, vous savez le propoz que je vous tins dernièrement touchant le moien que j'avoye de restituer et remectre en son lieu et estat ceste religion. Depuis j'ay tellement entretenu ceste intelligence, et sont les choses si bien disposées et en si bons termes que je suis entièrement résolu et délibéré, avec le bon plaisir du roy, de les mectre en exécution et effect, et pour ce que j'en escriptz au roy et à Madame en créance de ce porteur, je vous prie l'adresser et conduire. Je luy ay donné charge de vous déclarer bien amplement tout l'affaire, affin que vous l'aiez pour recommandé, et l'aidez et favorisez en tout ce que vous pourrez, comme l'importance dont il est le requiert, et moy et toute la religion avons en vous fiance, qui estes celluy seul en celle court à qui nous puissions recourir et remectre la protection de noz affaires, lesquelz je vous recommande derechef tant affectueusement et de cueur qu'il m'est possible, etc. — De Nice, le xxiiie de janvier. Cely qui est au commandement, vostre bon oncle, le maistre de Rhoddes. — P. DE VILLERS L'YLE-ADAM.

LETTRE DE VILLERS L'ILE-ADAM AU MARÉCHAL DE MONTMORENCY[1].

(Original. — Béthune, ms. 8531.)

Monsieur, je me suis ce jourd'huy embarqué pour aller faire mon voiage, et ay, long temps a, envoyé devant celluy qui a conduict tout

---

[1] Cette lettre est écrite à la date même du jour de l'embarquement de l'ordre pour sa translation en Sicile, où il séjourna au port d'Augusta jusqu'au mois de septembre. Le voyage de l'empereur à Bologne pour son entrevue avec Clément VII, et l'arrangement des affaires d'Italie, faisait prévoir la solution définitive de l'affaire de Malte, et c'est du port d'Augusta, en Sicile, que le grand maître adressa à l'empereur et au pape deux lettres datées du 15 septembre 1529, donnant à ses négociateurs pleins pouvoirs pour la conclusion du traité. Elles se trouvent rapportées en italien dans Bosio, tom. III, pag. 74.

l'affaire, lequel j'espère trouver en chemyn, et selon qu'il me rapportera je feray et vous en donneray adviz, vous recommandant toujours
les affaires de ma religion, desquels il vous a pleu prendre la protection, et pour ce que le porteur de cestes vous dira bien amplement de
mes nouvelles, je ne vous feray plus longue lettre, et prieray le Créateur,
après m'estre recommandé à vostre bonne grace, que vous donne,
monsieur, très-bonne et longue vie. — Escript en la grosse nau de
Rhoddes, au port de Villefranche, le xij^e de juillet. Cely qui est ancor
vostre bon oncle, le maistre de Rhoddes. — P. DE VILLERS L'YLE-
ADAM.

LETTRE DE VILLERS L'ILE-ADAM AU MARÉCHAL DE MONTMORENCY.

(Original. — Béthune, ms. 8504.)

Monsieur, j'ay entendu par voz lettres et par ce que m'ont escript
mes gens estans par de là le bon vouloir que vous avez au bien de
mes affaires, et la peine que vous y prenez, dont je vous mercye. Surtout j'ay eu plaisir d'entendre que vous avez ramené la royne, messeigneurs et la paix ensemble, et avecques tout cela que madame ma
niepce vous ait fait ung beau filz, qui m'ont esté nouvelles telles et si
bonnes que meilleures on ne m'eust sceu dire. Je ne faiz aucune doubte
que, en continuant vostre bonne volunté, vous aurez vacqué à l'affaire
de ceste pouvre religion, et l'aurez mise en estat de povoir faire service en particulier au roy et en général à toute la chrestienté. Je la
vous recommande, monsieur, tant affectueusement qu'il m'est possible,
comme à celuy que je sçay y a tout pouvoir, et suis seur a aussi le
vouloir. Au demourant vous aurez sceu par mesdites gens comme l'empereur nous a donné deux gallères, lesquelles j'envoye présentement
quérir et lever en Barcelonne, et pour ce qu'il ne seroit pas seur de
les armer entièrement de Turcs, et que en ces pays il n'est pas aisé de
recouvrer gens de rame, je vous vouldroie bien prier qu'il vous pleust
me faire donner en vostre gouvernement de Languedoc quelques
forcez, et oultre la part que vous aurez aux bonnes œuvres qu'elles

feront, vous me ferez ung très-singulier plaisir, pryant Dieu, etc. —
Escript de Siragosse [1], le xᵉ de septembre. Ly entièrement vostre bon
oncle, le maistre de Rhoddes. — P. DE VILLERS L'YLE-ADAM.

LETTRE DE VILLERS L'ILE-ADAM AU MARÉCHAL DE MONTMORENCY.

(Original. — Béthune, ms. 8455.)

Monsieur, je croy que de ceste heure vous aurez entendu par le
commandeur d'Inteville tout ce qui m'est succédé en mon voiage et
ce qu'il a faict avecques l'Empereur, où je l'avois envoyé pour l'affaire
de Malte et Tripoly, et de l'octroy que ledict seigneur nous en a faict,
lequel j'espère vous trouverez raisonnable, attendu mesmement que
pour le jourd'huy n'y a lieu plus commode pour l'assiette de ceste
religion, service du roy et de toute la chrestienté[2]. Par quoy je vous
ay bien voullu prier derechef par la présente très-affectueusement, et
de tant que vous m'aimez, intercéder et moyenner envers le roy qu'il
luy plaist approuver et avoir agréable ledict octroy. En quoy faisant,
oultre que vous aurez part au bien, honneur et prouffit qui s'en ensuyvra, moy et madicte religion vous en démeurerons à jamayz très-
tenuz et obligez, priant Dieu, monsieur, qu'il vous vueille donner très-

[1] Saragosa, port de la côte de Sicile,
où l'ordre s'établit momentanément pendant les travaux qu'on dut exécuter à
Malte pour l'approprier à sa nouvelle destination.

[2] Le traité fut signé le 23 mars, à Castel-Franco, petite ville du Bolonais. L'empereur y déclare qu'il cède la propriété de
ces îles sous la redevance d'un faucon, et
en se réservant seulement le droit de choisir l'évêque de Malte sur la présentation
de trois candidats désignés par l'ordre. Cet
acte est imprimé au tome III de l'Histoire
de Malte de Vertot, page 494, avec la ratification du grand maître. « Nos Carolus
Quintus, etc..... pro restaurandis et sta-
biliendis conventu, ordine et religione hos-
pitalis S. Joanni Hierosolimitani..... ne
ulterius per orbem vagari cogantur, ultro
concedere decrevimus... in feudum perpetuum, nobile, liberum et francum civitates,
castra, loca et insulas nostras, Tripolis,
Melibeti et Gaudisii, cum omnibus terri-
toriis, juridictionibus, etc. ita ut feudum
teneant a nobis tanquam regibus Siciliæ,
sub censu duntaxat minus accipitris seu
falconis quolibet anno... — Datum in Cas
tello-Franco, die XXII martii, anno Domini MDXXX. » Suit la ratification du grand
maître, donnée à Syracuse, le 24 mai 1530.
Ces deux pièces sont aussi rapportées en
italien au tome III de Bosio, p. 80.

bonne et longue vie. —De Syracuses, ce xxvj^e d'avril. Le tout vostre bon oncle et amy, le maistre de Rhoddes. — P. DE VILLERS L'YLE-ADAM.

III. — AFFAIRES DE POLOGNE ET DE HONGRIE.

1524 - 1529.

Les intelligences de la France avec les états du Nord paraissent à peu près nulles avant François Ier. La nécessité pour ce prince de susciter de nouveaux ennemis à la grande puissance de Charles-Quint, et de rallier les petits états à son parti, l'obligea de chercher des associations politiques en dehors du cercle où elles s'étendaient jusque-là, et la même cause qui le fit entrer en relations avec la Turquie, le porta, à des époques différentes, soit vers le Danemarck, soit, dans une autre direction, vers la Pologne et la Hongrie. Mais ces alliances, toujours subordonnées à la grande querelle qui se débattait entre l'empereur et lui, restent comme des épisodes secondaires de l'action principale, dont le nœud était tantôt en Allemagne et tantôt en Italie. Ainsi, pour ce qui regarde la Pologne et la Hongrie, occasionnés par l'intérêt naissant des relations de la France avec la Turquie, ces rapports rentrent uniquement dans son histoire, et ils seront longtemps à s'y confondre avant de pouvoir en être séparés. On va voir quel était le rôle de François Ier dans les questions agitées sur ce point, et la part prise par lui aux événements qui faisaient alors de ces lieux le théâtre des conquêtes de la Turquie, et où se portaient les coups les plus sensibles aux intérêts de la chrétienté.

Au moment où François Ier se préparait à la malheureuse campagne qui aboutit au désastre de Pavie, la mission envoyée par lui aux rois de Pologne et de Hongrie constate que l'idée de recourir à l'alliance avec les Turcs était encore bien loin de son esprit ; car s'il entrait dans son plan de tenir les deux pays dans une hostilité permanente contre l'Autriche pour faciliter ses propres opérations en Italie, ce motif politique impliquait le maintien de ces états sous leurs rois Sigismond et Louis II. Comme par un enchaînement qui relie l'existence de certains hommes tout entière au succès de certaines causes, on voit apparaître pour la première fois dans ces intérêts un étranger destiné à devenir l'instrument le plus actif des relations de la France avec la Porte, et dont le nom, alors obscur, allait bientôt leur devoir une grande et funeste célébrité : c'était le capitaine Antonio de Rincon, Espagnol réfugié passé au service de France, dont on pourra suivre le premier pas dans ces négociations, où il acquit l'aptitude nécessaire pour traiter celles qu'il vint à diverses reprises entreprendre avec la Porte.

Quoique le premier appel fait par François Ier à Soliman II eût amené, comme

on l'a vu, l'invasion de la Hongrie, ou du moins eût coïncidé avec elle, les conséquences de l'événement avaient été sans doute bien au delà de ce qu'on devait en
attendre. Le traité de Madrid obligeait François I⁰ˢ à se liguer avec l'empereur
contre les Turcs; mais si la violation du traité l'affranchissait de cette condition
comme des autres, le roi, qui à peine sorti de sa captivité s'était empressé d'adhérer
à la ligue d'Italie, formée en vue de sa délivrance, et qui déjà méditait une nouvelle attaque contre le Milanais et le royaume de Naples, allait par là mériter le
reproche de vouloir profiter des malheurs de la chrétienté au lieu d'y compatir.
Aussi, en présence des alarmes qu'excitait de toutes parts la mort du jeune roi
Louis II, pressé de plus par les réclamations de la cour de Rome, toujours frappée
directement dans les calamités de la Hongrie, et qui s'était hâtée, d'après la
lettre de Clément VII, de former un corps auxiliaire pour remplacer l'armée dé-
truite à Mohacz, François I⁰ˢ fit encore une démonstration pour une prise
d'armes contre les Turcs, et, comme première mesure d'exécution, il obtint du
pontife la levée de nouvelles décimes sur le clergé. Si la pensée de ce projet fut
sincère, il ne tarda pas à être détourné de son but et changé par le cours des
événements.

En effet, la destruction du royaume de Hongrie, passé en partie sous la domination ottomane, avait déterminé l'élection du prince de Transylvanie Jean
Zapolya, comte de Scépus, porté par un parti national en opposition à l'archiduc Ferdinand d'Autriche, frère de Charles-Quint, pour maintenir une ombre
de royauté indigène sous la vassalité de la Porte. Cet incident vint présenter
une perspective nouvelle et inattendue à la politique de François I⁰ˢ, qui avait pu
apprécier, au retour de Rincon, les notions particulières qu'il lui apportait sur
ces intérêts récemment formés. A sa persuasion sans doute, il entra dans le projet
de soutenir l'élection de Jean contre Ferdinand, de concert avec l'Angleterre
et Venise, et Rincon, renvoyé par cette mission en Hongrie, devait offrir à Jean
leur alliance et leur concours pour faire prévaloir ses droits contre son compétiteur. Ces ouvertures engagèrent le nouveau roi à lui envoyer de son côté son plus
habile conseiller, Jérôme de Laski, palatin de Siradie, qui vint à Paris pendant
l'année 1527 pour poser les bases de cette alliance.

Il s'agissait également de rattacher à cette combinaison Sigismond, roi de
Pologne, qui pouvait voir avec répugnance l'intrusion de Jean dans le patrimoine de son neveu, et la mission de Rincon l'appelait auprès de ce prince pour
l'engager à s'y rallier. Dans le même temps, la diète de Presbourg, présidée par
le palatin Étienne Bathori, ayant prononcé sur les droits des deux prétendants,
en déclarant l'usurpation de Jean et la légitimité de Ferdinand, ce dernier marcha
contre son rival, qui, abandonné de la plupart de ses partisans, fut vaincu dans

les plaines de Tokay. Rincon, agissant comme ambassadeur français, intervint auprès de Sigismond, dont Jean avait épousé la fille, pour faire avoir au gendre les secours de son beau-père, et c'est alors que ce prince, dans le délaissement général de sa cause, conçut l'idée de provoquer de la part de François Ier une intervention plus active, en l'intéressant d'une manière toute personnelle au résultat. En effet, Rincon revint de nouveau en France, accompagné de l'évêque d'Albe, Stafilée, chargé de négocier au nom de son souverain un traité, qui, resté secret ou inconnu aux historiens, paraît ici pour la première fois, et qui, en retour de l'appui de François Ier, ne stipulait pas moins que la transmission après Jean de ses droits à la couronne de Hongrie en faveur du second fils de François Ier, le jeune Henri, duc d'Orléans.

LETTRE DE SIGISMOND, ROI DE POLOGNE, A FRANÇOIS Ier [1]

(Original. — Dupuy, ms. 468.)

Serenissimo ac excell[mo] principi et domino, domino Francisco, Dei gratia Francorum regi christianissimo, duci Mediolani et domino Januæ, etc. fratri et consanguineo nostro char[mo] et honorando, Sigismundus, eadem gracia rex Polonie, magnus dux Lituanie, Russie, Prussieque, etc. dominus et heres, salutem et fraterni amoris atque

[1] Le recueil extrait des archives de la bibliothèque de Bourgogne, à Bruxelles, et publié par M. Lanz sous le titre de *Correspondenz des Kaisers Karl V*, donne, dans une lettre du 13 avril 1524, adressée par le vicomte de Hannart à l'empereur, le motif secret de la mission de Rincon auprès du roi de Pologne : « Sire, je suis adverty par vostre ambassadeur qui est allé en Roussie que ung Espaignol nommé Anthoine Rincon est vers le roy de Polem de la part du roy de France, pratiquant le mariaige du second filz de France, intitulé duc de Milan, avec la fille aisnée dudict roy de Polem qu'il a de sa présente compaigne. »

Le même agent, dans sa dépêche à l'empereur, représente l'état de la Hongrie sous Louis II, et les dispositions de l'Allemagne à l'égard de ce pays : « ... De tous coustez viennent nouvelles que le Turc fait ses aprestes pour venir l'esté prochain en Hongrye et aussi par mer à Naples ou Cecille, et pour myeulx exécuter ses emprinses à l'encontre des chrestiens, qu'il a faict apointement avec le sophye, et que ledict sophye a eu une grosse ambassade vers luy à Constantinoble, et que d'ung cousté et d'autre ilz se sont fait grand feste et bon recueil. J'entends que ledict royaulme de Hongrye est desporveu de gens et d'argent, et de bon chief qui sache conduire les affaires. Le roy est encoires jennes et petitement servy et obéy. L'Allemagne faict peu de semblant de le secourir ou ayder. Monsr vostre frère fait pour sa part et puyssance ce qu'il peult et luy en est de besoing

omnis felicitatis continuum incrementum : ser^{me} et christ^{me} princeps,
domine frater ac consanguinee noster char^{me} et honorande, venerat jampridem ad nos nobilis Antonius Rincon , eques maj^{is} vestre; sed quia tum
habituri eramus conventum generalem regni nostri non prope ab hac
civitate nostra regia, oportebat nos expeditionem illius ad reditum nostrum differre, presertim vero ut, capto consilio cum senatu et regnicolis
nostris, tanto resolutius et efficacius litteris et legacioni maj^{is} vestre
responderemus. In eo autem conventu supervenerat nobis egritudo
quedam, propter quam serius opinione huc redire coacti sumus.
Quo factum est ut ipsum nunctium maj^{is} vestre celerius expedire
nequaquam potuerimus; quare maj^{em} vestram plurimum rogamus ut
eam moram que non ex industria sed casu intervenit, boni consulere
dignetur. Quod autem ad litteras maj^{tis} vestre attinet, immensas agimus et habemus gratias maj^{ti} vestre christ^{me} pro hac benivolentia et
favore quem erga nos jam secundo per hunc nunctium suum testatum
facit, quodque tantam curam gerere dignetur tam de nobis quam
ser^{mo} nepote nostro domino Ludovico, Ungarie et Bohemie rege, regno-
rumque nostrorum defensione; quam benivolentiam et vere christ^{ni}
regis officium, volumus et pollicemur maj^{ti} vestre vicissim omni amore
et observantia, omnibusque viribus et facultate nostra quacumque
poterimus semper referre. Significavimus etiam per oratorem nostrum ser^{mo} domino Ludovico regi, nepoti nostro, hanc maj^{is} vestre benivolentiam et affectum, quem illius serenitas libentissime audivit, et
suam vicissim erga illam propensionem et studium semper se exhibitu-

pour estre plus prez du feug, et aussi que
lesdietz Turcz courent aucunes fois en son
pays de Carniole. Le Turc baille beaucoup
de craintes et menasses au roy de Polem
par la voye des Tartres , et n'est aussi iceluy roy en guères bonne paix ou seureté
avec le grand prince de Moscovie et de
Roussie. » (*Correspondenz des Kaisers Karl V,
lettre de Hannart à l'empereur,* du 13 mars
1524, t. I, p. 109 et 112.) Voyez aussi,
pages 125 et suivantes , le compte rendu

que Hannart fait à l'empereur des résolutions prises par la diète de Nuremberg
pour porter secours à la Hongrie en cas
d'attaque de la Turquie; il y ajoute ces détails : « L'on a nouvelles que ledit Turcq
a des affaires beaucop en Surie et en
Égipte, à cause que lesditz pays se sont
rebellés contre luy, et qu'il y a ung nouveau souldan, et que par tant la chrestienneté en demourera ceste année à plus grand
repoz. »

rum pollicetur. Cum autem communis rei christiane hostis in dies magis
invalescat, et hec duo sola regna, nostrum et Ungarie, fessa jam sint
et atrita, in tanta mole et vi continue sustinenda, ita ut amplius ad
hoc onus ferendum absque supetiis aliorum principum christianorum
sufficere non possunt, rogamus maj^em vestram, que est et habetur
merito christianissima, ut, cujus predecessores pre ceteris tuende rei
christiane incumbebant, ipsa quoque illorum vestigia sequi velit et,
sepositis bellis cum christianis, valde in hoc communi discrimine non
congruentibus, animum inducat ad subsidia nobis et regnis nostris
laborantibus ferenda; quo et rem sua excelsa virtute suoque christianissimo nomine dignam faciet, et nos nepotemque nostrum ac totam
rempublicam christianam sibi perpetuo devinciet et reddet obnoxiam.
Quod autem subjunxit maj^as vestra in litteris suis de renovanda inter
nos veteri amicitia aut nova ineunda, et de nunctiis Venetias mittendis,
visum est nobis indecens ac indignum ut, cum maj^as vestra mittere ad
nos oratorem suum dignata sit, nos aliquo alio et non vicissim ad
maj^em vestram mittere deberemus : statuimus itaque mittere ad illam
brevi oratorem nostrum per quem illi abundius voluntatem et animi
nostri erga illam propensionem declarabimus. Interim nos illius fra-
terno amori ex corde commendamus, cupimusque ut sit perpetuo
fœlix, sospes et incolumis. — Date Cracovie, die xviij^a januarii, anno
Do. m° d° xxiiii°, regni nostri decimo septimo. — SIGISMUNDUS,
rex. (Manu propria[1].)

---

[1] Charles-Quint écrivit de Tolède au
schah de Perse Ismaël-Sophi, le 25 août
1525, une lettre en réponse à celle qui lui
avait été apportée, de la part de ce prince,
par un religieux maronite du mont Liban,
et qui, écrite au mois d'octobre 1518, du
vivant de Sélim Ier, l'invitait, ainsi que le
roi de Hongrie et les autres princes chrétiens, à se liguer avec lui pour attaquer
de concert, au mois d'avril de l'année suivante, leur ennemi commun, le sultan des
Turcs. Mais cet émissaire ne parvint en

Hongrie [qu'en 1525, comme nous l'apprend une dépêche de Hannart : « Il est
icy venu ung homme de par Sophia, roy de
Persia, lequel dit avoir cherge de son
maistre pour aller devers sa maj^té et a prié
qu'il y puisse estre mené. Ledit homme
apporte lettres escriptes en langaige arabique, lesquelles on a envoyé par poste à
Romme pour les translater, et afferme iceluy homme que le dit sophie ne desire riens
tant que d'avoir intelligence et amitié avec
les chiefz de la chrestienneté pour faire

LETTRE DE CLÉMENT VII A FRANÇOIS Ier.

(Original. — Archives du royaume. J. 937.)

CLEMENS PAPA SEPTIMUS.

Carissime in Christo fili noster, salutem et apostolicam benedictionem. Mittimus ad serenitatem tuam nova et litteras quas ex Ungaria accepimus, utinam non extremum regni et nationis illius discrimen

guerre par ensemble au Turcq..... Iceluy homme est réputé pour homme de bien et non espye, et a esté recongnu parce qu'il a autrefois eu cherge de par ledit sophie à Romme et Hongrie, et y a icy, avec le légat, qui a esté depuis vi ans vers ledit sophie, et a certiflié l'avoir illecques veu..... » (*Lettre de Hannart*, du 26 avril 1524.)

La lettre du sophi, donnée au tome I, p. 52 (*Correspondenz des Kaisers Karl V*), est la même que celle qu'on trouve au recueil de Reusner (*Epist. Turcic.* lib. VIII, p. 152). Elle commence ainsi : « Karolo, « Philippi filio, essencia Dei in excelsis, « pax autem super terram, etc. Facimus te « certiorem fratrem Petrum ad nos perve- « nisse cum literis regis Hungarie, eidem « fratri Petro ad vos presentes damus, etc. » Elle se termine par ces mots : « Scripta in « mensexevel anno DCCCXXIII in numerove « Arabum, humilimus servorum et maxi- « mus amicorum Xaka Ismael Sophi, filius « Xaiki Hider. » Elle est suivie, dans Reusner, d'une lettre semblable adressée au roi Louis II de Hongrie.

La réponse de Charles-Quint, transmise par le même messager, Pierre le Maronite, informe le roi de Perse des événements qui l'auraient empêché de coopérer avec lui à l'époque indiquée, et de l'intention qu'il a

de donner suite à ses ouvertures; en effet, on verra bientôt Charles-Quint mettre ce projet à exécution par la mission du chevalier de Balbi, envoyé en Perse en 1529. (*Correspondenz des Kaisers Karl V*, p. 168.)

[1] L'empereur, dans les instructions qu'il donne au connétable de Bourbon et aux autres commissaires chargés de négocier la délivrance du roi François Ier, prescrit ces dispositions à insérer dans le traité : « Que ayant esgard que ceste paix s'adresse principallement pour dresser les communes armées contre les infidelles pour la deffension du royaume d'Ongrie et pour extirper la maudite secte mahométicque, chacun de nous, après la paix, avoir cinq mil chevaulx de guerre, quinze mille piétons de chacun costé, etc... Requerrerons le pape et autres rois chrestiens nous vouloir aider, et que sa s[té] octroye à nous et à tous ceux qui assisteront à la croisade généralle, faire contribuer tous les prélats et gens d'église, et que nous, comme empereur, soyons chief et cappitaine général de ladite entreprinse. — De Madrid, ce 28 mars 1525. (Béthune, ms. 8471.) Ces dispositions se trouvent reproduites avec développement dans les articles 23, 24 et 26 du traité de Madrid. Voyez Dumont, *Corps diplomatique*, t. IV, p. 404 et 405.

nunciantes. Insidet enim jam in medio prope regno illo rex Turcarum
cum exercitu maximo, tantaque se vi infert, ut illum non oppositi
fluminis gurgites, non nostrorum timor, non locorum ignoratio cohibere potuerit, quin se vel prelio, si nostri conferre manum velint, vel
expugnationi et direptioni urbium, si cesserint, paratum, ardentemque
offerat, cum contra a parte nostra nihil admodum spei, aut fiduciæ,
nihil firmi apparatus sit: quod præmonuimus quidem antea sæpe, et
obtestati sumus tam serenitatem tuam quam reliquos christianos principes, ut ferre opem, mittere auxilium, fulcire ruinam regni nobilis-
simi, et cum maxima christianitatis pernicie casuri, nisi sua quisque
pro parte opem et manum attulisset, vellent. Quæ si preces, monita,
obtestationesque nostræ apud animum tuum valuissent et aliorum,
tantæ nunc calamitatis dolorem non acciperemus, ac nos quidem id
suppeditavimus auxilii quod potuimus; etenim ad hunc diem spes
illarum nationum nostris maxime præsidiis, nostris pecuniis sustentata
est; nuncque peditum quinque milia, equites ducentos, sub signis in
Ungaria habemus, neque aliud firmius adhuc apparet in illo tanto
metu et periculo Ungaricæ nationis subsidium; sed si temporum et
rerum dura necessitas nos domesticis Italiæ rebus impendere partem
curæ et opis non coegisset, majori etiam auxilio subvenire illi regno
fuissemus conati. Veruntamen, in nostro opere atque officio, ecquis
nam extitit christianus princeps qui partem nobiscum voluerit sustinere laboris et impendii, cum tamen ceteri temporalibus bonis a Domino Deo magis quam nos ornati sint, ac ceterorum florentiores res,
nostræ et hujus sanctæ sedis vehementer attritæ et extenuatæ sint?
Nunc hæc summa est, deploratum et perditum christianæ reipublicæ
(nisi Deus potenti sua manu, et celesti ope provideat) regnum esse
florentissimum : aut etiam si quid auxilii in christianis principibus esse
potest, nisi mature et celeriter subveniatur, exiguum ad tempus regna
et loca illa omnia ad tiranni Turcarum nomen et potentiam accessura,
ut nobis, quotidie in angulum magis redactis et coarctatis, ille ad sibi
omnia subjiciendum, et viribus suis, et nostra negligentia fiat para-
tior. Hæc scribimus, fili carissime, ad serenitatem tuam omnibus illam

precibus obsecrantes, ut tanti detrimenti a christiano nomine propulsandi, aliquam velis partem et sollicitudinem ad animum tuum pervenire, quodque sæpe hortati sumus, id præsidii mittere, quod vel pecuniis vel armis ingruentem impetum tanti hostis aliqua ex parte cohibere possit. Hoc autem petimus tum propter debitum, quo Deo es astrictus, tum propter officium quod a christianissimo rege desideratur. Quæ etiam si causa non essent, si aut summi Dei respectus, aut communis salutis consideratio, aut honor nostri nominis unumquenque non movent, quis est tam ferus animo, tam ab omni alienus humanitate, qui optimi regis illius infortunio, et tantæ nationis suprema calamitate ad misericordiam non moveatur, præsertim cum cogitare possit, in se quoque vel posteros certe suos eandem casibus humanis tributam esse potestatem? Quod periculum certius et gravius futurum est, si potentissimi hostis, et crudelissimi, qui se solum regem esse vult, et alium præterea neminem, vis et audacia quotidie prosperis rerum eventibus et accessione regnorum ac gentium augebitur. Sed de his scribi mandavimus dilecto filio Roberto Acciaiolo, nuncio apud te nostro, et cum dilecto item filio nobili viro Alberto Pio, comite Carpi, oratore apud nos tuo, locuti sumus, ut cum serenitate tua diligentius agant nostris verbis, quibus illa fidem habebit. —Datum Romæ, apud sanctum Petrum, sub annulo piscatoris, die XXX julii MDXXVI, pontificatus nostri anno tertio [1].

[1] Charles-Quint, qui était alors en Espagne, ne fut informé directement des événements de Hongrie que longtemps après François Ier, par une lettre de son frère, du 22 septembre, à laquelle il répondit de Grenade, le 30 novembre : « J'ay receu voz lectres dattées à Lintz, et arriva yci le courrier qui les appourta le xiij[e] de ce mois de novembre. Je ne vous sauroye assez dire le grand desplésir qu'ay eu de la fortune advenue à la chrestienté par le trespas du feu roy d'Hongrie nostre beaul frère, et perdicion de son royaulme ès mains des infidèles Turcz. J'avoye eu nouvelles de plusieurs coustelz à quoy n'avoye jamès adjousté foy, espérant que de vostre part m'en viendroit la certaineté. Et pour ce les passaiges de terre sont cloz, je pense bien que voz dictes lectres n'ont peu venir plus tost en mes mains que jusqu'à oires... Au surplus vous conseille que vous ne vous hazardez point contre les Turcz, mais vous mectez en terme de delffense seulement en actendant le grand secours que j'appareille et entendz vous faire de tout mon pouvoir. (*Correspondenz des Kaisers Karl V*, t. I, p. 224.)

LETTRE DE FRANÇOIS Iᵉʳ A JEAN, ROI DE HONGRIE.

(Copie. — Dupuy, ms. 468.)

Franciscus, Dei gratia Francorum rex, illᵐᵒ ac potᵐᵒ principi Johanni, in Hungarie regem electo, fratri et consanguineo nostro carissimo, felicitatem exoptat. Carissime ac delectissime frater et consanguinee

Cette catastrophe causa une grande emotion dans toute l'Allemagne, qui se trouvait désormais en contact avec les Turcs, et menacée directement par leurs invasions. François Iᵉʳ sentit le besoin de se justifier d'une participation dont le soupçon commençait à percer dans le public, et dont l'inculpation fut même articulée nettement contre lui par Charles-Quint. Ainsi, outre plusieurs récriminations de Charles-Quint contre Clément VII, sur son union avec François Iᵉʳ, qui l'a empêché de porter secours à la Hongrie pendant les désastres de l'année 1526, on lit dans le recueil de Reusner une lettre de François Iᵉʳ aux états de l'Allemagne, du 6 octobre 1526, par laquelle il déplore la mort du roi Louis II et rejette sur Charles-Quint le tort de sa propre inaction dans cette circonstance : « Magnum percepi dolorem propter occupatam a Turca Pannoniam et Ludovicum regem extinctum et propter Germaniæ periculum. Per me quidem non stare certum est, sed Cesaris potius culpam hanc esse qui pacis conditiones honestas repudiat, nec publicis calamitatibus nec indigna morte sororii sui Ludovici regis neque sororis germanæ jam viduæ miseranda sorte commovetur. Majores nostri multa sæpe bella gesserunt cum hostibus nominis christiani : idem nunc fieri poterit conjunctis viribus, modo Cesar vo-

luerit..... » Charles-Quint de son côté, par une lettre du 29 novembre, réfute les imputations de son rival qu'il rétorque contre lui : « ..... In suis ad vos scriptis litteris præ se fert quasi Ludovici regis interitus et Ungariæ calamitas ipsi doleat; id totum omnino simulatum est, et eo factum ut illis silentium imponat qui constanter affirmant, interceptis literis hortatu ipsius Turcam hoc bellum suscepisse.... (Epist. Turcic. lib. VIII, p. 134.)

Pour conformer ses actes à son langage, François Iᵉʳ prit publiquement plusieurs dispositions dans ce but, vers la fin de 1526, et deux mesures d'administration intérieure portent témoignage, au commencement de l'année 1527, des démarches qu'il avait faites antérieurement pour obtenir de Clément VII la concession d'une nouvelle décime destinée à être employée soi-disant à recouvrer le royaume de Hongrie sur les Turcs.

« François, par la grâce de Dieu, roy de France, etc. considérant l'éminent péril en quoy notoirement est la chrestienté, comme chascun voit, si Dieu par sa grâce ne la préserve, et inspire les princes chrestiens eulx unir ensemble et faire la guerre, pour obvier aux entreprinses du Turcq, à quoy de nostre part nous voulons exposer de tout nostre pouvoir pour n'avoir le nom de très-chrestien en vain, et à l'imitacion

20.

noster, Anthonium Rinconem, fidelem ac dilectum cambellanum con-
siliariumque nostrum, cum his literis ad ill^mam dominationem vestram

de noz prédécesseurs et ancestres; et d'autant que noz facultez ne pourroient supporter les fraiz qu'il conviendra faire à
icelle guerre, pour les grans deniers qu'il
nous a convenu frayer pour les urgens affaires de nostre royaulme; pour ces causes
et autres à ce nous mouvans, après avoir
veu l'original des bulles de décime à nous
envoyées par nostre sainct père le pape,
et eu sur ce l'advis et délibération de nostre
conseil, avons agréable et acceptons le
contenu en icelles par ces présentes, que y
avons faict atacher soubz le contre-séel de
nostre chancellerye ou *vidimus* d'icelle
séellé du séel autentique et collationné à
l'original par l'ung de noz amez et féaulx
notaires et secrétaires. Si voullons, con-
sentons et nous plaist qu'elles soient exécutées en noz royaulme, pais, terres et
seigneuries, sellon leur forme et teneur,
et que toutes lettres requises nécessaires
soient adressées à noz officiers et justiciers
pour tenir la main et bailler tous remèdes
et contrainctes raisonnables, pourveu que
les deniers qui en proviendront s'employe-
ront aux fins que dessus, etc. — Donné
à Sainct-Germain en Laye, le xe jour de
janvier, l'an de grâce mil cinq cens vingt
et six, de nostre règne le treiziesme.
— FRANÇOYS. » (Original. — Béthune,
ms. 8536.)

« François, par la grâce de Dieu, roy
de France, à nostre amé et féal conseiller
et chancelier de France, l'arcevesque de
Sens, salut et dilection. Comme nostre
sainct père le pappe, de nostre voulloir et
consentement, ait puis naguières ordonné
une décime estre levée et cueillie en nostre

royaume, pays et seigneuries de deçà les
monts sur les gens d'église et bénéfices d'i-
ceulx, pour les deniers convertir et employer à la deffense et répulsion du Turcq,
ennemy de nostre saincte foy catholicque,
et recouvrement du royaume de Hongrie;
et pour lever et cueillir iceulx deniers vous
ay commis et délégué collecteur, et baillé
povoir de ce faire; et depuis, par son brief
apostolicque, qui est cy ataché soubz nostre
contre-séel, nous ait permis prandre et recouvrer lesdicts deniers et vous en descharger, en commençant par nous à la
recepte et recouvrement d'iceulx tel personnaige que adviserons, nous à ces causes
vous mandons, en vertu dudict brief cy attaché comme dit est, que toutes et chascunes les sommes de deniers qui sont pro-
venues et proviendront de ladicte décime,
ainsi mise sus en nozdicts royaume, pays
et seigneuries de deçà les monts, vous
faictes bailler et délivrer, et mectre ès
mains de nostre amé et féal conseiller et
trésorier de l'extraordinaire de noz finances
et parties casuelles maistre Pierre d'Apesteguy, lequel nous avons commis et com-
mectons à lever, recevoir et cueillir iceulx
deniers des arcevesques, évesques, chap-
pitres ou leurs commis et déléguez en
chascun diocèse de nostredict royaume,
pays et seigneuries de deçà les monts,
ausquelz ledict d'Apesteguy en baillera ses
quictances, etc. — Donné au boys de Vin-
cennes, le xxme jour de avril, l'an de grâce
mil cinq cens vingt-sept, et de nostre règne
le treizième. — FRANÇOYS. — Par le
roy, ROBERTET. » (Original. — Béthune.
ms. 9492.)

mittimus ut nostro nomine vobis exponat quantum meroris contraximus
ex ingenti acerbissimaque clade illa quam ab infensissimo hortodoxe
fidei hoste, Turcarum principe, Hungarie regno illatam, audimus,
non sine gravi tum nobilitatis tum, quod maxime molestum fuit, regis
ipsius fratris et consanguinei nostri interitu. Sed profecto a dolore
maximo non modice recreamur cum vos tanta virtute virum tamque
egregie in nos animatum in regem cooptatum consideramus, tumque
populos eos magnis inter se discordiarum fluctibus diutius agitatos
moderatione prudentiaque vestra tandem in equitate atque otio con-
tineri posse speremus, tumᵉ ac vobis rerum gubernacula tenentibus
illi regno tantum virium adjectum esse sciamus, ut et finitimis formidini
esse et Turcarum furorem posthac reprimere facile possitis. Quo
sane non modo ditionis vestre hominibus sed universe reipublice
christiane cujus Pannonie regnum pro firmissimo propugnaculo semper
extitit, nil ad religionem tuendam aptius, nil ad opes augendas acco-
modatius, nil denique ad tranquilitatem perfruendam oportunius;
quo fit ut christiana quidem ipsa respublica vobis de nova imperii
accessione et privatim et publice merito gratulari debeat. Ceterum
non possumus animo non graviter angi cum ob contraria eorum vota
penes quos est regis eligendi potestas divisaque suffragia rem in con-
troversiam vocari, vobisque ab adversario molestiam exiberi intelli-
gimus. Quamobrem pro nostra in vos benevolentia hortamur presenti
alacrique animo jus vestrum tueamini, presertim cum in mentem venerit
summum pontificem, potᵐᵘᵐ Anglie regem, Venetorum rempublicam
ac nos imprimis auxilio vestro nequaquam esse defuturos, tum vestra
ipsius causa, tunc ne adversarius vester, si, ut Boemie, ita Hungarie
fiat compos, Cesaris consanguinitate nixus, tantos concipiat spiritus
ut ceteris olim insultare audeat. Que omnia plenius ex ipso Rincone
cognoscetis, cui id precipue mandavimus ut nos perquam diligenter erudiat, quis sit rerum vestrarum status, que regni pars, qui
principes vestris faveant partibus, quibus et quam munitis castellis
oppidisque, qua bellicarum machinarum atque hominum vi, qua denique pecuniarum copia prevaleatis, ubinam et qualem, tum a nobis tum

ab iis qui amicitie et federis jure sunt nobis juncti opem requiratis; quo rationibus vero ita deinceps consulere valleamus, ut fides nosterque in vos singularis amor postulat. Ac si celibem adhuc vitam agitis, reique uxorie operam dare atque ex iis que nos vel affinitate vel consanguinitate attingunt unam aliquam in uxorem a nobis petere in animum induxeritis, declarabimus profecto re ipsa quanti tum amicitiam tum affinitatem vestram faciamus. Quapropter eandem prorsus ipsi Rinconi omnibus in rebus fidem adhibeatis rogamus quam nobismet ipsis coram adhibeatis. — Ill^{me} ac pot^{me} princeps, Deus optimus maximus vos resque vestras fortunare velit. — Datum apud Sanctum-Germanum in Laya, die xxiiii mensis februarii MDXXVI.

LETTRE DE JEAN, ROI DE HONGRIE, A FRANÇOIS Ier.

(Original. — Dupuy, ms. 468.)

Serenissimo principi et domino, domino Francisco, Dei gratia Francorum regi christianissimo, duci Mediolani et domino Janue, Joannes eadem gratia Ungarie, Dalmacie, Croacie, etc. rex, salutem, fraternique sui et amoris et obsequii commendacionem!

Serenissime princeps fraterque noster major precipue colende, cum is spectabilis et magnificus dominus Hyeronimus de Lasko, palatinus Siradiensis, regnique Polonie senator, nos pro sua observancia in hoc hujus nostri Ungarie regni divina voluntate culmine constituto invisisset, vicesque regni nostri magna pro parte destructi condoluisset; ubi primum a vestra christianissima majestate communicatio nostra cepta, in quo vestre celsitudinis animo, menteque, ac de rebus christianitatis sollicitudine finita, quam maj^{as} vestra erga regna hec Ungarie videlicet et Polonie habeat propensiorem, regna, inquam, ipsa tantam humeris suis et absque aliquo sociorum auxilio infidelium molem huc usque egre et maximo jamjam labore sustinencia, quem vestre maj^{is} laudatissimum mereque christianissimum ac regium animum, cum ubique locorum idem spectabilis dominus Hyeronimus palam preconasset, tum maxime apud nos hoc vestre celsitudinis studium effecit apprimè commendatum, persuasitque nobis (quod et nos ipsi omnino nobis de majestate vestra pollicebamur) et domino Deo agamus gratias pro ea cura vestre christ^{me} maj^{is} quam dominus optimus in corde illius per execucionem exaugescat ad laudem christiani nominis, suique immortalem memoriam. Indeque evenit ut eidem spectabili domino Hyeronimo plene mentem animumque nostrum declaravimus, noscentes illum esse bonum et fidelem maj^{is} vestre servitorem ac unum de precipue nobis dilectis; cui pro illius virtute certa et maximi ponderis in commissis dedimus, ut puta personam nostram regiam dominiaque nostra concernencia, apud maj^{em} vest^{am} et loqui et agere. Huic rogamus velit amplitudo vestra graciosas aures, benignamque prebere audienciam et hiis, que nomine nostro vel egerit vel dixerit, singulis indubie credere dignetur: illum eo ocius graciose absolvere et nos nostraque semper fraterna obsequia habere commendata. — Date in arce nostra regia Bude, vigesima sexta aprilis, anno Domini MDXXVII, regnorum vero nostrorum anno primo. — JOANNES, REX. (Manu propria.)

LETTRE DE SIGISMOND A FRANÇOIS Ier

(Original. — Dupuy, ms. 468.)

Ser^{mo} ac exc^{mo} principi, domino Francisco, Dei gratia regi Francorum chris^{mo}, duci Mediolani et domino Januæ, etc. fratri consanguineo et affini nostro char^{mo} ac honorando, Sigismundus, eadem gratia rex Polonie, magnus dux Lituanie, Russie, Prussie ac Massovie, etc. dominus et heres, salutem et fraterni amoris atque omnis felicitatis continuum incrementum. Ser^{me} ac exc^{me} princeps et domine frater consanguinee et affinis noster ch^{me} ac honorande, fuit apud nos magnificus Anthonius Rincon, orator maj^{is} vestre, eaque omnia quæ illi maj^{as} vestra commisit nobis retulit. Agimus immensas gracias vestre maji quod nos et regnum nostrum tanto favore prosequitur, quodque ea curare non cessat quæ ad mutuam conjunctionem nostram tociusque rei christiane bonum statum pertinere videntur. Curabimus vicissim nos eam maj^{is} vestre benivolentiam omnibus officiis et amore, observantiaque nostra semper referre. Quæ autem ipsi oratori ad legationem ejus respondimus et quo in statu sit hoc nostrum et Ungarie regnum, quidque publica rei christiane salus exposcat, itidem orator ipse maj^{ti} vestre abunde referet. Dominus Deus servet maj^{em} vestram semper sospitem et fœlicem, cui nos ex corde commendamus. — Date Cracovie, die sexta mensis septembris, anno Domini M° D° XXVII°, regni nostri XX primo. — SIGISMUNDUS, REX. (Manu propria.)

LETTRE DE RINCON AU MARÉCHAL DE MONTMORENCY.

(Autographe. — Béthune, ms. 8537.)

Illmo et ex^{mo} signor, sig^{or} mio observandissimo, très-humblemente in la bona gratia di vostra S. ill^{ma} me recommando.

Monsignor, perchè son certo che tutte le littere che scribo al chris^{mo} re, nostro signor, V. S. ill^{ma} vede, e per quelle intende il stato delle cose di quà, no scribo piu volte à V. S. che come mio patron et benefator singular amo et observo, e me pareria superfluo occupar la V. S. con mie littere, esendo sempre in grandi et gravissimi negocii occupato. Adesso avendo de mandar dal Re questo mio secretario Tranquillo, per la observantia che io porto à V. S. ill^{ma} m'a parso scriberle et suplicarla voglia presto far intender a sua mag^à chr^{ma} le cosse perche li mando, et far che sia presto spedito perche importa che io sia presto informato de la volontà de sua mag^à chr^{ma}. De cetero suplico a V. S. ill^{ma} hordene che sia provisto de danari per mio spender, perche non posso resister a tante spesse, cum il pocho che mons^e il canciglicro, al partir mio de là, me dete; che li trecenti scuti che sua mag^à per mezo di V. S. ill^{ma} hordino, may li volsi dar, et per no gravar sua mag^à et V. S. ill^{ma}, me parti senza più molestarvi. Dio sa che si io avese, che niuno adesso domandase; ma no è pezor fastidio che il de la fame. De la fede mia, de mio travagliar, del desiderio che o de servir à sua mag^à chr^{ma}, no dubite V. S. ill^{ma}, che no daria ventagio à homo del mondo. Pregho Idio che posa far lo mezo che vorria in suo servitio, al qual suplico V. S. se digne per ocasion recomandar mia vera et humile servitù.

Monsignor, pregho à nostro Signor Dio donc à V. S. ill[ma] felice et longha vitta et figlioli et tutto quello che desidera. — Di Cassovia, xxiiie de set[bre] 1527. De V. ill[ma] et ex[ma] signoria, très-humble servitor, Ant° Rincon [1].

LETTRE DE RINCON AU MARÉCHAL DE MONTMORENCY.

(Autographe. — Béthune, ms. 8574.)

Illmo et ex[mo] monsignor et patron singularissimo.

Monsignor, dapo le mie humilissime recomendationi in la bona gratia di V. S. ill[ma], questa è per advertirle come son iunto in Angleterra retornando de Ungaria e Polonia dove il re nostro clementissimo me avea mandato. Cum me vene uno episcopo per imbasador de parte del re de Ungaria. Io seria in diligentia in continenti andato, ma monsignor il cardinal me a detenuto. Io, quam presto sera posibile sero cum vostra exc[ma] signoria per advertirla de ogni cossa ; à laqual suplico très-humblemente voglia tenerme in sua bona gracia come quel fidelissimo servitor che io sono, et la mia servitù tegna recomandata apresso la m[tà] chr[ma].— Monsignor, pregho nostro signor Dio ve done bona et longa vita et tutto quello che V. S. ill[ma] desidera. — Data in Londra, xi[mo] augusti 1528. Di V. ill[ma] sig[a] servitor, Antonio Rincon.

---

[1] Rincon paraît avoir porté le titre de capitaine quand il passa au service de la France. Le rôle important qu'il joua dans notre diplomatie donne un grand prix aux fragments qui nous restent de cet étranger. Il fut longtemps à se familiariser avec notre langue, et on peut en quelque sorte suivre ses progrès dans ses lettres, où il mêle assez singulièrement l'espagnol, l'italien, le latin et le français. Malheureusement les pièces échappées au sort commun qui a mutilé ou anéanti le plus grand nombre des monuments diplomatiques de cette époque ne sont guère que les moins intéressantes, celles où sont relatées des demandes d'argent. M. de Sismondi, l'historien qui a tiré le meilleur parti du précieux recueil de Ribier, où il a rencontré quelques-unes des lettres de Rincon, conclut d'une manière trop absolue, du ton

LETTRE DU ROI JEAN AU MARÉCHAL DE MONTMORENCY.

(Original. — Béthune, ms. 8531.)

Joannes, Dei gracia rex Hungarie, Dalmacie, Croacie, etc. necnon marchio Moravie ac Lusacie et utriusque Slesie dux, illustri principi domino Anna de Momorancia, magno magistro Francie et mareskallo regni, amico nostro charissimo, salutem et felicitatem. Illustris princeps amice noster charissime, misimus ad dominationem vestram hunc fidelem nostrum dilectum reverendum dominum Statilium, electum episcopum Albensem Transsilvanensem, consiliarium et oratorem nostrum, per quem dominac.ni vestræ de nonnullis rebus et negociis nomine nostro referendum nunciavimus. Quare dominacionem vestram rogamus et ea que prefatus orator noster eidem nomine nostro dixerit ac retulerit, credere velit; ea enim dicturus est que de mente nostra dicenda accepit. Dominacionem vestram bene ac feliciter valere optamus. — Datum in Tharnow, sedecima die mensis maii, ann° Dom¹ mill.mo quing.mo viges.mo octavo, vero nostrum anno secundo. — JOANNES, REX, manu propria.

TRAITÉ ENTRE FRANÇOIS Ier ET JEAN DE HONGRIE.

(Copie. — Ms. de Brienne, ms. 94.)

RATTIFICATION DU ROY JEHAN DE HONGRIE, DU TRAICTÉ FAICT PAR SES AMBASSADEURS AVEC LE ROY FRANÇOYS Ier, OU EST INCÉRÉ LEDICT TRAICTÉ FAICT A PARIS LE 28 OCTOBRE 1528, LE POUVOIR ET LA RATTIFICATION DUDICT SEIGNEUR ROY, FAICT AU CAMP DEVANT BUDE, LE 1er SEPTEMBRE 1529; CONTENANT, ENTRE AUTRES CHOSES, L'ADOPTION DE MONSIEUR HENRY, DUC D'ORLÉANS, POUR FILZ ET SUCCESSEUR DU ROYAUME DE HONGRIE.

Joannes, Dei gratia Hungariæ, Dalmatiæ, Croaciæ, etc. rex, marchio Moraviæ et Lusatiæ, ac utriusque Slesiæ supremus dux, etc. Notum sit universis presentes majestatis nostræ litteras inspecturis,

humble de ces réclamations, au peu de considération de l'homme. Rincon a été déjà désigné par François Ier sous le titre de conseiller et de chambellan, et on le trouvera plus tard qualifié du nom de seigneur de Germoles. Du reste, si M. de Sismondi avait pu lire les correspondances des époques postérieures plus riches, et où

qualiter diebus elapsis medio reverendissimi in Christo Patris domini
Antonii, tituli Sanctæ-Anastasiæ, sanctæ Romanæ ecclesiæ presbyteri,
cardinalis Senonensis, Franciæ ac Germaniæ primatis, necnon Franciæ
ac Britanniæ cancellarii, procuratoris serenissimi ac potentissimi domini
Francisci, Dei gratia Francorum regis christianissimi, fratris et consanguinei nostri charissimi et honorandi, mandato sufficienti muniti,
et medio reverendi in Christo Patris, domini Joannis Stafilei, episcopi
Albæ Transilvanæ, oratoris nostri et procuratoris generalis et specialis,
etiam sufficienti mandato muniti, facta fuit amicitia, fraternitas et
perpetuum fœdus inter prædictam christianissimam majestatem et nostram majestatem cum capitulis, pactis, et conventionibus in hanc for-
mam quæ sequitur.

Ad laudem, gloriam et honorem Dei optimi, maximi, necnon
gloriosæ virginis Mariæ Christiparæ, universis ac singulis sit notum
ac testatum quod, ob bonum pacis universalis totius christianitatis et
defensionis fidei, fuerunt inter reverendissimum in Christo patrem
Antonium miseratione divina sacrosanctæ Romanæ ecclesiæ presbyterum, cardinalem tituli S^{tæ} Anastasiæ, archiepiscopum Senonensem,
Franciæ ac Germaniæ primatem, et abbatem abbatiarum S^{ti} Benedicti
Belliloci, Sanigniaci, Franciæque et Britanniæ cancellarium, procuratorem illustrissimi, serenissimi ac potentissimi principis Francisci,
Francorum regis christianissimi, mandato sufficienti, suffultum, quod
inferius inseretur ex una; et reverendum in Christo patrem dominum
Joannem Stafileum, electum ecclesiæ Albensis oratorem, ambassiatorem ac procuratorem generalem et specialem illustrissimi ac potentissimi et serenissimi principis Joannis, Hungariæ regis, ex altera,
partibus, capitula, pacta, et conventiones quæ sequuntur.

In primis quod inter dictos principes erit perpetua fraternitas, unio,
confederatio et amicitia, eorumque successores et hæredes quæ sit

les ressources des gouvernements étaient
plus régulières et plus abondantes, il aurait vu, jusque chez les plus hauts personnages, les mêmes demandes répétées dans

les mêmes termes, sans impliquer en rien
l'humilité du caractère ou de la condition
des personnes : c'est ce dont ce recueil
donnera plus d'un exemple dans la suite.

adeo stabilis et firma, ut nullo tempore valeat interrumpi; amici et inimici alterius intelligantur et sint amici, et inimici utriusque teneantur : autem et debeant ipsi reges alter alteri esse adjumento et auxilio pro posse; teneanturque alter alterum juvare consilio et favore contra omnes adversarios, hostes cujuscunque conditionis fuerint, non parcendo impensis, regnis et dominiis eorum. Quod auxilium et suppetiæ, ne deinde aliqua ambiguitas oriatur, declarabuntur specifice in ratificatione fienda de presenti tractatu. Item dictus orator regis Hungariæ, ex parte sui regis promittet se omni posse et conatu gesturum omnes inimicitias et bella cum Ferdinando, rege Bohemiæ, non parcendo expensis et propriæ personæ donec et quousque rex christianissimus habuerit et recuperaverit serenissimos filios suos nunc obsides in Hispania apud Carolum, designatum Cesarem, quam pollicitationem dictus rex Hungariæ fecit Ringonio, oratori regis christianissimi ad eum misso, nullamque pacem, fœdus, aut concordiam inibit ipse Hungariæ rex cum præfato Ferdinando publice vel occulte per se vel interpositam personam, sine expresso consensu et voluntate ipsius christianissimi regis, necnon procurabit apud Bohemos et principes imperii ut sint favorabiles dicto christianissimo regi, agetque adeo partes christianissimi regis apud eos, et omnia ea faciet quæ cedent in commodum regis christianissimi pro recuperatione suorum liberorum. Promittit insuper præfatus orator, quod si Deus optimus maximus concesserit Hungariæ regi, ut suo regno libere frui possit, victo Ferdinando, ipse rex Hungariæ se pro posse esse adjuturum regem christianissimum in Italia, tam levi equitatu quam etiam peditatu, denique ipse orator ex nunc nomine sui regis adoptat et recipit in filium et successorem regnorum suorum dominum Henricum, ducem Aurelianensem, casu quo ipsum regem Hungariæ sine hærede masculo mori contigerit. Quam adoptationem ipse Hungariæ rex faciet in generali conventu regni sui confirmare et ratificare. Procurator vero christianissimi regis promittit et pollicetur quod rex christianissimus erit pro posse adjumento ipsi regi Hungariæ pro recuperatione et pacificatione sui regni, tam in pecuniis quam aliis rebus necessariis, ut

possit et valeat sufferre ac sustinere onera belli, et interim et ex nunc
donabit et numerabit realiter et de facto vigenti millia scutorum auri
pro sustinendo onere belli, et procurabit pro suo posse quod si alli-
gati et confœderati ex eorum partibus contribuant aliquam pecuniæ
summam jamdicto regi Hungariæ, pro sustentatione sui belli ; præfatus etiam procurator pollicetur et promittit quod in omnibus tam
prosperis quam adversis debeat idem rex christianissimus pro posse
adesse rebus regis Hungariæ, ac eum fovere amoreque et benevolentia, et auxilio prosequi sicuti fratrem et consanguineum suum, nec
eum in ulla re deserere. Si autem contingeret ipsum regem christianissimum concordare cum dicto Cesare, conabitur omnibus viis quibus poterit comprehendere ipsum regem Hungariæ, ita ut libere, si
fieri possit, permaneat in suo regno Hungariæ sine molestia ipsorum
Ferdinandi et Caroli. Rursus promittunt præfati oratores sincere quod
omnia superius contenta facient ratificare respective suis regibus et
principibus, videlicet dictus orator Hungariæ cumprimum erit cum
suo rege, et dictus præfatus procurator christianissimi regis statim
cum liberabitur ratificatio regis Hungariæ. Sequuntur tenores manda-
torum dictorum procuratorum.

François, par la grâce de Dieu, roy de France, à tous ceux qui
ces présentes lettres verront, salut :

Comme nostre très-cher et très-amé frère et cousin le roy Jean
d'Hongrie, ait puis naguères envoyé par devers nous Jean Statilée,
esleu évesque d'Alben, son ambassadeur, procureur et orateur, suffi-
samment fondé de pouvoir et procuration pour traiter, convenir et
conclure avec nous sur aucunes choses qui concernent grandement,
non-seulement le bien, repos et seureté de nos royaumes, pays, seigneuries et sujects, mais généralement de toute la chrestienté; pour
à quoy vacquer et soigneusement entendre, soit besoin et très-néces-
saire commettre et députer personnage vertueux et expérimenté, et
en qui nous ayons toute seureté et parfaite fiance : sçavoir faisons
que nous confians fermement de la personne de nostre très-cher et
féal amy le cardinal de Sens, chancellier de France, et de ses grans

sens, suffisance, loyauté et longue expérience, à iceluy, pour ces causes
et autres à ce nous mouvans, avons donné et donnons plein pouvoir,
faculté et mandement spécial par ces présentes de capituler, traiter,
convenir et conclure avec ledict Jean Stalilée ou nom que dessus, sur
sadite charge et commission, ainsi qu'il verra estre à fayre par raison,
avec tels pactes, qualitez et conditions qu'il cognoistra ou cas appartenir, et de faire en ce tout ce que nous ferions ou faire pourrions,
si présens y estions en personne. Encore qu'il y eust chose qui requit
mandement plus spécial que celuy qui est inséré à ces présentes, promettons en bonne foy et parole de roy approuver, ratifier et avoir
agréable tout ce que par nostredit procureur sera fait, convenu et
accordé en cette matière, ses circonstances et dépendances, sans
jamais aller, ne souffrir aller au contraire en quelque manière que ce
soit. En témoin de ce nous avons signé cesdites présentes et à icelles fait
mettre notre séel. — Donné à Fontainebleau, le 23ᵉ jour d'octobre
l'an de grâce 1528, et de nostre règne le 14ᵉ. Ainsi signé, FRANÇOIS;
par le roy, ROBERTET, et scellé à double queue de cire jaune.

Nos Joannes, Dei gratia rex Hungariæ, Dalmaciæ, Croaciæ, etc. necnon marchio Moraviæ ac Lusaciæ et utriusque Slesiæ dux, etc. notum
facimus tenore presentium significantes quibus expedit universis, quod
nos de fide, et præclara fidelitate, prudentia et legalitate atque rerum
agendarum sufficienti peritia fidelis nostri dilecti reverendi in Christo
patris Joannis Stalilei, electi episcopi ecclesiæ Albensis Transilvanæ,
consiliarii et oratoris nostri ad plenum confisi, eundem omni via,
modo, jure et forma, quibus melius et efficatius potuimus, fecimus,
creavimus, et solemniter ordinavimus, et constituimus in nostrum
verum, legitimum et indubitatum oratorem, commissarium et nuntium
specialem ad christ^mum principem et excell^mum dominum Franciscum,
Francorum regem, Mediolani ducem, et Genuæ Dominum, etc. fratrem
et consanguineum nostrum carissimum atque honorandum proficis-
centem, ac inter majestatem suam et inter nos bonam amicitiam,
fraternitatem, intelligentiam et confederationem, faciendum, stabilien-
dumque, et si nomine ac vice nostra ad omnia obliganda generaliter

vero omnia et singula faciendum, disponendum et exercendum quæ
circa præmissam amicitiam, fraternitatem, ligam et confœderationem
necessaria opportunaque fuerint, et quæ per legitimum ac verum oratorem et mandatorium fieri et expediri possent; quæque nos ipsi facere
possemus, si personaliter interessemus, etiam si talia forent quæ mandatum exigerent magis speciale quam presentibus est expressum; promittentes in verbo nostro regio ac bona fide nostra mediante omnia
et singula quæ per istum oratorem in causa, factoque hujusmodi
ligæ et confœderationis tractata, inita, disposita, conclusaque et firmata fuerint, rata, grata, et firma habere, tenereque, et inviolabiliter
observare; litteras etiam ejusdem oratoris nostri, si quas forte sub ejus
sigillo in ejus effectum præmissorum dederit, seu confecerit litteris et
sigillo nostris, dum ad nostram notitiam pervenerit ad tempus per
eundem statutum, roborare, ac ipsum ab omni obligationis onere redimere atque relevare harum nostrarum, quibus secretum sigillum nostrum est appensum vigore et testimonio litterarum mediante. — Datum in Tornoi, 16 die mensis maii, anno Domini 1528, regnorum
vero nostrorum anno 2. Sic signatum : JOANNES. rex, manu propria, et de ejus sigillo, sigillatum.

In testimonium quorum, nos præfati procuratores presentes litteras
nostris signis manualibus subsignavimus, et sigillis nostris sigilla-
vimus, *Datum Parisiis, die 28 mensis octobris, anno Domini 1528.* Sic
signatum ab uno : *Cardinal de Sens, chancellier;* ab alio sic : *J. Statilius,
E. Transilvanus orator,* et eorum sigillis, sigillatæ.

Quibus fœderibus, capitulis, pactis et conventionibus, sicut præ-
fertur, conclusis et terminatis venit ad nos magnificus Antonius Rincon, dominus de Germolas, orator præfati christianissimi regis cum
litteris credentionalibus, et mandato in litteris patentibus cum sigillo
pendenti ipsius christianissimæ majestatis, talis tenoris :

Franciscus, Dei gratia Francorum rex, universis presentes litteras
inspecturis notum sit ac manifestum, quod certus tractatus fœderis
fuerit iis superioribus diebus conclusus pro et nomine nostro et caris-
simi ac dilectissimi fratris et consanguinei nostri Joannis, eadem gra-

tia regis Hungariæ, per carissimum ac dilectissimum amicum nostrum cardinalem, Franciæ cancellarium, et reverendum in Christo patrem episcopum Albensem, dicti fratris et consanguinei nostri oratorem, ad eo ut nihil aliud supersit, nisi ut ex parte utriusque nostrum ratificetur et approbetur, et pecuniæ quæ medio ipsius tractatus daturi sumus realiter numerentur, et dicto fratri nostro tradentur. Hinc est quod nos ad plenum confidentes de probitate, legalitate et rerum agendarum circumspectione dilecti consiliarii nostri ac cambellani, Antonii Rincon, domini de Germolas, eumdem facimus, creamus, constituimus, et ordinamus oratorem, ambassiatorem, et procuratorem nostrum generalem et specialem, ut adire possit pro et nomine nostro jamdictum fratrem et consanguineum nostrum, dantes eidem procuratori nostro plenam potestatem et facultatem recipiendi et recuperandi litteras ratificationis jamdicti contractus conclusi inter præfatos cardinalem et episcopum Albensem, necnon interessendi juramento præstando per dictum fratrem nostrum super observatione ipsius tractatus, ac etiam dandi et tradendi dicto fratri nostro summam quadraginta millium francorum seu librarum Turonensium de quibus in dicto tractatu cavetur et ad recipiendum quictantiam aut quictantias in hac re necessarias cum talibus pactis, et conditionibus quæ dicto oratori nostro censebuntur esse opportuna, cæteraque omnia alia faciendi, dicendi et agendi, quæ nos faceremus, aut facere possemus, si presentes et personaliter interessemus, etiam si talia forent quæ mandatum requirerent magis speciale quam presentibus litteris sit expressum, promittentes bona fide et sub verbo regio nos ratificaturos et approbaturos quicquid actum aut dictum fuerit per dictum oratorem, ambassiatorem et procuratorem nostrum, et nunquam contraveniemus, imo inviolabiliter observabimus. In quarum rerum fidem et testimonium his presentibus litteris manu nostra signatis sigillum nostrum duximus apponendum. — Datum Blesiis, die 23 mensis martii, anno Domini 1528 ante Pascha, et regni nostri 15. Sic signatum : FRANÇOIS; per regem, ROBERTET.

Qui declarato nobis amore, affectu, benevolentia et magna cari-

tate præfati regis christianissimi, relata etiam illa secreta et occulta
commissione ipsius chris™ regis quam per eum majestati nostræ coram
duobus consiliariis nostris voluit referri, petiit instantissime, ut juxta
oratoris nostri promissionem, et vinculum deberemus præscripta fœdera, pacta et conventiones ratificare, confirmare et approbare, unde
nos, visis ipsis capitulis et fœderibus, et eisdem diu bene consideratis,
et perpensis cum fidelibus consiliariis nostris, cognovimus omnia in
illis articulis tractata, conclusa et scripta esse primum ad laudem,
gloriam, et honorem summi Dei et ad exaltationem fidei christianæ,
insuper ad conservationem, tranquilitatem, decorem, et salutem regnorum tam ipsius christianissimi regis quam nostrorum, filiorum
præterea, hæredum, procerum et subditorum nostrorum, duximus capitula, fœdera, et perpetuam amicitiam in illis articulis conclusa approbare, ratificare, et confirmare. Imo per presentes litteras nostras
approbamus, ratificamus et confirmamus, promittentes et jurantes in
verbo nostro regio et bona fide nos omnia et singula in prædictis capitulis, fœderibus et perpetuæ amicitiæ vinculo contenta et expressa
fideliter, et cum effectu tenturos, facturos et observaturos, nec per
nos, aut aliquam interpositam personam, ullo unquam tempore con-
tradicturos; facturos vel venturos sicut promisimus et juravimus in
manibus præfati oratoris christianissimi regis qui nobis promisit, juxta
tenorem compromissi superius inserti, idem facturum christianissimum
regem coram oratore nostro postquam hæ litteræ nostræ ratificatoriæ
pervenerint ad manus suæ christianissimæ majestatis. In quorum omnium fidem et testimonium, hæc presentes litteras nostras manu nostra
subscriptas et sigillo nostro secreto roboratas dedimus et emanari fecimus. — Datæ in castris nostris prope Budam, prima die septembris,
anno Domini 1529, regnorum vero nostrorum anno tertio. *Au-dessous
est escrit et signé,* JOANNES REX, manu propria, *scellé d'un grand seau
pendant à un cordon de fil d'or* [1].

---

[1] Entre le traité et la ratification il se
passa près d'une année, et par les deux
lettres suivantes on voit que l'ambassadeur
hongrois était encore en France au mois
de mai 1529, et que Rincon revint de sa
mission au commencement de 1530.

LETTRE DE RINCON A M. DE VILLANDRY.

(Autographe. — Ms. Béthune, 8525.)

Molto magnifico signor mio, à V. S. quanto poso mi ricomando. Dapo la partita mia della corte per vignir in Borghogna, verso il imbasator Ungaro, no me a parso scripver fin adesso che no si può far di mancho, si per no dar fastidio al re nè à li signori del consiglio alias ocupatissimi, come per no parer che per levarmi questa gran spessa de adosso, solicitava la andatta sua à la corte, et veramente cum grandi fastidi mey sio tenuto fin ora in queste bande l'espatio de tre messi, adesso è venuto sì importuno che no sapea già che dirli nè che farli. Per laquel cossa o scripto à la Mà del re signor nostro clementissimo, suplicando à sua Mà voglia comandar et ordinarmi quello debia far, perchè questo prefato imbasator vole ogni modo andar da sua Mà per intender li negocii del suo re, il qual veramente è modestissimo, ma la longa dimora li farrà forte. Io son venuto qui à Lion, benchè per meter tempo in mezo per far più spettar il ditto imbasator, ma per trobar modo de danari per poter suplir à la despensa sua et mia, laqual è sì grande qual V.S. può considerar in un paese di tanta carestia come è la Borgogna. Questo ano, prefato imbasator a stato tre mesi, come o ditto, alle mie spesse cum cavalli seze et tanti persone. No dirò questo perchè mi greve di far servicio et spender, no desidero altro nè penso in altro che inservir sua Mà etiamsi bisognarà spender il propio sangue. Ma veramente son molto stenuato de danari, dapo un sì longho viagio, queste altre spese straordinarie, insieme cum il bon pagamento del revmo legato. Per laqual cosa suplico à V. S. come à mio protettor singular, sì ocasion oportuna vederà, far intender al re il termino in che mi trobo: no domando à sua Mà altro seno chè mi faza pagar, aciò possa sustignir questi spese et pagar parti de mie creditori che ogni dì me molestano. So bene che à V. S. no bisogna in le cose mie suplicarle; fa sempre per mi più che no so meritar, pur fatte per homo che vi ama de tuto il core et ve desiderà far servicio. Suplico V. S. che mi faza tanta gracia che la più presto che sia posibile habia risposta de la litera che scribo à sua Mᵃ tocante al imbasator, et à V. S. infinite volte me recomando; resto pregando Idio voglia dar à V. S. tutto quello che desidera. — De Lion, xxviiᵐᵒ de mayo. Di V. S. servitor, Antᵒ RINCON.

LETTRE DE RINCON AU MARÉCHAL DE MONTMORENCY.

(Autographe. — Béthune, ms. 8532.)

Très-illustre et très-excellent seigneur, humblement à vostre bonne grâce me recomande. Monseigneur, j'ay entendu par deçà que vous estes en bonne santé et prospérité, de quoy j'ay esté fort joyeulx, car il n'y a rien que je désire plus que la bonne santé et félicité de vous. Monseigneur, vous avez bien peu entendre par mes lettres dernières tant au roy nostre sire que à vous, ce que j'ay faict en Hongrye, car j'ay accomply toutte ma commission. Maintenant il n'est point besoing que je vous escrive longue lettre, veu que je suis à mon retour, lequel sera avec la plus grande diligence que sera possible. Sachés, monseigneur, que je suis tout prest en touttes choses de vous servir, et suis joyeulx quant je vous puys faire quelque service : de quoy je vous supplie que ne veillés doubter, que sera la fin de ma lettre, priant nostre seigneur Dieu que vous veille donner ce que vostre seignerie désire. A Venise, le 10ᵉ jour de janvier 1529. Vostre très-humble serviteur, Antᵒ RINCON.

Ces négociations s'étaient ainsi étendues sur les trois années qui avaient suivi la campagne de 1526, et les faits généraux accomplis dans l'intervalle étaient venus encore se rattacher aux intérêts qu'elles embrassaient. Jean, que l'inaction des Turcs en 1527 et les diversions opérées dans l'Asie Mineure avaient livré à la supériorité des forces de son rival jusqu'à l'obliger de faire à François Iᵉʳ une sorte d'abandon de ses droits, avait également recouru, d'un autre côté, aux moyens de la diplomatie pour faire consacrer sa nouvelle royauté par la Porte, et il y avait envoyé le même Jérôme de Laski, de retour de sa première mission à Paris. Cette négociation, habilement conduite, et terminée par le traité

22.

qui reconnaissait l'élection de Jean comme roi, en le mettant sous la protection de la Porte, avait consolidé la situation de ce prince, et pendant que son compétiteur apportait à ce débat l'appui extérieur des forces de l'Allemagne, il put s'y présenter par l'alliance de la Turquie, avec le concours de la puissance militaire la plus formidable de l'époque [1]. De la part de Soliman, cet acte annonçait l'intention de rentrer en campagne, et cette intention était confirmée par les préparatifs qu'il ne cessait de poursuivre, et qui remplirent toute l'année 1528. Ferdinand, intimidé, essaya le même moyen qui avait si bien réussi à son rival; mais, quoique son ambassade, la première que l'Autriche ait envoyée à la Porte, fut admise en effet, et qu'elle fit même une entrée solennelle à Constantinople, loin d'avoir un résultat semblable à celle de Jean, elle fut brusquement interrompue, et les négociateurs allemands, arrêtés malgré leur caractère, subirent une détention rigoureuse qui dura plus de neuf mois [2]. Dans l'intervalle, les apprêts de Soliman étant terminés, et l'intérieur de son empire pacifié, il partit pour se rendre sur

[1] Jérôme de Laski a écrit lui-même l'histoire de sa négociation auprès de la Porte, et M. de Hammer en a donné, d'après lui, un récit détaillé qui fait ressortir les formes singulières de la diplomatie ottomane, en retraçant vivement les opinions et les prétentions des principaux personnages. Il dut son succès à la protection d'Aloysio Gritti, qu'on verra jouer un grand rôle à la Porte et dans les affaires de la Hongrie, et qui était fils naturel du célèbre Andréa Gritti, nommé doge de Venise après avoir exercé précédemment les fonctions de baile à Constantinople. C'est par lui que Laski se fit admettre auprès du tout-puissant vizir Ibrahim, le 22 décembre 1527, et recevoir à l'audience du sultan, le 27 janvier 1529. Il conclut, le 29 du mois de février suivant, le traité par lequel la Porte consentait à reconnaître Jean roi de Hongrie. (*Histoire de l'empire ottoman*, t. V, p. 103.) Le recueil de Reusner donne une traduction de ce traité (*Epistol. Turcic.* l. VII, p. 91) : « ..... Ego Soleymanus Schyak, etc. juro avum, proavum, patrem, matrem, lac maternum, panem meum, gladium,

animam, etc..... te fratrem meum Johannem... Si omnia mea imperia annihilarentur et remanerem solus, sive cum duobus aut tribus, saltem cum istis tenear te requirere et dicam: Ego adsum paratus, etc. Datum die III Rabiel anno prophete 937. »

[2] La mission envoyée par Ferdinand d'Autriche avait pour principal négociateur le nonce Jean Hobordansky, et fit son entrée à Constantinople le 29 mai 1528. M. de Hammer traite également de cette mission, d'après les documents officiels qu'il a tirés des archives de Vienne et de celles de la maison impériale d'Autriche. (*Histoire de l'empire ottoman*, t. V, p. 110.) Voyez aussi dans Reusner, pour l'année 1529, la lettre que Jean adressa, au mois d'avril, aux états de l'empire assemblés à Ratisbonne, et où il expose ses griefs contre Ferdinand; il y fait allusion à cette mission envoyée par lui à la Porte : plus la lettre de Ferdinand, du 5 des calendes de septembre, à ses sujets, dont il réclame les secours pour faire face à l'invasion des Turcs qui s'avancent. (*Epistolar. Turcic.* lib. VIII, p. 136 et 147.)

le Danube, le 10 mai 1529, et reçut solennellement au milieu de son armée son nouveau vassal le roi Jean, qui venait lui rendre hommage, et dont la reconnaissance, de nouveau proclamée, devait servir de prélude aux entreprises que le sultan allait tenter directement contre l'Allemagne[1].

Par suite de la revanche que François Ier avait semblé vouloir prendre au sortir de sa prison, en adhérant à la ligue d'Italie, ce prince s'était ainsi engagé à reparaître sur le théâtre de sa défaite pour la réparer; mais ses efforts, mollement conduits, témoignent d'une politique vacillante que justifiait trop bien la présence de ses fils à Madrid entre les mains de son rival. Bornés d'abord à l'action de sa flotte, sous Pierre de Navarre, devant Gênes, et à la tentative de Vaudémont contre Naples, ils avaient eu pour conséquence de provoquer les terribles représailles de l'attaque de Bourbon contre Rome, qui avait de nouveau remis un souverain captif au pouvoir de Charles-Quint dans la personne du chef de la chrétienté. Les trois traités que François Ier signa avec Henri VIII pour la délivrance du pontife et surtout l'expédition plus sérieuse de Lautrec en Italie indiquent un redoublement d'activité auquel on peut également rapporter l'envoi, à la même époque, d'une mission secrète en Turquie, qui avait en apparence pour objet les intérêts religieux des chrétiens à Jérusalem, mais qui s'accorde trop bien avec les dispositions belliqueuses manifestées par le sultan et le développement ultérieur des faits pour n'avoir pas eu un but et un intérêt politiques[2]. Déjà les premiers succès de Lautrec, qui l'avaient conduit jusqu'aux portes de Naples, avaient amené Charles-Quint, sous la menace des préparatifs de la Turquie[3], à renoncer à l'exécution des clauses du traité de Madrid, quand la fatale issue de l'expédi-

---

[1] La réception de Jean par Soliman II eut lieu à Mohacz, sur le champ de bataille même qui avait été témoin de la défaite de la Hongrie. Les formalités observées dans cette circonstance sont décrites complaisamment par les historiens turcs. (*Histoire de l'empire ottoman*, t. V, p. 115.)

[2] Voyez ci-dessus, à la page 137, la lettre de Soliman II relative à cette mission, avec la note qui l'accompagne.

[3] Charles-Quint, en présence des armements de la Turquie, résolut de donner suite aux ouvertures que le roi de Perse lui avait faites dès 1523 par Pierre le Maronite, et il lui envoya le chevalier de Balbi avec une lettre de sa part écrite à Tolède, le 24 février 1529. (*Correspondenz des Kaisers Karl V*, t. I, p. 292.) Les instructions qui suivent cette lettre expliquent complétement l'objet de cette mission : « Instructions à vous, nostre amé et féal Jehan de Balby, chevalier de l'ordre de Saint-Jehan-de-Jérusalem, gentilhome de nostre hostel, touchant la charge et commission que présentement vous donnons devers le sérénissime et puissant prince Kaka Ismael Sophy, grand roi de Perse, nostre très-chier et très-amé frère. Premièrement lui direz qu'en l'an mil cinq cens vingt-cinq fut devers nous en ceste nostre cité de Toledo ung se nommant son serviteur..... Despuis n'avons jamais heu nou-

tion française à Naples vint le rendre maître de la situation. Mais l'approche de l'armée de Soliman au cœur de l'Allemagne l'empêcha de profiter de son avantage, et le força de se prêter aux espérances de paix générale que la rencontre de Marguerite d'Autriche et de Louise d'Angoulême à Cambrai avait fait concevoir.

La brusque conclusion du traité de Cambrai donna à Charles-Quint le temps et les moyens de sauver l'Allemagne, pendant qu'elle était une seconde délivrance pour François Ier, qui saisit avidement cette occasion de sortir, en recouvrant ses enfants, de la fausse position où il était engagé depuis sa défaite de Pavie, et de rentrer à tout prix dans la liberté de son action. Ce résultat heureux et imprévu de l'intervention de la Turquie, en donnant pour la première fois l'idée d'une balance qui n'était pas encore introduite dans les affaires de l'Europe, ne fut pas moins sensible en faveur des états de l'Italie, qui avaient paru sacrifiés dans le traité par l'abandon de la France; car l'impression de terreur que le siége de Vienne avait répandue, survivant même au péril par la possibilité de son retour, obligea l'empereur à user avec modération de la victoire envers les puissances dont la libre disposition avait été laissée à sa merci.

Quant à Soliman II, le contre-coup lointain de ce traité vint l'atteindre indirectement et contribuer à l'arrêter dans sa marche victorieuse. Pendant qu'il était conclu à Cambrai, le 5 août 1529, le sultan, de son côté, entré le 8 septembre à Bude, convertit cette capitale chrétienne de la Hongrie en un pachalik musulman, destiné dès ce jour à tenir en échec l'Allemagne et avec elle toute l'Europe,

velles dudict seigneur roy de Perse, et sy est advenu que le roy de France retourné en son royaulme fit nouvelles ligues à l'encontre de nous, et ledit roy et Vénéciens ont prins intelligence avec le Turcq... Nous sommes déterminés de passer avec toutes noz forces et puissances en Ytalie, et nous emplier par tous moyens de grever ledit Turcq par ce cousté-là, et aussi fera le seigneur roy d'Hongrie nostre frère du cousté dudict Hongrie. Et à ceste cause vous dépeschons devers ledict seigneur roy de Perse pour luy faire entendre nostre intencion, et le requerez de nostre part qu'il vuille à ce cop et en ceste si bonne conjoncture s'employer à réprimer l'insolence dudit Turcq, etc. » (*Correspondenz des Kaisers Karl V,* t. I, p. 293.) Quatre lettres

du chevalier de Balbi donnent successivement des détails sur son arrivée à Alep (lettre du 30 août 1529, p. 329); sur sa présence dans le camp turc du pacha de Damas et sur ses tentatives infructueuses pour passer du côté des Persans (lettre du 27 novembre 1529, p. 355); sur les causes qui l'ont ramené à Alep et son projet de suivre des chemins détournés (lettre du 17 février 1530, p. 379); enfin sur son arrivée à Babylone et ses rapports avec le gouverneur persan (lettre du 13 mai 1530, p. 385). La suite de la mission manque, et le résultat, qui ne pouvait d'ailleurs être bien important, à en juger par les difficultés mentionnées dans ces lettres, demeure ainsi inconnu.

pendant plus d'un siècle et demi, sous la menace des invasions ottomanes. De là, poursuivant ses succès, il parut sous les murs de Vienne le 27 septembre, et tint cette ville assiégée jusqu'au 14 octobre [1]. L'héroïsme de la défense de Vienne et le mouvement d'enthousiasme général [2] qui se manifesta en Allemagne donnèrent

---

[1] Le bruit de la prise de Vienne se répandit en Europe, comme nous l'apprend ce passage d'une lettre de l'ambassadeur de France à Venise : « Sire, il est venu aujourd'hui nouvelles en ceste ville que l'armée du Turcq a prins Vienne, et que l'empereur en a eu nouvelles. S'il est vérité, une paix universelle seroit bien nécessaire entre les chrestiens, et, ledict Turcq déchassé, on pourroit bien chastier ceulx qui ont failly. » (Béthune, ms. 8510.)

[2] Si l'on voulait mentionner tout ce qui a été écrit à propos des Turcs à cette époque, il faudrait citer presque tous les livres contemporains, aussi bien que la plupart des actes officiels, car il en est bien peu qui ne s'y rapportent par quelque point. L'ardente polémique soulevée en Allemagne par le grand mouvement de la réforme s'empara de cette question extérieure comme d'une arme, et, selon l'usage en pareil cas, elle était traitée par les écrivains au point de vue exclusif de chaque parti. Dans la première période, où l'Allemagne n'était pas en cause directement, l'impulsion étant venue de Rome, le parti de la réforme fit une opposition systématique au projet de croisade de Léon X, comme on a pu le voir plus haut dans l'affaire des décimes. Luther, dont un grand nombre d'écrits parlent des Turcs, alla même jusqu'à soutenir cette proposition, condamnée, entre autres, dans les bulles d'excommunication fulminées contre lui par Léon X, que combattre le Turc, c'était résister à Dieu, qui s'en servait comme d'une verge pour punir les chrétiens de leurs péchés. A cette époque aussi, la cause de la croisade trouva un actif et ingénieux défenseur dans Érasme, qui composa sur ce sujet un grand nombre de lettres adressées aux divers souverains, et qui sont reproduites dans le recueil de Reusner. (*Epistol. Turcic.* lib. VII.)

Mais depuis que la question était devenue particulière à l'Allemagne, l'indifférence n'étant plus possible pour le parti de la réforme, Luther rentra en lice en 1528, par sa Dissertation sur la guerre des Turcs, dédiée au landgrave de Hesse, où il cherche avec embarras à justifier ses opinions précédentes et à concilier l'indépendance qu'il réclame pour ses doctrines religieuses avec la soumission à l'empereur, nécessaire pour concourir avec lui à l'expulsion des Turcs. En 1529, on sent la présence de l'invasion ottomane dans son Discours militaire contre le Turc, plus âpre et plus ardent, et dont la forme est aussi bizarre que l'argumentation est étrange. Voyez au tome V de l'Histoire des Croisades, p. 391, l'analyse étendue que M. Michaud a donnée de ces deux écrits, ainsi que d'un ouvrage d'Érasme composé sur le même sujet, en 1530, sous ce titre : *Utilissima consultatio de bello Turcis inferendo.* Pendant les deux années précédentes, Érasme avait aussi repris son rôle de correspondant avec divers souverains, et adressé plusieurs lettres à François Ier, à Henri VIII, à Ferdinand et à Sigismond, roi de Pologne, pour les enga-

le temps à l'armée formée par l'empereur d'arriver au secours des assiégés, et sa présence, jointe à la saison avancée, força les Turcs à la retraite. Soliman II, dissimulant sous une apparence de triomphe le seul échec qu'il eût rencontré jusquelà dans les guerres qu'il avait conduites en personne, partit en annonçant son retour prochain avec une armée plus formidable encore; et sa rentrée dans sa capitale, qui eut lieu au mois de décembre 1529, termine une année qui avait été si féconde en grands événements politiques.

IV. — PREMIÈRE MISSION DE RINCON EN TURQUIE.

1531–1533.

L'exécution du traité de Cambrai allait entraîner des difficultés d'où la guerre devait sortir inévitablement, et quoiqu'on vit les deux années suivantes se passer dans le calme qui suit les violents efforts, ce fut une trêve pendant laquelle chaque partie, qui avait d'avance protesté contre la paix en s'y soumettant, s'étudiait à prendre position dans la prévision d'une nouvelle lutte. Soliman II, qu'une sorte de point d'honneur engageait désormais à une revanche contre Charles-Quint en personne, ne parut d'abord occupé que de fêtes publiques et des soins intérieurs de son empire. Parvenu à l'apogée de sa puissance et au moment le plus brillant de son règne, il reçut des ambassades de plusieurs souverains de l'Europe, du roi de Pologne, du czar de Russie, et même de Ferdinand et de Charles-Quint. Seule, la France s'abstint de paraître dans ce concours d'hommages et d'empressement, et cette réserve lui était commandée par la nouvelle politique de François Ier, qui affectait alors de se détourner de la Turquie [1].

ger à se réunir contre l'ennemi commun. Cette partie de ses lettres et les réponses de ce dernier sont aussi dans le recueil de Reusner. (*Epistol. Turcic.* lib. VIII.)

[1] Voyez au tome V, liv. XXVII de l'Histoire de l'empire ottoman de Hammer, le récit des fêtes de la circoncision des princes fils de Soliman II, et le langage affecté par le sultan dans tous ses actes pour faire croire au succès de sa dernière campagne. L'historien donne ensuite l'exposé des diverses ambassades venues à la Porte et de la seconde mission de l'Autriche, qui n'y

arriva cependant que vers la fin de 1530. Mais déjà, dès le commencement de l'année, Charles-Quint et son frère s'étaient occupés des moyens d'obtenir une trêve avec la Turquie et d'entrer en accord avec elle, comme on le voit par cette lettre de l'empereur, écrite de Bologne à Ferdinand, le 11 janvier 1530 : « Ces inconvéniens sont grans pour laisser de faire la tresve que m'escripvez; d'autre cousté, en l'acceptant, tous ceulx qui n'ont vouloir de bien faire diront qu'ilz eussent fait merveilles, et que puisque faictes tresves, puis-

Dans le péril que l'Allemagne avait couru par le siége de Vienne, Charles-Quint avait reconnu un avantage qui s'accordait trop bien avec les vues secrètes de son ambition pour le laisser échapper, c'était de rallier l'empire à son système, de le mettre tout entier dans sa main pour repousser l'ennemi extérieur qui menaçait l'Allemagne dans son existence. Les états protestants, qui avaient senti le péril après s'y être engagés, voulant se soustraire aux conséquences de leur propre adhésion, formèrent alors la ligue de Smalkald en faisant un appel à l'alliance et à la protection des rois de France et d'Angleterre. François Ier, à qui les stipulations du traité de Cambrai interdisaient toutes liaisons avec les états de l'Allemagne

qu'estes le plus prouchain et qui est plus près pour pouvoir nuyre, qu'ils ne peulent rien faire. D'autre part, sçaichant que ne faictes telle chose sans mon sceu, ne fauldront à dire que moy, que diz tant de vouloir faire emprinse contre le Turcq, que ay aussi frontière, combien que par mer. Pour quoy je vous conseille de la faire et mesme estant empereur. Oultre pourroit l'on dire que puisque le Turc s'est retiré comme semble, plus par nécessité que pour secours qu'il pensât pouvoit venir contre luy, et qui n'y a grande apparence que pour ceste armée doye retourner ; et si fait comme il a de coustume, son retour ne sera de trois ans ; pourquoy vous faictes tresve avec luy, ce luy donne entendre que la nécessité est grande, et ce pourroit estre cause que peut-estre là où il a à ceste heure perdu espérance de povoir faire grand chose, de la luy redonner en pensant que s'il eust encoires plus demeuré, il eust fait tout son désir.... Afin que le Turc ne pensast que en eussiez tant affaire et ne reprist coraige, et qu'il ne semblât à ung chacun que ne l'envoyez prier d'icelle, mais luy à vous l'ouffrir, ne me sembleroit mauvais que en substance et avec messaigier et non ambassade, et bien secrètement, lui escripvissiez comment aviez receu sa lectre, pour laquelle translater n'avyez sceu trouver home si tost

que bien besoing fust, que de prez il la suyvoit pour en avoir la responce, laquelle n'avyez peu bailler, veu que en peu sembler se faisoit par craincte, que en traictez ne doit estre : que à ceste heure que chacun de vous estes en son païs, envoyez envers luy, et que moyenant qu'il ne vuille de vous chose qui soit contre la chrestienté, luy donnerez à congnoistre que desirez son amytié. De ce pouvez hoster ce que bon vous semblera ; si ceste response est trop aspre l'adoulcirez, et si trop doulce l'enesgrirez. En cet envoy secret n'y voys inconvénient, etc. » (*Corresp. des Kaisers Karl V*, I, p. 261.)

Cette seconde mission de l'Autriche eut le même résultat que la précédente, car les négociateurs, dont le principal était ce Jurissitch, qui devait faire échouer par sa belle défense de Güns la campagne que méditait alors Soliman, ne purent rien obtenir de la Porte au sujet de la Hongrie, qu'ils étaient venus réclamer ; mais ils eurent de plus que leurs prédécesseurs la liberté de se retirer, et reçurent même des présents à leur départ. D'ailleurs, sans attendre l'issue des négociations, les deux partis étaient déjà aux prises en Hongrie, et une tentative malheureuse fut faite par un lieutenant de Ferdinand, le général Rogendorff, pour reprendre Bude ; ce qui lui attira des courses et des représailles

et de l'Italie, avait cherché néanmoins à reprendre peu à peu ses anciens rapports avec des alliés que son abandon avait forcés partout de se jeter dans le parti de l'empereur. Mais comme celui-ci, pour retenir les protestants et conserver l'union de l'Allemagne, avait intérêt à exagérer le danger du côté de la Turquie et à faire peser la responsabilité sur son rival, François Ier devait, en toute occasion, se montrer zélé pour la défense de la chrétienté contre les infidèles. Ainsi, tout en recevant à cette époque une nouvelle ambassade du roi Jean de Hongrie, dont la négociation fut encore suivie par Jérôme de Laski, le roi de France, en consentant aux demandes de son allié, stipula formellement qu'il s'interdirait tout recours à l'intervention de la Turquie [1].

de la part des Turcs. Aloysio Gritti, qui avait reçu des concessions de domaines considérables en Hongrie, se trouvait à Bude au moment de l'attaque, et il écrivit à Charles-Quint, pour l'engager à intervenir auprès de son frère à ce sujet, une lettre dans laquelle il donne des renseignements curieux sur le rôle à double face qu'il jouait entre les chrétiens et les Turcs :

« L'on m'a référé quelque faulse opinion de ma foy envers la religion chrestienne, pour ce que ci-devant me suis entré ès négoces du Turcq ; mais ma conscience me juge de quelz ennuytz et molestes j'ay porté jusques à présent la ruyne des chrestiens. Et pour ce que naguiers suis esté envoyé au royaulme d'Hongrie pour affaire de grosse importance, m'a semblé convenable d'advertir vostre majesté des groz et inestimables apprêtz de guerre que ledit Ture faict tant par mer que par terre, et telz que de nostre aage ne sont esté veu..... Combien que j'ay souffert telle invasion avec le roy Jehan par vostre frère, et que soye certain de la malvaise pensée que l'on porte audit roy Jehan, à moy, à commun péril de nos vies, ce néantmoings je n'ay tant mis la religion chrestienne en oblie que je ne veulle permettre ma propre et privée injure au salut et bien publique de la chrestienté. A

raison de quoy j'advertis V. M. de l'expédition et apprest que faict ledit Ture, affin d'y obvier et porveoir comme appartient à ung empereur catholique, etc. — De Bude, le xxiij déc. MDXXX. » (Correspondenz des Kaisers Karl V, t. I, p. 411.)

[1] L'objet de l'ambassade du roy de Hongrie est expliqué de cette manière par Martin du Bellay dans ses mémoires, liv. IV, p. 97 : « Ce temps pendant arrivèrent deux ambrs vers le roy, l'un par le roy Jean de Hongrie, qui fut le segr Hiérôme de Lasco, principal homme de sa cour, et l'autre par l'empr, qui fut le segr de Besançon, second sommelier du corps dudit segr. Celuy de Hongrie demandoit alliances de mariages et secours d'argent pour subvenir aux nécessitez de son royaume, qui par les guerres passées avoit esté grandement destruit et les places desmolies. Sur le premier article fut proposé le mariage de madame Isabeau, sœur du roy de Navarre ; sur le second, luy fut accordée une somme de deniers, par condition qu'elle ne fust employée à faire guerre ou invasion contre aucun des confédérez du roy ; et fut faicte grande instance audit de Lasco de remonstrer au roy son maistre qu'il se donnast de garde sur toutes choses, et quelques guerres qu'on luy fist, de n'invader son

Par suite de la même politique, il envoya pour la première fois Rincon à la Porte, afin de détourner le sultan des vastes projets qu'il annonçait hautement contre Charles-Quint, dont il servait ainsi les plans à son insu ; et quoique nous n'ayons pas les dépêches de cet ambassadeur, qu'il aurait été si important de connaître dans cette circonstance, les témoignages indirects que nous avons pu rassembler par la correspondance des ambassadeurs de France à Rome et à Venise constatent que tel était le but réel de sa mission. Si le doute n'est pas permis devant ces témoignages confidentiels, qui n'étaient pas destinés au public, il l'est moins encore en présence des considérations qui dominaient alors François Ier, intéressé à rassurer les protestants pour détacher l'Allemagne de l'empereur, et surtout à regagner Clément VII, livré servilement aux inspirations de son rival, qui, de persécuteur du pape, était devenu son protecteur déclaré. L'exécution du traité de Cambrai avait fait payer chèrement aux états d'Italie leur complicité dans la ligue italienne, et l'opiniâtreté que mirent surtout les Florentins à défendre leur liberté et leur indépendance eut pour effet de lier étroitement le pape à l'empereur, puisque l'issue de cette lutte inégale devait être le rétablissement des Médicis à Florence, l'objet de la plus vive ambition du pontife. Dans la complication des rapports qu'entraînait l'intervention de la Turquie, en mettant d'abord en cause la Hongrie et l'Italie comme les enjeux du débat, Rome se trouvait avoir l'arbitrage entre Ferdinand et Jean Zapolya, quoique le pape n'offrît plus pour juger leur querelle la réserve et l'impartialité d'un arbitre, et d'un autre côté, dans la question relative à l'Italie, la prépondérance qu'il laissait prendre à l'empereur excluait toute autre influence. Aussi, à l'approche de la nouvelle invasion des Turcs et dans le mouvement général qu'elle soulève, c'est à Rome que se trouve transportée toute l'action diplomatique, et que le nœud de la situation politique doit se résoudre. C'est devant le consistoire des cardinaux qu'on voit appelée la cause des deux prétendants à la couronne de Hongrie, représentants des deux intérêts divers de la France et de l'Espagne, et jusqu'au jugement de la question morale élevée par Charles-Quint contre François Ier sur la participation qu'il lui imputait dans le nouveau péril que l'Europe allait courir de la part de la Turquie [1].

ennemy avec le secours et ayde du Turc. Obstant que s'il le faisoit, ledit seg^r roy seroit contrainct de prendre les armes contre luy sans aucun esgard de leur alliance, pour obvier que le Turc, ennemy de nostre foy, n'enjambast sur la chrestienté. Puis après ledit Lasco, portant la somme d'argent promise afin de la faire distribuer aux usages et non autres qu'elle avoit esté ordonnée, fut envoyé Antoine Macault, secrétaire et valet de chambre du roy, lequel depuis rapporta ladite somme. »

[1] L'année 1531 s'était écoulée tout entière dans l'attente menaçante de la rup-

23.

Rincon, arrivé trop tard, n'avait pu réussir dans sa mission, car il avait rencontré Soliman II déjà en marche pour sa nouvelle expédition, et trop avancé désormais pour qu'il pût reculer. La présence du négociateur français au camp turc, impuissante pour obtenir l'effet qu'il était venu provoquer, suffisait au contraire pour autoriser les imputations de Charles-Quint, et pour qu'il retirât tout l'avantage du rôle qu'il voulait prendre devant l'opinion publique. Aussi, pendant que François Ier offrait inutilement son concours à la défense de l'Italie, que son irritation contre la partialité du pape allait jusqu'à la menace d'un schisme et d'une séparation religieuse avec l'Église, Charles-Quint voyait toutes les désunions de l'Allemagne cesser d'elles-mêmes, et l'empire rentrer sous son obéissance. Mais l'empereur, à l'issue de cette lutte, devait se retrouver avec une

ture avec la Turquie. Ferdinand, malgré le conflit survenu aux frontières de Hongrie à la fin de 1530, avait essayé de reprendre les négociations de la trève avec la Porte, comme on le voit par une longue lettre écrite en espagnol à Charles-Quint, de Pirna, le 17 mars 1531. L'empereur, de son côté, essayait d'obtenir l'assistance de la France contre la Turquie, et donnait à son ambassadeur auprès de François Ier des instructions dans ce sens par ses lettres de février et de mai 1531 : « Le s^r de Praet, en cas que le Turc voulsist invader la chrestienté du cousté de la Germanie ou de l'Ytalie, si il est parlé d'ayde en argent ou de gens et navières que ledit sieur roy y vouldroit faire, aura regard que ce soit toujours soubz la main et obéissance de l'empereur..... L'empereur confie que ledict s^r roy ne deffauldra à la répulsion dudict Turq, se s'advance de venir assaillir en personne la chrestienté, ny la voudra souffrir oppresser par la puissance infidèle, ennemye de tous roys, princes, potentatz, etc. » (Papiers d'état de Granvelle, t. I, p. 503.)

Charles-Quint rendit compte à son frère du résultat peu satisfaisant de la négociation de Praet et « de la sobre ou point de volenté que le roy de France a pour obvier

et résister au Turc, dont il ne respond riens..... Quant à la venue du Turc, dit-il ailleurs, la chose est très fort pressante, et ay bien au long veu les lectres du Turcq rappourtées par voz ambassadeurs que sont revenus devers luy, et comme il persiste de vouloir retenir le royaulme d'Hongrie pour le vayvode, et que luy rendez les fortz que y tenez..... et ne sçay bien que résoldre, sinon que ne debvez délaisser vous mectre en tout debvoir de faire tresves ou abstinence de guerre avec ledit vayvode, par l'intervencion du roy de Poloine, porveu que ne renoncez le droict dudit royaulme à tousjours..... car de renvoyer devers ledit Turcq il n'y a apparence, sellon les termes par luy tenutz; et s'il a résolu de venir et est prest, pour tant ne se détiendroit. » (Lettre du 3 avril, Correspondenz des Kaisers Karl V, I, 429.) Charles-Quint donne encore pour raison l'état de l'Espagne et les diversions opérées du côté de l'Afrique : « Mes affaires et nécessité de mes royaulmes d'Espagne souffrent grandement de ma plus longue absence, et ne puis longuement différer de les retourner visiter et pourveoir à l'endroict des Maures que travaillent journellement, et tiennent en crainte mesdits royaulmes. »

concentration de forces désormais sans contre-poids, que rendrait plus irrésistible encore le prestige du triomphe, et devant l'imminence de ce danger François Ier se retourna vers Henri VIII. Les deux négociations que suivaient alors simultanément les frères Dinteville à Londres et à Rome, couronnées, pour la première, par le traité de Boulogne et la convention de Calais, devaient faire face à une double éventualité : en s'obligeant par le traité de marcher au secours de l'Allemagne et de l'Italie dans le cas où les succès des Turcs deviendraient menaçants pour la sûreté du reste de l'Europe, les deux rois se trouvaient engagés à la protéger également contre les conséquences d'un triomphe qui aurait ouvert une carrière illimitée à l'ambition de Charles-Quint. Cette union habile et opportune eut un résultat décisif, qui fit avorter les projets gigantesques des

Pour se conformer aux conseils de son frère, Ferdinand consentit à se rapprocher de Jean, et à laisser négocier entre Rokendorf et Jérôme de Lasko une trêve que ce dernier devait aller faire agréer à la Porte par l'entremise de Gritti et du grand vizir Ibrahim. Voyez, à la suite de la lettre précédente, dans le même recueil, la série des lettres de Ferdinand écrites en espagnol sur cette affaire, et à propos de deux incidents qui vinrent la traverser : l'un la construction du fort de Clissa par le pacha de Bosnie, qui était un acte et un commencement d'hostilités de la part des Turcs sur ses frontières, et l'autre l'arrestation par le gouverneur d'Asti de George Gritti, frère d'Aloysio, ce qui devait indisposer la Porte contre lui. L'empereur s'exprime ainsi sur ce fait dans sa lettre du 8 juillet 1531 : « Nous avons mandé qu'il fût relâché pour non delasser occasion ny au roy de France, devers lequel il retournoit, ne aux Veneciens et Italiens, de soy ressentir, et encoires que le Turcq, par le moyen du frère dudit Georges ou le vayvode, eussent peu prétendre que ce fust esté contre la tresve passée. Et aussi l'on n'a trouvé qu'il pourtât lectres quelconques suspectes où l'on ait peu prandre fondement de praticques,

ains seulement retournât devers ledict roy de France pour avoir assignacion de payement des deniers que sondict frère avoit presté à Rincon. » (Correspondenz des Kaisers Karl V, p. 494.) On remarquera que ces rapports de Rincon avec Aloysio Gritti, qu'il allait bientôt retrouver à Constantinople, avaient sans doute eu lieu dans sa dernière mission en Hongrie, où il avait dû le rencontrer à la cour du roi Jean.

Les choses en étaient encore au même point à la fin de l'année 1531, et Charles-Quint, dans les deux lettres écrites à son frère, de Bruxelles, le 24 novembre, et de Tournay, le 6 décembre de la même année, constate l'état de leurs rapports mutuels avec la Turquie : « Concernant l'envoy de voz ambassadeurs devers le Turcq, la chose non pouvoit comporter plus de délay avec la doubte qu'avez de non parvenir à traicter avec ledit Turc selon son accoustumée insolence..... Me semble très nécessaire d'y envoyer vosdicts amb{rs}, et si louhe très fort les condicions mises ès leurs instructions par l'impossibilité où vous et moy nous retrouvons pour entreprandre seulz le faiz de la force contre ledit Turc, que nous seroit, signamment en ce temps, insupportable..... Quant à la ve-

deux parties. Elle contribua aux tâtonnements et à l'indécision que montra contre toute attente Soliman II, car, s'étant refusé à suivre dans cette circonstance l'impulsion que lui prescrivait la politique de la France, il voyait derrière l'union de l'Allemagne se former une réserve formidable qui tournait toute la chrétienté contre lui; aussi, arrêté dès les premiers pas devant la résistance d'une petite ville, opéra-t-il sa retraite en bornant tout l'effet de cette campagne à une conquête si peu proportionnée avec l'immense déploiement qu'il avait fait de ses forces. D'une autre part, cette ligue n'eut pas moins d'effet sur Charles-Quint, et, en se montrant ainsi toute préparée pour s'opposer à la réaction imprudente et passionnée des esprits, l'alliance des deux rois devait faire d'avance échouer les prétentions qui auraient pu naître, chez le vainqueur, de l'enivrement du succès.

nue de Lasky, je treuve très-bon vostre advis sur la charge, et que advancez la venue des amb" dudict vayvode, s'il est possible que la tresve qu'est entre vous et luy prouchaine d'expirer se prolonge, entrevenant en icelle le consentement du Turc... Et est vraysemblable que pourrons estre ensemble bientost, et vous escripz pour montrer audict Lasky si besoing est, et qu'il entende que n'y aura dilacion de vostre coustel ny du mien, pour tant plus luy copper chemin à non renvoyer l'affaire vers le roy de Polone, et aurez regard à l'endroit dudict Lasky, selon que vous congnoissez qu'il est soubdain peu secret et inconstant. » L'opinion émise ici par Charles-Quint sur la versatilité de Laski ne fait que précéder de peu de temps le brusque changement qui lui fit abandonner le parti de Jean pour se jeter dans celui de son rival, en devenant son ennemi le plus acharné.

Ces renseignements, que nous fournit la correspondance de Charles-Quint extraite des archives de Bruxelles, viennent expliquer heureusement tout ce qui se passa dans l'intervalle du commencement de 1530 à la fin de 1531. C'était surtout un préliminaire essentiel à connaître pour la mission que Jérôme de Laski allait remplir auprès de Clément VII en faveur de son maître,

et au moment où il devait se retrouver à Rome en présence des négociateurs de François I". Par les dispositions que les seigneurs hongrois avaient montrées à Ferdinand, ainsi qu'on l'apprend par ses lettres : « la publica yntencion dellos es arrimarse al Turco, diziendo que ni yo ni el bayboda podemos amparallos ni deffenderlos del » (*Corresp. des Kaisers Karl V*, t. I, p. 616), il avait été amené à admettre les envoyés de Jean à la diète de Passau. Celui-ci voulait profiter de la situation embarrassée de Ferdinand et de Charles-Quint pour obtenir la reconnaissance de son titre à la diète et à Rome, et il avait demandé un sauf-conduit pour que Laski allât traiter directement avec l'empereur, qui, ayant éludé cette proposition sous prétexte que lui-même se rendait en Allemagne, répliqua ainsi à ce sujet à son frère : « Je sais avec vous que Lasky n'en peut avoir chose secrète d'importance pour me dire, que ne puisse attendre ma venue devers vous, et qu'il sera le mieulx de remectre alors, et l'entretenir en espérance de mon prouchain voïaige d'Allemaigne, pour non entendre plus avant des affaires de la chrestienté, vostres et myens particuliers; et aussi fauldra discrètement empescher l'adresse qu'il vouldroit prendre pour les affaires dudict vay-

EXTRAITS DE LA CORRESPONDANCE DE FRANÇOIS DE DINTEVILLE, ÉVÊQUE D'AUXERRE, AMBASSADEUR A ROME, ET DE LAZARE DE BAIF, AMBASSADEUR A VENISE [1].

ENVOI DE LASKI À ROME. — CAUSES DE SON RETARD EN ROUTE. — PASSAGE PAR VENISE.

Rome, 17 décembre 1531.

Monseigneur, le roy Jean de Hongrye envoye au roy une ambassade, à l'empereur et roy d'Angleterre, pareillement leur remonstrer que si le roy de Hongrye, archiduc, ne luy rend dedans le temps des trefves sondict royaume, il est délibéré de le recouvrer par force et à l'aide du Turc, et si de cela il en survient inconvénient à la chrestienté, qu'on ne s'en prenne point à luy, mais audict archiduc. Le pape a eu de cecy lettres dont je vous envoye le double [2], et attent de jour à autre un

Lettre
de l'évêque
d'Auxerre
au grand maître
de France
Montmorency.

vode devers le pape et autres princes, comme chose non nécessaire et bien excusable, puisque et vous et moy sommes désirans de promptement entendre audit apoinctement conforme à ce que luy avez respondu sur les propoz qu'il vous a tenu en présence du nunce dudict sainct père, et sy sera très bien de soy desmesler sans desmonstrer scrupule quelconque de diffidence que à l'intervencion du roy de Polone, et que l'affaire ne luy soit renvoyée pour éviter plus de longueur, etc... » (*Corresp. des Kaisers Karl V*, p. 620.) On voit que Charles-Quint voulait se borner à la prolongation de la trêve, sans se prêter à aucun autre arrangement, surtout de la nature de celui que Laski allait négocier à Rome avec l'appui de François Ier.

[1] Les mémoires tirés de la maison de Polizy, l'une des plus distinguées de la Champagne, comprennent la correspondance de François de Dinteville, évêque d'Auxerre, ambassadeur à Rome pendant les années 1531 et 1532, et quelques pièces moins suivies relatives à celle de son frère,

Jean de Dinteville, bailli de Troyes, qui était aussi, dans le même temps, ambassadeur en Angleterre. Ces mémoires forment la partie la plus importante des *Mélanges historiques* publiés par Nic. Camusat, et ils ont d'autant plus de prix qu'on n'en trouve plus que quelques fragments en copie dans le manuscrit 8477 de Bethune; imprimés sans suite et sans ordre, ils ne paraissent pas avoir beaucoup servi aux historiens, qui n'ont pu en démêler la confusion et les rapporter aux faits de l'époque. A la suite de ces mémoires, Camusat donne aussi quelques lettres de Baïf, écrites à l'évêque d'Auxerre, et qu'il a trouvées jointes à sa correspondance. Nous les avons complétées par d'autres qui existent en original dans le manuscrit 265 de Dupuy.

[2] Cette lettre de Jean, roi de Hongrie, à Clément VII, réclame sa médiation entre lui et son compétiteur, l'archiduc Ferdinand d'Autriche, et trace l'état déplorable de la Hongrie : « Ea regni nostri pars quæ Austriam attingit magna ex parte solo est

secrétaire dudict roy Jean qui vient par devers luy [1]. Ès dictes lettres
n'est faicte aucune mention de l'excommuniment que l'empereur luy
fit faire à Boulongne, et m'a dict celuy qui faict les affaires dudict roy
Jean par deçà, qu'il n'est pas délibéré de jamais en demander absolution au pape, et qu'il a déjà dans ses terres nombre de Turcz délibérés, le lendemain de la trefve, entrer dans Hongrye. Quand ledict secrétaire sera venu, je ne fauldray avertir le roy de ce que j'en pourray tirer.

Venise, 26 janvier 1532.

L'ambassadeur du roi de Hongrye, ainsi que j'ay peu entendre, s'en
va vers la Saincteté de nostre sainct père, mandé du roy Johanni de
Hongrye, pour l'espérance de quelque bon accord entre le roy des
Romains et luy. L'on faict en ceste ville quelques démonstrances d'a-
voir paour de la venue du Turcq; mais je me doubte fort que ce soit
pour avoir occasion de tirer argent de leurs subjectz, et Dieu voulsist
que ainsi fust.

LETTRE DE FRANÇOIS Ier A L'ÉVÊQUE D'AUXERRE [2]

(Copie. — Béthune, ms. 8516.)

Monsieur d'Auxerre, j'ay receu vostre lettre du IIIe de ce mois, et
tant par icelle que par ce que avez escript à mon cousin le grant

---

æquata..... nimia Ferdinandi regis dominandi libido eum induxit ad ea quæ toti
reipublicæ christianæ magnam jacturam
sint paritura... Supplicamus S. V. ut velit
auctoritatem suam interponere..... Brasso-
viæ, 26 octobr. 1531. » Elle est précédée
d'une lettre du même au frère du chevalier de Cazal, où il se disculpe des calomnies répandues par son rival sur ses rapports avec les Turcs : « Mittimus ad vos
exemplum ill. et magnifici Ibraym Bassæ
ad verbum transcriptum..... rogamus vos
ut sanctitas nolit semper falsis adversario-
rum calumniis locum dare. » (*Mélanges historiques*, fol. 48 et suiv.)

[1] Laski explique, dans une lettre à Clément VII, les causes qui l'avaient arrêté en
route : « Præter opinionem principis mei et
expectationem meam Cæsarea majestas hic
in curia D. Ferdinandi regis literis me suis
dignata sit memoraris. Ex Eniponte, 10 dec.
1531. » (*Mél. histor.* fol. 49.) Voyez la lettre
qu'il adressa à Charles-Quint, de Possonio :
« M[r] V[re] scripsi atque etiam in Insbrug uno
mense et medio mansi : sed quum tardius
responsa deferebantur, supervenissentque
mihi ardua quedam negocia, discedere fui
coactus, etc. » (*Correspondenz des Kaisers
Karl V*, t. I, p. 648.)

[2] Cette lettre, que nous avons retrou-

maître, entendu amplement la proposition faicte par nostre sainct
père le jour des Innocens, en la présence d'un nombre de cardinaulx
et des ambassadeurs des princes et potentatz estans par delà, sur les
nouvelles et rapport que le patriarche Grimani luy avoit faict des groz
préparatifz et équippage que le Turc dressoit à Constantinoble, ainsi
que plus au long messire Loys Gritti luy avoit dit, en intencion de
venir contre l'empereur et son frère en Ytalie et en Honguerie, s'ilz
n'apoinctoient avec ledit Turc, dont ledit Gritti se faisoit fort de conduire ceste œuvre, qui luy en vouldroit bailler la charge. Et ay veu
semblablement toutes les remonstrances et persuasions faictes par
nostredit sainct père à tous lesdits ambassadeurs affin que chacun
d'eulx feist toute dilligence d'escripre à leurs maistres lesdites nouvelles, et les prier et requérir de sa part que chascun se voulsit mectre
en devoir de secourir promptement ladicte chrestienté. Pareillement
ay très bien noté le propoz tenu par le cardinal Frenayse [1], parlant
pour tous ses compaignons, et les parolles portées despuis, tant par
l'amb^r de l'empereur que autres estans à ladite assemblée, et vous advise, monsieur d'Auxerre, que j'ay trouvé la responce par vous faicte
sur les choses dessus dites, tant à nostredit sainct père à part que à
ladite compaignie, si très bonne et tant approchant de mon intencion,
qu'il ne seroit possible de plus. Car en cela vous n'avez riens obmis
de ce qui falloit dire et remonstrer, dont je vous sçay très-bon gré,
et affin que plus clérement vous soyez adverty de mon voulloir pour
le faire entendre à nostredict sainct père et en respondre à ceulx qui
vous en tiendront propoz par cy-après, entendez que j'ay trouvé merveilleusement estranges les parolles portées par lesdits ambassadeurs
de l'empereur et du roy de Honguerye son frère, d'autant qu'il semble
qu'ilz veulent entièrement purger leurs maistres de l'entreprinse que
veult faire ledit Turc sur la chrestienté, et les en descharger sur les
autres princes qui n'en sont aucunement coulpables, donnant à en-

vée dans un manuscrit de Béthune, n'est
pas donnée dans la correspondance publiée
par Camusat. Elle est d'autant plus essen-

tielle, qu'elle développe toute la politique
de François Ier dans cette circonstance.

[1] Le cardinal Farnèse, depuis Paul III.

tendre à tout le monde qu'ilz ont faict tout ce qu'ilz ont peu pour rompre les dessains dudit Turc, qui est tout le contraire. Car, comme vous avez très bien dit et remonstré à nostre sainct père, ilz ne povoient pas prendre un meilleur moien et chemin pour tirer ledit Turc en icelle chrestienté, que de faire ce qu'ilz ont faict, c'est assavoir d'avoir fait excommunier le roy Jehan de Honguerie, qui ne demandoit que justice à nostredit sainct père et audit empereur, de son royaume qu'il dit luy avoir esté osté par le roy domp Ferdinande, offrant de débatre son droict par justice et non par force, qui est tout le plus grant devoir où il se pouvoit mectre. Sur quoy, sans l'avoir ouy ne donner audience à ses gens, a esté en plain consistoire privé de sondit royaume et excommunié et chassé de l'Eglise, qui est une injure et tort faict si grant et si esloigné de raison qu'il n'y a prince soubz le ciel, de quelque qualité qu'il soit, qui sceust ne voulsist porter cela sans s'en ressentir grandement et demander aide de tous les coustez dont il penseroit l'avoir; par quoy nul ne peult nyer que ayant faict un tel oultrage audit roy Jehan, et dont il s'est bien voullu ressentir, que cella ne soit cause principalle et motifve d'avoir faict armer icelluy Turc contre ladicte chrestienté. Et oultre les parolles portées par lesditz ambassadeurs, je trouve encores beaucoup plus estrange que l'on tasche d'avoir ayde de moy et contribucion d'argent et non de gens pour le fait dudit Turc, actendu que toute ma vie je me suis tousjours voullu trouver en personne aux guerres que j'ai eues, comme chacun a veu, et que maintenant que, graces à Dieu, mon royaulme est en son entier en paix, repoz et transquilité, et mes enffants recouverts et en mes mains, et qu'il est question d'une guerre en laquelle, estans les choses conduictes par la raison, je vouldroye employer jusqu'à la dernière goutte de mon sang et avoir ma part de l'honneur ou du dommaige qui en pourroit avenir; je demourasse ès villes de mon royaulme ce pendant que les autres combatteroient, ce n'est pas chose que l'on sceust faire accorder, et semblablement je ne veoy pas grant fondement que les ministres de ceulz qui sont descenduz d'une maison et d'un païs qui n'a pas fait par le

passé ce que ont fait mes prédécesseurs roys de France pour la deffense de nostre foy me voulsissent enseigner comme je me doibs maintenant gouverner et conduire pour la conservation de l'Eglise, actendu mesmement que mesdits prédécesseurs n'ont jamais failly,
autant de foys qu'il en a esté besoing, d'avoir emploié non seulement
leurs forces, mais leurs propres personnes et vyes, tant pour résister
aux entreprinses des Turcs et infidelles et remectre les papes en
leurs siéges, comme à faire plusieurs autres bonnes et sainctes entreprinses dont les fruicts ont esté si grans et les effects tant louables,
qu'il ne se fault donner merveilles s'ilz en ont obtenu et acquis le nom
de très-chrestien que je porte, lequel j'espère conserver comme ont
faict mesdicts prédécesseurs, faisant bien entendre à sadite saincteté
que, quant à l'ayde que elle demande pour l'Italye, toutes et quantes
foys que besoing sera de obvier ou résister à l'entreprinse dudit Turc,
ou cas qu'il vueille offendre la chrestienté de ce cousté-là, je offre
de y passer en personne acompaigné de cinquante mil hommes de
pied et trois mil hommes d'armes, avec l'équippage d'artillerye et municions qui sera nécessaire, et d'employer la personne et la vye pour
une si bonne et si salutaire euvre que celle dont il est question : mais
que d'esmouvoir une guerre contre ledit Turc pour les différends et
querelles particulières d'autruy, et mesmement de celles qui sont
cause de l'avoir appellé, je ne suis point délibéré de le faire, d'autant
que chacun scet les grosses et extrêmes despenses que j'ai portées
par le passé, qui ont esté telles que chacun peult clérement juger
qu'il est beaucoup plus raisonnable que ceulx qui ont eu les deniers
de ma ranson et à qui l'affaire dont il est question touche plus que
à nulz autres, y emploient leurs forces et l'argent qu'ils ont eu de moy,
que si je y mectoye riens davantage, actendu mesmement que des
choses où il a esté question par cy-devant d'avoir gaing, advantage et
prouffit, ilz n'ont jamais voullu permectre ne souffrir que je m'en soye
meslé en quelque façon ou manière que ce soit, et à présent qu'il
n'est question que de despenses et de hasarder et mectre mes forces
en péril et dangier évident pour leur cas particullier, ilz font ins-

tance que je entre en nouvelles guerres et despences, qui n'est pas
chose raisonnable; et ne me puis trop esmerveiller que veu que l'on a
si grande peur et craincte de la venue dudit Turc par delà, que l'on
dit, comme l'on laisse parmy la Lombardie et ailleurs les gens de
guerre qui y sont oysifz et sans riens faire, et que plus tost l'on ne les
fait retirer ès ports et hâvres où l'on pense que ledit Turc ou ses gens
doyvent faire descente. Et là où ledict empereur auroit si grande peur
et craincte de perdre le royaulme de Naples, que pour la conservation
d'icelluy il voulsist exiger ung ayde par toute ladite chrestienté, vous
pourrez dire à ses ambassadeurs, s'il vient à propoz, que s'il me veult
rendre l'argent que je luy ay baillé et me quicter ce que je luy puis
encore devoir de reste, j'entreprandray bien de le garder quatre bons
ans à mes despens, sans demander pour ce faire secours à personne,
remonstrant et faisant bien entendre de ma part à nostredit sainct
père et à iceulx ambassadeurs que je ne me puis trop esmerveiller de
ce que ledit empereur et sondit frère ont si grande peur de la venue
dudit Turc, veu que par ce qui fut proposé ledit jour des Innocens
l'on ne peult nyer que ne soit en leur povoir, s'ilz veullent composer
et entendre à la raison, de rompre toute ladite entreprinse, et par ce
moien eulx oster et toute ladite chrestienté de doubte, suspeçon et
despence, vous advisant, monsieur d'Auxerre, que depuis peu de jours
en çà est arrivé devers moy ung personnage de la part dudit roy
Jehan de Honguerye pour me prier et requérir, avec telles et semblables protestations que celles qui ont esté faictes à N. S. P. de la
part de sondit maistre, de voulloir estre moyen qu'il se feist quelque
accord touchant son affaire, à quoy je ne vouldroye faillir de m'emploier pour le bien universel si je pensoye que cela y peust servir de
quelque chose. Et quant à ce que faictes sçavoir à mondit cousin le
grant maistre, que avez entendu que quelquez ungs avoient porté parolles que l'entreprinse dudit Turc se faisoit avec la suscitation et intelligence d'aucuns princes chrestiens, et qu'il a peu sembler à aucun
que l'on disoit cela pour moy, s'il y a aucuns princes qui le veuillent
dire, chacun sçait comme j'ay acoustumé d'y répondre quant on me

touche de mon honneur et n'est besoing que je vous en dye autre
chose. Mais là où ung ambassadeur vouldroit soustenir cela, vous luy
pouvez respondre qu'il en a menty par la gorge, car mes prédécesseurs et moy avons par le passé trop longuement maintenu le nom
que nous portons en honneur et réputacion pour varier maintenant
en cela. Et quant on vouldra bien penser à toutes les causes qui
peuent avoir meu et meuvent ledit Turcq, oultre celles qui sont cy-
devant déclairées, de s'armer contre ladite chrestienté, l'on en trouvera
entre autres une qui y a peu et peult grandement servir, qui est le
grant nombre de forussiz du royaume de Naples, qui pour raison du
fait de la guerre ont esté contraincts d'abandonner leurs maisons et
biens, lesquelz voyant qu'il n'y a jamais eu ordre, quelques prières
et requestes qui aient esté faictes en leur faveur audict empereur,
d'avoir peu obtenir ceste grâce de luy que de retourner en leurs biens
et maisons pour y vivre et user le reste de leurs jours, comme désespérez de la clémence et miséricorde d'icelluy empereur, plusieurs
d'eulx se sont retirez, comme l'on dit, devers ledit Turc, et ne font
incessamment et journellement que le solliciter et presser d'exécuter
ladite entreprise, la luy rendant, comme le bruict est, très aysée et
facille à conduire, aymant beaucoup myeulx, pour l'espérance qu'ilz
ont d'estre remyz et réintégrez par sa main en leursdits biens, le veoir
régner en Italie que si ledit empereur y demouroit. Et après, monsieur d'Auxerre, que vous aurez bien dit et déclairé à nostredict
sainct père de ma part tous les poincts cy-dessus touchiez, et faict entendre l'offre que je luy faiz, qui n'est pas petite, vous remonstrerez
à sadicte saincteté qu'il est aussi bien raisonnable qu'elle m'acorde et
octroye, pour subvenir à la despence ou à partie d'icelle, que je puisse
cueillir et lever par tout mon royaume telle et semblable ayde qu'elle
a permis aux autres roys et princes, et en actendant vostre responce,
affin de ne perdre de temps, je commenceray à pourveoir et donner
ordre à ce qu'il est besoing pour mectre les forces dessusdites ensemble; et là où l'on ne trouveroit bon que je passe en Ytalie avec
l'armée dessus dite, je faiz mon compte de me retirer en mes païs de

Provence et de Languedoc, qui me sont aussi bien en frontières, veu le lieu où ilz sont assis, que est le royaume de Naples à l'empereur, pour là avec mes forces actendre qui en pourra avenir, délibéré, que quant ainsi seroit que ledit Turc se vouldroit atacher à moy, de conduire et guider mon affaire de sorte que l'on congnoistra, avec l'aide de Dieu, que je me sçay conserver et garder mondit royaume tout entier.

Monsieur d'Auxerre, je vous ay bien voullu faire le discours tel que vous le voyez ci-dessus, et vous déclairer mon intencion, laquelle je ne faiz compte de muer ne changer aucunement, affin que, suivant icelle, vous vous puissiez conduire et gouverner sans passer plus oultre, priant Dieu, monsieur d'Auxerre, qu'il vous ait en sa saincte et digne garde. Escript à la Meilleraye, le xxvᵉ jour de janvier MDXXXI.

LETTRE DE FRANÇOIS Iᵉʳ AU SACRÉ COLLÉGE.

(Copie. — Béthune, ms. 8477.)

FRANÇOIS, etc. Très-chers et grans amys, piéçà ayantz esté advertiz des choses dernièrement proposées par S. S. en consistoire sur les nouvelles et advertissemens qu'elle avoit euz du gros équippage et préparatif que le Turcq faisoit en délibération de courir sus et invader la chrestienté du costé de l'Italie et de Hongrie, au cas que l'empereur et son frère ne voulsissent venir à quelque accord et appoinctement avec le roy Jean dudict Hongrie; et du désir et affection que S. S. avoit que tous et chascuns les ambassadeurs des princes et potentats estans lors présens audit consistoire en escrivissent et advertissent bien amplement leurs maistres, affin que chacun d'eux se voulsist préparer pour résister à l'entreprinse dudict Turcq; nous feismes tost après responce pour faire offre à sadicte Saincteté de par nous que s'il luy plaisoit, pour la deffense et conservation d'elle et généralement de toute l'Italie, nous nous transporterions en personne par delà avec cinquante mil hommes de pied, trois mil hommes d'armes et une bonne grosse

bende d'artillerie avec l'équipage et munitions nécessaires... Mais
pour autant que depuis avons entendu que Barberousse, avec l'ayde et
faveur dudit Turcq, se prépare et met à ordre avec six vingt voilles,
affin que au mesme temps et instant que iceluy Turcq faict compte de
faire descendre ses forces en Italie, nous venir semblablement courir
sus en cestuy nostre royaume du costé de nos pays de Languedoc et
de Provence; à quoy nous désirons pourveoir et remédier, d'autant
que iceux pays ne nous sont pas moins de frontière que sont audit
empereur et sondit frère les royaume de Naples et de Hongrie, et qu'il
soit ainsi, il vient journellement des fustes de Mores courir jusques à
la coste dudit Provence : à ceste cause, nous nous sommes bien voulu
transporter en cestuy pays de Normandye pour adviser et regarder de
bonne heure à préparer les forces qui nous sont requises, tant de navires, de gens de guerre, que autres choses nécessaires pour résister
audict Barberousse, pour icelles forces faire après passer par le destroict de Gibraltar du costé de nosdicts pays de Languedoc et coste de
Provence, affin de tenir nostredicte coste de ce quartier-là en seureté ; et pour l'effect dessusdict, outre les gallères subtilles que nous
avons de ceste heure audit Provence et les autres vaisseaux de voilles
quayrés et latynes que nous y pourrons faire passer, nous faisons présentement faire à toute diligence douze galères et certains autres
vaisseaux, pour, iceux achevez et parfaictz, les faire armer et équipper
ainsi que verrons que besoing sera pour le bien de la chrestienté. Et
d'autant qu'il nous seroit trop plus que difficille, outres les autres
grandes et extrêmes despenses que avons esté contrainctz de faire par
cy-devant pour le recouvrement de noz très-chers et très-amez enfans,
de porter et soustenir une si grande et si grosse charge que celle que
nous serons contrainctz de soustenir, tant pour l'entretenement de la
force que nous avons fait offrir à nostredit sainct père pour le costé
de l'Italie, que semblablement pour la deffence et conservation de nosdits pays de Languedoc et de Provence, nous escrivons présentement
à icelle sa saincteté, la suppliant et la requérant à ce que son bon
plaisir soit nous vouloir permettre et consentir de pouvoir lever et

cueillir sur l'église et clergé de nostre royaume toute telle et semblable
ayde qu'elle a accordée et octroyée aux autres princes chrestiens de
pouvoir lever en leurs royaumes, terres et seigneuries, attendu mesmement que nous ne sommes de moindre qualité qu'eux, et que nous
et nos prédécesseurs roys de France, que Dieu absolve, avons continuellement faict par le passé, toutes et quantes fois qu'il en a esté
besoing, ainsi que chacun a peu veoir et cognoistre par effect, tout ce
qu'il a esté possible sans y riens espargner, tant pour résister aux efforts
et entreprinses des Turcqs et autres infidelles ennemys et adversaires
de nostre sainctes foy et religion chrestienne, que pour la deffence et
conservation de toute l'Église et dudict sainct-siège apostolique, ce
que n'ont pas faict les autres princes, etc. — Escript à Rouen, le 11e jour
de février 1531, *ainsi signé* FRANÇOIS, *et contre-signé* BRETON.

EXTRAITS DE LA CORRESPONDANCE DE ROME ET DE VENISE.

NOUVELLES DE VENISE SUR LA TURQUIE. — ARRIVÉE ET NÉGOCIATIONS DE LASKI A ROME. —
ACCUSATION PORTÉE CONTRE LA FRANCE. — PASSAGE DE RINCON À VENISE. — NOUVELLES
D'ALLEMAGNE. — MARCHE DE L'ARMÉE TURQUE SUR BELGRADE. — RETOUR DE RINCON, ET
DÉTAILS SUR SA RÉCEPTION EN TURQUIE. — APPROCHE DES TURCS DANS LE VOISINAGE
DE VIENNE.

Venise, 3 février 1532.

Lettre
de M. de Baïf
à
l'évêque
d'Auxerre.

. . . . . Par ses seigneurs je entends que l'emprinse du Turcq n'est
point ainsi reffroidie comme l'on dit à Rome, ains va en avant plus
que jamais, qui pourra estre cause que les princes chrestiens se mettront bien à un pour mieux lui résister : mais à l'avanture se nostre
sainct-père povoit faire que le roy des Romains voulsist laisser le
royaume de Hongrie en passiance au roy Johanni, ce pourroit estre
cause de rapaiser tout ; mais ceux qui ont la cupidité si grande d'a-
voir tout et dominer sur tout pourroient bien estre cause de perdre
tout.

Rome, 17 février 1532.

Monseigneur, les gens de l'empereur sèment partout qu'ils sçavent bien que le roy de France ne donra jamais secours aux affaires de l'empereur contre le Turc. J'ay entendu qu'ils sont en propos de requérir le pape qu'il excommunie tous les princes chrestiens qui ne donneront secours à l'archiduc au faict de Hongrie... J'ay entendu et croy pour vérité que l'archiduc n'est pas délibéré de rendre le royaume de Hongrie, et semble que ce soit chose conclue entre l'empereur et le pape, cuidans tirer la guerre là, pensans que le Turc ne fera point deux armées à la fois... J'ay souvent remonstré au pape qu'il ne doibt refuser d'estre juge d'entre le roy Jean et le roy Ferdinande; mais, cognoissant que c'est jeu où ledict Ferdinande ne veut point entrer, il n'en veut point ouyr parler ny mesmes de luy envoyer ambassadeur, s'excusant qu'il ne sçauroit estre juge sans le consentement des deux parties, et qu'il n'est pas honneste d'envoyer ambassade à gens excommuniez, excuses, ce me semble, mal considérées, car l'on envoieroit bien ambassadeurs au Turc, et sy j'ay remonstré qu'il ne debvoit faillir à luy envoyer ambassade, ne fust que pour entretenir ledict roy Jean en l'obéyssance de l'Église, car il est seur, encores que les chrestiens combatissent et chassassent le Turc dudict Hongrye, si le roy Jean a jamais royaume ni seignerie, il la distraira de l'Église romaine avec bonne raison, puisque l'on l'a jetté et excommunié sans le vouloir ouyr. Outre ce, l'excuse n'est véritable, car le roy Jean fut absoubz quatre jours après qu'il fut excommunié, comme le pape me l'a advoué; et quant bien il ne seroit absoubz, il seroit en la puissance du pape ou de l'absoudre ou suspendre l'excommuniment jusques à quelque temps, comme quelques cardinaux remonstrèrent lundi dernier en consistoire, à quoy il ne voulut entendre, pour ce qu'il sait que l'empereur ne veut que par tel moyen l'appointement se cherche; et ay sceu de bon lieu que les gens de l'empereur qui sont icy ont mandé à ceux qui sont au royaume que s'il venoit nouvelles du Turc, ils ne les laissassent passer jusques icy, de peur de mettre nouvelle

Lettres
de l'évêque
d'Auxerre
au grand maitre
de France
Montmorency.

alarme au camp, se contentens pour leurs affaires de ce qui en a
esté dict. . . . .

Rome, 22 février 1532.

L'home du roy Jean de Hongrie, duquel vous ay escrit, arriva le
premier de ce mois, et deux jours après nostre sainct père l'envoya
quérir à deux heures de nuict pour entendre sa charge, qui est sur
une lettre de créance, protester que la guerre que le Turc entreprent
n'estre point par sa coulpe, mais de ceux qui n'ont point voulu souffrir que le droict qu'il prétend au royaume de Hongrie fust débatu
par justice et raison : l'autre que, comme de piéçà ledict roi Jean vouloit envoyer par devers nostredict sainct père un ambassadeur avec
puissance suffisante pour remettre l'affaire à sa saincteté dont il avoit
esté empèché, que encores l'offroit présentement, et outre ce, que
ledict roy advertissoit S. S. qu'il avoit receu des lettres du Turc par
lesquelles il luy promettoit le secourir, et confermoit toutes les promesses de paix, signifiant que tous qui seroient amis dudict roy Jean
seroient pareillement les siens. Dimanche matin N. S. P. me dist luy
avoir esté porté telles parolles par ledit homme dudit roy Jean, à
quoy la responce de nostredit S. P. après avoir eu bon conseil avec
les gens de l'empereur, et avoir appellé un nombre de cardinaux pour
en délibérer, a esté que si le roy Jean veut compromettre en luy, il
acceptera le compromis et y fera comme bon père. Et pour ce envoye
présentement un mésager exprès à la diette de Ratisbonne, où les
gens dudict roy Jean se doibvent trouver avec puissance de composer,
pour, si les choses ne sont accordées, prier ledict empereur et Ferdinande qu'ils remectent l'affaire à sa saincteté, et, s'ils ne le veulent
faire, remonstrer que d'eux vient la faute et le danger, non pas dudict roy Jean, par devers lequel ledict messager passera en Hongrie
pour l'advertir de ce qu'il aura faict à la diète de Ratisbonne, et que
si cependant ledict roy veut envoyer ambassadeur par devers S. S. il
le recevra comme ambassadeur, ce qui m'a semblé très-bonne et honneste responce. Ledit home du roy Jean a demandé ce soir à nostre-

dict sainct père ceste responce par écrit pour la envoyer aux princes chrestiens amis et alliez de son maistre, ce que nostredit sainct père luy a accordé. J'ay retiré, conseillé et festié ledict home du roy Jean, de sorte qu'il s'en pourra louer à son maistre [1].

Venise, 3 et 4 mars 1531.

Lettre
M. de de Baïf
à l'évêque
d'Auxerre.

... Je vous diray bien que le Turcq est pour faire de l'ennuy aux chrestiens et bien préparé pour ce; nul ne veult croire jusqu'à ce qu'il ayt receu..... Ses seigneurs sont en grant paour du Turcq, que l'on dict que son armée de mer est preste à sortir de l'estroict de Gallipoli avec cent vingt-six gallères et soixante fustes de coursaires, et, à ce que l'on a entendu, il aura aultres cent cinquante gallères pour mettre sur ladicte mer. Ses seigneurs arment de jour en jour et font partir gallères, et jour et nuict besogne l'on à leur arcenal, qui est bien signe que ledict Turcq veult mectre son emprinse en exécution; qui m'a semblé bon vous faire entendre ce peu de nouvelles qui emportent assez pour la chrestienté. Dieu par sa saincte grace nous en vueille donner bonne yssue.

[1] Par un avis de Malte, du 4 mars 1532, l'ambassadeur de France à Rome était informé de ce qui se passait en même temps sur un autre point, à la côte d'Afrique, où Barberousse faisait plusieurs tentatives pour reprendre le royaume de Tunis sur le prince allié de l'Espagne. « ..... Ce qui se faict par deçà est que le roy de Tuniz est venu avecques armée sur une sienne ville nommée Taiora, à dix milles de Tripoly, à cause que un Turc corsaire la luy a occupée, et est distant dudit Tuniz de quatre à cinq cents milles, et cognoissant que ledit Turc estoit grand ennemy dudit chasteau de Tripoly, a cherché de contracter amityé avecques nous, et escript fort gracieuses lettres, demandant secours d'artillerie et de gens, ce qui luy a esté octroyé moyennant bons ostages; et se sont jà faict plusieurs escarmouches, où nos gens se sont fort bien portez; car soixante des nostres se sont trouvez donner la chasse à plus de huit cens Mores et Arabes, ce que ledit roy et tout son camp ont eu en grand merveille, et tenu comme miracle. Il a faict sa garde d'eux, et couchent toutes les nuicts à l'entour de sa tente, où ces Mores n'osent approcher. Il a envoyé de présent à monseigneur révérendissime un jeune lion et un lévrier, demandant plus grand ayde, car on ne luy a baillé que cent hommes, pource que ledit chasteau n'en pouvoit mettre hors plus largement. J'estime que vous aurez sceu le grand apprest de mer que faict le Turcq, qui est de trois cent cinquante galères..... »

Rome, 21 mars 1532.

Sire, le pape me dit que les nouvelles qu'il avoit du Turcq luy
sembloient de si grand importance et les préparatifs des princes chrestiens si mal prests à secourir l'Italie, qu'il avoit voulu adviser quel
nombre de gens l'on pourroit promptement faire en Italie et y trouver; qu'il y avoit dix mil Espagnols gens aguerris, autant d'Italiens,
gens aguerris pareillement, et bon nombre de gens à cheval, de quoy
l'on pourroit faire assez de chevaux légers, lesquels Espagnols, Italiens et gens de cheval l'empereur et les princes d'Italie pourroient
soudoyer; vous pourrez envoyer un nombre de Souisses de dix ou
douze mil et quelque bon nombre d'hommes d'armes, ainsi que luy
aviez offert, lesquels vous avez tousjours prets, et par ainsi faire un
secours prompt et aisé, et à son advis suffisant pour deffendre l'I-
talie... Je luy dis qu'il debvoit en cest affaire, qui estoit commun, user
d'un office de père commun et se gouverner en homme d'église qu'il
est, c'est-à-dire laisser faire la guerre aux rois et princes, leur commandant à chascun leur part et portion, selon et où qu'il verroit estre
nécessaire, sans se mesler d'armer, mais seulement, après avoir fortifié
ses places qu'il a de frontières, se soucier de fournir et faire venir
vivres de tous costez pour l'armée, sans faire tant de camps et de divisions... Et quant à ce que le pape ne dict point ouvertement que l'intention de l'empereur et la sienne soient de se passer de vostre secours, s'il me semble, il est assez évident parce qu'il a tant mené ce
propos avec l'empereur et avec ses gens, avec lesquelz il a consulté
tous les jours, n'osant pourtant sa saincteté refuser vostre ayde et secours de peur d'en avoir besoin. Je luy ay tousjours dict qu'il vous
fera peu d'honneur de vous avoir faict une grosse armée en vostre
royaume pour le secours de la foy, et par ainsi une grosse despence,
et puis essayer de se passer de vous jusques à l'heure que le besoin
sera si grand et si urgent que vous n'y pourrez secourir en temps.....
Je ne faudray un de ces jours, s'il vient à propos, de luy dire que, fai-

sant entre l'empereur et luy un camp qui évidement ne soit souffisant
pour deffendre l'Italie des forces du Turc, c'est occasion suffisante à
vous, qui estes le roy très-chrestien, de faire armée telle que puissiez
chasser et l'un et l'autre d'Italie pour la garder en la foy chrestienne,
qui sera chose, à mon advis, qui leur croistra le vouloir de se faire si
fors, qu'ils la puissent deffendre tous seuls, et vous hoster de ceste
despence et de ceste peine.

Rome, 28 mars 1532.

Lettre
de l'évêque
d'Auxerre
au grand maître
de France
Montmorency.

Monseigneur, les gens de l'empereur sont en un merveilleux soupçon de l'armée de mer que le roy a dressé, de sorte que le préparatif
qu'ils font, qui, quant tout est dict, n'est que de trouver argent, semble
estre seulement pour se deffendre du roy non pas du Turc. Et me
semble que je voy le pape en bien peu d'espérance de se deffendre, et
n'est pas sans soupçon que s'il voit que le Turc vienne, il prenne ce
qu'il pourra avoir d'argent et d'autres biens, et se retirer à Avignon
et laisser débatre l'Italie à qui voudra. Les gens de l'empereur sèment
qu'ils ont eu advis de Venize que le Turc vienne avec l'intelligence
d'un des principaux princes chrestiens ; et puis demandent que a affaire
le roy de France en Constantinople ; l'on y a veu son ambassadeur.
J'espère, dans dimanche que les cardinaux s'assembleront, bien parler et en bonne compagnie au cardinal Dosme, qui a porté ces parolles. Ils disent pareillement qu'ils ont lettres d'André Dorie, qui les
advertist d'avoir eu pareil adviz, dont je me suis enquis, et trouvent
qu'ils mentent, et que la peur qu'ils ont que ledict Dorie ne change
de parti leur faict mectre ce propos en avant, espérant par ce croistre
le courroux du roy contre luy, et par ainsi demoure d'autant plus serviteur de l'empereur [1].

¹ Une lettre du 23 avril, insérée ci-après,
p. 200, et où se trahit l'irritation que François Ier éprouvait alors contre Clément VII,
etait accompagnée d'un mémoire dans le-
quel, après avoir parlé du corps auxiliaire
que le pape lui demandait, le roi fait une
violente sortie au sujet des bruits répandus à Rome sur son intelligence avec la
Turquie et répond en particulier aux imputations du cardinal Dosme.» ... Jusques-
ici ses prédécesseurs roys de France n'ont
jamais combatu soubz l'enseigne d'autruy

Venise, 13 avril 1532.

Lettre
de M. de Bail
à l'évêque
d'Auxerre.

... Je vous advertiray bien et sans chiffre que le capitaine Anthoine Rincon a passé par cy pour s'en aller à Raguse et de là où Dieu luy conseillera; et ses seigneurs l'ont faict porter en une gallaire jusques là, laquelle avons demandée, et l'ont octroyée très-voulentiers de très-bon cueur. Il partit hier matin encores du port des Chasteaulx de ceste ville. A ce que je entends, il va pour empescher que le Turcq ne face emprinse contre les chrestiens et pour faire accord entre le roy Johani et le roy Ferdinando. Dieu vueille qu'il le puisse faire; pour le moins il me l'a ainsi donné à entendre.Si je sçavoys aultre, vous en eusse adverty en chiffre, mais l'intention est si très bonne, que je croy que l'on veult bien qu'il soyt sceu. Toutesfois, pour ne me mectre en dangier, je vous supplye n'en dire rien pas en me alléguant aucteur.

Venise, 24 avril 1532.

J'ay entendu de ses seigneurs que le Turcq fait groz préparatifz pour la deffension et la liberté de l'Italye, mais soubz leurs enseignes ont marché pour ledict effect les autres princes chrestiens... Quoi qu'il y ait, il n'est deslibéré de mettre les enseignes et bannières de France en danger d'estre conduictz et menez en triomphe par nations barbares et ennemies de nostre saincte foy; et là où il fauldra les mectre en hazard d'estre prinses et conquestées par la force de ceux qui toujours leur ont porté si grande craincte et révérence, il ne yra à faulses enseignes, mais voudra estre luy-mesme en personne avec les princes de son sang et sa noblesse; adjoustant ledict sieur qu'il avoit entendu qu'il y avoit à Rome un cardinal Dosme, qui alloit semant le bruiet que, pour assaillir la chrestienté, ledit Turcq et luy avoient intelligence ensemble: disant là-dessus ledict sieur qu'on pensast hardiment que là où il seroit vrai, ceux qui en voudroient parler se trouveroient les plus empeschez qu'ils furent oneques; et si la puissance de l'un d'eux leur est formidable, les deux mises ensemble le leur pourroient bien faire sentir; mais que, quant à luy, il a jusques icy trop monstré qu'il veut ensuivre les vestiges de ses prédécesseurs roys très-chrestiens, pour devenir à ceste heure infidelle; mais il ne se veut ravaller sy bas que de faire excuse; car là où ledict Dosme yra tenant ces propos, ledict sieur luy baillera en teste un fratre desfratré plus ort, salle et plus meschant encores que luy, et qui le desmentira par la gorge, et en laissera le combat à eux deux; car quant aux gens de l'estat dudict seigneur, chacun sçait que là où il s'en est trouvé qui aient voullu parler de luy, comme il a accoustumé d'en respondre. »

tant par mer que par terre, mais il y a si longtemps que on le dict
que je croiré le contraire si je ne voy autre chose : les Impériaux font
courir ce bruict pour avoir occasion de tirer argent, et pour le bien
du monde seroit, se me semble bon, qu'il ne se fist aucune émotion,
car le Turc ne peut faire plus gros bien à l'empereur que de faire
emprinse du costé de Hongrie pour réduire les Allemaignes à la dévotion et obéyssance d'iceluy.

Venise, 27 avril 1532.

L'ambassadeur de l'empereur qui est icy avoit faict tous ses el-
forts pour empescher que le capitaine Rincon ne peut passer, mais
cela ne luy a riens vallu, la grâce à Dieu. Quant est d'argent, je
prens sur mon honneur que en tout ce qu'il avoit d'or et d'argent
monnoyé ne monte pas à mil cinq cens escus. Bien est vray que tout
son usage de vaisselle d'argent vault environ huit cens ou mil escus,
et bien en ordre de bagues et autres acoustremens. Mais argent du
roy pour Hongrie, je croy que on n'y a point pencé en France, et
ce sont resveryes à ceux qui le cuident. De présent ledit capitaine
peut estre à Raguze ou par delà, et prendra droit le chemin de
Constantinople, ainsi que je entends : et pour vous dire nouvelles
dudit Constantinople, la vigile de St Marc ses seigneurs ont eu lettres
du xx et xxiv du mois passé, par lesquelles ont entendu que le Turc
a lx gallères en eaue prestes à faire voille et xx grosses gallées, lesquelles ne partiront point jusques à ce que les ambassadeurs du sophi
soient arrivez, lesquels viennent à Constantinople et estoient seulement prochains de xx journées, au devant desquelz le Turc a envoyé gens et argent pour les deffroyer en ses pays. L'on dit aussi et
tient l'on pour certain que l'armée de terre dudit Turc ira droict en
Hongrie et qu'elle est puissante à merveilles, mais s'il met la chose à
son conseil, il n'en fera riens, car il recevroit une seconde honte devant Vienne, où s'en va Anthoine de Lesve bien deslibéré de le recevoir. En somme, s'il prent la volte de Hongrie et des Allemaignes, il
fera le grand bien de l'empereur, et Dieu le vueille.

Venise, 24 mai 1532.

J'ay entendu en ceste ville que les ambassadeurs du sophy ont esté
honnorablement recueilliz du Turc, et ont apporté paix et amytié entre
eux, qui est mauvais cas pour les chrestiens; car soudain après leur
avoir donné audience, le Turc a fait porter son estandard par Braym-
Bassa, qui est signe de guerre contre nous. M. le cappitaine Rincon est
demeuré malade à Jarre de une fiebvre chaude; toutesfois, par lettres
lesquelles m'a escriptes du xij de ce moys, il est en espoir de convalescence. L'on dit que le roy des Romains est allé en Boesme pour
lever gens pour mectre en Vienne, et que l'empereur est fort malade ou de sa jambe ou de quelque autre mal, car il se monstre peu.

Coutances, 23 avril 1532 [1].

Lettres
de François Ier
à
l'évêque
d'Auxerre.

Monsieur d'Auxerre..... Si l'on vient à parler du faict dudict
Turcq, et à vous mettre telles ouvertures en avant pour me persuader
de bailler de mes forces pour estre employées soubs autre prince que

[1] Charles-Quint avait envoyé le sieur de Balançon à François Ier afin de lui demander de convertir en un secours direct pour la Hongrie l'offre qu'il faisait de défendre l'Italie : « Ayant entendu comme le Turq appreste deux armées, l'une de mer et l'aultre de terre, en voulenté d'envoyer en ceste primevère celle de mer du coustel de l'Italie et l'aultre pour l'adresser du cousté de Hongrye et Germanye, que entendons estre sans comparaison la plus puissante... que avons sceu comme ledict s[r] roy a ouffert à N. S. P. grande assistance contre ledict Turc, pour ce que le principal et plus grand besoing se ouffre du coustel de la Germanye, luy requérons qu'il nous veuille subvenir de quelque bon nombre d'armes des siens..... Si ledict s[r] roy s'excuse sur ce qu'il ayt accourdé lesdicts genz d'armes pour l'Italye, direz que la provision par nous advisée sera bien souffisante à la deffension d'icelle... que d'y envoyer ses gens de guerre seroit despence superflue et occasion aux Italiens qu'il voulsit attempter et mouvoir choses nouvelles en ladicte Italie pour la troubler et inquiéter, que seroit non seulement non ayder ne assister à la répulsion dudict Turq, mais icelle empescher... et si disoit le s[r] roy qui voulsist venir en personne à ceste deffension, luy pourroit respondre ce que nous seroit très grant plaisir, etc. » Viennent ensuite l'exposé que fait l'ambassadeur de la négociation qu'il a suivie à ce sujet, d'après les termes de l'instruction, et la réponse de François Ier, s'excusant de ne pas envoyer ses galères au secours de Naples, « contrainct qu'il est de les y tenir pour la sécureté de la coste de Lainguedoc et Prouvence, où sans cela Barbarosse et autres infidèles prendroient plu-

soubs moy à la deffense de ladicte Italie, vous advisant que je seray très-ayse qu'il la deffende sans moy, puisqu'ils ne trouvent bon que je m'en mesle, et qu'ils n'ont voulu accepter l'offre que je leur ay par cy-devant faict faire par vous, et me délibère de mettre peine de garder et conserver mon royaume en son entier, qui me y voudra venir assaillir. Vous ferez de ma part requeste à nostre saint-père de me octroyer et concéder les bulles de l'ayde que l'Église me donnera pour résister à l'entreprinse du Turcq, et que icelles bulles soyent pareilles à celles que sadicte sainteté a concédées à l'empereur; et en cas de refus ou délay, attendu l'éminent et notoire péril et grosse puissance qu'on dit que Barberousse a préparé sur la mer Méditerranée, dont il pourroit invader et surprendre mon pays et conté de Provence, qui est l'une des clefz et boulevartz de mon royaume, vous protesterez que je feray cottiser et lever sur les gens d'église un ayde sans autre permission ny auctorité, et pour ce, avant qu'il en faille venir à cela, nostredict Sᵗ Père pourra considérer, s'il luy plaist, une chose, c'est assavoir que les Françoys ont esté toujours obéyssans à l'Église et plus que nulle autre nation de la chrestienté, à l'occasion de quoy on ne leur doit donner nulle occasion de chercher autre voye ou moyen, d'autant que s'ilz y estoient une fois entrez, il seroit bien difficile de les en révocquer[1].

sieurz âmes et feroient maulx infiniz sur ses subjetz... » Et renouvelant son offre ou plutôt sa menace d'aller au secours de l'Italie : «......Encoires que l'on lui ayt faict quitter ce que lui apartenoit en Ytalie, si le Turq y descend, il yra pour la deffence d'icelle en personne acompaigné de trois mil hommes d'armes de ses ordonnances et davantaige L mil hommes de pied..... et en oultre ledict sᵗ ne fait doubte que le roy d'Angleterre, pour le mesme zèlle, ne se y treuve en personne ou n'y envoye ung bon nombre de gens de guerre. » (*Papiers d'état de Granvelle*, t. I, p. 612.) Sur cette

réponse du roi, l'empereur écrivit au mois de mai à son ambassadeur auprès des Ligues : « Quant aux pourchatz que fait le roy de France pour avoir accord de gens des cantons des ligues, à les emploier contre le Turc, c'est chose qu'ils ne doibvent accorder, ayant absolument respondu au sʳ de Balançon qu'il n'ayderoit contre le Turcq du costé de Germanie, et quant à faire armée du cousté de l'Italye sur ceste occasion, c'est sans nécessité ni fondement quelconque, etc. » (*Correspondenz des Kaisers Karl V*, t. 1, p. 676.)

[1] Dans une lettre du 26 avril, Fran-

Lyon, 14 mai 1532.

Avis
du 7 mai,
reçus
de Ratisbonne.

L'empereur pourchasse une trève pour trois ans avec le roy Jean
de Hongrie, et dict que s'il l'avoit, il s'en retourneroit incontinent
vers le chemin d'Espaigne; dict encore que le patriarche d'Aquilée,
qui estoit là, venant de Constantinople, avoit dict que si ledict empereur et son frère se veulent déporter du royaume d'Hongrie, et le
laisser audict roy Jean, qu'ils auroient telle trève du Turcq et à
longues années qu'ils voudroient, et que le Turcq ne veut à nulle
façon qu'il demeure audict frère de l'empereur, et ne le veut aucunement pour voisin. Dict encore que, en Hongrie, il y avoit vingt-six ou
trente mille chevaux et quelque nombre de gens de pied; mais que
c'estoit pour appaiser ledict royaume pour le susdict roy Jean d'Hongrie, et que de la venue de la personne du Turcq il n'estoit nouvelle.

Rome, 13 mai 1532.

Lettre
de l'évêque
d'Auxerre
à François Ier.

Sire, je vous ay escrit touchant le bruit qui estoit de l'alliance du
Turc et de vous, dont à présent je pense avoir bien occasion de me
mocquer de ceux qui ont faict le bruit s'en cuidans servir; car je voy
les choses du Turc se refroidir de jour en jour, mesmement du costé
de l'Italie, de sorte que ceux qui en ont faict le bruit en ont honte.
Ils ont faict semblant au royaume de Naples de faire une armée de
dix mil hommes pour mettre ès places, disant qu'il avoit esté veu

çois Ier revient sur l'objet des décimes :
« ...Vous remonstrerez à nostre sainct-père,
luy parlant des décimes pour résister au
Turcq, que, combien qu'il en ait par cy-
devant accordé un grand nombre à l'empereur, que néanmoins je me contente pour
ceste heure qu'il m'en accorde deux. » Ces
actes, dont le prétexte était invoqué trop
souvent par tous les gouvernements de
cette époque, avaient l'avantage d'offrir
l'occasion d'une manifestation publique,
sans tirer à conséquence pour l'exécution,
et de mettre à leur disposition des ressources fiscales presque toujours appliquées
à d'autres usages. L'abus de ces demandes
avait fini par rendre la cour de Rome très-
difficile sur leur concession. Voyez, dans
le recueil de Lanz (*Correspondenz des Kaisers Karl V*, t. I), plusieurs demandes du
même genre adressées par Charles-Quint
à Clément VII, et exprimées également en
termes de reproche.

grand nombre de gallères, et ont baillé des commissions aux capitaines sans argent, mais à la fin tout n'est rien. C'est une chose qu'ils
n'ont point failli à faire tous les quinze jours, qui ne sert à rien sinon
à tirer argent et vivres ès villes, dont ils font leur prouffit, et, quelque
bonne mine qu'ils ayent faict, n'ont pas despendu un escu en réparation de la marine.

Chateaubriand, 26 mai 1532.

Monsieur d'Auxerre . . . . . J'ai veu, par vos lettres du 13 de may,
comme l'intention pour laquelle on faisoit par delà courir le bruit du
Turcq est descouverte, et la mine qu'on a faicte de vouloir lever quelque nombre de gens de guerre, le tout afin de tirer argent; ce que
j'ay toujours pensé; mais, pour autant que je suis adverty d'ailleurs
des grands préparatifs dudit Turcq, vous ne laisserez de poursuivre
l'ayde dont je vous ay escript, car sachez que je ne veuille demeurer
despourveu, un tel cas advenant.

Lettre
de François Ier
à
l'évêque
d'Auxerre.

23 juin 1532.

Monsieur d'Auxerre, j'ay receu vos lettres, par lesquelles m'es-
crivez l'opinion en quoy est nostre sainct-père le pape, que le Turcq
ne face pour ceste année grande entreprise sur la chrestienté, et
néanmoins m'advertissez qu'il fait quelques préparatifs de guerre,
lesquels je ne puis penser que sa sainc teté face à autre fin que pour
y résister, et ne me sçauroit-on persuader que sa bonté voulsist troubler la paix qui est entre les chrestiens. Et, pour autant que de ma
part je ne voudrois faillir à mon devoir, et que en si grand besoin la
chrestienté ne trouvast en moy l'ayde et support qu'elle en peut et
doit espérer, et aussi que je suis certainement adverty que ledict
Turcq est du tout résolu de assaillir ceste année la chrestienté et de
y venir en personne, vous poursuivrez très-instamment qu'il m'accorde
l'ayde que je lui ay demandé, dont il ne me sçauroit raisonnablement
reffuser. . . L'ambassadeur de Venise est venu devers moy, qui m'a
dit que la seigneurie a eu certaine nouvelle que le 13 du passé il partit

26.

de Constantinoble nonante voiles, entre lesquelles y a vingt-deux galliaces, et se doivent renforcer jusques à cent cinquante voiles, par le moyen de Barberousse et du Judeo, et se viennent joindre à Andrinopoli (Gallipoli?), pour après choisir la voye qu'il leur semblera le plus à propos, soit d'Italie ou d'Allemaigne, par quoy vous redoublerez l'instance et poursuite que vous avez fait jusques icy.....[1]

Venise, 8 et 9 juin 1532.

Lettres
de M. de Baif
à
l'évêque
d'Auxerre.

J'ay entendu à ce matin comme le commis du seigneur Aloysi Grity avoit prins la forteresse de Clissa par la vexation d'une autre place que le Turc avoit faict faire tout auprès, qui leur empeschoit les vivres et autres commoditez; de quoy ses seigneurs estiment la chose estre de grant importance. Ledit Turc s'est accordé totallement avec le sophi, ainsi que on dit, et que ses ambassadeurs s'en sont retournez très contans, dont l'on estime que plus hardiment et plus volontiers fera son emprinse en la Hongrie et ès Allemagne. L'on dict aussi chose forte à croire de sa puissance, principallement par terre, car son exercite est du nombre de cinq cent mille personnes, dont y a trois cent mille chevaux, entre lesquels ses genissaires sont au nombre de vingt-cinq mil, portans tous arquebouses. Je crois que on en dict plus qu'il n'y en a, car quant il aura deux cens mil hommes en tout, ce sera plus que trop. J'ay receu lectres à ce matin du cappitaine Rincon, escrittes à Raguse le 1er de ce moys, par lesquelles ne me faict entendre sinon qu'il est prest à partir dedans deux jours,

---

[1] Clément VII promulgua, vers cette époque, une bulle ordonnant un jeûne général et des prières publiques pour écarter de l'Italie et de la Hongrie le péril dont les menaçait l'invasion des Turcs : « Clemens, etc..... Nos attente conspicientes quod nefandus perfidorum Turcharum tyrannus pluribus elatus victoriis christianorum dominia hactenus affecit, maximum terrestrem exercitum ac copiosam classem parat, at jam ad partes regni Hungariæ se contulit, et ad Italiam invadendam omni conatu extinguere molitur, et desiderantes huic morbo tantum invalescenti congruum antidotum exhibere : requiremus ut infra triduum jejunent omnes in etate legitima constituti... etc. — Dat. Rome, apud Sanctum-Petrum, anno J. C. MDXXXII, decimo octavo kal. julii, pontif. nostri anno nono. » (Archives du royaume. J. 937.)

nonobstant qu'il ne soit pas encores bien sain. . . . . L'abillement de
teste qui avoit esté envoyé de ceste ville au Turc luy a esté vendu
cent trente mil escus sol, qui démonstre bien qu'il a argent superha-
bondant, et plus qu'il ne luy en faut.

Venise, 16 juin 1532.

. . . Ses seigneurs ont eu lectres de Constantinople du xxviie du
passé, par lesquelles ont entendu que l'armée du Turcq de octante gallères estoyent prestes à Gallipoly pour partyr et faire voille sans les
fustes des corsaires, et s'en viennent à Modon. Par aultres lectres, l'on
dict que le Turc est à Sophia, sur le chemyn de la Hongrye ou bien de
l'Esclavonnye, lequel qu'il luy semblera le mieulx, et ne sçait l'on qu'il
veult faire.

Venise, 30 juin 1532.

L'on dict que l'avant-garde du Turc, au nombre de soixante-dix
mil chevaux, est arrivée à Bellegrade, de laquelle Aloysi Grity est
capitaine, mais je n'en croy riens, car c'est une charge laquelle appartient à Braym-Bassa, soubz lequel ledit Grity pourroit avoir quelque
charge; et pour le présent, puisque le Turc est party de Constantinople, ses seigneurs ne peuvent avoir nouvelles certaines de son armée que par grand distance de temps, car ils n'ont point moyen de
ce faire. Je suis bien marry de la malladie du capitaine Rincon, par
le moyen duquel l'on en eust pu savoir quelque chose.

Soleure, 28 juin 1532.

On n'entend riens de ce qui s'est faict à Nuremberg, sinon qu'on
tasche d'arrester l'ayde à l'encontre du Turcq, lequel on entend estre
party d'Andrenopoli le 17 mai, et les princes et bonnes villes d'Allemagne ont accordé le nombre de vingt-huit mille hommes de pied
et cinq mille chevaux. L'empereur dit qu'il en fera autant, sans les
Bohémiens du roy des Romains, qu'on compte à dix mil. Je n'ay
point encore veu de payement, et toutesfois on ne parle icy d'autre

Avis reçus
d'Allemagne
par
la Suisse.

chose que dudict Turc, qu'on pense desjà estre bien avant en pays.
Nous vous advisons que, ainsi que Ferdinand revenoit de Bohesme,
estant dedans le lict en une ville appelée Schenerach, le feu se print
en son logis, qui le pressa de sorte qu'il fut contrainct se sauver en
chemise. Son chapellain fut bruslé avec dix-sept de ses meilleurs chevaux et tout son bagaige, et grande quantité de lettres qui estoient
en ses coffres. L'empereur est aux bains à Hach, qui est à deux milles
de Ratisbourg, où il ne se fera rien que la journée de Nuremberg ne
soit achevée.

Soleure, 12 juillet 1532.

. . . M. de Vely, ambassadeur du roy auprès de l'empereur, escript
que pour certain le Turc est arrivé à Belgrade avec grosse puissance,
partie de Tartres et Moscovites, et là despart son armée, et envoye
iceux Tartres et Moscovites faire la guerre au roy de Pologne, lant-
graff d'Esse et autres pays adjacens; ce que on doubte fort, et ne pen-
soit-on que telle nation deust venir avec ledit Turc en ceste entreprinse.
Ledit Turc se prépare d'autre costé pour venir à Vienne, laquelle
l'empereur a bien garny de deffense, et a espérance que s'il l'assaut, il
n'y fera grand chose. Ledit empereur se prépare, et chascun s'apa-
reille pour résister audit Turc.

Venise, 28 juillet 1532.

. . . Ses seigneurs ont receu lectres de Corfou du XIIIe de ce moys,
par lesquelles ont entendu que l'armée de mer du Turcq estoit arrivée
à Modon au nombre de cent trente voilles, le Ve dudict moys, sans les
corsaires, dont ces S^{grs} sont en grant peyne : car, comme j'ay entendu
secrètement, lesdicts Turcqs ont charge de saccager Zanto, qui est en
leur subjection, pour ce qu'ils furent participans et conseillers de l'entreprinse de Modon. Cesdits S^{grs} ne sçavent que conclure en leur prégay
pour sçavoir s'ils doibvent endurer telle injure des Turcqs ou non, ou
se joindre avec André Doria.

Malte, 28 juillet 1532.

Monsieur. . . Je vous advise que avant-hyer arriva un des brigantins
que j'avois en Levant, lequel m'a rapporté qu'il a laissé l'armée de mer
du Turc à Modon, en nombre de cent cinquante voiles, dont y a huic-
tante gallères, le reste, galliotes et fustes; et m'a asseuré les avoir par
plusieurs fois comptées. Ils font courir le bruit de venir sur moy; et je
fais compte de me mettre en mer avecques mes navires, après avoir
laissé ceste isle bien pourveue et fournie de ce qui y sera nécessaire de
vivres, artillerie, munitions et gens de guerre, et néantmoins renvoye
ledit brigantin au-devant de ladicte armée, pour sçavoir à la vérité
quel chemin elle prendra. . .

Lettre
de Villers
L'Ile-Adam
à l'évêque
d'Auxerre.

Venise, 5 août 1532.

Le seigneur Rincon est céans à mon logis retourné non trop sain
de son voyage, et n'a arresté que deux jours seulement au camp,
où n'a peu riens faire de ce qu'il estoit chargé du roy, c'est assavoir
de prier et retenir le Turc qu'il ne vint courir sus aux chrestiens;
quoy voyant, s'en est retourné icy, et m'a dit, ledit seigneur Rincon,
que le Turc lui a respondu que pour l'ancienne amitié qu'il avoit
avecque la maison de France se fust volontiers retiré à sa requeste
s'il ne se fust veu si avant, mais que on diroit qu'il se retireroit de
paour de Charles d'Espagne, comme ils le nomment, et davantage
qu'il se esmerveilloit de ce que le roy faisoit telle requeste à la faveur d'un homme qui l'a si mal traicté, et lequel n'est point chrestien,
veu qu'il a saccagé le chef de la religion qui est à Rome, et mis et retenu en prison, et pris et rançonné le grand vicaire de son Christe, et
lequel despeulle tous les ans, pleume et pille les chrestiens soubs
umbre de lui venir faire la guerre. Au demourant, ledit sieur Rincon
dit merveilles de sa puissance, laquelle est incrédible : ils sont seullement quatre-vingt mil avant-coureurs, lesquels marchent deux ou trois
journées devant l'exercite pour endommager, brusler et gaster les
terres de ses ennemys : en son camp se treuve trois cens mil hommes

Lettres
de M. de Baïf
à
l'évêque
d'Auxerre.

payez, dont la plupart d'eux ont qui dix, qui quinze, qui vingt et vingt-cinq et soixante chevaux soubz eux, de sorte que la somme du tout monte à tel nombre, qu'il se peut dire seulement : il a plus de cent mil chevaux et cinquante mil mulets de chariage, et a pour la guarde douze mil arquebusiers, tous nourriz de jeunesse à l'arquebuze. Ledit seigneur Rincon arriva la nuict au camp, et luy fut faict gros honneur et bon recueil, car les Turcs tenoient au bout de leur lance un flambeau, qui estoient plus de quatre cens mil, et croyez que si tous les feux de joye de Rome avecques le chasteau St-Ange estoient miz ensemble, se ne seroit que un village au pris de Paris quant à telz feuz. Il a encore laissé là les ambassadeurs du roy Ferdinando [1].

---

[1] Les détails de cette réception, donnés par Rincon, sont confirmés par le récit des historiens ottomans, qui attachent, comme de raison, un haut prix aux honneurs extraordinaires avec lesquels cet ambassadeur fut reçu par Soliman, et à défaut des documents relatifs à cette mission, il est heureux que nous puissions y suppléer par le mémoire de M. de Hammer, qui est aussi intéressant qu'instructif dans toute cette partie.

« Voici d'abord ce qu'en dit Solakzadé au chapitre qui a pour titre : *Expédition du sultan en Allemagne en* 1532. « C'est là (à Belgrade) qu'arriva un ambassadeur de la part de François, padichah de la France, et comme il persistait dans son ancien dévouement pour la Sublime Porte, on redoubla d'égards envers lui. »

« Aali, un des historiens les plus estimables par son impartialité, racontant la campagne de Gûns, dit de même : « Le 18 du mois de zilcadé (21 juin) arrivèrent des ambassadeurs du roi de France, François, qui était maître de grands biens et de braves champions, et possédait un vaste pays; il avait un pouvoir considérable sur mer. Ils furent témoins de cette grandeur et de cette magnificence de tant de gloire et de puissance, et après qu'ils eurent reçu leur réponse, on entra à Belgrade. »

« Mustapha Djelalzadé, nommé le grand Nichandji (secrétaire d'état pour le chiffre du sultan), pour le distinguer de deux autres Nichandji qui ont écrit une histoire ottomane, dont l'un est appelé le petit et l'autre le moyen, dit, dans le chapitre où il traite de la même guerre d'Allemagne : « En attendant, arriva l'ambassadeur du susdit padichah de France au camp impérial; il fut reçu suivant les formes usitées de S. A. le pacha (le grand vizir Ibrahim), rempli de bonnes qualités et distingué par d'excellentes actions. Après qu'on eut pris connaissance de l'objet de sa mission, un divan général fut ordonné. »

« Après la description des solennités extraordinaires et de la pompe du camp, le texte de Djelalzadé continue ainsi : « Les ambassadeurs étaient assis hors la tente du divan; S. A. le pacha commandant (le grand vizir) parla à l'ambassadeur de France en ami et aux autres (à ceux de Ferdinand) en lion. »

Venise, 18 août 1532.

... Ses S^{grs} ont eu lectres de Corfou du xxx° du passé, par lesquelles ont entendu comme l'armée de mer du Turcq estoyt arrivée à Previsa, quarente mille près de Corfou, où racoustroient tous leurs vaisseaulx de mer; et dict l'on qu'ils ont quarente et cinq galléasses et quarente-cinq gallées, le reste par fustes, et le tout est du nombre de cent trente

« Et puis, après la description de l'entrée du sultan, il ajoute : « Le roi de France, étant sincérement attaché à la Sublime Porte, généreuse comme la mer, et l'autre roi (Ferdinand) n'y cherchant point son refuge, le traitement qu'éprouvèrent leurs envoyés respectifs fut aussi différent. L'ambassadeur de France fut l'objet des regards et des discours gracieux de l'empereur, qui s'abaissa au point de traiter son maître de frère, de chah, dans les lettres impériales avec lesquelles l'ambassadeur fut congédié. L'autre ambassadeur reçut aussi la permission de partir, mais son départ fut derechef différé (c'est-à-dire que les ambassadeurs de Ferdinand furent gardés prisonniers. »

« La description fleurie de l'historien ottoman, que j'ai omise dans ces extraits, est d'autant moins à regretter qu'un autre témoignage beaucoup moins suspect, parce que l'écrivain n'a consigné que des faits, sans les amplifier par des fleurs de rhétorique, atteste la même chose, mais avec beaucoup plus de simplicité, je veux parler d'une des sources les plus rares et les plus précieuses de l'histoire du règne de Souleiman : c'est le journal de ses campagnes, dans lequel, jour par jour et marche par marche, les noms des stations se trouvent consignés avec les principaux événements; il contient, en outre, tous les fathmané, qui répondent aux *litteræ laureatæ*

des Romains, écrits après les principales victoires à différents souverains et aux gouverneurs ottomans; enfin toutes les lettres échangées par les différentes ambassades turques et persanes, entre le sultan et le schah, à l'occasion de la guerre civile qui avait éclaté entre le premier et son fils.

« Voici ce que le journal de la cinquième campagne de Souleiman, en 938 et 939 de l'hégire (1532 de Jésus-Christ) contient sous la date du 5 et du 6 juillet, à Belgrade.

« Vendredi, le 2 zilhidje (5 juillet).

« On tint un divan, avec le même cérémonial avec lequel fut reçu, lors de la campagne de Mohacz, le roi Zapolya, qui baisa la main de l'empereur. Tout fut arrangé de la même manière. L'ambassadeur de France baisa la main, et les ambassadeurs envoyés par Ferdinand (MM. de Nogarola et de Lamberg) eurent aussi les baise-mains du congé; on fit cependant plus de musique (qu'à la réception de Zapolya); toutes les pièces de campagne furent portées à la tente du divan, et déchargées en réjouissance.

« Samedi, le 3 zilhidjé (6 juillet).

« Divan pour l'audience de congé de l'ambassadeur de France, dans le même ordre que celui d'hier. Cet ambassadeur baisa la main et s'en alla. »

« L'ambassadeur de France (Rincon) fut

vaisseaulx, et sont bien garnis de artillerye. Mais leurs gens de mer
ne sont pas beaucoup estimez, et aulcuns dient que André Doria les
yra chercher jusques-là, s'il voyt sa commodité, lequel a quarente-
deux gallères et soixante naulx, ainsi que disent les impériaulx; mais
je m'en remectz à ce qui en est. D'aultre costé, l'on entend, par lectres
de Udène du xiie du présent, que partie de l'armée du Turcq est
devant Vienne et sa personne à Novacita, qu'ils nomment Neustat,
près de vingt ou trente milles dudit Vienne.

donc reçu avec des honneurs royaux, et
dans les lettres de créance le roy François
fut traité, par le sultan, de frère et de padichah. C'est de ces lettres et de celles auxquelles elles servirent de réponse, que
parla le grand vizir Ibrahim, dans la conférence ci-dessus citée qu'il eut avec les
ambassadeurs de Ferdinand, lesquels, l'année suivante (1533), conclurent la paix
avec la Porte, non pas au nom de Ferdinand, mais au nom de Charles V, dont ils
avaient aussi apporté des lettres. Le grand
vizir se formalisant, au nom du sultan, de
ce que non-seulement Charles V prenait
dans ces lettres le titre de roi de Jérusalem, mais encore avait mis le nom de Ferdinand avant celui de Souleiman, leur dit
ces paroles :

« Rex autem Franciæ, inquit, longe majore modestia usus est, et vere regali, eo
quod in litteris suis noviter (l'année précédente) scriptis, dum essent in Hungaria,
ad dominum suum magnum Cæsarem, sub
illis subsignet solum Franciscus rex Franciæ. Unde magnus Cæsar, ut ulli honorem
faciat, ne nobilitate et generositate ab eo
vinceretur, nomen suum non posuit in litteris suis, sed simpliciter ad eum scripsit
tanquam ad intimum fratrem. Præterea
jussimus Barbarossam, ut non solum non
molestet subditos regis Franciæ, sed ipsi

regi Franciæ tam sit obediens quam est
magno Cæsari, viaque qua ipse jusserit exe-
quatur. »

« De retour à Constantinople, Rincon eut
une conversation avec l'ambassadeur de
Venise, lequel joignit à son rapport un
précis de cette conversation, qui se trouve
dans le LVIe volume du recueil de Marino
Sanudo; je le transcris ici tel qu'il se trouve
dans le manuscrit, sans rien changer au
langage ni à l'orthographe, à quelques
mots près qu'il m'a été impossible de dé-
chiffrer, car la main de l'auteur est une
des plus mauvaises mains d'Italie que j'aie
jamais vues.

« *Summario della relatione del capitano Rin-
coni, stato oratore del rè X^{mo} al Sg^r Turco
fatta familiaremente.*

« Che avendo il Turcho havuto notitia
ch'era à Ragusi arrivato, mandato ebbe
carri con molti e cavalli, che nel camino vicino al campo fù incontrato dalli senzachi,
e che giunto in campo trovò che sopra tutti
i padiglioni e tende erano stati posti; poi
andarono un l'uno per segno di honorarlo,
et poi per la medesima causa furono sbar-
rati 4^m archebusi, che tanta l'archebuse-
ria della guardia del Turcho e tutte le artillerie grosse e minute che dice essere

14 août 1532.

L'armée du Turc estoit à quatorze lieues près de Vienne, faisant grand dommage, et mettant à feu et à sang tout ce qu'ils trouvent. L'on n'escrit pas bien s'il mettra le siége devant Vienne ou, non; mais le commun bruit est que ledit Turc veut venir trouver la personne de l'empereur et de son frère; toutesfois, il y a bonne garnison dedans

Avis reçu de Ratisbonne.

grandissimi, e che el tirare durò per bon pezo; che la matina seguente essendo conduto al padiglione del Turco, lo trova sedente in maestà, circondato da più di sosenta Turchi di grande extraction, che erano tutti visiri bacha, e poi che esso havuto indosso una veste da Turco che se erra messo quel giorno, essendo così costume che chi và la prima volta alla presenza di quel signore, et in capo haveva la baretta el suscritto alla christiana, e perchè paresse difforme il vestito così, o pur forze per altu (?) mosse nel appresentarsi; reso il Turcho el . . . .
. . . . le debite ceremonie; gli fu dato un interpetro al quale expose la commission sua; lo interpetro la reze ad Abrahim bassa et Abrahim al Turco; et che la risposta gli fu resa per il medesimo ordine, cioè in Turcho tradotta al Abrahim et Abrahim allo interpetro, et lo interpose lui, e così negotiò quel giorno quanto ebbe da negotiar. Da poi se ne andò per el campo Turchesco, quale rifferisse che piglia nello allogiamento delle miglie xxx di paese, per la moltitudine della gente, e che el ordine loro è bellissimo nel allogiare, e che ivi non si faceva danno ne disonesta alcuna, tal che li vivandieri poi fino alle donne portarono per intro con quella sigurezza e andavano. . . . . le cose sue, che si andassino in questa

città di Venezia, e che nel caminare, nel quale oservano bon ordine, non facile danno pur di una spiga di grano, et trovi che il vivero era più largo et più abondante d'ogni cosa che non è cui in Venezia, e che quelli che erano diputati alla justizia, la mantenevano di sorte, che non si poteu desiderar meglio, concludendo che nelli costumi et nelli boni portamenti, à lui pare che li christiani siano li Turchi, e li Turchi li Christiani. Rifferisse anche che tra loro non si senti o trepito nè rumore al mondo, e che tra loro è tanta grande la obedienza, che maggior non si potrebbe dir; della cavaleria, dice, hanno assai, et il..... delli homini da..... tanto circa lo rumore quanto allo aspetto, e che suo.... e che della cavaleria non sia meno di 500ᵐ cavalli, e che il Turco si trova avere da 8000 cameli, di quali disegna valersi in fronto della cavaleria di..... sapendo per esperienza, che da cavalli non usi à vederli si spaventano mirabilmente del aspetto loro, e che si sollicitava il caminar per esser il Turcho..... credere che Cesare non fosse provisto, e che il più che si fermarebbe in Buda sarebbe un giorno, per andare di lungo à Vienna alle quale trovendola..... che lasciarebbe un asedio discreto, che quella gente non potesse esser, e che forse anderebbe alla volta di Austria con intenzione di andare

27.

ledit Vienne, de douze à quinze mille bons hommes. Le vayvaulde, le 22ᵉ jour de juillet, a rendu la ville et le chasteau de Budles à Loys Gripty, lequel Gripty a osté tous les chrestiens desdictes places, et y a mis en leur lieu des Turcs par commandement du Grand-Ture; de quoy ledict vayvaulde a esté merveilleusement marry, et en a pleuré comme un enfant; car on dit davantage que ledit Gripty aura le gouvernement de toute l'Hongrie : c'est la récompense dudit vayvaulde, laquelle est bien pauvre pour luy [1].

à trovare in persona di Cesare, col quale designava, secondo si era lasciato intendere, voler far una bona guerra, purchè sua maestà uscisse alla campagna, ma altramente volea far al peggio che el sapesse et potesse, e che finalmente tanto era grosso l'esercito, che non potea si non tener non solo per difficile ma per impossibile, che Cesare restasse..... alla campagna; ben dice, parerli impossibile che un tanto esercito si possa incaminare in quelli paesi; questo è tutto quello che ho parlato (ajoute l'ambassadeur) col oratore di Franza: ho ritirato la sustanza; si scorse alcuni altri particolarità, la quale non facendo à proposito non scrivo: il qual capitano ricurre soprà sodetto una sera qui col oratore di S. M. col quale venuto à parlamento delle cose Turchesche, gli ha trà altre cose riportato questo annotato di soprà. »

« Aux 500,000 chevaux près, qui doivent être réduits tout au plus à la moitié, ce rapport n'a rien d'exagéré; il s'accorde parfaitement, même pour ce qui regarde la bonne discipline de l'armée de Souleïman, avec ce qu'en disent Paul Jove et les autres historiens du temps. Le journal des campagnes de Souleïman marque, à différentes reprises, les exécutions des soldats qui avaient volé, gâté des moissons, ou fourragé sans permission. Les troupes réglées de Souleïman étaient mieux exercées, mieux disciplinées et mieux approvisionnées que les armées de Ferdinand, composées d'Allemands, d'Italiens et de Hongrois mal disciplinés, et quelquefois aussi mutins que l'étaient même sous Souleïman les janissaires; aussi Souleïman a-t-il conquis la plus belle partie de la Hongrie, et poussé ses courses jusqu'aux portes de Vienne. » (*Mémoire sur les premières relations de la France avec la Porte*, par J. de Hammer, *Journal asiatique*, t. X.)

[1] Voyez, au début du tome II de la Correspondance de Charles-Quint, ses lettres des premiers jours d'août sur la marche de ses troupes, adressées à Adrien de Croy. Le 13 août, l'empereur écrivait ainsi de Regensbourg à la reine Marie de Hongrie : « Le viij de ce mois, les gens du Ture avoient couru jusqu'à ij lieues de Vienne; je crois que pour ceste heure elle sera en partie assiégée. Il est venu avec toute son armée par le chemin de Neustadt, et a passé devant Gran; son artillerie grosse vient par terre, pour ce que Presbourgh deffend l'eau. Mes Espagnolz seront ceste semaine à Inspruch, et j'attends les Italiens pour la fin de ce mois. Les chevaux de ces Pays-

Regensbruck, 16 août 1532.

Lettre
de M. de Vély
à
l'évêque
d'Auxerre.

Monseigneur. . . . . Le Turc estoit ces jours passez à Neufstat, à neuf lieues de Vienne, en une compagnie belle et grande, où il s'attend, ce dit-on, de nous recevoir à son advantage, mais j'espère que ces deux princes sçauront choysir le temps et le lieu de le combattre avec toutes leurs commoditez; et si auront si bonnes gens et si grand nombre des leurs et de leurs amis, que nous en pouvons attendre bonne yssue, à l'ayde de Nostre Seigneur, qui deffendra, s'il lui plaist, sa querelle. On craint que ledit Turc veuille tirer la guerre en long; et à ce que l'on peut congnoistre de cesdits deux princes, la contenance ne pourroit estre plus hardie ni le désir de combattre plus grand qu'il est de leur costé. Ils attendent la compagnie qui leur vient d'Italie, pour partir incontinent qu'elle sera venue, et approcher leurs ennemis.

Venise, 29 et 31 août 1532.

A ce matin est arrivé une gallère à ses seigneurs, mendée de leur général qui est à Corfou, pour les advertir que l'armée de mer du Turc s'en retourne en derrière, et estoient parties xxx gallères, lesquelles s'en alloient à Rhodes, et le reste debvoit partir le xxii pour aller à l'estroit de Constantinople. Ladicte gallère partyt de Corfou le xx du présent; quant est de l'exercite de terre, je ne sçay que vous en dire autre, sinon que l'on dit icy que le Turc est devant Vienne et l'a assiégée de artillerie de deux costez. L'ambassadeur de l'empereur qui est icy a esté vers ses seigneurs pour leur montrer lettres venues de Trieste, par lesquelles se dit que le roy Johanni s'estoit accordé avec le roy Ferdinando, et par le moyen de telle intelligence avoit faict deffaire xl. mil Turcs; mais je n'en crois riens, car se n'est point chose qui soyt vraysemblable. Le seigneur Rincon est encores icy malade de une apostume, de sorte qu'il ne pourroit endurer aller à cheval, principallement en poste, qui seroit chose nécessaire s'il se vouloit

Bus commencent jà venir. J'espère qu'a-vant le xxᵉ eulx et les xiiᵐ piétons alemans que fais seront aussi en ordre. » (*Correspondenz des Kaisers Karl V*, t. II, p. 3.)

sauver des Espagnols, qui ont mis force gardes sur luy pour le arrester
s'il leur est possible, mais Dieu le garde et gardera. . . . . Ses seigneurs ont eu lettres de leur ambassadeur qui est vers l'empereur,
par lesquelles ont entendu que l'empereur faict gros amas de gens pour
aller au devant du Turc, jusques au nombre de cent vingt mil hommes
de pied, et le xvij du moys qui vient doibt commancer à les faire payer
et les mettre ensemble, bien deslibéré de charger iceluy Turc. Et davantage a trouvé à son service xii ou xv mil houssari gens de cheval,
lesquels les Turcs craignent plus que tous autres; toutesfois, je n'en
croy riens, car cela ne se peut pas bien accorder, veu que le roy Johanni en a la plupart à son service; et s'il est vrai, vous l'aurez entendu plus tost que de ce costé. L'on dit davantage que ledit empereur
a faict douze conseillers pour gouverner son exercite, c'est assavoir
trois Italiens, trois Espagnols, trois Tudesques et trois que Hongres
que Bohesmes : et sont nommés les trois Italiens le marquis du Gouast,
le seigneur Ferrand de Gonzagues et le comte Guy de Rengon.

Nantes, 24 août 1532.

Lettre
de François Ier
à
l'évêque
d'Auxerre.

Monsieur d'Auxerre. . . . . Vous pourrez respondre à ceux qui vous
parleront des apprests qui se pourroient faire pour le faict d'une entrevue du roy d'Angleterre et de moy, que vous pensez bien que ledit
sieur roy d'Angleterre et moy, voians les grands préparatifs que fait
présentement le Turc pour invader la chrestienté, nous nous voulons
bien trouver ensemble pour donner ordre à ce que verrons estre nécessaire, tant pour le bien d'icelle chrestienté, dont nous sommes grâce
à Dieu les principaux chefz, que pour ne tumber à la discrétion des
forces dudict Turc, ou cas qu'il se voulsist assayer de faire ou faire par
son armée de mer ou partie d'icelle quelque entreprinse sur nous et
sur nos royaumes, et mesmement sur mes pays de Languedoc et Provence, où il pourroit aussi bien essayer de faire descente que au
royaume de Naples et ailleurs, attendu que c'est une mesme mer.

9 septembre 1532.

L'armée du Turc estoit devant Guyns, une petite ville à six lieues de là Vienne, en laquelle ville y a un capitaine avec deux mille hommes du pays, deux mille femmes et quinze cents enfants, que ledit capitaine a receus pour miséricorde. Ledict Turc a perdu quatre assauts devant ladicte ville. Le capitaine de ladicte ville a demandé secours à ceux de Vienne, et si ledict secours ne vient dedans huit ou dix jours, ladicte ville est en danger d'estre rendue. Dedans ledict Vienne sont environ vingt mille hommes, lesquels ne désirent pas autre chose sinon que le Turc vienne devant ledict Vienne; et trois lieues à l'entour de ladicte ville il y a environ trente-six mille hommes. L'empereur est parti de Ratisbonne le 2, qui meine grande quantité de gens avec luy, que l'on estime qui viendront ensemble bientost, sans ceux qui sont dedans ledict Vienne. Quatorze mille chevaux et cinquante-six mille hommes à pied, qui seront en tout soixante-dix mille hommes de toute nation, qui ne désirent autre chose sinon de combatre, et le plus grand soucy qu'ils ont, est qu'ils se doutent que ledict Turc s'en retournera en Hongrie sans combatre.

LETTRE DE NICOLAS JURISSITCH A FERDINAND D'AUTRICHE.

(Copie. — Béthune, ms. 8513.)

Sire, j'ay tousjours à temps opportun et à mon possible envoyé à Vyenne par lectres ou de bouche, et dernièrement par ung messaige propre que j'ay envoyé à Vyenne, ay faict ample relation à vostre magesté depuis le commancement de ma nécessité jusques à celle

---

[1] Quoique cette pièce ne soit qu'une traduction du rapport de Jurissitch, écrit primitivement en allemand, et qui se trouve dans Gœbel, *Beytræge zur Geschichte Kaiser Karl V*, cette version évidemment con- temporaine, concernant le fait le plus capital de cette guerre, nous avons dû la reproduire pour l'importance et la naïveté de ses détails, et aussi comme preuve de l'intérêt qu'on prit en France à l'événement.

heure. Mais de crainte que le messaige pourroit estre prins ou détenu, j'envoye une copie de la lettre comme vostre magesté le pourra veoir.

Et à ce que depuis m'est advenu pour le présent, j'en advertiz à vostre magesté, assavoir que Ymbraïm-bassa, ou nom du Turc, m'a envoyé quatre personnaiges principaulx et requiz de vouloir parlementer à seureté doiz les murailles avec eulx, ce que j'ay fait.

Premièrement ilz m'ont dit que l'empereur de Turquie avoit commandé à Ybraïm-bassa de me faire demander si mon orgueil n'estoit point encores estainct. Car jusques à mon chasteau, partout où il avoit passé et des coustez, l'on luy avoit porté les clefz au-devant, et à tous il avoit fait grace sans leur faire aucun dommaige, ce que je n'avois pas fait. Pour autant qu'il me requéroit de luy délivrer la ville et chasteau avec les gens, et en ce faisant, me feroit grâce de ma vye. A quoy j'ay respondu que j'estois ung des serviteurs du roy des Romains, lequel, pour mes services, m'avoit donné cette ville et chasteau. Pour autant, je ne la rendrois à personne tandiz que ma vye durcroit, et avec cette responce je les ay expédié.

Une demye heure après, ilz sont retournez, et requiz, comme paravant, de parlementer, à quoy me suis accordé, et ilz ont parlé en ceste manière : qu'ilz avoient fait rapport de ma responce et s'estoient apperceu que l'empereur de Turquie estoit fort courroussé et indigné contre moy. Mais Ybraïm-bassa désiroit me ayder, et avoit mené la chose à deux poinctz, comme il s'ensuit : que je baillasse tous les ans tribut de tous mes biens, assavoir de chacune maison ung florin, et délivré le tribut tous les ans à Buda ; ou si je ne voulois faire cela, que incontinent je baillasse II^m ducaz de Hongrye au cappitaine général de piétons. Car l'empereur, en récompence du dommaige qu'ilz avoient receu devant la ville, leur avoit donné noz corps et biens.

A quoy j'ay respondu que le chasteau n'estoit point myen propre, sinon à monseigneur : pour tant n'en povois bailler nul tribut. Des II^m florins, je ne les avois point, car tout l'argent et biens que j'avois eu et encore avons, me failloit payer à mes gens de guerre. Après ilz

m'ont semonlt par trois foiz, si je ne leur voulois donner autre responce, et j'ay dit que non, et ilz sont retirez des murailles.

Une heure aprez, ilz ont par leurs tabours et grandz cryz souné
l'alarme pour l'assault et assemblé grand nombre de gens, les chevaul-
cheurs avec lances se sont mis à pied, les janyssaires avec leurs
hachebutes, et ont donné deux terribles assaulx par dessus les deux
montaignes de bois, car ilz avoient fait ung grand et large chemin depuis les montaignes jusques aux murailles. Et ainsi nous ont de tous
coustez terriblement assaillys, et ceulx qui estoient à la deffence de
l'une des montaignes, les hachebutes de l'autre montaigne nous ti-
roient au doz; et pareillement nous faisoient ceulx de deçà aux autres
qui deffendoient contre l'autre montaigne; de sorte qu'ilz vindrent
avec une enseignes sur les murailles, et nous chassoient de là jusques
à ung petit rempart que avions prez des murailles, et là chacun faisoit
son possible le mieulx que povoit.

Trois heures aprez les IIII Turcz sont retournez et cryé si j'estois
en vye; l'on leur respondit que oy. Ilz requirent que je parlasse à eulx,
et disoient que Ybraïn-bassa m'avoit treuvé grâce devers le Turc, et
qu'il ne molesteroit plus la ville ne le chasteau ne gens. Semblablement que je me humiliasse devant luy, et que je vinsse parler à Ybraïn-
bassa à seureté. J'ay veu la nécessité où j'estois, qu'il n'y avoit point
de pouldre pour coulevrine ne hachebutes; et de tous ceulx qui
m'estoient demeuré de mes gens, je ne vys homme qui avoit envye
ne voulunté de se deffendre, et estoit impossible de tenir seulement
une heure.

Je leur respondis qu'ilz m'apportassent ung saul-conduit escript, et
qu'ilz me donnassent II Turcz principaulx pour ostaiges, et je me irois
humilier devant luy; toutesfoiz, que riens ne me fusse demandé contre
mon honneur ne la foy. Incontinant ilz ont tiré le saul-conduit de leur
seyn et me monstrarent deulx d'entre eulx qui estoient de plus grosse
apparence pour ostaiges, et ont ainsi actendu une heure jusques
m'avoir conseillé avec les bourgeois et mes serviteurs, avec lesquelz
je délaissay que si aucune force ou outraige me fusse fait que por tant

ilz ne rendissent pas le chasteau pour amour de moy : et ainsi seul et craintif je suis sorty et environ mil Turcz m'ont accompaigné, et le cappitaine général des janyssaires alloit à cheval à mon cousté, et me mena en la tante de Ymbraïn-bassa, laquelle estoit prez de la ville, où il estoit assez à grant pompe, et me menèrent devant luy. Il se leva et me donna la main et me fit seoir.

Premièrement il me demanda si j'estois guéry de la vielle maladie que j'avois eu en la Turquie. Pour le second, il m'a demandé si j'avois receu plus d'une playe, et si elle estoit dangereuse. Pour le iiie, il m'a demandé pourquoy plus tost ne m'ay humilié, ne escript au Turc, comme autres mes voisins, entre lesquelz il m'a nommé Nathan Peter de Ebrair, et plusieurs autres que pour eulx et leurs amys s'estoient humiliez et lui avoient donné les noms de leurs chasteaulx par escript, et là ilz ne feroient point de dommage. Pour le iiiie, il m'a demandé si j'espérois secours de mon maistre, et me dit qu'il sçavoit myeulx que moy où luy et le roy d'Espaigne estoient et ce qu'ilz faisoient.

La responce sur le premier article estoit de luy rendre grâce du soing qu'il avoit de ma santé, et que de la maladie j'estoie guéry. Les playes que j'avois n'estoient point dangereuses : que l'une estoit de un cop d'akebutes, l'autre d'ung cop rué à la main. Du iiie article, je luy respondiz que mon honneur m'avoit deffendu de me point humilier devant l'ennemy de mon maistre sans y estre contrainct ou par grosse nécessité. Du iiiie, je ne luy ay riens respondu, et oultre plus il a commencé à parler, et m'a dit qu'il m'avoit obtenu grace envers son empereur, et que ledit empereur me faisoit don du chasteau, de la ville et de tout ce qui estoit dedans.

A ceste parolle je me suis levé, et allé devers luy. Il m'a présenté la main pour la luy baiser : mais pour plus d'honneur je luy baisay la robe et luy remerciay. Aprez cela il m'a fait rasseoir et m'a dit que je allasse avec luy au Grant Turc, lequel estoit là auprez en la tente, pour luy baiser la main. A quoy je luy respondiz que je savois bien qu'il avoit tel povoir et crédit devers le Turc, que ce qu'il tenoit il le promectoit et aussi que j'estoie feible à cause des blessures : pour autant,

je luy priay de me laisser aller à la ville devers mes gens. J'ay bien
apperceu qu'il prenoit de bonne part que je faisoie difficulté d'aller
devers le Turc, et que je le tenoie en telle estimacion.

Aussi je luy demanday de ordonner vi ou x Turcz pour se tenir au
lieu où la muraille de la ville estoit rompue, pour garder que les
autres Turcz ne s'approuchassent, ne entrassent, et que je les prendroie
dedens la ville avec moy, et qu'ilz feissent retirer les autres Turcz qui
estoient aux tranchez. A quoy il s'est accordé, et me dit qu'il comman-
deroit que incontinant le camp se levast et d'aller leur chemin qu'ilz
avoient entrepris, ainsi que toute l'armée doit passer en deux foiz. Et
Dieu tout puissant nous a délivré à moy et à ce povre peuple de la
main tirannique de nostre ennemy à grant honneur, ce que toute
ma vye ne pourray desservir à Dieu. Et dient les mèmes Turcz que
depuis que leur empereur a régné, ilz n'ont jamais receu si grant
dommage devant une si meschante place comme icy.

Le capitaine général des janyssaires m'a requiz de luy vouloir
laisser entrer seul au chasteau, seulement pour veoir les chevaliers qui
y estoient : à quoy je luy respondiz que je n'avoie povoir sur tous, et
que je ne l'oseroie fère ; car il y avoit Allemans et Espaignolz dedens,
et aussy que j'avoye seulement parlement pour la ville et point pour le
chasteau, de laquelle responce il fut satisfait. Aussi ce peu de vaisselle
que j'avoie, j'en féz présent à Ybraïn-bassa et autres gens de charge,
et à l'encontre ledit Ybraïn me donna une robe, laquelle véritablement
me couste chier assez.

Et en ceste même heure il est passé tout oultre prez des murailles,
et m'a demandé ; et je suis allé devers luy sur six ostaiges, et il m'a
parlé de deux choses. Le premier, si j'avoie quelque prisonnier turcz,
que pour l'amour de luy je les laissasse aller. Le second, si quelque
Turcz demeuroient derrière malade, que je ne les feisse point tuer. Je
lui respondiz que je n'avoie point de prisonnier turcz, et que je
tiendroie la main que mes gens ne feroient outraige aux Turcz
malades.

A quoy il m'a dit, si j'estoie sain et voulsisse aller à Vyenne avec les

28.

autres ambassadeurs qui estoient auprez de luy de la part de vostre majesté, il me livreroit saulf jusques aux portes de Vyenne. Je lui respondiz ainsi blessé comme j'estoie, ne povoie aller nulle part, mais que je luy remercyoie. Et il me respondit : Si vous n'estiez blessé, vous vous treuveriez à ceste heure à la bataille avec vostre roy. Je luy respondiz que j'avoie combatu xxv jours contre eulx, et quand ilz viendroient à la bataille en ung jour, ils auroient fait ou failly, et que j'extimoie plus ce que j'avoie fait que de me treuver en une bataille. Et il me respondit que je disoie vray, et me dit adieu. Ainsi il s'en alla et luy suyvent une bende aprez l'autre; et ne sont point encoire tous passez, et selon ce que j'en ay peu enquérir, je pense qu'il mectra son camp autour de Weiosieterser, et là se doit joindre avec luy le waivoda avec son armée.

De tout cecy, j'ay voulu en toute obéyssance advertyr vostre magesté, à laquelle me recommande en toute humilité comme à mon souverain seigneur et sire. — A Gunes, le xxxᵉ d'aoust, l'an xvᵉxxxii, soubscriptes : Léal serviteur de vostre magesté, NICOLAS SURISCHITZ.

AVIS DE L'ÉLECTEUR PALATIN SUR LA GUERRE CONTRE LES TURCS[1].

(Copie. — Béthune, ms. 8611.)

Pour obéyr à l'empereur, les seigneurs et cappitaines pour ce depputez et assemblez ont consulté et advisé les choses qui s'ensuyvent pour icelles, soubz le bon plaisir dudit seigneur, suivre et observer à l'emprinse que sa majesté entend faire contre le Turcq.

[1] Deux lettres de la correspondance de l'empereur viennent donner une signification très-importante à cette pièce, dont elles fixent la date entre le 9 et le 16 septembre. Par la première, il répond de Straubing, le 9 septembre, à Adrien de Croy, qui lui avait écrit au sujet des actes d'insubordination des troupes italiennes et des autres contingents de l'armée : « J'encharge très-fort au marquis del Gasto que se tienne avec les Espaignolz pour les tenir réglez et en obéissance, et semblablement ay fait escripre au commandeur Peñalosa et aux cappitaines des Italiens pour tenir main qu'ilz viennent mieulx ordonnez..... J'envoie ordonnance au conte palatin et au marquis del Gasto et aultres cappitaines affin qu'ilz consultent par ensemble et se-

Et premièrement le duc Frédéric palatin, esleu pour cappitaine général d'icelle emprinse, est d'advis, aussi sont les autres dessusdits seigneurs et cappitaines, que, actendu la grant puissance dudit Turcq, on doit de bonne heure arrester et ordonner l'estat de l'armée, la façon

lon qu'ilz verront le moyen et conjuncture, s'emplier et résister contre le Turc, et le grever, soit en cas qu'il vienne sur Vyenne, ou si par avanture il se vouloit retirer; le tout en actendant ma venue à Lins..... Et au regard d'envoyer nouvelle commission audict seig^r conte que celle qu'il a de l'empire, souffit jusques à mon arrivée audict Lins... Jusques à ores, par toutes les nouvelles ne se voit certitude où l'on se puisse fonder pour savoir où est l'ennemy, ny où sont ses forces, et moings qu'il a en volenté de faire. » La seconde lettre, écrite de Passau, le 10 septembre, donne une mission confidentielle à Adrien de Croy auprès du comte palatin, chargé, comme on le voit, du commandement des contingents de l'empire; elle prouve que Charles-Quint voulait profiter de la réunion de ses forces pour entraîner plus avant les troupes de l'empire dans une expédition qui aurait empêché leur licenciement et qui les aurait fait servir à ses vues et à ses intérêts particuliers : « Le roy m'est venu trouver avec la nouvelle qu'il a eu de plusieurs coustelz de la retraicte du Turcq, et s'en retourne s'informer s'il s'en va pour se retirer en Turquie du tout, et s'il emmènera tout son exercite ou en laissera partie, quelle et où, tant à Bude que autres places et lieux de Hongrye, et signamment pour en tout cas de la retraicte d'icelluy Turcq adviser ce que se debvra faire, et même assentir et entendre avec mon cousin le conte palatin Frédérich si les gens de l'empire vouldroient marcher

avant en Hongrye, comment et pour quel temps, pour le recouvrement de ce que y détient et occupe le wayvoda avec l'assistance dudit Turcq, et si mondict cousin s'en pourroit ou vouldroit faire fort et en quelle sorte, et oudict cas quel nombre de gens, soit de pied ou de cheval, que par-dessus ceulx de mondict frère il fauldroit que je furnisse pour faire et continuer ladite emprinse........ » Par deux lettres écrites de Lintz, le 13 et le 16 septembre, et adressées directement au comte palatin, on voit qu'il avait donné la même commission au comte de Rœux, et il écrit ainsi sur ce sujet : « Par lectres venues ce jourd'huy de Presbourg, ay entendu que ceulx que sont en Strigonie estoient en termes de se rendre aux ennemys, que seroit dommaige d'impourtance, et pour ce vous prie adviser s'il y aura moyen quelconque de les succourir et y envoyer gens..... et actendz de vos nouvelles sur ce que dernièrement vous ay escript en crédence de mon cousin le conte de Rœulx... Hier soir arryva devers moy mon cousin le comte de Rœulx, par lequel j'ay entendu les divises qu'avez eu par ensemble touchant l'affaire de ceste emprinse contre le Turc. Sur quoy me suis résolu de passer plus oultre, et à cet effect feray tout le possible pour amasser mes gens, comme aussi je confie ferez de vostre cousté pour joindre ceulx de l'empire et dont avez la charge. » (*Correspondenz des Kaisers Karl V*, t. II, p. 9 et 14.)

de la guerre et le moyen de la soubstenir, affin qu'on sache au besoing
où l'on devra prandre et comment exécuter ce que aura esté ordonné
à l'honneur dudit s' empereur et salut de la Germanye, en quoy faisant se pourra éviter l'inconvénient dernièrement advenu par faulte
d'avoir en temps apresté les choses qui furent trop tard commencées.

Et semble audit s' duc et autres cappitaines pour ce appellez que
l'armée et puissance nécessaire pour résister audit Turcq ne doibt estre
moindre de quatre-vingtz-dix mil combatans; desquelz lez trante mil
seront à cheval, dix mil bien armez à la bourgongnonne et montez à
l'advantaige, et les vingt mil armez à la ligière : et les soixante mil,
qui font avec lesdits chevaulx le nombre de m^{xx} x^m hommes, seront
à pied, choisiz et armez comme s'ensuit :

Six mil Espaignolz, de ceulx qui sont aujourd'huy en Italye; six
mil Italyens et six mil Allemantz, les meilleurs qu'on pourra choisir
en Italye et Allemaigne; lesquelz Espaignolz, Italyens et Allemantz,
faisans ensemble le nombre de xviii^m combatans, soient hacquebu-
tiers, parmy lesquelz qui pourroit mesler ung nombre de Corses, on
ne debvroit riens espargner pour les avoir. Et le surplus desdits
soixante mil piétons seront partiz en xxxii^m picques et dix mil que hal-
lebardes que autres armes courtes, requises selon l'ordre des bandes;
entre lesquelz dix mil aux armes courtes, il y aura cinq cens hac-
quebuttiers à la fourchette.

Et oultre ledit nombre de quatre-vingtz-dix mil hommes, lesdits
cappitaines demandent deux mil pionniers, et que tout le nombre dessusdit soit entier en effect et en hommes, comptez par testes et non
par paies. Davantaige, que la provision pour l'entretainement du
nombre dessusdit se fasse pour sept moys, pource que l'aller et le retour consommera deux moys de temps, en sorte qu'il ne restera que
cinq moys de service. Et s'il advenoit, par la permission de Dieu, que
ledit Turcq fust deffaict avant la fin dudict temps, on pourra amoindrir la despence selon que l'occasion conseillera. Et aussi ledict cappitaine général et gens de son conseil pourront doubler et croistre les
paies, ainsi qu'ilz adviseront, aux personnes qui le mériteront.

Et pour ce que ledit nombre pourra à aucuns sembler estre excessif, il fault considérer qu'en si long, si lointain et si périlleux voyage, on peult faire compte de dix mil hommes perduz, tant par les maladies qui surviendront que par les dangiers que la guerre porte avec soy, et aussy par la désobéissance et mauvaistié de ceulx qui se partent et desrobent après le paiement, ou autrement se mutinent et s'entretuent les ungs les autres, comme il advient souvent en semblables emprinses.

Et s'il y a une autre chose qu'il fault présupposer, c'est que la puissance dudit ennemy sera aux champs en toutes sortes deux fois plus grande que n'est la dessusdite compaignie de quatre-vingtz-dix mil souldatz, en manière que lesdits seigneurs et cappitaines ne peuvent conseiller de l'amoindrir, mais plus tost seroient d'oppinion de l'accroistre pour mieulx asseurer le faict de la deffence, qui pourroit après estre trop à tard si à ceste foys ledit ennemy avoit, ce que Dieu ne vueille, le dessus de ladite guerre.

Seroit aussi fort à propos que MM^{rs} des ligues contribuassent ung nombre de deux ou trois mil hommes des leurs, et souffrissent qu'on en levast en leur païs jusqu'à six ou sept mil raisonnablement paiez, et comprins entre les dessusdits xxxii^m hommes de pié, et fauldroit à ceste fin envoyer ambassadeurs devers lesdits seig^{rs} des ligues, affin aussi que cependant leurs confins devers l'Allemaigne soient en paix et les deux païs puissent demeurer en amytié.

Lequel nombre de quatre-vingt-dix mil hommes sera tousjours complet, sans se rompre ou diminuer pour garnison ou deffence de lieu quel que ce soit : mais ou cas qu'il faulsist pourvoir places de gens de guerre, on les prandra au pays ou ès lieux plus voysins d'icelluy, sans pour ce entamer ou amoindrir la compaignie susdite de iiii^{xx} x^m combatans. Et est au surplus très nécessaire d'adviser à ce que le paiement desdits souldartz se face au temps que les paiemens courront, et tout ensemble, afin qu'il n'advienne aucune division entre eulx ou inconvénient à toute ladite compaignie, laquelle il fauldra à certain jour assembler en ung lieu pour ce ordonné, où l'on aura avant fait provision de toutes sortes de harnois, bastons, plomb, pouldrez et armeures pour fournir ceulx qui en auront affaire.

Mais pour autant que telle assemblée de plusieurs sortes et nacions pourroit engendrer aucunes divisions, mutineries et débatz, tant envers eulx comme aussi sur les paysans des lieux où ilz passeront, il est très requis qu'on pense et pourveoye à ce que justice soit bien estroictement faicte et observée pour tenir ung chascun en paix, en ordre et en obéissance; et pour éviter que venant à l'affaire lesdites nacions ne s'entre-heurtent ou facent querelle pour la précédence, comme il est maintes foys advenu que chascun s'estime et veult avoir l'honneur d'aller la première au combat, fauldra pourveoir et déclairer audit lieu et avant qu'en départir, ce que devera estre gardé et observé quant à cela durant ladite guerre.

Et pour mieulx penser à toutes choses qui peuvent advenir, il ne sera que très à propos de regarder à ceste heure à ce qu'on devera faire au cas que ladite guerre ne peult estre dedans lesdits sept moys achevée : auquel cas tout le païs seroit en trop grant dangier si ledit ennemy le trouvoit audit temps désarmé et despourveu de deffense.

Au regard de l'artillerye, lesdits seig⁽ʳˢ⁾ et cappitaines en demandent cent pièces, c'est assavoir huit doubles canons, huit gros canons, huit canons moyens, huit grandes serpentines, douze moyennes, vingt et quatre fauconneaux de la grant sorte, trante-deux moyens et huit mortiers, le tout fourny pour ledit temps de sept moys de son équipaige et municion le plus estofféement que faire ce pourra, d'hommes, chevaulx, charrettes, picz, palles et ferremens requiz à tel besoing.

Et surtout qu'on ordonne si bonne provision et habondance de vivres que la dilligence et exécution de la guerre n'en soit à faulte de ce empeschée ou aucunement retardée. Pour à quoy satisfaire, fauldroit commander aux villes et païs voisins de la Danoue qu'ilz vacquent et entendent dilligences à la municion desdits vivres, sans iceulx enchérir, soubs poine de la teste. Et desquelz ordonnera le soing et administracion souveraine à telz des princes d'Allemaigne qui sera le plus à propos, et auquel on baillera de quoy fournir à la despense

que luy conviendra supporter en ce faisant, et parmy ce ledit prince
sera subget à rendre aprez compte de sadite administration.

Sont aussi d'advis qu'on face descendre des forêtz d'Allemaigne
par les rivières qui tombent entre la Danoue, le nombre de rasteaux,
le plus grant que faire se pourra, pour s'en servir, en allant aval,
soublaigent le camp et du merrain en faire les ponts, navires, maisons et autres nécessaires, et en la saison s'en chauffer et brusler pour
l'usage dudit camp.

Plus soit mise à part une bonne somme de deniers pour le paiement des espies, courriers, messagiers et autres cas inoppinez, comme
pour les doubles paies des combat et assaux, et pour toutes les nécessitez et advantures dudit camp, en manière qu'on ait de quoy fournir à tout sans s'adviser ou perdre temps pour riens qui puisse survenir.

Et si les choses dessusdites ne se peuvent promptement en dedans
ceste année accomplir et exécuter, lesditz seg** et cappitaines con-
seillent qu'on retire tout le meilleur du plat païs aux forteresses, et
qu'on fortyffie et pourvoye les places de la frontière d'hommes, de
vivres, d'artillerye et d'autres réparacions et municions nécessaires si
puissamment que pour amuser et entretenir ledit ennemy le plus long
qu'on pourra.

Et néanmoins on doit commencer de bonne heure à mectre ensemble et aprester les hommes, deniers, harnoys et hartillerye devant dietz, et en sorte que tout puisse estre aux champs au commencement du printemps de l'année qui vient. C'est l'advis desditz seig**
et cappitaines, qui offrent tout ce qu'ilz ont avec leurs personnes
pour employer audit service [1].

[1] L'empereur, qui s'était mis en route
pour l'Italie dans l'intention, comme il l'é-
crivait à l'électeur palatin, d'aller réunir
les ressources propres à concourir à cette
expédition, arriva le 6 novembre à Mantoue, où il apprit les résultats de l'entrevue de Boulogne, qui le firent sans doute
renoncer à ce projet. Dans sa lettre du
7 à la reine de Hongrie, il disait : «J'ai
en venant en cedit lieu receu les pacquets
que m'avez envoyés de mes ambassadeurs,
touchant la veue et assemblée des roys de
France et d'Angleterre, dont il faut attendre ce qu'en sera, que ne peut tar-

EXTRAITS DE LA CORRESPONDANCE DE ROME ET DE VENISE.

LEVÉE DU SIÉGE DE GÜNS. — PRISE DE CORON PAR DORIA. — SIÉGE DE MODON.

16 septembre 1532.

Avis
reçus de Vienne,
Nuremberg
et Augsbourg.

..... Le camp du Turc est levé de la ville de Guyns sans riens faire, toutesfois les pauvres gens de ladicte ville ont souffert et perdu beaucoup de leurs gens, et aussi pareillement de l'autre costé. Le Turc a eu grosse perte; car il a faict trois assaulx devant ladicte ville; sur la fin, Ambrin-Bassa, chef de ladicte armée, a donné paix à ladicte ville, et faict tant que le capitaine général de ladicte ville est venu parlamenter à luy, et ont tenu bonne amitié entre deux; et après son partement de ladicte ville de Guyns, lesdicts Turcs sont allés tout droict à Vienne, jusques à trois lieues près, où ils sont à présent. Ceux de Vienne attendent d'heure en heure quand lesdicts Turcs viendront assiéger leur ville. Toutesfois, il y a d'autres oppinions que lesdicts Turcs ne assiégeront pas la ville, mais plutost tascheront de trouver l'armée de l'empereur et se battre. Le Turc a envoyé quarante mille

der. » Les réflexions qu'il fit sur ce sujet portèrent leurs fruits, car dès le 13 du même mois il adressa une instruction à Cornélio Scepper et plusieurs lettres à Ferdinand, datées du même lieu, qui prouvent un changement complet de vues et d'idées en présence des nouvelles circonstances, puisque, au lieu d'une expédition contre la Turquie, il prescrit à son envoyé et conseille fortement à son frère de souscrire avec Jean une trêve qui devait, pour cette année, mettre fin aux hostilités du côté de la Hongrie. L'empereur écrivait ainsi à son envoyé : « Si la partie adverse vouloit comprandre le Turc pour non mouvoir guerre contre lui au coustel d'Hongrye, tiendrez main que riens en soit promis de nostre part, par où l'on puist con-

jecturer que voulsissiez entrer à traicter avec ledict Turc... S'il est question que ladicte partie adverse persistoit de bailler partie dudict royaulme d'Hongrye audict Turcq ou tribut ou à autres griesves condicions, vous en desmeslerez entièrement..... » Quant à la trêve, il disait à son frère : « J'ay entendu l'advertissement qu'avez eu du roy de Polone pour traicter devers luy l'apointement d'entre vous et le vaivode, et de la tresve de trois mois; et me samble bien qu'on doige tâcher que ledit apointement se face ès lieux plus advantageux; et au regard de tresve, si elle n'est que pour lesdicts trois mois, il me semble qu'elle ne peut beaulcop duyre selon la saison. » (*Correspondenz des Kaisers Karl V,* t. II, p. 32.)

chevaux qui ont escarmouché jusques à la ville de Ems, vingt lieues
par deçà Vienne, laquelle bende a bruslé et destruict et tué tout ce
qu'ils ont peu et trouvé, et faict tout plein de maux. L'armée de l'empereur debvoit estre assemblée le 4 d'octobre, mais de deçà le Danube, et bien près de Vienne, de sorte que les deux armées sont bien
près l'une de l'autre, et n'y a pas grand chose entre deux, sinon la
rivière du Danube; c'est à sçavoir l'armée du Turc est sur le quartier
et pays de Vienne et Austriche, et l'armée de l'empereur de l'autre
costé, sur le pays de Crenis, vers Bohesme. La personne de l'empereur et son frère estoient encore à Lins, et Anthoine de Leva avec
eux. De ces affaires il y a plusieurs opinions : aucunes en sont que le
Turc désire bien fort se combattre contre l'empereur : les autres mettent advis qu'il s'en retournera en Hongrie sans combattre. L'empereur est bien fort de gens, jusques à cent mille hommes en tout de
toute nation, à sçavoir : d'Hongres, Boesmes, Sclavons, Allemans, Espagnols, Italiens, Bourguignons et autres, de sorte qu'il me semble
que nous n'avons faute que de gens de chevaux, que l'on estime estre
pas plus de dix-huit à vingt mille hommes, et tous bien délibérés de
combattre. L'empereur a deffendu, sur les passages, qu'ils ne laissent
plus venir gens à son armée, principalement de pied, c'est par adventure afin que sadicte armée n'ayt faute de vivres. L'empereur de sa
personne est bien délibéré; et dernièrement chevauchant tout armé
trois chevaux que luy ont esté envoyés par le marquis de Mantoue, il
disoit qu'il tueroit ce chien turc, « et n'y a personne qui me sceust
garder que je ne me trouve en personne à la bataille. » Et toutes ces
paroles il disoit en langue espagnolle. Dieu merci, nostre camp est
bien pourveu encore de vivres, d'argent et de toutes choses nécessaires; toutesfois l'empereur a escrit à toutes les compagnies marchandes, leur priant qu'ils vinssent à Patanya, pour parlementer avec
son grand-trésorier, de trouver moyen de finer grandes sommes d'argent. Cela que le pape et le roy de Portugal nous ont promis faire
grande ayde et secours, ne se trouve pas encore parfaites. Gaurico,
astrologue, a pronostiqué à l'empereur que dès le 1er jusqu'au 15 d'oc-

tobre, il aura temps heureux de se combatre contre le Turc, principalement le 5 d'octobre [1].

Venise, 26 et 27 septembre 1532.

Lettres
de M. de Baïf
à
l'évêque
d'Auxerre.

. . . Ses S^{grs} ont eu lectres de Lince par lesquelles ont entendu que l'exercite du Turcq qui estoyt là auprès s'estoyt levé, de sorte que l'on présumoyt qu'il se retiroyt arrière et qu'il avoyt envoyé escarmouché environ quarante mil chevaulx sur les gens de l'empereur, et que cependant s'estoyt retiré de trois logys, mais, à ce que l'on me dict, se n'est pas en arrière, ains de costé près de une ville appelée Grasse, qui est la principalle de Stirye, ainsi que dit le S^{gr} Rincon, qui est encore icy, lequel se recommande bien fort à vostre bonne grâce.

. . . . . Il est venu nouvelles à ses seigneurs comme Georgio Griti est arrivé à Constantinople, bien que ledit Georgio n'ait point escrit en ceste ville; et croyez que le Turc fera la tempeste après avoir esté adverty de la récupération de Modon, qui est un grand honneur pour M^r vostre oncle, et cela vault trop mieux que ne valloit Rhodes. Dieu doint telle affection aux princes chrestiens qu'ils puissent augmenter de bien en mieux. L'on tient pour certain que l'empereur s'en retourne en Italie, et que la diette retournera à néant.

[1] Quoique Charles-Quint eût annoncé d'avance qu'il conduirait en personne cette campagne contre Soliman II, une grave indisposition que lui fit contracter un ulcère à la jambe le retint aux eaux dans les environs de Vienne, et c'est de là que sont datées quelques-unes des lettres de sa correspondance. Comme cette maladie l'obligea de s'abstenir de paraître en public dans plusieurs circonstances, le sultan s'en prévalut pour publier partout que l'empereur avait craint de se montrer devant lui. M. de Hammer cite une lettre originale, extraite des archives de Vienne, et qui, écrite en très-mauvais italien par le grand vizir Ibrahim, fut envoyée à Ferdinand par l'intermédiaire d'un prisonnier relâché à cet effet : il commence par expliquer les motifs de la dernière expédition : « ..... El nostro invict^{mo} imperator non è avegnù a questi paise à far mal ai poveri, ma è avenuto per cercar lo re de Spagnia Charlo aposta, perchè esso già tutto'l mondo e prende i re e duchi e baroni, etc. » Et il termine par une plaisanterie à la turque sur le soin que l'empereur avait pris de rester caché : « I paisi delli re sono propria come i soe mogliere, e no nè avemmo sapuò mai à quel paise sese trova. » (*Histoire de l'empire ottoman*, t. V, p. 475.)

Ses seigneurs ont eu lettres de leur ambassadeur qui est vers l'empereur, par lesquelles entendent que l'empereur estoit encores à Lince, et debvoit partir le xxv du passé pour aller à Vienne, où faict son amas, et de là chercher le Turc où il sera, lequel faict tant de maux que je ne l'ose mettre par escript, et a faict faire courreryes jusques à xx milles au deçà de Patovia et Lubiane, et ont tout bruslé et gasté le pays, tellement que autour de ses pays-là l'on ne voit que personnes et bestes mortes, et l'Austrye quasi toute bruslée, et davantage prenent et emmènent tous les jeunes gens depuis l'aage de xv ans jusques à xxv, et la reste mettent à mort, qui est grosse pitié pour la chrestienté. . . . . Ses S^{grs} receurent hier lectres de leur général qui est à Corfou, du xviiie du passé, par lesquelles entendirent que André Doria avoyt prins Choron ; mais, ainsi que l'on dict, n'est pas grant chose, et encores à grant peyne le pourra-il tenir s'il n'a Modon, lequel n'est pas prest de ce rendre, car, ainsi que m'ont dict aulcuns de ses S^{grs}, il luy est venu du secours, lequel ne desplayra pas trop à l'empereur, pour les gros fretz qu'il luy eust convenu despendre pour son honneur à le garder s'il eust esté prins ; lesquelz fuit tant qu'il peult. Le S^{gr} Rincon est encore icy non bien guéry, lequel se recommande bien fort à vous.

Les Italiens qui estoient allé contre le Turc à la soulde de l'empereur se sont mutinez et n'ont voulu aller en Hongrie avecques le roy Ferdinando, tant par faute de payement que aussi de vouloir, et maulgré l'empereur ont chassé leurs coulonnelz et esleuz d'autres, et s'en sont retournez en Italye, saccageant et gastant tout le pays dudit empereur, et a esté dict en ceste ville qu'ilz avoient passé par Ubillacho et avoient prins par force une grande partie de l'amonition de l'artillerie dudit empereur. Et encores hier vint disner avec moy un capitaine du cardinal de Médicis qui est de présent arrivé à Moren, lequel me

dist que l'empereur n'avoit jamais voulu passer Vienne, et que il se estoit trouvé aussi empesché de la bande italienne que du Turc mesmes.
Ledit empereur a mandé à ses seigneurs et faict dire par son ambassadeur qui est icy qu'ils voulsissent empescher les passages auxdicts
Italiens de leur costé, comme rebelles et mal vivans, et sans party.
Mais ses seigneurs ne sont point trop eschauffez à leur faire nuysance,
ains leur ont donné passage par leur terre, par telle condition qu'ilz y
pourront vivre sans faire viollance aucune, et se départiront chacun
chez soy, ce qu'ilz ont accordé volontairement. Le S^gr Rincon est encores icy non bien guéry, mais avecques l'ayde de Dieu, sera de bref
en bonne santé et soudain se partira pour aller à la cour.

Rome, 9 octobre 1532.

Monseigneur . . . . . l'on attend en grande dévotion de sçavoir que
fera l'armée d'André Dorie, qui est allé combatre celle du Turcq,
si elle la trouve. J'ay entendu que l'empereur a mandé André Dorie
pour se retirer à Gênes, et laisser le pauvre Turcq en repos jusques
à une autre fois : en bref, nous en sçaurons la vérité. Les Espagnols
continuent à faire tous les jours des nouvelles mensongez de la fuitte
du Turcq et de la deffaicte de son camp, si très-évidentes bourdes
que j'ay honte comment ils n'en ont point de honte. Au commencement ils les faisoient imprimer; mais à ceste heure, il commence à
leur radviser, pour les mocqueries qu'on leur en faict; car l'on vouloit
qu'ils fissent aussi imprimer comment l'armée par eaue de l'empereur, qui est de plus de treize à quatorze mil hommes et grand nombre
de vivres et artillerie pour aller secourir et entretailler Poussonio et
Strigonia, a esté toute deffaicte sans en eschapper un; pareillement
une bonne bande de Italiens et Espagnols du marquis d'Algoast (*del
Guasto*) ont esté taillez en pièces, environ le nombre de mil cinq cens
de plus gentils compagnons qu'il eust, et le demourant s'est sauvé de
vitesse. Je n'ay sceu entendre à la vérité pourquoy c'est que la teste
a esté trenchée à Hyeronimo de Leva : ils disent icy que c'est pour

avoir accusé ledict marquis de n'avoir en sa compagnie que cinq mil Espagnols, mais je crois plustost que ce fut pour le contraire.

LETTRE D'UN ANONYME A FRANÇOIS Ier, SUR LA RETRAITE DES TURCS [1].

(Copie. — Béthune, ms. 8021.)

Ser^{me}, pot^{me} atque inv^{me} rex et digne domine noster unice et collend^{me}, humilem ac debitam commendationem. Quum superioribus elapsis diebus Cesar in castra que prope urbem Viennam collocata erant descendisset, in Turcham hostem progressurus, remisimus eo tunc ad sacram maj^{em} vestram illius oratorem dominum Gervasium Wain, ut singula que tunc occurrebant, queque partim ipse exploravit, partim vero nostris imminere cervicibus presens est conspicatus, eidem maj^{ti} vestre coram planius explicaret, operam daturus quatenus pecunia tanta, maj^{tis} vestre benignitate promissa, semel deponatur. Quamobrem sibi impresentiarum circa id nec molesti nec in scribendo prolixiores erimus; verum eam tamen omni reverentia censemus movendam quemadmodum scilicet Cesar nullum in locum exercitum admovit; verum, simul atque Viennam ingressus est Turcharum Cesar per provinciam Stirie, atque alias conterminas regiones regi Ferdinando subjectas iter faciens, atque in regni sui fines retrocedens, omnia rapinis, incendio, sanguine complevit, quodque maxime est deplorandum, multa christianorum milia miserrima in captivitate abduxit. Que pars exercitus statuum imperii, licet Turcharum multitudine multo esset inferior, insecuta, magnum captivorum numerum aberravit, simul et in alias hostiles copias que trigenta circiter Germanica miliaria citra Viennam proruperant, atque incursionibus diversis in locis factis redeuntes se Turchicis castris iterum adjungere maturabant incidens, eas, nullo propemodum nostrorum accepto incommodo, profligavit, atque ad unam omnes delevit. At provincie tamen regis Ferdinandi

[1] Cette lettre paraît avoir été écrite de la part de l'un des princes d'Allemagne, alliés de François Ier.

nichilominus funditus devastate sunt; quumque ideo Turcha prelio nolens decertare pedem retulerit, Ces⁰ majestas mercenario militi majore ex parte veniam concessit, solosque Hyspanos ac quinque mille Germanos pedites, pro corporis sui custodia penes se retinuit, qui ipsam in Italiam comitentur. Porro copias statuum imperii, quum in Hungariam, majestate sua id maxime efflagitante, descendere nollent, domum quoque dimisit. Cum Burgundis vero equitibus atque Italis pertractatum est ut servitio regis Ferdinandi sese obstringant atque in Hungariam proficiscantur : verum usque adeo segnes ad id omnes videntur, ut facile sit conjiciendum regem Ferdinandum multo minores quam ipse sperat copias in Hungariam esse missurum; quum ad id precipue et temporis et provincie incommoditas accedat, ad hoc etiam quod omnes fere verentur modicam fidem in nummaria solutioni prestanda esse futuram, eamque ob rem rex Ferdinandus, dum ab ejus fratre in Italiam contendere properante hunc ad modum deseritur, magnas atque acerbissimas inter angustias deprehenditur, quandoquidem existimamus Cesarem nihil indecumque intentatum missurum ut presenti autumno in Hispaniam trajiciat. Que omnia quum ita sint multisque nos respectibus adducamur, simul et variis ac manifestissimis demonstrationibus in dies clarius prospiciamus nos nihil boni nihilque benevolentie a rege Ferdinando posse expectare; verum potius etiam atque etiam vereri ne bellum ab eo nobis inferatur : ea propter sacram majestatem vestram eo submissius quo possumus ac reverentius comprecamur velit nos sue regie benignitatis clipeo clementer tueri, nec in discrimine versantes, nos derelinquere; verum ante dictam pecuniam, quum id presertim dux Saxonie et langravius omnibus modis contendant, nulla interposita mora deponere, simul et apud serenissimum Anglie regem, quem se ad majestatem vestram recepturum audivimus, omnem dare operam, ut in commune nostrum fedus ingredi, ac parem pecunie summam a majestate vestra deponendam ipse quoque in publicum federatorum usum erogare, ceteraque item onera, si modo necessitas expostulaverit semelque ad bellum deventum fuerit, una cum majestate vestra subire non recuset. Atque

id quantum commodi atque ornamenti vestris majestatibus, atque
earum inclitis regnis allaturum sit, possunt ipsi multo maturius ac
prudentius secum perpendere quam nos commemorare valemus;
quumque preterea bellum Hungarium longius forscitan quam superius demonstratum est protrahi posset, idcirco presentis rei exigentie
videretur haud mediocriter fore accommodatum (quod ea tamen qua-
licet reverentia prudentissimo majestatis vestre consilio relinquimus),
nempe ut ipsa una cum eodem Anglie rege suas partes interponere
summa ope elaboratura sit, ut controversias inter regem Ferdinandum
regemque Joannem Hungarie intercedentes componeret, quo Turche
incursus in plebem Christianam in posterum prohibeatur, hiisceque
additis catholico atque optimo principe maxime dignis oblationibus,
quod si videlicet Turcha equas pacis condiciones conatus fuerit impedire, majestas vestra velit ipsum una cum cesarea majestate sacroque
Romano imperio communibus armis et viribus impigre ac strenue invadere. Quo in negocio atque aliis etiam in rebus si quid sacre majestati vestre nos nostra servitute prestare valemus, id omne quidquid
est offerimus, presto sibi semper affuturum cujus summe clementie
quam nos commendatissimos esse non ignoremus, commendandos
amplius non putamus, Deum virtutum dominum assiduis precibus rogantes, ut ipsam in florentissimo rerum omnium statu perpetuo conservare dignetur. Datum die xxª octobris MDXXXII.

EXTRAITS DE LA CORRESPONDANCE DE ROME ET DE VENISE.

RETRAITE DE L'ARMÉE TURQUE PAR LA STYRIE. — TRAITÉ DE CALAIS ET ENTREVUE DE
BOULOGNE. — RENTRÉE DU SULTAN A CONSTANTINOPLE.

Estappes, 31 octobre 1532.

Monsieur d'Auxerre, les advis que sa saincteté avoit eus touchant
la prinse de Modon et Coron, et semblablement la totalle retraicte du
Turcq avec ses forces, m'a esté une nouvelle telle que vous pouvez
penser. Nous n'avons laissé pour cela de nostre côté, le roy d'Angleterre, mon bon frère et moy, de conclurre et arrester chose telle

Lettre
de François Iᵉʳ
à
l'évêque
d'Auxerre.

T. 30

que l'on pourra clérement congnoistre le singulier désir et affection que nous portons à la conservation et repos de la chrestienté [1].

[1] La démonstration politique que François Ier recherchait par son entrevue avec Henri VIII, roi d'Angleterre, à Boulogne et à Calais, eut pour résultat le traité suivant, conclu à Calais le 18 octobre 1532.

«A la louange et gloire éternelle de Dieu. Affin d'obvier aux dampnées conspirations et machinations que le Turc, ancien ennemi et adversaire de nostre saincte foy, a puis peu de temps en çà entreprises sur la chrestienté, combien que croyons fermement que, nonobstant le bruict, rumeur et aucunes choses grandement scandaleuses, lesquelles par cy-devant ont esté controuvées à l'encontre de nous, nous ne laissons pour cela entre les princes et autres personnages d'honneur et de bonne et loyalle conscience, d'estre reputez tels que princes et roys tenans les lieux que nous tenons, doibvent estre, et suivant les vestiges de nos progeniteurs, ainsi qu'il appartient faire à princes des plus grans de la chrestienté, et qui avons continuellement de tous noz cœurs singulièrement désiré d'employer non seulement noz forces et pouvoirs, mais aussi noz propres personnes et vies à la deffense et conservation de la religion chrestienne, et à résister aux dampnés efforts et violences dudit Turc, nostre commun ennemy et adversaire, dont peuvent porter vray et loyal tesmoignage des offres par cy-devant faictes pour résister à iceluy Turc: toutesfois, désirans de plus en plus donner clère et parfaicte congnoissance de noz voulloir et intention, à ce que les autres princes et potentats se puissent joindre avecques nous et regarder par mutuel consentement quel ayde et secours chacun d'eux pourra faire en son endroit, afin de pourveoir et donner ordre aux parties et confins d'icelle chrestienté plus prochaines du danger et évident péril d'iceluy Turcq, au cas qu'il voulsit poursuivre plus outre l'entreprise par luy encommancée ou par cy-après en atempter, ou innover une autre nouvelle sur icelle chrestienté : nous avons trouvé bon et trop plus que requis et nécessaire de nous assembler en intention de traicter d'aucuns articles touchans la conservation et deffense d'icelle chrestienté... et encores que pour les advertissemens que depuis icelle assemblée avons eu de la retraicte d'iceluy Turc, dont nous devons rendre grâce et lonange à Dieu, il sembleroit qu'il ne fust pas grand besoin de y donner d'autre provision : toutesfois, pour ce qu'il pourroit estre que iceluy Turc, encores qu'il se soit aucunement eslongné, l'auroit faict sur quelque nouveau dessein, ou seroit pour une autre fois revenir sur icelle chrestienté, ne voulans perdre l'occasion par laquelle nous nous sommes trouvez ensemble, à ceste cause, nous avons advisé et accordé par ensemble que nous, ou cas dessusdit, dresserons, équipperons et mettrons sus une bonne, grosse et puissante armée, garnye et équippée de tout ce qu'il appartient, pour empescher que ledit Turc n'entre plus avant en pays pour endommager ladicte chrestienté. Et pour ce faire, avons advisé de faire assembler noz forces, c'est assavoir jusques au nombre de 80 mil hommes, dont y aura 15 mil chevaux avec tel bande et nombre de pièces d'artyllerie et suite d'icelle qu'il est requis, laquelle sera souldoyée par chacun moys par nous ; et se fera l'assemblée des forces au tempz et

1er novembre 1532 [1].

Avis reçus
de
Gennes.

. . . . . Il se tient pour vray que Andrea Dorye a prins Petras, et qu'il s'en alloit à Lepanto, lequel lieu il espéroit prendre, et que les Grecs d'alentour avoient prins les armes en faveur des chrestiens, en tuant tous les Turcs qu'ils pouvoient trouver ; qui ce juge n'estre chose bonne pour eux, à cause que, revenant ladicte armée à Gennes, lesdicts Grecs seront maltraictez dudict Turcq, lequel bientost ce pourroit trouver en Grèce.

Amiens, 13 novembre 1532 [2].

Instruction
de François Ier
aux cardinaux
de Tournon
et
de Grammont.

. . . . . Encores que le roy eust mandé et faict entendre au roy Jean de Hongrie par le seigneur de Lasquy, qui est le principal personnage de sa maison, que surtout il se donnast bien garde d'estre cause de faire entrer les Turcs en la chrestienté ; luy remontrant combien qu'il y eust des divisions en icelle, tout se accorderoit pour y résister, et que la puissance du Turc n'estoit suffisante pour se deffendre

lien que nous cognoistrons estre expédient, et prendrons le chemin que nous verrons estre plus à propos pour nous trouver au devant dudit Turc, pour luy résister de tout nostre pouvoir... Nous envoyerons personnages exprès devers les princes et potentatz, tant de la Germanie, villes impérialles, que d'Ytalye, par où il sera besoin de passer, et mesmement devers ceux qui pourroient avoir plus d'intérests et de dommages à la venue dudit Turc, et pour les prier de nous octroyer passage pour nostredicte armée. tant pour l'aller que pour le retourner, par leurs pays, terres et seigneuries ; et d'avantage, avons ceste ferme espérance que, attendu qu'il est question d'une œuvre si saincte et si salutaire, qu'ils ne faudront de penser de ceste heure à joindre, iceluy cas advenant, leurs forces avec les nostres. considéré mesmement qu'il pourroit estre

que ledit Turc viendroit si puissant en ladicte chrestienté que les forces dessus dictes, sans l'ayde desdicts princes et potentatz, ne seroient suffisantes pour y résister..... — Donné à Calais, le 28e jour d'octobre, l'an de grâce 1532. » Cet acte est suivi d'une convention particulière pour les détails d'exécution du traité. (*Mélanges historiques de Camusat*, fol. 109.)

[1] Les véritables succès de la campagne furent remportés par André Doria, dans son expédition navale contre la Morée. Voyez au tome II, p. 16, *Correspondenz des Kaisers Karl V*, la lettre écrite par lui à l'empereur sur la prise de Patras et de Castel-Novo.

[2] L'arrivée des cardinaux de Tournon et de Grammont à Rome mit fin à l'ambassade de l'évêque d'Auxerre, qui ne tarda pas à tomber dans la disgrâce de Fran-

contre celle des princes; et davantage que iceluy seigneur roy eust envoyé un ambassadeur par devers ledict Turc pour le dissuader par tous
les moyens dont il se pouvoit adviser de ne venir ny entrer en icelle
chrestienté, chose qui luy estoit loisible de faire, estant l'un des principaulx membres et princes d'icelle, et qui avoit autant d'intérest en
cest endroit que nul autre, attendu aussi que l'empereur y avoit semblablement envoyé un autre personnage de sa part, lequel a demeuré
beaucoup plus longuement avec ledit Turc que celuy que ledit sieur
roy y envoya, lequel n'y fut que huict jours : toutesfois, aucuns personnages rempliz de maling esprit ont semé contre vérité que ledit sieur
avoit procuré la venue d'iceluy Turc en ladicte chrestienté, qui n'est
chose vraysemblable où y ayt aucune apparence ; lesquelles choses sont
venues à la notice et cognoissance de sa saincteté, laquelle néanmoins
n'en a voulu faire nulles remonstrances pour la justification d'iceluy
sieur.

Venise, 16 décembre 1531.

Lettres
de M. de Baïf
à
l'évêque
d'Auxerre.

Depuis troys jours en çà, le baillo de ses S^{grs} qui estoit à Constantinople, est icy venu de retour, et en sa place estoit jà allé ung
gentilhomme de ceste ville nommé messer Pierre Zeno; et ledict
baillo, ainsi que j'ay entendu à son retour, asseure pour certain
que le Turcq faict grans préparatifz, tant par mer que par terre, pour
bien à bon essiant faire la guerre et venir sur les chrestiens, tant en
Ytallye que en la Hongrye. Et croyez hardiment que se seroit chose
fort aisée à croyre, mesmement si les princes chrestiens ne se accordent d'aultre sorte, à quoy la saincteté du pape debvroit avoir esgard
et mectre tout à ung, affin de résister à la puissance de se grant chien,
lequel pourroit bien prendre accroissement par les discordes des
princes chrestiens.

çois Ier, ainsi que son frère, le bailli de
Troye, et leur père, Gaucher de Dinteville,
sans qu'on puisse en démêler la cause : ils
furent tous trois obligés de quitter la
France et de se réfugier à Venise. Ce ne fut
que sous le règne suivant qu'ils purent
rentrer dans leur pays et reprendre leurs
charges et dignités. Voyez la notice sur la
maison de Polizy dans les Mélanges historiques de Camusat, fol. 211.

Venise, 20 décembre 1532.

Le seigneur Rincon est encores icy tousjours mallade de ses apostumes, et quant l'une guérist, en reboutte une aultre. Je croy, à mon advis, qu'il ne bougera d'icy de cest yver, et les impériaulx auront bel attendre à faire le guet pour luy faire déplaisir. Quant vous serez icy, je vous logeray si près de luy qu'il n'y aura que la porte entre deux, et pourrez entendre toutes choses de luy plus amplement. Le grant interprète du Turcq, nommé Janus-Bey, est en ceste ville venu ambassadeur dudit Turcq vers ses Sᵍʳˢ, pour leur congratuller son retour de Vienne, duquel l'on entend que ledict Turcq a donné le gouvernement de la Wallachie au Sᵍʳ Aloysy Grity, pour ce que la plus part de ce quartier-là sont chrestiens [1].

Venise, 5, 10 et janvier 1533.

Le Turc arriva à Constantinople le xviiiᵉ jour de novembre avecques grant triomphe, ainsi que ses seigneurs ont sceu par lectres venues de Constantinople, escriptes le xxiiᵉ dudict moys. De ce costélà, il n'y avoyt aultres nouvelles, fors de la mort de ung vieil bassa nommé Perim-Bassa, et que le Turcq estoyt bien deslibéré de ne laisser la Morée ainsi comme elle est. . . . . Je suis bien marry de quoy vous congnoissez que mes prophéties et advertissemens quelquefois ont aucune lumière de vérité, et me déplaist que ce que m'aviez escript n'a sorty son effect, car m'a semblé que c'eust esté trop le meilleur pour toute la chrestienté, attendu mesmement que se grand chien se lève sus pour le destruiment de tous nous autres et pour confermer ce que m'avez escript du patriarche d'Achillée, cer-

---

[1] M. de Hammer cite ce passage de la chronique de Marini Sanuto sur l'arrivée de Jounis-bey à Venise et la réception qui lui fut faite : « Vene Junisbei orator del sᵉʳ Turco, per il qual fù ordinà audasse tra 40 gentiluomini, tra li qual io Marini Sanuto fui commandato, con il caftan d'oro turchesco che la signoria lo fece vestir, e cussi tutti li soi da numero 18 vestiti di corachi di scarlatto. » (Marino Sanuto, t. LVI, 9. Janvier 1533, et Histoire de l'empire ottoman, t. V, p. 178.)

taines gens estans venuz en ceste ville et en Italie pour gaigner cappitaines au service du Turc; pour avoir meilleure couleur ont semé
semblables propos que m'escripvez pour mieux les convertir, qui est
une grande meschanceté à eux, et de laquelle toute l'eau de la terre
ne les sçauroit laver . . . . . J'ay esté adverty par un mien amy que
l'ambassadeur du Turc, lequel est icy, a espies à Boulongne pour
sçavoir ce que l'on y faict, et a belle paour que le pape, le roy et
l'empereur ne facent quelque ligue contre son maistre. Ledit ambassadeur se doibt partyr pour aller à Constantinople, mais il pourroit
bien tarder encores. Je n'ai plus paour de ses seigneurs, car le Turcq
a faict banir la guerre par mer et par terre contre l'empereur et ses
adhérans.

Rome, 21 janvier 1532-33.

Lettre
des cardinaux
de Tournon
et
de Grammont
à
François 1er.

Sire . . . . . hyer le pape nous dist que estant en propos avec l'empereur, ils vindrent à tomber sur la ville de Coron, que André Dorie a
pris, et avoit escript ledit Dorie audict empereur que, qui voudroit
garder ladicte ville il la faudroit fournir de victuailles et de gens, disant
que c'est une ville de grand force pour peu qu'elle soit remparée, et
de plus grande conséquence pour la chrestienté: mais, quoy qu'il ait
sceu dire, l'empereur estoit résolu de la laisser et abandonner. Sa
saincteté a prié l'empereur de ne la vouloir si tost habandonner, et que
par avanture le grand maistre et la religion de Rodes la voudroit bien
prendre pour la garder, et pourroient là plus aisément remuer leur
couvent que à Malte : ce que l'empereur a trouvé très-bon, de sorte
que ledict empereur envoye payer les gens de guerre qui sont audict
Coron, et faire fournir la ville jusque à ce qu'il ait sceu la volonté
dudict grand maistre de Rodes, et nous a dict sadicte saincteté que ledict grand maistre ne feroit chose sans vostre bon conseil et advis, et
semble à sadicte saincteté que vous lui debvez conseiller de prendre
la garde de ladicte ville, où il pourra faire beaucoup de bien pour la
chrestienté, et l'empereur la lairra à ladicte religion franche et quitte

sans y retenir aucune souveraineté ne droict, comme il a desjà dict à nostre saint-père.

Venise, 6 février 1533.

Il est venu lectres en ceste ville par lesquelles l'on a entendu que le roy Ferdinando et le roy Vayvauda ont faict trêves pour quatre moys seullement, mais je croy que ce sont nouvelles faictes à poteste. Et ne sçay aultre sinon que l'on dict que Aloysy Griti est à Bude avecques mille génissaires et groz nombre de gens de cheval, et que, au pays de Samendrya près de Belle-Grade, se treuve encores cent et six-vingtz mil Turcqs.

Lettre
de M. de Bail
à
l'évêque
d'Auxerre.

La suite de l'année 1533 se passa tout entière dans une série de négociations, comme il arrive après tous les grands conflits, où l'action de la diplomatie succède à celle de la force pour en régulariser les conséquences. Du côté de la France, la mission des cardinaux de Tournon et de Grammont, avec une apparence comminatoire, devait tendre au fond à gagner Clément VII par le moyen qui l'avait attaché à l'empereur : c'était de flatter l'ambition du pape pour la grandeur de sa maison en faisant épouser un fils de France à sa nièce Catherine de Médicis, et de prévenir par là l'effet que Charles-Quint se promettait de son voyage en Italie. L'empereur, après son entrevue avec le pape à Bologne, forma une ligue des états d'Italie dirigée à la fois contre la France et contre la Turquie; mais Clément VII, tout en adhérant publiquement à cette ligue, montra déjà des dispositions à se rapprocher de François Iᵉʳ par un acte du commencement de cette année qui fut complété plus tard, vers la fin, lorsque le voyage du pontife à Marseille, où il vint pour conclure le mariage de sa nièce, eut donné un témoignage plus significatif encore de son retour vers les intérêts de la France [1].

[1] Voyez, pour la mission des deux cardinaux, l'instruction dont nous avons donné un extrait, dans les Mélanges historiques de Camusat, p. 3, et Martin du Bellay, liv. IV, p. 169 et suivantes. Ce dernier dit que François Iᵉʳ, au retour de son entrevue avec Henri VIII à Boulogne, obtint dans une assemblée du clergé, «jusques à deux ou trois décimes à son plaisir, encore que ledit seigneur n'en eût point de bulle.» Cette concession, pour laquelle on se passait du consentement du pape, était d'un exemple trop dangereux pour ne pas l'avoir rendu plus facile sur ce point, et trois actes que nous trouvons en originaux aux Archives du royaume sont relatifs à une nouvelle décime consentie par lui au mois de février 1533 :

«Clemens, etc.... Considerantes quod perfidissimi Turce... superiori anno exerci-

De son côté, Charles-Quint, en présence des signes de défection qu'il voyait se manifester en Italie et en Allemagne, au milieu des embarras qui naissaient pour lui de toutes ses grandes entreprises, porta son frère à continuer la négociation ouverte avec le roi Jean sous la médiation de la Pologne [1], et, malgré quelques

tum ad expugnandum regnum Hungarie ac dominia Ferdinandi Romani regis, qui etiam Ungarie rex et archiduc Austrie existit, instruxerint, et licet misso tam per nos, quam per Carolum Romanum imperatorem semper augustum subsidio, tandem Turce validiorem classem et terrestrem exercitum instaurarunt..... Apud Franciscum Francorum regem instare curavimus ut expeditionem contra Turcas susciperet quem promptum et voluntarium invenimus..... Duas integras decimas omnium fructuum in inclito regno Francie et ducatu Britannie ac provintia Provintie et Delphinatu... concedimus, etc. — Dat. Bononie, anno MDXXXIII quarto id. februari, pontif. nostri anno decimo. » — A cette pièce est joint un ordre du roy pour la levée des décimes, conçu dans les mêmes termes que ceux que nous avons déjà donnés, et daté de Bourges le 4 mai 1533. Plus, à la date du même jour, une circulaire de François Ier adressée aux différents diocèses avec le vidimus de l'évêque de Mâcon pour la bulle de Clément VII. (Archives du royaume. J. 937.)

Nous retrouvons également l'original d'une bulle d'absolution pour les sommes distraites de la levée des décimes antérieures. Les termes de cette pièce, datée du mois de novembre, ont cela de remarquable qu'ils indiquent plusieurs tentatives faites précédemment par des amiraux français en Syrie et Afrique, qui n'auraient pas eu de succès, et dont il n'existe pas d'ailleurs d'autres preuves historiques :

« Clemens, etc.... Cum sicut nobis nuper exposuisti tempore pontificatus felicis recordationis Leonis pape X[mi] predecessoris nostri, cruciatam in regno tuo Francie de bello contra Turcas imposuisset, maj[tas] tua ingenti pecunia ad bella tua adversus christianos sustinenda, tunc indigens, sibi ut ex pecunia cruciate usque ad summam centum millium scutorum sumeres seu levares, ab ipso Leone concedi obtinuerit ; et licet magna quantitas pecuniarum contra infideles per prefectos classis tui quorum aliqui in Aphricam alii vero in Siriam exercitum, adversante eis fortuna, frustra duxerint, conversa fuerit, tamen dubitans an totum residuum pecunie ad usus in quos converti debebat conversum fuerit... omnem pecuniam maj[tis] tue gratiose remittimus, etc. — Dat. Massilie, anno MDXXXIII, quarto id. novembr. pontif. nostri anno decimo. » (Archives du royaume. J. 937.)

[1] Le commencement de cette négociation avait eu lieu, comme on l'a vu précédemment, par l'envoi de Thomas Nadasdi, venu de la part du roi Jean, et qui s'était mis pour cela en rapports avec Katzianer, général de l'armée de Ferdinand. Charles-Quint avait chargé son secrétaire Cornelio Scepper d'y prendre part, et un envoyé du roi de Pologne était venu s'adjoindre à ces conférences : « Ung gentilhomme de par le roy de Polonie est icy pour induyre le roy des Rhommains à vouloir entendre paix avec son adversaire au royaulme d'Hongrie, et que à ce trèsvolontiers s'emploieroit le roy de Polonie... Et ce que plus esmouvoit son maistre à procurer ceste paix estoit pour ce qu'il

échecs éprouvés par les Turcs en Styrie et en Morée, loin de se faire illusion sur ces avantages, il pressa la conclusion d'un arrangement vers la Hongrie, qui lui laissât disposer librement de ses forces pour rétablir ses affaires dans le midi[1]. Ferdinand.

craindt que le vayvode ne délivre le pays de Transylvanie ès mains des Turcqs, dont tout le royaulme d'Hongrie, Polonie et autres pays circonvoisins sont en dangier d'estre perdus perpétuellement..... et se par adventure estoit mené si avant par les gens du roy des Rhommains, que d'estre en doubte de perdre ledit pays, plus tost il l'habandonneroit aux Turcqs, Walaches et autres nations que au roi des Rhommains..... Mais que, permectant ledit vayvode user du tiltre dudict royaulme, il seroit content et garderoit bonne paix, et seroit à conduyre à paier quelque tribut au roy des Rhommains, soit de vingt ou quinze ou dix mille ducats par an, et luy laisser les villes des montaignes là où sont les minières d'or, dont ledict vayvode ha pour le présent vingt-mille florins de facquères par an, oultre ce que la Transylvanie demoureroit entière aux chrestiens. — De Insbrugk, ce III° déc. XV° XXXII. » Par une lettre du 17 janvier, que Scepper adresse à l'empereur, il donne des détails sur l'état de division de la Hongrie depuis la dernière invasion, qui servent aussi à expliquer le motif de l'intervention du roi de Pologne en cette circonstance : « ... Ceste journée mise à Altenbourg en Hongrie, ce vij° de febvrier prochain, ne semble pas debvoir estre fructueuse pour la variété des Hongrois, lesquelz on entend estre presque délibérez faire ung nouveau roy, sans se arrester ne au roy des Rhomains ne au vayvode, et que ce troisiesme roy pourroit estre le filz du roy de Polonie, auquel les Hongrois ordonneroient gens de leur pays pour gouverneurs, au cas

qu'il voulsist accepter la charge, à quoy Hyeronymus Lasky tâche secrètement induyre les Polonois en ceste assemblée qu'est pour le présent des états dudict pays. Et se dict pour certain, si la paix se fait, que les Turcqs de la frontière ont charge de faire une grosse course en Austrice et en Moravie environ la Saint-Jehan ; que aussi le vayvode ne délaisse pas le siége de Strigonie..... Loys Gritti estoit allé devers les Turcqs qui estoient demourez entour de Essecq, sur la rivière de Drava, en nombre de cent mille hommes ordonnez à voir si vostre magesté assiégeroit Buda. » (*Corresp. des Kaisers Karl V*, t. II, p. 35 et 67.)

[1] Charles-Quint écrit à son ambassadeur en France, au mois d'avril, et paraît rassuré à l'égard de la Turquie : « Au regard du Turcq, n'y a apparence de nécessité comme elle a esté cy-devant, et, ayant veu ledict Turcq la résistance que luy a esté faicte, pensera beaucoup de recommencer à invéhir contre la chrestienté. » (*Papiers d'état de Granvelle*, t. II, p. 22.)

Le 23 mai suivant, il écrit à son frère au sujet de Coron, tombé précédemment au pouvoir d'André Doria, et qu'on s'attendait à voir attaqué par les Turcs : « Je ne vois occasion de changement dans la charge du secrétaire Cornelio, party, comme m'avez escript, pour aller devers le Turcq. Il est vray que, par advertissement venu de Venize et du cousté de Naples, ay entendu que ledict Turcq avoit envoyé gens par terre et par mer ou cousté dudict Coron, pour l'assiéger, et que desjà ilz avoient eu quelques escarmoches avec ceulx qui sont audict Coron, et autres di-

fidèle aux instructions de son frère, entra dans des rapports très-suivis, soit avec son rival protégé de la Porte, soit avec la puissance protectrice elle-même.

Soliman II, rentré à Constantinople le 18 novembre 1532, avait affecté de faire croire à son triomphe par des fêtes publiques; mais en même temps il avait mis un empressement inusité à recevoir l'envoyé de l'Autriche, Jérôme de Zara, qui fut admis devant lui le 14 janvier 1533. Il fit plus, il envoya lui-même un tchaouch ou messager d'état à Vienne, où la présence d'un officier de la Porte, faisant pour la première fois une entrée solennelle dans cette capitale, fut un indice signalé des nouvelles dispositions du sultan [1]. Elle donna lieu d'abord à un

soient qu'ilz passoient oultre. Et de Cécille ay aussi nouvelles que mon vice-roy y avoit despêché deux naves pourveues de vivres et municions, que l'on tenoit elles y seroient arryvées en sehurté, et ledict Coron pourveu de vivres pour le mois de décembre, et suis actendant et désirant ce que sera succédé de l'envoi dudict Cornelio. » (*Corresp. des Kaisers Karl V*, t. II, p. 67.)

[1] La Porte ottomane attachait trop d'importance à l'observation des formes pour que cet envoi d'un ambassadeur turc à Ferdinand ne fût pas contre-balancé en quelque sorte dans son effet par une démarche du même genre envers la cour de France. Mais avant d'établir le fait pour ce moment précis, nous devons rechercher si antérieurement il n'a pas eu de précédent. L'envoi d'ambassadeurs à des états chrétiens n'était pas pour la Porte une chose absolument nouvelle, puisque nous avons constaté plusieurs fois ses rapports avec Venise et avec Rhodes, et presque tous les événements importants donnaient lieu de sa part à des communications de ce genre, principalement avec Venise. Après la levée du siège de Vienne, en 1529, Soliman envoya de Belgrade au doge de Venise, pour lui notifier ses victoires, ce même drogman Younis-bey, qu'on vient de voir remplissant une mission semblable en

1532, et qui revint encore à Venise à diverses époques, comme représentant de la Turquie. A cette occasion le sultan eut aussi l'intention d'envoyer une ambassade au roi de France, et Younis-bey devait demander pour cela un sauf-conduit à l'ambassadeur du roi, qu'il ne trouva pas à Venise. Comme l'ambassadeur turc ne put, d'ailleurs, obtenir le passage en France par les terres de la république, il laissa, à son départ, un agent sur la frontière de Dalmatie pour conférer à ce sujet avec la personne qui viendrait au nom du roi, et nous trouvons l'indication de ces faits dans un rapport très-curieux, sans date et sans nom d'auteur, que nous rattachons à cette époque, après l'avoir rapproché de toutes ces circonstances :

« Vir quidam nobilis Constantinopolitanus, cui solitus est imperator Turcorum committere nonnulla negocia, venit ad me ex Dalmatie finibus, ubi dicit se expectasse donec veniret Venetias regis orator, relictum ab oratore imperatoris Turcorum qui fuit Venetiis estate præterita. « Ille enim, inquit, habebat in mandatis agere cum oratore regis ut impetraret a rege fidem publicam, id est salvum conductum pro oratore imperatoris Turcorum, quia ipse imperator Turcorum desiderabat et intendebat mittere ad regem Francie oratorem

armistice en Hongrie, et le départ de l'envoyé turc, le 25 mai 1533, fut suivi de l'envoi immédiat d'une ambassade autrichienne, la plus importante par ses résultats, celle de Cornelio Scepper, qui parvint enfin à conclure, au mois de juillet, le premier traité de paix qui ait existé entre l'Autriche et la Turquie. Malgré les

aliquem honoratum virum; et quia ille orator impᵇ Turcᵘᵐ non invenit oratorem regis apud dominium Venetum, dicit se relictum fuisse in finibus Dalmatie ob hanc rem ut ille alloqueretur oratorem regis Francie, et curaret predictum salvum conductum impetrandum. » Dixi ego : « Quod sibi vult hoc desiderium impᵇ Turcᵘᵐ ? — Nescio, inquit, sed illud scio quod non erit ea res neque dedecori neque damno regi Francie. Imo credo nunciaturum illum oratorem aliqua que grata futura sint; et quod rex Francie debet concedere hec, et debet admittere oratorem impᵇ Turcᵘᵐ, quia impᵒʳ Turcᵘᵐ admisit et honoravit illos regis, et hoc est conveniens, » et multa hujusmodi, conquerendo quod oratores, quando missi fuerunt a impʳᵉ Turcᵘᵐ ad regem non fuerunt admissi. Respondi ego quod si non sunt admissi oratores impᵇ Turcᵘᵐ, non id factum est ut fieret illi injuria, sed revera illud fuit in causa quod rex Francie non cogitabat de oratore mittendo ad impʳᵐ Turcᵘᵐ, sed ad instanciam dominii Veneti fecit quod fecit. Postea cum impᵒʳ Turcᵘᵐ miserit oratores ad regem et non sit visum dominio Venetiarum relinquere illos venire ad regem, rex permisit dominio Veneto ut faceret de re que pertinebat ad eos pro eorum arbitrio. Preterea accedit illud etiam quod, cum habeatur et sit christianissimus, non facile habet commercium nec init conventiones, nisi esset ad pium effectum, cum infidelibus. Ait ille : « Impᵒʳ Turcᵘᵐ etiam intellexit quod dominium Venetum fuit in causa cur non admitterentur impᵇ Turcᵘᵐ oratores, et hoc est quod mo-

net cum magis ut decreverit mittere alios quos nunc non auderet dominium Venetum impedire cum habeat pacem cum eo. Si impᵒʳ Turcᵘᵐ non est princeps christianus, non nocebit hoc, et ego habeo, inquit, pro certo, quod inter munera que mittet cum oratoribus, mittet etiam ex reliquiis passionis Christi, et id erit pro excusatione si rex habet respectum ad principes christianos. Preterea, dicebat, summus pontifex et predecessor hujus et qui ante illum fuit, misit tocies et remisit ad impᵒʳᵉᵐ Turcᵘᵐ, et admisit ad se impᵒʳ Turcᵘᵐ. Cur non rex Francie ? » et multa hujusmodi cum magna instancia. Dixi ego, si nunc mitteret, quod admitterentur, et poterant venire etiam sine salvo conductu. Respondit: « Non faciet impᵒʳ Turcᵘᵐ, quia nollet rursum habere repulsum : scribe pro salvo conductu, ut possint oratores impᵇ Turcᵘᵐ ire et redire ad regem tuti cum suis. » Et promisi ego me facturum, et ille expectat. Res est tenenda in secretis, quoniam si dominium Venetum intelligeret aliquid ab ejus oratore qui istic est, homo christianus periclitaretur et res impediretur. Erit hoc honori regis nostri et oratio ad commodum convertetur et optabitur quidquid erit. » (Béthune, ms. 8612.)

Ainsi donc il est avéré que Soliman eut à plusieurs reprises l'idée d'envoyer une ambassade en France, ce qui était déjà passé dans les usages de la Porte ; et comme ceci devait avoir lieu en 1530, si l'on se rappelle les raisons que François Iᵉʳ avait alors d'éviter un éclat de ce genre, on comprendra qu'il dut éluder cette mani-

formes humiliantes que la Porte mit à cette concession, une condescendance si peu prévue de sa part lui était commandée par la nécessité de faire face à la diversion pour ainsi dire normale qui se préparait vers l'Asie, et qui allait pendant près de deux ans engager toutes les forces de l'empire dans une nouvelle guerre avec la Perse [1].

festation pendant les années suivantes, puisque lui-même n'envoya Rincon en 1532 que pour arrêter le sultan dans sa marche contre l'Allemagne. Les mêmes raisons n'existant plus en 1533, Soliman dut faire suivre la mission de son ambassadeur à Vienne par une mission semblable en France, au moment surtout où il livrait toutes ses flottes à Barberousse pour agir de concert avec elle contre Charles-Quint, et où il avait un envoyé de François Ier auprès de lui (fait sur lequel il n'existe, comme on le verra plus bas, d'autre témoignage que celui de l'empereur). Ici une date certaine nous est fournie par le rapport de l'ambassadeur vénitien Marino Giustiniano, qui se trouvait en 1535 à la cour de France : « Il re crist[mo] trattando intelligenza con Germani contra Cesare, ancora cominciò a trattarla con il Turco, il quale gli mandò un orator suo proprio, overo sotto pretesto di Barbarossa, il quale venne al Puy quando il re crist[mo] andava a Marsiglia di luglio 1533. » (*Relat. des ambassad. vénit.*, t. I, p. 64.) Ainsi, c'est pendant que François Ier se rendait à Marseille pour son entrevue avec Clément VII qu'il rencontra l'envoyé turc, lequel avait dû partir en mai ou juin de Constantinople. Les préparatifs de la grande expédition navale de Barberousse, en 1534, qui donna tant d'inquiétudes à Charles-Quint, amenèrent plusieurs rapports entre l'amiral turc et la France, qui prouvent qu'elle avait alors des envoyés jusqu'à Tremecen et à la côte d'Afrique ; c'est du moins ce que

l'empereur dit lui-même dans sa dépêche à son ambassadeur en France, du 23 octobre 1533. « Si aucungs de ses gens estoient ou cousté de Tremessen ou Alger, ledict s[r] roy avoit mieulx le moien que nous de le savoir, puisqu'il avoit eu devers luy ambassadeur de Barbarossa, et envoyé devers le roy dudict Tremessen de ses gens, et estant notoire que le roy dudict Tremessen et Barbarossa sont nos ennemys. » (*Papiers d'état de Granvelle*, t. II, p. 79.)

[1] L'Histoire de l'empire ottoman de Hammer, au tome V, p. 181 et suivantes, entre dans les détails les plus étendus sur cette ambassade, dont les documents se trouvent aux archives de la maison I. R. d'Autriche et à la bibliothèque de Vienne. C'est d'après les rapports écrits en latin où Cornelius Scepper a retracé ses entrevues avec le grand vizir Ibrahim et le sultan, que l'auteur traduit les longs discours tenus par le vizir dans les sept entretiens que les négociateurs allemands eurent avec lui et avec Aloysio Gritti, par qui se traitaient à la Porte toutes les affaires de Hongrie. Ces discours mettent constamment Ferdinand sur la même ligne qu'Ibrahim, et dans la position d'infériorité d'un vizir à l'égard du sultan ; ils montrent ainsi les prétentions exorbitantes de la Porte, et la supériorité qu'elle affectait sur tous les autres souverains. C'est dans ces discours d'Ibrahim que se trouvent les détails que nous avons cités précédemment au sujet de la première ambassade envoyée par la France à Constan-

Mais au moment où la Turquie semblait se retirer pour longtemps des intérêts de l'Europe, et, en se fermant à elle-même tout retour vers l'Allemagne, mettre un terme de ce côté aux projets de son ambition, Soliman II voulut prouver, par deux actes qui suivirent la conclusion du traité, que son accord avec Ferdinand laisserait toute latitude aux hostilités contre Charles-Quint. Son premier soin fut de diriger une expédition par terre et par mer pour reprendre Coron, dont l'occupation ouvrait l'Archipel aux agressions de l'Espagne, et, en maintenant l'invasion étrangère sur un point de l'empire, devenait une insulte permanente pour sa puissance [1]. Par une autre mesure, il nomma le célèbre corsaire Barberousse grand amiral, et il lui délégua par ce titre le droit de disposer en son absence de toutes les forces de mer de l'empire turc. Ainsi la guerre se trouvait reportée dans la Méditerranée pour engager dans le voisinage même des possessions de Charles-Quint une lutte maritime où la politique de la France devait rencontrer des satisfactions plus directes, et qui allait entraîner entre les deux états une intimité d'action et d'intérêts encore plus étroite que celle qui avait existé jusque-là.

tinople, et dont il ne reste d'autre preuve que ce témoignage du grand vizir Ibrahim. Aux termes du traité qui établissait la paix pour un temps indéfini, Ferdinand conservait ce qu'il possédait encore en Hongrie, et le sultan se réservait la ratification des arrangements que Ferdinand et Zapolya pourraient passer entre eux : Charles-Quint n'y était compris qu'indirectement, et il devait envoyer un ambassadeur pour faire sa paix particulière. L'empereur, par une lettre du 9 septembre à son ambassadeur en France, mentionne ainsi l'avis reçu par lui de la conclusion du traité : « Le roy des Romains nous a adverty qu'il avoit receu lectres de ses gens estans en Turquie, contenans qu'ils avoient traicté bonne et honorable paix entre luy et le Turcq..... » (*Papiers d'état de Granvelle*, t. II, p. 54.)

[1] Pendant la négociation du traité, l'empereur avait vainement offert de restituer Coron, sous la condition que la possession exclusive de la Hongrie serait assurée à son frère. André Doria rencontra et battit

la flotte turque, et c'est à ce succès que se rapporte ce passage d'une dépêche écrite le 23 août par Charles-Quint à son ambassadeur en France : « Hier eusmes nouvelles de Coron par ung brigantin qu'en estoit party en assez grand danger à raison du siège, par lequel on a sceu comme nos gens faisoient tout bon debvoir de résister aux ennemys, et que l'armée de mer s'estoit accreue de dix galères, et eux estoient en nécessité de vivres ; et vint ce à propoz que ledict brigantin rencontra le prince de Melphy, Mᵉ Andreas Doria, qui avoit faict voelle partant de Sécille, et tenons que il aura faict quelque exploict... Depuis ce que dessus dict, avons eu nouvelles du secours faict à Coron par nostre armée de mer, et grâces à Dieu la chose est passée de sorte que c'est à son sainct service. » (*Papiers d'état de Granvelle*, t. II, p. 53-57.) Malgré l'avantage remporté par Doria, la ville, serrée de près par l'armée de terre, fut bientôt réduite à se rendre, et, après une capitulation, elle fut évacuée par les Espagnols.

III.

1534-1539.

François Ier avait gardé une neutralité menaçante pendant la dernière campagne
de Soliman II, en se fortifiant de l'alliance de Henri VIII contre le danger d'une
agression de l'empereur par le nord de son royaume; la même politique l'avait
porté à se rapprocher de Clément VII, qui offrait à l'extérieur un appui semblable
pour la défense du midi, en donnant au roi le moyen de reprendre son influence
sur l'Italie. Il tenta de la regagner par deux questions secondaires qu'il pouvait en
apparence élever sans déroger ouvertement aux stipulations du traité de Cambrai :
la première concernait la ville de Gênes, si longtemps soumise à la France, à
qui elle ouvrait les Alpes et l'accès de la Toscane, et dont la défection, provoquée
par André Doria, avait privé François Ier d'une partie de ses moyens d'attaque
et de défense contre Charles-Quint; la seconde n'était rien moins que la saisie des
états du duc de Savoie, en vertu d'un droit de dévolution qu'il faisait valoir à son
avantage, et par lequel il aurait acquis la condition essentielle qui lui avait manqué jusque-là pour s'assurer la possession du Milanais, celle de rendre cet état
contigu avec son royaume. C'était pour répondre à cette action extérieure qu'il
avait concentré ses forces dans les provinces du midi, et qu'avec un trésor rempli

par la paix, une noblesse impatiente de recommencer la guerre, une organisation plus nationale donnée à ses troupes, il menaçait à la fois l'Italie et la Navarre, pendant que les forces navales de la Turquie s'avançaient sous la conduite de Barberousse, qui passait pour obéir à l'impulsion de la France et venait agir dans la Méditerranée, dans un but incertain, mais redouté de tout le monde [1].

I. — RELATIONS DE LA FRANCE AVEC LES ÉTATS BARBARESQUES.

EXPÉDITION DE CHARLES-QUINT CONTRE TUNIS.

1534-1535.

Depuis un demi-siècle l'Espagne luttait au dehors contre la race qui l'avait dominée si longtemps; les Maures, refoulés dans l'Afrique qu'ils avaient associée jusqu'au dernier moment à leur résistance sur le sol de l'Espagne, s'y étaient transformés en corsaires, et ils venaient maintenant désoler par leurs brigandages le pays qu'ils n'espéraient plus reconquérir. L'Espagne fut forcée de continuer son œuvre de répression en s'établissant elle-même sur le littoral africain; mais ses colonies à Oran et au Pegnon d'Alger, ses entreprises sur Tripoli et Tunis, qu'elle avait rendus tributaires, eurent pour effet d'appeler les Turcs sur tous ces points, et d'y substituer la domination ottomane à celle des indigènes, devenue insuffisante pour la défense de l'islamisme et de ses intérêts. C'est à la faveur de ces circonstances que deux frères, Aroudj et Khaïr-Eddin, tous deux surnommés Barberousse, et de simples pirates devenus de puissants souverains, surent organiser les éléments indisciplinés produits par l'anarchie des petites souverainetés

---

[1] Ces faits sont établis par les récriminations mêmes que Charles-Quint, pendant tout le cours de l'année, fait entendre à ce sujet à son ambassadeur en France : « Ledit s^r roy demande les seignorie de Gennes et conté d'Ast, dont il n'avoit jamais fait semblant ne mention, estant certain de la venue de Barbarossa et son armée, pensant pouvoir plus facilement occuper ledit Gennes..... Depuis ce que dessus escript, j'ay entendu que le roy très-chrestien fait armer à toute diligenée jusqu'à XXII galères et a faict publier et crier que tous ceulx-là qui voudroient avoir soulde pour y servir seront retenuz et bien payez : et de plusieurs coustel son tient que ce soit pour se joindre avec Barbarossa ou aultrement assister à l'encontre de Gennes. » Il y revient encore vers la fin de l'année pour l'accuser de « la perplexité, désolation et dangier extrême où se retreuvent les affaires de la foy, par la venue de Barbarossa avec très-puissante armée, seignoriant desjà comme tout pacisfiquement à Thunis; et se dit qu'il ayt charge dudict Turcq de mectre ès mains du roy de France tant ledit Gennes que aultres choses qui pourroit occuper en la chrestienté. » (*Papiers d'état du cardinal de Granvelle*, tome II, p. 180-205.)

de l'Afrique. Ils se servirent d'abord des corsaires pour dépouiller de leurs états les princes qui les avaient appelés à les défendre, et ils tournèrent ensuite contre les peuples de la chrétienté cette nouvelle force qui, suivant en cela l'esprit de son institution, fut longtemps à les confondre dans une spoliation universelle. Aussi les côtes de la Provence et du Languedoc, comme celles de l'Espagne et de l'Italie, devinrent également le théâtre de leurs déprédations. Ce fut seulement après que le second Barberousse, pour consolider sa royauté sur Alger, y eut introduit l'autorité de la Porte, qu'une distinction fut faite à l'égard de la France. Les rapports qu'on a vus commencer à la fin de l'année précédente prirent un plus grand degré d'intimité dans le cours de l'année 1534, où Barberousse, revêtu du titre d'amiral de l'empire ottoman, revenait à la tête de toutes ses forces de mer pour effectuer des entreprises combinées avec le concours et d'après les vues politiques de la France.

Pendant que Soliman s'enfonçait en Asie avec son armée, Barberousse, pour ne pas laisser reposer le mouvement agressif de la Turquie sur les autres points, avait offert de conduire une grande expédition qui devait continuer les progrès de la suprématie ottomane dans la direction ouverte par la conquête de l'Égypte, et lui soumettre toutes les parties de l'Afrique où dominait l'islamisme. Les intelligences qu'il entretenait avec Tunis lui donnaient l'espoir de joindre cette nouvelle royauté à celle qu'il exerçait déjà sur Alger, et par les moyens qui l'en avaient rendu maître. L'apparition de sa flotte avait jeté la terreur dans les états voisins de la Méditerranée [1], qui s'attendaient tous à une attaque, car Barberousse avait masqué ses projets contre Tunis en faisant plusieurs descentes sur les côtes du royaume de Naples [2]. Il effectua ensuite avec autant de ruse que d'audace sa

---

[1] L'évêque de Mâcon écrit de Rome à François Iᵉʳ, le 4 et le 11 août 1534 : « L'émotion des Thurcqs à Sperlonga et à Fondy n'estoient que coursaires, lesquelz après avoir faict leur butin se sont retirez... Barberousse estoit arrivé à l'isle d'Elsent avec CLX voilles, dellibéré de venir à Malte, sçaichant que le port n'estoit fortiffié et estoit comme habandonné. » L'ordre de Malte, rentré en activité contre les Turcs par les entreprises sur Tripoli et sur Modon, avait à craindre que leur flotte ne fût destinée contre Malte pour venger ces deux tentatives. Le grand maître Villers de l'Ile-Adam mourut le 24 août 1534, et sa mort a été attribuée à l'effet de cette appréhension.

Ce grand homme eut pour successeur un Français, Pierre Dupont, sous qui l'ordre prit une part active à la guerre de Charles-Quint contre Tunis.

[2] C'est dans la lettre que Charles-Quint écrivit le 29 août à son ambassadeur en France, qu'après avoir parlé du passage de la flotte turque à Naples et sur d'autres points de ses états, il mentionne expressément la part prise par François Iᵉʳ dans l'envoi de cette flotte, et la présence d'un ambassadeur français à la Porte vers la fin de 1533, dont il a été déjà question plus haut : « Au regard de l'armée de Barbarossa, elle estoit passée oultre ledict Naples sans y faire dommaige, et ay faict faire toutes

tentative sur Tunis, et, en réunissant les deux principaux royaumes de l'Afrique, il allait ainsi se former un empire, malgré l'apparente subordination qu'il observait envers la Porte. Le premier soin de Barberousse fut d'assurer à sa nouvelle position l'appui de François Ier, et il ouvrit des relations avec lui par l'envoi d'une ambassade turque, dont la présence est signalée en France vers la fin de 1534 [1].

Charles-Quint vit le péril qu'il allait courir s'il ne se hâtait d'empêcher cette

provisions tant au cousté de Gennes, Barcelone, Valence que aultres frontières d'Affricque et aussi en Sardaine, Maillorque et Minorque... et ay receu de Cornelio Scepero advertissemens comme pour tout certain ladite armée de Barberosse estoit venue à la poursuite, considération et faveur dudit roy de France et à la sollicitation d'ung ambassadeur qu'il avoit expressément devers le Turcq, et le semblable advertissement ay-je eu tant du cousté de Naples, Venise que ailleurs, et par les propres serviteurs plus confidentz dudict Turcq et gens dudit Barberossa, pour guerroier contre moi et mes royaulmes... Se par adventure ledit s^r roy se vouloit tenir fort à traicter par la venue dudit Barberossa, qu'il entende la mauvaise réputation que ce luy sera en toute la chrestienté d'avoir causé la venue de ladite armée, et luy adhérer contre les chrestiens... Ledit Cornelio advertit aussi que ledit Turcq estoit parti avant luy pour aller contre le sophy, et n'y avoit apparence qu'il peut retourner de deux ou trois ans, ny faire dommaige à la chrestienté, dont ledit roy de France ne s'en pourra favoriser d'ailleurs. » (*Papiers d'état de Granvelle*, t. II, p. 170.)

[1] Les historiens constatent généralement la présence de cette ambassade turque en France au commencement de 1535, en se fondant sur la lettre que François Ier écrivit aux états d'Allemagne pour se justifier des imputations répandues contre lui à ce sujet par Charles-Quint, et qui fut rendue publique et imprimée à cette époque. On trouve reproduite à l'article *Epistolæ Francisci*, tome III, page 354 du recueil de Marquart Freher, *Rerum Germanicarum scriptores*, cette lettre apologétique, très-étendue, dont Belcarius donne ainsi la substance en se servant des termes mêmes qu'elle emploie :

« Tricesimi quinti anni hujus sæculi initio, Franciscus ubi se apud Germanos falsis calumniis incessi intellexit, ad imperii principes cæterosque ordines kal. febr. scripsit : ac primum quod de Turcicis legatis qui tum in Gallia erant, insimulabatur, nonnullos quorum nominibus pepercit (Ferdinandum autem Cæsaris fratrem intelligebat) et legatos subinde ad Solymanum misisse et vicissim ab eo accepisse respondit : quin etiam et se Turci vectigales constituisse ut ad eum, quem tum ambiebant dominatum, pervenirent. Bonas sibi a Solymano offerri conditiones ut penitus a bello abstineat, quas nisi cum cæteris Christianis regibus ac principibus communes essent, hactenus repudiavit : quorumdam ambitionem, ut Solymanus nostris cervicibus immineat, in causa esse qui ditionum suarum terminos in dies magis ac magis dilatare cupientes, bella inter Christianos miscent, et Solymanum ad nomen christianum evertendum invitant. Quod si pax inter Christianos bene constet et se suis finibus quisque contineat, Solymanum haudquaquam in nos insultaturum,

puissance qui s'élevait en face de la sienne de s'asseoir définitivement. Il devait à tout prix profiter du recours que lui adressait le souverain dépossédé de Tunis, afin d'en expulser l'audacieux usurpateur; car il ne pouvait attendre qu'une marine dont les ravages irréguliers étaient déjà intolérables pût, en se constituant régulièrement, devenir plus menaçante encore pour l'existence de ses états. Il eut soin d'éluder toute discussion avec François Iᵉʳ, et, se prévalant du cri de l'opinion publique pour l'empêcher de troubler une entreprise faite dans l'intérêt général de la chrétienté, il prépara dans la Méditerranée un armement formidable, pendant que l'Allemagne, livrée à ses divisions, était contenue par Ferdinand, que la Hongrie s'agitait obscurément dans ses troubles intérieurs [1], que l'Italie, enfin, intéressée plus que toute autre contrée à la répression des corsaires, était alors sous la direction d'un nouveau pape plus accessible aux suggestions de

sed alio arma sua conversurum... (Belcar. *Comment.* lib. XXI, p. 647.)

Mais la véritable date de cette ambassade turque est donnée à la suite de celle de 1533, par le rapport de l'ambassadeur vénitien en France, Marino Giustiniano : « Poi di decembre 1534 venne un altro suo oratore a Chatellereault, con il quale fu conclusa l'intelligenza fra loro, cioè Francia, Turco e Barbarossa, nella quale i Francesi patteggiavano triegua per tre anni; il che giudico che sia intelligenza d'aiutare il re ad avere tutto quello che lui pretende da Cesare. » (*Relations des ambassadeurs vénitiens*, t. I, p. 64.)

[1] La paix entre l'Autriche et la Turquie n'avait pas mis fin aux calamités de la Hongrie, et ce malheureux pays était déchiré par les différents partis qui s'en disputaient la possession. A l'époque du départ de Soliman pour l'Asie, Gritti avait été renvoyé en Hongrie avec trois mille hommes. Il passait pour aspirer à s'y faire roi, et s'irritait des résistances que son autorité rencontrait chez les habitants. L'un de ses actes, qui prouve qu'il avait pris dans le commerce des Turcs leurs façons d'agir, souleva tous les Hongrois contre lui, et il

périt de mort violente au milieu de ces troubles. Charles-Quint écrivait à ce sujet, le 23 septembre 1534, à son ambassadeur en France : « Le roy des Romains m'escript que Gritty estoit arrivé en la Transylvanie, au devant duquel le vayvoda avoit envoyé le principal évesque de Hongrie, et que ledit Gritty luy avoit faict trancher la teste, dont le pays estoit esmeu contre ledit Gritty et aussi contre ledit vayvoda, par où mondit frère pensoit gaigner plus de faveur à ses affaires illec. » (*Papiers d'état de Granvelle*, t. II, p. 194.)

L'archevêque de Lunden, chargé de suivre toutes les négociations qui concernaient les affaires d'Allemagne, rend compte, dans plusieurs lettres à l'empereur, de l'état d'anarchie où était tombée la Hongrie pendant toute la fin de la même année : « ..... Magno animi dolore referam nullum vidisse, qui presens aut saltem litteris suis indicaverit Gritti mortem, vel filiorum captivitatem..... Interim vaivoda sua dexteritate occupavit castrum Waradinum, quod prius possidebat episcopus Zybach, a Griti trucidatus; deinde egit cum Transilvanis, ut sibi faveant... Pro parte regis Romanorum sunt nobiles et capitanie

l'Espagne: en effet Paul III venait de succéder à Clément VII, dont la mort, enlevant un appui aux projets de François Ier, avait forcé ce prince de les ajourner. et d'attendre dans l'inaction l'issue des événements qui se préparaient.

Néanmoins François Ier dut se prémunir dès lors contre les conséquences d'un triomphe qui allait rendre Charles-Quint plus dangereux peut-être qu'à la fin de la guerre précédente, pour la sûreté de la France et des autres états de l'Europe encore indépendants. Réduit à laisser s'accomplir une expédition qui donnerait tant d'avantage à son rival, il avait à se mettre en mesure de pouvoir lui tenir tête plus tard, et, afin de ne pas être seul à lui résister, il fallait à toute force ramener le sultan du fond de l'Asie. Pour mieux l'engager à prendre cette résolution, François Ier prit lui-même le parti de mettre de côté les convenances qui l'avaient retenu jusque-là, d'avouer franchement son alliance avec Soliman II, et de faire solliciter son retour par une ambassade officielle [1]. Mais, prévoyant que tout serait décidé avant que le sultan fût en état de rentrer en lice, et que la France aurait à soutenir le premier choc, le roi, fort des ressources qu'il avait réunies dans le

qui promiserunt si vayvoda ingrediatur, ut contra eum insurgatur; sed valde dubiosa michi videtur practica ista, quod non fit per fideles regis, sed per illos qui se semper neutrales exhibuerunt et qui a vayvoda eque a rege beneficia et honores acceperunt..... Stephanus Brodericus, episcopus Sirmiensis, vayvode consiliarius, nichil tractare voluit penitus nisi rex cedat regnum in favorem domini sui... Timeo vayvodanos rem prorogare ut regem spe contineant, ne aliquid contra eos incipiat atque ipsi interim a Turca novum subsidium aut a Gallorum vel Anglie rege assequantur, vel ut interim inter majestatem vestram et Francorum regem bellum oriatur. » (*Corresp. des Kaisers Karl V*, p. 137 et 154.)

[1] François Ier avait argué, dans sa lettre aux états d'Allemagne, de l'exemple même de l'empereur pour justifier son droit d'envoyer des ambassadeurs à la Porte et d'en recevoir de sa part. Dans une lettre du 5 janvier 1535 à son ambassadeur en France, Charles-Quint discute cette objection, et il fait ressortir la différence

de position qui en mettait une très-grande dans le but et le caractère de cet envoi :

« De la résistence contre le Turcq, il semble que ledit s^r roy s'en pourroit plus ouvertement déclarer, et puisqu'il n'y a apparence pour maintenant d'aultre armée d'infidèles par terre, semble que la meilleure assistence qu'il y peult faire est de ses gallères... Et quant à ce que ledit s^r roy de France a dit qu'il luy estoit aussi licite d'envoier devers lesdits Turcq et Barbarossa que nous et le roy des Romains nostre frère, que y envoions quant bon nous sembloit pour demander tresves pour toute la chrestienté sans l'avoir communicqué au feu pape, et qu'il en usera à son honneur... puisque le feu pape est trespassé, nous ne l'en pouvons plus appeler à tesmoing; mais bien y en a-t-il assez d'aultres vivans qui sçavent que nous depeschasmes expressément pour avoir l'advis dudit feu pape sur l'envoi de Me Cornelio Scepero et Jheronimo Zara devers ledit Turcq; et que ledit feu pape non seulement consentit et louha grandement, mais jugea très-convenable

32.

midi de ses états, et entraîné surtout par l'opinion que l'on avait alors des immenses richesses de la Turquie, chargea son ambassadeur d'une demande qu'on
verra renouvelée dans la suite par plusieurs de nos souverains ; c'était d'obtenir
de la Porte un subside qui lui donnât les moyens d'entrer aussitôt en campagne,
et d'agir en Italie de concert avec Soliman II.

La politique de François Iᵉʳ fut justifiée par l'événement. Charles-Quint, parti
le 14 juin de Cagliari, où il avait assigné le rendez-vous des flottes auxiliaires
qui devaient se joindre à la sienne, s'empara de la Goulette par un assaut, après
une première défaite de l'armée de Barberousse, et il se rendit maître de Tunis,
le 21 juillet, à la suite d'une nouvelle victoire, que signalèrent la délivrance de
vingt mille captifs chrétiens, et le rétablissement d'un prince qui tenait désormais sa royauté de l'Espagne. Mais l'empereur avait à peine terminé son expédition en Afrique et touché le sol de l'Italie, aux acclamations des peuples, que la
situation se révéla avec tout son péril : la parole impériale du vainqueur se fit
entendre à Rome en présence du pape et des cardinaux pour dénoncer au monde
les actes de François Iᵉʳ, et le contre-coup de la victoire de Tunis éclata par l'envahissement de la Provence. L'empereur, enhardi par son succès, et amenant à
sa suite les forces de l'Espagne et de l'Italie, vint s'y engager en personne avec
une confiance qui fit croire à toute l'Europe que l'invasion et la ruine de la
France allaient être consommées définitivement.

que ledit Mᵉ Cornelio y retournit la seconde fois, principalement pour l'affaire
du roy de Hongrie, et eust charge de rien
traicter de nostre part sans la compréhension dudict feu pape et de tous les roys et
princes chrestiens. En ce a eu cause et
nécessité telle comme mesme le démontre
la venue de Barbarossa... » (*Papiers d'état
de Granvelle*, t. II, p. 266-269.)

Deux autres lettres du même mois, l'une
du 10 et l'autre du 24 janvier, sont relatives au projet annoncé par le roi d'envoyer
un ambassadeur à la Porte, et à la manière dont il expliquait son traité avec
l'ambassadeur turc, venu ostensiblement
avec un présent de tigres et de lions de
la part de Barberousse : « Vous faictes
bien de vous enquérir de l'homme de
Barbarossa et du gentilhomme que s'y

debvoit envoyer..... La tresve marchande
que l'on publie en France pour colorer la
venue de l'homme de Barbarossa n'a point
d'apparence selon les aultres advertissemens qu'on a, mesmes que ledit roy
de France vous a dit de l'assceurance qu'il
prenoit dudit Turcq et les oulfres qu'il lui
avoit faict par cy-devant. » (*Ibid.* p. 283.)

« ..... Quant au propos que ledit roy de
France a tenu à l'ambassadeur de Venise,
touchant la tresve par luy acceptée avec le
Turcq, vous n'approuverez qu'il soit besoing
audit roy de France soy garder dudit Turcq
ny de Barbarossa, ne de faire apprêtz de
gallères à ceste fin..... Et quant à la provision que nous faisons pour cause dudit
Barbarossa, le besoing n'en est tel audit
sᵉ roy, puisque nous sumes plus prouches
et luy assez esloingné du danger dudit

EXTRAITS DE LA CORRESPONDANCE DE L'ÉVÊQUE DE MACON,
AMBASSADEUR A ROME, ET DES ÉVÊQUES DE LAVAUR ET DE
RODEZ, AMBASSADEURS A VENISE¹.

1535—1537.

NOUVELLES DE LA CAMPAGNE DE PERSE. — PRISE DE TAURIS ET DE BAGDAD.

Rome, janvier 1534–5.

Monseigneur, il est venu nouvelles de la seigneurye de Venise à
son ambassadeur résident icy qu'elle avoit receues de Constantinoble,
du xiij^e jour de novembre, faisans mencion que le trentiesme jour
d'octobre estoit arrivé un ola, venant du camp du Turcq, qui portoit
nouvelles que Abraym-bassa estoit deux journées de là Tauris, là où
il avoit eu advis que le sophy marchoit en grande dilligence vers
luy, dont il avoit adverty le Turcq, qui luy avoit mandé s'en retourner
et qu'il ne l'attendist ; et avoit respondu ledit Abraym audit Turcq,
ne luy estre possible sans estre forcé de combatre, et davantaige que
ce luy seroit vergogne de reculler, et incontinant cela entendu par le
Turcq s'estoit party de Tauris pour se aller joindre audit Abraym-
bassa. Et pour ce que au commencement d'octobre les deux puissances
du sophy et du Turcq n'estoient que à sept journées l'une de l'autre
au temps que partit le dernier courrier de là, l'on estimoit bien qu'ilz

Lettre
de l'évêque
de Mâcon
au cardinal
du Bellay.

Barbarossa.....» (*Papiers d'état de Granvelle,* t. II, p. 286-292.)

¹ La correspondance de Rome et celle
de Venise devront encore suppléer, pour
toute cette période si importante, à l'absence de témoignages directs de la correspondance de Constantinople, qui d'ailleurs
n'était pas encore établie régulièrement.
Placés aux centres les plus actifs de la diplomatie française en Italie, et se trouvant
ainsi le plus à portée de recueillir des informations sur l'état du Levant, les am-

bassadeurs de France à Rome et à Venise
devaient se tenir au courant de tout ce qui
se rattachait aux affaires d'Italie, liées étroitement aux rapports de la France avec la
Turquie. Ces deux correspondances n'existent que par lambeaux épars dans les collections de Dupuy et de Béthune ; un manuscrit de Baluze (n° $\frac{9795}{7}$) donne seul en
copie une série de lettres de Charles de Hé-
mard, évêque de Mâcon, qui devra remplir
pour cette partie de notre sujet le rôle que
l'évêque d'Auxerre remplit à l'époque pré-

ne se pourroit séparer sans combatre; et estoit l'ost dudit sophy fort lassé et travaillé pour les longs chemins qu'il avoit faictz en extrême dilligence, et environ ce temps-là s'estoit venu rendre audit Turcq, l'un des seigneurs dudit sophy nommé Hylan, avecque troys mille harquebusiers et grant nombre de chevaulx. En Constantinoble se faisoient force prières pour la victoire et prospérité dudit Turcq. Il estoit venu par autres nouvelles, auparavant les dernières, que deux ambassadeurs du sophy estoient venuz à Tauris vers ledit Turcq, qui luy avoient usé de ruddes parolles en menasses et deffiance; à l'un desquelz ledit Turcq avoit fait coupper la teste et à l'aultre les oreilles, et dit avant que mourir, celuy qui eut la teste tranchée, que son maistre avoit huit vingtz mil hommes qui feroient la vengeance de sa mort. Touttesfoyz j'ay veu par une lettres que ung bassa du Turcq avoit escripte là, faisant mencion que le Turcq avoit gaingné la bataille contre le sophy, et avoit fait son entrée dedans Tauris comme victorieulx, en laquelle il avoit esté receu fort triumphaument, et s'estoit délibéré fère son yver à Alepo ou en Constantinoble, et auparavant que partir avoit fait le principal de ladite ville de Tauris gouverneur et bassa d'icelle.

Rome, 27 janvier 1535.

Lettre de l'évêque de Mâcon à François Iᵉʳ.

Sire, dimanche l'ambᵣ de Venise eut lettres de sa seigneurie qu'elle avoit receu lectres de Surye, du xxᵉ novembre, faisant mencion que le Turcq avoit prins plusieurs villes sur le sophy, entre lesquelles en nomment une Baguader qu'ilz disent estre Babilone, et a pressé ledit sophy de sorte qu'il a esté contrainct soy retirer en grande dilligence, et se tenant ledit Turcq ainsi victorieux retourna en çà, et estimoit l'on qu'il seroit en Constantinoble pour tout ce moys, et assure ledit ambᵣ

cédente, et dout la mission à Rome, semblable à celle de son prédécesseur, avait pour objet d'empêcher les effets de la prépondérance de Charles-Quint en Italie. Cette ambassade eut lieu, comme on le verra, dans les moments critiques qui suivirent l'expédition de Tunis, la reprise de la guerre entre la France et l'Espagne, et enfin l'expédition des Turcs contre Naples et leur guerre avec Venise.

de Venise ledit advis pour vray, disant qu'il est venu à ladicte seig^{rie} de plusieurs et divers lieux de ladicte Surye [1].

INSTRUCTIONS DE FRANÇOIS Ier A M. DE LA FORÊT [2].

(Copie. — Affaires étrangères. Turquie, t. II.)

INSTRUCTION POUR LA MISSION DE LA FORÊT AUPRÈS DE KHAÏR-EDDIN.

La Forest, que le roy envoye son ambassadeur par devers le Grant-Seigneur, ira premièrement de Marseille à Thunis en Barbarie, devers le seigneur Haradin-Begii-Baschia, roy d'Arget, auquel il présentera les lettres de créance que ledit s^r roy luy escript. Ce faict, luy exposera sa créance, qui est, entre autres choses, telle : que ledit s^r roy auroit aussi

[1] Charles-Quint avait fini par comprendre le peu d'à-propos de ses remontrances sur l'exercice d'un droit de souveraineté dont il avait usé lui-même, et dans deux lettres du mois de février à son ambassadeur, il n'insiste plus que sur les craintes que lui donnaient les armements de mer de François Ier : « Au regard de ce que le s^r roy vous a dit de la bonne voulenté que le Turcq luy pourte, luy ouffrant la paix pour toute la chrestienté, et qu'il a moien de tresves avec luy..... nous ne voulons empescher ne contredire ses intelligences avec ledit Turcq et aultres infidelles, moïennant qu'elles ne soient au préjudice de ladite chrestienté. »

« ..... Quant aux galères du s^r roy que nous luy avions faict requérir, son ambassadeur nous a déclairé qu'elles sont en petit nombre et ne les vouldroit point adventurer par le besoing que il en pourroit avoir contre le Turcq et à la défension de son royaulme, ny les soubzmectre à Mc Andreas Doria, adjoustant que ledit roy avoit tresves pour trois ans avec ledit Barbarossa, durant laquelle lesdites galères

ne peuvent servir à l'encontre d'iceluy... Enfin que sondit maistre s'arrestoit à l'ouffre qu'il a cy devant faict quant il fut requis d'assister contre le Turcq en Hongrye, à quoy luy a esté respondu que ladite ouffre sembloit hors de propoz, et de soy estoit suspecte, puisqu'il n'estoit question d'armée par terre dudit Turcq, et que l'on sçait la voulenté que ledit s^r roy a à l'estat de Millan et contre aultres pièces de l'Italye. » (*Papiers d'état de Granvelle*, t. II, p. 294.)

[2] La suscription de cette pièce si importante renferme le renseignement suivant : « Instructions du sieur de La Forest, allant en ambassade devers le grant-seigneur. Nota que ceste présente instruction fut dressée par l'advis et sur les mémoires baillez par feu monseig^r le légat Duprat, lors chancellier de France. »

La Forêt, gentilhomme de l'Auvergne et formé à l'étude du grec par le célèbre exilé Lascaris, devenu depuis cardinal, dut sans doute à son instruction d'être choisi pour cette ambassade. La qualité du

envoyé devers luy; a bien entendu et apperceu l'affection et désir
que ledit s^r Haradin a de complaire audit s^r roy, les grandes et belles
offres qu'il luy faict, le bon office dont il a usé pour ledit s^r roy envers icelluy Grant-Seig^r, lequel Grant-Seig^r, en partie à la faveur et
persuasion dudit s^r Haradin, non-seulement a accordé trêves audit s^t
roy, mais aussi luy a offert sa puissance; mesnîement l'armée de mer
dont icelluy s^r Haradin est chef et conducteur; choses procédantes de
si bon vouloir, grant opinion, humanité et libéralité envers ledit s^r roy
qu'il en sçait merveilleusement bon gré audit s^r Haradin, l'en remercie

personnage, ainsi que le caractère avoué
et ostensible de sa mission, son nom mis
au premier traité avec la Porte, enfin la
participation personnelle qu'on le verra
prendre à la guerre qu'il allait provoquer,
tout cela a contribué à le faire désigner
par les historiens comme le premier et véritable ambassadeur français à la Porte. Il
était bailli de l'ordre de Malte, et ce titre,
aussi bien que son nom, donne lieu chez
les historiens contemporains aux plus singulières confusions. Ainsi, on lit dans
Sandoval (II, p. 164): « El ambaxador del
rey de Francia que se dizia Forestio, M. de
la Floresta, etc. » Ce dernier nom, joint à
la qualité d'ecclésiastique, le fait prendre
par Marmol (II, p. 461) pour un *prêtre
florentin*. Belcarius, dans une notice particulière, donne seul des renseignements
positifs sur son origine et sur sa personne,
et le sentiment de vive réprobation qu'il
exprime sur la mission que La Forêt allait
remplir, d'accord avec celui de Sandoval
et de Paul Jove, reproduit l'opinion des
contemporains :

« Eodem tempore Franciscus alte con-
cepto in Cæsarem odio, invidiaque accensus
impium facinus aggressus est et Solymanum per Joannem Forestium, Arvernum,
latinæ, græcæque linguæ, quinetiam et

vulgaris græcæ peritum (cum Lascare enim
cardinale et aliis Græcis diu versatus erat)
ad invadendam Italiam incitavit, haud memor Christianos omnes, qui hujusmodi
auxilia implorarint, aut infeliciter cæsos,
aut in miseram servitutem conjectos, suis
ditionibus expulsos; Bizantinos imperatores, Pannoniæ vaivodos, Ludovicum
Sfortiam Mediolanensem regulum, Fede-
ricum Arragonium Neapolitanum, ut cæteros commemorare opus non sit. An-
gustum esse inter Epirum Salentinosque
extremos Italiæ populos fretum Solymano
proponebat Forestius: Cæsarem superioris
anni bello infeliciter gesto pecunia exhaus-
tum, multis amissis militibus, fortissimis-
que præfectis, non tanta habiturum præsidia, ut extrema illa Italiæ littora et
Insubres simul tueri possit : regem porro
æstate proxima cum ingenti exercitu in
principatum Mediolanensem irrupturum :
qua oratione motus Solymanus Solymano
eunucho, Egypti præfecto, jussit ut totam
hanc hyemem in fabricanda classe impen-
deret... Joannes autem Forestius, impiæ
legationis administer, non multis post men-
sibus castra Solymani sequutus, ad Aulo-
nem portum letali morbo correptus, interiit,
dignum sua fonctione præmium consequu-
tus. » (Belcar. *Comment.* l. XXII, p. 685.)

bien fort et promect de ne le mectre en oubly et de n'en demourer
ingrat en tant que la foy chrestienne le permectroit.

Au regard des trêves traictées et accordées pour asseurer le traffiq
et navigaige d'entre les pays et subgects dudit s[r] roy et d'iceulx G.-S.
et s[r] Haradin, ledit s[r] roy les a très-agréables et comme telles les fera
publier et garder de sa part, suivant le contenu aux lettres patentes
qu'il en a faict expédier et délivrer, se confiant que ledit Grant-Seigneur et Haradin feront de leur costé le semblable.

Au surplus, fera icelluy de La Forest amplement entendre audit
s[r] Haradin, roy d'Arget, le tort que tiennent les Gennevois audit s[r] roy
leur seigneur légitime, lesquelz sans avoir esgard aux doulx et bon
traictementz qu'il leur a toujours faict, fortiffiant leurs villes, prenant à
groz soing, travail, fraiz et puissance, leur protection et deffence pour
les tenir en repos, se sont à diverses fois substraictz de son obéissance
pour adhérer à ses adversaires, en leur fournissant argent et toute
autre manière de secours contre droict et raison, ce que ledit s[r] roy
ne doibt et ne peult plus bonnement tollérer. A cette cause durant
que l'esté prochain il emploiera par terre la force qu'il prépare pour
recouvrer ce qui luy est injustement détenu et occupé par le duc de
Savoye, pour après de là marcher contre lesdits Gennevoys, icelluy
s[r] roy prye bien fort ledit s[r] Haradin, aiant armée de mer puissante
et en lieu à ce commode, qu'il vueille courir sus à l'isle de Corsegue,
autres pays, places, villes, navires et subgects d'iceulx Gennevoys,
sans cesser de leur mener en toutes façons la guerre jusques à ce
qu'ilz aient recongneu et receu ledit s[r] roy pour leur seigneur et
maistre ; à quoy ledit s[r] roy, oultre ladite force qu'il mectra aux champs
par terre, aydera de son armée de mer, qui sera pour le moyns de
cinquante voylles, assavoir trente gallères et le demeurant galéaces et
autres vaisseaulx accompaignez d'une des plus belles et grandes nefs
qui soit sur la mer ; lesquelles cinquante voyles coustoyeront et feront
escorte et espaules à l'armée dudit s[r] Haradin, qui sera aussi raffres-
chie et secourue de vivres et munitions par ledit s[r] roy, lequel par ce
moyen pourra parvenir à son intention, dont il se sentira grandement

tenu audit s[r] Haradin; oultre que estant la ville de Gennes réduicte
à l'obéissance dudit s[r] roy, amy d'iceulx Grant-Seigneur et Haradin,
servira de tant qu'on peult assez entendre non-seulement à la conservation du royaume et estat de Thunis et d'Arget, mais à la seureté,
bien et trafficq des subgectz et conduicte des autres entreprinses
d'iceulx Grant-Seigneur, roy et Haradin. Et sur ce prendra icelluy de
La Forest la meilleure conclusion qu'il pourra avecques ledit s[r] Haradin pour le service dudit s[r] roy, dont il l'advertira par homme qu'il
renvoyera expressément.

Ce faict, dira icelluy de La Forest audit s[r] Haradin que ayant receu
icelluy s[r] roy en partie par son moyen très-gracieuses lettres, offres
et démonstration très-amiable du G.-S., désire grandement l'entretenir
en ce bon vouloir et opinion pour s'en ayder par l'advis et conseil
dudit s[r] Haradin, devers lequel G.-S. icelluy de La Forest se trans-
portera au partir d'avecques ledit Haradin. A ceste cause, ledit s[r] roy
prye bien fort icelluy s[r] Haradin de luy tenir la main de son bon advis
et povoir, que ledit s[r] roy sçait estre très-grant, et en sa faveur escripre
bonnes lettres tant audict G.-S. que ailleurs, pour icelles bailler audict de La Forest avec l'adresse et conduicte nécessaire, afin que ledit
de La Forest puisse seurement parvenir et avoir accès audict G.-S.—
Faict à Paris, le unzeyesme jour de febvrier l'an mil cinq cens trente-
quatre. Ainsi signé, FRANÇOIS. —BRETON [1].

INSTRUCTION DE LA FORÊT POUR SON AMBASSADE À LA PORTE.

La Forest que le roy envoye son ambassadeur devers le Grant-Seigneur, après le salut et recommandation convenable, luy présentera

[1] L'instruction de cet ambassadeur, qui
s'est heureusement retrouvée aux archives
du ministère des affaires étrangères, est la
seule pièce qui reste de cette ambassade,
et elle fixe de la manière la plus précise
le double objet de sa négociation. L'admission des Génois dans la ligue de Bologne avait renouvelé l'irritation que François Ier avait éprouvée déjà de leur défection : aussi l'exprime-t-il ici avec la hauteur
qu'il portait dans le sentiment de son autorité blessée, et ses reproches sont d'autant
plus vifs qu'il croyait avoir le droit de regarder les Génois comme des sujets révoltés.

les lettres que ledit s^r roy luy escript, portans créance qu'il exposera
de ceste teneur:

Premièrement que ledit sieur roy envoye icelluy de La Forest son
amb^r devers icelluy G.-S. pour l'advertir que par ung amb^r du s^r Haradin-Begii-Baschia, il a receu d'icelluy G.-S. pareilles lettres à celles
qu'il luy avoit auparavant et par une autre foys escriptes, plaines de
si bon vouloir, estime, grand affection, humanité et libéralité envers
soy, le tout tant conforme et respondant à ce qu'il luy avoit auparavant faict dire par le s^r Rincon son amb^r, qu'il luy en sçait le meilleur
gré qu'il luy est possible, et l'en remercye de tout son cueur, offrant
de sa part le semblable, et d'estre toujours son bon frère et amy en
toutes choses non derrogans à la foy chrestienne.

Et d'autant que ledit G.-S., par sesdites lettres, prye ledit s^r roy
de luy donner ample et particullier advertissement de sa santé, prospérité et disposition de ses affaires, et ce qu'il demanderoit de luy,
icelluy de La Forest, après avoir récité ce qui luy a esté commandé,
et ce qu'il sçait de la très-bonne santé et prospérité dudit s^r roy
et de l'estat de ses affaires, moyennant l'ordre qu'il y a donné et
donne par tout événement de paix ou de guerre; dira au dit G.-S.
que ce qui semble pour le présent audict s^r roy le plus louable, nécessaire et désirable audit G.-S., pour cependant joyr en repos de
l'honneur et du fruict de ses grandes et mémorables victoires et conquestes, aussi pour entretenir toute la chrestienté en tranquilité sans
la susciter contre luy à la guerre, dont les fortunes et hazards sont
incertains, seroit une paix, laquelle ledit s^r, comme roy très-chrestien
et zélateur du bien publicq, demanderoit universelle. Et dès maintenant soy faisant fort de nostre sainct père le pape qui est à présent,
pour l'amytié et intelligence qu'il a avec luy; du roy d'Angleterre, son
perpétuel allyé et confédéré; des roys de Portugal et d'Escosse; de la
seigneurie de Venise et d'aucuns autres princes et potentatz chrestiens,
icelluy s^r roy a donné charge et povoir exprès audict de La Forest son
amb^r de requérir très-instamment, traicter et accorder avec ledit G.-
S. icelle paix, en laquelle sera laissé lieu au roy des Espaignes pour

33.

y estre comprins, moyennant que pour extirper toutes racines d'inimitié et discorde en l'advenir et pour l'establissement de ce bien de
paix, dans le temps à ce préfix, il se soit mis à raison et effect envers
ledit s^r roy de ce qui s'ensuyt, assavoir, de luy restituer l'estat et duché
de Milan, la conté d'Ast, la seigneurie de Gennes, le ressort et souveraineté de Flandres et d'Arthoys, et de laisser le roy Jehan paisible
possesseur du royaume de Hongrye. Ce qui est à espérer que ledit
roy des Espaignes ne reffusera, tant pour la raison qui le veult ainsi
que pour n'estre réputé contraire au repos et bien publicq, dont
pour le tiltre qu'il prétend il doibt estre aucteur et protecteur.

Touttesfoys, où l'on congnoistroit que le vouloir dudit roy des Espaignes seroit autre, ledict de La Forest ne laissera pour ce de
moyenner et conclurre ladicte paix entre les autres princes et potentatz
susdits, pour faire joindre ledit roy des Espaignes à raison de venir
à ladite paix universelle, et satisfaire aux demandes que dessus et
autres plusieurs grosses et justes querelles qu'on luy peult mectre en
avant, et pour à ce parvenir ne restera que le moyen de la guerre ;
en quoy ledit s^r roy le peult plus aisément et griefvement endommaiger et offendre que nul autre, tant à cause que le royaume de
France, abondant de bons combatans à pied et à cheval, oppulant de
vivres, garny d'artillerye, muny sur les frontières de grosses et fortes
places et villes, est propice et commode pour assaillir et guerroyer le
royaume de Navarre, les Espaignes, Hénault, Flandres, Arthoys, la
conté de Bourgongne et autres pays que tient ledit roy des Espaignes
prochains et contiguz audit s^r roy : que aussi au moyen des alliances,
confédérations et intelligences que ledit s^r roy a avec les roys d'Angleterre, d'Escosse, de Dannemarch, les Suisses, le duc de Gueldres
et plusieurs princes d'Allemaigne, ayants tous particullière querelle
audict roy des Espaignes, qu'ilz joindroient aysément avec ceste généralle, soubz l'auctorité dudit s^r roy, avec lequel davantaige et puys
naguère par son moyen et de ses deniers qu'il a déboursez jusques
à troys cens mil escus, a remis le duc de Wirtemberg, son allié et
amy, en ladite duché que ledit roy des Espaignes luy détenoit, et

dont ledit sʳ roy lèvera des meilleurs gens de guerre qui soient aux Allemaignes, comme se fera des Suisses ses pensionnaires et de la duché de Gueldres, appartenant par donaison audit sʳ roy, où il a envoyé cent mil escuz et y souldoye gens de guerre. Et par là pourra aussi grandement travailler ledit roy des Espaignes, de sorte que pour vifvement conduire et exécuter une bonne et grosse entreprinse contre ledit roy des Espaignes, ne seroit besoing que donner secours d'argent audit sʳ roy qu'il conviendra employer pour ceste guerre, en si grosse somme que chacun entend assez, en manière que ledit sʳ roy seul ne pourroit bonnement porter si groz faiz à l'occasion des grosses et continuelles armées qu'il luy a esté nécessaire longuement entretenir, et par mer et par terre, pour résister à ses ennemys, de l'excessive rançon qu'on a de luy extorquée pour la délivrance de ses enfans, des fortiffications et réparations qu'il faict chacun jour à ses places et villes, de la construction et équippage de gallères et autres navires, de l'ordre et payement des gens de pied et de gens qu'il tient en son royaume ordinairement jusques au nombre de deux mil hommes d'armes et cinquante mil hommes de pied, de la quantité d'artillerye nouvellement faicte et autres infinies despences, oultre l'ordinaire entretenement de son estat. A ceste cause, priera et persuadera icelluy de La Forest le G.-S. de subvenir audit sʳ roy, pour convertir à l'effect que dessus, d'ung million d'or, qui ne sera mal aisé audict G.-S., pour estre ses affaires constituez en toute félicité et ne luy debvra estre grief; considérant de quelle importance peult estre d'affoyblir et rabaisser le couraige et dessaing dudit roy des Espaignes, qui n'aspire et ne tend, comme l'on voit, sinon à la monarchie du monde; en sorte que pour à mesme temps et de tous coustez poursuivre tellement ceste poincte que l'honneur, proufict et victoire en demeure audit G.-S. et roy, sera très-expédient que ledict G.-S., oultre le secours d'argent cy-devant mentionné, et pendant que ledit sʳ roy par terre exploictera de son cousté ses forces, envoye son armée de mer en faisant mesme commandement au sʳ Haradin pour courir sus et entrer premièrement en la Sécille et Sardaigne, et y establir pour roy et seigneur le personnage que ledit de La Forest a charge de nommer[1], lequel a crédit et intelligence esdites isles, qu'il pourra tenir et garder à la dévotion, et soubz l'ombre et appuy dudit s^r roy. Et davantaige recongnoistra ce bienfaict et payera par chacun an convenable tribut et pension audict G.-S., pour le récompenser du secours pécuniaire qu'il aura donné audict s^r roy, et de partie de son armée de mer, à laquelle aussi fera lors tout secours, support et faveur, celle dudit s^r roy.

Et où ledict de La Forest ne pourroit induire le G.-S. à fournir argent audit s^r roy, à tout le moings le persuadera d'entamer la guerre au temps qu'il luy a esté commandé, par mer et par terre, au roy des Espaignes, pour le faire condescendre à ce que dessus.

Et en tant que ledit G.-S. seroit en délibération de plus toust faire la guerre audit roy des Espaignes par la Hongrie que par autre endroict, icelluy de La Forest luy remonstrera la puissance des Allemaignes, où de présent ledit roy des Espaignes a bien peu d'obéissance, lesquelles toutesfoys lors infailliblement se joindroient à luy et contribueroient pour la deffense de leur pays, en façon que cuydant endommaiger icelluy roy des Espaignes, on le pourroit faire grand et accroistre son couraige. Mais en l'assaillant par le royaume de Naples, par la Sécille, Sardaigne ou par les Espaignes, ce sera le toucher au vif et entreprinse aysée à mectre à chef, actendu mesmement que les Allemans ne se mouveront pour le péril de l'Ytalie, comme l'on sçait et veoit par expérience. Et quant ledit roy des Espaignes vouldroit secourir les royaumes de Naples et autres pays dessusdits, comme il faict courir bruyt de y vouloir passer, les armées de mer des susdits G.-S. et roy mises au devant, seront si puissantes qu'il n'oseroit entreprendre le passaige, mesme que ledit s^r roy par autre endroict de terre le travaillera et mectra en telle despence qu'il est plus que vraysemblable que, ne povant à tout résister, il se rangera à ladite paix universelle, en satisfaisant à ce que dessus.

Sur les choses dessus dites fera icelluy de La Forest toutes autres

[1] Probablement Troïlo Carracioli, chef des exilés napolitains.

remonstrances nécessaires, advisera, traictera et accordera ce qu'il
pourra tirer le plus à propos pour le service du G.-S., et du tout s'a-
dressera en premier lieu au s^r Abrahim-Baschia, luy présentant les
lettres de créance et déclairant l'amour et confiance dudit seig^r envers
luy, suyvant la démonstration qu'il en a faicte de son cousté. — Faict
à Paris, le unzeyesme jour de février l'an mil cinq cens trente et quatre:
ainsi signé, FRANÇOYS. — BRETON.

EXTRAIT DE LA CORRESPONDANCE DE ROME ET DE VENISE.

SÉDITION A CONSTANTINOPLE. — SUITE DE LA GUERRE DE PERSE. — PRÉPARATIFS DE L'EM-
PEREUR CONTRE TUNIS. — DÉPART ET DÉBARQUEMENT DE LA FLOTTE. — PRISE DE LA
GOULETTE ET DE TUNIS. — ARRIVÉE DE L'EMPEREUR EN ITALIE.

Rome, 29 mai 1535.

Sire, hyer arriva la poste de Venise qui apporta lectres de la seigneurie à son amb^r faisans mencion que ladicte seign^{rie} avoit lectres
de Const^{noble} de son bayle, des xiij, xv et xviij^e du passé, qui disoient
que la nuict du iiij^e d'icelluy moys y avoit eu grant rumeur en Perra,
qu'est une partie de ladicte ville de Const^{noble} où habitent les chrestiens,
procédant icelluy rumeur d'une soubdaine eslévation de deux mille janissaires qui vouloient forcer ledit lieu de Perra, ce qu'ilz eussent faict
si ceulx de dedans ne se feussent mys en deffense, leur ayant esté
permys par le gouverneur de ladicte ville. Le lendemain lesdicts janissaires entrèrent par force dans aulcuns navires qu'estoient bord à bord
dudict Constantinoble et emportèrent toutes armeures qu'ilz y peurent
trouver. De là ilz se feirent passer en barques dans ledict Const^{noble}, où
ilz feirent quelque peu de dommage ès maisons des Juifz et pillèrent
aucunes boutiques d'armeures. Le gouverneur de la ville envoya vers
eulx pour entendre la cause de leur esmeutte et luy feut par eulx
mandé qu'ilz vouloient qu'on leur meist entre mains leur cappitaine
pour se venger des injures et extorsions qu'il leur avoit faictes mesmement à leurs payemens; et voulant l'un de ceulx qui avoient superinten-

Lettre
de l'évêque
de Mâcon
à François Ier.

dence sur eulx, les deppartir, mist la main à l'espée et en tua deux, cuidant faire peur aux aultres. Mais ilz luy coururent tous suz et après l'avoir rué du cheval en terre luy couppèrent la teste, et dura leur mutinerie quattre jours. A la fin leur feut faict payement de ce qu'il leur estoit deu, au moyen duquel ilz s'appaisèrent et pour ceste mutinerie leur feurent cassez aulcuns de leurs chefz desquelz justement ilz se plaignoient. Les deuxiesmes lettres disent que ledict baille estant avecques le dephterdaro dudict Const^noble avoit entendu de luy qu'il avoit receu lectres de Barberousse par lesquelles il luy mandoit qu'il se trouvoit si fort et si bien muny de toutes chouses qu'il ne craignoit en façon que ce feust l'armée de l'empereur ny toute la puissance des chrestiens quant elle seroit ensemble, et que sy d'adventure l'armée dudict emp^eur se adventuroit de prendre le chemin dudict Const^noble qu'il ne fauldroit ly estre à la queue et si près qu'il la garderoit bien de mal faire, et qu'il avoit encores toute la somme entière à quoy il n'avoit touché, qu'il avoit eu du Grant-Seig^r, et disoit ledict dephtardero que dens huict ou dix jours ilz auroient cinquante gallères toutes prestes à Gallipoly et que le cappitaine dudict lieu s'estoit tous les jours en l'arsenac pour les solliciter; aussi que le Saussaigne (sanjac?) de Rhoddes avoit envoyé audict Const^noble pour recouvrer voilles et aultres chouses nécessaires pour la fourniture et municion de dix aultres gallères qu'il armoit. Disent en oultre lesdictes lectres qu'il estoit vray que ledict Grant-Seig^r avoit perdu par fain, froys, peste et aultres malheuretez grant nombre de personnes, chevaulx et chameaulx, mais qu'il ne luy estoit mort personnaige d'estoffe, et que journellement se renforçoit le camp dudict Grant-Seig^r, lequel à la my-mars debvoit partir de Bagader pour venir en Mésopotamye, et estoit arrivé de nouveau audit Const^noble homme qu'estoit venu du camp dudict seign^r en trente-sept jours, qui disoit avoir ouy dire à Abraym-bassa que ce qui avoit plus disposé le Grant-Seig^r à l'entreprinse contre le sophy estoit le zelle de sa religion, affin d'abollir les hérésies qui régnoient entre les sophiens, dont le pays dudict seig^r se commençoit à infecter, et si ledict sophy se feust voulu désister de sadicte secte, ledict Seigʳ eust traicté accord avecques luy. Il disoit aussi que à l'heure de son partement dudict camp les carriages et bagages d'icelluy partoient de Bagadet, et tost après la personne dudict Grant-Seigʳ debvoit desloger pour venir en la campaigne de Maussul, qui est près d'un lieu appelé Caremye, et que en icelle campaigne il debvoit faire la reveue de tous ses gens[1].

Rome, 2 juin 1535[2].

Monseigneur, on actend d'heure à autre nouvelle de l'embarquement de l'empereur, et dict l'on pour certain que Barberousse est délibéré

[1] Voyez au tome V, livre XXVIII de l'Histoire de l'empire ottoman de M. de Hammer, le récit de la campagne de Perse et les difficultés rencontrées par l'armée turque, qui donnèrent lieu aux bruits rapportés dans cette lettre. Charles-Quint avait écrit sur le même sujet à son ambassadeur en France, pendant le mois d'avril, ainsi que sur les motifs de la confiance montrée ici par Barberousse.

« ..... Quoique l'on vueille desguiser les nouvelles du cousté de Turquie, le Turcq a receu très grande perte du sophy, et mesmement à une fois de plus de XL.ᵐ hommes, mais il n'est besoing que vous en faictes semblant, ains toujours vous informiez des nouvelles qui s'en publieront de delà..... »

« ..... Le Turcq m'avoit escript qu'il estoit content d'entendre à la paix avec moy, et n'y a mis aultre difficulté, sinon la condicion de restituer audit roy de France ce que, comme ledit Turcq disoit, les ministres dudit roy de France affermoient luy estre par moy occupé et dont il voulloit estre juge, et que nosdits ambassadeurs se y submissent, se faisant fort icelluy Turcq dudit roy de France. Et pour non le vouloir

accepter juge et faire telle et si scandaleuse playde et de malvaise conséquence à ladite chrestienté, s'est délaissé de faire traicté..... Feu Loys Gritti, faisant profession publique de serviteur dudit roy de France, dit lors audit Constantinoble à M⁰ Cornelio Sceppère que l'armée de mer que Barbarossa a amené deppuis en la chrestienté, comme admiral et serviteur dudit Turcq, estoit au pourchatz et en faveur dudit roy de France : adjoustant ledit Gritti que en ayant remonstré audit Turcq qui debvoit du moins suspendre ceste emprise pendant celle qui faisoit à l'encontre du sophy, ledit Turcq luy avoit respondu qui ne pouvoit faire aultre chose pour l'avoir ainsi promis audit roy de France, dont toutesfois je ne le veulx charger ny de l'intelligence que l'on publie qu'il a avec ledit Turcq et Barbarossa, et du bon et honorable traictement qu'il faict à leurs gens et de l'esjoyssement que l'on dict s'est tousjours démonstré ou coustel dudit France de toute la prospérité dudit Turq. » (Papiers d'état de Granvelle , t. II, p. 344.)

[2] Pendant le siége de la Goulette, deux vaisseaux français qui sortaient de ce port

d'actendre son armée. Aussi la seig^rie de Venise a eu nouvelle de son baille qui est à Const^noble, du xiij^e, xve et xvij^e du moys d'avril, et disent aussi lesdites lectres que le Turcq debvoit partir à la my-mars de Baguader pour venir à la Mésopotamye, et que son camp estoit aussi grand que quant il partit dudict Const^noble parce qu'il s'estoit restauré du froict, faim et autres malheuretez qu'il avoit souffertes, sans que lesdites lectres disent que le sophy ait eu aucune victoire sur luy.

Venise, 18 juin 1535.

Lettre
de l'évéque
de Lavaur
à François Ier.

Sire, me trouvant en un bancquet que faisoit le duc, assis auprez de luy, là où je luy communicquay la substance de ce qu'il vous a pleu me mander, tout ce que j'ay peu tyrer dudit duc a esté que je me tinsse seur que cet estat n'avoit jamays plus désiré vostre grandeur qu'il faisoit maintenant, et qu'il s'estoit fallu laisser porter au temps jusques icy, et de présent failloit actendre à veoir qu'il adviendroit de ceste entreprinse de Thunys, de laquelle je le mys en propoz; et se déclaira à moy jusques là que ses seigneurs seroient bien ayses que Barberousse se fust bien fortiffié et feist bonne résistance, et que ce seroit leur prouffit que l'ung ne l'autre ne gaingnaist.

Sire, à ce que j'en puis juger, cesdits seigneurs ont la puissance de l'empereur pour suspecte plus que jamays, tant pour la doubte qu'ils ont que l'empereur, se trouvant en Italye si fort, face quelque chose à leur dommage, que pour ce qu'ilz ne vouldroient pour riens que ledit empereur deffeist le Turcq, ne l'affoiblist, estant ledit Turcq celuy de qui ilz se sont toujours faitz bons envers les princes chres-

---

pour se rendre à Marseille furent capturés par les Espagnols, et d'après les dépositions de leurs capitaines, qu'Etrobius donne dans son journal, on voit quels avaient été les suites et les effets de la mission de La Forêt auprès de Barberousse : « Pro certo narravit quemdam christ^mi regis a secretis, cui cognomen esse dicebat Fores-

tio, ab OEnobarbo ad Solimanum cum certis mandatis legatum fuisse, nimirum ut illum de adventu imperatoris præmoneret. OEnobarbus autem secretarii illius hortatu arcem Guletanam communicat. » (Etrobius, *Diarium expeditionis Tunetanæ*, dans Schardius, *Rer. Germ. Scriptores*, t. II, p. 1350.)

tiens toutes les foiz qu'il en a esté besoing, et quant ilz l'auront perdu
il leur en seroit beaucoup de pys, davantaige par le trafficq de la
marchandise que eulx seuls mennent en la Surye et par mer de Levant
qui est toute la richesse des particuliers d'icy, et oultre ces vérésimi-
litudes grandes et ce que m'a dit ledit duc, je suis adverty, sire, que
cesdits seigneurs ont mandé au Turcq qu'il feroit bien de retourner en
çà, et que ses affaires le requéroient. Toutesfoiz, je croy que maintenant ilz ne feroient pas aysément déclaracion aucune contre ledit
emp^r, principallement pour la crainte de cette grosse armée de mer.
Et de fait ilz ont voulu envoyer dehors leur cappitaine général pour ne
luy donner cause de suspeçon. Ils ont en leur arcenal ou en mer, avec
leur armée, environ nonante et cinq gallères, et après avoir achevé ce
qui est de commancé, à quoy l'on besongne ordinairement, ilz en
auront près de six vingtz. De naves ilz n'en ont guères, car oultre ce
qu'ilz n'en tenoient pas grant nombre ces années passées, ilz en ont
perdu assez par fortune; et depuis qu'ilz ont veu ces grans appretz de
l'emp^r, ilz ont faict un édict que quelconque vouldra faire navires, la
seigneurye luy prestera six escus pour botte, payables après, dedans
certain temps, en nole de sel qu'ilz iront charger en Chippre, en lieu
de Savorra; de sorte que ce sera quasi leur payer les navires. Il y a
davantage, sire, une autre raison qui les pourra garder de vouloir faire
une déclaracion contre l'emp^r, c'est la faulte de deniers qu'ilz ont, tant
en commun comme en particulier, car le commun s'en va tout en
fraiz ordinaires et en payement de debtes accumulées durant les
guerres, et les particuliers sont plus pouvres que jamays, pour ce
que le gaing de la marchandise leur est trop plus petit qu'il ne
souloit.

Sire, quelque chose qu'il y ayt, il me semble que ce n'est pas peu
de congnoistre cette mutacion de voulentez, et que là où la confiance
souloit estre si grande que la souspeçon se y soit mise; et encores
que cesdits seigneurs n'entreront pour ceste heure en aultre chose,
sinon en parolles géneralles, si sera-ce une grande préparation pour
une autre foiz. Je leur ay remonstré, outre ce qu'il vous a pleu de me

commander, un poinct qui est de nouveau venu à ma congnoissance : c'est que le seigneur Ferrand Gonzague a eu commandement de l'emp.ʳ de faire ung bon nombre de chevaulx-légiers et les tenir prestz; ce qu'il a fait, et est venu à Naples, où il est de présent. Lesdits chevaulx-légiers on ne sçauroit penser que ledit emp.ʳ voulust employer à l'entreprinse de Barbarie, car il n'est demouré nul vaisseau à Naples pour charger ny hommes ny chevaulx. Et davantage leur ay remonstré ce que j'ay entendu que André Dorya avait tenu propoz de vouloir entrer en ce goulfe et prendre Duras et la Vallonne, qui est la chose de ce monde que cesdits seigneurs craindroient le plus, ce qui sera à propoz pour les entretenir en ceste suspeçon.

LETTRE DE NICOLAS RAINCE A FRANÇOIS Iᵉʳ [1]

(Original. — Béthune, ms. 8570.)

Sire, nostre sainct père eut hier lettres de son nonce qui est auprès de l'empereur, escriptes au camp près Thunis, le xxiiiᵉ jour du moys passé, par lesquelles il escript à S. S. que le xvᵉ au matin l'em-

<hr/>

[1] Charles Quint, sur le point de s'embarquer à Barcelone, eut une contestation avec l'ambassadeur de François Iᵉʳ, dont il rendit compte à son ambassadeur en France par une lettre du 30 mai : « L'amb.ʳ de France a parsisté de nous suyvir en ce voyage, après qu'il eust tenu propos de soy retirer, et pour ce ne luy avoit esté pourveu de galères, et sur ce qu'il a parsisté, en avons ordonné une pour luy et l'amb.ʳ d'Angleterre, et oultre ce il a voulu avoir une n.. /e françoise à sa soulde, sur quoy luy a esté remonstré que ne voulions aucuns vaisseaux avec nous que ne fût à nostre charge, et puisque ainsi estoit que son maistre s'estoit excusé d'ayder à ceste emprinse à l'occasion de la tresve qu'il avoit avec Barberousse, tant plus convenoit-il

d'en user ainsi. » (*Papiers d'état de Granvelle*, t. II, p. 359.)

Il écrivit ensuite le 13 juin au même ambassadeur, de Cagliari, où il était venu rallier une partie de sa flotte et se joindre aux escadres auxiliaires qui devaient se trouver à ce rendez-vous. Il donne ainsi le détail de la composition de son armée navale : « Le jeudi dixiesme de ce moys, nous arryvâmes au golfe de ceste cité de Cailler, chief ville de ce royaume de Sardaine, auquel trouvâmes toutes les naves y ayant encre ; et joinctement y estoient les gallères que le marquis del Gasto avoit amené dois Gennes avec les gens de guerre allemans et italiens, et aussi celles équippées en noz royaulmes de Naples et Secille avec la infanterie espaignole..... Ensemble six gal-

pereur arriva assez prez de la Goulette, et que, voyant le temps merveilleusement beau et à propos, il feict mectre ensemble toutes ses
gallères avec lesquelles et le gallyon Dorya et celuy de Portugal il alla
de plain front droict audict lieu de la Goulette pour l'assaillir, et feict
tirer générallement toute l'artillerie à l'encontre de ladicte Goulette,
de laquelle luy fust merveilleusement respondu à grans coups, aussi
de bonne et grosse artillerie. De sorte que voyant ledict empereur
la perte estre plus assez que l'espérance d'y gaigner, et que par
mer il n'y povoit riens faire, il desmonta luy-mesmes en terre avec
vɪᵐ hommes pour tempter si par terre il y pouroit riens faire, et luy-
mesmes s'exposa en effort, mais voyant estre temps perdu, et que
ceulx dedans les receurent si fermement, il rentra en gallère avec
tous ses gens, et s'en alla descendre au cap de Cartagine, là où au
desmonter, de la part de Barberousse, l'on ne leur feit empeschement, combien qu'il y eust assez désordre du cousté de l'armée pour
le grant chault et le travail des gens et chevaulx qu'il convint loger

lères du pape et quatre de la religion de
Saint-Jehan-de-Jérusalem, de manière que
présentement se retreuvent en nostredite
armée soixante et quatorze gallères, et
entre galéottes, fustes et brigantines, y
joincts les galléons et caravelles de Portugal, reviennent à environ trois cens
voilles. »

Par trois lettres successives des 23, 24
et 28 juin, l'empereur rendit compte également au même ambassadeur Hannart de
son débarquement en Afrique : « Lundi
xɪɪɪᵉ au matin, nous partismes avec vent
tant propice que le mardy avant le jour nous
abordasmes en ce royaulme, et vinsmes
encrer au bord du golphe de Thunes, à
trois milles de la Goulette..... Et fut prinse
une tour assez forte et aucunes citadelles,
villaiges et maisons sises ou pourpris et
territoire auquel anciennement a esté édif-
fiée la cité de Cartaige, où que nous lo-

geasmes..... Et a esté proposé d'aller droit
contre ledit Thunes, mais il a semblé le
mieulx de avant toute œuvre gaigner ladite Goulette. » Il rapporte ensuite les premières opérations contre la Goulette, les
détails de la sortie où fut tué le comte de
Sarno, et enfin l'assaut et la prise de la
forteresse : « Les ennemis ont soustenu la
Goulette en gens de guerre, mais enfin elle
a esté prinse d'assault, et présentement
nous sommes sur nostre deslogement de
ce camp pour aller devant Thunes..... Le
roy est demeuré en nostre camp avec les
Mores qu'il amena, et jusques à ores n'a-
vons aperceu par effet que ceulx de ce
royaulme facent assistance à sa restitution,
et avons supposé qu'ils ne se vouloient
déclairer jusques après veoir ce que suc-
céderoit du siège de ladite Goulette. »
Correspondenz des Kaisers Karl V, t. II,
p. 186-192.)

sur le sable, qui rend une challeur extrêmement ardente, de sorte,
sire, que les chevaulx de ladicte armée estoient merveilleusement re-
créuz et les gens aussi.

Sire, il escript ce néanmoins que depuis que ledict empereur
avoit assiz son camp, ceulx de dedans estoient sortiz à l'escaramouche,
et gens si bien montez qu'il semble que leurs chevaulx vollent, et portoient du dommaige assez, et que ledict seig' empereur avoit faict
dresser une escaramouche contre la Goulette, de quoy avoit eu la
charge le conte de Cerne avec iiii^m Ytaliens et les meilleurs cappitaines des bendes ytaliennes, et que à ladite escaramouche commance
à sortir quelques gens de ladite Goulette sur lesquelz ceulx de l'armée chargèrent et en tuèrent trois ou quatre. Quoy voyant ledit conte
de Cerne, et que ceux de la Goulette faisoient contenance d'eulx retirer, il avança son pas et tira plus avant, et promptement sortit de
ladite Goulette une bande de Turcqs qui chargèrent si chauldement
sur lesdits de l'armée qu'ilz les repoulsèrent bien lourdement, et y fust
tué ledit conte de Cerne et douze ou treize des meilleurs cappitaines
avec vingt gentilzhommes des meilleures maisons de Naples, et des
plus vaillans gens qui feussent en toutes les bendes, que ledit nonce
escript estre, sire, une bien grant perte, et touttesfoiz, selon son dire,
il ne semble pas, sire, qu'il y soit mort plus de iii^c personnes, et dict
que à ceste cause, et pour le desplaisir que l'empereur en avoit eu,
et que en toutes les escaramouches ses gens avoient toujours eu du
pire, il avoit commandé et faict crier qu'on n'escaramouchast plus.

Sire, il escript aussi que le seig' Alarcon estoit arrivé audict camp
avec mil hommes de pied, et que l'empereur l'avoit faict venir pour
se servir de son conseil quant au faict de la guerre, et que le conseil avoit esté tenu pour adviser s'ilz devoyent faire l'entreprinse ou
contre la ville de Thunis ou contre ladite Goulette, et que finalement
ilz avoient résolu faire celle de la Goulette, faisant compte que prinse
icelle, Thunis se prendra facilement, et ne se pourroit plus saulver
Barberousse, la personne duquel l'on voyoit estre la seulle chose que
ledit empereur désiroit avoir en ses mains, et que quant l'on prenoit

des Turcqs, l'empereur ne vouloit qu'on ne leur feist nul mal, et qu'on dist seullement qu'il n'estoit venu là sinon pour avoir et deffaire ledit Barberousse et venger les grans maulx et dommaiges qu'il avoit faictz en son temps.

Sire, ledit nonce escript aussi que suyvant ladite délibéracion, l'empereur faisoit besongner à toutes diligences aux tranchées et approches pour asseoir iiiᶜ pièces d'artillerie pour faire la baterie contre ladite Goulette, et qu'il faisoit estat de la commancer le iii ou iiiiᶜ de ce présent moys, et que luy-mesmes en personne travailloit en cela et à donner ordre par le camp et partout, se monstrant et faisant veoir à toutes heures, autant que cappitaine qui y feust, et toutesfois il escript, sire, que ledit Barberousse, malgré toute la puissance de l'empereur, se voyant efforcé de ne povoir résister, se povoit saulver à tous ses bons poinctz avec douze gallères qu'il avoit hors de la Goulette, les mieulx en poinct du monde et sans dangier de ladite armée, et que dedans ladicte Goulette ou estang il en avoit quarante ou cinquante autres, et que pour vii ou viiiᵐ hommes, et aussi gens bien à cheval, il en estoit le mieulx fourny du monde et généralement de toutes provisions nécessaires, et ce pour bien longtemps.

Sire, ledit nonce escript que ledict camp de l'empereur estoit en grant nécessité, et mesmement de trois choses, sçavoir est, sire, de chair fresche, de pain surtout et des eaulx doulces, et que à cest effect l'empereur avoit envoyé vingt gallères en Sicille pour en faire apporter ce qu'on pourroit, et que le roy chassé de Thunis luy avoit mandé qu'il vouloit venir devers luy pour luy baiser la main et le servir avec xxᵐ chevaulx. A quoy l'empereur avoit respondu qu'il auroit plaisir de sa venue, mais non pas avec si grant trouppe, à cause de la grant faulte des victuailles, et qu'il povoit venir avec son train ordinaire et quelque compaignie davantaige; et par la fin de ladite lettre ledit nonce escript que sur ce poinct estoit arrivé devers l'empereur l'homme dudict roy de Thunis qui luy avoit dict que dedans deux ou trois heures ledict roy chassé, son maistre, arriveroit devers sa magesté avec seulement viᵐ chevaulx alarbi. Qui est, sire, quasi entièrement ce que N. S. P. en a eu, de quoy, selon ce qu'il luy a pleu me dire, il envoyera coppie à monsᵍʳ de Fayence, son nonce, pour le vous faire veoir, et depuis disner que mondit seigʳ vostre ambassadeur le doit aller visiter, ilz en deviseront ensemble. Sondit nonce luy a envoyé ung pourtraict de la façon dudict camp et des choses de la Goulette que S. S. faict dresser en forme plus autenticque. Mondit seigʳ de Mascon m'envoya hier après disner devers le comte de Cyfuentes affin de sçavoir et povoir avoir les lettres de M. de Vailly s'il y en avoit, pour ce que ledit conte avoit faict retenir toutes les lettres et deffendre qu'on n'en baillast nulles sans son congié. Je trouvai là dedans le docteur Ortiz qui m'en compta tout plain. Ledict conte m'en dict aussi ce que bon luy sembla, sans oublier leur advantaige. Je feray un petit discours de leur dire à monsᵍʳ de Villandry pour le vous faire entendre si ainsy vous plaira, etc. — De Rome, ce mardi xiiiᵉ jour de juillet ᴍᴠᶜ xxxv. Vostre, etc. NICOLAS RAINCE [1].

LETTRE DU COMTE D'ANGUILLARA SUR LA PRISE DE TUNIS [1].

(Copie. — Harlay Saint-Germain, 248.)

Monsegnor Pietro, poi la presa de la Goleta, che fu mercur. xiiiiº del presente s'è temporeggiata l'andata de Tunisi fino a martedi xxº che sa Maestà partì da qui dalla Goletta con tutto l'exercito e se condusse

---

[1] Cet agent était un de ces Italiens employés en grand nombre dans la diplomatie de François Iᵉʳ. Les fonds Dupuy-Béthune renferment beaucoup de pièces écrites par lui en italien et en français, sur les diverses missions qu'il remplit en Italie. Raince, autrement Renzo, faisait alors partie de l'ambassade de l'évêque de Mâcon à Rome.

[1] Charles-Quint écrivit de Tunis, le 23 juillet, à François Iᵉʳ pour lui faire part de la prise de cette ville : « Nous escriptvous la desfaicte et fuyte de Barberousse et prinse de ceste cité de Thunes, délivrance et liberté de xviii à xxᵐ chrestiens captifs, ne fesant doubte que ce vous sera gros plaisir de savoir ceste bonne nouvelle tant utile au commung bénéfice de la république chrestienne. » Par une lettre du même jour à sa sœur, la reine de France, il l'informe de ce même événement et du soin qu'il a pris « de faire mectre plainement et favorablement en liberté les gens

vicino a Tunisi cinque milia, a uno loco che havevano fortificato l'inimici. Et si haveano certi pezzi di artigliaria, quale fu subito preso dalli nostri, et si amazzasino a 250 Mori et Turchi, et si allogiorno la notte con incommodità grande di aqua.

de ses cousins les daulfin et duc d'Orléans, que se sont trouvez en nombre de dix. » (*Papiers d'état de Granvelle*, t. II, p. 362.) Par plusieurs lettres du 22 au 28 juillet, il rend compte d'abord à sa sœur, la reine Marie de Hongrie, du premier combat qu'il eut à soutenir avec Barberousse dans sa marche contre Tunis, et il le fait avec un ton de gaieté et de plaisanterie qui montre la disposition de son esprit au milieu de ses succès :

« Mercredy, 20 de ce moys, me mis en chemin vers Tunis pour aller loger à quatre ou cinq puits qui sont à 8 milles de la Goulette et 4 de Tunis. Il sembla bien à Barberosse de se mestre avec plus de cent mille hommes, comme disent tous les captives, et nous oster le boyre. Il faysoyt chaut et fort; nous trouvasmes fort mauvais le tour; pour moyndre cause nous nous fussions battu. Il chargea et nous aussi; il se retira, nous le lessasmes de aler jusques eûmes au milieu de nous partye de son artillerye; plusieurs avyont chaut et aymèrent mieulx de mourir au puis que en leur ordre..... » Il lui fait ensuite le récit de l'attaque de Tunis et de la bataille qu'il livra de nouveau contre Barberousse aux portes de cette ville. « Après avoir cheminé en ordre environ vii ou viii^m se descouvrèrent les ennemys estans dedans les olivaires le long du chemin, et là près estoit Barberousse en personne, avec plus de c^m hommes, voire certiffient les chrestiens captifz qu'ils passoient c^m et i.^m, pensans à ce cop venir au dessus de mon armée, ayant eu

temps de prendre la place à leur avantaige. Et fut le rencontre tel, que combien que les gens de Barbarossa feissent tous leurs efforts de combatre, Dieu voulsist qu'ilz furent rompus, reboutés et mis en fuyte. » Enfin, après avoir retracé la délivrance des captifs, il indique brièvement le sac et le pillage de la ville, en constatant, comme pour l'excuser, que ce fut du consentement du roi de Tunis : « J'entrai en ce lieu qui a esté saccagié et pillié par les souldars de mon armée, aussy du consentement du roy de Thunes, veant que les habitans dudict lieu ne s'estoient miz en nul debvoir envers moy ne luy. » (*Correspondenz des Kaisers Karl V*, p. 193.)

La lettre qu'il écrivit le 24 juillet à son ambassadeur en France, et qu'on lit p. 363. t. II, des Papiers d'état de Granvelle, répète exactement les mêmes détails que celle adressée à la reine de Hongrie, et dans des termes identiques. Ce recueil contient aussi, pages 368 et suiv. le traité de paix entre Charles Quint et Muley-Haçan, roi de Tunis, qui fut conclu le 6 août 1535, et qui est daté du camp de l'empereur, à la Goulette, il donne également une relation latine de l'expédition de Tunis. Un manuscrit de la Bibliothèque royale, sous le n° 10,000, fournit une relation française de cette expédition, bien plus étendue et plus circonstanciée; mais, après examen, on s'aperçoit que c'est la traduction du récit célèbre d'Etrobius, imprimé à Bâle et ailleurs, et qui a été reproduit page 1341 du recueil de Schardius, *Re-*

La matina venendo che fu mercurio Barbarossa, fingendo voler andar a combatter et far la giornata con li nostri, se condusse fuora della terra con le sue gente et gran parte de le robbe (crediamo le megliore), et sene fugì via. Li poveri schiavi christiani ch' erano in Tunisi, che c'è uno numero infinito, hebbero ingegno et sorte grande a possersi ribellare et uscir de gli luoghi dove erano prigioni, et ajutando l'uno e l'altro, ribellorno la terra et lo castello; et tal schiavo ci è stato che a guadagnato dieci milia scudi. Et così l'imperatore con tutto l'exercito è intrato dentro, et messola a saccho con una felicità grande et senza combattere : benchè gli huomini sono fugiti quasi tutti. Et se ci è stato dentro con tutto l'exercito fino a hieri che fù mercordì di che sua majestà partì da Tunisi con lo exercito, et questa notte è stato allogiato in uno castello vicino alla Golleta dui milia : detto vada et se condurrà qui hoggi mercurio, et presto s'imbarcharà per la volta d'Italia piacendo a Dio, perchè si dice per questa estate non si farà altro.

Barbarossa se salvò un tesoro grande con 4000 Turchi alla volta di Constantina, et delà a Bona, dove a certe sue galere, et andarà a Algieri. Et se dice di certo che ancora ha in esser et a ordine cinquanta vele con tutta la perdita fatta qui a la Goleta de 40 galere et una infinità di galiotte et fuste : et si ritrovi salvi fino a tre milia di schiavi ch'è assai. Et pensamo el fatto, si stato pocho, o niente; et più questo fumo che altro, perchè Barbarossa havendo tante galere, schiavi et Turchi che non li mancano, si rifarà facilmente. In somma lo sacco de Tunisi è fatto macrissimo et di pocho momento, con pochissimo guadagno per esser fugito ogni uno et portatosi le robe overo ascose. Et solo sono stato prese donne et pochissimi huomini contra la mente et

rum *Germ. Scriptores.* Nous avons dù nous borner sur ce fait à la lettre du comte Anguillara, comme Etrobius témoin oculaire et acteur dans l'événement, mais de plus l'un des chefs de l'expédition, puisqu'il commandait les galères pontificales. On remarquera le jugement qu'il porte dans cette lettre confidentielle sur une guerre dont les résultats auraient pu devenir si funestes à Charles-Quint, et le soin qu'il met à diminuer le mérite et l'importance du succès.

speranza di ogni uno. Et sua majestà andando con lo exercito a Tunisi se mise a gran rischio; che si Barbarossa si teneva due o tre giorni senza altrimente combattere l'exercito, era di certo rotto, et tutti tagliati a pezzi per la sete grande et incommodità, et in vero nella compagnia nostra no c'è huomo che no sia amalato : et lo alfieri che era quello Cicerone d'Arpino, è morto et crepato di siete. Dio noi ha ajutato, et così li piaccia di far sempre; basta che con huonissima sorte s'è vento col tutto fino a hora.

Alle tre galere di buona voglia de' Generali dessimo licentia a mezo juglio, che durante la pagha loro per toto juglio, havessimo tempo ridursi alle case loro et acio Nostro Signore non butassi via li danari in pagarle per esser possibile male a ordine et disubedienti, che mai poi la venuta del principe et de questi altri Genovesi non se ne mai potuto haver sulco-dritto et ubidienza alcuna, et così farete intender a Nostro Signore che l'ho fatto per suo honore, che per altro et per non farli buttar via li danari; no essendo le galere da posser farli servitio alcuno essendo disarmate del tutto, et al possibile disubidiente. Et con tutto questo intendemo, principe havessi promesso farli paghar quanto serviranno : farette saper a sua santità che scrivendoli al principe per tal cosa no voglia in modo alcuno consentir ne far più pagar costoro, che saria dishonor et danno di sua santità, et quì pontarete et fatte ogni opera tenerla ferma in proposito che non si li dia un quaternio. Et dittili che noi havemo havuto qui una galera quale subito con schiavi guadagnati, comprati, et altri huomini havemo messo in ordine et da posser far ogni cosa meglio che le tre ch'havemo licenciate : che parendo a sua santità ne potrà far servitio, quando piacerà a Dio saremo da queste bande delle coste della Golletta; per uno mio Aurelio havemo scritto al longo.—Dalla Golletta, alli xxviii de juglio 1535.— G. VIRGINIUS URSINUS ANGUILLARA.

EXTRAITS DE LA CORRESPONDANCE DE ROME ET DE VENISE.

NOUVELLES DE LA CAMPAGNE DE PERSE. — ARRIVÉE DE L'EMPEREUR EN ITALIE.

Venise, 22 août 1535 [1].

Lettre de l'évêque de Lavaur au cardinal du Bellay.

Monseigneur, la dernière information que ces seigneurs ont eu des affaires du Turc est venue de Damasque, de leur consul; mais par lettres de bien vieille date, c'est assavoir du ve de juing, qui narrent le partement du Turc de Baguadet avec son exercite pour aller à Tau-

[1] Charles-Quint, mis en goût par le succès, eut un moment l'idée de tenter la conquête d'Alger, mais, après réflexion, il se borna à fortifier la Goulette et à mettre garnison espagnole dans Bône, qui venait d'être enlevée par Doria; comme il l'écrivit à son ambassadeur en France par sa lettre du 16 août : « ..... Aucuns jours après la prinse de ceste cité, nous partismes afin que plus convenablement les habitans dudit Thunes se puissent asseurer et estre paisibles en leurs maisons, et retournasmes nous loger et camper près de la Goulette, et adviser ce que se debvroit faire pour le surplus contre les ennemys, pour le bien de la chrestienté et sehurté de noz royaulmes en pays maritins. Et eussions bien désiré faire l'emprinse contre le royaulme de Alger; mais touttes choses bien débattues, pesées et considérées, mesmes que la saison de naviguer se passe, que le chemin dudit Alger est fort loin, et que grand nombre de nostre armée est tumbée en maladies..... avons advisé de nous embarquer ensemble nostre armée et aller visiter nos royaulmes de Naples et Cécille, estant préalablement traitté et capitulé entre ledit roy de Thunes et nous, ce que verrez par le sommaire dudit traicté..... » L'empereur écrivit également, le 31 août, à l'archevêque de Lunden, chargé de la direction des affaires d'Allemagne, de Trapani, en Sicile, où il avait été poussé par les gros temps, après avoir eu la velléité de se rendre maître de la ville d'Africa ou Mehdiyé, l'un des principaux refuges des corsaires sur la côte d'Afrique, et dont il s'empara en effet, mais quelques années plus tard. « Nous partîmes pour venir en ces noz royaulmes de Cecille et Naples, et avec bon vent vînmes à trente milles de là, où nous encrâmes pour actendre partie de nostre armée de mer, et pour suyvir nostre voiaige contre la cité d'Affrique, place très-importante, afin que tout d'ung chemyn nous puissions mectre icelle en noz mains. Mais lors se leva ung vent tant aspre et impétueulx que fut advisé de faire voille pour venir au port de ceste cité, où nous arryvâmes le dimanche xxiie de ce mois... Mais comme, actendu la situation d'icelle, il emporte grandement que la cité d'Affrique soit en nostre pouvoir, nous avons ordonné que le prince de Melphi, mess^{re} Andréas Doria, voise en ladite emprinse avec les galères que avons yci... et partons ce jourd'hui, prenant le chemin par terre pour aller à Montréal, prochain de Palerme, etc. » (*Correspondenz des Kaisers Karl V*, t. II, p. 200 et 202.)

ris, et comme le sophy avoit abandonné ledict Tauris, entendant la venue du Turc, et que l'on n'estimoit qu'il deust ensuivre conflict entre eulx, actendu que ledict Turc avoit licentié partie de ses gens. Le mesmes envoye ung nombre de ses jannissaires, qui sont ceulx de qui plus il se fie, ès lieux d'importance des marines de Surye pour la deffense d'iceulx, au cas que l'armée de l'empereur tirast celle part. Des affaires de Thuniz nous n'avons icy adyis que ceulx qui passent par Romme. Les derniers que la seigneurie en a sont du vi[e] de ce moys, qui disent que l'empereur estoit après à tirer ses gens hors de Thuniz pour se conduire à la marine, à intention de s'embarquer incontinent, et avoit envoyé André Dorye contre Bonne, où Barberousse s'estoit retiré. Ce sont choses que vous avez plus tôt sceu que nous.

Rome, 29 septembre 1535.

Monseigneur, j'ay veu lettres du vingt-septiesme juillet escrites par le Turc, propre à la seigneurie de Venise, par lesquelles il les asseure de l'accord faict entre luy et le sophy en la forme qui s'ensuit : c'est que ledict sophy avoit envoyé vers Ebraym-bassa ambassadeurs, pour le prier de faire son appoinctement avecques ledict Turcq, et d'impétrer pardon de luy, ce qu'il dict par sesdites lettres avoir octroyé audict sophy à la requeste dudict Ebraym, et en outre que la ville de Baguader avecques les pays y estans subjectz, aussi Thauris et tout le territoire, la Hyracquie[1] des Arabes et des Azames, les seigneuries de Syrnan[2] et Chilouen[3] demouroient en son obéissance, qui est tout ce qu'il désiroit gaigner sur ledict sophy; et que avecques ceste grande prospérité il s'estoit acheminé pour venir triumpher à Constantinople. J'ay aussy veu lettres de Gennes du dixiesme de cedict moys, disans que Barberousse, après avoir faict sa descente en l'isle de Minorque, et icelle saccaigée, il avoit pris deux caravelles, dont l'une estoit chargée de seigneurs et chevalliers espaignolz, l'autre de Thonins[4], et doubtoit l'on qu'il ne rencontrast les vingt gallères que dom Alvaro ramenoit en Espaigne.

Lettres
de l'évêque
de Mâcon
au grand maître
de France
Montmorency.

[1] L'Irak. — [2] Schirwan. — [3] Ghilan. — [4] Tunisiens.

6 novembre 1535 [1].

... L'empereur partit de Palerme le treiziesme du passé, et arriva
à Messine le vingt-uniesme, dont il debvoit partir le xxviij[e], et passer
la mer pour s'en venir le plus diligemment qu'il pourra à Naples. Le

[1] Barberousse, pour montrer qu'il n'é-
tait pas abattu par sa défaite, n'avait pas
tardé à prendre sa revanche en faisant avec
succès une attaque contre l'île de Minorque,
et déjà le bruit de la reprise de la Goulette par les Turcs avait couru. L'empereur s'en explique ainsi dans sa lettre
écrite de Messine, le 23 octobre, à son
ambassadeur en France : « Touchant la
nouvelle de ce que Barberousse a fait à
Navorca, il est vrai qu'il a prins Maho et
depuis l'a délaissé ; vous pouvez entendre
la provision que avons mis en son endroit,
et que les nouvelles de la Goulette et la
perdition de Thunes sont mensongières... »
Il réfute ensuite des propos qu'on disait
avoir été tenus par André Doria sur François Ier « à sa desextime. » Il les attribue au
mécontentement de l'ambassadeur français Vély, à qui, pendant l'expédition de
Tunis, il avait été obligé de donner deux
surveillants, à cause « qu'il se démonstroit
par trop curieulx d'assentir et enquérir nouvelles, et alloient aucungs de ses gens par
le camp, voire armez, et se trouvoient aucungs d'eulx en nostre tente et à l'encontre
d'icelle et d'aultres de nostredit conseil sus-
pectement et à mensongières occasions... »
(Papiers d'état de Granvelle, t. II, p. 387.)
L'empereur mentionne en particulier
dans cette lettre l'arrestation d'un Ragu-
sain employé dans une négociation du Levant antérieurement à La Forêt, et dont
on ne trouve d'autre indice que ce passage :

« Quant à ce que ledit grand maistre et
admiral de France vous ont dit du Ragousois prins ès terres du duc d'Urbin, nous
n'avons jamais pensé qu'il fût serviteur dudit s[r] roy ; signamment quand il passa à
Venize pour aller en Levant, il disoit qu'il
estoit marchant et alloit pour sa marchandise, et naguères sommes esté adverty de
sa prinse ; et actendu que ledit s[r] roy l'ad-
vouhe pour son serviteur, escripvons dois
maintenant pour sa délivrance, combien
que entendons que ledit Ragousois a faict
très-mauvais office à l'encontre de nous,
comme ont faict aultres ministres dudit
s[r] roy, sans chastoy quelconque. » Le P. Daniel a composé, dans son Histoire de France,
une partie du règne de François Ier sur des
pièces originales contenues dans une série
de manuscrits appartenant au président de
Lamoignon, et qui ne sont passés dans
aucune des collections de la Bibliothèque
royale : d'après cette source, qui nous
manque aujourd'hui, il nomme cet envoyé Séraphin Gozio de Raguse, et il l'associe à plusieurs des négociations de La
Forêt. (Histoire de France, t. IX, p. 495,
in-4°.) Dans sa lettre écrite de Naples
au même ambassadeur, le 14 décembre,
l'empereur revient sur ce fait et sur l'état
des affaires en Turquie : « Quant aux nouvelles que vous a dict du Turc l'ambassadeur de Venise illec résident, et ce qu'en
a escript La Forest, nous en avons aultres
plus fresches, et est encoires incertain se

jour mesmes qu'il partit dudict Palerme, il en envoya André Dorie
avecques vingt-huict gallères à la Goullette, pour y porter quatre cens
bottes d'eaue et autres victuailles. Et disoient hier les ministres dudict empereur, que ledict Dorie estoit desjà de retour, qui est chose
difficile à croyre. Bien est vraysemblable qu'il soit retourné, ayant
trouvé par les chemins le Judeo avecques trente gallères, venant de la
ville d'Affrique, qui l'aura possible faict retirer sans trompette, et ne
luy aura donné le loisir d'aller jusques à ladicte Goulette; car il est
venu nouvelles certaines que ledict Judeo estoit en Sardaigne. Il est
pour nous faire beaucoup de maulx, mesmes nous garder que nous
n'avons point de vins de Corse, ny de Naples. Dieu, s'il luy plaist,
pourveoyera à tout ce qui nous est nécessaire et à toute la chrestienté.
Il y a icy lettres de Vyenne, du dixiesme dudict passé, qui disent et
asseurent que Ferdinande viendra à Mantoue au-devant de l'Empereur.

II. — INVASION DE NAPLES PAR LES TURCS. — GUERRE DE LA PORTE AVEC VENISE.

1536-1538.

Charles-Quint abordait l'Italie pour y paraître en vainqueur et comme un arbitre
en état d'imposer ses arrêts. Il avait à demander compte à François Iᵉʳ de plusieurs actes qui étaient une agression déguisée contre lui, et la succession du Milanais, devenue vacante encore par la mort de François Sforce, au moment où
François Iᵉʳ se disposait à venger sur le duc le meurtre de l'un de ses ambassadeurs, ramenait de nouveau la cause du débat ouvert depuis si longtemps entre
la France et l'Espagne. Dans l'espèce d'alternative maintenue par la fortune entre
les deux princes, quoique la supériorité eût paru rester à Charles-Quint, l'empereur se trouvait toujours arrêté dans ses vues par l'obstacle qui dominait toute
sa politique, et qui avait fait évanouir jusque-là ses avantages, en donnant à son
rival le moyen de se rétablir de ses défaites. Or Soliman II rentrait alors dans sa

ledict Turc retournera cest yver à Constᵖˡᵉ,
combien qu'il est plus vraysemblable que
non; et sera bien que regardez le desseing
que les François en feront, et termes qu'ilz
tiendront envers luy, et aussi quant à Barberousse; et touchant le Raguzain, il a esté
délivré, et s'en est allé en France. » (*Papiers d'état de Granvelle*, tom. II, p. 416.)

capitale, rendu, par la paix avec la Perse, à la considération attentive des intérêts de l'Europe. La Forêt était auprès de lui, agissant avec toute l'autorité d'un
ambassadeur avoué désormais par la France, et, de plus, le sultan avait à effacer
l'humiliation de la défaite de Tunis. François Ier, fort de cet avantage, et jugeant
des embarras de l'empereur par sa temporisation, put croire à la sincérité des
offres par lesquelles celui-ci l'amusa pendant toute la première partie de 1536.
Rien ne paraissant plus impossible à l'empereur après la conquête de Tunis, l'expédition contre Alger, déjà méditée par lui à la suite de la dernière campagne, le
projet même de diriger une grande attaque par mer sur Constantinople, étaient
mis en avant, et le jeune duc d'Orléans, que Charles-Quint consentait à reconnaître pour héritier du duché de Milan, devait l'accompagner à la tête d'un corps
auxiliaire fourni par la France[1].

Ces tentatives d'un accord cherchant à se fonder sur l'identité d'intérêts, qu'on
vit à plusieurs reprises se reproduire dans la rivalité de ces deux princes, avaient
toujours pour condition essentielle le sacrifice de l'alliance de la Turquie et la
réunion de leurs forces respectives contre elle. Mais ce rapprochement, qui était
dans la situation, ne pouvait avoir lieu au moment où les deux parties étaient si
loin de s'entendre sur leurs véritables intentions. Pendant que François Ier dirigeait son armée sur le Piémont, ajoutant aux griefs que l'empereur avait contre

[1] Anne de Montmorency, qui recevait, en sa qualité de grand maître, toute la correspondance diplomatique, prit bientôt le principal rôle dans la guerre de 1536, où il conquit, dès le début, la dignité de connétable en sauvant la Provence envahie par Charles-Quint. Les soins de la direction et des préparatifs de cette guerre le forcèrent sans doute de s'adjoindre pour la correspondance extérieure le cardinal du Bellay, à qui la plupart des lettres qui vont suivre se trouvent ainsi adressées. Cette participation donne une grande valeur aux mémoires des deux frères Martin et Guillaume du Bellay, composés d'après les pièces diplomatiques, dont la plupart n'existent plus, et dont ces mémoires reproduisent le sens et la substance. Ainsi, dans la continuation de Guillaume du Bellay, on trouve rapportés en détail la négociation de Gran-velle avec Vély, qui suivait l'empereur dans son voyage, et qui rejoignit l'évêque de Mâcon à Rome; les principaux incidents de cette négociation, et surtout la fameuse scène où l'empereur éclata publiquement contre François Ier en présence du pape et des cardinaux. D'après ce récit, Vély avait d'abord rendu compte dans un mémoire de la proposition de Granvelle pour la conclusion d'une ligue sérieuse contre la Turquie, et de la condition mise à l'investiture du duché de Milan, etc. Le roi, en répondant à ce mémoire, objecte que, par la présence du duc d'Orléans seul à l'expédition contre Alger ou Constantinople, il semblerait que l'empereur voulait avoir ce prince une seconde fois pour otage, et il offre de l'accompagner à cette entreprise avec une flotte et l'élite de sa noblesse. (Voir *Mémoires de Langey*, livre V.)

lui, et se montrant ainsi tout prêt à soutenir par les armes son droit sur le Milanais, Charles-Quint, de son côté, s'avançait en triomphateur vers Rome, où,
cessant de se contraindre, il laisse son hostilité éclater à découvert, et, par cette
déclaration publique et imprévue de ses sentiments, répand une impression de
terreur qui facilite l'exécution de ses menaces. Aussitôt il marche au nord de
l'Italie, et, entraînant tout sur ses pas, il force avec hauteur la Suisse à se déclarer neutre et à refuser l'engagement de ses soldats à la France, l'Allemagne à
réserver pour lui seul ses levées, et enfin Venise, toujours défiante et renfermée
dans sa neutralité, à entrer dans une ligue dont elle avait tant de fois rejeté la
proposition. Dans le même temps, François Ier, comme frappé lui-même par cette
réaction universelle, licencie ses troupes, se laisse expulser du Piémont, ouvre
enfin ses frontières pour donner par cet abandon tous les torts de l'agression à
son rival, et n'oppose à son attaque qu'une résistance passive qui devait mieux
lui réussir, du reste, que n'avaient pu faire jusque-là toutes ses tentatives les
mieux combinées.

En effet, deux mois à peine s'étaient écoulés, et l'empereur, arrêté comme par
une force invisible en Provence, fuyait avec les débris de son armée; la gloire et
l'élévation soudaine du triomphe de Tunis s'effaçaient pour Charles-Quint devant
un revers inattendu et une chute aussi profonde. La France, entamée par l'invasion, reprenait partout l'offensive, et elle n'avait qu'à choisir entre les états de son
ennemi celui où elle irait prendre une revanche que la coopération de Soliman II
promettait de rendre aussi fructueuse qu'éclatante. Un traité d'amitié venait d'être
conclu publiquement entre les deux pays, et l'influence acquise dans les conseils
du sultan par l'ambassadeur et par la nation qui était élevée dès lors au rang de
première puissance alliée et commerciale de l'empire ottoman, devait entraîner
la résolution d'une nouvelle campagne dirigée cette fois contre l'Italie. François Ier n'était plus retenu par ses ménagements pour Venise, depuis qu'elle s'était
liguée avec l'empereur contre lui : cependant, quoique la république fût sous le
coup des hostilités de la Porte, le roi préféra tourner toutes les forces de son
allié contre le royaume de Naples, qui semblait toujours sur le point d'échapper à l'Espagne, et que les intelligences conservées dans le pays par les exilés
napolitains montraient alors comme prêt à une insurrection générale.

La formidable armée de Soliman, évaluée à plus de deux cent mille hommes,
après avoir paru menacer un moment dans sa marche la Hongrie, tourna sur
l'Illyrie et le port d'Avlone, où Barberousse l'attendait avec toute sa flotte pour
la conduire à Otrante, accompagnée de La Forêt, dont la présence était pour tout
le monde la preuve de l'intelligence des deux états. De son côté, François Ier devait, avec une armée de cinquante mille hommes, entrer en Lombardie, et ses

galères, sous le baron de Saint-Blancard, avaient ordre de se joindre à celles de Barberousse pour agir contre Naples. Mais le roi, employant mal à propos dans une campagne sur la frontière de Picardie les ressources qu'il destinait pour l'Italie, laissa perdre tous ses avantages en Piémont, et n'y revint à dessein de coopérer avec l'armée de Soliman que lorsque déjà il n'était plus temps. Les hésitations de François Ier, l'absence des Napolitains après la prise d'Otrante et de Castro, la mort de La Forêt, des conflits maritimes survenus dans le golfe avec des vaisseaux vénitiens et les excitations de Barberousse firent retomber sur Venise le poids de la guerre. Le sultan tourna ses forces contre Venise en ordonnant le siége de Corfou; mais la présence de la flotte du baron de Saint-Blancard et la mission dont il était chargé déterminèrent, comme on le verra, la levée du siége et le départ du sultan pour sa capitale.

François Ier, que les suggestions de sa femme, sœur de l'empereur, rendaient plus accessible à l'idée d'un rapprochement avec lui, avait accepté, dès le 16 novembre, la trève de Monçon et licencié ses troupes, ce qui était l'une des conditions de l'armistice. Dans le même temps qu'il se rapprochait déjà de l'empereur au point de se montrer prêt à entrer dans une ligue avec l'Espagne et les Vénitiens contre les Turcs, les pachas de Soliman détruisaient à Essek l'armée de Ferdinand, qui avait cru pouvoir profiter du conflit où les Turcs s'étaient engagés avec Venise. La Hongrie restait ainsi ouverte à une nouvelle invasion, et Soliman faisait déjà dans ce but des préparatifs qui, par leur étendue, semblaient se proposer en même temps la conquête de la péninsule italienne. La cour de Rome, que le voisinage de la guerre portée si près d'elle avait effrayée pendant tout le cours de cette année, fit les plus grands efforts pour convertir la trève en une paix définitive, et le pape s'offrant de se transporter au gré des parties contractantes pour agir entre elles comme médiateur, l'entrevue de Nice fut enfin résolue. A défaut d'une paix perpétuelle, elle amena la conclusion d'une trève de dix ans qui pouvait avoir le même effet, et dans laquelle François Ier semblait encore abandonner ses alliés, sans en excepter Soliman II.

EXTRAITS DE LA CORRESPONDANCE DE ROME ET DE VENISE.

DÉPART DU SULTAN DE LA CARAMANIE POUR CONSTANTINOPLE.

Venise, 24 janvier 1535-6.

Lettre
de l'évêque
de Lavaur
au cardinal
du Bellay.

Monseigneur, ces seigneurs viennent tout à ceste heure d'avoir lettres de Const.ple, et n'en laissent encores rien entendre. Il n'y a rien pour moy. Ung mien amy a eu lettres qui m'a mandé tout maintenant qu'elles sont du XXIXe, dudict Const.ple, et disent que pour certain ce

seigneur turc estoit party de Caramit et entré en la Carmanie [1], et debvoit estre sans aucun doubte le quinziesme de janvier en Constᵖˡᵉ, où
il se préparoit grand feste, et que le xviiᵉ dudict moys de novembre
arriva l'aga des janissaires audict Constᵖˡᵉ avec grand nombre de gens...

Venise, 8 février 1535.

Monseigneur, ces seigneurs prindrent la conclusion d'accorder à
l'empereur la confirmation des capitulations de Boulongne, et il seroit
bien difficile de leur faire rien altérer ne innover de leur délibération
sur le poinct où sont maintenant les choses. Je croy qu'il n'y a rien qui
les puisse tant esbrenler que le vent de Levant s'il tire tel qu'il pourroit bien faire, estant le Turcq de retour à Constᵖˡᵉ, duquel retour la
seigneurie n'a point de plus freschez lettres que du ixᵉ de décembre,
dont je vous mande la substance avec un double de vieille lettre de
M. de La Forest que je receuz piéçà.

Lettre de l'évêque de Lavaur au cardinal du Bellay.

PREMIER TRAITÉ OFFICIEL DE LA FRANCE AVEC LA PORTE [2].

(Copie. — Supplément français, 503.)

Le roy François premier, travaillé de continuelles guerres par l'empereur Charles-Quint, lequel bien souvent luy suscitoit encore le roy
d'Angleterre pour ennemy, estant recherché soubz main par le sultan

---

[1] Voyez la lettre de Soliman II au sénat de Raguse, du 28 novembre 1535, annonçant avec la prise de Tauris et de Bag-
dad la victoire remportée par Ibrahim Pacha sur le roi de Perse, son départ pour sa
capitale. (*Lettere de' Principi*, t. Iᵉʳ, fᵒ 136.)

[2] M. de Hammer, dans son mémoire sur
les premières relations de la France avec
la Turquie, élève une discussion à propos
de la date de ce traité, qu'il connaît par
les fragments que Flassan en a publiés
dans son Histoire de la diplomatie française, d'après une copie d'un manuscrit

de la bibliothèque de l'Arsenal. Pour dé-
montrer que cette date ne peut se rapporter à l'année 1535, il cite le journal de
la sixième campagne de Souleiman, « qui
contient, dit-il, deux preuves du contraire,
l'une négative, l'autre positive. » Ce journal raconte tous les événements de la marche et de la campagne jour par jour, depuis la sortie du sultan de Constantinople
jusqu'à sa rentrée, c'est-à-dire pendant l'espace de deux ans et demi, depuis le 11
zilhidjé 940 (11 juillet 1536), jour où le
sultan et le grand vizir rentrèrent ensemble

36.

Solyman, empereur des Turcs, fust contrainct pour se deffendre de l'opression de tels ennemys, qui tenoient du cousté d'Espagne, de Flandre, d'Italie et d'Angleterre le royaume de France comme assiégé et environné, d'entendre à quelque amityé et intelligence avec ledit Solyman, et pour cest effect envoya en l'année 1535 le sieur de La Forest, chevalier de l'ordre de St-Jean-de-Jérusalem, à la Porte (qui veult dire cour dudict Solyman), lequel traicta avec Ybrahim son

à Constantinople. Or, pendant tout le mois de février 1535, où ce traité, suivant M. de Flassan, aurait été conclu à Constantinople avec Ibrahim, celui-ci et le sultan se trouvaient dans leurs quartiers d'hiver à Bagdad. Ceci est la preuve négative; voici maintenant la preuve positive. Le mercredi, 23 de zilhidjé de l'an 941, c'est-à-dire le 26 mai 1553, il est dit, au défilé d'Imanchah (en Azerbeïdjan) : « Des « courriers arrivèrent de la part du begler-« beg de Roumili, qui amenèrent l'ambas-« sadeur du roi de France. » Or, l'ambassadeur de France ou l'un de ses secrétaires n'étant arrivé au camp du sultan et du grand vizir qu'au 26 mai 1535, le traité en question n'a pu être conclu avec ce dernier en février, et il faut en renvoyer la conclusion au mois de février 1536. Ce fut même le dernier acte historique d'Ibrahim, de ce grand homme d'état, Grec de naissance, qui porta les armes victorieuses de Souleïman jusque devant les murs de Vienne : il fut assassiné comme César, dont il connaissait les Commentaires, et auquel il aimait tant à être comparé, le 15 mars de la même année. » (Mémoire sur les premières relations de la France avec la Porte. Journal asiatique, t. X, p. 39.)

La preuve est complète; mais le savant historien commet ici une erreur qui étonne de sa part sur un point aussi élémentaire

en histoire, et la connaissance de cette méprise rend superflue toute sa démonstration, quelque instructive qu'elle reste encore. Il a oublié que tous les actes de l'histoire de France avant la réforme du calendrier étendent ainsi la date de l'année précédente sur les trois premiers mois de la suivante par l'ancienne manière de commencer l'année à Pâques. A la suite de ces observations, M de Hammer discute aussi la question élevée par quelques historiens sur l'existence d'un traité d'alliance qui aurait été conclu l'année suivante, et qui, selon l'expression de Flassan, « n'est connu que par ses effets; » c'est-à-dire la coopération des Français avec les Turcs dans la campagne contre le royaume de Naples, si on le rapporte à l'année 1537; car si l'on suit la version d'autres historiens, comme Mouradjea d'Ohsson, dans son Tableau de l'empire ottoman, les conséquences de ce prétendu traité regarderaient plutôt la coopération qui eut lieu également cinq ans après entre les deux peuples dans la campagne navale de 1542, dirigée par Barberousse et l'ambassadeur français Paulin de la Garde. L'auteur du mémoire prouve qu'à aucune de ces deux époques il n'y eut de traité d'alliance distinct du traité d'amitié que nous donnons ici intégralement. (Journal asiatique, tome X, p. 41.)

premier bassa visir, qui est aultant à dire comme premier et suprême conseiller, et qui manie touz les affaires d'état. S'en suit la teneur du traicté que fist le s^r de La Forest.

In nome d'Iddio omnipotente sia manifesto a chiascuno come ne l'anno di Christo mille cinque cento trenta cinque nel mese di febraro et di Mahometo nove cento quarant' uno nella luna di..... ritrovandosi nella inclita città di Constantinopoli, il sig^{or} Johanne de La Forest, consigliere secretario et ambasciatore dello excellentissimo et potentissimo principe Francesco, per gratia d'Iddio re di Francia christianissimo, mandato al potentissimo et invittissimo gran sig^{re} soltan Soleyman, imperatore de' Turchi, et ragionando con il potente et mag^{co} sig^{re} Hibrahim, cherlesquier soltan del prefato gran sig^{re}, della calamità et inconvenienti che nascono della guerra, et al contrario del bene, quiete et sicurtà che procede della pace, et per ciò cognossendo quanto l'uno sia da preferire all' altro, facendosi chiascuno di loro forte delli sopradetti sig^{ri} loro superiori, in nome et honore di essi signori, sicurtà delli stati et beneficio de lor sugetti, hanno trattato et concluso li capitoli et acordi che seguitano.

Primo hanno trattato, fatto et concluso, trattano, fanno et concludono buona et sicura pace et sincera concordia in nome delli sopradetti gran signore et re di Francia durante la vita di ciascun di loro et per li regni, signorie, provincie, castelli, città, porti,

Au nom de Dieu tout-puissant soit manifesté à ung chascun, comme en l'an de Jésus-Christ mil v^e trente et cinq, au moys de febvrier, et de Mahomet neuf cens quarante ung en la lune de... se retrouvant en l'inclite cité de Constantinople, le sieur Jehan de La Forest, secrétaire et ambassadeur de très-excellent et très-puyssant prince Françoys, par la grâce de Dieu roy de France très-chrestien, mandé au très-puyssant et invinsible G. S. soltan Soliman, empereur des Turcqs, et raysonant avec le puyssant et magnificque seign^r Ybrahim, cherlesquier soltan (c'est lieutenant général d'exercite) du grand seigneur, des calamités et inconvénians qui adviennent de la guerre, et au contraire du bien, repos et seureté qui procèdent de la paix, et par ce cognoissant combien l'un est de préférer à l'autre, se faist chacun d'eulx fort des susdits seigneurs leurs supérieurs, au nom et honneur desdits seign^{rs}, seureté des estats et bénéfice de leurs subgets, ont traité et conclud les chapitres et acordz qui s'ensuyvent.

Premièrement, ont traitté, faict et conclud, traittent, font et concluent, bonne et seure paix et sincère concorde aux noms des susdicts grand seigneur et roy de France, durant la vie de chascun d'eulx, et pour les royaulmes, seigneuries, provinces, chasteaulx, cités, portz,

scale, mari, insule, et tutti luoghi che
loro tenghono et possedono al presente
et che possederanno per l'avenire, in
modo che tutti sugetti et tributarii delli
prefatti signori che vorranno, possino
liberamente et sicuramente, con loro
robbe et gente navigare con navili ar-
mati et disarmati, cavalcare, venire,
stare, conversare et ritornare nelli
porti, città et qualunque paese li uni
delli altri, per negotii loro, massime
per conto di traffico di marcantia.

Item. Che detti sugetti et tributarii
delli prefati signori potranno respetti-
vamente comprare, vender, cambiare,
condurre et trasportare per mare et
per terra, d'un paese al l'altro ogni
sorte di marcantia non prohibita, pa-
ghando li soliti et antichi datii et ga-
belle ordinarie solamente, cioè li Turchi nelli paesi del re come paghano li
Francesi, et li Francesi nelli paesi del
gran signore come paghano li Turchi,
senza che possino esser astretti a pa-
ghare alcuno altro novo tributo, impo-
sitione o angaria.

Item. Che ogni volta che il re man-
dasse in Constantinopoli o in Pera et
alli luoghi di questo imperio un bailo
come di presente el tiene un consolo
in Alexandria, che detti bailo et consolo sianno accettatti et intertenuti in
authorità conveniente, in modo che
ciascheduno di loro, nel suo loco et
secondo la fede et lege loro, senza che
alcuno giudice, caddi, subassi, o altro
se ne impaci, debbia et possi udire, judicare et terminare tanto in civili quanto

eschelles, mers, isles et tous les lieux
qu'ils tiennent et possèdent à présent
et posséderont à l'advenir, de manière
que tous les subgetz et tributaires des
dicts seign" qui voudront, puyssent librement et seurement, avec leurs robes
et gens, naviguer avec navires armés et
désarmés, chevaucher, venir, demourer, converser et retourner aux portz,
citez et quelconques pays les ungs des
autres, pour leur négoce, mesmement
pour faict et compte de marchandise.

Item. Que lesdits subgets et tributaires desdits seign" pourront respectivement achepter, vendre, changer,
conduyre et transporter par mer et par
terre d'un pays à l'autre toutes sortes
de marchandises non prohibées en
payant les accoustumées et antiques
daces et gabelles ordinaires seulement,
assavoir les Turcqs au pays du roy
comme payent les Françoys, et lesdits
Françoys au pays du G. S. comme
payent les Turcqs, sans qu'ils puyssent
estre contraintz à payer aucun autre
nouveau tribut, imposition ou angarie.

Item. Que toutes fois que le roy mandera à Constantinople ou Péra et aultres lieux de ceste empire ung baille,
comme de présent il tient un consul en
Alexandrie, que lesdits bailles et consuls soient acceptés et entretenuz en
authorité convenante, en manière que
chascun d'eulx en son lieu et sellon
leur foy et loy, sans qu'aucun juge,
caddi, sousbassy, ou autre en empêche, doibve et puysse ouyir, juger et
terminer tant en civil qu'en criminel

in criminale tutte le cause, lite et dif- ferentie che nasceranno fra marcanti et altri sudditi del re, solamente et in caso che li ordini et sententie di essi bailo et consolo non fossino obedite, et che per farle essegnir loro richiedessino li su- bassi o altri officiali del gran signore, detti subassi et altri richiesti, debbiano dar loro aiuto et man-forte necessaria; non che li caddi et altri officiali del gran signore possino giudicare alcuna differentia delli sopradetti marcadanti et sudditi del re, ancora che detti mar- cadanti lo richiedessino, et se pure detti caddi giudicassino, che la sententia loro sia di nullo effetto.

Item. Che in cause civili contra Tur- chi, charraciari o altri sudditi del gran signore li marcadanti et sugetti del re non possino esser domandati, molestati ne giudicati se detti Turchi, carraciari et sudditi del gran signore non mos- trano scrittura di man del aversario o cogetto del caddi, bailo o consolo; fora della quale scrittura o cogetto, non sarà valido nè ricevuto qual si voglia testi- monio di Turcho, carraciaro nè altro in qualunque parte che sia del dominio del gran signore, et li caddi, subassi, nè altri non possino udire nè giudi- care detti sugetti del re senza la pre- sentia d'un loro dragomano.

Item. Che in cause criminali li detti marcadanti et altri sugetti del re non possino esser chiamati da Turchi, car- rachiari nè altri inanzi alli caddi nè altri officiali del gran sigᵗᵉ, et che detti

toutes les causes, procès et différants que naistront entre marchans et autres subgetz du roy. Seullement et au cas que les ordonances et sentences desdits bailles et consulz ne fussent obéyes, et que pour les faire exécuter ils re- quissent les sousbassy ou autres offi- ciers du G. S., lesditz sousbassy et au tres requis devront donner leur ayde et main forte nécessaire, non que les caddis ou autres officiers du G. S. puys- sent juger aulcuns différans desdites marchans et subgets du roy, encores que lesdicts marchans le requissent, et si d'aventure lesdicts caddis jugeoient, que leur sentence soit de nul effect.

Item. Que en cause civile contre les Turcqs, carrachiers ou autres subgetz du G. S., les marchans et subjectz du roy ne puyssent estre demandez, mo- lestez ne jugez, si lesdicts Turcs, carra- chiers et subgetz du G. S. ne monstrent escritures de la main de l'adversaire ou coget (c'est instrument) du caddi, baille ou consul, hors de laquelle escriture ou coget ne sera vallable ne receu au- cun tesmoignage de Turcq, carrachas ne autre en quelque part que ce soit de l'estat et seigneurie dudict G. S., et les caddi, soubassi ne aultres, ne pour- ront ouyir ne juger lesdicts subgetz du roy sans la présence de leur dra- goman.

Item. Que en causes criminelles, les- dits marchans et autres subgetz du roy ne puyssent estre appellés des Turcqs, carrachiars ne autres devant les cad- dis ne autres officiers du G. S., et que

caddi nè officiali non li possino giudicare; anzi sul ora li debbiano mandare alla eccelsa Porta, et in assentia della Porta inanzi al principale locotenente del gran sig^re, dove valerà il testimonio del sugetto del re et del carrachiaro del gran sig^to l'uno contra l'altro.

Item. Quanto aspetta alla fede, è stato spressamente promesso, accordato et concluso che detti marcadanti, loro agenti et servitori, et tutti altri sudditi del re non possino mai esser molestati ne giudicati per caddi, sangiacbei, soubassi nè altri che per la eccelsa Porta solamente, et che non possino esser fatti nè tenuti per Turchi se loro stessi non lo vogliano et lo confessino di bocca senza violentia, anzi sia loro lecito observare la loro religione.

Item. Che detti marcadanti, loro agenti et servitori nè altri suditi del re, nè li navili nè le loro barche nè corredi, armegi nè manco artiliaria nè monitioni et marinari loro non possino esser presi, astretti nè adoperati contra lor voluntà in alcuno servitio nè angaria sia di mare o di terra per il gran sig^to o per altro.

Item. Che sè uno o più sudditi del re havendo fatto contracto con qualche suddito del gran signore, tolto da lui roba o fatto debito, et poi senza haver satisfatto se assentasse del dominio del gran sig^to, che detti baillo, consolo, parenti, fattori nè altra persona suddita del re non possi, per tal causa, esser

lesdits caddis ne officiers ne les puyssent juger; ains, sur l'heure, les doyvent mander à l'excelse Porte, et en l'absence d'icelle Porte au principal lieutenant du grant seig^r, là où vaudra le tesmoignage du subget du roy et du carrachas du G. S. l'un contre l'aultre.

Item. Quant à ce qui touche la religion, a esté expressément promis, accordé et conclud que lesdicts marchans, leurs agens et serviteurs, et tous aultres subgetz du roy ne puyssent jamays estre molestez ne jugez par caddis, sangiacbeys, sous-bassy ne autres que par l'excelse Porte seulement, et qu'ilz ne puyssent estre faictz ne tenuz pour Turcqs si eulx-mesmes ne le veullent et le confessent de bouche, sans violence, ains leur soit licite observer leur religion.

Item. Que lesdicts marchantz, leurs agentz et serviteurs ne autres subgetz du roy, ne leurs navires, barques ne aultres armemens d'iceulx, ne aussi l'artillerie et munition, ne leurs mariniers, ne puyssent estre prins, contraintz ne miz en euvre contre leur gré et volonté en aucun service, ne engarie, soit de mer soit de terre, pour le G. S. ou pour autre.

Item. Si ung ou plusieurs subgetz du roy ayant faict contract avec quelque subget du G. S. prins de luy marchandise ou faict debte, et puys sans avoir satisfaict s'absente de l'estat dudit seig^r, que ledit baille, consul, parens, facteurs ne autre personne subgete du roy ne puysse, pour telle cause, estre

alcunamente astretta nè molestata, nè similmente il re non sia tenuto in questo, ma solamente debba sua mag^{tà} far administrar buona giustitia à l'actore sopra la persona o li beni del debitore, se saranno ritrovati nel suo dominio.

Item. Che tutti marcanti et suditi del re in ogni parte del dominio del gran signore possino liberamente testare, et morendo di morte naturale o violenta, che tutta la roba loro, tanto in danari come in ogni altra cossa, sia distribuita secondo il testamento, et morendo ab intestato detta roba sia restituita al herede o al suo comesso per mano et autorità del detto bailo o consolo dove fusse l'uno o l'altro. Et non vi essendo nè baito nè consolo, sia detta roba messa in salvo per il caddi del luogho sotto l'authorità del gran signore, fattone prima inventario in presentia di testimoni; ma dove fussi detto bailo o consolo, che niuno caddi, bettelmagi nè altro se possa impaciare di detta roba, anzi s'ella fusse in mano di alcun di loro o d'altro et che il bailo o consolo la richiedesse prima che l'herede o suo comesso, che subito et senza contraditione ella sia intieramente consegnata a detto bailo o consolo o al loro comessi, per esser poi restituita a cui ella appartiene.

Item. Che al instante che il presente trattato sarà confermato per li sopradetti gran signore et re, al hora sianno fuora di cattività et messe a piena libertà

ancunement contraincte ne molestée, ne semblablement le roy ne soit tenu en cella, mais seulement doyve sa mag^{té} faire administrer bonne justice au demandeur sur la personne et biens dudict debiteur, s'ilz se retrouvent en son royaume ou seigneurie.

Item. Tous marchantz et subgetz du roy en toute part de la seigneurie du G. S. puisse librement tester, et mourant de mort naturelle ou violante, que toute leur robe, tant en deniers comme en toute autre chose, soit distribuée selon le testement, et mourant *ab intestat,* ladite robe soit restituée à l'héritier ou à son comis par les mains et auctorité dudit baille ou consul, au lieu où sera l'un ou l'autre, et là où il n'y auroit ne baille ny consul, soit la dite robe mise en sauveté par le cady du lieu, soubz l'aucthorité dudit G. S., faisant d'icelle premièrement inventaire en présence de tesmoins; mais où seront lesdits baille et consul, qu'aucun caddy, battelmagy ne autre se puysse empescher de ladite robe, ains si elle estoit en mains d'aucuns d'eulx ou d'autre, et que lesdits baille ou consul la requissent premier que ledit héritier ou son commis, qu'incontinant et sans contradiction elle soit entièrement con signée audit baille ou consul ou à leurs comis, pour puys après estre restituée à qui elle appartient.

Item. Que à l'instant que le présent traitté sera confermé par ledit G. S. et roy, à l'heure soient hors de captivité et miz en pleine liberté toutes les per-

tutte le persone lor suddite che si tro-
varanno respectivamente schiavi, comprati prigioni di guerra o altramente di-
tenuti, tanto in mano delli sopradetti
signori come di tutti loro sugetti, in galere, navili, et in onni luogho et paesi
dell'obedientia di essi duoi signori, alla
richiesta et affirmatione de l'ambassia-
tore, bailo o consolo del re o di loro a
ciò comessi; et sì alcuno di detti schiavi
havesse mutato fede et religione, che
nientedimeno la persona sia libera, et
specialmente che di qua inanti nullo
delli sopradetti gran sig.re et re, nè delli
cappitani, huomini di guerra nè d'altri sudditi, tributarii o mercenarii loro,
in modo alcuno non debbia nè possi
in mare nè in terra prender, comprare, vender nè ritenere per schiavo
nè prigione di guerra l'uno l'altro: anzi
sì alcuni corsari o altri huomini delli
paesi de l'uno di detti sig.ti attentassi di
far preda et violentia sopra la roba o
le persone dell'ubidiensa del altro signore, possi et sia tenuto il signor del
luogho dove al'instante sarà trovato il
malfattore punirlo come infrattor di
pace al essempio delli altri et niente-
dimanco restituir al'istesso ciò che in
poter del malfactore se trovarà esserli
stato tolto; et se detto malfactore scam-
passe talmente et non fusse stato preso
et punito, dall'ora sia, et s'intenda con
tutti suoi complici, bandito dal suo
paese et tutta la lor roba confiscata al
suo soveranno, il quale nondimeno farà
debitamente punire il malfactore et
suoi compagni, se mai saranno trovati

sones et leurs subgetz qui se trouveront respectivement esclaves acheptés,
prisonniers de guerre ou autrement
détenuz, tant ez mains des susdits seigneurs comme de tous leurs subgetz, en
gallères, navires, et tous aultres lieux et
pays de l'obéissance desdits deux seig.rs
à la requeste et affirmation de l'ambassadeur, baille ou consul du roy ou des
leurs à ce comis; et si aucun desdits
esclaves avoit changé de foy et de religion, que ce néantmoins la personne
soit libre; et espécialement que d'icy
en avant aucun desdits grand seig.r et
roy ny des cappitaines, hommes de
guerre ne d'autres subgetz tributaires,
ne leurs mercenaires en aucune manière, ne doyvent, ne puyssent, tant
en mer comme en terre, prendre,
achepter, vendre ny retenir pour esclave ne prisonnier de guerre l'un
l'autre; ains si aucun corsaire ou autre
homme des pays de l'un des susdits seigneurs attentoit de faire prinse ou violence sur la robe ou les personnes de
l'obéyssance de l'autre seig.r, puysse et
soit tenu le seig.r du lieu où à l'instant
sera trouvé le malfacteur, le punir
comme infracteur de paix, à l'exemple
des autres, et néantmoins restituer
à l'offencé ce que en la puyssance du
malfacteur se trouvera luy avoir esté
prins et ousté; et si ledict malfacteur
eschapoit tellement qu'il ne fut prins
et puny, à l'heure soit, et s'entende
avec tous ses complices, bany de son
pays, et toute leur robe confisquée à
son seigneur souverain, lequel néantl-

nel suo potere, et della detta confisca-
tione sarà reparato il danno del'istesso,
ricorrendo lui per questo effetto al pro-
tettore della presente pace, che saranno il prefato signor cherlesquier soltan per parte del gran signor, et il gran
maestro di Francia per parte del re.

Item. Che quando l'armata di mare
de l'uno delli prefati gran sig** et re
riscontrarà alcuni navili delli sudditi
del altro signore, detti navili saranno
tenuti di calare le vele et alzare le bandiere del lor sig*, aciochè essendo per li
cognosciuti non siano presi, ritenuti nè
alcunamente molestati di detta armata
nè de alcuni particulari di essa, anzi se
torto o danno alcuno li fosse fatto, che
il signor dell' armata sia tenuto di subito repararlo. Et se li navili partico-
lari delli sudditi de prefati signori scon-
traranno l'uno l'altro, debba ogni uno al-
zar le bandiere del suo sig* et salutarsi
d'un colpo d'artigliaria, responder il
vero, se saranno domandati chi sianno,
senza però che da poi le parole et rico-
gnossentie l'uno entri per forza nè visiti
il navilio del altro nè li dia alcun impacio sotto qualche colore che sia.

Item. Che arrivando nelli porti et liti
del gran signore alcun navilio delli sugetti del re per fortuna o altramente, li
sianno administrate vettualie et altre
cose necessarie pagandole ragionevol-
mente senza constringerlo a discaricare
per pagarli il comerchio: anzi sia lassato

moins faira punir le malfacteur et ses
compaignons, si jamays se trouvent en
son pouvoir, et de ladite confiscation
sera réparé le domaige de l'offencé,
son recours [estant] pour cest effect au
protecteur de la présente paix, qui seront lesdits charlesquier soltan, de la
part du G. S. et le grand maistre de
France pour la part du roy.

Item. Que quand l'armée de mer de
l'un desdits G. S. et roy rencontreront
aucun navire des subgetz de l'autre
seig*, seront tenuz de baisser les voyles
et lever les banières de leurs seig*,
affin que estans par là cognuz ne soient
prins, retenuz ne aucunement molestez
de ladite armée ne d'aucuns particuliers
d'icelle, ains si tort ou domaige leur
fut faict, que le seig* de l'armée soit
tenu soubdainement de le réparer, et
si les navires particuliers des subgetz
desdits seigneurs se rencontreront l'un
l'autre, chascun doybve haulser la ba-
nière de son seig* et se salluer d'un
coup d'artilherie, et respondre au vray,
s'ilz sont demandés qui ilz sont, sans
toutesfois que despuys les parolles et
recognoissance l'un entre par force ne
visite le navire de l'autre ny luy donne
aucun empeschement soubz quelque
coleur que ce soit.

Item. Que arrivant ez portz et bord
de mer du G. S. aucun navire des
subgetz du roy, par fortune ou autrement, leur soit administré vivres et
autres choses nécessaires en payant rai-
sonablement, sans les contraindre à
descharger pour payer le comerce :

37.

andare dove li piacerà, et venendo in
Constantinopoli quando sarà per par-
tire, havendo preso et paghato il cogetto del emin, et essendo stato cercato
et visitato della parte del detto emin,
non debba nè possa più esser visitato
in luoco alcuno, sino alli castelli del
stretto di Gallipoli, senza però paghar
più li nè altrove alcuna cosa per l'u-
scita in nome del gran sig.re nè di suoi
officiali.

Item. Se qualche navilio delli sugetti de una delli prefati sig.ri, per fortuna o altramente, si rompesse o facesse
naufragio nelli liti et jurisditione del altro signore, che le persone che scampas-
sino di tal periglio restino libere et possino ricogliere la lor roba intieramente;
et essendo tutti morti nel naufragio,
tutta la roba che si salvarà sia consegnata alli detti baillo et consolo, o altro a ciò comessi, per renderla a cui
apartenerà, senza che cappit.no generale
del mare, sangiacbei, soubassi o caddi
nè altri sudditi et officiali delli prefati
sig.ri ne possino, sotto pena di esser pu-
niti, pigliare o pretender parte alcuna,
anzi debbiano dar ogni favore et aiuto
a coloro a chi toccarà di ricuperar detta
roba.

Item. Sì qualche sugetto del gran
sig.re havesse perso un schiavo che li
fusse fugito, tal sugetto sotto pretesto
di dire che il schiavo havesse parlato o
praticato in navilio o in casa d'un suddito del re, non possa constringer il
suddito del re ad altro che a cercar in

ains soient laissés aller où il leur plaira,
et venant à Constantinople, quant sera
pour s'en partir, ayant prins et payé le
coget de l'emin, et estant cherché et
visité de la part dudict emin, qu'il ne
doyve ny puysse estre visité en aucun lieu, sinon aux chasteaulx du destroit de Gallipoly, sans povoir payer
plus là ne ailleurs aucune chose pour
la sortye au nom du G. S. ny de ses
officiers.

Item. Que si quelque navire des
subgetz de l'un desdits seig.rs, par fortune ou autrement, se rompoit ou fit
naufrage aux lieux et juridiction de
l'autre seigneur, que les personnes qui
eschapperoient de tel péril restent
libres et puyssent recueilir toute leur
robe entièrement, et estans tous mortz
au naufrage, toute la robe qui se sau-
vera soit consignée audit baille et consul, ou aux leurs à ce comis, pour
la rendre à qui elle appartiendra, sans
que le cappitaine général de la mer,
sangiacbey, soubassy, ou caddy ne
autres subgetz ne officiers desdicts
seigneurs n'y puissent, soubz peyne
d'estre punis, prendre ou prétendre
part aucune, ains debvront donner
faveur et ayde à ceulx que touchera de
recouvrer ladite robe.

Item. Si quelque subget du G. S.
avoit perdu ung esclave qui luy fust
fouy, tel subget, soubz prétexte de dire
que l'esclave eust parlé ou praticqué en
la nave ou la mayson d'ung subget du
roy, ne puysse contraindre le subget du
roy à autre que à chercher au navire

navilio et in casa sua; et se il schiavo vi fosse trovato, sia questo recelatore debitamente punito per il suo baillo o consolo, et lo schiavo reso al padrone, et se il schiavo non se trovasse in navilio nè in casa, loro detti sudditi del re non debbiano nè possino alcunamente esser attenuti nè molestati per questo conto.

Item. Che nullo di sugetti del re che non havesse habitato dieci anni continui nelli paesi del gran signore, non debba nè possa esser costretto a pagbare tributo, carracio, avarie, tasse, asapi, ramadori, nè a far guardia alle terre vicinanze, magasini del gran sig^{re}, lavorar al arsenal nè ad altre qualunque angarie, et che nel paese del re sia fatto il simile et reciproco alli sugetti del gran signore.

Item. Il re di Francia a nominato la santità del papa, il re d'Inghilterra suo fratello et perpetuo confederato, et il re di Scotia, alliquali si lassa loro di entrare nel presente trattato di pace se li parerà, con questo che volendovi entrare siano tenuto fra otto mesi mandar al gran sig^{re} lor ratificatione et prender la sua.

Item. Che li prefati gran sig^{re} et re di Francia mandaranno l'uno a l'altro fra sei mesi le confirmationi del presente trattato in buona et solita forma di osservarlo, et comandamento a tutti loro locotenenti, giudici, officiali et sudditi di osservarlo intieramente et farlo osservare senza fraude di punto in punto; et aciochè alcuno non possi pretender causa d'ignorantia, dapoi che le confir-

et en sa maison, et si l'esclave y estoit trouvé, que le receleur soit debitement puny par son baille ou consul, et l'esclave rendu à son maistre, et si l'esclave ne se trouvoit au navire ny en la mayson, lesdits subgetz du roy ne doyvent ny puyssent estre tenuz ne molestez pour cest effect et conte.

Item. Qu'aucun des subgetz du roy qui n'auroit habité dix ans entiers et continuelz ès pays dudict G. S. ne doyve ne puysse estre contraint à payer tribut, carrach, avarie, taxe, asaps, vogueurs, ne à faire garde aux terres voisines, magasins du G. S., travailler à l'arsenal ne à d'autre quelconque angarie, et que ès pays du roy soit faict le semblable et réciproque aux subgetz du G. S.

Item. Le roy de France a nommé la sainteté du pape, le roy d'Angleterre son frère et perpétuel confédéré, et le roy d'Escosse, ausquels se laisse en eulx d'entrer au présent traité de paix si bon leur semble, avec condition que, y voulans entrer, soient tenuz dans huict moys envoyer au G. S. leur ratification et prendre la siene.

Item. Que les grand seigneur et roy de France envoyeront l'un à l'autre, dans six moys, les confirmations du présent traitté en bonne et due forme de l'observer, et commandement à tous leurs lieutenens, juges, officiers et subgetz de l'observer entièrement, et le faire observer sans fraude de point en point, et affin qu'aucun n'en prétende cause d'ignorence despuys que les con-

mationi saranno state date d'una parte et d'altra, questa pace sarà publicata in Constantinopoli, Alessandria, Marsiglia, Narbona et altri luoghi principali terrestri et maritimi della giurisditione et dominio delli prefati signori.

firmations auront esté données d'une part et d'autre, ceste paix sera publiée à Constantinople, Alexandrie, Marseille, Narbonne et aultres lieux principaulx, terrestres et maritimes, de la juridiction, royaulmes et estatz desdits seigneurs.

EXTRAITS DE LA CORRESPONDANCE DE ROME ET DE VENISE.

HOSTILITÉS ENTRE LES MAURES ET LA GARNISON ESPAGNOLE DE LA GOULETTE. — ARRIVÉE DE L'EMPEREUR À ROME, ET DÉMONSTRATION PUBLIQUE DE CHARLES-QUINT CONTRE FRANÇOIS Iᵉʳ.

Rome, 2 mars 1535-6.

Lettre de l'évêque de Mâcon au cardinal du Bellay.
L'ambʳ de Venise voulant appaiser l'empereur du malcontentement qu'il avoit eu de ce que la prinse de Thunis avoit esté publiée par le consul de ces seigneurs qui est à Palerme, a faict semer par ceste court la reprinse dudict Thuniz faicte par les Espaignolz de la Goulette, y adjoustant, pour enrichir le compte, qu'ilz avoient prins x ou xij des principaulx Turcz qui tenoient assiégé le roy maure ausquelz ilz avoient couppé les testes, et avoient délivré ledict roy et chassé le reste desdicts Turcz et Arabes hors de Thuniz, et néantmoins que toute Barbarie estoit encores en armes et guarbouilles, de sorte que ledict roy n'estoit hors des dangiers d'estre prins ou chassé et lesdicts Espaignolz mis en pièces. Quant tout est dict, il est assez mal aysé à croire que quatre cens Espaignolz eussent peu deffaire si grant nombre de Turcz, Maures et Arabes qui avoient rompu v ou vi m. Maures de l'armée dudict roy [1].

---

[1] L'empereur arriva à Rome le 5 avril et y fit une entrée triomphale : on démolit auprès de son palais, pour en dégager les abords, les restes d'un ancien temple de la paix, ce qui parut à tout le monde un présage de guerre.

LETTRE COLLECTIVE DE M. DODIEU DE VÉLY ET DE L'ÉVÊQUE DE MACON A FRANÇOIS Ier [1].

(Copie. — Dupuy, ms. 265.)

Sire, nous vous avons escript tout ce qui s'est faict et pratiqué tant avec le pappe qu'avec l'empereur jusques au xve que partit le courrier des marchans de Lyon. Hier nous feusmes au service en l'esglise de Sainct-Pierre, où l'empereur, vestu de ses habitz impériaulx, la couronne en sa teste et acompaignié du s^r Pierre Loys [2] qui portoit la pomme du monde, de l'ung des marquis de Brandebourg qui portoit le septre, et du s^r de Bossu, grant escuyer, qui portoit l'espée. Le demourant de la cérymonie ne fut que ordinaire, et pour ce que nostredit saint père avoit dict à moy, évesque de Mascon, que l'empereur se plaignoit de ce que je ne l'avois point visité, nous envoyasmes hier au soir demander audit s^r empereur l'heure pour l'aller veoir, qui nous fut dès yer assignée pour ce matin, aux treize heures du

[1] La publication que nous faisons ici de cette dépêche, la seule à peu près qui soit restée des nombreuses ambassades de Dodieu de Vély, fixera l'opinion sur la valeur que nous avons accordée aux mémoires de du Bellay Langey. Le haut intérêt d'une circonstance où la politique de Charles-Quint et celle de François Ier se trouvent mises en présence d'une manière si dramatique et si imprévue devait faire désirer d'avoir le texte authentique de la dépêche de l'ambassadeur pour confirmer la reproduction à peu près textuelle qu'en donnent les mémoires de Langey, sans qu'on en connût la source. En effet, pour expliquer l'étendue et la précision des détails donnés dans cette partie des mémoires, on a supposé que le cardinal Jean du Bellay, présent à l'audience, s'était appliqué à retenir mot pour mot la harangue de l'empereur, et qu'après l'avoir transcrite il était parti dès ce jour même déguisé pour la porter au roi. Les mémoires des deux frères ne parlent pas de cet incident, et nous avons dit d'ailleurs par quelle raison ceux-ci se trouvaient naturellement si bien informés. En jugeant jusqu'à quel point ils avaient été composés d'après les dépêches des ambassadeurs, on regrettera davantage que sur les neuf livres des mémoires de Guillaume du Bellay il n'en reste plus que trois, et que nous ayons ainsi perdu avec les autres les monuments diplomatiques dont ils auraient pu nous tenir lieu pour toute cette époque.

[2] Pierre-Louis Farnèse, fils naturel du pape Paul III, qui fut un moment au nombre des prétendants à la succession de Milan, et devint, en 1545, premier duc de Parme et de Plaisance.

compte de deçà. Nous avons trouvé les ambass^{rs} de Venise qui estoient desjà dedens la chambre dudit s^r empereur, lequel est bientost après sorty. Nous nous sommes aprochez de luy, et moy, de Mascon, luy ay dict que estant vostre ambassadeur auprès de nostredit saint père, je n'avoye pas voulu faillir de luy faire la révérence et luy présenter mon très humble service. Il m'a respondu qu'il estoit bien aise de me cognoistre, qu'il avoit entendu de nostredit S. P. que je n'ay faict que bon office, et désiroit au surplus de me faire plaisir. Nous n'avons riens respondu. Il s'est adressé à moy, de Velly, en disant qu'il luy avoit semblé, par le propoz et par la manière que je luy avois tins dernièrement, quant il me déclaira le contenu ès articles par luy communiquez à nostredit S. P., que vous n'estiez pas pour les accepter, d'autant qu'il se retyroit de ce qui avoit esté parlé pour mons^{gr} d'Orléans, en nous demandant si nous n'avions riens plus de vostre intention sur cela. Je luy diz que, veu le peu de temps qu'il y a que nous sommes tumbez en ceste difficulté de mondit s^r d'Orléans, il peult bien savoir et cognoistre que nous ne povons estre autrement advertiz de vostre vouloir, et cela pour ce que à peine est arrivé devers vous celluy qui emporte les nouvelles lesquelles nous pensons bien que vous trouverez estranges, actendu les propoz qui vous ont esté tenuz par cy-devant et les honnestes responces que vous avez faictes et les bonnes œuvres que vous avez offert et estes prest d'exécuter en traictant. « Je ne veulx pas, ce dict l'empereur, me justiffier des myennes en derrière. Je suis bien aise, monsieur de Mascon, que vous y soyez présent; vous m'acompaignerez tous deux devers le pappe, et là je vous diray mon intencion. » Il a aussi appellé les amb^{rs} de Venise pour le suyvre, et sommez en ceste sorte allez avecques luy en la chambre du consistoire, où le pappe a acoustumé se vestir des habitz pontificaulx, ouquel lieu a trouvé mess^{rs} les cardinaulx actendant nostredit saint père. L'empereur s'est amusé à deviser en pied avecques eulx l'espace d'ung gros quart d'heure, et ce pendant on a adverty nostredit S. P. qui ne sçavoit riens dudit empereur, auquel il faict demander s'il vouloit monter en sa chambre, et après qu'il a respondu qu'il actendroit, sadicte sᵗᵉ est descendu et sont allez, elle et l'empereur, s'appuyer au bout du lict qui estoit là. Mesdicts sʳˢ les cardinaulx ont faict à l'entour d'eulx ung demy-sercle ouquel nous estions et lesdits Vénitiens derrière nous.

L'empereur a commencé, le bonnet au poing, de dire qu'il estoit venu pour baiser les pieds de sa sᵗᵉ, luy offrir sa personne et son povoir, et pour la pryer de convocquer le concile. En quoy il l'avoit treuvée, non-seullement bien disposée, mais si affectionnée et si prompte qu'il luy baisoit les mains du bon commancement qu'elle y a donné, en la remercyant bien humblement et la pryant de vouloir continuer et achever œuvre si nécessaire à toute la chrestienté. Que davantaige il a tousjours désiré, et désire de bien s'entendre avecques vous, et n'eust pas esté marry que les choses se fussent icy peu disposer à quelque meilleure conclusion, mais qu'il vous trouve si desraisonnable qu'il est contrainct de rendre à sadicte sᵗᵉ, en la présence de mesdits sʳˢ les cardinaulx et de nous autres, compte de toute sa vye et des choses qui ont passé entre vous deux, affin qu'on sçaiche lequel a plus juste cause de se douloir de l'autre, pryant sadicte sᵗᵉ de l'excuser s'il sera long en les récitant.

L'entrée, sire, de ceste narration a esté du mariage qui fut traicté entre luy et la royne dernière déceddée, que Dieu absoille, à faulte duquel il nous a dict que le roy Maximilien chassa le feu roy de la duché de Millan, et que quelque temps après vous vinstes à la couronne lorsqu'il n'avoit que quinze ans; que, nonobstant son si jeune aage, il cognoissoit dès l'heure la proximité de lignaige qu'il a avec vous par le moyen de madame de Bourgongne son ayeule, au moyen de quoy il désiroit dès lors vostre amytié, pour laquelle avoir, bientost après que vous feustes couronné, il envoya devers vous monsʳ le conte de Naussau et autres grans personnaiges qui renouvellarent et restraingnirent les alliances qu'il avoit avec vous. Vous vinstes à la conqueste de Mylan que vous obtinstes, dont il fut aussi aise que de chose qui luy eust sceu advenyr, et sy laissa d'obéyr à l'empereur Maximilien, son ayeul, qui luy avoit commandé de vous empescher le plus qu'il

pourroit. Que après cela fut traicté le mariage de feue madame Loyse
et en faulte d'elle, de feue madame Charlotte; que à l'heure vous le
requistes de faire la guerre au roy d'Angleterre pour ravoir la ville
de Tournay, chose qu'il vous desconscilla, et que vous laissastes à sa
requeste; qu'après la mort dudit empereur Maximilien vous cher-
chastes tous deux d'avoir l'empire, que fut, ce luy semble, le commencement de vous mectre en jalouzye l'un de l'autre, combien que
au temps de ladite poursuytte vous distes à son amb^r estant auprés de
vous que vous faisiez compte comme si vous fussiez tous deux à la
poursuytte d'une dame, et que advînt ce que advenir pourroit, vous ne
laisseriez pourtant d'estre bons amys ensemble, et que depuis qu'il fut
esleu empereur, non content des précédents traictez, vous voulustes
renouveller les alliances et l'obliger à espouser madame votre belle-
seur, qui est maintenant duchesse de Ferrare, et que vous ne vous
contentastes pas de cela, mais voulustes depuis le presser de confirmer les dessusdites alliances et de les asseurer par hostaiges, ce qu'il
reffusa de faire, non y estant obligé; ouquel temps vostre ambass^{eur}
qui estoit auprès de luy feist de bien mauvaises praticques en Allemaigne; il ne sçait et ne dist point que ce fust par vostre commandement, et davantaige ledit ambass^r passa à luy dire de par vous que
s'il ne vous asseuroit les dessusdites alliances, ainsi que vous deman-
diez, vous ne pouviez penser qu'il les voulsit entretenir ni avoir amytié
avec vous. Que peu de temps après vous luy suscitastes mes^{rs} Robert
de Lamarche, d'ung costé, soubz colleur d'une scienne querelle, et le
s^r d'Albret d'autre, pour ravoir le royaume de Navarre, en prétendant
par vous de luy povoir aider, pource qu'il estoit dict par le traicté
d'entre vous deux qu'il cheviroit avec ledit s^r d'Albret, ce qu'il avoit
voulu faire par récompense d'aultant que vault ledit royaume de Navarre, et que de ceste sorte s'alluma la guerre qui fust au temps que
les luthériens commençarent à pululler et que en Espaigne les vil-
lains s'estoient soublevez en son absence. Que ladite guerre dura
jusqu'à la journée de Pavie, à laquelle succéda le traicté de Madril,
et que non-seullement vos depputez accordarent ledit traicté, mais

vous aussi luy promistes par vostre serment de l'observer, et ainsi le jurastes devant une croix sur les champs, combien qu'il fust adverty que vous aviez dict de n'en vouloir riens faire, comme ne feistes, sinon ce qui estoit préalable à vostre délivrance. Que depuis, soubz umbre que vous n'aviez pas donné foy de retourner en Espaigne, vous vous excusastes de ne povoir accomplir les choses contenues audict traicté, et que, pour avoir messeigneurs voz enffans, vous traictastes la ligue saincte qu'on disoit, et de laquelle il fut admonesté et requis de deslivrer mesdits seigᵣˢ voz enffans, come s'il les eust euz par mauvaiz art ou enchantement. Qu'à la faulte de les deslivrer s'ensuyvist la guerre de Napples où monsʳ de Lautrec mourut, et depuis celle de Lombardye et la prinse de monsʳ de Sᵗ-Pol; que bientost après il passa de deçà, et que vous, qui voulez tousjours laisser passer quelque chosette avant que de vous rendre à raison, eustes à l'heure envye d'avoir paix avec luy; que pour cela fut faict le traicté de Cambray, lequel vous n'avez guère bien observé. Le Turcq vint à Vienne. Le gentilhome qu'il vous envoya pour vous pryer de luy ayder à l'encontre dudict Turcq pourroit, ce dit-il, tesmoigner de vostre responce, qui fust d'envoyer vostre armée de mer et venir en personne garder l'Itallye avec quarante mil personnes. Et que depuis il vint à Boulongne, où fut traicté la ligue pour la deffension d'Italye; que vous ne vous en devez point plaindre, pource qu'elle a esté faicte à bonne fin et avec princes chrestiens. Que de la mort de feu Merveilles, dont vous vous estes plainct, le duc en avoit bonne cause pour les meschantes praticques qu'avoit faict ledit Merveilles. Que d'autre part, par ledit traicté de Cambray, vous avez promis de ne faire aucunes praticques en Allemaigne; que l'on sçait bien comme vous avez observé ce poinct-là et particullièrement en la guerre de Wirtemberg, que vous ne pouvez nyer d'avoir esté faicte de voz deniers. Que davantaige vous luy avez longuement retenu ses subgectz estans par force en voz gallères, soubz umbre qu'il ne povoit rendre les vostres qui se perdirent avec Portunde, et lesquelz il vous a renduz incontinant qu'il les a peu avoir, que aussi vous lui avez depuis renduz les siens; qu'il est bien vray que moy de Velly luy en

38.

demande encore des vostres qui sont ès gallères de André Dorye, et que après la mort du duc de Millan vous lui avez demandé la duché pour ung de mesditz seig^rs voz enfants; qu'il avoit avant toutes choses voullu sçavoir vostre intencion sur ce qui appartient au général de la chrestienté, comme du concille et de la réduction des luthériens, aussi d'establir une paix en l'Itallye et de quelles forces vous luy vouldrez aider à l'encontre du Turcq. Que avec cela il vous avoit accordé ledit duché pour monseig^r d'Angolesme, pensant que vous vous en deussiez contenter, mesme pource que la royne le luy avoit escrit; que vous avez percisté pour monseig^r d'Orléans, sur quoy il a tousjours pensé que les seuretés ne seroient pas possibles; que toutesfoys, pour la grande importunité que moy de Velly luy en avoit faict, il s'estoit contenté de la personne de monseig^r d'Orléans, pourveu que les seuretez y fussent; que vous non-seullement ne l'avez pas accepté, ou si vous l'avez accepté, ce n'a pas esté avec la considération desdites seuretez, et que davantaige vous avez demandé d'avoir l'ususfruict en vostre personne; que d'autre part moy de Velly luy avoys promys que durant la praticque de paix vostre armée ne passeroit point en Itallye; que vous avez non-seullement prins toute la Savoye, mais sont vos gens entrez par force en Itallye; que les traictez sont en nature, et peult-on par là veoir si vous le povez faire. De dire qu'il se soit armé le premier, qu'il n'en est riens, et que d'autre part, quelque déclaracion et ouverture de paix qu'il ait faicte, qu'il n'a jamais veu personne qui ayt pouvoir de vous traicter avecques luy, et que nonobstant toutes les choses dessus dites, il cognoist bien que la paix est la meilleure chose que l'on puisse faire, et que si elle se peult faire, il veut et prye qu'elle se face, pourveu que vous retiriez votre armée; qu'il est content de bailler ledit duché à mons^gr d'Angolesme; quant à mondit seig^r d'Orléans, qu'il ne veoit pas qu'il se puisse faire, pource que les renonciations que vous offrez de Fleurance et d'Urbin ne seront pas plus fortes que celles que vous avez faictes de Bourgongne, et que ce qu'il fera pour mondit seig^r d'Angolesme, avec tant de chose (montrant le bout de son doyt), il ne le fera pas pour mondit seig^r d'Orléans, pour autant qu'estoit (tout

son bras qu'il monstroit); que comment que ce soit, il désire la paix et
est prest de faire tout ce qu'il pourra pour l'avoir, ny n'a point d'intérest ou de propriété qui l'en destourne. Mais si cella ne se peult faire,
et qu'il faille venir à la guerre, il luy semble qu'il sceroit meilleur
que vous vuydez vous deux, de personne à personne, voz différentz.
Que c'est chose qui a esté autrefoys faicte entre princes chrestiens
pour éviter plus grant domaige, et que pour ne povoir trouver camp
ni place de combattre sans mille empeschementz, si vous voulez que
ce soit en une isle de mer ou de terre ferme, ou sur ung pont dedans
un batteau sur quelque rivière, qu'il en est content. Au regard de la
sorte des armes, qu'il s'en accordera avecques vous bien aiséement,
pource qu'elles seront esgalles à l'un et à l'autre; qu'en ceste manière il
y aura moings de dangier, pource que ce sera sans artillerye; et que celuy qui obtiendra la victoire soit obligé d'assister à sa sᵗᵉ, au concille, à
l'encontre des Turcqs et au bien de la chrestienté, et que si Dieu luy
faict ceste grâce, qu'il promect à sa sᵗᵉ de faire les choses dessus dittes.
Et pource que vous prétendez Milan, que vous mectez à l'encontre la
duché de Bourgongne, et que l'on baille hostaiges l'un à l'autre pour
faire observer au vaincu envers le vainqueur. Il demande en oultre
que dedens vingt jours vous respondiez aux choses dessus dites, lesquelles il dict n'avoir pas dictes pour braver ny pource que la paix
ne luy plaise plus que la guerre; car si elle se peult faire, et le concille
et l'emprise du Turcq et mil autres biens s'en ensuyvront, au moyen
de quoy il prye que s'il est possible qu'on la face, que l'on verra que sa
propriété ne l'en destournera point, pourveu que vous retiriez vostre
armée.

Le pape commençoit de luy dire que ledit empereur avoit en ceste
assemblée bien décelé l'envye qu'il a de la paix, que particulièrement
aussi il s'en estoit bien avant descouvert à luy. L'empereur ce pendant
lisoit en ung billet qu'il avoit à la main, et en interrompant les propoz
de sadite sᵗᵉ, luy dist d'avoir oblyé de luy dire qu'il la pryoit de voulloir recevoir ses justifications et d'entendre lequel a tort de vous deux,
et que si sadite sᵗᵉ trouve qu'il ait le tort, qu'il est contant qu'elle vous

ayde à l'encontre de luy; mais si elle veoit qu'il se mect à la raison, et que vous n'en tenez compte, qu'il prye et invocque Dieu, sadite s[te] et tout le monde à l'encontre de vous. Ce faict, nostredit saint père contynua de dire que ledit empereur a voyrement là en publicq, et à part avec sadicte s[te] maintes foys déclairé l'envye qu'il a de la paix, de quoy il est fort digne de louange; qu'aussi sadicte s[te] pense que vous en avez bien bon vouloir, et sy a entendu que pour y parvenir vous avez faict de bons et grans offres audict empereur, au moyen de quoy elle ne povoit sinon espérer que ladite paix s'en ensuyvra; et quant au combat dont ledit empereur avoit parlé, que encores qu'il eust dict et offert si qualifiéement comme il avoit faict, c'est assavoir, pour éviter plus grant inconvénient, que ce n'estoit toutesfoys chose à laquelle deux si grans princes deussent venir, pource qu'il n'en pouroit sinon sortir plus grant dommaige par la mort de qui que se veulle que par nessune grande guerre qui puisse advenir. Que davantaige sadite s[te] mectroit toute la peine qu'elle pourroit pour vous accorder, et que pour ce mieulx faire elle avoit, par le conseil de tous lesdits cardinaulx présens, deslibéré d'estre neutral, affin de povoir plus esgallement mener les choses à la fin de la paix dessus dite, en laquelle il désire que vous soyez tous deux raisonnables, et dict qu'il ne peult non user de l'auctorité de l'Eglise contre qui fera contre la raison.

Moy de Mascon, m'excusant de non povoir respondre pour n'avoir entendu le langaige dudit empereur, qui estoit en espaignol, et protestant de n'actempter chose qu'il eust dicte, nous demandyons que moy de Velly, fust oy sur les choses dessusdites, ce qu'il nous fut reffuzé. Et se levèrent et séparèrent nostredict sainct-père et l'empereur; ensemble nous nous retirasmes, actendant que sadicte s[te] fust revestue pour aller à la messe, et ilz se remyrent ensemble. Moy de Mascon m'approchay de nostredict sainct-père en luy disant que je n'avoye pas entendu ce qui avoit esté dict, et qu'il luy pleust de nous le faire bailler par escript. Moy de Velly en diz autant à l'empereur, lequel respondist qu'il le me feroit bailler. Je luy remonstray qu'il n'a tenu que à luy que vous n'avez envoyé icy ung ambassadeur garny de pouvoir,

pour autant qu'il n'avoit jamais déclairé qu'il voulsist traicter par le
sceu de nostredict sainct-père. Il nous a respondu que vous povez
bien sçavoir qu'il s'en venoit icy, et qu'il y avoit assez longtemps qu'il
l'avoit dict à moy de Velly pour le vous escripre. Ilz marchoient tousjours allans à la messe, et ne peusmes pour l'heure avoir autre chose.
Nous trouvasmes à l'yssue les s^{rs} de Grantvelle et commandeur Cannes,
lesquelz nous dyrent qu'ilz ne s'actendoyent pas que leur maistre
deust faire ung tel sermon, mais qu'il n'en falloit prendre que la première partye d'icelluy. Nous luy respondismes que vous n'estiez pas
pour luy faillir ne en l'une ne en l'autre. Au demourant, nous nous
despartismes gratieusement les ungs des autres.

. Nous pensions, sire, vous despescher dès her seoir ce courrier; mais
nostredit S. P. envoya dire à moy de Mascon qu'il me pryoit de ne
vous escripre point sans avoir parlé à sadicte s^{té}, chose qui nous a
semblé fort à propoz pour prandre l'occasion de respondre en partye
aux dessusdits propoz de l'empereur, principallement en ce qui touche
le combat. A ceste cause nous avons ce màtin esté devers nostredit S.
P. à la fin de son disner. Il nous a déclairé et asseuré qu'il ne sçavoit
riens de ce que l'empereur avoit faict ny ne s'actendoit pas qu'il le
deust faire. Que s'il s'en feust descouvert à luy, il ne l'eust pas souffert,
en nous admonestant au demourant de ne faire que bon office ny de
vous escripre chose qui vous aygrist plus fort. Moy de Mascon luy ay
remonstré que ayant esté la déclaracion faicte par l'empereur si publicque et en si grande compagnye, il estoit impossible de le vous
desguiser; que nous userions toutesfois de la plus grande doulceur
que nous pourrions en vous advertissant des choses dessus dites,
mais que nous doubtons que vous soyez d'ailleurs adverty tout autrement, mesmes pource que nous entendons de maintes personnes les
choses avoir esté diversement prinses et très mal interprétées, dont ne
povoye estre que vous ne fussiez adverty par plusieurs voyes et moyens.
Sadicte s^{té} alors nous dist qu'elle entendoyt qu'on avoit aussi mal interprété sa responce, qui fust à l'improviste et sans y avoir pensé; que
son intencion n'a point esté de dire ou promectre de se despartir de

la neutralité, laquelle il veult inviolablement et en tout cas observer.
et que ce qu'elle avoit dict d'estre contraire à celluy qui feroit contre
la raison, qu'elle n'entendoit luy estre contraire autrement sinon par
correction et admonestement ainsi que sa qualité le requiert. Nous
l'en avons remercyé et promys de vous en advertir, et en contynuant
ce qu'avoit esté dict du mauvays rapport que plusieurs personnes faisoient du dessusdit propoz de l'empereur, moy de Velly ay dict à
nostredit S. P. que nous désirions de myeulx entendre dudit seigʳ empereur, en la présence de sadicte sᵗᵉ, aucunes choses pour selon icelles
vous desduyre les dessusdits propoz en la plus grande doulceur qu'il
nous seroit possible.

　　L'empereur estoit prest de partyr, et venoyt prendre congé de sadicte sᵗᵉ. Nous nous sommes retirez en actendant qu'on nous appellast,
comme on a faict bien longtemps après. Sa sᵗᵉ nous a admonestez de
ne fascher point l'empereur, qui avoit à faire aujourd'huy bien grant
chemin. Moy de Velly, adressant ma parolle à sadicte sᵗᵉ, ay dict que,
par les propoz que eulx deux avoient hier tenuz, ilz avoient bien
monstré la grande envye qu'ilz ont de la paix; qu'il est bien vray que
l'empereur, ou cas qu'elle ne se peust faire, avoit parlé de vous combattre et décider voz différendz entre vous deux, en quoy nous ne
voyons point qu'il prétendist aucune chose ou querelle sur laquelle il
vous présentast le combat, sinon qu'il sembloit que pour éviter la
guerre qui pourroit advenir pour le duché de Milan, il offroit de vous
combattre corps à corps. Que à cella nous ne pouvions bien respondre
de vostre intencion, qu'il povoit bien estre asseuré que s'il en avoit
envye vous ne luy refuseriés pas; car il se peult bien souvenir que
autresfoys il en fut question. Mais que à présent il n'estoit point nécessaire de venir audict combat, pour autant que l'on peult bien veoir
que vous ne voulez pas avoir par force le duché de Milan, veu que je
luy ay de par vous offert sur les choses qu'il vous a demandées, desquelles vous luy avez si avant respondu qu'il s'en est contenté, et que
cela peult estre bon tesmoing de vostre bonne volunté, joint que vous
avez deffendu à monsʳ l'admyral de ne toucher à chose que ledit em-

pereur tienne en ses mains, comme aussi il n'a faict ny n'est pas pour
faire. Que nous avons bien voulu, en la présence de sa s^{té}, luy respondre ce que dessus, et luy demander s'il entend par lesdits propoz
d'hier vous avoir deffyé, en déclairant que nous ne veoyons point qu'il
ayt cause de ce faire. Car quant aux choses par vous traictées, elles
sont par escrit, et peult sa s^{té} cognoistre et juger de ce qui est depuis
advenu d'ung costé et d'autre, en quoy nous ne voulons point entrer
plus avant, pour ce que aussi nous n'avions point entendu que par les
dessusdits propoz ledit s^r empereur vous voulsist imputer d'avoir failly
de vostre parolle ny vous charger aucunement de vostre honneur, jà
çoit que nous avions bien peu cognoistre par son langaige qu'il n'estoit
pas content de vous.

Il y avoit maintes personnes au lieu où ils estoient, mais nous
feusmes oy à part. L'empereur dict qu'ayant le jour de devant tenu
les propoz dessusdits en plaine et publicque compaignie, il voulloit
bien nous respondre aussi en la présence de ceulx qui estoient là assistans, mesmes pource qu'il estoit adverty qu'on avoit voyrement mal
entendu et mal interprété les choses par luy dictes; et pour ce il feit
approcher lesdits assistans. Puys commença à dyre, en langaige italien,
que pour autant que nous l'avons requis de myeulx se déclairer des
choses qu'il avoit hier dictes, lesquelles il entendoyt que maintes personnes avoient mal interprétées, il vouloit bien satisfaire à cela et nous
déclairer les quatre poincts qu'il entendoyt avoir touchez le jour de
davant. Et que en premier lieu il avoit ung peu prolixement compté
les choses qui avoient par cy-devant passé entre luy et vous, en quoy
faisant il n'avoit point pensé de vous taxer ou blasmer, mais seullement
de s'excuser et descharger, et seroit marry qu'on tournast ses parolles
en autre sens qu'il n'avoit dictes; car il vous extime tant qu'il n'a nulle
cause de dire mal de vous. Qu'il pourroit bien estre mal content d'aucunes choses desquelles, ce luy semble, vous vous devriez passer, actendu l'estroicte alliance qui est entre vous deux et les bons tours
qu'il vous a faict et est prest de faire; et quelque chose qu'il eust dict,
ce n'avoit point esté affin de rompre avec vous ou de donner à en-

tendre qu'il ne voulsist point s'accorder avec vous, mais qu'il vouloyt et désiroit la paix, qui est le second point, comme celle qui plus luy est nécessaire et plus à son proffit que chose qu'il eust sceu demander. Car en l'ayant, il cognoist bien qu'il évite ung grant inconvénient universel, et en particulier qu'il asseure, en ce faisant, son estat, son ayse et son honneur. Qu'il est vray qu'il n'y veult point estre contrainct ny conduyct par la force; car, puisqu'il a deslibéré de s'en aller avant et de vous tourner le visaige, il n'y aura chose quelle que ce soit qui le puisse destourner de suyvre ce qu'il a commencé, quant ores bien les Turcqs seroient entrez et descenduz avec toute leur puissance en ses pays qu'il a laissé derrière luy, pource que, voullant entendre à l'un et à l'autre, il ne pourroit remédier à tous deulx. Qu'il a pour ce assemblé et assemble de plus en plus toute la puissance qu'il peult avoir plus grande pour en faire une fin, s'il advient qu'il faille venir à la guerre. Qu'il fera, comme il a dict, tout ce qu'il pourra pour n'y venir point, et verra l'on que propriété ne proffict ne l'en desmouvera point; et si vous ne povez tumber d'accord ensemble, qu'il luy sembloit bien, en troysiesme lieu, plus convenable et moins inconvénient de vuyder voz différentz entre vous deux de personne à personne, non pas que pour cela il vueille ou ayt voulu vous deffyer aucunement, mesmes en la présence de sadicte s^te, sans le congé de laquelle il ne vouldroit jamais entrer en tel affaire. Qu'il sçait bien que vous estes prince de grant cueur, et qui avez maintes foys monstré vostre valleur et magnanimité, et que ce ne seroit pas chose qu'il voulsist voluntiers ne légièrement entreprendre que de vous combattre, car aussi il ne sçayt point d'en avoir cause ny matière, si ne fust pour éviter un plus grant mal quant on le verroit advenir, et pour obvyer à ung plus grant inconvénient, comme d'une guerre de laquelle s'ensuyvroit la ruyne de toute la chrestienté.

Et en cela, sire, il a discouru tous les maulx qui sont advenuz et qui peuvent advenir par vostre guerre et dissension, et aussi tous les biens et advantaiges qui peuvent advenir de vostre paix et bonne intelligence, laquelle il a magniffyée par infinité de parolles en concluant que si vous pouvez vous asseurer et prendre confidence l'un de l'autre, ce sera le plus grant bien et la plus grande félicité qui advint jamais en la chrestienté, où au contraire, par la guerre, la porte sera ouverte au Turcq; les hérésies ne croystront pas seullement, mais multiplie-ront; le concille et réduction de la chrestienté s'empeschera, et tum-beront tous les affaires en telle confusion, que les princes seront subgectz et au dangier de leurs subgectz, l'Église et les prélatz sans auctorité, le monde sans foy et sans religion, et l'oppinion et créance de Dieu du tout anéantie avec toutes les malheuretez et persécutions qu'on doict actendre de la fureur divine. Et que ce sont choses qu'il veoit estre si apparentes et si prochaines d'advenir qu'on ne doit point s'esbahir qu'il en ait ainsi parlé, pource que si les deux camps s'ap-prochent comme ilz s'approchent en si grant multitude de combatans qui sera d'une part et d'autre, quant il n'y auroit autre chose que la diversité des langues et l'occasion du pillaige, si ne doit-on pas espérer moins d'une rompture, s'ilz seront quelque temps l'un auprès de l'autre. Que pour ce il avoit requis que vous retiriez vostre armée dedans le terme de vingt jours, qui est le quatriesme point, non pas pour en-tendre de vous préfinyr le temps, mais pource qu'il veoit dedans ce temps-là vostre puissance et la sienne pourront estre tous deux si fort aprochées qu'il sera malaisé d'obvyer à la rompture.

Moy de Velly ay respondu que sa sᵗᵉ pourra, par son auctorité, re-médier à tout cela, estant, comme elle est, bon père, commun et esgal à tous deux; ce qu'elle a accepté de faire, et à quoy ledit sʳ empereur s'est soubzmyz, qui a contynué de racompter les biens qui adviendront d'une bonne confidence entre vous deux; pryant instamment que vous vueillez vous fyer de luy. En quoy faisant, ilz s'estoient levez pour prendre congé l'un de l'autre. J'ay demandé audit sʳ empereur qu'il luy pleust en la présence de sadicte sᵗᵉ et des assistans me respondre s'il n'avoit pas accordé la duché de Milan pour mondict seigʳ d'Orléans. Il a dict qu'il avoit voyrement escript, et fait dire par son ambassa-deur, que toutesfoys il n'avoit jamais pensé qu'il fust possible d'y trouver les seuretés suffisantes, ny que vous vueillez accorder les conditions qu'il entend vous demander. Je luy ay réplicqué que vous ne pourriez sinon entrer en plus grande deffiance si vous entendiez qu'il vous eust faict proposer une telle chose sans intencion de l'observer. Il s'est excusé sur ce que vous ne l'avez pas accepté, et que vous avez faict passer vostre armée en Ytallye et faict tant de dommaige à mons^r de Savoye, duquel nous avons oblyé vous dire que ledict s^r empereur, en discourant de la paix, a dict qu'on pourra, en la traictant, praticquer aussi et conclurre ce qui touche les querelles que vous avez avec mons^r de Savoye. Nous avons fort incisté sur l'article de mons^r d'Orléans, en quoy nous avons, comme dit est, obtenu que l'empereur a confessé de le vous avoir accordé, combien qu'il a faict ce qu'il a peu pour s'en desmêler et despartyr, en disant à ceste heure que les seuretez n'y sont point; à l'autre que vous ne l'avez pas accepté, et aussi qu'il l'avoit offert, pourveu que ses confédérez s'en contentassent. Il s'est aussi laissé entendre qu'il veult y mectre mon dessusdit seig^r d'Angolesme pour avoir part en ladite duché, en disant que le duc deppendra de vous et la duchesse de luy¹, et que maintes personnes trouvent estrange qu'il vous prye d'accepter pour mondit seig^r d'Angolesme ce que vous luy deviez demander.

Ce sont, sire, en substance, les propoz qui ont esté tenuz et lesquels nous avons mis paine de réciter entièrement à la vérité. Nous povons bien avoir obmys quelque chose, mais elle ne sera pas d'importance; vous advisant, sire, que, quoi qu'on vous dye ou annonce autrement, nous vous avons compté en substance tout ce qui a esté faict et tout ce qui a esté dict, pour laquelle chose myeulx faire, nous avons usé de toute dilligence et différé jusques à présent la dépesche de ce courrier, pour ne faillir de vous en advertir bien véritablement, et aussi que nostredict S. P. nous a derechef priez de surceoir le partement dudict courrier, affin de povoir envoyer à son nunce la coppye des lettres que l'empereur escrit à son ambassadeur estant

---

¹ La duchesse douairière de Milan, nièce de l'empereur, qui devait épouser le duc d'Angoulême, troisième fils de Fran- çois Ier. Ce prince devint depuis duc d'Orléans par la mort du dauphin, survenue pendant la campagne de 1536.

auprès de vous. Sire, nous supplyons le Créateur, etc. Escript à Rome,
le xixᵉ jour d'avril mil vᶜ xxxvi [1].

EXTRAITS DE LA CORRESPONDANCE DE ROME ET DE VENISE.

MÉCONTENTEMENT DE LA PORTE CONTRE VENISE SUR SA LIGUE AVEC L'EMPEREUR. —
MOUVEMENT DE LA FLOTTE OTTOMANE DANS LA MÉDITERRANÉE. — PRISE DE CASTELLO,
DANS LE ROYAUME DE NAPLES. — INVASION DE LA PROVENCE PAR L'EMPEREUR. —
DÉSASTRES DE SON ARMÉE ET SA RETRAITE.

Rome, 19 juin 1536.

Monseigneur, il y a lettres de Venise disans que la seigʳⁱᵉ avoit lectres de son baile à Constⁿᵒᵖˡᵉ du vᶜ du passé, contenans que le Turcq
[les] avoit fait appeler par devant ses pachiaz, autrement dietz conseillers,

Lettres
de l'évêque
de Mâcon
au cardinal
du Bellay.

[1] Voyez dans les Papiers d'état de Granvelle, tome II, pages 416 et suiv. pour toute
la négociation de Vély et de Granvelle relative à la succession de Milan, les lettres
écrites par Charles-Quint au vicomte Hannart, son ambassadeur en France, et datées successivement de Naples (janvier et
février) et Gaéte (mars). Les trois pièces
de ce recueil datées de Rome, pendant le
mois d'avril, à l'occasion et par suite de
la démonstration faite par l'empereur, concernent les conséquences prévues de l'incident et les préparatifs d'invasion en France,
« qui sera grande occasion de inviter le
Turcq par mer et par terre, et audit cas doit
l'on tenir la venue d'icelluy comme toute
certaine, et avoir respect de ce que se pourroit faire, en cas que ledit Turcq feit pendant cette emprinse envehissement avec
grosse puissance ou coustel de l'Italie. »
A la lettre de Charles-Quint du 18 avril,
au tome II, page 451 de ce recueil, doivent se joindre les lettres des 7 et 18 avril,
écrites également par lui à son ambassadeur
en France, et contenues au tome II, p. 223

et suiv. du recueil de Lanz. Ces dernières
sont le compte rendu de la séance du consistoire reproduite au point de vue de l'empereur, avec la justification des motifs qui
l'ont porté à faire cette déclaration, dont
il maintient les termes, tout en les atténuant et en cherchant à prévenir les interprétations qu'elle pourrait recevoir auprès
de François Iᵉʳ.

Les mémoires de du Bellay, livres V et
VI, donnent la suite de la négociation, qui
se prolongea pendant le mois suivant par
l'entremise du cardinal de Lorraine. Outre
une réfutation officielle faite par le roi en
conseil, ces mémoires reproduisent un long
discours prononcé par le cardinal devant
Paul III, et qui forme la contre-partie de
celui de l'empereur. Pendant ce temps,
Charles-Quint s'avançait vers le Piémont
et la frontière de France, et on peut, dans
les deux recueils déjà cités, suivre en
quelque sorte sa marche par les actes qui
sont datés des différentes stations de sa
route, Asti, Savigliano, etc. dans lesquels
il explique et justifie ses hostilités.

lesquelz luy avoient dict par le commandement dudict Turcq, que icelluy Turcq estoit bien adverty de ce que apertement et en secret ilz faisoient pour l'empereur son ennemy mortel, et qu'il leur commandoit qu'ilz eussent à se départir des capitulations qu'ilz avoient avec luy, autrement il se déclaroit leur ennemy, délibéré l'année prochaine leur faire la guerre à feu et à sang. De quoy lesdictz Vénitiens ne se vantent pas, mais bien disent que icelluy Turcq avoit mys dehors dudict Const^noble soixante gallères desquelles avoit donné la charge à Barberousse, et que après luy envoyoit autres vaisseaulx lesquelz avec lesdictes gallères se pourroient monter cent voiles, et que la masse d'iceulx se feroit à Methelin. Dont iceulx Vénitiens pensent faire leur proufit et s'en ayder pour obtenir le subside sur leur clergé qu'ilz demandent à nostre sainct-père, à quoy j'ay obvyé, et espère que si ledit sainct-père ne change d'opinion, qu'ilz ne l'auront point. L'amb^r desdictz Vénitiens qui est rière le roy les a advertiz que ledit seigneur avoit tenu de merveilleusement bons et gracieulx propoz, dont ilz estoient fort contents, délibérez ne faire pour l'emp^r davantaige que ce qu'ilz luy ont accordé et encores s'en acquitter envers luy bien froidement, jà çoit ce qu'ilz fussent de luy recherchez d'emplyer la ligue qu'ilz ont avec luy : c'est de promectre de deffendre non-seulement le duché de Milan, ains les royaumes de Naples et Cecile, duchez de Florence, Ferrare et Urbin.

Rome, 4 juillet 1536.

Le vice-roy de Naples avoit eu nouvelles par une espye qu'il avoit envoyé à Chyo que Barberousse estoit arrivé à Méthelin avec cinquante gallères, et qu'il en actendoit autres quarante et plus. Ledict vice-roy avoit envoyé à la Goulette une nef chargée de chaulx, vins, pouldres et autres municions d'artillerye, et estans à my-chemin, estoit survenu ung oraige de temps dont estoit procédée si grosse pluye qu'elle avoit transpercé la couverte de ladicte nef, en sorte qu'elle estoit tumbée jusques à ladicte chaulx en laquelle s'estoit allumé le feu qui s'estoit pris auxdictes munitions, en manière que ladicte nef et tout ce qui estoit dedans s'en estoit allé en fumée.

Rome, 21 juillet 1536.

L'amb^r de Venise qui est icy, aujourd'huy a receu lectres du consul de sa seig^{rie} qui est à Otrante, du xij^e de ce moys, faisans mencion comme il luy avoit esté escript par le provéditeur d'icelle seig^{rie} de Corfou du premier de cedit moys, disant que le xix du passé Barberousse arriva à Nègrepont avec soixante gallères et de trente-cinq à quarante galiottes ou fustes, et que le Juder [1] se actendoit encores avec trente autres gallères. Aussi que à la Valonne se faisoient force vaisseaulx qu'ilz appellent pallandres, pour passer chevaulx; mais qu'ilz ne pourroient estre prestz pour s'en servir ceste année.

Rome, 28 juillet 1536.

Barberousse, le xvie de ce moys, s'estoit apparu près l'isle de Caristo avecques octante-deux gallères et xxv fustes, et avoient eu quelque suspeçon le baille des Vénitiens qui est à Corfou et le providadour desdicts seigneurs qui est à Napoli de Romanye qu'ilz voulsissent surprendre ledict lieu de Napoli. Toutesfoiz, gens de bon jugement sont de contraire opinion, et que si le Turcq vouloit rompre avec lesdicts Vénitiens, il s'adresseroit plus tost aux isles de Cypre, de Candye et Corfou, pour luy estre plus commodes et aysées. Quelque chose qu'il y ayt, je vous assure qu'il donne ung merveilleux suspeçon et crainte à l'empereur, lequel renvoye Ascanio Colunne pour ayder au vice-roy à se prendre garde du royaume de Naples [2].

[1] Sinam Judio, renégat juif, célèbre par ses exploits comme corsaire.

[2] L'empereur était entré en Provence le 25 juillet, et le mois d'août, employé aux opérations militaires, n'offre d'autres actes diplomatiques à signaler que la tentative d'intervention de Henri VIII, qui avait été provoquée par Charles-Quint avant la guerre, mais qui fut éludée par lui après que la guerre eut éclaté. L'évêque de Tarbes, ambassadeur en Angleterre, en avait informé François Ier par une lettre du 19 avril, où il lui fait ce rapport, d'après Henri III lui-même : « L'empereur

Rome, 18 septembre 1536.

Lettre
de l'évêque
de Mâcon
au maréchal
de
Montmorency.

Monseigneur, le vingt-septiesme dudict passé, le comte de Languil-lare escripvit à son secrétaire qui est icy comment il estoit arrivé à Civita-Veche une barque venant de Gennes, qui disoit avoir trouvé une frégatte allant à ladicte ville porter nouvelles que en Sardaigne s'estoient comparues soixante voiles turquesques, et depuis a escript le

dresse une grosse et puissante armée, ayant proposé de faire donner au plus tost une bataille à voz gens estans en Italie, ay-mant mieulx entrer dès le commencement en ce hazard que d'attendre que l'armée qu'on fait bruict que le Grand Turc prépare soit abordée en Sécille et en autres ses pays. » (*Mélanges historiques de Camusat*, fol. 156.) François Ier répondit à cette lettre par une instruction en date du 29 avril, pour pré-venir les effets de la démarche de l'empe-reur : il envoya aussi à Henri VIII le double de la lettre de Vély que nous avons donnée ci-dessus et celui d'une lettre de La Forêt racontant la mort du célèbre vizir Ibrahim, qui venait de conclure le traité d'amitié avec la France, « par lequel double, dit-il, il verra la cruelle mort intervenue puis na-guères du s^r Abrayn-Bassa. » (*Ibid.* fol. 16.)

Par suite de ces communications des deux parties, Henri VIII adressa à l'empereur une lettre offrant ses bons offices pour pa-cifier leurs différends et datée de Douvres, le 21 juillet. Cette lettre rencontra Charles-Quint en Provence, et il y répondit de Tourbes, près Brignolles, le 11 août, en conviant le roi d'Angleterre à se joindre à lui pour réduire le roi de France à la rai-son. Voyez ces deux lettres au tome II des Papiers d'état de Granvelle, pages 470 et 477, ainsi que les deux lettres écrites en même temps à son ambassadeur Hannart

sur les offres de paix que François Ier con-tinuait de faire publiquement, et qui, ré-pandues au dehors, engageaient à la même époque un de ses envoyés à Venise à lui écrire à ce sujet : « Si le cas advenoit que le roy traictast accord avec l'empereur, que pour le doubte qu'il pourroit avoir que ledit emp^r ne luy seroit jamais amy, le roy de-voit avoir un grand regard à ne se désem-parer point du Turcq, faisant ledit accord, mais conserver son amytié, ce que le roy pourroit faire en luy remonstrant les bonnes raisons qui l'auroient meu à celluy accord, et mesmes en luy faisant cognois-tre qu'il estoit audit Turcq proffitable, et mettre en avant audit Turcq une tresve avec la chrestienté, laquelle il est vraysemblable qu'il accepteroit et l'auroient agréable la plupart des princes chrestiens et mes-mement l'Allemaigne toute. » (*Mémoire du s^r de Vaulx*, ms. Harlay St-Germain, 265.

Dans le même temps, l'archevêque de Lunden, sous le prétexte d'un arrange-ment relatif au douaire de la reine de Hon-grie, garanti par Ferdinand, avait été chargé encore par Charles-Quint de négo-cier avec Jean de Hongrie pour l'amener à un traité de paix, ou plutôt le maintenir dans une sorte de neutralité pendant la campagne que l'empereur dirigeait contre la France. Dans plusieurs lettres écrites aux mois d'août et de septembre 1536,

vi-roy dudict Sardaigne qu'il avoit esté en grant peur que ce fust
l'armée de Barberousse, mais qu'il s'estoit depuis congneu qu'ils n'estoient que xxv voiles. Le IIIe de ce moys vint au conte de Cyfuentes
un courrier despesché le IIe par le vi-roy de Naples à l'empereur, pour
l'advertir que le premier de cedict moys ledict Barberousse, avec
cent trente voiles, avoit pris terre en la Calabre, en ung lieu nommé
le Castel, dont toute la Calabre estoit dessus dessoubz. Et dudict
vi-roy sont depuis venues autres lettres qu'ilz avoient pris par force
ladicte ville de le Castelle, encores que ce fust lieu fort, et qu'ilz
l'avoient saccaigé, pillé et bruslé sans y riens laisser, et monstroient
semblant ne passer plus oultre, ains se vouloir embarquer pour faire
autre entreprise.

LETTRE DE L'ÉVÊQUE DE RODEZ A FRANÇOIS Ier.

(Copie. — Ms. Harlay Saint-Germain, 265.)

Sire, nous nous retirasmes devers ces seigneurs, Mr de Vaulx et
moy, pour leur faire entendre tout le discours du debvoir en quoy
vous vous estiez mys pour satisffaire à l'instance que N. S. P. vous
faisoit faire touchant la paix, encores que le particulier intérest ne vous
deust mouvoir à cela, estant voz affaires aux bons termes à quoy ilz
sont : quoy non obstant vous aviez voullu monstrer à ung chascun que
moindre n'estoit pas en vous le voulloir de traicter la paix que le pouvoir et le moyen de faire la guerre, et pour myeulx leur faire le tout
entendre, feusmes contens de leur bailler à lire la proposition vostre
et responce reçue de l'empereur. Le jour mesmes ils s'assemblèrent en
leur pregay, ou vostredite proposition a esté universellement de tous
louée et magnifiée comme prudente et modeste, et la responce de
l'empereur, au contraire, blasmée et depprimée; et n'y a homme saige
d'entre eulx qui ne mecte le droict de vostre costé et démonstrent en

---

il donne ainsi le motif du peu de succès
de sa négociation : « Conatur wayvoda omni
« fraudis genere negotium pacis prorogare
« donec exitum belli gallici videat, etc. »
(*Correspondenz des Kaisers Karl V,* t. II,
p. 241.)

leur particulier, ainsi qu'ilz peuvent, qu'ilz désireroient trop plus tost
la victoire à vous que à l'empereur; et mesmement le duc, qui n'en ose
pas autant démonstrer comme il en pense. Mais ung de nos gens
estant envoyé devers luy, en parlant de la prospérité de voz affaires,
il joignit les mains au cyel, disant qu'il louoit Dieu de ce qu'il pré-
voyoit ce bon chemyn dont eulx touz avoyent si grande joye, encores
qu'ilz eussent esté contrainctz et feussent encores se gouverner comme
ilz se gouvernent, et qu'ilz avoyent veu l'empereur au commencement
entrer en ceste entreprise avecques grande furye et grandes forces, et
veoyent maintenant cella aller en dyminuant; de sorte qu'il cognoistroit que c'estoit que d'aller assaillir ung prince saige et puissant en
sa maison.

Leur ambassadeur résident emprès de vous leur escript favorablement de voz affaires, faisant voz forces qui sont en Avignon bien
grandes, où il dict par ses lectres que vous aviez xviii^m Suyssez, oultre
lesquelz il en marchoit encores dix mil de Berne, lequel canton s'estoit
entièrement déclaré contre l'empereur, et dict la conduicte de vostre
exercite estre très bonne, et le contentement de M^r le grand-maistre
estre grand en son camp, luy bien obéy et toutes choses bien ordonnées
et que vous n'aviez faulte d'argent pour fournir à la despence, combien
qu'il ne se parlast encores d'aucune imposition extraordinaire; que vous
aviez faict remectre en Italye deux cent mil escuz pour le besoing des
affaires de Piémont; que le roy d'Angleterre contribue à la despence
cinquante mil escuz par moys; et s'estoyt le roy d'Escosse par deux
foys embarqué pour venir à vostre secours, mais il avoyt esté par deux
foys rejecté en terre par la tempeste; et que le pays de Languedoc
estoit fortiffyé de sorte que, quand l'empereur viendroyt à y passer,
il seroit encores plus empesché que en Provence, et mesmement que
tous ceulx dudit pays avoyent prins les armes et faict presque un juste
exercite d'eulx-mesmes qui estoyent suffisans à rendre le passaige du
Rhosne bien difficille à l'empereur. Et au demeurant dict ledict ambassadeur que le camp de l'empereur souffre de nécessitez beaucoup
à Aix, où il se trouve encores. Vray est, sire, qu'il dict que le long

séjour qu'il faict là, faict doubter à plusieurs qu'il n'actende que quelque chose se descouvre à son advantaige, pour n'estre poinct vraysemblable qu'il voulust se tenir en ce lieu-là si longuement à perdre temps s'il n'avoyt quelque object et dessaing qui le meust.

Il vient bien fort à propoz que ledit amb^r, suivant sa lettre, favorise voz affaires, car ces seigneurs defferent plus à leurdit amb^r qu'ilz ne font à tous les raportz et tesmoignages qui leur viennent d'ailleurs. Il les advertit de la mauvaise satisfaction que vous avez eu de leur procédure contre le s^r César [1], en quoy ces seigneurs vous avoyent monstré peu d'amytié, et donné à cognoistre qu'ilz désiroient vostre mal et vostre perte, veu qu'estant si injustement assailly de l'empereur, ilz avoyent esté si rigoureux contre ceulx qui vous venoient faire service ; et ne pourrez juger qu'ilz eussent telle mémoire qu'ilz sont tenuz d'avoir des gratuités et bienfaits qu'ils ont par le passé receuz de vous, s'ilz ne révocquoient la condampnation dudit s^r César ; disant l'amb^r que vous luy aviez usé de très doulces parolles et enchargé d'escripre à la seigneurye qu'elle ne voulust procurer ainsi le dommaige d'ung des plus grands amys qu'ilz eussent. Il nous est signiffié par aulcuns particuliers d'entre eulx que, sitost que le temps permectroit qu'ilz peussent, sans leur dommaige, révocquer ladite condampnacion, ilz ne sont pas pour vous en faire refuz, s'excusans qu'ilz ne pouvoient faire de moings, tant pour donner exemple à leurs autres serviteurs que pour satisfaire à l'empereur, qui s'est plaingt d'eulx, et leur donne la coulpe de l'allée dudit s^r César. Quant le temps le pourra porter, continuant l'adoulcissement dont il vous a pleu jà user à leur amb^r, cela les disposera tousjours de plus en plus à vostre dévocion, en laquelle nous les voyons si bien acheminez de jour en jour que, si l'empereur se lève de ceste entreprinse en deffaveur, nous ne sommes point hors d'espérance qu'ilz ne se rendent capables de quelque bonne praticque, pour préparation de laquelle nous a esté recordé

---

[1] César Frégose, noble Vénitien qui se distingua dans le service militaire et la diplomatie de François Ier, et fut plus tard, comme on le verra, assassiné avec Rincon. On venait de le bannir, pour être allé au secours du roi sans autorisation.

par ceulx qui entendent les affaires d'icy, que à la première dépesche de vous nous dirons aux seigneurs : « Que voz lectres contiennent que vous ne les avez point fait rechercher d'aucune chose
quant voz affaires ont eu apparence de porter quelque péril, affin
qu'ilz ne pensassent point vostre nécessité plus grande qu'elle n'estoit,
et que vous les voulussiez tirer à la mesme nécessité et au mesme
péril; mais maintenant que ilz povoyent cognoistre que vous estiez
plus vif que jamais et avez peu de cause de craindre vostre ennemy,
que vous leur priez qu'ilz vueillent tenir compte de l'ancienne conjonc-
tion qui a esté entre vous et eulx et du proffit qu'elle leur a porté, »
qui sera donner quelque bon commencement à l'affaire.

Ledit amb^r de ces seig^{rs} résident emprès de vous leur a fait entendre le mutinement qui s'est fait dans Arles contre le s^r Stephano
Colonne, et semble qu'il leur dye qu'en toute cette guerre ledit Stephano n'a point esté employé en charge digne de luy, de quoy il est
fort mal content et délibéré, passé ceste guerre, prendre autre party.
Nous sçavons assez, sire, qu'il n'y a nul qui aye meilleure cognoissance dudit s^r Stephano et de ses qualitez que vous avez; toutesfoyz
ne voulons-nous faillir à venir dire qu'il n'y a guières aujourd'huy
cappitaine italien qui ayt plus grand nom que luy par deçà, tant de
vertu que de loyaulté, de sorte que, le tort feust à luy, s'il abandon-
noit vostre service, la pluspart estimeroient qu'il luy en auroit esté
donné la cause, ce qui ne pourroit venir sinon en détriment de vostre
réputation envers ceulx de ceste nation, lesquelz portent beaucoup
plus d'affection et de faveur à voz affaires, quant ilz voyent estre faict
cas d'entre eulx que autrement. Et une des principalles choses qui les
a maintenant alliénez de l'empereur est qu'il leur a semblé qu'il ne
les traictoit pas à leur gré.

En cest instant ces seigneurs ont receu lectres de leur amb^r emprès
de l'empereur, du IIIe de ce moys, qui leur mande que jusques au
dernier du moys passé ilz avoient souffert des nécessitez de vivres
extresmes, dont chascun estoit audit camp si batu et si affligé que
c'estoit pityé d'y estre. Mais, depuis l'arrivée des gallaires qui leur

avoyent porté resfreschissement, ilz avoyent aucunement reprins les
esperitz. Dict plus ledict amb^r, que ledict emp^r se plaignoit grandement de toute l'Italye en général; c'est assavoir des princes d'icelle,
qui vous avoyent permys de faire ceste assemblée de gens, et mesmement de la seigneurye, qui la povoit empescher sans nulle difficulté
approchant ses gens du lieu où se faisoit ladite assemblée; ce que
non-seullement ilz n'avoient voullu faire, mais avoient laissé deffaire
et desbander leurs compaignyes de gens de pied, dont il sçavoit bien
que une grande part estoit allée à vostre service.

Depuys l'adviz de l'armée de mer de Barberousse, comparue en
Calabre, icy l'on ne sçait là où elle peult estre. Il y a advis du vy-roy
de Naples que ledit Barberousse, après avoir prins la ville de Le Castelle, qui estoit forte et gardable s'il y en a point en tout le pays, y
avoit mys le feu et faict voille, et que le lendemain avoit esté vue à
Corfou, chose presque impossible; et par autre adviz, qu'elle a prinse
la voye de Ponent; et de Ragouse nous escript l'on que le xx du passé
elle fut veue à Golfo-di-Lepanto, c'est assavoir soixante-cinq voilles.
Ces seigneurs s'esbahissent de ceste confusion et en actendent d'heure
à autre plus certain adviz.

Nous receusmes her soir de M^r de La Forest lectres du xviiie du
moys passé que nous vous envoyons. Nous nous esbayssons grandement
que Marillac, qui a esté despesché si long temps a, ne soit encores arrivé, et quelquefoyz sommes venuz en doubte qu'il ne luy fût advenu
quelque meschef : touttesfoyz, si ainsi estoit, il en seroit venu nouvelles. Il nous a esté recordé, par nostre principal médiateur icy, qui
est personne ecclésiastique et calliffyée, qu'il n'y a riens qui puisse
tant servir pour avoir vostre intencion du costé de deçà que de faire
que le Turcq envoyast ambassadeurs devers ces seigneurs, et nous a
mesmes instruictz des propoz qu'il seroit bon de leur tenir, qui sont
contenuz en ung escript qu'il nous a baillé, dont nous vous envoyons
coppie. Vray est, sire, qu'il a esté refformé par Mr de Vaulx en
quelque partye, où il estoit touché de procurer que le Turcq offrist
argent et autres partyes pour faire la guerre à l'empereur, comme

chose que nous avons pensé pouvoir préjudicier à ce que vous ac-
tendez de commodité dudit Turcq, s'il se propose pour vous, et à
ceste cause se laira ce point en l'arbitre dudit Turcq. Nous ne faul-
drons d'envoyer à La Forest ce discours et de l'advertir de ce qui
nous semblera pour ceste matière. De Venise, le 19 septembre 1536.

EXTRAITS DE LA CORRESPONDANCE DE ROME ET DE VENISE.

POLITIQUE DE VENISE À L'ÉGARD DE L'EMPEREUR. — ARMEMENTS DE LA PORTE POUR UNE
GRANDE EXPÉDITION MARITIME.

Septembre 1536.

*Lettre
de François Ier
à
MM. de Rodez
et de Vaux.*

Messieurs, je vous advise qu'ayant mis bon ordre à mes frontières
de Languedoc et Provence, Daulphiné et Savoie, et pareillement en
ce que j'ay conquis au pays de Piémont, je m'en voys à Paris avec x
ou xiim Allemans et autant de Françoys, aussi belles bandes et aussi
bonnes qu'il en est point, pour me joindre avecques mes autres forces
que j'ay en Picardye, délibéré, après l'injuste invasion que l'empereur
a faicte en mes royaumes et pays contre les traictez de paix et amytié
d'entre luy et moy de luy donner congnoistre que j'ay peu et puis
non seullement résister à ses entreprises, mais l'offencer en ses pays
et me vanger des maulx et dommages qu'il y a faictz tant à moy que
à mes subjectz [1].

Venise, 2 octobre 1536.

*Lettre
de l'évêque
de Rodez
à François Ier.*

Nous avons entendu la grâce qu'il a pleu à N. S. vous faire de si
bien aproufiter les provisions que vous avez par cy-devant faictes
contre l'empereur, qu'elles luy ont rompu ses desseings de toutes

---

[1] Dans une lettre qu'il adresse le 4 septembre, de son camp devant Aix, au comte
de Nassau, commandant de ses forces sur
la frontière de Picardie, Charles-Quint rapporte les incidents de sa campagne malheureuse en Provence et les motifs de sa
retraite non commencée encore, mais qu'il

a déjà résolue, et qu'il se prépare à effectuer : « Véant que le roy de France demouroit obstiné de vouloir retenir ce qu'il
avoit occupé au duc de Savoye, je me dé-
terminay de luy faire la guerre en son
royaulme, et venant en Alexandrie et Aste,
et assiégé les François qu'estoient à Fons-

pars, de sorte que tout le rebours luy soyt advenu de son espérance, puysque aux endroictz dont il espéroyt rapporter victoire et triumphe il a laissé et de ses forces et de sa réputacion beaucoup, et, au lieu de vous cuyder abbaisser, il vous a exalté en plus de gloire et d'estime que jamais envers tout le monde. Incontinant après avoir receu voz lectres, nous feusmes devers ces seigneurs et leur commençasmes le beau et heureux succès de voz affaires, et à leurs parolles et semblant nous jugeons que la retraicte de l'empereur ne leur a esté que bien agréable, comme à ceulx que mal volentiers eussent veu qu'il feust venu à bout de ses desseings, et entre eulx prisent grandement vostre bon gouvernement en ceste guerre.

san et autres places, après avoir longuement desbattu le chemin que ceste armée devoit prendre, fut résolu celui que j'ay faict. Et à la vérité cestuy chemin fut très-pénible jusqu'à Ferjoux, et depuis, la difficulté n'a esté moindre jusques en ce lieu, mesmement pour cause des victuailles, desquelles l'on ne s'est peu servir, ne assister de la mer, et que les paysans et subjectz sont esté contrainctz de la part du roy de France d'eulx absenter et retirer tout ce qu'ilz ont peu, et bonne part de ladite armée n'a mangé pain ny chair pour aucuns jours, et ont faict les gens de cheval et de piet ce qu'ilz ont peu pour eulx ayder et remédier des vignes et autres, ce qu'ilz ont comporté de fort bon et honeste cueur..... Enfin, ayant regardé qu'Avignon est grandement fortiffié, et tout auprès le camp des Françoys, dont est chief le grant maistre sʳ de Montmorency, foussoyé et bien pourveu d'artillerie, et aussi que l'approuche de Arles est très difficile et que le roy de France tient tous les passaiges du Rosne gardez pour empescher le passaige en Languedoc, et que ce seroit paine, temps et despence perdue de vouloir entreprendre sur Marseille, selon

qu'il est ramparé et fortiffié, que le roy de France est avec ses gens de guerre à Valence, et aussi a pourveu pour garder les passaiges du cousté du Daulphiné et Lyon, et partout faict retirer les victuailles. Pour ces considérations, a esté résolu de reprendre la mesme voye que l'armée est venue, et se tiendra ceste résolution secrète encoires pour huict jours avec le bruyet de voulloir assiéger Marseille et encheminer l'artillerie contre la mer, actendu que le conte Guy Rangon, le Caguin de Gonzaga et autres de la partialité françoise ont desjà mis sus environ dix mil hommes et espèrent amasser plus largement d'Ytalie, et aussi avoir quelques nombres de Grisons, et sans y estre remédié pourroient faire gros troubles en ladite Ytalie. A ce que j'ay entendu, César Fragose espéroit avoir partialité à Gennes, accompaigné des conte Guy de Rangon, le Caquin de Gonzaga et autres, avoient fait très grande dilligence pour cuyder surprendre et gaigner Gennes, dont le succès a esté tel que verrez par ces lettres..... Escript en nostre camp, près de la cité d'Aix en Provence, le 4ᵉ de septembre 1536. » (*Correspondenz des Kaiser Karl V,* t. II, p. 246.)

Leur opinion est que l'empereur viendra en Lombardye pour là
hyverner, et que vous ayant si asprement provoqué, il se rendra plus
que jamais difficille à vous faire party de la duché de Millan et laisser
prendre pied en Italie. L'oppinion de par deçà est, ou qu'il retiendra
ledit estat pour soy, ou qu'il y mectra personne maniable dont il
puisse disposer, et ce avec la satisfaction du pappe et de ces seigneurs;
et ayant jà esté parlé du nepveu de sa saincteté, on présume que ce
sera plustost à luy qu'à nul aultre qu'il en fera party. C'est principallement à l'endroict de S. S. qu'il fault abbatre ceste praticque, car là
où ces seig^{rs} verront S. S. condescendre au voulloir de l'empereur et
que de sa part leur seroyt offre de Ravenne ou d'autre chose d'importance, il est à considérer qu'il ne seroyt pas difficille que ces seigneurs, sinon qu'ilz veissent les affaires du Turcq gaillardes et en bon
estre, ne fussent pour accepter lesdites offres, tant pour faire acquest,
dont ilz sont convoiteux, comme pour avoir ung duc de Milan foyble,
ce qui leur vient à propoz : de sorte que si la force du Turcq ne les
mène, il y auroit peu de moyen de les divertir d'entendre ausdites
offres, pour estre telles qu'il ne s'en peult faire de vostre part qui
puissent contrepeser sinon que vous voulussiez mutiler l'estat de
Millan de l'ung des principaulx de ses membres, chose que vos bons
serviteurs craindroient bien à vous conseiller. Il est venu ici advis par
la voie de Romme que l'empereur s'embarquoit pour s'en aller en Espagne, et envoyoit pour son lieutenant général en Italye le duc d'Albe,
ce que ne se peult croyre encores, et qu'il estoyt fort mal content de
ceste seigneurie, chose qui ne vient pas mal à propoz. Des lectres
de Gennes, du xxvie du moys passé, contiennent que l'empereur s'en
venoit par mer à Savonne, et que son arrière-garde estoit auprès
de Nice, et se jactent les impériaulx qu'en toute leur retraicte nul des
vostres ne leur a présenté le visaige ne donné moleste, ce qui se croyt
difficilement. Marilhac arriva ici le xxviie du moys passé, qui ne partit
de Lyon que le xiiiie, et deux jours après nous l'avons fait embarquer par une frégatte bonne et seure et bien armée, et espérons
qu'il se conduyra jusques à Raguse seurement.

Rome, 14 octobre 1536.

Monseigneur, ilz sont venues nouvelles de Constᵖˡᵉ du xviij et xvjᵉ du moys d'aoust, disans que le Turcq faisoit de merveilleux préparatifz pour faire la guerre au temps nouveau en la Pouille, et sy ay veu lectres de Palerme du xxixᵉ du passé et de Gayette du viijᵉ de cedit moys, contenans que Barberousse avec son armée estoit comparu devant Tarenta, qui est une ville entre la Pouille et la Calabre, après avoir deschargé à la Valonne la prede qu'il avoit faict à la Castelle, et semble qu'il en vueille faire encores autant en ceste coste pour munir et pourveoir de chiurme les vaisseaulx que faict fère ledit Turcq. Je n'adjouste néanmoins grant foy ausdictes lectres pour ce qu'elles sont publyées par les impériaulx, doubtant qu'ilz le facent pour avoir de nostre sainct-père décimes ou cruciades, dont ilz ont jà faict grande instance au moyen desdictes nouvelles. Touttesfoys, sa saincteté m'a promis et asseuré qu'elle n'en bailleroit poinct, sinon en cas d'accord entre le roy et l'empereur[1].

Rome, 26 octobre 1536.

Je vous diray que puis huict jours en çà les gallères de nostre sainct-père qui estoient allées en Levant en sont retournées, après avoir enfondré au canal de Rhodes une grosse nef qu'on disoit estre à feu Ebraym-Bassa, et pris deux schiraces et une galiotte chargées de marchandise où ilz ont faict groz butin et pris bien deux cens cinquante esclaves, entre lesquelz y a cinq ou six marchans qui disent estre

[1] Dans une instruction donnée au mois d'octobre à Mathias Held, Charles-Quint, obligé de passer en Espagne, indique les moyens de maintenir l'Allemagne, et fait recommander à son frère de ne pas rompre avec la Hongrie dans la situation difficile où se trouvent ses affaires : « Puisque nous retreuvons en si grant et pesant affaire, et ne povons avoir paix si nostre ennemi ne veult, qu'est tant obstiné et si puissant, qui ne regarde ny à Dieu ny à l'honnesteté, et que mect toute sa principalle esperance en la division de ladicte Germanye, et en la venue du Turcq qu'il sollicite, comme dit est, véhémentement et continuellement, il fault que nostredit frere regarde que yci va le tout pour le tout, et qu'il treuve tel expédient qu'il pourra, car aussi seroit-il impossible que luy puissions faire assistence quelconque. » (*Correspondenz des Kaisers Karl V*, t. II, p. 270.)

partis de Const^{ple} le xij^e du passé et confirment les grands préparatifz
que faict le Turcq pour armer troys cens gallères et deux cens pal-
landres, et que deux foyz le jour icelluy Turcq alloit en personne à
l'arsenac et au lieu où il faict fondre l'artillerye, et qu'il avoit envoyé
en Alexandrye en quérir huict cens pièces; que Barberousse s'estoit retiré audict Const^{ple} avec toute son armée; ce qui m'a esté confirmé par
ung gentilhomme romain qui estoit sur les gallères dudict sainct-père,
disant que de Négrepont ledict Barberousse sçaichant les gallères dudict sainct-père estre au canal de Rhodes, y avoit envoyé le Juder
avec dix gallères pour les prandre, qui est la cause pour laquelle ilz se
sont retirez.

Rome, 6 décembre 1536.

J'escripz au roy les nouvelles venues de Venise touchant les préparatifz du Turcq, qui sont que pour tout le moys d'octobre derrenier, ledict Turcq debvoit partir pour s'en venir à Andrinopoly, se
monstrant du tout résolu à l'entreprise d'Ytalie, dont procédoit sa
venue audict Andrinopoly; aussi la diligence qu'il usoit à mectre
ses forces de mer et de terre en ordre, qu'il n'eut jamais pareilles ensemble, et le xvj^e dudit moys alla luy-mesmes en l'arsenac pour haster
et eschauffer la besongne, disant publiquement qu'il auroit son armée
de mer preste pour la my-febvrier, qui se croyoit pour les granz préparatifz que l'on voyoit faire de toutes partz. Solyman-Bassa estoit allé
en son gouvernement d'Égypte, avec commandement de dresser cinquante gallères, dont le fust avoit esté taillé long temps avoit, et porté
en Alexandrye pour les mectre en la mer Rouge, et rompre par ce
moyen le navigaige des Portugalloys. Barberousse estoit arrivé en
Const^{ple} avec sa gallère seule, pour, à ce qui se disoit, mectre ordre
ausdictz préparatifz et conférer avec ledict Turcq de ce qu'il auroit
à faire. Et se faisoit par tout le pays maritime description d'azappes,
qui sont galliotz pour voguer, et jà s'en estoient enroollez en la Grèce
bien vingt mil. Il y a aussi autres lectres escriptes audict Andrinopoly
du xxvj^e dudict moys d'octobre par ung ambass^r que les Vénitiens ont

naguères envoyé vers ledict Turcq, contenans qu'on avoit porté cinq cens sommes de balottes à la Valonne, et s'estoit faict ung supplément de arquiny (qui sont comme chevaulx-légiers de la Grèce), dont le nombre se redoubloit, et seroient bien quarante mil, ausquelz avoit esté faict commandement de se tenir prestz pour marcher quant on les manderoit.

Rome, 8 décembre 1536.

Hier soir viendrent lectres de Venise du iij^e de ce moys à l'amb^{eur} de la seign^{rie}, contenans que icelle seign^{rie} en avoit receues de Monsenigo, son amb^r près le Turcq, escriptes à Andrinopoly depuis le xxvij^e octobre jusques au vj^e dudit passé, disans que le ij^e ledict Turcq estoit arrivé audict lieu, et se jugeoit qu'il voulsist estre en personne à l'entreprise contre la chrestienté et faisoit desseing de vouloir forcer le port de Breinx [*Brindes*], et, s'il ne réuscissoit, retourner à son premier, c'est de mectre gens en terre en la Pouille, et que par ung chascun s'actendoit plus grande préparation que jamais, laquelle estoit fort advancée; aussi que le Sophy estoit fort molesté par ceulx de la barette verte, qui lui donnoient beaucoup d'affaires, voire luy en auroient jà tant donné que ses forces estoient quasi adnichilées. Je vous envoye une pronostication naguères imprimée en ceste ville.

1537.

EXTRAITS DE LA CORRESPONDANCE DE ROME ET DE VENISE.

PRÉPARATIFS DE LA PORTE POUR UNE INVASION EN ITALIE. — ALARME RÉPANDUE A ROME ET A NAPLES. — MISSION DE JEAN DE MONLUC AUPRÈS DE BARBEROUSSE.

Rome, 11 janvier 1537.

Monseigneur, nostre sainct-père et toute sa court est en grande peur du Turcq, voire telle qu'ilz pensent qu'ilz seront contrainctz d'habandonner ceste ville. Et pour y obvyer, sadicte saincteté a aresté d'envoyer deux prélatz, l'ung au roy et l'autre à l'empereur, pour les

Lettres de l'évêque de Mâcon à M. de Montmorency.

41.

exhorter encores plus estroictement qu'il n'a point faict de faire paix
ensemble. Et davantaige a conclud mettre sus le clergié de toute l'Italie
deux décimes, et sur chascun feu du temporel du siége apostolique ung
escu, faisant compte que le tout reviendra à quatre ou cinq cens mil
escuz; délibéré aussi d'envoyer par tous les royaumes chrestiens indulgences et plénière rémission pour faire pryer Dieu pour ladicte
paix.

Les dernières nouvelles que messieurs les Vénitiens ont icy publyées
dudict Turcq sont d'Andrinopoli, du vingt-huictiesme de novembre,
disans que Barberousse estoit allé à Constantinople pour advancer l'armée, laquelle ne se pourroit monter plus de cent cinquante gallères,
et deux cens naufz, dont les cent ne serviront que à porter chevaulx;
et que ledict Turcq estoit en délibération de faire la plus cruelle
guerre qu'il fist oncques par mer et par terre à l'empereur, et ne cesser
qu'il ne l'eust chassé d'Italie; aussi qu'il debvoit envoyer ung sien
interprète nommé Jannet-Bey vers lesdictz Vénitiens, à ce qu'ilz
eussent à eulx déclarer amys de ses amys et ennemys de ses ennemys;
et que autrement il leur feroit la guerre de toute sa puissance. Il
estoit arrivé vers luy ung ambassadeur des Indes qui luy avoit apporté
force présens de pierres précieuses, luy demandant secours contre le
roy de Portugal. Ceulx de Naples sont en une merveilleuse peur, et
faict le vice-roy fortiffier les villes et forteresses maritimes.

                                        Rome, 9 février 1536.

Messieurs de Roudez et de Lavaur m'escripvent, du premier de ce
moys, que les Turcs avoient sur le Danube grand nombre de batteaulx,
et que incontinent que les glaces seroient rompues ilz estoient en
si grant nombre qu'ilz pourroient aller jusques à Vienne, dont j'ay
veu lettres du XIII e, contenans que dans huict jours le roy Ferdinand
debvoit partir pour aller en Boesme se deffendre du Turc et du roy
Jehan vaivode, lequel, comme je vous ay escript, luy a assurément
pris la ville de Cassovia. Vous aurez esté adverty par MM. de Roudez

et de Lavaur comme lesdietz Vénitiens arment jusques à octante gallères, et ont faict cappitaine général de leur armée de mer ung nommé lhéronyme de Pesaro.

Venise, 7 mars 1536.

Sire, du cousté de Levant il n'est aucune chose survenue depuis ce que nous vous en avons dernièrement faict entendre, synon les lettres de M. de La Forest que nous vous envoyons avec la présente. Ces seigneurs continuent en toute diligence d'armer leurs gallères, et estimons que dedans xv jours ils bailleront l'estendard à leur capitaine général pour sortir en mer; ilz s'esbayssent grandement de ce qu'ilz ne voyent venir aulcune provision d'Espaigne jusques icy. Toutes foys, les ministres de l'empereur ne laissent de fayre les chouses gaillardes pour luy, disant qu'il aura quatre-vingt-dix gallères prestes, comprins celles du pape et de la relligion, avec plusieurs barques caravelles de Portugal, et que l'argent n'est poinct pour luy manquer, par les moyens qu'il a trouvé d'aliénations de biens ecclésiastiques, des décimes et de la croisade, et de l'octroy que luy font les Courts d'Espaigne. Nous ne voulons obmettre à vous dire que par tous les advis qui viennent en Italye et mesmement à ces seigneurs, il s'entend que vous n'avez intention à aultre entreprise que à celle du cousté de Flandres, et qu'il n'y a aulcune apparence de préparatifs pour fayre passer de deçà; de sorte que l'on juge que l'emp' n'aura à fayre en Italye que contre le Turcq, s'il vient. Et ne doubte-t-on point, sire, que ce mesme advis par ces seigneurs ne soit donné aux Turcs en intention de le refroidir de son entreprinse, et sy l'on voit par lettres de La Forest que jà il a commencé à prendre umbre sur l'entreprinse que vous faictes de delà, doubtant qu'elle ne vous empesche d'entendre du cousté de deçà, selon qu'il en a esté donné intention. Il y a danger qu'en ce soupçon il ne manque de son cousté, sur quoy, sire, il vous playra fayre la considération que requiert chouse de semblable importance.

Cesdits s^{grs} ont aussi advis de la court du roy des Romains, du xxi du passé, que ledict roy s'armoit pour faire une bonne teste contre le

Lettre
des évêques
de Rodez
et de Lavaur
à
François I".

roy Jean, et que Norenberge et Olme[1] luy avoient jà baillé chascune
quatre cens hommes pour se deffendre, et de mesme debvoient faire
toutes les autres villes franches, de sorte qu'ilz armeront à un bon
nombre, et que à Bellegrade estoyt arrivé ung nommé le Turcq-Vail-
lant[2], avecques deux milles chevaulx des siens et plusieurs autres du
roy Jehan, pour se enseigneurir de Bude au nom du Turcq, du consentement dudict roy Jehan, ainsi que l'on disoit; et s'en alloit ledict
roy des Romains en Bohesme pour armer des gens du pays et s'en
servir à son besoing contre ledit roy Jehan.

Depuys la présente escritte, la seigneurie a eu nouvelles de Constantinople du IIIe de febvrier, qui contiennent que l'armée de mer
sera en ordre pour la fin de mars, et que le G. S. s'en venoit à la Valonne, et que toute l'expédition se sollicitoit à grande diligence; et
jusques icy nous n'avons peu sçavoir plus avant.

Rome, 1er avril 1537.

Lettres
de l'évêque
de Mâcon
à M. de
Montmorency.

Monseigneur, je vous envoye des nouvelles venues de Constantinople et Adrionopoly. Il y en a d'autres plus fresches du XIXe febvrier,
disans que le Turc faict merveilleuse diligence d'advancer son armée,
laquelle il croist de plus grant nombre de voiles que de ce qui s'est
entendu par cy-devant, et qu'il a faict parler à l'ambassadeur de Venise qui est rière luy, et dire que son armée passeroit ès lieux et
endroits appartenans aux Vénitiens, et qu'il verroit quel recueil il luy
seroit faict, espérant que sadicte armée, non-seulement comparois-
troit à mode de l'empereur, mais consisteroit et feroit de semblables
ou plus grandz effectz que la maison de Hothman avoit accoustumé
faire; allégant plusieurs autres paroles plaines de merveilles, et qu'il
debvoit bien tost arriver à la Vallonnie, estant jà party dudict Adrionopoly pour aller en ung lieu appellé le Motier[3], ayant envoyé devant
Aiax-Bassa, et s'estant résolu que Cassin-bassa seroit, avec Barberousse,
cappitaine de ladicte armée.

---

[1] Nuremberg et Ulm. — [2] Arslam, le Lion ou le Vaillant. — [3] Monastir, en Bosnie.

Rome, 6 avril 1537.

... Il y a icy lettres de Venise du xxviᵉ du passé, qui disent estre audict lieu lettres du roy des Romains, de Prague en Bohesme, du xvᵉ dudict mois, contenant, ainsi que disent les impériaulx, que le pays dudict Bohesme avoit accordé audict Ferdinand mil hommes de cheval et six mil hommes de pied payez, et oultre cela septante mil ducatz, pour s'en servir à son besoing contre le Turc. Disent davantaige que les luthériens tenoient une diète en une ville de Saxonne, qui estoit parachevée ; en laquelle s'estoient résoluz que chascun vivroit à sa mode, et selon sa foy, et que faisant le Turc entreprise contre la Germanie, ilz donneroient secours selon leur puissance.

LETTRE DE JEAN DE MONLUC AU CARDINAL DU BELLAY [1].

(Copie. — Dupuy, ms. 265.)

Monseigneur, je fus mandé le sixiesme d'aoust vers Barberousse pour luy déclairer la voulenté du roy sans lettres de personne. Touttesfoiz m'en allay à Naples, et là feiz obliger les mariniers de me conduyre jusques à Malte dedans troys jours. De là estant près de Regio me fut dict que une fuste de Turcz estoit là auprez. Sur ce faignyz estre tant malade qu'il me estoit besoing aller audit Regio : peu après vinsmes à descouvrir ladite fuste, et fouysmes tost à terre. Quant tous furent saulvez, je appelay le cappitaine, lequel par ma bonne sorte feut des amys dudit Barberousse, et par mes prières et promesses soubdain

---

[1] Ribier, dans son recueil, n'a imprimé de cette pièce que le bon mot qui la termine, et en a retranché tout ce qui lui donne une véritable importance. M. de Pouqueville, dans son mémoire très-superficiel sur les consulats du Levant, inséré au tome X des Mémoires de l'Institut (Acad. des Inscr.), confond cette mission accidentelle de Jean de Monluc, en 1536, avec l'ambassade qui eut lieu, comme on le verra, en 1545. Cette excursion hardie et aventureuse pour un ecclésiastique, alors attaché à l'ambassade de l'évêque de Mâcon, dut s'exécuter dans l'intervalle du temps qui se passa depuis le départ de Monluc, le 6 août 1536, après la prise de Castello par Barberousse, jusqu'à son retour, vers les mois de mars ou d'avril 1537.

me porta vers Modon, et venuz près dudit lieu, entendy l'armée estre
partie trois jours avant, et incontinent retournay vers la Pouille pour
le trouver. Le jour mesme survint si grant fortune que feusmes trans-
portez en Barbarie à un lieu nommé Calibie. De là trouvay moyen
me faire apporter à le Gerbe, où je trouvay une galère qui me porta
incontinent vers l'armée, et la trouvay le premier jour de septembre
revenant de la Pouille. Barberousse, après m'avoir ouy parler, tint
conseil s'il debvoit retourner, et, voyant qu'il n'avoit que trente-six
voyles, me prya l'excuser vers le roy et venir à Constantinople pour
veoir les appareilz pour l'année qui vient; ce que luy accorday pour
faire le service entier. Par tout le chemin il m'a traicté tant honnorablement qu'il n'est possible de plus, avec plusieurs propoz, et bien
souvent en allant ay veu à Galipoli septante-cinq gualères; à Gamar,
en Asie, trente-cinq; plus en là, vingt-cinq; en Constantinople, cent et
vingt; en la mer Majour en sont cent soixante et en autres divers lieux.
M. de La Forest me commanda retourner par mer; si je eusse de quoy
user de ma liberté, je feusse venu par terre. Trois mois à mer feuz
myz en nue nef, laquelle, après avoir esté agitée ne sçay quant jours
de cruelles fortunes, s'est venue rompre près de Raguze sans touttesfoiz perdre personne. De là suys venu à Ancône et Rome pour ne
donner suspition au pape, et pour ceste mesme raison, monseigneur
le cardinal de Mascon ne a voulu me envoyer à la court et a voulu
actendre quelques jours; cependant m'a commandé escripre à vostre
révérendissime seigneurie cecy.

Monseigneur, depuis mon retour suis esté très-bien receu de nostre
St-Père; il n'a onc voulu m'interroger en secret, mais tout en présence
de cinquante personnes. Je luy ay respondu en sorte que les impériaulx eussent voulu que je feusse encore en Turquie. Entre les autres
choses, il m'a demandé qui estoit plus craint par delà, l'empereur ou
le roy; je diz le roy, pour la noblesse de son règne et sa vertu, et
richesses et obéissances, et antiques victoires que ont eues les François sur les infidèles; de sorte que encores en Grèce et Asie tous
crestiens sont appelez Francz, et qu'il n'avoit esté jamais mémoire que

Espaignolz eussent persécutez les infidèles. Le pape me respondit que tout ce avoit lieu anciennement, mais que depuis la prinse du roy estoit le contraire, actendu que l'empereur avoit prins le roy et ruiné Rome. Je luy respondiz qu'ilz estoient bien informez que l'empereur estoit en son lict au temps de la prinse de Rome et de la fortune du roy, et que tout fut par ung François, et que si auparavant l'avoient en quelque oppinion, ceste année l'avoient perdue d'avoir faict l'emprinse de France à sa grant honte, jusques à faire empoysonner monsieur le Dauphin; qu'ilz estiment acte si malheureulx que cela leur sert pour argument de penser nostre foy meschante [1]. Et par ce, monseigneur, qu'il vous seroit trop de fascherie d'entendre tout le discours qui est trop long, je le réserve au temps qu'il vous plaira l'entendre de moy-mesme, ensemble de l'appareil que j'ay veu, comme il est contenu en une lectre que j'ay apportée de Barberousse. Quant aux appareilz de la Velonne, je n'ay riens veu de faict encores; vray est que la matière estoit preste et les maistres venuz pour faire les palendres pour passer les chevaulx, et avoit-on apporté mil trois cens soixante charges de munition d'artillerie.

EXTRAITS DE LA CORRESPONDANCE DE ROME ET DE VENISE.

PRÉPARATIFS DES ÉTATS D'ITALIE POUR RÉSISTER À L'INVASION DES TURCS. — MOUVEMENTS DE LA DIPLOMATIE FRANÇAISE AU MILIEU DE CES ÉVÉNEMENTS. — APPARITION DE LA FLOTTE OTTOMANE SUR LES CÔTES DE LA POUILLE. — PRISE DE CASTRO PAR LES TURCS. — AGRESSION DES TURCS CONTRE VENISE. — SIÉGE DE CORFOU. — ARRIVÉE DE LA FLOTTE FRANÇAISE. — ENTREVUE DU BARON DE SAINT-BLANCARD ET DE SOLIMAN II.

Rome, 24 mai 1537.

Monseigneur, vous aurez entendu, avant la réception des présentes, les nouvelles qui sont venues de Levant touchant l'armée du Turcq, par ce que monseigneur de Roudez en a peu escripré de ce qu'il en avoit vu de La Forest. Je vous envoye une liste du nombre des vais-

Lettre de l'évêque de Mâcon à M. de Montmorency.

---

[1] La mort du dauphin donna lieu à une accusation d'empoisonnement à laquelle François Ier se prêta pour noircir Charles-Quint. Voyez à ce sujet le mémoire justificatif de Granvelle. (*Papiers d'état de Granvelle*, t. II, p. 500.)

seaux que l'on dict debvoir estre en ladicte armée, de laquelle tout ce pays, et mesme ceste court, est en une merveilleuse peur. Nostre sainct-père donne le meilleur ordre qu'il peult à la fortification de ses portz et lieux maritimes, et faict chascun jour icy et ailleurs sonner le tabourin pour lever gens, tant pour armer ses gallères que la munition et deffence de ceste ville.....

Rome, 20 juin 1537 [1].

Lettres
de l'évêque
de Mâcon
au cardinal
du Bellay.

Depuis mes premières sont venues lectres de Venise du xij[e], par lesquelles s'entend que le mardy précédent passa audict Venise le secrétaire de La Forest venant de Constantinople pour aller en France, par lequel aurez au long entendu en quelz termes sont les affaires turquesques, et s'escript que le vij[e] du passé il estoit party dudit Constantinople, dont les Vénitiens ont lectres par lesquelles ils ont publyé par deçà que ledit jour le Turcq bailloit l'estendart à son beau-frère et le faisoit partir et aller devant avec cent cinquante gallères prestes à

---

[1] A la nouvelle de l'apparition de la flotte turque sur les côtes de la Pouille, Paul III écrivit à Charles-Quint une lettre, en date du 16 juin, pour l'appeler au secours de l'Italie : « Quod semper timuimus, ut tua cum christ[me] rege dissentio in pernitiem totius christianitatis redundatura, id videmus hodie ita propinquum ut fere hostem in foribus habeamus... Nunciis adfertur Turcarum classem contra Apuliæ littora stare in ancoris ; utinamque eo tempore quod tua maj[re] has litteras leget non in Italiam descendisse audiamus ! » Une lettre du collège des cardinaux écrite à la même date, jointe à celle du pape, lui fait un appel semblable dans un danger qu'ils attribuent à la même cause : « Immanis Turcharum tyrannus, occasione pellectus, dum vos in mutuum exitium digladiamini, Italiam totis viribus adorietur. » Charles-Quint répondit à ces deux actes par deux lettres datées de Monçon, le 20 août, où il se justifie d'avoir pu donner lieu pour sa part à l'entreprise des Turcs, et rappelle tout ce qu'il a fait pour la prévenir, non sans accuser le pape d'y avoir lui-même contribué par sa défiance et son obstination. « Nunquam constabit nostra culpa admissum ut Turca fieret audacior, contra cujus vires tam in Hungaria et in Italia quam ad Thunetum, terra marique, soli hactenus præstitimus... Cæterum meminisse deberet B. V. nostris conciliis correspondere distulerit, judicans se parum fidei adhibere his quæ de apparatibus Turcicis nuntiabantur deque conjunctione quam Turcarum tyrannus ab aliquo ex primoribus christianitatis sibi blandiebatur et palam adferebat..... Præterea in concedenda nobis cruciata se difficillimam ostendit, etc. » (*Papiers d'état de Granvelle*, t. II, p. 515-528.)

faire voile, et deux jours après se debvoit embarquer Barberousse et le suyvre avec cent autres et ung monde de fustes et galliottes des corsaires turquesques qui se debvoient joindre à luy : aussi qu'il menoit vingtz nefz dont les dix estoient chargées de munitions et le reste armées; et que le Turcq partiroit le xiij^e pour venir à la Valonne, et mèneroit avec luy ses troys enffans pour les laisser audit lieu, et passer en personne en Italie, avec délibération d'y passer son yver faisant la guerre. Lesdits Vénitiens ont publyé que leursdites lettres contenoient davantaige que ledit Turcq ne toucheroit aux terres du roy ne de ses allicz, et qui lèveroient sa bendière, et Dieu sçait si là dessus les impériaulx espargnent leurs calumnies envers le roy, cryans partout qu'il a confédération avec ledit Turcq, duquel toute cette cour est en merveilleuse peur, et mesmes nostre sainct-père, qui ne laisse néantmoins à asseurer qu'il ne partira de ceste ville, se délibérant la deffendre à son pouvoir, et pour ce faire veult faire lever quinze mil hommes de pied, dont les six seront Suysses, qu'il a envoyés lever, et le reste se fera en ses terres. Il a aussi délibéré de munyr ses portz et y envoyer gens, sçavoir est : à Ancosne troys mil hommes, douze cens à Civita-Vesche, cinq cens à Hostie et troys cens à Terracyne ; et pour le tout souldoyer, oultre les décimes et subsides qu'il a mys tant suz le clergié de l'Italie que la temporalité de l'Église, qui montent troys cens mil escuz, est résoluz mectre suz nostre collége, officiers de ceste court, barons, citoyens et peuple de ceste ville, la somme de deux cens mil escuz. Vous entendrez par ce que M. de Lavaur et moy escripvons communément au roy, comment nostre sainct-père s'est délibéré faire plus grande instance, qu'il ne feist oncques au roy et à l'empereur de venir à la paix, et les pryer à ce que chacun d'eulx envoye près sa saincteté ung personnage d'auctorité ayant mandement et pouvoir suffisant pour conclure ladite paix ; aussi envoyera vers ledit seig^r roy pour implorer son ayde contre ledit Turcq. Le xj^e de ce moys arrivèrent à Naples xxij nefz chargées de sept mil Espaignolz, dont les troys s'envoyeront en Cécille et le reste demourera audit Naples pour la deffence contre l'armée turquesque.

Rome, 2 juillet 1537.

Par lectres de Venise du xvjᵉ du passé s'entend que la seigⁿᵉ dudit
Venise avoit faict un second lieutenant général, et que le xij dudit moys
l'ambassʳ de l'empʳ fut vers icelle seigⁿᵉ et la rechercha de vouloir
conjoindre son armée de mer avec celle de sondit maistre, la requérant en oultre qu'elle voulsist donner en Corfou lieu à ladite armée,
et que le semblable se feroit à la sienne en Calabre. A quoy luy fust
respondu que André Dorye ne pouvoit mieulx faire que de se contenir
sur ce qui estoit à son maistre, et que, quant à elle, elle n'estoit poinct
délibérée de donner occasion d'estre inquiétée, estant en propoz de
retirer dudit Corfou son premier général avec l'armée, et de faire venir
dans le goulfe. Par autres lectres dudit Venise du xixᵉ dudit passé,
s'en accusent de Constantᵖˡᵉ du xvjᵉ et xviijᵉ may, par lesquelles s'entend que Lotfy-Bassa, cappitⁿᵉ général de l'armée du Turcq, partit
dudit Constᵖˡᵉ le xiijᵉ dudit may avec cent soixante gallères, et s'en vint
droit à Gallipoly pour en prandre ung autre nombre qui y estoit, en
délibération de ne se mouvoir du destroict jusques à ce que là fust
arrivé Barberousse, qui estoit demouré à Constᵖˡᵉ pour faire charger
suz soixante groz vaisseaulx artillerye et munitions tant pour terre que
pour mer, et que le partement dudit Barberousse debvoit estre six ou
sept jours après pour venir trouver ledit Lotfy; et, assemblez qu'ilz
seroient, tyrer droict à la Valonne. Le Turcq estoit party le xvijᵉ dudit
may, s'achemynant vers ladite Valonne, où faisoit compte d'arriver environ le premier de ce moys, estimant que son voyage ne seroit que de
cinquante jours, et debvoit fère la monstre de son exercite de terre
en la plaine de Scopy. Il avoit avant son partement envoyé vingt mil
chevaulx et ung bon nombre de genz de pied suz la frontière à Ferdinand, ayant si bien pourveu à celle du Sophy qu'il n'avoit poinct
de doubte de ce costé-là. En la mer Majour se trouvoient trente
gallères prestes que ledit Turcq avoit voulu laisser sur le lieu, et ordonné qu'il s'en feist jusques à cent en ladite mer. Il faisoit aussi venir
de Sorye à la volte de ladite Valonne et de la Pouille soixante grosses

nefz chargées de victuailles pour hommes et chevaulx. L'ambᵉ de la seigⁿⁱᵉ de Venise qui est icy, la vigile de Saint-Pierre receut lectres dudit général de sa seigⁿⁱᵉ escriptes à Corfou du iijᵉ dudit passé, disans que le xxixᵉ may le Turcq estoit party d'Adrianopoly pour continuer son chemyn droict à ladite Vallonne, et qu'il avoit nouvelles certaines que toute l'armée dudit Turcq estoit sortye de Constⁿˡᵉ dès le moys de may. Le cardinal Cornare a aussi escript à son secrétaire qui est icy, que ladite seigⁿⁱᵉ de Venise estoit en une merveilleuse peur de ladite armée turquesque, voire de sorte que les particuliers d'icelle seigⁿⁱᵉ, cognoissans le péril et dangier où ilz pouvoient tumber si le Turcq leur vouloit courir suz, ont librement offert à ladite seigⁿⁱᵉ tout l'argent qu'ilz avoient en leur puissance, en leur baillant seureté, et font de nouveau cinquante gallères, oultre les cens qu'ilz avoient jà prestes. Disent plus lesdites lectres que de la part d'André Dorye a esté dict à icelle seigⁿⁱᵉ qu'il espéroit mectre ensemble cinquante-cinq gallères et quarante-cinq nefz bien armées, offrant les adopérer au service d'icelle seigⁿⁱᵉ, pourveu qu'elle vueille joindre son armée de mer avec la sienne, et, ce faisant, se vante non seulement de résister audit Turcq, ains de deffaire et rompre sadite armée. Dict aussi icelluy Cornare qu'il a esté remonstré à ladite seigⁿⁱᵉ que le Turcq avoit convention avec le roy que tout ce qui se prandroit des pays de l'empʳ seroit sien, et des pays de ladite seigⁿⁱᵉ seroit au roy, voulant par ce moyen faire entendre à ladite seigⁿⁱᵉ que ledit Turcq estoit résolu de luy courir suz à l'instigation du roy[1], et par ce moyen la faciliter à se

---

[1] Un manuscrit de la bibliothèque de Lille qui nous a été signalé par M. Le Glay, archiviste général du département du Nord, porte ce titre, qui semble faire attendre une découverte curieuse : « Copie des lettres envoyées par le roi de France Franchois au Turcq empereur de Grèce, et des alliances qu'ils ont faites ensemble, trouvées par Andréas Dorias ou Anthoine Dorias. » Mais ces prétendues lettres interceptées sont purement d'invention, ainsi que les circonstances du récit qui les accompagne. Le manuscrit où elles se trouvent est lui même une compilation d'un abbé de Cysoing, Anthoine le Karon, zélé impérialiste, comme le prouve tout son livre, où abondent les quolibets, les facéties et les pasquinades à la gloire de Charles-Quint et à la honte du roi de France. Ces inventions, dont les chroniqueurs flamands ne se font

déclarer contre icelluy Turcq, dont elle est recherchée par le pape, qui lui accorde trois décimes. André Dorye passa à Civita-Vesche le xxj⁰ du passé avec xxvj gallères, et s'en va droict à Messine, où jà

pas faute, à ce qu'il paraît, en travestissant les nouvelles relations de la France avec la Turquie, montrent l'irritation qu'en ressentaient ses ennemis et le parti qu'ils cherchaient à en tirer contre François I⁰⁰ dans l'opinion publique, pour se venger du mal que cette alliance leur avait déjà causé. Sous ce rapport, ces pièces, dont nous donnerons quelques extraits, répondent à un côté de l'histoire de cette époque.

« Le Grand-Turcq ayant regardé le contenu de la volunté du roy de France, affin qu'il fust conforté allencontre de l'empereur et de sa forte guerre, vint à demander à l'ambassade franchoise (une note du ms. nomme l'ambassadeur La Forêt) se ainsy estoit, et lui dist : Voiés, seigneurs, je cognois assés que suys son vrai allyez, et que les sermens que avons fais ensemble soient ratilliez en plusieurs lieux comme en la cité de Paris, et ce pèse moy plus de ses affaires que des myennes, car pour le présent n'est pas possible par aulcuns moyens que je le puisse assister. Car j'ay trop d'affaires contre mon ennemis le roy de Perse Sophie. Mais je vous feray vostre despesche pour retourner par devers nostre grand cousin et chier amy le roy de Franche, où sera contenu toute ma volunté. Brief, ledit Grand-Turcq assembla son privé conseil qu'ilz sçavoient les affaires secrètes que il avoit au roy de France, et conclurent ensemble de rescripvre au roy de France tout ce que ledit Turcq avoit volunté de faire, et ledit Turcq commanda à ung gros maistre de sa court et maison de le accompaigner jusques à la personne du roy; auquel groz

maistre il dist ses secretz de bouche. Anthoine Dorias estant advertis de l'alée de ceste ambassade par ceulx de Venise, secrètement, estant au ghuet sur la mer, besongna tellement que il rencontra la navire où ladite ambassade de France et le Sarasin susdit estoit; de laquelle sans grand force en fust le maistre, et ce voiant se mist ladite ambassade et soubmiz à la volunté dudit Anthoine Doria, lui baillant sa bougette en laquelle la lettre que le Turcq envoioit au roy de France estoit. Après, par ledit Dorias, en avoir veu le contenu et estans arrivez en la ville de Gennes, commanda de porter ces lettres à l'empereur et en avoit prins et gardé la copie. »

« A vous, mon grand cousin Franchois, roy de France, salut. J'ay receupt voz lettres par vostre ambassade, laquelle contient que, en observant la seureté et alliance faicte entre nostre majesté impérialle et la vostre, sacheans que l'empereur Charles des crestiens vouloit envoier en Afrieque contre Barbarousse, et que aussi a la volunté de conquester nostre empire de Grèce, et nostre cité métropolitaine de Constantinople assigier; et que, tenant la promesse jurée entre vous et nous, et icelle plusieurs fois ratilliée, à ceste fin de le empeschier, vous a pleut mectre sus une puissante armée pour aller devers Milan, à ceste fin de que le voyage de ce Charles contre nostre majesté fust empeschée et rompue, et craindant son voyage estre faict dedens la cité, il ne vous assaillit de sy grand puissanche avecq ses Allemans. vous me requerrés, de une amour frater-

l'eussent suivy les cinq gallères de nostre sainct-père, ne fust une malladie survenue au conte de Languillare, qui est en grant dangier de sa personne. Ledit Dorye, avant son partement de Gennes, feit faire des enseignes du Roy et du Turcq pour s'en ayder à surprendre ladite armée turquesque.

nelle et cordialle, que pour à ceste fin rebeller que veulle empeschier, par les Espaignes, les Espaignolz à descendre pour assister leur maistre Charles et pareillement aussi d'y envoyer les Neapolitains. Je vous laisse sçavoir que pour maintenant, la promesse que j'ay avecq vous, je le feroie volluntiers, mais je vous dietz par mon Dieu du ciel et par son grant prophète Mahomet, et ses quatres musasis, il n'est pas en moy de l'accomplir, car j'ay pour ce temps trop affaires allencontre du roy de Perse Sophie, et ce vous certifie, car la Barbarossa, mon grand amiral, depuis la destruction et perte que il eult de par Charles, empereur des crestiens, devant la grande cité de Thunes, ne peut résouldre, tant nous faict ledict Sophie de destourbier de tous quartiers, car de deux cens navires et cinquante il avoit en nostre avantaige n'en sont démorée que vingt-cinq. Mais avecq l'ayde de Dieu du ciel, je feray tant que je auerai paix avecq ledict Sophie, se je puis ainsy que j'espère. Se vous povés aussi tant faire avecq l'empereur que de l'appaiser aulcunnement, fust par paix, trefves ou ghuerres, l'an qui vient, je vous feray l'ayde de deux cens mil hommes en la conduicte de Barbarossa, et moy-incismes, se besoing est, je descenderay par la Hongrie en Allemaigne pour les corrigier. A tant, Dieu soit garde de vous, et vous doinct l'accomplissement de vous désirs. Par le tout vostre chier amis, le grand empereur de Turquie et de Constantinople. »

L'empereur, pour prendre sa revanche, envoie plusieurs copies de ces lettres au pape et à d'autres souverains, et le chroniqueur termine son récit par un fait qui donne la mesure de l'authenticité de ceux qu'il raconte : « Le Grand-Turcq estant advertis que ceste ambassade franchoise avoit esté trouvée et prinse sur la mer, et aussi son homme sarrasin, et ce par Anthoine Dorias, ledit Turcq enida enragier du despit que leurs secretz estoient aussi descouvers. Et ainssi que ceste nouvelle lui arriva, il y avoit devant lui une ambassade de Venise, lequel venoit rattiffier leurs trefves faillies, lequel ledit Turcq tua en son ire qu'il avoit, et de une daghue turquoise; lequel l'on traisna hors de la chambre comme une beste morte. »

François Iᵉʳ, honteux de la découverte de ses intelligences, en écrit au pape pour s'excuser en des termes aussi peu vraisemblables que tout le reste : « Père Saint, salut. Je ne veul ny puis nier la rescription que j'ay faict au Grand-Turcq, comme vous avés leutz. Vous estes de long temps advertis que la secte luthérienne règne en la Germanie de telle sorte que c'est grand pitié, lesquelz par leurs folles oppinions ont abbatus moustier et abbaye. Si j'ay demandé l'ayde du Grand-Turcq, qui prendrai-je pour ayde, sinon luy, pour plus grever la secte luthérienne que j'ay cuidée atirer à nous, et l'empereur Charles leur maistre pareillement, lequel les soubstient en leurs folles oppinions, et je quiers corrigier luy

Rome, 6 août 1537.

Lettre
de l'évêque
de Mâcon
à M. de
Montmorency.

Monseigneur, par lettres qui sont ici d'André Dorye, depuis le quinziesme du passé jusques au xxij⁰, s'est entendue la prise qu'il a faict de douze squiraces turquesques à une foys, deux gallères et une galliote à une autre, et la dernière est de douze gallères qui portoient victuailles en l'armée du Turcq; lesquelles douze gallères, encores qu'il en eust troys foys autant, ne prist sans grande difficulté et perte. car les Turcqs combattirent tous jusques à la mort et tuèrent beaucoup des gens dudict Dorye, et des principaulx, mesmes des officiers; et en ce combat, Anthoine Dorye a eu le genoil percé d'une flesche, dont il n'est hors de dangier de mort, et escript qu'en ses cinq gallères seulement y estoient mortz deux cens cinquante, et des principaulx. Brief, lesdictz Dorye avoient receu tel dommage audict conflict, qu'ilz estoient contrainctz se retirer en lieu seur pour se reffreschir, faire guarir leurs blessez et armer de nouveau leursdictes gallères. Il s'est depuis entendu, par lettres de Naples du trentiesme, qu'ilz estoient arrivez à Messine, et contenoient aucunes lettres de ladicte datte, que ladicte dernière prise n'avoit esté que de quatre gallères et ung gallion, et que Barberousse estoit party de la Vallone le vingt-quatriesme pour aller à la queue dudict Dorye, et que troys heures après estoit sorty dudict lieu le reste de l'armée turquesque, qui n'estoit moins de troys cens voiles, sans les gallères dudict Barberousse, qui estoient près de cent. Lesdictes lettres du xxx⁰ contenoient davan-

et tous ses luthériens allemans qui sont pires que Turcqz, car les Turcqz ne prendent aultre loy que la leur pour morir, et les Allemans, qui doibvent estre crestiens, font des choses contre nostre foy. Ce poise moy que cestuy Turcq ne me poelt encoires aydier pour le roy Sophye, son ennemis (souligné dans le ms.), car la promesse du Turcq estoit de faire baptiser soy, son ennemis et toutte sa famille; et ce que je en ay faict, je l'ai voulut faire pour augmenter la religion crestienne, à laquelle je quiers subvenir de mon sens et de toutte ma force. » Le récit se termine ainsi : « Je vous advertis que ceste responce ainsi faicte de par le roy fut preschée parmi le royalme de France, disant que ce qu'il en avoit faict estoit affin d'avoir l'ayde du Grand-Turcq pour mieux extirper et anichiller l'hérésie des mauldictz luthériens. » (Ms. de la bibl. de Lille.)

taige que ladicte armée du Turcq s'estoit depuis veue devant Otrante,
et estoit allée jusques au goulfe de Tharanto, puis estoit retournée
vers Castro pour se reffreschir, et pour lors n'y avoit faict autre effort
que d'y tirer quelques coups de canon; mais il s'est dict depuis, par
lettres de Naples du deuxiesme de ce moys, que ledict Castro s'estoit
rendu par composition à ung forussiz du royaume[1] qui estoit avec les
Turcqs, et que lesdictz Turcqs ont pris terre au nombre de trente
mil hommes de pied et quatre mil chevaulx, et sont entrez dans
ledict Castro, où ilz n'ont faict aucun dommaige ne violence. Les
impériaulx ont depuis faict courir bruit que à Messine estoient jointes
avec André Dorye cinquante caravelles de Portugal, et ung grant
gallion où estoit l'infant. Toutesfoiz, il n'est pas certain. Le vi-roy
partit de Naples le vingt-huictiesme dudict passé avec six ou sept mil
hommes de pied, et le plus de chevaulx qu'il a peu mettre ensemble,
et leur a faict prandre le chemin de Brondisy, estimant que le Turcq
y doibve faire son plus grant effort, pour n'estre le port dudict lieu
bien fortiffié, qui faict doubter qu'il soit pour estre pris. Et si ainsi
advient, ledit Turcq est pour passer en personne en la Pouille et y
yverner, ainsi comme ont rapporté quelques prisonniers chrestiens
eschapez desdictz Turcqz. Ces jours-cy est passé par ceste ville ung
courrier dépesché par les Gennevoys à André Dorye, lequel ilz advertissent de l'armée de mer que le roy faict préparer à Marseille, pour
luy aller donner à la queue, ou faire quelque entreprise sur leur
ville, et que à ceste cause il soit suz ses gardes et s'en retourne le
plus tost qu'il pourra.

Rome, 10 août 1537.

Monseigneur, depuis mes premières sont venues lectres de Naples du
iijᵉ de ce moys, confirmans la prise de Castro et descente audit lieu
de dix mil hommes de pied et deux mil chevaulx turcqs, et que l'armée
de mer en estoit allé quérir d'autres, et que cependant les dessus-

Lettre
de l'évêque
de Mâcon
au cardinal
du Bellay.

---

[1] Forussiz, de l'italien *foruscito*, émi-
gré, mot employé déjà plusieurs fois pour
désigner les exilés napolitains. Voir ci-
dessus, p. 189.

dits s'achemynoient vers Otrante, qu'ilz espéroient emporter, pource
qu'il est mal garny et ceulx qui sont dedans mal contentz. Lesdites
lectres disent aussi que le royaume estoit en grant dangier, d'autant
que le vice-roy estoit mal obéy des barons et gentilzhommes, lesquelz
ne le vouloient suyvre, et avoit esté contrainct de protester à l'encontre
d'eulx, disant qu'il viendroit le temps que l'emp' se pourroit venger
de l'injure qu'ilz faisoient à Dieu et à luy. Contiennent plus que André
Dorye s'actendoit audit Naples pour y reffreschir ses gallères, d'autant
qu'il n'estoit asseuré au port de Messine, ains craignoit que Barberousse l'allast chercher jusques-là. Les impériaulx ont publyé unes
lectres du marquis de la Tripalde, lesquelles ilz ont faicts imprimer,
que je vous envoye, et sur ceste publication ont faict grande instance
à nostre sainct-père d'envoyer vers la seig^rie de Venise pour se déclarer
entièrement contre le Turcq et fère ligue avecques elle et ledit emp'
contre luy : et est sadite saincteté intimidée de ladite prise de Castro,
de sorte qu'elle a envoyé vers ladite seig^rie à ceste fin ung advocat
consistorial, vous advisant que le jour que lesdites lectres furent publyées, l'ambass' de l'emp', accompagné de icelluy de ladite seigneurie
et de ceulx du ducz de Ferrare et d'Urbin, feirent leurs monstres par
toute ceste ville ; et le faisoit celluy dudit emp' pour donner à entendre la roupture de ladite seign^rie contre ledit Turcq. Toutesfoiz les
gens de bon jugement sont d'oppinion que ladite seig^rie n'est pour venir
à ladite roupture, eu esgard aux groz intérestz qu'elle y auroit. Bien
seroit à craindre que l'emp' pour l'induyre à ceste fin, voyant le
royaume de Naples au dangier qu'il est, fust pour luy offrir le duché
de Milan. Il y a lectres d'Espaigne du xxj du passé qui portent que
l'emp' continuoit à demander au marquis de Guast qu'il luy envoyast
cinq mil lansquenetz et deux mil Espaignolz, et que jà avoit faict deux
mil hommes d'armes et mil genetz ; et publyent les impériaulx que
c'est pour deffendre la coste d'Espaigne, craignant que Barberousse y
vint descendre avec partie de l'armée dudit Turcq. Mais il est à craindre
qu'il vueille plustost faire entreprinse à Narbonne, par quoy seroit
bien nécessaire d'y pourveoir de bonne heure.

Rome, 28 septembre 1537.

Monseigneur, dimanche dernier fut dicte messe papale pour remer- Lettre
de l'évêque
de Mâcon
à M. de
Montmorency.
cier Dieu de la ligue faicte entre le pape, l'empereur et les Vénitiens
contre le Turcq; et ainsy que l'on sortoit de la messe fut publyé qu'il
estoit venu ung courrier dépesché par le vi-roy de Naples à Leschic,
le dix-huictiesme de cedict moys, apportant lettres qui contiennent
que ledict jour estoit arrivé à Otranto une frégatte vénitienne venue
de Corfou, qui avoit dict que le Turcq, après avoir donné, le dou-
ziesme, deux gros assaulx à la forteresse dudict Corfou, et ayant esté
vifvement reboutté, avoit commencé à faire rembarquer son artillerye, de sorte que le quatorziesme elle estoit dans les gallères, ensemble
tous ses gens, et n'attendoit que bon vent pour faire voile. Depuis
n'en sont venues autres nouvelles audict vi-roy, qui faict présumer
qu'elles ne sont véritables, pour n'estre aussi vraysemblable, d'autant
qu'il n'y avoit force ne puissance qui contrariast ledict Turcq audict
lieu, et mesme qu'il ne pouvoit lors estre averty de ladicte ligue, car
encores n'estoit-elle pas conclue. S'il en survient quelque autre chose
devant le partement de ce courrier, je ne fauldray vous en advertir.
L'ambassadeur vénitien qui est icy n'a failly d'advertyr sa seigneurie
desdictes nouvelles, luy mandant qu'elle pouvoit désarmer pour cet
yver, et de faict sur icelles ledict sainct-père a faict donner congié à
ses soldatz. Il y a lettres de Venise du dix-neufiesme, disans que la seigneurye armoit ung gallion que luy avoient, longtemps a, donné ceulx
de la maison de Cornaro, délibérée mettre suz force munitions, et
deux cens hommes, ausquelz elle promet donner gros loyer et récompense, pour se hazarder d'entrer en la forteresse dudit Corfou, et la
secourir; c'est assavoir à ceulx qui y entreront biens stables pour eulx
et leurs héritiers à perpétuité, et aux héritiers de ceulx qui mourront
en ceste entreprise faire le semblable. Et disent lesdictes lettres que
pour deux cens hommes que demande ladicte seigneurie il s'en estoit
faict enroller plus de troys mil. André Dorye, comme je vous ay
escript, n'ayant voulu accepter la charge pour aller secourir ledict

43.

Corfou, affin de n'en estre pressé du pape et des ambassadeurs impérial et vénitien, ne voulut toucher à Civita-Vesche, ainsi prist la haute mer, où il a eu grosse tempeste, de sorte que le vent l'a rapporté à Gayette, dont il partit le vingt-uniesme pour tirer à Gennes...

... L'ambassadeur de Venise a eu lettres du gouverneur de la forteresse de Corfou du seiziesme, qui confirment la retraicte du Turcq, et qu'il se retiroit à Constantinople, ayant laissé Barberousse avec cent gallères vers la Sapience pour la garde des passaiges, et que ladicte retraicte estoit causée suz ung différent qui avoit esté entre Aiax-Bassa et ledict Barberousse, et aussi que toute l'armée estoit pleine de pestilence, et qu'il en estoit mort ung grant nombre. Que à l'embarquer ledict gouverneur avoit faict prandre deux esclaves, qui avoient déposé que La Forest estoit mort, et que noz gallères estoient arrivées devers le Turcq, mais qu'ilz en avoient perdu une, et ung brigantin, pour la tempeste qu'ilz avoient eue. Que ledict Turcq avoit faict présent à tous nos cappitaines de casaques de velours, et leur avoit faict faire voile avec son armée audict Constantinople, et que le Turcq avoit trouvé le baron de Saint-Blancart ung terrible homme, d'autant qu'il ne vouloit bien obéyr à tout ce que ses cappitaines luy demandoient.

JOURNAL DE LA CROISIÈRE DU BARON DE SANIT-BLANCARD [1].

(Copie. — B. R. ms. 12528.)

PREMIÈRE PARTIE.

La flotte française à la côte de Barbarie. — Sa jonction près de Patras avec la flotte turque. — Conférence du baron de Saint-Blancard et de Marillac avec le grand-vizir Ayaz-Pacha et Barberousse. — Réception des envoyés français par le sultan. — Levée du siége de Corfou et départ du sultan, suivi de Marillac.

Le quinziesme jour d'aoust mil cinq cens trente-sept, l'armée desploya la voile au vent des isles de Marseilles, passa à Tholon et isles

---

[1] L'expédition du baron de Saint-Blancard, pendant les années 1537 et 1538, montra pour la première fois une flotte française alliée des Turcs sur les points où

d'Or, du costé de levant nommé le Titoul, s'engouffra au gouffre du Fer, passant en vue des montaignes de l'isle de Corce à main gauche. Arriva et surgist l'ancre à l'isle Sainct-Pierre de l'isle de Sardeigne; du costé de ponant, print de l'eau dans le sablon du bort de la mer. De là à la voile, passa les islotz de Toro, Veau et Vache, et planta l'ancre à l'isle de Zimbe, inhabitée, pour une nuict, où se sentit ung vent de mydy aussi chault comme s'il sortist ou passast par ung grand feu flambant. Lendemain arrivez au cap Bon de Barbarie, vindrent à la marine aucuns Mores à cheval portant zagaies pour entendre quelle armée c'estoit. Leur feut respondu, d'Espaignolz, dont monstrèrent avoir joie. Mais après qu'ilz eurent veu aucuns des nostres qui descendirent au bort de la mer, acoustrez à la françoyse, et notamment ung qui portoit sus les acoustremens françoys ungs brodequins et ung bonnet de Turc, avoit la barbe faite et les moustasses longs, le voulurent frapper et se retirèrent sans plus se vouloir fier de nous. Peu après vint ung More tout nud sus la gallère portant des cailles qu'il

ils faisaient alors eux-mêmes la guerre, à la côte de Barbarie, en Grèce, dans l'Archipel et jusqu'à Constantinople. Cette expédition a donné lieu à une relation intéressante composée par Jean de Véga, et qui forme une des plus anciennes descriptions que l'on possède sur le Levant : les détails qu'elle fournit en particulier sur les entrevues du baron de Sainct-Blancard avec Barberousse et Soliman II en font un document essentiel pour la mission de Marillac, en l'absence de tout autre. Cette relation commence par une dédicace de l'auteur à François Iᵉʳ :

« Vostre lettre, sire, par laquelle vous pleust me commander d'accompaigner le baron de Sainct-Blancard, vostre maistre d'hostel ordinaire, capitaine général de vostre armée de mer, de treize gallères, une fuste, deux brigantins, au voyage de Levant; le cas inopiné survenu de faire et passer l'yver ès terres et pays de Grèce, Turquie, ès mers Yonye, Aegæe, Hélesponte, Propontide, ont esté occasion que par oculaire intelligence ay conceu certaine congnoissance d'icelles, laquelle m'a donné cœur, mectant par escript ledit voyage, vous démonstrer d'iceulx l'assiette et discours, l'estat et court de Solynam, unziesme grand seigneur des Turcz, descendant par droicte lignée d'Ottoman iceluy comprins. Ayant seul esgard à la vérité que entendz escripre, qui sera le seul ornement, sans avoir confiance aucune d'éloquence, parolles exquises, ornemens, suasions ou aultre art d'orateur que, si requis estoit, mon vouloir seroit de ce faire déprimé, si de la clarté d'icelle n'estoit conforté, etc. — JEHAN DE VÉGA. »

présenta au baron, qui luy feist donner ung gergault de drap rouge,
ung bonnet, une berne rouge, une chemise et deux escuz. Veuz noz
accoustremens et les escuz, dist : Vous estes Françoys, non Espaignolz.
Et landemain le trouvasmes à Mahumete, ville tenue soubz la dévotion
de Barberousse par aulcuns Turcz y estans en garnison, avec faveur
d'une part des Mores, manans et habitans d'icelle. Et est à noter que
icelle partie de Barbarie est du royaulme de Tunys, et les Mores sont
en division : les ungs tiennent et vouldroient Barberousse pour roy,
les aultres le roy de Tunys; ceulx-cy désirent et ayment les Espaignolz, les aultres les Françoys. Eue responce par la fuste qui fut là
envoyée qu'ilz estoient à Barberousse, et nous donneroient de l'eau et
vivres pour argent, vinsmes au port, saluasmes le chasteau d'artillerie
et luy : nous vindrent en gallère les Turcz et quelques Mores portans
présent de pain et fruictz, offrant tout ce qu'ilz avoient au baron et
son commandement. A celluy qui porta le présent, le baron feist
bailler douze escuz, remercia fort les Turcz et Mores, qui luy dirent
que pour grand chose n'eussent voulu qu'il ne feust venu, car tous
les jours estoient assailliz des Arabes favorisans le roy de Tunys, mais
pour sa venue les Mores qui tenoient le party de Barberousse prindrent plus grand cœur, les contraires grand crainte, et le prièrent vouloir tirer ung coup de canon à certains Alarbes à cheval qui estoient
là en une plaine venuz pour les escarmoucher. Et le baron en feist
tirer deux, et les Alarbes à fuyte, courant comme cerfz par les montaignes, ceulx de Mahumette faisoient sonner leur longue trompette,
cornetz et timballes, menant grant joye. Et puys vindrent demander
de la pouldre, disans qu'ilz en avoient faulte, et le baron leur en
donna. Prinse de l'eaue, alasmes passer devant Susse, qu'est en semblable dévotion, et surgismes l'ancre au Monastier, aussy en telle dévotion, sur ung petit mont quasi isle devant le port. Grand quantité
de Mores et Turcz, partie à cheval et partie à pied avec les enseignes
turquesques; à l'entrée du port saluasmes, dressans voz bandières,
sire : nous saluèrent aussi à force d'escopeterie qu'ilz portoient, de
courreries et volteries de chevaulx, et ainsy feirent jusques à la ville.

Le baron envoya Dimittre parler au capitaine de la place, qui le receut joyeusement et offrit que tout estoit au commandement du baron, envoya présent pain, moutons, beufz et fruictz au baron, qui
feist donner au porteur douze escuz, deux bernes rouges; puis ledict
capitaine vint accompaigné de Turcz et Mores sur la gallère, feist la
révérence au baron, le recongneust pour l'avoir veu à Argier. Le baron
le remercya de son présent, et luy le baron de sa venue et visitation,
qu'il luy portoit grand faveur envers les Mores tenans le party de Barberousse, et craincte aux aultres et aux Alarbes qui tous les jours les
venoient escarmucher, et ilz estoient peu de Turcz; le pria qu'il luy
voulsist donner de la pouldre et qu'ilz en avoient nécessité. Le baron
luy en bailla, ce qu'ilz eurent merveilleusement aggréable; et ne fail-
lirent point l'escripre à Barberousse par ung Turc qui de là vint sus
les galères. Ce que ledit Barberousse en sceut merveilleusement bon
grey au baron.

De là prismes nostre chemin, mais à cause du temps qui se dressa
contraire, surgismes l'ancre à une isle pleine, loing du Monastier quinze
mille, et demourasmes deux jours ce tandis en icelle nommée les Con-
nilliers à cause de la grande quantité de congnins; descendismes aucuns et chassasmes, prinsmes beaucoup de congnins, qui se prenoient
à course d'homme et à coup de bastons. De là partismes le vingt-neu-
viesme dudit moys, passâmes entre les isles dictes Lampadoze du costé
dextre et Malte du senestre. Nous engouffrasmes au gouffre de Venise
avec bon temps à voile qui dura trois ou quattre jours. Puys nous print
ung mauvais grant vent qui nous feist courir et feist parfondir une
des frégates, esgara une galère qui alla à la Velone. Ce jour et nuict
passé vijᵉ de septembre, descouvrismes la montaigne très haulte de l'isle
Cephelonye et ung peu après l'isle de Zante. Après, l'isle de Saincte-
Maure, où surgismes, eusmes des habitans nouvelles que le grand-seigneur des Turcz faisoit la guerre contre Vénitiens. De là veismes à
Maure, terre ferme au devant ladite isle de Saincte-Maure, dicte Eucadea, qu'est en la province de Almenie. Et le long de ceste coste de
mer Yonye est le royaulme de Macédoine commençant à Albanye,

venant le long de la coste de la mer Yonie; après Albanye Tanlatre Elimiote, après le Epire, qui contient Chaonie thespiote, ayant au devant l'isle de Corfou; après ladite Almenye, ayant au devant ladite isle Eucadea et après la Acarnania, et en suyvant dicte coste est la Achaïe, contenant les provinces de Amphilotie, Elotie, Locres, qui est au devant de l'estroict de la mer ou syne de Corinthe, et le long de ladicte mer la Phocide jusques audict Corinthe dudict destroit. Dehors est le gouffre de Patras, dont se voyent les isles de Céphalonie et celles que Vergille nomme au tiers livre. De là, le baron envoya Dimitre à ung chasteau deux lieues loing, qui revint lendemain et si amena avec luy des Turcz à cheval, qui vindrent dire au baron qu'il allast au port de Prevèse le long de ladicte coste, et allasmes. Entrasmes dans le port par ung canal où l'eau court dehors à la mer : du costé dextre estoit mer ayant peu de fons; de l'autre, à cent pas, une forteresse bien munye de bien beaucoup de canons pour prohiber l'entrée. Et de faict l'on n'y pourroit entrer sans le vouloir du chasteau : ledict chasteau se pourroit bien prendre par devers la terre, mais ne seroit pas sans grand peine. Il a du costé de terre, à ung gect d'arc, la terre plus haulte que le chasteau et vient en descendant vers icelluy. Le port est grand et beau, long dans terre trente mille, est faict, dedens à hault, à canalz comme rivières: y entre une rivière; à ceste cause y a beaucoup de pescheries, lesquelles sont acensées de par le grand-seigneur. Dedens icelluy trouvasmes beaucoup nefz et navires chargées de biscuyt et aultres vivres pour le camp et armée dudict grand-seigneur. Y avoit certaines fustes armées et ung capitaine turc vestu de peau de loup, le poil dehors et le bonnet aussy (se nommoit Picocin, pource que toujours le portoit à la main, ou à la sainctureune hachette que en ceste langue appellent picocin), lequel vint parler au baron et luy dist où estoit le grand-seigneur et son armée.

Le baron envoya Dimittre au sanjacques, qui vault autant à dire comme gouverneur du pays, qui estoit au chasteau, qui semblablement dist où estoit ledict grand-seigneur, son armée et camp; Marillac print là des chevaulx, et avec ung Turc alla par terre au camp. Ledict

capitaine de la fuste vint offrir au baron le mener et conduire audict
camp. Despartiz de là le ixᵉ jour dudict moys, arrivasmes à une petite
isle, et de là lendemain où estoit le camp. Ce capitaine turc tousjours
nous acompaigna, et nous vindrent au devant Morat-Aga, lieutenant
de Barberousse, avec environ cent galères et ung aultre capitaine menant la galère du grand-seigneur, très belle, bien faicte, dorée et
paincte, et de boys de figuier pour estre plus légère, avec une aultre
trope de galères. Nous entrés, saluasmes à toute l'artillerie tirant
bollet, car c'est leur mode, dressant voz bandières, sire, et eulx celles
du grand-seigneur, et sonnant leurs trompettes, tabourins et grandz
timballes; et nous aussy trompettes, tabourins à Suisse, hauboys et
saquebus. Allasmes surgir l'ancre auprès devant le camp du grand-seigneur, qui, de son pavillon, pouvoit bien veoir. Estoit assis sus ung
petit mont rond, ayant du costé de ponant une haulte montaigne, de
l'aultre costé ung aultre semblable petit mont rond où estoit le pavillon
de Aiax-Bassa, qui aussy avoit une grand montaigne à l'aultre costé et
tout autour grand quantité de pavillons. Ces montz et montaignes estoient sur la mer dedens terre, alloit par une valée que alloit bien vingt
mille, où estoit tout le camp au long d'une rivière qui venoit entrer en
mer au devant l'isle de Corfo du costé de Casope, où fust bruslée une
petite ville que encore veismes que brusloit. Le baron, acompaigné des
capitaines, plusieurs gentilzhommes notables gens, monta sur son
esquif et dens aultre esquif douze hommes vestuz de voz couleurs, sire,
ensemble l'argosin réal, portans chascun son pertisanon doré et beau :
à ung aultre, les haulxboys et saquebus : toutes les trompettes sonné-
rent et lesdicts haultzboys. Vint à terre, et sus de beaux chevaulx que
lui envoya Aiax-Bassa, monta luy, les capitaines, Marillac et gentilzhommes, menans lesdicts douze pertizanons et argosin réal au devant
pour sa garde. Monta audict pavillon de Aiax-Bassa et passasmes par
les esclaves, qui estoient bien deux cens à renc autour ledict pavillon,
vestuz de jubes de drap la plus part rouges, dessoubz dolomans jusques à la cheville longs, les aucuns de drap, les aultres de drap de
soye : chascun portoit sa cymeterre saincte, son poignart en forme de

cousteau, une hachette aussy à la ceinture, tenans arcqs ou chopetz;
sur la teste avoient les coiffes d'or traict et sur la coiffe chapperon long
de feustre rouge, comme après cy sera dit. Après passâmes ung autre
ranc, aussi rond autour dudit pavillon, de bien deux cens Turcz, bien
accoustrés, dessus joubes nommées caffetam de soye, velours, satin
escarlate rouge et violete, dessoubz dolomans long jusques à la cheville, de satins ou velours broché et figuré d'or à fleurs ou ramaiges,
chacun sa cymeterre au costé garnie d'argent blanc ou doré, semblablement la saincture et son grand turbant sus la teste. Nous mirent
au meillieu; le baron entra au pavillon dudit Aiax-Bassa avec le drogomant, et Marillac salua ledit bassa le bonnet au poing. Le bassa,
qui estoit tout droict, presque au meilleu du pavillon, le salua baissant
la teste ung peu, mectant la main à sa poictrine, puis sa bouche et
après au front; parlèrent ung peu ensemble, puis s'assist en ung petit
et bas siége et feist asseoir le baron à ung semblable devant luy et
parlèrent environ demye heure; et tandis aulcuns desdits Turcz que
savoient le franc nous parloient bas qui ne se povoit oyr aulcun bruyt,
et tandis regardions lesdicts bassas, baron parlant par drogomant, mais
pour estre ung peu loing ne s'entendit ce qu'ilz disoient; pouvyons
veoir parce que ledict pavillon avoit les costez de l'entrée haussez tant
hault que dedans se voyoit tout. Achevé ledict parler, le baron print
congé et bénignement laissé, s'en vint. Montasmes tous à cheval, tournasmes au bort de la mer; descenduz de cheval, montasmes en gallère.

Lendemain, Janus-Bey, grand drogomand, bien monté de troys ou
quatre chevaulx, vint au bort de la mer; furent là amenez beaucoup
de beaulx bien enharnachez chevaulx : mandé au baron qui vint
parler au grant-seigneur, descendist à terre à la propre sorte qu'il
avoit faict l'aultre foys, mais laissa les argousins et sa garde dedens
l'esquif là actendans; les haultzboys aussy laissa, monta à cheval, et
tous les capitaines et gentilzhommes et Marillac montasmes le petit
mont à cheval jusques à ung pavillon qui estoit ouvert par deux costez : là demourasmes tous, exceptez le baron, Marillac et drogomant,

qui furent menez ung peu plus hault à ung aultre pavillon, aussi ouvert
des deux costez, où estoit Aiax, Lutuf, Mostafa et Caradin, qui est
Barberousse, bassas, le cadix-de-lesquier, qui est ung sçavant homme
en philosophie et leur loy mahumétane, qui juge, et les bassas la
pluspart en matière de justice suyvent son advis. Ledict pavillon
est nommé la Porte, où se tient par eulx le conseil, s'expédient les
négoces de guerre et justice; tant vault dire Porte comme lieu où se
tient conseil, audience et faict justice. Le baron, le bonnet au poing,
les salua; eulx droictz, saluèrent le baron, inclinant ung peu le chef,
mectant la main à la poitrine, puys à la bouche et au front. Après
quelque peu de parolles feust baillé au baron ung petit siége bas à ung
pied de terre, carré, couvert de tappis velute, pareillement à chacun
desdicts bassas, qui s'assirent de ranc, et, ung peu séparé, ung au cadix
de-lesquier qui s'assist aussy. S'assist le baron devant eulx; les drogomant et Marillac demourèrent debout, parlèrent beaucoup, car nous
qui estions tous à l'aultre pavillon plus bas le voyons, et derrière
ledict pavillon, qui aussi estoit ouvert, voyons l'alée jusques au pavillon du grand-seigneur, qui estoit ung peu plus au hault, sur le rond
dudict petit mont, qui avoit tout autour une muraille de toille paincte
à massonnerie, comme si c'estoit une ville : avoit à l'entrée une porte,
quatre pavillons rondz à forme de petites tours, à chacun estoit joignant une lance plus haulte que iceulx pavillons, ayant au bout une
grande poignée de poil comme la queue d'ung cheval et dessus une
pomme d'or. Dedens le circuit dudict pavillon et muraille, plusieurs
pavillons, de longs, de rondz et d'alées dehors autour de la muraille,
ce que povyons veoir; y avoit bien troys mille janizaires estans tous
droictz debout à beau ranc, l'ung joignant l'aultre, vestuz de robbe
dessus jobe, la pluspart de drap rouge, violet, bleu turquin et aussi
d'aultres couleurs et de blancz, dessoubz de dolomans jusques à la
cheville, et d'autres peu plus hault, de drap ou de soye trapointée ou
figurée, chacun sa cymeterre à la saincture, le petit poignart faict en
forme de cousteau long, la petite hachette à la ceincture, partie d'eulx
tenans arcz ou chopetz longs comme hacquebutes. Aultres haches

faictes en forme de hallebarde ronde, ayant le haste de hault de l'homme, acoustrés sur la teste d'une coiffe d'or traict, haulte ung tour, et ronde, et dessus icelle coiffe, ung chaperon aussi rond de mesme grandeur, hault ung bon pied, de feltre blanc dessus, descend une queue dudit feltre jusques au col, large d'ung tour, tout plein comme les queues de chapperons de velours des dames de France; au bout de la coiffe d'or, droict du front, a ung petit fourreau d'argent doré, aulcuns semez de pierres précieuses; dedens icelluy planté ung penage de plumes d'aigrette. Entre yceulx y avoit quelc'uns du mesme accoustrement, mais avoient la robe ung peu plus courte et le chapperon sans coeffe d'or, tout de feltre blanc, pointu, tenans arcz à la main. Ceulx-cy sont des douze mille que le grand-seigneur tient perpétuellement à la ville et au camp à la garde de sa personne, qui sortent des enfans qu'il prent de l'aage de sept ou huyt ans ès pays de Grèce, Albanye, Sclaonie, Servie, du tribut; les faict nourrir en ses sarallez, partie par la Natolie ès mains des Turcz, enseigner de lettres, d'armes et de mestier servant à la guerre; puys, ceulx qui sortent bons et vaillans, les mect audit nombre au lieu de ceulx qui meurent journellemens, ou que par leurs vertuz et vaillances mect au nombre des mille hufages, gens à cheval de la garde aussi de sa personne. Autour dudit pavillon de la Porte, et de l'aultre où nous estions, avoit environ troys ou quattre cens esclaves des bassas estans en semblable ranc, vestuz et accoustrez comme lesdicts janizaires, excepté que le feltre du chapperon est rouge et de janizaires blanc, et portent semblable harnoys excepté la hachette ayant haste, bien portent la hachette et pennaches comme les aultres : aussi, quant ilz font quelque bon et vertueux faict, le grand-seigneur les mect plus hault au nombre desdictz mille ulufages à cheval : deçà et delà de l'alée du pavillon où nous estions, allant à la porte, de la porte au pavillon du grand-seigneur avoit ung grand nombre de Turcz tout de ranc que l'ung ne passoit l'aultre, vestuz de velours, satin, damas escarlate, rouge ou violette, dessoubz beaux dolomans de velours ou aultre drap de soye figurée et à ramaiges d'or, les turbans sur la teste, le cymeterre et ceincture où pend tout garny d'argent et la pluspart doré.

Après que les bassas et baron eurent assez parlé, leur fust apporté le disner, dressé les tables devant eulx comme ilz estoient assis sus de semblables siéges bas, mais plus larges, les bassas ensemble, le baron seul et le cadix-de-lesquier seul; semblablement à nous fust apporté le disner, mis premièrement une longue nape de cuyr painct sur ung tappis à terre, avecques quelques siéges bas qu'ils nous donnèrent à aulcuns, les aultres à genoux : disnasmes. Après le disner furent envoyez quérir à la Porte les capitaines Magdalon, le filz du baron, Villiers et Pierre Bon : et de là les bassas, baron et eulx allèrent au pavillon du grand-seigneur. Entrez audict, tous entrèrent à ung pavillon où, comme le baron m'a puys dict, estoit ledict seigneur, seul assis sus ung siége large, capable pour deux et plus, faict de lames d'or battu, semé de pierres précieuses, bien enrichi; le ciel du pavillon faict de canes ouvraigé par grand artifice, tissu, painct de variés diverses couleurs entredorées : au costé dudict pavillon avoit une porte fermée, couverte d'or, faicte et ouvrée à fuillages, semée de turquoises, rubiz et pierres précieuses. Après les bassas, entra le baron, le bonnet à la main : troys révérences, une à l'entrée, l'aultre après, l'aultre auprès dudict seigneur, qui baissa inclinant ung peu la teste : luy baiza la main, puys se retira arrière, reculant, tousjours le visaige devant ledict seigneur. Semblablement lesdictz capitaines, l'ung après l'aultre, mais reculans, sortirent du pavillon; semblablement feist Marillac, qui demoura dedens avec le baron et trogomand. Là fust assez parlé par l'espace de deux heures, puys dudit seigneur avec benyn congé, avec les bassas le baron s'en vint audit pavillon de la Porte, de là au nostre. Après aussy gracieux congé desditz bassas, montasmes à cheval; revenant, regardantz la mer, vismes là devant l'isle de Corfo ung petit gouffre entre le mileu, à la culasse d'icelluy la ville de Corfo, la flambe de l'artillerie dont la battoient autour assez loing de tir de canon beaucoup de galères par ledict gouffre, plusieurs les unes allant, les aultres venant. Retournasmes en gallère; après sus le soir, le grand-seigneur envoya au baron par présent cinq doubles robes de velours et une simple de velours rouge figurez et broschez d'or; desquelles ledict baron en eut deux, une dessoubz, l'aultre dessus, son filz autant, le capitaine Magdalon autant, Villers autant et Pierre Bon autant; Marillac une, et douze pièces de velours figuré versicolore pour de chacune faire une joube pour les gentilzhommes dudict baron. Vingt mille aspres dedans ung sac de cuyr lié, et sus la ligature bucle et séelle, valant cinquante aspres pour escu, qui est quattre centz escuz. Le baron feist donner à l'esclave du grand-seigneur qui apporta ledict présent soixante escuz; par icelluy envoya ledict seigneur dire au baron qu'il luy vînt baiser la main, car s'en vouloit aller avec son camp. Lendemain revint ledict drogomant, beaucoup de chevaulx à la marine : le baron, acompaigné desdictz capitaines, vestuz tous desdictz robbes du présent, et Marillac (les gentilzhommes ne purent estre vestuz, car n'y eust temps de faire les robbes), et accompaigné, descendit de la gallère comme la première foys, monta sus les chevaulx. Allasmes audit pavillon, et pied à terre à l'entrée de la porte, là alla ledit baron, et capitaines s'entre-saluèrent avec les bassas qui estoient là; puys allèrent au pavillon du grand-seigneur, et entrez, baisèrent la main aultre foys. Le baron et Marillac, et drogomant avec les bassas, demourèrent et parlèrent bien deux heures au grand-seigneur; puys, eu bénignement et gracieusement congé, s'en viendrent et tournasmes à la gallère. Puys lendemain, ledict seigneur envoya au baron une bourse de drap d'or longue, lyée, sellée et bullée à leur mode, et dedens avoit une lettre pour porter à vous, sire.

Ainsy eu le congé, non ayant aucune nouvelle de la galere esgarée et chevallier d'Eaux qui estoit dessus, en attendant et enquérant nouvelles, le xiijᵉ jour de septembre, ledict baron et toute l'armée allasmes au coing de ladicte isle de Corfo à une dévotion de Nostre-Dame de Casope; trouvasmes l'église destruicte, descouverte, pleine d'immundices, des antrailles de bestail, couvent rompu et desfaict, deux ou troys corpz mortz là au devant, que tout donnoit grande puantur. Ce nonobstant, entrasmes en l'esglise; les ymages estoient

tous vitupérez d'immundices et ordure, hors l'ymaige Nostre-Dame
qui estoit au costé dextre de la voulte de l'aultel, auquel ung Turc
voulut arracher ung petit ymage d'argent, que selon les coustumes
du pays les pellerins y apportent et font affixer audict ymage, subitement devint aveugle, qui fut cause que nul des autres Turcz osa
toucher ne oultrager ledict ymage, devant lequel le baron feist dresser
une table pour autel et chanter messe. Puys prinse de l'eau ès puys là
autour, revinsmes surgir à ung cap du costé de terre ferme. Ladicte
nuict feist grand pluye et arriva Pierres Strossi et ung des gens dudict
chevalier d'Eaux, venans de la Velone de ladicte gallère; puys revinsmes où estoit l'armée : trouvasmes le grand-seigneur et son camp
deslogé. Eu parlement avec Barberousse, qui s'en retournoit à toute
son armée, retournasmes au port de Prévèse. Le xviiie jour dudict
moys, le Marillac descendist pour aller après le grand-seigneur; de
là prismes la volte de Patras avec toute l'armée, en actendant ladicte
gallère, qui se vint joindre à nous au devant la Chaphalonye. Venus à
Patras qui est en la Morée, qui souloit estre nommée Péloponèse
comme une grande isle, contenant de ce costé une mer qui entre,
comme ay dict, par le destroict de Lépante dedens jusques à Corinthe,
et le long se nomme la province de Achaye propre, de l'aultre costé
est l'aultre Achaye que ay dict, puys, dudit destroict venant à Patras
et de là suyvant la coste de mer que entre dans la mer Yonye et cré-
tique comme ung grand rond, contient les provinces de Elide; où de
la mer se voyd dedens terre le mont Parnas des poètes bischef; après,
suyvant la coste la Mensénie; puis la Laconie, que l'on nommoit Lacédémonie, après la Argine et après Corinthe que a cinq mille de terre
de la mer Égée à la mer corinthiaque qui vient de la mer Yonie,
comme ay dict par le destroict de Lépante. Audict Patras achaptasmes
vin et autres refreschissements. Barberousse nous donna de biscuit
qui fut desparty par les gallères et donna quelques rames. Prins de
luy congé le xxve; de là prenons le chemyn pour entrer au gouffre
de Venise.

Avent que sortir du gouffre de Patras rencontrasmes deux gallères de France, portans les princes de Melfe et duc de Somme [1]; et, eu parlé ensemble avec le baron, allèrent parler à Barberousse, et, de luy prins congé, allasmes tous ensemble au port de Figuière de l'isle Eucadea et prinsmes de l'eau : le xxviij[e] partans de là, entrasmes au gouffre de Venise, eusmes par deux jours bon et beau vent en voille, puys deux jours bonace que alions à rame, puys ung vent ponant nous donna par proue la nuict ensuyvant si groz vent le beich [2], grosse mer et procéleuse, que feusmes contrainctz prendre la volte courant grand fortune par deux jours presque d'estre tous nayez. Le jour Sainct-Françoys de matin empiroit et se mist contrast de ventz, dont estions tormentez, et davantaige vindrent certains suylons que voyons venir de loing contre nous : s'ilz nous eussent actainctz eussent renversé la gallère, la eslevant en hault; chacun se mist à genoux priant Dieu, Nostre-Dame, sainctz et sainctes, les aulcuns tenans des cousteaulx en la main faisant la croix les tailloint et conjuroint. Il y avoit ung Maure marchant qui passoit avec nous et des Turcz pour aller en Barbarie, qui semblablement conjuroient lesdictz suilons à tout ung cousteau faisans la croix : fismes pellerins à Nostre-Dame de Lorette, de Casope et aultres sainctz et sainctes. Les suilons esvanouyrent. Le temps et tourmente continuoit; courusmes tout le jour et nuict que lendemain cinquiesme d'octobre vismes l'isle de Prodano, puis à costé gauche la Céphalone et Jante : estions tous esgarez; entrasmes à Porto Lonco, et peu devant estoient entrez les aultres, excepté Magdalon et le duc de Somme avec deux gallères. De là ayant nouvelles que Barberousse estoit à Modon, cherchant Magdalon, vinsmes à Modon; trouvasmes que dudit mauvais temps estoient péries dans le port xxij gallères de l'armée et mortz la pluspart des gens qui estoient au bord de la mer tout à travers. Parlé à Barberousse, demandé de Magdalon. Le viij[e] revenans à Porto Lonco, trouvasmes le duc de Somme et Magdalon, tournasmes à Patras; de là au gouffre de Venise le xiij[e];

---

[1] Troïlo Carraccioli, prince de Melfi (titre que portait aussi André Doria), et San Severino, duc de Somma, chefs des émigrés napolitains et principaux instigateurs de l'expédition des Turcs contre Naples

[2] Vent du sud-ouest.

quant feusmes cent mille dedens, le temps et vent furieux fust si contraire que contrainctz tournasmes au gouffre de Patras, à ung cap
près Chasteau-Tournois, cuidans là attendre le temps : mais survint
une tempeste de temps tant trouble qui nous contraignit venir à Patras, en courant fortune que Villiers à sa gallère s'égara, qui surgit
à une coste dangereuse et deux jours après fut avec nous. Le xviijᵉ,
pource que le pain estoit diminué, le baron, eu considération à l'yver
que ne nous détint en quelque coste inhabitée, envoya une gallère au
santjaques de Lépante avoir congé qu'on luy feist et vendist du biscuyt; l'octroya, mais quand fut faict, dénya la délivrance si n'avions
aultre lettre du grand-seigneur qui estoit déjà plus avant de Salo-
nicque plus de quinze journées loing[1].

EXTRAITS DE LA CORRESPONDANCE DE ROME ET DE VENISE.

LEVÉE DU SIÉGE DE CORFOU. — DÉPART DU SULTAN. — DISPOSITIONS DES PARTIS À VENISE
SUR LA GUERRE AVEC LES TURCS. — MORT DE LA FORÊT. — DÉMARCHES DE LA COUR DE
ROME POUR RÉTABLIR LA PAIX.

Rome, 9 octobre 1537

Monseigneur, depuis mes premières escriptes, il en est venu de
Venise, du iiᵉ de ce moys, contenans que Aiax-Bassa, au lieu de la
Bastie devant Corfou, estoit allé trouver messire Jacques de Canal,
baile des Vénitiens, et luy avoit dict que le Turcq, irrité des désordres survenuz entre ceulx de son armée et ceulx de la Vénitienne,
persuadé aussi d'aucuns siens ministres, ennemys desdictz Vénitiens,
et meu de cest colère avoit faict l'entreprise de Corfou; et que nonobstant les choses passées, ledict Turcq estoit pour oublyer les injures
receues, et prest de retourner en l'alliance desdictz seigneurs, leur
proposant toutesfoys la paix ou la guerre, pour en choisir lequel ilz
vouldroient; avec néantmoins plusieurs propoz démonstratifz que ledict Turcq estoit adoulcy, donnant charge ledict bassa audict baile
de le faire sçavoir ausdictz seigneurs, et luy baillant deux vaisseaulx

Lettre
de l'évêque
de Mâcon
au grand maitre
de France
Montmorency.

[1] Voir ci-après la seconde partie, page 371.

I.   45

pour conduyre seurement celluy qu'il y envoyoit. Qui dict que cest adviz pourra mouvoir lesdictz seigneurs à se réconcilier avec ledict Turcq, qui que la multitude d'eulx est animée, et veult la guerre contre luy, et qu'il soit vray ilz ont jà ordonné que leurs deux généraulx iroient l'ung à Ebrona, et l'autre à Escardona, terres dudict Turcq, pour les ruyner; toutesfoys, que ladicte ordonnance n'avoit esté exécutée, ains se disputeroit avec plus grande et mature délibération. Celluy qui a apporté lesdictes lettres dict que La Forest estoit malade avec toute sa famille en ung lieu près la Vallonne, mais qu'il n'estoit encore mort le dix et unziesme, l'asseurant sur sa vie, d'autant que ledict La Forest luy avoit voullu bailler cent ducatz pour apporter lettres de luy à monsieur de Roudez; ce qu'il n'avoit osé faire.

Disent plusieurs lettres de Vienne que les habitans d'entre la Save et la Drave s'estoient rebellez et eslevez contre les Turcz, et avoient pris, emmenez et bruslez toutes les barques et vaisseaulx estans esdicts fleuves, de sorte qu'ilz ne pouvoient aller çà ne là, mais estoient contrainctz mourir de faim ou venir au combat à leur grant désavantage, et que à ceste cause s'estoit aproché d'eulx le cappitaine général du roy des Romains, et pareillement ledict roy à Vienne, et laisse sa femme en Bohesme. Par lettres de Milan du xxixᵉ du passé, s'entend que le cardinal de Trente promet ausdictz Vénitiens de rompre gaillardement du costé de Hongrie contre le Turcq et ses alliez, toutes et quantes fois que la seigneurie vouldra contribuer quarante mil escuz par mois. Qui est en bon langaige pour embarquer icelle seigneurie non seulement contre le Turcq, mais contre le roy Jehan.

Sa saincteté monstre plus de semblant que jamais avoir désir de la paix, se fondant principalement sur l'occasion qui se présente de l'entreprise du Turcq, et ne fainct point de dire que celuy à qui il tiendra que la paix ne se face, vouldra estre cause de faire perdre ceste belle occasion à la chrestienté et méritera que ung chascun se tourne contre luy. Et de faict, de sa part, elle se monstre délibérée en tel cas d'employer toutes ses forces spirituelles et temporelles contre

le récusant ladicte paix; et tiens que ladicte seigneurie de Venise soit
pour faire semblable déclaration, et de faict il est assez vraisemblable que icelle seigneurie ayant à continuer la guerre contre le
Turcq, et se trouvant en ceste nécessité, si elle ne peult avoir tous
les deux princes en compagnie contre le Turcq, condescendra du
tout à sa voulenté!... D'autre part, faict grandement à considérer de
quelle importance seroit la déclaration que sa saincteté et la seigneurie
de Venise pourroient faire à l'encontre du roy, de laquelle pourroit
ensuivre une aperte imputation de l'intelligence turquesque, avec telle
lésion de la bonne renommée dudict seigneur que vous pouvez considérer; et d'autre part pouvez estimer quel obstacle ce seroit au roy
à l'exécution de ses entreprinses d'Italie d'avoir les forces du pape
et des Vénitiens à l'encontre de luy. Il y en a qui disent que le pape
et la seigneurie de Venise confortent l'empereur à passer en Italie,
tant pour le faict de l'abouchement que sa saincteté monstre désirer
grandement, comme pour pourveoir aux préparatifz de l'entreprise
contre le Turcq.

Rome, 22 octobre 1537.

Monseigneur, plusieurs courriers de Venise sont arrivez, dont le premier a apporté lectres du ve dudit moys, contenans que les Vénitiens
avoient esté deux foys en leur pregay pour délibérer sur la paix ou
la guerre que leur offroit le Turcq, et estoit le plus grant nombre
d'eulx qui sont les jeunes, persistans à la guerre et les vieulx à la réconciliation. Toutefoyz, tous ensemble ne sont d'oppinion de se mectre
au hazard s'ilz ne sont bien asseurez des forces de l'emp^r et qu'ilz ne
voyent le roy et luy en paix et amytié; et que pour cest effect ilz estoient délibérez faire ce qu'ilz pourroient pour faire venir l'emp^r à la
raison. Aussi que audit pregay s'estoit arresté que l'on escriproit audit
emp^r et luy feroit l'on entendre les propoz tenuz par Aiax-Bassa à
leur baile, et que néantmoins ilz estoient en bonne volunté de continuer la guerre contre ledit Turcq; mais qu'il leur sembloit qu'elle
ne se pouvoit bonnement faire si le roy n'entroit en la ligue. Il estoit

Lettre
de l'évêque
de Mâcon
au cardinal
du Bellay.

45.

venu adviz ausditz seig^{rs} vénitiens que Gabriel de Hurue, leur cappitaine, avec six cens hommes estans en leur soulde avoient esté deffaictz par les Turcqs soubz le chasteau de Brouazo en la Damaltie, et là
lesdits Turcqs avoient pris troys surcomites vénitiens des meilleurs
cases de Venise, ausquelz ilz avoient faict coupper les testes. Par lectres
de Prague du xxviij^e du passé, ilz avoient entendu que le cappitaine
Cotyana, général de Ferdinande, avoit deffaict neuf mil Turcqs en
Hongrye. D'autres lectres de Venise du ixe disent que la seign^{rie} avoit
despesché le Sr Camille Ursin avec bon nombre de gens de pied pour
aller en la Damaltie, ayant charge expresse de forcer le chasteau de
Brouazo et venger la mort de ceulx qui y avoient esté tuez : aussi
qu'ilz envoyoient argent et pyonniers à Corfou pour le fortiffier davantaige ; qu'ilz avoient esleu un cappitaine pour envoyer à Napoli de
Romanye avec gens de guerre pour le deffendre ; qu'ilz avoient
despesché le courrier du vij pour solliciter nostre sainct-père de faire
ses préparatifz d'armer, et supplyer sa saincteté de vouloir prandre
à cueur le faict de la paix entre le roy et l'emper^r. Aussi avoient derechef despesché autre courrier à l'emp^r pour ladite paix, laquelle ilz
monstrent fort désirer, et à la vérité elle faict pour eulx s'ils continuent la guerre contre le Turcq, ce qui se présume qu'ilz feront,
mesmes que j'ay entendu de bon lieu que le dire d'Aiax-Bassa à leur
baille n'estoit tel qu'ilz l'ont publié, mais que seulement luy avoit dict
que s'ilz se vouloient accorder à faire ce dont le Turcq les avoit faict
rechercher par Janus-Bey quant il fut derrenièrement vers eulx à
Venise, qu'il se faisoit fort de les réconcilier avec ledit Turcq ; et ladite
seigneurie faict le dire dudict Bassa plus à son advantage pour faire
entendre ausdicts St-Père et emp^r qu'il estoit en leur élection d'avoir
paix ou guerre avec ledit Turcq. L'amb^r qui est icy pour lesdits S^{grs}
a eu lectres de Zanto du derrenier du passé, qui disent que l'armée
turcquesque s'estoit une foys divisée, et partie d'icelle allée à Chiarenzo, l'aultre au goulfe d'Ellepento ; et que le xxviij s'estoit partie
celle d'Ellepento et retournée joindre avec l'aultre audict Chiarenzo.
Disent plus lesdictes lettres que au Zanto en passant estoient abbor-

dées vingt-cinq que gallères que fustes, et mys gens en terre qui avoient pris cinquante ou soixante ammes, et faict quelque autre dommage mais de peu d'importance. Il y a autres lectres de Corfou du iii qui disent que ladite armée s'estoit levée de Chiarenzo et allée vers Modon, et que l'on avoit veu douze gallères qui prennoient la volte de ponant, qu'on estimoit estre les nostres.

Rome, 7 novembre 1537.

Monseigneur, il y a lettres de Corfou, du xxiiiie du passé, disans que toute l'armée de mer turquesque s'estoit retirée à Constantinople, rescoué treize gallères qui sont demourées au siége de Napoli de Romanye, qui tient encores bon, combien qu'elle soit aussi assiégée par terre de la pluspart de l'exercite du Turcq, et ont ceulx dedans pris ung sanzacque dudict Turcq, auquel ilz ont faict couper la teste, dont la seigneurie de Venise ne sera guères contente; car c'est tousjours pour animer ledict Turcq contre elle, mesme voyant que ceste ligue est en danger de s'en aller en fumée, parce que l'empereur y vient fort froydement, demandant au Pape contribution de la tierce partie de la despence; et qu'il se faict provision de victuailles en Sicille pour quatre cens mil escuz. J'ay depuis mesdictes premières entendu que sa saincteté est contente de contribuer ladicte tierce partie, moyennant que lesdictz empereur et seigneurie consentent que sa saincteté lève tel subside qu'il luy plaira sur le clergié de leurs pays.

Leure
de l'évêque
de Mâcon
au grand maître
de France
Montmorency.

Rome, 17 novembre 1537.

Sire, N. S. P. n'entend la ligue qu'il traite avec les amb^{rs} de l'empereur et de la s^{rie} de Venise sinon contre le Turc, et dit tout de mesmes de la s^{rie} de Venise. En la congrégation des cardinaulx a esté leue une note que la s^{rie} a envoyée des provisions qui lui semble estre à faire pour le besoin de l'entreprise contre le Turc, qui sont de deux cens gallères, deux cens naves, cinquante mil hommes de pied et huit mil chevaux, calculant la despense à quatre cens vingt mille escus par mois, et demandant que icelle despence soit divisée par tiers. De

Leure
des évêques
de Mâcon
et de Lavaur
à
François Ier.

quoy aucuns des s^{rs} depputez sont allés faire rapport au pape, ayant respondu à l'amb^r de Venise que Sa S^{té} ne demandoit rien de ce qui s'acquesteroit contre le Turc et n'avoit tant de païs à deffendre comme l'empereur et la seigneurie, et par ainsi il ne devoit faire si grande contribution. Sa S^{té} en consistoire a fait entendre au collége comme vous luy aviés fait très-bonne response touchant le fait de la paix, vous monstrant de la vouloir avec justice et honnestes conditions; et, quant au concile et entreprise contre les infidelles, il vous sembloit que en l'un et en l'autre il ne se pouvoit rien faire de bon sans la paix : dit aussi estre advisé d'Espagne que l'empereur se monstroit disposé à vouloir luy-mesme passer en personne en Italie pour lesdits effets, et qu'il avoit fait faire procession solennelle en Espagne pour remercier Dieu de cette ligue. Sur le fait de l'abbouchement, Sa S^{té} nous dist que, refusant, il falloit que l'empereur se déclarast apertement s'il vouloit la paix ou non, attendu que vous estiez condescendu de vostre part audit abbouchement et aus lieux que Sa S^{té} vous avoit fait proposer, qui estoient encores plus commodes pour l'empereur que pour vous.

Rome, 21 décembre 1537.

N. S. P. nous a tenu long propos sur le fait de la paix, de laquelle elle monstre estre en très-grande espérance, et là où elle ne s'ensuivroit, il pronostique à la chrestienté la plus grosse et la plus cruelle guerre qui ait point esté, qui sera la dernière ruine d'icelle, disant que lors il faudroit que sa neutralité cessast, puisqu'il luy conviendroit employer toutes ses forces contre l'autheur du mal; et fait son compte sur ce qu'il luy semble que l'empereur est homme qui se gouverne par raison, qu'il ne voudra laisser tomber de ses mains l'occasion d'avoir la seig^{rie} de Venise en compagnie pour l'entreprise contre le Turc. Sa S^{té}, de son costé, ligue ou non ligue, se monstre bien résolue de ne se séparer de la seig^{rie} de Venise et s'y intrinsecque le plus qu'elle peut; et entre autres choses elle a esleu et arresté pour légat de l'armée qu'elle entend dresser le patriarche Griman; et dit-on que Sa S^{té} pourra avoir de xxx à xl gallères à sa solde, qu'elle prendra

de celles de la seigneurie, et on n'attend qu'une response de Venise
pour faire la capitulation de ladite ligue.

III. — TRÊVE DE DIX ANS. — SUITE DES AFFAIRES DE VENISE AVEC LA TURQUIE. — DEUXIÈME MISSION DE RINCON A LA PORTE.

1538-1539.

Les hostilités avaient été suspendues entre François Iᵉʳ et Charles-Quint par
les trêves partielles conclues successivement sur tous les points où la guerre était
engagée, et ces actes devaient conduire à la paix, ou du moins à une trève générale. Les ambassadeurs français à Rome et à Venise s'opposaient vivement à ce
dernier résultat, qui, ne terminant rien, laissait l'empereur libre de se retourner
avec toutes ses forces contre la Turquie, privée du concours de la France, sauf à
revenir contre la France elle-même, quand il se serait délivré de la puissance qui
le tenait en échec en Italie. D'une autre part, si la paix était rendue impossible
par les prétentions inconciliables des deux parties, la guerre ne l'était pas moins
par les dispositions des états intermédiaires, résolus de sortir de leur neutralité contre celui des deux princes qui s'obstinerait à reprendre les armes. C'est
au milieu de ces difficultés que s'ouvrit, au mois de juin 1538, la conférence
de Nice sous la médiation de Paul III ; et cette rencontre, où les deux rivaux se
rapprochèrent sans se voir, en remettant au pape la décision de leurs intérêts,
produisit, à défaut d'un traité de paix, une trève générale qui fut étendue à dix
années. Le pape vit surtout dans cet ajournement le moyen de les associer tous
les deux dans une coopération commune à l'acte le plus important de son pontificat, c'est-à-dire la ligue qu'il avait formée récemment contre la Turquie avec
Venise et l'Espagne, et à laquelle il voulait obtenir l'adhésion de la France.

Cette pensée de rapprochement, que Paul III cherchait à réaliser dans un intérêt propre à l'Italie, et aussi à ses convenances personnelles, elle était également chez les deux rivaux, mais avec un but différent, et derrière les apparences
de leur éloignement officiel, elle se trahit par l'entrevue d'Aigues-Mortes, où
François Iᵉʳ, seul à seul avec Charles-Quint, et tous deux comme rapprochés par
le hasard, jetèrent les bases d'une politique nouvelle qui allait contredire tous
leurs précédents. Après une lutte acharnée, marquée par les récriminations les
plus violentes et les plus amères, on vit succéder le langage et les démonstrations
de la cordialité la plus affectueuse. Mais l'union inattendue de ces deux princes
n'était pas moins alarmante pour les autres états que l'inimitié dont ils avaient eu

si longtemps à souffrir de leur part, puisque ces états pouvaient être sacrifiés à leur insu dans les combinaisons d'une politique dont ils n'étaient pas admis à discuter les arrangements. Aussi les gouvernements furent-ils comme déroutés par la nouveauté de ces rapports, et, après les avoir vus d'abord avec surprise, ils passèrent bientôt à une inquiétude et à une hostilité qui n'étaient pas sans cause, surtout de la part de l'Angleterre et de la Turquie. En effet, les deux rivaux avaient été tentés un moment de sceller leur nouvelle amitié par la conquête et le partage de l'Angleterre, et quant à la Turquie, le projet que l'empereur annonçait publiquement de former contre elle une ligue générale de la chrétienté, par suite de son intimité avec la France, était de nature à éveiller toutes les craintes comme à légitimer toutes les défiances.

Rincon, parti avant ces événements pour aller remplir à la Porte les fonctions d'ambassadeur devenues permanentes, avait sans doute pour instruction, comme l'exigeaient alors les circonstances, d'amener entre Venise et la Turquie un accord qui pût rendre au besoin les forces du sultan disponibles contre l'Autriche. Mais la nouvelle direction prise par la politique de François Ier devait paralyser l'action de son négociateur, et sa position devint de plus en plus équivoque à mesure que les entrevues de Nice et d'Aigues-Mortes se succédèrent, et que leurs conséquences présumées donnèrent lieu aux interprétations les plus exagérées dans le public; c'est ainsi qu'on alla jusqu'à supposer à François Ier, comme la condition secrète de cet accord, l'intention de se faire couronner empereur d'Orient à Constantinople. Heureusement l'absence du sultan, occupé pendant tout l'été d'une expédition contre la Valachie, laissa à Rincon le temps d'adoucir et de ménager une transition trop brusque. D'ailleurs, à en juger par les actes qu'il reçut alors de la France et par ceux qu'il obtint de la Porte en réponse à ses communications, leur langage n'indique pas que François Ier agit en complice trop aveugle de Charles-Quint, ni que Soliman en ressentît de son côté un éloignement et une irritation bien manifestes.

Déjà, depuis trois ans, la guerre contre Venise se continuait avec vigueur, et ses possessions dans l'Archipel, en Morée, à Candie, avaient éprouvé des désastres que rendait plus sensible encore à la république la perte de son commerce dans le Levant, principale source de sa prospérité. En voyant les résultats insignifiants de la ligue qu'elle avait conclue avec l'Espagne et le pape, et surtout le peu d'apparence que la ligue générale proclamée et négociée par l'empereur pût enfin se réaliser, Venise songeait à sortir de la position ruineuse où la mettait la prolongation de la guerre, par un arrangement particulier avec la Porte. Cette puissance allait donc se trouver libre de demander compte à l'Autriche des infractions qu'elle avait faites à la paix pendant le cours de la guerre précédente. Charles-Quint, aux prises avec ses embarras habituels, et qui n'était pas prêt, eut l'adresse d'entraîner François Ier à une coopération diplomatique pour obtenir de Venise qu'elle ne se séparât pas, dans cette circonstance, de l'intérêt général, et cette démarche collective, destinée de plus à signaler d'une manière irrécusable une communauté de vues dont on s'obstinait toujours à douter, se renouvela dans deux conjonctures importantes qui ont fait juger sévèrement par les historiens l'imprudence et la versatilité de François Ier.

Une première négociation, suivie pendant l'année 1538 par Laurent Griti, fils de l'ancien doge, à l'insu des autres puissances, était sur le point de procurer à Venise la suspension des hostilités, dont elle continuait seule à supporter tout le poids. François Ier, informé de cette démarche, s'offrit de la faire appuyer auprès de la Porte par son ambassadeur, et le Napolitain César Cantelmo fut envoyé pour cet objet à Venise et à Constantinople. Comme la trêve laissait sans solution présente la paix définitive, l'empereur ne s'y opposa pas directement; mais, en vertu des droits de sa nouvelle alliance, il demanda à être compris dans l'armistice. Soliman II, à qui cette proposition fut faite, n'en parut pas trop choqué, mais, tout en s'y prêtant, il imposa à l'admission de l'empereur des conditions telles, qu'elles rendaient cette faculté à peu près nulle pour lui. Cette première démarche collective, restée sans résultat, au lieu de la suspension des hostilités, amena leur reprise, et pour premier acte la conquête signalée de Castel-Novo par les Turcs. François Ier se trouva alors en butte à une double inculpation, car Venise l'accusa de l'avoir desservie auprès de la Porte, en empêchant ce qu'elle avait déjà obtenu en partie par ses négociateurs, et l'empereur lui-même parut persuadé que le roi avait conseillé en secret le sultan de manière à rendre inutile la démarche ostensible. On verra François Ier chercher à se justifier par une mission spéciale auprès de l'empereur, et par une communication hautaine et moins ménagée à l'égard de Venise, qui, après ses nouveaux échecs, inclina d'autant plus à s'arranger pour sa part avec la Turquie.

Cette seconde négociation, entreprise dans le cours de 1539, et au moment où leur intimité était dans toute son ardeur, vint encore embarrasser les nouveaux alliés, en les forçant de s'expliquer sur une question qui mettait leur politique à l'épreuve. Les deux souverains en prirent occasion de faire une autre instance collective pour signaler la solidarité de plus en plus étroite de leur politique, et, afin de le témoigner plus hautement, les deux chefs militaires qui représentaient en Italie les intérêts armés des deux puissances, le maréchal d'Annebaut, gouverneur du Piémont, pour la France, et le marquis du Guast, gouverneur du Milanais, pour l'Espagne, furent chargés de soutenir de concert les paroles portées au nom de leurs maîtres. Malgré cette association, ils ne purent convaincre le sénat de Venise de la sincérité de cette alliance, ou du moins le faire changer de résolution, laissant ainsi à la France, selon les historiens, avec la honte d'avoir cédé à une complaisance impolitique, l'humiliation d'échouer dans une démarche si contraire à ses intérêts.

Mais, quoi qu'on ait dit pour blâmer François Ier de s'être laissé aller aux illusions généreuses d'une amitié si nouvelle et contre laquelle son expérience aurait dû le mettre en garde, cette tentative d'accord sortait de la nature de l'arrangement qui était intervenu entre eux. La trêve de Nice leur avait donné pour s'entendre dix années qu'il fallait remplir et occuper de manière à éviter la guerre et à résoudre les questions en litige. Des intérêts d'ordre intérieur communs aux deux princes, tels que l'affermissement de leur pouvoir mis en question par les divisions religieuses, avaient pris à leurs yeux une importance plus grande que les intérêts extérieurs, dont la discussion était renvoyée d'ailleurs à un terme éloigné. Dans cet intervalle, François Ier, par l'effet de la trêve, était arrivé en partie au but qu'il se proposait; il restait maître des états de la Savoie, et une possession de dix ans pouvait faire titre et se prescrire, sans infirmer pour cela ses droits au Milanais, dont la discussion restait ouverte comme l'objet offert pendant toute cette période à l'activité de sa diplomatie. Ce but n'ayant pu jusque-là être atteint par la guerre, on pouvait croire qu'il le serait par une autre voie non encore essayée si les deux parties s'entendaient d'ailleurs dans les intérêts qui primaient alors leur politique extérieure. En effet, les guerres soutenues dans la rivalité de la France et de la maison d'Autriche n'ayant aucun caractère d'opposition nationale, mais plutôt d'altercations de famille et de débats pour des transmissions d'héritages, c'étaient des mariages et des alliances de famille qui d'ordinaire en marquaient les issues et les alternatives. Or la question du Milanais, ayant dix ans devant elle, avait toutes les chances de se résoudre par ce moyen à la satisfaction des deux parties, et il semble que quelque chose eût manqué dans l'antagonisme si logique de ces deux princes si une tentative de ce genre n'était pas venue s'y produire. Aussi, quand l'illusion fut à bout, et que le moment de se reconnaître fut arrivé, il est probable, quoi qu'en aient dit les historiens, et à en juger par les actes du temps, que ce résultat, prévu par ceux mêmes qui semblaient le moins s'y attendre, ne trompa personne, et sans doute les deux parties intéressées moins encore que les autres.

EXTRAITS DE LA CORRESPONDANCE DE ROME ET DE VENISE.

NÉGOCIATIONS POUR LA CONFÉRENCE DE NICE. — TRAITÉ DE LIGUE ENTRE LE PAPE ET
VENISE. — OPINION DES AMBASSADEURS FRANÇAIS CONTRAIRE À LA TRÊVE AVEC L'EM-
PEREUR.

Rome, 28 janvier 1538 [1].

Sire, les ministres de l'empereur, pour la justification de leur maistre, ont fait entendre à Sa Sᵗᵉ de sa part le devoir en quoy il s'estoit
mis en cette pratique, et que vous ayant exhorté à vouloir entrer en
ligue contre le Turc, vous n'y avés voulu entendre, ains luy avés proposé qu'il deust faire trêves pour un an avec ledit Turc, recordant à
sadite Sᵗᵉ qu'il seroit bon qu'elle vous recherchât de venir à l'abbouchement et fist en sorte que vous vous aprochassiez ou à Antibe ou
à Turin, et que de luy il seroit prest pour venir au lieu où il seroit
advisé pour se trouver avec S. S., laquelle il confortoit cependant de
s'acheminer vers Lombardie. Et nous a dit là-dessus Sa Sᵗᵉ, qu'après
cette feste de Chandeleur, elle feroit ses préparatifs pour partir, vous
priant de vostre part vouloir aussi vous approcher et adviser le lieu
qui vous sembleroit plus convenable, et qu'à elle de prime face sem-

Lettres des évêques de Mâcon et de Lavaur à François Iᵉʳ

[1] Le recueil de Ribier ne commence guère le règne de François Iᵉʳ qu'à la fin de 1537, mais il fournit des renseignements assez suivis pour les années 1538 et 1539, au moment même où les pièces viennent à faire défaut dans les collections. C'est à ce recueil que nous empruntons, pour la fin de ce chapitre, les pièces dont nous n'indiquons pas la source, et qui seront complétées par celles que nous avons pu y ajouter. Voyez les lettres plus étendues des évêques de Mâcon et de Lavaur sur les motifs particuliers à Paul III. Le pape voulait gagner à cette médiation une alliance de famille avec une des deux parties, et par suite une souveraineté en Italie pour son neveu Octave Farnèse; ce qu'il obtint plus tard par la création du duché de Parme en sa faveur, et en lui faisant épouser Marguerite d'Autriche, fille naturelle de l'empereur. De là les tergiversations qui retardèrent l'entrevue de Nice, et qui faisaient dire à Paul III pour sa justification : «Telle parentelle ne devroit estre tenue pour chose si estrange ne si monstrueuse, veu que d'autres papes l'avoient fait, et que là où le roy penseroit que l'empereur pust en cela avoir aucun advantage, s'il advenoit jamais qu'il fist parentelle avec luy, il seroit toujours prest faire le semblable avec le roy. » (*Mémoires d'état* de Ribier, t. I, p. 128.)

bloit que qui voudroit chercher la commodité de la marine, qu'à son advis Antibes ou Grasse seroient opportunes pour vous, et qu'elle pourroit aller à Nice et l'empereur à Monaco ou autre lieu voisin, et pour la terre, que vous pourriés venir à Turin et elle à Cazal et l'empereur en Alexandrie, disant toutesfois qu'à elle tous lieus seront commodes, pour le désir qu'elle a de conduire ce saint effect.

Rome, 9 et 10 février 1538.

Sire, nous avons esté advertis par mons' de Rhodez de la délibération prise par la seigneurie, de faire la capitulation de la ligue, à l'instance de N. S. P. nous signifiant de retarder Sa S^té de la signature de ladite ligue et faire tant envers elle qu'on pust impétrer quelque surséance. A ceste cause, nous estant retirés devers Sa S^té, primes peines de luy faire connoistre combien faisoit pour la paix ladite surséance; à quoy elle se mit à nous magnifier et louer grandement cette ligue, disant qu'elle avoit esté bien advertie que de prime face vous aviez pris ombre sur ladite ligue et démontriés de n'y prendre plaisir, mais que le premier mouvement passé, et après que vous eustes bien pensé dessus, qu'elle vous avoit semblé bonne et aviés loué Sa S^té. Et luy ayant esté par nous remonstré que nous n'avions jamais approuvé ladite ligue, sinon pour le respect du négoce de la paix, adjoustant que l'empereur ayant besoin pour son obstination d'estre astreint et nécessité à ladite paix, il estoit plus à propos qu'il fust tenu en suspens de ladite ligue que non pas qu'il se veist appuyé et fortiffié d'icelle, au moyen de quoy il se rendroit plus dur, Sa S^té a tasché de nous monstrer par vives raisons que cette résolution ne se pouvoit attribuer sinon à la volonté de la seig^rie, qui n'estoit point si mal advisée que de se laisser conduire à l'appétit d'autruy, et quelques paroles d'accord que le Turc eust fait tenir à ladite seig^rie, elle n'avoit nulle cause de se fier de luy, veu ce qu'il a fait contre elle cette année, et que quand elle fust réconciliée à luy, ayant ledit Turc à faire entreprise contre la chrestienté, elle se fust trouvée en néces-

sité de faire la mesme despence de s'armer pour suspicion de luy,
en danger de recheoir aus mesmes inconvéniens après avoir offencé
toute la chrestienté, et mise contre elle; que c'estoit l'avantage de ladite seig^(rie) de former et établir ladite ligue; car tant plus ladite re-
publique s'assure et appuye contre le Turc, tant meilleur et plus avantageux party trouvera-t-elle toujours avec luy.

Nous luy dîmes que l'empereur avoit toujours déclaré que cette
ligue ne pouvoit faire pour cette année expédition que deffensive, et
que si présentement il se fist un tel apprest et par mer et par terre
come celuy qui estoit projetté, il y auroit grand doute que l'empereur, se trouvant de si grosses forces en main, s'en voulust ayder à
l'encontre de vous : à quoy elle nous dist qu'il falloit nécessairement
qu'ils pensassent à l'offensive, le requerrant ainsi le besoin mesme de
la seig^(rie), et qu'au surplus elle et ladite seig^(rie) se garderoient bien
que l'empereur eust ny de l'une ny de l'autre argent ou autre chose
en main dont il pust disposer à son vouloir, et en effet, elle nous a
accordé que nous vous escrivions de sa part que vous soyez aseuré que
directement ny indirectement cette ligue ne sera étendue à l'encontre
de vous. Et a déclaré en consistoire que n'en pouvoit ensuivre l'effet
sinon que l'on eust la paix, et lors espéroit que vous ne fauldriés entrer en ladite ligue et employer vos forces pour vostre part et portion
à l'encontre du Turc, comme il appartenoit à vostre magnanimité et
zèle au bien de la chrestienté. Dimanche prochain se doit célébrer une
messe pour rendre graces à Dieu dudit traitté, et là Sa S^(té) doit bailler
l'estendart à son légat, qui doit s'en aller à Venise faire les provisions
des gallères de Sa S^(té). Au demeurant elle est toujours au mesme propos touchant l'abbouchement, et nous a dist qu'encores qu'elle n'eust
aucunes nouvelles de l'empereur, elle se tenoit presque toute certaine
qu'il ne fauldroit de sa part à y venir, et ainsi le croyoit André Dorie et
les autres ministres; et de fait iceluy Dorie avoit déjà envoyé à Naples pour faire venir les gallères qui y estoient, afin d'aller quérir
l'empereur et le conduire en Italie.

Rome, 27 février 1537.

Il est venu ung courrier de la court de l'empereur, dépesché par M. le légat Jacoban, du xiiie, pour faire entendre à sa saincteté que l'empr luy avoit dict que pour donner à congnoistre à sa saincteté qu'il ne vouloit refluser mectre paix en la chrestienté, il estoit délibéré se trouver pour tout le moys de mars, ou tost après, à Nyce, pour s'abboucquer avec sadite saincteté et le roy ; estant resolu, ce faict, estre en personne à l'entreprise contre le Turq, ainsy que monsr de Lavaur et moy escripvons bien amplement au roy, et à ceste fin nous a chargé ledit St-Père dépescher courrier exprès audict seigr pour l'exhorter à vouloir accepter ledict lieu de Nyce et se mectre en chemin pour s'y trouver, affin que ledict empr ne luy puisse riens imputer. Et partant est sa saincteté délibérée aller par terre jusques à l'Espèce [1], et là s'embarquer pour plus tost se rendre audict Nyce, et partira le xje du prochain, et la cause d'avoir différé son partement est pour avoir mandé les gallères de la relligion de Rhodes se trouver audict lieu de l'Espèce pour tout ledict moys prochain, affin de l'accompaigner. Et ce qui luy a faict accepter l'incommodité qui luy peult estre d'aller jusques audict Nyce, à ce qu'elle nous a dict, est afin que l'empr ne se puysse repentir et prendre excuse de l'offre qu'il luy a faicte de s'y trouver. Car elle est bien d'oppinion qu'il ne soit pour aller et pour servir à l'entreprinse du Turc, actendu mesmes que jusques icy il n'a fait aucuns préparatifz pour icelle. Si ainsi est que le roy s'y trouve, comme ses serviteurs de deçà sont d'oppinion qu'il doibt faire pour mectre tousjours ledict empereur en son tort, j'espère vous y veoir, qui est chose que je désire merveilleusement [2].

---

[1] Spezzia, port de la rivière de Gênes.

[2] Par une lettre du 12 mars, Paul III félicita le connétable de Montmorency, qui venait d'être promu à cette dignité, en exprimant l'espérance qu'il emploierait sa nouvelle autorité contre les Turcs : « Speramus hoc factum esse uti expeditionem a nobis adversum Turcas susceptam majore suffragio valeas adjuvare..... Coronæ Francorum propria est et fuit semper expeditio contra infideles. » (Mémoires et papiers d'état de Ribier, t. I. p. 125.)

Rome, 17 mars 1538.

Sa S^{té} ne se monstre à nous si échauffée ne si hastée de partir comme elle fit quand l'advis luy vint d'Espagne que l'empereur venoit à Nice, et ne nous parle plus de la venue de l'empereur en telle certitude comme elle faisoit; elle n'est point du tout sur les comminations contre celuy qui fauldra comme elle estoit par le passé, qui peut faire doute qu'elle sente l'empereur refroidy; et se monstrant aussi elle de son costé intépidée, il pourroit sembler que son allée dépend plus de la venue de l'empereur que de celle du roy, veu que, quand elle a esté en doute dudit s^r roy, elle ne se montroit en rien refroidie du voyage : touttesfois, il pourroit estre qu'envers les impériaux elle fera maintenant ce qu'elle faisoit envers nous quand elle estoit en doute du roy, pour animer l'empereur à venir. Encore que ç'ayt esté incommodité au roy de partir de Moulins pour venir à Lion, sy est-ce que tous ses serviteurs s'en resjouissent très fort par deçà, et leur semble que, quoy qu'il advienne de l'abbouchement, ledit s^{gr} a acquis une justification qui luy vault un trésor pour la direction de ses affaires, et encores que le pape ne se montre autrement chaud, il fera d'autant plus tomber la contumace sur l'empereur et aura tout meilleure entrée pour rechercher sa sainteté de mettre en effet les protestations par elle tant de fois faites contre le défaillant.

Lettre
des évêques
de Mâcon
et de Lavaur
au
connétable
de
Montmorency.

Venise, 29 mars 1538.

Monseigneur, la seigneurie s'est réservée d'escrire en Levant après qu'elle aura esté informée de ce que l'emp^r a résolu des choses nécessaires à l'entreprise : ce ne sera pas de prime face pour demander la paix ny suspension d'armes au Turc, mais seulement pour l'adoucir et rendre capable des raisons qu'ilz ont eues de rompre avec luy en faisant la ligue. Ils pensent faire, par ce moyen, que luy-mesme monstrera les vouloir recevoir en amitié, et quand il se sera laissé entendre jusques-là, encores ne veulent-ilz que cette paix leur soit aucunement

Lettres
de l'évêque
de Rodez
au connétable
de
Montmorency.

onéreuse, mesmement quant à laisser le party de l'empereur et prendre
celuy du roy, mais ils ne trouveront pas à la Porte la facilité qu'ilz
se persuadent, principalement si le Turc se présente par mer du costé
de la Candie et par terre vers le Friol, et de tout cecy advertiray-je
bientôt le seigneur Raincon, afin qu'il parle avec toute efficace pour
leur réconciliation, à la charge que ce soit avec la faveur du roy, et
qu'ils se sentent de ce bienfaict.

Comme j'estois sur la signature des présentes, est arrivé le patron
de la barque qui a mené ledit s^{gr} Raincon à Rhaguse, où il arriva le
seixiesme bien disposé et sans avoir eu desplaisir que celuy que la marine donne volontiers à qui n'y praticque pas souvent; il a esté bien
receu et veu de la seigneurie dudit Rhaguze : et vous diray quant aux
propos et advis de deux brigantins, dont m'a escrit ledict s^r Raincon,
et me dit en escrire au roy, mon jugement est que moins secrettement
et seurement peut-on envoyer à Rhaguse avec brigantins propriétaires,
que cette cité et autres d'entre-cy et Rhaguse sçauront estre au roy,
et les pourront facilement et à bonne cause insidier et empescher, que
non pas en faisant ainsi que l'on a de coustume, c'est à sçavoir
s'aider des brigantins que l'on rencontre allans audit Rhaguse, ou de
ceux que souvent l'on fait despescher sous le nom de quelques amis,
marchands florentins et autres, sans que lesdicts brigantins sçachent
ce qu'ils portent : j'en use ainsy, et quelques foys j'ay d'autres petits
moyens secrets, ou mesme j'envoye de mes gens expressément, de
sorte que, grâce à Dieu, il ne s'est encore rien égaré ny perdu, et
j'espère qu'avec son ayde, ne me donnans ces seigneurs autres empeschemens, je pourray continuer l'ancien et accoustumé expédient;
toutesfois, je céderai toujours à qui mieux que moy l'entend et en
feray ce qu'il plaira au roy ordonner. Au demeurant, ledit s^r Raincon
me prie vous remémorer la provision de deniers qui luy est nécessaire par delà, sans laquelle il se persuade ne pouvoir faire chose qui
soit au bénéfice du roy.

Venise, 5 avril 1538.

Monseigneur, j'envoye au roy, par le s^{gr} de Baulx, présent porteur, les occurrences que je receus mercredy au soir de Marillac, auxquelles je n'adjousteray rien, pour estre copieuses et n'y manquer chose qui se puisse escrire de ce costé-là; ledict s^r de Baulx a trouvé le s^{gr} Raincon à Rhaguse prest de partir pour fournir son voyage; il m'a escrit et expressément recordé la provision de deniers, faisant compte de n'advancer guères au lieu où il va, sans prévenir de quelque propine les ministres du Turc corrompuz et incivils, comme maintefois vous ont faict sçavoir feu La Forest et Marillac.

Il n'y a ici homme d'intelligence qui ne tienne que la prorogation des tresves qui courent est au désadvantage du roy, et que ledit seig^r ne doibt pour chose du monde s'y laisser aller, ains tenir tousjours son ennemy en suspens et despense, estant trop clair que ladite tresve, si elle est longue, luy donnera moyen de se rendre d'autant plus fort et puissant contre le roy, outre qu'elle achèvera de mal contenter le Turc, le détacher d'avec le roy et luy donner occasion de faire la paix avec ces seigneurs icy, sans que le roy en ait l'honneur; en ne la faisant pas, il tournera toutes ses forces contre eux et les ruinera, ce qui viendroit tousjours au dommage dudit s^r roy, pour estre lesdits seigneurs l'un des contrepoids de l'Italie, et qui autant sont que nul autre pour empêcher le cours dudit empereur. Aussi leur opinion est que, persévérant le pape dans son voyage de Nice, l'empereur y venant ou non, le roy ne doit point faillir de s'y trouver, sans avoir esgard au suspect que justement il peut avoir de nostre St Père, et ce pour contreminer l'intention dudit empereur, qui a dessein de mettre le roy en défiance de nostre S. Père, affin qu'il prenne occasion de ne venir à l'entrevue, qui est tout ce que ledit empereur demande, tant affin d'être excusé de n'y venir point que pour inimicquer ledit s^{gr} roy contre le St Père. D'autre costé, les serviteurs du roy sont d'advis que si l'empereur, en la présente nécessité où il est de la guerre turquesque, à laquelle il est obligé par la ligue, ne veut aucunement venir à la paix, moins y voudra-il entendre quand il sera hors de ladite nécessité, comme il est vraysemblable qu'il s'en tirera, si le roy lui accorde ladite longue tresve.

Venise, 23 avril 1538.

Monseigneur, j'escrits au roy ce qui s'est icy entendu des dix gallères estans à Chio, et quand j'ay bien regardé au tout, je ne trouve point qu'il y ait raison qui doive faire croire que ce sont les gallères du roy, fors une que j'ay apprise des penultiesmes de Marillac, qui dict qu'ayant receu les lettres dudit seigneur, du 15 décembre, en Avignon, par lesquelles lui estoit commandé prendre congé et advertir le baron de Saint-Blancard, s'il estoit encores en ces marines-là, d'en partir et se retirer à Marseille, il avoit incontinent envoyé le double de ce chapitre audit baron, et peu après fut adverty qu'il s'estoit mis en chemin pour venir en Constantinople, et par ainsi y avoit danger que le porteur l'eust failly, de sorte qu'il ne pourroit avoir entendu l'intention du roy : or, ce présupposé, je fais compte que le capitaine Magdelon, ou autre commis de par ledict baron au gouvernement des dix gallères demeurées à Chio, aura receu la dépesche dudit Marillac, et veu ce que l'on escrivoit à iceluy baron sur le fait de son partement et retraite, à cause de quoy estans aussi étonnés pour n'avoir eu aucune nouvelle du dit baron depuis son partement d'avec eux, et craignans que le grand seigneur voulust user de rétention sous couleur de la paix d'entre le roy et l'empereur, comme tout le monde alloit criant que si feroit-il, ils auront esté gens pour partir dudit Chio, sans avoir autre occasion que la susdite crainte, qui aura esté à la vérité chose très-mal advisée et de mauvaise conséquence, selon la pensée en laquelle sont desjà entrés ces seigneurs, qui commençoient à se reconnoistre et à faire estat de la faveur du roy pour leur réconciliation envers le G. S., ce qu'ils disent n'avoir plus de lieu, concluans que ce partement est une vraye rupture avec le G. S., et ainsi que l'a voulu dire le duc; mais j'espère que le sᵍʳ Raincon aura r'habillé ceste erreur; il y en a assez de ces seig[rs] qui l'estiment ainsi; le mal est que je suis sans lettres ou nouvelle certaine de la cour du Turc, et ne sçay comment se sont gouvernés les seig[rs] baron de Saint-Blancard et Marillac depuis les dernières du troisiesme de mars, ce qui m'est quasi argument qu'il y a quelque nouveauté, combien que je ne veuille estre malheureus devant le temps, et que j'espère que le tout ira mieux que l'on ne pense [1].

JOURNAL DE LA CROISIERE DU BARON DE SAINT-BLANCARD.

(Copie, B. R. ms. 10528.)

DEUXIÈME PARTIE [2].

Croisière de la flotte française dans l'Archipel. — Attaques de Barberousse contre les iles et les possessions de Venise. — Voyage du baron de Saint-Blancard à Constantinople. — Son entrevue avec Soliman II. — Réparation de la flotte. — Son départ et son retour en France.

Ce voyant et le temps pervers qui continuoit, dont l'oppinion des commitz, pilotz et mariniers estoit que l'on pourroit demourer troys ou quattre moys sans povoir passer le goulfre, sinon qu'on allast à la Velone, où n'a que soixante mille à traverser, et puys suyvre la coste de Poulle, royaulme de Naples, jusques en Cécille terre d'ennemys,

---

[1] La nouvelle de la conférence de Nice était venue ajouter au mécontentement que Soliman II éprouvait déjà contre François Ier, pour lui avoir manqué de parole dans son expédition en Italie, et le bruit courut à Venise que la flotte française en station dans le Levant avait été saisie par les Turcs. On va voir, dans le journal de la croisière du baron de Saint-Blancard, ce qui avait pu donner lieu à ce bruit dont parle ici l'ambassadeur de France à Venise. L'amiral français, resté, après la levée du siége de Corfou, dans le voisinage de Patras pendant l'automne de l'année précédente, partit pour aller hiver-ner dans l'Archipel, où il retrouva Barberousse dirigeant plusieurs attaques contre les iles qui faisaient partie des possessions de Venise, et continuant ainsi sa campagne contre la république. Le journal donne les motifs qui engagèrent le baron de Saint-Blancard à se rendre à Constantinople; sa nouvelle entrevue avec le sultan, son séjour et son départ précipité pour revenir en France, où il arriva au moment même de la conclusion de la trêve de Nice et pendant que François Ier se trouvait encore à Villefranche.

[2] Voir ci-dessus, page 340, la première partie.

le baron trouva par son conseil qu'il seroit beaucoup mieulx passer et
faire l'yver de par delà que perdre une telle armée pour la rigueur de
la mer et du vent, ou la hazarder par la coste et terre d'ennemys,
dont le xxve feist désarmer la fuste, et mettre par pièces et à fons
l'aultre brigantin perdu, et print la voye. Allasmes passant par Chasteau-Tournois, où est la province de Elide, devant l'isle du Jante :
vinsmes à Modon, qui est la province de Messénie ; eu nouvelles que
Barberousse à tout l'armée alloit avant : prins à Modon ung pillot turc :
passées les isles de Sapience, là devant Modon, puys cap de Gat,
le petit gouffre de Corron, le cap de Matapan, qu'est en la province
de Laconye dicte auctenticquement Lacédémonie. Arrivasmes à port
Caille le xxixe jour ; y demourasmes jusques au ve jour de novembre
à cause que le temps estoit mauvais et contraire : là se prennent les
faulcons et sacres que ceulx de l'isle du Citry, qui est là du costé de
Levant, souloient aporter en ce pays, laquelle isle Barberousse avoit
sacaigée et destruicte : à ceste cause, les païsans portèrent desdictz
oyseaulx à la gallère pour vendre. Et entendu que Barberousse suyvoit les isles pour les saccaiger et prandre qui estoient aux Vénitiens,
le baron, pour ne s'y trouver, print le chemin de la coste de terre.
De là passé le cap Sainct-Ange, l'isle du Citre, le chasteau de Vac-
ticque, le cap Despine, devant Malvesie, terre forte et insulée, aux
Vénitiens, prinsmes par une nuict Porto-Bota, de là le xj^e passant
l'isle de Ydra et Instri, ville destruicte, aux Vénitiens, dans le gouffre
de Romana, où à la culasse est la ville de Naples de Romanie, qui s'a-
pelloit antiquement Napla, et en la province dicte Argive : de là
laissé ung gouffre qui va au istme de Corinthe, que là finist le Pélopo-
nès, dict Morée. Passàmes par devant Egine, isle d'où estoit natifve
Hélène, laquelle l'armée du seigneur avoit prins, brusléc et sacaigée,
dont n'y trouvasmes personne. Arrivasmes au port de Athènes,
nommé port Lyon ; au bort de la mer avoit ung groz lyon de pierre
par lequel, au temps passé, sortoit une fontaine ; les conduictz y sont
encores apparens ; la province est nommée Actica. Après elle est la
Boesse et opponée au devant l'isle de Necrepont : encores le royaulme

de Macédonie continue jusques à Salonicq et puis va dans terre
jusques à la Misie supérieure, ayant ung grand mont la traversant
jusques Albanye. De la mer Yonie, et dessus lesditz montz, encores va
jusques à ladicte Misie, dessoubz à la mer, comme ay dict, tout du
long dedens terre contient plus de vingt-troys provinces, selon Tho-
lomée.

Lendemain xvj^e passasmes ung grand cap où sur le hault du roch
a encores xviij coulonnes grandes et haultes sur lesquelles par le passé
y avoit édifice où, selon disoit le pilot ture, Aristote y lysoit la philosophie : est tout semblable aux colonnes qui sont encores à Athènes
sur lesquelles estoit édifié l'aréopaige où se tenoit le conseil. Passées
les isles de Cerigo, veinsmes à Chasteau-Rouge de l'isle de Négrepont
dicte antiquement Euboea : audict chemyn en mer a beaucoup d'isles
que ne nomme, pour n'y avoir point esté. Et voulans aller droict à
Chio, ayant le temps contraire, surgismes à l'isle de Andrie. Sceu que
Barberousse avoit pris Negcie par composition avec le duc d'ycelle
de payer tous les ans quatre mille ducatz au grand seigneur. Lendemain, le temps nous contraignit aller à Lorio en l'isle de Négrepont. Le xxe, pour ne pouvoir là avoir la practicque, faire biscuit et
avoir vivres sans congé du sanjacques de Négrepont, le baron y envoya ung gentilhomme avec ung Turc au capitaine de Loriou, qui
monstra audit santjaques les lectres que avoit faict Barberousse, luy
offrit ce que vouldroit, y trouva de biscuit et obtint que les escuz
que les paysans ne vouloient prendre se mettroient pour xliii aspres,
et retint les lettres, puys le baron y envoya deux gallères qui appor-
tèrent xie quintaux biscuyt et quatre cens escuz changez pour ce;
que estoit peu de bled et depparty aux gallères, le xvij^e jour de
décembre de là passées l'isle de Leschat, aux Vénitiens, aultres trois
islotz non habitez, nommez Lescati, l'isle de Drome et aultre. Le xx^e
arrivasmes à Chio, feusmes des Micenois, seigneurs d'icelle, les bien
receucz et traictés et fornis de vivres par argent, lequel le baron
avoit fourny tant qu'il en eust, et commençoit à faillir, dont à sa
prière et requeste, sus sa foy et parolle, pour faire à vous, sire, ser-

vice, Bendit Justinian, l'ung desdictz Micenois et marchant, tout le
moys de janvier et jusques au xvij° jour de febvrier, a fourny journellement à ladicte armée de pain, vin, huille et argent. Or le baron,
sitost qu'il fut là arrivé, voyant l'argent failly, envoya Dimittre à
Constantinople avec lettres au grand seigneur, Barberousse et Marillac pour avoir secours de vivres et argent; voyant qu'il ne revenoit ny envoyoit nouvelle aucune, assembla ses capitaines au conseil,
conclurent qu'il y debvoit envoyer; mais ceulx qui pour y aller furent
nommez ne l'accordèrent pas franchement, dont délibéra y aller luy-
mesmes. Avec l'ayde dudict Benedict Justinien advitailla troys gallères,
eue de luy promesse qu'il pourvoiroit aux dix restans journellement
jusques à son retour. Le xvij° de febvrier, de Chio avec le vent ciroch,
passé le cap de l'isle de Metelin, dicte antiquement Lesbos, entre
l'isle Tenedos et la terre où sont encores éminentes les vestiges de la
ruyne troienne, veue du costé gauche loing l'isle Lemnos, dicte Sa-
lamine; entré dans le canal, passé les chasteaux nommez Dardaneaux
de la mer Helesponte : de l'ung costé est la Natolie, que est la Bithinie antiquement dicte Azie-Mineure, de l'aultre la Grèce, mais
c'est desjà en la Trace; puis la ville de Galipoli sur le destroict de
mer Propontide. Surgismes une nuict du costé de Bithinie en ladicte
mer et jusques là estoit Troie, le lieu s'appelle Bugade; lequel pays
estoit inhabité; le grand seigneur y a mis et faict venir d'Esclavons,
Albanois et Serviens, quand les eust conquestés : il faict ainsy en plusieurs contrées pour mémoire de ses victoires et pour mesler les
langues. De là passé l'isle de Marmora, le mauvais temps et bouras-
queux nous porta à Eraclea, fondée par Eracle empereur, et faicte
chef impérial avant que Constantinople. Ledict temps nous détint là
huyt jours : trouvasmes une barque chargée de bled que le seigneur
envoyoit à Chio aux gallères de France et nouvelles que Dimittre
estoit devant avec une aultre; ne l'avions point veu, car le temps estoit fort.

   De là arrivasmes aux sept chasteaux de Constantinople, le dernier
de febvrier; illec surgismes et nous vint au devant ung capitaine avec

la propre fuste de Barberousse et Marillac : landemain, premier de
mars, desditz sept chasteaulx où l'on dict que est le trésor du grand
seigneur, le long de la muraille vinsmes jusques à l'aultre coing tri-
gone, qui font sept grandz mile, lequel coing est le saral du grand
seigneur et l'entrée du port, et va dedens aultres sept grandz mille;
saluasmes ledict sarral sur ledit coing à toute l'artillerie tirant boullet,
dressans les bandières de voz armes, sire. Ladicte fuste nous mena
dans le port du costé devant Père à la porte de Saincte-Clère; nous
avions veu la terre du costé de la mer, la regardions du costé du
port, du bout duquel coing à l'aultre coing desdictz sept chasteaux
a aussi sept mille; nous voyons, des deux costez au meilleu, un
mont tout esgal eslevé autant d'ung costé que d'aultre, voyant d'ung
costé ne voyons rien de l'aultre. Mais dudict costé en montant voyons
grandz édifices et grand quantité de ciprès, arbres haultz et poinctuz,
qu'il semble autant ung parc de boys ciprès comme semble ville par
murailles, églises et édifices : devant la bouche du pont y a certains
isles des Princes où souloient aller à l'esbat les seigneurs; depuys ledict coing du sarral allant bien avant au port, hors le mur jusques à
la rive dudict port a ung jardin, le long de la muraille ung ranc de
plus de cent groz canons de fonte fort longs, partie desquelz ont esté
apportez des conquestes et victoires que les grandz seigneurs ont eu.
Semblablement du costé de la grand mer, tant que tient ledict sarral
audict coing, a une porte par où le grand seigneur monte sur sa fuste
quand veut aller s'esbattre, et souventeffoys va desguisé luy deuxiesme
avec ung seul esclave horsmis les rameurs : quant va desguisé, porte
une robbe de drap et son turbant et d'ung costé du front sort ung
ruban noir qui vient passer sus l'ung des yeulx, de l'aultre costé et
soubz l'oreille est remis dans ledict turbant; il est venu par deux
foys aynsy desguisé autour de noz gallères; quelques capitaines en
advertirent le baron, qui commanda que l'on ne le saluast. Ledict premier de mars, sitost que feusmes surgis, vint ung qui de par le grand
seigneur porta présent vingt moutons, vingt pains de sucre, vingt
flambeaux de cire, iiiiᶜ pains, iiiiᵐ vᶜ aspres, et feist donner deux

bottes de vin : semblablement Barberousse et de ses capitaines envoyèrent présent moutons, pain et fruictz. Estoit sur le tourner de la lune, ilz avoient faict leurs jeûnes, lors faisoient leurs pasques qu'ilz célèbrent ad ce qu'ilz voient la lune nouvelle, et dure leur solennité huit jours; autant demourasmes là sans parler ne rien faire ou négocier.

Icelles passées, le baron, le duc de Somme et Marillac allèrent parler Aiax-Bassa en sa maison, puys après le baron alla parler à Barberousse en une petite maison de boys qu'il avoit faict dans le tercenal pour estre sur et avancer l'œuvre et l'armement des gallères, lesquelz tercenalz sont grandz, et en iceulx grande quantité de gallères, boys, rames, fer, ancres, raissons et tout ce qui est nécessaire à gallères; cela dura quelques jours, puys encores retourna le baron, duc de Somme et Marillac audict Aiax-Bassa. Obtint le baron qu'il baiseroit la main au grand seigneur, qui puys après envoya audict baron quatre robbes de velours rouge, broché d'or, une au baron, l'aultre à son filz, l'aultre à Marillac, l'aultre à moy, mille aspres vallans n^e escus, autant en envoya au duc de Somme. Lendemain, vestuz desdictes robbes nommées cafetans, passasmes le port à Constantinople. Là fut Janus-Bei drogomant, certains spachi montez à cheval; et nous là montasmes à cheval sus de beaux genetz, et nous conduisoient par la ville jusques à la porte du sarral, qui est circuy de muraille autour comme une ville et aussi grand que Marseille. Entrasmes à la première porte en une place triquete, ayant au bout d'une muraille au coing gauche une porte; par là l'on va aux estables et escuryes du grand seigneur; près l'aultre coing deux tours rondes et grandz, au meillieu une double porte, ayant gardes et garnison armée : d'icelle entrasmes à pied en une grande basse-court toute pavée de marbres, excepté les belles grandes allées; a bien de loing mil v^e pas ou plus, large troys cens, a tout autour une allée en forme de gallerie couverte, toute paincte le ciel et entredoré; soubz ladicte gallerie, et plus oultre du costé est la porte faicte de voulte, de grandz coulonnes et marbres, riche et superbe, où l'on tient l'audience et faict l'on les expédicions de justice : tel lieu où se faict justice appelle l'on la Porte.

Là fut mené le baron et duc de Somme aux quattre bassas, là assis à leurs siéges ; y estoit aussy le cadix-de-lesquier. S'entre-saluèrent au mode que dessus et furent faictz asseoir le baron et duc de Somme ; tous nous aultres feusmes menez là auprès, soubz la gallerie, assis sus bancz de pierre de marbre couvert de tappiz velutez. Ce tandis regardant ladicte basse-court, veismes là devant jusques près du fons et aussy de l'aultre costé dens les galeries, environ troys mille janizaires accoustrez comme ay dict sont accoustrez, les janizaires estans tous debout sans parler, bouger ne mener aulcun bruyt : sont les xiiᵐ de ladicte garde perpétuelle de la personne du seigneur, soit en guerre ou à la ville ; lesquelz janizaires ont entre eulx diseniers, centurions, milleniers, et sus tous deux capitaines nommez Aga de janizari. Quand vont à la guerre, chacune dizaine a son petit pavillon : l'ung a charge du pavillon, l'aultre d'apporter vivres, l'aultre boys, l'aultre cuisiner, et chacun faict ce qu'il doibt : entre eulx n'a jamais noise ou question, tant pour ceste cause que aussi pource que les excès qu'ilz font entre eulx et tous aultres gens de guerre sont pugniz aigrement, la pluspart de peine de mort, dont restent en merveilleuse et incrédible obéissance ; ont tous gaiges, mais selon leurs mérites et bons services et non pas esgaulx. Entre ses genizaires y avoit aulcuns accoustrez du mesme accoustrement, excepté qu'ilz n'avoient point de coeffe d'or, et le chapperon de feltre blanc estoit poinctu et long ung pied et sus la pointe ung petit penache ; ceulx-cy sont les lacquais et meneurs de chevaulx de la personne du grand seigneur, et se nomment soulach, et sont environ deux centz comprins au nombre des douze mille jennizaires, et sont grandz tireux d'arcz et n'uzent point d'aultre armature. Aussi plus bas et quasi au droict de la porte, avoit environ viᶜ ou plus d'esclaves des bassas, accoustrez comme les janizaires, excepté que le chapperon est de feltre rouge ; ceulx estoient sus la place près et hors la gallerie. En semblable ranc et silence, y avoit et au coing de ladicte basse-court et autour soubz les galleries et en la-

dicte court plus de deux mil Turcz accoustrez dessoubz de velours,
satin broché d'or, drap d'or broché à ramaiges et fleurages, la saincture de velours ou tissu de soye garnye d'argent, la pluspart d'or; la
cimeterre pendant garnie de semblable, dessoubz robbes de damas,
camelotz de la marque du seigneur, satin, velours escarlate, rouge
ou violette, fourrées de martres, foynes, regnardz, léopardz, lanettes,
conguins noirs et aultres peaux; au chef grandz turbans. Ceux sont des
quattre mille chevaulx que le grand seigneur a aussi à la perpétuelle
garde de sa personne, qui sont mille espachi-oglan; ceulx que le seigneur a prins en guerre ou choisy de tributz ou aultrement eu par
présent et nourriz en son sarrail comme enfans du seigneur; qui sont
mieulx accoustrez et ont les plus beaux chevaulx, et selon leur savoir
et vertu eslevez journellement en dignité comme ès sanjaquatz, qui
sont gouverneurs de provinces, capitainneries, soubzbassi gouverneurs de villes, jusques aux bassas et belerbeyatz; ont les bonnes, ho-
norables et proffitables commissions, quand les faict faire; le seigneur les marie avec ses seurs, filles, ou filles qu'il a nourry à son
sarrail, peuvent chacun avoir dix esclaves. Les aultres mille se nomment
Vlufagi, qui se créent des janizaires ou esclaves des bassas; quand
font quelque bon et louable service, faict d'armes à la guerre, sont
récompensez et mis à l'ordre desdictz mille Vlufagi; et les aultres mil
se nomment Caripicz, qui sont de Turquie, de Perse, de Grèce, de
Mores ou de Sirie, gens qui sçavent bien tourner et monter chevaulx,
de grand proesse, expérience, décorez de plusieurs vaillances auparavant faictes; les aultres sont mille sulastres, qui sont de la mesme
créance que sont les spachi-oglan et en mesme estat; ces deux précèdent les aultres.

Après aulcun parlement entre les bassas et baron et duc de Somme
et Marillac, leur fut apporté le disner, semblablement à nous estant dans
ladicte gallerie. Après le disner allèrent les baron, duc de Somme,
drogomant et Marillac avec les bassas au seigneur, qui estoit en une
chambre, comme le baron m'a puis dict, toute tapissée par terre, tout
seul assis sus son dict siége d'or, le ciel de la chambre tout painct d'or

et couleurs varians et excellantes, les murs, aussi chaminée, tout
painct d'or à ramaige entrelassez, et seméez par dessus pierres précieuses excellentes, mises par grand artifice et disposition. Après qu'ilz
eurent baisé la main audict seigneur, à la propre manière qu'a esté
dict cy-devant, et avoir estez benigment receuz, parlèrent audict seigneur et le seigneur à eulx environ une heure. Puys à bonne et
joyeuse grâce eu congé, s'en sortirent; et tous ensemble, passée la
porte des deux tours, montasmes à cheval, l'aga de janizaris à cheval,
à beaucoup d'iceulx janizaris le suyvant; les bassas à cheval à tous leurs
dictz esclaves, chacun suyvant son maistre à pied, grand quantité de
chevaulx de ceulx que ay nommé cy-dessus, mais nous ne congnois-
sions pas la qualité; en quoy entre eulx estoient différendz; les bassas ont assi grand suyte de gens à cheval. Chacun print le chemin de
sa maison, nous à la rive du port; là, laissez les chevaulx, montasmes
sus les gallères et tournasmes à nostre place devant Père.

Après Barberousse, comme général de la mer, envoya ung de ses
capitaines dire audict baron ce que luy falloit de pège, estope, clous,
boys et nécessaire pour acoustrer ses gallères, qu'il luy feroit le tout
délivrer. Le baron meist ses maistres pour racoustrer ce pendant icelles
gallères sus cane, et journellement les maistres alloient quérir ce qu'ilz
vouloient; leur estoit délivré avec ung tillette de Barberousse par les
gens du maistre du tercenal, et luy dist qu'il envoyast une gallère avec
une sienne, qu'il la conduyroit au mer Majour, qui est le Pont-Euxone,
pour prendre de rames tant qu'il vouldroit. Le baron envoya ladicte
gallère, qui revint toute chargée de rames dans six jours. Et disoient
ceulx qui là estoient allez qu'il y avoit de rames pour viiie gallères,
tous couppez, et de boys pour faire gallère autant, et pourroit bien
selon les boys en faire tant qu'il vouldroit. Ay ouy dire aux capitaines
de Barberousse parlant au baron, que pour troys cens escuz feroit une
gallère tout le boys et arbres, et entenes et rames. Ce pendant le
baron practica avoir argent pour accoustrer et advitailler icelles et les
aultres qui sont demourées à Chio, et l'ung des capitaines de Barberousse, celluy qui nous vint au devant à l'entrée de Constantinople,

me expédia cinq mille ducatz en une maison près le tercenal, lesquelz feiz porter au baron. Puys quelques jours après vint disner cheux Marillac avec le baron et le duc de Somme. Après disner je y allé, et là luy-mesmes me expédia aultre cinq mille ducatz que portay au baron. Eu l'argent, achapté quelque biscuit, vin et aultres vivres, le xiᵉ d'apvril départismes, et passant devant le sarral, le saluasmes ne plus ne moins comme avions faict à l'entrée.

Venuz à Eraclea, le temps nous détint deux jours, puys, suivant la coste de la Grèce qui est au royaulme de Trace, depuis Constantinople et mer Major, vinsmes au destroict de la mer Propontide à la ville de Galipoli : là estoit Morat-Aga, lieutenant de Barberousse et capitaine de trente gallères, ausquelles vouloit donner le suif, vint sus noz gallères veoir le baron, qui estoit au lict mallade, luy dist que les dix gallères s'en estoient départies de Chio pour venir en France, avoient prins une fuste d'ung Turc corsaire qui estoit un meschant homme. Le baron, soubdain oyes les nouvelles, tira avant sans riens arrester: le mesme jour faisans diligence, passasmes les deux chasteaulx du Helespont nommez Dardanneaulx : sont l'ung devant l'aultre auprès de la mer que n'a pas demye mil de large, l'ung en Grèce, l'aultre en la Bithinie dicte Natolie, ayans sus la mer et aux coings regardans la mer chacun xxxii groz canons, dont nul navire ne peult entrer ou sortir malgré eulx : celluy de Natolie a des marestz alentour qui le faict fort et le pays ensemble, celluy de Grèce est au descendant d'une montaigne; quand l'on entre ne disent rien, l'on n'en peult sortir sans le congé du grand seigneur et qu'il soit visité pour veoir s'il y a davantaige qui n'a esté monstré à Constantinople. A celle fin le capitaine du chasteau vers Natolie vint sus la gallère; le baron leur feist présent de dragée, collation et quinze ducatz, luy monstra les lettres du grand seigneur: icelles veues nous donna congé de passer sans riens vouloir chercher. Les gallères le mesme jour faisans diligence à la voille et aux rames, arrivasmes à l'isle Tenedo, et voulans aprocher pour entrer au port nous fust tiré des coups de canon; le boullet vint près la gallère, mais ne la toucha. Soubdain les deux pilotz, ung More, ung Turc,

se meisrent à prouhe et matèrent que le chasteau cessa de tirer ; puys
le baron les envoya parler au chastelan, qui dist qu'il estoit marry,
mais que c'est leur coustume de garder les ports et ne sçavoit qui
nous estions, mais que le port, chasteau et tout estoit au commandement du baron. Ce entendu, entrasmes dans le port, saluasmes le
chasteau et luy nous ; la tempeste de mer et de vent nous détint là
huyt jours.

De là vinsmes à ung village de l'isle de Metelin, la veille de Pasques ;
achaptasmes cher, vin et pain fraiz ; le jour de Pasques arrivasmes à la
ville de Metellin achapter encores de cher et vin. Ladicte isle porte
bons et grandz vins malvoisies et vin muscatel, et malvoisie musca-
telle qui est bonne, aussi beaucoup de bestail ; est bonne, grasse
et fertile, l'on y faict de la soye. De là vinsmes à Chio le xxiiiᵉ jour
d'apvril ; arrivez, faicte diligence de faire biscuit, monstrer la carène
des gallères, qui se trouvèrent tant pourries soubz eau qu'il est ung
don de Dieu que n'estions perfondez. Bien accoustrées, faicte la nécessaire provision de vivres, partismes le xixᵉ jour de may ; surgismes
pour la force de vent et de mer à l'isle de Micoles, puys passasmes
auprès des isles de Milo et aultres. En veu de l'isle de Candie nous engouffrasmes à la volte de Barbarie, arrivasmes à ladicte coste à une
plaige nommée Loila, où les Alarbes nous voulurent deffendre l'eau :
le filz du baron, ensemble plusieurs gentilzhommes et compaignons
de guerre, environ cent, descendirent sus eulx qui couroient merveilleusement par les boys, rochz et montaignes, et tous nudz couroient
si fort qu'il n'estoit pas question d'aller après ; et puys, quand estoient
ung peu loing, s'arrestoient et retournoient à grand course courir sus
les nostres, et aulcuns à cheval aussi faisoient de courses, et puys se
retiroient dans ung boys. Ce pendant les mariniers levoient de l'eau,
que la fontaine estoit près la mer. Lendemain tourna descendre le filz
du baron avec les aultres, et les Alarbes se retirèrent a une coste de
montaigne ; les nostres montoient une aultre coste ; les Alarbes à course
de jambes leur vindrent dessus, les nostres leur tournèrent la face
et à ung coup d'eschopet tuèrent leur capitaine, coururent après les

autres, qui gaignèrent le hault de la montaigne, car à courir ne les
pouvoient actaindre : estoit ledict capitaine bel hault homme, groz
de bracz et jambes, mais n'estoit chargé de cher, estoit tout nud fors
que portoit sus la teste ung bonnet rouge long, por armes avoit ung
fer bien délyé comme ung fer de javeline, manche la haste d'ung
baston de branche d'arbre comme la verge d'ung bergier; fust portée
lesdictes armes en la gallère. Ce tandis tousjours levyons de l'eaue;
icelle levée, suyvismes la coste bien troys cens mille, passant par une
coste toute inhabitée, puys une aultre toute de sablon et de grandz
arbres de palme haultz et exaltez : nous approchant pour prendre de
l'eau, vindrent à la marine grand troppe de Mores à cheval et à pied;
fust envoyé le pilot parler à eulx, leur dist que les gallères estoient de
France, amys du grand seigneur, venans de parler audict grand seigneur. Ce entendu nous monstrèrent où estoit l'eaue; nous vendirent
moutons et beufz : lesdictz Mores, tant à pied qu'à cheval, estoient nudz
fors que portoient sus une espaule une pièce de toille de laine blanche
venant soubz leur bracz, de l'aultre costé en œcharpe. Ung peu après
vint à la gallère le capitaine, gouverneur de la ville, accompaigné de
plusieurs Turcz, vestuz de robbes longues jusques à terre, avec franges
et manches larges serrées devant, faictes de toille, de coton ou de laine,
les ungs les portoient blanches, les aultres bleuz; au demourant tous
nudz, si n'est une chemise dessoubz et bonnetz rondz à la teste, portèrent présens quelques dates, fruictz et moutons. Le baron les feist
festier de pain, vin, dragée à collation avec aultres confitures, de
sons de trompettes, tabourins, haulxboys et sacquebuz, s'en retour-
nèrent très contens, après avoir offert au baron la ville et tout ce qu'ilz
avoient.

Passasmes cap de Bonne, Andrie; au cap de Mesurate IIIe mil de
gouffre, dedens la culasse dudict gouffre a une terre où les Alarbes
amènent vendre les Œthiopes tous noirs; les viennent illec achapter
les Ciciliens, Napolitains. Passant oultre à Thisore, eusmes pour argent cher, pain et fruictz. Puys Tripoli, vinsmes surgir aux Gerbes :
eusmes aussi cher, pain et fruictz, puys aux Façz; là eusmes pommes

et aultres fruictz, ung pillot pour jusques au Monastier pour douze
ducatz ; après arrivasmes au Monastier, achaptasmes vivres, survindrent
troys fustes amenantz ce qu'ilz avoient pris du cardinal de Gadi venant
à Nisse, beaucoup de prisonniers, mariniers et lancequenaiz et aultres,
desquelz y eut ung Lorrain soy disant estre Françoys : le baron le demanda pour Françoys, puysqu'estoient amys, luy fut rendu ; comme
il disoit, estoit serviteur dudict cardinal, nous donna nouvelles de
l'assemblée de nostre sainct-père, de vous, sire, et de l'empereur.
De là passasmes Susse, Mahumette, Calibie, où nous arrestasmes
pour avoir des nouvelles : y a quelques Turcz qui tiennent là avec
l'ayde d'une partie de la ville pour Barberousse, vindrent parler au
baron, menèrent ung More, qui venoit des pays de deçà, espie :
nous dist nouvelles de ladite assemblée et beaucoup d'aultres particularitez de ce pays. Plus, passée l'isle de Zimbe, cap de Cartaige,
gouffre de Tunys, Port-Farine, l'isle Plaine, Biserti, vinssmes à l'isle
de la Galite : de là nous engouffrasmes et vinsmes au Titol, cap des
isles d'Or, feusmes veus d'une gallère, estant du costé de terre, allasmes sus elle à rames pour veoir que c'estoit, se mist en fuyte à la
volte du chasteau de Bringanson, et nous après, que en deux ampo-
lettes feismes quinze mille que a du Titol à Briganson, et trouvasmes
que c'estoit un gallère du baron qui portoit son frère, l'évesque de
Lombes, à Antiboul; et après disner, xixe jour de juing, de là par-
vinsmes à Villeneufve à vostre court, sire [1].

---

[1] Plusieurs incidents prolongèrent pendant tout le mois de mai les préliminaires
de l'entrevue de Nice, tels que la résistance opposée par le duc de Savoie et par
les habitants de Nice à la remise de la citadelle de la ville au pouvoir du pape.
Voyez dans le Recueil de Ribier les lettres
de l'évêque de Mâcon et du connétable de
Montmorency écrites à ce sujet, ainsi que
les pouvoirs donnés par François Ier, le
24 mai, et par Charles-Quint, le 4 juin
1538, à leurs négociateurs respectifs pour
les autoriser à conclure sous la médiation
du pape une trêve, en attendant une paix
finale. La publication de la trêve est donnée ensuite au nom de François Ier par un
acte daté de Villeneuve, le 21 juin 1538.
Rincon, qui prit possession de son poste
au mois de juin, ne fut informé de ce fait
et du changement de direction qu'il annonçait dans la politique de la France qu'au
mois d'octobre. Dans tout cet intervalle,
le sultan, occupé, dès le mois de juillet,
d'une expédition contre Raresch, vayvode

LETTRE DE RINCON A M. DE VILLANDRY.

(Autographe. — Béthune, ms. 8502.)

Monseigneur, je vous remercye bien humblement de la bonne
soubvenance de moy qu'il vous a pleu de me monstrer par les lettres
trop plus que gracieuses et humaines que messire Vincenzo de Mazy
m'a portées le 8 du présent, chose que sans faulte j'estime et pryse
d'autant pluz que je sçay non l'avoir mérité vers vous, cognossant
que la vostre bonté et gentillesse naturelle ne pouront jamais oblier
leur vertueuse et honorable coustume qui m'inhardie, monseigneur,
à voz supplier bien affectueusement que le lieu qui vous a pleu de
vostre grace me contribuer en vostre bénévolence me soit tousjours
continué en mon absence comme à ung de vous mélieurs serviteurs,
affin, moyenant icelluy, je puisse mieulx estre secouru de ce qui me
fait bon besoing de per deçà, et ainsy m'obligerez à perpétuellement
rester votre serviteur, comme je requiers et ayme, vous peroffrant tousjours mon service partout où il vous plaira de me employer.

Monseigneur, quant à la occurrence des nouvelles de ceste bande,
pour le présent ne vous fayrai longue escripture tant pour non dis-

---

de Moldavie, fut absent d'Andrinople où il
résidait, et il n'y revint qu'à la fin d'octobre. Il y reçut, à son arrivée, Barberousse,
qui avait de nouveau fait une brillante
campagne dans l'Archipel pendant tout
l'été, et battu à Santa-Maura les flottes
combinées de Venise, de l'Espagne et du
pape, qui, sous le commandement de
Doria et de Capello, firent ainsi un essai
malheureux de la ligue formée par Paul III.
Cette défaite eut lieu le 28 septembre, et
voici en quels termes Castelnau, évêque
de Tarbes, ambassadeur auprès de l'empereur, en écrivit de Tolède à François Ier
le 26 novembre suivant : « André Dorie
impute la défaveur advenue à l'armée de la
ligue, partie au vent contraire, qui rendit
les naves inutiles, et partie au général des
Vénitiens, qui, voyant ses galères mal fournies de soldats, ne les voulut charger d'Espagnols, ce que, depuis, il a esté contraint
de faire, vaincu par les persuasions et remonstrances dudit Dorie, qui luy a fait
prendre cent cinquante soldats espagnols
pour chacune galère; et ainsi équipées
sont parties de Corfou délibérées d'aller
assiéger Castel-Novo, pour contraindre
Barberousse, s'il veut lever le siège, de
venir au combat. » (Ribier, t. I, p. 262.)
On verra que la reprise de Castel-Novo
devint le fait important de l'année suivante.

turber vous grandes et sériés occupations que pource que le s[r] Marilhac [1], porteur de ceste, s'en retourne per delà, qui estant amplement informé du portement de noz négotiacions de per deçà, voz en
sçaura bien faire si entier rapport du tout que je croy en aurez rayson
de voz contenter. Lequel, nonobstant que per le bruyt de sa pru-
dhomie et grande diligence dont il en a usé per deçà au service du
roy, je sache qu'il est assez estimé et bien voulu de per delà; néantmoins, encores pour mon office, esmeu de sa bonne affection et zèle
qu'il a de persister tousjours audit service, je vous veulx bien supplier, monseigneur, en son faveur, l'avoir pour recomandé, luy portant une bonne parolle audit seigneur et à monseig[r] le connestable; en
somma, luy estre si bon patron qu'il puysse consuyvre quelque honeste
rémunération de ses labeurs et sollicitudes qu'il a prinses au service
dudit seigneur. Et à tant, aprez m'estre recommandé très-humblement
à vostre bonne grace et souvenance, prieray le Créateur, monseig[r],
vous doint, en bonne santé, le comble de voz nobles désyrs. En Pera
lez Constantinople, ce xve jour de juing 1538. Vostre très-humble
serviteur. — Ant[e] DE RINCON [2]. —

---

[1] Charles de Marillac, qui devint depuis archevêque de Vienne, l'un des di-
plomates les plus éminents du xvie siècle.
Relevé de ses fonctions à Constantinople
par Rincon, il fut, à son arrivée en France,
nommé ambassadeur en Angleterre, et
plus tard envoyé à diverses reprises en Allemagne. On possède sa correspondance à
partir de 1539, avantage qui nous a manqué pour les années antérieures et pour
sa mission du Levant, où on l'a vu succéder à La Forêt. L'historien de Thou nous
fournit quelques renseignements sur les
motifs qui l'avaient forcé de quitter la
France pour se rendre en Turquie : « Il y
avoit longtemps qu'il souhaitoit une réforme dans l'Église, et il s'étoit rendu suspect à ce sujet, dans le temps que jeune

encore il faisoit la profession d'avocat au
parlement de Paris. Pour éviter le péril qui
le menaçoit, il suivit Jean de La Forest,
son cousin, que François Ier envoyoit en
ambassade vers Soliman. La Forest étant
mort, il remplit dignement sa place; et
s'étant acquitté avec honneur de plusieurs
ambassades en Angleterre et auprès de
l'empereur Charles V, il avoit été nommé
conseiller d'état. » (De Thou, *Histoire universelle*, t. II, p. 825.)

[2] Charles-Quint écrivit à la reine de
Hongrie, par sa lettre du 18 juillet 1538,
les détails de son entrevue à Aigues-Mortes
avec François Ier, en indiquant les différents points traités dans leurs conversa-
tions : « Comme je vins près de Marseille,
le conte de Tende, lieutenant du roy en

LETTRE DE RINCON AU CONNÉTABLE DE MONTMORENCY.

Péra, 28 octobre 1538.

Très-illustre et très-excellent seigneur, le seiziesme du présent, j'ay eu les lettres que vous a plu me faire escrire du 15 d'aoust, ensemble celles du roy du 12 dudit mois, dont j'ay entendu bien au long tout le succès et ressort de l'entreveue dudit seigneur avec l'empereur, faite tant à Nice comme un peu après en Ayguemortes; chose que,

Provence, fut au devant de moy avec toutes ses gallères, me offrant les clefs dudit Marseille, et qu'il feroit partir tous les gens de guerre qui y estoient, fût que y voulusse entrer..... Et tost après que je fus arrivé, me vint veoir le connestable de France bien accompaigné, refréchissant les offres faictes par les autres ministres dudit s' roy, qui vouloit venir à moy confidemment. Et je dépeschay pour aller devers luy..... Mais ledit s' roy s'avança avec telle diligence, qu'ils le rencontrarent à l'entrée de ce port venant en six barcques bien couvertes et acompaigné des princes et seigneurs, et vint tout droit à ma galère, où nous entrevîmes avec démonstrance de très-grande amitié, et se passarent environ deux heures en toutes parolles gracieuses, sans plus parler entre nous de particularitez, sinon de les remettre à noz ministres d'ung costé et d'autre, et expresse déclaration que fut qu'elles se esclarcissent cy-après ou non, pour tant ne se changeroit riens en ceste nostredite amitié. Et ainsi s'en partit ledit s' roy démonstrant singulier désir que le vinsse veoir audit lieu, et pour correspondre à la confidence usée par ledit s' roy, je m'accorday de venir audit Aigues-Mortes... et venant au rivage du ca-

nal, je trouvay hors la porte ledit s' roy, la royne, nostre meilleure seur, mess" le daulfin et d'Orléans et tous les princes et princesses, qui me reçurent là fort humainement; et seroit chose trop prolixe de vous déclairer par le menu la bonne chière qui m'a esté faicte et les cordiaulx propos qu'avons eu privéement ensemble, et ay clèrement apperceu que sans ceste dicte confidence et nous entrevoir, il fust esté impossible de jamais nous povoir faire amys.... Touchant les remèdes des affaires publicques, a esté communiqué de procéder avec bonnes et puissantes forces non seulement à la deffension, mais à l'offension contre le Turc, telle qu'il est requis, etc. » (*Correspondenz des Kaisers Karl V*, t. II, p. 285.) Vers la fin de 1538, l'empereur adressa une lettre au roi Jean de Hongrie, pour le féliciter de la paix conclue enfin entre lui et Ferdinand, et qu'il dit avoir conseillée à son frère : il l'invitait en même temps à prendre part à la guerre qu'il allait entreprendre contre la Turquie : « Ea spe freti nos, et nostris et serenitatis vestræ aliorumque regum qui in belli societatem venturi sunt, omnibus copiis Turcharum conatibus terra marique obviam ire, etc. (*Ibid.* t. II, p. 292.) »

en satisfaction du bon vouloir et désir de Sa Majesté, j'ay escrit incontinent au grand-seigneur, en la meilleure forme et plus expédiente voye qu'il m'a semblé requis et nécessaire en son service, et mettray peine de temporiser et d'entretenir tousjours en amitié ledit grand-seigneur par tous les meilleurs moyens et persuasions dont je me pourray recorder, jusques à ce que j'aye entendu plus certainement l'entière et absolue détermination et volonté dudit seigneur roy et la vostre; car les deux lettres que sa majesté m'a fait escrire ne m'ont du tout bien satisfaít ny assuré de cela. Quoy qu'il en soit, je vous supplie très-humblement, monseigneur, me faire entendre plus à plain et souvent comme, pour le plus expédient, d'icy en avant j'ay à me gouverner et conduire avec cette nation, et je travailleray d'ensuivre l'ordre et le commandement du roy et le vostre, le plus près qu'il sera jamais possible, en quelque endroit que ce soit, tant que l'on cognoistra que comme bon et affectionné serviteur je n'auray espargné la vie ne autre chose que j'aye peu employer.

Quand est de poursuivre et solliciter la bonne voisinance et seurté, comme me commandez que je fasse, pour le trafic et conversation respectivement des uns subjets avec les autres, à la jointe dudit grand-seigneur, que l'on attend icy dans xv ou xx jours, j'y feray tout le possible, et espère qu'il se pourra faire, pourveu que autre détourbe et empeschement plus grand ne entrevienne.

Touchant ma provision, je vous supplie, monseigneur, moult humblement vouloir avoir tousjours bonne souvenance en l'absence de vostre pauvre et obéissant serviteur, et avoir égard aux frais, tant ordinaires comme extraordinaires, que le lieu et dignité que je soustiens requèrent estre faits, mesmement en ce pays tout adonné à l'avarice. Sur quoy ne laisseray pareillement à vous supplier vouloir faire pourvoir qu'il soit satisfait à Barberousse de la partie de dix mille ducats d'or qu'il a fourny icy au baron de Sainct-Blancard pour l'honneur du roy, car l'on commence jà à me demander le payement.

Des nouvelles de ce costé et aultres occurrences du temps, me remettant à ce que présentement j'escris audit sieur roy, il ne me

49.

semble jà besoin vous occuper d'autre redite, fors qu'en toute humilité et affection, me recommandant à vostre bonne grace, etc. — En
Pera lez Constantinople, le 28ᵉ jour d'octobre 1538.

LETTRE DE RINCON AU CONNÉTABLE DE MONTMORENCY[1].

Andrinople, 26 décembre 1538.

Très-illustre seigneur, sçachant vos infinies occupations, et escri-
vant au roy de toutes les affaires de par deçà, je ne suis pour vous
ennuyer de longue escriture, voulant tant seulement dire comme,
quant au respect d'entretenir tousjours cette nation en bonne amitié

[1] Les lettres des ambassadeurs de
France en Angleterre et en Espagne montrent, pour toute la fin de cette année, les
effets de la nouvelle intelligence qui se
formait entre François Iᵉʳ et Charles-Quint,
et les progrès de la défiance qu'elle faisait
naître chez les autres princes et surtout
chez Henri VIII, vivement préoccupé des
moyens de traverser cette union, qui pouvait se faire à ses dépens. D'après les
lettres écrites au mois de novembre par
Castelnau, évêque de Tarbes, chargé de
négocier les mariages qui devaient accompagner la remise du Milanais au duc d'Orléans, la cour d'Espagne désirait la présence de ce prince sous ce prétexte : « Il
n'y aura personne en la chrestienté qui
estime que le roy s'humilie à l'empereur,
mais qu'il luy a envoyé son fils pour le
secours de la chrestienté, pour ne dé-
faillir la bannière de France à l'entreprise
contre les Turcs. » Charles-Quint annonçait hautement son intention de faire une
grande expédition contre la Turquie, et
donnait, à la fin du même mois, des instructions dans ce sens à l'archevêque de
Lunden : « Tendrés tousjours à la pacifi-
cation générale de la Germanie, affin que
tous les estats d'icelle se portent à la deffension contre le Turc le plus avant que
faire se pourra, et que tous lesdits estats
sçachent que tout ce qui s'en fait est par mutuelle volonté dudit seigneur roy très chrestien, et selon la résolution prise audit Aigues-Mortes pour conduire et acheminer
cette tant bonne et sainte œuvre, avec tout
moyen et intervention, comme nous sommes confédérés pour procurer en toutes
choses unanimement le bien, repos et tranquilité de toute la chrestienté. » Dans le
même temps, un envoyé de Charles-Quint
revenant de la cour de France, rendait
compte à l'empereur « des honnestes propos que le roy luy avoit tenuz dudit seigʳ,
et de l'amitié qu'il luy porte, et le bon conseil qu'il luy a donné de ne hazarder sa
personne contre le Turc, sans avoir bien
pensé de quelle importance elle est pour
toute la chrestienté : et davantage quand il
s'est trouvé avec le duc d'Albe et autres
seigneurs avec lesquels l'empereur com-
munique privément de cette entreprise
contre le Turc, il leur a presché tant de
choses, qu'il leur a imprimé qu'elle ne se

et alliance avec ledit sieur roy, ensemble de praticquer le voisinage pour le trafic de marchandise, dont il vous a pleu me faire escrire; j'ay faict et dit tout ce que ma petite capacité et ardent zèle vers le service de sa majesté m'ayent peu conseiller et mettre avant, ayant en effet tellement labouré, tant par lettres, estant le grand-seigneur au camp en Vallachie, comme de bouche avec Ayax et Lotfy-Bassaz, qu'ils en démonstrent estre contens et satisfaits de tout ce qui jusques icy a esté passé et traité de par delà, en tant que sa majesté ne condescendera à chose qui leur redonde à plus grand préjudice et désavantage. Ce qui leur a esté promis, et par vos dernières confirmé, desquelles, considérans le degré et autorité où vostre excellence est par delà, ils ont tenu grand compte; et en cette confiance promettent de me faire octroyer toutes choses justes et honnestes que je pourray requérir au nom de sa majesté. A cette cause, monseigneur, il vous plaira faire qu'à tout ce que j'écris au roy présentement me soit expédiée deue et briève responce, afin qu'en acquit de ma charge je puisse

peut faire sans la faveur du roy, si bien que desjà ils sont tous persuadez que la grandeur de l'empereur doit procéder de l'amitié du roy, et qu'il faut qu'il s'allie dudit seigneur le plus estroitement qu'il pourra, s'il veut faire quelque conqueste sur le Turc; car autrement ses estats demeureront en trouble, et luy sans moyen de continuer son entreprise. » (Ribier, t. I, p. 264 et 293.) On voit que l'illusion que se faisaient réciproquement les souverains gagnait jusqu'aux subalternes et aux intermédiaires. Cependant elle n'était pas générale, et, dès le 10 décembre, Grignan, ambassadeur de France à Rome, faisait passer au roi cet avis secret : « Encore que je doive estimer l'amour être si grande entre le roy et l'empereur, sy ne puis-je faillir à vous donner l'advis qui m'a esté mandé par un cardinal très-affectionné serviteur de S. M., la substance

duquel est : que la seigneurie de Venise a esté advertie par son ambᵉ du commandement exprès dudit empereur, que le roy lui a envoyé offrir trève avec le Turc pour trois ans, pourveu qu'il l'accepte pour luy seul, entendant par ce l'exclusion du pape et des Vénitiens; ce qui donne beaucoup à penser en sinistre part à toute cette cour, disant que ou il est vray que ledit sᵉ a mandé offrir ladite trève, ou non: s'il est vray, ledit sᵉ empereur a fait mal de réveler ce qu'il voit estre suffisant pour rendre toute l'Italie mal animée contre ledit sᵉ roy qui procure le bien dudit empereur: s'il n'est vray, d'autant est-il plus à reprendre d'avoir inventé chose tant préjudiciable audit sᵉ roy. Là-dessus ils font des conclusions telles que vous pensez, mesme depuis avoir entendu la dilation des mariages et de la restitution de Milan. » (Ribier, t. I, p. 290.)

mieux satisfaire à son bon plaisir et vouloir, et au vostre. — A Andrinople, le 26 de décembre 1538.

1539.

LETTRE DE RINCON AU CONNÉTABLE DE MONTMORENCY.

Andrinople, 7 février 1539.

Très-illustre et très-excellent seigneur, encores que je sois asseuré que, par vostre grande prudence, vous ne manquerez de fayre
mettre à deue exécution tout ce que de présent j'escris au roy, si
est-ce qu'en telle importance d'affaires je n'ay voulu obmettre à vous
supplier très humblement qu'il me soit faict response le plus promptement que faire se pourra, non tant pour me monstrer comme j'ay
à me gouverner et conduire, que pour avec meilleures et plus fraisches
raisons me pouvoir entretenir et contenter ces seigneurs, lesquels certainement et non à tort s'estonnent beaucoup plus que moy, que depuys la despesche du 12 d'aoust, faite sur l'abouchement tenu avec
l'empereur, nul ne soit comparu de sa majesté, et moins de vostre
excellence, mesmement en cette non moins dangereuse que suspecte
mutation et trouble des affaires ; vous asseurant, monseigneur, qu'il
y a tousjours de ces Espagnols et autres gens envieux de nous, qui ne
cessent malicieusement de divulguer pardeçà l'appointement d'entière et ferme paix entre sa majesté et ledit empereur, faite directement en conspiration de la ruine de cestuy seigneur. Encores devant
hier fut mené icy prisonnier un Mycénen (*de Messine*), qui a bien osé
asseurer que nouvellement, par tout le royaume de Naples, Pouille,
Calabre et Sicile, que l'on avoit célébré des feux de joye en congratulation de la générale paix arrestée entre les deux susdits princes,
et que lesdits sieurs roy, empereur et pape, avec le commun suffrage
de tous les autres princes et potentats de la chrestienté, auriés conclu
et délibéré de se trouver à cette première veuë à Naples, et que le
roy se couronneroit empereur de Constantinople, pour unanimement

venir à la conqueste du demeurant de l'Europe, continuans plusieurs
autres mensonges, lesquels, encore qu'ils ne soient vrais, ny vraysem-
blables, ce nonobstant ces seigneurs ne sont pas si bien informez du
contraire que tousjours il ne leur demeure au cœur quelque racine de
doute et soupçon, laquelle, comme ils sont muables de pensement,
selon la voix du peuple, croist et décroist : ce qui m'a incité, monseigneur, à vous supplier très humblement de vouloir joindre icelle considération avec plusieurs autres, et désormais me faire escrire un peu
plus souvent que l'accoustumée, et si bien il ne se rencontroit pas occasion d'importance pour ce faire, du moins mandez quelques fois un
petit mot, tant seulement pour faire apparoistre à ceux-cy du bon
vouloir que le roy continue leur porter ; chose tant requise que certes,
sans icelle, il me sera fort malaisé à les pouvoir longuement entretenir et préserver de sinistres soupçons parmy les quotidiennes accusations et calomnies des envieux ; qui sera le point où je me recommande tant et si très humblement que faire puis à vostre bonne grace
et souvenance, etc. — Fait à Andrinople, le 7 février 1539.

EXTRAITS DE LA CORRESPONDANCE DE VENISE.

PROJET D'EXPÉDITION DE L'ESPAGNE CONTRE ALGER. — PLAINTES DE SON AMBASSADEUR SUR
LES INFRACTIONS FAITES PAR VENISE À LA LIGUE CONTRE LA TURQUIE.

Venise, 17 février 1539 [1].

Monseigneur, selon que j'entends de l'empereur, il entend à l'entreprise d'Alger, et le duc d'Albe en aura la charge. On pourra bientost juger si l'affaire ira en avant. Il semble que l'Espagne en sollicite
bien fort l'exécution, disant, en autres choses, qu'il est plus que nécessaire de pourvoir aux dommages qui sont faits continuellement en
la coste de Catalogne et de Grenade par les corsaires d'Alger, où de
présent se trouvent environ 20 fustes, qui continuellement font incur-

Lettres
de
M. Des Vaux
au connétable
de
Montmorency.

[1] Joachim, sᵉ Des Vaux, Italien francisé
resté à l'ambassade de Venise pendant
que l'évêque de Rodez passait à celle de
Rome.

sion à ladite coste, et que les lieux et villes littorales ne seront jamais seures si Alger demeure entre les mains de ceux qui le tiennent.

Dom Lopez a faict aussi entendre de la part de l'empereur, que S. M. sollicite de son costé les provisions et appareil pour l'entreprise turquesque ; que de sa part le tout sera bientost prest, et que desjà en Allemagne elle a pourveu pour faire une grosse levée de lansquenets, et a exhorté lesdits seigneurs de leur costé à faire les provisions selon leur portion. Semblablement dom Lopez a déclaré à ces seigneurs qu'il est adverty de quelque pratique par eux dressée au Levant, et sur ce propoz ayant fait de grandes plaintes, ils luy ont respondu que, ne s'estans jamais plaints, ny faict semblans de pratiques qu'ils avoient entendu estre tenues par le prince Dorie et par autres avec le commun ennemy, ils s'esmerveilloient qu'il prît ombre de mensonges, et que s'il est party de Venise quelque personnage pour le Levant, que c'est pour des affaires particulières, qui sont, comme ung chascun sçait, de très grand intérest à plusieurs marchants et gentilshommes vénitiens, estant ez mains des Turcs si grand nombre de leurs personnes et de leurs biens, et finalement ils se sont efforcez de luy en oster le soupçon.

Estant recherché de ces s^{grs}, je leur ay communiqué les nouvelles du préparatif que le Turc a ordonné pour la guerre, contenues en la lettre du s^r Anthoine Rincon, qui se sont trouvées en grande part conformes à celles qu'ilz ont de plusieurs endroits, lesquelles par eux semblablement m'ont été communiquées, et ont remercié le roy du bon office faict en particulier et général par ledict s^r Rincon. Ils sont aussi advertis d'une grosse bande de Turcs qui s'en va à l'entreprise d'Antivary, leur ville, non guères éloignée de Catharo, et sont en crainte de ladite ville, attendu que l'une et l'aultre est mal pourveue de vivres, comme toutes leurs autres terres de l'Esclavonie, et celles aussi de Naples de Romanie et Candie et cette mesme cité ; en sorte qu'ils ne sçavent que penser pour la chose frumentaire, se voyans à la mercy de l'empereur, et ne sçachans présentement d'où en pouvoir recouvrer qu'aux pays dudit s^{gr}, à sçavoir de la Pouille et Sicille,

et sy ne sont encores asseurez d'en pouvoir estre secourus; et s'il
vous souvient, Mgr, en ce propos, je vous en ay il y a longtemps escript mon advis. Je suis très ayse que vous devez dépescher bientost,
ainsi qu'il vous a plu m'escrire, le s^r César Cantelmo pour le Levant,
me persuadant que sa dépesche servira à l'entretenement de ceste
amitié, laquelle, dans l'estat des affaires présentes, pourra servir aux
affaires du roy, tant pour la réputation que pour l'effet, et d'icelle
amitié entretenue seroit possible qu'il ensuivist grand honneur à S. M.
et par son moyen grande commodité à la chrestienté.

Venise, 22 février 1539.

Monseigneur, dom Lopès hier exposa au collége que l'empereur
passera en Italie au mois d'avril, et que, de son costé, il sera prest d'argent et de provisions, et mesmement d'armée de mer; que de Flandres
sont partis pour Espagne quarante-cinq nefs chargées de provisions
et munitions pour la guerre, outre quarante-cinq autres qui en doivent
partir. Et a dit que, s'il voit pour l'entreprise turquesque grand appareil et grande chaleur du costé de son maistre, qu'il luy semble du
costé desdits sieurs, non seulement ne voir pas le mesme, mais le
contraire; voyant qu'au lieu d'armer des gallères, tousjours il s'en dé-
sarme, et qu'aux autres provisions est procédé très froidement; chose
qui fait penser que lesdits s^grs, pour ne pouvoir estre prêts de leurs
costez, par advanture dilayeroient volontiers l'entreprise à l'autre année. A quoy ils ont respondu estre bien aises de la prompte venue de
l'empereur, et que, de son costé, il soit bien pourveu; que, pour
eux, ils seront prêts aussi, et que, s'ils font désarmer des galères,
c'est pour méliorer tant leurs vaisseaux, en les changeans de vieux en
nouveaux, que leurs chiourmes; et que d'argent ils ont fait et font
telle provision, qu'avec l'ayde de Dieu il ne leur manquera point,
et qu'en Candie ils font armer un bon nombre de galères, de laquelle isle et de celle de Cypre, ils attendent de jour en jour plusieurs navires, pour s'en ayder, avec dix grosses galères qu'ilz ont

déliberé d'armer, et l'ont chargé d'asseurer l'empereur que si, de son costé, les provisions seront prestes, que du leur elles ne se trouveront pas moins promptes.

Dom Lopez n'ayant peu découvrir par cette response ce que par adventure il cherchoit, il répliqua : « Messieurs, il se dit, *Vox populi, vox Dei* ; j'entends de plusieurs endroits, et par les places se dit, que vous avez dressé pratique d'appointement avec le Turc ; que dernièrement, pour cet effect, vous avez envoyé Laurent Griti. S'il en est ainsi, ce n'est pas bien fait à vous, que non seulement sans consentement, mais sans notice de l'empereur vostre confédéré, vous soyez entrez en ce manquement ; et si vous aviez envie de faire l'appointement, ou bien de dresser la praticque, l'honnesteté et la raison vouloient que vous en eussiez adverty ledit seigneur vostre confédéré. » A quoy les seigneurs ont respondu n'estre pas en leur pouvoir de serrer la bouche au vulgaire, et qu'ils n'ont dressé aucune praticque ; et si Laurent Griti est allé au Levant, qu'il y est allé pour son particulier affaire, et mesmement pour la mort de Georges, son frère, naguères advenue à Constantinople, et qu'il y a plusieurs jours qu'il avoit grande envie d'y aller.

Venise, 8 et 29 mars 1539.

Mercredy je fus en collége et fis de par le roy au duc et à la compagnie la doléance de la mort du duc Grity, le louant ainsi que méritoient les belles parties qui estoient en sa personne... J'escrivis hier au s^r Anthoine Rincon, et l'ai certifié que le s^r César Cantelme sera bientost devers luy. Il s'entend que le roy des Romains, d'un costé, et le roy Jean, de l'autre[1], praticquent quelque trêve avec le Turc, et qu'en Lithuanie sont descendus un groz nombre de Tartares qui se

---

[1] Le roi Jean avait reçu un envoyé de François Ier dans le cours de l'année précédente, comme on le voit par une lettre du 1er novembre, qu'il lui adresse à ce sujet : « Dom^us de Geiis, orator maj^is vestræ, nos invisit, ex cujus sermone singularem benevolentiam qua nos semper à principio regiminis prosequuta est, intelleximus, etc. » (*Mémoires d'état* de Ribier, t. I. p. 241.)

dit d'environ trente mille chevaux, qui ont avec eux environ quarente
pièces de grosse artillerie, chose à eux auparavant non accoustumée,
et ont pris des places assez fortes audit païs, par lequel ils ravagent
courans et l'endommageans grandement, et dans une grand campagne
de longtemps inhabitée ont commencé à faire une grosse forteresse,
chose qui donne grande crainte audit pays..... L'empereur estant recherché de l'ambʳ de ces seigʳˢ de sa venue en Italie, a respondu avoir
l'intention d'y venir, mais que premièrement il voudroit savoir à la
vérité si les provisions pour l'entreprise turquesque sont prestes du
costé desdits seigʳˢ et du pape. A quoy aussi ledit ambʳ ayant dit que
si S. M. n'avoit le vouloir ou la puissance de poursuivre cette année
ladite entreprise, qu'il prioit le lui déclarer, afin qu'on peust adviser
quelque trêve. A quoy sadite majesté respondit que de son costé elle
avoit intention de la poursuivre, mais qu'elle cuidoit que si les Vénitiens avoient volonté de la paix avec le Turc, que le roy très-chrestien le deust moyenner.

LETTRE DE RINCON A FRANÇOIS Iᵉʳ.

Andrinople, 27 mars 1539.

Sire, dernièrement, le 22 février, j'envoyay à V. M. deux dépesches, dont l'une estoit du 29 de janvier, qui, pour avoir esté tué
le porteur à my-chemin d'icy à Raguse, avoit retardé jusques alors,
par lesquelles il me souvient avoir supplié et requis que, pour mieux
pouvoir entretenir ces seigneurs, et me prévaloir en temps de leur
amitié, il pleust à V. M. me faire escrire plus souvent que de coustume, tant en remonstrance de sa bonne disposition et volonté vers
eux, que pour m'informer comme en ceste mutation des affaires j'ay
icy à me guider pour le bien de vostre service. Et d'autant que, depuis
l'advis des entreveues faites entre V. M. et l'empereur, qui me fust
mandé du 12 d'aoust, je n'ay rien eu de vous, sire, fors certaines
lettres recommandatoires en faveur d'aucuns Vénitiens détenus par

50.

deçà en prison, et que, d'autre part, nos envieux ne cessent journellement de tascher, par toutes sortes de moyens, à vous pouvoir tirer en malveillance et desdain vers cettuy grand-seig^r; entre autres controuvemens, affirmans que pour vray vous, sire, acceptée bonne paix, estes entré en ligue et commune entreprise avec ledit empereur à l'encontre de luy; et attendu qu'il n'apparoist de vostre part remonstrance ny preuve du contraire, je vois ceux-cy s'incliner à doute et soupçon, à quoy je ne sçay bonnement plus que dire ny opposer. A cette cause, sire, je suis contraint de nouveau vous supplier très humblement qu'il vous plaise avoir égard à ce que dessus, et faire en bref pourvoir, si n'y a esté pourveu, de l'ordre et remède qu'il vous plaira aviser; autrement, il me sera plus que dificile, pour ne pas dire impossible, de les pouvoir longuement entretenir et garder qu'ils ne croyent finalement à la commune persuasion de nos malveillans, qui, jusques aux moindres particularitez qui se disent et traitent par delà, les font icy entendre. Et vray est que jusqu'à maintenant tout a esté guidé avec telle modération et si deue remonstrance, que les affaires se trouvent encores en aussi bon terme que jamais, et pour essayer à les y pouvoir maintenir, tant que me touchera icelle charge, j'ay non seulement appresté tout mon possible devoir, ains aussi délibéré n'y espargner la vie; mais j'y procéderois encore plus confidemment si j'avois une seule scintille de vostre bon vouloir, laquelle je suis attendant d'heure en heure, afin de pouvoir tirer droit au plus près de votre intention, chose qu'en cette perplexité je ne puis bonnement prévoir. Sur quoy, sire, ne laisseray à vous répliquer la chaude poursuitte que me continue de faire faire Barberousse pour le remboursement des dix mille ducats d'or qu'en vostre nom libéralement il a fourny icy au baron de Saint-Blanquart, pour le besoing de vos galères. Et considérant qu'il me semble, sous correction, chose non moins juste que nécessaire pour conserver le crédit et réputation, de satisfaire et contenter ledit personnage, joint aussi qu'il est homme de grand pouvoir et authorité en ce pays, et duquel en plusieurs endroits, mesmement en trafic de marchandises qui se

traittent par mer, l'on a besoing, j'oseray vous supplier, sire, très humblement de commander que ladite partie soit acquittée, et le plus tost
sera le plus désirable à moy et le plus agréable audit créditeur.

Sire, quant à l'estat où de présent se trouvent les affaires de la seigneurerie de Venise, je vous ay cy-devant escrit comme, sous vostre
faveur, je procurois de faire tous offices possibles pour la pouvoir réconcilier avec cettuy grand-seigneur, ayant finalement tant profité,
par mes longues et continues persuasions vers luy, qu'il s'est contenté
d'y vouloir entendre, et pour initier et ouvrir passage à icelle pratique,
depuis naguères estoit venu icy un de Modon, *quondam* maistre d'hostel de feu Louis Grity, dépesché de par ladite seigneurerie de Venise
occultement; de présent est icy Laurens Grity, en la même dissimulation que l'autre; et estant le grand-seigneur absent à la chasse, à
trois journées d'icy, l'est allé trouver avec James Behy, qui me semble
guider tout l'affaire, et nonobstant que de chacune part l'on tienne
la chose fort secrette et cachée, sy ay-je sceu de bon lieu qu'entendant le grand-seigneur que ledit Laurens ne portoit plus ample commission ny charge que paravant avoit ledit Modonois, ne luy voulut
jamais parler; mais luy fit dire par Ajax-Bassa que de venir ainsy deux
messagers l'un sur l'autre pour un mesme effet, et iceluy de si peu
d'importance, il luy sembloit plustost irrision et quasi voye pour pouvoir ainsi voir et connoistre sa disposition et vouloir vers ledit appoint-
tement, et espier ce qui se traittoit et désignoit à sa Porte, qu'autrement; et qu'ayant jà octroyé et fait dépescher commandement et
sauf-conduit pour les passages et seuretés des ambassadeurs que l'on
disoit vouloir mander vers luy, il leur donnoit terme de deux mois
pour venir; que si dans iceluy terme préfix n'y comparoissent, ne les
vouloir plus admettre, ny en aucune manière parler en iceluy endroit;
et avec icelle response, sans autre décision, a esté dépesché ledit
Grity le 4ᵉ jour après sa jointe à la Porte, s'estant mis au retour droit
delà, sans plus revenir icy et sans m'avoir rien fait entendre, ny luy
ny les autres, accompagné d'un chiaoux et trois houlais, qui le vont
guider et conduire au travers de la Bosna, par la voye de Clisse; car

il ne luy a semblé trop seur de toucher à la seigneurie de Raguse;
tant il y a, sire, que si le grand-seig^r se veut mettre raisonnablement
au devoir, l'on peut juger que ladite praticque facilement conclura
effet, chose que ledit seig^r pourra faire d'autant plustost que plus se
continuent les quotidiens rapports des meslées entre V. M. et l'empereur. Je m'attends que V. M. daignera me faire advertir comme en
la déduction et procédure d'un tel affaire j'ay de ma part à me gouverner. A Andrinopoli, le 27 mars 1539. — ANT. DE RINCON.

EXTRAITS DE LA CORRESPONDANCE DE VENISE.

NÉGOCIATION SECRÈTE DE LAURENT GRITI POUR LA PAIX ENTRE VENISE ET LA PORTE.—
RÉCLAMATION DE L'ESPAGNE ET OFFRE DE MÉDIATION DE LA FRANCE. — MISSION DE
CÉSAR CANTELMO POUR FAIRE ADMETTRE L'EMPEREUR PAR LA PORTE DANS LA TRÊVE
ACCORDÉE À VENISE.

Venise, 24 avril 1539.

Lettre
de
M. Des Vaux
au connétable
de
Montmorency.

Monseigneur, messire Laurens Griti a esté très bien receu par le
G. S. lequel, contre son ordinaire, a voulu estre présent au parlement qu'il fit à ses bassas, en telle façon toutefois que sa dignité a
esté gardée, à sçavoir qu'il a entendu le parlement sans faire grand
semblant de l'entendre, et si ledit messire Laurens eust eu le pouvoir pour conclure la paix, on ne fait point de doute qu'il l'eust
conclue, et selon l'intention de ces seigneurs, à sçavoir, réintégrée
et de nouveau faite la paix de 1498, avec la neutralité, de laquelle
par mes précédentes lettres je vous ay adverty, à sçavoir que lesdits
seigneurs ne se mesleront point en quelque guerre ou inimitié que
ce soit, qui puisse survenir entre le G. S. et aucun prince ou po-
tentat chrestien; et le fait de Castel-Nove, par ce que j'ay peu entendre, n'auroit point empesché ny empeschera la conclusion de ladite paix.

Et ledit pouvoir, ny les lettres de créance pour le G. S. ne furent
point baillées audit Mre Laurens, ainsi qu'il fust dit, et combien qu'ilz
luy fussent envoyées après son départ d'icy, néanmoins luy estant allé

par un autre chemin, il ne les a poinct rencontrez, et sans iceux il
a esté tellement cru, qu'il a fait la suspension d'armes pour tout le
mois de juin, et en vertu d'icelle a faict lever le siége de Spalatro et
retirer Morat, sanjacques ou vayvode, avec ses gens hors du pays desdits seig^{rs}; et davantage a comme conclud, par ce qui m'a esté dict bien
secrètement, la paix en la manière que dessus, avec grande espérance
de la restitution de tous les biens des particuliers arrestez ez pays
dudict G. S. et a apporté la seureté pour ceux que ces seigneurs
voudront envoyer pour la conclure et solemniser. L'effet de la chose
se tient secret, ne voulans ces seigneurs descouvrir que ledit Me Laurens soit allé en Levant avec aucune permission publique, mais qu'estant allé pour ses affaires particulières, comme affectionné desa république, et agréable au G. S. disent que comme de soy il a impétré
ladite suspension et seureté; argument concluant que le G. S. a envie
de ladite paix. Ces seig^{rs} mettront la chose en délibération au conseil
des dix, chose fort agréable généralement à toute la ville, principalement à ceux qui sont de bon jugement, car, comme on dit, *ubi multitudo, ibi confusio.* Je vous advertiray incontinent de la résolution qui en
sera faite. Je pense qu'entre eux il y aura diversité d'opinions, à cause
d'aucuns d'eux trop passionnés; toutesfois, à le bien entendre, le party
de la conclusion et d'y envoyer ambassadeurs le doit emporter.

Ledit Mre Laurens secrètement a dit que le G. S. moyennant cette
paix, est pour entendre cette année à l'entreprise d'Afrique, très-fort
persuadée par le bassa Barberousse, comme chose grandement à propos pour ledit G. S. dont on estime que par adventure il ne voudra
point entendre à se pacifier avec l'empereur sans la restitution de
Tunes et de la Goulette.

Les seigneurs dom Lopez et Andelot, m'ayant devant-hier visité,
me firent entendre ce que le jour devant ils avoient exposé en trois
points principaux à ces seigneurs de la part de l'empereur : 1. Que S. M.
de son côté estoit preste pour poursuivre la commune entreprise,
ayant prestes les galères et les nefs, et environ quinze mille hommes
de pied, qui sont, comme on sçait, à Castel-Nove, à la Sicile et à

Lippary; et le demeurant, qui est quinze mille Allemands, ledit sieur
Andelot a avec luy la commission et provision d'argent pour les lever
promptement. Qu'au royaume de Naples est bonne partie de la caval-
lerie, et l'autre partie sera bientost pourveue; que l'artillerie et munitions nécessaires du costé de l'empereur pareillement sont prestes,
et que la personne de S. M. se trouvera en Italie, incontinent qu'elle
sera advertie que lesdits seigneurs et le pape de leurs costez sont
prêtz de ce qui leur touche; et touchant le fait du bled, on dit que
S. M. leur fera part de ce qu'elle pourra, combien que la Sicile et la
Pouille ne soient pas si bien pourveues qu'ils en puissent donner la
quantité que lesdits seigneurs disent leur estre nécessaire pour ladite
entreprise.

2. Au cas qu'ausdits seig^{rs}, faute de bled et d'autre chose, il ne
semblast, pour ceste année, qui est desjà bien avancée, pouvoir entendre à l'offensive, que ledit s^{gr} emp^r s'en rapportera à eux, et que,
pour la deffensive, le prince Dorie avec toutes les galères de S. M.
et bon nombre de nefs sera prest pour s'unir à l'armée des dits seigneurs et faire teste aux ennemis, où il sera advisé.

3. Qu'ayant le roy comme bon frère et amy du dit s^r empereur,
luy persuade une tresve pour quelque temps avec le Turc, s'offrant de
la négotier; s'il sembloit auxdicts seigneurs d'y entendre, que ledit
emp^r de sa part y entendra, et en cas qu'ilz fussent desjà entrez en pratique de laditte tresve avec le commun ennemy, le dit emp^r demande
d'y estre comprins. A quoy lesdits seig^{rs} ont respondu à leur ordinaire,
à sçavoir que, suivant l'ordonnance de leur sénat, il en seroit délibéré, et qu'ilz feroient la response auxdits trois points, ce qu'ils feront
sans doute dans peu de jours.

J'ay parlé à ces seigneurs selon le commandement du roy et le
vostre, à sçavoir que S. M. pour la singulière affection qu'elle leur a
tousjours portée et porte, gracieusement et volontiers a accordé leur
demande faicte par leur amb^r, et que dans trois ou quatre jours partiroit en diligence le sieur César Cantelmo, fourny de lettres et instructions nécessaires pour son voyage du Levant, les exhortant que de

leur part ils apprestent ce qu'il doit porter, afin qu'il n'ayt pas sujet
de séjourner icy, et que de mon costé, sur le commandement de
S. M. j'ay tout prest pour le voyage dudit s^r César. A quoy ils ont respondu qu'ils sçavent, et que par plusieurs effets ils ont toujours cogneu le bon vouloir de S. M. envers eux, de quoy ils sont à jamais tenus
à S. M. la remercians infiniment de la gracieuse response faicte à leur
amb^r, response, comme ils l'ont dit eux-mesmes, de très-sage, bon et
prudent prince, et protecteur très-affectionné à cette république, et
que le dit s^r César Cantelmo à son arrivée, fust-elle aujourd'hui, trouvera tout prest de leur costé.

Après, lesdits seigneurs m'ont fait la narration de ce qu'a apporté
Mre Laurens Grity, party le 20 du passé de la cour du G. S. quatre
journées au delà d'Andrinople, en tirant vers la Valachie, en un petit
lieu en campagne où il estoit à la chasse. Laquelle narration ils ont
semblablement faicte aux ambassadeurs du pape et de l'empereur,
qui est en substance :

Que messire Laurens estant allé à la cour du G. S. pour ses affaires
particulières, qui lui sont de grande importance, pour la mort de ses
frères, à sçavoir du s^r Louis Grity, et du s^r Georges, qui est dernièrement décédé à Constantinople, et ayant grande amitié avec Jamès
Behy, truchement du G. S. et l'ayant recherché de faveur et d'ayde
en son affaire, ledit Jamès Behy, après l'avoir bien accueilly et promis
son ayde, luy fist plainte de la guerre entre son maistre et la seigneurie, et le chargeant que le tort estoit du costé de ladite seigneurie, ledit Mre Laurens s'efforça de la justifier, et après luy demanda si en chemin il avoit rencontré un Mamoder son parent, qui
s'en alloit à Venise pour persuader ladite seigneurie à la réconciliation, et l'induyre à envoyer ambass^r au G. S. et si ledit amb^r seroit
bientost envoyé. A quoy Mre Laurens respondit avoir rencontré ledit
Mamoder, et, touchant le faict de l'amb^r, qu'il ne sçavoit bonnement
comment la seigneurie le pouvoit envoyer, estant en confédération et
ligue avec le pape, l'empereur et le roy des Romains.

Que le lendemain ledit Jamès Behy mena ledit Mre Laurens à Ajax-

Bassa, disant qu'il vouloit parler avec luy, duquel il feust bien receu; et l'ayant interrogé de plusieurs choses de par deçà, ledit messire Laurens luy fist convenable response, et après plusieurs propos, luy parla de la grande indignation du G. S. envers la seigneurie, à cause du tort et injure qu'elle luy avoit fait, de ce l'accusant et chargeant grandement : ledit Mre Laurens s'efforça de l'excuser et justifier, re-monstrant que la malignité du temps, la inadvertance des ministres, et les mauvais rapports d'un costé et d'autre avoient apportés ce mal; et, continuant le propos, ledit bassa luy demanda s'il avoit rencontré en chemin Mamoder, et si la seig^rie envoyeroit incontinent amb^r pour se réconcilier avec le G. S. ainsi qu'elle debvoit faire pour son bien et repos. A quoy Mre Laurens respondit avoir rencontré ledit Mamoder; et touchant l'amb^r, ne savoir comme la seigneurie, liée avec le pape, l'empereur et le roy des Romains, pourroit envoyer amb^r, attendu mesmement les grandes menaces faites du costé du G. S. et le bruit et appareil de guerre qu'il avoit entendu, et le grand nombre de gens qu'il avoit rencontréz en Sophie et ailleurs, lesquelles choses à son jugement n'estoient pas le vray moyen pour la réconciliation, ny pour induire la seigneurie à envoyer l'amb^r; sur quoy le bassa luy dit : « Que te sembleroit donc qui se deust faire? » A quoy il respondit : « Une suspension d'armes pour quelque temps par mer et par terre. » Et le bassa luy demandant s'il avoit pouvoir pour la faire, il respondit que non; estant venu à la cour du G. S. ainsi qu'il avoit déclaré, pour ses affaires particulières. Et luy ayant demandé pour combien de temps il luy sembleroit à propos de faire la suspension, respondit que c'estoit au bassa à parler de cela, et non pas à luy. Sur quoy le bassa luy dit qu'elle se pourroit faire pour vingt jours; et luy ayant respondu qu'en ce temps, du lieu où il estoit, à grand peine pourroit-il aller à la mer; le bassa répliqua : « Pour combien donc de temps te semble-roit-il la faire? » A quoy il respondit que quatre mois ne seroient pas assez, veu la grande distance qui est non seulement du lieu où ils estoient jusques à Venise, mais dudit Venise à Rome, en Allemagne et en Espagne, où sont les autres seigneurs confédérez; et ledit bassa luy dit : « Maintenant, je l'entends; ton intention seroit de faire perdre l'esté et l'occasion au G. S. qui a son fait tout prest pour poursuivre son entreprise, et donner par ce moyen temps aux princes chrestiens, qui présentement sont sans argent, d'en amasser cette année pour faire la guerre la prochaine à nous autres. Il faut que tu sçaches que le G. S. entre autres choses, est délibéré de recouvrer Castel-Nove, et à icelle entreprise envoyer son armée de mer et de terre. » Ainsi fut la fin du parlement : ayant ordonné audit Mʳᵉ Laurens que le lendemain il retournast devers luy.

Le lendemain, après plusieurs propos, le bassa luy déclara avoir tant fait envers le G. S. qu'il avoit condescendu à faire ladite suspension par mer et par terre pour trois mois, commençant du jour du départ dudit Griti de ladite cour, à sçavoir le 20 de mars, durant lequel temps le G. S. ne feroit point marcher ses armées, et que ces seigneurs de leur costé pareillement n'envoyassent leur armée de mer plus avant, et avec cette conclusion exhorta ledit Mʳᵉ Laurens de se venir à Venise en diligence, pour faire envoyer incontinent l'ambassadeur, adjoustant que le terme de suspension se prolongera tant que besoing sera, incontinent que ledict ambʳ sera entré ès pays dudit G. S. et luy ayant respondu qu'il ne pouvoit laisser en arrière son affaire particulier, pour lequel il estoit allé par delà, ledit bassa luy répliqua qu'après le voyage fait il retournast poursuivre son affaire, auquel il seroit favorisé; et ainsi ayant pris son congé le 20 en grande diligence par la Bossine, il s'en est venu au chemin de Spalatro, où ayant trouvé que le Belialbey de Grèce avoit grand nombre de gens amassez, et faisoit grand appareil pour l'entreprise de l'Esclavonie, et que le vayvode Morat avoit pris un lieu près de Spalatro, et desjà planté l'artillerie pour invader ledit Spalatro, a fait non seulement désister ledit vayvode de l'entreprise, mais encore retirer ses gens hors du pays desdits seigneurs. Ils ont esleu pour ambassadeur Mʳᵉ Pierre Zen, fort agreable au G. S.; et nonobstant son âge de quatre-vingts ans ou plus, il se mettra en chemin dans quinze jours. Mʳᵉ Laurens Grity, qui s'en retourne pour ses affaires particulières à Constantinople, porte les nouvelles de ladite élection. — De Venise, le 14 avril 1539. — JOACHIM [1].

Venise, 18 avril 1539.

Lettre
collective
de Des Vaux
et de
Cantelmo
au connétable
de
Montmorency.

Monseigneur, hier matin arriva ici le sieur Cantelme, qui m'aporta les lettres qu'il a pleu au roy et à vous m'escrire du 4, et ayant veu sa commission et ce qu'il me fit entendre de par ledit seigneur et vous, incontinent je le conduisis à la seigneurie, et ayant présenté ses lettres de créance du roy et les vostres, il exposa prudemment sadite créance, contenant en substance que S. M. faisant office de prince très-chrestien, et de leur grand amy et allié; et comme désireux du bien, repos et tranquillité de cette république, et conséquemment de toute la chrestienté, il l'avoit despesché pour le Levant, pour faire l'office à luy commandé, et prendre de ladite seigneurie l'ins-

---

[1] L'anxiété que faisoit éprouver à Henri VIII l'union de François Ier avec Charles-Quint l'avait poussé à ordonner un armement extraordinaire de tout son royaume. Marillac, qui, à son retour du Levant, venait d'être nommé ambassadeur auprès de lui, écrit à ce sujet : « Jà çoit que le traité d'amitié entre le roy et l'empereur soit le point principal qui trouble le cerveau de ces gens, qui craignent que le roi ne vienne à joindre ses forces à celles de l'empereur, pour après, d'un commun accord, lui faire la guerre, toutesfois ils croyent qu'ils pourroient échapper sans estre grandement molestez, si le Turc mettoit obstacle du costé du Levant. Pour ceste cause, le roy d'Angleterre et autres seigrs ses ministres me demandent fort s'il est vray que l'acord de l'empr soit faict avec le Turc, selon le bruict qui en a couru icy ces jours passez : à laquelle demande, combien que je réponde et asseure que non, toutesfois il me semble qu'il seroit bien à propos

que vostre bon plaisir fust d'en faire coucher un mot par escrit dans la lettre du roy, quand son bon plaisir sera de faire rescrire, afin que je puisse l'affirmer à ce roy, en produisant la lettre qu'il prendra pour une des bonnes nouvelles qu'il sçauroit avoir veu, mesmement que le secrétaire de la seigneurie de Venize, qui est le résident icy de longtemps, par lettres qu'il a reçues de Venize ces jours passez, ose affirmer que le G. S. cherche fort de se réconcilier avec ladite seigneurie, laquelle chose m'est difficile à croire, pour l'obstination grande dudit G. S. La victoire qu'il remporta l'année passée sur l'armée de la ligue, le peu de provisions qu'il sent estre de la part de l'empr et du pape, et pour autres considérations qu'autrefois, monsr, je vous ai escrites de Levant, qui seroient longues à réciter et pour ceste heure hors de propos. — De Londres, 15 avril 1539. — CHARLES DE MARILLAC. » (Ribier, *Mémoires et papiers d'état*, t. I, p. 437.)

truction et commission qu'il luy plaira donner, et, après qu'il l'aura
receue, s'en aller en toute diligence devant le sieur Antoine Rincon,
ambʳ de S. M. auprès du G. S. pour l'induire à l'effect désiré d'icelle
seigneurie. Laquelle, ayant grandement remercié S. M. et vous, se
monstrant très-joyeuse de l'arrivée dudit sieur César, qui a esté bien
à point, a respondu que sa dépesche seroit bientost preste.

Après, nous nous en allasmes incontinent à l'ambʳ de l'empereur,
auquel et au sʳ Andelot fut communiqué ladicte dépesche et commission du roy, et le vouloir et désir que S. M. a de gratifier l'empereur, et de plus en plus retreindre leurs amitiés, qui procèdent de
bien en mieux, et lesdits ambassadeur et Andelot ayans remercié bien
fort le roy et vous, et louans l'entreprise très-digne du roy très-chrestien, s'advisèrent d'escrire par ledit sieur César au capitaine de Castel-
Nove, qu'il se devoit entendre avec le sanjacques Turcq son voisin,
que la suspension d'armes apportée par le sʳ Laurens Griti devoit estre
entre eux bien gardée. Nous fismes le semblable au légat du pape,
ayans faict la convenable mention de sa saincteté, chose qui lui fust
très-agréable; il respondit en la même substance, adjoustant que du
tout il certifieroit sa saincteté.

Demain, ces seigneurs donneront response auxdits sʳˢ ambassadeur et Andelot, touchant la proposition qui a esté par eux faite, et
qui estoit contenue en mes précédentes lettres, à sçavoir, que considéré le temps qui est desjà bien advancé, et les provisions qui ne
sont guères prestes pour la défensive, et moins pour l'offensive : et
qu'ayant l'empʳ loué la tresve avec le commun ennemy, ils pensent à y
entendre, et cependant tenir l'œil ouvert et les provisions prestes, plus
grandes qu'il sera possible, pour résister où il sera besoin. Après ceste
response, lesdits ambassadeur et Andelot dépescheront incontinent à
l'empʳ, et aussy l'ambʳ du pape dépeschera à S. S. et l'un et l'autre seront présens à ladite response, et peut-être que j'y seray aussy appellé.

Messire Laurens Grity fit voile la nuict passée, pour s'en aller en
extrême diligence à la cour du G. S. je luy donnai mes lettres devant hier, pour le sʳ Anthoine Rincon, par lesquelles je l'ay adverty

de tout. Je croy que l'amb^r de l'empereur luy a fait donner expresse commission, pour faire faire expresse déclaration en Levant que la suspension d'armes faite et à faire s'entend pour l'empereur et les autres confédérez.

Par lettres de Rome du 11, arrivées d'hier, s'entend que les amb^{rs} de ces seig^{rs} ont quasi protesté au pape que leursdits seig^{rs} ne voyans pas les provisions nécessaires pour l'entreprise de Levant, estant le temps bien advancé comme il est, seront contraints de pourvoir à leur indemnité, à sçavoir de prendre party.

Monseigneur, le s^r César sera demain dépesché de ces seig^{rs} pour son chemin, avec les instructions de la seigneurie; peut-être qu'ilz l'eussent dépesché dès aujourd'hui, n'eust esté la response qu'ils avoient délibéré faire devant ladite dépesche, à l'amb^r de l'empereur et au s^r Andelot, laquelle ils ont faite ce matin, après l'avoir communiquée à l'amb^r du pape et à nous : en substance, qu'eux ayans entendu la prudente exposition de par ledit seig^r faite par lesdits agens, et semblablement l'advis et conseil du prince Dorie, qu'ils ont susjoinct et déclaré; qui est, que pour estre bien avant en la saison, et considéré les difficultés de l'entreprise, et mesmement du bled, ne pouvans entendre pour ceste année à l'offensive, devoient entendre à la défensive, et n'obmetre point une tresve : et d'icelle ayans d'eux entendu de par ledit seig^r, à sçavoir ce que ladite seigneurie avoit devers Constantinople eu la cour du G. S. conforme à ce que S. M. en a parlé à leur amb^r auprès d'elle, et que le roy très chrestien, faisant office de prince très chrestien et très affectionné à la chrestienté, se voulant de bon vouloir entremettre à la conduite, a dépesché pour cet effect César Cantelme, qui est ici prest pour aller en toute diligence devers ledit G. S., leur a semblé bon d'entendre à ladite tresve, et pour le plus longtemps qu'il sera possible.

Et encores que par la suspension d'armes générale, que le s^r Laurens Griti a apportée pour trois mois, envoyée par le Turc, ils ne soient pour envoyer la personne de leur général dehors, afin de n'altérer ladite suspension, néanmoins ils tiennent la galère de leurdit général toute preste pour la faire partir incontinent avec sa personne lorsqu'il en sera besoin, et ont délibéré et ordonné que leurs galères, galions et barques s'assembleront à Corfou, se tenans là pour faire la résistance possible à l'ennemy, en cas qu'il voulust nuyre. A ce mesme effect, ils ont ordonné que leurs galères qui s'arment en Candie s'en aillent pareillement audit Corfou. Ils ont envoyé audit lieu une grosse somme d'argent pour les payer, et après ont prié lesdits agens de l'empereur, et le légat du pape, d'advertir et prier leurs maistres de faire le semblable de leur costé : à sçavoir, que les galères de S. S. et de l'empereur se trouvant en bon ordre, le plus tost qu'il sera possible, à Messine, pour joindre les armées ensemble et faire teste à l'ennemy, en cas qu'il en soit besoin : ils ont conclud qu'il estoit nécessaire de faire ainsi pour le bien commun, et fort à propos de se monstrer bien disposés, au moins pour la défensive.

Et touchant Castel-Nove, lesdits seigneurs prient ledit sᵍʳ empereur que comme prince très-juste il veuille ordonner qu'il soit consigné auxdits seigⁿˢ, s'offrans de payer la part convenable de la despense, de laquelle ils s'en remettent à la bonté dudit sᵍʳ, le priant aussi d'ordonner qu'il soit fait raison auxdits seigⁿ confédérez et alliez de S. M. touchant la nouvelle imposition faite sur la traicte du bled.

Monseigneur, despuis ce matin, ladite seigneurie nous a appellez en collége, et a exposé à moy, César, sa commission pour Levant, en substance que remercians bien fort le roy de l'affection et bon vouloir qu'il a de sa grace tousjours porté à leur république, et particulièrement pour ce grand office, de se vouloir employer à sa réconciliation avec le G. S. et à la conduite d'une trêve générale, m'ayant despesché pour la cour du G. S. ont déclaré leur désir de ladite réconciliation et trêve générale, et m'ont prié de faire diligence au voyage, me donnans un bon brigantin pour mon passage; ils m'ont fait aussi instance de prier le sieur Rincon de convenir avec messire Laurens Griti, qu'ils dépeschèrent avant-hier au G. S. pour respondre qu'ils ont accepté la suspension d'armes pour trois mois, et que de leur costé ils ont commandé à leurs gens, tant de mer que de terre, qu'elle soit inviolablement gardée, et aussi pour le certifier de l'élection de messire Pierre Zen, amb^r député devers ledit G. S. qui partira en bref. Ayant pris mon congé, je partiray à ce soir; avec l'ayde de Dieu, je feray mon voyage en la plus grande diligence qu'il me sera possible. Je n'oubliray pas de faire entendre entièrement audit s^r Rincon ce qu'il a pleu au roy et à vous me commander. — De Venise, le 18 avril 1539. — JOACHIM, et CÉSAR CANTELMO.

LETTRE DE SOLIMAN A FRANÇOIS Ier.

Mai 1539.

Soltan Solyman Sach, empereur, au très illustre et très excellent grand prince, le supérieur des jésuens, plein de toute vertu et le plus renommé de la génération du messie Jésus, pacificateur et médiateur de tous les actes et gestes de la nation des Nazaréens, clément et vaillant seigneur, de prudence et gravité, digne de tout honneur et éminence, empereur des domaines et royaumes de France et de toutes antiquités royales, le roy Françoys, mon frère, par digne et juste raison, l'accroissement de toute félicité en luy soit perpétué.

Receu que vous aurez mon séel impérial, il vous soit notoire que, par lettres mandées à vostre ambassadeur résident icy, avez signifié que Charles, roy d'Espagne, avec ses confédérez, désire et requiert par vostre moyen aucune trève de ma excelse et félice Porte; c'est pourquoy, persévérant l'affectionnée fraternité qui a esté jusques à maintenant entre moy et vous, je la confirme de ma foy impériale, je la veux continuer; et quand à icelle convient, puisque le roy d'Espagne désire que luy soit octroyée ma impériale trève, et que cela vous fera plaisir, il faut qu'il vous restitue et délivre en vos mains toutes les provinces, païs, lieux et facultez que par cy-devant il vous a enlevé, et jusques à présent vous détient et occupe; et dès qu'il aura fait ce que dessus, il vous plaira incontinent le faire entendre à ma excelse et félice Porte, et puis il sera fait ce qu'il vous plaira; advisant et déclarant qu'accomply ce que dessus, la mienne excelse et félice Porte sera ouverte à un chacun, pour quelque effet qu'il y voudra venir, soit pour amitié ou inimitié. Ainsi soit-il public et manifeste à tous pour l'amour de vous. Donné à la moitié de la benoiste lune de mucarem (c'est-à-dire du moys de may), courans les ans de Mahomet 946, en la conservation du domaine et empire de l'honoré impérial siége de Constantinople.

LETTRE DE FRANÇOIS Ier A RINCON[1].

(Copie. — Béthune , ms. 8616.)

Seigneur Rincon, je vous ay puis naguières escript et faict sçavoir l'arrivée devers moy du seig^r Cézar Cantelme, et comme j'avois amplement entendu tout ce qu'il m'avoit dict et exposé de vostre part,

---

[1] En même temps que François Ier faisait répondre par cette lettre aux inculpations de Venise, tout en continuant de ménager secrètement son accord avec la Porte, il envoya l'élu d'Avranches à Charles-Quint pour lui exposer le résultat négatif de la mission de Cantelmo et se justifier des interprétations auxquelles ce résultat donnait lieu à la cour impériale et à celle de Rome :

« L'élu d'Avranches, que le roy envoye par devers l'empereur, luy dira qu'estant naguères retourné le sieur César Cantelme, cy-devant dépéché pour le faict de la trève générale entre la chrestienté et le Turc, ledit s^r roy, pour toujours correspondre à la bonne et parfaite amitié que Dieu a mise et establie entre l'empereur et luy, a bien voulu l'adviser et faire participant de tout ce qui a esté négocié envers le Turc, en ce qui concernoit le faict de ladicte trève générale, et pour luy faire entendre clairement et à la vérité comme les choses y sont passées, c'est qu'à l'arrivée dudit Cantelme par devers le s^r Rincon, il luy déclara en-

tièrement la charge qu'il avoit, et l'occasion pour laquelle il estoit là envoyé; et ce fait, ils se transportèrent ensemble à la Porte dudit Turc, auquel Rincon, suyvant l'intention du roy, fit toutes les remonstrances qui luy semblèrent estre requises et à propos, pour le persuader de venir à ladite trève générale, à quoy le Turc n'a jamais voulu condescendre, alléguant sur ce les raisons et difficultez qui luy donnoient occasion de n'y entendre, et, entre autres, qu'estant armé et prest à faire la guerre, et sur l'entreprise de Castel-Novo, où il envoyoit Barberousse avec 250 voiles et une autre grande force par terre, il ne pouvoit honnestement ny raisonnablement se départyr de ladite entreprise, ny par conséquent accorder la trève générale; outre aussy qu'il voit la chrestienté despourvue, et par ce moyen son entreprise plus à propos; il est vray, comme a rapporté ledit Cantelme, qu'à l'instance et persuasion de Laurens Grity, ledit Turcq a condescendu à prolonger aux Vénitiens pour trois autres mois la trève qu'il avoit

---

qui me fut ung tel plaisir et contantement que pouvez penser et extimer, et envoyay dès lors mon pacquet à mes ambassadeurs à Venize pour le vous faire tenir le plus tost et le plus seurement qu'il leur seroit possible, ce que je pense qu'ilz auront faict avant que la présente soit jusques à vous.

avec eux, et estoit bruit que l'ambʳ de la seigneurie y devoit en bref arriver pour conclure une paix ou bien une longue trève. Et ce qui peut confirmer cette opinion est que, passant l'armée de mer du Turc auprès des ports de ladite seigneurie, il a esté usé de chaque costé de signes d'amitié et d'allégresse qui donnent grande apparence qu'il y a desjà quelque chose d'arresté, et pour autant que ces jours passés le nonce du pape a fait entendre au roy de la part de S. S. qu'on lui avoit rapporté que ledit seignʳ entretenoit toujours les lutériens et le roy d'Angleterre en son amitié, et que, sous l'espérance qu'ils avoient de luy, ils se rendoient de tant plus durs à retourner à l'obéissance de l'Église, et qu'aussi la dépesche dudit Cantelme avoit esté plus fondée pour moyenner la paix aux Vénitiens et en ce faisant empescher la trève générale qu'autrement : adjoustant ledit nonce à cela que ledit Cantelme est sorty de Naples, et à cette cause peu enclin à faire chose qui peut apporter utilité audit sʳ empereur. Ce discours a grandement dépleu audit sʳ roy, et lui déplairoit encores plus si l'empereur, par les advis que l'on pourroit luy en donner de Rome ou d'ailleurs, venoit à y adjouter foy. A cette cause ledit éleu priera l'empereur, de la part du roy, de croire que, comme il s'est offert libéralement à s'employer envers le Turc pour le fait de ladite trève, qu'il y a procédé sans feintise ni dissimulation, mais de bon zèle et avec toute la sincérité qu'on pouvoit désirer, et de tant plustost fait élection de Cantelme qu'il pensa que s'il estoit si heureux de rapporter une bonne résolution de la trève, cette occasion lui pourroit grandement profiter en la restitution de ses biens de Naples. Et est à considérer que si ledit sʳ roy eût eu le pouvoir de manier ainsi facilement le Turq, il auroit, durant les grandes affaires qu'il a eues cy-devant, comme chacun sçait, essayé beaucoup plus tost que maintenant de tirer de luy une bonne somme de deniers, et de le rechercher de venir travailler la chrestienté. C'est chose à quoy il ne voudroit pas seulement penser et se reconnoistra toujours par effect que l'intelligence que ledit seigneur a avec le Turc ne tend à autre fin, sinon à faire bien et utilité à la chrestienté, quelques calomnies que l'on puisse faire au contraire, dont il fait si peu de compte qu'elles ne luy sçauroient donner une seule passion, sçachant mieux que nul autre de quel pied il marche en ce qui concerne le bien de la religion chrestienne. »

Selon le rapport fait au retour par l'élu d'Avranches, l'empereur répondit à cette communication du roi : « Qu'il le remercioit de la peine qu'il avoit prise à moyenner la trève envers le Turc, d'autant qu'il sçait bien que ledit sʳ y a fait tout ce qu'il a peu, et est tout certain qu'il ne tient pas le Turc en sa manche, lequel, pour estre prince barbare et sans foy, est mal traitable et très difficile à luy persuader de

Au demourant, seigneur Rincon, pour autant que j'ay advertissement de plusieurs et divers endroictz et mesmement du costé de Venize, tous conformes les ungs aux aultres, contenant que quelque dilligence et sollicitation que vous ayez sceu faire par delà envers le
grant seigneur pour le faict de la trefve généralle et réconsilliation de
la seig^{rie} de Venize envers luy, néantmoins Laurens Gritty a faict ung
si très mauvais office, tant par lettres que autrement, envers ladite
seig^{rie}, qu'elle croyt fermement que vous avez faict tout le contraire de
ce que dessus, et de sorte qu'elle en est entrée en très grant doubte et

perdre ses commoditez, attendu qu'il se
voit armé et est d'autant plus superbe qu'il
a connu que la braverie dont usoit la ligue
l'année passée s'est convertie en fumée, et
que la chrestienté est demeurée dépourvue
de toutes choses. Que si dès le temps que
le roy s'offroit à y envoyer l'on y eût entendu,
il pensoit bien que la trêve générale eût esté
conclue : toutesfois, si l'armée du Turc,
que l'on estime estre desjà devant Castel-
Novo, prend ladite place, il pourra estre
qu'il pensera lors pouvoir faire la trève
plus à son honneur qu'il ne l'eust faite
lorsqu'il en a esté requis ; et puisqu'il a
pleu au roy l'offrir audit s^r empereur, il le
prie d'user de la commodité qu'il aura de
conduire ladite trève envers ledit Turc. Et
d'autre part, si ladite armée ne vient à
prendre Castel-Novo, peut-estre aussi que
ledit Turc, ayant rabattu quelque chose
de sa braverie, entendra plus aisément à
la trève en luy rendant ledit Castel-Novo,
qu'il n'a fait lorsqu'il a esté recherché ; et
s'il se rend obstiné, ledit s^r empereur prie
le roy d'adviser à faire une ligue offensive
et défensive pour résister audit Turc. » Et
dans une conférence avec Granvelle, voici
ce qui fut proposé : « D'autant que l'armée
du Turc est venue sur Castel-Novo, et qu'il
est à craindre que l'année prochaine elle

n'endommage et entre bien avant en la chrestienté, à cette cause l'empereur, se retrouvant à présent seul, s'estans les Vénitiens
départis de la ligue, désire pour faire teste
au Turc que le roy et luy fassent une ligue
deffensive qui soit générale, veu qu'il leur
sera d'autant plus aisé de se deffendre
qu'il y aura plus de confédérez, et le traité
demeurera secret pendant le temps que le
roy verra s'il y aura espérance de pouvoir
faire la trève générale avec ledit Turc ; et
pour y parvenir, l'empereur donnoit puissance au roy de disposer de Castel-Novo
et de le restituer au Turc s'il n'y a autre
empeschement qui le garde de parvenir
à ladite trève. Davantage, l'effet de cette
ligue demeurera en suspens, la cause qui
meut l'empereur à la faire estant afin
qu'un chacun se tienne prest au temps qu'il
faudra résister à l'entreprise du Turc, et
n'ayant pas voulu presser le roy de contribuer à la deffensive de ses royaumes de
Naples et de Sicille en vertu de la promesse qu'il en a libéralement faite, adjoustant que l'empereur est content que
le roy et luy s'obligent de ne traiter en
façon quelconque avec les Vénitiens, l'un
sans l'exprès consentement de l'autre. »
(Ribier, *Mémoires et papiers d'état*, tom. I,
pag. 467.)

souspeçon, qui est très mal recongneu ce que j'ay faict pour elle tant
en cest endroict que autres où il a esté question du bien de ses affaires :
au moyen de quoy je vous ay bien voulu faire ceste dépesche pour
vous advertir que je ne veulx ne entens plus que vous ayez à vous
mesler ne entremectre en quelque façon ou manière que ce soit de
solliciter ne tenir la main envers icelluy grant seig^r et ses baschatz
pour le faict du traicté, réconsilliation, paix ou trefve de ladite seigneurie avecques luy, mais laisser manyer et négocyer cest affaire à
leurs ambassadeurs et députez, ainsi que bon leur semblera, sans plus
vous en empescher, vous conduisant toutesfois en cela si modestement que l'on ne puisse cognoistre ne juger que je vous en aye aucune chose escript, pour éviter que l'on me puisse charger que j'aye
aucunement voullu empescher leur accord avec ledit grant seig^r. Et là
où, à la réception de la présente, leurs affaires seroient si près de la
conclusion qu'il ne tinst plus seullement que à ne me comprandre
point en leur traicté du nombre de leurs alliez, tenez la main secrètement à ce que l'on ne s'arreste aucunement à cela. Car entendez
qu'il me suffit tant seullement pour ceste heure d'avoir bonne et seure
amityé et intelligence avec ledit grant seig^r, estant tout asseuré que si
icelle seigneurie veoit qu'il n'y ait ordre de se pouvoir appoincter
avecques luy, il est merveilleusement à craindre, comme vous pouvez
faire entendre soubz main secrettement à icelluy grant seig^r, qu'elle se
gecte de craincte et de peur entièrement avec tous ses estatz et forces
entre les bras dudit empereur, et je vous laisse penser de quelle conséquence et importance pourroit estre cela. Vous priant surtout avoir
bien l'œil doresnavant à aller plus retenu en parolles et toutes autres
choses avecques l'ambassadeur et minystres d'icelle seigneurie estans
par delà que vous n'avez faict par le passé ; vous advisant que j'ay
adverty l'évesque de Montpellier, mon ambassadeur à Venize, à ce
que de son costé il face le semblable, et qu'il vous advertisse et face
sçavoir au surplus tout ce qu'il entendra par delà de nouveau de
toutes partz. Ce que je suys seur qu'il fera, vous voullant bien dire
au reste, seigneur Rincon, que par ce que j'ay eu ces jours passez de

mon ambassad^r estant en Espaigne, ledit empereur a conclud et arresté de passer, s'il ne change de propoz, sur la fin de septembre prochain, par mer en Ytalie, et d'aller droict à Millan, où se doit trouver le roy des Rommains son frère, pour là adviser ensemble en leurs affaires, et n'est nouvelles qu'ilz y mènent aucunes forces, mais seullement leurs traincs ordinaires. Qui est tout ce que je puys dire pour le présent, sinon que grâces à Dieu mes affaires vont très-bien de toutes partz; priant Dieu, seigneur Rincon, qu'il vous ait en sa très saincte et digne garde. — Escript à Villiers-Costeretz, le xiij^e jour d'aoust mil v^c xxxix.

LETTRE DE RINCON AU CONNÉTABLE DE MONTMORENCY [1].

Constantinople, 20 septembre 1539.

Très illustre et très excellent seigneur, pour ce que, répondant amplement au contenu des lettres du roy, comme, s'il vous plaist,

[1] Cette première tentative de négociations de la part de Venise ayant avorté, elle fut suivie de la reprise des hostilités, poussées avec une nouvelle vigueur par Barberousse, qui avait fait dans l'intervalle ses préparatifs pour reprendre Castel-Novo. Cette ville avait été enlevée aux Turcs par l'armée de la ligue dans l'année précédente, et ceux-ci avaient en vain tenté de la reprendre en l'attaquant à l'improviste au mois de janvier 1539. Comme elle était occupée par une garnison espagnole, et que la trêve subsistait avec Venise, les Vénitiens, quoique en force à Cattaro, dans le voisinage, restèrent spectateurs inactifs du siége de Castel-Novo, qui fut emporté d'assaut. Mais Barberousse, toujours hostile aux Vénitiens et sans leur savoir gré de leur inaction, vint aussi se présenter devant Cattaro, qu'il abandonna pourtant après une première attaque. Dans les pourparlers qui la précédèrent, un échange de lettres eut lieu entre l'amiral turc et le provéditeur de la ville, Mattéo Bembo. (Voyez ces lettres et le rapport du provéditeur au général de l'armée vénitienne sur l'attaque et la retraite des Turcs.) Le provéditeur invoquant le nom du roi de France contre les sommations et les exigences de Barberousse, celui-ci lui répond : « Quanto che mi avete scritto del re di Francia, vi aviso che certamente se haveste atteso al consiglio del re di Francia non sareste stati tanto mal trattati. » (Lettere de' Principi, etc. t. I, fol. 138 et suiv.)

La prise de Castel-Novo, qui eut lieu le 10 mars 1539, eut un grand retentissement en Europe au milieu de la paix douteuse dont elle jouissait par la trêve de Nice. Une relation du siége fut publiée à

monseigneur, le verrez, j'ay fait semblablement responce à celle de vostre excellence du 8 de juillet, pour estre quasi d'une mesme substance, il ne me semble pas besoin de répliquer autre chose, sinon touchant le fait et mutuelle conversation entre les sujets de sa majesté et cestuy grand seig[r]; quant au cours et trafic des marchandises, vous asseurer derechef que nous la tenons aussi bonne et seure qu'il est possible de demander, ayant fait faire en cet endroit tant qu'il m'a semblé requis et nécessaire; s'en fault tant seulement que je n'ay retiré ny arresté rien par escrit comme par delà est la coustume. Ce qui a esté obmis pour ce que V. E. m'ayant escrit l'année passée sur cette mesme matière, je rescrivis par mes lettres du 26 de décembre dernier passé que j'avois auprès de moy un double des articles et capitulations qu'autrefois, du vivant d'Ibrahim-Bascha, le feu de La Forest avoit faites et proposées touchant le susdit affaire, dont je crois avoir mandé par delà au roy la copie; et supliay sa majesté qu'il luy plût de faire voir et consulter si iceux articles estoient suffisans, ou s'il falloit muer ou adjouster ou lever quelque chose, et que, selon son intention et vouloir, je mettrois peine de solliciter et poursuivre l'arrest et conclusion auprès des baschas, en la meilleure manière et forme qu'il me seroit possible, sur quoy jamais ne m'est venue la responce. Partant, monseigneur, si ainsi est que V. E. non contente de leur simple parole et promesse qu'ils nous donnent de l'octroy de ladite seureté

Paris, chez Robert Étienne, en 1540, sous le titre De Castelli Novi Dalmatiæ oppidi recenti direptione, et jointe à l'opuscule intitulé: De rebus Turcicarum ad Franciscum regem chr[mum] libri quinque Christophoro Richerio, Thorigneo Senone, cubiculario regio et cancellario Franciæ, a secretis authore. Cet ouvrage fait autorité sur les détails d'un événement qui a eu son importance pour les contemporains, et on pourrait inférer de l'à-propos de sa publication que l'auteur, compté par nous parmi ceux qui ont rempli des missions dans le Levant, y fut envoyé à cette époque, et qu'il a pu parler de ce fait comme témoin oculaire. Rien pourtant ne l'indique dans l'ouvrage de Richer, et d'après les autorités qu'il cite, et où il dit avoir recueilli ses notions, on serait plutôt porté à croire que la composition de ce livre a précédé, et peut-être amené la mission de l'auteur, dont nous ne trouvons d'ailleurs aucune trace dans cette époque ni dans les précédentes.

Richer remplit plus tard, en 1553, un rôle important dans la diplomatie de François Ier, et fut le premier ambassadeur que

pour toutes les marines, ports et terres de leurs domaines et obéissance, désire encore l'obligation et foy de l'escriture, comme certes il
me semble bien estre de besoing, en me certifiant le bon désir du
roy et le vostre, monseigneur, je travailleray de l'accomplir s'il est jamais possible, tant en cet endroit que partout ailleurs où il vous
plaira me commander, et grâces à Dieu je jouis assez bien de Lotfy,
premier bascha [1], lequel m'offre à la conduite de nos affaires toute
l'assistance et faveur qui luy est possible; le semblable fait aussi Mahomet, second bascha.

Touchant les quotidiennes incursions que contre tout droit d'a-
mitié commettent par delà, comme il vous a pleu me faire advertir,
aucuns vassaux de ce païs sur les sujets du roy, j'en ay fait la remonstrance et quérémonie aux susdits baschas, lesquels se sont monstrez
très mal contens d'un tel désordre et insolence, et ont promis d'y

la France ait envoyé en Danemark. Si cette
ambassade avait été précédée d'une mission dans le Levant, celle-ci n'a pu avoir
lieu, comme nous le dirons, que vers la fin
de 1542. Son envoi, du reste, n'a d'autre
témoignage que la notice qu'on lit dans les
Mélanges historiques de Camusat, à la suite
de quelques-unes des dépêches de Richer
sur le Danemark imprimées dans ce recueil : « Christophe Richer, natif du bourg
de Thorigny, à trois lieues de Sens, se mist
au service du chancelier Poyet, dont il fut
secrétaire, qui le fist vallet de chambre du
roy François Iᵉʳ. Il fut employé à négocier
ses affaires tant en Levant qu'en Danemarck, et fist plusieurs voyages à Constᵖˡᵉ
au grand hazard de sa vie, estant espié par
les partisans de l'empereur; et ayant praticqué les mœurs des Turcs et leur police
tant civile que militaire, il en descrivit une
œuvre en trois livres, etc. »

[1] La mort d'Ayas-Pacha, enlevé par la
peste, et qui venait d'être remplacé par

Loutfy-Pacha, beau-frère du sultan, fut
encore une circonstance fâcheuse pour
Venise, dont il favorisait les intérêts à
l'exemple de son prédécesseur Ibrahim,
et tous deux, par la même cause, celle de
leur origine grecque. Venise, depuis le retour de Laurent Griti, avait, comme on l'a
vu, nommé Pietro Zeno pour reprendre
les négociations, et cet ambassadeur étant
mort en route, elle s'empressa de le remplacer par Tomaso Contarini. Ce dernier,
quoique âgé de plus de quatre-vingts ans,
se rendit à Constantinople, où il trouva
chez le sultan et le nouveau grand vizir
les dispositions les moins pacifiques et
des prétentions que vint encore augmenter
le succès éclatant de la prise de Castel-
Novo. Il fut cependant congédié, avec l'invitation de revenir muni de nouveaux pouvoirs pour la solennité qui se préparait, et
que la lettre suivante de Soliman va ramener avec ses détails de mœurs caractéristiques.

pourvoir et donner remède; autrement, si lesdits hommes ne se veulent abstenir des semblables extortions et injures, l'on les peut librement prendre et chastier selon le mérite et devoir, sans que pour cela il en doive advenir aucune rupture ni altération en la susdite amitié, comme je leur ai bien dit et déclaré qu'il se feroit.

Au demeurant, monseigneur, j'en loue Dieu et vous en remercie très humblement, de ce que de vostre grâce il vous a pleu non-seulement approuver mon petit service et négotiation de par deçà, ains aussi me faire déclarer que le roy en a occasion d'y recevoir contentement, qui est le plus grand plaisir et accomplissement de mon souhait qu'au monde me pourroit advenir; il me déplaist seulement bien fort de ne pouvoir correspondre au bon désir que j'ay de faire encore mieux. Toutesfois, l'on peut bien estre asseuré que j'ay fait et feray tousjours mon possible devoir, Dieu aidant, et à celle fin que j'aye plus de moyens de ce pouvoir faire, il vous plaira, monseigneur, me faire renvoyer messire Vincenzo Mazi avec telle responce qui vous semblera requise à sa despèche et charge, et ce le plus bref que faire se pourra. — Aux Vignes de Constantinople, le 20 de septembre 1539 [1].

---

[1] Rincon, qui s'applaudit dans cette lettre du crédit qu'il avait acquis auprès des ministres du sultan, en donna pendant le cours de cette même année une preuve nouvelle, par un acte particulier de son ambassade. Ce fait se rattache à l'histoire des petites principautés des îles de l'Archipel, reste des souverainetés féodales fondées dans ces îles au XIIᵉ siècle par la domination française et vénitienne. Coursin IIIᵉ du nom, septième seigneur d'Andros, avait été dépouillé de son domaine par Barberousse, et il obtint sa réintégration grâce aux bons offices de Rincon, qui fit rendre à la Porte l'acte suivant :

« Le très-illustre sceau du grand et puissant et juste seigneur, son commandement est tel : il y a quelque temps que mon esclave Chiaradin-Bey, beglierbei des isles, s'empara avec ma redoutable armée de l'isle d'Andros, selon l'ordre qu'il en avoit eu de moi. Coursin de Sommerive, seigneur de ladite isle, est venu à ma très-glorieuse Porte et m'a supplié de le remettre en possession de la seigneurie d'Andros pour en jouir comme ci-devant, promettant de donner toutes les années un tribut de trente-cinq mille aspres. Ce que je lui ai accordé, lui donnant pour cet effet ce digne commandement afin qu'il puisse jouir de ladite isle comme auparavant, lui et ses héritiers. Il paiera tous les ans ladite somme, le 1ᵉʳ de mars, au sangiacbei de Négrepont, en présence du cady. Je ne veux point qu'on face aucune peine aux habitants de l'isle, qu'on les inquiète

LETTRE DE SOLIMAN II A FRANÇOIS Ier [1].

Constantinople, 28 septembre 1539.

Au très illustre, très excellent et honoré le prince des princes des chrestiens, grand, clément et vaillant en toute vertu, le plus renommé ès actes et gestes de toute la génération du Messie Jésus, le principal arbitre et compositeur de tous les différens des Nazaréens, seigneur magnanime en tout honneur, et digne de toute éminence et estat, des administrateurs de la justice le chef, mon puissant frère François, roy des domaines de France, la félicité luy soit tousjours en augmentation avec très heureuse fin.

Receu que vous aurez la mienne haute, affectionnée et impériale lettre, il vous soit notoire que les hauts et mémorables faits sont œuvres et gestes des grands et très grands, et que la Porte de l'universelle salvation affirme estre la circoncision du grand prophète, sur

et qu'on leur demande quoi que ce soit. Que si quelques soldats ou jannissaires osent les insulter chez eux, il sera permis aux insulaires de se deffendre et de s'opposer à leur insolence, car je ne veux pas qu'il leur soit fait aucun tort. Que tous sachent que telle est ma volonté et qu'on doit ajouter foy à mon très-illustre sceau. — Fait à Constantinople, à la fin de la lune dite mucherem, de l'hégire l'an 946. » (*Histoire négrepontique et des anciens ducs de l'Archipel*, p. 351.)

[1] Soliman II était dans une période de glorieux succès sur tous les points opposés de son vaste empire. Pendant qu'il remportait des avantages signalés sur la triple ligue, dans l'Archipel, du côté de la Hongrie et de la Moldavie, une conquête suivie dans une autre direction par l'eunuque Soliman, quoique octogénaire, venait d'étendre ses états vers l'Inde et de lui soumettre l'Yémen et le golfe Arabique. On a vu mentionné plus haut, page 322, les apprêts de cette expédition, qui avait été provoquée par un prince indien réfugié à la cour du sultan, après avoir été expulsé de ses états par les Portugais. Cette invitation officielle à une cérémonie à la fois de religion et de famille, adressée, comme on le verra, à plusieurs de nos rois dans d'autres circonstances, était chez les Turcs une marque d'honneur et d'intimité pour le souverain qui la recevait. Les fêtes célébrées alors avec éclat, du 11 au 26 novembre, pour la circoncision des fils de Soliman, Bayezid et Dgihanghir, et pour le mariage de sa fille avec son favori Roustem-Pacha, furent marquées par la présence de l'ambassadeur de France et par celle des envoyés de Ferdinand et de Jean de Hongrie. Venise, qui avait essayé de renouer ses négociations avec la Porte, y fut représentée par le baile Canale, gardé jusque-là prisonnier pendant le cours de la guerre, et qui fut remis en liberté à cette occasion.

lequel règne continuellement la divine bénédiction, et à iceux qui se dé-
clareront contens d'estre réduits et subjugués à ladite circoncision du
grand prophète Mahomet, jamais ne leur faudra l'heureuse félicité de
salut. Pourquoi, comme la boite pleine des perles prétieuses est relui-
sante, et la lune nouvellement née est resplendissante, ainsi sont mes
illustres fils Bayasyt et Gyhaanchiar, clairement nez de mon impériale
majesté, en entier honneur et gloire sans tache, ausquels Dieu omni-
potent concède aage prospère et gratieux, avec très glorieuse et très
bonne issue de leurs affaires, pour estre chose ainsi grandement de
moy désirée. Au mitan des calandes de la benoiste lune d'honoré regep
(lune de novembre), l'on entendra aux nopces de la circoncision d'i-
ceux à nostre grande allégresse et contentement, et cela est desjà publié et manifesté universellement à un chascun, là où, s'il plaist à Dieu,
y seront exhibés maints plaisirs et triomphes, entremeslez de joye et
liesse; et estant la cause de cette signification de très bonne coustume,
pour estre chose ancienne d'y prier et semondre les amys et affec-
tionnés; à ceste cause, le nostre généreux et très fidèle Jonus-bey, le
plus excellent des principaux interprètes qui à présent servent en la
mienne excellente et très heureuse Porte, homme très suffisant, pour
cause de telle notification à vous est mandé et ainsi vous soit-il notoire, et au présent mien très haut et impérial séel adjousterez entière
foy. — Donné en nostre siége impérial de Constantinople, au mitan
de la lune de guimel quel (c'est-à-dire le 28 de septembre 1539).

EXTRAITS DE LA CORRESPONDANCE DE VENISE.

NOUVELLE MISSION DE CANTELMO. — EFFORTS POUR EMPÊCHER LES NÉGOCIATIONS DE LA
PAIX ENTRE VENISE ET LA PORTE. — MISSION DU MARÉCHAL D'ANNEBAUT ET DU MARQUIS
DU GUAST A CET EFFET.

Venise, 18 octobre 1539.

Lettre
de l'évêque
de Montpellier
au connétable
de
Montmorency.

Monseigneur, les ambasssadeurs du pape et de l'empereur ayans
entendu les grandes difficultez qu'il y avoit dans l'appoinctement de ces
seigneurs avec le Turc, et que cesdits srs estoient en branle et ne sçavoient bonnement quel party tenir, les ont voulu persuader de se vou-

loir de nouveau liguer avec le pape et l'empereur, leur promettans
en somme jusques aux clefs et thiarre papale et la couronne de l'em-
pirè, usans de ces propres termes, s'ilz vouloient incontinent armer
contre le Turc. Parquoy cesdits s^{rs}, ayans telle tentation, ont fait
plusieurs conseils pour délibérer s'ilz devoient accepter telles offres
et poursuivre paix ou guerre contre le Turc ; pour à quoy les attirer
on ne vit jamais faire plus longues sollicitations et grandes instances
qu'ilz ont faictes, jusques à les vouloir à ce presque forcer, sur quoy
nous estans informez, avons fait ledit s^r César et moy ce qui nous a esté
possible pour garder qu'ilz ne se révoltassent encore une autre fois,
sans toutesfois avoir fait ni dit autre chose que personne doive calomnier ny prendre en mauvaise part. A ceste cause, ces s^{rs} se voyans ainsi
troublez, et qu'en leurs conseils par trois ou quatre fois ils ne s'estoient peu aucunement résoudre, ains en sortoient chacune fois sans
rien faire tous confus, ont donné et fait distribuer jusques à quatre ou
cinq cens escuz aux religions de ceste ville pour prier Dieu qu'il leur
fist la grace qu'ils se peussent résoudre et prendre la meilleure voye.

Le marquis du Guast a lettres d'Espagne par lesquelles l'on luy fait
entendre que l'empereur est merveilleusement aise et content de ce
que le roy mande le seig^r César Cantelme pour la trève générale [1], mais
par advertissement de la cour du roy Ferdinand, l'on me certifie que

---

[1] Le nom de Cantelmo, mis en évidence par les deux missions qu'il remplit
à Venise, est cité dans les historiens vénitiens, notamment Paruta et Sagredo.
M. de Hammer, qui se laisse aller trop
facilement au désir de se montrer plus
instruit qu'il ne peut l'être de nos affaires
du Levant, a créé, comme on le verra,
plus d'un ambassadeur qui n'a jamais
existé. C'est ainsi qu'il fait figurer sous ce
titre Cantelmo dans plusieurs circonstances
importantes où il n'a rempli que le rôle de
messager diplomatique, comme après la
mort de La Forêt, à la cérémonie de la
circoncision, et surtout à la conclusion du
traité de Venise avec la Porte. Cet historien, souvent inexact dans ses citations,
semble avoir ignoré l'existence du recueil
de Ribier, dont il aurait pu tirer parti pour
nos premiers rapports avec le Levant, et
même pour ceux de l'Autriche. Il n'aurait
pas sans cela enlevé à Rincon la part si capitale qu'il prit au traité de Venise, comme
il le fait dans son Histoire de l'empire
ottoman (t. V, p. 317), en détournant le
sens d'une phrase de Paruta, qu'il pouvait
d'ailleurs rapprocher du témoignage de
Sagredo. Ce dernier note ainsi le passage

53.

le Turc ne veut point entendre parler de l'empereur ny moins d'appointement avec luy, et que si iceluy empereur pouvoit tant faire envers le roy qu'une fois il fist la trêve avec le Turc, il s'osoit bien faire fort de mettre si grande amitié entre eux deux qu'après il feroit tourner le tout au grand préjudice du roy. Il escrit aussi que le Turc estoit tout délibéré de se venger des Vénitiens avec le temps.

Venise, 3 décembre 1539.

**Lettre
du maréchal
d'Annebaut
au connétable
de
Montmorency.**

Monseigneur, dimanche dernier le marquis du Guast et moi nous arrivasmes ici, là où pour l'honneur du roy et de l'empereur nous fusmes par le duc et la seigneurie receus en si grand triomphe et cérémonie qu'il n'estoit possible de plus, et leur ayans lundy en leur consistoire proposé le fait de nos charges, ils nous voulurent encores hier ouïr pour entendre de nous plus amplement leurs volontez, ce que nous fismes, comme M. de Montpellier escrit au roy et à vous bien au long et par le menu, et pareillement en doit autant escrire à l'empereur son ambassadeur qui est icy, ayans ledit sʳ de Montpellier et luy, par le vouloir dudit sʳ marquis, conformé leurs lettres ensemble en ce qu'il n'y ait rien en l'une plus qu'en l'autre. Je feray tout ce que je pourray pour avoir bien tost leur résolution, et incontinent, par homme exprès, j'en advertiray le roy et vous [1].

de Rincon à Venise au retour de son ambassade : « Antonio Rincone, ministro di Franzia a Constantinopoli, ritornandosene a Parigi passò per Venetia. Diede parte alla republica degl' aparati di Solimano a danni dell' imperatore. Rimostrò in audienza publica quanto sarebbe giovevole al senato, per assicurarsi da' Turchi, strignersi col re, che quest' unione l'assicurarebbe dagl' Ottomani e la porrebbe al coperto dall' ambitione dei principi christiani. Passato poi in Parigi communicò al re i suoi negotiati e le dispositioni del sultano verso la Francia. » (Sagredo, *Memorie istoriche de' monarchi ottomani*, p. 282.)

[1] Il eût été très-important d'avoir pour cette circonstance la dépêche de l'évêque de Montpellier ici mentionnée, et qui ne se retrouve plus. Voyez, à son défaut, la réponse du sénat que Paruta donne en substance, car cet historien, en sa qualité de procurateur, paraît avoir été particulièrement bien informé des délibérations de ce corps. (*Storia Veneta*, lib. X, p. 721.)

IV.

1540 — 1547.

Sommaire : Effet produit sur la Porte par la présence de Charles-Quint à Paris. — Médiation de la France en faveur de Venise. — Conclusion de la paix entre les deux états. — Extraits de la correspondance de Pélissier, évêque de Montpellier, ambassadeur à Venise. — Mort du roi Jean de Hongrie. — Guerre entre Soliman et Ferdinand, amenée par la succession de Jean Zapolya. — Retour de Rincon en France, et son renvoi en Turquie. — Assassinat de cet agent provoqué par l'Espagne. — Rupture entre François 1er et Charles-Quint. — Expédition de l'empereur contre Alger. — Temporisation hostile de François 1er et reprise des négociations pour des alliances extérieures. — Envoi de Paulin de la Garde à la Porte. — Coopération navale qu'il provoque entre la France et la Turquie. — Opération des flottes combinées en Italie et siége de Nice. — Événements généraux de la guerre et relations avec la Porte dans l'intervalle jusqu'à la paix de Crépy, et après elle. — Ambassade de Montluc. — Missions de la Vigne et d'Aramont. — Mission de Cambray. — Ambassade de Gabriel d'Aramont. — Extraits de la correspondance de Morvillers, ambassadeur à Venise. — Mort de François 1er.

Le premier jour de janvier 1540, Charles-Quint entrait à Paris : il venait y recevoir une hospitalité splendide chez le prince qui, quinze ans auparavant, n'avait trouvé qu'une prison humiliante à Madrid. Cet acte de confiance magnanime d'une part et de générosité chevaleresque de l'autre offrit un spectacle plein de grandeur, qui jeta l'Europe dans l'étonnement, et l'union politique des deux puissances, dont les témoignages étaient renfermés jusque-là dans le secret des relations officielles, fut ainsi rendue sensible aux yeux de tout le monde. Elle déconcertait sans doute les intérêts opposés qui, en Angleterre, en Allemagne et en Italie, restaient dans l'attente d'une rupture, et, quant à la Turquie, on est allé jusqu'à dire que Soliman, se croyant trompé par les assurances qu'il avait reçues de Rincon, fut tenté un moment de le faire mettre à mort. On verra, par les actes de l'ambassadeur, que l'irritation de la Porte n'alla pas si loin, et lui-même nous apprend les moyens qu'il employa pour se concilier les hommes qui dominaient dans ses conseils. En général, l'opinion publique, charmée par cette manifestation, s'associa partout aux espérances qu'elle faisait naître, et si les effets se chargent trop tôt de prouver la vanité de ces démonstrations, elles n'en laissent pas moins après elles l'idée d'une politique supérieure fondée sur le rapprochement des peuples au lieu de l'être sur leur opposition.

Les historiens, portés à juger du fait par ses conséquences, proclament à l'envi l'insuffisance des vues de François Ier, et l'avantage qu'ils donnent sur lui à son rival ferait supposer que Charles-Quint lui était au moins supérieur en artifice et en dissimulation. Les actes de ces deux princes, confidentiels comme le testament et les instructions laissés par Charles-Quint à son fils au moment de son départ pour la France, ou ostensibles comme l'invitation adressée par François Ier à l'empereur pour l'engager à passer par son royaume[1], d'accord avec toutes leur protestations et avec le langage tenu par eux en public, prouvent qu'ils étaient également de bonne foi. Si l'interprétation qu'ils donnèrent plus tard à leurs paroles sembla les démentir, c'est qu'ils restaient d'autant plus fidèles à la réalité de leurs rôles et à celle des principes qu'ils représentaient. Dans le partage des états de l'Europe, qu'ils parurent sur le point de se faire à l'amiable, en confondant les intérêts de leurs familles, Charles-Quint alla par le fait beaucoup plus loin qu'il n'avait promis; mais ses concessions si étendues avaient pour but de reconstruire l'édifice ruiné de la maison de Bourgogne, cet obstacle à l'accroissement de la France, qui avait si longtemps pesé sur elle, et qui la faisait revenir aux plus mauvais jours de son histoire[2]. De son côté, François Ier, en s'attachant à la lettre des traités et des engagements, obéissait à l'esprit traditionnel de la politique de son pays; il se refusait à l'érection d'une royauté qui aurait gêné de trop près la sienne, pour continuer l'œuvre d'agglomération nationale dont il est l'un des plus énergiques et des plus heureux instruments dans notre

---

[1] Voyez ces pièces historiques si importantes au tome II des Papiers d'état de Granvelle, pages 540 et 549.

[2] Les propositions de Charles-Quint à ce sujet sont énoncées dans le mémoire de MM. de Lavaur et Hellin, ambassadeurs de François Ier, du 24 avril 1540 : « Le roy, en contemplation de la paix tant désirée, encores que le duché et estat de Milan se deut promptement rendre et restituer et bailler en héritage perpétuelle audit sr roy et à messrs ses enffans sans aucune condition, d'autant que ne se peut mettre condition en la restitution de la propre chose de celuy qui la demande, et que ledit sr empereur ne veuille leur délaisser ses Païs-Bas, comté de Bourgogne et de Charolois, mais les bailler en mariage à madame la princesse d'Espagne, sa fille, avec M. le duc d'Orléans, lequel, en ce faisant, n'aura aucun droit à ces pais, ains demeureront le propre héritage de ladite dame, avec condition de retour audit sr empereur, en cas qu'elle aille de vie à trépas sans enfans, ce qui n'est pas la réciproque du duché de Milan, lequel ne seroit sujet à aucun trouble par cy-après comme lesdits Païs-Bas, comtés de Bourgogne et de Charolois, etc. »(Ribier, Mémoires et papiers d'état, t. I, p. 509.)

histoire, et il combattait très-habilement un mouvement semblable au dehors, lorsque, poursuivant en apparence le Milanais pour rester en possession de la Savoie, il prétendait conserver par elle en Italie la position militaire qu'elle lui assurait contre son rival [1].

1. — PAIX DE VENISE AVEC LA TURQUIE. — GUERRE POUR LA SUCCESSION DE HONGRIE.

1540–1541.

L'union politique qui venait de se produire avec tant d'éclat à Paris s'était déjà, vers la fin de 1539, donnée en spectacle à Venise; mais, tout en adhérant moralement aux effets de cette association, la république avait maintenu avec fermeté l'indépendance de son intérêt intermédiaire. Le soin de sa conservation comme état exigeait impérieusement qu'elle terminât sa guerre avec la Turquie, et la médiation active que la France continuait d'exercer dans cette question prouve que dans sa tentative d'union générale, elle était loin d'avoir déserté les voies de sa politique. Aussi cette action persévérante servait-elle mieux que toutes les justifications à expliquer à la Porte sa nouvelle tendance; et quoique la paix qui fut enfin conclue vers la fin de cette année parût désastreuse pour Venise, qu'elle ait en effet commencé le déclin de sa puissance en Orient et sa décadence en Europe, elle fut pour le moment un bienfait et un moyen de salut dont Venise eut l'obligation à François Ier. Malgré les reproches que tous les historiens ont faits à ce prince d'avoir trahi les intérêts qu'il voulait protéger, dans l'état des choses, le traité obtenu par Rincon sauva les restes de la domination vénitienne, mais il eut pour la France cet effet avantageux de lui subordonner une alliée inquiète et jalouse, qui voyait avec dépit la suprématie que les intérêts français pre-

---

[1] Cette intention ressort de la réponse définitive donnée aux mêmes ambassadeurs par le connétable de Montmorency sur l'alternative posée par Charles-Quint : « L'empereur est résolu, s'il venoit à donner le duché de Milan, de ne le donner qu'à Mgr le duc d'Orléans et aux enfants descendant de luy, sans qu'il puisse retourner au roy : en donnant les Païs-Bas à Mgr d'Orléans pour le mariage de madame la princesse avec l'empereur, il n'entend ni ne veut que le roy retienne le Pié- mont, afin qu'il n'ait point de pied en Italie. Sur quoy le roy m'a répondu pour toute résolution qu'il ne veut avoir le duché de Milan, sinon en la forme que contient l'investiture du feu empereur Maximilian, et quant à la restitution des païs de Mr de Savoie, il est résolu de les retenir pour ne faire tort à son royaume, auquel il seroit grandement préjudiciable qu'intervenant la mort de mondit seig[r] d'Orléans il eût dé- laissé les païs et estats que contient ledit Piémont et Savoye. » (Ribier, t. I, p. 542.)

naient dans le Levant. Au lieu de chercher toujours à la supplanter comme elle avait fait jusque-là, elle dut dès lors attacher sa fortune à celle de la France, et venir s'abriter sous sa protection dans les occasions trop fréquentes où la Turquie était tentée de se délivrer du voisinage de la république en s'emparant de ses possessions.

Cet habile résultat des négociations suivies par Rincon coïncidait de la manière la plus opportune avec un ensemble d'événements qui se préparaient ailleurs : c'était l'ouverture inopinée de la succession de Hongrie, qui devait appeler dans cette direction le sultan à peine libre de sa guerre avec Venise, et en le faisant entrer pour la cinquième fois en campagne contre l'Autriche, ramener la Turquie sur le théâtre où son action serait le plus efficace pour la France. Ferdinand avait vainement essayé de détourner l'orage en envoyant à la Porte Jérôme de Laski, passé récemment à son service après avoir quitté celui de son rival, Jean Zapolya. Une question d'hérédité était venue compliquer encore les affaires de Hongrie, déjà si embrouillées : Jean, que nous avons vu précédemment reconnaître pour son héritier le fils de François Ier, avait également, par un traité particulier fait en 1536, cédé ses droits à son concurrent pour en obtenir une reconnaissance viagère de la royauté qu'il devait lui laisser à sa mort. Mais depuis cette époque Jean avait épousé, en 1539, Isabelle, fille de Sigismond-Auguste, roi de Pologne, et cette princesse venait de lui donner un fils lorsqu'il mourut, le 21 juillet 1540. Cet incident mit immédiatement en conflit les droits que Ferdinand apportait à la succession du trône de Hongrie, la reconnaissance de l'enfant nouveau-né que s'empressa de leur opposer le parti national des Hongrois, et la protection armée et politique dont Soliman couvrit aussitôt le jeune prince placé sous sa tutelle, en prenant ce prétexte pour marcher en personne contre l'Allemagne.

La guerre était déjà rendue inévitable par les agressions des trois partis qui se combattaient en Hongrie, et cette perspective s'accordait de plus en plus avec les signes d'une rupture prochaine qui chaque jour se trahissaient davantage entre François Ier et Charles-Quint, et dont Rincon profitait habilement pour faire rentrer la Turquie dans les voies de sa grande alliance avec la France. Malgré les démarches réitérées de Charles-Quint pour obtenir la neutralité de la Porte et son abstention dans les querelles qu'il avait avec son rival, surtout au milieu de ses contestations avec les princes protestants d'Allemagne, Soliman II poursuivait inflexiblement le but de sa politique, qui n'était pas moins que l'incorporation de la Hongrie à son empire. Il mit donc d'autant plus d'empressement à resserrer les liens relâchés de l'alliance française ; et, comme l'éloignement de la cour ottomane du théâtre où s'agitaient ces intrigues contribuait à l'entre-

tenir dans l'incertitude sur les intentions réelles de son allié, surtout après les variations dont il avait fait preuve, Soliman voulut que Rincon allât lui-même porter
à son maître les engagements que la Turquie prenait envers la France, et revînt
en personne l'assurer du concours de François Ier dans la crise qui allait éclater.

LETTRE DE RINCON AU CONNÉTABLE DE MONTMORENCY.

Péra, 20 février 1540 [1].

Très illustre et très excellent seigneur, les affaires de nostre
maistre en ces cartiers, nonobstant que le passage de l'empereur par la
France les a un peu altérées, jusques à présent sont icy en bonne
disposition, grace à Dieu. Il est vray que je suis en merveilleuse expectation d'entendre le progrez de ce qu'il aura arresté et conclud en
sondit passage avec le roy; car ceux-là qui taschent à nostre désavantage d'en faire leur profit ne cessent d'escrire par deçà bien souvent,
desguisant les choses en telle manière qu'il semble que désormais les
affaires de France et d'Espagne ne seront qu'une mesme chose, et
qu'il n'est plus maintenant question entre tous les princes et potentats de la chrestienté que de la commune ligue et entreprise contre
les Turcs : chose, nonobstant tout danger qui en tel cas me pourroit advenir, que je désire de tout mon cœur; mais je crains de n'en
voir jamais si belle issue, croyant fermement qu'il n'y a que feinte et
dissimulation. Dieu vueille qu'à la fin je sois veu avoir plus tost parlé

---

[1] MM. de Lavaur et Hellin, qui avaient
suivi l'empereur après son passage par la
France, écrivaient de Gand, le 16 février
1540 : « Le s^r de Grantvelle nous dit que
l'empereur faisoit une dépesche en Italie
pour advertir de la provision qu'il entendoit
faire cette année contre le Turc, qui estoit
de faire aller ledit Dorie avec toutes ses
gallères et ses gallions au port de Messine,
et là assembler celles de Sicile, et de
Naples et de la religion de Rhodes, et
mandoit quant et quant pour faire aller
là mesme les gallères d'Espagne avec un
nombre de navires pour le tout estre prest
à obvier aux incursions que pourroit faire
Barberousse, advertissant la s^{te} de Venise
de cela pour se tenir preste de son costé et
conjoindre, s'il est besoin, son armée à
celle dudit Dorie, ayant ledit empereur
accordé à ladite s^{te} et fait délivrer quatre
mille salves de grain de Sicile et de la
Pouille avec munition de chair salée pour
leur armée : nous disant ledit s^r qu'il se
doutoit que ladite s^{te} prendroit party de
trèves ou de paix avec ledit Turc, si elle y
pouvoit advenir. » (Ribier, t. I, p. 502.)

par passion que en devinant la vérité. C'est pourquoy, si les susdites nouvelles ne sont pas encore par le chemin, je vous supplie
me les faire sçavoir le plus tost qu'il sera possible, à celle fin que je
puisse plus pertinemment me conduire au faict de ma charge, et que
sçache que respondre aux nouvelles qui d'autre costé se mandent à
ces gens, plus amples qu'à mon advis à la fin ne se trouveront par
effet. — De Péra, 20 février 1540. — ANTOINE DE RINCON.

EXTRAITS DE LA CORRESPONDANCE DE VENISE

NÉGOCIATIONS DE LA PAIX DE VENISE AVEC LA PORTE. — DISSENTIMENTS DE CHARLES-QUINT
ET DE FRANÇOIS Iᵉʳ. — OUVERTURE DE LA SUCCESSION DE HONGRIE PAR LA MORT DU ROI
JEAN. — PARTIS QUI DIVISENT LE ROYAUME. — NÉGOCIATIONS DES COMPÉTITEURS À LA
PORTE. — AGRESSION DE FERDINAND.

Venise, 30 mars 1540 [1].

Lettre
de l'évêque
de Montpellier
au
connétable
de
Montmorency.

Monseigneur, j'ay receu un paquet du sieur Rincon pour faire
tenir à S. M. et par les lettres qu'il m'escrit du 20 du passé, me fait
entendre l'arrivée de Jean Galiego vers Barberousse, qui l'a envoyé
quérir jusques en l'isle de Chio avec une fuste, feignant mander pour
lymons et oranges, et le tient le plus secrètement qu'il est possible

[1] MM. de Lavaur et Hellin écrivaient
encore de Gand, le 10 mars 1540 : « Les
advis que nous avons eus par Lasqui touchant les affaires du Levant se trouvent
aucunement discordans de ce que ledit
Lasqui et mesmes le roy des Romains en
ont dit aux amb^ts de la seigneurie, qui est
que la tresve avec le roy des Romains
commence au mois de janvier et finit au
mois de juing, et aussi que ladite seig^rie
seroit comprise en ladite trève, combien
que le Turc au commencement se fust
monstré difficile. Toutesfois les ambass^rs
qui sont icy ne s'asseurent pas fort sur
cette nouvelle, et d'autant moings que par
lettres qu'ilz ont de Venise, du 16 de février, on leur envoye un advis venu de

Constantinople du 20 de janvier, contenant
que Lasqui estoit party dès le premier dudit moys, sans faire aucune mention de
trève, et leur semble bien peu vraysemblable que si elle eust esté accordée à Raincon et à Cantelme, que la chose ne fust
sceue lors dudit advis. Aussi leur semble-il,
quand bien elle seroit faicte pour six mois,
que le Turc ne leur aura donné sinon
ce qu'il ne leur sauroit vendre, d'autant
que son armée ne sauroit estre preste à
sortir guères plus tost qu'à la fin de juing.
Davantage contient ledit advis de Constantinople que le Turc avoit fait crier camp
contre le sophy, et luy-mesmes estoit passé
jusques en la Natolie, monstrant vouloir
aller en ce lieu pour donner réputation aux

dedans sa chambre; de sorte qu'ainsi que m'escrit ledit s^r Rincon, il n'y a bascha ny ministre de la part du G. S. qui en sçache rien, qui est bien pour confirmer la nouvelle praticque que ledit Galiego, le jeune Larçon, et depuis un trésorier de l'emp^r firent avec ledit Barberousse après la prise de Castelnove, tant à Tarente qu'à la Prevesa, comme je l'ay escrit au roy plusieurs fois, mesmement par mes lettres du 18 octobre et 4 novembre. Dès ce temps-là, il y avoit desjà grant familiarité entre luy et eux, et se disoit que si l'empereur tenoit la promesse des offres que luy faisoient ses ministres, il estoit content de prendre son party. Ce néantmoins ledit s^r Rincon m'escript avoir eu en confession d'un des plus favoris que ledict Barberousse aye auprès de luy, que ledit Galiego porte lettre de la part dudit s^r empereur audit G. S. pour traiter quelque appointement avec luy. Je ne sçay à la fin comme telles praticques succéderont, mais sy est-il que les ministres de l'emp^r cherchent tous les moyens qu'ils peuvent pour d'euxmesmes faire quelque accord avec le Turc, et de fait par lettres que j'ay receues d'Allemagne d'un bien bon serviteur du roy, de ce que j'ay peu cognoistre du 7 de ce mois, je suis adverty comme le secrétaire du gentilhomme que avoit mandé secrettement et en diligence l'empereur vers le Turc, comme j'ay escript à sa majesté le 6 de ce présent, est arrivé à la cour dudit s^{gr} emp^r portant nouvelles que ledit gentilhomme son maistre estoit mort en la Dalmatie, pour ce que le cheval luy avoit rompu les reins courant la poste, dont ledit s^r emp^r en fust fort mal content, et commanda de tenir la chose très secrète, en fit escrire incontinent, et en toute diligence manda les lettres par homme exprès au juif duquel je vous ay escrit autrefois, qui donna advertissement au roy des Romains de tout ce qu'il put entendre qui se faict à la Porte du grand seigneur : V. E. jugera toujours très

affaires de delà, mais qu'il estoit retourné à Constantinople, et que là on y avoit advis comme le marquis du Guast et M. d'Annebauld avoient esté à Venise, et comme l'empereur s'en venoit passer par France à petite compagnie, et que l'on avoit en-

voyé le commandant par tout le païs à la manière accoustumée pour assembler des gens de rame, et que l'on apprestoit cent galères de nouveau, et estoit bruit que Barberousse sortiroit bientost. » (Ribier, *Mémoires et papiers d'état*, t. I, p. 507.)

54.

bien à quelle fin telles praticques. Nonobstant quelque espérance que ces seig^{rs} ayent de faire accord avec le G. S. ils ne laissent pas, comme j'ay escrit au roy, de faire de jour en jour gens pour mettre sur leurs gallères qu'ilz veulent armer pour la garde de leur pays, et font faire force biscuits.

Venise, 10 juillet 1540 [1].

Lettre
de l'évêque
de Montpellier
à
François Ier.

Sire, quant à ce que vous avois escript de la négociation de Tranquillo à Const^{ple} qu'il avoyt esté reffusé de la prolongation de trefve et sauf-conduict demandez, le s^r Rincon me mande le contraire, c'est que avant le partement dudit Tranquillo il obtint ce que dessus non seulement pour le roy Ferdinando, mais pour l'empereur et certains ses alliez et confédérez, et davantaige ledit Tranquillo, pour acquérir plus de faveur au nom de son maistre, a faict groz présens à Janus-Bey et à aultres, et promis merveilles pour l'advenir. Le s^r Rincon m'escript que nonobstant quelques jalousyes que on ayt eues où il est du passaige de l'empereur en France, les affaires de S. M. ne laissent à se bien porter; et que, quelque issue qu'il advienne entre leurs maj^{ez}, nous aurons tousjours le G. S. pour amy comme auparavant, et ne sera facille audit emp^r d'avoir paix ou trefve avecques ledit G. S. comme il pense et donne à entendre, sans le moyen de S. M. Ces s^{rs} ont eu lettres de leur ambassadeur prez de l'empereur par lesquelles ilz ont esté advertiz que l'empereur, ayant entendu leur paix avec le grant seigneur, n'auroit fait aulcun semblant du monde d'en estre mal content, mais seullement sembloit se doulloir fort de la perte et dommaige qu'ilz avoyent souffertz en ce faisant, disant toutesfois, puisqu'ilz

---

[1] Toutes les lettres qui, à partir de celleci, reprennent et continuent pendant les deux années suivantes la correspondance de Pélissier, le savant évêque de Montpellier, au moment où elle est précisément interrompue dans le recueil de Ribier, sont empruntées à un manuscrit provenant de l'évêché de Montpellier, et qui fait aujourd'hui partie du dépôt des archives du ministère des affaires étrangères. La découverte de cette source est d'autant plus précieuse que toutes les collections tarissent sur cette partie du règne de François Ier, et n'offrent plus aucun renseignement direct ni indirect sur les événements si importants des années qui vont suivre.

n'avoient sceu faire aultrement, qu'il estimoyt qu'ilz y avoyent esté contrainctz, et faict le tout pour le moings mal, et non point pour se eslongner de son amytié, en laquelle il estoit tousjours bien deslibéré les mainctenir et garder comme ses très chers amys, alliez et confédérez. D'ailleurs ils sont advertiz que, combien que l'empereur leur ait faict telle responce et démonstration extérieure, ce néantmoins ilz se peulvent tenir pour tant asseurez que secrètement il en estoit aussi marry et fasché contre ces seigʳˢ que de chose qui luy advint long temps a, et que, quant il verroyt luy estre à propoz, s'en vouldroyt ressentyr contre eulx. Les coursaires du cousté de deçà avoyent eu commandement du G. S. se retirer en Barberye, et les bassaz ont mandé à Sala-Raïz, cappitaine desdits coursayres ou lynes, soy retirer avec toute sa suytte. Salim-Bassa et Cara-Bogdan debvoyent entrer avec grant exercite en la Transilvania, mais, depuis, la nouvelle de ce voyaige s'est discontinuée.

Venise, 2 et 12 juillet 1540.

Vous avez entendu l'accord et consentement de la paix de ces seigneurs avec le G. S. et la exclusion d'aultre paix entre leurs majestez que la trefve qui y estoyt auparavant. L'empereur a escript au pape et mys avant pour excuse qu'il n'avoit tenuz à luy si la paix d'entre leurs majestez n'avoyt sorty son effect, enchargeant totallement le roy. Mais je ne fauls à rabattre bien telz propoz et donne à entendre très bien le contraire. S. S. se doubtant que ces sᵍʳˢ seroyent advertiz de cette exclusion craignoit que, avec l'offence que luy et l'empereur avoyent receue d'iceulx sᵍʳˢ pour la paix faicte avecques le G. S. contre leur voulloir et intencion, ilz cherchassent se allier avecques S. M. Quant ad ce que m'escripvez de la fâcherie et passion en quoy se retrouvoyt le clarissᵐᵉ ambʳ Badoare pour avoyr avancé les trente mil ducatz, il a escript des nouvelles à ces sᵍʳˢ qui les ont mis en plus grant combustion et peine qu'ilz n'estoient de cela. Mᵍʳ le connétable m'escript avoir eu nouvelles d'Angleterre comme Cramvel, qui tenoyt le scel secret et qui avoyt le gouvernement quasi de toute l'Angle-

Lettre
de l'évêque
de
Montpellier
à Rincon.

terre, avoit esté condamné par deux sentences, ses biens confisquez et estatz départyz, et estimoyt l'on que jà estoyt exécuté, chose qui depuis a esté confirmée ayant eu la teste tranchée, mais que en sa place succède un meilleur Françoys que luy, et n'est pas grant dommaige. La diette de Hagueneau s'en va résolue en fumée et en grande confusion; il ne s'y est trouvé aulcun des princes protestants, aultrement luthériens, et bien peu des aultres. Le roy des Romains est après pour en faire assembler une aultre à laquelle se doibt trouver l'empereur; mais l'on dict qu'il n'y faira pas le tiers de ce qu'il pence si les seigneurs du pays ne voyent qu'il ayt aultre intelligence qu'il n'a avecques le roy.

Venise, 22 juillet 1540.

Lettre
de l'évêque
de
Montpellier
à
François Ier.

Sire, l'ambassadeur de ces s^{grs} auprès du G. S. est en très grant fascherie, pour avoir avancé trente mille ducatz, lesquels il a pris à très groz intérestz, cuydant par ce moyen deslivrer leurs gentilshommes prisonniers qui se trouvent encores en la tour de mer Majeur, et recouvrer toutes les marchandises retenues; mais les baschatz le meynent à la longueur, luy remectant telle résolution de jour en jour, se rendans fort durs à consentir la restitution desdites marchandises. Mais, selon mon petit jugement, je pence plus tost que ledit amb^r se treuve trop plus fasché et estonné de ce que Janus-Bey lui a dict de par le G. S. qu'il ne voulloit consentir l'accord de ladite paix, que préalablement ses s^{grs} ne se déclarassent amys de ses amys, et ennemys de ses ennemys, et nommément de V. M. ainsi que leur a escrit leurdit amb^r. Je suis bien esmerveillé que ledit s^r Rincon n'en touche aulcune chose par ses lectres, qui est grant argument qu'il n'en a riens sceu, ou qu'il sçayt plustost le voulloir du G. S. et résolution des bassatz qu'il n'a esté signiffié audit amb^r de ces s^{grs}, lesquelz treuvent cest article fort grief et de dure digestion; car, comme ilz disent, s'ilz venoient à consentir ce poinct, à l'avanture seroient-ils contrainctz quelque jour se porter ennemys de toute la chrestienté; mais, ainsi que j'ay entendu par les plus grans d'entre eulx, non poinct que cella soit

encores passé par conseil ne aultrement, vouldroient très bien estre
rechairchez et comme contrainctz du G. S. d'entrer en ligue avec V. M.
délaissant toutes aultres avec quelconques personnes de la chrestienté ;
et davantaige se faire amys de vos amys et ennemys de vos ennemys,
ce que tous ceux d'entre eulx tenans vostre party désireroient d'un
commun accord singulièrement estre faict ; mais, comme aulcuns m'ont
faict dire et remonstrer, estant leur république encore toute partrou-
blée et faschée de cette dernière paix à eux si griefve, laquelle, s'il
eust esté possible, ilz n'eussent accordée, pour n'avoir leur amb.r Badouare eu puissance de bailler et rendre les deux places par eulx accordées, que par le conseil des Dix, sans de ce avoir esté riens rapporté à leur pregay ou conseil général, y avoit danger que, à cause de
ceste playe, qui est encores toute fraische, et aussi qu'ilz sont encores en leur entier pour n'avoir rien délivré que trente mille escuz,
de quoy ne font pas grant cas, que la plus part d'entre eulx, et de
ceulx mesmes qui furent cause de faire rompre contre les Turcs, qui
aiment trop mieulx leur proffict particulier que de leur républicque,
pour estre pouvres et soufreteulx, lesquelz ilz nomment *sguiseri,* qui
ne demandent aultre chose que guerre, espérant avoir quelques charges, tant par mer que par terre, ayans cette occasion, ne voulsissent
rompre et annuler tout ce qui a esté tyssu et faict en ladite paix, et
renforcer plus que jamais leur ligue contre ledit G. S. car la balotte
d'ung chascun d'eulx vault aultant que du plus grant et saige [1], et soit-il
le duc, et sy sont en bien plus grand nombre de cette part-là que de
l'aultre ; dont seroyent grandement d'adviz que l'on deust faire super-
cedder telle demande jusques à quelque temps que le G. S. fût en
possession desdites places, et qu'ilz eussent fournys les troys cens mil

---

[1] La *ballotte* ou la boule qui servait au
scrutin dans les *pregai* ou assemblées du
sénat de Venise. Ribier ne se fait pas scrupule d'altérer les textes, aujourd'hui perdus,
qu'il a édités, et nous l'avons pris plus d'une
fois en flagrant délit sur des passages que
nous avons eu trop rarement l'occasion

de rétablir. On jugera des corrections qu'il
leur fait subir par celui-ci, où l'intelligent
éditeur, ne sachant comment expliquer le
mot et l'usage qu'il désigne, arrange ainsi
la phrase pour y trouver un sens : « Car la
calotte de chacun d'eux vaut autant que la
plus sage tête. »

escuz, et aussi que tous eussent commencé à gouster et sentir à bon
essient le fruict de ladite paix, et receu l'utillité tant du trafic que
des provisions de vivres que aultres commoditez qu'ils soulloient
avoir du Levant et lors que sans aulcune contradiction l'on pourroit
facilement faire ce dont à grand peine à présent peuvent sentir parler;
mais au contraire, plusieurs aultres, de plus grant réputacion qui
soyent entre tous, m'ont faict dire par termes généraulx que la voye
et conduicte que l'on tient de vostre part est la meilleure qu'il eût esté
possible, et qu'ilz ont advisé de s'en congratuler avec moy, me priant
vous le voulloir faire entendre, et supplier qu'il vous plaise continuer cette entreprise jusques au bout; car la fin n'en peult estre que
à l'honneur et gloire de V. M. et à eulx advantaige et proffict.

Venise, 22 juillet 1540.

Lettre
de l'évêque
de
Montpellier
au connétable
de
Montmorency.

Monseigneur, combien que ceulx de ces seig^{rs} qui désirent le bien
et conservacion de ceste république soyent affectionnez à S. M. vous
entendez trop mieulx comment, en une république faicte de tant de
pièces comme ceste-ci, les voulloirs sont si divers et variables que la
meilleure et plus saine partye ne l'emporte pas le plus souvent, mesmement là où les passionnez ont quelque souffisante coulleur pour con-
traster, comme ils ont en ce poinct icy, à sçavoir les contraindre estre
amys de l'amy et ennemys de l'ennemy du G. S. pour les raysons à
eulx si très péremptoires qui soyent plus tost pour les faire despérer
et se habandonner à quelque plus grand meschef. Par lettres de Gand
l'on entendoyt comme l'empereur estoit totallement résollu et avoit
fiché le cloud de jamais en effet ne voulloir rendre la duché de Millan
au roy, et qu'il espéroyt de obtenir la trefve avec le Turcq, et que
cependant qu'elle viendroit, il nous donnoit toujours de bonnes parolles sans riens descouvrir, et escript-on, monstrant de entendre ce
qu'on faict au conseil du roy, que V. E. estoit d'opinion avec une
partye du conseil que le roy et mons^{gr} d'Orléans vinssent en Itallye,
mais que une aultre partye n'estoyt de cet aviz, disans n'estre encores

temps, que cependant estoyt besoing mander gens de guerre d'a-
vant, et d'aultre cousté faire que les gallères turquesques vinssent à la
volte de Naples, Gennes et aultres lieux, et que, quant S. M. viendroit en Itallye, fauldroyt qu'il feist le chemin de la Toscane, Pise,
Florence et ses aultres terres, lesquelles choses ayans entendues, ces
seigʳˢ ont levé l'oreille.

Venise, 30 juillet 1540.

Sire, le sieur Rincon m'a fait entendre que le sieur Des Vaulx s'en
revient devers V. M. avec l'entière satisfacion d'icelle, et comme icelluy
G. S. avoit libérés tous les gentilshommes véniciens qui estoient en
la tour de mer Majour, excepté quatre; et, quant aux robbes, ilz avoient
promesse des bachaz, par laquelle ilz espéroient les recouvrer, et,
sans la indisposition de gouttes qui tenoient le G. S. et Lofty-Bey
premier bacha, auroyent desjà avancé beaulcoup ladite négociation;
mais n'avoit peu encore rien faire davantaige, combien que les sʳˢ Rincon et Des Vaulx y ayent employé vostre faveur et povoir avec leurs
personnes; de quoy l'ambassadeur se loue beaulcoup, dont cesdits sⁱˢ
s'en sentent tant attenuz qu'ilz sont plus disposez à vous faire toute
chose agréable, parquoy commencent à ne trouver plus si rude et in-
digestible la demande et condicion à eulx proposée de l'amy de l'amy
et ennemy de l'ennemy. A ceste cause sont sur la requeste du G. S.
pour accorder ce point au nom et profit de V. M. pourveu que par ce
ils ne soyent contrainctz de faire aultre alliance avec le G. S. que celle
qu'ils soulloyent avoir auparavant la guerre avecques luy, c'est d'estre
ses alliez et confédérez, en sorte, toutesfoiz, que pour ce ilz ne
soyent contrainctz luy donner ayde contre aulcuns chrestiens. André
et Jannetin Doria sont partyz de Sicile pour aller à Thunis, pour aultant qu'il estoit venu nouvelles que deux capitaines d'Allarbes, voisins
dudit Thunis, s'estoient esmeuz et mutinez, et avoient fait ung exercite
de soixante à septante mil hommes, lesquelz ayans intelligence avec
le grand seigʳ sont entrez au païs de Thunis, duquel ilz se sont faictz
maistres : par quoy se doutans iceulx Doria, tant pour leur puyssance

Lettre
de l'évêque
de Montpellier
à
François Iᵉʳ

I. 55

que pour le peu de faveur et grace que le roy dudit Thunis avec ses subjectz, qu'ilz ne prennent ladite place et aultres terres, ont entreprins faire ledit voyaige.

Venise, 30 juillet et 1er août 1540.

Lettres
de l'évêque
de
Montpellier
à Rincon.

Ces seig^{rs} estant en grant suspeçon que par vostre moyen et pourchaz les bassaz leur feissent telle demande pour la paix avec le G. S. je suys allé à la seig^{rie} pour essayer de les mectre horz de tellez opinions. On escript de la court du roy des Rommains que le s^r Laski en estoyt party avecque Tranquilo pour retourner à Const^{ple} poursuyvre le faict de leur trefve et que avant son partement il a faict démonstration d'espérer tant de sa faveur à la Porte que non seulement il se promectoit povoir tout en sa charge principalle et affaire de son maistre, mais en povoir départir encore à ces seig^{rs}. On estoit après au duché de Millan avecques toute dilligence pour mectre vivres et municions dedans les places, où il y en a telle faulte que ladicte duché seroyt en assez grant danger qui l'assauldroit de présent. L'empereur presse faire alliance avec le roy d'Angleterre pour prendre sa fille en mariaige puisque le roy ne voulloit plus oyr parler d'aultres partiz ne alliances, de quoy S. M avoit totallement reffusé en oyr plus parler son amb^r qu'il avoit envoyé devers icelle. J'informe le roy que ces seig^{rs} avoient lettre de leur amb^r auprez du roy Ferdinando, qui avoyt entendu que toutes fois et quantes que S. M. se vouldroit mouvoir pour entrer en Lombardie, l'emp^r s'estoit asseuré de telles intelligences dedans deux villes fortes du royaulme, qu'il les tenoit comme s'il les avoit en sa main, c'est Hesdin et Marseille, dont m'a semblé ceste nouvelle estre de bien grant importance.

Venise, 14 août 1540.

Le roy et mons^{gr} le connestable me donnent charge entretenyr ceste seig^{rie} en la bonne voulenté qu'elle porte audit s^r, et sur ce que aulcuns seroient bien d'accord de faire ligue avecques luy, S. M. m'a faict responce qu'elle y entendroit voulentiers avec telles et bonnes

condicions que ce seroit le bien et proffict de ces seig^{rs}. Les ministres
de l'empereur, à l'accoustumée, ne cessent d'user des plus belles paroles pour empescher que ces seig^{rs} ne se condescendent à entrer en
ligue avec S. M. et mesmes à la court de l'emp^r et du roy Ferdinando
ilz escripvent à ces seig^{rs}, les supplyant plus que Dieu qu'ilz se tiennent
fermes et constans en attendant à veoir comme les choses de ce
monde passeront. J'ai entendu ici comme le s^r Lasky et Tranquilo
n'estoient point tant allez à Const^{nle} pour obtenir la trefve pour l'emp^r
et le roy Ferdinando que pour empescher la paix de ces seig^{rs}, offrant
au G. S. que toutes fois et quantes qu'il vouldroyt entreprendre contre
eulx, qu'il luy bailleroyt vivres et passaige par le Friol et ailleurs, et
qu'il y pourroit faire trop meilleur acquest que contre nul autre prince
de la chrestienté; donnant à entendre audit G. S. que, ayant asseuré
la trefve pour cinq ans en contemplacion de S. M. ce lui seroit faict
injure d'aller au contraire, et que l'emp^r et luy sont pour certainement faire de brief une bonne et vraye paix ensemble; et au regard
de ces seig^{rs}, pour leur inconstance et variacion, il n'y auroit prince
qui se voulsist mesler d'eulx, et par ainsi ledit G. S. pourroyt estre
asseuré de n'avoir aulcun empeschement, venant contre iceulx. Il estoit venu icy nouvelles comme ceulx de Napoli de Romanie avoient
levé dedans la ville les bandières de l'empereur, ne voullant devenir
subjects du G. S. André Doria estant party de Messine pour aller en
Affrique, et trouvant que la ville de Thunes estoyt assiégée par les
Alarbes, estoit retourné à Trapani pour embarquer troys mil hommes
de guerre; et ne les y trouvant, et estant rappelé par le vice-roy de
Naples, estoyt retourné audit Messine pour cest effect de Napoli de
Romanie, à l'emprinse de laquelle debvoit mander un nombre suffisant de gens de guerre, et les faire descharger en quelque endroict,
comme seroit de Cio, qui est à la dévocion des Gennevois, plus près
de là, affin que, après avoir prins intelligence avec certains citadins
de la ville, ils feussent receus dedans pour desrober s'ils povoient la
fortresse.

Venise, 24 août 1540.

Lettre
de l'évêque
de Montpellier
à
François Ier.

Sire, le xvII^e du passé, les bassatz tenoyent propoz au s^r Rincon qu'ilz estoyent en grande expectation d'entendre la résolution de ceste seig^{rie} sur la paix accordée, s'esbahissant qu'elle tardoit tant à venir, et lendemain arriva le s^r Janezin portant ladite résolution. L'on a eu icy lettres de Petrovia et aultres lieux de ce quartier-là, par lesquelles l'on entend que le roy Ioani-Vayvoda estoyt si griefvement mallade que on n'y attendoit vie, de sorte qu'à présent l'opinion d'un chascun est qu'il est déceddé; s'il est ainsi, vous entendrez très bien quelz mutacion et troubles en pourront sourtyr..... Le roy Ferdinand ayant sceu le grief estat du roy Jehan se partyt de Haguenau, et se mist sur le Danube pour arriver plus tost à Vienne, en laquelle, nonobstant quelque peste qu'il y ayt, estoit résoullu d'entrer pour pourveoir aux affaires du royaulme de Hongrye..... Le G. S. ne veult ratiffier la paix si ce n'est avecques novitez et restrinctions des anciennes capitul-lations avec ces s^{grs}, nonobstant quelques raisons et remonstrances péremptoires que le s^r Rincon et amb^r Badouare ayent sceu faire. Lotfy-Bey et les aultres bassatz mectoyent en avant quinze poinctz dont les plus importuns estoyent que toutes et quantes fois que le G. S. armeroyt pour entrer dedans le goulfe, que les s^{grs} eussent à se retirer dedans leurs portz, et ne se démonstrer aulcunement dedans ledit goulfe; et, oultre ce, demandoyt Sebenico le port le plus beau et com-mode que soyt en la Dalmatia, la Parga, origine et naissance d'Ym-braïn-Bascha, et en l'Archipellago les isles de Thines et Michon; mais desdicts quinze poincts n'en sont demourez que six en difficulté, et lesdits s^r Rincon et amb^r ont gaigné ce poinct que ces s^{grs} avoient de longtemps plus travaillé à obtenyr, c'est qu'ilz seront doresnavant quictes de ne payer les décymes de toutes les marchandises que le G. S. prant en la Surye. Et ces seig^{rs} sont après pour se résouldre sur ce que dessus, car ledit s^r amb^r a esté plus respectueulx et retenu que auparavant et n'a voullu rien accorder sans le sceu de sa seig^{rie}.

Venise, 30 août 1540.

Ung des serviteurs du s^r arcevesque de Transilvania qui passa par
icy en ce moys de may, allant en France amb^r vers S. M. pour ledit
roy de Hongrie [1], m'a confirmé pour tout certain la mort dudit s^r, et
comme si la fatallité du royaulme de Hongrie ne fust assez déplorée,
m'a conté que avant son trespas desjà les deux vayvodaz de Transilvania, c'est Stephano Maylac et Ymbric Balassa, s'estoyent rebellez
contre ledit roy, lequel avoit prins sur eulx deux places d'importance,
et sur le temps de son trespaz les tenoit assiégez tous deux dedans
ung chasteau fort appelé Foucaras, lequel siége, après sondit trespas,
n'a laissé de continuer le thrésorier dudit royaulme, nommé frère
George, hermite, lequel estoyt ordonné et prest à se partyr pour
aller porter au G. S. la pension des années passées, qui se montoyt
en somme troys cens mil ducatz, et entretient ledit siége avec luy Valentin Thurec, cappitaine général de toute la Hongrye; et d'aultre
part Peter Périgny, l'ung des plus grandz seigneurs dudit royaume,
avecques l'évesque de Agria, voysin dudit gentilhomme, qui se tient
en Cassovia, tenoyent pour le roy Ferdinando. La reyne estant relevée
de couche d'ung filz que Dieu leur avoit donné, s'est saisye du trésor,
lequel, après avoir esté grandement dyminué à cause de ladite pension tirée pour ledit G. S. n'est pas beaucoup riche en argent content,
mais en quelques joyaulx et bagues. Le roy Ferdinando, vivant ledit

[1] Jean de Hongrie avait envoyé, pendant
le cours de 1539, l'évêque de Transylvanie à la fois au roi et à l'empereur, afin
de maintenir ses intérêts menacés par l'alliance qui paraissait si étroite entre les deux
princes. Mais, pour justifier cette démarche auprès du sultan son protecteur, et en
même temps éviter à son envoyé les embûches qu'il aurait pu rencontrer en Allemagne, il lui ordonna de se rendre d'abord
auprès du roi, et de passer par la

France : « Visum est nobis ut iter vestrum
continuetis per Galliam, nam si rex Romanorum vellet nos accusare apud imperatorem Turcarum ut commercium haberemus cum fratre suo, illud rex christ....
poterit facile diluere si per Franciam ibitis,
nec poterit rex Romanorum vobis insidias
tendere, etc..... — Datum Albæ Juliæ,
die xxv° mensis maii MDXL. (Ribier, t. I,
p. 531.)

Voyez dans les Papiers d'état de Gran-

roy deffunct, a chairché par tous moyens plusieurs foys de avoir l'investiture dudit royaulme par le G. S. il est vraysemblable que à présent il est pour plus insister et pourchasser de l'obtenyr que jamais, et n'est besoing vous dire combien cella les rend difficilles et haultains.

Venise, 1ᵉʳ septembre 1540.

Lettre
de l'évêque
de
Montpellier
à Rincon.

Attendu la bonne amytié qui de fraiz est eschauffée entre le roy et le G. S. sa majᵗᵉ pourroyt avoir aussi bonne part à faire disposer dudit royaume de Hongrie audit G. S. que nul aultre, ne fust seullement que pour garder tousjours que ce pouvre pays-là ne fust du tout réduyt ès mains des gens alliénez de nostre religion, le faisant tumber en celles que l'on cognoistroit estre le plus amy et affectionné du roy, et cela pourroit bien estre cause que on rechercheroit S. M. de luy faire le debvoir de la duché de Millan, moyennant que on les féist paisibles dudit royaulme. Vous entendez trop mieulx cela. Encores que ces sᵍʳˢ ayent esté très bien advertiz que le roy et ses ministres se sont totalement emploiez sur le faict de leur paix avecques le G. S. l'ambʳ Badouare et autres ministres de ceste seigʳⁱᵉ n'ont jamais escrit que ledit G. S. ne les baschatz ayent aulcunement tenu propoz d'avoir faict ladite paix en contemplation et à l'instance du roy, ne jamais tenuz propoz, je ne diray pas d'estre amyz du roy, mais seulement de se deslyer de l'empereur. Vous ne devez plus différer de remonstrer au G. S. si faict ne l'avez, quel moyen et advantaige il laisse à l'empʳ pour le faire tousjours plus grant, s'il laisse ces sᵍʳˢ

velle, tome II, page 537, l'instruction de Paul III à son camérier, qu'il envoie à Ferdinand d'Autriche pour le féliciter de la paix qu'il avait faite avec Jean Zapolya, et au roi de Pologne pour l'engager à se concerter contre la Turquie avec les deux nouveaux alliés. Cette mission était la suite de celle que venait de remplir auprès de lui, de la part du roi Jean, ce même évêque de Transylvanie que M. Weiss, à cette occasion, désigne mal à propos dans une note comme étant le célèbre Georges Martinuzzi. Ce dernier, qui va jouer un si grand rôle dans les troubles de la Hongrie, et qui fut plus tard nommé cardinal, était alors évêque de Varadin, et occupé, comme on le voit ici, de tout autre chose que d'une mission extérieure.

avec luy en ligue et qu'ilz luy donnent telz secours, mesmement contre
le roy son meilleur amy, contre lequel et aussi contre ledit G. S. l'empereur entreprend journellement, principallement à ceste affaire de
Hongrie, où il a jà mandé son frère pour occuper tout le royaulme,
et ledit G. S. ne doibt jamais conclure en la paix qu'ilz ne leur pro-
mectent de se déclairer ennemys dudit emp^r; et pour les inviter à
cella, si vous, par le crédict et faveur du roy, poviez tant faire que le
G. S. fust content de leur laisser Nadin et Laurana au compte de Jarra
et la Parga, tous ces seig^{rs}, en despict des impériaulx, auroient ladicte
condicion très bonne et agréable; car, à vous dire la vérité, sy ne sont-
ilz tant recognoissantz des bienfaictz du roy que ilz soyent pour se déclairer de nostre part sans le leur faire faire par une honneste contraincte.

Venise, 10 septembre 1540.

Sire, la plus grand part de ces seig^{rs} ont presque esté en propoz
de délaisser totallement à poursuyvre la paix avec le G. S. quoy qu'il
en peust advenyr, estant quasy demy despérez de la povoir parfaire.
Toutesfois, aprez avoir bien consulté, se sont résoluz que quant à
Nadin, Laurana et la Parga, ont escript à leur amb^r qu'il ne face
aucune démonstracion de y voulloir consentir, et plus tost offrir de
quatre à cinq mil escuz de tribut : néantmoins, le conseil des Diexe
secrètement luy a mandé et donné povoir que si, à faulte de ce, veoit
ne povoir obtenir ladite paix, veullent plus tost qu'il passe oultre et
accorde le tout. Et ayant entendu que le s^r Rincon a obtenu du G. S.
tout ce qu'il a voullu, et cognu vostre crédict estre plus grant envers
icelluy que jamaiz, se sont totallement confiez à vostre bon voulloir,
que à cestuy leur grant besoing et nécessité ne fauldra à les ayder et
supporter, et à la dextérité dudit s^r Rincon.

L'amb^r de Poulongne qui est icy a dict pour tout certain que les
Moschovites et les Tartares s'estoyent accordez ensemble pour venir
assaillir le grant-duché de Lituania du roy de Polonia, ayant en leur
exercite huict mil Turcz, et ont donné par trois fois l'assault à ung

Lettre
de l'évêque
de Montpellier
à
François Ier

chasteau, lequel n'ont sceu avoir. Tout le corpz de leur exercite est de
soixante mil chevaulx, qui sera cause que ledit roy de Poulogne ne
poura prendre la protection du filz du feu roy Jehan-Vayvoda, ne luy
donner secours contre le roy des Romains, lequel va moult avant à
l'emprinse du royaume de Hongrye, et se doubte l'on qu'il est pour le
gaigner. La femme du feu roy Jehan, cognoissant le péril où elle se
retreuve, d'ung cousté du roy des Romains et de l'aultre du Turcq,
lequel on tient pour certain que à ce primtemps vouldra venyr avec
grant puyssance pour conquester ledit royaulme et aultres lieux, s'en
voulloyt aller, mais les barons du pays ne l'ont voullu laisser partyr [1].

[1] L'un des objets importants de la mission du Levant, poursuivi de concert avec
celle de Venise, et qui se rattache aux institutions littéraires fondées par François Ier,
était la recherche et l'acquisition de livres
grecs et orientaux pour les bibliothèques
de Paris. Il semble même que le savant Pélissier, évêque de Montpellier, avait été
choisi pour le poste de Venise en vue de
cette protection à donner aux lettres et aux
érudits que le roi attirait alors en France :
en effet un grand nombre de pièces de son
recueil, adressées à la reine de Navarre, à
l'évêque de Tulle, au *docteur* Rabelais, enfin à Rincon, ont trait à des recommandations de savants français et étrangers ou
à des recherches du genre de celle qui
nous est signalée par cette lettre, que nous
donnons comme spécimen de cette partie
de la correspondance :

« Je suis très bien asseuré que aurez à
plaisir de faire chose agréable au roy, lequel est après pour fonder ung colliege à
Paris, qui sera aussi excellent, mais qu'il
soit parachevé et fourny de ce qui y est requiz, car il sera occasion de faire venir à
l'univers toutes les bonnes lettres qui commencent à floryr en France aultant que

en nul aultre pays. Et pource que on ne
le pourroit mieulx douer que d'une bonne
librairie, fait chercher livres de tous coustez, mesmement grecs, et m'en donne
charge d'aussi grant affection que pour
ses autres affaires d'estat, dont luy voullant obéyr en toutes choses que luy cognois-
tray estre agréables, et d'aultant plus en
ceste-cy, qui est tant utile et honorable,
appartenant plus à mon office et profession, me suis enquiz où s'en pourroit recouvrer, et entre aultres j'ay trouvé un gentilhomme corfiote qui en avoit ung très
beau nombre de fort beaux, de quoy il aima
mieulx en faire ung présent au roy. S. M.
luy a faict en récompence ung très beau et
libéral présent, c'est de mil bons escuz
que je luy ai comptez en ses mains, dont
plusieurs aultres Grecz ayant senty ceste
nouvelle sont venuz vers moy pour en offrir d'aultres à S. M. mais il suffict que
cecy a faict descouvrir seullement les lieux
où ilz estoyent, car doresnavant on en
pourra avoir à meilleur marché. Et de
moy je tiens tous les jours ordinairement
huict Grecz qui ne font aultre chose que
escripre, ainsi qu'il a pleu au roy me commander encores par sa dernière dépesche,

Venise, 22 septembre 1540.

Sire, l'on a icy lettres de Vienne, comme le roy Jehan avoit ordonné tuteur de son filz le G. S. et laissé les places et fortresses en
gouvernement à frère George, hermite, et trésorier dudit royaulme, et
pour ce qu'il ne avoit gardé au roy des Rommains les cappitulacions
qu'ilz avoyent ensemble, mesmement, quant ad ce que aprez sa mort
le royaulme de Hongrie deust revenir audit roy des Romains, il vouloit faire l'emprinse de conquérir ledit royaulme, mais pour estre la
sayson bien avancée, vouldroit plus tost de, avecques beaulx moyens,
gaigner le peuple de là, et ne povant par ceste façon venir à ses fins,
se deslibère à la primevère le faire par force, ayant pour ce requiz
ceulx des contés de Thirol et Guritia luy faire aide et service d'argent,
mais s'en sont très bien excusez, néantmoins luy ont présenté bailler
les gens qu'ilz sont tenuz faire pour la tuicion et deffence desdits
pays, lesquelz après avoir esté levez en nombre de quatre mil, en
leur donnant demy-escu contant par teste, après avoir marché une
journée, où leur estoit promis payement ne le trouvant point, se
sont tous départys et retirez çà et là. Et pareillement on entend aussi
qu'il a demandé pareillement secours d'argent au pape pour faire ladite emprinse de Hongrye, de quoy sa sᵗᵉ s'est excusée, et estime l'on
qu'il en aura bien peu..... L'ambᵣ Badouare escript à ces seigᵣˢ que
les bachatz l'ont rechairché qu'il ne se arrestât point tant aux particularitez et différends, qu'il laissast pour cela de conclurre la gé-
nérallité de leur paix, et estant allé voir le sᵣ Rincon, il luy dist, entre
aultres propoz, que ces baschatz estoient si bestiaulx qu'ils s'estoyent

lequel m'a faict entendre qu'il n'y avoit
chose en laquelle je luy peusse plus agréer
que de luy faire amas des meilleurs livres
que pourray recouvrer. Il est venu à moy
ung nommé Marmoretti, qui dict avoir un
frère en Constᵖˡᵉ, que cognoissez, lequel
vous pourra adresser soixante ou quatre-
vingts pièces de fort bons et rares livres,

lesquelz estoient à ung de ses oncles qui
les tenoit chèrement, dont ce ne seroit pas
peu de service au roy nous en mander ung
cathologue, et après avoir confronté ledit
cathologue avec ceulx que j'ay par deçà,
s'ils s'en trouvoit que nous n'en ayons point,
je vous advertiray pour le recouvrer, et ce
faysant ferez chose agréable à S. M. etc. »

mis en teste de ne accorder point la paix à ces seig^{rs} sans qu'ils se
déclairassent amys de l'amy et ennemys de l'ennemy, mais qu'il leur
avoit prié que pour rien au monde ilz ne meissent telz propoz en
avant, car jamais ces s^{grs} ne le feroient, chose que, quant a esté rapportée à leur pregay, ilz ont eu merveilleusement agréable, et ledit
ambassadeur ne fault comme toujours à répéter des bons offices dudit
s^r Rincon, et en quelle sincérité et affection luy et voz aultres ministres
secourent journellement ceste république. Aulcuns seigneurs et cappitaines que le G. S. tenoyt sur les confins de la Persia se sont rebellez,
lesquelz après avoir faict assez de mal sont avec une grande force de
gens allez rendre au sophy, et ladite rébellion et désordre a esté tel
qu'il ne luy est demeuré que une seule place de tout ce qu'il avoit
conquiz sur le sophy. Ladite terre se nomme Bagadet, et le mutinement s'est faict pour n'avoir eu le payement de leur soulde; mais le
G. S. y avoit mandé très grand nombre de gens. Pour certain pronostique de l'astrologue dudit G. S. disant que les chrestiens forcez,
amaistrancés de l'arcenal de Const^{ple}, avoient à mectre le feu audit
arcenal, le G. S. les a faict tous oster et tirer dehors d'icelluy et mis
en aultres lieux et servitudes. Le G. S. avoit faict commander à tous
les baschatz se tenir prestz, et mesmement à Cassin, bascha de la Mo-
réa, pour avecques vingt mil chevaulx obvier à l'entreprinse de Ferdinando pour Hongrie, desquelz a jà faict avancer cinq mil, et cependant
avoit mandé à toute dilligence aux princes et barons de Hongrie, sur
tant qu'ilz craignoient de l'offencer, qu'ilz eussent à maintenir le party
du filz du roy Jehan, lequel il voulloit haulser et confirmer roy de Hongrie, et que s'il y avoit homme qui y contrevînt, qu'il y viendroit à
toute sa puissance, les destrouire en corps et biens. Ledit enfant roy,
avec la royne sa mère et frère Georges, hermitte, est en Budde.

Venise, 25 septembre 1540.

Lettre
de l'évêque
de Montpellier
à Rincon.

L'on a icy nouvelles que le royaulme de Hongrye est divisé en
troyz partz : l'une veult le roy des Rommains en toute façon et à
leur povoyr; la seconde veult la conservacion de l'estat pour le filz

desjà né roy avecques propoz de bien grant efficace, et la tierce veult
le Turcq, avecques les armes en main. Toute la doubte que en ce a
l'empereur est que la part turquesque s'accorde avec celle de l'enfant
roy, ce que on peult bien estimer que se fera, car ne vouldront suivre
aultre party que celluy que ledict G. S. vouldra, ce néanmoins, ainsi
que disent les impériaulx, a esté donné ad ce bonne provision; et ne
croyent que ledit G. S. doibve faire l'entreprinse, et que ne pourroit,
pource que en tout ledit pays de Hongrie a grant nécessité de vivres
pour la chevallerie.

L'empereur avoit commencé à se relever de la malladie qu'il a eue,
néanmoins en estoit encores tant desbille qu'estoit contrainct se aller
appuyant d'ung baston, et se attendoit trouver pour tout janvier à Ratisbonne, et là faire une dietle pour après passer en ceste Itallie. La praticque d'entre ledit empereur et le sophy va prospérant, et pour ceste
occasion le xııᵉ de ce moys s'estoyt party de la court de l'empereur le
Grego Remyro pour aller vers ledit sophi, et espèrent qu'il s'y emploiera et fera si bien qu'ilz en attendent l'issue estre très bonne.
L'empʳ se complainct grandement de S. M. dont luy a escript que par
son moyen la diette de Ratisbonne, laquelle il charchoit faire, a esté
destourbée, et semblablement qu'il traitte alliance avecques le duc de
Clèves et la princesse de Navarre. Le roy luy a très-bien respondu,
ce nonobstant ne prant cela en satisfaction, et sur sa collère a juré
qu'il en feroit repentir le duc de Clèves.

Un serviteur de la royne de Hongrie, venant de ces quartiers, a
laissé ladite royne et son fils en Budde, et pareillement Perini Peter,
qui y avoit quatre mil hommes, lequel, combien qu'il ayt des enfans
en oustaiges devers le G. S. ce néantmoings, pour résister à l'entreprinse de frère Georges, lequel se porte du G. S. à présent il suyt le
party de Ferdinando, et il faict condescendre ad ce ladite royne, et avec
eulx sont les Maylatz, vayvaudes de Transylvania, que le feu roy Jehan
tenoit assiégez au chasteau de Foucaras avant sa mort, et pareillement
l'évesque d'Agria, de la maison de Francapane. Ledit frère George
hermitte a mandé au G. S. troyz cens mil escuz, tant en argent con-

tant monnoyé que en masse et vaiscelle d'or et d'argent, et ce par les mains de l'évesque de Cinq-Esglises et du grant chancellier de Hongrie. Il se treuve à Varadin, en son évesché, lieu très fort, et avecques luy la force et le meilleur de la gendarmerye du royaulme, en nombre de douze mil chevaulx, lequel tous suyvent à la coustume turquesque, c'est pour aultant qu'il a en son povoir le trésor dudit feu roy et la dotte de la royne et tous ses joyaulx et coffres entièrement; car le roy Jehan, allant à l'emprinse de Foucaras contre lesdits Maylatz, faisant suyvre la royne, avoit mandé davant tout son bagaige où estoit tout son trésor, et aussi les aultres susdites choses, et se trouvèrent audit Varadin sur le poinct que ledit roy devint mallade, lequel frère Georges ne faillit après son trespas s'en saysir et ne s'en veult, pour quelque chose que l'on ayt sceu faire, dessaisyr, par quoy le sr Perini Peter luy a mandé de grosses parolles, et en somme que s'il ne rendoit lesdites choses « qu'il luy estrasseroit le scapuchin, » auquel n'a failly de luy respondre aussi félonnement, disant que « avant luy approcher à sa robbe, qu'il y auroit beaulcoup de chemises sanglantes et par adventure la sienne propre[1]. » Pour l'enfant roy tiennent quatre cappitaines, ou plustost, comme l'on veut dire, assassins, c'est Baraguis Mathias, Simon Dirch, Comat George, et le proposito d'Albergal, lesquels, pour avoir moyen et coulleur de povoir piller, comme ont accoustumé faire par cy-devant, ayans tenu les champs, font sanblant tenir ladite part. Ce neantmoins ne sont pour faire grant chose, car n'ont puissance de mectre au plus hault de cinq à six cens chevaulx par chascun en campaigne. Le roy Ferdinando se debvoit partir pour aller à Possonia près Budde, où il avoit six mil hommes de pied et en attendoit douze mil, tant Allemans que Bohesmes, desquelz il y avoit troys mil à cheval et trois mil Espagnolz, en tout peulvent bien arriver à dix-huict mil gens, assez mal en ordre, et en-

---

[1] Le personnage qui s'attire cette fière réponse, d'un si grand caractère historique, était le magnat Pierre Péreny, qui mourut plus tard captif aux Sept-Tours, ainsi que les deux autres chefs hongrois Maillath et Terek. Comparez ces détails avec ceux qui sont donnés par Hammer, t. V, l. XXX de l'Histoire de l'empire ottoman.

cores luy plus mal fourny d'argent, et de présent devoit estre entré
dedans Budde. Le sanjacques de Bellegrade avoit desjà assemblé là
auprès quarante mil chevaulx prêtz à entrer en Hongrie, et ledit frère
Georges attendoit à grant dévocion response du secours du G. S.
duquel il faisoit bien son compte qu'il n'auroit faulte.

Le marquis du Guast avoit dict qu'il ne se falloit point esmerveiller
si ces seig^{rs} avoient esté contrainctz à faire paix avec le G. S. si très
désadvantageuse, car ils estoient certains que, avant que le s^r amb^r
Badouare fût arrivé à Const^{ple}, je vous avois advisé entièrement de
toute la puissance qu'il avoit pour sa commission, de quoy n'aviez
failly advertir les baschatz, qui avoit esté cause qu'ilz avoient tenu telle
roydeur en faisant ladite paix, estans bien asscurés que ledit amb^r,
ayant la puissance de leur accorder ce qu'ilz demandoient, ne s'en
reviendroit sans passer le tout, plustost que revenir sans l'apporter,
chose que les impériaulx ont mis avant industrieusement et à poste[1],
cuydant par là eslongner tousjours ces s^{grs} de l'amytié qu'ilz ont à
S. M. et les divertyr de la recognoissance qu'ilz ont à vous de tant
de bons offices que avez tousjours faictz, au grand bien et commodité de ceste république; mais j'ai bonne confiance que vous, par
vostre dextérité, y sçaurez très bien obvier, leur donnant à cognoistre
le contraire. J'ay esté aussi adverty que le roy Ferdinando avoit despesché le s^r Lasky pour aller devers le G. S. luy faire offre que s'il luy
plaisoit le faire et laisser joyr paisible du royaulme de Hongrie, que
non-seullement ledit roy, mais encore toute la maison d'Aultriche, le
recognoistroyent pour père comme bons filz, et qu'ilz luy feroient
tel tribut, non seullement de la Hongrie, mais encore de toute l'Austriche, qu'il auroit occasion de s'en contenter. De quoy vous ay bien
voullu advertyr, estant asscuré que vous ne serez jà tesmoing ne consentant à telle infeudation en faveur d'icelluy seigneur.

[1] On verra à la fin du chapitre suivant
l'effet que produisit plus tard cette insinua-
tion sur le sénat de Venise, et la violence
qu'elle provoqua de sa part contre l'évêque
de Montpellier.

Venise, 8 octobre 1540.

Sire, le marquis du Guast a monstré lettres que l'empereur luy a
escrittes contenans que ledit sr emp{r} estoyt mieulx obéy, crainct et
aymé de tous ses subjectz que jamais, et sy avoit plus d'or et d'argent
deux fois, par quoy allégoit avoir plus grant puyssance de faire
guerre, faisant les plus belles offres et partiz à ces seig{rs}, estant fort
déplaisant du si très désavantageulx accord qu'ilz traictent avec le
Turcq, et comme il estoit bien deslibéré de sa part faire un plus
gros exercite par terre qu'il ne fust veu, dont, s'ilz vouloient de leur
cousté faire leur debvoir, ainsi qu'ilz estoient tenuz, espéroit donner
plus d'affaires au Turcq, estant ledit Turcq plus embesoigné et troublé que jamais pour la rescente playe qu'il avoit receue du sophy et
pour avoir perdu Jehan, son vayvauda de Transylvania, qui faisoit
teste en Hongrie pour luy, et qu'il ne failloit qu'il tint à argent ne
aultre chose, car s'ils n'en avoient poinct il leur en presteroit, car il
en avoit assez pour tous, et le semblable feroit-il de gens de guerre,
municions et aultres choses à ceste entreprinse nécessaires. Mais ces
seig{rs} n'y adjoustent point foy, pour estre rebattuz de telles belles promesses et avoir entendu l'entreprinse que les impériaulx avoient faite
de faire révolter Napoly de Romanie et aultres lieux de ces seig{rs} en
Levant, comme depuis a esté descouvert par la prinse du cappitaine
Petro Siculi, lequel a confessé qu'il avoit esté dépesché par le vice-
roy de Napples à cest effect. Et se doubtent que André Doria, soubz
colleur d'aller donner secours au roy de Thuniz, voulsist prendre
d'assault ou à l'emblée aulcunes desdites places, lequel Doria debvoit
aller à l'emprinse dudit Thunis, ayant trente-six gallères, dix navires
et un gallion. Le sr Rincon, entre autres remonstracions, avoit fait entendre aux bassaz la grant fidellité et sincérité de ces seig{rs}, allégant
combien l'emp{r} leur présentoit journellement de grans partiz pour les
tenter et faire retirer de l'accord d'entre eulx et le G. S. mais qu'ilz
n'en avoient jamais voullu sentyr parler. Le sr Badouare, estant allé

voir ledit sʳ Rincon, entre aultres propoz lui avoit dict que l'amytié
d'entre V. M. estoit tant estroicte avec ceste seigᵗⁱᵉ que c'estoit comme
ung anneau dedans le doy qui ne se povoit oster sans le tailler. A
quoy ledit sʳ Badouare luy avoit faict responce que de ceste sy estroicte amytié il n'en estoit pas averty; bien estoit vray que pour la
grant obligacion qu'elle a à V. M. ceste seigᵗⁱᵉ vous sera toujours com-
plaisante, et, comme il dict, obséquentissime, lesquelz propoz ont
esté grandement agréables et acceptez de tous ceulx qui aiment le
bien de ceste république.

Le G. S. a mandé lettres à tous les seigneurs et peuples de Hongrie qu'ilz obéissent à l'enfant roy, et avoient desjà mandé en Erzek
le sanzacho de Bellegrade avec xxᵐ chevaulx turcqs qui ne attendent sinon que le roy Ferdinando monstre de se bouger. Tous les
estatz de la Transilvania se sont accordez ensemble qu'ilz ne se mouveront ne déclaireront de nulle partye jusques ad ce que les Hongres
auront ordonné quelque chose du faict du royaulme, et que les prélatz et barons de ladite Transylvania estoient venuz avecques la maison dudict feu roy Jehan, conduisant son corps à Budde, pour aprez,
à la première occasion, le porter à Albe-Régale, l'encepvelyr là selon
la coustume des roys ses prédécesseurs, et aussi pour baptiser là et
couronner ledit enfant roy. Perini Peter et l'évesque de Agria branslent,
mais ne se osent déclairer, ains feignent de faire office de médiateur
entre le roy Ferdinando et ceulx qui tiennent le party du jeune roy.
L'on a icy nouvelles que le roy Ferdinando n'estoyt pour faire force
cest yver, mais avec intelligence d'aulcuns dedans Budde s'attendoit
de avoir une ou deux portes pour entrer en icelle.

Le sʳ Rincon m'a escript que le G. S. avoit respondu au messaiger
envoyé par le chancellier et évesque de Cinq-Esglises, ambʳˢ dési-
gnez par le roy Jehan pour aller devers luy, qu'à leur arrivée leur dé-
claireroit ce qu'il vouloit estre faict touchant l'administration du
royaulme de Hongrie, et ledit sʳ Rincon adjouste qu'il ne sçayt si ledit G. S. se vouldroit contenter de l'eslection faicte dudit nouveau
roy; car auparavant la mort du feu roy avoit destiné de usurper ledit

pays pour luy, et y mectre pour seigneur ung sien filz. Mais M^r l'arcevesque de Transilvania m'a dict estimer que le G. S. ne soit jamais pour faire semblable chose, pour aultant que ce soit contre leur coustume inviolable, qui ne veult qu'il y ayt à la fois que ung de la caza ottomane survivant en estat de prince pour éviter les divisions et ruynes de leur monarchye, et aussi que ledit G. S. et tout son conseil sçait très-bien que jamais les chrestiens ne souffriroient et moings les Hongres, qui sont d'assez mal à renger, fussent du tout réduictz à son obéyssance.

Venise, 26 octobre 1540.

Lettre de l'évêque de Montpellier au connétable de Montmorency.

Par ce que ces seig^{rs} ont entendu de leur amb^r près de l'empereur, le roy ne vouloit plus sentir parler d'aultres partiz si en premier lieu icelluy emp^r ne luy envoyoit en une carte clairement la restitucion de l'estat de Millan, et que chascun le sceut et l'entendist. De quoy l'emp^r avoit fait entendre à tout le monde que à luy n'avoit tenu que la paix ne se feist, mais que le roy n'en voulloit plus sentir traicter ne parler, et que depuis S. M. avoit mandé audit s^r emp^r que le marquis du Guast journellement faisoit contraventions à la trefve, et qu'il s'en deschargeroit devant Dieu à tout le monde si elle ne se tenoit plus, car il n'en avoit esté cause; à quoy ledit emp^r avoit respondu que si ledit marquis et ses gens avoient faict chose contre icelle, n'estoit de son sceu ne intention, et qu'il avoit voullenté de la garder. Le roy des Romains avoit envoyé son second filz à la cour de l'empereur, le pryant qu'il luy voulsist donner pour femme la douairière de Millan avec la duché, pour par ce moyen incorporer et asseurer ladite duché à la maison d'Austriche à tout jamais, adjoustant ledit amb^r que plustost l'emp^r consentiroit de bailler l'Espaigne au roy de France que l'estat de Millan. Yray est que les praticques et demandes avec grandes offres, haultz prys et partiz ne faillent, mais l'emp^r demeure ferme et non muable, et escoutte bien ung chascun gratieusement, mais puys après faict ce qui luy semble le meilleur, et ne veult tant de divers conseillers à résoldre ses affaires.

Icelluy empereur dit à l'amb', par forme de complaincte, que le roy luy avoit fait faire en Allemaigne tous les plus maulvais offices dont il s'estoit peu adviser, et luy demandant en quels termes se retrouvoit la paix de ces seig ᵗˢ avec le Turcq, il luy dist froidement : « J'ay cogneu et cognois ta seigᵗⁱᵉ avoir trop creu aux parolles et persuasions françoises, et nommément pour donner ces deux terres qui sont lieux de telle importance qui se debvoient tenir et deffendre avec le propre sang, car moyennant icelles d'heure en heure le Turcq se pourra faire seigneur de toute la Candie et venir jusques en Itallye sans aultre contraste, en façon que ta seigᵗⁱᵉ en pourroit porter grant dommaige, ensemble les autres seigneurs de la chrestienté. » Escript aussi icelluy amb' que l'empᵗ mettra tel ordre en Allemaigne qu'elle luy portera obéissance mesme en son absence, et voulloit faire une aultre diette à Ratisbonne, et verroit si le sçavoir du duc de Clèves seroit pour l'empescher, disant qu'il la povoit bien prolonger, mais fuyr non, menassant que la monstre n'en seroit moyngdre que celle de Gand, sçavoir est la pugnicion et ensemble tous ses séguaces. Et que si les affaires de Hongrie ne le détenoient par grant nécessité, il prendroit son adresse pour venyr en ceste Itallye pour la feste des Roys.

Venise, 26 octobre et 7 novembre 1540.

Sire, la royne de Hongrie estoit toujours en Budde, où estoient entrez Pétrovic, conte de Themesfar, proche parent du deffunct roy, avecques vᵐ Ratziens, Thurec Valente avec ɪɪᵐ, et frère Georges avec mil, lesquelz Thurec et frère Georges avoyent fait venir des environs de la Transilvania xvɪᵐ Turcz qu'ils avoient conduictz à huict milles de Budde, et n'actendoient sinon l'occasion de venir aux mains. Le conseil du roy Ferdinando estoit fort alliéné de l'entreprinse de Hongrie, allégant que S. M. donne commencement à une grant et longue guerre, laquelle seroit contrainct maintenir avecques merveilleux fraiz, et la Hongrie se trouvant divisée en troys parties, les deux se pourroient unir ensemble, voullant conclurre iceluy conseil que S. M.

Lettre
de l'évêque
de
Montpellier
à
François Iᵉʳ.

feroit assez de conserver ce qu'il tenoit. Mais ceulx qui tiennent son party en Hongrie luy ont fait entendre qu'ils ne se mouveroient jusques ad ce que luy avec son armée fust au-davant de Budde, chose qui luy a grandement agréé et accreu le couraige, se confiant sur les forces du sophi pour avoir suppédité jusques à présent la plus grant partie de la Persia et encores donné assez d'affaires à la Babilonia, et espéroit beaucoup S. M. de la bonne amytié qu'il avoit avec ledit sophy. Mais pour ce qu'il n'a point d'obédiance, argent ne cappi- taines, ne aultres facultez pour venyr à chef de ladite entreprinse, par quoy ne voyt-on qu'il fust en cecy, sinon pour esmouvoir les humeurs du corps de Hongrie sans rien vuyder, sauf de inciter le Turcq à ve- nyr subjuguer ledit pays et y mectre bassaz pour les gouverner, chose qui tourneroit à grant meschef à toute la chrestienté et mesmement à ceste seig^{rie}, pour la grant vicinité d'icelluy pays avec les leurs, la- quelle ne se pourroit pas beaucoup collander ne valloir dudit roy, ad- venant que ledit royaulme luy demeurast. Les impériaulx, cognoissant que l'on entendoyt bien icy que ledit roy n'estoit pour faire grant chose, ont semé un bruict que nonobstant que les Hongres le dési- rassent pour seigneur, il n'estoit pour l'accepter, pour autant qu'il n'es- toit assez puyssant pour résister aux forces du G. S. mais qu'ilz cher- choient de se donner à l'empereur pour par luy estre maintenuz et gardez comme celluy qui est assez puyssant pour ce faire.

Ces seig^{rs} estoient advertiz que les Espaignolz estoyent allez trouver les fustes des Mores qui avoyent saccagé Gibraltar, lesquels s'estoient retirez en une petite isle de Barbarie où avoient mis les poupes en terre, et voullant, après avoir esté descouverts par iceulx Mores, les attirer en haulte mer, feirent semblant de prendre la fuyte; quoy voyans, lesdits Mores les poursuyvirent, et soubdain les Espaignolz leur tournant le visaige, se attacquèrent à eulx, et furent prins et mys à fons les fustes de l'armée moresque, dont ilz ont donné icy des nouvelles triomphalles, adjoustant qu'André Doria, avec le nombre de cent voilles, estoit allé au royaume d'Algier et avoit prins Monastir, ville de Barberosse, deslibéré de poursuyvre plus avant sa victoire.

Le sʳ Rincon escript que ung des plus groz et principaulx seigneurs
des Géorgians, qui est une nation grecque confinant d'une bande
avec la Persia, a mandé à la Porte du G. S. ung ambʳ du sophi, homme
d'assez belle présence, lequel ledit sophi avoit envoyé devers luy pour
le faire voulter de son costé, et se présumoit qu'il auroit la genne pour
sçavoir plus oultre de sa charge. Un messaiger de ces sᵍʳˢ avoit rencontré près de Philipopuli les ambʳˢ de Hongrye qui alloient vers le
G. S. avec force groz présens, et avoit aussi rencontré près de Andrinopoli cinq cens chevaulx qui alloient à Constantᵖˡᵉ pour lever le
bagaige du G. S. lequel de ceste heure debvoit estre par chemyn
pour venir faire son yver audit Andrinopoli, et que l'on faisoit besoigner en fort grant presse à l'arcenal.

Venise, 12 novembre 1540.

Sire, cejourd'huy Janezin, mandé à Constᵖˡᵉ par ces seigʳˢ, est arrivé icy avecques la conclusion de la paix[1] d'entre eulx et le G. S.
lesquels ont esté si ayses d'en avoir eu la nouvelle qu'il n'est possible
de le croire, et m'en ont mandé congratuller. Le G. S. doit mander
icy Janus-Bey ambassadeur pour diffinir le différend qui est demeuré

Lettre
de l'évêque
de
Montpellier
à
François Iᵉʳ.

---

[1] Le ms. 8980 de Béthune contient en
copie une traduction italienne de ce traité.
Quoique cet acte soit à plusieurs égards
l'ouvrage de Rincon, il appartient trop spécialement à l'histoire de Venise, et, par
son étendue, sortirait trop de notre sujet
pour que nous reproduisions cette pièce
en entier. On y voit qu'en stipulant dès le
début la cession de Napoli de Romanie et
de Malvoisie, la Porte considérait toujours
ces villes comme faisant partie du territoire de l'empire : « Io sultan Soliman,
gran figliuolo di sultan Selim, ghellam e
soldam delli soldani, ec. per il Veneto duce
ch'è Pietro Lando, il fidato suo huomo
Aloviso Badador, horator, richiedendosi

dalla mia imperial gracia delle lor città di
che sono dentro del divino dominio mio
nella Morea, qual nominasi Napoli di Roma-
nia, con loro castelli, e Malvasia; e spoliate
le due cittade dalla artegliarie, campane e
delli suoi soldati, ma delli popoli in potestate loro lo stare e andare senza molestia
e con il suo havere, etc. » Vient ensuite
la somme stipulée pour indemnité des frais
de la guerre. « Ancora alla banda dello
imperiale tesoro mio metrà duca. d'oro di
stampa venetiana trecenta mila, etc. » Le
traité énumère les châteaux-forts cédés à
la Porte dans la Dalmatie, parmi lesquels
figurent : « Il castello del Laurana, il castel de Nandi, ec. » qu'on a vus précédem-

57.

indéciz de Nadin et de Laurana. Mais le s^r amb^r Badouare juge que la venue icy dudit Janus-Bey ne soit pour aultre effect que pour de la part du G. S. faire avecques ces seig^{rs} qu'ilz veullent faire estroicte amytié et ligue avecques V. M. affin que, quant se mouveroit guerre contre

ment être l'objet de plusieurs contestations ; enfin toutes les petites îles de l'Archipel conquises par Barberousse. Le reste du traité concerne les rapports commerciaux de Venise avec la Turquie, les règlements pour les droits à payer, l'entrée et la sortie des navires dans les ports, la répression des corsaires, la recherche des esclaves fugitifs, etc. dont les stipulations sont semblables à celles qu'on a lues dans les traités français avec la Porte. On voit par cette partie du traité vénitien que la république avait eu soin d'y faire insérer une nouvelle confirmation de ses capitulations précédentes, avec les améliorations de détail qu'elle avait pu obtenir, principalement pour son commerce avec la Syrie et l'Asie Mineure. Le document turc de ce traité, remontant au mois de juillet 1540, et celui de sa ratification, qui n'eut lieu qu'en avril 1541, se trouvent, selon M. de Hammer, dans les archives de Venise à Vienne. Une note du tome V, p. 536, de l'Histoire de l'empire ottoman, mentionne aussi, dans les *Scritture turchesche,* à Vienne, entre plusieurs actes de Soliman, deux lettres au doge de Venise pour lui recommander d'entretenir des relations amicales avec la France : la première est du 28 février 1540, et l'autre du 1er avril 1542.

Les impressions diverses produites par la seule annonce du traité et l'opinion sur la part que la France avait prise aux résultats d'une si longue négociation, sont exprimées dans une lettre de César Frégose au connétable : « Il s^r Rincon vi si è

affaticato molto gagliardamente a beneficio delli s^{ri} Venetiani, li quali, per quello sono avisato, si lodano di lui estremamente et se ne tengono estremamente satisfatti. Io era avertito che se la pace non seguiva, che essi s^{ri} Venetiani si volevano totalmente mettere in le bracia di sua m^{ta} chris^{ma}... Certifico l'Ex^{b} V^{a} che non si trovano niente bene satisfatti della maestà Cesarea, et scrivano al imperadore che la pace che hanno fatta, l'hanno fatta per essergli stato mancato di quanto gli era stato promesso..... »

L'évêque de Rodez, Georges d'Armagnac, qui était passé de l'ambassade de Venise à celle de Rome, écrivait également à ce sujet au roi, le 10 juin : « Quant à la paix des Vénitiens, S. S. m'en parla de telle sorte que je pus bien comprendre que elle lui estoit fort désagréable : elle me dit toutesfois qu'en cela vous aviez fait œuvre et office qui témoignoit toujours vostre grande bonté et charité envers le monde, et que sans vous il ne voyoit pas que la seigneurie eût pu parvenir à ceste paix, bien que les conditions en fussent estranges et trop importantes à la chrestienté. Sur laquelle parolle il leva les yeux au ciel, disant avec regret : Dieu pardonne à qui est cause du mal qui est advenu et en adviendra (voullant de l'empereur parler), ou pour avoir mis la seigneurie en picque contre le grant-seigneur ou pour ne leur avoir tenu main comme il devoit à l'entretenement de la guerre turquesque. » (*Mémoires et Papiers d'état,* de Ribier, t. I, p. 545.)

Espaigne, ilz voulsissent prester faveur à icelle ou du moings ne donner
ayde de deniers ne de gens à l'empᵉ; et la chose qui le meut à juger
ainsi, c'est que tous les sʳˢ bassaz lui dirent que V. M. ayant faict tant
de continuelz offices pour ceste paix, et estant icelle frère de leur
seigneur, ilz désiroient que ladite seigᵉⁱᵉ fust conjoincte avec vous; et
Lofty-Bey, conduysant ledit ambᵉ Badouare devant le G. S. avant que
l'introduyre, se tourna à luy et luy dist que le G. S. estoit allié avecques
V. M. et que, s'il advenoit que Charles d'Espaigne fust pour avoir
guerre avec vous, il estoit besoing du moings que ces sᵍʳˢ fussent
neutres et ne s'empeschassent entre vous deulx; et ce luy dist-il avec
grant efficace, et leur en a escript une lettre.

Les ambᵉˢ de Hongrye estoient arrivez à la Porte du G. S. en bien
grant triomphe, et ont faict présens pour plus de huict mil escuz, et
le ixᵉ eurent audience, en laquelle demandèrent deux choses, la première que le filz du roy Jehan, nommé Estienne, soyt confermé roy
en la forme et manière que estoit le père; la seconde, que mourant
ledit filz sans héritiers, les barons du pays eussent liberté et povoir
d'eslire ung autre roy. Quant au premier poinct, a esté concordé,
donnant cent mil ducatz présentement pour satisfaire ce à quoy estoit
tenu le père, et, depuis, qu'il eust à payer tous les ans cent mil ducatz pour tribut, et au second a esté respondu que le temps conseil-
leroit ce que l'on auroit à faire. Le sophy presse assez le G. S. mais
pour le peu d'appareil que l'on veoit faire, le G. S. ne s'en faict pas
grant compte. Janczin dict avoir trouvé en Sophia le sʳ Lasky, envoyé
par le roy Ferdinando au G. S. menant en sa compagnye plus de
cinquante chevaulx, et disoit l'on que il conduysoit quelques grans
présens pour mieulx povoir exploicter sa commission. L'ambᵉ du roy
de Poulongne debvoit entrer à Constᵖˡᵉ le jour ensuyvant après que
celluy de Hongrie y feust arrivé pour solliciter l'affaire du filz du feu
roy Jehan, et ledit roy de Poulongne avoit mandé au secours de Budde
iiiᵐ hommes, et bientost après en debvoit mander xᵐ. Le G. S. avoit
mandé un nommé Signan devers ceulx de Transilvania, avec lettres
par lesquelles il leur faisoit sçavoir qu'ilz estoient tous ses esclaves

pour avoir gaigné ledit pays, et que à ceste cause il vouloit qu'ilz obéissent à Stephano Maylat, jadiz vayvoda d'icelluy pays soubz le roy Jehan, chose que ledit pays tenoit grandement grief. Ils avoient demandé cinq mois pour adviser là-dessus et mander leurs amb^rs devers luy, ce qui leur a esté accordé[1].

Venise, 29 novembre 1540.

Lettre
de l'évêque
de
Montpellier
à
François Ier.

Sire, V. M. aura peu entendre, tant par les lettres du s^r Rincon que par les myennes, le succez de la paix de ses seigneurs avec le G. S. et depuis n'est venu aultre chose; vous diray tant seulement comme, suyvant ce que avoys escript à V. M. ses s^grs avoyr receu lectres de Lotphi-Bassa, l'on m'a dict davantaige qu'ils en ont aussi eu du G. S. en semblable substance, qui est en somme pour se allégrer et congratuller avecques eulx de la paix et accord faictz ensemble, dont ledict G. S. avoyt merveilleusement grant plaisyr; estant bien délibéré de la maintenyr et garder de son cousté, les confortant et exhortant aussi que de leur part ilz prinssent bonne garde et enchargeassent bien à leurs ministres de ne donner occasion de rompture, ains voulloir faire de bons voysins et porter bonne amytié, non-seullement à luy, mays à ses amys. Et en oultre m'a l'on dict que en ladicte lettre ledict G. S. parle de V. M. tant honorifficquement et tient propoz qui spirent tant d'affection et amour qu'il démonstre porter à ycelle, que ses s^grs, après l'avoyr leuc; en sont tous demeurez grandement esmerveillez et presque estonnez. Qui les faict croyre que l'amb^r que doibt envoyer icy ledict G. S. qu'ilz estiment debvoir estre Janus-Bey, comme vous en ay escript, soit pour les en enhorter et conforter de faire estroicte amytié et ligue avec V. M. ou pour le moings de ne donner aulcun ayde ne secours à personne contre vous, et ne

---

[1] Le livre IX, pages 3 et 13, de Reusner, *Epistolarum Turcicarum*, etc. contient une lettre de la reine Isabelle sur les affaires intérieures de la Hongrie, et une lettre de Soliman aux états de la Transylvanie, qui leur enjoint de reconnaître le fils de Jean. Les historiens hongrois, et entre autres Bell et Istuanfy, en fourniraient beaucoup d'autres du même genre, ayant plus ou moins d'authenticité.

peulvent pas, quelque discours qu'ilz sçaichent faire, se adviser que
ce soyt pour aultre chose. Et pour ce, sire, que ledict sʳ Rincon ne
me faisoyt rien entendre par les siennes dernières de la venue dudict
ambassadeur, je luy en ay escript par le brigantin mesme qui les
m'avoyt apportées, et que s'il advenoyt ainsi que ledict G. S. y en
mandast ung, pour ne obmectre rien à le recorder de tout ce que
nous povons adviser par deçà estre pour servir à sa charge, nous a
semblé le debvoyr advertyr qu'il regardast selon son meilleur advis
et jugement s'il seroyt bon de faire que ledict ambʳ eust très-expresse
charge et commission d'exposer et faire instance à sesdits sᵍʳˢ de ce
que dessus, et semblablement de leur dire et déclairer ce que par
les ministres de V. M. il luy seroyt proposé.

Sire, Mʳ l'évesque de Transsilvanye, estant arrivé icy de la court,
ne se voullant asseurer de passer en Hongrie au sauf-conduict qu'il
avoyt impétré des roy et royne des Romains quant passa par icy pour
aller vers V. M. envoya vers ledict roy pour avoyr ung aultre sauf-
conduict, affin de s'en aller le plus tost par delà, sçaichant combien
sa présence y serviroyt, et aussy pour acomplyr le commandement qu'il
vous a pleu luy fayre, ainsi qu'il m'a dict, qu'il eust à s'y trouver le
plus tost qu'il seroyt possible ; mais ledict roy ne luy a voullu accorder ne moings confirmer ceulz qu'il avoyt eus de luy, et sy a faict
retenir son secrétaire et son maistre de court et aultres de ses serviteurs qui passoyent par là, qu'il avoyt dépeschez de Flandres pour
aller en Hongrie, nonobstant lesditz sauf-conduicts ; dont voyant qu'il
n'y avoyt ordre de passer par ce cousté-là, a advisé estre le plus
expédient d'avoyr ung sauf-conduict du G. S. pour passer sur ses
terres. A ceste cause, a envoyé d'icy expressément en dilligence ung
homme jusques à Constantinople, par lequel n'ay failly d'en escripre
au sʳ Rincon, affin que par sa bonne dextérité nous le puissions avoyr
plus tost et plus facillement, le priant de le mander incontinant par
deçà. Toutesfois, à grant peyne y sçauroit l'on user de si bonne dilligence qu'il ne soyt l'Épiphanye avant que le messaigier soyt icy de
retour, nonobstant que il seroyt bien nécessaire que ledict sʳ évesque

fust à Budde avant que les amb[rs] de Hongrie qui estoyent allez vers
le G. S. y soyent arrivez, pour beaucoup de raysons que V. M. entend trop mieulx.

Sire, l'on a eu icy nouvelles comme l'empereur estoit bien hors de
ses dessaings de faire en Allemaigne à ses diettes tout ce qu'il pençoit, dont avoit faict les plus estroictes ordonnances et édictz contre
les protestans en ses païs de Flandres, lesquelz sont après à faire amas
de gens, et dict l'on aussi ledict emper[r] ne s'en vient tant chargé de
millions d'or de ce cousté-là que les impériaulx avoyent semé icy le
bruict. Puis naguères ses s[grs] ont eu nouvelles comme deux de leurs
gallaires, ayant rencontré autour de Chippre deux fustes de Mores
venans de Alexandrye d'Egipte, non sçaichant quelz gens s'estoyent,
les salluèrent de quelque pièce d'artillerye sans boullet. Mais lesdictes
fustes leur rendirent ung aultre salut trop plus mal gracieulx, car
tirèrent à bon essient force artillerye contre lesdictes gallaires. Quoy
voyant, se meirent en deffense, et feirent de sorte qu'ils prindrent les
fustes, et sans rémission aulcune meirent à mort tous ceulx qu'ilz y
trouvèrent sans qu'il en réchapast pas ung, ne avoyr esgard aux chrestiens ne aux femmes qui estoyent dedans, et se montoyent bien en
nombre, ainsi que l'on estime, de deux cens cinquante personnes,
dont ses s[grs], l'ayant entendu, en ont eu très-grant desplaisir et mal
contantement contre ceulx qui ont faict ce désordre, attendu mesmement que ce a esté faict sur le poinct que se brassoyt la conclusion
de leur paix avec le G. S. et de faict, pour donner à congnoistre qu'ilz
en ont esté très-mal contans, ont ordonnez que ceulx qui l'ont faict
soyent très-bien chastiez. Pourquoy fayre les ont mandez venir icy, et
se envoyent excuser vers ledict G. S. en luy mandant par ung de
leurs secrétaires cent quarante mil ducatz chequins, qui peulvent
valloyr de cent et quatre-vingtz mil escuz, en desduction des troys
cents mil ducatz qu'ils sont tenuz de luy bailler.

Sire, depuis avoir faict la présente, M[r] l'évesque de Transsilvanye
m'a envoyé dire qu'il attendoyt de jour en jour ung de ses gens venant de Hongrie, par lequel l'on pourroyt estre certainement adverty

des nouvelles de ce quartier-là, dont m'a semblé debvoir différer
jusques ad ce qu'il fust arrivé, et ainsi l'attendant de jour en jour, la
présente dépesche a esté retardée jusques à ce jourd'huy, troys^e jour
de décembre, qu'il est arrivé. Lequel est passé par Pest au-davant de
Budde, et dict que jamais l'exercite du roy Ferdinand n'a aproché de
Budde-Nove de quatre grands lieues, ne passé Bude-Vuieille, et que
tant s'en fault qu'ilz soyent jamais venuz assaillyr ceulx de ladicte ville
de Budde, qu'ils ont eu assez affaire de se deffendre contre les yssues
et venues que Valentyno Turec, quelquesfoys à cheval et aultrefoys à
pied, leur a souvent données; de sorte qu'ilz ont bien entendu qu'il
ne failloyt qu'ilz s'adressassent à voulloyr assiéger Budde. Et ainsi
sont tournez en arrière, et entend l'on qu'ilz ont reprins et assiégé
Vicegrade, chasteau ou plustost maison de plaisance des roys de
Hongrye, auquel en allant à Budde avoyent faictz quelques assaulx et
avoyent prins certaine tour, laquelle est au bas en la closture dudit
chasteau, qui leur fut vendue bien cher pour y estre demeuré plus de
cinq cents hommes. L'exercite dudit roy, ainsi qu'il dict, n'arrive pas
à neuf mil personnes, combien qu'ilz font courryr le bruict d'estre
seze mil; le conducteur duquel est Léonard Felx; et entend l'on que
ledict roy est mal contant contre Perini Peter et l'évesque d'Agria, qui
s'en estoyent fuiz vers luy, pour l'avoir conseillé et conforté de mander
à ceste entreprinse, n'ayant trouvé ce qu'ilz luy avoyent donné à entendre, dont ledict Perini Peter s'estoyt retiré à sa maison. Dedans
Budde estoyent quatre mil arcquebusiers, desquelz il y en avoyt mil
cinq cens Ratziens, bonnes gens de guerre que le sᵣ Petrovic avoyt
admenez, et oultre lesdicts quatre mil, y avoit deux mil vassaulx ou
souldars que les aultres barons y avoient conduictz. Dict aussi que le
jeune roy a esté baptisé, et l'ont tenu sur les fons Vallentino Thurec
et frère Georges, évesque de Varadin, et luy a esté mys le nom de feu
son père, combien que l'on eust escript de Romme qu'il avoyt nom
Estienne. Ledict messaigier a rencontré ung Sirec vayvoda, homme de
grant réputacion à la court du grant-seigᵣ, lequel disoyt que les ambᵇˢ
de Hongrie s'estoyent partiz de Constᵖˡᵉ, mais que, sur la venue de

Lasky, le grant-seig^r les avoyt faict rappeler, et disoyt en oultre ledict Sirec que luy, estant arrivé à la Porte, il espéroyt de remonstrer au grant-seig^r les bons portemens dudict Lasky, lequel, cependant que son maistre et les siens font toutes hostilités contre les alliez dudict grant-seig^r, va faire semblant de chercher paix et amytié; de sorte qu'il espéroyt bien qu'il ne s'en retourneroyt jamais. Ledict messaigier dict oultre avoir entendu que autour de Bellegrade estoyent ordonnez et en plus grant partye assemblez environ le nombre de cinquante mil Turcqz, lesquelz n'attendoyent sinon que l'exercite du roy Ferdinando arrivast autour de Budde pour les venir veoir.

Venise, 29 novembre 1540.

Lettres
de l'évèque
de
Montpellier
à Rincon.

Le roi s'estoit laissé entendre à l'amb^r de ces seig^rs plus clairement touchant les affaires d'entre luy et l'empereur, et, comme ils disent, s'en estoit *cavato la maschera;* disant S. M. que quelque chose que l'on dist de l'amytié et parenté d'entre eulx, qu'il estoit bien vray que ledit emp^r estoit son frère et amy, mais qu'il luy feist le debvoir de la duché de Millan, laquelle il luy retenoit contre tout droict. Et quant à ce que l'empereur fait courir le bruict qu'il est pour totallement faire selon son dessaing à ceste prochaine dictte de Ratisbonne, il s'en fauldroit beaulcoup [1]. Ledit emp^r estoit encores le vi de ce moys au pays d'Arthoys, et après s'estre trouvé à ceste diette à Wormes, où n'estoit encores compareuz ung seul des protestans ne catholicques, s'en doibt venir en Itallye, et N. S. P. s'en yra au devant l'attendre à Boullongne.

Ung personnaige qui n'escripvoit de telles choses trop voulentiers, pour estre parent de la royne de Poullongne, par voye de Rome a fait entendre que l'évesque d'Agria s'estoit retiré vers le roy des Romains avec mil cinq cens chevaulx et deux cens gentilzhommes, et avoit escript à sa s^té, protestant voulloir vivre et mourir avec les chres-

---

[1] La diète de Worms est de la fin de 1540; celle de Ratisbonne occupa toute la première moitié de 1541.

tiens, donnant très bien compte de soy, remonstrant que en toutes
ses choses n'avoit jamais failly audit roy Jehan jusques à sa mort,
tant en son adversité que en sa prospérité, et que ledict roy Jehan,
aux conventions qu'il feist avec le roy des Romains et l'empereur,
voullut et consentit que le royaulme de Hongrie, après sa mort, retournast audit roy des Romains, et ses enfans se contentassent de pa-
trimoyne et du conté de Slescia; et que luy ayant, comme conseiller,
soubzcript lesdites capitullations et promis de non contrevenir, voyant
que son roy avoit plus tost prémis l'amour du filz que le bénéfice du
royaulme, que comme prélat et chrestien ne povoit mancquer à sa foy,
mesmement pour ce que aulcuns, contre tout debvoir de raison,
soubs colleur de voulloir pour roy ledit enfant, s'efforçoyent de faire
que ledit royaulme, pour leurs intérests particulliers, parvînt ès mains
du Turcq, que estoit ung voulloir ruyner du tout le royaulme. Et
adjoustoit celuy qui escripvoit ladite lettre que pour estre noble et
de grant auctorité, sa venue pourroit estre de non peu d'importance
aux choses du roy des Romains, lequel jà avoit esté demandé en
Bude, et frère Georges, trésorier, debvoit pareillement estre à parlementer avec ledit roy des Romains, et que non venant à temps les
secours du Turcq demandez par ceulx qui favorisoient le filz dudit
feu roy Jehan, seroit facille chose que la plus grant part dudit royaulme
parvînt ès mains dudit roy des Romains, et au temps nouveau on
verroit qu'il se allumeroit une grosse guerre. Vous povez trop plus
juger ce qui en aura à estre du cousté là où vous estez.

Quant à l'armée de Doria, le vice-roy de Naples, avec xxvii gallères, estoit allé à la Mahommette, où estoit le roy de Thunis avec son
exercite, et soubdain que ceulx de la Mahommette veirent se présenter
le matin les gallères, se rendirent audit roy, et s'estoient recouverts cinq
lieux sur la marine, et en mancquoit encores deux, sçavoir est la Ca-
libia et Sfax, qui sont de peu d'importance. André Doria arriva le
xiie de ce moys à Palerme, où il désembarqua les Espagnols, puis feist
voylle pour Gennes. Tout ce qu'il a faict a esté la prinse de deux
places de Suza et de Monasterir. Je dépesche ung homme expressé-

ment jusques à vous pour impétrer du **G. S.** un saulf-conduict pour
l'évesque de Transilvanie, adressant aux sanzacques de Bellegrade et
Bosna, à **Morath** vayvoda et à **tous aultres** officiers dudit **G. S.** par où
il aura à passer, et s'il sera possible d'impétrer lettres dudit **G. S.** par
lesquelles il face entendre aux princes et barons de la Hongrie qu'ilz huy
feront bien grant playsir et service s'ilz se attendront et gouverneront
par le conseil dudit évesque, lequel a charge et entend ce que est pour
le bien et advantaige de tout le royaulme. On a adviz de Rome que
deux bendes d'Allemantz estans entrez en Bude avoient esté deffaictz
quelques ungs par trainées de feu que ceulx de la ville auroyent faictes
et non aultrement par faicts d'armes, et que pour les granz froictz qui
sont là et aussi par quelque peste qui s'est mise au camp du roy Ferdinando, l'exercite s'est levé d'autour de ladite ville et s'est dispersé.
Quoy voyant ceulx de la ville sortirent en assez bon nombre et leur
donnèrent une bonne estraincte.

Venise, 19 décembre 1540.

S. M. aura très grant plaisir d'entendre que le **G. S.** s'estoit montré
tant affectionné au roy que d'avoir tenuz si haultz propos en sa faveur
au clariss^me amb^r Badouare, et que par vostre bonne dextérité les amb^rs
de Hongrie, voyans le crédict du roy estre si grant, d'eulx-mesmes
aient demandé au **G. S.** que, advenant le décedz du jeune enfant roy,
les princes du royaulme eussent puyssance de povoir eslire pour leur
roy mons^gr d'Orléans, ce que leur a très libérallement et allégrement
accordé, que hors mondit seig^r d'Orléans ne puissent eslire nul autre
estranger, mesmement de la maison d'Aultriche. Sur quoy vous diray que aulcuns d'entre eulx avoient faict porter parolles au roy que
s'il luy plaisoit donner en mariage mondit seig^r d'Orléans à la royne
velve de Hongrie qui est de aige compétent, qu'ilz l'esliroient et mectroient en possession dudit royaulme; mais le roy, pour sa charité et
équité, n'y a voullu entendre, ne voullant, pour quelque bon droict
qu'il y ait, que le droict de nature n'ayt toujours lieu en son endroict,

et aussi pour ne donner cause à l'empereur de se plaindre de luy ne prétendre matière de rompture.

Le roy des Romains, pour quelque peste survenue en son camp, avoit esté contrainct de le lever d'auprès de Bude et tourner en arrière, et entend l'on que, voyant ses affaires n'aller selon ses desseings, rechairchoit la royne de Hongrie par belles et gracieuses parolles de faire accord, laquelle luy fist responce que s'il luy plaisoit restituer tout ce qu'il tenoit du feu roy Jehan son mari, qu'elle verroit de se soubzmectre à la requeste; sur quoy a respondu que si elle voulloit prendre autre chose en récompense, voire presque la valleur de deux foiz autant, il estoit content de le lui bailler, chose à quoy elle n'a voullu entendre. André Doria est à Gennes de retour, ayant laissé en la Barbarie deux mil Espaignolz pour la garde des places. Ces seig^{rs} ont eu advis comme le G. S. faisoit armer à grant dilligence et secrettement cent voilles pour le service de S. M. et l'on estimoit que ce seroit pour mander à la volte de Gennes. L'on a eu icy nouvelles de la court de l'empereur, comme après avoir entendu le maulvais exploict faict par l'exercite du roy des Romains en Hongrye, en a eu si grant desplaisir qu'il en est devenu presque mallade.

Ces seig^{rs} ont esté advertis que le s^r Lasky debvoit avoir résolucion de sa commission dedans sept ou huit jours pour ce que l'on n'estoit point deslibéré de lui accorder riens de ce qu'il estoit allé demander, et qu'on luy a donné de si bonnes gardes à son logeiz qu'il n'en peult pas sortir, et aucuns estiment qu'il est en danger de sa personne, et s'est dit que ledit s^r Lasky, ce pendant que son maistre faisoit touttes hostillitez contre les alliez du G. S. faisoit semblant de chaircher paix et amytié[1].

---

[1] Ces *nouvelles,* qui présentent un tableau si original et si complet de l'époque, sont répétées textuellement à l'évêque de Rodez, ambassadeur à Rome, à M. de Langey, gouverneur du Piémont, etc. et, à partir des mois suivants, elles sont transmises en italien au s^r Vincenzo Magi, qui, par suite du retour de Rincon en France, va remplir l'intérim de ses fonctions à la Porte.

1541.

Venise, 3 et 11 janvier 1541.

Lettres
de l'évêque
de Montpellier
à François Ier.

Sire, l'amb^r Badouare escript que, le xvie de novembre, il rencontra
le s^r Rincon allant vers le G. S. par son mandement, pour estre vestu
à l'accoustumée des amb^{ts} quant se partent de la Porte, et que le xviii^e
dudit moys s'en partit de là pour s'en venyr vers V. M. et le xxxe dudit moys, ledit G. S. ayant entendu les effortz du roy Ferdinando
en Hongrye, s'en partit aussi de Constantinople pour aller en Andrinopoli, où avoit mandé la souldane sa femme auparavant en merveilleuse
pompe et attirail, et que le G. S. longtemps avant son partement, avoyt
commandé estre mis en ordre de cl à cc gallères, pour quoy plus
tost et mieulx faire avoit mandé en Négroponte, Cio et aultres lieux,
chaircher des maistres de cest art-là, pour lequel ouvraige avancer et
haster s'estoit transporté plusieurs fois à l'arcenal, chose que n'avoit
jamais accoustumé faire, et avoit aussi ordonné estre mys sur le
Danubio cinq cens vaisseaulx qu'ilz appellent nassades, pour l'entreprise de Hongrye, qui sont suffisans pour povoir charger quinze mil
hommes. Ledit ambassadeur a escript depuis comme ledit s^r Rincon
en estoit party ledit xviiie, s'en venant avecques une partye de son
train seullement, ayant laissé son secrétaire avec le reste à Const^{ple};
et que ledit G. S. l'avoit vestu fort richement et faict signe de bien
grant bénivollence, et, entre aultres démonstracions, comme iceluy
G. S. l'avoit tenu à parlement avec luy environ de deux à troys grosses
heures, chose qu'il n'avoit jamais faicte à homme du monde, fust
chrestien ou de sa loy, mais des propoz qu'ilz eurent ensemble n'en a
rien peu sçavoir, dont cela avecques sa venue en personne faict estimer
que c'est pour chose de bien grant importance, et mesmement les impériaulx, qui ne furent jamais si estonnés et marrys qu'ilz sont de ceste

nouvelle, et se tiennent pour dict que à ce coup on yra à bon essient, faisant là-dessus mille discours que le G. S. se voulant asseurer du cousté de V. M. a voullu envoyer en personne ledit s^r Rincon, et principallement pour ceste entreprinse qu'il faict tant par mer, terre, que sur le Danubio, la plus grande et terrible que de nostre temps fut jamais oye.

Après que le s^r Lasky eut eu audience du G. S. soubdainement fut mené en un logeis soubz bonne garde, dont se voyant ainsi reserré, envoya s'excuser aux bassaz, disant qu'ilz ne se debvoyent esmerveiller s'il avoit parlé si hardiment au G. S. car il ne l'avoit faict de soy, mais par le commandement de son maistre, et que s'il estoit encores à dire ce qu'il a dict, n'en vouldroit retirer une seule parolle; toutesfoiz, que s'il plaisoit audit G. S. le laisser retourner devers sondit maistre, qu'il feroit de sorte avecques luy que dedans peu de temps ledit G. S. et luy seroient bons amys. Le s^r Rincon m'escript qu'incontinant après qu'il fut arrivé à Sophia survint commission du G. S. au chaoux qui le conduysoit qu'il ne laissast passer plus oultre jusques ad ce qu'il luy eust mandé aultre chose, de quoy ledit s^r Rincon restoit non peu estonné, et ne povoit pencer la cause de telle retardation, présumant qu'il luy fauldroit plus tost retourner à Andrinopoli retrouver ledit G. S. que poursuyvre son encommencé voyaige.

Venise, 19 janvier 1541.

L'on escript que l'empereur, ayant entendu le grand appareil du G. S. pour la Hongrie, estoit devenu fort pensif et solliciteux, en soy promenant dedans sa chambre, disant telz ou semblables propoz : « Si après que les Véniciens ont faict la paix, laquelle leur a cousté si cher que d'avoir baillé deux telles terres comme Napoli de Romanie et Malvaysie, et si grosse somme d'argent, et nonobstant ce sont encores en grant suspeçon et doubte pour ledit aprest, que doibvent faire ceux-là contre qui tout le grant appareil se faict? » Ces seig^{rs} ayant entendu la grosse armée que faisoit icelluy G. S. ont révocqué leur commandement de désarmer, et sont plus après que jamais pour chair-

Lettre de l'évêque de Montpellier au connétable de Montmorency.

cher à faire argent pour entretenir leur armée qu'ilz ont jà dehors et y
en mectre plus grant nombre, ainsy qu'ilz ont accoustumé faire toutes
et quantes foiz que ledit G. S. arme. Le pape cherche fort de faire
aller l'empereur en Itallie, mais il n'estoit pour se partyr encores de
là, pour aultant qu'il n'avoit encores appaisée toute l'Allemaigne, à
cause que nuls des principaulx de là ne vouloient croire en sa foy.
L'empereur se retrouvoit très mal content que l'amb^r du roy vers le
G. S. se debvoit partyr avec bonne expédition vers S. M. et sur le
propoz du passaige dudit s^r Rincon, les impériaulx usent icy de fort
grandes menaces, et j'ay esté adverty que l'amb^r de l'emp^r se laissoit
entendre avoir dépesché quelques barcques couvertes pour le cuyder
surprendre s'il estoit possible; mais avant s'embarquer, ledit s^r Rincon
donnera si bon ordre avec les s^{rs} Raguzains qu'ilz ne luy feront rien; et
luy en ay escrit, jà çoit qu'il sçayt très bien de quel amour ilz l'ayment,
et de mon cousté, en cest endroict-là, je doubteray plus par terre que
par mer.

Venise, 18 et 30 janvier 1546.

Lettres
de l'évêque
de
Montpellier
à
François Ier.

Sire, le XIII de ce mois est arrivé le s^r Rincon en ceste ville, en
une fuste de ces seig^{rs}, avec deux brigantins de conserve fort bien
équipez, et pour avoir esté grandement vexé et travaillé du maulvais
temps en son voyaige, tant pour se repouser ung peu que pour adviser luy et moy ce que cognoistrions estre besoing faire entendre à
ces seig^{rs}, nous sembla estre bon qu'il supersédast quelques jours. Et
estant allés vers la seig^{rie}, il proposa tout le progrès de la négociacion
qu'il avoit faicte envers le G. S. touchant leur paix, et pour ne les laisser
en quelque suspeçon de la cause de son voyaige, nous sembla le lendemain leur aller déclarer les raisons, et oultre ce ne faillyt leur faire
très bien entendre de combien vostre amytié leur seroit de trop plus
utile, leur mectant devant les yeulx les grands préparatifz que faisoit
le G. S. contre ceulx qui vouldroient estre voz ennemiz et leurs adhérans. De quoy avons esté advertiz que ces seig^{rs} demeurent grandement estonnez et pensifz. Le s^r Rincon est icy en attendant de mectre

ordre et avoir asseurance de son passaige, suyvant ce que le G. S.
en a mandé à ces seig^{rs} par lectres qu'il leur a appourtées, par lesquelles il les prye qu'ilz ayent à le faire si bien accompaigner sur
leurs terres qu'il ne luy arrive quelque inconvéniant, et qu'ilz l'ayent à
conserver sur leurs testes; dont ledit s^r Rincon, se confyant en la bonne
garde qu'il espère avoir d'eulx, a deslibéré s'en aller gaigner par sur
leurs terres le pays des Grisons, ne voullant en façon du monde passer
sur le pays des impériaulx. Et encores, pour plus grande seureté de
sa personne, cognoissant ledit s^r César Frégose tant grant serviteur et
dévot à V. M. l'avons adverty et pryé se voulloir trouver à son chasteau de Garde, sur le lac, affin que là, oultre l'ordre que la seig^{rie} y
aura donné, puissent adviser de plus grant seureté.

Venise, 2 février 1541.

Sire, quant ad ce que m'escripvez de faire entendre à ces seig^{rs} l'affection que leur portez, et de quelle conséquence leur est la paix avec
le G. S. le s^r Rincon leur tint ces propoz comme venant de celluy ministre vostre, en la bouche duquel, pour sa suffisance, charge et lieu
d'où il venoit, pouvoient mieulx seoir, et quant à la provision qu'il
vous a pleu ordonner mil escuz pour faire présent à celluy qui de la
part du G. S. pourroit venir icy, luy arrivé je ne fauldray à le faire.
Ces seig^{rs} ont ordonné en pregay, pour accompaigner sur leurs terres le
s^r Rincon, cinquante hommes d'armes à leurs despens, et a esté le
consentement audit pregay si grant en cest affaire, que de cent trente-
huict ballottes n'y en a eu que cinq qui n'ayent assenty à ladite provision, et encores des cinq les deux seullement ont esté directement
contraires, car les trois aultres sont demeurées *non sincères*, c'est-à-
dire de nulle opinion, chose qui a renduz les impériaulx merveilleusement estonnez, sçaichans que ceste dite provision se faisoit formellement contre eulx, pour autant qu'on n'avoit en cest affaire à se
garder que de leurs entreprinses; ce que ne faict pour l'asseurance
que l'amb^r de l'emp^r luy donnoit ces moys passez que si bien ces

seig^{rs} ont faict paix avec le Turcq, et quelques offres que leur face
V. M. ilz ne luy fauldroyent à ce que feroit pour sa grandesse. Il n'a
esté rien faict au colloque de Wormes, s'estant remis à la diette de
Ratisbonne, et le retardement de l'emp^r pour venyr en Itallie estoit
pour autant qu'il s'en alloit journellement gaignant et parfaisant amitié avec les princes d'Allemaigne. Les impériaulx ont faict courir icy
que les gens du roy des Romains ont prins Alberegal; et pour n'estre
muny ne gardé, quant seroit bien ainsi, ce ne seroit pas grant cas,
car jamais les portes n'ont esté reffusées à qui y est voulu entrer, pour
n'estre en somme aultre parangon en Hongrye que St-Denis en France,
c'est le lieu plustost pour sépulture des roys et chose de religion que
lieu de guerre.

Venise, 2 février 1541.

Lettre
de l'évêque
de
Montpellier
au connétable
de
Montmorency.

Mess^{er} Vincenzo Magio, que le s^r Rincon a laissé en sa place vers le
G. S. m'escript comme le 1er de janvier il se debvoit partyr de Const^{ple}
pour aller trouver le G. S. en Andrinopoli, qui y estoit allé, en compa-
gnie ses enffans et le premier et quart bassa, qui est son gendre. Un
courrier estoit arrivé de Bude, mandé par la royne de Hongrie pour
avoir secours, lequel avoit rencontré les amb^{rs} du jeune enfant roy à
douze journées de Bude, qu'il disoit avoir laissé environnée des gens
du roy des Romains, mais que dedans Bude estoient huict mil hommes
de guerre et victuailles pour plus de deux ans, et que à l'arrivée du
secours du G. S. le camp se lèveroit de ladite emprinse, pour laquelle
chose le G. S. avoit envoyé aux vayvoda Moldavo et Vallacho et aux
sanzacques de Samendria, Bossina, Belgrado, Serayo, Surnich, Si-
listra et Nicopoli, qu'ils allassent au secours de Bude, lesquelz, si l'yver
ne les empeschoit, qui estoit fort grant en ces païs-là, feroient lever les
ennemis. Et ledit courrier disoit que quant le pays sçauroit que le G. S.
avoit consenty que le jeune enfant fust roy de Hongrie, les seigneurs
du pays se unyroient, et que la cause de la mutinacion a esté pour
avoir esté divulgué que ledit G. S. ne voulloit qu'il y eust roy, ains y
mectre ung begliarbey, sçavoir est ung cappitaine en son nom. Perini

Peter avec aultres affectionnez au roy Ferdinando estoyent de ce temps-là à une cité appellée Pest, delà la rivière du Danubio, au davant Bude, et Thomas Nadasdin, cappitaine du roy Ferdinando, lequel estoit allé en Transilvania avec sept mille hommes de pied et quatre mil chevaulx pour l'occuper, y a faict peu de proffict, pour aultant que les terres et chasteaulx estoient gardez de gens fidèles. Le filz dudit Perini Peter, qui estoit à Bellegrade en hostaige, ayant esté conduict devant le G. S. l'interrogea s'il se voulloit faire Turcq, qui feist responce qu'il voulloit tout ce qui plairoit audit G. S. et ainsi a esté mis au serrail, et estime l'on que s'il eust faict aultrement, qu'il luy eust cousté la teste.

Venise, 15 et 20 février 1541.

Lettres
de l'évêque
de
Montpellier
à
François I.

Sire, le s^r Rincon, party d'icy le 11 de ce mois, escript de Thiron le x, comme il y arriva ledit jour à saulveté, ayant remercyé de là tous les arcquebusiers que le s^r César Frégose y avoit conduictz, leur semblant bien n'avoir plus besoing de grant scorte, et sy avoient pareillement de Yzes, delà le lac, licencié la compagnye que ceste seig^rie luy avoit donnée, laquelle avoit faict très bien son debvoir. Le s^r Vincenzo m'escript que le bogdan, c'est le vayvoda de Moldavia, estoit mort, au lieu duquel le G. S. avoit remys Petro Bogdan qu'il en avoit déchassé, et comme m'a dict ceste seig^rie, c'est moyennant qu'il en payeroit tribut de douze mil escuz par an, et avoit ordonné ledit G. S. estre acompaigné de cinq cens chevaulx qui debvoyent demeurer là à la garde du pays avec luy, lequel debvoit mander son filz à la Porte en hostaige. Le roy de Portugal avoit prins la Balserada, qui est une isle au devant de la bouche du goulfe de la mer Rouge, qui tient ce passaige en telle subjection que l'isle de Ormuz faict la bouche et entrée du goulfe de la mer Persicque, car à l'entrée ou issue de chascun desdits goulfes fault faire l'estape ausdites isles respectivement. Le G. S. se debvoit partyr d'Andrinople dedans un moys pour retourner à Const^ple veoir comme Barberousse avoit faict mectre en ordre

59.

son armée de mer, laquelle seroit de ɪɪᵉ gallères, sans les fustes et aultres vaisseaulx. L'on a entendu comme ung gentilhomme arménien avoit esté envoyé en Cippre par le sophi pour sçavoir comme les affaires de la chrestienté passoyent avec le G. S. et ayant entendu que ces seigᵗˢ avoient faict la paix avec le Turcq, et la grande alliance qu'il avoit avec V. M. s'en est retourné grandement desplaisant, et par ce qu'on a peu comprendre, ledit sophi n'est pour faire aulcun encombrier ceste année audit G. S. Le sʳ Vincenzo dict en oultre que ledit G. S. ne faisoit aulcune préparation de l'exercite par terre davantaige que ce qui estoit desjà mis en ordre, et qu'il avoit ordonné aux bassatz aller vers la Hongrye, et en somme n'estoit pour rien innover ne esmouvoir aultrement jusques ad ce qu'il eust adviz et responce de V. M. suyvant laquelle il en feroit tout et ainsi qu'elle vouldroit.

Venise, 7 et 21 mars 1541.

Sire, ces seigᵗˢ ont eu lectres, quant à la diette faicte en Wormes, sur la maulvaise résolucion qui en a esté entre les princes d'Allemaigne, lesquels ont uzé d'estranges parolles, remonstrans le maulvais voulloir de l'empereur contre iceulx, lequel charche tous les moyens de leur oster l'auctorité qu'ilz ont, lui recordant le récent exemple de Gand que soubs sa foy a réduict au terme que on le veoit, allégans aussi l'observacion qu'il a tenue de tout ce que a promis à V. M. non qu'il ait ce faict pour le droict et bien de l'empire, mais pour quelque desseing qu'il a en fantaysye, lequel ilz jugent que ne soit aultre que pour sa particulière grandesse ; jusques à dire qu'il a chairché de mettre à mal leur vye et âme ; et en conclusion que s'il voulloit ainsi se faire grand et monarcque, qu'il le charchast par aultre voye que la leur, car ilz se doulloyent que par leurs œuvres il soit si grand et que ilz ne le veullent faire davantaige ; et quant ad ce qu'il demandoit secours et subside aux choses de Hongrye, ont respondu non estre leur intérest, et que quant ilz verront estre besoing deffendre leurs choses et de l'empire, ilz y pourvoyeront. On a entendu comme xvᵐ chevaulx turcqs

avoyent prins d'assault une ville appelée Vaccia, cité épiscopale près
de Bude, de laquelle l'évesché avoit esté donné dernièrement au filz
de Perini Peter, révolté à la partye du roy Ferdinando, et avoyent
prins pour emmener esclaves toutes les personnes utilles à servir,
et mys en pièces tous ceulx qui estoient dedans dudict roy, et le
semblable avoient faict des habitans d'icelle pour leurs cage et in-
dispositions inutilles, dont les impériaulx, voulant remédier à telle
nouvelle, ont mys en avant que ils estoyent uniz luy et le roy de
Poulongne, lequel avoit mandé à sa fille, la royne de Hongrye, qu'elle
s'accordast avec le roy Ferdinando, sur tant qu'elle craignoit son indignation, jusques à la menasser de sa mallédiction.

Le s^r Vincenzo escript que aulcuns sangjacques avec xv^m chevaulx estoyent passez le Danubio et s'en alloyent vers Pest ; que le sophi voulloit assaillir les Géorgians pour se venger d'ung seigneur d'entre eulx
qui avoit mandé ung sien amb^r devers le G. S. mais estoient demeurez
d'accord moyennant que xii chasteaulx qu'il avoit seroyent tenuz des
aultres Géorgians, et qu'ilz ne le souffriroient plus en leur pays ; et
me confirme la prise de la Balserade par les Portuguez estre vraye,
et qu'ilz la faisoient fortiffier et munyr grandement,· qui pourroit
estre grant destourbier pour la trafficque du Levant à toute ceste
mer Méditerranne. Le bogdan de la Moldavia, esleu du peüple du
pays par la mort du dernier décédé, n'avoit esté tué ainsi qu'on·avoit
donné à entendre au G. S. ains au contraire s'estoit faict fort et se
voulloit mainctenir en son estat contre Petro-Bogdan, remyz dernièrement audit estat par ledit G. S. lequel Petro avoit passé le Danubio,
luy estant venuz à l'encontre xx^m chevaulx qui l'avoient receu pour
seigneur comme il estoit auparavant. Ledit G. S. avoit mandé menasser grandement ledit bogdan esleu, mais l'on estime que la confiance qu'il a que les roys Ferdinando et de Poulongne ne luy fauI-
dront, luy faict avoir l'audace de ne point obéyr. Le s^r Lasky avoit
escrit au G. S. le pryant de le laisser aller, et ce faisant lui promectoit faire grant chose en satisfaction d'icelluy G. S. lequel ne luy avoit
encores riens respondu. Ces seig^{rs} ont eu nouvelles que l'empereur

avoit abaissé beaucoup ses aesles et n'estoit plus sur ses haultesses
comme il soulloit, et qu'il abbrassoit et faisoit caresse à ung chascun,
sollicitant le plus qu'il povoit la diette de Ratisbonne, où se feroit peu
de choses. Le xxvii⁰ du mois de janvier, le serrail vieil, où estoyent les
dames du G. S. s'estoit bruslé avec la valleur dedans de plus d'un
million d'or et demy en joyes et aultres choses, et à la soultane estoit bruslé tout le plus beau et le meilleur qu'elle eust, et à une juifve
nommée Stranhilla, favorie du G. S. s'estoit bruslé pour plus de
xxvᵐ ducatz. Et le xix⁰ auparavant, le feu s'estoit aussi myz en Constᵖˡᵉ,
qui avoit bruslé quelques maisons et en la municion de pouldre de Pera,
qui les avoit bruslées avec quarante hommes. Ung personnaige que le
sʳ Rincon avoit mandé en Jairusalem affin que par le moyen et faveur
de V. M. fussent rendues aux chrestiens les robbes et relicques qui
leur avoient esté prinses, escript que tout leur avoit esté rendu, desquelles choses la pluspart avoyt les enseignes des fleurs de lys.

Venise, 31 mars 1541.

Sire, par ses lettres d'Andrinopoli, le xx du passé, le sʳ Vincenzo
escript comme Barberousse, pour tenter de sçavoir s'il seroit pour
estre cappitaine de l'armée, auroit mandé ung sien cappitaine au G. S.
pour luy demander s'il luy plaisoit qu'on mist hors cinquante gallères, sur quoy luy fut demandé si toute l'armée estoit en ordre, qui
feist responce de non, mais que on estoit après avec la meilleure dilligence qu'il estoit possible de faire, et lors ledit G. S. dist : « Qu'elle
soit mise tout en ordre, et puys je diray ce que l'on aura à faire. »
M'escripvant aussi comme l'arcevesque de Moldavia estoit venu à Petro-
Bogdan, remys par le G. S. pour prendre son serment, qu'il pardon-
neroit à tous ceulx qui l'avoient offencé et que lors ilz le recepvroient.
L'on estimoit qu'il ne reffuseroit à jurer et faire tel serment que l'on
vouldroit, affin d'estre receu, mais puys après luy-mesmes, se ab-
souldroit. Il avoit esté prins deux espyes de Hongrie qui avoient dict
que le camp croissoit à Bude, et que le roy Ferdinando y voulloit

aller en personne et l'empereur à Vienne, dont pour ceste cause le
G. S. feist assembler son conseil, et furent les bassatz avec luy plus de
quatre grosses heures. Enfin en sortirent avec conclusion de mander
MV^c génissaires et MVIII^c spachi qui sont gens à cheval, desquels le begliarbey de la Grèce est chef, et les yroit lever en Sophia. Il m'escript bien que cela est peu de gens, mais se faict seulement pour
mectre la fame que le G. S. se mouve, lequel se partyt le XIXe de
febvrier pour aller à la chasse aux grues avec troys de ses bassatz en
ung lieu appelé Jamboli. Je ne sçay s'il seroit auprès du fleuve Stry-
mon en Tracia, où Aristote dict se assembler les grues de toute l'Europe en très grandz troupeaulx. Le feu prins au serrail fut si très grant
que les dames n'eurent aultre moyen de se saulver sinon de se gecter
en la place publicque, où furent quelque temps, et que pour quatre
cens mil escuz on ne sauroit remectre ledit serrail en l'estat qu'il estoit.
Le G. S. avoit receu du Caire III^c mil ducatz et conduict aux fers In-
brahim Castro, juyf, qui estoit imputé d'avoir faictz plusieurs larre-
cins, et pareillement que le sophi se renforçoit et qu'il s'estoit paciffyé
avec les Géorgians, ayant intelligence avec l'empereur que incontinent que ledit G. S. se seroit voulté vers la Hongrie, qu'il viendroit
sur ses pays pour l'endommaiger et troubler.

L'amb^r de Venise avoit deslivré les cent mil escuz au G. S. et pareillement les présents faictz aux bassatz, sçavoir à Lotfi dix mil ducatz
chequins, à Rosten, gendre du G. S. à Suliman et Méhémet, à chascun cinq mil, et puys en fust baillé six mil à Janus-Bey pour son remboursement d'aultres tant qu'il en avoit prestez, et quatre mil qui
luy en furent donnez; de quoy ne fut contant et entra en grande collère, disant : « Sont-ce icy les promesses qui me furent faictes? » Pareillement fut donné au juyf médecyn dudit G. S. mil ducatz chequins
et à ung sien neveu cinq cens, dont ledit G. S. ayant entendu avoir
esté déboursé seullement à son profflict cent mil chequins, dist :
« Pourquoy ne me a l'on fourny le tout? » Et lors Janus-Bey respondist que ces seig^{rs} n'estoient obligez à en bailler pour le présent davantaige, et cinquante mil à la fin de l'an. Sur quoy ledit G. S. feist

responce : « J'ay entendu qu'ilz les ont tous mandez, mais qu'ilz ont esté baillés aux ungs et aux aultres. » Et derechef ledit Janus-Bey respondit : « Il est bien vray qu'ilz ont mandé aulcune petite somme d'aspres à tes féaulx serviteurs pour observance de ta maj᷎, comme à Lofty x^m chequins, » et ainsi luy nomme les aultres; disant que nul d'entre eulx ne les avoit vouluz accepter pour ne faire desplaisir à sa maj᷎, et qu'il les avoit à son logeiz; luy adjoustant encores : « Ta maj᷎ doibt entendre que quant se feist l'aultre paix avec les Véniciens, ilz mandèrent donner à chascun de tes bassatz xv^m ducatz chequins. » Et lors ledit G. S. se souzbrist, et ainsi pour lors les choses se passèrent. Du recouvrement de Nadin, Laurana et des marchandises, le G. S. avoit faict entendre à ceste seig^tie que jamais il ne les avoit requiz de luy rendre ses prisonniers et marchandises de ses subgectz qu'ilz avoient retenuz à Corfou, Cippre, Venize et aultres portz de leur domine, ce néanmoings leur avoit relâchez v^c de leurs prisonniers. En somme il ne voulsist qu'on luy en parlast, dont ces seig^rs sont demourez grandement troublez.

Oultre quinze mil chevaulx qui ont esté mandez à Bude soubz la charge du sanzaque de Samendria, le G. S. avoit encore expédié ii^m genissaires et viii^c sagittari, et en toutes façons préparoit grand exercite tant par mer que par terre. Le roi des Romains avoit faict une diette où avoit demandé que pour ung an un chascun eust à le servir de son revenu, et que ceulx qui ont d'entrée au dessoubz de cent escuz luy fournissent ung homme; sur quoy ont respondu estre contans luy en donner la moitié en terme de deux mois et l'aultre moytié en terme de six, et n'ont accordé que tous ensemble pour une foiz viii^m hommes, quellesque remonstrances qu'ait sceu faire ledit roy, allégant que estant secouru de ce qu'il les recharchoit, il pouvoit aller rompre xx^m chevaulx turcqs qui estoient arrivez à Pest très-mal en ordre, et pour la longueur du chemin et maulvais temps tous deffaictz. L'amb^r du roy de Poullongne s'estoyt party vers la royne de Hongrie pour veoir s'il pourroit faire quelque appoinctement entre elle et ledit roy Ferdinando, et la Moldavia le recharchoit qu'il voulsist bailler xᵐ hommes qui luy tourneroient à proffict et dommaige du Turcq.

Venise, 14 et 30 avril 1541.

Sire, on escript à ces seigʳˢ que sultan Mustapha, fils du G. S. alloit avec ung très-grant et puissant exercite du cousté du sophi, et la personne dudit G. S. passeroit en Hongrie, ou bien yroit après sondit filz. Le G. S. avoit révocqué le terme d'estre jusques au xxvⁱⁱᵉ febvrier à la chasse aux grues, pour s'en aller à Constᵖˡᵉ donner ordre de mectre hors son armée par mer, en laquelle, oultre deux cens voilles toutes prestes, avoit encore xxx gallères neufves, et, ne se reposant trop sur Barberousse, mectoit dessus aulcuns genissaires et luy donnoit pour compaignye Lotfy-Bassa. L'empereur avoit escript à André Doria qu'il eust à se trouver à Gennes avec ses gallères sur la fin de ce mois pour le passer en Espaigne. Le bassa Mahomet avoit esté faict général de tout l'exercite en Hongrie, pour autant que les sanzaques ne s'accordoient point. Le G. S. ne devoit se bouger plus tost que le xxx de mars, et alloit faire son *baieran picolo*, que l'on veult entendre l'un de ses pasques, en Constᵖˡᵉ, et se murmuroit fort de la raison pourquoy il y retournoit non sçaichant à quelle fin. Les Géorgians s'estoient uniz tous ensemble, tant ceulx qui suivoient le party du sophi que du G. S. et avoient en une nuict assailly les Sophiens, desquelz avoient deffaict environ xⁱⁱᵐ et emporté pour signe de victoire plusieurs testes, nez et aureilles.

L'armée de terre du G. S. comprins les gens de guerre qui se retrouvoient jà à Bude et ceulx qui y alloient lors, seroit au nombre de ⁱⁱⁱˣˣ ᴹ chevaulx et ⁱⁱⁱᵐ janissaires, et se murmuroit fort à la Porte que si l'empereur alloit à l'emprinse de Hongrie que ledit G. S. se mouveroit. Perini Peter avoit mandé ung sien homme à la Porte, offrant de traicter la paix entre le G. S. et le roy Ferdinando, auquel a esté respondu que ledit G. S. se soulcioit peu de sa paix ne de sa guerre, et Petro-Bogdan a promys au G. S. faire bonne guerre audit roy Ferdinando. Ces seigʳˢ, en conseil des Diexe, ont disputé de ce qu'ilz auroient à faire s'il advenoit que la guerre commençast entre V. M. et l'empereur, disans qu'il estoit impossible qu'ilz peussent demeurer neutralz, et qu'ilz advisassent duquel d'entre vous il estoit meilleur prendre le party. Ilz ont eu adviz que l'empereur faisoit grant apprès de gens pour la Hongrye, et qu'il estoit résollu y aller luy mesmes.

COMPTES DE L'AMBASSADE DE RINCON EN TURQUIE [1].

(Original. — Baluze, ms. 467.)

FRAIZ ET MISES, TANT ORDINAIRES QUE EXTRAORDINAIRES, FAICTES PAR LE SEIGNEUR RINCON AU VOYAIGE D'AMBASSADE QU'IL A FAICT POUR LE ROY EN LEVANT DEVERS LE GRANT SEIGNEUR, DEPUIS LE DERNIER ESTAT QU'IL A MANDÉ À SA MAJESTÉ DÈS LE TROISIÈME DE JANVIER MIL CINQ CENS TRENTE-NEUF JUSQUES AU CINQUIÈME DE MARS MIL CINQ CENS QUARANTE QUE ICELLUY RINCON A ESTE DE RETOUR DU SUSDIT VOYAIGE À LA COURT.

Premièrement, quant à l'estat et provision ordinaire de tout le temps que icelluy Rincon a esté en amb^de devers ledit Gr. Seig^r. a esté payé et sattisfaict jusques au seiz^me d'aoust dernier passé de l'an mil cinq cens quarante (comme appert par ses quictances sur ce faictes), tellement que le roy lui reste à devoir la provision depuis le jour susdit jusques au cinq^me de mars de l'an que dessus, qu'il est arrivé de retour à la court, qui sont en tout, jours deux^e et ung, montant, somme toute, à raison de vingt fr. pour chascun jour, livres quatre mille et ung, qui sont escuz mil sept cens quatre-vingtz et six et soulz trente. Pour ce . . . V. mil viie iiii^xx et vi et soulz xxx

(Quant aux frais extraordinaires.)
1er fol.

A Lotfy, premier bascha, pour gaigner de plus en plus sa faveur et affection devers les affaires du roy et l'endormir sur le passaige de l'empereur par France : donné en diverses sortes de robes, tant de drap d'or que de soye, jusques à la somme de trois cens escuz d'or. Pour ce. . . . . V. iii^e

A Mahometz, troisième bascha, pour le faict et cause que dessus, donné aussi en robes jusques à la vallur de cent cinquante escuz. Pour ce. . . . . V. cl.

V. iiiie [?]

2e fol.

A Rostan; gendre du Grant Seigneur

[1] Rincon, arrivé à Paris, en faisant l'exposé de son ambassade au roi, lui présenta les comptes suivants, qui nous sont parvenus en original : ils donnent comme un sommaire de ses négociations et offrent des particularités assez curieuses, sur ses rapports et son séjour en Turquie, pour être reproduits dans tous leurs détails.

et son dernier bascha, donné aussi pour luy mieulx faire croire les excuses dudit passaige de l'empereur par France, en robes, jusques à la somme de cent cinquante escuz. Pour ce. V. c l.

Donné à deux Françoys, d'iceulx qui avoient esté prins sur la nef françoyse dicte *la Florye*, pour leur retourner en France par mer, huict escuz. Pour ce. V. viii

Le sixᵐᵉ du mois susdict, allant parler à Barberousse sur la dernière résolution du recouvrement de la nef *Florye*, donné au commung de ses chaoux deux escuz. Pour ce. . . . . V. ii

L'estraine qu'il a fallu donner, selon l'usance du pays, aux officiers du Grant Seigneur et de ses baschatz à la feste de leur grant Pasques :

Donné au commung des chaoux dudit Gr. Seigʳ, six escuz. Pour ce V. vi

Au commung des capigi, c'est-à-dire portiers dudit Gr. Seigʳ, six escuz. Pour ce. . . . . V. vi

———

V. c lxxii

A iceulx qui servent au Gr. Seigʳ de luy mectre l'escabeau quand il donne audiance, donné deux escuz. Pour ce. V. ii

Au sacque, c'est-à-dire à icelluy qui, en temps d'estre, sert de porter à boire de l'eau à tous ceulx qui veullent.. V. i

Au commung des janissaires, quatre escuz. Pour ce. . . . . V. iiii

Aux sallacques, c'est à-dire à iceulx qui font la garde au Gr. Seigʳ quant il va dehors, escuz ung. Pour ce. . . V. i

A Jounis-Bey, premier truchemant du Gr. Seigʳ, donné une robe de vellours noir revenant à quarante escuz. Pour ce. . . . . V. xl

Au soubassy, c'est-à-dire au gouverneur de la ville de Péra, une robe de damas revenant à vingt escuz. Pour ce. V. xx

———

V. lxviii

3ᵉ fol.

Donné au commun des chaoux de Barberousse. . . . . V. ii

Aux capigys, c'est à dire portiers, de Lotfy-Bascha. . . . . V. ii

Aux capigys de Solyman, second basse.. . . . . V. ii

Aux capigys de Mahometh-Basse, escuz. Pour ce. . . . . V. i

Aux capigys de Rostan-Basche, ung escu. Pour ce. . . . . V. i

Aux capigys du beglerbey de la Grèce, c'est-à-dire cappitaine général, ung escu. Pour ce. . . . . V. i

Aux sergeans du gouverneur de Péra. . . . . V. i

Aux sergeans du juge de Péra. . . V. i

Aux joueurs d'instrumens du Grant Seigʳ. V. i

A l'escrivain de Jounis-Bey, susdit trucheman, troys escuz. Pour ce. V. iii

Au commun des autres serviteurs de Jounis-Bey. . . . . V. iii

Le xii de mars, l'an que dessus, ayant esté semont et pryé aux nopces d'un sala-reys, second cappitaine de l'armée dudit Gr. Seigʳ, faict présent d'une robbe de damas, montant à la vallur de vingt escuz. Pour ce. . V. xx

L'estraine qu'il a faillu donner aux susditz officiers dudit Gr. Seign[r] et de ses baschatz, à la feste de leurs petits Pasques, qui tumbe le xixme jour d'avril mil cinq [e] xι............ V. xxxviii

Au nouveau subaschy, c'est-à-dire gouverneur de Péra, donné pour ses estrennes une robbe de damas revenànt à vingt escuz. Pour ce.... V. xx

Au commun des portiers du Gr. Seign[r], quatre escuz. Pour ce.. V. iiii

Au commun des chaoux, donné cinq escuz. Pour ce............ V. v

A ceulx qui mettent le scabeau au Gr. Seign[r] quand il preste audiance, ung escu. Pour ce........... V. ι

Au dispensier du Gr. Seig[r], quatre escuz. Pour ce............ V. iiii

A icelluy qui en temps d'estre porte à boyre de l'eau à tous voullans, donné ung escu. Pour ce........... V. ι

Au commun des chaoux de Barberousse, donné deux escuz. Pour ce. V. ιι

Aux portiers dudit Barberousse, donné un escu. Pour ce....... V. ι

Aux portiers de Lotfy, premier bascha, donné deux escuz. Pour ce. V. ιι

Aux capigyz de Solyman, second bascha, ung escu. Pour ce.... V. ι

Aux capigyz de Mahometz, troysiesme bascha, donné ung escu. Pour ce..................... V. ι

V. cxviii

4e fol.

Aux capigyz du dernier bascha, ung escu. Pour ce.............. V. ι

Au commun des janissaires, deux escuz. Pour ce............. V. ιι

Au commun des sergeans de Péra, ung escu. Pour ce.......... V. ι

Aux portiers de ladite ville, ung escu. Pour ce.............. V. ι

A l'écrivain de Jounis-Bey, troys escuz. Pour ce.............. V. iii

A son maistre d'hostel, aussi troys escuz. Pour ce............ V. iii

Le mardi xxie du moys d'avril, allant ledit seig[r] Rincon parler à Lotfy bascha à luy référer les nouvelles receues par lettres de monseig[r] de Montpellier sur le partement de l'empereur de France allant en Flandres, aussi pour suader audit basche la réconciliation de la seign[rie] de Venize avecques le Gr. Seig[r]; donné à ses portiers, pour ce................... V. ι

Vendredy, xxviiie dudit moys d'avril, allant parler une autre fois audit basche sur le faict de la réconciliation vénitienne, donné aux portiers ung escu. Pour ce................... V. ι

Le jour ensuyvant, allant parler à tous les autres troys baschez, l'un après l'autre, touchant l'affaire que dessus, payé aux portiers d'un chascun ung escu. Pour ce.............. V. iii

V. xvi

Samedy, premier jour de may, allant au divan, c'est-à-dire à l'audience publique, pour entendre la dernière résolution de la susdite payx des Vénitiens, donné aux portiers du Gr. Seig[r] deux escuz. Pour ce.... V. ιι

Payé pour ung commandement pour délivrer et mectre en liberté tous les Françoys qui se trouvoient esclaves en main et povoir de Corsetto, coursaire d'iceulx qui avoient esté prins sur la nef *Florye*, six escuz. Pour ce... V. vɪ

Mardy, 25 du moys de may (1540), estant pryé le sʳ Rincon aux nopces du trésorier de la Natolye, mandé une robbe de velours montant à la vallur de xxxvɪ escuz. Pour ce.... V. xxxvɪ

Samedy, 28 dudit moys de may, allant parler à Lotfy, premier bascha, à lui narrer les nouvelles qu'il avoit heu par lettres de monseigʳ de Montpellier, ambassadeur à Venyze, touchant les excuses que l'empereur commençoit à produire de non povoir restituer le duché de Millan au roy; donné aux portiers, selon l'usance, un escu. Pour ce.. V. ɪ

V. xLV

5ᵉ fol.

Aiant ledit seigʳ Rincon esté semont et prié aux nopces du filz du trésorier de l'ordinaire du Gr. Seignʳ, mandé une robbe de damas montant à la somme de vingt escuz. Pour ce..... V. xx

Pour la feste que le sʳ Rincon a faicte un jour durant en congratulation de la paix des Vénitiens, conclue et arrestée avec le Grant Seigʳ; tant pour les joueurs d'instrumens que aussi pour tenir comme à bandonnée, à tout le moins despendu en tout trente escuz. Pour ce................. V. xxx

Samedy, 29 de juing, allant ledit Rincon parler à Lotfy-Bacha pour la

délivrance des religieux de Jéruzalem et restitution de leurs robbes, payé aux portiers, selon l'ordinaire, ung escu. Pour ce................... V. ɪ

Lundi, xɪᵐᵉ dudit moys de juing, allant parler icelluy seigʳ au baschatz touchant les nouvelles que auroient apportées le sʳ de Vaulx et messiⁿ Vincence Magi, donné pour leur bien-venue aux portiers quatre escuz. Pour ce.................... V. ɪɪɪɪ

V. Lv

Le xxvɪᵉ dudit moys, allant parler aux sⁿ baschatz sur le contenu des lettres du roy du xɪᵉ de may, en réplicque de la dépesche que avoient apportés ledit de Vaulx et Magi, donné aux portiers ung escu. Pour ce........... V. ɪ

Lundi, vᵉ du mois de juillet, allant parler audit Lotfy-Bascha pour solliciter tant l'expédition dudit sʳ de Vaulx que aussi la susdite liberté des religieux du Sᵗ-Sépulchre, donné aux portiers ung escu. Pour ce........... V. ɪ

Payé aux chaoux que le sʳ Rincon a dépesché devers le Corsetto, coursaire, avecques ung commandement de Gr. Seigneur et de Barberousse pour délivrer les Françoys qu'il détenoit esclaves d'iceulx de la nef *Florye*, dont pour icelle foys il en recouvra cinq; quarante escuz. Pour ce...... V. xL

V. xLɪɪ

6ᵉ fol.

Au premier secrétaire du Gr. Seignʳ qui avoit escript la lettre et responce

dudit Gr. Seign' que reporta au roy ledit s' de Vaulx, donné une robbe de satin qui cousta vingt-cinq escuz. Pour
ce..................... V. xxv

Vendredy, xxiii⁰ dudit moys de juillet, allant icelluy seigneur Rincon parler à Lotfy-Bassa sur l'arrest et confirmation des articles de la paix des
Vénitiens avecques le Gr. Seign', donné
aux portiers, selon l'usance, ung escu.
Pour ce................... V. i

Vendredy, xiii⁰ d'aoust, l'an que dessus, allant une autre foys parler à Lotfy-
Bascha sur le contenu des lettres du
roy, du xv⁰ de juing, à Fontaines-Bleaux,
et touchant plusieurs autres nouvelles
venues par la voye de Venize, donné
aux portiers............... V. i

Vendredy, xx⁰ du mois d'aoust, allant parler ledit seign' Rincon au susdit Lotfy-Bascha touchant la mort du
roy Jehan de Hongrye, donné aux portiers ung escu. Pour ce....... V. i
                    V. xxviii

Le premier jour de septembre,
donné à ung des chaoulx ordinaires, députez de par le Grant Seig' à la garde
dudit s' Rincon et de sa maison, une
robbe de satin vert revenant à dix-huit
escuz. Pour ce........... V. xviii

Vendredy, dix-septiesme de septembre, allant parler à Lotfy-Bascha sur
le contenu des lettres du roy, du xxvii⁰
de juillet, donné aux portiers ung escu.
Pour ce................... V. i

Le xxiii⁰ jour du moys susdit, allant
parler au mesme bascha touchant les

nouvelles qu'il avoit heu par lettres de
monseign' de Montpellier, du premier
dudit moys, donné aux portiers. Pour
ce...................... V. i

Donné à l'élection d'un second trucheman de la Porte, deux robbes de
satin noir qui revenoient à quarante
escuz sol. Pour ce.......... V. xl

Donné aux nopces du filz du premier médecin du Grant Seig' de très-
grant crédict et réputation envers ledit
seign', troys robbes, une de vellours et
deux de soye, jusques à la vallur de
cent escuz. Pour ce......... V. c
                    V. c lx

7⁰ fol.

Au grant chancellier, pour luy re-
freschir l'affection envers le service et
affaires du roy, donné deux robbes,
une de satin cramoysi et une de damas,
revenant toutes deux à soixante escuz.
Pour ce................. V. lx

Plus, au premier trésorier de l'ordinaire dudit Grant Seig', donné aussi
deux robbes, une de satin et une de
damas, montant à quarante escuz. Pour
ce...................... V. xl

Plus, au cady juge de Péra, pour la
protection qu'il avoit dudit seign' Rincon et de sa famille, donné aussi deux
robbes, une de satin et une d'escarlatte, vallant quarante escuz. Pour
ce...................... V. xl

Au trésorier de la Surye, pour l'expédition du commandement à délivrer
et faire restituer en Alepo et Tripoly
aucunes marchandises et biens qui par

droict d'aubaine avoient été saisiz et miz soubz la main du Gr. Seign^r par la mort des facteurs et commandataires desdites robbes, donné une robe de satin cramoysy, montant à trente-cinq escuz. Pour ce............ V. xxxv

————————

V. c lxxv

Payé à Jonis-Bey, premier trucheman de la Porte, à bon compte du salaire que luy a esté promis de mille escuz d'or par an, cinq cens escuz; et fault noter que hormys lesdits v^c escuz il n'a encores heu ne receu jusques au présent que les mille escuz que le roy luy mandoit à présenter par César Cantelme. Pour ce............. V. v^c

Donné au premier huissier de Lotfy-Bassa une robbe d'escarlatte ayant cousté dix-huit escuz. Pour ce.. V. xviii

Aux nopces du filz du beglerbey, c'est-à-dire cappitaine général de la Grèce, personnaige de premier crédit et auctorité envers le Grant Seign^r après les bassatz, donné en robbes de vellours et soyes jusques à la somme de deux cens escuz. Pour ce............ V. ii^c

————————

V. vii^c xviii

A Lotfy, premier bassa, pour le préparer et confirmer en faveur du roy sur la venue de Jéromme Lasqui, ambassadeur pour le roy des Romains devers le Grant Seign^r, donné ung mappamondy faict en sphera, fort beau et riche, lequel icelluy Rincon avoit faict faire exprès à Venise, et faict apporter jusques à Constantinople avec ung livre

contenant l'interprétation d'icelluy instrument, ayant cousté, tant ledit mappamondy que ledit livre, quatre-vingt et dix escuz, et estoient estimés plus de cent et cinquante. Pour ce. V. iiii^{xx} x

Plus à Solyman, second bassa, afin de gaigner semblablement sa faveur touchant l'affaire que dessus, donné en robbes, tant de drap d'or, velours et soye, jusques à la vallur de deux cens escuz d'or : quar auparavant n'avoit jamais heu présent de la part du roy. Pour ce................. V. ii^c

Donné à Mahometz, troisiesme bassa, pour la cause et effect que dessus, aussi en robes de velours et soye, jusques à la somme de cent et cinquante escuz. Pour ce................. V. c l.

A Rostam, dernier bassa, donné semblablement pour les mesmes causes et respectz, tant en robes que autres gentillesses, jusques à la somme de cent cinquante escuz. Pour ce..... V. c l.

Donné en mesme temps au commun des portiers des quatre susdits bassas, en tout vingt-quatre escuz. Pour ce................. V. xxiiij

————————

V. vi^c xiiii

Plus, donné à icelluy qui signe toutes les lettres et commandemens de la Porte, une robbe de vellours noir montant à la vallur de quarante escuz. Pour ce................... V. xl

Plus, donné au cappitaine des chaoux qui assiste ordinairement à l'audience publicque de la Porte, une robbe de vellours cramoysy montant à la valur de soixante escuz. Pour ce.... V. LX

Sur le mesme temps et pour le mesme effect, donné à Jounis-Bey une robbe de satin vert. Pour ce... V. XX

Plus, donné au chief des portiers du Grant Seignʳ une robbe de vellours noir montant à quarante escuz, pour ce.................... V. XL

Payé à l'escrivain dudit Jounis-Bey, pour plusieurs escriptures que d'italian avoit traduict en langaige turquesque, importables au service du roy, pour présenter au Grant Seigneur et à ses bassatz, vingt escuz. Pour ce.... V. XX

V. C IIIIˣˣ

9ᵉ fol.

Lundy, XVIIᵉ jour du mois de novembre, allant ledit sʳ Rincon baiser la main au Grant Scignʳ pour prendre congé de luy de retourner en France, donné aux officiers dudit seignʳ, selon l'usance, ce qui s'en suit :

Premièrement,

A Jounis-Bey, qui le vint interpréter devant ledit Gr. Seignʳ, à cause que ledit Gr. Seignʳ voulloit que nul des autres truchemans y fussent présens, donné en robbes de velours et de damas jusques à la valur de cent escuz. Pour ce.................... V. C

Au second trucheman, une robbe de satin. Pour ce.......... V. XX

Au premier secrétaire du Grant Seignʳ, donné une robbe de vellours vallant quarante escuz. Pour ce. V. XL

Au aga, c'est-à-dire cappitaine des janissaires, donné deux robbes, une

de vellours vyolet et une de satin cramoisy, vallant les deux septante escuz. Pour ce................. V. LXX

V. IIᵉ XXX

Donné au premier médecin du Gr. Seignʳ une cheyne d'or poisant cinquante escus. Pour ce....... V. L

Au sousbassy, c'est-à-dire gouverneur de Péra, donné une robbe de damas. Pour ce................. V. XX

Donné une autre de damas au despensier du Gr. Seignʳ. Pour ce. V. XX

Donné aux portiers dudit Gr. Sgʳ six escuz. Pour ce.......... V. VI

Aux sulaiques qui sont de la garde. V. II

A ses lacquaiz............ V. I

Au commun des chaoux dudit Gr. Seignʳ, donné dix escuz. Pour ce. V. X

Aux chasseurs dudit seignʳ, quatre escuz. Pour ce............ V. IIII

Aux joueurs d'instrumens, deux escuz. Pour ce............. V. II

Donné aux deux janissaires députez à la garde dudit seignʳ Rincon, à chascun une robbe de drap, vallant les deux vingt escuz. Pour ce.... V. XX

Plus, donné une robbe d'escarlatte à son trucheman, qu'il a laissé avec messieurs Vincence Mazi au service du roy. Pour ce........... V. XX

10ᵉ fol.

Plus, donné une autre robbe de la mesme étoffe que dessus au maistre d'hostel de Jounis-Bey, coustant aussi vingt escuz. Pour ce........ V. XX

Plus, donné aux chaouz députez à

la garde du s^r Rincon, vingt escuz en argent comptant. Pour ce..... V. xx

Allant ledit s^r Rincon parler à tous les quatre baschatz pour prendre licence d'eulx, donné au commun des portiers en chascun troys escuz. Pour ce.................... V. xii

Allant aussi dire adieu à Barberousse, donné à ses chaoux et portiers en tout six escuz. Pour ce..... V. vi

V. cc xiii

11e fol.

Plus, payé à deux truchemans qui à icelluy Rincon ont servi ordinairement aux affaires concernans le service du roy, pour entière satisfaction de leur sallaire de la présente année, mil v^e xl, à raison de deux cens escuz pour an, dont l'un n'a esté payé que jusques au moys de novembre dernier passé, qui est le terme de l'année qu'il a esté receu au service de sa magesté, monte en tout quatre cens escuz. Pour ce V. iiii^c

Plus, payé aux deux chaoux députez de par le Gr. Seign^r à la garde et protection ordinaire dudit seign^r Rincon, pour leur sallaire de la présente année mil cinq cens quarante, à raison de cent escuz par an pour tous deux. Pour ce.................. V. c

Payé aux deux jannissaires aussi députez à sa garde ordinaire pour toute la présente année, à raison de vingtcinq escuz par an, sans y comprendre la vye et les abillemens. Pour ce V. l

Plus, donné au chaoux qui a conduyt et acompaigné ledit s^r Rincon de Constantinople jusques à Ragouze avec huict chevaulx, cent cinquante escuz. Pour ce................. V. c l.

V. vii^c

12e fol.

Donné à quatre des principaulx serviteurs dudit chaoux, à chascun une robbe de drap revenant toutes quatre à la valleur de quarante huict escuz. Pour ce............... V. xlviii

Plus a payé icelluy Rincon à son retour en France, pour le louaige de douze chevaulx pour porter ses hardes, vivres et autres choses nécessaires pour la provision du chemin depuis Const^{ple} jusques à Ragouze, cent et quarantequatre escuz, et à raison de douze escuz pour cheval. Pour ce... V. c xliii

Plus a donné pour les quatre vaisseaulx qui l'ont amené de Ragouze jusques à Venise, assavoir ung navyre et deux brigantins ragouzois, et une fuste de la seigneurye de Venyse, tous armez, en tout cent et quatre-vintz escuz. Pour ce.......... V. c iiii^{xx}

Ledit Rincon a donné à son partement de Constantinople à mess^{re} Vincence Magi, délaissé à la Porte du Gr. Seig^r pour le service du roy, cent escuz pour soy vestir et mestre en ordre. Pour ce.................. V. c

V. iiii^c lxxii

13e fol.

Oultre les susdits fraiz et mises, icelluy Rincon a despendu chascun an en louaige de loyer deux cens escuz, qui monte en tout, pour troys ans qu'il a demouré à Constantinople, six cens escuz d'or. Plus en guides pour la seureté du chemin, et en postes pour venir de Venize jusques à la court, a frayé et despendu plus de IIIIe escuz, sans comprandre plus de M escuz qu'il a payé pour le rachapt et libération des pauvres esclaves chrestiens qui se trouvoient prisonniers et détenuz en fort grande misère et pauvreté ès mains des Turcz, auxquelz frays icelluy Rincon supplye très humblement le roy son bon plaisir soit y voulloir avoir esgard.

1er fol.

Fraiz et mises extraordinaires que le seign^r Rincon, ambass^r pour le roy devers le Grant Seigneur, a faict depuis le partement du s^r César Cantelme de Constantinople, qui fut le XIIIme de janvier mil cinq cent trente-neuf, à payer les messaigiers qui ont porté les despesches, tant ceulx qui luy sont esté envoyez de par mons^r l'archevesque de Raguze par commission de mons^r de Montpellier, ambass^r pour sa magesté à Venise, comme aussi ceulx que icelluy s^r Rincon a dépesché audit archevesque pour le roy et sondit ambassadeur à Venize.

Premièrement :

A Nicolas Radizo, messaigier ordin^re de Raguze, dépesché de par mons^r l'archevesque dudit lieu, avecques lettres de mons^r de Montpellier, du XXVII décembre mil V^e trente-neuf, touchant l'arrivée de l'empereur à Bayonne pour venir en France; donné pour complément du reste de son sallaire, huict escuz. Pour ce . . . . V. VIII

V. VIII

2e fol.

A Radizo, aussi messaigier ordin^re, envoyé par ledit s^r archevesque avecques lettres dudit s^r ambass^r à Venize, du huict^me de janvier 1539, contenant la création du nouveau ambass^r pour la seigneurie de Venize au Gr. Seign^r; payé pour son reste pour estre au cueur d'iver, douze escus. Pour ce. . . . V. XII

A Rado Bayano, aussi courrier ordinaire, dépesché par le s^r Rincon à Raguze avecques lettres au roy du XXe de febvrier mil cinq cens trente-neuf, contenant entre autres choses la venue de Jehan Galiego, ministre de l'empereur devers Barberousse; payé pour la moitié de son sallaire, sept escuz. Pour ce. . . . . V. VII

A Nicolo Vlavisso, messaigier ord^re, envoyé de par mons^r l'archevesque devers le s^r Rincon en Constantinople, avecques lettres de mons^r de Montpellier, du XXVe de janvier, contenant le départy de l'empereur de Fontaines-Bleaux pour Flandres; payé pour le complément de son sallaire, unze escuz. Pour ce . . . . V. XI

V. XXX

3e fol.

A Petro Dobrolizo, messaigier or-

din^{re}, dépesché de par mons^r l'archevesque devers le s^r Rincon avecques
lettres de mons^r de Montpellier, tant
seullement du xix de febvrier 1539,
contenant le partement de l'empereur
pour Flandres; payé pour le parfaict
de son reste, dix escuz. Pour ce . . V. x

A Rado Bayano, mandé de par
mons^r l'archevesque devers le s^r Rincon avecques lettres de mons^r de
Montpellier, du xme et xime de mars,
contenant l'arrivée du s^r Cézar Cantelme à Venize, pour aller devers le
roy avecques lettres du Grant Seig^r touchant l'octroy de la tresve génералle à
tous les princes de la chrestienté; payé
pour reste de son sallaire, neuf escuz.
Pour ce . . . . V. ix

A Laoux, messaigier ordinaire, dépesché devers ledit s^r Rincon avecques
lettres de mons^r de Montpellier, du
xviiie et xixe de mars, contenant, entre
autres occourrences du monde, la
grande attente en quoy estoit le roy
du retour devers luy du s^r Cézar Cantelme; payé pour reste de son sallaire,
afin qu'il vînt en dilligence, dix escuz.
Pour ce . . . . V x
                                    _____
                                    V. xxix
4e fol.

A Nicolo Vlavisso, messaigier or-
din^{re}, dépesché de par mons^r l'archevesque de Raguse devers ledict s^r de
Rincon en Pera lez Constantinople,
avecques lettres de mons^r de Montpellier, du 27me d'apvril de l'an quarante,
touchant la tergiversation et excuse que

l'empereur commençoit à faire de restituer au roy le duché de Millan; payé
pour l'accomplissement de son voyaige,
huict escuz. Pour ce . . . . V. viii

A Rado de Radue, messaigier de Raguze, dépesché de par le s^r Rincon
avecques lettres au roy, du ii de juing
mil cinq cens quarante, contenant
entre plusieurs autres nouvelles, la dépesche et renvoy de Tranquillo, secrétaire de Ferdinand, avecques prolongation de tresve pour deux moys, oultre
le premier terme de six moys que le
s^r avoit octroyé à son ambass^r Lasqui;
payé pour la moityé de son sallaire,
douze escuz. Pour ce . . . . V. xii

A Petruzo, messaigier ord^{re}, dépesché par le s^r archevesques, avecques
lettres du roy du xie de may, contenant
la réplicque des lettres de sa magesté
que deux jours avant avoient apportez
le s^r de Vaulx et mess^{re} Vincenzo Mazi;
donné pour le parfaict de son payement, neuf escuz. Pour ce . . . . V. ix

A Laoux, aussi messaigier ord^{re}, envoyé de par mons^r l'archevesque de Raguze avecques lettres du roy du xxv^e
de juing; pour reste de son sallaire,
huyct escuz. Pour ce . . . . V. viii
                                    _____
                                    V. xxxvii
5e fol.

A Petruzo, messaigier dépesché de
par le s^r Rincon à Raguse, avecques
lettres au roy du xiiiie jour d'aoust,
contenant response à icelle de sa mag^{té}
du xxve de juing, en compaignye desquelles fut semblablement mandé ung

61.

double de la dépesche mandée par le
sᵗ de Vaulx; donné pour la moictyé de
son sallaire, huict escuz. Pour ce V. vɪɪɪ

A Radizo de Nicolo, aussi messaigier ordinaire, mandé de par le sᵗ archevesque devers le sᵗ Rincon, avec
unes lettres de monseigᵗ de Montpellier,
du 25 de juillet, touchant certain propoz qui s'estoit divulgué à Venize, en
préjudice de la paix de la seigneurie
avecques le Grant Seignᵗ; payé pour
l'entier de son sallaire, huict escuz.
Pour ce................. V. vɪɪɪ

Au susdit Radizo, dépesché de par
le sᵗ Rincon devers monseigᵗ l'arcevesque avec lettres au roy du vᵐᵉ du
moys de septembre, sur la certification
de la mort du roy Jehan de Hongrye;
donné pour la moictyé de son sallaire,
hnict escuz. Pour ce........ V. vɪɪɪ

                        V. xxɪɪɪɪ
6ᵉ fol.

A Rado de Radie, messaigier dépesché de par ledit sᵍᵗ archevesque au sᵍᵗ
Rincon en Constᵖˡᵉ, avecques lettres du
roy et de monsgᵗ le connestable, du
xxvɪɪ de juillet, escriptes à Ponteau sur
la mer; payé pour le parfaict de son
voiaige, huict escuz. Pour ce.. V. vɪɪɪ

A Rado de Radie, messaigier susdit,
dépesché de par le sᵍᵗ Rincon à Raguse,
avec lettres du roy du huictiesme d'octobre sur la prinse de Lasqui, ambassᵉᵘᵗ
pour le roy des Rommains devers le
Grant Seigᵗ; donné pour la moictyé
de son sallaire, huict escuz. Pour
ce..................... V. vɪɪɪ

A Petrouzo, messaigier ordinaire,
mandé de par le sᵍᵗ Rincon avecques
lettres au roy du dernier d'octobre
1540, et le duplicata d'icelles du huictiesme dudit moys; payé pour la moictyé de son sallaire, huict escuz. Pour
ce..................... V. vɪɪɪ

A Rado Bayano, messaigier dépesché de par le sᵍᵗ Rincon en dilligence
jusques à Raguse, avecques lettres au
roy contenant le partement d'icelluy
Rincon de Constantinople pour retourner en France; donné pour l'entière satisfaction de son sallaire, douze escuz.
Pour ce.................. V. xɪɪ

A Petrouzo, messaigier ordinaire, dépesché de par le sᵍᵗ archevesque audit
sᵍᵗ Rincon, avec lettres du roy du seiziesme d'octobre mil vᵉ xL, en response
d'icelles dudit Rincon du xɪɪɪᵐᵉ d'aoust,
payé pour reste de son sallaire, dix
escuz. Pour ce............. V. x

                        V. xLvɪ
7ᵉ fol.

A Petro, messaigier susdit, dépesché
de par le sᵍᵗ Rincon à messire Vincenzo
Magy demeuré à Constᵖˡᵉ pour les affaires du roy, touchant son arrivée à Raguze; donné pour la moictyé de son sallaire, huict escuz. Pour ce... V. vɪɪɪ

Plus, icelluy Rincon a payé à ung
brigantin qui expressément luy vint apporter une dépesche dudit messire Vincenzo de Constᵖˡᵉ, touchant le partement du Grant Seigᵗ dudit lieu per
Andrinople, trente-quatre escuz. Pour
ce.................... V. xxxɪɪɪɪ

Pour avoir icelluy Rincon dépesché ung pacquet au roy, touchant son partement et du sʳ César Fregozo de Venize, pour venir à la court; a payé pour se faire courir par homme exprès depuis ledit lieu jusques à Thurin, trente-cinq escuz. Pour ce . . . . V. xxxv

V. lxxvii

Somme totale, tant de l'estat et provision ordinaire que des fraiz et mises extraordinaires, monte en tout six mil quatre cens soixante-quatre escuz d'or au soleil et trente soulz tournois.

Nous, Anthoine de Rincon, chevallier, conseiller et maistre d'hostel ordinaire du roy, et naguères son ambassadeur ès pays de Levant, certiffions à tous à qui il appartiendra que toutes et chascunes les partyes et sommes de deniers contenues en ce présent cayer, montans ensemble à ladite somme de six mil quatre cens soixante-quatre escuz d'or sol. et trente solz tournoix monnoyé, nous sont deues; assavoir, pour nostre estat ordinaire, xviiᶜ iiiˣˣ vi escuz sol. trente solz, et le surplus pour partyes extraordinaires qui ont esté par nous payées et déboursées de noz deniers pour les affaires concernans le service du roy nostredit seignʳ, aux personnes et pour les causes selon et ainsi qu'il est contenu et déclaré par le menu oudit cayer, lequel en tesmoing de ce nous avons signé de nostre main le xiiiᵉ jour d'apvril, l'an mil cinq cens quarante, avant Pasques. — *Signé* ANTHOINE DE RINCON.

Nous, Anthoine de Rincon, chevalier, conseiller, chambellan et maistre d'hostel ordinaire du roy nostre seigʳ, et naguères son ambassadʳ ès pays de Levant, confessons avoir receu comptant de Mᵉ Jehan Duval, aussi conseiller dudit seigʳ et trésorier de son espargne, la somme de dix-sept mil neuf cens vingt livres dix sols tournois, en viiᵐ ixᶜ xliiii V d'or sol. à xlv spᶜᶜ et xxx s. monnoyé de douzaine, à nous ordonné par le roy notredit seigʳ; assavoir pour nostre estat, vacation et despence en ladite charge durant deux cens ung jour finiz le cinqᵐᵉ jour de mars dernier passé, que nous feusmes de retour devers luy en la ville de Blois, à raison de xx l. que ledit sᵍʳ nous a tauxés

par chascun jour; iiii^m xx l. pour nostre remboursement de plusieurs
dons et présents par nous faiz pour le bien des affaires d'icelluy s^{gr}.
comprins sallaires de truchemens et gardes qu'il nous a convenu
prendre et entretenir esdis pays de Levant; ix^m ix^c xl l. x s. pour
nostre remboursement de plusieurs voyages de messagers et cour-
riers faiz de Venize à Raguze et de Raguze à Constantinople, en l'année
dernière, pour lesdites affaires d'icelluy seign^r. v^c iiii^{xx} v l. selon et
ainsi qu'il est plus à plain contenu et déclairé en ung cayer de papier
par luy certiffié et signé de nostre main, attaché soubz le contre-séel
de sa chancellerie, à l'acquit de ce expédié; pour louage de logis audit
Constantinople et autres lieux desdits pays, où nous avons esté et séjourné durant trois ans que nous avons demouré en icelle charge xiii^c l l.
tournoiz; pour rachapt et délivrance de plusieurs chrestiens, esclaves et
prisonniers ès dis pays, que nous avons faict mectre hors de captivité et
renvoyer en leur pays, xi^c xxv. l. et pour les postes et guides qu'il
nous a convenu payer à nostre retour depuis ledit Venise jusques audit
Blois, ix^c l. pour lesquelles trois dernières parties dont nous nous estions remiz au bon plaisir du roy nostredit sg^r, icelluy sg^r nous a ordonné lesdites sommes, adjoustant foy à ce que nous lui en avons
verballement déclairé sans autre déclaration; de laquelle première
somme de xvii^m ix^c xx l. x solz, nous tenons contant et bien payé et
en quictons ledit Me Jehan Duval, trésorier susdit et tous autres. En
tesmoing de ce nous avons signé ceste présente de nostre main et
scellé du scel de noz armes, le xxviiie jour d'avril, l'an mil cinq cens
quarante-ung. — *Signé* ANTHOINE DE RINCON.

Au dos : Pour quictance de la somme de dix-sept mil neuf cens
vingt livres dix solz tournoys.

Françoys, par la grâce de Dieu roy de France, à nostre amé et féal
conseiller et trésorier de nostre espargne Me Jean Duval, salut et dilection : Nous voulons et vous mandons que des deniers de nostredite
espargne vous paiez, baillez et délivrez comptant à nostre amé et féal
aussi conseiller, chambellan et maistre d'hostel ordinaire, Anthoine

de Rincon, chevalier, naguères nostre ambass^r ès pays de Levant, la
somme de dix-sept mil neuf cens vingt livres dix solz tournois que nous
luy avons ordonnée et ordonnons par ces présentes, assavoir pour son
estat, vaccation et despense en ladite charge durant deux cens ung
jour, finiz le cinquième jour de mars dernier passé, qu'il fust de retour devers nous et en nostre ville de Bloys, à raison de vingt livres
tournois que nous luy avons tauxé et tauxons par chascun jour ; IIII^m
XX l. tournois pour son remboursement de plusieurs dons et présens
qu'il a faictz pour le bien de noz affaires, comprins sallaires de truchemens et gardes qu'il luy a convenu prendre et entretenir esdis
pays de Levant ; IX^m IX^c XL l. X s. pour son remboursement de plusieurs voiaiges de messagers et courriers faiz de Venize à Raguze et
de Raguze à Constantinople en l'année dernière pour nozdites af-
faires ; V^c IIII^{xx} V l. selon et ainsi qu'il est plus à plain contenu et déclairé en ung cayer de papier par luy certiffié et signé de sa main,
que nous avons veu et entendu, et comme à nous agréable faict cy
attacher soubz le contre-séel de nostre chancellerie ; pour louaiges
de logis audit Constantinople et autres lieux desdits pays où ledit
de Rincon a esté et séjourné durant trois ans qu'il a demouré en
icelle charge, XIII^c l. tournoiz ; pour rachapt et délivrance de plusieurs
chrestiens esclaves et prisonniers esdis pays, que il a faict mectre
hors de captivité et renvoyer en leur pays, XI^c XXV l. et pour les postes
et guides qu'il luy a convenu payer à son retour despuis ledit Venise
jusques audit Blois, IX^c l. pour lesquelles trois dernières parties, dont
ledict de Rincon s'estoit remis à nostre bon plaisir, nous luy avons ordonné lesdites sommes, adjoustant foy à ce qu'il nous en a verballement déclairé sans autre déclaration, et par rapportant cesdites présentes signées de nostre main, ensemble ledit cayer et quictance
sur ce suffisante dudit Anthoine de Rincon. Seulement nous voul-
lons ladite première somme de XVII^m IX^c XX l. X solz estre passée et al-
louée en la despence de voz comptes et rabatue de vostre recette de
nostredite espargne par noz amez et féaulx les gens de nos comptes,
ausquelz nous mandons ainsi le faire sans aucune difficulté, et sans ce

que des vaccations dudit de Rincon en icelle charge ne desdis fraiz, mises et despences extraordinaires cy-devant déclairez, vous soyez tenu autrement faire aparoir ne en rapporter aucune quictance particulière, certiffications ne autres enseignemens quelconques dont nous vous avons relevé et relevons de grâce espéciale, et à icelluy de Rincon, en tant que besoing seroit, avons faict et faisons don d'icelle somme par cesdites présentes, car tel est nostre bon plaisir, nonobstant quelconques ordonnances, restrinctions, mandemens ou deffences à ce contraires. — Donné à Amboise, le dix-huictiesme jour d'avril, l'an de grace mil cinq cens quarante et ung, après Pasques, et de nostre règne le vingt-septiesme. — *Signé* FRANÇOYS, *et plus bas :* Par le roy, Breton.

II. — EXPÉDITION DE CHARLES-QUINT CONTRE ALGER. — RUPTURE DE LA TRÉVE DE DIX ANS.

1541–1542.

Rincon, attendu impatiemment à Venise et à Constantinople, était parti de la cour avec de nouvelles instructions [1]. Il revenait par l'Italie, en compagnie du Vénitien César Frégose, chargé dans ce pays d'une mission à la fois diplomatique et militaire qui se rattachait à celle que Rincon allait remplir auprès de la Porte. Tous deux avaient pu, avant leur départ, assister au revirement qui s'opérait dans la disposition des esprits et des choses : on avait vu François Ier, après l'échec

[1] Du Bellay n'explique qu'en partie les motifs de l'envoi de Rincon : « Le roy, se voyant ainsi loing d'espérance par les dissimulations dont usoit l'empereur en son endroict, voulut bien faire entendre à ses alliez comme les choses estoient passées entre ledit empereur et luy, et pour lever le doubte qu'ils avoient, d'autant que l'empereur, par ses ministres, leur avoit soubs main faict entendre que ledit seign' avoit traicté avec luy à leur désavantage, pensant par ce moyen irriter tous les potentatz de la chrestienté contre luy, à ceste cause dépescha le s' César Frégose, chevalier de son ordre, devers la seigneurie de Venize, et le seig' Antoine de Rincon, gentilhomme de sa chambre, devers le Grant Seigneur pour leur déclarer l'estat des affaires d'entre ledit empereur et luy, et pour autant que le chemin dudit Rincon estoit de passer par Venize, fut ordonné qu'ilz iroient de compagnie jusques audit lieu de Venise. » (*Mémoires de Martin du Bellay,* l. IX.)

d'une politique qui lui avait attiré le refroidissement et la défiance de ses anciens alliés, comme pour en rejeter la responsabilité sur son ministre, frapper le connétable de Montmorency d'une disgrâce qui dura jusqu'à la fin de ce règne. Dans le même temps, Charles-Quint, après avoir écrasé la révolte à Gand, malade de sa personne mais toujours maître de sa pensée, luttait contre les difficultés de sa position : débordé par les progrès du protestantisme, qui fondait pour l'indépendance des princes un nouvel ordre d'institutions religieuses et politiques en opposition avec son pouvoir, il avait encore à se défendre des intrigues de son rival, qui s'efforçait d'empêcher que l'Allemagne ne s'unît à l'empereur pour repousser la nouvelle attaque de la Turquie. Les griefs s'accumulaient ainsi de part et d'autre, et dans l'état d'irritation des esprits, le moindre incident devait provoquer une rupture sans qu'on prévît encore de quel côté elle pourrait éclater. Au milieu de cette anxiété générale, le bruit se répandit tout à coup que les deux ambassadeurs français avaient été attaqués pendant qu'ils naviguaient sur le Pô, et que tous deux avaient disparu en tombant dans une embuscade. On va retrouver ici les impressions des contemporains, et en voyant repasser devant soi les émotions et les péripéties de ce drame, le mystère singulier qui enveloppa si longtemps le sort des victimes, enfin l'impulsion violente que les faits reçurent de cette catastrophe, on comprendra comment l'attentat commis sur deux particuliers s'éleva aux proportions d'un événement public immense, et devint le signal d'une guerre acharnée qui mit pendant plus de deux ans toute l'Europe en feu.

Le travail sourd et intérieur de l'Allemagne avait distrait l'empereur de l'Italie et laissé le champ libre à François Ier, qui pouvait agir sur elle en se servant de l'avantage que lui donnait sa nouvelle alliance avec le sultan. Mais il suffisait à l'empereur d'y reparaître pour regagner d'un seul pas le terrain qu'il avait perdu, et, sa présence dans cette contrée faisant rentrer tout dans l'ordre, il eut avec le pape Paul III une entrevue à Lucques, où il accueillit avec une hauteur dédaigneuse les réclamations de la France sur le meurtre de ses ambassadeurs. La confiance qu'il montrait dans les périls de la situation redoublait l'incertitude où l'on était sur ses véritables desseins, et ce ne fut pas sans étonnement qu'on le vit s'engager dans une expédition semblable à celle de Tunis, mais qui devait lui être aussi funeste que la première avait été glorieuse. Au milieu des dissentiments croissants qui faisaient présager la reprise des hostilités, il y avait une sorte de témérité à Charles-Quint de porter ses armes en Afrique, laissant ses états exposés à la double agression de François Ier et de Soliman II, qui entrait à Bude au moment même où l'empereur se disposait à s'embarquer. Mais la nécessité lui commandait de réprimer les entreprises des corsaires qui désolaient les côtes de la Méditerranée, et, en allant détruire le mal à sa source, cette attaque, qui préservait l'Espagne et l'Italie, devenait également une diversion pour l'Allemagne : de plus, Charles-Quint y trouvait l'avantage de rattacher l'opinion à sa cause, et, dans cette guerre d'alliances dirigée contre lui, de paraître le vengeur de la chrétienté pendant que son rival ne craignait pas de la livrer aux dévastations des ennemis de la foi. Aussi, rassuré par cet appui, il n'hésita point, en présence des dispositions hostiles de François Ier, de poursuivre une entreprise qu'il préparait dès l'année précédente, mais qui, soit qu'elle réussît ou qu'elle échouât, devait ajouter une considération plus pressante aux motifs de la négociation que le nouvel ambassadeur de la France, Paulin de la Garde, allait traiter avec la Porte.

Soliman II n'avait pas attendu le retour de Rincon pour mettre à exécution ses projets de conquête contre l'Autriche. Après avoir vaincu et dispersé les armées de Ferdinand, le sultan, resté maître de la Hongrie, détacha une partie de ce royaume pour l'annexer à son empire et, l'on vit ainsi le tuteur dépouiller lui-même l'orphelin qu'il était venu protéger. C'est dans sa marche sur l'Allemagne et pendant son séjour à Belgrade que Soliman apprit le meurtre de Rincon : c'est également à Bude, un mois plus tard, qu'il fit la rencontre de Paulin de la Garde, et qu'il accueillit le nouvel ambassadeur de François Ier. L'effroi causé par l'attentat commis sur Rincon, les difficultés attachées à une mission périlleuse et lointaine, à travers les embûches qui devinrent dès lors le cortége habituel des ambassades françaises dans le Levant, toutes ces circonstances avaient décidé du choix de cet envoyé, auquel contribua particulièrement Langey, l'un des frères du Bellay, et gouverneur militaire du Piémont. Les antécédents de Paulin, alors simple capitaine, et depuis anobli sous le nom de baron de la Garde, le caractérisent comme un de ces aventuriers qui doivent aux vicissitudes de leur fortune le talent de traiter avec les hommes, et qui possèdent dans les occasions difficiles l'art des ressources imprévues [1].

---

[1] Antoine des Escalins, dit le capitaine Paulin, obtint plus tard la charge d'amiral des galères qu'avait eue le baron de Saint-Blancard. Le gouverneur militaire du Piémont participait à toutes les affaires diplomatiques de l'Italie, et il était pour cela en correspondance suivie avec les ambassadeurs. Langey fut particulièrement mêlé à tout ce qui se passa au sujet de Rincon :

« Le roy renvoya devers le sieur de Langey pour entendre de luy quel homme il cognoissoit à propos pour faire la légation pour laquelle il avoit despesché le seigr Antoine Rincon, et le moyen qu'il y avoit de le faire passer en seureté; le sr de Langey luy nomma le capitaine Paulin, capitaine de gens de pied, et depuis baron de la Garde, lequel, dès le commencement de l'assassinement, il avoit envoyé devers S. M. et qu'il le feroit passer seurement jusques à Venise, ce qui fut faict, et feit tres bien sa charge ledit capitaine Paulin : de sorte que, depuis, le roy s'en est servy en plus grandes affaires. » (Mémoires de du Bellay, liv. IX, p. 276.)

Brantôme ajoute, sur la personne de

L'envoyé de François Ier avait à faire prévaloir une résolution essentielle dans le divan : c'était d'obtenir l'emploi des forces ottomanes dans la direction où ces forces devaient être le plus utiles au roi. Les intérêts immédiats et personnels de Soliman le portaient de préférence vers une agression contre l'Allemagne, qui tendait à l'accroissement de son empire; François Ier, au contraire, par les causes permanentes que nous avons déjà signalées, devait désirer une agression maritime sur l'Italie méridionale et l'Espagne, à laquelle il pouvait coopérer : cette assistance venait d'ailleurs favoriser la reprise de l'héritage qu'il réclamait et des vues de conquêtes qu'il n'avait pas du côté de l'Allemagne. Les mêmes motifs d'intérêt personnel agissaient sur Barberousse, et le portaient à seconder

Paulin et ses commencements quelques détails où se mêle le merveilleux, et qui montrent à quel point le voyage du Levant agissait alors sur les imaginations :

« A son commencement, on l'appeloit le capitaine Poulin, et ce nom lui a demeuré longtemps. Feu M. de Langey estant lieutenant de roy en Piémont, l'éleva et l'avança, pour le connoistre homme d'esprit et de valeur, et de belle façon, et de belle apparence; car il estoit beau et de belle taille; et pour le connoistre de bon service, il le fit connoistre au roy François, après les mortz de Rincon et Frégouse, par plusieurs voyages qu'il lui fit faire vers S. M. si, que le sentant digne de bien servir, il l'envoya en ambassade vers le grand seign^r Sultan Soliman, pour négotier avec luy, à prester quelque grosse armée de mer à faire la guerre aux mers et aux costes de l'empereur. Il eut en cette négotiation de grandes peines, là où il luy falut bien déployer ses esprits et monstrer quel il estoit : car il luy falut combatre contre les secrettes menées de l'empereur, qu'il faisoit à Constantinople, contre les fermes résolutions des Vénitiens, contre les mauvaises volontez des baschas, et, qui plus est, contre l'arrogance et inconstance de Solyman, qui

maintenant luy promettoit, maintenant se dédisoit : mais il alla, il vira, il trota, il traita, il monopola, et fit si bien, et gagna si bien le capitaine des janissaires de la Porte du grand seign^r comme il voulut, l'entretint souvent, et se rendit si agréable à luy, qu'il eut de luy enfin ce qu'il voulut, et emmena Barberousse avec cette belle armée que plusieurs qui vivent encore ont veue en Provence et à Nice. Mais à quel honneur, s'il vous plaist, ledit Poulin mena-il cette armée, luy qui ne s'estoit veu, n'avoit pas long temps, que simple soldat et capitaine Poulin? Ce fut que le grand seign^r, au départir, commanda à Barberousse d'obéyr du tout en tout au capitaine Poulin, et se gouverner par son conseil à faire la guerre aux ennemis du roy, selon son vouloir. En quoy il sceut très bien s'en faire accroire, car Barberousse n'osa jamais attaquer ny faire mal à aucuns chrestiens, bien que ce fust sa vraye proye, partout où il passa, ny à pas un qui fust amy et confédéré du roy, et c'estoit chose estrange à voir comme ce capit^{ne} Poulin se faisoit obéyr et respecter parmy ces gens, plus certes que ne faisoient de plus grands que luy, qui estoient là. Je luy ay veu discourir une fois de ce voyage et négotiation, mais il faisoit beau l'en

les projets de la France, au point de passer pour le chef du parti français dans le divan[1]. Paulin proposa donc de combiner une attaque de la flotte ottomane contre les côtes de la Catalogne avec une expédition que le roi dirigerait contre le Roussillon et la Navarre.

Mais toute négociation avec la Turquie se compliquait d'une négociation avec Venise, et Soliman, suivant la marche qu'il avait prise dans les années précédentes, d'après les instructions de La Forêt, y envoya le drogman de la Porte, Younis-Bey, afin de faire entrer la république dans cette ligue contre l'empereur. Paulin de la Garde, revenu rapidement auprès de François Ier pour assurer l'exécution du plan concerté, repartit aussi promptement pour retourner auprès de Soliman II, dont il devait rencontrer l'envoyé à son passage à Venise. Mais ses instances, unies à celles de Pellicier, évêque de Montpellier, alors ambassadeur de France auprès de la république[2], ne purent triompher de la circonspection du sénat, qui avait dû être encore augmentée par un fait récent accompli presque aux portes de Venise. La ville de Marano, sur l'Adriatique, venait d'être enlevée par un coup de main hardi qu'une troupe d'aventuriers avait exécuté, au mépris de la trêve, en arborant les couleurs de la France. Ce voisinage d'une garnison française, quoique établie sur le territoire de Ferdinand d'Autriche, faisait ombrage à Venise, et tout ce qu'on put obtenir du sénat, ce fut que la république garderait la neutra-

ouyr parler, et de la peine qu'il y eut, dont, entre autres particularitez, il dit qu'il estoit venu en 21 jours de Constantinople à Fontainebleau, où estoit le roy, qui estoit une extresme diligence. Je luy ay ouy dire aussi qu'il avoit veu au grand seign[r] un fort grand panache de plumes de phœnix, et qu'il luy avoit fait monstrer par grande spéciauté : et quand moy et d'autres luy remonstrasmes qu'il n'y avoit qu'un seul phœnix au monde, et que luy-mesme se brusle quand vient sa fin, si bien qu'il estoit mal aisé de recouvrer son panache, il respondit qu'il n'estoit pas inconvénient qu'il n'en eut trouvé des plumes par une grande curiosité qu'on y pouvoit rapporter pour en chercher et trouver aux pays et aux lieux où il habite et branche, et mesme lorsqu'il mue en la saison, comme font les autres oiseaux.

qui en font fort ainsi tomber de leurs corps. Il y peut avoir là de l'apparence, et aussi qu'à la curiosité d'un si grand seigneur rien ne pouvoit estre impossible, car d'un seul clein d'œil il estoit obéy fort exactement, etc. » (Extrait des Mémoires de Brantôme, article *Paulin de la Garde*.)

[1] Hammer raconte à ce sujet une scène significative : « Loufty-Pacha ayant demandé dans quel but avait été conclu le traité de Haguenau entre François Ier et l'empereur : « Demande-le au grand amiral, » répondit Lasky en désignant Barberousse, qui assistait au divan. « Dois-je, répliqua Barbe-« rousse en riant, représenter ici l'ambassa-« deur du roi de France ? (*Visne me facere* « *regis oratorem ?*) » (Rapport de Lasky, t. V, p. 325 de l'Histoire de l'empire ottoman.)

[2] Le même historien, qui trouve dans

lité entre les deux puissances, malgré la ligue à laquelle elle était encore engagée avec l'empereur. La négociation se trouva donc de ce côté bornée à ce seul avantage, par l'effet d'un désaccord auquel ne fut pas étrangère la connivence secrète de l'envoyé même de Soliman II; mais ce résultat équivoque ne put arrêter la guerre, que chaque événement allait rendre de plus en plus inévitable.

EXTRAITS DE LA CORRESPONDANCE DE VENISE.

DISPOSITIONS DE LA DIÈTE DE RATISBONNE. — DÉPART DU SULTAN POUR LA HONGRIE. — ASSASSINAT DE RINCON. — ENTREVUE DE L'EMPEREUR AVEC LE PAPE À LUCQUES. — EXPÉDITION DE CHARLES-QUINT CONTRE ALGER.

Venise, 17 et 31 mai 1541.

Sire, on a eu icy adviz que le G. S. avoit envoyé de fraiz LX^m chevaulx et III^m janissaires pour les choses de Hongrie, et que l'armée de mer seroit de cent cinquante gallères, mais ces seig^{rs} se persuadent qu'elle ne seroit d'aucune importance. L'amb^r de ces seig^{rs} leur escript que jusques à ce jour n'avoit esté procédé plus avant à la diette, et que estant accomply le dueil de l'impératrice, l'empereur s'en estoit allé à une abbaye près de Ratisbonne pour faire célébrer les obsèques et funérailles accoustumées en pareil cas. L'empereur ne viendra en Itallye pour tout cest esté, car se arrestant en Allemaigne, il y tiendra les eslecteurs mieulx à sa dévocion ou en craincte, et pourra par ce moyen mieulx pourvoir aux choses de Hongrie, maintiendra aussi en suspens les choses de France, car en cas que on luy voulsist faire guerre en Itallye, il s'en pourroit revancher du cousté de la Picardie, et sy fera ses affaires d'Itallye plus à son plaisir que s'il y estoit, les tenant en suspencion et faisant démonstracion de y voulloir venir de jour en jour, et sy en tirera plus d'argent et secours que honnestement il ne pourroit faire s'il y estoit présent. En entretenant longuement la diette, tiendra le pape, Véniciens et tout le demeurant de la

Lettre de l'évêque de Montpellier à François Ier.

Sagredo le nom de Pellicier qualifié *ordinario ministro*, l'associe à la mission de Paulin en Turquie, où il suppose que Pellicier resta après le second départ de ce dernier ; il le compte ainsi dans sa liste des ambassadeurs à la Porte, et s'en félicite comme d'une découverte. On voit ici ce qui cause la méprise de l'historien.

chrestienté en bransle et doubte, voyre jusques au G. S. auquel le
roy Ferdinand s'estoit offert payer tel ou meilleur tribut que ne faict
le jeune enfant roy de Hongrie, pour estre beaucoup plus puissant que
n'estoit le feu roy Jehan, et davantaige qu'il est frère d'un empereur,
et que recongnoissant tenyr l'Austriche de luy, ledit G. S. auroit
beaulcoup plus d'honneur, gloire et exaltacion d'avoir ung tel roy son
tributaire et aulcunement subject, et par ce moyen pourroit estre en
repoz de ce cousté-là. Et davantaige l'empereur faict entendre audit
G. S. qu'il n'y a nacion au monde qui soit pour estre plus ennemie à
la sienne et plus fatalle que la françoise, ainsi que les saiges et savans
en sa loy peulvent sçavoir pour le trouver en leurs prophéties, dont
ce luy seroit trop plus grant péril si le roy se faisoit plus puissant qu'il
n'est par son ayde que de nul autre prince de la chrestienté.

Vostre galéasse estoit arrivée en Const^{ple}, et le G. S. et tous ceulx
de par delà la tenoient en grant réputacion, faveur et crédict. L'armée
turquesque ne sourtiroit pour ceste foiz et estoit départie en ceste
sorte que Sinan, dict le Judeo, coursaire, avoit dix gallères et une
sienne; le Corsetto a une gallère et troys galéottes, et Sala-Raiz une
gallère et six galléottes; et auprès de Gallipoli se retrouveroient quinze
gallères en ordre, et estant besoing dépescheroit le G. S. Barberousse
avec le reste, ayant faict muer son premier filz de Magnesia, où il estoit
premièrement en Amasia, avec accroissement de L^m escuz, oultre c^m
qu'il avoit auparavant, lequel estoit allé du cousté du sophi avec troys
mil janissaires. Pareillement ledit G. S. avoit faict muer son second
filz pour aller en Boetia sans aultre accroissement d'estat, et s'entend
que de là le vouloit mander ès partyes de Hongrye avec le filz de
Barberousse, et qu'il avoit faict marcher tous les sanzaques de la marine, et que, s'il estoit besoing, le G. S. suyvroit en personne, lequel
se condoulloit que ceste seig^{rie} ne luy escripvoit plus comme elle soulloit des affaires et négoces qui passoient entre les princes chrestiens,
disant qu'il pençoit que ces seig^{rs} n'avoient le cueur franc envers luy,
mais qu'ils estoient attendans, comme faict le loup, la gueule ouverte,
et qu'il luy sembloit ung maulvais signe de non mander leur baille.

Tous ceulx de delà estoient en grant jallousie du retardement du sᵣ Rincon, et ilz estoient moult suspens. Le G. S. après avoir parlé avec ung des bassatz, s'estant party dudict G. S. il le rappela et luy dist par la fenestre qu'il avisast de bien faire entendre à leur ambᵣ que sa voulenté estoit que ceste seigʳⁱᵉ s'entremist nullement à donner faveur à l'empereur contre V. M. mais que du moins elle fust neutre. Le baille Justinian avoit voulu aller baiser la main audit G. S. et prendre congé, chose qu'il ne luy a voullu concéder, ne vestir, disant qu'il estoit son esclave, le tenant pour Espaignol. Ces seigʳˢ ont esté non peu ayses pour ce que de brief vous estiez pour remander en Levant le sᵣ Rincon, et, comme le G. S. est pour envoyer vers eulx ung ambᵣ qui ne seroit aultre que Janus-Bey, ayant la commodité du sᵣ Rincon, lequel, pour avoir longuement pratiqué ledit Janus-Bey et sa nacion, pourra donner meilleur adviz, V. M. advisera le faire venir icy au lieu qu'il s'en aille par mer, comme est le bruict.

Il s'entend de Ratisbonne que quelques gentilzhommes de la court de l'empereur l'avoient pryé leur donner congé pour aller servir le roy Ferdinando à l'entreprinse de Hongrye, et, après avoir prins la bénédiction du légat, s'estoient partis bien en ordre; et qu'à l'empereur avoit grandement despleu l'arrivée du duc de Clèves en France, mais trop plus le pressoit l'alliance et parenté qu'il y faisoit. Le roy Ferdinando espéroit de brief avoir Bude, laquelle il auroit desjà, ne fust que frère Georges l'a abusé et déceu; faisant grant cas d'avoir trouvé IIᵐ ballottes en Pest de la batterie que les Turqs y avoient faicte qui s'accomodoient aussi bien à son artillerie que s'ilz y eussent esté faictes expressément, et pourroient servir à battre Bude, où le camp du roi des Romains se présenta le IIIᵉ de ce mois, lequel n'est, tant de cheval que de pied, que de XIIIIᵐ hommes. Frère Georges avoit demandé à parler au capᵃⁱⁿᵉ généʳᵃˡ dudit camp, auquel dist qu'il luy convenoit pour son debvoir et observance qu'il portoit à la royne et à son enfant, pour l'amour du feu roy Jehan, faire ce qu'il faisoit, et que si le roy Ferdinando vouloit rendre certains chasteaulx et faire une diette en laquelle entrevinssent les nobles du pays, qu'il estoit

contant de tout ce qui s'y déterminroit, et donner Budde entre ses
mains. A quoy icelluy a respondu qu'il n'estoit temps de faire diette,
et quant aux chasteaux, ils n'estoient en la puyssance du roy, mais
bien rendroit à l'équipolent jusques ad ce qu'ilz fussent recouvrez, et
ainsi tout le parlement est allé en fumée. Frère Georges licentia l'amb[r]
du roy de Poulongne pour luy faire entendre en quelz termes se retrouvoit Bude; et avoit icelluy frère Georges refferé au peuple de là
qu'il voulloit vivre et mourir avec eulx. Ceulx de dehors ont faict
grande batterie et espèrent d'avoir victoire, pour autant qu'ils sont
bien fourniz d'artillerie et de municions, et oultre ce, ledit exercite a
beaulcoup de vaisseaulx sur le Danubio.

Venise, 14 et 20 juin 1541.

Sire, ces seig[rs] ont sceu que le G. S. mectoyt dehors ceste année plus
grant armée par mer, et que sa personne mesme yroit en Hongrye avec
très-grant exercite s'empatronnyr dudit royaulme, et que jà avoit faict
venyr, comme est sa coustume quant il doibt marcher, force chevaulx et aultres bestes de somme pour porter son bagaige. Le camp du
roy Ferdinando avoit faict bresche à Bude et prins une tour qui estoit
la garde de l'eaue de la ville. Ce néantmoings n'avoit eu la hardiesse
de donner l'assault, sentant ceulx de dedans estre fort gaillardz, chose
que les impériaulx attribuent aux pluyes et maulvais temps. Depuis
s'est entendu que il avoit esté donné ung assault, et que ceulx de
dedans ont rabattu ceulx de dehors avec grande occision d'iceulx,
lesquelz avoient trouvé que dedans estoient bien remparez. Ils estoient bien fourniz, et ne avoient faulte seulement que d'eaue et de
chair, et on estime que ledit camp se sera retiré, ayant esté adverty
que x[m] chevaulx de l'avant-garde du G. S. avoient esté veuz bien
avant en Hongrye, et que l'exercite cheminoit avant à grant haste.

Le s[r] Vincenzo Magi escript que à Lotfy, premier bassa, le vi mai,
fut osté l'anneau et baillé à Suliman-Bassa, et faict premier pour ce
que ledict Lofty estoit coutumier de ne faire bonne compagnie à sa
femme, et praticquoit avec une sienne esclave, de quoy se prenant

garde, sa femme n'a esté contente, et s'en voullant ressentir, se mist
en parolles fascheuses avec luy, de sorte qu'elle l'induyst en telle collère qu'il commença à la battre et tirer par les cheveulx ; quoy faict,
ledict bassa monta à cheval pour aller à l'esbat, et soubdain qu'il fut
parti, elle monta en ung chariot et alla au G. S. ainsi mal traictée.
Le sabmedy d'après, ledit Lotfy, entrant avec les autres bassatz, fut
retenu del capiaga, et les deux aultres bassatz allèrent donner audience ; et demeura ledit Lotfy avec le capiaga une heure, puys vint
s'asseoir avec les aultres, et, finie la Porte, s'est retiré en sa maison.
Le G. S. avoit voulu donner à Sulimam Eunuco le lieu de premier
bassa, mais il a faict semblant de s'en déporter, pour aultant qu'il entendoit bien qu'incontinant qu'il seroit party pour aller contre le sophy,
où il a esté esleu, on y mectroit Rousten, bassa et gendre du G. S.
Et oultre se dict que la soultane a très maulvaise voullenté contre ledit
Lotfy, pour ce que sultan Mustafa se faisoit chef dudit Lotfy, affin
qu'il ne fust osté du lieu où il se tenoit. Barberousse ne a failly de
alléguer choses en sa diffaveur, disant que les lieux d'Affrique se sont
perduz pour ce que ledit Lotfy n'a voullu qu'il soit sorty lors avec
l'armée, et qu'Algier est en grant péril de se perdre. Et se dict davantaige que le G. S. se contente mal de ce que ledit Lotfy l'a dissuadé
de non aller en Hongrie ; néanmoins la privation dudit Lotfy déplaist à tous et en espécial à Janus-Bey. L'on estime pourtant que
c'est beaulcoup que la teste luy soit demeurée sur les espaules, laquelle chose aulcuns tenoient à bon signe, espérans qu'il seroit remys,
et semble fort difficille, actendu que c'estoit la seconde fois qu'il en
a esté privé. Et combien que le G. S. eust faict son dessaing d'aller
à l'entreprinse de Hongrie pour toute l'aultre lune, il ne se partyra
à cause de la grant charté, car il ne se trouve ès pays de la Hongrie
à manger. Il ne s'en entend aultre sinon que les Turcs y faisoient
force escarmouches. Morat-Aga, vice-roy d'Alger, estoit venu dudit
pays, et Suliman-Bassa se debvoit partir dedans quinze jours ; dict derechef et se confirme que Rostan demeureroit premier bassa, et que
le G. S. certainement ira en Hongrie et passera jusques à Vienne,

et se fera roy de la Hongrie, et que tout se mect en ordre, ne semblant plus au s^r Magi y avoir aulcun doubte. Le capiaga a demandé
depuis à Lotfy s'il se voulloit séparer de sa femme, lequel a respondu
que non, et se dict que s'il eust dict de oy, luy eust cousté la teste :
il se démonstre moult constant.

Venise, 4 juillet 1541.

Sire, j'ay esté adverty que le s^r Rincon estoit party de la court. Ni-
coletto, drogman du s^r Rincon, renvoyé en Const^{ple}, y estoit arrivé
le xie de may, la venue duquel, comme escript le s^r Vincenzo Maggio,
fut fort agréable au G. S. et à tous les bassatz, tant pour avoir receu
de voz lettres que d'avoir entendu l'arrivée du s^r Rincon près de V. M.
et le voulloir que icelle a de le remander bien tost par de là, disans
que ledit G. S. avoit eu très grant plaisyr d'entendre de V. M. et que
l'amytié d'entre voz deux estoyt ferme et estable, et qu'il vous tenoyt
pour son bon frère et amy, et que de son cousté faisoyt grans exer-
cites contre le sophi et le roy Ferdinando, et que ledit G. S. yroyt
en personne au royaume de Hongrye pour maintenir le filz du feu
roy Jehan, vayvoda faict roy par sa libérallité, et qu'il n'entendoyt
pas seullement le deffendre, mais luy réintégrer tout ledit royaulme,
s'attendant aussi que V. M. feroit de son cousté ce qu'elle verroyt et
sembleroit estre bon et à propoz, suyvant ce qui fut parlé au s^r Rincon
avant son partement pour aller vers vous, et le commun populaire de-
vinoit en Const^{ple} que le G. S. marcheroit avec l'exercite et feroit armée par mer, laquelle chose fesoit juger que V. M. estoit jà à la volte
d'Italye, et le partement dudit G. S. estoit cryé vers la Hongrie pour
le xx juing, et avoit mandé trois gallères par mer Majeur, aultrement
dict par mer Negro, chargées d'artillerie et municions pour conduire
à la bouche du Danubio, et par icelluy à Bude, et qu'il avoit ordonné
que la grosse artillerie de Durazzo fust menée audit Bude, et se disoit
que le G. S. iroit à Vienne ; mais aulcuns estimoient que, pour estre la
saison trop avancée, il feroit son yver à Bellegrade, pour y estre à la
primevère. La fame estoit aussi par delà que ledit G. S. se veult empa-

tronyr du royaulme de Hongrye, que le roy Ferdinando ne fauldroit
leur en donner bonne occasion, et qu'il meyne avec luy deux de ses
enfans. Il faisoit lever par toutes les maisons de ses subjectz les armes
qui estoient trouvées dedans, et pugnissoient ceulx qui avoient arque-
buses, craignant l'on ne sçait quoy. Le xxiii may Solyman-Bassa se
partit pour aller du cousté du sophi, lequel avait dépopulé et subjugué cette partie des Géorgians qui sont vers la mer Caspio, et qu'il
avoit fait faire soixante charettes d'artillerie légière soubz lesquelles
sont dromadaires, et se retrouvoient iii^m arquebuziers, dont une partie
estoit janissaires qui s'en estoient allez de la Porte mal contens, et
l'aultre partie sont Portugallois, et se disoit y en avoir ii^m à cheval.

Quant est de délivrer le s^r Laschi, le G. S. n'en veult point ouyr
parler, et ung jour ledit Laschi luy faisant offre de faire faire paix avec
le roy Ferdinando, et qu'il demeureroit son feudataire, moyennant
qu'ill uy laissast Bude, pour responce commanda que ledit Laschi fust
resserré plus estroictement et que personne ne lui parlast. Et là dessus
discourt le s^r Vincenzo qu'il n'est jà besoin recommander le royaulme
de Hongrie audit G. S. pour ce qu'il l'a trop à cueur, puisque luy-
mesmes se meut pour aller à la deffension d'iceluy. Le xxi may arriva
à la Porte un varlet de chambre du roy Ferdinando avec lettres au
G. S. pour luy persuader debvoir relascher ledit Laschi, mais elles
luy ont plus esté nuysibles que aydantes, car incontinant que le G. S.
les eust entendues, ilz le remuarent de son logeiz et le feirent resserrer en ung lieu comme ung cabaret, apte à recepvoir petitz passans,
qui n'a qu'une seule porte, et luy a esté levé la provision de huict
cens aspres le jour qu'il avoit à despendre, et luy en a esté seulement
laissé cent. Et ledit chambrier du roy Ferdinando a esté baillé en
garde à ung chaoux, et se disoit que on le remandroit avec responce
que s'il voulloit mander ambassadeur, le G. S. le rencontreroit par
les chemins. Lotfy-Bassa a esté séparé, contre son voulloir, d'avec sa
femme, l'ayant voullu ainsi le G. S. à la persuasion de la soultane,
craignant que cela ne retardast que son gendre Roustan ne parvint
au premier degré de bassa. Il a eu congé s'en aller à la Meche, et sa

femme lui a donné sa dotte, qui est de la somme de cent mil ducatz, et
luy, en contreschange, luy a donné la maison où il demeuroit, en laquelle entrant sadite femme feist une grant lamentacion et démena tel
dueil qu'elle en cheust pasmée, et ainsi fut portée avec un tapis sur
le lict. Il s'est retiré pour quelque temps à son jardin près des Eaulx-
Doulces, faisant une vie monachalle, et Rostan est demeuré premier
bassa, qui est de l'eaige de xxxii ans, mais monstre à son parler estre
très-bien rassis et tellement traictable qu'il donne espoir que à la
venue dudit s^r Rincon on ne fauldra de l'avoir favorable et amy. Vostre
galéasse se debvoit partir portant une infinité de marchandises, mais
j'ay esté adverty que André Doria a escript à Jeanetin Doria qu'il eust
à s'empatronir de gallères que V. M. avoit en Levant, où n'ay entendu
qu'elle en eust autres que celles-là, et d'autres veullent dire des gallères qu'on disoit mectre en ordre à Marseille pour ramener le s^r Rincon.

Le camp du roy Ferdinando a eu le pyre devant Bude, s'il est vray
que tous les Italiens et Espaignols aient esté tuez, et environ de iiii^m Allemands tailliez en pièces. Ung cappitaine d'une des portes, ayant intelligence avec les gens dudit roy, avoit promis de la leur bailler ce
pendant qu'ilz donneroient assault à une aultre tour, mais à l'exécution
ung de ses souldars se mist à crier : Trahison! dont ceulx de dedans
se révoltèrent et donnèrent dessus les gens dudit cappitaine, lequel
gaigna par ladite porte le camp du roy Ferdinando; et ceulx de dedans, voyant qu'il estoit foible de ce cousté, donnèrent dessus et luy
feirent ung très maulvais eschec : nouvelle que ces seig^{rs} n'ont point
eu à desplaisir, pour ce qu'ilz aimeroient mieulx avoir perdu une des
meilleures de leurs villes que Bude fust audit roy ne qu'il fust si puissant de ce cousté-là. On entend que l'empereur est pour venir ce
mois d'aoust en Itallye avec xii^m lansquenetz, sur quoy les impériaulx
font plusieurs beaulx discours; les ungs dyent que c'est pour plus
tost passer en Espaigne et faire l'entreprinse d'Algier luy-mesme en
personne, et que par cest effect il a jà à Malega grant équipage de
biscuitz, corselletz et mesmement bonne partie des gallères et voilles
à ce nécessaires : d'aultres c'est pour aller en Alexandrie d'Egypte, et

ce non seullement pour la conquester, qu'il y pourroit faire aysément, mais trop plus pour divertyr et faire retirer ledit G. S. de son
entreprinse de Hongrie, ayant entendu que le peuple dudit Égypte
est très mal contant du G. S. mais ladite entreprinse seroit de peu
d'importance et moindre efficace pour n'estre Alexandrie lieu de grant
mouvement et estre de petite tenue, car ne contient que cinq ou
six maisons destinez pour les consulz ou prévostz des marchandz; et
aulcuns tiennent qu'il a faict semer le bruict de voulloir venir en
Itallye pour tenir en obéissance, de laquelle veult tirer grosse somme
d'argent.

Venise, 7, 9 et 12 juillet 1541.

Du 7. — Sire, sur le matin arriva icy le conte Pierro Gentil de
Cesso, avec quelque partye du train du s^r Rincon, qui estoit à Thurin, d'où s'en debvoit partyr pour venyr par deçà le s^r César Frégose
et luy. L'ambassad^r de l'empereur m'envoya dire de préparer mon logeiz pour ce que j'avois des hostes, ce qui estoit une forme de gaudis-
serie dont lors commence à doubter quelque meschef leur fust advenu
par les impériaulx, d'aultant que nouvelles ont esté semées ce matin
par toute la ville qu'ilz estoient prins par les gens du marquis du Guast.
Les lettres venues à ces seig^{rs} contiennent que ung homme d'armes
party de Castion avoit relferé au recteur de Bresse que s'estant em-
barcquez à Thurin lesdits s^{rs} César et Rincon pour venir sur le Pau,
furent assailliz environ cinq mil dessoubz Pavie par les gens de l'empereur avec trois basteaulx armez, et furent prins prisonniers, et se
voullant saulver le s^r conte Camillo de Cesso, lieutenant dudit s^r César,
qui estoit avec eulx, se getta dedans ledit Pau, où s'est nayé. D'aultres
disent que venans en une barquette furent prins des gens du marquis
du Guast, qui estoient en une barcque estant à la rive du Pau, couverte de fueilles et rameaulx. Or ceste nouvelle a esté trouvée si estrange, qu'on n'a jamais veu le commun de ceste ville plus troublé,
confuz ne scandallisé qu'ilz ont esté de ceste affaire; de sorte que ces
seig^{rs}, contre leur nature, ne se sont peu tenir d'user publiquement

.

des propoz des plus grans du monde, et l'amb^r de l'empereur alla à la
seig^{rie} pour leur remonstrer que de ceste prinse n'estoit rien, disant que
ledit marquis estant bien adverty que lesdits s^{rs} s'estoient embarquez
à Thurin avec quatre barcques armées, lesquelles povoit bien empescher s'il l'eust voullu, sçaichant que ce n'estoit la voullenté de l'emp^r
de leur estre donné destourbier, ne l'avoit voullu faire, et ce disoit
pour donner à entendre qu'ilz avoient esté prins de quelques ungs particuliers pour gaigner la taille que l'on faisoit bruict que le s^r Rincon avoit à doz, et le proffict qu'ilz pençoient faire du s^r César en le
livrant à ses ennemis, et aussi les mener en lieu où l'on n'en auroit
jamais nouvelles qu'ilz soient devenuz, car sçavez trop mieulx, sire,
de quelle affection ilz estoient poursuiviz de ce cousté-là. Si V. M.
avoit le moyen de faire quelques représailles de telles personnes qui
peussent contrepoyser lesdits sieurs, les faisant retenir V. M. ne mes-
fairoit, puisque si infidellement de leur cousté ont usé de tel cas
contre si grands serviteurs vostres, voire après avoir adverty M. de
Vueilly, vostre amb^r, se retirer le plus dextrement qu'il luy soit possible, s'asseurer de son amb^r près de V. M. pour estre personne fort
conjoincte à M. de Granvelle, faisant très-bien entendre là où il appartiendra que le cas et succez qui adviendroit ausdits s^{rs} Cézar et Rincon
ne fauldroit d'advenir à ceulx qui seroient en vostre povoir.

Du 9. — Estans arrivez ce matin le secrétaire et ung varlet de
chambre du s^r Rincon qui eschappèrent, comme je recevois des pacquets de M. de Langey qui s'adressoient audit s^r Rincon, j'ay entendu
par eux que ce sont ses instructions et lettres vostres d'importance, desquelz n'a esté rien veu ni touché, de sorte qu'il n'avoit avec soy autres
lettres que celles qui s'adressoient à la seig^{rie}, et depuis la plus grant
partye du train dudit s^r Rincon arriva icy jusques au nombre de unze
chevaulx. Le marquis du Guast respond qu'il est grandement esmerveillé de cest affaire, et quand ad ce qu'on voulloit dire que ceulx qui
les ont prins fussent gens de l'empereur, pour ce qu'ilz parloient
espagnol, disoit que ceulx qui font telles entreprinses s'essayent se
desguiser, tant en accoustrement que dissimuller leur langaige; que

quant estoit d'Espaignolz, asseuroit bien n'avoir faict cecy, d'aultant qu'ils n'estoient bougez de leurs garnisons, mais qu'il manderoit le cappitaine de la justice pour les recouvrer, et pugnir très bien ceulx qui avoient commiz ce cas, et pense donner à entendre telles bourdes et comme ilz disent casser telles carottes à ung si saige sénat, chose qui augmente la craincte de ceulx qui doubtoient que, par ces couvertes, ilz ne les vueillent mener en lieu que l'on ne sçaiche qu'ilz sont devenuz, et par ce moyen faire de brief mal finir leurs jours. Et m'a esté référé qu'un des premiers jours du mois, en la compaignie du marquis de Marignan, qui disoit du sʳ Rincon qu'il estoit passé avec quatre barques, le marquis du Guast réplicqua : « Non è passato ancore, non, » avec prononciation et gestes tant de la teste que des mains qui donnoient bien à entendre qu'il ne luy estoit point encores eschappé, d'autant qu'à Thurin et partout y a si très bonnes espyes, que le sʳ Rincon n'a faict un pas qu'ilz ne l'ayent tousjours suivy.

Du 12. — Certains Espaignolz estant allez sur le lac de Garde pour faire provision d'une barcque équippée à vingt rames, et ayant baillé bonnes arres à des mariniers pour l'avoir preste dedans peu de jours, j'ai conjecturé que ce ne fust pour mener à Trente et conduire vers l'empereur les sʳˢ Rincon et César, dont le sʳ Pietro Stroci et moy feumes d'opinion de mander L ou LX bons compaignons à l'esguet en ung lieu qui est du sʳ César nommé Garde, duquel le lac porte son nom, et là les recouvrer si on les menoit par delà, ou en deffault d'iceulx quelques gens de l'empereur au contrepoids desdits sʳˢ, et les mener secrettement à la Myrandola.

Le G. S. estoit party de Constᵖˡᵉ le xx de juing pour la Hongrye, en plus grant triomphe que on veist jamais, et avec plus grant exercite, oultre lequel le Bogdan luy doibt bailler LXᵐ chevaulx et les Tartares Cᵐ : en somme on escript qu'il s'en va deslibéré de expugner et déchasser le roy Ferdinando, non-seullement du royaulme de Hongrye, mais de tous ses aultres pays, et que ledit roy semble voulloir estre cause que tous les pays de la chrestienté de ce cousté-là ayent à estre mis en ruyne et destruction. Au premier logement que le G. S.

feist au serrail de feu Braïm-Bassa, v mil de Const^{ple}, eut une si grande inondation d'eaue si à coup, que sa personne et ses enfans furent en grant danger, et y eut plusieurs personnes nayez et fort grant perte et dommaige. Mais leurs astrologiens dirent que ce n'estoit que bon signe de heureux voyaige. Il a laissé Barberousse audict Const^{ple} pour faire mectre en ordre l'armée de mer, qui sera bien plus grosse que on ne pençoit, et jà estoient presque prestes LX gallères, mais si très secret-ment que personne n'en sçavoit rien, et XV que l'on avoit mandées hors pour donner à entendre que ledit G. S. n'y en mectroit davan-taige pour ceste année avec l'armée qu'il a de longtemps à Rhoddes, Lepantho et la Valonne, qui se monteront plus d'aultres soixante.

Venise, 26 et 29 juillet 1541 [1].

Du 26. — Sire, le conte Ludovic Rangon a esté adverty que les s^{rs} Rincon et Cézar furent prins par XXIII Espaignolz, desquels les vingt estoient du chasteau de Millan, et les troys aultres de celluy de Pavie,

[1] Le récit de du Bellay est essentiel pour toutes les circonstances du fait auxquelles Langey a pris part; mais on verra que ni par cette relation, ni par aucune autre, on n'a pu savoir jusqu'ici toute l'importance de l'événement, ni surtout que les con-temporains avaient en effet ignoré le sort des victimes pendant presque toute la suite de cette année :

« Estant le seig^r de Rincon arrivé à Lion, voulut y faire quelque séjour, pour pour-voir à ses affaires, pendant lequel le seig^r César Frégose vint devant à Suse, veoir sa compagnie de gens d'armes, dont nouvel-lement le roy luy avoit baillé la charge. Lequel séjournant audit lieu de Suse, le seign^r de Langey, lieutenant général du roy en Piémont, lors estant à Turin, eut quelque vent que le marquis du Guast (ores que fus-sions en trefve) avoit mis aguets par les pas-sages pour surprendre lesdits seign^rs Fré-

gose et Rincon. A l'occasion de ce, ledit seign^r de Langey manda auxdits Frégose et Rincon qu'ils n'eussent à passer outre Rivole, que premièrement il n'eust com-muniqué aveccques eux; et envoya de toutes parts pour entendre des nouvelles du département dudict seig^r marquis.

« Le jeudi 1er jour de juillet MDXLI arrivé-rent lesdits Frégose et Rincon à Rivole, et environ minuit y arriva le s^r de Langey, aussi revindrent ceux lesquels de toutes parts il avoit dépesché pour entendre nou-velles, qui tous unanimement lui rappor-tèrent que par tous les passages le marquis avoit mis aguets, et mesme sur la rivière du Pau, parce qu'il avoit esté adverty que pour rayson que le s^{gr} Rincon estoit malaisé de sa personne, obstant la gresse dont il estoit chargé, se mettroit plus tost en che-min par eau que par terre. Duquel ra-port ledit s^r de Langey leur donna adver-

et que après la prinse les pourmenèrent toute la reste du jour sur le Pau en attendant la nuict, et puys les menèrent au chasteau de Pavye, faisant aller devant cinq hommes à cheval pour faire faire place pa les chemyns, et ung chascun qu'ilz rencontroient le faisoient tirer à l'escart pour n'estre descouverts, et ung homme du sʳ Ludo-

tissement : et après qu'ils eurent déclaré que leur intention estoit de se mettre sur la rivière, le prians ordonner que barques leurs feussent appareillées au pont du Pau, près Turin, pour l'accomplissement de leur voyage, le seigneur de Langey, prévoyant le hasard où ils alloient entrer, par la notice qu'il avoit des meurs du marquis du Guast, les voulut par tous moyens suader de changer d'opinion, se faisant fort de les faire passer en seureté par terre, par le moyen qui s'ensuit : il y avoit un capitaine milanois en sa compagnie, nommé Hercule Visconte, lequel, partant à jour couché de Rivole, les conduiroit de sorte qu'avant le jour ils arriveroient à la Cisterne, chasteau de l'Astizanne, de l'obéissance du roy, auquel lieu estant arrivez, tiendroient les portes fermées touttejour, et partant la nuict sequente, iroient coucher en un chasteau appartenant au frère dudit Visconte, où feroient le semblable. La troisiesme nuict, devoient arriver sur le Plaisantin en seureté, pour estre terre du patrimoine de l'Église, et pour ce faire vouloit ledit sʳ de Langey bailler audit Rincon un cheval d'Espagne fort aisé et allant l'amble.

« Le seigʳ Frégose, n'estimant le marquis du Guast homme qui eust voullu faire ung tel acte que de faire assassiner les ambassadeurs d'un tel prince très-chrestien que le roy, attendu mesmes qu'il estoit en trefve, desmoura obstiné en son opinion et ne voulut changer sa première délibération,

ains résolut d'aller par eau, persistant à faire instance audit sʳ de Langey de luy bailler barques suyvant le commandement du roy. Le sʳ Rincon congnoissoit bien qu'il y avoit grande apparence au propos dudit sʳ de Langey, mais avoit craincte d'altérer l'opinion de Frégose, ayant doute que l'altérant, et si mal en venoit, on luy pourroit reprocher, veu que Frégose l'avoit pris en sa conduitte; il consentit d'aller par eau, aussi que c'estoit le plus aisé, non le plus seur.

« Le samedi deuxiesme jour de juillet audit an, ayans esté conduicts en deux barques lesdits Frégose et Rincon, et leur suitte, jusques à la tour de Simenne près de Véroline, le sʳ de Langey, craignant ce qui advint, parce que ses advertissemens d'heure en heure luy redoubloient, envoya devers lesdits sʳˢ pour leur persuader derechef de changer leur dessein, et où ils voudroient persévérer à leur obstination, ils eussent à luy renvoyer leurs instructions, lettres de créance et papiers, à ce qu'avenant le cas qu'ilz fussent saccagez ou prins, ils n'en fussent trouvez chargez, lesquelz il leur feroit tenir seurement à Venise. Ce néantmoins ils demourèrent en leur première résolution, mais bien luy renvoyèrent lesdites instructions par le comte Petregentil, nepveu du comte Camille de Sesse, lieutenant dudit Frégose, puis le jour même s'embarquèrent avec ledit comte Camille de Sesse en une barque, et une partie de leurs serviteurs, et un

1.

64

vico avoit esté sur le lieu où furent prins, et avoit trouvé qu'on peschoit quelques ungs d'eulx que on disoit avoir esté nayez, et fut trouvée la teste du conte Camillo de Cesso, lequel ayant ung grand coup sur la teste estoit tumbé dans la rivière. Plusieurs disent que le s^r Rincon estoit logé au chasteau de Millan, et depuis ont esté menez à Crémonne, et la signora Constanza, femme du s^r Cézar, a entendu de bon lieu que son mary avoit quelque liberté de salle et chambre, et qu'il estoit sain, mais tant desplaisant qu'il ne bevoit ne mangeoit que bien peu de chose, et qu'il ne voulloit rien prendre que deux Espagnolz qui le gardoient n'en feissent la preuve et credence, mais quant audit s^r Rincon, qu'il estoit détenu en grant destresse. Il s'en parle icy et ailleurs en diverses sortes, car les ungs disent qu'ilz sont mortz, et les aultres tiennent de non. L'amb^r de l'empereur dist en plein bancquet de femmes que les aultres seroient détenuz jusques ad ce qu'on auroit responce de l'empereur, mais que le s^r Rincon seroit *hourchado*, que on veult entendre seroit deffaict.

soldat du s^r Ludovic de Birague nommé Boniface de S.-Nazare en une autre; ayant chacune quatre vogueurs, et commencèrent à voguer environ les xxiii heures, et allèrent toute la nuict jusques à deux milles au dessoubs de Casal de Monferrat. Le lendemain environ midy, estans arrivez en un lieu appelé la plage de Cantaloue, trois milles au-dessus de la bouche du Thésin, se présentèrent au devant d'eux gens en armes, estans sur deux barques, lesquels soudainement assaillirent et prindrent la barque où estoient lesdits Frégose et Antoine Rincon, et parce qu'ils se mirent en défense, leurs ennemys montèrent sur ladite barque, où lesdits s^rs furent tous deux tuez. Dont promptement le s^gr de Langey fut adverty, et peu après eut autre advertissement, qu'ilz avoient mené le comte Camille de Sesse, lequel ils n'avoient tué audit assassinement, dedans le chasteau de Pavie, puis la nuict subséquente l'avoient mené dedans la Roquette de Milan, et avoient mis au fond du chasteau de Pavie tous les batteliers qui avoient conduict tant les François que les Espagnols, à ce que par eux on n'en peust avoir tesmoignage, et que les soldats qui avoient faict ceste infame exécution estoient de la garnison du chasteau de Pavie, lesquels, depuis trois jours et trois nuits, n'avoient sorti de dedans leurs barques, armez d'arquebouses, picques et rondelles, et se faisoient apporter à manger d'une hostellerie qui leur estoit proche, et tenoient leurs chevaux au-dessoubs, en lieu nommé le port de l'Estelle. L'autre barque, où estoient Boniface de S.-Nazare et les serviteurs, donna à terre, et se sauvèrent ceux qui estoient dedans un bois jusques à la nuict, qu'ilz se retirèrent en seureté. » (*Mémoires de Martin du Bellay*, l. IX.)

On escript de Rome à ces seig^{rs} que Sa S^{té} faisoit démonstration d'en estre merveilleusement scandallisé, disant que depuis qu'il est pape n'est advenu ung si grant cas, prévoyant estre pour en sortyr une guerre enraigée qui n'aura à finir sinon avec la ruine totale et mort de quelque ung. Et combien que ces seig^{rs} en soient grandement desplaisans, sy sont-ilz bien contans que V. M. ayt si bonne ouverture de s'en ressentir en ce temps que le G. S. marche, et que rompant avec l'empereur, quant ilz seront rechairchez de secours par luy, ilz ont bonne cause et raison de s'en excuser, disans que ça a esté à la coulpe de ses gens que la guerre auroit esté commancée, attendu que S. M. gardoit inviolablement la trefve. Les impériaulx cherchent de faire entendre au G. S. que les s^{rs} Cézar et Rincon se sont faict prendre expressément par vostre ordonnance, ayant V. M. intelligence avec l'empereur, et par ce ne voullant que ledit Rincon retournast vers ledit G. S. pour ne luy accorder les promesses que luy avoit faictes ledit s^r Rincon, parce qu'ilz sont venuz par les païs de l'emp^r avec quatre personnes seulement dedans ung petit basteau sans aucunes armes, ordre qu'ilz n'avoient tenu à leur aller, et que, s'ilz eussent voullu, eussent passé plus seurement, estant le s^r Cézar tel homme de guerre ayant sa bende toute preste et faculté d'avoir tant de gens à pied et à cheval et arquebusiers par terre et par eau. Par lettres de Ratisbonne s'entend que ceulx de Moravia payent au roy Ferdinando xii^m hommes de pied et ii^m chevaulx pour quatre mois; le camp duquel est levé de davant Bude, et les gens du G. S. ont esté receuz dedans par la persuasion de frère Georges, faicte au peuple de là qui y résistoit jusques à se voulloir mutiner, et entend l'on aussi que la royne et les enfans dudit roy Ferdinando se sont retirez de Vienne à Inspruch.

Venise, 29 juillet 1541 [1].

Sire, le jour d'hier est arrivé icy le cappitaine Polain, qui m'a

[1] L'Italien Vincenzo Magi, ou Magio, cité plusieurs fois dans les comptes d'ambassade de Rincon, et qui exerçait l'interim à Constantinople depuis le départ de

donné lectre de créance, et puis avons ouverts les pacquets et dépesches des s^rs Cézar et Rincon, esquelles s'y sont trouvées toutes les pièces
principalles, mais quant aux mémoires pour les s^rs cappitaines d'Itallie que ledit s^r Cezar avoit charge, n'y a rien esté trouvé ne pareillement de la distribution des présents qu'il avoit à faire. Quant à ce
qu'il a à dire à ces seig^rs, je ne fais doubte qu'ilz n'y facent difficulté,
attendu la prochaine venue de l'empereur. Et ne sont pas en petite
frayeur de le voir venir à telle puissance par le cueur de leur pays,
pourquoy ont ordonné renforser leurs garnisons de leurs villes fortes
en terre ferme et mectre de leurs gentilshommes aux portes pour se
superentendre à la garde d'icelles, chose qu'ilz n'ont acoustumé faire
si n'est en leurs plus grans affaires. Et se doubtent que la grosse armée
qu'il faict bruict voulloir faire soit pour quelque entreprinse sur leur
pays de Levant et de la Dalmatia, et aussi que ledit empereur se pourroit bien adresser sur voz terres en Provence et Languedoc; mais je
pence qu'il y trouveroit bien à qui parler. Ilz ont esleu quatre ambassadeurs pour aller audavant de luy, et se dict que ledit empereur
avoit jà entendu V. M. avoir faict ung aultre amb^r vers le G. S. et que
l'on ne fauldroit à luy donner tel empeschement que l'on a faict aux

---

ce dernier, a été omis par nous dans le tableau des missions du Levant. Magi resta
encore dans ce poste après le premier départ de Paulin de la Garde, quoique,
avant l'arrivée de celui-ci, il eût témoigné
le désir d'être lui-même choisi pour le successeur de Rincon. Dans une lettre du
12 juillet au maréchal d'Annebaut, l'é-
vêque de Montpellier, s'occupant du soin
de remplacer Rincon pour le cas où il ne
voudrait pas retourner en Turquie, s'exprimait ainsi :

« J'ay escript à S. M. qu'il falloit qu'on
sceust aussitost l'arrivée de son successeur
à la Porte que son eslection, car autrement
en adviendroit non peu de confusion, et
qu'on advise d'y envoyer homme qui soit

plain de patience et modestie, sçaichant
les choses d'estat et de la guerre pour en povoir dire son adviz, et qui ayt quelque authorité par son eaige, qui ne soit point dé-
pourveu de la langue italienne, d'autant
qu'ilz ne s'empeschent point d'aultre langue
chrestienne, et surtout qu'il soit bien garny
d'argent pour maintenir la grandesse et
réputacion de France que le s^r Rincon
avoit acquise en ce pays-là..... Mess^re Vincenzo se attendoit bien y demeurer en chef,
pour luy sembler ne avoir le roy par deça
homme qui fust pour faire mieulx ladite
charge, mais il s'abusoit beaulcoup, car
encores que le roy feist bien telle eslection
de luy, le G. S. n'estoit point pour l'accepter. »

aultrez, de quoy ont esté frustrez au moings jusques en ceste ville.
Dont pour achever en la meilleure seurté son voyaige, attendu qu'il y a
grant danger que son passaige ne soit descouvert pour avoir charge
de le déclairer à ces seig^rs et leur offrir de vostre part tous plaisirs et
secours envers le G. S. nous a samblé debvoir leur demander un sauf-
conduict et seureté de une ou deux de leurs gallères jusque à Raguse.

Venise, 5 août 1541.

Sire, apres que feusmes à la seig^rie, moy cappitaine Poulin, et m'estre
excusé si n'avois apporté lettres de leur amb^r sur la secrettesse et
promptitude que requeroit mon voyaige, vins à leur dire qu'ilz pouvoient bien avoir entendu par M. de Montpellier l'oultraige et assassinement qui avoit esté faict aux personnes des s^rs César Frégose et Rincon
sur les terres de l'emp^r, qui, avec d'aultres indices que V. M. en avoit,
estoit à présumer n'avoir esté faict sans le sceu et voulloir dudit empereur, et pour ce que ceulx qui vont praticquant à l'encontre de vous
en pouvoient avoir escript devers le G. S. contre la vérité, m'aviez dépesché devers ledit G. S. pour luy compter comme la chose est passée.
et arrivé que fusse, avois commandement de V. M. de m'employer en
tous leurs affaires, comme le s^r Rincon y avoit faict. Et voyant venir
l'emp^r avec ses forces passer sur leurs terres, m'aviez commandé leur
offrir vostre aide, pour ce que estiez prest non seulement de vous deffendre mais à offendre, allégant combien vous aviez de landsquenetz,
Suysses et Grisons, la gendarmerie feudataire et légionnaires de vostre
royaulme, la fortiffication et admonicion de vos villes de frontière.
Sur quoy nous feirent une responce géneralle à l'accoustumée, et leur
ayant référé que les impériaulx machinoient de nous avoir en leurs
mains comme les aultres, et pour ce avoient en ordre plus de quinze
barcques apostées aux lieux qu'il me fault passer, leur remonstray que
trop mieulx et à plus juste cause l'on pourroit nyer telle chose estre
faicte sur la mer où plusieurs gens abordent que celle qui a esté faicte
par terre. A quoy le duc feist responce qu'ilz n'estimoient point que

Lettres
collectives
de
l'évêque
de Montpellier
et
du capitaine
Paulin
à François Ier.

le roy Ferdinando ne aultres voulsissent entreprendre d'assaillir leurs barcques ne faire desplaisir à personne dans leur goulfe, mais qu'ilz y pourvoieroient de sorte que je pourrois aller seurement.

On attendoit l'empereur à Trente, et admenoit avec luy xL^m personnes tant à pied que à cheval, estimant que cest appareil se faisoit pour Lombardie, et à Trente se faisoit grant nombre de barcques tant portatives que pour faire pontz, et se mectoit une infinité de petite artillerie servant pour camp. Le vice-roy de Naples, ayant fait assembler les estatz du pays pour contribuer au donatif qu'il leur avoit demandé pour l'empereur de la somme de viii^c mil escuz, les barons et seig^rs de là ne s'y sont voulluz trouver, allégans icelluy pays estre tant exhaust et foullé, qu'ils ne sçauroient fournir à la xe partye de ladite somme. Le marquis du Guast persiste toujours sur la négative, et escript que voyant l'emper^r embrasser ceste chose si chauldement qu'il se doubtoit fort que si jà n'estoient mortz, que ceulx qui les ont entre les mains ne les facent mourir, non pour avoir la taille mais pour paour qu'ilz ont de l'emper^r s'ilz estoient descouvertz. Ung gentilhomme espaignol venant de Millan a dict que de brief le s^r Cézar seroit au service de l'emper^r, car luy avoit faict offrir autant de pension et aussi grosse charge qu'il avoit de V. M. et quant estoit du s^r Rincon, dit que l'emper^r le feroit pugnyr comme il luy appartenoit.

Venise, 22 août 1541.

Sire, moi cappitaine Polin ay dict à ces seign^rs, au sujet de la déclaration que le G. S. leur a faict faire par leur amb^r Badouare, que, affin que si le G. S. venoit à m'en demander, m'aviez commandé sçavoir d'iceulx ce que je luy en debvrois respondre, pour selon cela m'y gouverner, sans aultrement les presser de nous y faire responce pour veoir si d'eulx-mesmes viendroient à nous la faire; mais les allans remercier de leur gallère qu'ilz ont faict venir et prendre congé d'eulx, n'ont faict aucun semblant d'en avoir jamais ouy parler. V. M. pourra avoir entendu le passaige de l'empereur à Inspruch; depuis est arrivé

à Trente, où sesjourna trois jours attendant ses lansquenetz, et le commun bruyct est icy qu'il veult aller en Algier, qu'il dict avoir le moyen
de prendre, et quant il ne pourroit ce faire, à tout le moings endommageroit-il beaucoup les choses des infidelles. Et par le bruict de son
arrivée s'attendoit bien de divertir le voyaige du G. S. en Hongrie, aux
affaires de laquelle avoit donné tel ordre que, quant toutes les forces
dudit G. S. y seroient, elles n'y feroient rien, et que jusque à présent
les gens qu'il y avoit mandez n'estoient que canailles, telle que le siége
de Bude n'estoit pour se lever pour eulx. Toutesfois, la nouvelle en est
venue icy du fondigue des Tudesques, et comme les gens du roy Ferdinando se sont retirez en une petite montaigne auprès de Pest, d'où
ne peulvent sortir que par ung pont que les Turqz gardent si bien qu'il
fauldra, s'ilz n'y veullent mourir de faim, qu'ilz en sortent à leur trèsgrant danger et perte. Il se dict que la venue de l'empereur peult estre
si heureuse pour les s^{rs} César et Rincon qu'elle fut en France pour tant
de pouvres prisonniers qui, pour l'amour de luy, feurent délivrez. Aultres disent qu'aprez avoir sceu d'eulx par la question ce qu'on en pourra
avoir, on les fera mener à Yschia, lieu grandement fort dedans la mer,
près de Naples, affin qu'ilz soient mys en obly par deçà, et qu'on ne
schaiche ce qu'ilz sont devenuz.

Venise, 6 septembre 1541.

Sire, le viiie du passé partit de ceste ville le cap^{aine} Polin. Ces seig^{rs}
sont advertiz que s'estant mutinez ceulx du camp du roy Ferdinando
pour n'estre payez, furent pour prendre l'artillerye, laquelle chose entendue par les Turcqz donnèrent l'assault avec ceulx de Bude audit
camp, qui estoit de environ xx^m personnes, lesquelz finallement furent
rompuz et destruictz avec très grande occision de chrestiens et prinse
de plusieurs, et la reste se mist en fuytte ayant perdu ladite artillerie;
et davantaige que les Turcqs avoient pris Pest, et que la personne du
G. S. avec iiie pièces de grosse artillerie n'estoit pas loin de Bude, et
croyt-on là qu'il yroit de long jusques à Vienne, d'où la royne des Romains estoit partye pour venir à Lincz, et le général de l'exercite de

Lettre
de l'évêque
de
Montpellier
à
François Ier.

Ferdinando, nommé Rogendolphe, ayant esté griefvement blessé d'une arquebuse, s'est saulvé avec trois ou quatre mil de ses gens, et se dict que Vienne est si très despourvcuc d'artillerie et aultres municions, pour avoir employé le tout au siége de Bude, avec quelque peste qui y est, et la despération de la retraicte du roy et de sa maison à Lincz, que si le G. S. poursuit sa victoire chauldement, elle est pour se rendre à luy à quelques conditions tollérables. Depuis s'est confirmé que Pest a esté prinz par les Turcqs à l'improviste, et que tout ce pays-là et d'Austrie est tant dessuz dessoubz que c'est la plus grant pitié du monde. Telle ruyne a donné ung tel eschec aux impériaulx, qu'ilz n'osent plus quasi lever la creste ne dire mot, estans tenuz d'ung chascun en beaulcoup moindre estime qu'ilz n'estoient auparavant; et ces seig^{rs} en sont demeurez partroublez, pour s'approcher si près de leurs confins, encores qu'ilz n'eussent voullu pour la meilleure de leurs terres fermes que le roy Ferdinando fust demeuré seigneur paisible de Bude.

J'ay esté adverti que l'empereur estant à Trente et l'évesque de là luy voullant persuader de ne se partir d'Allemaigne ou à tout le moings d'Itallie pour povoir donner meilleur ordre aux choses de Hongrie, ledit emp^r luy feist responce qu'il y avoit si bien pourveu que le Turq ne luy feroit rien pour ceste année, et quant à l'Itallie qu'il estoit tout asseuré que V. M. n'y feroit point guerre pour ceste fois ne jusques à la primevère, et il a escript à André Doria qu'il a très bonne intelligence avec V. M. et qu'il ne fault point doubter de vostre cousté d'aulcun destourbier en Itallye. Barberousse, qui avoit eu commission du G. S. d'armer III^{xx} gallères, avoit dict que le camp et armée dudit G. S. estoit au commandement de V. M. Il debvoit en armer cent; mais le desterdar craignant qu'il ne fust pour jouer un tour audit G. S. n'avoit voullu fournir argent. Un more de Thunis donna d'une escuelle de pourcelaine sur le visaige du sangiaque de Cons^{ple}, pençant donner sur celluy dudit Barberousse; et quant il eust ce faict constamment dit estre party de Thunis luy et deux compagnons pour cest effect, et que ladicte escuelle estoit enchantée sur ledit Barberousse. Auprès de Bellegrade estoit arrivé au camp du G. S. ung ambassadeur du Portugal.

Venise, 14 septembre 1541.

Sire, pour ne pouvoir entendre le principal poinct qui a meu le pape et l'empereur de se assembler à Lucques, l'on en gecte icy plusieurs et divers sortz, mais tous s'accordent ad ce que ce n'est pour aultre que pour butinement d'estatz, et tiennent que le pape chercheroit avoir la Tuscane en fournissement d'argent à l'empereur. Mais aulcuns de voz affectionnez serviteurs sont d'adviz que Sa S^{té} s'est voullu trouver à cest abbouchement de Lucques plus tost pour essayer d'avoir la duché de Millan, et que, pour ce faire, elle avoit amassé de longue main une grant somme d'argent et mectoit ordre d'en assembler encores pour povoir fournir audit empereur, si l'affaire venoit avant entièrement, ung million d'or et demy, et faire semblant de la prendre par manière de dépostz et vous faire rechaircher de vous voulloir accorder ad ce, monstrant depuis de vous vouloir essayer de vous getter du tout hors de ce débat. Et dernièrement que l'empereur vint en Itallie, estant à Napples, il l'avoit conduyt si avant que dès ce temps se actendoit bien à venir à bout, ne fust que ces seigneurs, se doubtans que les estroictes practiques que le pape faisoit avec l'empereur ne fussent pour aultre entreprise, se hastèrent de faire la benoiste ligue par laquelle promirent audit emp^r de luy donner secours envers et contre tous à la deffension de la duché de Millan, dont sadite S^{té} leur en sceust si maulvais gré que l'on ne sçayt si encores il s'en souvient; or soit comme se vueille, le pape en tint propoz n'a pas deux mois qui donnoient bien à cognoistre qu'il estoit encores en ceste fantaisye. A quoy on estime que l'empereur seroit pour entendre et pour recouvrer si grosse somme, et aussi voyant en telz termes les choses de la Hongrye, mais plustost sçaichant très bien que estant entre les mains du seign^r Ottavian pour qui le pape la vouldroit, en joyroit aussi bien que s'il la tenoit en ses mains, et avec ce ne feroit pas peu de se lever ung si grand fardeau des espaulles, et chasser de soy la jallousie que y ont les potentatz d'Italie de ce qu'il la retient. Et le pape pençoit bien soubz le nom et l'umbre de sondit nepveu, filz de madame Constance, pour porter le nom de Sforze, pour ne perdre le nom et armes de la maison, povoir persuader au monde, et faire de sorte avec V. M. que la luy lairiez en paix et depuis avec le temps la faire venir de sforcesque farnesque. Mais comme on disoit à l'empereur que de présent S. S. ne se mouveroit point pour faire ligue avec luy pour les choses d'Itallye, s'il ne promectoit choses bien grandes pour le s^r Ottavian, ledit empereur entra en grandissime collère, et luy eschappa à dire des choses du pape que jamais plus n'avoit acoustumé dire, adjoustant que si S. S. faisoit ce qu'il désiroit, qu'il se pourroit faire ce qu'il diroit et qu'il ne se doubtast point que les s^{rs} véniciens ne soyent pour confirmer le tout, car il les avoit en son poing, laquelle chose a fasché ces seigneurs jusqu'au cueur, lesquelz on tient pour certain que au piz faire sont pour demeurer neutralz.

L'empereur, ayant entendu ceste desconfitte en la présence de tous, se couvrist de ses mains le visaige, en quel estat se tint sans se remouvoir ung quart d'heure, et puis s'enferma en chambre, où fut plus de six grosses heures, et après sortyt le plus triste et affligé que l'on veit onques, et feist escrire à ces seigneurs du grant desplaisir qu'il avoit de ceste nouvelle non seulement pour luy et les siens, mais encores pour ces seig^{rs} à qui la chose touche grandement pour estre si près d'eulx, les priant luy voulloir donner adviz sur ce et au voyage et entreprinse d'Algier, laquelle, encores qu'il eust grant voullenté de faire, pour estre bien assceuré luy debvoir bien réuscir, il en feroit ce que le pape et eulx luy en conseilleroient, les pryant voulloir rentrer en une nouvelle et bonne ligue avec le pape et luy pour la deffension de la chrestienté et de leurs estats. Mais encores qu'ilz aient grant esgard audit empereur estant en Itallie, ces seigneurs ne sont si despourveuz de conseil que, se voyans ung si grief contrepoix si prez d'eulx que le G. S. soyent pour faire chose qu'ilz puissent cognoistre luy desplaire; et pour ce respect ayant paour que le G. S. n'entrast en suspicion s'ils accordoient leur ville de Vincence au pape pour continuer le concile là, et que là on traictast entre les chrestiens de se

unir pour faire la guerre contre luy, quelque réquisition que Sa Sᵗᵉ
leur en ait faict faire, ilz luy ont reffusé tout à plat; et pour maintenir
et accroistre plus la grâce du G. S. ilz ont faict dilligence de trouver
en toutes les bourses qu'ilz peulvent les 1.ᵗᵒ chequins venuz à payement,
ausquelz ne fauldront adjouster xx ou xxvᵐ pour présenter aux bassatz.

Les impériaulx ont grant doubte et crainte que le G. S. s'accorde
avec les terres franches, et que voyant les princes d'Allemaigne l'empereur l'avoir délaissée ainsi en ce trouble et dangier, ne soient pour eslire ung aultre roy des Rommains, voire à l'aventure ung empereur. Il
semble que V. M. ne se feroit pas peu d'advantaige au grant crédict
qu'elle a audict païs de tascher envers le G. S. et lesdites terres de
leur faire faire une bonne paix ou trefve avec luy, car par là l'on pourroit mieux renger icelluy empereur et les siens que par nul aultre
moyen, car il se dict icy tout clairement que l'Allemaigne n'est pour
endurer plus tel gouvernement, et qu'on est pour eslire en son lieu
ung des ducs de Bavières.

Venise, 25 septembre et 6 octobre 1541.

Sire, le cappⁿᵉ Polin prit droict son chemyn à Gradisque, accompaigné de bonne scorte et cinquante chevaulx que luy ont esté mandez
par le sangiacque de Bosna pour conduire et porter ses gens et présens,
auquel lieu se doibt embarcquer sur la rivière de Sava, qui le mectra
dedans le Danubio, sur lequel ira seurement jusques là où sera le G. S.
où il espéroit estre dedans quinze jours. Après la routte du roy Fer-
nando, le G. S. dépescha un grant nombre de gens et chevaulx pour
aller droict à Bude s'attendant bien l'emporter, mais en ce temps-là il
avoit tant pleu et les eaux vindrent si grosses, qu'ilz furent contrainctz
s'en revenir. Depuis avons entendu que le G. S. estant entré en Bude,
la royne de Hongrie se présenta à luy avec son petit filz, lesquelz il
veit très voullentiers, feit bon recueil et fit loger dedans le chasteau
avec luy. Les barons et seigneurs du pays supplièrent ledit G. S. de
voulloir laisser et mainctenir ledit enfant roy ainsi qu'il avoit pleu à

S. H. le confirmer selon leur eslection, et les laisser vivre selon qu'ilz
avoient toujours faict, en gardant leurs priviléges et loix qu'ilz ont de
tout temps : à quoy ledit G. S. feist responce, quant audit jeune enfant,
qu'il n'estoit en eaige de povoir gouverner ne administrer ung tel
royaulme, et qu'il y voulloit mectre ung bon gouverneur. Sur quoy
lesdits sⁱˢ respondirent que son plaisir fust voulloir laisser ledit gouvernement à ladite royne et ses conseillers : à quoy ledit G. S. respondit qu'elle estoit jeune, et qu'il falloit qu'elle se remariast ailleurs;
par quoy il voulloit mectre ung gouverneur, et de faict l'a envoyée
avec sondit filz en Transilvania; et il avoit faict responce au roy de
Poullongne qui luy avoit escript luy voulloir mander sa fille et la faire
bien traicter, ainsi que la trefve et ligue qu'estoit entre eulx le requéroit, qu'elle seroit aussi bien traictée où il la mandoit qu'elle pourroit
estre avec luy, et qu'il ne s'en souleyast aultrement [1].

La sigʳᵃ Constanza, femme du sʳ Cézar Frégose, estant clariffiée de
la piteuse et cruelle fin de sondit feu mari, s'est deslibérée retirer
vers V. M. et gecter à ses piedz; la chose a esté trouvée tant horrende
et impye, qu'il n'y a homme qui n'en soit scandalisé. J'ay enfin tant
faict que j'ay recouvert ung de ces barquerolz qui avoit esté forcé
conduire les assassins, lequel est eschappé des prisons de Pavye, et
m'a dict que iceulx pouvres seigneurs furent d'arrivée tuez en la
barcque, et que luy-mesmes fut forcé les porter hors là auprès, en une
petite isle, où ont esté trouvez leurs dépôtz, dont peult assez clairement apparoir la machination avoir esté telle et commandement si
exprés de leur mort qu'ilz estoient jà ad ce destinez et livrez avant
que avoir esté trouvez et prins, et lesdits meurtriers disoient avoir
ce faict par commandement du marquis du Guast. Le sʳ de Langey
escript que le corps du sʳ César a esté porté à Castel-Geoffroy, et

___

[1] Le résultat important et décisif de
cette guerre fut l'acte qui transformait la
capitale de la Hongrie en ville musulmane.
Nous en avons plus haut, page 174, à
l'époque de la première campagne contre
Vienne, fait ressortir les conséquences
pour l'Europe. Mais cette allusion était
prématurée, car, quoique cette ville ait été
depuis lors occupée presque toujours par
une garnison turque, l'érection du pachalik d'Offen ou de Bude ne fut réellement
accomplie qu'en 1541.

celluy du s^r Rincon à Plaisance, où a mandé un secrétaire pour faire
interroger les barcquerolz échappez de prison.

Venise, 6 et 10 octobre 1541 [1].

J'ay faict entendre à ces seig^{rs} le contentement que aviez de l'honeste
compagnie qui vous a esté faict par eulx, et sont en telle disposicion
vers S. M. que la moindre parolle que l'on leur escriproit de là où
vous estes leur feroit franchir le sault, voyant l'amitié qui est entre le

Lettre
de l'évêque
de
Montpellier
au capitaine
Paulin.

[1] François Ier avait envoyé demander réparation de l'acte commis sur ses ambassadeurs à la diète de Ratisbonne, qui était
encore assemblée, et en même temps à
l'empereur, qui était en route pour l'Italie,
et que l'envoyé français, M. de Molines,
rencontra à Lucques. Le marquis du Guast,
inculpé formellement du meurtre de Rincon, d'après les dénonciations de M. de
Langey, adressa à la diète une lettre ou plutôt un long plaidoyer justificatif écrit en
latin, où il réfute les accusations portées
contre lui. M. de Langey y fit une réponse
également très-étendue qu'il envoya aussi à
l'assemblée des états de l'empire pour appuyer la demande du roi. Ces deux pièces
célèbres, que répètent tous les recueils
des historiens de l'Allemagne, et qu'on
peut lire aussi dans Reusner (I. IX, p. 79),
sont écrites dans cette forme d'argumentation pédantesque familière aux écrivains
du XVIe siècle. Elles ont été traduites toutes
deux en français par Langey lui-même, et
elles sont insérées dans le IXe livre des
Mémoires de son frère, Martin du Bellay.

Déjà, par une lettre du 15 juillet à sa
sœur, la gouvernante des Pays-Bas, Charles-
Quint avait pris ses précautions contre les
suites de l'acte : « Le marquis del Gasto me
certiffie n'a jamais rien sceu du cas ni que
sont devenus lesdits Rincon et Frégose,

et actendu que le s^r de Langey prend la
chose si aygrement, il sera bon que vous
faictes prendre garde aux places frontières
de par delà. » Le 23 du mois, il donne à
son ambassadeur en France ses instructions sur cette affaire, et les réponses qu'il
a faites à l'ambassadeur de France Vély :
« Nous lui jurasmes ne l'avoir fait faire, et
si l'eussions mandé, ne le nyerions, et
ayant entendu qu'ilz passoient accompaignez, nous en estions ryz, et dit que quant
ilz passeroient seuls, l'on ne leur feroit
riens. » Il s'étonne de l'arrestation de l'archevêque de Valence, « actendu sa qualité
et profession, qui n'a rien commun ny
semblable au susdit cas, et avons fait dépescher commission très-ample pour informer
avec toute rigueur et célérité et pourveoir
à la délivrance desdits Frégose et Rincon,
si sont trouvez où que ce soit rière nostre
obéissance. » (Correspondenz des Kaisers
Karl V, t. II, p. 315.) L'amb^r François de
Bonvalot rend compte, le 8 août suivant,
des conférences qu'il a eues à ce sujet avec
le chancelier, « qui qualifie d'exhorbitant
meschante, la perdicion desdits s^{rs}, pour
estre cas par lequel seroit vyolé le droict
de la société des hommes, et que si M. le
marquis du Guast se trouvoit en cecy coupable, V. M. ne pourroit de moings pour
raisonnable satisfaction que de luy faire

G. S. et S. M. de laquelle j'ay receu lettre contenant en somme : « J'ay advisé combien il emporte d'advertir le G. S. de l'armée que j'ay dressée, sentant sa venue en Hongrie, tellement que j'ay diverty entièrement l'armée que l'empereur avoit préparée contre luy et icelle attirée sur mes espaulles. » Dont vous advertirez le G. S. selon que cognoistrez à propoz. L'empereur a faict prier le pape se trouver le plus tost à Lucques pour adviser ensemblement, ce que Sa S^{té} a faict, car elle y est arrivée six jours davant l'empereur. Je ne m'estenderay à vous faire aulcune description de leurs sérimonies, sinon que, après avoir baisé les pieds puys la main et par après les deux joues de Sa S^{té}, luy dist estre venu vers elle pour luy faire entendre les besoings de la chrestienté, et là-dessus prendre son conseil; et ce faict se meist en une chaire joignant celle de N. S. P. et après que toute la famille dudit empereur eut baisé les piedz de Sa S^{té}, elle feist les prières et oraisons acoustumées, et se départirent lors d'eux, s'en allant sadite S^{té} en la maison épiscopalle et l'empereur au palais de la seigneurie, et le lendemain commencèrent à négotier. Le roy a faict signiffier la

trencher la teste. » (*Correspondenz des Kaisers Karl V*, t. II, p. 325.)

L'empereur, arrivé en Italie, rendit compte à sa sœur, la reine de Hongrie, de la mission de M. de Molines par une lettre du 26 septembre 1541 : « Quant à l'observance de la trefve, il est venu ung gentilhomme de la chambre du daulphin, avec lettres de la main du roy pour la délivrance de César Frégose et Rincon, disant conster par information qu'il a fait prendre qu'ilz ont esté forcez et prins par des soldats de l'estat de Millan..... Sur quoy j'ay certiffié que s'ilz estoient en lieu quelconque de mon pouvoir les feroye prestement restituer. Et s'estoit ledit gentilhomme, devant que me parler, adressé au pape, faisant instance de ladite restitution. » (*Ibid.* t. II, p. 327.)

Les Papiers d'état du cardinal de Granvelle fournissent aussi sur cette mission une pièce étendue qui contient les avis de l'empereur sur les dispositions à prendre pour les affaires d'Italie avant son départ de Lucques, et notamment sur l'observation de la trève avec la France, qui semblait dépendre de la satisfaction demandée par François Ier : « Touchant la procédance faite sur le cas de César Frégose et Rincon, on ne debvra rien délaisser de ce que l'on peult faire pour l'esclaircir à la plus grande satisfaction des François, et leur faire entendre qu'ilz se doibvent contenter de la justification de S. M. en ce qui concerne icelluy cas, oultre qu'il ne peult attoucher à ladite tresve ny y estre comprins. » (*Papiers d'état de Granvelle*, t. II, p. 607.)

guerre à l'empereur par M. de Monynes, et protester que s'il ne resti-
tuoit les s^{rs} César et Rincon, qu'il avoit entre ses mains son oncle et
trente aultres gentilzhommes espagnolz, auxquels feroit faire ce qu'il
conviendroit; mais jamais l'empereur luy a voullu donner audience,
ni que on traictast de cette matière devant luy, et, s'en parlant à
Boulongne avec le pape, fut très bien nyé par le s^r de Granvelle ce
avoir esté fait par consentement de l'empereur, et dit qu'il les vouldroit avoir d'or pour les bailler au roy; à quoi fut replicqué que S. M.
ne les désiroit d'or, mais de chair et en esprit. Et n'a failly ledit emp^r
de rechaircher Sa S^{té} de faire quelque ligue nouvelle avec ces seig^{rs},
mais il en a eu telle responce que de ces seigneurs, c'est de n'y voulloir entendre pour le présent. Le xxviiie du passé l'empereur s'embarqua à la Spetia pour aller, ainsi qu'il a faict courir bruyct, mectre à
exécution son entreprinse d'Alger, où l'on estime qu'il ne fera grand
fruict, pour ce que l'on entend ici Algier estre bien muny de bastions.

Venise, 15 octobre 1541.

Lettre
de l'évéque
de
Montpellier
à
François Ier.

Sire, le G. S. avoit licentié le s^r Laski, qui est bien au contraire de
la promesse qui avoit esté faicte par cy davant, que le succedz qui
adviendroit au s^r Rincon, le semblable auroit ledit Laski; mais il n'y
a pas grant fiance en ces gens-là où ils voient toucher leur proffict
particullier [1]. Ledit G. S. a envoyé icy ung amb^r pour se allégrer seullement avec les seig^{rs} de sa victoire, sans aultre charge ne commission.
Je l'ai envoyé visiter secrettement avec quelque petit présent de choses
mangeatives seullement, pource que n'est qu'un chaoux de basse qual-
lité et crédict à la Porte, et l'ayant fait gouster pour sçavoir quelques
nouvelles de delà, n'a sceu dire aultre sinon qu'il avoit appris par les
chemins que le capp^{ne} Polin estoit arrivé vers le G. S.

L'on faict corrir bruict qu'il y avoit quelque trefve secrette entre
le roy Ferdinand et le G. S. jusques à la St-George; laquelle l'on

---

[1] D'après le discours du cardinal du
Bellay à la diète de Spire, Laski fut relâché par l'entremise de Paulin, qui empêcha Soliman de venger la mort de Rincon
sur Laski, qui était traîné prisonnier et
malade à la suite du sultan.

dict icelluy roy avoir voullu celler estimant tirer secours d'argent de
N. S. P. mais en ayant Sa S^{té} entendu quelque vent, luy a offert
bailler les gens de guerre qu'il tenoit en le Parmesan et Plaisentin,
qui sont environ IIII^m hommes. Quant au voyaige de l'empereur, ainsi
que m'ont dict plusieurs gens qui cognoissent le navigaige de la mer
Méditerrane, actendu le temps qu'il a faict en ceste mer Adriaticque,
ils estiment ledit emp^r avoir eu très mauvais temps pour aborder en
ceste coste d'Algier; mesmement ung capp^{ne} qui est à mon logeis, lequel est fort praticien de ce pays, pour avoir esté XII ou XV ans esclave
plus domesticque de Barberousse. On m'advertit de Const^{ple} que l'armée de mer du G. S. se prépare en dilligence, et jà estoit sortye plus
de vingt gallères. On jugeoit que Barberousse partiroit de brief avec
le reste, qui seroit en tout de plus de IIII^{xx} gallères. Et sur ceste nouvelle ont longuement discouru ces seig^{rs} dans leur pregay, considérant
le partement de l'empereur de Spetia du XXIX du passé, calculant
que pourroit avoir demeuré cinq ou six jours pour aller à Majorica,
et que là, pour assembler le reste de son armée tant de Sicille que
d'Espaigne, et ordonner absolument de son partement pour Algier,
pourroit mectre quatre ou cinq jours pour le moings, et depuis Majorica faisoient compte que pourroit mectre aultres V ou VI jours, qui
sont en tout dix-sept ou XVIII jours, pour aller jusques à Bugia, où
l'on estime plus commodément se pouvoir désembarcquer et faire
marcher son armée par terre jusques audit Alger, et en pourront
approcher plus près que par eaue. Que si ledit Barberousse prend son
chemin vers Algier, qu'il pourra arriver audit lieu assez à temps après
que l'empereur seroit désembarcqué pour, trouvant l'armée dudit emp^r
ainsi peu pourveue de gens, l'en povoir despouiller et l'emporter, et,
par ce moyen, le priver de tout ayde de victuaille et d'espoir d'estre
recours en pays si estrange et ennemy de toute la chrestienté. Aultres
estiment que l'affaire d'Algier ne touche tant ledit G. S. que ladite
armée doibve entreprendre un si grand voyaige de III^c lieues en la
pire saison de l'année, et se mectre à ce hazart et dangier de mer et
d'une armée si grande que ceste-là de l'empereur, lequel, à la dissua-

sion et priere du pape et autres ses plus grands et chers amis, ne fera ledit voyaige d'Algier en persone, attendu la saison. Et se dict qu'après la protestation faite à Boulongne, icelluy emp^r se retira en sa chambre tout seul et vous escripvit une lectre pleine de si bons propoz et de tel efficace que V. M. ne vouldroit faire chose désagréable audit empereur, qui ne craignit de dire qu'il feroit de vous comme d'ung gang qu'il tenoit à la main, et que la bonne intelligence estoit entre vos majestés.

Venise, 10 et 25 novembre 1541.

Sire, le capp^{ae} Polin n'ayant pris le chemin qu'il pençoit, pour n'estre pas seur, avoit esté contrainct passer les montagnes avec grosse scorte, qui avoit esté cause de beaulcoup retarder son voyaige. On escrit de Majorica que l'empereur avoit eu très-maulvais temps à son partement, son armée s'estant dispersée d'ung cousté et d'aultre, et Jeanetin Doria, qui avoit esté perdu quelques jours, s'estoit retrouvé, de sorte que l'armée se montoit ensemble II^c naves, XLV gallères, assez de victuailles et municions, XVIII^m hommes de guerre et mil trois cens gastadours; et le XXVIe du mois debvoit desmonter en terre pour faire son entreprinse, de laquelle il estimoit qu'il auroit victoire, et ce faict, il passeroit en Espaigne, où il feroit et seroit obéy de tout ce qu'il sçauroit demander; et de là, à ceste primevère, s'en reviendroit en ce pays icy avec très-gros exercite. Aux lieux de delà luy a esté fait présent de force victuailles, beufz, vaches et veaulx, lesquelz les gens de guerre saccaigèrent incontinent; de quoy l'emp^r fut très-aise : car voullans les capp^{nes} chastier les souldars, ne voullut qu'ilz eussent aulcune pugnicion, disant qu'il estimoit cela à bon présaige, et que du Pérou lui venoient CL^m ducats, mais que les naves estoient pérycs par le voyaige. Barberousse estoit monté en gallère et se debvoit partir en la nuict du IIe du passé, et seroit l'armée de plus de CL voilles, y comprenant les coursaires qu'ils appellent linentz, et se faisoit là plusieurs discours de la part où il vouldroit aller, aulcuns estimant que c'estoit à Naples et les aultres pour prendre Segna; et le s^r Badouare avoit fait entendre à ces seig^{rs} que, venant l'occasion audit

Barberousse de leur lever quelque terre, qu'il ne fauldroit à ce faire, et qu'ilz eussent à se tenir sur leurs gardes.

Le capp^ne Polin a faict entendre son arrivée devers le G. S. et le bon recueil qui luy a esté faict par luy et toute sa Porte. Nous sommes advertis de Milan comme l'empereur, n'ayant sceu mettre à exécution son entreprinse d'Algier, se retiroit en Espaigne avec perte d'aulcunes de ses naves. Ledit emp^r s'en alloit à Barsalonne, pour, puys après avoir parlé à son filz et aux seig^rs d'Espagne, s'en retourner à Gennes, ayant esté trop tard à faire ladite entreprinse. Et le marquis du Guast disoit que l'empereur avoit supporté une grosse fortune et perdu trois naves, avec beaulcoup de gens et chevaulx, et que ceulx d'Algier avoient chassé hors de la ville toutes les personnes inutilles, et qu'ilz estoient dedans sept mil hommes bien deslibérez de se deffendre, dont l'emp^r pouvoit perdre assez et gangner peu ; disant que jamais ne luy avoit donné conseil de faire telle entreprinse ; bien démonstreroit à toute l'Espaigne que de sa part n'avoit failly à son debvoir, et que par ce moyen en pourroit tirer ce qu'il vouldroit. Et les impériaulx font icy démonstracion de troublement pour avoir entendu ces nouvelles. \

RAPPORT D'UN AGENT A FRANÇOIS Ier SUR L'EXPÉDITION D'ALGER [1]

(Copie. — Béthune, ms. 8664.)

Sire, plaise vous sçavoir que incontinant que je sceuz la déroute et fortune de l'empereur, je vous advertiz par ung poste auquel feiz advantaige de quarante escuz ; et pour ce que en ce temps ne se sçavoient nulles nouvelles dudict empereur, ny comme la fortune estoit passée, par la présente vous faiz entendre le tout. Depuis peu de jours sont venues nouvelles comme il estoit arryvé à Quartagène avec quinze gallaires, et disent que à Maiorquo donna congé au demourant de sa gent pour eulx retirer en Ytalye, et comme j'ay peu entendre, il les envoye pour les retenir en son service, et vient tenir ses estatz

[1] Voyez dans le tome II, page 612, des Papiers d'état de Granvelle, une relation française de l'expédition d'Alger, empruntée aux sources de la diplomatie espagnole.

a Tollède, pour veoir s'il pourra recouvrer argent, car je vous asseure
qu'il en a grant besoing. Jamais en sa vie ne feist si grant perte comme
il a faict à présent, que de toutte l'artillerye, munition de guerre et
chevaulx qui estoient en sa compaignye, tout a esté perdu, et sont
tant mortz de gens et de mariniers, que l'on ne sçait le nombre; que
de cent et trente naux et dix-sept gallaires qui se sont perdues à la
coste n'est rien eschappé de ce qui estoit dedans, sans la perte
de ceulx qui estoient en la terre ont faict, qui a esté bien grande, et
ce extime toutte la perte en général se montent plus de quatre myllions
d'or, et ay sceu par gens qui estoient en sa compaignye de la grant
fortune et malheur qui a esté tousjours contre luy en ce voyaige, qui
sera cause de luy abaisser sa superbye; car incontinant qu'il feust
descendu en terre avec bien dix-huict mil hommes et qu'il voulloit
faire descendre l'artillerie, munitions et vitailles qui jà estoit chargé
dedans les basteaux, il survint la tormente si impétueuse que tous
lesdits bateaux allèrent aux fons, galaires et navires qui donèrent à
la coste, et ne s'en saulva rien, car ceulx qui se cuydoient saulver
en terre estoient tuez des Mores, et le tout davant les yeulx dudit
empereur, sansqu'il les peult secourir ny ayder.

Les navires qui eschapèrent de la tormente se retirèrent à ung port
qui se nomme Matefux à cinq lieues loing dudit Argel, et quant il veist
tant mauvaise fortune pour luy et que toutte la gent mouroit de fain,
trouva par son conseil de se retirer audit Matefux, et y alla par terre avec
grande peine, tant pour la fain qu'il enduroit, comme du chemin qu'il
estoit mauvays, et demeurèrent cinq jours à faire lesdits cinq lieues;
et dudit Matefux s'embarqua avec ses gens, et ung peu après qu'il eust
faict voyle, leur survint autre fortune à toutte la flotte, en telle manière que la galère où estoit ledit empereur feust demye pleine d'eaue
et se rompit la pluspart des avyrons, et à grant peine peurent-ilz guan-
gner le port de Bugye, et chascun se retira où il peult, et quant il
feust arrivé audit Bugye, il ne demeura sinon une carraque, et se em-
fonda myraculeuxemant en présence dudit empereur sans pouvoir
saulver aucune chose. Et en ce lieu endurèrent autant ou plus de fain

qu'ilz n'avoient auparavant, car ilz ne mengèrent sinon chiens et chatz et herbes, et si le mauvays temps eust encores duré deux ou troys jours, tout se feust perdu; car si paravant avoient enduré grant peine et travail, en endurèrent davantaige audit Bugye, et pour la grant nécessité qu'ilz avoient de vivres, feust contrainct donner congé au vis-roy de Cecille avec quatorze gallaires et beaucoup d'aultres navyres, où il pouvoit avoir huict ou dix mille personnes, et se meirent en la mer avec leur advanture, et depuis ledit empereur, pour la grande nécessité où estoit sa personne et les gens, feust contrainct faire le semblable, et a tant perdu audit voyaige que de longtemps ne pourra assembler nulles armes, car des principaux d'Espaigne qui estoient en sa compaignye, la plus grant part d'eulx ont perdu tout; car il y avoit tel seigneur qui avoit vingt ou trente serviteurs, lesquelz y sont tous demeurez et à grand peine lesdits seigneurs ont peu saulver leurs personnes; et ce extime estre pugnition de Dieu de venir touttes fortunes l'une sur l'aultre ainsi soudainement; et vous prometz, sire, que ledit seigneur est demeuré fort estonné et non sans cause, car à présent peult bien congnoistre que toutte la puissance est en la main de Dieu, lequel luy donnera grace de faire ce qu'il doibt.

Les beau-filz de l'empereur et les principaulx d'Espaigne sont eschappez en chausses et pourpoinctz, et ledit beau-fils dudit empereur a perdu plus de cent mille ducatz, et les amb^rs d'Angleterre et de Portugal en ont faict le pareil; car j'ai sceu le tout au vray de bonne part, et y a plus grant dommaige que l'on ne pence et aussi que je ne puys escripre à vostre majesté, car je vous puys bien asseurer qu'il a faict plus grant perte, qu'il luy en souviendra tout le temps de sa vye. Je despesche ce poste expressémant pour advertir V. M. de tout le dessus; il vous plaisra commander qu'il soit payé de son voyaige. Pareillement j'ay entendu que quant les Turcs veirent la déroute dudit, sortirent avec deux mille chevaulx, et si n'eust esté les chevaliers de Rhodes, ce dict qu'ilz eussent prins ledit empereur. Et tout ce qui se fera tant audit Tollède comme par deçà, j'ai bon moyen de le sçavoir, et incontinant en advertiray vostre majesté.

EXTRAITS DE LA CORRESPONDANCE DE VENISE.

IMPRESSION PRODUITE À VENISE PAR LE DÉSASTRE DE L'EXPÉDITION D'ALGER.

Venise, le 4 décembre 1541.

Sire, ces seig^{rs} ont eu nouvelles d'aussi grant importance à leur estimacion que nulle autre qui soit advenue long temps y a. L'empereur estant desmonté en terre avec victuailles pour trois jours seullement, les chevalliers de Rhodes et aultres, jusques au nombre de six à sept cens, avoient donné ung assault à Algier, où avoient eu le meilleur pour ce coup-là, et que l'empereur, d'ung aultre cousté, avoit prins ung mont là auprès, et sur ce poinct sortit hors d'Algier ung chrestien renyé qui, comme l'on présume, estoit mandé de la part de quelques-ungs qui avoient quelques intelligences avec ledict emper^r. L'on ne sçait quels propoz il luy tint; mais sy est-il que depuis qu'il eut parlé à luy, ledict emp^r supercéda de suyvre son entreprinse et ordonna qu'on se retirast; et ce pendant ceulx de dedans saillirent sur lesdicts cheval-liers, lesquelz furent tous prins prisonniers ou tuez. Quoy entendant l'emp^r, et aussi que les vivres luy failloient, feit tuer tous les chevaulx de son exercite, et puis après se retira avec le plus de gens qu'il peult à son armée, de laquelle trouva rompues et deffaictes par la fortune trente-trois grosses naves à guebbes et quatorze gallères, desquelles y en avoit unze de Doria, deux de Sicille et une d'Espagne et aultres, qui faisoient en somme toute environ cent voylles. Et sur la reste ledit empereur s'embarcqua pour prendre son chemin en Espaigne avec xv gallères seullement, et les aultres avoient charge de prendre leur chemin partie vers Gennes et l'autre à la Spetia. Qui est ce que ces seig^{rs} en ont eu par la voye de Naples, et pour ce que nouvelles de telle importance s'entendent de diverses façons, vous diray aussi comme on les a icy de Rome. C'est que à Naples estoit joincte une caravelle avec lettres de l'emp^r données à Majorica, comme il estoit desmonté avec ses gens de guerre, se appareillant de combatre Algier par mer et par terre, de sorte qu'en toute dilligence faisoit désembarquer l'ar-

Lettres
de l'évêque
de
Montpellier
à
François Ier.

tillerie, victuailles et municions; mais ce pendant luy survint une fortune fort grande et impétueuse, qui dura une nuict, ung jour et demy, durant lequel temps s'estoient perdues et rompues xiiii gallères, xi du prince Doria, la cappitainesse de Naples, une de Antoine Doria et l'autre d'Espagne, et environ de naves de gabia et petitz vaisseaulx, jusques à la somme de cent en tout. Quoy voyant l'empereur se leva de ladite entreprinse et se retira en Majorica, pour passer en Espaigne avec voullenté de revenir à ce temps nouveau faire une aultre entreprinse audit Algier. La plus grant part des naves perdues sont d'Espaigne, qui estoient avec une ancre seullement, dont n'ont pu résister à la fortune comme celles de Gennes, qui en avoient deux par ordre de Doria. Toute la chevallerie s'est perdue pour n'avoir eu le temps de embarquer les chevaulx, et pour lever plus de personnes gettèrent en la mer les municions des gallères, qui pourroit bien estre la cause du grant effrayement des impériaulx; mais depuis monstroient n'en tenir pas grant compte, d'aultant qu'il ne s'estoit perdu que de vaisseaulx, disant qu'il y en a tant en Bisquaye et aultres pays de la subgection de l'empereur que bien tost se peult amender tel dommaige, et que les municions et victuailles perdues estoient destinées pour consommer à ceste entreprinse; ce néantmoins l'on estime bien qu'il leur deult jusques au cueur, considérant la grant perte qu'ilz ont faicte, laquelle S. S. ne faict pas aussi semblant d'estimer beaucoup, et est de ferme voullenté de ne mancquer jamais à l'empereur de toutes ses forces pour faire la guerre au Turcq pour le bénéfice de la chrestienté; et se disoient que les Suysses luy promectoient de ne bailler gens à prince du monde pour l'offencion de l'Itallie et en faveur du Turcq. Et depuis ont esté advertiz de Millau que l'empereur estant monté à cheval avec sa maison pour s'aller embarcquer, trouva un fluve qu'il luy convenoit passer; lequel, pour l'affluance de l'eaue, estoit devenu si groz que quant ilz furent dedans perdirent tous le guay, ne sachans où aller, de sorte qu'ilz estoient tous en grant danger de se nayer, si n'eust esté ung More qui se mist dedans le guay, lequel conduyst ledit empereur et sa maison hors de ce fluve en saulveté.

Ces seigneurs ont entendu derechef comme Barberousse estoit sorty hors avec septante gallères et aultres vaisseaulx jusques au nombre de cent voylles, et qu'il estoit à Cio, où il demeureroit là autour, ou bien à la Prévésa, jusques ad ce que l'empereur eust finie l'emprinse d'Algier, pour incontinent après aller faire l'entreprinse de Naples ; car en ce mesmes temps-là V. M. se debvoit mouvoir contre l'empereur. Le G. S. hastoit fort son voyaige de Constantinople pour l'indisposition de sa femme, et il avoit escript qu'il y debvoit arriver ung ambassadeur de V. M. qui estoit le capp^{ne} Polin, auquel voulloit qu'on feist grant accueil hors de Constant^{ple}, pour ce que avant qu'il entrast dedans, ledit G. S., qui estoit à Sophia, voulloyt parler à luy.

Venise, 18, 24 et 31 décembre 1541.

Sire, la nouvelle du naufrage et grant perte de l'empereur s'est continuée, voyre de plus en plus pyre, jusques là que sa personne estoit venue en danger d'estre pérye ou bien tumbée entre les mains de ses ennemis. Ces seig^{rs} en sont demeurez bien estonnez et effrayez, non pour la perte particulière de l'empereur, mais pour ce que, s'il estoit vray qu'il fust venu à meschef, n'ayans plus cest object de pouvoir tourner à son party, toutes fois et quantes que le G. S. vouldroit les contraindre à choses qui ne leur fussent agréables, ils seroient exposez à touz les appétitz dudit G. S.

Par lettres de Gennes, on entend que l'emp^r estoit le xv novembre à Bugia avec le reste de son armée, tant maltraictée que de bien peu s'en pourra l'on prévaloir, et les gallères de Doria sont toutes demeurées innavigables, et dix naves qui estoient séparées de luy, pour se saulver s'ils pouvoient, avoient esté contrainctes aller prendre terre au-dessus d'Algier, dont tous ceulx qui estoient dedans furent tous prisonniers, entre lesquelz y avoit trois mille souldatz espagnolz, et les patrons desdites naves eurent les testes taillées. De la personne dudit emp^r ne s'entend encores aultre. André Doria, incontinent après estre arrivé à Gennes, fut ouyr une grand messe solempnelle, et puys

se retira, ne voullant que personne luy parlast. Le marquis de Guast
avoit envoyé ung gentilhomme pour se consulter de ce qu'ils auroient
à faire, voyant les François disposez à la guerre, et aussi pour sçavoir
ce qu'avoit ordonné ledit emp^r, lequel avoit déterminé faire à ce nouveau temps une aultre grosse entreprinse pour retourner à Algier, s'il
n'estoit empesché d'aultres lieux, et encores qu'il le fust, tourneroit ses
forces à l'encontre.

Le maistre des serviteurs du G. S. estoit arrivé à Const^{ple} pour annoncer la victoire de Hongrie, auquel l'amb^r de Venise donna une
robbe, pour estre ainsi l'usance. Le G. S. avoit respondu aux amb^{rs}
du roy Ferdinando, qui luy avoient apportez les présentz, que estant
une machine des astres et mouvement de ciel, à mode d'orloge, ainsi
belle et parfaicte, très-voullentiers l'acceptoit, voullant ce néanmoings
la payer troys fois aultant qu'elle pouvoit valloir; et quant aux aultres
choses, comme coppes et aultres vaisseaulx d'or, qu'ilz les reportassent
à leur maistre, pour ce qu'il n'avoit aulcun besoing de telles choses;
et touchant la paix, qu'il estoit content de la faire, moyennant que
leurdit maistre ne se fist plus appeller roy de Hongrie et qu'il se fist
son tributaire et feudataire : autrement que au bon temps on l'attendist à Vienne.

1542.

EXTRAITS DE LA CORRESPONDANCE DE VENISE.

PRISE DE MARANO. — VOYAGE ET RETOUR DE PAULIN DE LA GARDE. — NÉGOCIATION
COLLECTIVE DES AMBASSADEURS FRANÇAIS ET DE L'ENVOYÉ DE LA PORTE À VENISE.

Venise, 18 janvier 1542.

Lettre
de l'évêque
de
Montpellier
à
François Ier.

Sire, le s^r Beltrame Sacha, sentant que l'entreprinse de Maran, dont
il avoit pryé le s^r Pietro Strocy vous parler, commençoit à se sçavoir,
et que l'amb^r de l'empereur avoit exorté ledit capp^{aine} de là de se tenir
sur ses gardes, accompaigné de plusieurs affectionnez à vostre service,
sont entrez dedans ladite ville le IIe de ce mois, à xv heures, et s'en sont
saisiz cryans : France! France! sans qu'il y ait eu que deux personnes
mortz, et touz ceulx qui y estoient de la part du roy Ferdinando ont

esté prins prisonniers, et après meirent les enseignes aux troys fleurs
de lys sur les murailles, dont le lendemain au matin les nouveles et le
bruict en fut tout commun en ceste ville. Quoy entendant et qu'ilz
avoient ainsi emploié vostre nom et armes, ne feuz pas peu esmerveillé,
attendu que quant ilz se despartirent d'avec moy, les avois pryé de ne
le vouloir mectre à exécution, ou à tout le moings si ne pouvois impétrer cela d'eulx, qu'ils prinsent bien garde de donner le moindre suspeçon que ce fust soubz vostre nom, leur remonstrant que cela pouvoit
empescher plusieurs grandz dessaings vostres. Et comme peu après le
s^r Beltrame m'escripvit qu'il ne lui failloit que quelques gens, pryant
qu'on luy en envoyast, j'envoyay chercher tous voz serviteurs qui sont
icy pour consulter avec eulx, et furent d'adviz, puisque la chose estoit
faicte, ne la debvoir habandonner; d'y envoyer le nombre de gens qui
y feroit besoing, et entretenir ledit affaire jusques ad ce qu'on eust
responce de V. M. Et entendant que l'amb^r de l'empereur s'estoit allé
à la seign^{rie}, m'accusant d'avoir faict faire telle entreprinse, fuz vers
elle pour luy faire entendre que ne sçavois point que telle chose eust
esté faicte par vostre commandement ne par mon moyen et les priois
de ne se vouloir empescher non plus de l'ung que de l'autre, sur quoy
ne me feirent aultre responce. Mais l'on tient icy ladite place estre
d'aussi grand importance que nulle autre que soit en ceste mer Adriaticque, voire jusques à Const^{ple}, tant pour la capacité et fortresse du lieu
que aussi pour la commodité du port, qui peult bien recepvoir de cinq
à six cens gallères, et auquel se fait grant traffic de toutes les choses
qui viennent de Levant pour dépescher auz Allemaignes, et sy a grande
habondance de bois pour faire navires qui vouldra, car ces seig^{rs} s'en
furnissoient de là du temps qu'ilz la tenoient, et depuis en ont bien
eu de besoing; et sy peut l'on faire descendre par terre grand nombre
de Suysses, Grisons et lansquenetz et faire amaz d'Italliens pour
donner dedans le cueur du royaume de Naples, et davantaige est une
bride à ces seig^{rs}. Sur quoy vous prie me faire entendre comme j'auray à m'y gouverner, et faire ordonner telle somme d'argent que
cognoistrez estre besoing pour l'entretien de ladite place.

Venise, 11 janvier 1542.

Lettre
de l'évêque
de Montpellier
au capitaine
Paulin

Monsieur, deux secrétaires du pape et ung gentilhomme du marquis
du Guast ont esté mandez au roy pour veoir si S. M. vouloit continuer
la trefve ou non, et au nom de S. S. luy fut demandé don Georgio,
oncle de l'empereur, ausquelz S. M. feist responce que quand on luy
rendroit ses prisonniers que encores luy feroit le semblable, aultrement
ne failloit point pencer de le reavoir, et quant à la trefve, qu'il ne
pouvoit manquer à sa promesse, qui estoit de ne rien innover que
l'empereur ne fût retourné de son entreprinse d'Algier; mais puys
après S. M. feroit ce qu'elle voyroit luy estre convenable. Et ce pendant
S. M. faisoit grandz préparatifz de guerre de tous costez, de sorte qu'il
auroit entre Suysses, lansquenetz, Grisons et Itralliens, plus de quatre-
vingts mil hommes. Le duc de Clèves devoit faire l'entreprinse du
royaulme de Navarre, comme chose qu'il prétent estre sienne. Le roy
a accordé avec luy le roy de Dannemarq, lequel avoit envoyé en France
quattre amb⁹ qui s'en sont retournez très-contens avec pension pour
leur maistre de xxᵐ escus par an. De sorte que les affaires de S. M. se
trouvent en aussi bons termes qu'elles se peuvent souhaiter.

M. de Sᵗ-Pol, que S. M. avoit dépesché par devers vous, avec sa compagnie, ont esté tous taillez en pièces auprès de Jarre (Zara). Comme
aulcuns serviteurs de S. M. prindrent possession de la ville de Maran,
et Dieu et la fortune ont voullu que l'on ayt trouvé dedans le consul
des Espaignolz qui a esté le principal négotiateur des aguetz et insi-
dies faictes contre ledict Sᵗ-Pol et à vous s'il eust peu. Et si entendz
qu'il est aussi bien informé comme est passé toute l'affaire des sʳˢ
César Frégose et Rincon que ceulx qui l'ont mys à exécution. Vous
pourrez faire entendre aux seigʳˢ là où vous estes combien le roy et ses
serviteurs taschent d'empescher de tous coustez ceulx qui leur font la
guerre, et que ceste ville de Maran est ung oz baillé en la bouche du
roy Ferdinando aussi dur à ronsger que à l'adventure la meilleure ville
de Hongrie, qui pourra estre cause de luy abaisser beaulcoup ses forces

de ce cousté-là, car tant plus on a d'affaires en divers endroictz, tant moings a l'on de puissance en ung lieu seul, et j'espère que ceste ville-là ne sera la seule ny la dernière qui avant peu de temps ne vienne en la puissance de S. M. On escript de Milan que, incontinant que le marquis du Guast entendit ceste nouvelle, il en demeura aultant effrayé que de chose qu'il entendist de longtemps, estimant le lieu de bien fort grande importance, et comme aulcuns veulent dire, il pourroit bien craindre que par cest endroict-là l'on ne vinst à gaster son guast.

Venise, 5, 12 et 15 février.

Sire, ces seig^rs ont entendu de leur consul à Damas que le G. S. vous avoit offert une grosse armée pour faire l'entreprinse de Gênes, et que le s^gr lhéronimo Laski estoit décédé en Austriche[1], de quoy le roy Ferdinando avoit esté fort desplaisant, monstrant en faire grand deul. Pour avoir entendu les grands aprêtz que les impériaulx font de tous costez, et mesmement de deux mil Italiens et deux mil Espaignolz qui sont revenuz de l'entreprinse d'Algier, et grand nombre d'Allemanz, pour venir assaillir la ville de Marran, avons advisé renforcer en toute dilligence les provisions et municions et y mander gens féaux. Et ne se parle ici pour le présent d'autre que dudit Marran, comme de chose qui est de bien grant importance en ceste mer Adriaticque. Et de Levant se dit que le G. S. estoit attendant Barberousse pour luy

---

[1] Charles-Quint, dans une lettre écrite d'Espagne, le 14 mars, mentionne la mort de Laski avec les détails suivants : « Le roy nostre frère nous a adverty du trespas de Hieronimo Lasky, et qu'il ne savoit ce qu'estoit devenu le personnaige qu'il avoit mené avec luy, qu'avoit entreprins de brusler l'arcenal du Turcq, mais qu'il le feroit sercher. Et pour ce que ledit personnaige avoit demandé cinq cens ducas sur la main pour faire ladicte emprinse, et qu'avions escrit à nostredit frère que les ferions fur-

nir, si ledit personnaige se retreuve et veult entreprendre ce que dessus, vous lui pourrez délivrer lesdicts cinq cens ducas. » (Correspondenz des Kaisars Karl V, t. II. p. 344.) Ferdinand, dans une lettre postérieure, du 17 octobre, l'informe ainsi du résultat de ses recherches : « J'ay tant fait qu'il est venu de Pologne icy devers moy, et le trouve autant délibéré d'effectuer la pratique comme auparavant, et ne reste que aux ve ducats qu'il demande sur la main. » (Ibid. p. 372.)

67.

faire entendre sa vollunté de ce qu'il voulloit estre faict ceste année par
mer. Le capp^ne Polin cherchant de parler au G. S. fut vestu de deux
robes solennelles à la coustume, où fut plus de deux heures à parlementer avec le G. S. lequel, disoit-on, à vostre instance, debvoit faire
ceste année le plus grant exercite par mer et par terre que on luy
veit jamais faire en ung mesme temps, et que le G. S. luy avoit acordé
cent gallères pour faire l'entreprinse de Gennes ou de la Pouille, et en
oultre vous prester deux millions d'or. Vray est qu'il demandoit certain
port qu'ilz n'ont sceu nommer; mais ces seig^rs en sont demeurez grandement pensifz.

Le s^r capp^ne Polin est arrivé en ceste ville, la venue duquel, pour
n'avoir esté sceue d'hommes du munde, et qu'il s'en alloit droict en
France sans avoir demouré ici que ung jour, et aussi que Janus-Bey
seroit bientoust icy, a faict demeurer ces seig^rs merveilleusement estonnez et perplexes. Ilz luy ont faict ceste faveur de luy donner telle
scorte qu'il sçaura demander pour la sûreté de son passaige, l'ayant
ainsi escript à tous leurs podestatz et recteurs. De la cause de la venue
de Janus-Bey, les ungs disent que c'est pour leur demander passaige
pour faire passer par sur leurs terres ung bien grand nombre de chevaulx pour venir en Itallie; et autres que c'est pour les inciter de les
faire amys de l'amy et ennemys de l'ennemy; et les autres que c'est pour
se tenir icy ordinairement pour veoir et entendre comme passeront
les affaires de la chrestienté et de quel pied ilz clocheront affin d'en
advertir le G. S. [1]

---

[1] La rapidité que mit Paulin de la Garde
pour se rendre auprès du roi et pour retourner auprès du sultan faisait l'admira-
tion des contemporains, comme on l'a vu
dans le passage de Brantôme cité plus haut,
page 490. Paul Jove, bien instruit de ce
qui touche à la négociation de Paulin,
ajoute à son récit des circonstances qui
nous forceront à le rapprocher plusieurs
fois de nos documents. Il est de ton chez
presque tous les historiens de décrier Paul
Jove comme un rhéteur sans conscience et
sans talent, en se faisant l'écho de quelques
anecdotes suspectes du temps qui mettent
en doute son impartialité. Ces accusations
nous ont paru, dans l'étude que nous
avons faite de son livre, provenir précisément de ce que, possédant surtout cette
qualité, il ne satisfaisait aucun des partis,
qui se vengeaient ainsi de l'historien à leur
manière. S'il imite un peu trop Tite-Live,
nous ne connaissons en effet aucune histoire

Venise, 10 mars 1542.

Sire, depuis le partement du capp^{ne} Polin, ces seig^{rs} ont entendu que Janus-Bey ne pourroit partir de Constant^{ple} de quinze jours, attendant que le baille de ces seigneurs y fust arrivé pour avoir son présent, ou bien entendre où il le pourroit rencontrer par les chemins.

qui ait plus de droit que la sienne d'être rapprochée de celle de l'auteur romain par la variété et la grandeur du tableau qu'il retrace. La traduction de Denis Sauvage, qui l'a fait passer dans notre langue, a une naïveté et une valeur de style qui, plus connues, lui mériteraient une place à côté des chroniques de Froissart. Paul Jove est surtout bien informé par les relations des agents espagnols : aussi l'exactitude de ses renseignements prouve-t-elle de quelle source éminente il les tenait parfois, et lui-même le rappelle heureusement lorsqu'il rapporte sa dernière rencontre avec Charles-Quint : « Il me dit par après en gaye et familiaire chère, ainsi que luy baisoye la main sur son départ : « Il vous faut, Jovio, apprester vos plumes, « afin que vous escripviez assez à temps en « voz histoires tout ce qui a déjà esté faict ; « car certainement un grand labeur de nou- « velle œuvre se drece pour vous par ceste « émeute de guerre. » Voici ce qu'il dit du voyage de Paulin :

« Le cappitaine Polin estant arrivé à Venise par sentiers détournez, et de là ayant navigué sur le golfe jusqu'à Sibinic, traversa les chemins de Sclavonie, et s'en alla trouver Solyman, qui revenoit de Bude en Servie, là où estant, ainsi que nul ne trouve entrée vers tels barbares sans porter quelques dons, Polin lui présenta, pour le service et enrichissement de son buffet,

des vases et vaisselle d'argent excellemment mis en œuvre, jusques au poids de six cens livres, et aux bassas, capitaines du sérail et portiers, cinq cens robes longues de toute sorte de draps de soye ou d'escarlate. Solyman, semblant estre grièvement marri de l'aventure de Rincon, promit à Polin qu'il ne failliroit point à donner aide opportune, tant par terre que par mer, au roi de France ; et quand ils seroient arrivés à Constantinople, ses bassas respondroient à ses demandes, selon leur commun conseil. Devant toutes choses, Polin requéroit qu'une armée marine, en estant d'Hariadan-Barberousse, fust envoyée sur la coste de Provence pour estre receue aux ports d'icelle sur l'esté prochain, et que Solyman demandast aux Vénitiens qu'ils fissent alliance avec le roy de France contre Charles. Polin n'oublia rien de diligence sur le chemin à pratiquer les cueurs des bassas à sa faveur, mesmement leur donnant espérance de plus amples présens. Solyman persuada à Polin qu'il s'en retournast en France avec ses lettres, et racomptast à son roy que les entreprises de faire guerre estoient déterminées, et que, pendant ce temps, il envoyeroit Janus-Beies vers les Vénitiens, et donneroit ordre qu'une très-grande armée marine s'apprestast. Polin, fort joyeux de ceste responce, emmena, pour présens, deux excélens chevaux et

Entrant l'armée de Barberousse au destroict, survint une très grande
fortune ; de sorte qu'il se perdit quatre gallères sans que on en peult
jamais veoir aucune chose, et huict furent très mal traictées et presque
ruinées du tout. Le G. S. debvoit partir pour venir en Andrinopoly
pour donner ordre à ce que voulloit estre faict ceste année tant par
mer que par terre. Ces seig^rs ont eu advis de Spira[1] que nonobstant

une espée enrichie de pierreries, puis s'en
retourna par merveilleuse vistesse vers le
roy, qui, pour lors, séjournoit en sa maison de Fontainebleau. Le roy François par
trois jours entendit à Polin, et ayant assigné
les lieux et les temps ès quels il avoit conclu
de faire guerre, luy donna de très-amples
mandemens, et luy commanda de retourner à Constantinople, sans rien relascher
de sa diligence. » (Paul Jove, t. II, p. 53.)

[1] Charles-Quint s'était mis en mesure
du côté de l'Allemagne, vers la fin de l'année précédente, afin de faire face à la
guerre qu'on prévoyait pour le printemps
suivant, et Jean de Naves, qu'il avait chargé
de convoquer les états de l'Allemagne à
Spire, lui écrivait le 12 novembre 1541 :
« On a semé ung bruict que V. M. aiant esté
adverti de la descend du Turcq en Hon-
gerie, s'estoit subitement parti de la Germanie et abandonne icelle au dangier.
Voiant que ung chacun en estoit estonné,
j'ay rendu léal debvoir de certiffier l'intention de V. M. de soy emploier allencontre du Turcq, et n'y deffauldroit de sa
personne en cas que celle du Turcq s'y
trouvast ; et que V. M. m'avoit dépesché
en la Germanie pour advertir les princes
et estatz de regarder à l'ayde nécessaire
pour résister à la puissance du commun
ennemy, qui est accoustumé mener gros
exercite quant il marche en personne,
comme il est à craindre il feroit sur le

commencement de l'année prochaine. »
(Corresp. des Kaisers Karl V, t. II, p. 328.)
Charles-Quint lui répondit par une lettre
du 26 janvier 1542, en lui recommandant
de surveiller les manœuvres de la France
et ses liaisons avec le duc de Clèves. Jean
de Naves, par une lettre du 25 février, rend
compte à l'évêque d'Arras des résolutions
de la diète : « Les princes ont conclud sur la
résistance contre le Turcq, et doublé le secours accordé à Regenspurg, assavoir de
XL^m hommes de pied et VIII^m de cheval ;
ont aussi conclud de quérir le roy de France
et autres potentats de la chrestienté prester assistance à cestuy affaire, de mesme
requérant ledit roy de France de non mouvoir guerre pendant ceste expédition contre
le Turcq, ce que aussi ilz supplieront à la
magesté de l'empereur. (Ibid. p. 339.)
Charles-Quint, qui se trouvait alors en
Espagne, prévoyant que François Ier saisi-
rait l'occasion de la diète de Spire pour ramener l'affaire qu'il avait portée précédemment à celle de Ratisbonne, dans deux
lettres des 7 et 14 mars, écrites de Val-
ladolid, donne ainsi ses instructions au
commissaire impérial : « Tenez bonne ad-
vertance à tout ce que proposera et pra-
ticquera ledit ambassadeur, selon ce que
verrez, pour nostre justification et garder
la réputacion en l'empire, s'il se parle de
l'affaire de Clèves et signamment du pre-
tendu cas de César Frégoso et Rincon. »

les remonstrances que a faictes de vostre part M. le chancellier l'Alençon en ce pays-là de non voulloir irriter le G. S. ne faire aucune provision pour l'offension, mais bien pour leur deffension, qu'ilz ont délibéré se préparer pour ladite offension, et que par la diette de Spira[1]
l'on pourra tirer ung million et cinquante mille remes et par celle de
Praga, que le pays de Bohesme donnera pour trois années par chacun
an, xxᵐ chevaulx et xlᵐ hommes de pied. Encores espéroit l'on d'avoir
tout ce nombre-là desdites trois années présentement, et qu'il seroit
faict ung exercite très puissant pour aller contre ledit G. S. Ung personnage d'Algier, lequel en estoit party le 26 janvier, avoit rapporté que
ceulx de là avoient pesché et retiré hors la mer six gallères et cent vingt
pièces de grosse artillerie de bronze, de celles qui y estoient demourées de l'armée de l'empᵉʳ, lequel, à ce que l'on entend, avoit délibéré
y faire encores l'entreprinse ceste année aux despens de l'Espaigne,
laquelle pour cest effect faict grosses réparacions. Ceulx dudit Algier
avoient prins une nef biscaye dedans laquelle estoient iii ou iiijᶜ Espaignols qu'ilz appellent *bisongne*[2], qu'ilz entendent gens d'armes nouveaulx non ayant jamais esté en guerre, lesquels venoient en Itallie.
Ung gentilhomme de Gennes estant allé visité le gros gallion d'André
Doria, le feu s'estoit prins en la pouldre, qui avoit bruslé ledit gallion
et ledit gentilhomme. V. M. aura bien entendu que la femme dudit
Doria, ayant hosté et emporté tout le plus beau de son meuble, s'est
retiré de luy, de quoy et des aultres adventures qu'il a eues depuis

Jean de Naves, en répondant à l'empereur,
le 18 mai, mentionne « la responce que le
roy de France a faict aux lettres à luy escriptes par les estatz de l'empire, ensemble
d'autres lectres que auparavant ledict roy
avoit escriptes ausdicts estatz et à msʳ le
cardinal de Meance en particulière, lesquelles, actendu que la journée impérialle
estoit expirée, n'a voulsu recevoir, ains
icelles renvoyé audict roy. » (*Corresp. des
Kaisers Karl V*, t. II, p. 487.)

[1] Voyez au tome III, page 619, des Papiers d'état de Granvelle, le recès de la
diète de Spire.

[2] On sait que ce nom était donné par
les Italiens aux recrues espagnoles qui arrivaient souvent presque nues en Italie, et
forçaient ceux des habitants qu'ils rencon-
traient de se dépouiller pour les vêtir, en
prononçant le mot qui devint pour eux un
sobriquet. (Sismondi, *Histoire des républiques italiennes*.)

qu'il encommença le voyaige d'Algier, a tel desplaisir et fascherie,
que l'on entend icy qu'il est tumbé mallade, et le tient l'on pour cy-
après inhabile à faire rien qui vaille, car il ne faict plus que resver.

Venise, 20 et 25 mars 1542.

Sire, ces seig^rs sont entrez en quelque combustion et trouble ayant
esté advertiz par aulcuns malings que ceulx de Marran avoient mandé
vers Morat-Vayvoda, voyre jusqu'au G. S. pour lui bailler ladite ville;
ce que miz peine de rabatre et les asseurer de vostre part, en tant que
V. M. avoit puissance sur ceulx qui estoient dedans, qu'il n'en seroit
jamais disposé sinon tout ainsi qu'ilz cognoistroient estre à leur plus
grand advantaige. On escript de Const^ple que le G. S. armoit une plus
grosse armée que onques feist, et que ses gens à cheval en la Morée
et lieux circonvoisins avoient esté mandez se tenir prestz, lesquelz ne
fauldroient repartir à la my-apvril. L'évesque d'Agria en Hongrie, de la
maison de Frangepani, avoit eu nouvelles que fra Georges, évesque
de Varadin, taschoit avec les barons de Hongrie empescher à son povoir
de ne suivre le party du roy Ferdinando, ains eslire mons^gr d'Orléans
pour leur roy, laquelle chose, joinct la nouvelle de l'exercite grand
que le G. S. faisoit pour ladite Hongrie, avoit mis ledit évesque en
despération, disant qu'il veoit estre faict de ladite Ongrie, et que de
son temps ne la verroit estre en son premier estat. S'il est ainsi que
Morat-Vayvoda ayt prins quatre villes du roy Ferdinando en Hongrie,
sera bien pour le déconforter davantaige, sçavoir est Dinovat, Niclave,
Jugnaz et Oricavay, et que Galpano étoit assiégé, qui est au pays de
Posséga, de là le fluve de Seva, et oultre avoit prins avec x^m hommes
de pied, trente pièces d'artillerie et soixante bombardiers. Ung Hongre
que les terres franches avoient mandé ambassadeur vers le G. S. et
aussi icelluy du roy Ferdinando, ont esté tuez en la Dalmatia, dont je
n'ay encore bien sceu les particullaritez, et ce pourroit estre Cornellio,
lequel on entend icy que l'empereur avoit mandé vers le G. S.

L'amb^r Badouare escript que Janus-Bey partit de là le ixe de febvrier pour venir en ceste ville avec volunté de demander à ceste seigⁿᵉ au nom du G. S. qu'elle voullust estre en ligue avec V. M. contre l'empereur, et plusieurs aultres choses fascheuses en matière d'argent. Ledit Badouare print congé dudit G. S. pour s'en venir, lequel fust vestu à l'accoustumée, et luy fut accordé moult généreusement plusieurs graces et mesmement de prisonniers : mais despuis les bassatz luy feirent difficulté et lui déclarèrent qu'on n'entendoit qu'il fust licencié jusques ad ce que le nouveau baile fust arrivé là. Barberousse avoit esté moult accaressé du G. S. auquel ledit Badouare avoit donné deux robes d'or et aultres de soye, escripvant aussi que nonobstant que le G. S. allast souvent à la chasse, ce néamoins ne laissoit-il de faire grande provision tant par mer que par terre, s'estant péries xxv gallères à l'entré de l'estroict, qui est beaucoup plus qu'on n'avoit entendu. Le G. S. avoit donné congé à l'ambassadeur du roy de Portugal, qui s'en retournoit fort content; pareillement aussi a esté licentié l'ambʳ du roy des Romains avec telle résolucion que, ayant son maistre requis icelluy G. S. de faire paix avec luy, qu'il la concédoit pourveu qu'il rendist audit G. S. toutes les terres et chasteaulx qu'il tenoit au royaulme de Hongrie, aultrement que au bon temps l'actendist avec son exercite, et ainsi s'en est party sans aultre résolution. Sur ce qu'on disoit à Rome que Janus-Bey estoit mandé à vostre instance pour astreindre ces seigʳˢ de s'unir avec V. M. contre l'empereur, le pape les avoit pryé de ne voulloir jamais ce faire, d'aultant que ce seroit la totalle ruine de la chrestienté, les exortant de se voulloir faire neutralz, car ce seroit la confusion de tous, et qu'il veoyoit une très grosse guerre entre V. M. et l'empereur, et que V. M. luy avoit faict entendre que n'aviez jamais voullu molester l'empʳ durant son entreprinse d'Algier, ains aviez temporisé jusques à présent, vous persuadant que l'empereur vous deust faire démonstrance de quelque satisfaction pour les deffunctz sʳˢ Cézar Frégose et Rincon, mais que V. M. voyant n'y en faire aucune, estoit délibéré et avoit déterminé en faire la vengeance avec les armes, en quoy S. Sᵗᵉ s'estoit employée le plus qu'elle avoit peu et ne fauldroit continuer pour le bien de la chrestienté.

68

Venise, 3 et 10 avril 1542.

Sire, ces seig^rs ayans esté advertiz que le marquis de Guast avoit quelque ambusche par mer avec certaines fustes, qu'il avoit secrètement mises ensemble à Brindesi, ont dépesché une frégatte vers le général de leur armée, avec commandement d'aller là par où sera Janus-Bey, avec toute ladite armée, pour le conduire et faire passer seurement en ceste ville, faisant ledit marquis icelle entreprinse soubz coulleur de les voulloir mander à Marran. Les impériaulx sollicitent le pape de remonstrer à V. M. qu'elle aye à démettre les armes, pour estre le péril et l'intérest de toute la chrestienté, et n'y voullant entendre, monstrer que estes allié et confédéré avec le Turcq au dommaige d'icelle, pour procedder par censures et aultres voyes[1]. S. S. proposera à ceste seig^rie nouvelle ligue et cherchera les recuillir de nouveau avec l'empereur, lequel ilz disent qu'il aura LXV gallères ensemble, comprenant les six du pape et les quatre de la religion; bien que l'on croye que ladite seig^rie ne se doibve plus mouvoir ainsi légièrement, ayant veu par expérience qu'ilz ne peuvent faire fondement sur l'empereur. Je fuz adverty que M. le capp^ne Polin estoit jà arrivé à Vicence, et que le seoir mesmes estoit pour venir icy, dont estant après disner que ces seig^rs ne se réduysent en leur colliége comme font le matin, ne peux le leur faire entendre, sinon par une petite lettre que leur adressay en conseil de Diexe, où n'est la coustume que les ambassadeurs aillent, d'autant que les impériaulx avoient mis ambusches pour insidier sur la mer, voyans ne luy avoir peu rien faire par terre, dont ces seig^rs envoyèrent un cappitaine dudit conseil avec XII ou XIII barques armées au devant de luy, et ainsi accompaigné est arrivé ici en sauveté.

---

[1] Les Annales ecclésiastiques de Raiualdi, t. XXXIII, p. 11, mentionnent deux actes de Paul III, au sujet de l'occupation de Marano, mais peu significatifs, et donnent plus loin, p. 16, deux lettres du pape à François Ier, l'une sur la convocation du concile de Trente, et l'autre sur l'observation de la trève. En général, la cour de Rome parait, d'après ce recueil, de moins en moins mêlée aux débats politiques, et tout occupée des questions religieuses.

Venise, 10 avril 1541.

Sire, M^r le capp^{ne} Polin et moy sommes allez vers ces seig^{rs} en collége, ausquelz, après avoir demandé audience secrète, qui est le con-
seil en Diexe, et qu'ilz ont eu faict retirer ceulx qui estoient audit
collége n'estans dudit conseil, ay présenté les lectres de créance de
V. M. qu'ilz ont faict lire interprétées par ung de leurs secrétaires,
et ce faict les ay remerciez de la faveur et support qu'ilz donnent à voz
ministres passans par leurs terres, ainsi que de ma part pouvois porter très bon tesmoignage, comme celluy qui l'avois très bien expérimenté; car sans leur bonne provision je me feusse peu trouver en
danger de tomber ès mains de ceulx qui sont coustumiers de user de
toute cruaulté envers voz serviteurs, et pour ce que aulcuns malins
alloient mesprisant l'intelligence qui est entre vous et le G. S., leur
faisois entendre que V. M. ne l'avoit recherchée, ains très-instamment
en aviez esté requiz du G. S. dont congnoissant l'ambition et cupidité
grande de l'empereur, et prévoyant ladite intelligence pouvoir avec le
temps tourner au proffict de la chrestienté, l'avez acceptée, et avoit
esté cause de la libération de la Terre-Saincte, de la restitution des
reliques et ornemens de l'église, de la liberté des frères qui faisoient
le divin service et d'autres infiniz pouvres chrestiens qui estoient esclaves, et de la trefve géneralle de toute la chrestienté; et aultres
plusieurs bons fruictz estoient succédez de ladite intelligence, non
que pour icelle V. M. ayt jamais empesché l'empereur ès entreprinses
qu'il a faictes contre les infidelles, combien que si vous feussiez voullu
aider de ceste faveur, eussiez peu avec médiocres forces recouvrer ce
qui est à vous par raison, mesmement du temps qu'il estoit à Thunes,
Hongrie, et dernièrement en son voyage d'Algier; en récompense de
quoy icelluy emp^r vous avoit tousjours rendu mal pour bien, mesmement quant il vint assaillir la France avec toutes ses forces qu'il avoit
mises ensemble, faignant d'aller à quelque entreprinse contre le G. S.
à quoy V. M. avoit résisté vigoureusement; et peu après, quant aviez

Lettre
collective
de
l'évêque
de Montpellier
et
du capitaine
Paulin
à François Ier.

68.

tel numbre de gens que l'ennemy n'estoit pour vous résister, pour le sollagement du pouvre peuple et avec la persuasion de N. S. P. vous désistâtes de vostre entreprinse moyennant la promesse de l'empereur de rendre la duché de Millan, et là-dessus fut traictée une trefve entre voz deux maj^{cz}, durant laquelle, pour les grandz et urgens affaires que l'emp^r avoit en ses Pays-Bas, de Flandres et Allemaigne, luy convint passer par vostre royaume, où luy fut faict par V. M. et ses subjectz tant d'honneur et caresses que n'est possible de plus, estimant faire une si estroicte amitié que à tout jamais entre vous et les siens deust demeurer une paix perpétuelle. Mais au lieu de vous rendre bon guerdon, avoient esté tuez en ses pays par ses ministres plusieurs serviteurs de V. M. et continuoient journellement de telz insultz jusques sur les terres de ceste seig^{rie}, comme l'ont voullu faire à moy-mesmes. Et ne voullant plus supporter semblables griefz, considérant qu'avec les forces qu'il a en Itallie, advenant le décès de S. S. se pourroit empatronir de l'Estat temporel de l'Église, et par ce moyen réduire en servitude les républicques qui sont encores en liberté, V. M. m'avoit commandé les rechaircher d'une bonne ligue ainsi qu'ilz avoient eue par le passé, estans les forces de V. M. plus grandes qu'elles ne furent oncques, ayant très grant nombre de gendarmerie, gens de pied, intelligence aux Allemaignes, vers les Souisses et Grisons, et par mer bon nombre de gallères, et, ce qui estoit le fondement de pouvoir soubstenir la guerre, une grosse somme d'argent et moyens d'en recouvrer. Par quoy les pryois de vostre part se voulloir séparer de celluy qui avoit tousjours tasché à leur ruyne, et se unir avec V. M. comme vray amy et protecteur de ceste républicque. Sur quoy nous feirent response générale à l'acoustumée; qu'ils estoient asseurés que V. M. n'avoit accepté ceste intelligence avec le G. S. qu'à bonne intention; qu'ils estoient desplaisans de veoir que vous et l'empereur, estans parens et alliez ensemble, fussiez ainsi en question; et touchant la ligue, verroient de s'assembler selon leur ordre et coustume pour se résoudre de la responce qu'ilz auroient à faire. Incontinant après ces festes verrons de les solliciter de nous faire responce; mais ce ne sera jusques ad ce que Janus-Bey leur ayt aussi faict entendre sa charge et commission, que ne faillons chascun jour couvertement à exorter de la leur exposer le plus efficacement que luy sera possible, et jusques à présent le trouvons en bonne disposition de bien faire son debvoir. Dieu luy veuille si bien ouvrir les espritz qu'il puisse impétrer ce qu'il demande! Le s[r] Janus-Bey, depuis la première proposition, a esté devers ces seig[rs] par deux fois, lequel a faict entendre tout ce que pouvoit penser estre au bien de l'affaire pour lequel il est venu [1].

Paul Jove répète presque textuellement les paroles exprimées dans la lettre de Paulin de la Garde, et rapporte sur les appréhensions de Venise à l'égard de Maran, et sur les instructions secrètes du ministre ottoman Younis-Bey, des détails confirmés plus tard par les événements :

« Quand Polin fut arrivé à Venise, Junus-Beies n'y estoit point encore venu : l'ambassadeur Pellicier et quelques personnages vénitiens de parti françois sondèrent le sénat sur cest affaire. Les François avoient divulgué que si ce Vénitien ne vouloit accorder ligue, ils feroient présent de la ville de Maran aux plus prochains Turcs. Or rien ne pouvoit avenir de plus pernicieux aux Vénitiens, que de voir du port de Venise les barbares molester le cours de leurs navigations. Polin, admis au sénat magnifiquement, remonstra le droict de la cause du roy Françoys, lamenta l'aventure des ambassadeurs tuez, et picqua grièvement l'empereur..... il exposa, avec ses tromperies et fallaces, que les villes de Lombardie estoient defformées d'excessifs tributs, que la Toscane estoit mise en ceps, que les Siennois et les Lucquois enduroient servitude ; que Sicile et Naples, naguères royaumes de telle dignité et opulence, souhaitoient d'estre signeuriées par les Turcs pour fin de leurs misères. Quant

à eux, Vénitiens, ils avoient veu quelle foy l'empereur leur avoit tenue dans leur ligue de Naples, et comme, se trouvant pressez de famine, il leur avoit refusé cette provision de vivres que les barbares leur avoient par avant humainement fournie. Touchant les moyens par lesquels il avoit déceu le roy, quand il alloit en Flandres en passant par le milieu de la France, ils avoient rempli de leur bruit tout le rond de la terre. Pour tant que le roy, ententif à venger tant d'injures, dréçoit guerre contre l'empereur, prioit les Vénitiens qu'ils luy voulussent aider..... qu'ils feroient chose agreable à Solyman d'accorder ceste ligue, lequel avoit délibéré d'aller en Hongrie avec innumérable exercite, et que pareillement Barberousse sortiroit avec fort grande armée marine contre le commun ennemy... que si d'avanture ils refusoient l'alliance, sans point de doute ils offenceroient grièvement tous les deux, tellement qu'enfin seroient haïs des vaincus, et en danger d'estre outragez des victorieux... Le sénat, ayant deslayé de quelques jours, respondit : « qu'ils estimoient qu'il estoit bon à la ré- « publique d'entretenir la payx : toutesfois « que, s'ils apercevoient les enseignes dé- « ployées et les guerres pleinement com- « mencées, alors ils délibéreroient s'il se- « roit expédient de garder paix ou de s[e]

Venise, 9 mai 1542.

Lettre
collective
de
l'évêque
de Montpellier
et
du capitaine
Paulin
à François 1er.

Sire, ces seig^{rs}, aprez avoir faict plusieurs pregais et conseilz de Diexe, nous ont mandé quérir par ung de leurs secrétaires pour nous faire entendre leur résolution, et nous ont dit qu'ilz avoient congneu que V. M. avoit eu grand desplaisir des pertes et dommaiges qu'ilz ont supportez à cause de la guerre, lesquelz intérestz leur ont esté si griefz et excessifz qu'ilz ont advisé estre le meilleur de ne s'empescher en matière de guerre, ains entretenir la paix avec ung chacun, dont pour le présent ne pourroyent entrer en ligue avec V. M. ainsi qu'ilz vous feroient entendre plus au long par leur ambassadeur. Sur quoy moy, capp^{ne} Polin, leur répliquay qu'ilz ne respondoient pas pertinemment sur le principal poinct dont les avois rechairchez de vostre part, qui estoit de faire plus estroicte amitié avec V. M., qui n'avoit oncques pencé de les requérir pour les faire entrer en guerre, et que par leur responce ne se pouvoit entendre clairement qu'ilz fussent détachez d'avec l'empereur. Sur quoy nous respondirent qu'il ne falloit point doubter de cela, car ilz n'estoient pour luy donner aucun secours. Et despuis en leurs conseilz aucuns des principaulx dirent que encores que telle responce fust assez notoire aux impériaulx, que suivant leur accoustumé présumption, si le roy faisoit venir un exercite en Itallie, ne lairoient de demander secours à ceste seig^{rie} pour la deffence de l'estat de Millan, dont estoit le meilleur se résouldre à présent de la responce qu'on avoit à leur faire; par quoy fut conclu que dès à présent ceste seig^{rie} estoit totallement désobligée d'avec l'empereur, et que s'il

» mesler parmi la guerre.» Sur ces entre-faites, Junus-Beies estoit arrivé, et receu en tout brave équipage de logis; il ne demandoit point à la seigneurie qu'ils fissent ligue ou prissent les armes, au contraire de ce que Polin et Pellicier désiroient très ardemment, et pour tant soupçonnoient que le barbare qui parloit si froi-dement avoit esté corrompu par grosse somme d'or. Mais comme il apparut par après, il y avoit tel égard d'équité et de modestie ès lettres de Solyman, autrement homme superbe, qu'il ne vouloit point tirer d'eux, contre leur vouloir, ce qui ne leur sembleroit pouvoir estre octroyé à leur commodité. (Paul Jove, t. II, p. 532.)

les vouldroit contraindre d'aucune chose, estans les forces du roy en
Italie, seroient pour restraindre l'amitié qu'ilz ont avec V. M. et se
joindre avec elles tous en un temps. Et ceulx qui cognoissent l'humeur
de ces seig^{rs} sont bien d'adviz que si V. M. eust eu un gros exercite
en Italye, qu'ilz eussent bien esté pour passer oultre. Mais voyans qu'il
n'y a encores aucune démonstracion et que le temps est si avant, la
pluspart tiennent que V. M. ne sera pour encommancer chose de grand
effect, joinct que les impériaulx ne faillent de geeter bruictz que V. M.
s'accordera avec l'empereur ou pour le moings maintiendra la trêve
qu'il a avec luy. Et à ceste heure ne faillent de dire que les lansquenetz et Souisses qui vous estoient promis ont reffusé de venir à vostre
service, et mille autres menteries, mectant aussi ces seig^{rs} en considération que V. M. avoit auprès de soy l'amb^r de l'empereur, auquel est
donné bonnes audiences et faict tel recueil, et que le G. S. n'avoit
encores mis hors son armée ni faict grant aprest pour cest année, pour
toutes ces choses n'ont peu seurement passer plus oultre à présent.

Nous avons le plus persuasiblement qu'il nous a esté possible remonstré les causes qui vous ont meu touchant l'acquisition de Marran.
Ces seig^{rs} ont faict démonstrance de ne l'avoir à desplaisir, et les priant
de permectre qu'on y peult aller et venir seurement, n'entendant pour
ce contrevenir à leurs ordonnances et prohibitions, n'ont riens respondu, sinon que voz subjectz n'auroient aucun empeschement. Et le
lendemain fusmes advertiz que estant venue une squirasse en leur
goulfe, fut retenue de leur général, lequel avoit trouvé que c'estoient
pirates de mer; et disans pour leur deffence qu'ils venoient audit
Marran, n'ont sceu si bien faire qu'il n'en ait esté pendu cinq d'entre
eulx à l'antenne. Et pareillement furent aussi prins par ledit général
quatre gallères et ung brigantin qu'ilz disoient estre d'André Doria,
lesquels venoient pour surprendre M. le capp^{ne} Polin et Janus-Bey,
toutesfois ont confessé seulement venir au siège dudit Marran, et
l'amb^r de l'empereur les fit prier de les voulloir relaxer, ce qu'ilz luy
accordèrent. Sur quoy fusmes à la seig^{rie}, et le capp^{ne} Polin leur remonstra très bien les dangiers en quoy pouvoient estre tant sa per-

sonne que celle de Janus-Bey, et le trouble et scandale qui en pourroient advenir à ceste république. Sur quoy firent responce qu'ilz
avoient mandé ausdites gallères qu'elles eussent à se retourner en arrière et à se retirer hors de leur goulfe. Et après vinsmes à leur parler
du camp par terre que le roy Ferdinando debvoit mander à Marran,
que pourra estre de trois ou quatre mil hommes, les exortant que s'ilz
laissoient attacher ainsi une guerre si près d'eulx, qu'elle ne seroit
pour s'estaindre ainsi qu'on vouldroit, et les dangiers qui en pourroient
advenir aux lieux circonvoisins. Dont l'on estime qu'ilz ne sont pour
souffrir à tout le moings qu'il y vienne par mer une armée suffisant pour
l'assiéger, et quant est du camp par terre, ceulx qui ont esté dedans ladite place asseurent que quant ilz seroient dix mil, ilz ne seroient pour
la prendre, et ce que feroit plus doubter, seroit s'il y avoit quelque
trente ou quarante personnes qui sceussent les secretz de ladite place.

Pendant que François I⁽ᵉʳ⁾ poursuivait sa tentative infructueuse de négociation à Venise, des instances semblables étaient faites ailleurs en son nom avec
plus de succès, et jamais son activité diplomatique ne s'était déployée sur un
théâtre aussi étendu. En même temps qu'elle allait armer la Turquie à une
extrémité de l'Europe, elle faisait entrer dans une ligue contre Charles-Quint
presque tous les états du nord, l'Écosse, le Danemarck, la Suède, la plupart appelés par le roi à prendre parti pour la première fois dans sa querelle avec ce prince.
L'empereur, depuis le désastre de son expédition d'Alger, prolongeait son séjour
en Espagne, et François I⁽ᵉʳ⁾, mettant à profit cette absence pour renouer des intelligences avec les princes de l'empire, encourageait le duc de Gueldres dans sa résistance ouverte à l'autorité impériale : il ajoutait ainsi à cette longue liste de
griefs qui s'accumulaient entre les deux rivaux, tandis que Charles-Quint se préparait de son côté à dénoncer ces actes à la diète de Nuremberg, où il comptait par
là rallier l'Allemagne à ses desseins et la réunir tout entière contre la France [1].

[1] Charles-Quint, dans la lettre qu'il
écrit de Monçon, le 29 juin 1542, à ses
commissaires, chargés de convoquer la
diète de Nuremberg pour la fin de l'année, leur enjoint de dénoncer tous les
actes de François I⁽ᵉʳ⁾ : « Les praticques que
les Franchois ont à Venize par eulx et par

l'amb⁽ʳ⁾ du Turck sont bien à peser... Lesdicts commissaires sçavent bien que S. M.
estant à Argel, le roy fist son extrême pouvoir d'attirer gens de guerre d'Allemaigne,
d'Italie, Dennemarke, Sweden et d'autres
pars, ores que il l'eust asseuré qu'il vouloit entretenir la trefve et riens attempter

Le roi n'avait pas attendu, pour ouvrir la campagne, que Paulin de la Garde l'eût informé des résultats de sa mission auprès de la Porte. L'exemple de la France devant entraîner la Turquie mieux que toutes les promesses, la guerre fut publiquement déclarée à l'empereur le 20 mai 1542 [1]. François Ier avait été con-

sinon contre le Turck, suyvant le recès de Spiers (voyez au tome II, page 659, des Papiers d'état de Granvelle, l'extrait du recès de la diète de Spire, avec ce titre : *Sommaire de l'ayde que l'empire veut faire contre les Turcz*): et de tant plus il l'asseuroit, de tant plus s'apprestoit ledit roy à la guerre et se confioit sur la venue et puissance du Turck, pour lequel amener il a envoyé trois gallées afin de haster son armée de mer, l'advertissant qu'il estoit tout prest et qu'il povoit bien venir en Hongrie pour l'adomagier..... Combien que il ayt dict que c'estoit une malheureuse prinse de Maran, toutesfoiz l'on peult clairement veoir que c'est de ses fictions, veu que ses subjectz l'ont faict, et que pour le présent il le tient au proffict du Turck, comme mesme ses propres gens disent et maintiennent..... S. M. trouveroit bon que lesdicts estatz remonstrissent audict roy le grand tort qu'il a de praticquer ce que dessus par le duc de Clèves, lequel assiste ledit roy à son escient et malvais couraige, affin que l'emprinse contre ledit Turck soit empeschée et diminuée. Par ceste voye monstre son affection de l'alliance et entendement estant entre lui et ledict Turck, et qu'elle s'empêche de l'invasion de la couronne de Hongrie affin que S. M. n'envoye ayde contre ledict Turck. » Il insiste sur le principal grief qu'il avait contre le roi, sa prétention à la possession perpétuelle de la Savoie : « Peuvent aussi sçavoir lesdits commissaires que ledict roy, quant le pape voulloit traicter de paix, déclara ouvertement qu'il voulloit unir et incor-

porer perpétuellement à sa couronne ce qu'il occupoit du duché de Savoye, comme il entend faire de la reste. En quoy l'on peult penсer s'il y a apparence qu'on peult traictier quelque paix avec luy, gardant le droict du duc et la haulteur de l'empire en Savoye et Italye, veu qu'il entend aynsi amplyer ses frontières, et qu'il meet telz affaires en termes ayans aussi peu ou moins d'apparence. » (*Correspondenz des Kaisers Karl V*, t. II, p. 346.)

[1] Un manifeste très-violent donné à Ligny le 12 juillet 1542, « par le roy estant en son conseil, » et adressé « au conte de Buzançois et de Charny, admiral de France, vice-admiraulx et aultres lieutenans en ladite admiraulté, » porte ce titre significatif : « Le cri de la guerre ouverte entre le roy de France et l'empereur, et ce à cause des grandes, exécrables et estranges injures, cruaultez et inhumanitez desquelles ledit empereur a usé envers le roy, et mesmement envers ses ambassadeurs, etc. » Cette pièce, comme on le voit, ne parut que deux mois après la déclaration de guerre; elle reprend la plupart des griefs articulés précédemment, et insiste sur ce que « par aulcungs ses ministres ont esté tradicieusement et inhumainement muldris et tuez noz amb^{rs} les s^{rs} César Frégose et Anthoine Rincon, allantz à Venize pour noz affaires, etc..... Sy vous mandons que faictes crier et publier à son de trompes et cry publicque par tous les portz et havres de nostre pays de Normandie et aultres de nostre royaume, ceste présente déclaration, donnant congiet à tous noz

duit, au début des hostilités, à chercher plus près de lui une coopération qu'il demanda au Danemarck et à l'Écosse, mais qu'il trouva surtout plus active dans le duc de Gueldres, dont il seconda l'attaque contre l'empereur. Lui-même entra en campagne sur plusieurs points à la fois, d'abord dans le midi, où un corps d'armée fut dirigé par le dauphin, depuis Henri II, contre le Roussillon, tandis que le duc d'Orléans, second fils du roi, se portait vers le nord, pour agir dans le Luxembourg et le duché de Clèves[1]. Les premiers succès de la campagne tournaient d'ordinaire à l'avantage de François Ier; et, comme ils avaient été obtenus avant que les forces de la Turquie fussent arrivées sur les points où elles devaient agir par terre et par mer, la situation paraissait périlleuse pour l'empereur. Aussi, malgré le commencement des hostilités, Paul III n'avait pas encore renoncé à l'espoir de ramener les deux partis à l'observation de la trêve, qui était son ouvrage : le pape profita de la circonstance pour tenter un accord destiné à prévenir et à rendre inutile l'intervention armée de la Turquie dont il avait lieu de craindre

subjectz pour courir sus audit empereur et ses adhérans, et engrever et endommagier par terre et par mer, etc. » (*Papiers d'état de Granvelle*, t. II, p. 628.)

[1] Dans ses lettres du 20 au 28 août, de Monçon, Charles-Quint attribue ses échecs à la surprise qui lui a été faite, et se justifie de se trouver éloigné de l'Allemagne : « Le roy de France a de tout levé le masque et a rompu guerre tant au coustel du Luxembourg, par son filz le seig[r] d'Orléans, accompaigné du seig[r] de Guise, que aussi en Brabant par Martin van Rossem et les gens du duc de Clèves, usant de son honnesté accoustumée de prendre les gens à despourveu sans dire gard, et aussi a-il amassé grandes forces, tant au coustel de Rossillon que de Navarre, avec l'espoir de la venue de celles de mer dudit Turck, dont il se tient tout asseuré et glorifié, et ne deffault de la bien solliciter, y envoyant et renvoyant gallères à extresme dilligence pour l'avancement d'icelle, et avec ceste confidence a publié la guerre en son royaulme dès le 20e du mois passé..... Et ne m'est possible de passer gens audit

Hongrie, attendu qu'il me fault garder de luy autant et plus que dudict Turck, qu'est une mesme chose aux endroicts de l'Italie où ledit roy de France taiche de allumer et nourrir les feux partout... Et pourront à ce cop cognoistre les estatz de l'empire la malignité dont il a usé envers eulx, tant plus dangereulx en se dissimulant amy et germain de la Germanie, comme il en a voulsu circonvenir lesdits estatz tant catholicques que protestans, se faignant vouloir adhérer à l'ung et à l'autre respectivement pour y mouvoir le discord, et par ce moyen empescher le remède contre ledit Turcq. » En rendant compte au même Jean de Naves, à qui il écrit, des démarches que le pape faisait auprès de lui, il ajoute : « J'ay despesché, tant à Rome que vers le card[l] Contareno, affin qu'il ne vienne pour ce, et que ne le veulx recepvoir; et combien que l'on pence à Rome que le Turcq ne viendra ceste année, il ne se peult dényer que le roy de France n'aye rompu la tresve et n'empesche d'aller à l'expédicion d'Hongrie. » (*Correspondenz des Kaisers Karl V*, t. II, p. 350.)

les effets pour lui-même. Il envoya donc à François Iᵉʳ le cardinal Sadolet, qui était resté éloigné de la scène politique depuis la mort de Léon X, pendant qu'il adressait, dans un but semblable, le cardinal de Viseu à l'empereur; mais celui-ci repoussa vivement une ouverture d'autant plus compromettante, dans la conjoncture critique où il se trouvait, qu'elle semblait mettre publiquement en doute l'efficacité de ses moyens de résistance et la possibilité pour lui de se relever de ses premiers échecs [1].

Sur ces entrefaites, il se passa à Venise un incident extraordinaire qui révéla tout à coup le profond ressentiment que les derniers actes de la France à l'égard de cet état avaient laissé dans son gouvernement. Le sénat avait vu avec douleur l'abaissement de la république, qui résultait pour elle de son dernier traité avec la Porte; il éprouva une nouvelle exaspération de la saisie de Marano, effectuée

---

[1] Par une lettre du 23 août 1542, Paul III annonce à Charles-Quint qu'il a envoyé le cardinal Sadolet à François Iᵉʳ, et fait choix du cardinal de Viseu pour remplacer le cardinal Contarini, qui venait de mourir, afin d'aller en son nom l'inviter à la paix avec son rival. Cette lettre est en latin dans le recueil de Ribier et dans la Correspondance de Charles-Quint; on en trouve aussi une traduction française, quoique à une date différente, dans les Papiers d'état de Granvelle, tome II, page 631. Ce recueil donne à la suite un long factum de Charles-Quint, daté du 28 août 1542, en réponse à l'indiction du concile de Trente : l'empereur, dans cette pièce, récapitule toute sa conduite précédente à Aigues-Mortes et à Nice, comme à son passage en France; il incrimine les rapports de François Iᵉʳ avec Jean de Hongrie, puis avec sa veuve Isabelle; ses intrigues aux diètes de Worms et de Ratisbonne, le prétexte de la mort de Frégose et de Rincon, ses rapports avec le Danemarck et le duc de Clèves; l'attaque du Luxembourg et celle du Roussillon et de la Navarre, « endressée avec grande braveté et menasses de l'adhérence et assistance du-

dit Turcq; » enfin « sa convoitise et ambition insatiable que ne se peult plus encouvrir, veant ce qu'il occupe et détient au duc de Savoye, l'ayant fortiflié en intention de jamais le rendre..... » Et il conclut par inviter le pape à se déclarer avec lui contre le roi.

Par une lettre postérieure, du 29 septembre 1542 (*Papiers d'état du cardinal de Granvelle*, t. II, p. 645), Charles-Quint répond à la réception du cardinal de Viseu, « combien que nous eussions voulsu qu'il n'eust prins la peine de si long voyaige; » et par une lettre de Monçon, du 18 octobre, il expose de nouveau ses griefs, et conclut à l'impossibilité actuelle d'un accord, en insistant sur le fait de la surprise de Marano, etc. » Accedit præterea fœdissima illa occupatio et furtum oppidi Marani..... nos eo tempore invasos fuisse quo nihil aliud in animo habebamus quam contra vim Turcarum vires nostras impendere..... Et si Turcarum vires in nostris littoribus hoc anno non viderimus, omnis tamen diligentia adhibita est ut Turcica classis ad clades Italiæ et Hispaniæ adduceretur. » (Ribier, t. I, p. 562, et *Corresp. des Kaisers Karl V*, II, 357 et 378.)

si près du territoire de Venise, et dont l'occupation, menaçante pour son indépendance, semblait faite dans le but d'exercer une contrainte directe et perpétuelle sur les résolutions de sa politique. Le soin que le sénat avait mis à dissimuler son mécontentement rend plus significatif encore l'acte qui le fit éclater, et montre toute la haine qu'il gardait au négociateur accusé par lui d'avoir été l'auteur de ce double désastre. Convaincu que plusieurs de ses membres, en rapport habituel avec des Vénitiens ou des Italiens réfugiés à Venise, avaient livré le secret de ses délibérations à l'ambassadeur de France, le sénat voulut sévir contre eux, et, comme ils avaient cherché un asile dans la maison de l'ambassadeur, il ordonna qu'on fît un siége en règle de la maison pour s'emparer de leurs personnes. Le rappel de l'évêque de Montpellier, qui suivit de près cette atteinte contre le droit des gens, prouve avec quelle circonspection apparente elle fut accueillie par François Ier; mais, à en juger d'après ce récit et la déposition des témoins, il dut sans doute s'en prévaloir auprès de la Porte pour essayer d'obtenir par son intermédiaire que Venise fût réduite à faire réparation à la France en se déclarant pour lui contre l'empereur.

EXTRAITS DE LA CORRESPONDANCE DE VENISE[1].

ATTAQUE A MAIN ARMÉE CONTRE LA MAISON DE L'AMBASSADEUR.

Venise.... septembre 1542.

Lettre d'un agent français au capitaine Paulin.

Je ne fais point de doubte que auparavant que vous ayez ceste despesche, la seig[rie] n'ait adverty son ambassadeur, et sondit amb[r] le G. S. et ses baschas de tout le scandalle qui est advenu en ceste ville entre eulx et Mr de Montpellier, et croy que cependant aurez esté en une trèsgrand peine et par ainsi ne sçaurez que leur respondre; car j'estime que les seig[rs] se vouldront grandement servir de cecy pour contanter le G. S. de ce dont ilz n'ont point faict vers le roy ce dont il les avoit priez. Ceulx qui congnoissent bien ceste ville disent qu'il ne fut jamais faict un tel scandalle, non-seullement à ung ambassadeur et ung tel prince, mais encores à nul autre prince. Ilz ont retenu Mr de Puylobier, qui avoit esté envoyé par le roy à M. de Montpellier pour l'aider

[1] Ces deux pièces, sans indication d'auteur, font suite à la correspondance de l'évêque de Montpellier, qui finit, dans le manuscrit du dépôt des affaires étrangères, aux dernières lettres que nous avons données.

en sa négociation, et le secrétaire de M. de Montpellier, prisonniers
deux jours et une nuict, sans jamais les voulloir ouyr; lesquelz estoient
envoyez vers eulx par Mr de Montpellier, pour leur dire qu'il estoit prest
à leur obéyr et aller vers eulx avec toute sa famille, si besoing estoit.
Bien toust après qu'ilz furent partiz, voyant M^r l'ambassadeur qu'ilz
tardoient à retourner et que le tumulte croissoit, prya le conte de
Ste-Seconde d'aller vers eulx pour leur dire le semblable. Ils le re-
tinrent pareillement et tous ses gens sans le voulloir ouir, et à luy
et les siens ostèrent les armes et les enfermèrent : au scoir, à xxiii
heures, le laissèrent sortir. Encores despuis que fut party du logis de
M. l'ambassadeur, voyant que ceulx qu'il avoit envoyé devers la seig^{rie}
ne revenoient pas, pria le nepveu de M. de Lodes de sortir dehors
pour sçavoir la cause pourquoy ilz n'estoient renvoyez, ce qu'il feist,
et fut aussi prins prisonnier. Tout ce qui sortit ce matin et voullut rentrer fut prins prisonnier, et beaulcoup d'autres, cappitaines et souldars,
qui quelquefois venoient à la maison de l'amb^r, sans dire la cause,
sans qu'il y eust information, ne les ont laissez sortir que quatre jours
après. Ilz armèrent tout le peuple contre nous, et leur donnèrent à
entendre que nous estions cinq cens hommes en armes dedans la maison de M. de Montpellier, que nous voulions leur dérober l'arcenal
et mectre ceste ville entre les mains du G. S. Je vous laisse pencer
si ce sont paroles pour émouvoir ung peuple. Ils feirent mectre hors
de l'arcenal quatre pièces d'artilherie et mectre davant sa maison;
de l'austre cousté du canal, à la douane, une tour qui est là, à toutes
les fenestres qui regardent de ceste part, force fauxconneaulx et mous-
chettes, et pareillement dedans le clocher de St-Marc et St-Moïse, sur
les maisons qui sont là auprès; et dedans deux maguasins qui sont
dessous la chambre où je couchois quant vous et moy estions dedans
son logis, feirent mectre force barilz de pouldre et mille hommes de
garde toute la nuict. Tout le mardy et le mescredy ne voullurent permectre que quelc'ung de la maison allast achapter vivres avec eulx et
sans armes, ne voullans prendre argent pour en achapter, et, de plus,
ne voullurent aller vers les seig^{rs} leur demander congé de ce faire. Le

mescredy au seoir feirent lever leurs gardes et envoyèrent deux esbires
à M. de Montpellier luy dire qu'il pouvoit envoyer dehors ce qu'il
vouldroit et faire comme auparavant, et que de la part de la seig^rie il
ne seroit plus empesché. Voilà l'honeste congé qu'ilz nous donnèrent.
Ils ont *licentiati* les s^rs Pierre Strossi et ses frères et leur famille de
leur ville et de tout leur estat de mer et de terre, sans dire la cause et
sans qu'ilz se soient nommé nul d'eux en ce tumulte, et se sont offertz
à se purger de tout ce dont on les vouldroit acuser. Si ces seig^rs se
veulent excuser l'avoir faict pour tenir leur ville en repoz, et que le s^r
Pierre est capitaine de grand réputacion et crédict avec les souldars,
ceulx qu'il a avec luy sont gentilshommes florentins forussiz, qui se
retirent avec luy pour ce qu'ilz espèrent, par son moyen et la faveur
qu'il a du roy, pouvoir retourner en leur liberté. Et quant ainsi seroit
qu'ilz eussent occasion de suspecter avec luy, à quelle raison font-ilz
partir ses frères? Ilz ont banni les enfans du s^r César Frégose et leur
ont ousté tous leurs biens, pareillement à ses frères ont ousté la
charge qu'ils avoient d'eulx, encores qu'ilz ne se soient empeschez en
rien en tous ces affaires, par lesquelz inculpent le roy de leur avoir
suborné leurs secrétaires. Le pauvre Augustin Abondi, pensionnaire
du roy, et qui n'avoit d'eulx nulle charge ne bienfaict, est traicté
comme pouvez entendre, et l'appellent rebelle, encores que ce ne soit
poinct luy qui ait gaingné les secrétaires; seullement, par le commandement du s^r César, il alloit parler à eulx et faisoit entendre aux serviteurs de sa maison ce qu'il entendoit d'eulx, et l'a continué ainsi depuis sa mort. Et par aventure que le service qu'il a faict au roy en cecy
les a offencez, s'ilz disent que peut-estre ils eussent eu du G. S. meilleure composition, il n'est pas vraysemblable; car avec tout ce qu'ilz
luy ont baillé, si n'eust esté la faveur du roy, le G. S. n'auroit point
faict de paix sans plus grand advantaige; car il congnoissoit bien qu'ilz
n'avoient pas moyen d'entretenir la despence qu'il est nécessaire faire
contre ung si fort ennemy; et davantaige il cognoissoit bien et eulx
aussi qu'ilz ne se pouvoient fier en l'empereur pour le bon tour qu'il
feist à Trévisa, encores qu'ilz se deussent sentir bien obligez à tous

ceulx qui ont esté moyen de ceste paix. Je n'ay point ouy dire qu'ilz
aient banniz ceulx qui furent cause de les faire entrer en la guerre avec
le G. S. dont ilz ont tant souffert et leur républicque; selon mon jugement, ilz ont faict tout cecy, non qu'ilz se repentent avoir faict la paix
avec le G. S. mais qu'ilz ne veullent point de l'alliance du roy dont
les a requiz ledit G. S. Ilz ont acoustumé d'avoir respectz jusques aux
artisans, et à ung serviteur du roy, tel comme le nostre, qui chairche
leur amitié par tous les moyens qu'il peult, ilz n'en ont point eu, ne
au logeis de son ambassadeur, auquel ilz monstrent voulloir beaucoup
de mal depuis la prinse de Marran. Quant ilz eussent voulu luy faire
quelque desplaisir, la raison voulloit qu'ilz regardassent tel affaire de
sorte que la réputacion de son maistre n'y fust point comprinse, pour
ne donner point tant de plaisir à ses ennemis; en quoy ilz se sont
monstrez plus impériaulx que Vénissiens.

Venise, 13 septembre 1542.

Ces seig^{rs} continuent leur entreprinse, non-seullement contre ceulx
qui sont en effect affectionnez à nostre part, mais encores contre ceulx
qui ont acquiz la réputacion d'estre François sanz en avoir faict aucune
démonstracion, et disent qu'ilz le font pour l'intérest de leur estat. S'il
estoit ainsi et qu'ilz voullussent pugnir ceulx qui sont partialz pour le
roy et pour l'empereur, ilz deussent s'arrester pareillement aux impériaulx, qui sont en beaucoup plus grant nombre, et jusques icy ne
nous sommes point aperceuz qu'ilz voullussent les fascher. Je vous
laisse pencer qu'ilz feroient, si les affaires de l'empereur estoient en
telle réputacion come ilz ont esté, et que les entreprinses du roy
n'eussent cest heureux commencement qu'ilz ont eu. Vous savez mieulx
que nous la cause pourquoy Janus-Bey vint icy et ce qu'il y a faict; or
croy que à ceste heure congnoistrez que quelque chose qu'il vous pro-
mist, il n'estoit pas si brave en parolles devant ces seig^{rs} comme il disoit,
et à la vérité le G. S. ayant faict paix avec eulx, n'avoit point d'argument de les presser de recepvoir l'alliance du roy contre l'empereur

Lettre
d'un agent
français
au capitaine
Paulin.

leur commun ennemy; mais estant survenu le tumulte, il nous semble
que l'en debvez advertir et les s^rs bassaz, et leur faire entendre que
la cause de tout est pour avoir faict la paix avec luy, et luy faire veoir
l'offence qu'on luy a faicte en cecy, et qu'il monstre ne se contanter de
nulle autre satisfaction que de se despartir entièrement de l'empereur
et se joindre avec le roy certainement. Tous ceulx qui congnoissent
leurs forces, et eulx-mesmes s'accordent en cecy, qu'ilz feront toutes
autres choses plustoust que de se rompre avec le G. S. congnoissant
que s'ilz le font ilz n'en peulvent attendre que leur totalle ruyne. Je
croy que quant vous remonstrerez au G. S. et ausdits bassas que le
roy, se fyant en eulx, est entré en une grandissime despence et très
dangereuse guerre, et qu'ilz luy peulvent donner tel secours, que si
ceste seig^rie avoit receu l'aliance du roy, indubitablement ils mectroient
en peu de temps l'empereur hors d'Italie, je pence qu'ilz auront honte
de vous la refuser, et s'ilz le font je ne sçay quel fondement le roy peult
faire de leur amitié. Je suys seur qu'ilz ne le feront pas, après qu'ilz
auront entendu que les impériaulx disent que quant ilz furent advertiz
de la venue des gallères du roy et de la vostre, ils feirent besongner
en diligence à l'arcenal pour avoir les présens qu'ilz sçavoient bien
qu'on leur portoit, et que depuis qu'ilz les eurent ils s'excusèrent sur
la tardité de vostre armée, et disent davantaige que l'esté qui vient
ilz feront le semblable; et allèguent pour aucteur de cecy ung esclave
genevois qui estoit en Const^ple, lequel ayant trouvé moyen de se saulver par la couverte et faveur de nos gallères, et despuis retourné à
Gênes, a faict ce bon raport. Or voilà de quoy ils disent que nous sert
la faveur du G. S.; mais s'il veut faire ceste démonstracion envers ces
seig^rs, il donnera plus de faveur aux affaires du roy que si son armée
de mer fust sortie. Je vous prie l'en solliciter de sorte que ceste seig^rie
ne congnoisse point que ce soit par vostre moyen, et vous monstrez
envers leur amb^r desplaisant de ce qui est survenu, et l'atribuer aux
ministres qui s'en sont meslez de part et d'autre, car nous faisons ainsi;
et croy que pour ceste heure le roy fera le semblable. Et si le G. S. leur
faict entendre qu'il se sent offencé d'eulx et du maulvais traictement

qu'ilz font à ceulx qui se sont empeschés de la paix et aux serviteurs du roy son alié, ilz n'auront nul autre moyen de le contanter sinon venir chercher le roy et recepvoir les offres qu'il leur a faictes. Je vous prie que ces seigʳˢ ne sçaichent point les noms de ceulx qui sont signez en ce que vous a envoyé M. de Montpellier; car ilz prendroient tout l'argent et les aultres biens qu'ont icy les seigʳˢ Strossi, et croy que les personnes qui ont signé ne seroient guères seurement.

Du côté de la Hongrie, la campagne avait été malheureuse pour les armes de Ferdinand d'Autriche : ses troupes, qui assiégeaient Pest sous la conduite de l'électeur marquis de Brandebourg, se retirèrent sans avoir pu réussir à s'emparer de cette ville. L'échec éprouvé par une armée de quatre-vingt mille hommes devant une place que défendait à peine une garnison de huit mille Turcs, devait surtout être désastreux par ses conséquences, car l'apparition de forces aussi formidables avait déterminé la reine Isabelle de Hongrie à entrer en arrangement pour la cession de ses droits à Ferdinand, qui se vit plus que jamais rejeté loin de ses espérances[1]. Un résultat tout aussi peu glorieux avait lieu pour François Iᵉʳ du

[1] Le siége mis devant Pest le 28 septembre fut continué sans succès jusqu'au 9 octobre. Le rapport d'Ungnad, qu'on lit dans la Correspondance de Charles-Quint (t. II, page 374), donne jour par jour les détails des opérations militaires avec les motifs de la levée du siége et de la retraite de l'armée : « Les coronelz des lansknechtz ont remonstré qu'ilz ne sçauroient comment mener leurs gens à faire l'assault, d'autant qu'ilz estoient mal vouluntaires et point payez, et que l'on les vouloit mener à la boucherie et mener en lieu imprenable..... Et enfin a esté conclu de retirer le mesme jour l'artillerie des trenchiz et la mectre ès basteaulx, etc. » Ferdinand, par une lettre du 17 octobre, informe l'empereur de cet échec : « En quoy semble, dit-il, a eu faulte de bons cerveaux pour la bonne conduite, et non de gens ny autres choses nécessaires. » Il indique ensuite la position des corps de l'armée turque et les conséquences que cet événement devait avoir pour ses propres affaires : « Le belliarbee de la Romanye estoit cinq lieues dessoubs Peterwaradin, et avec luy ung autre bassa qui povoit avoir environ de xxv à xxxᵐ hommes pour secourir Pest en cas de nécessité, et estoit aussi actendant le Turc en personne pour le mesme effect... J'ay envoyé devers le marquis électeur pour luy remonstrer le grand dommage que à la chrestienté et à tout l'empire pourroit succéder de la rompture de l'armée si soubdainement, l'exortant non le permettre, ains icelle faire tenir ensemble pourquelque temps et jusque l'on voye ce que les ennemis vouldront fère davantage. S'il eût pleu à Dieu permectre quelque prospérité à ladite armée, et qu'ils eussent peu obtenir Pest et les Turcs de dedans défaicts, les choses donnoient grand espoir,

côté du Roussillon : après avoir assiégé Perpignan pendant plusieurs mois, le
dauphin fut obligé de renoncer à son entreprise, dont le succès, d'ailleurs, reposait sur la présence de la flotte turque; mais cette flotte manqua au rendez-vous
et ne parut point dans la Méditerranée.

Paulin de la Garde, après avoir échoué, en passant à Venise, dans sa négociation auprès du sénat, avait trouvé, en arrivant à Constantinople, le projet
à peu près abandonné par l'inactivité et la froideur des ministres de la Porte. La
lenteur que les Turcs mettaient à se décider dans cette circonstance et l'oisi-
veté où se tenait Barberousse semblent impliquer pour la France un discrédit
momentané qui put être produit par les intrigues de l'envoyé de Ferdinand.
En effet, depuis le départ de l'ambassadeur français, Tranquillus Andronicus
avait hérité du rôle et de l'influence de Laski à la Porte, et il y avait, à diverses
reprises, suivi plusieurs négociations, qui continuèrent même pendant l'attaque
de l'armée de Ferdinand contre Pest. Paulin de la Garde était désespéré de voir
l'occasion se perdre à mesure que l'année s'écoulait, car il jugeait que cette inaction devait avoir des suites fatales pour des entreprises d'ailleurs mal conduites,
et qui avortaient autant par l'impéritie des princes et des généraux que par
la versatilité et le peu de persévérance de François Iᵉʳ dans les mêmes vues.
Ces échecs réitérés remplirent la fin de 1542, et l'issue d'une campagne qui
répondait si peu au commencement fit de nouveau recourir à la coopération maritime promise par la Porte. Paulin, qui n'avait cessé d'agir auprès du divan,
obtint enfin la sortie de la flotte turque pour le printemps de 1543; cet ajournement à l'année suivante faisait renvoyer jusque-là les résultats importants et
décisifs de la guerre, et, dans cette attente, on sembla d'accord de part et d'autre
pour remettre à cette époque les tentatives sérieuses d'hostilité [1].

car le traité avec la royne veuve du vayvoda, le moine et les aultres leurs adhé-
rens, est tout conclu et si avant que déjà
sont icy leurs commis et ceulx de la Transilvanie pour eulx rendre à moy et me fère
l'hommage, et après mettre en mes mains
les fors, lieux et chasteaux, et moy bailler
à ladite royne et accomplir ce que par ledit
traité je suis tenu; mais je crains fort de leur
mobilité, et que ceste retraicte ne les face
changer d'opinion. Aussi je vois les Hongrois désespérez puisque telles forces n'ont
peu riens faire, et suis en craincte qu'ilz
ne facent quelque party avec le Turcq. Je
feray tous mes debvoirs que le traicté susdit puisse sortir entier effect. Pereni Petter
est pris prisonnier, et ce par mon adveu,
à cause d'aucunes intelligences avec les ennemis. L'on cognoit journellement que la
seule tardance de l'armée de l'empire,
provenant par faulte de payement, a esté
la cause que riens n'a esté exploicté, et
s'ils se fussent hastés, ils eussent pour le
moins emporté Pest, et ne fust esté Bude
hors de dangier; et aussi si l'on eust continué le siége de quelque peu de jours. »
(*Corresp. de Charles-Quint*, t. II, p. 370.)

[1] Paul Jove, bien renseigné à son ordi-

III. — GUERRE GÉNÉRALE EN EUROPE. — COOPÉRATION ARMÉE DE LA FRANCE ET DE LA TURQUIE.

1543—1544.

Les faits militaires dominent presque exclusivement dans les deux années qui vont suivre. Cependant la diplomatie ne resta pas inactive, et la diète de Nuremberg, convoquée avant la reprise des hostilités, offrit à François Ier l'une de ces occasions où il venait justifier publiquement sa politique devant l'assemblée de l'empire, dont les princes se trouvaient ainsi constitués juges entre lui et l'empe-

naire, donne des détails précis et circonstanciés sur ces faits, et de plus la mission du capitaine Décé dans le Levant se trouve constatée uniquement par son témoignage:

« Polin ayant pour néant passé quelques jours à Venise, tira droict à Constantinople, où il trouva toutes choses plus difficiles qu'il n'espéroit; car les bassas nyoient que l'armée marine peust estre menée en Ponent, d'autant que trois mois de printemps et d'esté s'estoient desjà escoulez, tellement que Polin estoit grandement tourmenté de très grief souci et ennuy, à raison qu'il n'avoit exploicté heureusement ne l'une ne l'autre affaire à Venise et à Constantinople..... Il se prit à exécrer les perverses et instables mœurs des barbares, à requérir la foy de Solyman, à parler à chacun des bassas, et estoit tant assidu en ses prières, qu'il sembloit estre plus prochain de fascher que d'agréer, tellement que l'eunuque Solyman fut d'avis que ceste matière fust vuidée en grave harangue, et ayant appelé Polin au palais en l'assistance des autres bassas auxquels estoit ajousté Barberousse, pour cause de la dignité d'amiral, il lui dict ses raisons... Ces paroles, sévèrement prononcées par l'eunuque, estonnèrent de tant plus Polin qu'elles sembloient envoyées de la

bouche du soudan mesme: et aussi pouvoit-on croire qu'il les avoit escoutées pour ce que, sur le dos du siége des bassas, y avoit une fenestre garnie de barreaux d'airain, et couverte d'un voile tendu au devant, d'où le soudan, sans estre aucunement aperceu, oyoit les procès et débats de toutes nations, notant les contenances des juges qui, par ceste raison, entendoient plus soigneusement à administrer équité et justice. Polin ne perdit point encore espérance, ains pourchacea tant instamment, qu'il se gaigna entrée vers le soudan Solyman, par le moyen du Capi-Aga, capitaine de la Porte, pratiqué par largesse, et par lui le François (ce qui par avant n'avoit esté permis qu'à très peu de noz gens) fut introduict en la chambre propre du soudan. Solyman, avec un visage doux, et en bien peu de paroles, respondit aux prières de Polin, que l'occasion de mener son armée marine hors de port estoit passée non point par sa volonté, mais par la tardiveté de luy ambassadeur et le déclin de l'été; et promit que sur le printemps en envoyeroit au roy, son frère et ami, une du double plus grande que celle qu'il demandoit contre Charles, leur commun ennemi. Par quoi Décé, capitaine de galéres et chevalier de

reur. Dans la lettre qu'il adressa à la diète dès les premiers jours de 1543, le roi, en retraçant tous les incidents de sa querelle avec son rival, insiste particulièrement sur l'attentat commis contre ses ambassadeurs, et se disculpe surtout d'avoir appelé la Turquie contre l'Allemagne. Ce désaveu pourrait paraître étrange au commencement d'une année dont la fin allait précisément être marquée par une association plus intime d'intérêts entre les deux peuples, et où leur alliance devait s'élever jusqu'à une confraternité d'armes qui vint étonner l'Europe. Mais les faits accomplis dans l'intervalle et le peu de succès même de la démarche du roi auprès de la diète l'avaient rendu dès lors libre de recourir à tous les droits de la défense.

La campagne, ouverte dans les Pays-Bas au mois de mars, fut brillante et signalée par une série d'avantages qui ne pouvaient avoir beaucoup de portée en l'absence de l'empereur. Celui-ci persistait à rester en Espagne, quoique les succès du duc de Clèves fussent de nature à déterminer une défection parmi les princes d'Allemagne, et qu'ils fissent une diversion favorable aux progrès de la Turquie contre l'Autriche. Soliman II, revenu à toute l'ardeur de ses vues ambitieuses, et déployant un appareil de guerre formidable pour une campagne qu'il allait encore diriger en personne, s'avançait de nouveau contre Vienne; il avait en partant laissé l'ordre à Barberousse de se rendre à la tête de toute la flotte ottomane dans la Méditerranée pour combiner ses opérations avec celles de la France. Paulin de la Garde avait regagné tout son ascendant sur la Porte, et, après l'avoir engagée dans une expédition par terre sur le Danube, lui-même se disposait à prendre une part active à la campagne maritime pendant laquelle l'ambassadeur français, monté sur la flotte ottomane, sembla présider à tous ses mouvements [1].

L'empereur était resté en Espagne le témoin passif des deux agressions de son rival, qu'il avait laissées se consumer d'elles-mêmes. Reprenant habilement l'offensive au milieu de l'épuisement de son ennemi, il passa d'Espagne en Italie.

Rhodes, venu à Constantinople pour remporter nouvelles en France, quand l'armee marine de Levant aprocheroit, retourna à Marseille avec ceste réponse, et le roy François fit incontinent revenir d'Espaigne le dauphin son fils, où il l'avoit envoyé sous l'espérance de leur navire.

[1] Paulin de la Garde laissa en partant, avec le titre de résident auprès de la Porte, Gabriel d'Aramont, gentilhomme languedocien, qu'on y verra revenir à plusieurs reprises avec le titre d'ambassadeur. La

correspondance de l'évêque de Montpellier montre en 1542 cet agent attaché en Italie à la petite cour de la Mirandole. Presque tous ceux qui, comme lui, revinrent plus tard occuper le poste de Constantinople en qualité d'ambassadeur, avaient déjà, comme messagers diplomatiques, exécuté plusieurs voyages qui devenaient pour eux des titres à y être renvoyés de nouveau avec un grade supérieur. C'est ce qui eut lieu également pour Jean de la Vigne et Michel de Codignac, qui, pen-

Dans le même temps, François Ier, comme pour lui susciter au midi une diversion qui l'empêchât de se rendre dans les Pays-Bas, nomma le duc d'Enghien
amiral de l'armée de mer du Levant [1], en l'appelant à commander ses forces de
terre et de mer dans l'expédition qui devait se faire avec la coopération navale de
la Turquie. Le jeune prince, à son arrivée en Provence, n'y trouva pas la flotte
ottomane, car Barberousse, parti de Constantinople au mois de mai, employa le
mois de juin [2] à faire une campagne sur les côtes de Naples, où il prit Reggio qu'il
saccagea, et l'amiral turc n'arriva à Marseille qu'aux premiers jours de juillet.
Dans l'intervalle, l'empereur était débarqué à Gênes, et le duc d'Enghien, qui avait
des intelligences avec Nice, impatient d'agir, tenta sur cette ville une attaque, que
fit échouer l'apparition de la flotte de Doria. Charles Quint, rassuré par l'état des
choses, partit de Gênes, et, après avoir eu une entrevue à Berceto avec le pape,
où il essaya de l'entraîner dans une ligue contre la France par l'appréhension
de la Turquie, il se dirigea vers l'Allemagne. Sans paraître se préoccuper des
progrès de Soliman II en Autriche, il voulut d'abord venger la majesté de l'empire de l'insulte du duc de Clèves : ce prince fut bientôt réduit à l'extrémité, et
forcé de se livrer, lui et ses états, à la discrétion de l'empereur. Ainsi François Ier se trouvait privé des moyens d'agression qu'il avait organisés de ce côté :

---

dant cette première résidence d'Aramont,
firent tous deux plusieurs voyages successifs en Turquie, où ils devaient aussi l'un
et l'autre reparaître plus tard comme ambassadeurs.

[1] Le ms. de Béthune 8634 contient l'acte
de nomination par François Ier, daté du
18 avril 1543. Les Mémoires de Vieilleville mentionnent aussi le fait avec la réception du prince à Marseille : « Ayant eu
le roy nouvelles que l'armée turquesque,
conduite par Barberousse, devoit bientôt
arriver pour son service à Marseille, S. M.
délibéra d'envoyer un prince de son sang
pour la recevoir, et estre en ladite armée
jointe avec la sienne de Levant, son lieute-
nant-général..... Je ne vey jamais tant canonner, car en ce temps-là il y avoit quarente gallères dedans le port de Marseilles,
qui battoient cette mer de Levant si bien,
que les François y estoient redoutez, et en
estoient quasi maistres : et il se trouva un

si grand nombre de frégates et brigantins
qui faisoient rage de canonner, et le ton-
nerre y estoit si grand, que les femmes
grosses et les nourrices furent contraintes
de se retirer dedans les caves. » (*Mémoires
de Vieilleville*, p. 109.)

[2] Un rapport anonyme d'un agent vénitien rend compte du passage à Corfou de
la flotte turque : « Da un mio amicissimo
che si trova su la galea del ambasciator di
Francia mi è stato scritto che alli 16 di
maggio partì da Constantinopoli Barba-
rosso con cento galee..... El farà partenza
verso Marsiglia, per quanto si divulgua.
L'ambasciator di Francia ha tendo di da-
masco alla sua livrea con le bande rosse,
negre et bianche, et sono trenta galee
quelle di Francia con le loro poppe dorate
et intagliate..... Di Corfu, alli 15 giugno
1543. » (*Lettere dei principi*, t. III, p. 179.)
Cette lettre porte dans ce recueil la date
fautive de 1545.

de plus il allait avoir sur les bras un autre ennemi que lui suscitait l'habileté de son rival, et dont la puissance devait balancer d'une manière bien plus directe l'intervention de la Turquie : c'était Henri VIII, qui, après avoir été si longtemps hostile à Charles-Quint, s'était renfermé depuis plusieurs années dans une neutralité boudeuse, et qui en sortait tout à coup pour rompre enfin avec François Ier, et passer avec toutes ses forces aux intérêts de l'empereur.

Pendant que ces mouvements se préparaient dans le nord, la flotte turque arrivant enfin à Marseille, au milieu du découragement laissé par un mauvais succès, on ne sut d'abord à quoi employer les forces ottomanes. Cette inactivité forcée indisposa violemment Barberousse, et Paulin de la Garde se rendit auprès du roi pour réclamer l'emploi de cette flotte tant désirée dans une expédition quelconque; on reprit alors l'idée d'une nouvelle attaque sur Nice, et un siége en règle fut mis devant cette ville, du 10 août au 8 septembre. La ville succomba [1], mais la citadelle ne put être réduite avant l'arrivée de l'armée et de la flotte espagnoles, qui forcèrent les assiégeants à la retraite. Malgré ce nouvel échec, François Ier tint à conserver l'avantage moral que la présence de la flotte turque semblait lui donner dans l'état des affaires : à défaut d'un emploi actif utile, il fit les plus grands sacrifices, aidé de l'influence de Paulin de la Garde, pour fixer Barberousse et sa flotte à Toulon dans un établissement qui ne dura pas moins de six mois, et qui, tenu là sous sa main, semblait une menace suspendue sur l'Europe.

LETTRE DE FRANÇOIS Ier A LA DIÈTE DE NUREMBERG [2].

(Copie. — Fontanieu, portef. 252.)

Messieurs des estats, j'ay toujours tenu pour certain que c'estoit chose peu séante à la personne d'un empereur ou d'un roy de débattre leurs affaires entre eux, en particulier ou hautement, par

[1] Dans la première attaque contre Nice avait péri le capitaine de vaisseau Magdalon, frère du baron de Saint-Blancard, qu'on a vu figurer dans le journal de la croisière de l'amiral dans le Levant. La violation de la capitulation de Nice, attribuée aux Turcs, aurait eu pour cause, selon d'autres, une vengeance privée : « La ville de Nice fut saccagée contre la capitulation, et puis bruslée; de quoy il ne faut blasmer Barberousse ny tous ses Sarrazins,

car ils estoient déjà assez éloignés quand cela advint : mais on dit que les parens et amys du capitaine Madalan et Michelet firent cette fougade. Toutefois on rejetta cette méchanceté sur le pauvre Barberousse, pour soutenir l'honneur et la réputation de France, voire de la chrestienté. » (*Mémoires de Vieilleville*, Petitot, t. XXVI, p. 119.)

[2] Nous ne donnons ici qu'un extrait de cette pièce, qu'on peut lire aussi dans Ribier, t. I, p. 567.

escrits injurieux, et si par le passé quelquefois, estant contrainct par
la démesurée pétulance des médisans, j'ay respondu aux calomnies
qu'ils avoient amplement divulguées contre moy, je l'ay fait afin que
ma réputation ne demeurast pas en perpétuelle controverse; en quoy
néanmoins l'on a bien connu que j'en ay tousjours usé modérément...
Et pour vous mettre en fait un sommaire des médisances par lesquelles ils se sont efforcés de noircir ma dignité, vous avez bien la
souvenance, messieurs, que quand l'on me demanda secours pour la
défense de la république chrestienne contre les entreprises du Turc,
dès là ils taschèrent de vous persuader que je l'avois inhumainement
dénié, comme si j'avois communication et intelligence pour cette
guerre avec luy. Mais par mes lettres et ambassades je montray bien
le peu de foy que l'on pouvoit adjouster aux menteries des calomniateurs, promettant que si le cas le requéroit, et que vous le trouviez
bon, je voulois estre moi-mesme en personne à cette grosse et dangereuse guerre, et mesme que j'offrois de souldoyer trente mil hommes
de pied de vostre nation. Depuis, je vous ai souventesfois inculqué
que j'avois pris alliance ou société avec le Turc, mais l'effet des
choses a monstré que ce n'estoit qu'une tresve ou surséance de guerre,
de laquelle n'estoit exclus aucun chrestien qui y vouloit estre admis,
laquelle mienne paction avec le Turc a donné de grandes commoditez à l'empereur, et luy en eust donné de plus grandes s'il eust
sceu ou voullu user d'icelles. Un peu de temps après que j'estois en
très bon équippage pour entrer en guerre, je la différay jusques à
son retour du voyage de Thunes..... Vous sçavez avec quelle fureur et
violence il se jeta sur le royaume de France, et n'y a personne de
vous qui n'ait ouy réciter la cruelle et abominable entreprise qui
avoit esté faite contre moy et ma lignée; duquel outrage, jà çoit que nature à peine en puisse souffrir l'oubliance, j'avois mis tout en oubly...
je l'ay receu en mon royaume pour aller en diligence par la Gaule
vers ceux de Gand, et par ce moyen pourvcoir de bonne heure à ses
affaires, et pour ceste franchise et sincérité inestimable on m'a enfin
joué ce bon tour que César Frégose, chevalier de mon ordre, et An-

toine Rincon, mon ambassadeur, ont esté au duché de Milan, par ses commiz, cruellement tuez et dépouillés de leurs papiers et de tout ce qu'ilz portoient avec eux : et pour mieux cacher cette cruauté et inhumanité, ces méchans et abandonnez meurtriers ont mis sur ces pauvres victimes une accusation, et ont semé malicieusement par tout le monde qu'on a trouvé lettres sur eux par lesquelles je priois le Turc de venir contre les chrestiens ; mais pour la fausseté de ce bruit, ceux-là seuls en ont la connoissance qui l'ont mis en avant, à sçavoir les cruels meurtriers de mes gens. Quand je demanday à l'empereur par plusieurs lettres satisfaction sur cette injure, il en fit une si grande mocquerie que j'ay esté contrainct, tant de droict que pour soustenir ma dignité et réputation, de vanger par armes ceste injure si je ne voulois estre tenu pour le prince du plus foible cœur et plus prest à recevoir contumélie qui soit et qui sera jamais au monde, et après que j'ai eu délibéré d'exécuter ce dessein, et que j'estois desjà après, voicy une nouvelle entreprise que l'empereur nous va dresser contre le royaume de Barberousse, qui ayant esté cause que je retarday mon armée, non seulement jusques à son retour, mais bien jusques à plus long temps, ayant espérance que par quelque voie honneste il me feroit faire réparation de cette injure ; et après m'estre veu hors de cette opinion, j'ay délibéré de poursuivre par armes ce que je n'ai peu par aucune raison tirer d'un homme injurieux..... L'empereur, non content de la mort et du meurtre abominable de mes gens, a de nouveau controuvé contre moy (et comment est vraysemblable sa raison de laquelle il tâche de persuader, comme par voye publique de prêcheur) que l'armée du Turc est attirée tous les ans contre les chrestiens à ma prière et requeste, et qu'à cette fin je mène la guerre en Italie ; et sans cesse recommence la mesme chanson, seulement pour s'exempter de tourner les armes contre ledit Turc. De plus, je voudrois bien que vous eussiez considéré qu'il n'y a pas d'autres que l'empereur Charles qui ait attiré contre les chrestiens les Turcs, qui sont comme enragez de l'outrage qu'ils ont receu, et comme c'est luy qui a entretenu ce grand feu, qui desjà par plusieurs fois a provoqué

un si puissant prince, plustost par ostentation et je ne sçay quelles
vaines menasses que par les forces qui pour ce faire estoient requises,
et vous a poussés, vous qui ne pensiez en rien de ce feu, lequel il
espère esteindre non par sa ruine mais par la vostre, par quoi j'accepte sans aucune difficulté pour arbitre un chascun qui sera d'équité
et de bon jugement, à sçavoir si après une si longue patience de laquelle j'ay usé en la dilation de la vengeance de l'outrage que j'avois
receu, je me devois appaiser ou bien acquiescer, et servir de l'insolence de mon ennemy. Pour les entreprises que l'empereur fait contre
le roy des Turcs, il cache sous ces titres pieux les intérests particuliers qu'il a en ses guerres, sa cupidité de gloire et insatiable ambition. Certes, je ne crois pas que vous soyez d'advis qu'il soit licite à
l'empereur d'inférer toutes injures à un chascun, sans permettre la
revanche à celuy qui sera par luy injurié, mais je ne seray jamais
tant chargé de mes calomniateurs ou aliéné de vous que particulièrement pour vostre empire et communément pour la défense de la république chrestienne, je n'entreprenne ce qui appartient au titre de roy
très chrestien, duquel je suis orné par dessus tous les autres princes, et
ce que requiert la très ancienne et jamais rompue alliance du royaume
de France avec le sacré empire des Romains. Révérendissimes révé-
rends, illustrissimes illustres, hauts et puissans, nobles et notables
princes, électeurs, princes, évesques, abbez, contes, barons, chevaliers, citoyens et messieurs des citez, et généralement tous les estats
de la noble Germanie et du sacré empire des Romains, mes très
chers cousins, amis et confédérés, Nostre Seigneur vueille garder
et augmenter voz amplitudes. — Donné en la ville de Maguigeste, le
9ᵉ janvier 1543.

AVIS REÇUS DU CAMP DE CARIGNAN.

(Béthune, ms. 8490.)

Vous avez receu, comme je croy, de ceste heure les lettres que
vous ay escriptes, et samedi dernier 11ᵉ de ce moys l'empereur partit de

Gennes avec quatorze cens hommes de pied et mil chevaulx de assez maigre équipaige, qui est tout ce qu'il a amené d'Espaigne. Il a demandé à emprunter aux dits Gennevoys une grosse somme de deniers qu'il a depuys convertie en moindre ; mais ils luy ont reffuzé les deux, ce excusant sur la deffense de leur pays contre le Turc, qui les mect en telle crainte qu'ilz demanderoient plustost ayde que de en bailler. Le duc de Florence est avec luy qui luy doibt fournir ung million d'or contant et ung autre à terme, moyennant ce qu'il luy mecte les places dudict duché en liberté. Il prétend d'en demander autant au pape pour investir le duc de Castres de la duché de Millan, excepté les forteresses ; il verra le pape à Boulongne, lequel le recevra maigrement s'il ne se resfroidist des propos qu'il a tenu de luy au consistoire dernier du xxviii⁰ may, où sa saincteté dit qu'il estoit ingrat et mescognoissant, avecques autres propoz bien aygres, dont les moindres estoient qu'il estoit bien en sa puissance de le gecter hors de son royaume d'Espaigne, et si en cela l'esprit conforme à la bouche. Nous pouvons asseurer de ce costé que l'empereur faict lever six mille hommes, qui ne se hastent pas beaucoup non plus que les chevaulxligiers qu'il a mis sus ; mais quant ils seroient tous ensemble, comme je y ay peu d'espérance, ce n'est ung nombre assez grand pour gecter ung Turcq d'Hongrie et Austriche, où il devoit estre le xx du moys passé à raison de son département de Andrenopoly, qui fust le xxiii d'avril, ayant un exercite plus grand qu'il ne mena il y a vingt ans, en délibération qu'il ne partira jamais de devant Vienne qu'il ne l'emporte. Je croy que si l'empereur eust sceu ces nouvelles avant son partement, il fust encore en Espaigne. Barberousse est sur la mer avecques deux cens cinquante voilles, et ont desjà couru trente fustes jusques à Gennes, qui ont empesché de partir les cinquante gallaires qui alloient en Espaigne. Je pense que le cappitaine Poullin soit dessus ces dites galères, et suivant sa promesse qui est de monstrer au G. S. les amys du roy, auxquels il ne prétend faire aucung mal [1]. »

[1] La flotte turque partit de Constantinople le 28 mai 1543, et pendant tout le mois de juin menaça plusieurs points des côtes d'Italie. L'attaque et la prise de Reg-

AVIS VENUS D'ALLEMAGNE.

(Béthune, ms. 8490.)

Quant aux nouvelles que j'ay eues d'Allemagne, l'armée de l'empereur peult estre de XLᵐ hommes, à sçavoyr : Italiens, Espagnols en nombre de xᵐ, le surplus Allemands, lesquels il faict marcher contre le duc de Clèves en délibération de le ruyner s'il peult, et a assiégé une des villes du dict sᵍʳ de Clèves, assez bonne etclef du pays, nommée

gio sont du 20 juin, et Paul Jove, dans le récit exact qu'il donne de ces faits, fournit même deux lettres particulières, l'une de Soliman, et l'autre de Paulin de la Garde :

« Polin suyvant Solyman, qui yvernoit à Hadrianopoly et s'apprestoit à faire griève guerre en Hongrie, par prière exquise impétra que l'armée marine des Ottomans fust envoyée à Marseille sous la conduite d'Ariaden Barberousse, pour tourmenter les rivages ennemis, et pour tant distraire les puissances de l'empereur, servant sur les frontières de France en puissant effort de guerre. Ceste despêche, disputée en plusieurs délibérations des bassas, avoit eu de grandes difficultez, y contredisant Solyman l'eunuque, devenu, après Lufti-beies, chef de l'estat des bassas, et qui haïssoit manifestement Barberousse. Il n'y eut point faute de gens qui pensassent qu'il eust esté induit à ce faire par argent, moyennant les impériaulx et Vénitiens. Car il livra puis après à Polin certaines lettres du vice-roy de Sicile, par lesquelles demandoit que, par son entremise, Solyman se joignît avec l'empereur Charles en honneste convenance d'amitié : et semblablement Barberousse se vanta que l'ambassadeur vénitien lui offrit 40 mil ducas s'il ne navigeoit point l'esté durant;

car les Vénitiens avoient à craindre ceste armée turquesque, qui signeurioit superbement sur toute la marine de Levant, s'accoustumoit aux rivages chrestiens..... Polin, resjouy de savoir que ceste armée luy avoit esté octroyée, remercia Solyman, car ce grand seigneur ayant ouy les avis de ses gens et iceux réprouvez, concluoit qu'il appartenoit à sa dignité de tenir la foy promise..... Deux jours après, le gendre Rostan et l'eunuque mesme firent cet honneur à Polin, de le traiter en festin solennel, s'esjouissans avec luy de l'amitié bénignement augmentée par cest octroy de l'armée marine. En après, luy fut faict présent de quelques précieuses robbes longues de drap d'or, de deux braves chevaux singulièrement enharnachez, et de quelques vases d'argent; et aus plus dignes de sa suite, furent données des robbes de drap de soye. Quand il fut prest à partir, Solyman luy enchargea grandement de luy contre-garder et ramener son armée entière, et y estant devant écrits les tiltres de tant de royaumes en glorieuse superbe, luy bailla des lettres à porter au roy François en ceste substance : « J'ai livré à Polin par frater-« nelle libéralité une armée marine de « telle qualité et quantité que vous l'avez

Mielle, de laquelle l'on a mauvaise espérance pour ledict s^gr de Clèves, pour estre mal fournye de gens, et que ung peu auparavant la venue dudict empereur, il en estoyt sorty cinq cens chevaulx qui n'ont peu rentrer à cause du siége. Le roy d'Ennemarc faict grande dilligence de luy envoyer secours, dont on espère avec l'ayde du roy suffisante deffense contre ledict empereur. Ledict s^gr de Clèves le faict assiéger,

« demandée, et très-bien équipée de toutes « choses. Il est aussi commandé à l'amiral « Barberousse qu'il obéisse aux conseils « d'iceluy, et conséquemment qu'ils mei- « nent la guerre contre les ennemis à « vostre vouloir. Pour vostre égard, vous « ferez le devoir d'ami, si la navire est ra- « menée à Constantinople, après que les « affaires seront heureusement accomplies. « Au demeurant, toutes choses aviendront « prospèrement, selon vostre vouloir et « le mien, si vous prenez soigneusement « garde que le roi Charles d'Espaigne, « vostre éternel ennemi, ne vous trompe « derechef, sous mention de paix. Car « vous l'aurez très-équitable avec luy, après « que vous aurez bruslé ses pays par avant « gastez (gardés?) de toute misère de « guerre..... » Estant Polin retourné à Cons- tantinople, trouva que Barberousse, qui nuit et jour s'estoit souvent trouvé aux arcenals, avoit excellemment refaict sa na- vire; ils s'embarquèrent au 28e jour de may.... » La première attaque fut dirigée contre Reggio en Calabre, que Paulin fit sommer, et où les Turcs entrèrent par sur- prise, « là où trouvant les maisons vides, les brûlèrent, en estant Polin fort marry. » C'est encore aux prières de Paulin que Barberousse accorda une capitulation au gouverneur espagnol, dont il réserva la fille pour son sérail. La flotte turque ar- riva à Ostie le jour de la St-Pierre, « en si grand épouvantement des hommes s'en-

fuyans de l'orée marine aux montaignes que le peuple de Romme, incité à la fuite par soudaine peur, sembloit estre pour abandonner la ville, si certaines lettres, que Polin escrivit au légat Rodolphe, n'eus- sent appaisé ce tumulte; car elles estoyent de telle teneur. « L'armée marine que So- « lyman envoye pour la deffense de France « sous la conduite de Barberousse, a charge « de m'obéir de telle sorte, qu'elle ne nuira « à nul qu'à noz ennemis : par quoy faites « publier aux Romains et à tous autres ha- « bitans l'orée de la signeurie papale, qu'ils « ne craignent rien d'ennemi de nous, car « jamais les Turcs n'enfrindront la foy que « leur soudan m'a donnée très manifes- « tement; et savez aussi pour certain que « le roy de France n'a rien plus cher que « voir l'État de Romme non-seulement sain « et sauf, ains encore très fleurissant, et « pour tant deffendu contre toute injure « des impiéteux. »

« Usant Polin de ceste même diligence, assera tellement les esprits de ceux de Nettuno et d'Ostie, que, demandans les Turcs telle marchandise, leur alloyent vendre du bestail comme des mesures de vin de campaigne, pour l'usage des es- claus rameurs..... Mais ceulx de Romme ne pouvoient estre induis à se fier à l'en- droit des barbares. Combien que le gou- verneur de la ville avec le bargel, ayant fait allumer force torches et flambeaux, courrust par toutes les rues, et taschast

et a, comme l'on pence, jà pris Transperg, que l'empereur avoit prins
sur luy, qui est ung fort lieu. Ledict emp^r faict marcher les Italiens,
Espagnols les premiers, qui font telle ruyne et desgâts tant de vivres
que d'autres choses, que les Allemans arrivans après ne y trouvent le
plus souvent rien, ce qui cause murmuremens et jà grand haynes entre
eulx, et tient l'on pour certain en Allemagne que de la champaigne il
s'en passera pour ceste année. Du costé de Hongrie, le G. S. a faict
assiéger une ville située entre Bude et Vienne, nommée Strigonie, que
l'on pense présentement estre prise, qui a tellement estonné Ferdinand et tout le pays que, voyant qu'il ne peult pourveoir à garder
Vienne, pour n'avoyr voullu les habitans ravoir les Espagnols et Italiens, a faict retirer toute l'artillerye et autres munitions qui estoient
dedans, la laissant comme perdue. Car l'empereur, de ce costé, ne y
veult donner ordre, quelque remonstrance que l'on luy sçaiche faire,
estant obstiné à la ruyne dudict s^{gr} de Clèves. J'ay oppinion que ledict emp^r simulle contre ledict s^{gr} de Clèves ceste grande fureur pour
couvrir sa peur dudict G. S. et qu'il se estonne d'une force si grande ;
mesme qu'il est ainsi convoiteux de gloire, ayant en camp deux si
puissantes armées contre luy et le choix duquel qu'il vouldroyt, il
les laisse et poursuyt le foible [1].

de retenir ceux qui fuyoient..... Quelques
enseignes de fanterie levées à la haste furent appelées à Romme à grands et inutiles
fraiz, lorsque l'armée de Levant départoit
desjà, quand Barberousse, tenant la coste
de Toscane et Ligurie sans mal faire, tira
droit à Marseille. » (Paul Jove, tom. II,
pag. 593.)

[1] Tous les historiens empruntent à Paul
Jove le récit de l'expédition contre Nice,
et les observations de détail dont il le
sème sont parfaitement conformes au caractère des personnages et aux mœurs des
peuples qu'il fait agir :

« Au mois d'aoust du mesme an, Barberousse approcha sa navire vers Nice, en
Provence ; car ce barbare estoit fort courroucé d'avoir navigué si grand espace de
mer, et estre estimé venu pour néant avec
perte de sa réputation, pour ce que le roy
François souffroit écouler tout le temps
propre à exploicter une entreprise marine,
et seroit accusé de ceste lascheté à Constantinople, si tout l'esté se passoit au port
de Marseille, là où les mains de chacun
s'engourdissoient. Pour ces causes, Polin
s'en alla vers le roy, auquel ayant exposé
ce que Barberousse demandoit sous paroles outrageus, remporta vers l'armée
marine la résolution du roy, par laquelle
il leur estoit enchargé d'assaillir Nice et
la battre par terre et par mer.....

« .... Les Turcs ayant, par merveilleuse habileté et expertise, parachevé leurs fortifications non loin du camp, de Polin et rangé leur artillerie, avoient abattu la couronne des murailles..... Craignant Polin que les barbares n'empeschassent les convenances de la composition de la ville, et que, provoquez d'avoir perdu leurs compaignons et de l'espérance du butin, n'entrassent impétueusement en la ville, impétra de Barberousse qu'il rappelast ses soldats, et qu'ils fussent remenez à la navire, à cause de quoy non guères après les janizaires, comme fraudés de leur espérance, taschèrent de tuer Polin, retournant de parlementer avec Barberousse.

« Le barbare, méprisant le naturel de noz gens comme non promptz à une hardie entreprise de guerre, commanda de braquer contre la roque sept pièces d'artillerie, entre lesquelles il y en avoit deux de singulière grandeur... Mais par tant de cannonades, les Franççois tombèrent à si grande disette de poudres et boulets, que Polin fut contrainct d'en demander à Barberousse par emprunt ou à l'argent, de quoy le barbare le tansa, de ce qu'en France ils avoient besoin de la fourniture d'autruy, comme ceux qui avoient mieux aimé charger leurs naus de vin à Marseille que de choses nécessaires à la guerre. Car ce vieillard sévère et brusque ne s'abstenoit point de getter tels injurieux brocards, et menacca de mettre Polin à la cadène, parce qu'il l'avoit amené en un lieu où il rendroit sa navire inutile, estant usée de la munition de ses artilleries. Et soudainement fit assigner le divan, auquel tous les patrons de galères, chefs de guerre, capitaines et porte-enseignes, sont appelez, estant un tribunal drécé devant le camp, et vouloit ordonner de son retour vers

Levant. Ce qu'estant publié, fut si grief aux François, que rien n'eust peu davantage. Polin, tout partroublé d'esprit, ne douta point de descendre à très humbles prières, en flattant et promettant à Barberousse et à chacun des capitaines de janizaires, à part, plusieurs amples récompenses de la libéralité du roy: que cet acte mis témérairement à effet apporteroit du tout grièfve fascherie à Solyman et à eux punition toute asseurée, et parce que M. d'Anguian appaisoit très doucement ce vieillard courroucé, ne fut point mal aisé à impétrer que l'entreprise du départ assigné fût rompue..... »

L'arrivée de l'armée espagnole, commandée par le marquis du Guast, fit décider la retraite : « ..... Et commença l'on à remuer les artilleries, et merveilleuse fut l'industrie des Turcs, qui reportoient non seulement les leurs sur les espaules, mais aussi les plus pesans des François qu'ils remuoient à peine, et leur sembloient s'affadir trop tost de corps et de cœurs; et sur ce tumultuaire travail du départ, les barbares ne peurent estre retenus en obéyssance telle qu'ils n'entrassent dans la ville et ne missent de cruel feu ès maisons. »

André Doria, qui suivoit et appuyait par mer les mouvements de l'armée espagnole par terre, vint s'engager dans une position difficile où l'on pouvait détruire sa flotte: « Estant congneu ce péril, Polin fit remonstrer à Barberousse l'excellente occasion que l'ennemi luy présentoit; à quoy il s'accorda et fit sortir son armée en flotte, mais il s'arresta paresseusement environ le vignoble d'Antipou, s'en esmerveillans les capitaines des galères et sangiacs, et tost après s'en rians, disans par moquerie qu'il estoit équitable que Barberousse ne nuysist en rien à Doria, comme estant son

ACTES RELATIFS AU SÉJOUR DE LA FLOTTE TURQUE EN PROVENCE [1].

(Archives de la ville de Toulon.)

EXTRAITS DES REGISTRES DES DÉLIBÉRATIONS DU CONSEIL DE LA VILLE DE TOULON,
REGISTRE B, N° 10.

16 septembre 1543.

L'an de l'Incarnation de Nostre Seigneur Jésus-Christ mil cinq cens quarante-troys et le sezième jour du moys de septembre, assemblé le conseil général au réfectoire du couvent des frères prescheurs de la présente ville de Thoulon par mandement et en présence de mons^r le viguier, etc. Lesquels, après avoir entendu le contenu en aulcunes lettres patentes du roy nostre seigneur, en date du huictiesme jour dudict moys de septembre et aussi d'aulcunes lettres patentes de monseig^r de Grignan, gouverneur de ce présent pays de Provence, par lesquelles est mandé et commandé à toutes personnes généralement dudict Thoulon, de desloger et vuider ladicte ville, personnes et biens tout incontinent, à poyne de la hard en désobéyssance. Tous ensemble à ung accord, obéyssant audict mandement du roy nostre seigneur, lesdicts sieurs ont ordonné estre faict selon le contenu d'icelles lettres

frère et allié à sauveté mutuelle par secret accord de coursaire à coursaire. »

L'historien, revenant à la levée du siége, ajoute : « Le marquis du Guast visitant Nice et regardant les ouvrages des Turcs, s'esmerveilloit tellement de leur artifice à drécer remparts qu'il confessoit que noz gens luy sembloient de beaucoup inférieurs en telles choses auprès des barbares. » (Paul Jove, t. II, l. XLIV, p. 598 et suiv.)

[1] Ces actes sont l'objet d'un mémoire très-curieux qui a été transmis au Comité des travaux historiques par l'un de ses correspondants, M. Henri, qui réside à Toulon. Comme ce mémoire doit faire partie du troisième volume des Mélanges histo-

riques publiés par M. Champollion-Figeac dans la Collection des documents inédits relatifs à l'histoire de France, nous ne donnons que la partie de ces extraits qui se rapporte à notre sujet.

Le fait capital qui résulte de ces actes est la mesure singulière que prit François Ier pour mettre une ville importante de son royaume à la disposition d'un étranger. Ce fait, malgré sa singularité et la notoriété publique qu'il dut avoir pour les contemporains, n'en est pas moins resté inconnu aux historiens. Un manuscrit de la Bibliothèque royale, sur les visions et prophéties de frère Gérard du Frattre, donne à la suite une lettre écrite de Lyon par un

et interner pour le bien, prouffict et utilité de ladicte ville. Et pour
obvier aux inconvéniens qui luy en pourroyent advenir ont commis
et depputé maistre Jacques de Roquoni..... Acceptant et prenant charge
à aller à mondict seig^r de Grignan et messieurs les procureurs du
pays pour fère et donner requestes pour obtenir provision pour faire
avaluer et saulver les fruitz de ladicte ville, tant olives que aultres.....
Et aussi ont commis et depputé ledict monsieur le consoul de Peusin
Anthoine Sellan et Honorat Raysson, aller devers monseig^r d'Enghien,
lieutenant pour ledict sire en son armée de mer, et l'embaissadeur,
et ledict seigneur Barberousse, pour les advertir dudict mandat du
roy et leur faire telles et toutes remonstrances qu'ils verront et co-
gnoistront estre à fère pour le mieulx sur cella..... ausquels ils ont
donné toute la puissance d'en fère tout ainsi que si toute ladicte
assemblée y estoit en personne, mandantz au thrésorier de bailler
d'argent aulx dictz commis et depputés pour leur despence et pour
obtenir lesdictes provisions avec subscription desdicts consouls, et
pour loger l'armée dudict seigneur Barberousse.

18 septembre 1543.

L'an que dessus et le dix-huictiesme jour du moys de septembre,
assemblé ledict conseil en la mayson commune de la susdicte
ville, etc..... Pour obvier et remédier au dangier que porroit estre l'artillerie de la présente ville, si n'estoit levée et mise en lieu seur, veu
le temps en lequel on est, qu'il fault abandonner la présente ville et
n'y demourer personne que ceulx de la venue du seig^r Barberousse,
tous ensemble ont ordonné que ladicte artilherie se lève de la présente
ville et se mecte à la tourre par messieurs les consouls.....

25 septembre 1543.

L'an que dessus et le vingt-cinquiesme jour dudict moys de sep-

tembre, assemblé ledict conseil, par mandement et en présence de
monsieur le viguier, au lieu acoustumé..... Entendu le rapport faict
par le consoul s^r de Peusin, en ensuyvant la charge et commission
qui luy avoit esté donnée par les consouls, il, en compaignie de Anthoine Sellan et avec Charles de Laingre, se seroit transporté à
Cannes et Antiboul (Antibes), où est à présent l'armée du grant seigneur Barberousse, et auroit parlé à monseigneur d'Enguien, admiral
de l'armée de mer du roy nostre seigneur, ausquels auroit faict les
réquisitions et remonstrances qu'on leur avoit donné charge par informations, et d'iceulx auroit entendu que pour loger l'armée dudict
seigneur Barberousse audict Thoulon, n'estoit poinct de besoing bouger dudict lieu, que les enfans seulement et les femmes qui s'en
vouldroient en aller, et que estoit nécessaire y demourer les chiefs
de maysons et artisans, et qu'on y mectroit telle polixe que n'y auroit
désordre ni inconvénient. Tous ensemble à ung accord ont commis et
depputé ledict sieur consoul de Peusin, présent et acceptant, à aller
à Aix veoir monseig^r de Grignan, lieutenant et gouverneur pour le
roy nostre seigneur, en ce présent pays de Provence, en compaignie de
monsieur le consoul Honorat Brun, pour veoir à obtenir et avoir
dudict seig^r lieutenant lettres de relief sur le commandement faict
par ledict seigneur de vuyder ladicte ville, affin de ne encourir les
poynes contenues en les lettres patentes du roy nostre seigneur et de
monss^{gr} de Grignan, auxquelles n'entendent aulcunement contrevenir
s'il n'est le bon plaisir dudict seigneur.

14 novembre 1543.

Saichent toux, l'an mil cinq cens quarante-troys... et ce quatorziesme
jour de novembre, congrégé le conseil de ladite ville et cité de
Thollon dans le couvent des frères Jacoppans et au réfectoire d'icelluy... entendu la proposition faite par le s^r de Peusin, premier consul,
contenant en effect que yer à l'arrivée de magnifique seigneur de
Poullin, baron de la Garde, embayssateur pour le roy nostre seigneur,
lesdicts messieurs les consuls luy allèrent fère la révérence, et luy

faisantz démonstrations des grandes affobèles en quoy ledict lieu de
Tholon est à présent, tant pour le gaste des oliviers, qui sont journa-
lièrement mangés par les estrangiés, que en plusieurs autres fassons,
comme audict s^r ambaissateur est notohère. Lequel sieur commis et
depputé c'est ouffert pourter la parole devers le roy nostre seigneur,
auquel de prochain se adresse pour ses affères, luy remonstrer et
démonstrer ce que dessus. Là et quant icelle communaulté vouldroye
envoyer ung ou deulx rapports audict seigneur, demandes seroient
appuncté lesquels toux ensemble, neschunz discrépantz, au préalable luy remertiant son bon voloir; considérant la poureté en laquelle
sont lesdicts métayers, tant à l'occasion de l'invasion faicte les ans
passés audict lieu par les ennemis du roy nostre seigneur que aussi
par les affoules que endurent à présent lesdicts métayers, suyvant le
mandement du roy, en lougant dans leurs maysons les Turcs, pour
lequel lougement sont contraincts habiter aylieurs et andurant beaucoup de travaulx..... A ceste cause ont ordonné à aller à la royale
magesté à Lyon ou à Paris ou aultres lieux qu'il appartiendra, par les
susnommés nobles Bertrand de Pieusin, dict Signier, s^r de Pieusin,
premier consul, et monsieur Jehan Cabasson, à laquelle royale magesté les choses que dessus et aultres choses que contiendront aulx
instructions, seront à faire, expliquer et desduire, et obtenir lettres
opportunes tant de exemption que aultres qu'il plerra audict sieur
l'ambaissadeur, et pour dicte charge exéquter et fournir aulx fraitz né-
cesséres ont ordonné leur estre expédié la somme de cent vingt-cinq
escuz au soleil par le thrésorier de ladicte Université [1].....

[1] Le baron de la Garde partit pour la
cour accompagné de la députation de la
ville de Toulon : il rendit compte au roi
des mesures prises pour le séjour de la
flotte turque en Provence, et il appuya en
même temps les représentations des députés de Toulon, qui revinrent dans cette
ville rapportant les exemptions et immu-
nités qu'ils étaient allés solliciter. C'est ce
que constate une nouvelle délibération dont
l'extrait est accompagné d'une pièce indiquée par M. Henri comme le seul acte original sur cette époque qui existe dans les
archives de Toulon :

« L'an mil cinq cens quarante-quatre, et
le vingtiesme jour du mois d'apvril, etc.
rapport faict par le sieur de Peusin, consoul, et le maistre Jehan Cabasson, et du

Item, double de lettres envoyées par le feu roy Françoys, adressantes à mons^r de Grignan, chevalier de son ordre et son lieutenant en

noble Gaspard Thomas, escuyer de Saincte-Margarite, conseigneur de la Garde, contenant que ensuyvant le pouvoir à eulx baillé ils sont partis de ladicte ville de Toulon et sont allés en court le roy nostre seigneur, affin de avoir et obtenir les provisions qu'ils avoyent en leurs instructions et mémoires, et après grands poynes et travail par eulx, et chascun d'eulx respectivement prinses pour les obtenir, finablement avons obtenu du roy nostre seigneur et de sa cour royalle les lettres et provisions qui s'ensuivent :

« Françoys, par la grâce de Dieu, roy de France, comte de Provence, Forcalquier et terres adjacentes, etc. Nos chiers et bien amez les manans et habitans de nostre ville de Thollon nous ont faict dire et remonstrer que ladicte ville est scituée sur le bord de la mer et environnée d'un costé de haultes montagnes, au moyen de quoy le pays des environs est si stérile et de si peu de rapport que seroit impossible auxdicts habitans eulx en nourrir et alimenter, n'estoit le train et trafficq de marchandises qu'ils font ordinairement en ladicte ville, du prouffit duquel lesdicts supplians habitans vont achapter, en aultres lieux plus commodes dudict pays, les vivres qui sont nécessaires, tant pour eulx comme pour le rafraischissement de plusieurs de nos vessaulx qui se retirent souventesfois au port dudict Thollon. Et pour ce que pour yverner et loger l'armée de Levant en ladicte ville et port de Thollon

nous en avons faict desloger tous lesdicts habitans, leurs femmes et enfans, et iceulx contraincts d'habandonner leurs propres maysons et demeures, leur ostant par ce moyen toute occasion de continuer ledict trafficq de marchandises..... Avons affranchiz iceulx supplians du faict et contribution et des tailles, et ce jusques au temps et terme de dix ans ensuyvant consécutifz, etc..... Donné à Eschon, le unziesme jour de décembre, l'an de grâce MDXLIII, et de nostre. règne le XXIXe. — Signé FRANÇOIS. Par le roi, Comte de Provence, DE L'AUBESPINE. »

Le registre contient encore la mention de chacun des actes d'exemption accordés par le roi à la ville de Toulon, et l'allocation de plusieurs sommes pour récompense et frais de voyage des députés. Dans une séance suivante, à la date du 28 avril, après plusieurs objets mis en délibération, on examina les trois parcelles ou comptes des fournitures qui avaient été faites aux officiers de l'armée turque pendant son séjour à Toulon. Nous signalerons quelques-uns des détails que présentent ces comptes à cause des particularités caractéristiques qui ressortent de ces indications :

« Veues et entendues les trois parcelles faictes et présentées par messieurs les consouls de Peusin, de Gardane et Brun en chascun d'eulx des frais, mises et despens par eulx et chascun d'eulx fournies, faictes et payées du temps que l'armée turquesque estoit logée en la présente ville, ont or-

72.

Provence, tendant à fins que pour loger le seig^r Barberosse, envoyé au roy par le Grand-Turc, avec son armée turquesque, consistant en nombre de deux cens vaisceaulx, tant gallères, galliottes que fustes, acquipées de Turcs de plusieurs qualités, et, entre les aultres, le roy du Cayre et aultres grands seigneurs au nombre de trente mille com-

donné payer..... (Suivent plusieurs pages de désignations de personnes et d'objets, parmi lesquels nous remarquons......) *Item,* à certaines bonnes fins ont ordonné estre donné à monseigneur l'ambassateur pour le roy nostre seigneur envers le grand seigneur, incontinent qu'il feut venu à la présente ville, un carratel de la capacité de quatre ou cinq milheroles de quelque bon vin blanc ou rouge, et aussi quelques fruictaiges, etc... *Item,* hont ordonné estre payé audict sieur de Peusin, pour le prix de trois agneaux, sept chaustaux (chevreaux) par luy au nom de la ville donnés au seigneur Barberousse, florins unze, et pour pris de deux cens pommes par luy données audict seigneur ambayssateur, vingt-six soulx, etc.

Les parcelles sont en langue provençale, et nous en citerons quelques passages d'après la traduction qu'en a faite M. Henri dans son Mémoire. Extrait de la parcelle du consul de Peusin : « *Primo.* J'ai acheté quatre lapins de M. de Valence, coûtant un florin ; je les ai donnés au capitaine des janissaires ; plus j'ai acheté quatre lapins de Silvestre Rodelhat, coûtant un florin ; je les ai donnés à Jaffer-agha. Plus j'ai donné au gendre de Barberousse quatre poules ; elles coûtent seize gros..... Plus j'ai acheté 500 grenades du fils d'Honorat Savoye, coûtant 8 florins, à raison de 20 gros le cent... Plus j'ai acheté 800 pommes calvilles d'Antoine Gaubert, à cinq gros le

cent ; de tout quoi j'ai donné au susdit Barberousse 200 grenades de celles de Savoye, avec cent poires et cent pommes..... Plus, le 29 de novembre, jour de Saint-André, j'ai donné 200 poires à Barberousse et à Jaffer-agha, tout ce que j'ai pu avoir de Mourat Turret ; elles coûtent 30 gros..... Plus, le 12 novembre, j'ai donné deux lapins à ce chiaoux qui demeure à Entrevignes ; ils coûtent 9 gros. Plus, le 17 février, j'ai acheté un chevreau et l'ai donné à ce renégat qui demeure dans la maison de Louis Cochon ; il coûte 6 gros. Plus, le 14 mars, j'ai donné deux chevreaux aux sousbaschis capitaines des gardes de Barberousse... Plus, le 20 mars, j'ai donné deux chevreaux aux sous-baschis, capitaines des gardes de Barberousse... Plus, le 20 mars, j'ai donné au capitaine des janissaires un quartin d'huile, et, de plus, je lui ai livré par force le baril que Pierre Alardon avait fait, et qui monte à 9 gros. Plus j'ai donné aux lieutenants du capitaine des janissaires qui demeurent à la maison de Clavière, un quartin d'huile... Plus j'ai fait venir 300 oranges bigarrades (amères) le 25 mars, et les ai données à M. l'ambassadeur, à Barberousse et à Gaffer-aga, le caconja ; elles coûtent 2 florins et huit gros le cent. Plus, le 15 mars, j'ai fait venir 1500 pommes, et je les ai données à M. l'ambassadeur, à Barberousse, à Gaffer-agha, le capitaine, à Sant-Jacobéis (sans doute la traduction du titre de

batans, et ce durant l'iver, en sa ville et port de Thoulon dont iceluy seigneur le vollant gratifier, tant pour la commodité de ladicte armée que aussy pour le bien, seureté et conservation de toute la couste de son pays, et pour ce qu'il n'estoit convenable aulx manans et habitans de Thoulon demeurer et converser ensemble la nation turquesque, pour les inconvéniens que povoient survenir, ledict seigneur gou-

sanjac, dont on fait un nom propre), et à Porticos..... Plus j'ai donné un quartin d'huile à Moustaffa et aux sous-bachis portiers de la porte de Barberousse. Plus j'ai usé deux torches pour M. l'ambassadeur pendant que l'armée était ici, etc. »

Dans la parcelle du consul Gardane nous remarquons ces passages : « J'ai payé à Jean-Julien de la Garde et à Pierre Viole, muletier, pour les bêtes, à raison de trois jours entiers, pour porter deux serviteurs de Barberousse et une charge de bagage par réquisition dudit Barberousse et de Gaffer-aga, par commandement de M. le commissaire. *Item*. J'ai payé à maître Malguet Sauvaire, pour deux jours et demi qu'il a livré son cheval à Soliman-agha, quand il fut aux Cabanes en compagnie de M. le conseiller commissaire pour le roi dans Tonlon, pendant que l'armée turquesque était dans cette ville, quand ces Turcs furent tués au Conil, à l'effet d'aller prendre les informations. » Et dans la parcelle du consul Brun : « *Item*. J'ai acheté à Cuers cinq perdrix vives pour donner à Barberousse, à raison de 3 gros la pièce... *Item*. Pour le loyer du cheval de missier Jauffre Cogorde, pour aller aux Cabanes par commandement de Barberousse et du commissaire pour rechercher ceux qui avaient tué les Turcs à Conil..... *Item*. J'ai donné à Sen Morier, pour enterrer une femme des Castillans, 2 gros..... *Item*. J'ai acheté deux lapins vivants pour les donner

au cacaya de Barberousse; ils ont coûté dix gros..... »

Entre plusieurs observations auxquelles ces détails pourraient donner lieu, on voit que les Turcs furent répartis dans les maisons de la ville et de ses environs; que les principaux de l'armée en avaient à leur disposition chacun une, où ils logeaient avec leurs serviteurs et leurs esclaves particuliers de la nation espagnole, comme la femme castillane que mentionne la parcelle du consul Brun, et qui, étant morte pendant le séjour de la flotte, fut enterrée aux frais de la ville. Quant au meurtre indiqué, sans doute les Turcs rôdaient dans les environs, et par suite les inconvénients de leur contact avec la population, qu'avait voulu prévenir l'ordre du roi en faisant évacuer la ville, avaient pu occasionner quelques conflits; c'est ce qui résulte de l'information faite sur les lieux par Barberousse et par le commissaire français, mentionnée dans la parcelle du consul Brun. Enfin les détails des fournitures faites pour la table du pacha et des principaux officiers de son état-major amènent des désignations curieuses de personnes et des données précises sur la composition de la flotte et son chiffre, qui s'élevait à trente mille hommes. On voit aussi par l'*inventaire* que l'ordre d'évacuer la ville ne vint pas directement du roi, mais qu'il fut signifié aux consuls et aux habitants par le gouverneur de la Provence.

verneur, suyvant sa charge, allist adresser commission à mons^r Jehan
de Vegua, docteur et lieutenant au siége de Marseilhe, de soy transporter audict Thoulon, lequel illec apliqué, feist exprès commandement de par ledict seigneur, sus peine de désobéyssance et de la
hart, à toutes personnes généralement quelcunques demeurans audict
Thoulon et faulxborgs d'icelluy, dez incontinent desloger, ensemble
leurs meubles, et soy retirer alieurs dans son pays, sens y retorner
durant le temps que la dicte armée et nascion turquesque feussent
deslogés. Par exploictant ladicte commission, feust obéy audict seigneur de poinct en poinct, et chescung desloja, et demeurarent despuis le jour Sainct-Michel jusques à la fin de mars, durant lequel
temps les manans dudict Thoulon endurarent beaucoup de fatigues,
dommages et interestz, tant de leurs biens comme de leurs personnes,
comme est bien chose facile à croire, comme apert dudict mandement donné à Viene-le-Chasteau le 8e de septembre 1543 et de son
règne le xxix, et la dicte commission dudict gouverneur en date à
Marseilhe le xxiiiie septembre an que dessus 1543. Coté par X Q.

Item. Lettres patentes obtenues de M. Jehan de Legualiance au juge
de Marseille, commissaire député à faire faire la vuydange des manans et habitans de Thoulon pour loger l'armée des Turcs, par les
raysons desduictes au précédent fulhet, à la requeste de la commune
d'icelle ville, à cause de faire avalluer et extimer en l'estat en quoy
la ville et faubors d'icelle et les es-fruits du terroir estoyent, appelés
sur ce monseig^r le procureur général du roy et les procureurs du
pays, en date 1543 et le xxiie de septembre. Coté par X S.

Les opérations de la guerre, qui avait pris le plus grand développement et
entraîné, sous l'impulsion de Charles-Quint, une ligue presque générale de l'Europe contre la France, remplissent toute l'année 1544. Cependant, comme la
précédente, cette année s'ouvrit par une convocation des états de l'Allemagne à
Spire, et François Ier, qui, sur les plaintes portées par le duc de Savoie au sujet
de l'attaque de Nice, s'attendait à voir inculper violemment devant la diète sa
coopération avec la Turquie, fit également une démarche auprès de cette assemblée. Il envoya, pour y prendre officiellement sa défense, une ambassade impo-

sante par le nombre et la dignité de ses membres, et à la tête de laquelle se trouvait le cardinal Jean du Bellay, évêque de Paris; mais, arrivée à la frontière d'Allemagne, la légation ne put passer plus avant. Un héraut qu'elle avait envoyé à la diète fut jeté en prison, et on notifia aux ambassadeurs français l'interdiction du territoire germanique. L'ambassade, restée à Nancy, ne put que protester publiquement contre une mesure qui était une violation des rapports établis jusque-là entre la France et l'empire. Du Bellay composa, et fit répandre en Allemagne une apologie dans laquelle il développait longuement toutes les raisons qu'il devait exposer devant la diète [1]; mais cette assemblée, soumise à Charles-Quint, dont l'influence n'avait jamais été plus absolue, n'en prononça pas moins une déclaration de guerre au nom de l'empire contre la France et contre la Turquie. Tout ce que les princes du parti protestant crurent devoir à leur ancienne alliance avec François Ier, ce fut de faire écrire par leur chef une invitation au roi de s'unir avec eux pour l'exécution des mesures adoptées par la diète contre la Turquie, et cette lettre donna lieu à la réponse suivante de François Ier.

LETTRE DE FRANÇOIS Ier A L'ÉLECTEUR DE SAXE [2]

(Copie. — Béthune, ms. 8540.)

J'ay receu la lettre que m'avez escripte par ce courrier, et ne treuve poinct par mon conseil que je doive bailler aide et secours à l'entre-

---

[1] Cette pièce célèbre, écrite en latin, est reproduite au tome III, page 364, de Marquart Freher, *Scriptores rerum Germanic.* Comme tous les autres plaidoyers faits sur le même sujet dans les années précédentes, qu'on trouve aussi dans le même recueil, cette pièce s'autorise, pour justifier la politique du roi, des exemples pris dans l'Ancien Testament, de ceux des empereurs grecs et romains, et plus récemment des traités d'alliance et de commerce conclus par Venise, la Pologne et les autres états chrétiens avec les infidèles. La partie la plus curieuse est la manière dont elle explique la présence de Paulin de la Garde sur la flotte de Barberousse, où, selon l'apologie,

il ne s'était embarqué que pour repasser avec plus de sûreté en France : « Pro magno habuit posse Ænobarbo se comitem adjungere, etc. » L'attaque de Nice est justifiée par la raison que Barberousse avait résolu de prendre à lui seul cette ville pour la garder; le roi avait alors consenti à l'aider dans cette conquête, sur l'offre que Barberousse lui avait faite de la lui laisser, et afin que la ville ne restât pas aux Turcs. Quant au refus d'admettre ses ambassadeurs à la diète, le roi rappelait sa qualité de membre de l'empire comme duc de Milan : « Vestro ordini rex adnumerandus est, nam dux Mediolani est, etc. »

[2] Cette lettre ne porte aucun titre dans

prinse que vous avez conclutte et dellibérée contre le grant seigneur,
car je doibz le plus que je pourray conserver mes forces pour m'en
ayder quant il sera besoing. Et trouve merveilleusement estrange que
à la rellation d'un homme, et pour satisfaire à son affection et prouffict particulier, qui veult usurper ung royaulme où il n'a nul droict,
vous aiez voulu faire une telle entreprinse et mectre en armes toute
la Germanye, sans regarder le péril, danger et inconvénient qui en
peult succéder à toute la chrestienté, laquelle vous voulez hazarder,
estans voz forces l'une des meilleures parts d'icelle. Et n'avez en cella
suivy l'honneste forme et façon de faire dont voz prédécesseurs
avoient accoustumé de user en telz importans négoces qui touchent
le bien et deffension d'une républicque chrestienne, et où ceulx à
qui il touche doivent estre appellez et convocquez. Mais encores que
je y tieigne tel lieu et telle part que chascun sçayt, vous avez eu en si
peu de compte moy et mes ambassadeurs que je y avois envoiez sans
mander, pour faire preuve de mon devoir, que vous ne leur avez jamais daigné riens communicquer ne faire entendre de voz conclusions
et déterminations, et s'en sont revenuz comme ilz estoient allez. Par
quoy, aiant esté ainsi contempné, je ne doibz admectre ne recevoir
voz persuasions et admonestemens, et encores moins y doibz-je satisfaire, saichant vostre intention et à quelle fin cella succedde. Et sy
vous y eussiez bien pansé et prins conseil avec l'universelle congrégation des princes chrestiens qui tous ont part au gasteau, vous
n'eussiez faict telle entreprinse, qui n'est autre que pour aygrir l'en-

---

le manuscrit de Béthune, qui n'offre
d'autre indication que ces mots : *Sommaire
du courrier*. L'électeur de Saxe Jean-Fré-
déric était, avec le landgrave Philippe de
Hesse, le principal chef du parti protestant, et tous deux avaient été les promoteurs de la ligue de Smalkalde. L'empereur, à son arrivée en Allemagne, s'était
efforcé de les gagner à sa cause. Au moment
de la diète de Spire, Frédéric paraissait

livré complétement à Charles-Quint, qui,
pour mieux l'attacher à ses intérêts, traitait alors du mariage des enfants du duc
avec ceux du roi des Romains, et avait
même promis à l'électeur l'investiture des
états du duc de Clèves, à la mort du possesseur. Toutes ces circonstances se rapportent exactement aux termes de cette
lettre, et lui donnent la signification que
nous lui avons attribuée.

nemy commun à faire pys qu'il n'a par cy-devant faict et que encores
il n'avoit dellibéré de faire. Je n'ay poinct à vous obéyr non plus que
vous avez à me commander. Et ce que par cy-devant j'ay faict pour vous
et qu'il m'a faict vous rechercher a esté suivant l'amytié et alliance
ancienne que mes prédécesseurs roys ont tousjours eue avec les
vostres princes du sainct empire, à quoy je n'ay dégénéré, et vous le
sçavez. De sorte que je n'ay poinct mérité de vous sinon une honeste correspondance, de laquelle vous m'estes reddevable. Et quant
à celluy pour lequel vous voulez travailler et entreprandre, vous avez
entendu assez et ne ignorez poinct les excessifs torts, injures et viol-
lances que j'ay receuz de luy, après luy avoir faict tout le plus d'honneur, bon traictement et gracieuseté qu'il m'a esté possible, passant
par mon royaulme, car oultre les injures et usurpations qu'il faict du
propre héritaige de mes enffans, il m'a de fresche mémoire, contre
l'honneste observation dont les princes ont accoustumé user les ungs
envers les autres, faict tuer et mectre en pièces mes ambassadeurs et
serviteurs. Et qui seroit celluy qui ne m'estimast pusillanime et de peu
de cueur sy je ne m'en ressentoys? Or j'en feray ce que Dieu, mes
bons amys et serviteurs me conseilleront. Et toutesfois, là où il seroit
question que chacun feist son devoir et que l'on allast à ceste entreprinse comme piedz joinctz, comme il appartient, je n'espargnerois
mes forces et moins encores ma propre vye.

Les événements de l'année 1544, qui montrent la France livrée à ses seuls
efforts et isolée de tous ses alliés, avaient amené cependant une alternative de succès
et de revers pour les deux partis. Par la victoire de Cérisolles, la France parut
sur le point de reprendre l'ascendant en Italie, car, restée maîtresse de la Savoie,
elle pouvait toujours rentrer dans le Milanais pour en chasser la domination espagnole. Mais l'union de Charles-Quint et de Henri VIII, devenu l'ennemi déclaré de
François Iᵉʳ, devait faire appréhender une invasion au nord du royaume. Aussi,
en présence de ce danger, loin de profiter d'un succès qui éveillait toutes les espérances des partisans de la France en Italie, le roi rappela de Piémont une partie
de ses forces et dut les opposer à l'attaque de Charles-Quint vers la Lorraine, com-
binée avec celle de Henri VIII vers la Flandre. Il renvoya même la flotte turque,
dont le départ, au mois d'avril, coïncide avec la bataille de Cérisolles, lorsque par

sa présence à Toulon cette flotte pouvait, comme auxiliaire, assurer les resultats de la victoire. Mais soit que François Ier trouvât désormais plus d'inconvénients que d'avantages à se servir des forces turques, soit que la réprobation de l'Allemagne eût fait impression sur son esprit, il voulut se débarrasser aux yeux des peuples d'un appui compromettant pour sa cause [1], et ce fut à prix d'or qu'il obtint le départ de la flotte ottomane [2]. Ainsi de nombreuses dépenses et un soulèvement général de l'opinion avaient été à peu près les seuls effets d'une intervention qui avait surtout inquiété les états de l'Italie. Venise avait plus particulièrement témoigné sa méfiance sur les intentions de François Ier, en mettant ses côtes en défense, et en ordonnant par précaution un armement extraordinaire. Jean de Monluc, envoyé comme ambassadeur, fut chargé de justifier auprès de la république la jonction des forces françaises et turques qui avait causé tant de scandale [3]. Cependant et

[1] L'amiral turc, laissé inactif par le souverain qui l'avait appelé, sut cependant employer son temps à sa manière : « Barberousse, receu à Tolon et libéralement entretenu par très grand soin des officiers du roy et des abondances de toute la Province, fit reveue de son armée marine, et choisit vingt-cinq galères pour les envoyer butiner sur la coste d'Espaigne. » (Paul Jove, t. II, p. 600.)

[2] Les Mémoires de Vieilleville donnent une idée des sacrifices que François Ier s'imposa, malgré les embarras où se trouvaient les affaires du royaume : « Barberousse prit congé de M. d'Anghien sans faire autre exploit, qui n'estoit pas grand aux prix de l'argent que luy et les grands de son armée emportèrent, qui montoit à plus de huit cent mille écus. Il y avoit trente-deux trésoriers à Toulon qui, trois jours durant, ne cessèrent de faire des sacs de mil, deux mil et trois mille écus chacun, et y employèrent la plus part de la nuit. » Blaise de Monluc constate à sa manière l'espèce de déception que l'on éprouvait au sujet de l'assistance des Turcs, et il les juge sous le point de vue militaire : « J'ay toujours ouy blasmer ce fait, et croy que

nos affaires ne s'en sont pas mieux portez. Ce grand recours du Turc arrivé, tout le monde pensoit que la terre ne fust assez capable pour eux. Voylà que c'est des choses qu'on n'a pas essayées....... Les Turcs mesprisoient fort nos gens; si croy-je qu'ils ne nous battroient à forces pareilles : ils sont plus robustes, obéyssans et patiens que nous; ils ont un avantage, c'est qu'ils ne songent rien qu'à la guerre. Barberousse les faschoit fort, et tenoit des propos aigres et piquans, mesmement lorsqu'on fut contrainct de luy emprunter des poudres et des balles. Ils se portèrent bien modestement à l'endroit de nos confédérés. » (Mémoires de Vieilleville, Petitot, t. IX ; et de Blaise de Monluc, ibid. t. XX, p. 535.)

[3] C'est à cette occasion que Jean de Monluc prononça devant le sénat le discours qui a été publié récemment en italien dans le ome III des Papiers d'état de Granvelle, mais dont la traduction en français, faite par Blaise de Monluc, son frère, se trouvait déjà imprimée dans les Mémoires de ce dernier. Voici quelques-unes des raisons que l'ambassadeur allègue à ce sujet :

« Chacun doit trouver bien estrange que les ministres de l'empereur blasment le

malgré toutes les formes qu'on y avait mises, le renvoi de la flotte de Barberousse pouvait paraître un procédé injurieux ou une inconséquence de la part
du roi, qui l'avait demandée : aussi une ambassade que relevaient la dignité et
l'importance du personnage appelé à la remplir dut se rendre auprès du sultan
pour lui donner une explication favorable de cette mesure, et prévenir les suites
fâcheuses qu'elle aurait pu avoir du côté de la Turquie. Ce fut sans doute l'objet
de la mission de Léon Strozzi, prieur de Capoue, qui avait succédé au baron de
Saint-Blancart dans le commandement des galères de France : chargé d'accompagner la flotte turque avec une escadre française, Strozzi allait faire agréer à la
Porte les excuses, en même temps que les raisons politiques de son souverain[1].

roy très chrestien, mon seigneur, de ce
qu'il tient un ambassadeur à Constantinople. Ces gens-là pensent-ils que les
choses tramées par le commandement de
l'empereur, puis dix ans en çà, avec le
grand seigneur, soient si secrettes que la
plus grande partie de la chrestienté n'en
soit abbrevée. Ne sçait-on pas les trefves,
les traités d'accord et de paix et les offres
par luy faits de donner un grand tribut
pour le royaume de Hongrie... Les mêmes
ministres de l'empereur estimoient aussi
s'eximer de tout blasme en faisant grand
cas du séjour que l'armée navale du grand
seigneur a fait quelques mois dans nos
ports, et sous ce prétexte veulent par leurs
calomnies passionnées prouver qu'un
prince ne peut ny ne doit s'ayder du secours de ceux qui sont de contraire religion à la sienne. » Après avoir cité un
grand nombre d'exemples du contraire,
empruntés à l'histoire sacrée et profane, il
ajoute : « L'armée envoyée pour le secours
du roy mon maistre, il ne se trouve personne qui se plaigne qu'aucun tort luy ait
esté faict, ains ont usé de toute courtoisie
et donné libre passage à tous ceux qui ont
esté rencontrez en mer, et payé tout ce qu'il
a fallu prendre : ce que bien je ne crois
pas qu'on puisse rapporter ailleurs qu'à la
seule présence du capitaine Polin, ambassadeur du roy, de façon que jamais au passé
Turcs ny chrestiens ne se soient si modestement comportez... Si l'armée n'eust
esté retenue par la majesté du roy mon
maistre pour la deffense de ses frontières,
la chrestienté en eust esté assaillie avec infinies pertes, ce qui auroit réussi au bien
des affaires du grand seigneur et advantage grand de ses capitaines ennemis de
nostre foy. Donques il a esté plus utile à
la chrestienté qu'elle aye esté employée
pour servir à la majesté du roy mon seigneur que non pas si de soy-mesme elle,
sans aucun frein, eust marché contre les
chrestiens. » (*Mémoires de Montluc*, p. 417,
coll. Petitot, t. XX.)

[1] C'est à Brantôme qu'on doit la mention
de ce fait dans l'article de ses Mémoires
consacré à Léon Strozzi : « Ce prieur de Ca-
pue a esté un aussy grand capitaine de mer
comme son frère de terre, de sorte que tous
les ports, les costes et les mers du Levant
résonnent de luy, et n'ay veu guières mariniers, matelots, pilottes, patrons, comites,
forçats, esclaves, capitaines, soldats, qui ne
l'ayent dict le plus grand capitaine de mer
de son temps... Le roy François Ier le renvoya, puis après ce voyage, avecques Barberousse en ambassade vers le sultan So-

Le reste de l'année n'offrit plus qu'une série de défaites pour la France : après le long siège de Saint-Dizier, où l'empereur fut heureusement retenu, l'armée impériale fit une incursion en Champagne et poussa même des éclaireurs jusqu'aux environs de Paris. Mais, dans l'intervalle, Soliman était entré de nouveau en Hongrie, et, par la prise de Gran et de Stullweissembourg, il menaçait de pénétrer au cœur de l'Allemagne. Cette diversion explique comment, loin de poursuivre ses avantages dans la situation critique où se trouvait François Ier, Charles-Quint se sépara de son allié Henri VIII, qui s'était arrêté au siège de Boulogne : au lieu d'attendre sa jonction, il consentit brusquement à la paix et signa, le 18 septembre 1544, le traité de Crépy, qui ramenait le roi à sa politique de rapprochement avec l'empereur. Quoique les résultats de la guerre parussent tout à l'avantage de ce dernier, le traité de Crépy mettait François Ier dans une position supérieure à celle où l'avaient laissé les traités de Madrid et de Cambrai. Ce traité stipulait néanmoins que la France donnerait à l'empereur son concours contre le sultan, seul allié du roi, qui se trouvait ainsi abandonné : une pareille violation aurait dû paraître monstrueuse après le service que la Turquie avait rendu à François Ier dans les extrémités où ce prince était tombé, mais cet engagement n'était qu'une satisfaction illusoire donnée à l'opinion, et sans doute les ambassadeurs français auprès de la Porte l'avaient habituée à interpréter le sens de cette promesse comme une démonstration sans conséquence.

IV. — AMBASSADE DE JEAN DE MONTLUC. — MÉDIATION DE LA FRANCE AUPRÈS DE LA PORTE EN FAVEUR DE CHARLES-QUINT.

Dans l'alternative de sentiments qui rapprochaient ou éloignaient tour à tour François Ier et Charles-Quint, ce dernier ne parut plus avoir qu'un seul but qu'il voulait atteindre même au prix des plus grandes concessions faites à son rival : c'était de fonder l'unité de son empire par la soumission de l'Allemagne et par l'extinction du protestantisme. Mais le succès de cette entreprise était subordonné au maintien de la paix extérieure, et Charles-Quint, s'appuyant de sa nouvelle intelligence avec François Ier, envoyait l'un de ses plus habiles négociateurs, le Hollandais Veltwic, à la diète de Tarnau [1], où les états de la Hongrie étaient réunis. Afin de

tyman avecques dix gallères. » (*Mémoires de Brantôme*, article *Léon Strozze*.)

[1] La correspondance de Charles-Quint renferme plusieurs lettres de Veltwic, écrites du 11 décembre 1544 au 28 février 1545, de Vienne, de Prague et de Tarnau, qui peignent vivement les débats de cette diète, les divisions des Hongrois, leurs rapports avec les Turcs et leurs dispositions à l'égard de l'Autriche : « Sire, la diète des Hungarois sera au jour des Rois : semble que les Hungarois subjects au roy

ne pas être troublé dans sa tentative, il se proposait d'introduire dans les affaires de ce royaume un ordre que devait consolider encore la mission concertée auprès

ont demandé ceste diète, veu la conjoncture de ceste paix entre V. M. et le roy de France; ceulx de la partie du frère Georges prolongent pour veoir les desseins de V. M., et du cousté d'Allemagne ay entendu que frère Georges ne viendra pas voluntiers à ceste diète, mais que les pays et lui y envoyeront leurs députez, et que une bonne partie auront monstré leurs instructions aux Turcs, sans sceu desquelz n'oseront rien faire, et adviseront soubdain aux Turcs ce que sera promis par l'empereur en ceste diète, car estant tributaires aux Turcs vouldront garder leur vie et gaigner grace jusques à ce que ne voyent une bonne occasion de soy rebeller seurement. Les Hungarrois parlent de soy réduire soubz protection du Turc, veu qu'il les traictent doulcement ceste année. Les villageois à beaucoup près n'ont esté si travaillez des Turcs comment ilz sont journellement des seigneurs Hungarois, et en effect se louent merveilleusement les payezans de Hungarie du traictement, et trahissent leurs seigneurs aux Turcs et les font meurdrir ou prendre prisonniers, ce que le Turc fait par astuce..... Le roy des Romains dict à l'un d'eux que puisque V. M. avoit conduict le roy de France contre le Turc, debveroit estre chief des forces des chrestiens, et que l'empire se leveroit à contribuer, mettant en avant comment Dieu eust donné grace achever les guerres de France, ce que sembloit incrédible en une année pouvoir conduire la paix en la crestienté, et que le roy de France ait voulu promectre secours contre le commun ennemi..... J'ay demandé à ung souldar serviteur à feu Jérôme Lasqui, que l'on dist de ceste paix

en Turquie : il dist d'avoir ouï raconter les emprinses de V. M. de cestes deux années à la maison du principal bassa, que, estant V. M. venue en Allemaigne, l'avoit appaisée, et contrainct le roy de France à paix, et à tous propoz parle de la félicité et diligence du roy d'Espaigne..... A la diète des Hungarois j'ay trouvé la plus terrible contention et ay entendu les plus licentieuses parolles contre V. M. On parloit clairement que le moine fra Georges estoit ung grant homme; aulcuns parloient de tuer les Allemans et Bohemois qui sont à Tournavia : des aultres choses, je ne confieray pas aux lettres. Il est venu nouvelles que V. M., par instruction du roy de France, avoit faict instance vers le Turc pour une paix entre le roy des Romains et ledit Turc..... Le roy m'a donné instruction touchant l'évesque Varadinus, appelé fra Georges, et aussi la reine Isabelle, que V. M. promet de pardonner audict évesque, veoir le conserver en sa dignité moyennant que use de prudence et expérience que tout le monde sait qu'il a en faveur du roy..... J'entends que quand V. M. viendra en Hungarie, en besongnant aultrement avec le moine, l'on lui pourroit tirer ses gentilzhommes et les gens de guerre en une heure sur lesquels il fonde sa force. » Une lettre du 20 février, adressée par la diète à l'empereur, le remercie de la démarche qu'il va faire auprès de la Turquie, et pour le succès de laquelle il a conclu la paix avec la France : « Id ut commodius præstare possit pacem cum christᵐᵒ Gallorum rege fecisse intelleximus. » (*Correspondenz des Kaisers Karl V.* t. II, p. 419-464.)

de la Porte entre lui et son nouvel allié. François Ier de son côté, se flattait de voir enfin réaliser l'objet éternel de sa politique, et, à l'issue d'une guerre malheureuse, il semblait plus que jamais sur le point de l'atteindre, car, au milieu des intrigues qui divisaient la cour de France, l'empereur avait distingué et pris en affection le jeune duc d'Orléans, dont il voulait faire son gendre, en lui donnant les Pays-Bas. Ces projets ou ces illusions nouvelles, fondées sur des intérêts devenus communs, engagèrent le roi à poursuivre par ses ambassadeurs un accord entre l'empereur et Soliman II. Charles-Quint, n'ayant plus à s'inquiéter des dangers de l'Allemagne, eût trouvé dans une trêve, avec le loisir de diviser et de ruiner les princes de l'ancienne ligue de Smalkalde, le moyen d'établir définitivement la puissance impériale sur les débris de la constitution de l'empire. Mais ce bon accord momentané entre les deux princes reposait sur une base fragile, qui fut rompue subitement par la mort imprévue du duc d'Orléans, arrivée le 9 septembre 1545. Comme la grandeur future de son fils était pour François Ier la condition essentielle de son adhésion aux plans de l'empereur, dès que ce seul motif vint à lui manquer, et en voyant les embarras où Charles-Quint se précipitait par ses démêlés avec les protestants, le roi changea brusquement de politique, et envoya l'ordre à ses ambassadeurs de rompre la négociation [1].

La réunion de ces circonstances donne un piquant intérêt à une médiation qui devait montrer Charles-Quint introduit en quelque sorte à la cour du sultan sous la protection de son rival, et François Ier réclamant, pour son nouvel allié, la faveur du redoutable ennemi qu'il avait si souvent armé contre lui. L'empereur ayant nommé pour son négociateur Gérard Veltwic, qui venait de se distinguer à la diète de Tarnau, François Ier fit choix de Jean de Montluc, qu'une première excursion avait déjà, comme on l'a vu, familiarisé avec la Turquie, et qui, des fonctions de résident à Rome, était passé à celles d'ambassadeur à Venise. Veltwic avait ordre d'aller le prendre à Venise, et tous deux devaient ensuite se rendre à Constantinople, où Charles-Quint, qui n'avait pu jusque-là traiter avec la Porte que par l'entremise des envoyés de son frère, aurait pour la première fois un ambassadeur en son nom, admis sous l'autorité de la France. Veltwic avait reçu deux ins-

[1] La correspondance de Charles-Quint nous fournit une série de lettres de Gérard Veltwic qui nous serviront à établir les incidents préliminaires de cette négociation. Les renseignements indirects manquent ici et ils semblent moins nécessaires, puisque nous possédons deux pièces essentielles du négociateur français lui-même; mais ces deux mémoires de Montluc, publiés pour sa justification à une époque postérieure, ne donnent pas la relation circonstanciée de la négociation. Ils n'offrent guère, comme les pièces de ce genre, qu'une argumentation confuse qui procède plutôt par allusion aux faits qu'en les énonçant. Mais ils se trouveront éclaircis par les fragments des

tructions, l'une ostensible[1], qu'il lui était enjoint de communiquer à son compagnon, l'autre secrète, et qui devait servir à le diriger sur les points où la différence d'intérêts pouvait amener une différence de sentiments. En présence de l'attitude hostile que conservait la Turquie après ces deux dernières campagnes, Charles-Quint, tout occupé des plans qu'il voulait réaliser en Allemagne, désirait, en traitant une trêve, l'obtenir pour le plus long terme possible, et, à la faveur de cette négociation, essayer s'il ne pourrait pas conclure une paix définitive. Il se plaignait de l'extrême brièveté de l'instruction qui avait été donnée de la part du

lettres très-curieuses de Veltwic, qui fournissent de plus les seuls détails qu'on puisse citer sur la mission de M. d'Aramont à la Porte comme successeur de Paulin de la Garde.

[1] Ces deux instructions sont datées de Worms, le 22 mai 1545 : « Vous en irez à Venise pour vous encheminer devers l'ambassadeur de nostre très chier et bon frère le roy de France, et luy direz comme ensuyvant ce que nostredict frère nous a faict advertir que ceulx qu'il avoit envoyé devers le Grant-Turc l'avoient trouvé, et aussi ses principaulx ministres, enclin de faire tresve avec nous et le roy des Romains; nous avons despesché ceste instruction que vous avons enchargé de confidemment monstrer audict amb[r] que comme ledict s[r] roy nous a fait advertir, auroit charge de luy pour faire le voyage par ensemble, et que selon l'entière et parfaite amyté estant entre ledict s[r] roy et nous, et doibt estre entre noz ministres, et tant plus pour le bon office que ledict ambassadeur a fait à l'observance de l'amytié d'entre nous dès la paix traictée, et la prudence et l'honnesteté d'icelluy..... Et eussions bien désiré que l'instruction dudit s[r] roi, dont la copie a esté baillée à nostre amb[r], fût esté plus ample et spéciffieque: et en premier lieu nous trouvons que quant à traicter paix avec ledict Turc et des moyens qui sembleront audict roy l'on y debvroit te-

nir, sadite instruction n'en fait pas mention ; et sy tenons qu'il y faudroit du temps pour résouldre comme ladicte paix se debvroit clausuler, que ne pourroit convenir à la présente imminente guerre dudict Turcq, selon les grands appareilz et équippaige de guerre qu'il fait continuellement et a desjà sur pied, et que l'on ne peult plus détarder soy pourveoir allencontre, si l'on ne besongne prestement devers luy et asseure ladicte tresve. De manière que l'imminente et urgente nécessité porte de soy arrester à procurer ladicte tresve pour le plus longtemps que faire se pourra, et que du moins elle soit de quatre ou cinq ans..... Et semble à propos de pendant ladicte tresve regarder s'il sera possible traicter de paix avec ledict Turcq, avec conditions que soient raisonnables..... Et sera bien que ladicte tresve se face pour le général de la chrestienté, le sainct empire, le pape, le sainct siége et aultres estats, tenant regard que les chrestiens puissent aller au voyage du S[t].-Sépulcre, mont Sinay et aultres saincts lieulx, etc... Et fauldra tenir soing que l'on ne mette ceste praticque de ladicte tresve en longueur, puisque le Turcq y a la volunté, et que en la dilayant ce seroit pour nous vouloir surprendre à despourveu, considéré que la manière de négocier dudict Turq et ses ministres en ce qu'ilz ont volunté de faire

ministère français, et dont la copie avait été transmise à l'empereur par son ambassadeur en France; aussi l'instruction secrète qu'il adresse à Veltwic témoigne-t-elle de sa méfiance, et elle énonce les différentes raisons qui pouvaient porter François Ier à faire échouer cette démarche, tout en paraissant s'y associer [1].

est de prestement besoigner. (*Corr. des Kaisers Karl V*, t. II, p. 455.) L'instruction dont se plaint ici l'empereur, citée aussi par Montluc dans son mémoire, se trouve au t. III des Papiers d'état de Granvelle, p. 107, annexée à une lettre à l'ambassadeur espagnol en France; à la suite on lit une lettre de l'empereur à Granvelle, relative à la trêve qui allait se traiter en Turquie, et à l'envoi de Veltwic pour cet objet.

[1] L'instruction secrète, plus détaillée que l'instruction ostensible, touche tous les points de dissentiment qui pouvaient se présenter dans la négociation :

« Il vous conviendra avoir continuelle advertence sur luy et de assentir son intention et charge qu'il a de son maistre, luy démonstrant toutesfois confidence; aussi assentirez s'il a plus expresse instruction pour son voyage devers ledict Turcq que celle dont la copie nous a esté baillée... Et fault que vous entendez que le dict roy de France s'est mis en la praticque de ladicte tresve avec ledict Turcq, et envoye devers luy sans nostre sceu; et encores, comme vous aurez peu entendre, se sont échauffées les apprestes de guerre du coustel dudict Turcq, dez que l'homme dudict roy de France, ayant rapporté l'espoir de ladicte tresve, se partit devers luy, que, comme l'on entend par plusieurs advertissemens, a esté pour non presser à ladicte tresve, et au deffault d'icelle, afin que ledict Turcq fust prest à la guerre. Et aultres entendent et jugent que ledict Turcq pense nous abuser de ceste praticque par le conseil mesmes du roy de France, pour nous

surprendre, et ledict seigneur roy nostre frère, à despourveu, et il y en a aussi qui, pensant le moins mal, extiment que ledict roy de France poursuit et désire ceste tresve, afin d'estre excusé de bailler l'aide qu'il a promis par le dernier traicté de paix contre ledict Turcq, et mesmes estant assez présentement empesché en la guerre d'Angleterre, et aulcuns luy desconseillent de traicter la tresve jusques après l'accomplissement du traicté de paix, et d'aultres que comme qu'il soit ne le vouldroit; pourtant vous faut-il estre plus respectif en l'endroit dudict amb^r françois, pour adviser de quel pied il cheminera en cestuy affaire; et s'il vouloit empescher icelle tresve ou la différer, vous regarderez de la conduire avec le port et moyen, soit de la sultane ou aultres ministres du Turcq..... Si vous sembloit estre nécessaire de dire que en cas de continuation de guerre avec ledict Turcq, ledict roy de France nous y doibve assister, et que cela serve pour parvenir à ladicte tresve, et obvier aux practicques contraires, vous remectons de le déclarer verbalement. » L'instruction explique encore les ménagements à observer à l'égard de Barberousse et de ses intérêts à Tunis et à Alger; les démarches que pourraient tenter les protestants pour se faire comprendre dans la trève qui, au fond, allait se faire contre eux; la communication entre les sujets qui devait être refusée pour la trêve et réservée pour la paix définitive; enfin, en indiquant les moyens de gagner les personnages influents de la Porte, elle prévoit le cas où il faudrait s'adresser à la

Veltwic, arrivé à Trente, s'y concerta avec l'ambassadeur espagnol à Venise, don Diégo de Mendosa, et, par son entremise, entra en rapport direct avec Montluc. La lettre qu'il adressa de Venise à l'empereur rend compte de ses premières communications : elle donne des détails sur les motifs que la Turquie pouvait avoir pour consentir à la trêve ; sur la part que M. d'Aramont avait prise à cette résolution, et sur la situation délicate où se trouvaient les envoyés de la France auprès de la Porte chaque fois que la politique française se rapprochait de celle de Charles-Quint [1]. Tout en montrant l'intérêt personnel que Montluc apportait à

sultane Roxelane, qui dominait alors Soliman, et qui allait plonger la Turquie dans des guerres civiles pour faire prévaloir l'intérêt de ses enfants sur les fils premiers nés du sultan : « Et si vous trouviez qu'il convînt de faire dire quelque bon mot à la sultane, luy pourrez faire entendre qu'elle nous trouvera selon ce bien enclin en tout ce que la concernera et ses enffans, le tout en parolles générales, et sans en riens nous obliger plus avant. » (*Corr. des Kaisers Karl V*, t. II, p. 435.)

[1] La lettre collective écrite de Venise par Mendoza et Veltwic est du 7 juin 1545 : « Sitost que fusmes à Venise, l'on a communicqué avecque l'ambassadeur de France, monseur de Monluc, mon instruction en la maison de don Diégo, et l'on a dextrement demandé la siene. Il a respondu qu'il n'a nulle autre que celle briève dont je porte la copie, et deux lestres particulières touchant plus brièvement au cherge que ne feit son instruction, contenantes des nouvelles des Eschossois et Anglois ; et blasma la fachon de négocier de France que tenoit le secrétaire Baiart, voyant les particularitez mis en mon instruction, demeurant beaulcop en le prospozde la forme de négocier différente qu'estoit au temps du connestable, dont dist estre serviteur, et celle que est maintenant. Quant à l'instruction, l'on a tenu ces propos..... De la paix ou tresve l'on a trouvé ledit Monlue assez raisonnable sans faire difficulté quelconque de traicter la tresve premièrement que la paix........ L'on a entendu aussi par bon moyen la fachon de faire et négocier qu'il a usé luy et son compaignon, monseur de Harmont, résident devers le Turc. Et dict qu'ilz ont donné à entendre la puissance de V. M. mesmes qu'il est maistre d'Allemaigne et la conduict à sa volunté, et qu'ilz, par manière d'enhortissimens, soubz umbre de luy conseiller de éviter ung grant inconvénient et évident dangier qu'il pouroit survenir ceste année à la maison de Otoman, l'ont fait condescendre à ceste volunté de tresve, moyennant que V. M. envoyoit quelque ung de son conseil. A quoy, quant on luy a répliqué que l'on usera de toute discrétion en Turquie, quant l'on viendra à parler des considérations que sont en la christienté, et que l'on taisera tant que sera possible de la grande aliance et estroicte amitié que est entre V. M. et le roy son maistre, respondist que eulx ont clèrement démonstré que le roy est allié à V. M. en guerre offensive et défensive, et que toutesfoys ilz ont négocié en forme dessus dicte, et que V. M. se trouvoit forte et armée, mais que les Vénétiens avoient faict mauvais office, tousjours remonstrans au Turc la foiblesse de ceste alliance, et que

cette négociation, Veltwic fait entrevoir déjà la rivalité qui devait éclater entre lui et M. d'Aramont, et comme il mettait toujours des prétextes en avant pour différer son départ, Veltwic les explique en supposant que Montluc avait envie de voir le tour que prendraient les affaires d'Allemagne avant d'entamer cette négociation[1].

jamais V. M. n'y envoyeroit quelqu'ung, dont estoient engendrez grandes suspicions en Turquie..... Sur ce on luy a demandé en toute confidence que fachon de harangue l'on useroit vers le Turc, et si luy sembloit honneste de user parolles de submission, veu que ceste ambassade s'envoyoit par deux les principaulx princes de la chrestienté et le roy son maistre, que sembleroit chose desraisonnable. Les Turcs ayant si grant convoitise de la tresve que nous, ou plus grande, ceste parolle de *traicter* seroit plus à tous deulx que de *demander*. A cechi respondist-il, que si l'on ne demande l'on n'aura rien; à quoy, quant on luy a répliqué que c'est par en quoy le Turc fonde tout ce qu'il demande si diligemment la venue de l'amb' de l'empereur pour monstrer avantaige sur la chrestienté, il a respondu que si l'on veult laisser faire à luy qu'il négoce seul, et que l'ambas' de V. M. ne fasse que signer, que lui négociera comme bon luy semblera, et ne viendra rien en préjudice de V. M. » Montluc lui montra ensuite la copie du sauf-conduit pour se rendre à la Porte, et qu'il devait trouver à Raguse, « affin que ne se perde par chemin. » (*Correspondenz des Kaisers Karl V,* t. II, p. 445.)

[1] Montluc, en se montrant coulant sur les conditions de la trêve, élève au sujet du Portugal, que la France desservait auprès de la Porte, des difficultés qui, outre les causes indiquées ici, venaient encore de la prétention qu'avait eue, vers la fin de l'année précédente, un ambassadeur portugais, Édouard Cataneo, de concert avec

Jérôme Adorno, envoyé du roi des Romains, de traiter la paix sans l'assistance de la France :

« Quant au terme de la tresve, il se monstre facile en tout, prenant les raisons contenues en mon instruction discrètement, que treuge que passeroit cinq ans sembleroit estre une paix. Quant à faire la tresve en nom de toute la chrestienté, il a loué toute la instruction, hormiz la clausule mise aù mandat, de comprendre ceulx qui veulent estre comprins : et s'a découvert à don Diego en communication familière, quant au roy de Portugal, que ledit roy pouroit entrer en ceste tresve quant à par dechà, mais non par delà. A quoy don Diego respondit que le roy de Portugal n'avoit que faire par dechà. De la response qu'il fist quant à Portugal, semble qu'il a ung aultre instruction, et que les Franchois veulent faire leur prouffit de ceste tresve pour Marsille, au dommaige des Vénetiens, auxquelz cestuy ambassadeur ne velt une once de bien, et fait tout office qu'il peult contre eulx vers le roy son maistre, et aussi au dommaige des Portugalois. L'on s'arrestera tousjours sur l'instruction, de comprendre tous ceulx quelz vouldront estre comprins : c'est toutesfois à craindre que de cechi ne nous viegne quelque empescement..... Ledit Montluc est délibéré entièrement de faire la tresve, et penseroy faire grant par ceste emprinse, et tient jalousie avec l'ambassadeur Harmont, résidant à Constantinople de par le roy de France, et presques on luy avoyt osté ceste cherge de la court par practicque

Les trois lettres que Veltwic écrivit ensuite de Raguse, pendant le long séjour qu'ils firent dans cette ville par suite de la maladie réelle ou feinte de Montluc, représentent vivement les différences d'opinions des deux négociateurs, et les perplexités que causait au premier sa dépendance à l'égard de l'envoyé français [1]. Un

dudit Haramont, pour cause que ne sembloit pas nécessaire d'envoyer ung nouveau ambassadeur par le roy, veu qu'il y avoyt ung résidant à Constantinople..... Davantaige le retour du Turc à Constantinople monstre bien la voulunté du seigneur Turc et l'acte, que les Franchois disent, qu'il a monstré contre celluy de la Veigna; qu'il va et vient pour ceste négociation; car les Vénetiens, comme dit l'ambassadeur Montlue, avoient tant mis de suspeçons auprès des bassas, que V. M. n'y envoyeroit nulluy, et que n'estoit que abusion des Franchois, que ledit Veigna estoit en dangier d'estre pendu. Les Franchois vouldront bien faire leur prouffit, veu qu'elle est facile à conduyre..... comme ledit Montlue a confessé en communication particulière au secrétaire Mᵉ Gerardt qu'il fait tousjours la chose difficile vers son roy pour le poire trouver après plus doulce. L'on peult penser aussi que ce soit pour monstrer à V. M. que son ambassadeur escript des difficultés, et s'ilz peuvent tirer avecque cechy la réconciliation avecque le Turc entière, il leur sembleroit que nous eussions bien servi à ceste recouvrement de grace; car il n'y a guéres de confidance entre eulx jusques à maintenant. » Les deux ambassadeurs firent part de l'objet de leur mission à la seigneurie de Venise et s'occupèrent de leur départ, toujours différé par Montluc sous divers prétextes : « Ledit Monlue prend des excuses pour dilayer son partement, à cause de l'argent pour suborner les bassas. Sy en cas que l'on descouvre malice, seroit expé-

dient de avancher le chemin jusques à Raguse, et illecq attendre ledit Montlue pour donner à congnoistre au roy de France que de la part de V. M. ne ayt eue faulte, et en cas que la négochiation fust destituée des Franchois, d'avoir plus commode entrée de négocier avecq les bassas. (Corresp. des Kaisers Karl V, p. 450.)

[1] Cette première lettre, datée de Raguse, est du 30 juin 1545 : « L'ambassadeur et moy soummes arrivez ce 28 de juing à Raguse, et ledict ambassʳ est tumbé en une fiebvre tierce, et faict à craindre que selong sa complexion délicate et colérique, de tant plus qu'il a très-maulvais couraige, que à grant paine il pourra achever son voyage : il m'a fallu l'attendre à Venise 22 jours, et ne sçay le temps de la guérison de mon compaignon, duquel dépend ma charge. J'ay entendu que le Turcq désire merveilleusement soy asseurer de V. M. Je feray toute dilligence si la maladie dudit ambʳ dure plus que huyt jours de luy faire persuader par les médicins que il désiste de son voyage, et luy prier qu'il veulle envoyer son instruction à monseur de Haramont, et si par ambition ou convoitise ne vouldroit laisser à aultruy sa charge, je procureray que les sansacques voisins à ceste frontière facent instance vers moy afin que je me parte incontinent, car nostre tardité a engendré diverses suspicions en Turquie, et de tant plus fera si longuement nous demeurons à Raguse. L'ambasʳ de France va en grante équippaige et porte de l'argent beaucoup pour suborner les bassas. Les Franchois nous

74.

autre sujet d'inquiétude était venu s'ajouter dans l'intervalle à la crainte qu'il avait que le retard de son voyage ne donnât des soupçons à la Porte. Ferdinand d'Autriche, qui ne s'en rapportait pas exclusivement à son frère de la conduite de ses propres intérêts, avait envoyé de son côté un ambassadeur à qui l'indisposition de Montluc avait permis d'arriver avant eux à Constantinople, et d'y commencer la négociation qu'il pouvait compromettre par son caractère inférieur à celui de l'envoyé impérial [1]. Parmi les inconvénients que Veltwic fait ressortir

ont tiré sans nécessité dans cette ambassade longe, et la veulent faire pompeuse..... Et tant que puis comprendre des divises et propos que ces Franchois tiegnent bien souvent à la volée, leur fin est que, par subornemens d'argent, puissent recouvrer le crédit du Turcq et faire rompre la tresve quant bon leur semblera. M'a confessé aussi que les Turcqs ont grant crainte de V. M. et que, tant de foys elle vient faire diète en Allemaigne, fait dresser les cheveulx aux Turcqs. Ce que pensoys qu'il disoit pour me complaire; mais je le treuve estre véritable par aultre voye. » (*Correspondenz des Kaisers Karl V*, t. II, p. 453.)

[1] Les deux lettres suivantes sont datées du même lieu, des 10 et 12 juillet. Elles constatent l'attente où on était de la trève sur toutes les frontières, et les troubles que pouvait amener le retard de sa conclusion : « cl esclaves de Barbaroussa au beau midi se sont saulvez de sa maison, prenans avec eulx xv mille escuz et une gallerette devant le port, et sont ainsy eschapez. Barbaroussa les a fait suivre avec six galléres..... L'amb^r du roy des Romains estant ceste heure à Constantinople, la longue demeure qu'il y fera avant mon arrivée sera cause que au moings il encommencera la négociation, et veu que son instruction est bien humble, j'auray grant difficulté de négocier avec telle réputation que l'auctorité de V. M. requiert. J'ay

parlé à l'amb^r de France afin d'entendre quelque chose touchant sa charge, lui demandant que si l'amb^r du roy des Romains concluoit tresve de toutes les frontières du coustel de là, qu'il nous restoit bien peu à conclure, ou riens. Il m'a respondu : Ou les bassas abusent nous autres Franchois, ou vrayment le roy des Romains n'aura nulle tresve ne payx sans intercession du roy de France, et que je me tinsse asseuré de cela. Ledit amb^r fait grans reproches à ceste seigneurie de Raguse touchant aulcuns bledz de feu Rincon, et est bien marry du blasme que les François ont gaigné en Turquie, puisque V. M. est entrée et passée avec armée le royaulme de France, dont les Turcqs font une merveilleuse estime, et ne s'en peuvent tenir d'en moucquer des François. Sire, jamais ne say mener ledict ambassadeur en propoz de entendre la nature des bassatz, s'ilz ont en honneur et en estime les victoires de V. M. mais tousjours dit que ne dort ne nuyt ne jour, pour penser comment il conduyra les Turcqs à non faire déshonneur à moy, qui suis serviteur de V. M. et comment ceste négociation se puisse conduire à quelque réputation de V. M. Je luy ay respondu qu'il ne se travaille en sa maladie de ceste pensée, veu que les actions de V. M. sont tellement conneues de tout le monde qu'il ne fauldroyt grand soing et grande diligence pour garder la

dans sa lettre, écrite à Philippopoli, comme une conséquence de cette intervention inopportune, il signale le changement qu'elle pouvait produire dans les dispositions de Montluc, qu'il avait amené à prendre chaudement l'objet de sa mission dans l'intérêt de l'empereur, au point de s'engager avec Veltwic à passer à son retour par la Hongrie et la cour d'Autriche [1]. Arrivés le 7 septembre à

réputation d'icelle..... Selon que je puis comprendre, la fin que les François prétendent est de recouvrer la grâce du Turcq par ce moyen d'avoir mené V. M. à envoyer ambᵉ devers le Turcq, et certes ilz luy auront fait ung grand bénéfice et grande réputation vers ses subjectz, veu que les Turcqs desjà commencent à dire que jamais seigneur des Turcqs fut si heureux que cestuy-ci, considéré qu'ilz voyent que ung si grant prince que V. M., de laquelle seulle ont eu tousjours peur, envoye ambassade en leur pays. Ce envoyement d'ambassade vient bien à propoz aux Turcqs, car tous leurs pays se treuvent gastez et enpouvriz...... La fiebvre que luy print estant en gallère, par la commotion continuelle des humeurs, s'est journellement augmenté en ces extrêmes chaleurs de Raguse; mais à ceste heure avons ensemble conclut le faire porter en lectière par cestes montaignes, faisans petites journées au commencement, et j'ay espoir que, estant bien rieglé et homme sobre de sa nature, il reprendra force, et que nous pourrons faire nostre voyage à bonnes journées. Nous avions despesché vers M. de Haramont en démonstrant la cause de notre attente. » A la suite de ces lettres, l'empereur accuse leur réception par une lettre de Worms, du 1ᵉʳ août. (*Correspondenz des Kaisers Karl V*, t. II, p. 456-61.)

[1] La lettre écrite de Philippopoli, le 6 août 1545, constate les effets de la malencontreuse intervention de l'envoyé du roi des Romains, et sa mésaventure à la

Porte, où il venait d'être arrêté. Cet envoyé était le docteur en droit Nicolas Sicco, qui, pour faire preuve de zèle ou bien s'attribuer le mérite de la négociation, avait fait son voyage avec une célérité extraordinaire, comme lui-même le raconte dans ce passage de l'un de ses rapports : « Adeo celeriter huc delatus sum, ut decem equos in itinere interfecerim, magni enim intolerabiles calores erant, et ad nonam diem julii huc veni, et postquam bis aut ter cum Rustem et aliis Bassis colloquutus essem, in durissimum carcerem conjectus sum, ubi per mensem fui, nec aliqua suberat opes imperatorem Turcharum conveniendi, orator si quidem Gallus maxime mihi adversabatur. » (Rapport de Sicco cité par Hammer, *Histoire de l'empire ottoman*, t. V, p. 391.) Veltwic ajoute ces détails : » Il est advenu tout ce que je craignoye de l'ambᵉ du roy des Romains, car, estant arrivé à Constantinople, a esté lougé en une hostellerie publicque avec les gardes à la porte, peu honorablement, et le lendemain a demandé audience à ceulx qui l'ont visité, et aux bassas fait offres gaillardes, ce que a engendré grande suspeçon aux François, veu que en négociation commencée l'on n'a fait nul compte d'eulx, ne a esté visité l'ambᵉ du roy, M. de Haramont, ne fait demander nouvelles de vous, ne fait parler en compte du monde, dont M. de Monluc se treuve merveilleusement en collère, et m'a dit que comme le roy ne pourroit faire plus grande envie à V. M. que de l'amuser en ceste négocia-

Constantinople, leur première impression fut de reconnaître les difficultés de leur entreprise [1]. Enfin la longue dépêche écrite d'Andrinople, le 10 de no-

tion pour la existimation que se mectoit en péril; ainsi V. M. ne pourroit faire une plus grande faulte que d'envoyer son ambassadeur pour rien faire en ung pays barbare. Et si le roy des Romains ne se fie pas au roy, ce n'est pas raison que ne fie en V. M. Sur quoy prend si grande diffidence que si V. M. aye ressenti des signes par le temps passé, le roy son maistre, ayant receu les lectres dudit Montluc, en fera des plus grandes démonstrations. Toutefois il n'a pas fallu de la science à M. de Haramont de faire suspendre l'audience dudit amb[r] du roy des Romains... »

« J'avois esté contrainct, craignant que les Turcs ne pensassent quelque mécontentement entre V. M. et le roy de France, si le roy des Romains monstreroit petite conffidence à la négociation françoise, escripre à son amb[r] qu'il me voulsist attendre, veu que nos commissions estoient joinctes. Les Turcqs ont prins mon homme à l'entrer de la porte de la maison dudict ambassadeur, et l'ont mené vers Rostabassa, estant le seigneur hors de Constantinople, et luy ont osté sa lectre, et luy mis en prison secrètemant six jours. Les Turcs, voyant la contrariété, pour ce que je disoye ma charge estre joincte à la sienne, et que je luy prioye que nous attendist, au contraire que luy avoye fait si grans offres, et dit que n'avoyt rien commun avec moy, se sont résolux de ne croire rien à l'ambassadeur de France, lequel empeschoit l'audience dudict ambassadeur, et veoir s'il avoit commission de donner tribut; et luy ont donné audience, et mis Janus-Beg entour de luy pour l'examiner, dont ne sçay encoires nouvelles certaines...

Je avoye parlé avec l'amb[r] de France, et persuadé qu'il print son chemin par Hongrie vers le roy des Romains et vers V. M. et le vis bien chauldement et sans faintise entrer pour faire service au roy des Romains, et que tout est changé maintenant. Toutesfois je fais toute diligence pour me monstrer confident de la négociation, présupposant que, s'il entrast en suspeçon de V. M. comme de roy des Romains, qu'il traverseroit tout, et en lieu de vouloir croistre par ceste tresve, il suyvroit le chemin de capitan Polin et Rincon pour succroistre des practicques desquelz j'ay une descouvert que nous pourroit porter grant dommaige. Car de conduire les Turcs à grandes emprinses, selon que je puis comprendre, il auroit difficulté, veu la dissention de la maison et la poureté du peuple, pour les continuelles guerres et le suspect du sophy, puisqu'il a practiqué le mariage de sa fille avec sultan Mustapha; mais ilz pourroient persuader le Turcq de mettre ung trente mille chevaulx sur la frontière, et consommer les forces de l'empire par continuelle guerre défensive. » (Corr. des Kaisers Karl V, t. II, p. 462.)

[1] Les négociateurs, en arrivant, ne trouvèrent pas le sultan, qui était alors à Andrinople. « V. M. peult veoir comment d'une chose facile, laquelle estoyt de conclure la trefve, sommes tumbez en perplexité. Le pis est que les François prendront la diffidence du roy des Romains pour excuse; et fais nul doubte que eulx ont esté les premiers qui ont monstré au Turcq le peu de foy que donnent à ceste paix. Car il m'a loué la sorte de négocier du connestable, lequel, quant V. M. avoit fait son passage

vembre, est un résumé des démarches faites dans les deux mois précédents, et des changements survenus pendant le cours de la médiation; on y voit que la France avait soin de distinguer auprès de la Porte, dans l'établissement du duc d'Orléans à Milan, l'intérêt du dauphin, qui devait rester avec le royaume allié de la Turquie [1]. Montluc, pour s'attribuer le rôle important de la négociation, persistait dans le dessein de passer par l'Allemagne, et il se trouva bientôt en con-

par France, ne lessoit à fortiffier les frontières, ne jecter nouvelles praticques et regarder les anciennes pour parvenir à sa fin destinée. Ledit Monlue pense reculer la paix du roy des Romains quelque jour si treuve les affaires entiers, et conclure la tresve générale, et après donner lieu à la paix dudit roy des Romains encommencée; et cecy pensent-ilz faire par la faveur que le Turcq porte à son maistre, et afin que ne semble pas que le roy ayt conduyt votre ambassadeur pour rien faire. Et m'a dit les moyens qu'il veut proposer vers le Turcq, fondez en la grandeur de V. M. que si ce fait, les affaires ne iront pas mal, mais si trouve la paix conclute, il veult demourer à Constantinople jusques à tant qu'il recouvre nouvelle commission de France, non ayant commission de négocier tribut, ne le confirmer, mais que ne interviendra ne luy ne son maistre là où ung frère de l'empereur et roy des Romains se subjectira à ung Turcq... L'amb^r de France n'a pas treuvé la négociation si facile comme pensoit. » (Corresp. des Kaisers Karl V, t. II, p. 465-66.)

[1] La lettre commence par une énumération des motifs déterminants de la France : « Les François sont entrez en la négociation sans le sceu de V. M. afin que ne fussent contrainctz de donner l'ayde promise au traitté de paix, pour plusieurs raisons : 1° Pour éviter la despence de l'argent qu'ilz devoient furnir; 2° afin que en

donnant l'ayde ne fussent à jamais en diffidence des Turcqs et excluz de leurs practiques; 3° pour ce qu'ensuyvant ledict traitté ne pouvoient honnestement tenir leur ambassade en Constantinoble, laquelle sont délibérez d'entretenir avec l'amytié des Turcqs, quoy qu'il advienne. Et faisoient discours avant le trespas de monsieur d'Orléans, dont avons eu les premières nouvelles le seixiéme de ce mois d'octobre, que, combien que ledit seigneur fût duc de Milan, et mis honnestement hors de France, le daulphin pourtant et royaulme ne devroient délaisser l'alliance du Turcq, et que le royaulme ne gagneriens par le bénéfice dudit seigneur, auquel mesmement ceste alliance conviendroit fort bien à cause des Vénéciens, lesquelz d'ung costel de Lombardie, et de l'autre par la faveur et menasses du Turcq cuydoient ruyner, parce qu'ilz en ont une terrible hayne; et pour ce disent les Véniciens tant de mal d'eulx que sçavent, et me semble touchant ces rapportz le Turcq croit aux ungs et aux autres. Quant au daulphin, les vieux discours et façons de faire que sont accoustumée de tenir en Allemaigne durent encoires ou cerveau de ces ministres françoys, et font leur compte que l'empire se contentera fort bien de avoir trouvé repoz par leur moyen... » La lettre revient ici sur l'opposition de la France au Portugal : « Désiroient de faire leur prouffit de la négociation en persuadant au Turcq la

tradiction avec son collègue, M. d'Aramont, pendant que Veltwic se plaignait de son côté de l'interprétation injurieuse donnée à la Porte sur le sens de sa mission[1].

Les dissensions intérieures de l'empire faisaient désirer à la Turquie la conclusion de la trêve, et M. d'Aramont s'était servi de cette disposition pour compenser, par un avantage qui serait obtenu avec l'entremise de la France, les sujets de plainte que

guerre contre le roy de Portugal ès Indes et qu'il tint le trafficque d'espicerie en Alexandrie ou en Cayro pour faire une estappe de ce trésor à Marseilles, et ainsi, en retirant le prouffit d'Anvers, oster la commodité de l'argent à V. M. et à Portugal. » (*Corr. des Kais. Karl V*, t. II, p. 467.)

[1] Les griefs de la Porte contre la France tenaient, comme on le voit, aux suites de l'expédition de la flotte turque en Provence pendant les deux années précédentes : « Mr de Montluc veult faire son retour par Hungarie, pour se monstrer aux frontières, comme luy-mesmes a confessé au bassa, lequel s'est monstré difficile à consentir cela, de peur que nous tous ensemble ne faissions en Allemaigne quelque nouvelle machination contre le Turcq. Mais ledict Montluc dict qu'il y alloit pour monstrer et faire trouver bon en l'empire ce qu'estoit conclu, et en rendant compte de la négociation à V. M. de monstrer au peuple que le Turcq faisoit ce bien pour l'amour du roy son maistre. Mais j'espère qu'il se trouvera abusé, et que les frontières n'auront les oreilles ouvertes à ses mensonges. Et en tous événemens leur sembloit pour ambicion que ceste alliance leur fût nécessaire après la paix faicte. Sire, y avoit en Turquie si grant paour, et escrivist le Turcq au roy si doulcement au mois d'octobre, qu'il eust très bien sceu faire la tresve en France ou quelque autre lieu de frontière, et eust ainsi plus facilement démonstré aux crestiens ce qu'ilz prétendent, n'eust esté l'ambicion et grant de-

sir qu'ilz avoient de gaigner nouveau crédit vers le Turcq, en luy faisant venir baiser la main de V. M. et toute la chrestienté, ce qu'ilz ont icy fort eslevé en se vantant très vainement de vostre ambassade, et que le roy ne sçauroit faire plus grant honneur à la maison ottomanne que d'y amener ung amb^r de V. M..... Les grandes rudesses par eulx endurées en ce lieu, veu que leur ancien crédit estoit perdu par l'armée de mer que leur presta le Turcq, et au moyen des accuses de Barberousse, et les deffenses faictes par luy, esquelles entrefaictes se sont descouvers maintz beaulx tours, et comme les Turcs disent, trahisons et laschetez, lesquelles ne cessoient de reproucher aux Françoys après la paix faicte, de non avoir sceu employer une si bonne armée et se deffendre. Lesquelles rancuns sont si avant montées que les ministres du Turcq ont usé de parolles plus licencieuses que l'on n'est accoustumé de faire entre amys, ausquelles à la parfin a esté contrainct Monlue de respondre par escript, en telle sorte que V. M. doit sçavoir, que nous avons fait la paix par nécessité; estans défié de toute la crestienté pour tenir l'ennemy au dehors de la maison, et en tel temps que V. M. n'avoit aucune armée en Hongrie, et que Barbarossa estoit party de France avec l'armée de mer, etc. Ces diffidences sont accreues par les mauvais rapportz des Véniciens, lesquelz ont tout interprété au pis que pouvoient, et au contraire des François, non pour le bien qu'ilz veullent à V. M. mais

le sultan avait contre elle [1]; mais les querelles des ambassadeurs français et les indiscrétions de Montluc augmentaient les embarras de la négociation qui se trai-

pour le mal qu'ilz veullent aux Françoys, tellement qu'ilz ont présentement fait très maulvais office à tous deux. Aussi a le capitaine Polin confirmé ces impressions aux Turcqs par ses mensonges et vaines promesses, et l'ambassadeur Moulue en a prins inimitié avecques son compaignon, le seigneur de Harmont, et besoigne de sorte que luy seul eust peu gaster le résidu du bien qu'en povoit rester. Davantaige n'entendent encoires les Turcqs ce que le roy de France ne envoye nul présent, et que aucunement ne respond au bien qu'il a receu de leur armée, ne aux promesses de Polin, et leur semble bien estrange ce que disent les François, que le roy ne sçauroit envoyer plus grant présent au Turcq que l'ambassade de V. M. » (*Corr. des Kaisers Karl V*, t. II, p. 470.)

[1] La lettre fait ici connaître plusieurs actes de M. d'Aramont antérieurs à la négociation, et la situation difficile où il s'était trouvé à la Porte pendant la guerre précédente : « Les François ont usé de ce mot « prier et bien humblement » en toutes leurs demandes, tant de bouche que d'escript, pour flatter seullement, veu que sçavoient bien la nécessité en laquelle les Turcqs se trouvoient, et comme la sultane mect et dépose les officiers, la hayne du sultan Moustapha et les affaires du sophy, lesquelles concurrences causoyent aux Turcs grand désir de paix, ce qu'est notoire, parce que les François confessent eulx-mesmes l'indignation que print le Turcq de ce qu'il n'estoit compris en la paix selon la promesse faicte entre eulx, que ne ung ne l'autre s'appoincteroit à part avec son ennemy, dont s'estoit ledit Turcq

fort asseuré pour le grant paour qu'il avoit de l'unyon cristienne que se feroit une fois à son dommaige..... Ceste négociacion a esté proposée par tierce main, affin que ledit Harmont le peult entendre, lequel estant laissé icy pour lieutenant de Polin, se trouvit après la paix en si mauvaix poinct, que souventefois a esté parlé de l'ampaller. Dont V. M. peult conjecturer si les François estoient gens propres pour conduire une telle négociation, n'y eust esté joinct la chaleur des Turcs à la paix, de laquelle s'appercevant Harmont, et pour la grant paour qu'il avoit encoires, surprins de nouvelle espérance, s'avança de promectre aux Turcs que leur fairoit avoir une paix bien honnorable, s'il povoit escripre à son maistre, en faisant venir vers eulx ung ambassadeur de V. M. : non qu'il eust espoir de le pouvoir fournir, ains seullement le faisoit pour se faire valoir et eschouer aulcunement le dangier. Dont il est maintenant bien marry, disant que l'on eust bien peu conduire l'affaire en aultre lieu sans donner aux Turcs matière de gloire, et que à tout le moings luy-mesme estant de par deçà y eust peu besongner jusques à la conclusion, et que lors V. M. eust envoyé pour conclure. Mais en France trouvoit l'on tout cecy bon, et mesmes que V. M. envoyoit ambassadeur, pour recouvrer leur ancien crédit..... Et ne font pour le présent les Turcqs que dissimuler avec les François pour se servir d'eulx, et ne pense que V. M. veuille continuer ceste amytié, pour ce que la commence par le roy de France et non par soy-mesme, et que au lieu de paix a choisi tresve. Ce qu'est cause principalle de les faire tempo-

tait avec le vizir Rostan et le Capouaga [1] : les contestations portaient sur le sens
de la trève accordée à l'instance de la France, sur les difficultés relatives à la saisie
des domaines enlevés aux seigneurs hongrois, enfin sur les tributs que devrait

riser avec les François, et qui consentent
ad ce qu'il puisse sembler que la chose
soit faicte par eulx, mesmement après la
nouvelle venue du trespas de mons' d'Orléans. Or, sire, lesdits deux ambassadeurs,
par leur ambition privée, se sont fourcz en
grandes inimytiés, ung chascun s'employant
à tirer tout l'honneur de la négociacion à
soy, tellement que l'envie qu'ilz ont eue
l'ung de l'autre leur a fait perdre honneur à
tous deux. En voulant empescher l'ambassadeur du roy des Romains à négocier,
soubs umbre de ce que le saulf-conduit
estoit impétré d'eulx, ont troublé l'affaire
tellement, qu'il ne seroit possible d'avoir
négociacion plus meslée. » (*Correspondenz
des Kaisers Karl V*, t. II, p. 471.)

[1] La lettre fait intervenir ici dans les
contestations des négociateurs français les
sentiments des divers vizirs turcs plus
ou moins favorables aux deux parties :
« M. d'Harmont blasmoit tout cecy, disant
que la négociacion donnoit de soy-mesme
assez grande suspicion au Turcq ; surtout est accusé Montluc par Harmont d'a-
voir mys la confusion en comble par ses
braveries qu'il a usé, comme il dit, en
derniers temps et lieux, selon les occurrences, en présence de Françoys et Véniciens, touchant l'honneur des principaulx
ministres turcs, laquelle faulte, comme a
accreu la mauvaise opinion des Françoys,
aussi a esté cause du retardement de la
commune négociation..... Ceste façon d'envoyer lettres l'une sur l'autre engendroit ja-
lousye à Rustan-bassa comme si l'on ne se
fioit assez de son voulloir ou puissance. Et a
l'on mis l'affaire en nouvelle dispute comme

si jamais auparavant n'en eust esté parlé.
Mons' de Montluc commençoit à faire nouveau propos d'avoir sa part de l'honneur,
affin que la chose ne semblit estre conclute à la table, et Harmont s'employoit de
l'autre cousté à prendre son compaignon
en erreur et le précipiter en telles difficultez, lesquelles sembloit que l'on ne
peust remédyer. Le s' Turc traînoit l'affaire,
tant pour sa réputation que pour complaire aux François, et aussi pour les suspeçons conceues de la paix, lesquelles il
ne sçavoit si légièrement résouldre, voyant
en sa maison l'ambassade de V. M., ce
qu'il n'avoit oncques espéré de venir, et
entendant la grande confidence de V. M.
en ceste affaire, entra en grandes per-
pléxitez, et le bassa, par la jalousie qu'il
avoit du capi-aga, nous laissoit perdre
temps. Au cinquième d'octobre, quant l'on
debvoit conclure, les François ont fait
très grande instance au bassa, qu'en pro-
nunçant la volunté du seigneur fût déclairé
que le Turc donnoit ceste tresve pour respect du roy de France..... Au vi' dudit
mois, après longues disputes touchant les
terres tenues en Hungarie par le roy Jehan,
le second bassa Mahomet, coupant les propos, changea de visaige, et prononça,
comme il dict, la dernière volunté du seigneur son maistre, en quoy il usurpoit la
charge du premier bassa; mais ce n'estoit
que une practicque faicte, affin qu'il ne
semblit que cela procédast de la diligence
du premier bassa Rustan, et que la chose
eust plus d'auctorité par la bouche dudit
Mahomet, lequel est tenu pour ennemy
des Françoys. Toutesfois sa conclusion fut

payer la Hongrie[1]. Néanmoins, malgré plusieurs réserves insérées dans le traité, la trève fut conclue avec la Turquie. Dans un post-scriptum, Veltwic donne la substance d'une lettre adressée par la Porte au roi de France sur l'acte qu'elle a consenti à son intercession [2]. Le changement politique causé par la mort inattendue du jeune duc d'Orléans vint rendre inopportune la conclusion de cette trève, qui devenait un obstacle pour le roi; on s'en prit au négociateur, qui semblait avoir montré, par ostentation et vanité, une prédilection trop grande pour les intérêts de l'empereur. Le scandale de ses débats avec son collègue avait compromis la dignité de la France auprès de la Porte, et de plus, malgré toutes les observations, Montluc persista à revenir en France par Vienne et la Hongrie. Aussi, inculpé sur tous ces faits, il entreprit de justifier sa conduite par les deux mémoires suivants, qui furent présentés au conseil. S'ils ne donnent pas dans leur ordre les incidents et la marche de la négociation, ils en font connaître l'esprit, qu'on a pu juger aussi d'un point de vue différent d'après les dépêches de l'ambassadeur de Charles-Quint.

lourde et vaine, et monstroit bien que n'avoit pas bien appris sa lechon que le Turcq jamais eust donné tresve, ne fust par l'amour du roy de France. » (*Correspondenz des Kaisers Karl V*, t. II, p. 472.)

[1] Les principales contestations portaient sur ce que la Turquie prétendait retenir pour elle la Croatie, avec un tribut annuel de dix mille ducats, et de plus la possession des châteaux de Valentin Tærek, prisonnier de la Porte, et ceux de plusieurs autres magnats. La lettre de Veltwic s'étend ici longuement sur les différentes interprétations des articles introduits dans les traités par les négociateurs français. (*Ibid.* p. 474.)

[2] Les deux plénipotentiaires signèrent à Andrinople; le 10 novembre 1545, un armistice de dix-huit mois pendant lequel l'empereur et Ferdinand devaient envoyer de nouveaux ambassadeurs avec des pleins pouvoirs pour asseoir la paix sur des bases définitives. L'audience de congé que prirent ensuite les ambassadeurs, et la lettre qui annonça la conclusion de la trève à François Ier, constate le sens que la Porte

mettait toujours à cet acte : « L'ambassadeur du roy des Romains et moy, en prenant congé, avons trouvé bonne volunté au bassa, et nous a dit les choses que les François nous vouloyent vendre bien chier. Cependant ay recouvert la lectre adressante au roy de France, tant mendiée des Turcqs et composée par les François, où respont au roy d'avoir entendu par sa lettre de l'amitié que le roy veult continuer, que V. M. avoit prié à luy roy de France qu'il fit avoir la paix avec le Turcq, et dict que n'eust jamais donné la paix au roy des Romains, n'eust esté par son intercession. » (*Corr. des Kaisers Karl V*, t. II, p. 475.) Pendant ce temps s'élevaient déjà les difficultés relatives à l'exécution du traité de Crépy, comme l'indique le mémoire ou avis du conseil de l'empereur qu'on lit au t. III, p. 188, des Papiers d'état de Granvelle. A la suite de cette pièce, p. 204, une lettre de Ferdinand d'Autriche, du 21 décembre 1545, mentionne le passage de Montluc par Vienne : « Les ambassadeurs de Levante sont ici arrivez le XII de ce mois, et partit Montluc le XVI ensuyvant pour Venise. »

PREMIER RAPPORT DE JEAN DE MONTLUC SUR SON AMBASSADE.

(Copie. — Dupuy, ms. 745.)

RELLATION DE M. DE MONLUC, DESPUIS ÉVESQUE DE VALLENCE, BAILLÉE AU ROI FRANÇOIS
PREMIER ET À MESSIEURS DE SON CONSEIL PRIVÉ À SON RETOUR DE LEVANT POUR LA
NÉGOCIATION DE LA PAIX OU TRÊVE EN FAVEUR DE L'EMPEREUR CHARLES V° ET DU ROY
DES ROMAINS, SON FRÈRE.

Il plaira au roy permettre que je luy rende compte de trois choses:
c'est à sçavoir de la négociation de la paix d'entre le Turc et l'empereur; puis des causes qui m'ont meu de faire le chemin d'Hongrie et
des causes de la demeure que j'ay faite par les chemins.

Quant au premier poinct, il plaira au roy avoir souvenance que, depuis le jour que la commission me fut envoyée d'aller en Constantinople, j'escrivis à S. M. par plusieurs lettres les inconvéniens qui pourroient survenir de ladite commission; et entre autres mentionniz le
doute que j'avois que ladite paix ne fût sy facile à obtenir qu'on luy
avoit dépainte pour une douzaine de difficultez qui se treuveroient
malaisées à desmesler. Et estoit à craindre que si l'amb¹ de l'emp¹ s'en
retournoit sans obtenir ce qu'il disoit luy avoir esté promis, son
maistre, par son ancienne et mauvaise volonté, que je pensois qu'il
n'eust encore délaissée, prendroit occasion et excuse de ne faire rien
de ce qu'il avoit promis, et prétendroit avoir receu la honte et injure
du reffus, non du Turc, mais du roy qui l'avoit incité à y envoyer son
amb¹; et cela pouvoit l'on facilement comprendre par plusieurs raisons, mais surtout par les instructions dudict amb¹, dont le commencement estoit tel : « Nous ayant fait entendre le roy nostre bon frère,
le désir que le Turc a de faire une paix avec la chrestienté, et pour
l'assurance qu'il nous a donnée que ladite paix succédera, moyennant qu'un amb¹ y aille de nostre part, à la prière et instigation du
roy nostre bon frère, nous avons député, etc. » Qu'estoit autant à dire
comme : « J'auray cause de me plaindre et de dire que l'on m'a induit
de envoier un amb¹ pour estre moqué du Turc et de toute la chres-

tienté, en cas que ledict ambᵣ, à son arrivée, trouvast les choses plus difficilles » qu'on ne luy avoit fait entendre. Et pour cete cause, escrivois-je, que je mettrois penne de bien entretenir ledit ambassadᵣ par les chemins, et de m'employer pour son fait, et le faire si bien aparoître que à son retour il eust cause de faire si bon rapport que sondit maistre n'eust de quoy se plaindre aux Allemagnes comme il a accoustumé. Et bien m'en print que j'eusse préveu les inconvéniens que depuis s'en ensuivirent, car avant nostre arrivée nous fusmes conduitz trois journées en forme de prisonniers, et non en sorte d'ambassadeurs; et depuis feusmes aussy mal veuz et receuz que ambᵣˢ qui alèrent jamais par delà; ce qui ne pouvoit procéder de nostre faute, d'autant que le mal traitement fut fait avant nous avoir ouy parler. Et usa le premier bassa de tel langage en nos premières audiences, qu'il sembloit que de la part du roy n'eust jamais esté parlé de paix ny de trêve, ains dit audit ambᵣ que le roy leur avoit escrit que l'empereur l'avoit instamment prié d'escrire au G. S. que si S. H. vouloit octroier un sauf-conduit, il luy vouloit envoier un ambassadeur pour luy demander une paix pour toute la chrestienté.

Et est à notter que les lettres que ledit empereur escrivoit par delà disoient que c'estoit le G. S. qui avoit fait prier par le roy ledit empereur d'envoyer un ambassadeur pour conclure ladite paix. Dieu et le monde sçavent l'extrême penne que j'euz à rabiller cela pour faire capable ledit ambᵣ que toutes les parolles du bassa ne tendoient qu'à metre deffiance entre noz maistres, comme aussy estoit-il véritable, et pour contenter ledit bassa, luy donnay à entendre que ce que ledit ambᵣ avoit dit n'estoit que pour conserver la réputation de son maistre, peut-estre aussy pour mettre jalousie entre nous. A quoy me disoit ledit bassa entre plusieurs folles parolles pleines de mespris : « Que le roy avoit esté dilligent de poursuivre le bien de l'empᵣ et non pas celuy du G. S., lequel, quant bon luy sembleroit, feroit la paix avec le roy des Romains à son proffit et avantage, comme le roy avoit faite la sienne avec l'empᵣ sans en avertir ses amys. » Je respondis toujours à tout et souvent bailliz des escritures qui furent présentées au

G. S., dont j'en ay aporté la coppie, et une autre en ay laissé à M. d'A-
ramont, qui les aprouva et jugea bonnes; par lesquelles et aussy par
les propos que je tins, je remonstrois que l'amityé que le roy avoit
portée audit seig^r et porteroit à l'avenir n'estoit feinte ny simulée,
comme l'on pourroit dire de ceux qui sont voisins des pays dudit
Grand-Turc, et ne s'en retiennent que pour la peur ou pour l'espérance qu'ils ont des forces et de la puissance de S. H. Et quant à la
paix qui avoit esté faite avec l'emp^r, je luy en répondis plusieurs foys
et en touchis un mot par escrit au G. S., l'assurant toujours que
S. M. ne luy avoit proposé la paix universelle, sinon pour luy procurer
plus grand désir et loisir de jouir des victoires que Dieu luy avoit
données, estant marry si, de sa part, il repousoit pendant que S. H.
continuoit le travaille de la guerre, et aussy pour l'oppinion que sa
majesté avoit que de ladite paix deussent réussir tous les biens que
les princes espèrent recevoir de leurs actions. C'est assçavoir l'honneur
de Dieu, l'acroissement de leur réputation, la conservation de leur
proffit et de leurs amys et le dommage de leurs ennemys. Et pour luy
montrer que ce seroit un œuvre agréable à Dieu, luy metois en avant
que la guerre ne se pouvoit faire sans grande effusion de sang, désolation et perte de pays, opression du pauvre peuple qui toujours
est soubz la protection de Dieu quelque loy qu'ilz tiennent; et pour
luy faire connoître que ce seroit l'augmentation de son honneur, luy
remontrois que quant il auroit gangné cent batailles contre l'emp^r, il
n'en pourroit retirer fruit plus honorable que de donner une paix
qu'on luy venoit demander. Quant à son proffit, luy remontrois le
repos de ses soldatz, qui par raison estoient lassez et ennuyez de si
longue guerre, puis le retour des pauvres gens qui reviendroient en
Hongrie, et cultiveront les terres qui à présent sont inutiles; de sorte
que S. H. en recepvroit un grand revenu, outre la commodité des vi-
tuailles qu'il trouveroit sur le lieu sans les faire porter de si loin,
toutes les fois qu'il voudroit faire l'emprinse de Vienne, et pareillement l'augmentation des gabelles en Constantinople et autres portz
de ses pays qui estoit le verbe principal; car ilz ne connoissoient

autre heur ny réputation que l'augmentation du revenu du seigneur.

Et, pour luy faire aparoître le proffit que le roy en retireroit qui seroit commun avec celuy de S. H. luy disois que S. M. pour l'obligation que toute la chrestienté reconoîtroit luy devoir pour un si grand bien receu, auroit moien de retirer à sa dévotion beaucoup d'amis qu'il a perdus pour l'amitié qu'il porte à S. H. et se repouseroit le terme de cinq ans pour se refaire des despences qu'il luy a convenu faire aux guerres passées. Et avenant que, au bout desdites cinq années, toutes les deux partz voulussent continuer ladite paix, S. M. seroit apte instrument à moienner la prolongation au proffit et avantaige de Sadite Hautesse; et, en cas qu'il luy semblast de faire le contraire et de commencer la guerre en ce temps-là, l'amytié de S. M. luy seroit beaucoup plus proffitable après un long repos que après un long travail de guerre si longuement continué. Et quant au dommage de l'emp^r, luy remonstrois que, outre qu'il perderoit la commodité de beaucoup d'argent qu'il retire de plusieurs païs soubz prétexte de la guerre turquesque, il descherroit de la foy et estimation que les princes chrestiens ont eu de luy, lesquelz, au moins la plus part, ne sont alliez avec luy sinon pour l'espérance qu'il leur avoit donnée d'estre chefz de la guerre offensive ou deffensive contre le G. S. toutes les fois qu'il auroit trouvé moyen d'avoir paix ou trève avec le roy; et à présent, en eschange de la guerre qu'il avoit tant de fois menassée et de contraindre le roy d'entrer en ligue pour ladite guerre, le roy l'avoit induit à venir demander la paix, ce qui ne pouvoit estre sans grande diminution de l'honneur et proffit dudit emp^r. A quoy nous fust respondu beaucoup de choses et furent faites les répliques que je obmis à escrire pour ne faire un livre, cuidant faire un récit de négociation. A la première responce résolutive qui me fut faite par les bassas, demandèrent la Croatia, toute la Hongrie et trente mil escus de tribut pour reconoissance de Vienne. Quelques jours après, à nostre instance, ils cédèrent ladite Croatia et persistèrent en la demande de Hongrie et desdits trente mil escus; et d'autant que les conditions sembloient ausdits amb^{rs} différentes des instructions qui

leur avoient esté baillées par leurs maistres, lesdits bassas, après en
avoir débatu quelques jours, nous baillèrent l'exclusion entière, que
j'eusse volontiers acceptée si j'eusse peu deviner que monseigneur
d'Orléanz deust mourir et que le roy eust voulu que je m'en fusse
retourné sans rien faire. Sur quoy l'amb^r de l'emp^r, parlant à nous et
ausdits bassas, n'espargnoit la parole et promesse qu'il disoit que le
roy avoit faite à son maistre, lequel, il disoit, seroit à jamais vitupéré
auprès de toute la chrestienté d'avoir si légèrement mandé ambassadeurs vers les infidelles, dont il se deschargeroit sur la parolle du
roy. Et combien que ledit amb^r soit saige et réservé, sy se laissoit-il
entendre si avant de son mal contentement que j'avois juste cause de
craindre que sa relation à son retour fût occasion de interrompre le
repos que Dieu avoit donné au roy et le cours de la fortune de
monseig^r d'Orléans; et comme celuy qui en temps de guerre ay fait
ce que un homme de mon estat peut faire contre la part impérialle,
et en temps de paix ay montré l'extrême plaisir que j'avois de veoir
le roy hors de travail et fascheries, je mettoys peine de lever tous les
soubzsons audit amb^r, qui estoit comme un homme perdu, tant pour
la mauvaise yssue de l'affaire que pour les raportz que la Vigne et Bertrand Sachis luy faisoit de moy pour le faire mon ennemy, et qu'il
pensoit fût fait par mon sceu affin qu'il entrast en collère si avant que
j'eusse moïen de fonder mon excuse de ladite mauvaise yssue sur son
indiscrétion. Mais ce n'estoit pas l'intention desdits raporteurs; aussy
n'estoit-il pas la mienne qui cherchois de descharger le roy de sa parolle par autre moïen : c'est que je priois M. d'Aramont de faire entendre au G. S. par le capiaga, que si S. H. estoit résolue de nous
en envoier exclus, le suppliois très humblement vouloir prendre un
moïen que je luy montrerois d'accorder la paix à conditions honnestes
et raisonnables; lesquelles toutesfois ledit amb^r n'accepteroit jamais;
et par là acquerroit S. H. l'amour de toute la chrestienté, rendroit
tous les princes chrestiens obligez au roy et les contraindroit contre
l'emp^r comme perturbateur du bien et repos public. Les conditions
que je luy voulois proposer estoient qu'il accordast la paix, à la charge

que le roy de Portugal n'y fust compris, comme son ennemy particulier pour lors; ce que ledit ambʳ n'eust jamais accepté, ayant eu commission espresse de ne passer cest article; et eust l'on trouvé mauvais que pour les espices du roy de Portugal la chrestienté demourast en trouble.

L'autre condition estoit que le seigneur ne voulust permettre que la Transilvanie fust comprinse parmy les princes chrestiens, à quoy nous n'eussions peu par raison contredire, estant le roy né dudit païs, féodataire du seigneur, desquelz l'empereur ne se doit empescher, non plus que le Turc se devroit empescher du roy de Tunis; et toutesfois ledit ambʳ avoit commission de n'accorder cest article. Et voiant que le sᵉʳ ne respondoit à ma requeste, je m'en adressis aux bassas, lesquelz furent si mauvais négotiateurs, ou pour nourrir inimitié entre le roy et l'empʳ, ne voulurent entendre à aucune dissimulation et persistèrent en l'exclusive. Et affin que je ne m'en retournasse sans avoir fait une partie de ce que le roy m'avoit si estroitement commandé, je mis en avant un nouveau party en priant le sᵉʳ d'accorder la trêve pour cinq ans avec telles conditions que si dedans trois ans le roy des Romains n'avoit satisfait à la demande que luy faisoit le seigneur, la trêve seroit rompue; et en tant qu'il y eust satisfait, s'entendist prolongée par les autres deux années. Ce que ledit sᵉʳ commença à gouster, ou, à dire la véritté, le premier reffus n'estoit que pour en tirer avantage; et rentrèrent en négociation les bassas, qui me demandèrent du quel costé, c'est asçavoir de Turcz ou de Chrestiens, nous entendions le roy seroit comprins; qui estoit à la vérité une difficulté mal aysée à desmesler, comme l'avois escrit avant mon partement de Venise : car, le comprenant du costé des Chrestiens et non du Turc, outre qu'il estoit à craindre que ledit sᵉʳ entrast en jalousie et séparation d'amytié avec le roy et que l'empʳ demoureroit en liberté de faire la guerre à S. M. sans contrevenir à ladite trêve, il falloit aussy considérer que si ladite trêve eust esté rompue par quelqu'un des princes chrestiens, le sᵉʳ restoit ennemy de tous les Chrestiens comme confédérez en un mesme traité. Et le pareil inconvéniant s'en ensuivoit, il le comprenant des deux partz, outre qu'on eust treuvé estrange que

ledit seig^r, qui est le principal membre de la chrestienté, en un traité
de paix entre Turcs et Chrestiens eust esté dénombré parmy les infidelles. Ne le comprenant aussy d'une part ny d'autre, l'emp^r et le
G. S., sans infraction de la trêve, demouroient en la susdite liberté de
luy faire la guerre; à quoy il me sembloit avoir dès le commencement
pourveu par deux conditions que j'avois proposées, lesquelles je mis
derechef en avant pour responce de la demande que le bassa m'en
avoit faite, dont la première estoit que la trêve s'entendist estre rompue toutes les foys que l'emp^r ou roy des Romains ou autre dépendant
d'iceux feroit la guerre à quelque que ce fust des amys du s^{gr}, soit
roys chrestiens, princes, potentatz, républiques et communeautez.
Et affin que l'amb^r de l'emp^r pensast que cest article eust esté demandé
par les Vénitiens et non par nous, avois-je conseillé le bassa qu'il
nommast les Vénitiens parlant du susdit article; et pour empescher
que le G. S. ne prétendist avoir rotture d'amitié avec le roy, si ladite
trêve seroit rompue par quelqu'un des princes chrestiens et aussy affin
qu'il se tinst plus assuré de la franche et entière amytié du roy, je pro-
posois le second remède : c'est qu'il estoit nécessaire de faire un traité
à part et secret, contenant que s'il avenoit quelque rosture de la trêve,
de quelque costé que ce fust, l'amytié de S. H. et de S. M. demourast
ce néantmoins aussy ferme et entière qu'elle fut jamais. Et quant à la
compréhension du roy, il s'estoit laissé entendre de vouloir estre
comprins du costé des chrestiens par trois raisons : la première, c'est
parce qu'il ne pouvoit faire autrement, estant un des chefs principaux
de la chrestienté; la seconde, pour induire l'emp^r à mander l'amb^r;
la tierce, qui estoit la principale, affin que le roy fust à meilleure
occasion protecteur de ladite trêve, pour empescher que ledit emp^r ne
la peust si facillement rompre, ou en la rompant demourast exclus de
la faveur et aide des autres princes chrestiens comprins en ladite trêve.
  Refraichissant donc cette demande secrette et l'article que je
leur avois proposé pour la deffence des amys du s^{gr}, lesdits bassas
dirent audit amb^r que l'intention de S. H. estoit de ne faire jamais la
trêve sans le susdit article pour l'opinion que ledit s^{gr} avoit, que l'emp^r

voulust se reposer d'un costé et travailler les amys et confédérez de sadite haultesse. A quoy ledit amb^r ne voulut onc entendre, disant que son maistre n'estoit si petit compagnon que personne luy deust donner loy de pouvoir faire ou non faire la guerre à ceux de qui il se tiendroit offencé, et se départirent en très mauvaise satisfaction l'un de l'autre, donnant ledit amb^r le tort de ce trouble à l'amb^r de Venize, qu'il pensoit avoir esté inventeur du susdist article, comme il apert par les lettres, qu'il voudroit bien ne les avoir escrites de — — peur que je les montre et que l'on ne descouvre la mauvaise volonté que son maistre porte à ladite seigneurie. Et affin que l'affaire ne se interrompist pour ce différend, je mis en avant que le s^{gr} pourroti mettre à la fin de la trêve la clause qui s'ensuit, « Nous voulons et entendons que par cete capitulation nouvelle ne soit fait préjudice aux capitulations vieilles et amitiez que nous avons eues par cy-devant avec quelques princes chrestiens, potentatz, républiques ou seigneuries que ce soit, ains avenant qu'ils feussent assaillis ou molestez par personne, nous voulons estre en liberté de les secourir, favoriser et aider n'onobstant ladite trêve ; » de laquelle clause toutes les parties se contentèrent, et le roy demeuroit assuré de tous endroitz, tant pour raison du susdit article que pour la capitulation secrette que nous eussions fait si ladite trêve eust esté accordée, laquelle estoit jà en bons termes, hors mis le terme des trois ans, que les bassas me pressoient les remectre à une année, et l'amb^r de l'emp^r incistoit que je n'acceptasse terme moins que desdites trois années ; de sorte qu'il estoit bien difficille satisfaire aux deux parties. L'un m'estimoit trop importun, l'autre trop froid et lent négociateur ; toutesfois, jusques à ce point peuz-je montrer n'avoir rien obmis de ce que je pouvois inventer pour faire que l'amitié du G. S. ne demourast en rien altérée avec le roy, et faire que ledit amb^r connût que, si l'affaire ne succédoit selon son désir, la faute procédoit des difficultez du roy des Romains et de l'incapacité et inconstance de ceux à qui nous convenoit négocier, et non à faute de bon zèle que le roy a tousjours montré au bien public, et particullière affection de faire plaisir à l'emp^r. Et quant je y aurois fait

autrement, outre que ce seroit esté contre l'esprès commandement
du roy, j'aurois fait une œuvre sujecte à produire beaucoup de calomnies contre S. M. Et quant je m'en fusse sur ce point venu sans rien
faire, combien que à mon arrivée j'eusse treuvé M. d'Orléans mort,
encores en eussé-je esté par raison grandement blasmé, au moins
auprès de ceux qui jugent les actions des hommes selon les causes et
les conseilz et non selon les yssues; mais je loue Dieu que l'issue du
conseil et ma négociation fut du tout selon le contenu de la lettre que
S. M. m'escrivit depuis la mort de mondit seig^r d'Orléans, dont la
sustance est telle, que si j'estois si avant en ladite négociation que ne
m'en puisse en tout retirer sans donner soubçon audit amb^r, que je
passasse outre à la conclusion de ladite paix, à la charge toutesfois
que le G. S. la tiendroit rompue si l'emp^r faysoit aucun mouvement
de guerre contre S. M. A cela avois-je pourveu dès l'entrée de ma
négociation, comme dessus est dit; davantaige je ne fis la paix ni
donnis soupçon audit amb^r que la roture vînt de nous, de sorte que
avant que avoir receu la déclaration de la volonté de S. M. j'avois fait
et accomply entièrement son intention. Car, incontinant après avoir
esté averty par l'amb^r de Venise de la malheureuze nouvelle, M. d'A-
ramont et moy arrestâmes de plus ne importuner le G. S. et accep-
tâmes ladite année que ne eussions peu reffuzer, attendu que souvent
nous avoit esté présentée; nous désistant de plus poursuivre les trois
années de respit et la capitulation par escript de la trêve conditionnée
pour cinq ans, et fimes instance que nous n'en raportissions autre sûreté
que une lettre du seigneur au roy, remettant S. H. toute la charge de
sa négociation ès mains de S. M. ce que nous fut accordé avec esprès
commandement que n'en dissions mot à personne. Mais cete résolution fut si secrettement tenue, qu'en moins de deux heures toutes
les particularitez furent d'un chacun entendues; de quoy nous nous
plaignismes, M. d'Aramont et moy, à la Porte, et nous fut respondu
que devions estre contens que cela eust esté divulgué par autres que
par nous; et pour cete cause fusmes d'avis de donner ce que nous ne
pouvions vendre, et dismes audit amb^r la résolution que nous avions

prise d'accepter ladite année, ne pouvans faire mieux. Et fismes en
sorte que les bassas dirent auxdits ambʳˢ qu'ilz n'avoient presté l'o-
reille à ladite paix que pour le respect et amytié que ledit sᵍʳ portoit au
roy; pour lequel respect ledit sᵍʳ remetroit tout l'affaire ez mains de
S. M. pour négocier, si bon luy sembloit, ladite paix en terme d'un
an avec les conditions que S. H. luy escriroit et non à autres. Mais le
bassa fut si secret, qu'il dit auxdits ambʳˢ les conditions, lesquelles, à
la vérité, avoient esté si longuement débatues qu'il ny avoit vallet qui
n'en fût autant et si bien averty que nous. Et affin que l'ambʳ ne pensast que cete mutation ne procédast de nous, je controuvay que le
sᵍʳ ne vouloit adresser la responce à l'empʳ d'autant que son ambʳ n'a-
voit rien demandé, et par conséquent ne luy debvoit l'on rien octroier
ny à autre qu'à nous qui avions esté les demandeurs; la seconde raison
est que affin que si l'empʳ ne acceptoit les conditions qui luy seroient
offertes, le sᵍʳ n'en demeurast injurié, et, puisque le roy en avoit
esté le promoteur, il en seroit aussy seul le refuzé. Et quant à ce qu'on
ne faisoit point de capitulation comme souvent avoit esté dit, il nous
sembloit que ce seroit le proffit et avantaige de l'empereur, lequel ne
demoureroit en rien obligé, repouseroit encore un an, et, en lieu
qu'il estoit demandeur, en seroit par cy-après le seigneur, ce qui, me
semble, contenta ledit ambassadeur.

Cependant vint la lettre qu'il pleust au roy m'escrire, au contenu
de laquelle avoit esté déjà entièrement satisfait; et ne se pouvoit pour
lors rien ajouster fors que faire entendre au sᵍʳ l'inconvénient survenu, en l'assurant que si par le passé le roy avoit desiré de bien conserver et entretenir l'amitié de S. H. d'autant plus mettroit-il penne de
l'entretenir pour l'avenir; et à l'ambʳ de l'empʳ donnasmes entendre
que le roy, par la susdite lettre, nous commandoit de ne laisser la pratique encommancée pour la susdite nouvelle, espérant qu'il n'avien-
droit occasion aucune qui peut altérer l'amitié de leurs Mᵗᵉˢ. Voilà
partie de ce que j'ay peu recueillir en ma mémoire de ma négociation,
en laquelle je n'ay oncq dit ny escrit que premièrement le tout n'ait
esté communiqué et aprouvé par M. d'Aramont, ayant luy-mesmes

tousjours prins la penne de faire traduire mes escritures en tur-
quesque pour les bailler au s^{gr}, lesquelles je supplie au roy et à m^{rs} de
son conseil vouloir faire visiter, affin qu'on conoisse si j'ay négocié,
je ne dis pas dextrement, mais bien selon l'intention que S. M. montroit avoir au temps que je fus dépesché, et sans nouveau commandement, l'issue en a esté selon le changement de sa volonté depuis survenu. Sur cest article, je suis par quelques-uns, à ce que l'on m'a
dit, chargé de trois choses : la première, c'est d'avoir parlé trop favorablement pour l'emp^r; la seconde, c'est d'avoir parlé aux Turcs trop
bravement; la tierce, d'avoir faict la trêve d'un an depuis la nouvelle
de la mort de M. d'Orléans.

Quant aux deux premières charges, la vérité s'en peult conoître
par les escrittures que j'ay presentées au s^{gr}, lesquelles j'ay tousjours
communiquées à M. d'Aramont, qui les a aprouvées et prins la penne
de les faire traduire en langage turc; et faut que je confesse mon ignorance de ce que je ne puis veoir comment il estoit possible de faire
le contenu des instructions du roy, sinon en usant de parolles favorables et prières pour ceux qui demandoient la paix; et puisque j'estois
allé par delà comme médiateur en nom du roy, mon office, si je ne
suis descen, estoit de prier le s^{gr} de rabatre quelque chose de ce qu'il
demandoit, et auxdits amb^{rs} de hausser la somme qu'ilz avoient du
commencement présentée, et sy ne pense point en ce avoir usé de langage impertinent à l'endroit d'une part ny d'autre, et seroit malaisé de
persuader à la cour de Rome, où je suis sy conu, ou à la seigneurie
de Venise, que parmy la négociation j'eusse fait offre d'homme d'honneur, brave et téméraire, et si le bassa a mandé dire que j'estois impérial, comme l'on dit, je présupose et suis certain que le roy et m^{rs} de
son conseil n'approuveront pas son oppinion, ayans meilleur entendement et fait plus longue espérience de moy que n'a fait ledit bassa,
lequel je ne veux nier, quelques fois que je le pressois de m'ottroyer
ce que je luy demandois, ne m'ayt dit en riant : « Si tu ne te contente de
cecy, j'escriray au roy que tu aimes trop le proffit de l'emp^r et du roy
des Romains. » A quoy je luy ay tousjours respondu que, s'il sembloit

au s^{gr} nous en remander esclus de nostre demande, je le supplioís
escrire au roy qu'il n'avoit tenu à moy que je ne l'eusse souvent requis
et presque importuné; de sorte que ledit bassa n'a rien dit que en se
jouant ou à ma prière, et, si quelqu'un le veult prendre au pire, je
confesseray que ce sera avec bon jugement de penser que je voulusse
descouvrir une passion à un bassa de Turquie. Mais je croy qu'il n'y
aura personne si malin qui veille remettre en doute ce que j'ay es-
clarcy avec tant de peines, de dangers et despences pour le service du
roy; à quoy je adresseray ce mot que je ne say pas si ledit bassa se
tenoit mal content de moy; mais je puis bien dire que pour les mauvais raports qui luy avoient esté faitz de moy avant mon arrivée, il
me traita les premiers vingt jours bien fort rudement, mais le demourant du temps, il me montra tel signe d'amitié qu'il ne voulust prendre
l'argent que le roy lui envoya que par mes mains, avec condition de
ne le dire à M. d'Aramont, en quoy toutesfois je ne luy voulus obéyr.

Je say bien aussy qu'il m'octroya tout ce que je luy demandis et que,
à ma requeste, il fist délivrer tous les François qui pour lors se trouvèrent esclaves en Constantinople; je say que, outre le présent qu'ils
sont coustumiers de donner aux amb^{rs} de France, je fus conduit par
deux chaoux aux despens du seigneur à Strigonia. Voilà les signes de
mal contentement qu'on a eu de moy. Quant à ce qu'on dit que j'ay
accepté et faite la trève depuis avoir entendu la mort de m^{gr} d'Orléans, je dis que, quant je l'aurois faite pour cinq ans, encores n'au-
ray-je fait sinon le contenu des instructions du roy, lesquelles ne
pouvois penser que deussent estre changées pour quelque occasion
que ce fust, d'autant que pleust au roy me commander avant mon
partement de Venize de dire au s^{gr} que l'emp^r, selon son avis, ne luy
tiendroit chose qu'il luy avoit promise par le traité de la paix; mais
que pourtant ne vouloit-il laisser de le prier tant qu'il luy estoit possible de faire ladite trève pour bons respectz; ajoutoit à cela S. M.
que je regardasse de m'y emploier si bien que ladite trève succédast,
mais aussy que ce fust en sorte que si par cy après l'emp^r luy vouloit
faire la guerre, Sadite M^{té} ne se treuvast séparée de la faveur et amytié

— de S. H. et cela fut en resp'once des lettres que j'avois escrites, où je montrois assez le peu de sûreté que je pensois l'on pouvoit espérer des promesses dudit emp^r après qu'il aura obtenu ce qu'il demandoit, et que plus est, sur mon partement, j'escrivis à S. M. que, pour
— luy donner temps de descouvrir l'intention de l'emp^r, si ainsy luy plaisoit me le mander, je yrois tout bellement, et à un besoin faindrois d'estre malade en chemin pour n'arriver à Constantinople que sur la fin d'aoust, et prolongerois si bien ma négociation, que, avant de rien conclure, je pourrois estre averty si le mariage avoit esté consommé au mois de septembre, ou non, et fut la feinte si véritable que je tombis malade et ne pus arriver que au temps que j'avois jà escrit.

Davantaige par la lettre qu'il pleust au roy m'escrire m'avertissant de la mort de mondit s^{gr}, m'estoit commandé que je ne laissasse de passer outre, si j'estois si avant que je ne m'en pusse retirer sans donner soupçon à l'amb^r de l'emp^r; mais puisque ladite trêve de cinq ans n'a esté faite, je ne dois rendre compte que de celle d'un an que j'ay acceptée ne pouvant faire autrement, puisqu'on me l'avoit desjà et souvent présentée, et toutes les difficultez du temps que ladite nouvelle vint estoient si bien résolues et vuidées qu'il n'y avoit plus de lieu d'y metre nouveau empeschement, et davantaige, en l'acceptant l'emp^r et roy des Romains estoient obligez de remercier et non de se plaindre du roy. Plus l'on prenoit un terme qui à l'emp^r ne pouvoit servir de grand chose, et le roy s'en pouvoit aider pour achever quelque praticque nouvelle de paix si Dieu en vouloit envoier les moiens, autrement toute la chrestienté connoissoit l'effet de la bonne volonté du roy pour le bien et repos commun, et, ce qu'est plus important, la praticque de ladite trêve estoit par ce moien remise ez mains du roy et retirée des ministres du roy des Romains, lesquelz l'avoient quelque temps devant si bien encommencée sans l'intervention des ministres de S. M. qu'ilz avoient jà obtenu du bassa de Buda, six mois de suspension d'armes; voilà ce que j'ay peu recueillir en ma mémoire de la négociation de ladite trêve, pour laquelle je prie le roy vouloir considérer la peine et travail d'esprit qu'il m'a convenu avoir, aiant esté entre

deux parties ennemyes et mal aisées à accorder, et si loin de S. M. qu'il
me falloit du tout remetre au conseil qu'il plairoit à Dieu me mander.

Je reprens le second article dont je dois rendre comte, qu'est pourquoy je suis passé par Hongrie et Vienne. Il plaira au roy entendre
que dès le commencement de nostre négociation l'amb^r aiant connu le
danger où il eust esté sans ma compagnie passant un si grand païs
plein d'une nation naturellement ennemye du nom de son maistre,
me pria ne le vouloir habandonner jusques à ce qu'il fût en lieu de
l'obéissance de chrestiens, et que pour fuir le passage de la mer, duquel en venant j'avois receu une extrême maladie, et pour jouir de
la commodité des coches qui m'estoient nécessaires sortant de ladite
maladie, et aussy pour veoir un païs tant célèbre, il me prioit de passer
en Hongrie et de là m'en aller en France par les Allemagnes, ce que
je luy accordis, me treuvant obligé de le ramener sûrement, puisque
j'avois esté député à le conduire; et quant au passage par les Allemaignes, la promesse pour lors ne pouvoit de rien nuire, d'autant que,
par les nouvelles que j'eusse entendues du mariage de m^{gr} d'Orléans,
j'avois toujours la liberté de changer de propos, selon les occasions qui
se présenteroient, avant la fin de la négociation, depuis après en avoir
entendu la nouvelle, il ne me sembla devoir si promptement changer
de desseins, d'autant que ledit amb^r eust estimé que la mutation vinst
de la lettre du roy, qui eust esté manifeste indice de nouvelle défiance
et inimitié. Ains fusmes d'avis, M. d'Aramont et moy, de mieux dissimuler que jamais et faire entendre au s^{gr} le tout pour sçavoir son opinion, lequel fut d'avis que faisant ledit voyage je ferois deux choses:
la première, que je visiterois la frontière du roy des Romains, tant de
l'estat des fortiffications que du nombre des gens de guerre qui se
trouvoient pour lors; la seconde, que en passant par les deux cours
je aurois grande commodité d'espier l'intention desdits deux princes
envers ledit G. S. et S. M. pour plus promptement en donner avis à
S. H. ce que M. d'Aramont treuva fort bon, comme il apert par la lettre
que luy et moy escrivismes au roy par la Vigne, à quoy Dieu me soit
tesmoing que plus volontiers je m'accordis pour montrer au pauvre

peuple et noblesse de Hongrie, que ce n'est pas le roy qui a appellé le
Turc pour les destruire comme ils ont eu ferme opinion, ains que S. M.
m'avoit mandé pour les mettre en repos. Prenant donc cette résolution,
je vins avec ledit amb^r jusques au lieu où je pouvois faire service audit
G. S. qu'est Vienne, et après avoir bien veu et notté tous les lieux dont
j'avois esté chargé, je fis semblant d'avoir esté averty de quelque
particullière affaire qui m'estoit de telle importance que j'estois contraint m'en aller à Venize, et sur cete excuse rompis la promesse et
compagnie audit amb^r. Mais avant que partir fis la révérence au roy
des Romains et luy donnay ce que ne luy pouvois vendre, et luy rendant comte d'un commandement exprès et par plusieurs fois reiterez,
par lequel le roy m'avoit chargé faire tout ce qui me seroit possible
pour impétrer la paix universelle et particullière pour les confins
d'Hongrie, et si le tout n'avoit esté obtenu selon le commun désir,
l'imputation devoit estre faite à mon ignorance et à la difficulté que
ordinairement on treuve d'accorder ainsy soudainement une inimitié
si longuement nourrie et entretenue, comme il pouvoit avoir esté
averty par ses amb^{rs}, que, j'estois seur, luy auroient redit ce qu'ilz en
avoient entendu par les bassas, et que j'avois commission de venir
vers le roy pour luy aporter une lettre contenant l'expresse intention
du s^{gr}, de laquelle il seroit amplement averty par S. M. bientost après
mon arrivée. A quoy il me respondit qu'il estoit grandement obligé à
la bonne intention et au bon office du roy et bien satisfait de ce que je
m'y estois si bien emploié, et ainsy l'escriroit-il à S. M., comme il a
fait par une lettre qu'il m'a baillée. Il me sembla que ce fut beaucoup
de luy faire confesser et à ses amb^{rs} qu'il se tenoit obligé du bon zèle
du roy et content de l'œuvre de ses ministres, dont l'on se pourroit aider
si pour l'avenir leur prend envie d'user de calomnies accoustumées aux
ducz d'Allemagne; et sur ce faut-il que je confesse mon ignorance que
j'estois en ce tems et suis encore d'opinion que, si j'eusse passé par la
cour de l'emp^r, j'eusse fait plus pour le roy que faisant autrement; car,
en premier lieu, je gangnis autant de temps au roy pour pouvoir plus
promptement donner avis au s^{gr} de tout ce dont S. H. désiroit grande-

ment estre avertye, plus je contraignois l'empʳ confesser qu'on ne m'avoit
point baillé d'autre leçon que celle que j'aportois de la négotiation sans
fraude et dissimulation, et que le tout avoit esté conduit selon la parolle et intention que le roy luy en avoit donnée, et, n'y passant point,
il entroit en soupçon que je venois prendre le langage dont falloit user
pour desguiser l'intention dudit G. S. Tiercement, ledit empʳ ne pouvoit nier que mon allée par delà n'eust esté seullement pour ses affaires
et de son frère, ne pour nouvelles pratiques, si je fusse allé passer au
lieu où il estoit avant que d'aller en autre part, et le mesme eust esté
estimé par tous les princes de la chrestienté et principallement des
Allemaignes, lesquels, me voyant passer par leur païs au retour dudit
voiage, eussent d'autant plus reconu l'erreur qu'ils avoient faite de
croire autrefois que le roy conviast le Turc à la guerre d'Hongrie, et
si je fusse passé en temps de quelque attache de nouveau traité d'a-
mitié de Leurs Mᵗᵉˢ, cela y pouvoit de beaucoup servir si ce eust esté
en temps de deffiance. Je prennois par là occasion, sous prétexte d'un
affaire, de descouvrir ce que l'on disoit ou vouloit faire, et puisque ma
commission n'estoit autre que ce que M. d'Aramont et moy avions jà
escrit par la Vigne, qui estoit entièrement ce que les ambʳˢ, par relation des bassas, raportoient à leurs maistres, je ne puis comprendre
le danger qu'il y avoit pour le service du roy de passer par ladite cour
de l'empʳ, joint que j'avois très bonne occasion de m'en dépescher en
termes généraux et me remetre du demourant au temps que le roy
auroit veu la lettre. Et combien que, au partir de Vienne, je misse
en considération toutes ces raisons, toutesfois, ayant entendu le partement de M. l'amiral de Brucelles et aussy que j'avois bonne envie de
n'aller à la cour de l'empʳ, et pour ne metre en disputte mes pennes,
je prins le chemin de Venise, dont je loue Dieu qui m'inspira à suivre
l'intention du roy. Quant au tiers point de la demeure que je fis par
les chemins que l'on a voulu baptiser long séjour, il plaira au roy avoir
souvenance que aiant esté à Raguze à l'extrémité de la mort, trois jours
après que l'on me jugea nest de fiebvre, me mis en chemin, me faisant
porter à bras d'homme pour faire un voyage si loin et si pénible, et

en saison si dangereuse; en quoy S. M. peut comprendre que là où
l'occasion de luy faire service m'a esté présente, j'ay montré avoir si
peu de respect à maladie que homme qui sortist jamais de France, et
de ce en fist preuve le voiage que je fis, dix ans a, en Barbarie et en Levant avec le plus grand et plus évident danger que homme y entra jamais.
Il plaira donc entendre à S. M. que sur ma vie je ne fus dépesché de
quinze jours après le partement de la Vigne, et ne séjourné que un
jour après avoir eu la lettre du s^{gr}, et non pour autre occasion que
pour recouvrer les pauvres esclaves françois qui m'avoient esté donnez.
Despuis suis venu à Bude et de là à Vienne, où je n'ay séjourné qu'un
jour, et de là à Venize en six jours et six nuicts, où je m'arrestis trois
jours pour trouver de l'argent; et affin que les s^{grs} vénitiens ne trou-
vassent estrange que j'eusse ainsi tourné mon chemin, je leur donnay à
entendre que ce avoit esté pour me congratuler de l'eslection du nouveau prince qui est de mes principaux amys; de là je suis venu en dix
jours. Ne me sembloit nécessaire d'envoyer ladite lettre par un courrier, attendu que j'estois seur qu'il n'y avoit rien qui méritast dilligence,
outre que le courrier pouvoit mourir comme Gillot, ou pouvoit estre
destroussé, et d'autant plus que le seigneur m'avoit commandé de ne
la bailler à homme du monde que au roy, joinct aussy que je ne vis
jamais ambassadeur si nouveau que commettre à un autre d'aporter
les escrittures et derniers pointz de sa négociation, et s'il y a quelque
chose davantaige dont il faille que je rende compte, il plaira au roy
me faire ce bien de me le commander.

SECOND RAPPORT DE JEAN DE MONTLUC SUR SON AMBASSADE.

AUTRE PLUS SOMMAIRE RELATION DUDIT DE MONTLUC SUR LE VOIAGE ET OCCASION DE SADITE
LÉGATION EN LEVANT, BAILLÉE À MONSEIGNEUR LE CARDINAL DE TOURNON.

(Copie. — Dupuy, ms. 745.)

Encores que par M. d'Aramont et par moy n'ait esté rien négocié
en Constantinople contre les instructions qui nous auroient esté baillées,
toutesfois, pour esclarcir les calomnies de ceux qui contre Dieu, la

vérité et leur conscience, en ont autrement parlé, je supplie Mgr le révérendissime cardinal de Tournon entendre la vérité par M. d'Aramont
de ce qui s'en suit, qui n'est que le sommaire et abrégé de la rellation
que je bailliz par escrit à mon retour.

Premièrement, je dis que le premier jour que ledit s^{gr} d'Aramont
et moy fusmes ensemble, il fust entre nous arresté que suivant le contenu des instructions et des lettres que le roy m'avoit escrittes du
xiiie d'avril, du i^{er} et xxvie jour de may et du iiie et xie juing, nous met-
trions peyne de faire trois choses : la première, de obtenir la paix
universelle, mais de telle sorte que l'amitié d'entre S. H. et S. M. n'en
demourast en rien altérée.

La seconde estoit que, puisque l'amb^r de l'emp^r, suivant le contenu
de ses instructions, disoit estre venu sous promesse que le roy avoit
faite à son maistre que sous la guide et protection de nous deux
ministres de S. M. il le nous falloit caresser de parolles et le faire si
bien traiter par les bassas, que d'entrée il s'aperceut du crédit et de
l'authorité du nom du roy, se voiant trop mieux traité que n'avoient
esté ceux qui paravant s'en estoient voulu aider, et affin aussy que à
son retour, par la rellation des faveurs qu'il auroit par nostre moien
receues, son maistre print d'autant plus d'occasion de s'assurer de
l'amitié du roy et de faire ce qu'il avoit promis, ou bien de estimer le
crédit du roy estre tel, que S. M. eust puissance de tourner S. H. à la
paix ou à la guerre.

La tierce est que, avenant que ledit s^{gr} ne voulust accorder la paix
il nous en falloit retirer telle responce que l'emp^r n'en print occasion
d'entrer en nouvelle deffiance avec le roy; et pour autant que ledit
s^{gr} d'Aramont avoit desjà encheminé la négociation de ladite paix, il
fut d'avis d'aller luy seul vers les bassas et cappy-aga pour les bien faire
capables de la bonne intention du roy et pour faire l'excuse de ce
qu'on ne leur mandoit tout l'argent qui leur avoit esté promis, ce que
je luy accordis très-volontiers, et fut par nous deux depuis ce jour négocié de commun accord tendant aux trois fins que dessus.

Et quant au premier point, j'apelle en tesmoin M. d'Aramont si je n'ay pas toujours fondé la demande de la paix sur le proffit et honneur du s^{gr}, sur le dommage de l'emp^r et sur le repos du roy, affin que au bout de ladite paix l'amitié de S. M. fust d'autant plus profitable à S. H. ainsi qu'il apert par ses escritures, que ledit s^{gr} d'Aramont pourra reconoître si ce n'est pas le double des quatre requestes qui de sa part et la mienne furent présentées à S. H. par l'avis et communication du bassa, lesquelles, incontinant que je les avois escrites, estoient consignées audit s^r d'Aramont pour y ajouster ou en oster ce que bon luy eust semblé, et prenoit la peine de les faire metre en turquesque.

Quant au second point, qu'estoit de bien entretenir ledit amb^r, ledit sieur d'Aramont y a fait très-bien son devoir, tant en le recommandant au bassa et au cappiaga que en le visitant souvent, comme aussy ay-je fait le semblable, et l'avons visité ensemble, ou bien l'un de nous deux n'y est allé sans le sceu et avis de l'autre; mais quelque bonne chère que je fusse d'avis qu'on ne fist audit amb^r, sy ne pouvois-je celer le malcontentement que j'avois de le veoir caressé du bassa en notre absence et en notre présence rudement traité, et sait ledit s^r d'Aramont la deffiance que j'avois dudit amb^r pour la dépesche qu'il fist vers Constantinople du temps que nous estions ensemble à Raguse et sans m'en avoir rien communiqué, et sait aussy le s^r d'Aramont la dilligence que je usois de bien retenir les propos dudit amb^r et les lettres qu'il m'escrivoit pour les redire et montrer où je pensois pouvoir servir au proffit du roy et désavantage de l'emp^r, et si j'eusse dissimulé la jalousie que j'avois de veoir Janus-Bei, Cassan-Bei et quelqu'un de noz dragomans, Bertrand Sachis, la Vigne et l'Orologier estre avec lesdits amb^{rs} journellement, je suis seur qu'on ne m'eust ainsy calomnié, sur quoy je prie M. d'Aramont avoir souvenance que ayans esté un soir luy et moy à l'Orologier ensemble jusques à minuit parlans des affaires du roy, le landemain après disner le s^{gr} d'Aramont et moy allasmes visiter ledit amb^r, lequel, nous racontant un accident de maladie qui luy estoit survenu, nous dit que au point du jour, si ledit l'Orologier ne l'eust soustenu il fust tombé pasmé. Au sortir de là j'en dis mon opi-

nion à M. d'Aramont, luy montrant que la dilligence qu'avoit usé ledit
Orlogier d'aller sans nostre sceu trouver ledit amb^r après avoir esté
la nuict avec nous, me faisoit craindre qu'estions venduz, et que je
prenois sur ma vie que ledit Orlogier nyroit y avoir esté, et sur le
soir nous le fismes venir au logis, et sans luy donner loisir de s'aviser
où je le menois, parlant dudit amb^r, il nous assura qu'il n'y avoit
esté huit jours devant, sur quoy je ne me peus tenir d'en dire mon
avis audit s^r d'Aramont, lequel amb^r m'a despuis sceu redire tout ce
que j'en avois dit, m'assurant avoir le tout entendu par l'Orlogier et
ainsy que plus à plain et incontinant j'escrivis à M. d'Aramont, menassant ledit Orlogier de luy faire rendre compte de ce que dessus, dont
ne se faut esbahir s'il en escrit et dit de si belles nouvelles. Quant à
Bertrand Sachis, ledit s^r d'Aramont sait bien que, outre qu'il estoit
avec les deux amb^{rs} jour et nuit, je descouvris qu'il alloit au bassa
secrettement, et ce que je luy en dis en présence dudit s^{gr} d'Aramont,
qui me respondit que j'avois esté à Rome pour aprendre d'estre soup-
çonneux.

Quant au tiers point, que nous avions esté ensemble du premier
jour, M. d'Aramont sait bien que je luy dis toujours que s'il y avoit
moien de faire en sorte que l'emp^r ne se peust servir du reffus qu'on
nous feroit pour calomnier le roy, pour ma part ce m'estoit un que la
paix se fist ou non ; et un jour entre autres, pour cest effect, communi-
quis audit s^r d'Aramont un party que j'avois inventé, qu'estoit que
si le G. S. avoit délibéré refuser la demande de ladite paix, il le
pouvoit faire avec le proffit du roy et hayne de la chrestienté contre
l'emp^r, ce qui se feroit s'il plaisoit à sa hautesse d'accorder ladite paix
à la charge de n'y comprendre la querelle du roy de Portugal et de la
royne de Transilvanie comme feudatrice de S. H. lesquels deux articles ledit amb^r avoit exprès commandement, par ses instructions et
les lettres de son maistre, de ne les passer jamais, pour la honte que
ledit emp^r disoit ce luy seroit d'abandonner deux princes chrestiens
dont l'un est son beau-frère; mais c'estoit pour autre raison, car si
ledit s^{gr} eust entreprins la guerre des Indes, le traffic d'Anvers eust

esté perdu dans trois ans, et si la Transilvanie eust esté habandonnée, le G. S. s'en fust impatrony, qui est le seul apuy d'une rébellion d'Hongres et Vallacz, et en cete sorte toute la chrestienté auroit connu que l'emp.ᵉ auroit reffusé la paix universelle pour le proffit particulier des espices de Anvers, et le roy seroit demouré quite de la promesse que ledit emp.ᵉ prétendoit luy avoir esté faite par S. M. Ce discours contenta si bien ledit s.ᵍʳ d'Aramont, que, combien qu'il fust fort malade, il alla incontinent à vint mil de Constantinople pour trouver le G. S. et communiquer à S. H. le susdit moien de refuser ladite paix; donques, si de moy-mesmes je montrois le chemin audit G. S. de nous refuser ladite paix, il est aisé à juger que je ne tendois à autre fin qu'à faire en sorte que ledit emp.ᵉ n'eust occasion de prétendre d'avoir esté trompé par le roy et ses ministres.

Quant à ce qu'on dit que ledit s.ᵍʳ a fait tenir quelques propos au roy contre mon honneur, il n'y a homme qui veille juger selon sa conscience, qui ne cognoisse tel avis estre faux, car il ne fut jamais veu ny entendu que un prince s'empesche de la suffisance des ministres d'un autre, et par conséquent n'est à croire que ledit seig.ᵉ, qui est si sage, veille estre le premier. Et pour le moins faudroit-il qu'il eust descouvert en moy quelque trahison, laquelle aura donc esté commise par signes, car si Dieu m'eust de tant oublié que de dire ou escrire quelque chose contre le roy, les dragomans qui ont le serment à S. M. ne l'eussent pas voulu tourner en langage turquesque; M. d'Aramont, qui tousjours a esté présent, ne l'eust pas enduré ne si longuement celé; et sait bien ledit s.ᵉ d'Aramont que au seig.ᵉ je n'ay tenu autre propos que du désir que le roy avoit de conserver à jamais et accroître, si faire se pouvoit, l'amitié encommancée avec S. H., et le remercier pour ses faveurs que son plaisir avoit esté de me faire; lesquelles j'acceptois, non comme faites à ma personne, mais pour le respect du roy mon maistre et autres parolles de flaterie. Et aux bassas ne leur ay jamais parlé que de trois choses : de l'entretènement de ladite amitié; la seconde, de faire quelque gratieux traitement au susdit amb.ᵉ, n'aiant toutesfois jamais usé d'autre repplique, sinon que je me remetois à leur discrétion; la tierce, de ladite paix, laquelle je devois vivement poursuivre puisque je y estois mandé expressément pour cest effect; mais sy ne l'ay-je jamais demandée, aussy n'a pas ledit s^r d'Aramont, sinon avec telle condition, que avenant que ledict emp^r rompist la guerre au roy directement ou indirectement, ladite paix fût rompue. La trahison donques ne peut estre, sinon comme dessus est dit, par signes.

Quant à la indiscrétion ou témérité qui peut-estre aura offencé ledit s^{gr}, il est à croire que, si ledit s^{gr} prenoit garde à telles imperfections, il s'aperceveroit bientost de la qualitté des personnages qu'il emploie; mais pour laisser les disputes et en cognoistre la vérité, je suis seur que ledit s^{gr} d'Aramont ne nira ce qui s'ensuit : Premièrement, que si parlant au G. S. aux bassas, et à Janus-Bey, je n'ay parlé avec toute la révérence et humilité et sans avoir esté jamais veu esmouvoir ny entrer en signe de collère, je passe condition de la plus griefve peine qu'on me voudra ordonner.

Secondement, je dis que à mon partement le seig^r m'honora de tels présents qu'il est coustumier de donner à quelque amb^r que ce soit, fit les janissaires qui m'avoient servy espachis, et par grace particullière, et qui en Constantinople fut grandement estimée, me donna les esclaves françoys que Barberousse avoit tenu depuis vingt ans, et si ledit s^{gr} eust esté mal satisfait de moy, il ne m'eust accordé la requeste, ou pour le moins eust différé les faire délivrer jusques après mon partement, mais M^r d'Aramont sait bien que ledit bassa contraignit Barberousse de me les envoier le jour avant que je partisse, lequel jour ledit seigneur me manda un personnage honorable pour me desfraier jusques aux confins de ses païs. Je dis davantaige que après que nous eusmes fait demander au G. S. s'il n'estoit point d'avis que je passasse par Hongrie pour les raisons que nous leur fismes entendre, messer Anthonio, dragomant, me vint dire que S. H. avoit commandé au cappiaga me dire qu'il estoit très-bon que je fisse ledit voyage pour plus tost descouvrir la volonté du roy des Romains et des Hongres, et que surtout je visitasse bien les fortiffications de Vienne, de Comaro

et des confins, et que le roy luy donnast avis en dilligence de tout
ce que je luy aurois raporté. Si ledit G. S. m'eust estimé si mauvais
serviteur du roy, il se fust bien gardé de m'accorder aucune particullière grace, et se fust bien gardé de me donner telle commission,
de peur que, la descouvrant au roy des Romains, il ne se préparast à
la guerre et parachevast en plus grande dilligence ses fortiffications
que s'il se fust endormy sous l'espérance de ladite paix.

Quant au bassa, il est aysé à conoitre que j'estois en sa male grace
par une lettre qu'il me manda quelques jours auparavant que je partisse, laquelle, faisant office d'homme de bien et de serviteur du roy,
je bailliz à M. d'Aramont, me tenant assuré qu'il en feroit son proffit pour le service du roy, comme j'avois connu qu'il sçavoit faire,
et mesme pour bien se desmesler de la jalousie qu'estoit entre le
bassa et le cappiaga.

Sait pareillement ledit sr d'Aramont que ledit bassa me donna de
ses mains le terriaque, le mitridat, la terre sigillée et le balsamo,
usant de telles parolles : « Tu voy la faveur que je te porte; ne faut
point de dire au roy ton maistre la bonne chère et l'amitié que je
vous ay montré; et quant tu seras par delà, mande-moy des draps
blancs de Paris et des trompettes, et incontinent que le chaoulx sera
revenu d'Égipte où il a esté mandé pour revisiter les salnitres, si
M. d'Aramont m'en fera souvenir, je feray dépescher la traite que tu
m'en as demandée. » Puis me dist : « Le seigneur m'a commandé te
dire qu'il te prie regarder songneusement en quel estat sont les fortiffications du roy des Romains; et de ma part je te fais mettre espie à
ce que tu preignes garde si les ambassadeurs auront communication
avec les Hongres qui sont rebelles ou avec les signes du subject (?),
et aussy tu say que l'ambr faict le docteur et ne sait rien et entre en
collère pour peu de chose. Je te prie que tu faces en sorte que luy
et ses gens vivent modestement et saigement, car c'est à toy que le
seigneur les consigne. » Donques si le seigneur ny le bassa n'estoient
mal contens de moy quant je partis, comme il apert par le récit de
ce que dessus, il faut dire qu'ilz n'en sont non plus à présent ou que

c'est par les raportz qu'on leur a fait despuis mon retour, et en ce
l'on se doit plaindre non de moy, mais de ceux qui, faisant si meschant office, ont voulu montrer audit G. S. que le roy l'estimoit peu,
luy envoyant homme de si mauvaise qualité.

Quant à la paix qui a esté faite pour un an, je dis que, quand nous
l'aurions faite pour vingt, nous aurions fait le contenu des lettres du
roy: mais M. d'Aramont sait bien que, le jour que l'amb^r de Venise
nous manda la mauvaise nouvelle de m^{gr} d'Orléans, nous estions si
avant de nostre négociation qu'il nous estoit impossible nous en retirer
sans le sceu de l'amb^r de l'empereur, qui estoit le premier averty; et
quant le seigneur nous fist entendre sa dernière intention, nous
priasmes le bassa de tenir si secrette la responce, que le roy eust temps
de le faire entendre à l'emp^r et au roy des Romains; mais nous ne
feusmes à la maison, que le susdit amb^r et tout Constantinople le sceut.
Et sçait M. d'Aramont que luy et moy nous en dolusmes à la Porte, et
nous fust respondu que c'estoit tout un, de sorte que j'eusse esté
bien empesché de dire au roy des Romains ny révéler aucun secret,
puisque son amb^r et tout le monde savoit tout ce que j'aportois, et
si j'eusse passé vers le roy des Romains pour tel desseing, je pouvois
plus secrettement, et à moins de danger et peine, faire tel office
avec son amb^r; mais je y passis pour des raisons contenues amplement en la relation que je baillis au commencement. Je dis doncques
que, le jour que nous entendismes la susdite nouvelle, nous estions si
avant, qu'il nous estoit impossible nous en retirer sans faire connoistre audit amb^r que la rotture venoit de nous; et si de ma part, pour
avoir esté mandé expressément pour cest effect, j'eusse voulu plustost
faire ce qui m'avoit esté commandé par les instructions que m'arrester aux conjectures desdites nouvelles, M. d'Aramont n'eust failly
de sa part empescher le tort, au moins secrettement; mais il fut fait
par luy et par moy tout ce que Dieu nous inspira pour le bien des
affaires du commun maistre, et croy qu'il luy souviendra que après
avoir veu ce que le roy nous escrivoit de la mort de mondit seigneur
d'Orléans, et le commandement qu'il nous faisoit en la mesme lettre

de ne rompre rien se nous sembloit que ledit ambʳ entrast en quelque
soupçon, nous tous deux, remercians Dieu qui nous avoit inspirez à
faire entièrement le contenu et la volonté du Roy . . . (*Le mémoire est
interrompu ici dans la copie.*)

V. — IMMINENCE D'UNE NOUVELLE GUERRE. — AMBASSADE DE GABRIEL D'ARAMONT A LA PORTE.

1546–1547.

François Iᵉʳ, après avoir fait la paix avec Charles-Quint, avait continué les hostilités contre Henri VIII; et c'est dans le cours de cette guerre, prolongée pendant la
fin de 1545 et une partie de 1546, que le jeune duc d'Orléans était mort. Cet
événement dissipait les illusions qui se rattachaient au traité de Crépy, et enlevait
au roi les avantages qu'il s'était promis de sa nouvelle intelligence avec l'empereur.
Aussi le refroidissement avait-il succédé de part et d'autre, et François Iᵉʳ, prévoyant
le changement des volontés de l'empereur, se mit aussitôt en mesure de reprendre
sa position politique. Il se hâta surtout d'en finir avec le roi d'Angleterre, car
tant que François Iᵉʳ avait été occupé de ce côté, les relations avec la Porte furent
négligées au point que M. d'Aramont, laissé inactif à son poste, et attribuant cet
abandon aux mauvais offices de M. de Montluc, résolut de venir lui-même se
défendre, ou s'éclairer sur les véritables intentions du souverain. M. d'Aramont
était donc en route pour la France [1] pendant que François Iᵉʳ concluait la paix

---

[1] M. de Hammer, d'après les rapports
de Veltwic, qui se trouvent aux archives
de Vienne, a pu indiquer quelques-uns des
objets que M. d'Aramont avait eus à traiter avec la Porte. Veltwic le rencontra sur sa
route, à Tatarbasar, comme il revenait de
Constantinople, et eut quelques entretiens
avec lui au sujet des infractions journalières apportées par les Turcs à l'armistice
entre la Hongrie et la Porte. Aramont avait
été chargé de négocier un emprunt de
trois cent mille ducats qui avait été refusé.
Il n'avait pu obtenir que la permission de
tirer d'Alexandrie une certaine quantité de
salpêtre. (*Histoire de l'empire ottoman*, t. V,

p. 373.) Veltwick, dans une conversation
qu'il rapporte, revenait sur ses débats avec
Montluc, et le drogman de la Porte, You-
nisbey, lui raconta ainsi les motifs du départ d'Aramont : « Hora ho inteso meglio
la causa de l'andata da Junusbeg, la qual
è in effetto, che Mᵉ Montluc ha impedito
nella corte che Aramont non habbi avuto
nè lettere nè avisi d' importanza, et sono
stati questi signori in tanta colera per
questo, che il ditto Aramont ne ha avuto
a patir molti rechiochi, et dicono chiara-
mente, che si mostra ben che non è homo
di cervello in la corte di Francia, poichè
per inimicitia particolare di dui servitori

avec Henri VIII, le 7 juin 1546, et renouait avec lui des rapports qui devaient servir à détacher ce prince de l'empereur. Charles-Quint, présumant que François Ier, délivré de cet obstacle, tournerait immédiatement son attention vers la Porte, y avait envoyé de nouveau l'habile Gérard Veltwic, que les termes de la dernière négociation autorisaient à y revenir pour traiter une paix définitive [1].

François Ier, mécontent des sentiments pacifiques de la Porte envers l'Autriche et du succès qu'avait eu la médiation de ses ambassadeurs pour la conclusion de la trève, était effrayé surtout du triomphe de l'empereur sur les princes de l'Allemagne; en effet, ses plans réalisés de ce côté devaient favoriser les desseins qu'on lui prêtait pour l'établissement d'une monarchie universelle. Le commencement de l'année 1547 montre François Ier déployant la plus grande activité dans ses rapports avec les princes d'Allemagne, et profitant de la terreur que leur inspirait les succès de Charles-Quint pour organiser une résistance commune. Il les encourageait surtout par la perspective d'une nouvelle agression, qu'il se faisait fort de provoquer de la part de la Turquie, pendant que l'empereur, dissimulant ses vues sous le même prétexte, motivait également tous ses actes par la nécessité de s'opposer à la puissance avec laquelle il était alors en négociation directe. Mais il s'en fallait beaucoup que la Porte, représentée à dessein par les deux parties dans des dispositions agressives, fût aussi résolue à la guerre. Les discordes menaçaient d'éclater à l'intérieur de l'empire; et la rupture devenue imminente avec la Perse, qui se mêlait à ces troubles en favorisant la division des fils de Soliman II, tenait le sultan dans l'hésitation. Tout ce que l'influence de la France avait pu obtenir,

---

lassa il re di Francia di avisare un suo principal amico e favorito. Hora M. Aramont è per ruinar il Montluc, lettere di credenza dal Turcho, e commendamento di bocha da Rustan-bassa, che 'l debbi dire al re di Francia, suo signor, che quando li manda simili homini come Montluc, che gli tagli la lingua o la testa, perchè in effecto l'anno passato furono dette da Montluc, cose indegne del G. S. quanto di Rustan-bassa. » (Rapport de Veltwick, du 5 novembre 1546, dans Hammer, t. V, *notes*, XI., p. 553.)

[1] Charles-Quint, par une lettre adressée de Ratisbonne, le 16 juillet 1546, à Soliman, annonça l'envoi, fait par lui en son nom et en celui de son frère, de son secrétaire Gérard Veltwick, que les envoyés français désignent presque toujours sous le nom de Girard, et qui revenait ainsi mettre à profit comme ambassadeur l'expérience qu'il avait acquise en Turquie : « Frater noster char^{mus} a nobis petivit ut hunc nostrum secretarium qui anno superiori tractatui interfuisset, sibi concederemus. Illi facultatem dedimus perficiendi quæ et tunc imperfecta inter nos relicta sunt. In occasione inimicitiæ inter serenitatem vestram et fratrem nostrum intercedere regem Francorum aperte intelleximus... » Voyez, à la suite de celle-ci, dans Ribier, les lettres de l'empereur au sultan et au grand vizir, suivies de lettres semblables aux mêmes, de la part de Ferdinand. (*Mémoires d'état*, t. I, p. 581.)

c'était d'ajourner les effets de la nouvelle ambassade de Veltwic : celui-ci, désormais affranchi de l'intermédiaire de la France, négociait ouvertement au nom de l'empereur, et sa présence à la Porte excitait au plus haut point la défiance du roi. M. de Cambray, qui avait été laissé pour résident à ce poste, mettait tous ses efforts à faire retarder la conclusion de la paix, en attendant l'arrivée d'un ambassadeur plus important, chargé des nouvelles instructions de sa cour.

Pendant que François Ier agissait auprès de Venise et du pape, une ambassade nouvelle confiée à M. d'Aramont, éprouvé par son récent voyage, devait ramener la Porte à ses anciennes dispositions pour entrer activement dans la ligue formée contre l'empereur. Le cardinal de Tournon, qui dirigeait alors les affaires de la France à l'extérieur, voulut donner à cette ambassade un éclat nouveau, et, pour mieux en relever l'importance, il la fit participer du double caractère d'une mission politique et d'une exploration scientifique et littéraire. C'est le premier exemple d'une manifestation de ce genre, imité dans les époques suivantes par tous les gouvernements; et il appartenait au monarque restaurateur des lettres, dans l'ordre des institutions qui signalent le plus son règne, de prendre l'initiative d'une telle innovation. Le ministre adjoignit donc à l'ambassadeur deux savants [1] chargés de recueillir sur l'Orient des lumières nouvelles, comme l'indique la préface du livre curieux de Bélon, qui fut le produit de cette association de la science à une mission officielle. En même temps la négociation auprès de la Porte devait être soutenue par l'ambassade de Guillart du Mortier à Rome et par celle de Jean de Morvillers à Venise. Mais déjà malade et affecté de la mort de Henri VIII, qu'il faisait entrer dans ses vues, François Ier ne devait pas être témoin du résultat; et la mort de ce prince, arrivée dès les premiers mois de 1547, allait changer toutes les dispositions qui semblaient arrêtées dans la prévision d'une nouvelle rupture.

LETTRE DE M. DE CAMBRAY A FRANÇOIS Ier.

Péra, 4 juillet 1546.

Sire, il vous aura plu entendre l'arrivée de Mr Girard par deçà, ambassadeur commun de l'empereur et du roy Ferdinand; et de plus ses dissimulations et déguisés déportemens avec ces seigrs, tant en fiction de

---

[1] Pierre Gilles d'Alby et Pierre Bélon du Mans; ce dernier, auteur du livre intitulé : *Les observations des singularitez et choses mémorables trouvées en Grèce, Asie, Judée, etc.* Paris, 1553, et dédié au cardinal de Tournon, s'exprime ainsi dans sa préface : « Nostre départ fut du vivant du roy François l'an 1546, et nostre retour l'an 1549. »

maladie qu'apparence de mécontentement pour le peu d'accueil qu'il luy sembloit au commencement avoir receu d'eux; depuis lequel temps ne seroit survenu rien de nouveau en cette affaire, si la promesse que m'avoit faite le bassa eût eu son effet, laquelle fut de ne devoir écouter ledit amb^r ny l'admettre à baiser la main du seigneur avant la venue de M^r d'Aramon, ou pour le moins sans d'autres nouvelles de vous, sire, sur tel négoce; considéré que luy-mesme, depuis son arrivée, avoit tousjours, sous couverture de maladie, coloré son excuse de leur en parler, attendant, comme un chacun juge, et eux le connoissent très-bien, nouveaux advis de son maistre, nonobstant laquelle promesse j'ay eu nouvelles d'Andrinople par un de nos truchemens résident là, comme Mr Girard avoit baisé la main au seigneur avec présent de cinquante coupes d'argent à l'hongresque, estimées de trois à quatre mille ducats en tout, la commission et demande duquel estoit d'obtenir une trève avec ce seig^r pour trois ans, de sorte qu'elle fut recherchée l'année passée par vos amb^{rs} et luy, offrant pour tout ce temps-là cinquante mille ducats de tribut, comme me fit mander James-Bey, sans toutefois m'advertir des autres particularitez. Bien m'écrivoit-on que les présens particulièrement faits aux bassas et autres seigneurs de la Porte estoient de plus grande valeur accompagnez d'une infinité de promesses, qui luy pourroient beaucoup servir à obtenir une partie de ses demandes, combien que le seig^r capiaga, très-affectionné serviteur de V. M. ait asseuré notredit truchement pour m'en advertir, que le seig^r attendoit de vos nouvelles, sire, fort soigneusement et en très-grande et dévote expectation, avant lesquelles il ne pensoit pas qu'il se deut aucunement encliner à la demande dudit ambassadeur. Le mesme me dit hier le s^r Janisferaga, celuy qui ordinairement demeure gouverneur à Constantinople en l'absence de la cour, que je fus visiter pour entendre plus au long. A cause de quoy je ne manquay sur l'heure de dépescher homme exprès avec lettres et amples advertissemens, tant à la Porte que particulièrement audit s^r capiaga, par lesquelles je leur rafraichissois la mémoire de plusieurs autres escrits donnez par le passé sur cet affaire, et de quelle importance estoit au grand seig^r d'attendre de vos nouvelles, Sire, avant que de passer outre avec ledit amb^r; lesquelles ne pouvant beaucoup tarder, informeroient sa hautesse de toutes les menées et desseins de l'empereur, et de plus quelle issue auroit prise la guerre d'entre les protestans et luy : chose à la vérité tant nécessaire de sçavoir et entendre à sa hautesse avant ladite conclusion, que faisant le contraire, elle lui pourroit réussir à son grand désavantage. La cause qui pourroit encore encliner ledit grand seig^r à cet accord, selon le commun bruit, seroit aisément quelque doute qu'il auroit de la part du sophy, lequel, à ce qu'on entendoit, se trouvoit avec une très-grande armée, et telle que jamais n'en avoit mis de semblable en campagne, qui toutesfois ne l'estonneroit tant comme la crainte que soltan Mustafa, son fils aisné, se vint joindre avec ledit Sophy, et qu'à cette cause on pensoit que dans un mois et demy ledit seig^r s'en deust retourner à Constantinople.

Sire, je ne veux aussi obmettre de vous faire entendre comme le s^r Barberousse, après avoir esté malade d'un flux de ventre l'espace de 15 ou 20 jours, est mort ce jourd'huy; de quoy V. M. ne doit avoir trop grand déplaisir; car, à la vérité, je n'ai veu homme par deçà plus contraire à tout ce qui touchoit vostre service que luy, à tout le moins depuis que j'y suis, et je ne puis penser qu'il en eust autre cause que le bon traitement qui luy fut fait en Provence; lequel, au lieu de le reconnoistre, a faict depuis les plus meschans offices qu'il a peu, et croy que, s'il eût peu davantage, qu'il l'eust fait; toutefois Dieu y a pourveu. Je ne sçay si V. M. faisoit quelque dessein sur Alger pour attirer son fils à sa dévotion, lequel, à mon jugement, est assés facile à gaigner, n'ayant plus espérance, selon que je puis comprendre, de revenir en ce lieu; aussi ledit Barberousse par son testament ne luy laisse rien du bien qu'il avoit par deçà, mais le donne, partie au G. S. et partie à un sien nepveu; et me doute bien que l'emp^r ne manquera pas, si V. M. ne le fait pratiquer, de faire tous ses efforts pour l'attirer à soy, pour s'asseurer de l'ennuy que ce lieu a accoustumé de luy donner. Au lieu et charge dudit Barberousse doit succéder à luy un nommé Gallerays (*Sala-raïs*) qui estoit le principal après luy dans

l'armée et comme son lieutenant : toutefois, ce ne sera jamais avec telle
authorité qu'avoit ledit Barberousse, laquelle estoit si suspecte au
grand seig^r, que l'on pense qu'il sera bien content d'estre hors de
peine; et pour ce que j'espère, selon l'occurence des négoces par présence ou par lettres, vous donner de bref plus particulière information
de toutes choses, il me semble ne vous devoir faire plus longue la
présente, priant Dieu (etc.). De Pera près Constantinople, le 4 juillet
1546.

EXTRAITS DE LA CORRESPONDANCE DE JEAN DE MORVILLERS, AMBASSADEUR A VENISE [1].

DISPOSITIONS DE VENISE À L'ÉGARD DE L'EMPEREUR. — RETOUR DE M. D'ARAMONT —
NOUVELLES DES AFFAIRES D'ALLEMAGNE.

Venise, 21 et 26 octobre 1546.

Sire, vendredy xve de ce mois j'arrivé devers ces seigneurs, lesquelz n'ont rien obmis à me recueillir de leurs honneurs et cérémonies. Le duc remercia V. M. des parolles que j'avois proposées de sa
part, lesquelles la seig^{rie} avoit ouyes avec le plus grant plaisir et satisfaction, et dit qu'elle s'acquitteroit de tout son povoir en tous les
offices requis à entretenir l'alliance qui est avec V. M., et non-seulement sa parolle, mais son visaige, et les contenances de tous ces seigneurs démonstroient leur affection... Ilz sont en doubte et défiance
du costé de l'empereur, comme on peult congnoistre par infinies apparences, et semble, à ouïr les discours qui se font par deçà des
affaires de la guerre d'Allemaigne, que ces seig^{rs} participent au gaing
et à la perte des protestans..... J'ay eu advertissement que sur les
confins du Mantuan on avoit descouvert xxv à xxx hommes à cheval,

Lettre
de M. de
Morvillers
à
François Ier.

[1] Jean de Morvillers, ambassadeur à
Venise sous François Ier et Henri II, de-
vint évêque d'Orléans, et fit plus tard par-
tie du conseil privé, ainsi que Charles de
Marillac, Jean de Montluc et Guillart du
Mortier, qui figurent dans ces négociations.
Les lettres de Morvillers forment un ma-
nuscrit de la collection n° 265 de Harlay
Saint-Germain et le manuscrit 8827 de
Béthune.

et que le sieur Ferrand de Gonzaguez les avoit là envoyés pour surprendre, ainsi que l'on présume, le sieur d'Aramont, estimant qu'il n'estoit encore passé. J'ay fait remonstrance à ces seigneurs affin de pourveoir à la seureté des passaiges de leurs terres, et garder qu'à aucuns de vos serviteurs n'advienne inconvénient, et que les pacquets envoyés par lesdits lieux pour les affaires de V. M. n'y soient aguettez ni surpris.

Cisteaulx, 29 septembre, et Joinville, 31 octobre 1546.

Lettres de François Ier à M. de Morvillers.

M. de Morvilliers, ceste lettre servira seulement pour que vous faciez entendre au sr d'Aramon ce qu'il aura à faire, et le moings qu'il pourra séjourner là sera le meilleur.

J'ay sceu que le sr domp Ferrand de Gonzague, ayant eu advertissement ou que le sr Pierre Strossy retournoit du camp des protestans par le chemin de Suisse, ou que le sr d'Aramon revenoit de Levant et debvoit prendre ledict chemin, a mis quelques gens de cheval pour leur donner quelque venue; et ce qui me faict adjouster quelque foy audict advertissement, est que j'ay entendu de l'ambr du pape qui est auprès de moy, que ledict d'Aramon estoit party de Venize, ce que je ne croy pas facilement: mais quoy qu'il y ait, considérant le temps qu'il est party d'auprès du G. S., et que le gentilhomme qui en est derrement retourné l'a laissé à quatre ou cinq lieues de Raguse, je ne puis n'estre en peine de l'occasion de sa si longue demeure. A ceste cause, je vous prie mectre secrettement toute la dilligence que vous pourrez pour entendre qu'il sera devenu, aussi si ledict advertissement qui touche ledict sr domp Ferrand sera véritable.

Venise, 2 et 15 novembre 1546.

Lettre de Morvilliers à François Ier.

Sire, la cause du retour du sieur Pierre Strossy estoit que son plus long séjour en l'armée des protestans ne povoit grandement servir, et que pour ceste année ne s'ensuiveroit grans effectz entre lesdits protestans et l'empereur..... Depuis huit ou dix jours il s'est icy eslevé

ung bruit qu'entre vous et l'empereur se traicte de paix et alliance plus
estroicte que celle en laquelle vous estes de présent, d'après plusieurs
advis conformes, que l'empereur a arresté d'yverner en Allemaigne
avec son armée, et pour cest effect il a mandé les hommes d'armes néa-
politains qui estoient au duché de Millan, sur quoy ilz discourent
que l'empereur ne s'attacheroit jamais tant obstinément à ceste entreprise, laquelle ilz jugent dangereuse, sans avoir entière fiance de vostre
costé. Ceste nouvelle a mis ces seigneurs en doubte; je les ay asseurez
que s'il y avoit propoz de nouveaulx traictez entre vous et l'empereur,
ils n'estoient commencez de vostre cousté, mais que vous en estiez
recherché pour l'estat et seureté où sont voz affaires, et le trouble et
danger où se trouvent ceulx de l'empereur. Ces seig⁰ˢ ne craignent rien
tant que la paix bien asseurée entre vous et l'empereur, estimans qu'il
n'y a chose qui puisse empescher ses entreprises que la deffiance qu'il
a de vostre costé, et pour ceste cause se trouveroient assez faciles s'ilz
estoient recherchez d'entrer en ligue deffensive avec V. M.

Sire, j'ay receu sabmedy au soir la dépesche du gentilhomme
qu'envoyez en Levant, laquelle je garderay songneusement jusques à
son arrivée, et cependant feray tenir prest ce que sera nécessaire
pour son passaige. Depuis le partement du sʳ d'Aramon, nous n'avons
receu nouvelles de Levant, et toutesfois ces seig⁰ˢ me communiquèrent
ung extraict du contenu d'une lettre du xxıxᵉ de septembre, portant que
M. Girard, ambʳ de l'empereur, estoit là arrivé mallade d'une grosse
fiebvre, laquelle le tenoit encores, au moyen de quoy n'avoit peu demander audience qu'aucuns des médecins du G. S. l'avoient visité; mais
il n'estoit dict par les lettres que ce fust par le commandement dudict
G. S., lequel s'en alloit à Andrinopoly, et avoit mis hors du sérail
son tiers fils en grande pompe et magnificence, luy avoit donné grand
nombre d'esclaves, plusieurs beaulx et riches habillemens et chevaulx, et davantaige le bassa qui est pour le G. S. aux confins de
Perse, a chassé les gens du sophy des lieux et païs qu'ils avoient occupez sur ledict G. S. et est entré dedans le païs dudict sophy, où
il a faict grand gast et dommaige.

Venise, 22 novembre 1546.

*Lettre
de Morvillers
à
M. Gambray.*

Monsieur, nous avons esté et sommes encore en peyne de n'avoir receu de vos nouvelles depuis le partement de M. d'Aramon, car le roy, par trois lettres de recharge depuis ma venue en ce lieu, m'a mandé l'advertir soudainement de ce que nous aurions entendu de votre costé; à quoy je n'ay peu faire autre responce sinon que j'estimois tant de vostre prudence et de votre dilligence, que si vous aviez eu le moyen d'escrire par cette voye ou par autre, vous n'y auriez failly; mais que les lettres pourroient bien avoir esté surprises, ou bien par quelque juste cause avez esté empesché, et vous ferez bien par vostre première dépesche de purger et justiffier cette longue demeure, affin que le roy soit satisfaict et content.

Venise, 7 décembre 1546.

*Lettre
de Morvillers
à
François I^r.*

Sire, le comte de la Mirandole, selon les lettres de V. M. entretint secrettement les principaulx de ces seigneurs des desseings de l'empereur, de son insatiable ambition de dominer, de ses secrettes entreprises pour parvenir à ses ententes : combien il est nécessaire d'y obvier de bonne heure pour parvenir à ceste conclusion de se joindre et unir avec vous; mais il les a trouvez si froidz et si retenuz qu'il n'en a rien tiré dont on doibve prendre espérance qu'on les peust induire pour le présent à vous rechercher de faire ligue, d'autant que leur amb^r près de l'empereur escript qu'il se tenoit mal content d'eulx, se plaignant de ce qu'en ceste ville on s'esjouissoit des choses qui lui succédoient mal, et que toutes les nouvelles à son désadvantaige y estoient receues et publiées en aussi grant joye que aux villes et pays des protestans mêmes; l'estat auquel sont les affaires de l'empereur leur donne espérance que l'opportunité des occasions vous induira à faire quelque entreprise sur le temps nouveau, chose qu'ils desirent pour demourer spectateurs sans entrer en jeu. Les impériaulx ont faict courir le bruict que le lansgrave s'en estoit fouy avec petit nombre

d'hommes et de chevaulx, pour ung mutinement advenu en son camp ;
mais ces seig^{rs} ont sceu de leur amb^r que ledit lansgrave s'estoit retiré
en bon ordre avec tous ses gens, lesquels il délibéroit de départir en
certains lieux pour yverner ; mais ilz sont en perplexité, considérans
que l'empereur cest yver fera tous ses effors par menées et practicques secrettes pour désunir les villes franches et princes protestans, à quoy ils craignent qu'il parvienne pource qu'il est naturellement difficile que plusieurs communaultez, villes et princes qui ne
doibvent obéissance l'ung à l'autre demeurent longtemps bien uniz sans
se diviser, mesmement où il est question soustenir les fraiz d'une
longue guerre, et n'y a celle qui ne tache à se descharger, et qui ne
s'ennuie à la longue de fournir à ceste contribution, outre que les
marchans et commung des villes s'appauvrissent, n'ayant leur traffic
en liberté, que l'empereur, par promesses et offres pourra tirer aucunes
villes à soy, chose qui fera faillir le cueur aux autres se voyans délaissez
et affoibliz, et rendra la victoire certaine entre les mains de l'empereur.

Sire, ces seigneurs m'ont communiqué les advis contenus ez lettres
qu'ils avoient receues de Constantinople du xxe d'octobre, par lesquelles on leur mandoit que le docteur Girard, amb^r du roy des Romains, estoit encore mallade de sa fiebvre, dont il estoit en danger ;
que le G. S. faisoit faire à Constantinople quarente gallaires neufves,
et à Gallipoly xx, oultre le nombre ancien des aultres jà faictes ou
commencées ; davantaige que le conte de Condé et de Rocquendolphe,
gentilhomme de la maison de l'empereur, qui puis deux ans s'est
absenté et a habandonné par craincte les pays dudict seig^r, avoit esté
deux foys en l'audience avec les bassas, mais lesdits advis ne contenoient pour quelle cause. J'ay depuis veu par une lettre que ledict
Rocquendolphe taschoit d'induire les bassas à persuader au G. S. de
faire ceste année entreprise sur l'Austriche et Allemaigne, que jamais
les occasions ne s'y offriroient si commodes, pour la grande hayne que
les Allemans ont conceue contre l'empereur, et la division qui est
maintenant entre eulx. Si le s^r d'Aramon ou aultre faict le voyaige de
Levant, il sera besoing qu'il se tienne sur ses gardes, pour ce que les

ministres de l'empereur tiennent pour certain que ledict s^r d'Aramon doibt en brief passer, et croyent que le gentilhomme qu'avez derrement envoyé soit son secrétaire, qui est allé devant advertir de sa venue et porter sa dépesche; au moïen de quoy, pour obvier au danger, il sera bon qu'il vienne jusques icy bien secrettement, ou qu'il vous plaise commander que nous soyons davant advertiz de sa venue pour le faire sçavoir au conte de la Mirandolle, lequel ne fera faulte d'envoyer promptement ses chevaulx et gens sur les passaiges pour conduyre en seureté celluy qui viendra, et, s'il est besoing de plus grand escorte, il y pourvoyra sans faire bruict.

Ayant, hyer au soir, esté adverty que ces seig^{rs} avoient receu quelques nouvelles de Levant, je différay d'envoyer ceste dépesche jusques à ce jourd'huy, qu'ils m'ont faict entendre avoir receu lettres du dernier d'octobre, lesquelles ne contiennent aultre chose, sinon que le G. S. a laissé gouverneur à Constantinople l'aga des janissaires, et que le docteur Girard est guéry, mais il n'est encores party dudict Constantinople. Aucuns sont d'avis que leur amb^r ne leur avoyt escript sitost après l'aultre dépesche pour les advertir de si peu de chose, au moyen de quoy on estime qu'il y a aultres nouvelles, lesquelles ils ne veullent pas publier. S'il y a moyen d'en descouvrir et sçavoir quelque chose, je ne faudray incontinent de vous en advertir.

1547.

EXTRAITS DE LA CORRESPONDANCE DE VENISE.

RENVOI DE M. D'ARAMONT EN TURQUIE. — CONJURATION DE FIESQUE À GÊNES. — MORT DE HENRI VIII. — PROGRÈS DE L'EMPEREUR EN ALLEMAGNE. — NÉGOCIATION DE GÉRARD VELTWICK À LA PORTE. — LIGUE PROPOSÉE PAR LA FRANCE À VENISE ET À ROME.

Venise, 4 janvier 1546.

Sire, le chevalier Lavise, qui vient de Levant, partit d'icy le xxviiie du passé avec mons^r Pierre Hoguis, auquel j'ay baillé ample instruction des choses de deçà. Ledict Hoguis m'a escript de

Luna avoir là eu advertissement que le s^r Ferrand de Gonzague
faisoit espier ung gentilhomme françois sur les passaiges du duché de
Millan, et avoit mis gens aux aguectz à toutes les postes pour le surprendre; au moïen de quoy luy et ledict chevalier, qui sont assez co-
gneuz, craignans d'estre arrestez ou avoir pis, estoient en doubte de
laisser ledict chemin et prendre celluy de Suisse, ce qu'ils m'ont requis vous faire entendre, affin que, s'ilz estoient contrainctz, pour la
seureté de leurs personnes, de se desvoyer, qu'il vous plaise excuser
leur demeure. J'ay eu nouvelles certaines que le gentilhomme dère-
ment party d'icy pour aller en Levant prist terre à ung port plus avant
que Raguse de xx ou xxx mil, le xve du passé, et deslibéroit de
continuer son voyaige aux plus grandes journées qu'il pourroit pour
gaigner le temps qu'il avoit perdu sur la mer, où il a esté xxii jours
ayant incessament le vent contraire, et oultre s'est trouvé en grand
danger d'estre pris des Escoques, qui sont escumeurs de mer, faisans
infinis maulx en ceste coste de la Dalmacye. Je suis adverty qu'on a
escript à ces s^{grs} que le sophy a faict quelque entreprise et dommaige
sur les pays du G. S. lequel, pour donner ordre à ses affaires, retournoit à Constantinople.

Venise, 8 janvier 1546.

Sire, depuis ma dernière, ces seig^{rs} m'ont communicqué quelques
articles de lettres qu'ils ont derrement receues de leur balio qui est
à Constantinople, les premières du xxiiiie de novembre, par lesquelles est contenu que l'on faict grans préparatifz pour l'entreprise de
Vienne, et pense l'on que pour l'effect d'icelle, le G. S. dressera une
bien grosse armée. Le bruict est audict Constantinople que jà on a
crié et publié à son de trompe par tous les lieux et pays où doibt passer ladicte armée, qu'on ayt à faire provision de vivres et aultres choses
nécessaires pour le passaige d'icelle; que à l'arcenal on faict radouber
les vielles gallaires et aultres vaisseaulx, et en faict-on faire de neufves,
comme jà ledict balio avoit escript par les secondes qui sont du dernier dudict mois, il mande que combien que l'on voye jà les prépa-

ratifz pour ladicte entreprise, toutesfois plusieurs estiment que ledict
G. S. n'yra poinct en personne, et se contentera pour ceste année de
lever tel nombre de gens que son exercite puisse estre suffisant à faire
quelque gast sur les confins des ennemys et tenir en seureté les
siens du cousté de Hongrye; que le beglerbey ès confins de la Persia
avoit eu quelque rencontre avec les gens du sophy, et s'en estoit en-
suyvie perte de gens d'une part et d'aultre, sans aultrement dire qui
avoit eu l'advantaige; et pour ceste cause, on jugeoit que le G. S. retourneroit à Constantinople au moys de febvrier, et oultre que M. Gérard, amb^r du roy des Rommains, estoitparty le xxviie dudict mois
pour aller à Andrinopoly. C'est, sire, tout ce que ces seig^{rs} m'ont
communicqué.

Compiègne, 28 décembre 1546.

Lettre
de François Ier
à
à M. de
Morvillers.
J'ay veu ce que m'avez escript du s^r d'Aramon, lequel j'ay dépesché pour s'en retourner en Levant et le faire passer par Suisse,
faisant mon compte qu'il pourra estre environ le dix-huict ou dix-neufviesme du mois prochain, dont vous advertirez le conte de la Mirandolle, et le prierez de ma part faire secrettement lever quelque nombre
de gens presls pour luy fayre escorte, lorsque ledict s^r d'Aramon l'en
advertira. Je vous envoye aussi par ce porteur la dépesche du s^r d'A-
ramon, que vous luy garderez jusques à son arrivée, et ne vous des-
couvrirez à créature vivante de son allée, sinon ledict conte, lequel
vous prierez aussi bien fort la tenir aussi secrète, et m'advertirez incontinent en toute dilligence.

LETTRE DE FRANÇOIS Ier A JANUS-BEY [1].

(Original. — Fontanieu, port^{lle} 255.)

Magnifficque seigneur, par le s^r d'Aramon, nostre conseiller et
maistre d'hostel ordinaire, présent porteur, nous avons entendu la

---

[1] Le renvoi de M. d'Aramont à Constantinople venait d'être décidé, et il reçut,
avec ses instructions, cette lettre destinée
au célèbre drogman de la Porte. En même

bonne et grande affection que avez envers nous, et combien vous
vous employez voluntiers et de bon cueur ès choses qui nous touchent,
dont nous avons eu et avons très-grant contantement et plaisir, ayant
donné charge audit sʳ d'Aramon vous en remercier très affectueusement de par nous, vous priant voulloir continuer ceste vostre bonne

temps François Iᵉʳ faisait expliquer à Charles-
Quint l'objet de la mission de M. d'Aramon;
et Mesnage, ambassadeur de France auprès
de l'empereur, par une lettre du 16 janvier
1547, rend compte au roi des ouvertures
qu'il a faites à ce sujet :

« ... Sire, j'ay dit à l'évesque d'Arras
pour dire à l'empereur qu'attendant que
ledit seign' empereur vous fist responce
de ce qu'il désiroit que vous respondis-
siez à ce que le Turc vous avoit faict sçavoir par le sʳ d'Aramon, vous avez faict acheminer ledit sʳ d'Aramon, espérant que
dans peu de temps et avant qu'il fust arrivé à Constantinople ou bientost après,
vous lui feriez tenir ladite responce, et attendant icelle, que vous lui avez commandé
de faire ce qu'il pourra pour faciliter les
affaires avec le Turc pour le bien de toute
la chrestienté, et particulièrement dudit
sʳ empereur, lequel luy a commandé me
dire qu'il a reçu responce du roy des Rommains sur ce qu'il lui avoit fait entendre
de l'advertissement que lui aviez fait faire
par moy de la venue du sʳ d'Aramon vers
V. M. et de la cause d'icelle, laquelle responce est par escrit, telle comme il me
l'a à l'instant baillée, disant qu'elle servi-
roit pour respondre entièrement à tout ce
qu'il vous a plu luy faire dire par moy, et
outre m'a dit que maistre Girard, secrétaire de l'empereur, estoit venu vers le
Turc pour résoudre de la part de l'empereur suivant ce qui avoit esté promis dernièrement en la présence du sʳ de Monluc,

vostre amb', les articles qui demeuroient
en difficulté, laquelle responce à moy baillée par l'évesque d'Arras je vous envoye...

« ..... Sire, après que j'ay veu ledit escrit que m'a baillé ledit évesque d'Arras,
il m'a semblé que je devois retourner par-
devers luy, pour plus certainement entendre l'intention de l'empereur; et pour
cet effet je luy ay dit que par ledit escrit
il n'est contenu expressément que l'emp'
vous prie que pour mettre paix ou tresve
plus longue entre lui et le Turc, vous fis-
siez de nouveau aucun acte particulier : jà
çoit que par ce que j'ay dit à luy d'Arras,
le Turc vous a faict sçavoir par ledit d'Aramon qu'à vostre seule faveur, il avoit
faict la tresve, et de vous seul demandoit
response et résolution sur les articles, lesquels, en la présence de vostre amb', estoient demeurez à résoudre entre ledit sʳ
empereur, le roy des Rommains et le Turc,
et que je luy avois aussi dit que vous
voulez et entendez que vostre responce que
ferez au Turc dépende de ce que l'emp'
vous fera sçavoir qu'il veut que vous di-
siez audict Turc : et en quoy, pour le bien
de la chrestienté et des affaires dudit
sieur emp', vous vous voulez employer
comme en vostre propre affaire, et que
vous ne pensez, ny pouvez avoir plus
grand plaisir et contentement que de veoir
un si bon œuvre à quelque bon effet. Il
m'a respondu que l'emp' et le roy des Rommains vous font response par un escrit, aux
incursions que le Turc vous a faict sçavoir

volunté, et le croire de ce que sur ce il vous dira de par nous, tout ainsi que vous feriez nous-mesmes. Nous luy avons aussi ordonné vous faire requeste de par nous vous emploier envers sa haultesse, à laquelle nous en escripvons pour la délivrance de plusieurs pauvres esclaves françois qui sont par delà. En quoy nous vous prions vous voulloyr monstrer favorables, de sorte que nous en puissions estre satisfaictz et gratiffiez ainsi que nous le désirons, priant Dieu, magniffique seigneur, vous avoir en sa saincte et digne garde. — Escript à Compiègne, le xxviiie jour de décembre MDXLVI. Vostre bon amy, FRANÇOYS. — DE L'AUBESPINE.

Au dos : A magnificque seigneur le sr Janus-Bei, grand droguement du grant seigneur.

Venise, 11 janvier 1547.

Lettres de M de Morvillers à François Ier.

Sire, j'ay ce jour d'huy receu la dépesche du sr d'Aramon, que je garderay songneusement jusques à sa venue, laquelle ne sera de ma part descouverte. Quant à ce qu'il vous a pleu m'escripre de parler à M. le conte de la Mirandolle et le prier de vostre part tenir prest quelque nombre de gens pour faire escorte au sr d'Aramon lorsqu'il l'en advertira, j'ay considéré, sire, que, si je partois d'icy pour aller audict lieu de La Mirande parler audict conte, je engendrerois beau-

avoir esté faites sur ses subjets par ceux du roy des Romains; et que le Turc se plaint que vous ne luy fassiez point entendre la résolution des articles demeurez à résoudre entre eux; car par ledit escrit est contenu que pour faire ladite résolution, l'empr et le roy des Romains y ont leurs ambrs, qui y sont arrivez devant le temps qui avoit esté promis, et ne m'en a dit plus avant, sire, sinon qu'il espère pour le long temps qu'il y a que ledict Girard est arrivé vers le Turc, il pense que de présent la négociation pour laquelle il y est allé, est faite ou faillie, et que vous avez bien montré y avoir bonne volonté, mesmement pour avoir adverty l'empr de ce que le sr d'Aramon vous en a dit, et que si je n'avois charge de V. M. de dire que vous voulussiez faire aucun acte plus particulier que ce qui est cy-dessus dit, l'empr vous a entièrement satisfait, car il a entendu tout ce qui est cy-dessus escrit. Davantage, j'ay entendu dudit évesque d'Arras, que l'empr avoit receu lettres dudit Girard depuis son arrivée à Andrinopoly. (16 janvier 1547.) « (Ribier, Mémoires d'état, t. I, p. 527.)

coup de suspicion, et aussi que de le mander par deçà, le semblable
adviendroyt; et oultre cela, j'ay considéré qu'il ne pourroit estre icy à
temps et retourner pour donner ordre à ceste affaire, attendu la
distance des lieux et le terme auquel doibt arriver en ceste ville ledict
d'Aramon, qui est le xviii ou xix de ce mois, jusques auquel il
ne me reste que six ou sept jours; par quoy j'ay esté contrainct, pour
l'importance et célérité que requiert ledict affaire, et pour obvier à
plus grant inconvéniant, envoyer devers ledict conte ung personnaige
que j'ay icy avec moy, la fidélité et taciturnité duquel m'est si congneue,
que je vous en ose bien asseurer.

Les ministres de l'empereur, pour donner réputation à ses affaires,
et par ce moyen tenir ces seigneurs soubz bride, ont tant usé de
finesses controuvées, que cette monnoie est maintenant descriée; toutesfois ces seigneurs sont si incertains de l'estat des affaires d'Allemagne qu'ilz ne sçavent à quoy s'en ressoudre; la nouvelle d'Ulmes
les a estonnez, et si leur donne crainte que les autres villes franches
ne la suivent. La veille des Rois, lesditz seigneurs receurent l'advertissement de l'esmeute de Gennes, dont la pluspart avoient si grand
esjouissement, qu'encor qu'ilz le voulussent couvrir ilz estoient forcez
de le démonstrer, mais ilz pensoient bien la chose aultrement qu'elle
n'estoit, car ilz tenoient la ville pour révoltée contre l'empereur, et
avoient ferme opinion que l'entreprise estoit faicte et conduicte par
secrettes intelligences soubz nostre faveur, au moien de quoy ilz
s'asseuroient qu'ayant esté l'entreprise si dextrement exécuttée, on
verroit incontinent nos forces pour favoriser et continuer ce bon
commencement, sur quoy on faisoit infini discours, et estimoient
sans difficulté la guerre ouverte. Ceste esmeute estoit advenue pour
quelques particulières inimitiez d'entre le comte de Fiesque et Jean-
netin Dorie. Depuis les nouvelles sont venues que toute cette esmeute
est appaisée, et le prince Dorie retourné, dont la pluspart ne se sont
icy resjouis, car ilz prendroient grant plaisir de veoir nouveaulx affaires succéder à l'empereur pour le tenir tousjours empesché, cong-
noissans qu'en cella gist leur repoz.

Venise, 24 janvier 1547.

Sire, l'amb^r de ces s^{grs} résidant vers l'empereur leur escript que les affaires dudit s^r alloient prospérant, et sembloit qu'ilz lui succédassent selon sa volunté, et craignans grandement que l'empereur viendroit au bout de ceste guerre, ilz estoient entrez en leur conseil de pregay par trois jours consécutifz, où ilz n'avoient pris aulcune résolution fors d'actendre, et restoient en grand doubte et perplexité par la longue expérience qu'ilz ont des occultes et sinistres machinations de l'empereur, toutes tendanz à la disturbation et ruine de l'estat des autres princes; mais quant est d'entrer en ligue contre luy, ilz ne sentent l'empereur si expédié des affaires d'Allemaigne qu'il n'en ait encore assez pour l'arrester ceste année, quant ce ne seroit que pour asseurer ce qu'il aura acquis, et pacifier les troubles qui y sont encores. Ilz ont advis que les Suisses se remuent, et ne veullent attendre qu'il les vienne assaillir, ce que estant véritable, ilz pensent que vous leur donnerez secours. On les a aussi advertiz que les protestans avoient ambassadeurs devers V. M. laquelle faict préparatifz de son costé et provision d'argent. Toutesfois, ilz ne disent pas que ce soit pour commencer la guerre. Toutes ces raisons joinctes les font résouldre d'attendre ce qu'apportera le temps devant que de se déclairer et monstrer ouvertement à l'empereur qu'ilz ont défiance de luy, car ilz doivent grandement craindre qu'il leur face la guerre, tant pour leur oster hors des mains aucunes places qu'ilz tiennent, lesquelles il prétend estre du duché de Milan, que pour les contraindre à rendre Maran, dont il les a plusieurs fois menassez, et voyent tous les périlz qu'il pourroit advenir de ceste guerre, estant le duché de Milan confin d'un costé des terres de ceste seigneurie. Le duc de Mantoue est tout à la dévotion de l'empereur, le duc de Ferrare semblablement, par qui ilz estiment que ledict empereur pourroit perdre et gaster tout leur plat pays; et conséquemment perdroient la commodité des vivres qui leur en viennent, outre le dommage qu'ilz au-

roient, leurs subjectz et gentilhommes de ceste ville, auxquels appartient la pluspart des seigneuries et possessions qui sont audit plat
pays. Ilz ont outre considéré que du costé d'Histrie le roy des Romains pourroit facilement endommager tout le pays de terre ferme,
et davantage, pour la commodité des ports et retraites qu'il a sur la
coste de cette mer, il pourroit avec petit nombre de navires et galéres
empescher tous les vivres qui leur viennent par la mer, et par ce
moien seroient en peu de jours réduicts à extresme nécessité, ou devroient cesdicts sᵍʳˢ, pour l'escorte et conduite d'iceux vivres, entretenir avec insupportables frais une grosse armée, dont ilz se trouveroient en grande difficulté, car ilz n'ont argent en leur public, et ne
leur peut succéder si petit affaire qui ne les contraigne de venir à la
contribution, tous lesquelz inconvéniens ilz connoissent presque certains si l'empereur leur faisoit la guerre, et considèrent bien qu'ilz en-
gendreroient une misérable mutation, voire l'esversion de cest estat,
s'ilz n'avoient secours d'aucun prince.

Outre ces choses, les nouvelles dernièrement receues de Levant,
que le G. S. fera la guerre cette année et par terre et par mer, les
confirment de plus en ceste fiance que l'empʳ sera assez empesché
pour se garder de faire nouvelles entreprises; néantmoins ilz ne se resjouissent pas desdites nouvelles, car pour la seureté de Candye, Cypre
et des places qu'ils tiennent sur la coste de cette mer, ils seront
contrainctz d'armer quelque bon nombre de galéres et autres vaisseaulx de leur costé, comme ils ont de coustume toutes les fois que
le G. S. fait armer par mer, et sont jà empeschez à consulter là dessus.

Sire, ces seigʳˢ m'ont mandé en leur conseil pour me communiquer
le contenu d'aucuns articles ès lettres par eux vandredy receues de
Constantinople, les premières sont du quatorziesme, et les autres du
dix-neufviesme du passé, et contiennent que les préparatifs pour la
guerre se continuent et advancent de jour en jour, et jà ont esté
faictes par les contrées les criées et publications accoustumées quand
le G. S. veut faire entreprise notable; et se tient pour certain qu'il
mettra sus deux grosses armées, l'une par terre, mais les lettres ne

font mention que ledict s^{gr} se trouve en personne à l'exploict, l'autre par mer de cent galères jà toutes prestes, et radoubées. L'on accoustre diligemment un grand gallion qui estoit à Barberousse; outre que le comte de Rocquendorlphe, duquel je vous ay escript, a esté faict mustafaaga, qui est à dire lanspezate du G. S. à cent aspres par jour, qui vallent deux escus ou environ, et ne sont ceux qui ont cesdits estats, sujects à aultre qu'audit G. S. ny tenuz d'aller à la guerre qu'avec sa propre personne, et n'a-on point contrainct ledit de Rocquendolphe à changer de loy, ce que l'on interprette à bien grande faveur. J'ay ce matin receu la dépesche qu'il vous a pleu m'envoyer du xv⁰ de ce mois, avec laquelle estoit un pacquet à monsieur d'Aramon, que je rendray à sa venue, laquelle je n'espère devant douze jours. M. le comte de la Mirandolle me mande qu'il ne fauldra de tenir prest ce que luy avez faict entendre par moy, lorsque ledict d'Aramon l'advertira.

Venise, 24 janvier 1547 ¹.

Monseigneur, messer Vincentio Magio est venu plusieurs fois devers moy se lamenter et plaindre de la pauvreté en laquelle il est réduict, que j'ay entendue par aultre que par luy est si grande, qu'elle ne peult davantage, en sorte que bien souvent il endure la faim en son logis, où il se contient de honte : et pour ce que je l'ay veu comme désespéré, et semblablement ay esté adverty qu'il se plaint ailleurs qu'envers moy du long temps par luy emploié au service du roy, pour lequel il dict avoir plusieurs fois mis sa vye en danger, des promesses qu'on luy a faites, dont il n'a jamais receu aucun fruict ne récompense de ses labeurs, j'ay estimé appartenir à mon debvoir de consoler et donner bonne espérance audict Magio, afin de faire cesser ses plaintes et éviter qu'elles ne se publient en aucuns endroicts, où elles seroient volontiers ouyes au désavantage du service du-

Lettre de M. de Morvillers au cardinal de Tournon.

¹ Le rôle qu'on a vu remplir dans le Levant par l'agent dont il est ici question donne de l'importance aux détails de cette lettre, et surtout aux réflexions qui les accompagnent sur le danger de l'abandon où les agents de la France étaient laissés trop souvent, après avoir été employés activement à l'étranger.

dict seigʳ pour décourager ceulx qui y ont dévotion, aliéner la volonté de ceulx qui y sont et les rendre moings fidelles. J'ay aussy
pensé devoir admonester ledict Magio de se garder que la passion
ne luy feist tant oublier la foy et l'honneur qu'il doibt au service dudict. sᵍʳ, qu'il se laissast transporter à faire chose indigne et lasche,
ou parler autrement qu'il ne doibt : en quoy il m'a toujours asseuré
de se comporter avec si grande constance et fidélité, que la nécessité
non pas mesme la mort ne luy changeront jamais la volonté qu'on a
en luy connue. Toutesfois, je n'adjouste pas tant de foy à ses parolles
que je me deffie de son courage, tenant pour certain si on le laisse
souffrir ceste nécessité, et qu'il ne se voyt en quelque espérance d'a-
voir bienfaict du roy, qu'il prendra autre party s'il le peut trouver, et
croy davantage, pour la nouvelle inclination de ces hommes, qu'il fera
le pis qu'il luy sera possible ; et encore qu'il n'ait pouvoir dont on doive
faire estime, toutesfois il sera trop plus utille à ceux devers lesquels
il se retirera maintenant, qu'il n'a esté au roy, parce qu'on luy a communiqué beaucoup de choses importantes et secrettes, mesmes des
affaires du Levant où on l'a emploié, et si connoist tous ceux desquels
on s'est aydé, les moyens par lesquels on les a acquis, les pratiques qu'on
y a faictes ; comme aussy durant ces guerres on s'est servy de luy par
deçà, et a esté nécessaire de luy descouvrir beaucoup de choses, luy
donnant cognoissance de plusieurs ministres desquels on s'aydoit secrètement, il sçait les lieux, les passages et les moyens par lesquels
on donnoit advertissement. Par quoy, si nous retournons aux affaires,
que Dieu ne veuille, il pourra plus nuyre en ung jour, descouvrant les
intelligences et moyens que nous avons eus, desquelles on se pourroit
encore ayder, qu'il n'a jamais faict de fruict par le service de toute sa
vye. Il est malaysé d'arrester les hommes de ceste qualité, et asseurer
leur foy, laquelle ilz oublient à la moindre passion qui leur monte en
la teste ou quelque plus grand proffict qu'ils espèrent d'ailleurs. Pourtant je croy qu'il n'est rien plus dangereux que de prendre beaucoup
de tels ministres, et seroit un grand heur de s'en pouvoir passer ; mais
puisque la multiplicité des affaires du roy apportent quelquesfois né-

cessité d'uzer de telles coustumes en aucunes pratiques et lieux, il est très-requis de les entretenir et satisfaire des promesses avec lesquelles on les reçoit, car de tant peu qu'on leur faille ou qu'on les face attendre, ils se persuadent avoir juste cause de prendre autre party, et se pensent exempts de tous reproches s'ils ont quelques couleurs ou prétextes pour couvrir leur desloyauté.

Villers-Cotterets, 6 janvier 1547.

Lettre
de François Ier
à
M. de Morvillers.

Depuis ce Noël, je vous ay envoyé quatre dépesches pour le s^r d'Aramon, et d'aultant que la première est de bien grande importance, car sa principalle charge estoit contenue en icelle, je vous prie m'advertir sy l'aurez receue, ensemble les autres, et pareillement si ledict s^r d'Aramon sera arrivé vers vous; car je désire grandement entendre de ses nôuvelles, et que son voyaige se puisse faire et parfaire en la plus grande seureté et dilligence que faire se pourra.

Venise, 5 et 14 février 1547.

Lettres
de
M. de Morvillers
à
François Ier.

Sire, des quatre dépesches envoyées pour le s^r d'Aramon, je n'en ai receu que troys, entre lesquelles la première et principale de Compiègne. J'attends d'heure à aultre le s^r d'Aramon, qui ne peult en mon advis tarder, considérant le temps qu'il partit de Lyon. Si tost qu'il sera arrivé, luy et moy vous le ferons entendre, ensemble ce que sera résolu pour la seureté et accélération de son partement, estimant que sa présence est très-requise et nécessaire au lieu où il va. Plusieurs marchans ont receu lettres qui font les préparatifs du G. S. par terre plus grans et plus eschauffez que ne contenoient les advis de ces s^{grs}; et celuy qui est à Raguse commis à recepvoir les pacquects qui vont et viennent pour vostre service m'a escript, du 1er de janvier, que les proclamations ont esté faictes par toutes les provinces, que chacun de ceulx qui ont soulde de vingt aspres le jour et au-dessus ayent à se trouver en armes aux lieux et temps préfixes, et que près de Belgrade on besogne à toute dilligence, affin que l'armée puisse là pas-

ser le Danube. Il m'escript oultre que le gentilhomme qu'avez derrement envoyé prist terre à un lieu nommé Avante, qui est à deux
journées de Raguse, et estime qu'il soit arrivé à Andrinopoly.

Sire, mercredy au soir ixᵉ de ce mois, M. d'Aramon arriva en ce
lieu bien travaillé du long chemin et mauvais temps qu'il a eu les
derniers jours qu'il a esté sur les champs, dont toutesfois il ne se
sent tant incommodé qu'il n'espère bien parachever son voyaige en la
plus prompte et meilleure dilligence qu'il sera possible; et pour cest
effect luy et moy avions délibéré d'aller vers ces seigⁿˢ le lendemain de
son arrivée, ce que leur ayant faict entendre, se retrouvans occupez
en quelques affaires d'importance, nous prièrent différer jusques au
jour suyvant, et cependant envoyèrent visiter ledict sʳ d'Aramon par
deux gentilshommes constituez aux premières dignités. Vendredy, qui
fust le jour auquel ils nous avoient remis, nous les fusmes saluer en
leur collége, et présenta ledit sieur d'Aramon les lettres qu'il vous
a pleu leur escripre, suivant la créance desquelles il leur feyt bien
amplement entendre la charge qu'il avoit de vous envers eulx, et les
causes de son retour en Levant, chose qu'ils ont ouye avec très-
grant plaisir, et nous semble qu'ilz ont eu l'office qu'a faict en cest
endroict ledit sʳ d'Aramon, autant agréable que l'on peult désirer. Le
prince, entre les autres gracieux et honnestes propos desquelz il usa
par sa responce, remercia grandement V. M. de l'honneur qu'elle
faisoit à ceste seigneurie, continuant la parfaicte et cordiale amytié
qu'elle a toujours eue envers elle, la rendant participante de ses desseings et délibérations ès choses concernans ses plus importans affaires, dont elle avoit perpétuelle mémoire, comme l'obligation le
requiert tant pour ce regard que pour autres infiniz effects de vostre
bonne volunté, à la conservation et augmentation de cest estat. Mais
pour autant, sire, qu'à présent la disposition du temps est pire par
deçà, les ventz plus grans et la mer plus dangereuse qu'elle n'a esté
de cest hyver, oultre cella qu'il y a infiniz coursaires sur ceste coste
de la Dalmacye, nous avons advisé, pour la seureté du voyaige dudit
sʳ d'Aramon, et la commodité de sa personne, de demander à cesdits

seig⁴ˢ une de leurs gallères pour le porter jusques à Ragouze, laquelle ils n'ont pas seulement voluntiers accordée, mais en ont offert davantaige si on en avoit besoing pour vostre service, avec tout le secours qu'ils pourroient faire, dont nous les avons très-affectueusement remerciez et dit que nous vous ferions entendre les bons tesmoignages qu'ils nous donnoient de la dévotion qu'ils ont à V. M. et au bien de ses affaires. Nous espérons, sire, que ladite gallère sera sitost preste et que ledit sⁱ d'Aramon partira, sans aucune faulte, jeudy xviᵉ de ce moys; et si plus tost estoit possible, il ne séjourneroit si longuement par deçà. Les nouvelles qu'on entend du costé d'Allemaigne continuent à l'advantaige de l'empereur, mais oultre la vérité, ses ministres les enrichissent pour augmenter la craincte de ces seig⁵ˢ, lesquelz démonstrent une si grande pusillanimité qu'elle leur ôte le jugement, encores que l'astuce de l'empereur leur soit par trop d'expériences congneue; dont pourroit advenir ung danger qu'il cherche de les attirer à sa dévocion ou poursuive plus hardiement ses desseins, sans compter d'avoir destourbier de ce costé. Il court icy ung bruit qu'il s'est encores eslevé quelque tumulte à Gennes, et plusieurs sont d'avis que l'empereur sera bien aise d'avoir ce prétexte et coulleur pour changer l'estat et réduire la ville entièrement soubz sa souveraineté.

Saint-Germain-en-Laye, 8 février 1547.

Lettre
de
François Iᵉʳ
à
M. de Morvillers

Monsieur de Morvillers, j'ay présentement entendu le trespas du feu roy d'Angleterre, par un gentilhomme qu'a envoié par-devers moy le roy qui est à présent, et par ceux que son père lui a ordonnez pour estre son conseil, lequel gentilhomme m'a apporté parolles de par eulx pleines de gratieusetez, et démonstrant la singulière affection qu'ilz ont de se tenir en amitié avec moy, ce que je vous ay bien voulu escrire affin que vous le puissiez faire entendre par-delà, et mettez peine d'entendre comme ceste mort est prise, et si elle amène aucune nouveauté.

Venise, 26 février 1547.

Sire, ces seigⁿ ont receu lettres de leur baille escriptes à Andrinople le dix-sept du passé, lesquelles portent qu'il estoit vray que
le sophy se retournoit en campagne, et que le grand seigʳ avoit mandé
au beglerbey de la Natolie de tenir toutes choses prestes de ce costé-
là; toutesfois, que les préparatifs de l'entreprise de Vienne continuoient tousjours, et ne sçavoit-on encore pour certain de ce que feroit ledict G. S. lequel debvoit partir le ivᵉ ou vᵉ de ce mois pour
aller à son passe-temps de chasse accoustumé, où il pouroit estre
quinze ou seize jours; que M. Girard, ambʳ du roy des Romains, luy
avoit baisé les mains. Je vous mande, sire, les parolles mesmes des
dictes lettres pour ce qu'elles n'expliquoient pas clairement cest article
du sophy, et que cesdicts sᵍⁿ par moy recherchez là-dessus, m'ont
respondu qu'ilz ont trouvé ledict article assez obscur et ne le peuvent
autrement interpréter sinon que le sophy faict entreprise.

Hier, xxiii de ce mois, je receus une lettre du gentilhomme qu'avez
dernièrement envoyé par delà, laquelle contient que le ivᵉ du passé
il estoit arrivé à Andrinople, où Cambray n'estoit lors, mais bien y
devoit estre deux jours après, comme l'avoit asseuré vostre truchement, et que, pour ne perdre temps, attendant la venue dudict
Cambray, il s'estoit présenté au bassa, et lui avoit, en termes généraulx, faict entendre sa charge et les causes de sa venue, remettant
les particularités de sadite charge et à en faire foy à la venue dudict
Cambray, qui avoit les chiffres devers luy: de quoy ledict bassa demeura très-content et satisfaict. Il me mande davantage que incontinent que luy et ledict Cambray auront deschiffré ses instructions et
parlé ensemble audict bassa, ils ne fauldront de vous envoyer ample
advis de toutes choses, ce qui ne peut guères tarder, considérant le
temps de ladite dépesche. M. d'Aramon n'est party que le vingt de ce
mois pour l'indisposition du temps, à cause de laquelle les cappitaines
des galères ne se sont voulus hazarder à passer le goulfe. Mais grâce
à Dieu, ledict Aramon lors de son partement estoit en bonne santé

et bien délibéré de parachever son voyage. On a jà semé un bruict que le G. S. avoit accordé audict Gérard, amb^r du roy des Romains, une trêve pour trois ans, mais je n'ay peu sçavoir si c'est chose controuvée par artifice ou par conjecture. Ces seig^rs ont eu plaisir d'entendre que voz affaires soient en bonne seureté du costé d'Angleterre, et plusieurs advis sont venuz de Flandres que le feu roy par son testament a ordonné l'empereur protecteur de son filz et du royaume, mais cela n'a pas encores acquis plaine foy envers tous.

Venise, 3 et 9 mars 1547.

L'amb^r de ces seigneurs près de l'empereur leur mande que ledit sieur luy a tenu de fort bons et gracieulx propoz, et entre aultres luy avoit dict qu'il remercioit ces dicts s^rs qu'au temps de ses grans affaires ilz n'avoient presté l'oreille à aulcune ligue ne party qu'on leur eust proposé; qu'il a volunté d'entretenir paix et amytié avec eux, et que pour le regard du différend de Maran qu'ilz ont avec le roy des Romains, il le voulloit en quelque sorte que ce fust appaiser, et que ledit s^r leur baillast oultre les villaiges deppendans dudit lieu. Ces gracieuses parolles ont esté agréablement oyes par ces s^rs, mais aulcuns saiges et advisez congnoissent bien que ces propoz ne sont dicts que par grand artifice et pour servir à quelqu'autre fin où prétend l'empereur.

Sire, hier, ces seig^rs me communicquèrent les lettres qu'ils ont receues d'Andrinopoly, confirmant les advis qu'avez eus cy-devant touschant la prinse de la Balsara merveilleusement importante, comme disent, pour l'accroissement de l'empire du G. S. en ces parties-là. Le prince du pays avec le peu de ses gens qui se sont sauvez avec luy s'en sont fouyz du costé de la Mech, à XII ou XIII journées de là, et le G. S. pour récompenser en partie le sanjacques qui a si heureusement guidé et conduict ceste entreprise, l'a fait beglyerbey dudict lieu de la Balsara, avec provision de xxv^m ducats par an. Depuis ceste nouvelle venue, on tient asseurée l'entreprise qui estoit auparavant en quelque doubte, et chascun jour se renforcent et dilligentent les préparatifs pour l'exécution d'icelle, tant par terre que par mer. Il a esté

faict commandement au Tartare de se trouver prest avec le secours et
ayde qu'il est tenu d'amener au service dudict seig^r, lequel on estime
de trente mille chevaulx. M. Gérard, amb^r du roy des Romains, a eu
audience davant Rostan-Bassa, et n'en disoit-on rien plus avant que
le G. S. estoit party pour aller à son passe-temps de chasse. J'ay aussy
receu de Cambray ung mot de lettre du viiie de febvrier, contenant
seulement que ces s^{grs} avoient pris peu de jours envoyé à la Porte nouvelles que les protestans estoient sur le poinct de faire avec l'empereur
paix grandement désadvantaigeuse pour lesdicts protestans, sans toutesfoys signifier plus avant les particularités d'icelle; que nonobstant lesdites nouvelles, on continuoit par delà de plus en plus les préparatifs
pour la guerre, et que chascun tenoit pour asseuré que ladite guerre
seroit en Hongrye.

22 février 1547 ¹.

M. de Morvillers, j'ay prins grand plaisir d'entendre de vous les
nouvelles qui courent où vous estes, et particulièrement celles que
vous avez peu entendre de Levant et par delà. Je considère que le
temps pourroit estre de brief à propoz pour induyre la seigneurye de

Lettre
de
François Ier
à
M. de Morvillers

---

¹ Malgré les nombreuses lacunes que le
recueil de Ribier présente dans cette partie,
on peut voir, par les pièces qui forment
le dernier livre du tome Ier, le mouvement
que se donnaient en Allemagne les agents
de François Ier, en appuyant leurs démarches auprès des cours allemandes sur les
dispositions que la Turquie manifestait
pour la guerre. Pendant que l'Italien Livio
Crotto écrivait de Bruges, le 28 janvier
1547, « Le sophy, avec le fils aisné du
Turc, qui s'est retiré avec luy, avoit gaigné
une grande bataille contre ledit seig^r Turcq
et avoit pris un grant païs, par quoy on
jugeoit qu'il n'auroit point de moyens de
venir cette année en Hongrie, » M. de Fresse
lui mandait, de son côté : « L'empereur
prétend réduire à son obéissance le duc de

Saxe et landgrave, et par même moyen
les villes des Estrelins, pour, toute la Germanie estant pacifiée, entreprendre fortement la guerre contre le Turc, faisant son
compte de tirer de l'empire, comme il luy
a esté accordé, quarante mille hommes de
pied et huict mille chevaulx pour trois ans,
des autres terres de la Germanie non sujettes à l'empire, du roy des Romains, du
pape et autres potentatz, autant pour le
moins. Cette année il fait courir le bruit
que le Turc ne descendra point, et ne fait
semblant d'y mettre ordre, mais il dit tout
publiquement et à toute heure que quand
toute l'Autriche se devroit perdre, il ne
laissera pas la poursuite de son entreprise. »

François Ier écrivait dans le même temps

Venize à entrer en ligue deffensive avec le pappe, en laquelle pareillement je pourroye entrer et induyre les Suysses à faire le semblable, qui est à mon advis le meilleur expédient que l'on pourroit trouver pour refréner l'ambition et convoitise de l'empereur, et empescher l'exécu-

à M. de la Croix, son envoyé auprès du landgrave de Hesse : « Je suis adverty de Venise, par les nouvelles qu'ont eu les Vénitiens, et aussi les marchans ragusiens, que le grand seigneur a fait proclamer depuis le 1er janvier par toutes les provinces que chacun de ceux qui ont solde de luy ayent à se trouver aux lieux et temps qu'il leur a assigné, et qu'auprès de Bellegrade on travaille à faire des ponts afin que l'armée puisse passer le Danube, tellement que pour le plus tard son armée pourra estre en Hongrie au commencement de mars, et estime l'on ladite armée la plus grande que l'on luy ait jamais veu assembler. » Le landgrave, pressé de se déclarer contre l'empereur, faisait répondre ainsi au roi, le 10 février 1547 : « Quant au grant seigneur, il ne désire pas seulement sa venue, mais il craint qu'il ne vienne si tard qu'il ne donne loisir à l'empereur de faire ses affaires, et qu'il ne fasse comme les années précédentes. Je luy ay dit que ledit sgr a bien connu en cela les fautes qu'il avoit faites par le passé, et qu'il avoit délibéré d'estre aux champs avec le plus grand appareil qu'il fit jamais pour le plus tard à la fin d'avril, si ce n'estoit plus tost. Il dit que si le G. S. estoit en délibération de venir, qu'il seroit d'opinion qu'il fit son principal effort en Sicile et à Naples, et ne trouveroit pas fort à propos le landgrave que l'effort fût du osté de la Hongrie, pour deux raisons, l'une, que l'empereur n'a rien à perdre en cet endroit-là ; l'autre qu'il mettra Vienne

en teste, qui est bien pourveu, qui pourra arrester ledit G. S. bien longtemps en danger de n'y rien profiter, et ce pendant l'empereur ne laisseroit de poursuivre son entreprise, et toutesfois il ne voudroit pas qu'il délaissast à y envoyer armée, car c'est d'autant empescher et mettre en doute l'empereur, encore que ce soit le dommage de toute la chrestienté : il est vray que c'est pour remettre les desseins d'un qui a autant envie de dominer que l'autre, et par ce moyen leur donner le loisir de pouvoir se rallier ensemble. »

Enfin, pendant le mois de mars suivant, quand le moment de l'explosion approchait et que la querelle des protestants et de l'empereur allait se décider par les armes, le landgrave faisait encore part de ses incertitudes au roi le 13 mars. Par une lettre écrite au landgrave de Bellegrade, du 28 février, on lui mande « qu'il ne face estat des courses qui se font et feront par la Hongrie, et qu'il considère qu'il faut nécessairement que le Turc fasse herber ses chevaux auparavant qu'il envoie armée puissante, et pource que l'empereur et le roy Ferdinand ne font pas grand compte de tourner la teste de ce costé-là, il a opinion que l'advertissement est véritable. » François Ier, de son côté, pour enhardir de plus en plus ce prince, continuait d'affirmer que la Turquie lui prêterait son concours : « La venue du Turc est certaine, et déjà le roy de Bohesme a esté contrainct de rappeler les gens qu'il envoyoit au duc Maurice pour les envoyer en

tion de son entreprise, qui continue à se voulloir faire monarque.
Et affin que ceste ligue se puisse mieulx conduire et dresser, j'escriptz présentement au s⁰ du Mortier qu'il vous fasse advertir de ce
qui se fera du costé de Romme ; et quant au s⁰ d'Aramon, je pense
que longtemps a qu'il soyt arrivé à Constantinople, et je désire qu'il
ensuive et exécute le plus tost qu'il pourra les quatre dépesches que
je vous envoye, vous advisant que j'ay eu nouvelles d'Allemaigne
comme les affaires du duc de Saxe prospèrent grandement, et que
le landgrave est délibéré de tenir ferme avec luy, et ont toutes les
villes de la hance teutonicque avec eulx, et davantaige en la haulte Allemaigne trois villes impérialles qui sont Strabourg, Constance et
Ludmet¹. D'autre part, la ville d'Auguste n'a point voullu recepvoir
les garnisons de l'empereur, de sorte que je pense que trouverez l'em-

diligence en Hongrie, où les Turcs ont déjà
commencé à faire beaucoup de maux...
Le roy a eu certaines nouvelles de ses
gens à Andrinople, du 27 janvier, comme
le Turc a fait une bien grosse conqueste
de 25 grosses places à l'entrée des Indes,
sans que jamais le sophy se soit osé remuer, et que ledit Turc a suscité audit sophy un frère dudit sophy par lequel il luy
fait la guerre là, et continuoit de faire marcher son armée vers la Hongrie, et de faire
grands préparatifz pour venir à Vienne. »
En même temps que le roi fomentait
ainsi la résistance contre l'empereur en
Allemagne, on le voit par d'autres lettres
essayer d'obtenir le même résultat du côté
de l'Italie. M. du Mortier lui écrivait de
Rome :« La seigneurie de Venise a eu advis
d'Andrinopoly, du 23 février, que le grant
seigneur prépare et délibère de descendre
en personne par Vienne ou par Hongrie,
et de là par Transilvanie contre les forteresses occupées de..... et que l'ambⁱ du roy
des Romains estoit retenu sous la garde

accoustumée. Sire, je vous puis assurer
que tant est redoutée et suspecte la foy et
entreprise dudit empereur qu'on attend et
désire la descente du G. S. comme moindre
mal pour éviter le plus grand. » Et François I⁰, pour profiter de ces dispositions
en faisant une ligue défensive contre l'empereur, revenait sur les projets qu'on pré-
tait partout à Charles-Quint : « Il semble
que l'empereur ne vueille entretenir amitié
avec personne du monde, quelque obligation qu'il y ait, sinon en tant qu'il en
peut faire son proffit pour parvenir à ce
qu'il a tousjours montré désirer, qui est
d'estre seigneur universel du monde, autant aux dépens de ses amis que de ses
ennemis. » (Ribier, *Mémoires d'état*, t. I,
p. 520-607.) Voyez aussi au tome II, *Cor-
respondanz des Kaisers Karl V*, toutes les
lettres de Charles-Quint des mois de février et de mars relatives à ses mouvements militaires et à ses négociations avec
les princes d'Allemagne.

¹ Lubeck ?

pereur bien empesché. Ne vous esbahissez si les ministres de l'empereur sément par delà beaucoup de mensonges, car ilz ne font autre mestier par toute la Germanie, d'où j'ay eu maintenant nouvelles que le duc de Saxe, après avoir mis en fuitte le duc Maurice et le marquis de Brandebourg, est retourné sur la ville de Lipsy, laquelle il a prinse par force, et mis tout ce qui estoit dedans au tranchant de l'espée. Au demourant, suivant vostre advis, je feray tenir propoz à l'ambʳ de la sᵍʳⁱᵉ de Venise résident par devers moy, et vous conduirez par delà selon ce que vous entendrez du costé de Mʳ du Mortier.

Venise, 23 mars 1540.

Lettre
de
M. de Morvillers
à
François 1ᵉʳ.

Sire, Vallenciennes arriva le xiiᵉ de ce mois, et partit d'icy pour tirer oultre avec si bon temps qu'il pourra avoir, en six ou sept jours, gaigné le port de Raguse. Mʳ d'Aramon ne l'a pas eu semblable, car à ce que j'ay entendu d'aulcuns mariniers qui l'ont rencontré, il a esté xii jours pour le moings sur la mer. Mais je tiens pour certain que les nouvelles de sa venue auront esté à la Porte dès le x ou xii de ce mois, car les mariniers qui menèrent l'homme que ledict d'Aramon envoyoit davant pour faire entendre qu'il estoit en chemin, sont retournés et m'ont asseuré que ledict homme arriva à Raguse le xx de février, d'où il partit incontinent sans séjourner. Suivant ce qu'il vous a pleu me commander, j'ay informé Mʳ du Mortier de l'estat auquel sont toutes choses par deçà; j'attends son advis de ce que je debvrois faire, et cependant il m'a semblé pour le mieulx ne debvoir rien commencer et garder toutes choses entières envers ces seigneurs. affin de pouvoir conduire par commun accord ce qui se pourra praticquer en l'un et l'autre endroit. Je luy ay mandé que s'il peult induire S. S. à faire commencer ceste praticque par son légat icy résident, selon mon jugement, elle pourra mieulx réuscir à l'advantaige et réputation de vos affaires, car n'estant l'yssue certaine, quoiqu'il en advienne, le pape aura esté promoteur, fesant office convenable à S. S. de unir les princes et potentatz à la défense commune, et oultre, la chose se pourra conduire plus secrettement, qui est très nécessaire pour éviter les empeschemens de l'empereur. Si, les propoz entamez, on congnoist que ces s^{grs} ayent tant soit peu de volunté d'y entrer, il sera tout à tant d'y intervenir ouvertement au nom de V. M.

Ces seig^{rs} receurent hyer lettres d'Andrinopoly, lesquelles ils m'ont cejourd'huy communicquées et contiennent que les préparatifs de la guerre, tant par terre que par mer, s'advancent et renforcent plus vivement de jour en jour. On a faict commandement à tous les beglyarbeys de la Natolie tenir leurs gens prêts pour marcher quand il sera ordonné; semblables proclamations ont esté faictes par tous autres lieux et endroicts. On tient pour certain que ledict seig^r se trouvera en personne à l'entreprise de terre, laquelle on juge par les apparences aussi grande que nulle autre qu'il ait faicte par cy-devant, et se parle diversement du desseing de ceste guerre : aulcuns disent que l'armée marchera droict à Vienne; aultres estiment que ledict seig^r veult premièrement expugner et conquérir les forteresses que le roy des Romains tient en Hongrie, affin de lever les empeschemens qui luy viennent de là, et qu'il veult aussy mettre entre ses mains les chasteaulx et lieux forts que fra Georgio, qui est gouverneur des affaires de la Transilvanye pour le jeune roy, tient audict pays. Il y a jà à la bouche du Danube trente ou quarante mille boullets, et chascun jour on en porte davantaige, avec infinie quantité de pouldre et grand nombre de pièces d'artillerye. Corsetto, cappitaine de mer, faict radouber quelque nombre de galères et aultres vaisseaulx dont il aura la charge et conduite; Salla-reys aura aussy charge en l'armée de mer, laquelle sera, comme l'on estime, de cent galères sans les aultres vaisseaulx. Mr Girard, ambassadeur du roy des Rommains, a tousjours gardes, comme il a eu depuis qu'il est par delà, et ne parle-on poinct à luy sans permission. Ledict seig^r s'estoit retiré pour quelques jours, affin de se préparer à user des baings qu'il a accoustumé pour sa santé, dont il s'est merveilleusement bien trouvé par cy-devant: cela faict, il debvoit aller à son passe-temps de chasse. J'ai veu par une lettre escripte de Constantinople à ung marchand, qu'aulcuns disent que la royne de Transilvanye incite ledict seig^r à ceste entreprise, et luy faict entendre par ses amb^rs qu'il n'eust jamais occasion plus opportune. Ladite dame et fra Georgio sont, comme l'on dict, en dissention et inimitié mortelle, pour l'aucthorité du gouvernement.

24 mars 1547.

<table>
<tr><td>Lettre
de
M. de Morvillers
à
M. du Mortier.</td><td>Vallenciennes arriva icy mercredy, qui est dépesché pour aller jusques en Levant, sans plus grande cause que pour rapporter promptement des nouvelles de ce que fera le G. S. cest esté ; si pour certain il faict entreprise, si c'est par terre ou par mer, en quel endroict, et quand pourra partir son armée. Je ne voy pas qu'il fust grand besoing de faire tant passer d'hommes les uns après les aultres, car M. d'Aramon n'eust failly à faire cest office.</td></tr>
</table>

Ces seig^rs, non sans cause, sont en quelque deffiance du Turcq ; car, à ce que me comptoit dernièrement M^r d'Aramon, il ne leur porte aucune bonne volonté, et ne demande sinon occasion de rompre avec eulx, mais ils font ce qui leur est possible pour faire croire au monde que leur amitié est asseurée de ce costé-là.

27 mars 1547.

<table>
<tr><td>Lettre
de
M. de Morvillers
à
François Ier.</td><td>Sire, M^r d'Aramon arriva le viiie de ce mois à Raguse, comme il m'a mandé par une briefve lettre dudict jour, escripte hastivement, pour ce que le maistre du navire qui l'a apportée ne pouvoit différer son partement, ne luy donner plus grand loisir d'escripre ; il vous supplye très-humblement d'excuser ce long temps qu'il a esté sur la mer, à quoy il n'a peu remédier, car le vent leur a esté continuellement si contraire, que ils n'ont pas faict une lieue que à force de rames, et se loue merveilleusement du bon office qu'ont faict les cappitaines de gallères, qui ont uzé de toute la dilligence possible ; il debvoit partir le xe de Raguse, où il a trouvé ung chaoux que le sainctjacques de Coche y avoit envoyé pour l'accompaigner et luy faire fournir chevaulx et aultres choses nécessaires dont il estoit très-ayse</td></tr>
</table>

pour l'advancement de son voyaige. Il me mande qu'il espère, incontinent qu'il sera arrivé, vous escripre nouvelles bonnes et agréables, et par les advis qu'il entend de delà, que les choses y sont en bonne disposition, et qu'on actend sa venue, et l'homme qu'il a envoyé d'avant, par le rapport de ceulx qui l'ont trouvé par le chemin, peult estre arrivé à la Porte le x ou xie : que Mr Girard a faict plusieurs présents de vaisselle et couppes d'argent doré, mais pourtant n'a-il eu responce, et, deux jours après son audience, a esté remis en telle garde qu'il estoit auparavant. Le chaoux luy a dict qu'il avoit commandement du G. S. d'aller faire édiffier une forteresse auprès de Jharre (*Zara*), en Esclavonie, lieu appartenant à cette seigneurie, qui luy semble chose grandement considérable, et qui mectra ces seig^{rs} en deffiance et doubte. Quand je les ay remerciez en leur collége du bon office que avoient faict les cappitaines de leurs galères à conduyre M^r d'Aramon, ils m'ont demandé quelles nouvelles particulières j'avois entendues de ce lieu-là : je leur ay respondu que ledict s^r d'Aramon avoyt esté si pressé du soudain partement de celluy par lequel il m'a rescript, que ses lettres ne contenoient sinon son arrivée; car ils ne prennent pas plaisir que l'on congnoisse l'estat de leurs affaires mesmement de ce costé-là, et seroient bien ayses que chascun estimast l'amityé d'entre eulx et le G. S. plus asseurée qu'elle n'est. Ils n'ont point encores résolu de faire général d'armée pour la mer, bien commencent-ils armer et gecter les galères hors de l'arcenal.

LETTRE DE M. DE CAMBRAI A FRANÇOIS Ier.

Péra. février 1547.

Sire, encore que par mes dernières je vous donnasse quelque asseurance de la volonté du grand seig^r et du retardement qu'il faisoit à se résoudre avec l'ambassadeur de l'empereur et du roy des Romains, attendant avoir de vos nouvelles sous la promesse que m'avoit faite de ce le s^r capiaga, sy est-ce que l'intention du bassa estoit tout au contraire, par ce qu'on en pouvoit juger, et l'espérance par lui donnée audit ambʳ de sa briève expédition si fort asseurée, que n'eust esté la grande bonté et sagesse dudit grand seigʳ, avec le désir qu'il a de faire toutes choses selon que requiert l'amitié et intelligence de vos deux majestés, joint aussy les remonstrances, tant par écrit que de bouche mises en avant à la Porte, il estoit à craindre que les grands présens faits par ledit ambʳ eussent peu encliner ledit bassa à ses demandes, selon les grands devoirs qu'il en a fait. Pour à quoy obvier a aussi très-bien servy la venue par deçà du sʳ de Codignac, qui, par la dépêche qu'il apporta, satisfit tellement ces seigneurs, qu'ils nous asseurent entièrement, sire, que, pour entendre à la paix que recherchoit l'empereur, et que, s'il y en avoit jamais entre eux, le moyenneur d'icelle seroit V. M. ou bien le trenchant de leur espée, et qu'ayant, à la venue dudit ambʳ, demandé pourquoy ils ne faisoient intervenir vostre faveur en cette négociation, comme l'autre fois, leur respondit que c'estoit pour autant que quand V. M. envoya Mʳ de Monluc devers l'empereur pour luy rendre compte de la susdite négociation, au lieu de luy communiquer les dépesches originales de la résolution prise sur icelles, ou à tout le moins les copies, vous, sire, luy aviez envoyé un mémorial ordonné, ainsi qu'il vous avoit semblé, qui n'a esté toutefois suffisant à leur faire croire que telle fust la vraye raison de son excuse; joint les répliques et remonstrances que nous fîmes du contraire, et nous dirent de plus qu'il n'estoit pas besoin de les asseurer autrement de l'amitié et bonne volonté que V. M. portoit à sa hautesse, n'en ayant jamais fait aucun doute, comme de votre costé ne le devez faire de la sienne, attendant à grande dévotion la venue de Mʳ d'Aramon, pour entendre plus au long la résolution des affaires et autres particulières nouvelles de par delà, espérant bien aussy que ce ne sera pas sans participer de vostre libéralité.

Sire, au temps de l'arrivée dudit Codignac, ces seigʳˢ eurent lettres de frère Georges qui nous furent secrètement monstrées, par lesquelles il leur faisoit entendre le succez des affaires d'Allemagne, si

fort à l'avantage de l'empereur, qu'il ne craint point de dire que les
protestans avoient esté contraints, pour l'extrémité où il les avoit réduits, de se soumettre à luy et demander pardon de leurs fautes: ce
qui leur fut accordé aux conditions qu'ils eussent à remettre toutes
les forteresses entre ses mains, et à se résoudre sur ce, leur donnoit
terme de xxiv heures, lequel passé, ils seroient hors de tout espoir
d'estre receus de luy à aucun mercy, et un nombre de semblables
mensonges, comme dire que le roy d'Angleterre et la pluspart des
autres potentats de la chrestienté aidoient ledit empᵉʳ de toutes leurs
forces, ce que nous avons rabatu de sorte et fait si clairement voir
estre par luy frauduleusement controuvé, pensant par tel moyen estonner ces seigᵉʳˢ et les induire à l'accord avec ledit empᵉʳ, qu'ils se
sont résolus de n'y adjouster aucune foy : et pour ce que telles nouvelles leur donnèrent d'abord grandement à panser, lesquelles, en cas
qu'elles fussent vrayes, les pouvoient facilement encliner à ladite paix,
afin qu'à tel événement ils fussent aucunement résolus de leur fait, il
nous sembla assez à propos, outre ce que de vostre part nous avons
desjà fait entendre combien importoit le bien de sa hautesse, de ne
faire aucune paix ou trêve avec ledit empᵉʳ, quand bien il se trouveroit égal ou supérieur auxdits protestans ; car, se trouvant égal, eux
le voyans avoir fait paix ou trêve ou vrayement suspension d'armes avec
sa hautesse, au moyen de quoy il pourroit aisément maintenir la
guerre contre eux si longuement qu'il voudroit, ils s'en pourroient
estonner et seroient lors contrains de faire tout ce dont ils seront recherchez, et si d'adventure il est supérieur, disposera absolument de
leurs forces, qui sont telles que jointes avec les siennes et d'autres
princes à lui confédérez, il taschera de tirer le reste de la chrestienté
par amitié ou par force à sa dévotion, pour après faire plus gaillardement entreprise contre sa hautesse : outre le loisir qu'ils donneront à toutes les frontières d'Austriche et autres ses pays de se pourvoir, pendant tel temps, fortifier et munir, qui de présent se trouve
entièrement degarnis, comme plus au long leur avoit fait entendre le
comte de Rokendolf, vostre très-affectionné serviteur, et désirant,

comme il nous a prié derechef vous escrire, de s'employer par deçà en tout ce qui lui semblera concerner le service de V. M. et se sont cesdits sieurs grandement esmerveillez que, de la part des protestans, ils n'ayent esté recherchez d'aucune faveur, et qu'ils ne leur ayent fait entendre aucune chose de leurs affaires contre l'empereur, s'il ne leur sembloit par voye d'ambassadeur, au moins par quelque messager ou lettre qu'ils leur eussent facilement peu faire secrètement tenir, pour se pouvoir employer pour eux, et au dommage de Charles d'Espagne, en tout ce qu'il leur seroit possible.

EXTRAITS DE LA CORRESPONDANCE DE VENISE.

DISPOSITIONS DE LA TURQUIE À LA GUERRE. — MALADIE ET MORT DE FRANÇOIS Ier.

Venise, 2 avril 1547.

Lettre
de
M. de Morvillers
à
François Ier.

Sire, le dernier de mars j'ay receu lettres de Cambray escriptes à Andrinople, le xxviii de febvrier, lesquelles on m'a envoyées par ung brigantin exprès de Raguse, et contiennent que le G. S. estoit à son passe-temps de chasse, et qu'on attendoit par delà M[r] d'Aramon en grande dévocion, suivant la certitude que avoit donnée Codignac de son brief retour; que Mr Gérard, ambassadeur du roy des Romains, sollicitoit son expédicion en très-grande instance et obtenir une partie de ses attentes, en quoy il estoit favorisé d'aulcuns des principaulx ministres dudict seig[r]. Ce nonobstant, espéroit ledit Cambray y obvier avec telle dilligence et sollicitude, que ledit d'Aramon termineroit les choses en leur entier à sa venue, qui remédieroit à toutes les practicques dudict amb[r], lequel, depuis que le G. S. est allé à la chasse, a requis le tiers bassa, qui est demeuré pour vacquer aux affaires en l'absence des aultres qui sont avec ledit seig[r], de luy donner audience sur quelques propos de grande importance, disant que la griefve malladie de laquelle il estoit nouvellement relevé quand premièrement leur parla ne luy avoit laissé le cerveau trop rassis, ains faict dire possible choses hors de sa commission, obmectant les

principaulx poincts d'icelle ; au moyen de quoy il vouldroit user maintenant de tout aultre langaige, sur quoy ledict bassa luy feit responce
ne voulloir ne avoir commission de l'escouter, et que, estant les propos de telle importance comme il disoit, s'il les voulloit mectre par escript, il ne fauldroyt de les faire tenir incontinent au premier bassa pour
les faire entendre au G. S. ou bien qu'il attendist son retour pour luy
exposer le tout, ce que ledict amb^r monstre de voulloir faire, et n'a
l'on encores rien descouvert de ceste sienne nouvelle intention ; au surplus, encores que lesdits seig^{rs} de la Porte ayent eu advis des affaires
de par deçà et mesmement de ceulx d'Allemaigne à l'advantaige de
l'empereur, ilz n'y veullent donner foy jusques à ce qu'ilz en ayent eu
information de la part de V. M. que les préparatifz de la guerre se
continuent plus fort que jamais. M^r d'Aramon m'a escript avec ceste
dépesche de Cambray, que le xviiie du passé il l'avoit trouvée à Praz,
qu'est ung lieu à une journée deçà de Coche, et espéroit estre à la
Porte dans dix ou douze jours après. J'ay cejourd'hui envoyé à M^r d'A-
ramon l'advis contenant la prise d'Albert, marquis de Brandebourg, et
deffaite de ses gens, oultre ce qui est advenu devant Bresme, et ay
au surplus escript les nouvelles qui se disent par deçà du bon succès
des affaires du duc de Saxe, et combien l'emp^r se retrouve enveloppé.
Ces seig^{rs} eurent hier l'advis de Corphou que à la Vallonne sont
apparus xxx ou xl voiles, et estime l'on que ce soient les corsaires
qu'ils appellent levants, lesquelz s'assemblent pour se joindre à l'armée
de mer du G. S. Dudict Corphou a esté aussi envoyé le rapport d'un
patron de navire qui partit de Constantinople le xxvie de febvrier, et
a asseuré que l'armée de mer du G. S. est de plus de vi^{xx} gallères,
et que lesdits levants s'assemblent de toutes parts pour se joindre à
ladite armée, laquelle partira davant ce mois d'avril finy.

On m'a monstré une lettre qui ne vient pas de lieu dont on doibve
avoir entière foy ; je ne craindré pourtant de vous faire entendre l'advis
qu'elle donne, parce qu'il ne me semble du tout hors de vérisimi-
litude, c'est que le G. S. indigné de plusieurs prises et déprédations
que les Escocques, qui sont comme bannys, et escumeurs de mer de

l'Esclavonye et Coruatia, font journellement sur les navires de ses
subjectz, et aussi de ce que quatre ou cinq mil chevaux coruatz puys
trois mois en çà ont couru jusques dedans le pays dudict seig', où
ils ont faict dommaige notable, a desseigné d'envoyer son armée de
mer droict en ce goulfe pour s'empatronir de quelques ports du roy
des Rommains, et spécialement pour assiéger une place maritime et
forte en Esclavonye, que l'on appelle Seigne, et fera aussi par terre
marcher une partye de son armée vers la Coruatie, pour la envahir
des deux costez. Ces seig^{rs} ne sont pas sans deffiance de ceste armée
de mer, et se trouveroient en grande perplexité si elle venoit dedans
ce goulphe, car toutes leurs places et ports sont voisines ou encla-
vées avec ceulx du roy des Romains, dont pourroient ensuivre plusieurs dangiers; entre les moindres qu'on les recherchast de prester
quelques ports pour accommoder ladite armée, chose qui leur seroit
périlleuse à accorder, mais encores plus à reffuser.

M. du Mortier m'a mandé que S. S. lui avoit promis de faire conduire par ses ministres la practique de la ligue avec ces s^{grs}, et que
depuis ceste promesse luy avoit dict avoir jà commencé à acheminer
ledict affaire, mais que de ma part je dois veiller et promouvoir ce
négoce soubz main le plus secrettement qu'il sera possible. J'ay veu
par votre lettre du xxe de mars comme Dieu, par sa grâce et bonté,
vous a tiré hors de vostre griefve maladie. Ce que j'ay sur l'heure
mesme fait entendre à ces seig^{rs}, dont ils se sont autant resjoys que
de bonnes nouvelles qu'ilz eussent peu recepvoir, louans Dieu de
vostre convalescence, comme aussi font tous vos bons serviteurs par
deçà [1].

[1] François Ier ne vivait déjà plus à la date de cette lettre, puisqu'il mourut le 31 mars
1547.

TABLE DES MATIÈRES.

NÉGOCIATIONS SOUS FRANÇOIS Iᴇʀ.

PREMIÈRE PARTIE. — 1515-1525.

CHAPITRE PREMIER.

AFFAIRES DE HONGRIE. — 1515-1516.

CHAPITRE II.

PROJET DE CROISADE DE LÉON X. — 1516-1517.

---

[1] Ces deux pièces sont mentionnées à part comme ne se trouvant que dans ce recueil.

CHAPITRE III.

TRÊVE DE CINQ ANS. — TRAITÉ DE LIGUE ENTRE LES PRINCES CHRÉTIENS.
1518-1520.

CHAPITRE IV.

ÉVÉNEMENTS DU SIÈGE DE RHODES. — 1521-1523.

SECONDE PARTIE.—1525-1533.

CHAPITRE PREMIER.

CHAPITRE II.

CHAPITRE III.

CHAPITRE IV.

SUITE DES AFFAIRES DE HONGRIE. — PREMIÈRE MISSION DE RINCON EN TURQUIE. —
1531-1533.

TROISIÈME PARTIE. — 1534-1540.

CHAPITRE PREMIER.

RELATIONS DE LA FRANCE AVEC LES ÉTATS BARBARESQUES. — EXPÉDITION DE
CHARLES-QUINT CONTRE TUNIS. — 1530-1535.

CHAPITRE II.

INVASION DE NAPLES PAR LES TURCS. — GUERRE DE LA PORTE AVEC VENISE. — 1536. — 1538.

CHAPITRE III.

TRÊVE DE DIX ANS. — SUITE DES AFFAIRES DE VENISE AVEC LA TURQUIE. — DEUXIÈME MISSION DE RINCON À LA PORTE. — 1538-1539.

QUATRIÈME PARTIE. — 1540-1547.

CHAPITRE PREMIER.

PAIX DE VENISE AVEC LA TURQUIE. — GUERRE POUR LA SUCCESSION DE HONGRIE.—
1540-1541.

CHAPITRE II.

EXPÉDITION DE CHARLES-QUINT CONTRE ALGER. — PREMIÈRE ET DEUXIÈME MISSION
DE PAULIN DE LA GARDE. — RUPTURE DE LA TRÊVE DE DIX ANS. — 1541-
1542.

OMISSIONS, RECTIFICATIONS.

Page 2. Ajoutez au tableau des *Missions de la France à Constantinople* le nom de D. Séraphin Gozzo, de Raguse, avant celui de La Forêt (Voir p. 248, note 2; 265, note 1. et 278, note 1); et le nom de Vincenzo Magi (p. 461, 466 et suivantes), avant celui de Paulin de la Garde.

Page 3. Au sommaire, au lieu de : *trêve de trois ans*, lisez : *cinq ans.*

Page 149. Après ces mots : *intervint auprès de Sigismond*, au lieu de : *dont Jean avait épousé la fille, pour faire avoir au gendre le secours de son beau-père*, lisez : *pour faire avoir au vaincu un secours qui lui permît d'attendre un retour de la fortune.* Jean Zapolya était à un autre degré parent de Sigismond, qui avait épousé en premières noces Barbe Zapolya, tante de Jean, et ce dernier ne devint son gendre que beaucoup plus tard. Ce fait ne s'accorderait ici ni avec le but du traité de la page 162, ni avec la négociation de la page 178 (note 1). Voyez plus loin, pour la date et les conséquences de ce mariage, la page 424.

Page 174. A propos de Bude *convertie en pachalik musulman*, voyez la note de la page 516.

Page 195. A la note, lisez : *pour prendre ou enlever*, au lieu de : *pour reprendre le royaume de Tunis sur le prince allié de l'Espagne*, qui semble faire allusion aux faits qui eurent lieu après la prise de Tunis en 1535.

Page 213. A la date de Venise, lisez en addition : *Lettre de M. de Baïf.*

Page 283. A la note 1, au lieu de : *son départ pour sa capitale*, lisez : *le départ du sultan*, etc.

Page 363. A la note, au lieu de : *son neveu Octave Farnèse*, lisez : *son petit-fils.*

Page 431. A la note, au lieu de *pregai*, lisez *pregadi.*

Page 567. A la note 1, ajoutez : « Nous avons lu depuis, dans le vol. III des Mélanges, ces actes à propos desquels l'éditeur a cru devoir citer, comme s'y rattachant, des fragments d'une pièce de 1553, postérieure ainsi de dix ans, et qu'il rapporte à l'année 1543, trompé sans doute par l'identité des noms propres. On retrouvera cette pièce au second volume de notre recueil à la date et dans l'ordre des événements. »

Page 580. Au lieu de : *seul allié du roi, qui se trouvait ainsi abandonné*, lisez : *le seul des alliés du roi*, etc.

Page 595, note 1. Au lieu de : *articles introduits dans les traités*, lisez : *dans le traité.*